U0808755

中国社会科学年鉴

中国边疆学年鉴 2018

CHINESE BORDERLAND STUDIES YEARBOOK

李国强　主编
孙宏年　副主编

中国社会科学出版社

图书在版编目（CIP）数据

中国边疆学年鉴．2018／李国强主编．—北京：中国社会科学出版社，2020.8

ISBN 978-7-5203-6761-5

Ⅰ．①中…　Ⅱ．①李…　Ⅲ．①疆界—中国—2018—年鉴
Ⅳ．①K928.1-54

中国版本图书馆CIP数据核字（2020）第115888号

出 版 人　赵剑英
责任编辑　彭莎莉
责任校对　李　惠
责任印制　张雪娇

出　　版　中国社会科学出版社
社　　址　北京鼓楼西大街甲158号
邮　　编　100720
网　　址　http://www.csspw.cn
发 行 部　010-84083685
门 市 部　010-84029450
经　　销　新华书店及其他书店

印刷装订　三河市东方印刷有限公司
版　　次　2020年8月第1版
印　　次　2020年8月第1次印刷

开　　本　787×1092　1/16
印　　张　38.25
插　　页　2
字　　数　954千字
定　　价　339.00元

凡购买中国社会科学出版社图书，如有质量问题请与本社营销中心联系调换
电话：010-84083683

版权所有　侵权必究

《中国边疆学年鉴·2018》
学术指导委员会

主任委员

邢广程　中国社会科学院学部委员，中国边疆研究所所长、研究员

副主任委员

李国强　（中国历史研究院副院长、研究员）

编　　委（按姓名汉语拼音排序）

安介生（复旦大学历史地理研究中心研究员）

车明怀（西藏社会科学院党委书记、研究员）

傅崐成（厦门大学南海研究院院长、教授）

胡德坤（国家领土主权与海洋权益协同创新中心主任、首席专家，武汉大学教授、原副校长）

李乐营（通化师范学院历史与地理学院院长、高句丽研究院院长、教授）

李星良（海南省社会科学院副院长、博士）

林文勋（云南大学校长、教授）

刘信君（吉林省社会科学院副院长、研究员）

齐木德道尔吉（内蒙古大学教授、蒙古学研究中心主任、原副校长）

田卫疆（新疆社会科学院研究员、原副院长）

王文成（云南省社会科学院副院长、研究员）

王　欣（陕西师范大学中国西部边疆研究院院长、教授）

魏存成（吉林大学高句丽渤海研究中心教授）

吴楚克（中央民族大学教授、中国边疆学研究中心主任）

吴士存（中国南海研究院院长、研究员）

谢尚果（广西民族大学校长、教授）

张　云（中国藏学研究中心历史研究所所长、研究员）

朱　泓（吉林大学边疆考古研究中心教授）

《中国边疆学年鉴·2018》
编委会

主　编　李国强

副主编　孙宏年

编　委（按姓名汉语拼音排序）

阿拉腾奥其尔　中国社会科学院中国边疆研究所研究员、东北与北部边疆研究室主任

范恩实　中国社会科学院中国边疆研究所研究员、东北与北部边疆研究室副主任

高　月　中国社会科学院中国边疆研究所研究员、科研处处长

侯　毅　中国社会科学院中国边疆研究所副研究员、海疆研究室副主任

李大龙　中国社会科学院中国边疆研究所编审、编辑部主任

刘清涛　中国社会科学院中国边疆研究所副编审、编辑部副主任

孙宏年　中国社会科学院中国边疆研究所副所长、研究员

王义康　中国社会科学院中国边疆研究所研究员、疆域理论研究室副主任

许建英　中国社会科学院中国边疆研究所研究员、新疆研究室主任

张永攀　中国社会科学院中国边疆研究所研究员、西南边疆研究室副主任

《中国边疆学年鉴·2018》
编 辑 部

主　任　孙宏年（兼）
成　员　张永攀　刘清涛　宋培军　刘　洁　任富龙（编务）

目　　录

第一篇　2017 年中国边疆研究综述

第二篇　学术活动

第三篇 论著撷英

第四篇 边疆学人访谈录

第五篇 2017 年中国边疆研究大事记

附 录

第一篇

2017 年中国边疆研究综述

2017 年中国疆域理论研究综述

罗　静*

2017 年中国疆域理论研究领域涌现出一批较有影响力的成果，这些研究不仅传承了对中国历史疆域形成理论和历代边疆治理经验的经典基础性研究，还出现了很多针对边疆现实问题的研究，这些边疆现实问题研究跨越多个学科，呈现出强烈的边疆现实关怀，总的来讲有以下几个方面：1. 马克思主义与中国疆域理论研究；2. 中国边疆学的构建研究；3. 中国现代国家建设视域下边疆与中华民族的研究；4. 中国历史疆域理论与历史边疆治理研究；5. 当代中国边疆治理研究。本文拟从上述几个方面，利用所掌握的难称全面的资料对 2017 年的中国疆域理论研究进行综述，文中所引资料难免挂一漏万，但是整体上可以对 2017 年本领域的研究脉络有个基本完整的呈现。

一　马克思主义与中国疆域理论研究

2017 年，很多刊物设立了马克思主义与中国边疆研究专栏，刊发的这些作品或者从马克思、列宁等经典著作中找寻中国边疆研究的思想火花，从而在哲学层面将中国的边疆研究推向深入；或者从中国共产党的边疆治理实践出发进行归纳总结，以期对当今时代的边疆治理实践进行指导。比较有代表性的论著主要有以下几个方面。

关于马克思等经典作家对民族、边疆论述的进一步阐释，王希恩《马克思恩格斯的民族主义观》一文认为马克思主义经典作家对于民族主义的完整立场是批判、借助和吸纳。无产阶级可以与民族主义有合作、有借助，但绝不能丧失自己的立场、放弃根本的阶级利益，这在马克思恩格斯那里做得无可挑剔。① 冯建勇《中国边疆文化的发展路径与时代意义》强调了马克思主义经典作家的论述对中国边疆文化发展的指导意义。认为理解马克思主义经典作家有关边疆文化的论述，必须与不同时期中国边疆发展的具体实践相结合，唯其如此，马克思主义边疆文化理论才能发挥其行动指南的作用，并对中国边疆文化发展形态和路径做出正确的阐释。② 宋培军《马克思的游牧民族思想及其对中国边疆学构建的意义》将马克思关于游牧民族的论述引入中国边疆学科构建。认为农耕民族与游牧民族的互动共同形塑了中国的版图。马克思对游牧民族的研究，不仅涉及欧洲，还涉及西亚、蒙古等亚洲高原草原地区，

---

* 罗静：中国社会科学院中国边疆研究所副研究员。

① 王希恩：《马克思恩格斯的民族主义观》，《中国边疆史地研究》2017 年第 3 期。

② 冯建勇：《中国边疆文化的发展路径与时代意义》，《中国边疆史地研究》2017 年第 4 期。

留下了宝贵的思想遗产，对其梳理可为中国边疆研究从整体上把握从游牧转为农耕的一般历史过程提供理论工具。① 青觉《马克思主义民族理论的新飞跃——习近平新时代中国特色社会主义民族理论研究》一文主要探讨了新时期马克思主义民主理论在中国发展的问题。文章认为，十八大以来，在国家和社会事业的急剧变革中，形成了新时代中国特色社会主义民族理论。它既是对马列主义、毛泽东思想、邓小平理论、“三个代表”重要思想和科学发展观的继承和发展，更是马克思主义民族理论的新飞跃，不仅增强了马克思主义民族理论的生命力，而且为民族发展注入了新动力，明确了中国未来民族工作的历史方向。②

关于中国共产党民族政策方面的研究，一是对历史上民族政策的审视，如徐百永《中国共产党有关西藏政教制度的认知与政策研究》一文主要探讨了共产党政权建立后西藏叛乱的起因以及西藏政教合一政权结束的历史意义。文章认为，在西藏推行政教分离成为中国共产党一以贯之的政策。政教合一制度结束对西藏社会发展意义重大，不仅使宗教重回纯粹精神信仰的层面，而且极大释放了西藏的社会生产力，开拓了西藏社会发展的崭新局面。③ 二是对十八大以来民族关系以及民族工作的关注。周竞红《各民族在交往交流中团结凝聚——兼论十八大以来中国共产党民族团结思想继承与发展》一文主要探讨十八大以来的民族关系问题，认为十八大以来，党中央在继承中华人民共和国建设中不断丰富的民族团结的思想成果，在“四个全面”布局指引下，站在全局高度推进民族工作，使中国共产党民族团结思想得到进一步丰富、完善和创新，有力推动着各民族在交往交流中团结凝聚，使中国社会民族关系保持了总体和谐稳定的基本格局和中华民族团结进步的大势，为实现中华民族的伟大复兴提供了坚强保障。④ 麻国庆《民族研究的新时代与铸牢中华民族共同体意识》一文认为，十九大以来，我国的民族工作面临新的挑战和机遇。随着新时代社会主要矛盾的转变，民族工作也具有了新的内涵与新时代的特征。民族学应以习近平新时代中国特色社会主义思想为指导，结合中华民族历史发展进程与费孝通先生“中华民族多元一体格局”的深刻内涵，把握民族工作的新方向，理解中华民族共同体的多重面向并研究如何建设之，进而为推进铸牢中华民族共同体意识提供学理支撑。⑤ 罗静《马克思主义认识论视域下内地民众的边疆认知》一文，利用调查数据分析了内地民众对边疆的认同度，并且在理论上探讨当今中国在“官方边疆”治理之外推动“民间边疆”治理的发展前景，以及在实践中于边疆地区实现官方和民间“上下共治”的良性局面，充分发挥民众在边疆治理中的主体性

---

① 宋培军：《马克思的游牧民族思想及其对中国边疆学建构的意义》，《中国边疆史地研究》2017年第4期。

② 青觉：《马克思主义民族理论的新飞跃——习近平新时代中国特色社会主义民族理论研究》，《中央民族大学学报》2017年第6期。

③ 徐百永：《中国共产党有关西藏政教制度的认知与政策研究》，《中国边疆史地研究》2017年第4期。

④ 周竞红：《各民族在交往交流中团结凝聚——兼论十八大以来中国共产党民族团结思想继承与发展》，《中国边疆史地研究》2017年第3期。

⑤ 麻国庆：《民族研究的新时代与铸牢中华民族共同体意识》，《中央民族大学学报》2017年第6期。

地位作用，实现边疆治理体系和治理能力现代化的可能路径。①

综上所述，马克思主义无论是在中国边疆理论研究，还是处理现实民族关系方面仍然居于主导地位，而审视历史上中国共产党的民族政策也体现了这一点。

二　中国边疆学的构建研究

中国边疆学的构建在2017年仍是学术热点，国内一些刊物都设立了边疆学研究专栏，刊发的文章围绕着中国边疆学作为一个新兴边缘学科的研究对象、方法以及如何构建边疆学等问题展开讨论。边疆学是一个新兴学科，也是一个跨学科的研究，至于如何构建边疆学，论者产生了激烈的碰撞，使相关研究呈现绚烂的一面。

中国边疆学构建首先面临的问题是如何理解边疆概念及属性，2017年度主要论著从人类学、政治学、社会经济、边疆发展视角进行了尝试性探讨。范可《何以“边”为：巴特“族群边界”理论的启迪》一文主要介绍了挪威人类学家巴特的族群理论对国际社会科学的相关领域的影响。文章认为，巴特揭示了不同主体之间的边界（boundary）的流动性，这种流动性是因为主体之间互动的结果。因此，从巴特的视角来理解边疆，可以让我们领略这个概念所固有的张力，及其在现实中的紧张。② 周平《边疆研究的国家视角》一文强调了从国家的视角来看待和界定中国边疆。文章认为，应厘清各种特定历史条件下的复杂边疆现象和边疆问题的本质，揭示边疆和边疆问题发展演变的规律，提出解决边疆问题的政策建议，并以此服务于国家的边疆治理。③ 孙保全《论边疆的政治属性与政治性的边疆观念》一文强调了边疆概念的政治属性。文章认为，边疆在本质上属于一种政治地理空间，在不同国家形态下，边疆观念会随着某种边疆属性的凸显而发生相应调整。在中国，传统文化性的边疆观却仍在延续，并难以兼容于民族国家语境和全球化形势。面对这种境遇，中国须建立一种由主权疆域和超主权疆域组成的双重疆域架构，并在此基础上构建多层次的边疆范畴，从而形成自己的边疆话语体系。④ 杨鹍飞《“边疆”再探：概念、类型与治理路径》一文认为，“边疆”的本质属性涉及人口及其密度，也涉及经济社会发展程度，文章在此基础上提出了边疆治理的基本路径：安全优先模式、发展导向模式、“钟摆”模式和安全发展并重模式。⑤ 袁剑《边疆的概念与边疆学建构》认为，边疆视角应集中于边疆、边疆发展、中心—边陲结构性关系以及国内、国际层面的“边疆治理”等多个方面，然而国内外学界对边疆治理的研究绝大多数采取自上而下的视角，对基层社会、地方性知识缺乏必要的关注。⑥ 以上研究对边疆概念、属性从不同层面的阐释对构建边疆学与边疆治理具有积极意义。

---

① 罗静：《马克思主义认识论视域下内地民众的边疆认知》，载邢广程主编《中国边疆学（第八辑）》，社会科学文献出版社2017年版。

② 范可：《何以“边”为：巴特“族群边界”理论的启迪》，《学术月刊》2017年第7期。

③ 周平：《边疆研究的国家视角》，《中国边疆史地研究》2017年第2期。

④ 孙保全：《论边疆的政治属性与政治性的边疆观念》，《吉首大学学报》2017年第1期。

⑤ 杨鹍飞：《“边疆”再探：概念、类型与治理路径》，《广西民族研究》2017年第2期。

⑥ 袁剑：《边疆的概念与边疆学建构》，载孙勇主编《华西边疆评论（第四辑）》，民族出版社2017年版，第228页。

同时，相关研究也指出了构建中国边疆学面临的困难和挑战，并尝试突破与迎接挑战。孙勇《建构边疆学需要打破窠臼》认为，边疆学构建的瓶颈是难以确立源理论（Multiple resource theory）。[①] 孙勇《建构边疆学的底蕴以及相关问题续探——再论建构边疆学的跨学科研究》认为，由于实践的需求，国家疆域和边疆研究逐渐形成一种理论体系，这个理论体系的发展支撑着边疆学最终将成为一门学科。[②] 孙勇《建构边疆学的发生学方法及隐喻解题探——三论建构边疆学的跨学科研究》认为，发生学的方法可以是边疆学成因的一种追溯，亦可以是建构边疆学的一种方式。[③]

关于中国边疆学的学科定位和研究中心问题，李大龙、张振利《中国边疆学构筑的新突破——〈当代中国边疆研究（1949—2014）〉读后》做了相应的探讨，该文在介绍马大正《当代中国边疆研究（1949—2014）》（中国社会科学出版社 2016 年版）基础上，认为该著在分论中展示的九个重点七大专题都是紧紧围绕马大正对中国边疆学的学科定位展开，中国边疆学的研究必须以中国疆域形成与中国边疆治理为中心。中国边疆学构筑的基础是中国疆域理论的探究，切入口是对中国古今边疆治理经验与教训的总结。[④]

关于回顾近代以来中国的边疆研究，汪洪亮《民国时期边疆研究机构的兴起及对边疆学术之形塑》一文认为民国时期的边疆学术趋于群体性和多元化，在研究活动组织、调查经费支持、成果发表途径、人员学科构成及研究理论与方法上，都呈现出前所未有的形态。边疆研究机构对边疆学术的形塑，实际上是中国学术现代转型在边疆研究领域的表现。[⑤] 钟荣帆《金陵大学的边疆研究述论》回顾了金陵大学的边疆研究历程及贡献。金陵大学的边疆研究兴起于 1930 年代，主要工作是收集边疆民族类资料。抗战军兴，金陵大学西迁成都，其边疆研究得到迅速发展。全面抗战初期，在政府的干预下，推广边疆知识，培养边务人才，进行边区调查，金陵大学成立专门的边疆研究机构，呈现出一种跨学科、多领域结合的边疆研究风貌。[⑥]

综上所述，学者们都认为构建边疆学的首要任务是明晰“边疆”的概念，鉴于中国漫长的王朝历史和复杂的边疆现实，厘清边疆的概念需要跨学科的努力，毋庸置疑的是，众多学者都认为边疆学研究边疆的学术属性首先是政治属性。此外，构建边疆学除了面临概念模糊的困境以外，理论体系的完善也是困难的。一个新兴学科的诞生必定是顺应了现实的需求，同样也面临着如何突破旧有的思想和认识藩篱，可喜的是，有志于边疆学研究的同仁在共同努力。

---

① 孙勇：《建构边疆学需要打破窠臼》，载孙勇主编《华西边疆评论（第四辑）》，民族出版社 2017 年版，第 223 页。

② 孙勇：《建构边疆学的底蕴以及相关问题续探——再论建构边疆学的跨学科研究》，《中央民族大学学报》2017 年第 2 期。

③ 孙勇：《建构边疆学的发生学方法及隐喻解题探——三论建构边疆学的跨学科研究》，《中央民族大学学报》2017 年第 4 期。

④ 李大龙、张振利：《中国边疆学构筑的新突破——〈当代中国边疆研究（1949—2014）〉读后》，《中国边疆史地研究》2017 年第 1 期。

⑤ 汪洪亮：《民国时期边疆研究机构的兴起及对边疆学术之形塑》，《北方民族大学学报》2017 年第 4 期。

⑥ 钟荣帆：《金陵大学的边疆研究述论》，《云南民族大学学报》2017 年第 6 期。

三　中国现代国家建设视域下边疆与中华民族的研究

由于中国的边疆和少数民族无论是在历史过程中还是在地理区域中往往是重叠在一起的，所以中国的边疆研究与少数民族的研究有很大的重合性，以至于很多时候两类研究在语境上有可替代性。2017 年，很多学者尝试从学理上解释和剥离这种重合，试图从民族研究中找出边疆研究的独立性，或者从边疆与民族的纠缠叙述中找到中国现代国家的合法性起源。比较有代表性的论著主要讨论了以下几个方面的内容。

第一，关于为什么在中国当下边疆和民族两个概念经常可以相互指代这个问题。范可《边疆与民族的互构：历史过程与现实影响》一文探讨了民族和边疆作为与现代性有关的问题在中国是如何开始的，并对现在有何影响。文章认为，在民国，由于政府的民族国家建设以及对主权的关怀，边疆与民族开始互构。中华人民共和国成立之后，政府在一定程度上延续了“边政建设”的思路。该文通过梳理这一历史过程来增进一种新的边疆认识，改变对待边疆的常规看法，更多地将边疆视为多元互动的场域。[①] 周平《中国民族建构的二重结构》一文探讨了民族概念在中国是如何被建构的，认为民族概念由国外引入中国后，其构建由两个方面组成，一是中华民族的构建，一是中国各民族（主要是少数民族）的构建。[②]

第二，关于自晚清、民国至中华人民共和国成立以来，中华民族作为一个国族概念如何被建构，中间经历了哪些辩论，在建构中华民族概念的背后学人们又有怎样的关切，历史上看中华民族是如何逐渐凝聚成一体的？2017 年，政治学、民族学和历史学的学者们纷纷从各自的学科领域对上述问题进行解答。

刘永刚《中华民族：现代中国的国家形式》探讨了中国作为一个现代主权国家是如何与中华民族的概念互构的。文章认为中华民族从概念的提出到政治实体民族的建构，其行动逻辑就是建立中华民族的主权国家。中国崛起与民族复兴伟大梦想的实现，要以制度建设为引导，构设完备的中华民族国族机制。[③] 李大龙《对中华民族（国民）凝聚轨迹的理论解读——从梁启超、顾颉刚到费孝通》从主权国家“国民”的视域对梁启超、顾颉刚、费孝通关于“中华民族”的阐述进行评析。文章认为三位学者对“中华民族”的界定虽然有异，但三位的研究对象是基本相同的。从引发的讨论看，“民族”只是表象，实则涉及东西方两套不同的话语体系的对接问题，而“民族国家”理论体系能否解释中华大地上族群凝聚的历史及带给中国的影响，则是引发争论的关键。[④] 李大龙《自然凝聚：多民族中国形成轨迹的理论解读》主要以传统王朝国家向近现代主权国家转变为视角考察多民族中国形成的轨迹。文章认为“民族国家”理论不能准确解读多民族中国形成的历史。中华大地上被称为“夏”的农耕族群和被称为“夷”的族群共同创造了中华民族，“自然凝聚”是多民族国家疆域和国民（中华民

---

① 范可：《边疆与民族的互构：历史过程与现实影响》，《民族研究》2017 年第 6 期。

② 周平：《中国民族构建的二重结构》，《思想战线》2017 年第 1 期。

③ 刘永刚：《中华民族：现代中国的国家形式》，《思想战线》2017 年第 6 期。

④ 李大龙：《对中华民族（国民）凝聚轨迹的理论解读——从梁启超、顾颉刚到费孝通》，《思想战线》2017 年第 3 期。

族）形成轨迹的突出特点。[①] 李大龙《行国体制的发展及其对中华大地上族群的整合——元代多民族国家建构视野下的游牧与农耕族群互动研究》一文主要阐述了以蒙古为核心的行国体制的建构。认为元王朝时期，游牧族群与农耕族群的互动出现了一个新的变化，一方面蒙古汗国的建立及其向元王朝的转变让游牧族群对“中国正统”的冲击有了一个最终结果，另一方面，蒙古汗国的出现实现了对辽阔草原地区族群的整合。[②] 刘永刚《中国的族际政治整合与中华民族建设》一文主要探讨了如何完善中华民族的国族理论构建问题。文章认为，现代中国的中华民族主权国家属性，决定了在现代中国堪称“民族”的实体只能是“中华民族”。以“中华民族”国族理论为核心的中国特色族际话语体系是实现“中国梦”的强固基石。[③] 于春洋、郭文雅《论民族复兴战略下的中国现代民族国家建构》探讨了百年来中华民族复兴的提出与中国民族国家建构历史任务。文章认为，伴随改革开放而出现并愈演愈烈的全球性与本土性的持续冲突及其协调努力构成了中国现代民族国家建构的内在逻辑，这一逻辑也在事实上左右着中华民族伟大复兴的实践进程。[④] 刘永刚《中华民族的属性和地位——兼论“中国”“中国人”“中华人民”意涵的统一性》探讨了中国、中国人、中华人民的意涵如何统一于国家属性的中华民族共同体之中。文章认为，以民主与法治建设为主轴的国家治理体系与治理能力的现代化，是打通中国人、中华人民、中华民族大家庭成员间区隔的战略基石。[⑤]

第三，研究者对于中华民族“一体”与“多元”的概念继续进行辨析。肖高华《20世纪三四十年代知识界边疆族际整合思想论析》探讨了20世纪三四十年代中国知识界的边疆族际整合理论的思想冲突。文章认为，学者们主张的一元与多元概念尽管有差别，但是他们同样关注边疆危机与民族危机的社会现实。[⑥] 徐杰舜、杨军《从多元走向一体与一体凝聚多元——中华民族共同体建设的理论和战略》探讨了中华民族究竟是不是一个民族共同体。文章认为，民族认同的大趋势是不可逆转的，而要克服与整合由差异性所造成的对中华民族认同的差别，必须制定一体凝聚多元的大战略。[⑦] 杨志明《中华民族一体性辨析》试图澄清“中华民族”作为一个真实存在的根本观念。文章认为，中华民族一体性的核心是国家政治认同，重要纽带是“混血”民族及民族文化，长久维系是在深层次上须有国家统一稳定观念、民族平等团结观念、思想多元通和观念和文化多源共建观念。[⑧] 孙保全《实体化与结构化：中华民族历史建构的双重逻辑》一文主要探讨了自晚清民国到中华人民共和国成立以来中华民族如何在一元化和多元化的

---

① 李大龙：《自然凝聚：多民族中国形成轨迹的理论解读》，《西北师大学报》2017年第3期。

② 李大龙：《行国体制的发展及其对中华大地上族群的整合——元代多民族国家建构视野下的游牧与农耕族群互动研究》，《云南师范大学学报》2017年第5期。

③ 刘永刚：《中国的族际政治整合与中华民族建设》，《广西民族研究》2017年第1期。

④ 于春洋、郭文雅：《论民族复兴战略下的中国现代民族国家建构》，《贵州民族研究》2017年第8期。

⑤ 刘永刚：《中华民族的属性和地位——兼论“中国”“中国人”“中华人民”意涵的统一性》，《广西民族研究》2017年第4期。

⑥ 肖高华：《20世纪三四十年代知识界边疆族际整合思想论析》，《求索》2017年第11期。

⑦ 徐杰舜、杨军：《从多元走向一体与一体凝聚多元——中华民族共同体建设的理论和战略》，《思想战线》2017年第2期。

⑧ 杨志明：《中华民族一体性辨析》，《思想战线》2017年第2期。

双向建构中推进。文章认为，在中华民族共同体不断形成和发展的同时，构成中华民族的各族体单元也不断发生“民族化”的转变。两个层面的“民族”建构，逐步形成了中华民族实体性与结构性的双重属性。①

第四，中华民族共同体建设也是2017年度研究多有涉及的问题。王平《反思与检讨：“中华民族共同体”研究规范化的若干基本问题》一文主要探讨了构建中华民族共同体如何与国家建设和发展同步的问题。文章认为，全球化对民族国家建设的冲击，不利于中华民族共同体内部凝聚力建设，寻求中华民族共同体建设已成为国家建设和发展的当务之急。② 张会龙、冯育林《共同体视阈下的中华民族意涵分析及其可能限度》一文主要探讨了如何根据时代的变迁和国家的需要准确界定中华民族的意涵。文章认为，中华民族共同体不仅具有历史文化形态属性、社会联结属性、精神—命运属性，更具有政治建构属性。③ 严庆《本体与意识视角的中华民族共同体建设》一文主要探讨了新时代如何加强中华民族共同体建设。文章认为，中华民族共同体的建设既要克服来自内部的族际张力，又要应对来自于外部思潮与势力的冲击。④ 平维彬、严庆《从文化族类观到国家民族观的嬗变——兼论“中华民族共同体意识”的理论来源》一文从传统的儒家族类观、近代以来西方民族主义以及马克思主义民族理论三个方面探索中华民族共同体意识的理论来源。⑤ 李赞、金炳镐《中华民族共同体的历史发展过程和政治结构解析》一文主要探讨了如何培养中华民族共同体意识。文章认为，必须从历史与现实相结合的角度，深刻认识和把握中华民族共同体多元一体的民族结构格局和中国多民族“大一统”的国家政治传统。⑥ 唐勇、李占荣《论中国“多民族国家”的属性》一文主要探讨了中国的历史演变是如何奠定“多民族国家”属性的。文章认为，中华民族由古代的华夏族不断与周边民族融合而成，在新时期，城市少数民族、多民族家庭、国内国际环境和民族关系法治化共同形构了“多民族国家”属性的新样态。⑦ 唐勇《论中国“多民族国家”的历史传统》一文认为中国文化的起源是多中心的，正是中国多民族国家的历史传统为新中国的民族识别以及民族区域自治制度的创设提供历史基础。⑧

第五，部分研究者以中国少数民族的事例来论证族群与国家认同的关系。罗意《在嵌入中共生：新疆红墩族群关系的百年变迁》一文探讨了红墩社区作为新疆阿勒泰市一个包括哈萨克、汉、蒙古、回与维吾尔族村民在内的社区在过去的150余年如何和

---

① 孙保全：《实体化与结构化：中华民族历史建构的双重逻辑》，《思想战线》2017年第2期。

② 王平：《反思与检讨：“中华民族共同体”研究规范化的若干基本问题》，《思想战线》2017年第3期。

③ 张会龙、冯育林：《共同体视阈下的中华民族意涵分析及其可能限度》，《思想战线》2017年第3期。

④ 严庆：《本体与意识视角的中华民族共同体建设》，《西南民族大学学报》2017年第3期。

⑤ 平维彬、严庆：《从文化族类观到国家民族观的嬗变——兼论“中华民族共同体意识”的理论来源》，《贵州民族研究》2017年第4期。

⑥ 李赞、金炳镐：《中华民族共同体的历史发展过程和政治结构解析》，《北方民族大学学报》2017年第5期。

⑦ 唐勇、李占荣：《论中国“多民族国家”的属性》，《贵州民族研究》2017年第9期。

⑧ 唐勇：《论中国“多民族国家”的历史传统》，《民族论坛》2017年第4期。

谐共生。文章认为，“在嵌入中共生”是日常生活中新疆民族关系的基本形态与运作逻辑。[①] 颜井平《近代少数民族的国家认同及转型——以纳西族为例》一文主要探讨了云南纳西族在近代以来国家认同的发展历程。文章认为，少数民族的国家认同并非一蹴而就，而是经过了一个转型发展的过程，少数民族国家认同的形成有三个基本特征，即靠革命推动、与国家构建同步、以中华民族认同为主线。[②] 徐俊六《边疆民族地区构建民族互嵌型社区的现实基础与路径选择》一文探讨了如何在边疆民族地区构建民族互嵌型社区。文章认为，只有站在国家战略与民族和谐发展的高度整合多民族社区，运用整体“互嵌”的方式构建新型的多民族社区，才能进一步为中国多民族国家建设与边疆民族地区的团结与稳固提供强有力的保障。[③] 匡自明《民族区域自治制度的创制及其评析》一文主要探讨中国共产党如何就国内民族问题在制度创制上进行独立的理论探索与实践。文章认为，中华人民共和国的成立确立了民族区域自治制度推向全国，成为指导我国处理民族相关事务与问题的一项基本政治制度，为民族自治地方建设与民族关系和谐创建制度规范。[④]

2017 年度以上成果从五个方面对中国边疆与中华民族的概念进行了分析和论述，进一步辨清了中华民族的概念的历史基础，中华民族在中国漫长的王朝历史中有深厚的历史实践基础，各个族群的民众在几千年里的互动构成了中华民族多元一体的历史基础。而自晚清民国和中华人民共和国成立以来，中国由一个多民族的文明历史国家成功地转型为一个现代主权国家，其认同基础是中华文明历经了几千年的多民族融合。

四　中国历史疆域理论与历史边疆治理研究

中国的历史疆域形成理论和中国历史上的边疆治理，是历史学理论界研究中国边疆的核心问题。多年以来，中国历史学界一直致力于从理论上能够完备中国疆域形成的“所以然”的问题，即“中国的历史疆域为什么是这样形成”的问题，以及从理论上全面系统地回答中国疆域形成的内在规律及其深层动因的问题。对这两个核心问题的回答，很多研究前赴后继地从中国历史上的边疆治理实践中找寻答案。2017 年度，中国的历史学者继续在这两个方向努力，主要成果的内容有以下几个方面。

（一）中国历史疆域形成理论和边疆治理的历史实践

葛兆光《什么时代中国要讨论“何为中国”？——在云南大学的演讲记录》一文探索了中国历史上几次讨论“何为中国”这一话题的原因。他认为在历史上有三个时代成为焦点，分别是北宋、20 世纪上半叶以及当下。北宋关注汉族中国文化的正统性；

---

① 罗意：《在嵌入中共生：新疆红墩族群关系的百年变迁》，《西南民族大学学报》2017 年第 3 期。

② 颜井平：《近代少数民族的国家认同及转型——以纳西族为例》，《贵州民族研究》2017 年第 10 期。

③ 徐俊六：《边疆民族地区构建民族互嵌型社区的现实基础与路径选择》，《广西民族研究》2017 年第 5 期。

④ 匡自明：《民族区域自治制度的创制及其评析》，《云南民族大学学报》2017 年第 2 期。

20 世纪上半叶关注国家、族群与疆域的统一性；当下则关注全球化时代中国的内外与认同。[①] 王振刚、李吉星《20 世纪 80 年代以来中国疆域形成研究述论》一文回顾了 20 世纪 80 年代以来中国边疆研究（特别是中国疆域史研究）中的热点问题。文章认为，如何构建符合中国历史与国情的学术理论（话语体系），已成为当今时代的一个重大课题，也是中国学界应有的使命，更是建设有中国特色的中国边疆学理论体系的必由之路。[②]

关于中国王朝历史上的边疆治理研究方面，李良品、谈建成《“因俗而治”：明清时期土司地区的国家治理政策》一文认为“因俗而治”是明清统治者根据土司地区少数民族实际情况制定的民族政策，该政策既推动了边疆土司地区的内地化，又推动了国家法制建设的渐进化，是适合土司地区少数民族社会生活实际的一种行之有效的民族政策。[③] 吴启讷《圣人之道为体、喇嘛之道为用——清朝边疆政治与族群政治架构议》一文探讨了清朝如何在中国自身的历史脉络中开启了近代转型的进程。他认为清朝的成功源自它的不断强化满—汉之间的利益共同体关系；让“满、蒙、回、藏、汉”五个族群间的政治关联与互动，构成清朝战略安全的有机防线。清朝精心设计了相关技术系统，同时对这个原则不断地再确认。[④] 李鸿宾《有关唐朝疆域问题的若干思考》一文对唐朝疆域的若干问题进行了框架性思索，探讨了唐朝边疆的本质（属性）是什么？他试图回答唐朝关注边疆是基于活动其上的人们群体还是疆土本身，抑或二者兼有？文章认为唐朝疆域伸缩的关键就在于汉人与非汉人（胡人）是隶属于一个王朝还是分属不同政治体而展开的博弈。[⑤] 孙保全《论中国民族国家构建过程中的边疆整合》一文认为中国的边疆整合工程在晚清以后逐步开启，并在民国时期得以推进。其中，主权体制建设导致边疆形态领土化，中华民族建构促使边疆归属一体化，地方制度变革推动边疆政治均质化。[⑥] 方铁《论中国古代的治边方略》一文认为中原王朝的治边方略是历代王朝及政权在边疆治理方面，经过长期的实践而形成的基本谋略与传统，中原王朝与边疆政治单元的治边方略是相互影响、彼此借鉴的关系。[⑦]

王义康《唐代诸州置寺观政令在蕃州的实施》一文认为唐朝在羁縻州推及置寺观的政令，说明其在羁縻州传播宗教文化以教辅政，不仅是治理境内四夷的措施之一，而且已经发展成为制度化的管理方式。[⑧] 吕文利《试论俺答汗对意识形态的选择》一文主要论述了俺答汗一生在意识形态的选择上的三个阶段。他认为俺答汗先是信仰萨满教，

---

① 葛兆光：《什么时代中国要讨论“何为中国”？——在云南大学的演讲记录》，《思想战线》2017 年第 6 期。

② 王振刚、李吉星：《20 世纪 80 年代以来中国疆域形成研究述论》，《云南师范大学学报》2017 年第 2 期。

③ 李良品、谈建成：《“因俗而治”：明清时期土司地区的国家治理政策》，《西南民族大学学报》2017 年第 9 期。

④ 吴启讷：《圣人之道为体　喇嘛之道为用——清朝边疆政治与族群政治架构议》，《中央民族大学学报》2017 年第 1 期。

⑤ 李鸿宾：《有关唐朝疆域问题的若干思考》，《中央民族大学学报》2017 年第 1 期。

⑥ 孙保全：《论中国民族国家构建过程中的边疆整合》，《中南大学学报》2017 年第 3 期。

⑦ 方铁：《论中国古代的治边方略》，《思想战线》2017 年第 1 期。

⑧ 王义康：《唐代诸州置寺观政令在蕃州的实施》，《中国边疆史地研究》2017 年第 4 期。

又对白莲教有过尝试，最终选择藏传佛教格鲁派为蒙古地区的信仰和意识形态。① 吕文利《明末清初蒙古诸部试图建立“政教二道”中心的实践》一文也是涉及明末清初蒙藏间的意识形态构建问题。他认为明末清初蒙藏间的意识形态上的联盟改变了历史的走向，使得藏传佛教格鲁派和达赖喇嘛在西藏获得了统治地位，而蒙古各部则迟迟无法统一，最后被清廷各个击破。②

（二）中国边疆治理与国家认同的理论与实践

首先，关于国家认同与民族认同方面，张增勇、贺松兰、曾云翔《论我国边疆治理视域中的文化认同问题》一文论述了边疆少数民族地区的两种文化认同问题，文章认为要使少数民族的国家认同高于民族认同，因为这直接影响边疆的治理效果，影响国家政局的稳定和国家整体的发展速度。③ 刘永刚《“国家认同问题”与“民族问题”辨析》一文分析了国家认同与民族认同的辩证关系。他认为国家认同研究须在普遍国民的立场上对研究视角与取向予以调整与革新，疆域治理上也须树立以发展为取向的平等治理观。④ 周平《“亨廷顿之忧”发出了一个严重的警示》主要探讨了民族国家合法性的根源问题。文章认为，要把巩固国家认同的内容纳入民族政策的政治标的，并以此来对相关政策进行校准和重塑，方能规避“亨廷顿之忧”。⑤ 暨爱民《百年凝聚：近代中国民族国家的认同建构》一文回顾了近代中国民族国家认同建构的历程，认为在不同的历史阶段，具体的政治、社会与文化情势决定了当时国家认同之情状及其变化，中华人民共和国的成立，标志着近代中国民族国家认同建构的最终完成。⑥ 夏文贵《边疆治理视野中的国家认同问题析论》一文主要探讨了边疆地区国家认同问题的生成与强化。他认为边疆地区的国家认同问题突出表现为民族认同与国家认同之间的关系问题，并呈现出不同的发展演变趋势。重新认识国家认同问题及其内在生成机理，是维持边疆秩序、优化边疆治理及构筑国家认同安全战略的理性选择。⑦

以上研究触及边疆治理中国家认同与民族认同的重要性问题，以及如何协调二者关系的问题，并试图为在边疆地区构建国家认同、民族认同指出路径。参与讨论的学者基本都认同国家认同应该高于民族认同，并从学理和历史经验提供相关支持论证。

其次，关于当代中国少数民族的国家认同研究方面，范根平《论中国边疆少数民族国家认同建构的理论进路》认为我国社会处于转型时期，广大少数民族群众在国家认同问题上存在诸多困惑，急需民族国家予以解决，必须建构多民族的国家认同，要以

---

① 吕文利：《试论俺答汗对意识形态的选择》，《学习与探索》2017 年第 5 期。

② 吕文利：《明末清初蒙古诸部试图建立“政教二道”中心的实践》，《黑龙江社会科学》2017 年第 3 期。

③ 张增勇、贺松兰、曾云翔：《论我国边疆治理视域中的文化认同问题》，《吉首大学学报》2017 年第 1 期。

④ 刘永刚：《“国家认同问题”与“民族问题”辨析》，《中央民族大学学报》2017 年第 5 期。

⑤ 周平：《“亨廷顿之忧”发出了一个严重的警示》，《思想战线》2017 年第 5 期。

⑥ 暨爱民：《百年凝聚：近代中国民族国家的认同建构》，《西南民族大学学报》2017 年第 3 期。

⑦ 夏文贵：《边疆治理视野中的国家认同问题析论》，《黑龙江民族丛刊》2017 年第 2 期。

坚持马克思主义民族理论为根本点，大力推进少数民族国家认同建设。[①] 张先革、李朝虹、唐菊花《维吾尔族国家认同的内在要求和自身困境》一文指出新疆维吾尔族的国家认同现实悖论。文章认为在国际伊斯兰原教旨主义泛滥的背景下，中亚极端宗教渗透衍生的宗教分离主义和民族分离主义构成了维吾尔族国家认同的自身困境。[②] 杜倩萍《新时期南方少数民族国家认同与民族认同实证探析——以广西环江毛南族自治县为例》一文分析了广西环江毛南族自治县少数民族对民族认同和国家认同及民族关系的基本看法，文章认为相关部门应该更好地采取相应措施，促进民族团结，增强中华民族凝聚力，铸牢中华民族共同体意识。[③] 尹旦萍《边疆少数民族大学生中华文化认同现状调查——以Z民族大学为例》指出边疆少数民族大学生在中华文化的情感、意志和践行上存在一定程度的缺失。文章建议将中华文化认同内容统筹安排进中小学的课程体系。[④] 范香立《唐代边疆民族国家认同构建及历史启示》一文指出唐朝统治者在统一国家框架内，通过宗法血缘、修德、册封、朝贡、文化传播等方式，加强对边疆民族的身份、政治、文化等认同的构建，以此强化其国家认同。以史为鉴，国家认同构建要以主流文化的传播与认同为核心内容、以国民身份确认为重要手段、以政权合法性塑造为突破口。[⑤]

综上所述，学者们对中国历史疆域形成的探讨达成了共识，该共识为理解中国从王朝国家转型现代国家找到了解释路径，为中国文化、历史和疆域的传承性和整体性做出了知识上的贡献。同时，学者们还在不同的历史朝代和不同的区域治理的历史经验里寻找养分，以期可以为今天的边疆治理有所贡献。

五　当代中国边疆治理研究

当代中国边疆治理研究呈现出缤纷的景象，来自政治学、人类学、社会学、经济学等学科的研究人员，纷纷从各自学科视野来分析中国边疆在现时代进程中凸显的问题，并试图给予解答。这个领域的主要成果包括边疆治理理论探索和边疆具体问题的研究。

（一）当代中国边疆治理理论研究

首先，在对边疆治理概念的解析和边疆治理理论可能性方面，孙保全、赵健杉《“边疆治理”概念的形成与发展》一文探讨了历史上的“治边”话语和“边政”概念对今天“边疆治理”概念产生的影响。文章认为，边疆治理的内涵和边界应当形成基

---

① 范根平：《论中国边疆少数民族国家认同建构的理论进路》，《哈尔滨学院学报》2017年第5期。

② 张先革、李朝虹、唐菊花：《维吾尔族国家认同的内在要求和自身困境》，《云南民族大学学报》2017年第5期。

③ 杜倩萍：《新时期南方少数民族国家认同与民族认同实证探析——以广西环江毛南族自治县为例》，《中南民族大学学报（人文社会科学版）》2017年第6期。

④ 尹旦萍：《边疆少数民族大学生中华文化认同现状调查——以Z民族大学为例》，《中南民族大学学报（人文社会科学版）》2017年第6期。

⑤ 范香立：《唐代边疆民族国家认同构建及历史启示》，《贵州民族研究》2017年第4期。

本的概念工具和学术立场，从而持续推进中国边疆治理话语体系和中国边疆学学科的构建进程。① 赵超《“一带一路”建设中边疆治理的空间政治分析》一文认为从空间政治视域重新审视边疆及边疆治理，重点关注空间正义、空间生产机制改进、权力的空间结构优化和空间的政治认同等议题是符合“一带一路”倡议要求的。② 徐黎丽《通道地带理论——中国边疆治理理论初探》一文强调了中国的通道地带是中国边疆与中心聚合同离心力量相互博弈的纽带，中国边疆治理的中心是中国的通道地带。③ 孙保全《中国陆地边疆的区域性差异与差别化治理》认为在实践层面，针对不同的边疆省区，中国逐步形成了一般区域型、问题导向型、优势导向型和复合型等边疆治理类别。④ 邢广程《丝绸之路经济带建设与沿边合作》一文认为中国的沿边地区在共建丝绸之路经济带中发挥了极为关键的积极作用，未来在推进丝绸之路经济带建设时应当注意整合边疆地区的沿边优势，统筹国内外发展战略，并保持“构建耐力”，以更加有效的方式与邻国积极沟通，努力增信释疑。⑤ 周平《国家的疆域与边疆》一书汇集了29位学者关于边疆治理的研究论文，既有对传统的边疆及边疆治理理论和经验的全面挖掘和总结，也有对中华人民共和国成立以来的边疆划定和边疆治理实践的系统梳理，还有对其他国家边疆构建和边疆治理的经验和教训的成功借鉴，为实现边疆及边疆治理理论的创新进行了可贵探索。⑥

其次，对中国边疆治理如何与当今世界及时代特点相结合的问题，学人们也进行了广泛的讨论。周平《国家崛起与边疆治理》认为要把边疆治理纳入国家治理的总体框架，制定国家层面的边疆治理战略，以边疆治理助力国家崛起目标的实现，是一个必然及合理的选择。⑦ 熊坤新、平维彬《超越边疆：多民族国家边疆治理的新思路》一文认为近代中国传统边疆观向以国际性条约分界定疆的现代边疆观转变，“超越边疆”便是将边疆地区提升至国际合作前沿区、国家战略纵深区、经济增长潜力区的高度，实现国内各地区更为紧密的联结和整合。⑧ 周平《陆地边疆治理面临资源困境》认为突破陆地边疆治理的资源困境的关键在于，以新的视野和立足点来看待陆地边疆，以改革创新的思维在陆地边疆治理问题上做出合理的战略选择和策略选择。⑨ 马大正《中国边疆治理：从历史到现实》一文主要是探讨中国边疆治理的定位问题，文章认为中国边疆治理战略的构建，要重视中长期治疆战略的思考和坚持实事求是的思想路线，重视文化认同与国家认同的建设，推进边疆发展与稳定。⑩ 管前程、熊坤新《边疆民族地区治理刍

---

① 孙保全、赵健杉：《“边疆治理”概念的形成与发展》，《广西民族大学学报》2017年第3期。

② 赵超：《“一带一路”建设中边疆治理的空间政治分析》，《探索》2017年第6期。

③ 徐黎丽：《通道地带理论——中国边疆治理理论初探》，《思想战线》2017年第2期。

④ 孙保全：《中国陆地边疆的区域性差异与差别化治理》，《新视野》2017年第5期。

⑤ 邢广程：《丝绸之路经济带建设与沿边合作》，《国际问题研究》2017年第3期。

⑥ 周平：《国家的疆域与边疆》，中央编译出版社2017年版。

⑦ 周平：《国家崛起与边疆治理》，《广西民族大学学报》2017年第3期。

⑧ 熊坤新、平维彬：《超越边疆：多民族国家边疆治理的新思路》，《中国边疆史地研究》2017年第3期。

⑨ 周平：《陆地边疆治理面临资源困境》，《云南师范大学学报》2017年第4期。

⑩ 马大正：《中国边疆治理：从历史到现实》，《思想战线》2017年第4期。

论》一文认为边疆民族地区治理是国家治理的重要组成部分，关乎政治稳定和国家安全。[①] 李学保《跨学科视角与中国陆地边疆治理研究——基于民族问题与国际关系交叉研究的分析》一文强调国际关系研究在中国边疆治理研究中的运用。文章认为，在民族问题与国际关系交互影响、国内民族问题国际化趋向增强以及中国推进“一带一路”倡议的背景下，这一跨学科视角和分析方法显得尤为重要。[②] 方盛举《我国陆地边疆的文化型治理》一文以文化资源为原材料，以当代边疆治理的现实需要为导向，系统地凝练、重塑具有现代性、卓越性的边疆治理文化，并建立有效的边疆治理文化传播体系，将可以发挥其独特的治边、戍边功能，形成我国边疆治理实践中的文化型治理方式。[③] 吕朝辉、李敬《边疆少数民族法治文化认同：问题呈现与生成之道——以云南省为例》则是关注边境少数民族地区法治文化认同的现实情况。文章认为云南边疆少数民族法治文化认同呈现出法律供给不足、经济发展滞后、法治观念淡薄、法治建设不力等现实问题。因此，着力于完善边疆治理的法律体系、边疆民族特色的普法宣传、保证公正司法与严格执法、发挥法治文化的作用机理，以此促进边疆少数民族法治文化认同普遍而深入的生成，是边疆治理现代化中的一项紧迫任务。[④]

（二）“一带一路”倡议与边境口岸城市化、边境旅游

2013 年，习近平总书记提出“一带一路”倡议，此举将中国边疆尤其是沿边地区的发展提升到了一个新的历史高度，这也是对治国必治边方略的具体实践，在此形势下，沿边地区的开发开放程度得到进一步扩展，依托口岸而兴起的口岸型城镇成为沿边地区社会经济发展的重要载体。因此，2017 年有很多文章从边境对外开放和口岸城市化角度对边疆治理开展讨论，具有重大的现实意义和学术价值。

首先，从文化地理和经济地理的学科角度来看待边境城市化方面，白利友、谭立力《基于全球夜间灯光遥感数据的中国西南边境虚空化考察》一文认为，不论是从边疆还是国家的整体发展来看，强化边疆地方政府尤其是边疆县一级政府的治理责任，利用好大数据资源并及早防范及治理陆地边境的虚空化，是当前中国陆地边疆治理面临的现实问题之一。[⑤] 秦红增《中越边境口岸型城镇化路径探析》一文在实地调研的基础上，提炼出口岸与城市相融合、前岸中区后市以及口岸小镇这三个口岸型城镇化发展模式，并在此基础上，对口岸型城镇发展面临的问题及解决对策进行探讨。[⑥] 胡超、张莹《我国边境地区的开放模式、形成机理与启示》一文认为，我国边境地区主要有边境贸易、贸易通道、产业集聚、双子城和跨境合作区五种模式。边境地区作为“一带一路”必

---

① 管前程、熊坤新：《边疆民族地区治理刍论》，《贵州民族研究》2017 年第 6 期。

② 李学保：《跨学科视角与中国陆地边疆治理研究——基于民族问题与国际关系交叉研究的分析》，《贵州民族研究》2017 年第 7 期。

③ 方盛举：《我国陆地边疆的文化型治理》，《思想战线》2017 年第 6 期。

④ 吕朝辉、李敬：《边疆少数民族法治文化认同：问题呈现与生成之道——以云南省为例》，《吉首大学学报》2017 年第 1 期。

⑤ 白利友、谭立力：《基于全球夜间灯光遥感数据的中国西南边境虚空化考察》，《云南师范大学学报》2017 年第 4 期。

⑥ 秦红增：《中越边境口岸型城镇化路径探析》，《云南师范大学学报》2017 年第 3 期。

经之地和重要节点，边境地区政府应积极作为，牢牢把握这一战略机遇。[①] 徐黎丽、杨亚雄《论内陆边境口岸在边疆发展中的作用——以新疆克州两个公路口岸为例》探讨了新疆克州两个公路口岸如何在“一带一路”倡议实施背景下发挥作用。认为两个国家级一类公路口岸对边疆的发展既有积极的推动作用，也存在多种问题。[②] 邓玉函、曹晗《产业发展与边境口岸城镇化路径选择：以靖西市为例》一文以靖西市为例说明：只有依托口岸优势，挖掘边疆生态宜居、民族文化等特色，围绕商贸物流、离岸加工、跨国旅游等进行产业打造，才能走出一条独特的边疆城镇化发展路径。[③] 王新哲、陈田《广西边境民族地区城镇合作与共生发展研究》也旨在探讨边境地区城镇发展途径。文章认为，广西边境民族地区应建立综合性中心城镇，以加强城镇间的互补、互动，完善区域内城镇间交通网络，促进边境地区及外部产业和要素向边境集聚，从而推动城镇合作、共生发展。[④] 张永岳、张传勇、胡金星《“一带一路”战略下民族地区新型城镇化路径探讨》旨在探讨“一带一路”倡议下如何推进民族地区的城镇化建设走出困境，文章分析了新疆喀什地区民族地区城镇化发展的现状、面临的问题和挑战，认为民族地区新型城镇化推进路径应当走具有民族地区特色的道路。[⑤] 孙立新、王仕铭《边疆民族地区民生问题可持续发展专题研究：基于云南红河州的实证调查》一书以云南省红河哈尼族彝族自治州为样本，对边疆民族地区的民生问题可持续发展进行专题研究，通过对红河州民生问题与可持续发展的描述，提出总体对策和相应建议。[⑥]

其次，“一带一路”倡议与边境开放、边境旅游并无直接联系，但地缘因素及前者影响，后者也成为近年热衷探讨的话题。李国强《“一带一路”是宏大而独特的实践创新》一文认为，习近平总书记以推进我国全方位对外开放为起点，从维护全球自由贸易体系和开放型经济体系，促进区域合作、共谋社会发展、实现互利共赢的高度提出了“一带一路”倡议，该倡议是当今国际合作以及全球治理新模式的积极探索。[⑦] 饶卫《近代云南对外开放格局的形成及其历史意义》一文认为在近代云南对外开放的过程中充分利用地缘优势，将近代南亚、东南亚殖民地国家的近代交通条件整合纳入自身对外开放格局之中，形成了以各个商埠为支点、以两条近代交通干线为支撑、三个中心集镇群为纽带的层级开放体系；形成了主要面向欧美市场，外联内引的开放型通道经济发展

---

① 胡超、张莹：《我国边境地区的开放模式、形成机理与启示》，《西南民族大学学报》2017 年第 5 期。

② 徐黎丽、杨亚雄：《论内陆边境口岸在边疆发展中的作用——以新疆克州两个公路口岸为例》，《西南民族大学学报》2017 年第 9 期。

③ 邓玉函、曹晗：《产业发展与边境口岸城镇化路径选择：以靖西市为例》，《云南师范大学学报》2017 年第 3 期。

④ 王新哲、陈田：《广西边境民族地区城镇合作与共生发展研究》，《西南民族大学学报》2017 年第 1 期。

⑤ 张永岳、张传勇、胡金星：《“一带一路”战略下民族地区新型城镇化路径探讨》，《西南民族大学学报》2017 年第 1 期。

⑥ 孙立新、王仕铭：《边疆民族地区民生问题可持续发展专题研究：基于云南红河州的实证调查》，中国社会科学出版社 2017 年版。

⑦ 李国强：《“一带一路”是宏大而独特的实践创新》，《商业观察》2017 年第 11 期。

路径。[①] 刘宏芳、明庆忠、娄思元《边境旅游试验区建设的战略思维》一文探讨了边境旅游试验区的学理性基础。文章认为，边境旅游试验区主要发展方向应是建设兼具民族文化展示、生态环境保护以及经济辐射带动复合功能的新兴旅游区、边疆少数民族风情深度体验区、绿色生态旅游示范区、边境旅游辐射中心和集散地。[②] 沈万根、周文博《中国朝鲜族聚居边疆地区贫困村发展休闲农业的路径》一文认为可以从促进边境贫困村休闲农业的运营管理、挖掘贫困村农业资源发展内涵、打造朝鲜族休闲农业特色品牌等方面，为中国朝鲜族聚居边疆地区贫困村脱贫致富和新农村建设开辟一条新的道路。[③]

（三）跨境民族问题研究

首先，中国不同边疆地区跨境民族问题，向来是研究的关注点。2017 年度，学人们也从不同视角审视了与其相关的问题。尤伟琼《中缅边境地区中国外流边民回迁现象研究——以中缅边境地区怒江段为中心》一文在对回迁我国的中缅跨境民族问题进行深入详细问题论证的基础上，提出建议、措施。[④] 朱凌飞、段然《边界与身份：对一位老挝磨丁村民个人生活史的人类学研究》一文主要探讨了老挝磨丁村民对边界与身份问题的看法。文章认为宏观的政治经济过程与个体的生活史形成了一种交互映射的关系，而在边境地区，边民个体的命运更是与国家政策、国际关系、全球体系等因素密切相关。[⑤] 陆海发《边境治理中的跨国婚姻移民：特征、动力及其影响——基于对云南两个边境县的调查与思考》一文通过对云南两个边境县的实地调查发现，跨国婚姻移民现象正呈现出一些新的特征，不仅数量增长迅猛，地域空间扩大，而且族际通婚比例快速上升。[⑥]

其次，关于从政治学视角看待跨境民族和国家认同方面，朱要龙、刘培培《边疆民族地区流动人口的人口社会学特征分析——以云南为例》一文分析了边疆民族地区流动人口发展的基本特征及演变态势、劳动就业状况、流入地居住与留居意愿情况。提出了构建家庭化的流动人口服务体系、引导高素质人口向边境集聚、以农地权换市民权的制度构想。[⑦] 侯典芹《中国边疆政治视阈中的跨界民族问题》一文认为中国边疆政治的实质在很大程度上就是民族政治，跨界民族跨国界而居的特点使得跨界民族问题不仅

---

① 饶卫：《近代云南对外开放格局的形成及其历史意义》，《云南师范大学学报》2017 年第 1 期。

② 刘宏芳、明庆忠、娄思元：《边境旅游试验区建设的战略思维》，《云南社会科学》2017 年第 6 期。

③ 沈万根、周文博：《中国朝鲜族聚居边疆地区贫困村发展休闲农业的路径》，《延边大学学报》2017 年第 1 期。

④ 尤伟琼：《中缅边境地区中国外流边民回迁现象研究——以中缅边境地区怒江段为中心》，《云南师范大学学报》2017 年第 1 期。

⑤ 朱凌飞、段然：《边界与身份：对一位老挝磨丁村民个人生活史的人类学研究》，《云南师范大学学报》2017 年第 2 期。

⑥ 陆海发：《边境治理中的跨国婚姻移民：特征、动力及其影响——基于对云南两个边境县的调查与思考》，《云南民族大学学报》2017 年第 5 期。

⑦ 朱要龙、刘培培：《边疆民族地区流动人口的人口社会学特征分析——以云南为例》，《云南民族大学学报》2017 年第 6 期。

会影响我国的政治稳定、领土主权和边疆安全，而且可能影响中国周边的地缘政治环境。跨界民族问题日益成为中国边疆政治中的一项重要课题。① 何博、刘务《跨境族群与跨境族群分离主义》一文探讨了跨境族群对本族群和国家认同的关系。文章认为面对跨境族群分离主义对当代主权国家的疯狂解构，既需要继续推动和发挥联合国在反对与遏制跨境族群分离主义中的作用，也需要跨境族群母国加大民族国家构建力度以提升跨境族群的国家认同，还需要相关国家在治理跨境族群分离主义问题上积极合作。② 赵刚《政治认同视阈下的我国跨界民族问题治理》一文认为跨界民族问题治理的重心是增强跨界民族的政治认同。我国在增强跨界民族政治认同上既有成功的经验，但也存在着一些问题，主要是当前个别跨界民族的分离主义意识增强和治理跨界民族问题的手段遭到一些质疑。因此，在新的历史条件下，我们要积极探索增强跨界民族政治认同的治理路径。③ 周建新《边界、边民与国家——跨国民族研究的三个面向》一文主要探讨了国界民族如何在边界、边民与国家三个面向上取得统一。文章认为当代世界各个国家无一不是追求这三个面向的有机统一，跨国民族在国家未来发展走向中，“和平跨居”是最好的选项。④ 赵志朋、肖克《跨界民族的认同差异与政治稳定》一文认为跨界民族的认同差异是影响政治稳定的主要变量，对跨界民族聚居国来说，这种认同差异关联着政治生活、政治文化和政治发展的稳定性，还牵涉民族与国家、国家与国家之间的关系问题，所以相关研究不容小觑。⑤

（四）边疆地区的教育

边疆地区的教育因为涉及少数民族教育，与内地教育呈现出不同的关怀，涉及国家认同、意识形态等问题。对边疆地区进行省思、试图找出解决途径是 2017 年度相关研究的主要内容。

薛勇军、杨林《边疆民族地区民办教育相关问题研究》一文认为边疆民族地区民办教育自身办学的种种问题日益凸显，解决边疆民族地区民办教育存在的相关问题的方式主要有提升教师队伍的质量和水平、创新教学管理服务模式、提高学生实践动手能力、办学体现民族文化特色。⑥ 孔瑞、肖芒《知识、权力与流动空间：人类学视野下民族杂居地双语教育省思》一文认为少数民族双语教学可以看作现代知识系统面对地方社会同质化趋势时的自我反省，诸多少数民族语言在世界一体化的格局下，在自身生存的场域中渐渐失去了需求和价值，故出现了危机，而所谓的双语教学与其说是“内需”，毋宁说是披了“内需”外衣的“外需”。⑦ 崔榕《边疆民族地区意识形态安全面

---

① 侯典芹：《中国边疆政治视阈中的跨界民族问题》，《西南民族大学学报》2017 年第 4 期。

② 何博、刘务：《跨境族群与跨境族群分离主义》，《西南民族大学学报》2017 年第 6 期。

③ 赵刚：《政治认同视阈下的我国跨界民族问题治理》，《贵州民族研究》2017 年第 8 期。

④ 周建新：《边界、边民与国家——跨国民族研究的三个面向》，《广西民族研究》2017 年第 3 期。

⑤ 赵志朋、肖克：《跨界民族的认同差异与政治稳定》，《北方民族大学学报》2017 年第 5 期。

⑥ 薛勇军、杨林：《边疆民族地区民办教育相关问题研究》，《思想战线》2017 年第 2 期。

⑦ 孔瑞、肖芒：《知识、权力与流动空间：人类学视野下民族杂居地双语教育省思》，《云南师范大学学报》2017 年第 1 期。

临的挑战与对策》认为边疆民族地区教育面临着现实困境，要维护边疆民族地区意识形态安全，需要多方联动，多措并举，推动经济社会发展，加强主流意识形态教育，净化意识形态安全的外围环境，提高新传媒的治理能力。[①] 施琳《边境人类学发凡——国际边境研究理论范式与我国边境民族志的新思考》一文系统地梳理了国际边境研究的历史发展脉络，阐释美洲、非洲的著名边境研究个案和影响广泛的边境研究范式，进而结合当前我国云南边境的研究现状和田野材料，探讨了开展新型边境研究的可能途径。[②]

---

① 崔榕：《边疆民族地区意识形态安全面临的挑战与对策》，《中南民族大学学报》2017 年第 3 期。

② 施琳：《边境人类学发凡——国际边境研究理论范式与我国边境民族志的新思考》，《广西民族研究》2017 年第 2 期。

2017年北部边疆研究综述

阿拉腾奥其尔　乌兰巴根*

中国北部边疆历史与现状研究是中国边疆研究的重要组成部分。该领域研究常与北方民族史研究、蒙古史研究、辽金元史研究和地区研究等多个领域重叠交错。为避免学科重叠，突出边疆学的观察视角和立学导向，本部分综述只选取内容涉及边疆治理、历代边防、边疆地区民族迁徙、中原王朝与边疆地区的互动以及当代北部边疆省区经济社会现状问题的研究成果。

一　北部边疆史地研究新动态

2017年北部边疆研究有了一些新的动态，在研究关切、理论视角、研究方法等方面都有了一些新意。在研究关切方面，内亚视角与中国边疆、历代北部边防、北方历史地理、北方民族以及内蒙古的发展与中蒙俄经济走廊等问题可以说是2017年最为热议的问题。

在内亚视角与中国边疆方面，黎镜明、李沙沙在《内亚传统和北方游牧族群的历史演进》中，从历史文化演进与互动的角度阐述了游牧族群历史传统，认为游牧族群作为独立且持续的历史单位，其生成、演进有着独特的内在逻辑；内亚传统作为一种社会元素主导着族群的建构与维系，内亚传统清晰反映在价值体系与政治制度两个方面；游牧族群的历史演进存在多种方向，除汉化与远徙之外，一些游牧族群借助内亚传统延续至今，成为今日统一多民族国家的一员。① 杨建华《欧亚草原东部金属之路的形成》利用考古资料，考述了欧亚草原东部的金属传播途径，认为欧亚草原东部是一个金属器具流传的地域，也是欧亚草原发展的一个动力源。② 李鸿宾《中华正朔与内亚边疆——兼论唐朝北部长城地带的意涵》从唐朝的统治集团、文化血脉的特点出发，论述唐朝对农耕地区与游牧地区的征服和统合，以及唐朝后期对游牧地区统治的失去。③

在历代北部边防方面，张晋在《从“封王戍边”到“和亲弭兵”——西汉初期北疆边防策略探析》中，分析汉代处理北部防务的各项措施，认为汉初对匈奴以“封王戍边”为主，白登之围后，转为以“和亲弭兵”为主，以“封王戍边”为辅；同时鼓

* 阿拉腾奥其尔、乌兰巴根：分别为中国社会科学院中国边疆研究所研究员、副研究员。

① 黎镜明、李沙沙：《内亚传统和北方游牧族群的历史演进》，《青海民族学院学报》2017年第2期。

② 杨建华：《欧亚草原东部金属之路的形成》，《文物》2017年第6期。

③ 李鸿宾：《中华正朔与内亚边疆——兼论唐朝北部长城地带的意涵》，《学术月刊》2017年第2期。

励官方与民间养马，加强骑兵建设以备匈奴。[①] 朱圣明在《汉代“边民”的族群身份与身份焦虑》中，从户口与边民身份入手，分析了汉代边民的心理状况，认为汉代边民与“蛮夷”杂处，居于历史与现实中的“夷区”，来自中原却渐染“蛮夷风”，既隶属于边郡政府，又未能完全摆脱其他边境势力的影响，这使得边民有着不同于“内郡汉民”与“塞内蛮夷”的族群特征和群体心理；这些因素共同造就了边民特殊的介于华夷之间的族群身份，使其产生一种身份焦虑。[②] 薛海波在《论北魏军镇体制与六镇豪强酋帅》中对北魏军镇体系和军镇豪帅进行了考述，阐述北魏军镇体系及其领导层，解析了北魏时期北边防务的基本情况，认为北魏军镇体系是北方重要的行政与军事管理体制，对北魏边界安定与防务具有举足轻重的重大作用。[③] 王文光、孙雪萍《唐朝北部边疆安北都护府辖境内外回纥系统民族研究述论》研究了唐朝在安北都护府设置的众多羁縻州府，借以治理以贝加尔湖为中心分布着的骨利干、多览葛、仆骨、拔野古、同罗、浑、白霫、鞠等民族的情况。作者通过对羁縻州管辖内的民族群体的研究，提出安北都护府辖区内的民族与唐朝政治关系的紧密程度与距离唐王朝政治中心长安的远近有关；安北都护府辖境内外回纥系统的民族群体接受了唐朝的统治，对当时统一多民族国家的发展具有重大意义；历史上统一多民族中国的边疆建设与国家的强盛与否密切相关。[④] 于盼在《试论辽宋对峙下的边民与双边贸易》中，对辽宋对峙时期的双方贸易形式进行了考述，认为辽宋交易既有官设榷场贸易，也有走私贸易，分析了官设榷场对边民的影响以及边民走私活动的情况。[⑤] 邓英昊在《辽金经略蒙古高原之比较研究》中分析比较了辽金二朝对蒙古高原经略政策，认为辽朝初期是通过征伐，中期则通过筑城、移民等措施，加强对蒙古高原的统治，从而使版图扩张到了蒙古高原的西北部。辽朝主要以征伐、筑城镇守以及羁縻为策略，始终对蒙古高原的保持羁縻统治。相对辽朝的羁縻政策，金朝从初期开始就与蒙古结怨，中期则采取残虐的减丁措施，后来修筑界壕，以防为主。这样的缺乏羁縻的经略方式使金朝始终未能有效统治蒙古高原，终其一朝为蒙古所扰，最后更是亡于蒙古。[⑥] 周国琴在《论金朝对其北部边疆的有效管辖》中对金代北部边疆的管理做了系统阐述，从文化角度评析了金朝北部边疆管理体制产生的历史意义。[⑦] 翟禹《马营河堡考——明长城史地札记之三》，结合明长城史地勘察和《宣大山西三镇图说》《三云筹俎考》等文献史料，对明长城上的重要城堡马营河堡进行了考述。明朝在与蒙古诸部对峙其间，在北部地带建立了一套以长城为基础的军事防御体系，这个体系经过多年的经营，逐渐形成了九边重镇，大同镇是其中占有重要地位的防御阵地。大同镇由一系列的城堡组成，是一个复杂的防御线。据作者考述，马营河堡建

---

① 张晋：《从“封王戍边”到“和亲弭兵”——西汉初期北疆边防策略探析》，《学问》2017年第1期。

② 朱圣明：《汉代“边民”的族群身份与身份焦虑》，《中国边疆史地研究》2017年第3期。

③ 薛海波：《论北魏军镇体制与六镇豪强酋帅》，《民族研究》2017年第2期。

④ 王文光、孙雪萍：《唐朝北部边疆安北都护府辖境内外回纥系统民族研究述论》，《中国边疆史地研究》2017年第1期。

⑤ 于盼：《试论辽宋对峙下的边民与双边贸易》，《兰州教育学院学报》2017年第10期。

⑥ 邓英昊：《辽金经略蒙古高原之比较研究》，《哈尔滨学院学报》2017年第9期。

⑦ 周国琴：《论金朝对其北部边疆的有效管辖》，《内蒙古民族大学学报》2017年第3期。

于万历元年（1573），位置在杀胡堡和右卫城之间。作者在文章中对马营河堡的战略战术地位和它的不足之处做了评析。①

在“一带一路”与古代北部边疆历史研究方面，魏志江在《论辽帝国对漠北蒙古的经略及其对草原丝绸之路的影响》一文中，从帝国政权控制交通军事要地及交通路线的角度，阐述辽朝对蒙古高原交通路线的控制和保护及其历史文化意义。据魏志江的研究，辽初辽太祖耶律阿保机多次对漠北蒙古高原进行远征，从而使辽上京到漠北地区悉为辽朝所控制，打开了东北亚到西域的草原丝绸之路。辽朝为了控制这条草原丝绸之路，首先在武力征服的基础上设立西北路招讨司加以控制，其次修筑河董城、静边城、皮被河城、镇州、维州、防州、招州、塔懒主城以镇守，然后大量移民，充实边防。辽帝国的这些措施使它有效镇抚漠北诸部，保障了辽上京经过高原腹地及西域远达欧亚地区的草原丝绸之路的畅通。② 乌兰巴根《中蒙俄经济走廊的历史基础与地缘政治分析》一文，以中蒙俄经济走廊为议题，对其历史演进和地缘政治基础做了诠释。文章认为，清俄陆路贸易通道、中蒙苏铁路联运和中蒙俄经济走廊是一脉相承的三个发展阶段，三个阶段各有赖以形成的世界格局和地缘政治条件，并提出在走廊建设中理应注重历史，以历史为基础修建未来走廊，从而打造长期稳固的国际合作局面。③

在北方历史地理方面，孟洋洋在《东汉度辽将军府驻地考实》中，依据文献记载判定东汉度辽将军府驻地在曼柏县城，认为曼柏县故城即今内蒙古鄂尔多斯市达拉特旗白泥井镇黑庆壕村西的黑庆壕古城。④ 齐木德道尔吉在《蒙古国“封燕然山铭”摩崖调查记》中，详细叙述了中蒙联合考察队踏察蒙古国中戈壁省“封燕然山铭”的经过，并将石刻铭文与范晔《后汉书》记载对照，对摩崖铭文正本清源，去伪存真，同时用实际的考古资料澄清了备受争议的燕然山的具体方位。⑤ 牟发松在《十六国北朝政区演变的背景、特征及趋势略论——以特殊政区为中心》中，从民族结构变化与政区变化的角度考察魏晋以来直至十六国、北朝前期的北方地区的民族结构与政区，认为随着北境诸少数民族或主动或被动内徙，秦汉郡县制政区渐次后撤，部落组织或军事统制的特殊政区普遍兴起。⑥ 马丽亚·艾海提、林梅村在《塞北嚈哒人牧地考——兼论花木兰的民族归属》中利用文献记载和出土文物，对嚈哒人的族属、迁徙和姓氏进行考述，认为文学史上著名的花木兰是嚈哒人。⑦ 石坚军《黑山威福军司与兀剌海地望辨析》在前人研究基础上，对西夏黑山威福军司与元代兀剌海地望进行考述，对兀剌海词义、地望进行了详细探讨，认为兀剌海一词为党项语，意为“黑山”，就是宋元史籍之午腊蒻

① 翟禹：《马营河堡考——明长城史地札记之三》，载邢广程主编《中国边疆学（第八辑）》，社会科学文献出版社2017年版。

② 魏志江：《论辽帝国对漠北蒙古的经略及其对草原丝绸之路的影响》，《社会科学辑刊》2017年第3期。

③ 乌兰巴根：《中蒙俄经济走廊的历史基础与地缘政治分析》，《北方经济》2017年第12期。

④ 孟洋洋：《东汉度辽将军府驻地考实》，《中国边疆史地研究》2017年第2期。

⑤ 齐木德道尔吉：《蒙古国“封燕然山铭”摩崖调查记》，《文史知识》2017年第12期。

⑥ 牟发松：《十六国北朝政区演变的背景、特征及趋势略论——以特殊政区为中心》，《华中师范大学学报（人文社会科学版）》2017年第5期。

⑦ 马丽亚·艾海提、林梅村：《塞北嚈哒人牧地考——兼论花木兰的民族归属》，《考古研究》2017年第5期。

山、卧啰娘山、兀郎海山，今阴山山脉西段狼山。元代的兀剌海路是由西夏黑山威福军司改立，治所在新安州，就是现在的内蒙古巴彦淖尔市临河区古城乡高油房古城。①

赵云田《清代藩部形成探述》，对包括蒙古、青海、西藏、新疆等少数民族居住地区的清代藩部的形成过程进行了历史探述。作者认为，清朝藩部的形成，时间长、范围广，涉及不止一个民族和宗教，方式也有不同，有和平归降的，也有经过征服的。作者提出，清朝各地藩部的形成过程就是清朝多民族统一国家发展和巩固的过程。②

黄山杉《从俗从宜，各安其习——〈理藩院则例〉对〈大清律例〉刑罚规定之变通》，从立法与法律调适的角度，对比分析《理藩院则例》与《大清律例》的一些具体条文，梳理出《理藩院则例》对《大清律例》的变通规定，评析变通的原因、意义以及所蕴含的价值基础和社会治理理念，从而发现清朝统治者的立法智慧。文章对清代蒙古法律做了一次比对研究，是从另一个层面解释清代民族法律，使人加深对清代法律体系的全面认识。③

另外，范恩实在《从历史学、考古学、民族学的多重视角看室韦起源问题》中，用多学科视角梳理室韦诸部的发展融合与迁徙经过，认为室韦五部地域上发现的室韦文化是呼伦贝尔草原的早期鲜卑文化与外贝加尔东部布尔霍图伊文化融合发展的产物；同时参考北方通古斯人的民族志特征，认为室韦人群共有一个“室韦”族称，同时各部又各有属于自己的名称。④

在史料刊布方面，2017 年 6 月，厉声等人主编《清代钦差驻库伦办事大臣衙门档案档册汇编》由广西师范大学出版社出版。⑤ 这是一部清代满蒙档案的资料汇编，来自蒙古国国家档案馆的清代档案部，是中蒙两国学者多年以来学术合作的成果。这次汇编总共公布清代档案 1188 件，共 9656 页，其中满文档案 982 件，满蒙合璧 7 件，蒙文档案 289 件，包括从俄罗斯边务当局发来的蒙文 13 件。这是中国境内首次大量公布蒙古国所藏清代档案，为清代蒙古历史、清代北部边境及清俄关系的研究提供了重要的史料。

在学术活动方面，2017 年，在东北与北部边疆研究方面，除了为数可观的学术成果得到发表之外，各高校、各科研机构还组织了多次学术会议。这里仅选几场东北与北部边疆研究方面的会议，简单介绍。

2017 年 9 月 23—24 日，由复旦大学历史地理研究中心主办的“近代中国北方经济与社会转型”学术研讨会在上海召开，来自高校和科研机构的 40 余位学者与会。通过研讨，会议取得了三方面的新认识，即深化了近代经济转型理解，关注交通与环境因

---

① 石坚军：《黑山威福军司与兀剌海地望辨析》，《宋史研究论丛》2017 年第 2 期。

② 赵云田：《清代藩部形成探述》，《明清论丛》2017 年第 1 期。

③ 黄山杉：《从俗从宜，各安其习——〈理藩院则例〉对〈大清律例〉刑罚规定之变通》，《法大研究生》2017 年第 2 期。

④ 范恩实：《从历史学、考古学、民族学的多重视角看室韦起源问题》，《黑龙江民族丛刊》2017 年第 2 期。

⑤ 厉声、毕奥南、乌兰巴根、阿拉腾奥其尔主编：《清代钦差驻库伦办事大臣衙门档案档册汇编》，共 20 册（影印），广西师范大学出版社 2017 年版。

素，不断丰富史料来源和研究方法。

2017年10月12—14日，“中国社会科学论坛2017：中蒙俄经济走廊与东北亚区域合作国际论坛”在内蒙古自治区呼和浩特市成功举行。会议由中国社会科学院中国边疆研究所、内蒙古财经大学和内蒙古社会科学界联合会联合举办，来自中国、俄罗斯、蒙古、韩国、日本、波兰、英国7个国家近40位专家学者参会，对中蒙俄经济走廊建设的历史、现状以及未来构想等问题进行了深入研讨。

2017年10月15日，“北部边疆研究与中国边疆学构建学术研讨会”在内蒙古自治区锡林浩特市召开。会议由中国社会科学院中国边疆研究所东北与北部边疆研究室、马克思主义国家与边疆理论研究室及锡林郭勒职业学院联合举办，来自国内高校和科研机构的30余位学者参加，围绕北部边疆与中国边疆学建设问题展开讨论，涉及北部边疆古代民族、中蒙俄经济走廊建设、内蒙古自治区的经济社会发展、北部边疆环境与生态等具体问题。

二　北部边疆研究综述现状

2017年是内蒙古自治区成立70周年。70年来，内蒙古自治区在中国共产党的正确领导下在社会主义建设各个领域都取得了辉煌的成就。2017年度，学者们围绕内蒙古自治区成立70年来在社会主义建设各个领域所取得的成就，内蒙古自治区在实行民族区域自治方面取得的成功经验和自治区民族团结方面取得的巨大成果进行了总结和理论上的探索。

（一）内蒙古民族区域自治70年

内蒙古自治区是中国共产党在探索解决中国民族问题道路上建立的第一个省级少数民族自治政权，在中国共产党的民族区域自治理论发展、政策完善及制度实践中做出了里程碑性的重大贡献，在当今以习近平同志为核心的党中央领导下，坚持中国特色解决民族问题的正确道路上具有特别重要的理论和实践意义。包桂芹、金炳镐、盖守丽《民族区域自治是中国共产党的伟大创举——纪念内蒙古自治区成立70周年》，从探讨“中国共产党提出民族区域自治的初心”出发，通过考察内蒙古民族区域自治70年的主要经验提出，内蒙古自治区70年实践证明，维护和巩固国家统一与实现和保障少数民族区域自治有效结合、辩证统一是实行和完善民族区域自治的根本原则；坚持中国共产党的领导，加强中国共产党各级组织建设是民族区域自治实践成功的根本保证。[①] 钱占元《从“良好榜样”到“光辉典范”——内蒙古自治区成立周年庆典活动纪实》也对内蒙古民族区域自治70年给予高度的评价，认为自1947年5月以来，内蒙古自治区已经走过整整70年的光辉历程是从“民族区域自治的良好榜样”到“民族区域自治制度的光辉典范”的70年。[②] 贾清、李学军《乌兰夫民族立法法制思想对我国法治建设

① 包桂芹、金炳镐、盖守丽：《民族区域自治是中国共产党的伟大创举——纪念内蒙古自治区成立70周年》，《贵州民族研究》2017年第11期。

② 钱占元：《从“良好榜样”到“光辉典范”——内蒙古自治区成立周年庆典活动纪实》，《中国档案》2017年第8期。

的历史性贡献》，考察了乌兰夫同志的早期革命活动，详细论述了乌兰夫为我国实行民族区域自治，主持制定民族区域自治法做出的突出贡献，认为乌兰夫是我国第一个省级自治区——内蒙古自治区的具体创立者，是我国民族区域自治法的领导者、组织者和主持制定者，也是贯彻执行民族区域自治法的组织者和践行者。[①]

内蒙古自治区是一个多民族聚居地区，共有55个民族。在全自治区的2500万人口中，蒙古族、汉族人口占多数，还有达斡尔、鄂温克、鄂伦春三个建有自治旗的民族和其他少数民族。因此，对各民族干部群众进行民族基本知识教育、民族政策教育、民族法律法规教育和民族理论教育，不断加强各民族大团结，是内蒙古自治区一项十分重要的政治工作。王有星、倪萍《民族大团结：内蒙古70年不褪色的红线》，全面认真总结了内蒙古自治区成立70年来在民族团结以及民族团结教育方面所取得的成就和经验，提出了以下几条核心观点：1. 加强党的领导是内蒙古各民族大团结的根本保证；2. 紧紧抓住经济建设这个中心工作，为内蒙古各民族大团结奠定了坚实的物质基础；3. 坚持对各族干部群众进行民族团结教育，为内蒙古各民族大团结奠定了坚实的思想基础；4. 大力培养选拔任用少数民族干部和汉族干部，为内蒙古各民族大团结提供了重要的组织保证。[②] 周竞红《各民族在交往交流中团结凝聚——兼论十八大以来中国共产党民族团结思想继承和发展》是一篇理论性探索的文章。该文全面考察了十八大以来党的民族工作以及民族团结思想的继承和发展，认为中国共产党民族团结思想是在参与国际共产主义运动、推动无产阶级革命和社会主义建设中不断丰富和发展起来的一套具有中国特色的思想理论。[③]

（二）生态文明建设

土地荒漠化一直是制约内蒙古经济发展的主要生态问题，也是造成生态环境恶化、农牧民生活贫困的重要原因之一。近年来，土地荒漠化、草原荒漠化问题越来越受到人们的重视，内蒙古自治区各级政府从维护生态安全角度和改善人民生活条件出发，出台了多部自治区级和地方的防止和治理内蒙古草原荒漠化方面的相关文件和措施。经过几十年的治理，内蒙古的荒漠化状况得到明显的改善。内蒙古草原的荒漠化问题也越来越多地引起了学者们的高度重视和关注，目前，每年都有多项相关课题立项，出版和发表的相关研究成果也不少。这类成果的一个主要特征是，都有相关的对策建议，为各级政府有关部门提供相关智力支持。归纳此类研究成果的主要观点，大体有以下几类：一是，由于荒漠化地区多处在生态环境脆弱区，已初步治理的区域生态系统尚不稳定，一些地区沙化土地仍在扩展状态，总体治理形势不容乐观；二是，草原、山林地及沙区滥开垦情况还比较突出，政府指导治理的政策和措施相对滞后，荒漠化治理市场机制不健全，公众参与度也比较低；三是，内蒙古在推进经济绿色转型、实现发展与保护双赢的

---

① 贾清、李学军：《乌兰夫民族立法法制思想对我国法治建设的历史性贡献》，《内蒙古人大》2017年第10期。

② 王有星、倪萍：《民族大团结：内蒙古70年不褪色的红线》，《中国民族报》2017年8月9日。

③ 周竞红：《各民族在交往交流中团结凝聚——兼论十八大以来中国共产党民族团结思想继承和发展》，《中国边疆史地研究》2017年第3期。

征途中，依然任重而道远。2017 年有关内蒙古生态文明建设方面的学术论文有：王正、王立平《简述内蒙古生态文明建设七十年发展历程》[①]，于茜、马军《生态文明视野下内蒙古地区农牧业低碳化问题研究》[②]，高锡林《繁荣生态文化体系　推动生态文明建设》[③]，王雨涵《推进生态文明建设，实现永续发展，建设美丽内蒙古——自治区人大常委会审议关于矿产资源开发中环境保护情况的报告》[④]，郑洪生《阿伦河畔映山红——看内蒙古自治区阿荣旗生态文明建设》等[⑤]。此外，还有几篇硕士博士学位论文，如李可《政府主导下的内蒙古荒漠化治理研究》（内蒙古大学）、王汉祥《中国北疆民族地区旅游产业生态化发展研究》（内蒙古大学）等，也值得关注。

（三）内蒙古对外开放和“中蒙俄经济走廊”建设研究

“一带一路”为我国未来相当长时期的开放发展和国际合作描绘了蓝图，内蒙古在我国向北开放和建设“中蒙俄经济走廊”方面，具有独特的优势地位。内蒙古的开放，经历不同时期的调整，最终还是定位为以“向北开放”为核心的全方位对外开放。张菲在《“一带一路”背景下内蒙古对外开放战略探讨》一文中认为，内蒙古对外开放战略的落实面临一些国际和国内的问题和挑战，需要从多个层面加以推动和解决，包括：扩大视野格局、加强宣传造势、提升产能合作、提高金融服务水平、带动腹地发展，最后还要立足长远，扩大科技、教育、人文交流和双边特色旅游，扩大民间共识。[⑥] 胡益华在《内蒙古要在中蒙俄经济走廊建设中发挥积极作用》中，从内蒙古对接中蒙俄经济走廊的角度讨论内蒙古在走廊建设中的作用，包括战略枢纽作用、物流基地作用、资源能源合作的战略作用、产业合作示范基地作用、跨境旅游基地作用等几个方面。[⑦] 沈志远在《“中蒙俄经济走廊”共建背景下内蒙古自治区与蒙古国贸易合作的税收服务研究》中，从中蒙俄经济走廊建设的高度，以三国合作为大前提，以内蒙古自治区税收服务为研究对象，对内蒙古自治区与蒙古国经贸合作现状和蒙古国税收制度进行探讨，分析了内蒙古自治区与蒙古国开展经贸合作的税收服务着力点。作者提出的税收服务着力点包括强化对赴蒙企业的税收政策宣传、为赴蒙企业提升管理和服务水平、加强对赴蒙企业的税收协定服务、促进税务中介机构“走出去”、加强数据统计分析等方面。[⑧] 珠乐在《“一带一路”背景下内蒙古经济发展面临的契机》中，从内蒙古在“一带一

---

① 王正、王立平：《简述内蒙古生态文明建设七十年发展历程》，《内蒙古民族大学学报》2017 年第 6 期。

② 于茜、马军：《生态文明视野下内蒙古地区农牧业低碳化问题研究》，《北方经济》2017 年第 10 期。

③ 高锡林：《繁荣生态文化体系　推动生态文明建设》，《内蒙古林业》2017 年第 8 期。

④ 王雨涵：《推进生态文明建设，实现永续发展，建设美丽内蒙古——自治区人大常委会审议关于矿产资源开发中环境保护情况的报告》，《内蒙古人大》2017 年第 6 期。

⑤ 郑洪生：《阿伦河畔映山红——看内蒙古自治区阿荣旗生态文明建设》，《防护林科技》2017 年第 3 期。

⑥ 张菲：《“一带一路”背景下内蒙古对外开放战略探讨》，《北方经济》2017 年第 11 期。

⑦ 胡益华：《内蒙古要在中蒙俄经济走廊建设中发挥积极作用》，《北方经济》2017 年第 10 期。

⑧ 沈志远：《“中蒙俄经济走廊”共建背景下内蒙古自治区与蒙古国贸易合作的税收服务研究》，《税收经济研究》2017 年第 4 期。

路”倡议中的区位优势出发，认为在发展“一带一路”倡议当中内蒙古地区将拥有重大的发展契机，对于该地区乃至全国的经济发展都将起到重要作用。[①] 鄂晓梅在《中蒙俄经济走廊“五通”建设中的问题与对策》中，以“五通”建设为基础，分析中蒙俄经济走廊建设所面临的现实问题，提出了解决这些问题的具体对策。[②] 乌兰巴根《中蒙俄经济走廊的历史基础与地缘政治分析》则从历史演进的大维度上认为，清俄陆路贸易通道、中蒙苏铁路联运和中蒙俄经济走廊是一脉相承的三个发展阶段，三个阶段各有赖以发展的世界格局和地缘政治条件。文章在阐述中蒙俄经济走廊的历史演进和政治条件的基础上，提出中蒙俄经济走廊具有悠久的历史传统和厚实的历史沉淀，因此，在走廊建设中应该发掘历史遗产，以历史为基础修建未来走廊，从而打造长期稳固的国际合作局面。[③] 有关中蒙俄经济走廊的研究成果还有很多，这里限于篇幅，只介绍了部分成果。

三　余论

2017 年是中国北部边疆研究取得丰硕成果的一年。学界在北部边疆历史问题上除了依然从中原王朝与边疆民族、边疆政权互动关系上看待问题和以中原王朝的边防为重要议题之外，引进了一些新的研究视角，以构建新的研究范式。

在研究视角、理论与方法方面，内亚视角和欧亚草原视角是 2017 年中国北部边疆历史研究中颇受欢迎的研究视角，也是这一领域的新生的一个研究范式。中国的北部边疆无论在历史上还是在当下都与内亚草原或欧亚草原交织在一起，内亚传统或欧亚草原力量对中国的历史发展进程发挥了深远的影响。长城的构筑、汉代凿通西域、断匈奴右臂、开通丝绸之路、草原游牧民族的频频南进、清代茶叶之路等世代热议不绝的历史问题，没有一个不是跟内亚地区或欧亚草原紧密联系。因此从内亚的角度审视中国的历史尤其是中国北部边疆的历史，具有重要的意义。

中蒙联合考察队发现的“封燕然山铭”无疑是 2017 年轰动世界的考古发现之一。这次考古发现不仅证实了东汉远征匈奴战役的真实性，还找到了“封燕然山铭”的实物，从而结束了两千年以来争讼不已的学术疑点。

在研究方法方面，学界研究北部边疆历史问题的时候还是多用文献考据研究方法，因为文献考据方法是历史研究中最基本的研究方法。除了文献考据方法之外，实地考察也是一个频繁使用的研究方法。中蒙联合考察队正是借助实地踏察的方法发现了举世瞩目的“封燕然山铭”的实物遗迹。在中蒙俄经济走廊与内蒙古经济发展研究上，主要使用的研究方法为经济学研究方法、国际关系学研究方法和管理学研究方法。

此外，“一带一路”与中蒙俄经济走廊建设背景下对东北与北部边疆地区的经济社会发展仍是 2017 年较为流行的研究范式，这既反映了学界对东北与北部边疆地区经济

---

① 珠乐：《“一带一路”背景下内蒙古经济发展面临的契机》，《现代营销》（下旬刊）2017 年第 7 期。

② 鄂晓梅：《中蒙俄经济走廊“五通”建设中的问题与对策》，《内蒙古社会科学》2017 年第 5 期。

③ 乌兰巴根：《中蒙俄经济走廊的历史基础与地缘政治分析》，《北方经济》2017 年第 12 期。

社会发展的持续关切，也反映了学界对国家提出实施的对外合作倡议的学术共鸣。从这个意义上讲，东北与北部边疆研究不仅是中国历史研究与现状研究的一部分，还成了国际关系研究、国际区域合作研究的一个聚光点，这对学科发展、学术拓展和研究视角、理论与方法的更新和提升均有重要意义。

2017 年东北边疆研究综述

范恩实　朱　尖　初冬梅*

2017 年，东北边疆研究总的来说既有成绩，也存在一定的问题。从东北边疆历史研究的角度看，尽管成果数量并不算少，但是突破性、创新性的研究却不够多，反而是一些总结性、反思性的研究更值得推荐，或许这正预示着学术曲折发展过程中新的发展起点的出现。在当代东北边疆研究方面，从论文数量上看，较 2016 年减少了约一半；从研究主题看，也较 2016 年更为分散。当然，在研究主题数目减少的同时，出现了若干新的主题，例如战略性新兴产业、第三产业、地区平衡、生态文明等，这些主题恰恰反映了东北老工业基地振兴发展的新途径、新动能、新趋势，表明学术研究与社会发展之间的良性互动。

一　东北边疆历史研究

东北边疆历史研究可以再细分为东北边疆族群发展史、历代中原王朝东北边疆治理史两个方面。

（一）东北边疆族群发展史

在先秦、秦汉时期东北边疆族群史研究领域，由于文献记载十分有限，学界研究主要借助考古材料。近年来相关考古工作并无大的进展，因此专题性研究成果也并不多。张伟、田禾《挹娄、勿吉文化的考古学考察》讨论挹娄、勿吉考古文化问题，指出：三江平原汉晋时期的滚兔岭文化和凤林文化在时空范围上与黑龙江地区古代“肃慎族系”的活动区域多有重合。滚兔岭文化、凤林文化的基本特征分别与文献记述的挹娄、勿吉相符，得出滚兔岭文化属于挹娄、凤林文化属于勿吉的结论，并推演出凤林文化是以属于挹娄系统的波尔采文化因素为主体，融合、吸纳了包括团结文化、泡子沿上层文化、滚兔岭文化等多种文化因素而构成的。①

当然，由于近年来相关考古工作缺少重要突破，相关研究实际上进入了一个沉淀、总结期。魏存成《东北古代民族源流述略》，系统梳理了历史上活动在东北地区的华夏——汉族、肃慎、秽貊、东胡四大族系诸族群的发展历程和相互关系。② 在魏存成的另外一篇文章《东北地区古代文化举要》中，作者又对各族系群体对应的考古文化进

---

* 范恩实、朱尖、初冬梅：分别为中国社会科学院中国边疆研究所研究员、助理研究员、副研究员。

① 张伟、田禾：《挹娄、勿吉文化的考古学考察》，《北方文物》2017 年第 3 期。

② 魏存成：《东北古代民族源流述略》，《中国边疆史地研究》2017 年第 4 期。

行了总结和梳理。[①] 王绵厚《中国东北地区的“三大地域文化”》，通过对东北地区自然地理环境、人文历史脉络进行系统梳理和概括，阐明东北地区“三大地域文化”，即辽河文明、长白山文化、草原文化的成因及其基本特征。[②] 王先生还出版了《东北亚走廊——考古民族与文化八讲》一书，分三个方面总结了作者多年研究的成果，即东北（含东北亚）古地理与交通史研究，东北古民族与高句丽和夫余、契丹研究，东北古文化与考古学研究。[③]

同时，相关学术界也开始反思以往研究的理论、方法及认识结论。刘晓东等《先秦时期黑龙江古族及其与考古学文化对接问题》，对以往相关研究中把文献记载的先秦古族与黑龙江考古学文化对接进行反思。作者首先对文献记载进行梳理后指出，先秦时期，东北土著民族三大族系中，秽貊的主体部分应在辽宁北部、吉林中部，其北端或可略达黑龙江南部边沿地带；东胡乃至山戎的主体部分应在燕、赵长城地带，即便是秦开袭破东胡，“东胡却千余里”，其主体部分也不在黑龙江境内；肃慎的主体部分应一直在黑龙江境内乃至其以东、以北的广阔区域。对于肃慎考古学文化，作者认为，由于相关区域考古工作还很不充分，目前无法断言三江区域的哪类遗存或牡丹江区域的某个遗址就是肃慎的文化遗存。商周时期肃慎族与考古学文化对接的问题尚有很长的路要走。作者最后指出，古代族群与考古学文化的对接，虽属热点课题，但问题纷纭繁杂，绝不是轻而易举就能解决，就能说清的。有关先秦时期东北古族的文献记载稀少，更加增加了对接的难度。虽然魏晋以后相关文献记载增多，但必须注意的是，魏晋时期的文献著录毕竟是魏晋时期对当时族群的了解和认知，且不可与先秦时期相混淆，更不能简单地以此时族群的分布、范围、生活习俗及相互位置等情况来指代先秦时期。[④]

高句丽、渤海研究是东北边疆族群发展史研究的重要组成部分，2017 年度的研究成果主要体现在以下方面。

其一，学术史及学术评论。尹铉哲就韩国方面高句丽研究的博士学位论文数据进行了统计思考，具体从博士学位论文数量、论文选题培养单位、博士学位获得者的工作状态几大角度进行了分析，指出韩国博士学位论文和人才培养的特点，尤其与我国的情况进行了比较。[⑤] 王培新、卢成敢梳理了 20 世纪以来国内外渤海上京城考古研究学术认识的发展过程。[⑥] 郑春颖全面系统梳理了国内外关于高句丽壁画的研究。[⑦] 孙炜冉探讨了高句丽入唐移民与仕唐蕃将研究状况及其学术价值。[⑧] 李春杰、苗威着重探讨了韩国

---

① 魏存成：《东北地区古代文化举要》，《地域文化研究》2017 年第 1 期。

② 王绵厚：《中国东北地区的“三大地域文化”》，《地域文化研究》2017 年第 1 期。

③ 王绵厚：《东北亚走廊——考古民族与文化八讲》，黑龙江人民出版社 2017 年版。

④ 刘晓东、胡秀杰、王乐文、李有骞：《先秦时期黑龙江古族及其与考古学文化对接问题》，《北方文物》2017 年第 3 期。

⑤ 尹铉哲：《韩国的高句丽博士学位论文统计及其思考》，《通化师范学院学报》2017 年第 6 期。

⑥ 王培新、卢成敢：《渤海上京城考古研究学术史回顾》，《社会科学战线》2017 年第 2 期。

⑦ 郑春颖：《高句丽壁画墓的研究历程、反思与展望》，《社会科学战线》2017 年第 2 期。

⑧ 孙炜冉：《高句丽入唐移民与仕唐蕃将研究状况及其学术价值》，《博物馆研究》2017 年第 4 期。

学者宋基豪的渤海观问题①。耿黎统计分析了目前关于集安高句丽碑的研究著述。② 孙炜冉指出苗威通过对高句丽移民的研究，对高句丽民族的历史属性有了一个较为清晰的认识和界定。③ 孙炜冉还对张芳新著《〈魏书·高句丽传〉研究》作了推介。④ 赵连赏对郑春颖著《高句丽服饰研究》进行了评价，指出该书具有图物齐全、史料完备，方法娴熟、思路清晰，攻克难题、论述深入的特征。⑤ 李晓薇评价了张士东《高句丽语研究》一书，指出该书为学界提供了全面研究高句丽语的新路径，是研究高句丽语必不可少的学术著作。⑥

其二，史料整理与研究。刘海洋、赵振海编著《渤海历史编年》分先世追踪、渤海国编年史、东丹国及渤海遗裔历史编年、杂篇四部分对渤海国历史进行编年处理。⑦ 赵振华依托唐代 14 方墓志中分别记叙的“丸都”和“丸山”是“丸都山”的简称问题，对高句丽丸都史料与传抄录文进行了分析与纠正⑧。孙炜冉对《三国史记》中记载的高句丽始祖神话与建国神话的文献史源作了深入的分析与探究。⑨ 刘晓东系统梳理了《续日本纪》中与渤海有关的纪事，从分期角度厘清了该书“渤海”“高句丽”相混纪事，由最初的不混，经中间的相混，到最后又回归到不混的全过程。⑩ 滕红岩、李乐营对近代以来倭国渤海史史料研究历史进行了梳理，在此基础上对未来渤海史史料研究提出了设想。⑪ 耿铁华指出《会余录》中《高句丽碑出土记》一文对《好太王碑》发现的误记问题，应当予以澄清。⑫ 徐德源对《沈故》一书中著录的高句丽《好太王碑》铭文著录的内容和时代进行了研究，认为该铭文是杨氏握有前人抄本并到集安亲自验看原碑两相对照补注而成，是自从《好太王碑》重新发现以来漫漶文字判识最多者，是历来著录《好太王碑》最高、最珍贵的成就。⑬

其三，高句丽历史叙述问题。苗威在《“血统论”在东亚历史解释中的实践及其困

---

① 李春杰、苗威：《韩国学者宋基豪的渤海观》，《黑龙江社会科学》2017 年第 1 期。

② 耿黎：《集安高句丽碑发现五周年研究成果评述》，《通化师范学院学报》2017 年第 4 期。

③ 孙炜冉：《健笔破旧蹊　鸿篇开新局——评苗威先生〈高句丽移民研究〉》，《通化师范学院学报》2017 年第 2 期。

④ 孙炜冉：《文献史学的延拓　高句丽学的创新——评张芳〈《魏书·高句丽传》研究〉》，《史志学刊》2017 年第 3 期。

⑤ 赵连赏：《郑春颖著〈高句丽服饰研究〉读后》，《中国史研究动态》2017 年第 1 期。

⑥ 李晓薇：《〈高句丽语研究〉评介》，《学问》2017 年第 1 期。

⑦ 刘海洋、赵振海编著：《渤海历史编年》，科学出版社 2017 年版。

⑧ 赵振华：《唐代墓志中的“丸都”与“丸山”之辨——兼谈其对于纠正古籍别写之意义》，《郑州大学学报》2017 年第 1 期。

⑨ 孙炜冉：《〈三国史记〉高句丽始祖神话与建国神话的文献史源》，《史学史研究》2017 年第 3 期。

⑩ 刘晓东：《〈续日本纪〉中“渤海”“高句丽”相混纪事考察》，《地域文化研究》2017 年第 1 期。

⑪ 滕红岩、李乐营：《中国的渤海史史料研究述评》，《古籍整理研究学刊》2017 年第 4 期；滕红岩：《中国的渤海史史料研究述论》，《通化师范学院学报》2017 年第 5 期。

⑫ 耿铁华：《日本〈会余录〉对好太王碑发现的误记》，《北方文物》2017 年第 1 期。

⑬ 徐德源：《弥足珍贵的高句丽好太王碑铭文文献著录——杨同桂〈沈故〉所载“高句丽墓碑”评介》，《地域文化研究》2017 年第 1 期。

局》一文指出，在东亚世界存在诸多围绕历史而形成的难以消弭的问题，其中以“血统”为纽带，将不同时代之不同民族作亲缘性连接，进而建构一套历史解释系统。由于历史本身的特质以及“血统论”的偏狭，给当代社会带来强烈的冲击和困扰，有必要剖析其病理，走出历史的误区。① 在其另一篇论文《“古朝鲜”的伦理考察》中，作者力图对朝鲜半岛的古史逻辑进行更加清晰化、准确化的梳理，其中也涉及高句丽历史叙述问题。②

其四，历史专题研究，可再细分为6个分支领域。

1. 族系源流。王培新以玄菟郡内迁为背景，研究认为最早出现高句丽这一名称的是《汉书》，在《王莽传》中记录高句丽史事，此时高句丽已经建国。梳理《汉书》《三国志》《后汉书》等记载高句丽史事的早期文献，结合近年考古成果，得出结论否定了以往先有高句丽族，再有高句丽县，最后有高句丽国的认识。指出玄菟郡初设与高句丽无关，玄菟徙郡是为高句丽所侵，《汉书》地理志所载玄菟郡三县不在高句丽地区，“高句丽”最初为国名，“高句丽”作为族称是由高句丽国这一政治体演变而来③。祝立业以《三国史记》记载的高句丽早期历史为背景，结合正史记载，探讨了高句丽早期族群的演变情况④；在后续的研究中又进一步从微观层面，对句骊胡、卒本扶余与高句丽的关系等问题进行了探讨。⑤ 苗威从渤海国内多元凝聚而形成渤海族、渤海人们共同体的形成、渤海族的消亡三个方面对渤海族的凝聚及其消亡问题展开了探讨。⑥ 孙昊以渤海相关族群的关系为中心探讨了靺鞨族群的变迁。作者认为扶余靺鞨是在靺鞨七部离散之后，因支持唐朝东北经略活动而被识别的一支靺鞨族群。该部靺鞨曾与渤海对峙，直至被吞并，最后融入女真社会之中。由扶余靺鞨与渤海靺鞨的衍生过程来看，7—10世纪中原王朝与靺鞨社会的政治互动决定了靺鞨族群变迁的走向。中原王朝对靺鞨政治属性的识别与归类，能够推动靺鞨社会新族群归属意识的出现。同时，靺鞨族群也具有能动性，能够突出、展现最有利的族群归属范畴，以实现自身利益的最大化。从当时的历史语境看，扶余、渤海靺鞨的族群意识皆呈内向中原王朝历史趋势。⑦

2. 政治史研究。主要包括建国史、对外关系史、国王及其政治活动、职官、统治制度、政治事件、疆域变迁等方面。李德山梳理了高句丽建国传说的各类资料，进一步对高句丽建国传说的历史文化内涵、文化渊源和特点作了分析。⑧ 徐琳琳、姜维公则具体对高句丽始祖传说中河伯女角色进行了研究。⑨ 杨军用较大的篇幅探讨了高句丽建国史，指出高句丽建国问题不仅是高句丽史研究中的一项重要问题，也是研究东北亚古族、古国生成史的重要问题，更是一个重要个案，能够深化我们对次生形态国家生成过

---

① 苗威：《“血统论”在东亚历史解释中的实践及其困局》，《东北师大学报》2017年第6期。

② 苗威：《“古朝鲜”的伦理考察》，《安徽史学》2017年第6期。

③ 王培新：《从玄菟徙郡解析“高句丽”由国名到族称的演变》，《史学集刊》2017年第1期。

④ 祝立业：《高句丽族群共同体的早期演进》，《学问》2017年第1期。

⑤ 祝立业：《论句骊胡、卒本扶余与高句丽的关系——以玄菟郡内迁为背景的考察》，《社会科学战线》2017年第12期。

⑥ 苗威：《渤海族的凝聚及其消亡》，《延边大学学报》2017年第5期。

⑦ 孙昊：《靺鞨族群变迁研究——以扶余、渤海靺鞨的历史关系为中心》，《史林》2017年第5期。

⑧ 李德山：《高句丽建国传说考》，《通化师范学院学报》2017年第1期。

⑨ 徐琳琳、姜维公：《高句丽始祖传说中河伯女角色初探》，《大连大学学报》2017年第4期。

程的理解。[①]孙炜冉对高句丽东川王、中川王及西川王三位国王进行了考证研究[②]；此外还探讨了高句丽太祖大王、次大王和新大王的王号及在位时间的问题。[③]孙昊《制造“夷狄”：古代东亚世界渤海“首领”的历史话语及其实践》一文，指出唐朝与日本传世文献中的渤海“首领”是学术界讨论的焦点之一，但已有研究在方法论方面存在误区。“首领”在封贡秩序的语境中，主要是用于指称四夷社会的习用语汇，带有鲜明的立场性和指向性。唐朝、日本、渤海三方文献记述的渤海“首领”记述立场不一，其指涉对象并非同一范畴，并不能如实地记述渤海地方社会之状况。渤海“首领”的话语是古代东亚世界各方在华夷分野语境之下，能动地塑造自我中心立场的表现。[④]拜根兴以贞观十九年（645）征伐高句丽为中心，对初唐将领张士贵的行迹进行了考述。[⑤]刘海霞梳理了唐高宗对朝鲜半岛的封授与彼时战事过程。[⑥]

3. 经济与文化研究。孙炜冉以鸭绿江流域经济状况为中心对高句丽的社会经济状况进行了整体讨论。[⑦]王旭则具体探讨了高句丽土地所有制演变问题。[⑧]李光宗、高冰探讨了渤海国与唐淄青镇良马贸易问题。[⑨]高莹、姜维东探讨了高句丽弃婴传说的渊源。[⑩]綦中明、刘丽华对渤海国王大祚荣家族的谱牒《陕溪太氏族谱》中的神话传说进行了研究。[⑪]董健专门探讨了高句丽的饮食文化[⑫]。刘伟则分析了高句丽的巫文化，指出巫文化是认识高句丽社会风貌的一把钥匙。[⑬]隋东旭对高句丽的体育文化进行了专题研究。[⑭]宋伟探讨了高句丽民族尚武习俗产生的根源。[⑮]张黎黎专门探讨了渤海国的宗教信仰问题。[⑯]李春杰、苗威从教育的视角探讨了渤海派遣学生赴唐学习情况。[⑰]宋欣

---

① 杨军：《高句丽建国史研究（上）》，《地域文化研究》2017 年第 2 期；杨军：《高句丽建国史研究（下）》，《地域文化研究》2017 年第 3 期。

② 孙炜冉：《高句丽东川王、中川王及西川王考》，《通化师范学院学报》2017 年第 6 期。

③ 孙炜冉：《高句丽太祖大王、次大王和新大王的王号及在位时间考》，载邢广程主编《中国边疆学（第七辑）》，社会科学文献出版社 2017 年版。

④ 孙昊：《制造“夷狄”：古代东亚世界渤海“首领”的历史话语及其实践》，《史学集刊》2017 年第 5 期。

⑤ 拜根兴：《初唐将领张士贵的行迹考述——以贞观十九年征伐高句丽为中心》，《唐都学刊》2017 年第 3 期。

⑥ 刘海霞：《唐高宗对朝鲜半岛的封授与彼时战事》，《衡阳师范学院学报》2017 年第 4 期。

⑦ 孙炜冉：《高句丽的社会经济状况发微——以鸭绿江流域经济状况为中心》，《山西农业大学学报》2017 年第 6 期。

⑧ 王旭：《高句丽土地所有制演变浅探》，《学问》2017 年第 1 期。

⑨ 李光宗、高冰：《唐代淄青镇与渤海国的良马贸易》，《山东工商学院学报》2017 年第 4 期。

⑩ 高莹、姜维东：《高句丽弃婴传说探源》，《大连大学学报》2017 年第 5 期。

⑪ 綦中明、刘丽华：《〈陕溪太氏族谱〉神话传说探微》，《北方文物》2017 年第 2 期。

⑫ 董健：《浅谈高句丽的饮食文化》，《地域文化研究》2017 年第 3 期。

⑬ 刘伟：《高句丽巫文化钩沉》，《通化师范学院学报》2017 年第 1 期。

⑭ 隋东旭：《高句丽体育文化研究》，《体育文化导刊》2017 年第 11 期。

⑮ 宋伟：《高句丽尚武习俗根源考》，《体育文化导刊》2017 年第 2 期。

⑯ 张黎黎：《渤海宗教信仰研究》，博士学位论文，东北师范大学，2017 年；张黎黎：《从历史传承看渤海人信奉萨满教》，《学术交流》2017 年第 5 期。

⑰ 李春杰、苗威：《渤海派遣学生赴唐学习情况探析》，《东疆学刊》2017 年第 2 期。

屿专门对高句丽、渤海教育制度的中原因素进行了研究。①

4. 历史地理研究。朱尖全面收集整理高句丽都城的文献资料和考古资料，同时借助于前人的研究成果，对高句丽都城变迁始末进行了系统研究。② 佟薇以五京的空间选择和都城的迁移为研究视角，对渤海国五京予以探讨。③ 张玉成、黄金珠从气候变化的视角探讨了渤海国兴衰。④ 运用环境史学探讨高句丽、渤海历史，目前研究成果较少，该文是一次不错的尝试。

5. 移民与遗民。范恩实对入居唐朝内地的高句丽遗民迁徙与安置问题进行了专门探讨。⑤ 楼正豪对新见高句丽移民李隐之墓志铭进行考释。⑥ 同样依托墓志展开研究的还有王连龙、丛思飞，其基于高句丽移民南单德墓志的解读，对总章元年后高句丽人生存状态进行了专门考察。⑦ 姜维公、黄为放以渤海移民群体为研究对象，以 926 年至 1125 年为时间断限，考察不同阶段渤海移民迁徙的原因、分布、人数、安置及所在州城的发展沿革，并进一步分析他们的贡献与作用。⑧ 李智裕则以张氏家族为主线对辽金时期辽东地区渤海遗民群体之间通婚问题进行了专题研究。⑨

6. 人物与群体研究。王欣媛、高福顺借助有限资料在租税条目下对"游人"进行了探讨。⑩ 此外，王欣媛在以往研究基础上又对高句丽"游女"进行了深入研究。⑪ 刘炬、董健则从群体属性和性质的角度亦对高句丽"游人"进行了探讨。⑫

其五，考古专题研究。

1. 遗址调查与研究。在高句丽遗址调查与研究方面。张剑、许志国对辽宁开原市西龙湾高句丽山城及遗址调查做了说明。⑬ 孙维伟的硕士学位论文专门对高句丽的都城体制及其防御体系进行了探讨。⑭ 郑永振介绍 2008—2015 年间与朝鲜合作，对其境内高句丽遗迹和渤海遗迹调查发掘情况。⑮ 朝鲜社会科学院考古学研究所于 2010 年 5 月 20 日—6 月 24 日，对南浦市龙冈郡玉桃里一带的历史遗迹进行了调查、发掘，延边大

---

① 宋欣屿：《高句丽教育制度中的中原因素解析》，《通化师范学院学报》2017 年第 1 期；宋欣屿：《渤海国教育制度中的中原因素解析》，《博物馆研究》2017 年第 3 期。

② 朱尖：《高句丽都城变迁研究》，博士学位论文，东北师范大学，2017 年。

③ 佟薇：《渤海国迁都东京龙原府探析》，《外国问题研究》2017 年第 1 期。

④ 张玉成、黄金珠：《渤海国兴衰宿命对应的气候变迁》，《气象知识》2017 年第 3 期。

⑤ 范恩实：《入居唐朝内地高句丽遗民的迁徙与安置》，《社会科学战线》2017 年第 5 期。

⑥ 楼正豪：《新见高句丽移民李隐之墓志铭考释》，《延边大学学报》2017 年第 2 期。

⑦ 王连龙、丛思飞：《战争与命运：总章元年后高句丽人生存状态考察——基于高句丽移民南单德墓志的解读》，《社会科学战线》2017 年第 5 期。

⑧ 姜维公、黄为放：《辽与高句丽边界视域下的渤海移民》，《社会科学战线》2017 年第 12 期。

⑨ 李智裕：《辽金时期辽东地区渤海遗民群体之间通婚初探——以张氏家族为主线》，《辽金历史与考古》2017 年第 2 期。

⑩ 王欣媛、高福顺：《高句丽"游人"考》，《东疆学刊》2017 年第 2 期。

⑪ 王欣媛：《高句丽"游女"考》，《西北民族大学学报》2017 年第 5 期。

⑫ 刘炬、董健：《高句丽"游人"研究》，《社会科学战线》2017 年第 12 期。

⑬ 张剑、许志国：《辽宁开原市西龙湾高句丽山城及遗址调查》，《北方文物》2017 年第 1 期。

⑭ 孙维伟：《高句丽都城体制及其防御体系研究》，硕士学位论文，延边大学，2017 年。

⑮ 郑永振：《最近朝鲜境内的高句丽、渤海遗迹调查发掘成果》，《通化师范学院学报》2017 年第 4 期。

学人文社会科学学院朴灿奎、郑京日作为参加者，编著《玉桃里：朝鲜南浦市龙冈郡玉桃里一带历史遗迹》一书全面介绍了相关工作，为进一步深入研究高句丽历史与文化提供了宝贵的实物资料。①

在渤海遗址调查与研究方面。吉林省文物考古研究所发表了其在2015—2016年间，对图们江流域渤海时期遗存开展的考古调查情况。② 宋玉彬、姜成山对俄罗斯境内渤海遗存的发现与研究情况进行了系统的梳理。③ 刘海洋借助前人研究成果对渤海国佛教遗址的分布及其成因进行了分析。④

2. 碑碣石刻研究。耿铁华、李乐营所著《好太王碑拓本研究》，是2017年度高句丽碑碣石刻研究的重要著作。该书是作者旧著《通化师范学院藏好太王碑拓本——纪念好太王碑建立1600年》（吉林大学出版社2014年版）基础上的进一步扩充，主要是新发现的一些典型《好太王碑》拓本的调查研究⑤。耿铁华从宏观视角对集安高句丽碑文中的法律条文、《好太王碑》文中的法律条文，以及高句丽的法律、高句丽守墓制度及法律条文等进行了系统探讨⑥。孙炜冉对《好太王碑》碑文中出现的“烟户”“鸭卢”具体词义进行了考证。⑦ 田启霖研究再次强调唐鸿胪井碑上的“崔忻”与《旧唐书》所记载“崔訢”为同一人。⑧

3. 壁画与墓葬研究。郑春颖从高句丽遗存中的汉服图像和汉式遗物入手，对高句丽族服饰中的汉服因素、汉系服饰的传播等问题进行了探讨。⑨ 杨璐探讨了集安高句丽壁画中的世俗男性形象。⑩ 谢静以牡丹江流域与图们江流域已发表的渤海墓葬资料为基础，探讨了主要墓地的年代范围，并总结两区域渤海墓葬的文化特征。⑪

4. 文物研究。耿铁华对高句丽马具寄生进行了系统的专题研究。⑫ 解峰对图们江流域小型石佛造像的发现历程、日韩学者对图们江流域小型石佛造像的研究与主要收获进行了系统梳理，并对当前研究中所存在的问题进行了分析。⑬ 王飞峰对高句丽遗迹出土

---

① 朴灿奎、郑京日：《玉桃里：朝鲜南浦市龙冈郡玉桃里一带历史遗迹》，香港亚洲出版社2017年版。

② 吉林省文物考古研究所：《图们江流域渤海遗存调查报告》，《地域文化研究》2017年第1期。

③ 宋玉彬、姜成山：《俄罗斯境内渤海遗存的发现与研究》，《社会科学战线》2017年第2期。

④ 刘海洋：《渤海国佛教遗迹分布与成因》，《中国社会科学报》2017年6月13日。

⑤ 耿铁华、李乐营：《好太王碑拓本研究》，吉林大学出版社2017年版。

⑥ 耿铁华：《高句丽碑刻中的法律条文》，《中国古代法律文献研究》2017年第11辑。

⑦ 孙炜冉：《好太王碑中“烟户”“鸭卢”词义考》，《学问》2017年第1期。

⑧ 田启霖：《鸿胪井刻石研究中被忽略的问题——兼试论“井两口”》，《古籍整理研究学刊》2017年第5期。

⑨ 郑春颖：《衣袂翩翩高句丽遗存所见汉系服饰》，《大众考古》2017年第2期。

⑩ 杨璐：《集安高句丽壁画中的世俗男性形象整理分析》，《通化师范学院学报》2017年第5期。

⑪ 谢静：《牡丹江流域和图们江流域渤海墓葬研究及区域性特征分析》，硕士学位论文，吉林大学，2017年。

⑫ 耿铁华：《高句丽马具寄生研究》，《社会科学战线》2017年第5期。

⑬ 解峰：《图们江流域小型石佛造像的发现与研究》，《社会科学战线》2017年第3期。

青瓷器进行了专门研究。[①] 张礼艳、张毅博探讨了集安出土高句丽瓦当文字及特点。[②] 同样关注文字瓦文物的还有赵振成、孙炜冉，他们专门对渤海文字瓦及瓦文进行了介绍与研究。[③]

其六，专著。

耿铁华所著《集安高句丽碑研究》，是目前关于集安高句丽碑的最为全面、系统的研究著述。[④] 另外，孙炜冉所著《高句丽史杂言》，是针对高句丽史中较少有人探讨和涉猎的问题、人物予以考证和研究的文集。[⑤]

在渤海史研究方面，黑龙江人民出版社再版了魏国忠等著《渤海国史》，除修订了一些印刷错误外，增补了作者近年来新的研究成果，形成了75万余字并附有148幅图片及8个附录的“集大成”之作。[⑥] 此外，刘晓东等还出版了《渤海国历史文化研究》一书。[⑦] 两书虽然都是黑龙江学者的集体创作，成员上有所重合，但是在内容上各有侧重，前书长于历史叙事，后书较重考古材料的应用。

（二）历代中央政权东北边疆治理研究

2017年度，有关历代中央政权东北边疆治理史的研究，当首推程妮娜等著《中国历代边疆治理研究》，该书从历史治边思想、边疆民族地区建置、人口迁移与边疆治理、边疆治理与民族关系、边疆经济开发、边疆民族文教举措等方面，对中国古代边疆治理的情况进行了全面、系统的梳理，在总结学界研究成果的基础上，作者对历史规律、经验教训等也提出了独特视角的思考。[⑧]

除了程妮娜教授的总论以外，更多的学者从断代史的角度探讨东北边疆治理史。李德山著《论燕秦对辽西走廊和辽东地区的开拓与管理》指出，燕国在拥有了辽西走廊、辽东地区后，为了使东胡、箕氏朝鲜、秽、貊等这些区域的传统势力不再卷土重来，稳固自己对这些地区的统治，主要采取了修筑长城和设郡置县两项措施，用以加强行政管理，保证所获领土的长治久安。秦朝在公元前221年建立后，完全继承了燕国在东北地区的领土，主要采取了设郡置县、开辟交通、增修燕之北长城等措施，既使中央王朝对辽西走廊和辽东地区的统治得到了进一步的强化，又使该地域持续地注入了新的汉文化因子，愈加紧密地将辽西走廊、辽东地区纳入中国多民族国家的统一整体之中。[⑨]

---

① 王飞峰：《高句丽遗迹出土青瓷器研究》，《华夏考古》2017年第2期。

② 张礼艳、张毅博：《集安出土高句丽瓦当文字及特点研究》，《中国文字研究》2017年第1期。

③ 赵振成、孙炜冉：《馆藏渤海文字瓦研究——以牡丹江师范学院馆藏为例》，《牡丹江师范学院学报》2017年第4期。

④ 耿铁华：《集安高句丽碑研究》，吉林大学出版社2017年版。

⑤ 孙炜冉：《高句丽史杂言》，吉林大学出版社2017年版。

⑥ 魏国忠、朱国忱、郝庆云：《渤海国史（修订版）》，黑龙江人民出版社2017年版。

⑦ 刘晓东、郝庆云主编：《渤海国历史文化研究》，黑龙江人民出版社2017年版。

⑧ 程妮娜等：《中国历代边疆治理研究》，中国财经出版传媒集团·经济科学出版社2017年版。

⑨ 李德山：《论燕秦对辽西走廊和辽东地区的开拓与管理》，《广西民族大学学报》2017年第5期。

杨懿等著《东汉王朝的治边策略与“鲜卑”的族群认同》，认为从最初的以偏何为首的军事集团，到后来的檀石槐大联盟，都是种类各异的游牧部落凝聚到同一名号之下，成为“鲜卑人”的动态性过程。而在其间，东汉王朝的各种治边策略，特别是“以夷制夷”“送首级受赏赐”等所发挥的作用是至关重要的①。

清代，特别是晚清，东北地区政治、经济、社会格局发生重大变革，中央政府的统治政策几经改变，又涉及中国疆域的最终底定，其历史重要性不言而喻，因此相关研究也较为丰富。

陈跃在《论乾隆朝对东北的封禁》② 中讨论清乾隆五年（1740）实施的东北封禁，涉及历史缘由和现实环境、封禁内容、具体措施及其影响与后果。孟繁勇在《清代盛京将军崇实东北边疆治理及其历史意义》③ 中，评论了崇实在盛京将军任内提出实施的治边思想，认为崇实采取的“剿抚并用”、整饬吏治、改革盛京管理体制、练军加强边防等政策既有传统治边思想的特点，同时也有改革性质，开启了晚清时期东北地区改革的序幕。刘晨曦著《程德全与清末黑龙江行政区划变革》讨论了清末黑龙江最后一任将军和首任巡抚程德全在黑龙江引入内地式的州县行政管理体制的问题，指出其在维护边疆稳定方面发挥的重要作用。④ 欧阳琳等著《晚清朝廷改善吉林旗人生计措施探析》，以吉林旗人为例，讨论了晚清朝廷给予驻防旗人的各项生计保障措施，以及相关措施的局限性。⑤

近代东北边疆治理方面，张军等在《近代东北海关与对外贸易研究》中讨论了海关和对外贸易对东北经济地理格局的影响及其在东北近代化过程中发挥的作用。⑥

二　当代东北边疆研究

2017 年的当代东北边疆研究主题主要有三类。第一类，与东北振兴有关，如东北地区、东北振兴战略、老工业基地振兴，共 71 篇；第二类，与东北经济发展有关，除产业结构外，2017 年多出了战略性新兴产业、第三产业、地区平衡、生态文明主题，共 54 篇；第三类，与对外开放有关，如全球化、“一带一路”、中蒙俄经济走廊，共 46 篇。

（一）东北振兴战略

在新一轮东北振兴战略实施之际，学者们梳理了东北振兴战略的推进和新一轮战略

---

① 杨懿、章义和：《东汉王朝的治边策略与“鲜卑”的族群认同》，《学习与探索》2017 年第 9 期。

② 陈跃：《论乾隆朝对东北的封禁》，《历史档案》2017 年第 3 期。

③ 孟繁勇：《清代盛京将军崇实东北边疆治理及其历史意义》，《云南师范大学学报》2017 年第 3 期。

④ 刘晨曦：《程德全与清末黑龙江行政区划变革》，《地域文化研究》2017 年第 1 期。

⑤ 欧阳琳、刁书仁：《晚清朝廷改善吉林旗人生计措施探析》，《黑龙江社会科学》2017 年第 1 期。

⑥ 张军、费驰：《近代东北海关与对外贸易研究》，《辽宁大学学报》2017 年第 5 期。

的政策重点和关键问题。许欣分析和梳理了改革开放以来东北振兴战略的推进历程和政策实施效果。① 陈耀提出新一轮东北振兴需要思考的几个关键问题：东北老工业基地振兴“黄金十年”的产生原因、2017 年东北地区经济增长面临的困局、重塑东北营商环境、推进国有企业改革激发市场活力，再造制造业优势和创新开放合作。② 何军分析了新一轮东北振兴战略的背景和重点，认为可从体制机制、结构调整、创新创业、改善民生等方面进行开创性工作，培育东北发展内生动力，突破“振兴—衰落—再振兴”怪圈，真正实现经济社会可持续发展。③

学者们对评估东北振兴战略的绩效非常感兴趣。何春分析了东北地区经济失速的政策性原因，认为东北振兴战略在推动东北地区经济发展中，投资政策、人才政策、社会生活保障政策以及技术进步政策是有效的，而产业政策、对外开放政策的效果不明显。④ 苏明政等评估了东北振兴政策效果，认为东北振兴政策显著地增加了东北地区经济总量，短期刺激效应明显，然而，东北振兴政策没有显著增强东北地区的全要素生产率，并且，东北振兴政策显著恶化了东北地区的产业结构，长期失衡效应明显。⑤ 王娟等运用双重差分倾向得分匹配法分析了东北振兴政策对东北三省经济增长的影响，认为东北振兴政策对东北经济增长的刺激作用逐渐弱化。东北尚未形成市场主导的经济发展环境，助长了东北经济对政策的依赖性。⑥

赵勇等利用 PSM - DID 方法，讨论了东北振兴战略是否促进经济结构调整的问题，认为东北振兴战略既没有促进东北地区产业结构优化，也没有提高产业集聚水平。新一轮东北振兴战略应注重区域政策涉及的长期结构调整导向，改进区域政策涉及的援助方式，提高区域政策执行的到位性和协同性，完善区域政策执行的体制和制度保障。⑦

（二）东北经济发展

2017 年对于东北地区经济发展的探讨，主要有经济增长、人口问题、第三产业发展、城市研究等视角。

经济增长是东北地区研究的一个讨论热点。韩增林等使用 DEA-Malmquist 方法，对比东北三省创新全要素生产率的时空差异，认为东北三省创新全要素生产率增长的主要动力是技术进步，在东北三省中，吉林创新全要素生产率的增长最快，增长动力是纯效率变化和技术进步，而辽宁省和黑龙江省创新全要素生产率的动力是技

---

① 许欣：《东北振兴战略演进轨迹及其未来展望》，《改革》2017 年第 12 期。

② 陈耀：《新一轮东北振兴战略要思考的几个关键问题》，《经济纵横》2017 年第 1 期。

③ 何军、张紫薇：《新一轮东北振兴战略背景与重点——兼评东北振兴战略实施效果》，《中国特色社会主义研究》2017 年第 6 期。

④ 何春：《东北经济失速的政策性因素——基于“东北振兴”政策效果的再考察》，《经济体制改革》2017 年第 1 期。

⑤ 苏明政、徐佳信、张满林：《东北振兴政策效果评估》，《上海经济研究》2017 年第 4 期。

⑥ 王娟、郑浩原：《东北振兴政策与东北经济增长——基于 PSM - DID 方法的经验分析》，《东北财经大学学报》2017 年第 5 期。

⑦ 赵勇、刘金凤、张倩：《东北振兴战略是否促进了经济结构调整？——基于 PSM - DID 方法的研究》，《城市与环境研究》2017 年第 4 期。

术进步。[1] 孙志明、修静从全要素生产率视角分析发现，近年来东北地区全要素生产率不断下降，经济增长更多是依靠加大投资实现的，提出东北地区应该推动经济转型、提高经济运行效率。[2]

人口问题成为当前东北地区研究的一个热点。戚伟、刘盛和、金凤君根据2000年以来的人口普查，系统测算了东北地区人口流失量。认为2000年以来东北地区人口流失不断加剧。经济动力不足是东北人口流失的主要原因。东北地区人口发展的真正问题不是数量，而是人口质量和结构，包括人才流失严重、人口老龄化加剧、人口空间结构高度极化等。[3] 熊琳等运用灰色关联分析法，构建了人口结构与经济发展相互作用的关联度模型和耦合度模型，认为东北地区应加快产业结构优化升级，吸引留住优秀人才，促进人口与经济协调发展。[4]

在第三产业发展方面，黄蕊、侯丹探讨了东北三省文化与旅游产业融合的动力机制与发展路径，提出东北三省应该充分发挥比较优势，增加在技术创新领域的投入，减少政府干预，把握文化市场的消费趋势，让文化产业融合成长为地区经济增长的核心动力。在选择技术融合型产业发展路径方面，辽宁应该选择文化资源驱动、吉林和黑龙江应选择旅游资源驱动。[5] 关伟等利用ESDA法分析了东北三省旅游经济发展空间分异，认为东北三省市域旅游经济绝对差异小幅度扩大，市域旅游经济全局关联程度较低，旅游经济低水平市域占多数，主要分布在东北北部地区，旅游资源是旅游经济发展差异的基础原因，地区经济发展水平和交通通达性也有很大的影响。[6] 张贺基于区位熵视角，分析了东北三省服务业的聚集与资源整合，认为东北地区自然资源优势明显，人力资源和地区经济资源不足；地区服务业集聚程度受到工业化程度、地区规模、政府干预等因素影响较大，建议规划特色产业集聚区，加快东北三省服务业资源整合。[7]

城市研究主要集中于资源型城市转型问题。韩刚、袁家冬分析了东北三省城市规模、紧凑度对能源消耗的作用机制，认为城市能源消耗随着城市规模的扩大而增加，提高城市紧凑度对降低城市能耗有一定的现实意义，然而不同的城市由于空间结构和发展

---

① 韩增林、孙嘉泽、刘天宝、彭飞、钟敬秋：《东北三省创新全要素生产率增长的时空特征及其发展趋势预测》，《地理科学》2017年第2期。

② 孙志明、修静：《全要素生产率视角下东北三省经济增长问题研究》，《经济纵横》2017年第1期。

③ 戚伟、刘盛和、金凤君：《东北三省人口流失的测算及演化格局研究》，《地理科学》2017年第12期。

④ 熊琳、张平宇、谭俊涛、刘文新：《东北三省人口结构与经济发展的时空耦合特征》，《中国科学院大学学报》2017年第3期。

⑤ 黄蕊、侯丹：《东北三省文化与旅游产业融合的动力机制与发展路径》，《当代经济研究》2017年第10期。

⑥ 关伟、郝金连：《东北地区旅游经济增长时空演变特征研究——基于ESDA法》，《地域研究与开发》2017年第4期。

⑦ 张贺：《东北三省服务业集聚与资源整合——基于区位熵视角的分析》，《哈尔滨商业大学学报》2017年第4期。

模式不同，提高紧凑度对抑制能源消耗的作用强度不同。[①] 杨桐彬等认为，东北地区资源型城市应加强资源的合理开发和规划管理，引导资源集约化开发，同时促进资源与城市协调发展；应更加注重制造业的发展，特别是资源深加工产业，延长产业链，增加科技研发投入[②]。

（三）东北地区对外开放

东北三省积极参与“一带一路”建设和中蒙俄经济走廊建设，这方面的文章数量比较多。学者们首先关注的是周边地缘环境与沿边区域合作问题。邢广程认为，中国在推动丝绸之路经济带建设中，应注意整合沿边优势，统筹国内外发展战略，并保持构建耐力，以更有效的方式与邻国积极沟通，增信释疑。[③] 林民旺提出“一带一路”与中国周边环境的重塑，认为中国需要把握并管控好消极的周边地缘政治竞争，积极有所作为。[④]

2017 年，该领域的研究特点是更为细化。国家发展和改革委员会经济体制与管理研究所课题组提出了“一带一路”背景下东北地区民营经济发展问题，认为政府应加大对民营经济的支持力度，企业应进行制度创新，提高对外合作能力和水平。[⑤] 刘慧、刘卫东梳理了“一带一路”建设与我国区域发展战略的关系。[⑥] 张远鹏提出，“一带一路”是机遇，但是对东北全面振兴的作用不能夸大，关键还是要自身的产业发展和进步，否则是为人做嫁衣。东北三省首先应该向内看，加强和沿海发达地区的互联互通。其次应该和沿海发达城市合理打造创新链，发展路径应该是在传统产业转型升级的基础上发展新型产业。[⑦]

对于各省区参与“一带一路”建设的研究中，刘国斌等提出东北地区融入“一带一路”倡议的路径选择。[⑧] 王海英提出黑龙江跨境产业合作的路径，认为黑龙江省在林业资源、矿产资源、油气资源、煤炭资源、农业开发、水产资源、电力资源等方面，加强国际合作，拓展产业转型升级空间。[⑨] 施锦芳等对比辽宁和其他自贸区，挖掘辽宁的

---

① 韩刚、袁家冬：《东北三省城市规模、紧凑度对能源消耗的作用机制研究》，《现代城市研究》2017 年第 3 期。

② 杨桐彬、郭存芝：《东北地区资源型城市经济困境及其传导机制研究——基于“资源诅咒”假说》，《北华大学学报》2017 年第 1 期。

③ 邢广程：《丝绸之路经济带建设与沿边合作》，《国际问题研究》2017 年第 3 期。

④ 林民旺：《“一带一路”与中国周边环境的重塑》，《边界与海洋研究》2017 年第 1 期。

⑤ 国家发展和改革委员会经济体制与管理研究所课题组、李红娟、刘现伟：《“一带一路”背景下东北地区民营经济发展问题研究》，《经济纵横》2017 年第 1 期。

⑥ 刘慧、刘卫东：《“一带一路”建设与我国区域发展战略的关系研究》，《中国科学院院刊》2017 年第 4 期。

⑦ 张远鹏：《关于“一带一路”与东北全面振兴的思考——基于江苏的经验与视角》，《现代经济探讨》2017 年第 4 期。

⑧ 刘国斌、杨增：《东北地区融入“一带一路”战略路径选择》，《黑龙江社会科学》2017 年第 2 期。

⑨ 王海英：《“一带一路”倡议与黑龙江跨境产业合作：机遇、路径与对策》，《国际经济合作》2017 年第 5 期。

自身优势，并为辽宁自贸区未来发展提出政策建议。[①] 涂雯分析了“一带一路”倡议下大连港多式联运发展现状，对大连建设多式联运海关监管中心提出相关对策建议。张宜民分析辽宁省多式联运发展现状，为相关城市综合物流优化提出建议。[②] 陈守东等分析了新常态下吉林省经济运行情况与前景。[③]

对于中俄合作问题，郭连成等研究了中国东北地区与俄罗斯远东地区交通运输网络及城市群空间经济联系。[④] 姜振军认为，中国东北老工业基地振兴战略与俄罗斯向东看战略时间、目标契合，是两国东部毗邻地区振兴与开发合作的最佳机遇。[⑤] 刘志中分析了“一带一路”倡议下中俄双边贸易的竞争性、互补性及发展潜力，认为中国在劳动密集型产品出口方面存在很强现实性竞争优势，中俄劳动密集型制成品的互补性较强。中俄两国具有显著贸易合作潜力。[⑥] 张波等分析了辽宁省和黑龙江省与俄罗斯农产品贸易的现状和前景。[⑦] 吴清分析了建立中俄自贸区的可行性，指出其实际意义。[⑧]

“一带一路”的中蒙俄经济走廊建设，也是学者们关注的焦点。李曦辉分析了中蒙俄经济走廊框架内的中蒙跨境产能合作，以及从草原丝绸之路到中蒙俄经济走廊的历史演化[⑨]。李艳华等分析了中蒙俄经济走廊建设的经济效应，认为中蒙俄经济走廊可以产生贸易创造效应、贸易转移效应和投资创造效应[⑩]。邵冰认为，中蒙俄经济走廊建设的制约因素有俄蒙基础设施落后，中蒙俄经济合作面临转型升级和国际竞争的挑战。认为推动中蒙俄自贸区建设、建立智库联盟、加强人文交流有助于推进中蒙俄经济走廊建设[⑪]。

---

① 施锦芳、吴琦、吴学艳：《辽宁自贸区建设比较研究》，《东北财经大学学报》2017 年第 4 期。

② 涂雯：《“一带一路”战略下大连港多式联运发展现状及对策建议》，《港口经济》2017 年第 5 期。

③ 陈守东、王永莲、刘汉：《新常态下吉林省经济运行情况分析与展望》，《东北师大学报》2017 年第 2 期。

④ 郭连成、周瑜、马斌：《中国东北地区与俄远东地区交通运输网络及城市群空间经济联系》，《东北亚论坛》2017 年第 3 期。

⑤ 姜振军：《国家战略对接视阈下中俄合作问题研究》，《西伯利亚研究》2017 年第 3 期。

⑥ 刘志中：《“一带一路”战略下中俄双边贸易的竞争性、互补性及发展潜力》，《经济问题探索》2017 年第 3 期。

⑦ 张波、张馨月、朱明欣：《“一带一路”背景下辽黑两省与俄罗斯农产品贸易的现状、比较及前景分析》，《经济视角》2017 年第 4 期。

⑧ 吴清：《在“一带一路”战略的基础上建立中俄自贸区的探讨》，《经济师》2017 年第 5 期。

⑨ 李曦辉：《中蒙俄经济走廊建设与中蒙跨境产能合作》，《区域经济评论》2017 年第 4 期。

⑩ 李艳华、戴丽：《“中蒙俄经济走廊”经济效应实证分析——基于 GTAP 模型的模拟分析》，《对外经贸》2017 年第 7 期。

⑪ 邵冰：《中蒙俄经济走廊建设与东北亚区域合作》，《现代交际》2017 年第 22 期。

2017年海疆研究综述

刘静烨　王　楠*

2017年，中国海疆研究在历史、法理和现实研究等领域出现了许多重要研究成果。一方面，在海疆历史研究和法理研究中，基础性研究不断加强；另一方面，在海疆现实问题研究中理论性研究不断涌现，跨学科特色不断加强。以下分别从海疆历史研究、海疆法理研究、海疆现实及相关国际关系研究三个方面对2017年度的研究状况进行简要梳理和述评。

一　海疆历史研究

中国海疆史研究的学术范畴大体上包括历代海疆疆域史、历代海洋政策与海洋思想史、历代海防史、历代海上丝绸之路和海上贸易史。① 2017年海疆历史研究呈现以下四个特点：一是对新史料的发掘与已有史料的新解读，尤其是对域外史料的发掘和利用；二是专题史研究不断深化，研究问题不断细化；三是结合"一带一路"建设进程，对海上丝绸之路和海上贸易史的研究不断拓展；四是对海洋文明的研究逐渐凸显，尤其是对海洋历史遗迹的研究。

（一）历代海疆思想、海疆政策及海防问题的研究

通过对不同时期的海疆政策及其思想根源的研究，以探究我国治理海疆的历史规律，把握海疆历史演进脉络。

2017年，对海防政策的研究在已有研究基础上进一步细化，并以不同省份和地区为依据，探寻我国历代海防的历史规律。赖泽冰以方耀的公牍文书《照轩公牍拾遗》为主要文献，对1883—1885年方耀署理广东水师提督期间加强广州府海防的公文进行整理分析，指出方耀对广州府海防建设的贡献有筹办团练、驻军虎门和监修军舰等，为防止法军进攻广州立下汗马功劳。法军没有贸然进攻广州，原因一方面是担心福建水师与广东水师的内外夹击，另一方面也是对广州府沿海新增的防御部队感到些许忌惮。② 何永涛通过对张之洞海南海防的认识与实践的研究，分析其对海南海防事业的贡献，并探析其加强海南海防建设的本质。何永涛指出，张之洞督粤期间，受经世致用思想的影

---

* 刘静烨、王楠：均为中国社会科学院中国边疆研究所助理研究员。

① 李国强：《新中国海疆史研究60年》，《中国边疆史地研究》2009年第3期。

② 赖泽冰：《方耀与中法战争时期的广州府海防——以〈照轩公牍拾遗〉为中心》，《中国国家博物馆馆刊》2017年第12期。

响和西方列强入侵中国的现实刺激，对琼州海防建设高度重视。以海防近代化为目的，张之洞采取加强琼州海防的措施包括，铺设电报电线，增修炮台抵御外国军舰，修建榆林军港等。这些措施虽未彻底、持续地实行，但对增强南疆国防力量和促进海南海防事业的近代化具有重要意义，其实质是以西学为手段求强，最终实现张之洞忠君报国的人生理想。[①] 郑剑顺选取在同光年间担任海防和海军建设重任的封疆大吏沈葆桢关于海防和海军建设方面的思考及实践作为主要研究对象。梳理了他的主要政绩成果有以下四点。主持创办福建船政局，创制海防利器——兵轮船，分驻各海口，组建福建轮船水师，培养出一批轮船制造和轮船驾驶人才。主持修筑福州马尾炮台，台湾澎湖、安平、东港、旗后炮台，江苏吴淞、江阴等海口炮台，加强海口岸防建设。奏请福建巡抚移驻台湾，省台两地兼顾；改革台湾区划设置和军事设防，加强台湾海防建设和对台管理，修城垣，筑炮垒，练营勇，备枪械。奏请开旧禁以便民，方便大陆与台湾的人员往来，促进台湾番民的开化和与客民的融合等。在两江总督任上，他殚精竭虑兴利除弊，修河堤、行海运、缓开关、筹积谷、拔罂粟、挖蝗子、整顿盐务、筹划海防、筹办饷需等。沈葆桢提出的建议和主张，具有时代现实性、爱国性、进步性和实践性；其取得的一些实践成果，为中国晚清的强军固防做出了重要的贡献。[②]

同时，通过对历史遗迹的考究，从不同侧面了解历史上的海防政策。南京博物院和连云港市重点文物保护研究所，通过对江苏省内沿江、沿海一带的明清海防遗存的田野调查，共发现8类74处明清时期海防遗存，其中炮台14处、城墙3处、营寨2处、烟墩17处、弹药库1处、墓葬4处、古河道遗址1处、碑刻32处。通过对海防遗存的考察，发现清代晚期从海口退向内河的被动防御模式。两路遗存的防御对象不同，烟墩、营寨等主要是为了防御自海上而来的流民倭寇，沿江炮台则是出自抵御近代西方列强入侵的迫切需要而设置。在防御理念上，体现出以陆制海的保守型防御特点，以岸上防御为主。明代为应对倭寇骚扰，在海岸线内构筑警戒防御设施；清代晚期在面对列强入侵时，倚重的是内江内河防御，江阴、镇江、南京等地成为对抗外来侵略的前线。然而制海权的丧失让江河防御陷于被动，长江两岸的晚清炮台大部分设置于海面战场失利之后，是当时中国“有海无防”局面的一个映照。[③]

此外，有学者从我国历史海疆存在的问题角度来分析海疆制度，如王华峰通过系统分析18世纪福建海盗的社会构成、内部组织、规模、活动范围与据点、抢劫方式与抢劫目标、所使用的武器及船只等；利用博弈理论详细分析了18世纪中央与地方政府、沿海民众、海商等群体对于海盗的应对措施，并从海疆政策的变化、福建的经济状况、福建不同区域的文化特征以及清王朝海疆管理制度的缺失等角度分析了福建海盗产生的原因。[④]

（二）关于海上丝绸之路及海上贸易史的研究

随着“一带一路”建设不断走深走实，学界对历史上的海上丝绸之路及海上丝绸

① 何永涛：《试析张之洞与晚清海南海防事业的发展》，《西安文理学院学报》2017年第3期。

② 郑剑顺：《沈葆桢海防和海军建设思考及其实践》，《福建史志》2017年第3期。

③ 南京博物院、连云港市重点文物保护研究所：《江苏明清海防遗存调查报告》，《东南文化》2017年第6期。

④ 王华峰：《18世纪福建海盗研究》，社会科学文献出版社2017年版。

之路沿线地区的研究逐渐增多。

其一，关于历史上海上丝绸之路的相关问题的探讨，包含海上丝绸之路对地方经济、社会的影响等。郑学檬指出，唐五代广州呈现外需型（对外贸易）港口的某些特征，进出口货物带动了产业链延伸，促进了岭南、江南社会经济的发展。宋元时期岭南、江南港口数量增加，供需系统的各条产业链纷纷启动，岭南、江南以及西南的外向型经济某些产业表现强劲。唐宋元海上丝绸之路航海技术的进步也影响了贸易方式的改变。① 山东地处“一带一路”两大战略的交汇处，是中国古代对外贸易的重要货源地，也是古代北方对外交往的重要门户和海上丝绸之路的重要发源地，在海上丝绸之路的起源和发展过程中占有重要位置。庄维民等系统梳理了山东海上丝绸之路的历史发展脉络，分析在海上丝绸之路下山东的相关海上活动、海上贸易、文化传播及海防等具体内容。② 徐晓望系统分析了福建在中国海上丝绸之路发展史上的作用。徐晓望提出唐宋以来，海上丝绸之路从福建与中国东南其他的口岸出发，一直延续到南海、印度洋。明清时代，福建与中国东南地区是环球贸易体系的热点区域。海上丝绸之路上的丝绸、瓷器、蔗糖、香料、武夷茶等商品贸易，以及占城稻、棉花、番薯、玉米等物种的传入提高了福建与中国东南经济的海洋性，从而成为中国经济上升的变量。③ 李斯颖通过骆越族群的活动分析了海上丝绸之路东支航线开辟的相关历史证据。李斯颖指出，早在秦始皇统一岭南前，骆越族群就已经开发南海。秦以后，他们在中央政权支持下持续开辟已有的海上航路，曾到达东南亚、太平洋以至南美洲，并与当地土著有过文化交流与经济往来。在当前我国“一带一路”倡议视野下，重新探索骆越海上丝绸之路的文化内容，有助于找到契合时代发展精神、加强国内外文化认可与经济往来的增长点。④

其二，在海上丝绸之路下，我国对外交往相关问题研究。阎根齐通过历史梳理指出，南海海上丝绸之路在形成前，南越人经过了长期的航海知识积累。战国至南越国时期已经有了海外贸易。汉武帝在为“海丝”开通前经过了一系列准备。公元前 111 年汉武帝灭南越国，在岭南设九郡，合浦成为始发港，应为南海“海丝”形成的标志。⑤ 古小松系统研究秦汉时期出发自北部湾地区的早期海上丝绸之路，以分析早期丝绸之路以及古代岭南的开拓进程。古小松指出，公元前 3 世纪秦朝拓展到岭南之前，包括红河三角洲在内的中南半岛地区尚处于原始部落社会。秦朝统一中原后，跨过五岭，将岭南纳入了中国版图。中原地区由长江水系的湘江南下，经珠江水系的漓江、西江、北流江，跨越桂门关分水坳，从南流江顺流而下至北部湾地区。北部湾沿岸的合浦、徐闻、日南成为中国最南和最早由海上经中南半岛通往西域的起点，并形成早期的海上丝绸之路。中南半岛扶南、占婆等东南亚最早建立的国家依赖海上丝绸之路带来的贸易与文化而兴建起来。而红河三角洲的安南地区经过多年发展，宋朝初年从中国独立出来，建立

① 郑学檬：《唐宋元海上丝绸之路和岭南、江南社会经济研究》，《中国经济史研究》2017 年第 2 期。

② 庄维民主编：《山东海上丝绸之路历史研究》，齐鲁书社 2017 年版。

③ 徐晓望：《中国福建海上丝绸之路发展史》，九州出版社 2017 年版。

④ 李斯颖：《“一带一路”视野下对骆越海上文化的重新认识》，《贺州学院学报》2017 年第 2 期。

⑤ 阎根齐：《论南海海上丝绸之路的形成时间》，《学术探索》2017 年第 3 期。

了自主封建国家。[①] 刘迎胜以专题的形式，论述古代中国的海上丝绸之路，从西太平洋到北印度洋，讲述了宋元明清各个朝代中国与亚非国家的交流，并且展望了丝绸之路的未来与“一带一路”。[②]

（三）关于海疆区域地方史的研究

学界对海疆相关区域性的研究一直较为关注，2017 年在这一领域出现了一批新的著作。如徐晓望详细介绍了明代前期福建地方史、明代前期福建的治乱、明代海洋秩序确立、明代前期福建的经济、明代前期福建的文化事业、天妃崇拜与福建民间信仰等。[③] 陈泽泓的著作论述了广州城市建设发展史，广州对外经济文化交流发展史，儒家在广州及相关士人，佛教、道教在广州传播的历史。从珠江三角洲的旧石器时代古人类到清代的学海堂，梳理出与广州古代史相关的 46 个专题：关于广州城市建设发展史、关于广州对外经济文化交流发展史、关于儒学在广州及相关士人的文化史、关于佛教和道教在广州传播的历史等。这些专题构成了广州悠久历史、岭南文化特色、开放魅力的历史画卷。该书属于广州学研究丛书之一，丛书一套十本：《广州学概论》《广州基本理论》《广州城市品格研究》《广州学文献研究》《广州文化概论》《岭南建筑艺术》《广州学与城市学》《广州与世界城市比较研究》《广州友好城市导论》《广州与广州奖研究》。[④] 周伟民在《海南通史·清代卷》一书中，记述了清朝时期海南岛的发展历程以及清代对海南的统治，包括清代海南地方政权的艰难建立、清政府对黎族地区加强统治、张之洞对海南的整治、政区与户口、职官与吏治、兵制与海防策略、清代海南岛上的海盗、清代社会经济的演变、清代海禁撤除后的海南、清朝时期的南海诸岛、海南的教育活动、海南移民的新趋势、宗教信仰、风俗与方言、自然灾害等。[⑤]

（四）关于海洋文明和海洋历史遗迹的研究

近年来，对海洋文明和海洋历史遗迹的研究逐渐增多，尤其是重视对南海海域的历史遗迹考究。

李庆新通过分析南海海洋文化遗产的基本内涵和当代价值，指出作为中华海洋文明结晶与文化遗存，对南海海洋文化遗产应善加保护与利用，为发展现代海洋生态文明，建设“一带一路”大局服务。李庆新认为，南海北岸珠江口湾区南越国及汉代番禺都会文化遗存、南海西南暹罗湾扶南国俄厄海港文化遗存、南海北部西沙群岛甘泉岛居住遗址都见证了南海早期海港城市、濒海国家发展和西沙群岛开发的历史。20 世纪 90 年代以来南海及周边海域发现了黑石号沉船、印坦沉船、南海 I 号沉船、华光礁 I 号沉船、金瓯沉船等重要海洋考古遗址，出水大批极有价值的沉船遗物，对研究“海上丝绸之路”发展历史、了解涉海人群的社会生活具有重要意义。海南民众创造的兄弟公

---

① 古小松：《早期海上丝绸之路与中南半岛国家的建立》，《云南社会科学》2017 年第 3 期。

② 刘迎胜：《从西太平洋到北印度洋：古代中国与亚非海域》，南京大学出版社 2017 年版。

③ 徐晓望：《明代前期福建史（1368—1521）》，线装书局 2017 年版。

④ 陈泽泓：《广州古代史丛考》，中央编译出版社 2017 年版。

⑤ 周伟民：《海南通史·清代卷》，人民出版社 2017 年版。

信仰是具有跨国色彩的海洋信仰，在中国乃至东南亚海洋信仰中占有一席地位，《更路簿》所蕴含的航海知识也是近世东亚海洋文明的重要组成部分。① 侯毅等将南海文物、历史遗迹物等分成古代沉船遗迹，文物，历史遗迹、遗址、遗物和古文献。侯毅等还详细分析了这些历史遗迹和文物的“双重”价值。一方面，这些文物与遗迹具有很高的历史价值、文物价值和研究价值；另一方面，也反映了中国人在南海的活动轨迹，展现着历史上中华民族在航海、科技、文化、艺术等各个领域的创造力和生命力，充分证明了是中国人民最早发现、最早命名、最早开发经营南海诸岛，最早对南海诸岛进行管辖，因此，南海文物和历史遗迹的保护具有“双重”价值。② 韩维龙等主编的《海上丝绸之路广州史迹》一书以相关历史遗迹为分析对象，探讨了广州在海上丝绸之路中的关联价值。③

此外，我国作为海洋大国在历史上形成的海洋文明，对于认知我国海洋大国的历史发展脉络有重要意义。曲金良主编的《中国海洋文化史长编》是对我国作为一个历史悠久的海洋大国、海洋文化大国的海洋文化历史进行全面系统认知的基础研究，从不同学科、视角对中国海洋文化史相关领域、相关问题进行了分析，是研究中国海洋文化历史的重要工具书和参考文献。④ 白斌在《浙江近代海洋文明史·民国卷》一书中详细论述了民国时期涉及浙江海洋文明发展的政治变化、军事冲突与经济发展，分别对民国时期浙江的海洋政策、海关、海防、渔业、盐业、贸易等涉及海洋文明的部分做深入细致的探讨，通过对历史文献与档案资料的深入分析与比对，还原民国时期浙江海洋政策与海洋经济发展的脉络，清晰地展示了近代浙江海洋文明发展的制度与经济因素。⑤ 由新华社国际部著述的《南海文明图谱》回顾了历史上中国在南海区域的活动，分析了南海周边国家古代交往时凝练出的品质和特征；系统记录了南海文明中东南亚区域早期国家与中国之间的文化交流与人员往来，包括暹罗湾、扶南、骠国、蒲甘、渤泥、交趾、占城、爪哇、马六甲、吕宋、苏禄等古国或地区与古代中国的历史与文化互动；论述了南海文明与历史上琉球、日本、印度以及中东和欧洲等国家和区域的文明互动。⑥

（五）关于海疆专题史的研究

其一，关于钓鱼岛及其附属岛屿历史的研究。2017 年，对于钓鱼岛等的研究，学界从新角度，运用新资料等进行了许多细化的研究。陈小法以十三部明清时期《使琉球录》为主线，结合相关文献，对钓鱼岛的归属问题、中琉海疆分界问题、琉球所属岛屿问题以及历史存疑问题进行了论考。作者指出，《使琉球录》是册封使正使递呈给政府的出使报告，因而具有官方性质和权威性。各部《使琉球录》中，对中琉航海针

① 李庆新：《略谈南海海洋文化遗产及其当下价值》，《南海学刊》2017 年第 3 期。

② 侯毅、吴昊：《南海历史遗迹与文物的保护、发掘与利用》，《暨南学报（哲学社会科学版）》2017 年第 7 期。

③ 韩维龙、易西兵主编：《海上丝绸之路广州史迹》，广州出版社 2017 年版。

④ 曲金良主编：《中国海洋文化史长编·典藏版（上、中、下）》，中国海洋大学出版社 2017 年版。

⑤ 白斌：《浙江近代海洋文明史·民国卷》，商务印书馆 2017 年版。

⑥ 新华社国际部：《南海文明图谱》，新华出版社 2017 年版。

路上的钓鱼列岛的主要岛屿钓鱼岛、黄尾屿、赤屿都有记载，尽管详略不同，但它是世界上最早且连续不断记载钓鱼岛名称的文献种类之一。① 贾庆军分析了19世纪末到20世纪50年代美国在南海海域周边的相关活动，探析了美国南海政策的起源。他指出，美国与南海的关系始于贸易。19世纪末20世纪初，在马汉“海权论”的鼓噪下，美国海上军事力量直达中国的南大门——南海，但此时美国意在中国大陆的巨大市场，而非南海。直到20世纪30年代法国和日本相继占领南海一些岛礁，尤其是日本通过占领南海岛礁向东南亚侵略，美国才真正开始关注南海的地缘战略价值，并且开始觊觎南海。但是碍于与“中华民国”的盟友关系，美国在开罗会议上采取阳奉阴违的南海政策：在法理上埋下“漏洞”，在行为上暗中使绊。②

夏帆系统梳理了在已有研究中未提及的6幅欧洲地图，包括1764年、1782年出版托马斯·基钦绘中国图，1787年出版托马斯·基钦改绘的唐维尔中国地图，1794年出版劳里和惠尔特绘制中国图，1794年出版威尔金森绘制中国图以及1816年出版查尔士·史密斯绘制中国地图。夏帆指出，上述地图均为中立第三方绘制，对钓鱼岛及其附属岛屿描绘准确，认为钓鱼岛及其附属岛屿属于中国，且多幅地图的描绘具有一贯性，具有一定证明分量。这些情况说明在1885年以前，钓鱼岛及其附属岛屿属于中国已成为共识。③

侯毅在《中美在开罗会议上关于琉球问题的讨论及其影响》一文中指出，20世纪30年代至40年代初，在琉球问题上，国民政府内部所持的意见并不统一，蒋介石、宋子文等领导人所持的是将琉球视为收回之列的态度，而外交部的意见则是中国不应接收琉球。开罗会议期间，中美围绕琉球归属实际上只限于一般性讨论层面，双方都未进行过操作层面的论证，更没有展开正式磋商。而随着时间的推移，美国再无意将琉球交给中国。这固然与当时中美之间实力差距有关，但也反映出国民政府外交政策上过于保守，过于谨慎，在一定程度上可以说是错失了良机，并对钓鱼岛问题的产生有着历史影响。④

王宏斌通过分析清代前期台湾内外洋划分与水师管辖制度，指出，清代前期福建台湾府不仅按照朝廷旨意，严格划分了内洋与外洋，明确了水师官兵的水陆汛地，而且建立了比较严格的巡逻会哨制度。具体来看包含：凡是靠近台湾府和澎湖厅治所所在岛屿（台湾岛和澎湖岛）岛岸的岛屿和洋面均被划入内洋，纳入文武官员共同的管辖范围；凡是远离台湾府和澎湖厅治所所在岛屿（台湾岛和澎湖岛）岛岸的岛屿和洋面均被划入外洋，由水师官兵负责巡洋会哨。台湾海峡在清代前期已经形成了“两纵八横”的海道网络。水师的管辖范围大致包括台湾海峡全部水域和台湾岛周围海道以内的内外洋水域。台湾南面的琉球屿、七星岩，东面的兰屿（红头屿）、绿岛（火烧屿），北面的鸡笼、花瓶屿、棉花屿、钓鱼台等作为商船、渔船、

① 陈小法：《〈使琉球录〉中的钓鱼岛史料性质之研究》，《日本研究》2017年第2期。

② 贾庆军：《1950年前美国涉足南海考察》，《社会科学动态》2017年第11期。

③ 夏帆：《从1885年前西方绘制地图看钓鱼岛及其附属岛屿的归属》，《边界与海洋研究》2017年第4期。

④ 侯毅：《中美在开罗会议上关于琉球问题的讨论及其影响》，载邢广程主编《中国边疆学（第八辑）》，社会科学文献出版社2017年版。

兵船或海匪船只的临时港口及其所在洋面是清代环台湾海道的重要组成部分，已经被纳入清军水师巡哨、管控范围。①

刘玉山以20世纪70年代保钓留学生的保钓运动为主要分析对象，借此梳理台湾当局对海外保钓运动的“疏导策略”。台湾当局将海外保钓运动定性为中共的统战“阴谋”，进而栽赃大陆，而“疏导”的方式主要是面对面口头说服。在“疏导”过程中存在三方面“不一致”，负责“疏导”的工作人员素养与留学生期望值的不一致，外务部门负责人与驻外“大使”心理急切程度的不一致，台湾当局的现实利益与民族利益之间的不一致。因此，导致一部分留美学生在被“疏导”过程中逐步看清了台湾当局真实的钓鱼岛立场，进而促使他们将保钓运动升华到了“中国统一运动”。② 周涵之等以20世纪70年代前后海外留学生的保钓运动为主要研究对象，分析了该运动的兴起及转变的历史进程，进而指出，由于台湾国民党当局的介入和运作，原本朴素的爱国主义运动，开始出现政治上的左右对立，保钓运动也在1971年安娜堡会议后转向了由左派领导的中国统一运动。这场运动虽然在1972年告一段落，但它在两岸走向和平统一的进程中发挥着深远的影响。③ 刘玉山选取美国华裔科学家为视角，分析了20世纪70年代保钓运动。刘玉山指出，20世纪70年代保钓运动中，华裔科学家起到了重要的作用，主要表现在成为年轻保钓留学生的主心骨，致蒋介石公开信，致美国会议员公开信和在《纽约时报》登载钓鱼岛主权属于中国广告。华裔著名科学家保钓运动期间回国参访，将中国大陆的最新讯息带到美国，引起保钓留学生的“中国热”，促成了保钓运动向中国统一运动的转化。④

其二，关于南海诸岛历史的研究。对于南海诸岛相关历史研究一直是学界关注的热点，2017年关于这一领域的宏观性研究增多。李国强在《〈更路簿〉研究评述及创建“更路簿学”初探》一文中指出，尽管《更路簿》相关理论研究取得一定进展，但《更路簿》研究仍然存在不少学术空白和盲点，学术研究长期滞后的问题并没有彻底改观，理论研究的原创性和创新性明显不足，在一些重大理论问题上还缺乏新突破，甚至在某些方面出现了偏差。因此，创建“更路簿学”有重要意义，是加快构建具有中国特色哲学社会科学、深化南海问题理论研究、弘扬南海海洋文化和维护我国南海海洋权益的必然要求。李国强在文中还提出了创建“更路簿学”要注意三个方面，遵循客观规律，合乎学术规范，要顺应时代要求，着力于话语体系创新。⑤ 李彩霞以时间为顺序，对南海诸岛的发现与命名、开发与利用、近代所受的外来冲击，以及当今中国对主权的维护与坚持等方面，进行综合性系统介绍，对中国各时期、各阶段开发利用南海资

---

① 王宏斌：《清代前期台湾内外洋划分与水师辖区——中国对钓鱼岛的管辖权补证》，《军事历史研究》2017年第3期。

② 刘玉山：《20世纪70年代初台湾当局对海外保钓运动的“疏导”效果评析》，《西南交通大学学报（社会科学版）》2017年第5期。

③ 周涵之、朱双一：《保钓运动向中国统一运动的演化及其深远影响》，《东南学术》2017年第3期。

④ 刘玉山：《论20世纪70年代美国华裔科学家与维护钓鱼岛领土主权》，《大连海事大学学报（社会科学版）》2017年第2期。

⑤ 李国强：《〈更路簿〉研究评述及创建“更路簿学”初探》，《南海学刊》2017年第1期。

源、实行政治与军理管理及与周边国家和地区贸易通商、友好往来的史实进行梳理。古代学者、旅行家、航海家及渔民对南海诸岛的描述与记载，证明自秦汉开始就有岛民在南海诸岛活动。①

侯毅在《中国传统疆域观视角下中国南海疆域的演变与形成》一文中提出，在古代，中国同周边国家之间没有当代国际法意义上国与国之间的边界线，而是以疆域变化为主要特征，形成了独特的东方国家的疆界秩序观。在海洋上，中国古人早已有了海界观，但由于种种因素，未能形成明确的海界。直至近代，中国人被迫接受了西方国家划界的模式，同时也保留了传统的疆域观，最终形成了南海断续线。② 郭渊通过“克洛马事件”分析冷战初期台湾当局维护南海权益的相关政策与实践。郭渊指出，冷战初期台湾当局与美国建立军事同盟，并与菲律宾、南越结成紧密的“盟友”关系。然而在西沙、南沙问题上，台湾当局一直坚持“中华民国”拥有主权，采取“外交”、军事措施来维护民族权益，并从历史依据、国际法理角度驳斥其无理主张，暂时挫败了它们的侵犯行为。台湾当局还进行了南海渔业、磷矿资源的调查工作，试图调动台湾社会各种力量开发海域资源，其维权行为值得肯定。然而在冷战背景下，台湾当局因有求于“盟友”，故未能自始至终采取强硬立场，这对南沙问题的解决留下了隐患。③

二 海疆法理研究

2017年海疆法理研究呈现出两方面特点，一方面，涌现出一批从法理有效性等角度分析“南海仲裁案”的相关研究成果；另一方面，出现一批从专门法的角度丰富我国在海疆法理方面的研究成果。

姚莹在《南海仲裁案实体裁决的岛礁法律地位判定：法律悖误与中国应对》中指出，中菲南海争端的实质是相关岛礁的领土主权争端以及海域划界争端。菲律宾无视中国将南沙群岛作为一个整体主张权利的事实，将南沙群岛进行分割，要求对中国占领或控制的9个岛礁的海洋权利进行逐一判定。仲裁庭无视自身对争端主题事项并无管辖权的事实，错误地认定事实与适用法律，使用本末倒置、自相矛盾的论证方式支持了菲律宾几乎全部的仲裁请求，该裁决对中国所造成的不利影响是现实的和长期的。从长远看，中国还应为今后可能出现的连锁反应提前做好对案，而最理想、最有效的对案就是证明中国在南海是以“群岛”为单位主张海洋权利以及洋中群岛制度适用于南海四大群岛具有习惯国际法的基础，防止中国在南海的权利被“切割”。④

曲波在《论南海仲裁案历史性权利实体裁决的瑕疵》中提出，在南海仲裁案中，仲裁庭的裁决存在诸多瑕疵：仲裁庭混淆了历史性权利与海洋自由的关系，将海洋

---

① 李彩霞：《南海诸岛历史事件编年》，社会科学文献出版社2017年版。

② 侯毅：《中国传统疆域观视角下中国南海疆域的演变与形成》，载邢广程主编《中国边疆学（第七辑）》，社会科学文献出版社2017年版。

③ 郭渊：《冷战初期台湾当局对南海权益的维护及主权依据的阐释》，《南海学刊》2017年第1期。

④ 姚莹：《南海仲裁案实体裁决的岛礁法律地位判定：法律悖误与中国应对》，《吉林大学社会科学学报》2017年第2期。

自由与公海自由等同，对中国海洋立法做片面理解；夸大《联合国海洋法公约》在海洋法中的地位，没有全面解读《联合国海洋法公约》，甚至对该公约的一些理解是错误的；仲裁庭故意夸大“缅因湾案”的作用，削弱对中国有利的案例的适用。仲裁庭没有认真履行职责，其作出的裁决不具有约束力。① 马金星在《南海仲裁案裁决中有关岛礁法律地位问题的评介》一文中指出，岛礁法律地位问题是南海仲裁案核心仲裁事项之一，其本质是中国与菲律宾间的领土主权及海域划界争端。仲裁庭在自裁管辖权的基础上，对中国有关外交立场进行了曲解。仲裁庭在阐释《联合国海洋法公约》第121条第3款含义时具有强烈的主观倾向，通过推定意图为缔约国创设权利和义务，偏离了有疑从轻解释和演变性解释的合理化路径，以“释法”之名行“立法”之实，悖离了条约解释的目的。在事实证明阶段，仲裁庭从历史片段中选取的有关南海岛礁的证据，缺乏合法性、真实性和关联性，无法支撑其裁决的合法性和有效性。② 黄靖文等结合2015年和2016年两个阶段的裁决书，从三个角度评析和质疑仲裁庭对历史性权利相关诉求的管辖权，认为两阶段裁决所援引的证据不足以证明中菲两国之间存在关于历史性权利的真实争端，即使争端存在，该争端在性质上也并不属于关于《联合国海洋法公约》解释和适用的争端；从《联合国海洋法公约》第298条看，相关诉求所反映的争端在性质上构成关于海洋划界争端的一部分，属于《联合国海洋法公约》允许中国声明排除强制争端解决程序管辖的一类争端。③

夏丁敏在《论南海仲裁案的法律与政治——国际批判法学的视角》一文中提出，南海仲裁案深刻地蕴含着法律与政治之间的关系。国际法中的政治主要是指国家政治，即国家根据自身利益和意志而行动。国际法中还存在由超越国家政治的组织来调整国家行为的理想，这种理想属于国际主义。然而在现实中，国际主义往往被国家政治所利用，从而产生了虚假的国际主义。虚假的国际主义是貌似合法但实质上不正当的国家政治。运用国际批判法学视角，夏丁敏指出，在南海仲裁案中国际法被美国、日本和菲律宾等国家作为工具和借口利用，实现了虚假的国际主义。第一，菲律宾将《联合国海洋法公约》规定的强制仲裁程序作为工具，强制中国涉入不具有合意基础的仲裁。第二，日本从仲裁庭人员组成上施加政治影响，仲裁庭错误的国际主义和不正当的裁决正如美日所期待。第三，美国和日本在裁决后借口裁决的国际主义特性不正当地要求中国遵守，抹黑中国声誉和遏制中国的合法权益。另外，从政治对国际法本身的影响来看，国家政治，特别是大国和强国的国家政治，可以使国际法的实施和解释变得缺少确定性和融贯性，国际法是可以被割裂的，可以被倾向性地选取适用，这反映出国际法并非是独立的和客观的，而是充满了主观性。④

---

① 曲波:《论南海仲裁案历史性权利实体裁决的瑕疵》,《吉林大学社会科学学报》2017年第2期。

② 马金星:《南海仲裁案裁决中有关岛礁法律地位问题的评介》,《国际法研究》2017年第1期。

③ 黄靖文、黄瑶:《南海仲裁案历史性权利诉求管辖权问题评析》,《太平洋学报》2017年第1期。

④ 夏丁敏:《论南海仲裁案的法律与政治——国际批判法学的视角》,《西南政法大学学报》2017年第2期。

此外，学界对国际海洋法中具体问题的探讨不断增多。管松根据协调措施的理论基础不同，将其归纳为基于法律拟制区域的协调机制和基于生态系统的协调机制两类，通过对这两类协调机制的研究和比较，并针对争议海域内航行权与海洋环境管辖权冲突的特殊性，提出不能任由划界争议阻碍维护生态系统可持续发展的步伐，而基于生态系统的协调机制恰好可以满足尚未完成划界的争议海域的特殊需求，在南中国海建立特别敏感海域便是对这一结论的落实。[①] 李建勋以南海低敏感领域区域合作法律机制为主要研究对象，分析了机制演进过程、内涵及合法性等，提出通过培育社会资源话语集体身份认同以推进低敏感领域合作，通过制度保障以驱动低敏感领域合作集体行动，并完善低敏感领域区域合作法律机制。[②] 王勇在《国际法视角下中国与东盟国家合作规制南海海洋噪音污染问题》一文中指出，南海地区的人工噪音来源广、种类多，已经对该地区的海洋生物产生了实际的危害后果。国际法上关于规制南海噪音的主要依据有《联合国海洋法公约》、《生物多样性公约》、风险预防原则以及不得损害国外环境原则。上述法律依据在具体规制南海的海洋噪音污染时存在法律义务不明确、可操作性差等诸多局限性。为了切实保护南海地区的海洋环境，中国与东盟国家应该确立合作规制南海海洋噪音污染的法律目标、设定合作规制南海海洋噪音污染的具体法律路径、明确合作规制南海海洋噪音污染的具体内容。中国不仅要积极完善本国国内法关于防治海洋噪音污染的法律制度，而且还应该积极利用正在与东盟国家磋商制定《南海行为准则》的良好契机，为早日通过南海地区第一份规制海洋噪音污染的法律文件而努力。[③]

蔡怡希等指出南海问题背后，是周边各国对南海大量油气资源的声索，在一定程度上是资源之争。对于中国而言，南海争议区油气资源开发的困境主要有：一、其他争端国单独开发行为如何应对；二、“共同开发”原则如何发挥实效。因此，蔡怡希等认为应积极进行单方面“临时性”勘探，果断对他国单方面非法开采行为进行执法，同时坚持“共同开发”原则不动摇，拓展与南海争端国的合作领域实现互信，不断探索合作机制。[④] 李永在《历史性权利与大陆架关系初论——兼议中国在南海大陆架上的历史性权利》一文中指出，大陆架上的历史性权利是历史性权利的一项重要内容。一国能否在大陆架上享有历史性权利，需要从包括国际习惯、《联合国海洋法公约》等条约在内的整个国际法渊源中进行判定，确立大陆架制度的“专属性固有权利原则”并不当然地就能排斥和否定大陆架上的历史性权利。依据国际法及其相关国家实践，大陆架上完全可以融存历史性权利。经国家管理或授权的我国渔民依靠南海《更路簿》导引，长期、持续地在南海大陆架上捕捉马蹄螺、砗磲等定居种生物的行为，是我国在南海大陆架上切实享有历史性权利

① 管松：《争议海域内航行权与海洋环境管辖权冲突之协调机制研究》，厦门大学出版社2017年版。

② 李建勋：《南海低敏感领域区域合作法律机制研究》，江西人民出版社2017年版。

③ 王勇：《国际法视角下中国与东盟国家合作规制南海海洋噪音污染问题》，《东方法学》2017年第3期。

④ 蔡怡希、张晏瑲：《南海争议区油气资源开发的法律困境和对策》，《南海学刊》2017年第4期。

的权利基础。①

三　海疆现实研究及相关国际关系研究

2017 年关于海疆现实问题的研究主要集中在两个方面，宏观上海疆现实问题的研究，如对海洋秩序和海洋战略等的探讨；微观上针对海洋的现实实践活动的研究，如海洋治理和海洋合作等。

王历荣提出，“海洋强国”本身既是一个目标性、结果性的概念，也是一个发展性和过程性的概念。实现从建设到建成海洋强国是一个长期、系统和复杂的工程，必将遇到各种困难、面临各种挑战。中国建设海洋强国面临陆海复合地缘两难、海洋强国战略挤压、与邻国海洋争端、海洋意识欠缺、海洋力量相对薄弱等诸多战略困境。以问题和目标为导向，坚持战略目标和战略举措相统一，从意识养成、发展理念、法制完善、海军建设、海洋外交等方面进行创新是中国海洋强国建设的路径选择。② 彭克慧在《新中国海洋战略发展史》一书中，系统分析了新中国海洋战略形成、演变、发展的历史原因和脉络。彭克慧将中华人民共和国成立以来的国家海洋战略演变发展的历史划分为四个阶段，即 1949—1976 年以海防为战略重点的萌芽期、1977—1997 年以沿海经济发展为战略重点的初成期、1998—2007 年以海洋安全为战略重点的完善期以及 2008 年以来以海洋强国建设为战略重点的提升期，分析了中华人民共和国成立以来各个时期海洋战略的背景成因、基本举措和历史意义等。③

左希迎在《南海秩序的新常态及其未来走向》一文中指出，南海问题同时存在着两种截然对立的秩序观念，即中国坚持的以主权原则为基础的秩序观念，以及美国、菲律宾和越南等国坚持的以“国际规则”为基础的秩序观念。近年来，通过岛礁建设、行政建设和资源开采，中国对南海的实际控制有了质的飞跃，谈判议价能力大为提升。与此同时，美国通过“国际规则”和“国际法”对中国施压的边际收益正在递减，中国与东盟国家之间的关系也在缓和，南海秩序进入到一种新常态。随着新权力格局的形成，重新调整既有南海秩序，构建与新权力格局相匹配的南海新秩序，已经具备了条件。④

张玉强以南海护渔维权中政府与渔民合作为视角，分析了当前政民合作的现状、存在的问题及未来的发展方向。张玉强指出，开发南海岛礁、加快渔业生产、落实渔业制度、防范侵渔行为和南海争端事件应对是政民合作的现实表现。但南海捕捞的高成本、合作双方地位不对等、渔民综合素质偏低、政府海上执法力量薄弱和民间渔业组织作用不足严重制约了政民合作发展。应通过培育双方合作理念、提高合作能力和水平、降低制约合作行为的成本和风险、发挥渔业合作组织的合作推动作用等措施来加以解决，以

---

① 李永：《历史性权利与大陆架关系初论——兼议中国在南海大陆架上的历史性权利》，《海南大学学报（人文社会科学版）》2017 年第 4 期。

② 王历荣：《中国建设海洋强国的战略困境与创新选择》，《当代世界与社会主义》2017 年第 6 期。

③ 彭克慧：《新中国海洋战略发展史》，人民出版社 2017 年版。

④ 左希迎：《南海秩序的新常态及其未来走向》，《现代国际关系》2017 年第 6 期。

推进政民合作的进程。① 王印红等综合考察了中华人民共和国成立以来我国海洋治理的实践与治理范式，提出了我国海洋治理范式从“行政区行政”到“区域治理”，从“区域治理”到“整体性治理”范式演变的规律性。就其价值追求的转变而言，从谋求行政区内的海洋经济利益，到关注海洋环境、突发事件等跨行政区公共问题解决或公共物品供给，如今整体性治理范式谋求全局性、整体性和长远性公共利益成为必然趋势。尽管我国海洋治理范式仍处于整体性治理范式的初级阶段，但是整体性治理所展现出来的总体性、长期性的价值追求，“无缝隙服务”的政府建设，统一执法队伍等体现了一定的先进性和趋势性。②

孔庆江通过对“双规思路”背景和内涵的研究，提出当前南海制度建设包含两个方面，即中国与声索国之间应建立争端升级预防机制和《南海行为准则》。孔庆江指出，中国与其他南海声索国之间应就设立争端升级预防机制进行磋商作为“一轨”，而《南海行为准则》的制定则已成为中国与东盟的共识，应是“二轨”的重点。随着参与、主导国际事务能力的提升，中国正在扩大并深化与他国的合作，中国与有关国家应秉持国际合作精神，早日完成制定《南海行为准则》并开始讨论设立争端升级预防机制，以解决各方共同遵守的南海制度建设滞后的问题，从而维护地区的和平与稳定。③ 娄亚萍等以2012年中菲“黄岩岛事件”和日本“购买”钓鱼岛为例，探讨美国在中国与周边国家的海洋争端中的危机管理模式的异同。通过比较，娄亚萍等指出在这两次危机中，美国都是作为第三方介入危机管理的，在危机中扮演的是“权力平衡者”的角色，但美国在两次危机中的基本立场和行动方式却存在明显差异。从根本上说，这是因为美国在南海和钓鱼岛的利益诉求不同，而盟国在多大程度上能帮助美国实现其国家利益也决定了美国的支持程度。④

综上所述，2017年中国海疆研究成果颇多，其中尤以对海疆历史和海疆法理问题为主。通过对相关研究成果的梳理，可以发现，相关专题性的研究日渐成熟，问题意识逐渐增强；史学类和法理类研究不断涌现新的视角；相关学术专著数量不断增多，系统性逐渐增强。但仍然存在学术体系构建和理论研究滞后的问题。

---

① 张玉强：《南海护渔维权中政府与渔民合作研究》，《太平洋学报》2017年第7期。

② 王印红、刘旭：《我国海洋治理范式转变：特征及动因》，《中国海洋大学学报（社会科学版）》2017年第6期。

③ 孔庆江：《南海争端“双轨思路”下的制度建设略论》，《亚太安全与海洋研究》2017年第3期。

④ 娄亚萍、庾润清：《美国在南海和钓鱼岛争端中的危机管理模式比较分析——以“黄岩岛事件”和日本“购岛”事件为例》，《南洋问题研究》2017年第3期。

2017年西南边疆研究综述

孙宏年　时雨晴*

“中国西南边疆”的地域范围在历史时期的盈缩、变迁，总体上看包括今天中国的广西、云南、西藏的全部和四川省的西南部，以及今天属于南亚、东南亚邻国的部分地区。① 鉴于《中国边疆学年鉴》的分工，本文的“西南边疆研究”是以当代广西、云南及历史时期属于中国西南边疆的东南亚部分地区为研究对象，对2017年相关研究取得的进展综述如下。

一　西南边疆史地研究的成果

西南边疆历史地理研究是学术界长期关注的重要领域，2017年有新的进展，主要反映在两个方面：一是在西南史地学术史方面，学者们撰写了相关论文，如王晓亚、王群韬梳理了20世纪初裴安奎、马伯乐、鄂卢梭等法国汉学家有关广西史地研究的进展，认为《兴安渠考》《秦汉象郡考》《秦代初平南越考》等论著代表了当时法国汉学家对广西历史地理研究的水平；② 肖萍、向玉成主要依据英国植物学家金敦·沃德的原著，撰文梳理金敦·沃德在康藏地区历次考察过程，列26种著作情况，对部分著作进行简要译介，较为清晰地呈现了金敦·沃德在生物、地理、人文等方面的成就，分析了游历考察活动造成的政治影响。

二是政区变迁方面，代表性著作为周振鹤主编《中国行政区划通史》（修订版）③，共13卷，对于先秦至民国时期西南边疆的地方政区变迁进行了较为系统的论述。《中国行政区划通史》包括全总论和先秦卷、秦汉卷、三国两晋南朝卷、十六国北朝卷、隋代卷、

---

* 孙宏年、时雨晴：分别为中国社会科学院中国边疆研究所研究员、副研究员。

① “中国西南边疆”一般指从古到今的中国的西南边疆地区，所包含的地域在各个时期曾经有变化，总体上看包括了今天中国的广西、云南、西藏的全部和四川省的西南部，以及今天属于南亚、东南亚邻国的部分地区。学术界对其概念、地域范围有不同的表述、认识，一方面因为先秦以来“中国西南边疆”的地域的确有过盈缩、变迁，今天的“西南边疆”主要是指地处中国西南的广西、云南、西藏三个边疆省区，有时特指这三个省区靠近边境线的一定地带，而先秦以来中国西南边疆不仅包括今天广西、云南、西藏三个边疆省区的全部，又曾经包含今天重庆、四川、贵州的部分地区，还包括历史上是我国国土、今天则属于东南亚、南亚邻国的部分地区。另一方面，今天学术界的研究各有分工、有所侧重，特别是中国西南边疆现状研究在地域上往往受到当代中国行政区划的影响，比如按照今天的广西、云南、四川等省区的范围组织撰写省级地方通史。

② 王晓亚、王群韬：《20世纪初法国汉学家的广西史地研究》，《广西地方志》2017年第3期。

③ 周振鹤主编：《中国行政区划通史》，复旦大学出版社2007—2016年第1版，2017年修订版。

唐代卷、五代十国卷、宋西夏卷、辽金卷、元代卷、明代卷、清代卷及中华民国卷，共13卷18册，较为全面地反映了先秦至民国时期的中国行政区划变迁，比如中华民国卷既对西康省、云南省、广西省政区总体情况和所辖的道、县、市、设治局进行了介绍，又论述了云南殖边督办公署等“准行政区划”的沿革、职能。此外，一些学者发表了相关论文，如秦博考证了明代云南巡抚所兼赞理军务一职的变化，并分析了云南军政结构中巡抚与沐氏总兵之间复杂的权力消长关系[①]；秦和平撰文研究了清末云南设置镇边厅的由来、价值及影响，认为清末中英两国边界条约规定“以镇边厅地方归中国”，以镇边厅的界址来确定中缅西南段部的分界线，肯定了中国国土的范围，表明了设置镇边厅的重要价值。[②]

二　历史时期西南边疆治理研究的进展

历史时期西南边疆治理是西南边疆研究的重要内容，一直受到我国学术界关注，2017年学者们发表60多篇学术论文，主要涉及西南边疆治理思想总体研究、军政制度及影响、土司制度与改土归流、历代边事与边吏、清代以来西康治理等领域。

一是西南边疆治理思想总体研究方面，方铁、滕兰花、马亚辉、王巧娟等学者发表了相关论文。方铁研究了中国古代的治边方略，宏观、整体分析中又涉及西南边疆治理的思想、方略。中国古代的治边方略，包括中原王朝的治边方略、边疆王朝与边疆政权的治边方略，是历代王朝及政权在边疆治理方面，经过长期的实践而形成的基本谋略与传统；在中原王朝的治边方略中，较为重要的是经营边疆与应对外邦的方略、地缘政治方略、博弈谋胜方略；论内容充实及完善的程度，中原王朝的治边方略领先于边疆王朝与边疆政权。[③] 他还撰文分析了西南边疆的形成及历史特点，认为西南边疆的形成经历2000余年的过程，发展过程较为完整且典型，西南边疆的形成具有以下特点：以蒙元为界，地缘政治格局发生重要改变；西南边疆长期处于中原王朝可控范围；中原王朝的统治经历从羁縻之治到土司制度的演变；中原王朝的深度经营与全面开发始于蒙元时期；西南边疆的民族关系具有渐进融合、总体和谐的特点；随着时间推移，西南边疆的战略地位日趋重要。[④]

滕兰花撰文探讨明代北部湾钦州四峒边民的国家认同与身份选择问题，指出明朝宣德年间北部湾钦州四峒之民叛附安南，历百余年后才归复中国。百余年间围绕着四峒之民叛附与归复，明朝政权主要以招抚为主，后因安南国内政局变幻，安南莫氏政权将四峒之地归还明朝。在四峒的归复历程中，中原王朝注意施行文化感召，并以羁縻之治来加强对边疆的治理；四峒之民则通过构建汉将后裔英雄祖先故事，以此来实现自我身份认同和国家认同，这些行为体现了对中国传统的文化软实力的应用策略。[⑤]

---

① 秦博：《明代滇抚赞理军务兼衔与夺考——兼论云南军政结构的演化》，《中国边疆史地研究》2017年第4期。

② 秦和平：《清季镇边厅由来、价值及影响》，《云南师范大学学报》2017年第3期。

③ 方铁：《论中国古代的治边方略》，《思想战线》2017年第1期。

④ 方铁：《西南边疆的形成及历史特点》，《地域文化研究》2017年第1期。

⑤ 滕兰花：《明代北部湾钦州四峒之民的国家认同与身份选择》，《云南民族大学学报》2017年第2期。

马亚辉、王巧娟考察了清前期西南边疆民族政策，[①] 认为清前期西南边疆的民族政策是一个动态变化的过程，从顺治朝的“柔远抚绥”到康熙朝的“恩威并施”，再到雍正朝的“改土归流”，可谓环环相扣、层层深入。在逐步实施政治措施的同时，清政府又辅以长时段的“文化治边”举措。这种民族政策的动态变化，使清朝对西南边疆土司地区的治理发生了从羁縻到直辖的转变，并将西南边疆牢固地系隶于中国版图之中。

二是西南边疆军政制度及其影响研究方面，任建敏、王伟、张琦、宋永志等学者发表相关论文，较为集中地探讨了明代西南边疆的卫所、“达官军”及相关问题。任建敏撰文探讨明朝初年广西卫所的建立与“撞兵”的身份转变问题，[②] 指出元朝在广西实行的屯田政策，产生了一批称为“撞兵”的人群，明初放弃了元朝在广西的屯田系统之后“撞兵”失去了作用。这些撞兵的身份发生分化，有的转为了民籍，有的就此脱离了国家控制，成为赋役体系之外的“獞人”。随后，明朝发现广西的卫所规模不足以维持对广西的控制，便开始陆续增置卫所。洪武八年（1375），桂林的广西卫扩充为桂林中、右二卫。桂林茶洞、藤县五屯、宾州迁江等地的“獞人”都在这一过程中发生了身份的转变，但是由于自身历史传统以及进入卫所方式的差异，这个过程对不同人群而言有不同的影响和意义。

王伟、张琦探讨了明代云南的卫所与水利纠纷问题，指出明代在云南设立许多卫所，带来大量移民，推动了整个云南经济社会的发展，同时引发一些新的矛盾与问题，水利纠纷就是其中之一。卫所进入后云南的水利纠纷增多，日益复杂，目前所见的水利纠纷典型案例中均有卫所涉及。在卫所进入基础上的人口、耕地骤增，造成一段时间内的局部资源紧张，是水利纠纷产生的直接原因，但纠纷的根源不在于卫所制度本身，而在于水利建设发展水平的滞后。

宋永志依据《武职选簿》等文献，探讨了明代两广地区的达官军问题[③]，指出明代天顺、成化两朝，南北两京卫所达官军多次被征调到两广地区，参与平定广西大藤峡瑶人反叛。现存《武职选簿》中保留了其中部分从征两广达官军的履历档案，记载了其来源和承袭情况。这些不同时期来到两广地区的达官军，经历了从征调到驻留的历史过程，对明代两广地区社会及族群关系产生了深刻影响。

三是土司制度与改土归流研究方面，土司制度、改土归流及相关措施与西南边疆治理研究紧密相关，2017 年学术界开展土司研究的“热度”持续升温，方铁、陈季君、李良品、廖钰、谈建成、武沐、张锋峰、彭福荣、罗群、罗水良、徐林平、郭秀、马国君、李红香、黄梅、潘先林、白义俊等学者发表 30 多篇论文。[④] 其中，方铁撰文阐述

---

① 马亚辉、王巧娟：《清前期西南边疆民族政策的动态考察》，《广西民族研究》2017 年第 5 期。

② 任建敏：《明初广西卫所的建立与“撞兵”的身份转变》，《中国边疆史地研究》2017 年第 4 期。

③ 宋永志：《明代两广地区的达官军：以〈武职选簿〉为中心的考察》，《中国边疆史地研究》2017 年第 4 期。

④ 相关论文如方铁《土司制度研究方法述论》，《云南师范大学学报》2017 年第 2 期；彭福荣《政治属性与服务意识：中国土司研究不应回避的取向》，李良品、廖钰《论明清时期土司制度的功能——学理层面的诠释》，均载《青海民族研究》2017 年第 2 期；黄梅《西南地区少数民族的化夷策略——以四川白马土司对白马藏族“化夷”之道为例》，《西北民族大学学报》2017 年第 5 期；马国君、李红香《明清土司被“和平改流”的途径、原因及善后研究》，《广西民族研究》2017 年第 6 期；徐林平、郭秀《清代时期云南昭通改土归流探析》，《边疆经济与文化》2017 年第 12 期；等等。

了土司制度、改土归流及其当代启示,[①] 指出土司制度是元明清王朝在西南边疆及其他南方类型的少数民族地区实行的一种统治制度，经历了元朝的土官制度、明朝的土司制度、清朝对土司地区的改土归流等三个发展阶段；研究土司制度具有重要的学术价值与现实意义，同时可以提供有益的启示，即有助于了解中原王朝尤其是元明清王朝的统治逻辑，有助于了解南方少数民族群体性格的形成及演变，凭借土司制度这把“钥匙”可以打开南方民族社会史研究之门。罗群以西南地区为考察对象，分析探讨边疆民族地区土司朝贡形成与发展的制度轨迹，揭示了朝贡制度在中国古代边疆治理过程中不可忽视的政治、经济与文化作用。[②]

李良品、谈建成从国家治理的视角，对明清时期土司地区的治理进行了理论探讨,[③] 指出“因俗而治”是明清统治者根据土司地区少数民族实际情况制定的民族政策，明清中央政府的“因俗而治”主要体现在三个方面：一为在行政体制方面实施“多轨制”；二为在管理制度方面体现“差异化”；三为在司法制度方面注重“变通性”。地方土司政权的“因俗而治”主要是通过政治制度、经济制度以及司法制度得以实施。明清中央政府实施“因俗而治”的前提是必须维护中央王朝的统治，凡无碍于中原王朝统治的风俗习惯可“因俗”，而有碍于中原王朝统治的各种制度则不能“因俗”。“因俗而治”政策的实施效果极其显著，既推动了边疆土司地区的内地化，又推动了国家法制建设的渐进化。

潘先林、白义俊以云南为中心，探讨了民国时期的土司政策,[④] 指出民国时期土司制度事关边疆稳定和国家安全，不得不正面应对，各级政府在“废除土司”“改土归流”的大旗号下，根据各地区、各民族的实际，不断探索，不断发展，推陈出新，磨合适应，力求找到适合自身实际工作的政策和措施，改良土司行政，为延续几百年的土司制度在民国国家体制中找到一个合法的制度性、政策性存在。这些具体工作和实践，取得了显著的成就，为后来中华人民共和国民族政策的制定积累了宝贵的经验。

四是历代边事与边吏研究方面，方铁、刘祥学、郑维宽、朱海嘉等学者发表了相关论文。方铁撰文探讨了魏晋、南朝、隋唐时期对岭南大姓豪酋的治理政策,[⑤] 认为魏晋、南朝、隋唐时期岭南地区出现大姓豪酋地方势力，这些大姓豪酋由留镇岭南的镇将、官吏等外来人口融合本地夷僚逐渐形成，辖有部曲，世领其地。魏晋、南朝、隋唐时期授予大姓豪酋官职，借助其权势统治岭南。与其后差异明显的宋元明清时期相比，魏晋、南朝、隋唐诸朝对岭南大姓豪酋的治策，历朝虽存在一些差异，但大体属于同一类型。

---

① 方铁：《土司制度与改土归流及当代启示》，《中国民族报》2017年12月22日。

② 罗群：《“慕利”与“慕义”——论西南地区土司朝贡的制度建构》，《中国边疆史地研究》2017年第1期。

③ 李良品、谈建成：《“因俗而治”：明清时期土司地区的国家治理政策》，《西南民族大学学报》2017年第9期。

④ 潘先林、白义俊：《民国时期的土司政策——以云南为中心的讨论》，《中国边疆史地研究》2017年第3期。

⑤ 方铁：《魏晋、南朝、隋唐诸朝对岭南大姓豪酋的治策》，《文山学院学报》2017年第2期。

唐胄是明代弘治、嘉靖之际的名臣，刘祥学探讨了唐胄的“边疆情怀与治边功绩”，[①] 指出他在17年的宦海生涯中先后在广西、云南等边疆地区任职，其间注意体察民情，关心民间疾苦；为安定边疆民族地区，反对滥用武力，注意抚谕，大力推行教化教育、兴办学校，对南部边疆的治理做出了重要贡献。

郑维宽对明清之际北部湾地区的“海寇”与海疆经略进行了探讨，[②] 指出明清之际北部湾地区的“海寇”利用清朝集中力量对付南明政权和郑氏集团之机，以钦州湾内的龙门岛为基地，接受南明政权和郑氏集团的招安，发展壮大为控制北部湾洋面的海上势力。随着南明政权退出广西，特别是清朝平定“三藩之乱”后，清朝取得对北部湾海域的控制权，加强了对北部湾海疆的经略，包括建设沿海水师、确立巡洋会哨制度、调整沿海岛屿的军事部署、完善海岸防御设施等，保障了清前期近百年北部湾海域的安宁。

朱海嘉关注抗战时期侵华日军轰炸滇缅公路及其影响，[③] 在论文中指出抗战时期日军意图切断、封锁后方物资供应，迫使国民政府妥协屈服，肆意对有“抗战生命线”之称的滇缅公路进行毁灭性的大轰炸，轮番轰炸公路沿线重要桥梁，造成交通梗阻；密集投掷霍乱菌弹，残害无辜民众生命；蓄意轰炸重要据点，损毁沿线市镇设施。大轰炸行动凸显滇缅公路的重要战略地位，又造成滇西、滇中地区极其惨重的人员伤亡和物质损失，对滇缅沿线市镇乃至西南后方的经济民生与社会秩序产生极其严重的影响。

五是清代以来西康治理与西南边疆的治理密切相关，2017年赵心愚、裴儒弟、高国卫等学者发表了相关论文。赵心愚撰文探讨了清代康熙时期打箭炉“查勘地界”及清王朝的康区东部政策问题，[④] 指出康熙三十五年（1696）在和硕特部派驻打箭炉营官，不断干涉早已归附清的打箭炉土司事务并侵占其地的情况下，康熙皇帝下令四川巡抚于养志等会同和硕特部营官查勘打箭炉地界。于养志回避实质，敷衍失职，隐瞒真相，查勘结束后不仅未能消除矛盾，而且留下了祸根。几年后局势恶化，在和硕特部不断夺地并打死打箭炉土司的情况下，清中央政府决定对康区东部政策进行调整，康熙三十九年至四十年（1700—1701）派兵驱逐和硕特部，将康区东部纳入直接控制范围。

裴儒弟关注民国时期川边镇守使的治边活动，[⑤] 在论文中指出民国时期北洋政府设立川边镇守使，负责军政，兼管民政。此职由尹昌衡西征后设立的川边镇抚使演变而来，在民国初期固川卫藏、遏制西藏地方上层分裂活动中发挥过重要作用。1914—1925年，张毅、刘锐恒、殷承瓛、陈遐龄先后担任川边镇守使，因川边镇守使往往陷于边军派系争斗和内地军阀混战，更替频繁，诸多治边计划未能完全付诸实施。

高国卫撰文探讨了西康省藏族自治区人民政府成立过程及其意义，指出西康省和平

---

① 刘祥学：《论唐胄的边疆情怀与治边功绩》，《海南热带海洋学院学报》2017年第1期。

② 郑维宽：《明清之际北部湾地区的“海寇”与海疆经略》，《广西师范大学学报》2017年第2期。

③ 朱海嘉：《封锁与毁灭：抗战时期侵华日军轰炸滇缅公路述论》，《云南民族大学学报》2017年第3期。

④ 赵心愚：《打箭炉“查勘地界”与清朝对康区东部政策的调整》，《中央民族大学学报》2017年第3期。

⑤ 裴儒弟：《民国时期川边镇守使的治边活动》，《中国边疆史地研究》2017年第2期。

解放后不久，中共中央开始考虑解决西藏问题。基于“安藏必先稳康”的历史经验，西康省藏族地区业已具备建立民族自治政权的一些现实条件，在西康地区实行民族区域自治的时机逐渐成熟。在筹建西康省藏族自治区的过程中，时任中共中央西南局第一书记邓小平对民族自治政权的命名问题、民族地区统一战线的对象问题等进行了认真的指导和帮助。根据《中国人民政治协商会议共同纲领》关于民族区域自治政策的相关规定，西康省藏族自治区人民政府于1950年11月25日正式成立。西康省藏族自治区政府的成立，对维护西康地区的长期稳定，加速中央解决西藏问题的进程，以及总结少数民族地区民族区域自治的经验和教训等具有重要意义。

三　西南边疆民族史的成果

西南边疆民族史是西南边疆研究的传统领域，2017年我国学术界主要围绕西南边疆民族格局、特定民族及其称谓、历史时期西南边疆民族关系等问题，发表了多篇有影响力的论文。

西南边疆民族格局、特定民族及其称谓研究方面，相关论文如杨宇亮、速绍华、党安荣以GIS的技术方法对藏彝走廊与汉族走廊的民族格局进行研究，[①] 认为云南特殊的地理环境与相对区位，造就了贯穿时间尺度的藏彝走廊与汉族走廊，深刻影响了云南的历史进程。贾益对元明清云南方志中“百夷”等称谓进行了研究，[②] 认为“百夷”或“白夷”一词作为某一地区人群的总称出现于元代史籍，明代早期成为志书定例；明代中期以后，在李元阳的推动下，“僰夷”代替“百夷”或“白夷”等称呼成为总称，其转变有着深刻的观念内涵。自明入清后，前代史志中的各种称呼既有保留，亦有变化，但“百夷”或“摆夷”等作为系统总称的含义在逐渐淡化；随着近代“民族”话语出现，“摆夷”逐渐成为某一“民族”或“种族”的称呼。张娟玲、朱映占梳理了近代以来中外学界及相关人士有关景颇/克钦的记述、研究情况，[③] 认为随着英国加快对缅甸的侵略，中国西南边疆危机加深，西方人士对分布于中缅边境的景颇/克钦民族的见闻和认识在其所著述的游记或调查报告中得以体现，国内对被称为“野人”的族群及其所在野人山区域关注度骤然升温。

西南边疆民族关系史研究的成果较为丰硕，既有学术专著，又有多篇论文。一是李旭出版《茶马古道各民族商号及其互动关系》，使该领域的研究得到深化。《茶马古道各民族商号及其互动关系》较为系统地梳理、阐述了近代以来活跃在云南、西藏地区各民族商号的相关情况，包括丽江纳西族杨家“永聚兴”和“丽丰号”、大理鹤庆帮汉族张家“恒盛公”、迪庆中甸藏回马家“铸记”、大理喜洲白族严家“永昌祥”和西藏“邦达昌”“热振昌”“擦绒昌”等的生成兴起、主要人物的事迹经历、经营路线、范围和特点以及兴衰变化，分析各商号之间形成的商业经济、手工艺及技术、人口及婚

---

① 杨宇亮、速绍华、党安荣：《历史地理视野下的云南民族格局——基于GIS的藏彝走廊与汉族走廊研究》，《贵州民族研究》2017年第11期。

② 贾益：《元明清云南方志中“百夷”等称谓的流变》，《西南民族大学学报》2017年第9期。

③ 张娟玲、朱映占：《中国西南边疆危机与近代景颇/克钦研究述论》，《云南大学学报（社会科学版）》2017年第4期。

姻、习俗、宗教关系及情感、观念和意识认同等互动关系。该专著认为，西南边疆地区各民族商号及其互动关系，有助于西南边疆地区与内地的交流，有助于中华民族各民族间的相互了解和文化交融，有利于中华民族多元一体格局的形成。

二是学者们从不同视角出发，对历史时期西南边疆民族关系进行了探讨。有学者对特定时期西南民族关系的视角进行了探讨，如张啸撰文阐述了两汉时期西南地区的民族关系，[①] 陈德寿研究了滇西抗战对边疆地区民族关系的影响。[②] 也有学者从特定区域的民族关系角度进行了研究，如石硕撰文探讨了川西北嘉绒藏人与象雄琼氏的渊源关系，[③] 杨福泉对纳西族与理塘、巴塘的关系进行了研究。[④] 其中，石硕《川西北嘉绒藏人与象雄琼氏渊源关系探讨》通过对汉文史籍所记汉代川西北“邛笼”内涵的挖掘及其与“駹”这一特异部落的对应关系，并结合藏文文献有关象雄琼氏由琼布迁往嘉绒地方的记载，对嘉绒与象雄琼氏之间的渊源关系进行了探讨，认为嘉绒祖先由西藏琼布迁入一事并非虚妄，而是历史事实，象雄琼氏部落迁入川西北的时间至少可上溯至东汉或西汉中叶。

四　西南边疆社会史、环境史、科技文化史的进展

近年来，西南边疆社会史、环境史、科技文化史研究日益受到学术界重视，成为西南边疆研究的新“增长点”。2017 年，我国学术界发表相关论文：一是社会史研究的成果，如周琼撰文探讨清代云南流民的收容与管理问题，[⑤] 分析云南栖流所的设置及特点，认为栖流所是清代官方举办的用以安抚流民的救济机构，属非主流及辅助性的官赈措施，云南在清代也建立了栖流所并实施了官方的系列制度，在一个侧面体现了统治者“天下同治”的理想。栖流所的建立，不仅在边疆治理及社会控制中发挥了稳定民心、稳固地方统治、安抚民众及巩固边防的积极作用，也表明底层民众的支持接纳对王朝及其统治命运的转向起到了不可忽视的积极作用。同时该文指出，栖流所沿用清代官赈机制，在一定程度上存在贪腐现象，进入栖流所的流民数量有限，很难达到完全救济穷黎的目的，所以清代官方基层救济的社会效应在实际操作层面上是有限的。

二是环境史研究的成果，如刘祥学对清代前期红水河流域的经济活动与环境变迁进行了探讨，[⑥] 他在论文中指出红水河源自云贵高原，所流经的广大岩溶区域，环境脆弱而敏感。清代前期，随着大量人口迁入这一地区，与当地的壮、彝、布依等民族杂居，从事农业与矿业开发活动，致使这一区域森林面积不断减少，上游地区的红土流失现象加剧，致使河水含沙量急剧增加，这是红水河名称得来的外在原因。霍仁龙综合利用文

---

① 张啸：《从“汉书”看两汉时期西南地区民族关系的演变》，《广西民族大学学报》2017 年第 4 期。

② 陈德寿：《滇西抗战对融合边疆民族关系之探析》，《云南史志》2017 年第 2 期。

③ 石硕：《川西北嘉绒藏人与象雄琼氏渊源关系探讨》，《民族研究》2017 年第 3 期。

④ 杨福泉：《略论纳西族与理塘巴塘之关系》，《中央民族大学学报》2017 年第 4 期。

⑤ 周琼：《天下同治与底层认可：清代流民的收容与管理——兼论云南栖流所的设置及特点》，《云南社会科学》2017 年第 3 期。

⑥ 刘祥学：《清代前期红水河流域的经济活动与环境变迁》，《广西民族研究》2017 年第 1 期。

献资料和田野调查等多学科方法，以及数据库和 GIS 等手段，以聚落为研究西南山地小区域环境变化的载体数据，获取了丰富的多源数据，创建了具有连续时间序列的流域聚落信息数据库，对西南山地小区域——掌鸠河流域的环境变化进行多学科方法和多技术手段研究。①

三是西南边疆科技文化史研究成果丰富，朱香、石硕、奚玲玲、王明贵、李如东、孟皓、王碧陶、王丽萍、周智生等学者发表了相关论文，② 而且涉及领域众多。其中，朱香从碑刻铭文的视角，探讨了唐宋朝与南诏大理国文化的关系，③ 认为南诏大理碑刻铭文深刻反映了南诏大理国民族文化深受内地文化的影响，在本土文化的基础上积极吸收唐宋时期内地的儒释道文化、佛教文化并与之融合，赋予民族文化新的内涵，呈现出兼收并蓄的特征，这种文化的兼容性、和谐性充分反映了当时南诏大理国与唐宋朝的密切关系。

王明贵对《西南彝志》关于马的科技与文明记述进行了研究，④ 认为《西南彝志》详细记录了许多名马的品种、名称和部分名马的主要特征，区分了马在彝族社会中的主要功用，这些记述的篇幅之多在彝文古籍中十分罕见，堪称举世无双。该文与汉文史志材料相比较，这些名马的特征是吻合的，有关记述符合现代畜牧学的科学技术原理，体现了古代很高的养马科技水平，对研究西南地区古代畜牧史和科技史有重要的参考价值。

王丽萍、周智生在梳理滇藏川毗连地区内族际文化交往事例的基础上，从地理空间层面分析滇藏川毗连区域内族际文化的互动发展及其特性，包括交往空间的时空分异性、同一空间内多条文化带的叠加和文化因子传播的地域差异性，进而通过对地理环境因素的分析初步阐释这些空间特性的形成及其与这一地区特定地理环境间的耦合机理，完善了滇藏川毗连地区族际文化互动的空间层面的研究。⑤

五　历史时期西南边疆涉外关系史研究的成果

西南边疆涉外关系史研究是西南边疆研究的重要内容，2017 年我国学术界发表了众多成果，主要涉及历史时期西南边疆与东南亚邻国关系、经贸往来、南方丝绸之路、海上丝绸之路等问题。

一是中国西南边疆与东南亚邻国关系史研究，代表性论著主要集中在宋元明清时期

---

① 霍仁龙：《大数据时代下西南山地环境变化的自然影响因素研究——基于小区域尺度的地形与坡向分析》，《云南大学学报》2017 年第 4 期。

② 相关论文如孟皓、王碧陶《藏彝走廊多元文化视阈下的藏传佛教与民族社区互动研究——基于丽江市永宁乡的研究》，《云南民族大学学报》2017 年第 3 期；石硕、奚玲玲《从明代前后期云南进士地域分布变化看汉文化在云南的兴起》，《云南民族大学学报》2017 年第 4 期；李如东《观念与经验的胶着、分离与再关联——华西边疆学会传教士的西南山地民族自然崇拜论述之研究》，《西南民族大学学报》2017 年第 8 期。

③ 朱香：《从碑刻铭文探析唐宋朝与南诏大理国文化的关系》，《广西社会科学》2017 年第 4 期。

④ 王明贵：《〈西南彝志〉关于马的科技与文明记述研究》，《云南民族大学学报》2017 年第 1 期。

⑤ 王丽萍、周智生：《滇藏川毗连地区族际文化互动的空间特性研究》，《西南民族大学学报》2017 年第 8 期。

西南边疆与越南（安南）、泰国（暹罗）关系研究方面。朱晓凯著《〈申报〉与中法战争研究》[①] 是2017年相关领域的代表性著作，该书以晚清时期《申报》对中法战争的报道为切入点，重点分析和研究了当时新闻舆论对社会、民众和清廷决策者所产生的深刻影响，以及以《申报》为代表的近代中国大众传媒在扮演舆论领导者角色上的努力和尝试。

范学辉、程彩萍、时培磊、李建武、李征鸿、段红云、周郢等学者发表了相关论文，[②] 其中，范学辉撰文对宋代王安石亲笔“自作”《讨交趾敕榜》说提出质疑，指出北宋熙宁八年（1075）十二月颁布的《讨交趾敕榜》，向来被认定为时任宰相的王安石亲笔“自作”，但王安石“自作”《讨交趾敕榜》说最早与唯一的史源是王安石政敌司马光所作之《涑水记闻》，显然与宋代内制皆由翰林学士等词臣草拟的制度不合，榜文以彗星天变来咒诅交趾的核心内容也不符合王安石“天变不足畏”等思想，因此这是司马光等旧党以讹传讹甚至有意编造出来的“谤言谤语”，目的在于丑化王安石，并非真为事实。

程彩萍、时培磊、李建武对明代西南边境地区涉外法律规定与司法进行探讨，[③] 认为明代广西、云南边境存在很多不稳定因素，境内外官民私相往来、非法越境等诸多行为加剧了明朝西南边疆的动荡，因此明代中央政府既严格控制外国人士入境，又严防本国官民私通外国。然而由于明代越南、缅甸等国与中国山水相连，法律很难完全控制中外民众的交往。面对新的边境纠纷，明朝廷往往以维护边疆稳定为前提，以军事防御为后盾，施以怀柔之道，通过与外国君主的沟通解决边境上的各种问题，这就使明代中越、中缅交往更加广泛，促进了边境沿线城市的发展。

二是历史时期西南边疆与东南亚邻国经贸往来研究，代表性论著主要集中于古代丝绸之路、近代云南对外开放及其与周边经贸往来研究。古代丝绸之路研究方面，如王元林对隋唐五代时期岭南海陆丝路变迁与苍梧郡地位的变化进行了探讨，[④] 认为隋唐五代时期由于五岭交通主要通道东移，加上湘桂走廊桂州中心城市的兴起，虽然梧州经济也有一定的发展，但随着海上丝绸之路中心港广州地位确立，梧州在陆海丝绸之路通道的作用降低，逐渐失去广西中心城市的地位，因此交通格局变化与桂州中心城市的确立，加之梧州周围仍多为少数民族居地，这些都是梧州地位下降的重要原因。

近代云南对外开放及其与周边经贸往来研究方面，张永帅《空间视角下的近代云南口岸贸易研究（1889—1937）》[⑤] 是2017年的代表性著作，该书充分利用旧海关资料，以空间的视角，在描述近代云南三关腹地范围和外部市场特征的基础上，探讨外部市场、内部区域特征对三关贸易特征形成的塑造作用。作者认为，口岸实际上起着连接

① 朱晓凯：《〈申报〉与中法战争研究》，黄山书社2017年版。

② 相关论文如周郢《明万历壬辰之役“借兵暹罗”发覆》，《历史研究》2017年第6期；李征鸿、段红云《论嘉靖安南事件中明朝的政策变化及其影响》，《中国边疆史地研究》2017年第3期。

③ 程彩萍、时培磊、李建武：《明代滇桂边境涉外法律规定与司法实践》，《广西社会科学》2017年第7期。

④ 王元林：《隋唐五代时期岭南海陆丝路变迁与苍梧郡地位的变化》，《广西民族大学学报》2017年第1期。

⑤ 张永帅：《空间视角下的近代云南口岸贸易研究（1889—1937）》，中国社会科学出版社2017年版。

内（腹地）外（外部市场）两个扇面的节点的作用，口岸贸易特征的形成和演进是内外扇面共同塑造的结果，近代云南三关贸易的异同是三关腹地特征和外部市场结构交互作用的结果。学者们也发表了相关论文，如饶卫探讨了近代云南对外开放格局的形成过程及其意义，[①] 认为在近代特殊的历史条件下，由于英、法、日等帝国主义国家的侵略和渗透，使云南被动成为中国西南对外开放的前沿，而云南人民在极其困难的条件下充分利用各种条件主动对外开放，将云南建设成为中国西南对外开放的中心。在近代对外开放的过程中，云南充分利用地缘优势，将近代南亚、东南亚殖民地国家的近代交通条件整合纳入自身对外开放格局之中，形成了以各个商埠为支点，以两条近代交通干线为支撑，三个中心集镇群为纽带的层级开放体系；形成了主要面向欧美市场，外联内引的开放型通道经济发展路径。

六　当代中国西南边疆治理研究

改革开放40多年来，我国学术界关注当代中国西南边疆治理的实践，并进行持续的研究，2017年学者们继续发表相关学术论文，从多学科的视角，对相关问题进行研究、探讨。

一是边疆地区文化安全是当代西南边疆治理的重要课题，有学者对此进行了探讨，如周俊撰文阐述西南边疆民族地区文化安全及其维护策略，认为西南边疆民族地区文化安全对于维护我国的国家安全和稳边固边至关重要，当前西南边疆民族地区文化安全体系相对脆弱，外来文化渗透加剧，文化安全体系缺少法律的保障。作者强调要以文化自信作为构建西南边疆文化安全防线的精神支柱，加强民族地区文化教育，提高维护民族文化安全的意识和能力；加强文化安全法制建设，构建西南边疆民族地区文化安全法治模式；构建现代公共文化服务体系，全方位为文化安全提供保障和服务。

二是西南边疆边境地区稳定发展研究，罗婧、庄紫理、吴曼、周建新、侯曙光、李军、罗永常、李忠斌等学者发表学术论文，[②] 涉及西南边境"虚空化"、中越边境地区苗族回归边民、边境地区民族特色小镇、西南边疆民族地区经济发展差异的变动趋势等问题。其中，周建新、侯曙光以广西靖西市弄关屯的田野考察为基础，对中越边境地区苗族"回归边民"进行了研究，[③] 指出中越边境地区的一些边民族群在历史上不断跨国迁徙，其迁徙过程包括离散和回归两个方面；从离散与回归的整个过程看，中国苗族边民的离散存在着多元化的社会政治背景以及地缘、血缘、族缘等条件，其回归的历程更显复杂，除了强大的政治推力外，还有祖居国政权或其他族群的拉力，当其回归以后，其处境与世代定居边境地区的其他族群相比，又有自己的特殊性。

---

① 饶卫：《近代云南对外开放格局的形成及其历史意义》，《云南师范大学学报》2017年第1期。

② 相关论文如吴曼《边境线上的认同与国家在场——以西双版纳勐腊县的田野调查为例》，《广西民族研究》2017年第1期；李军、罗永常、李忠斌《"固本扩边"理论视角下民族特色小镇空间圈形扩展研究》，《广西民族研究》2017年第6期。

③ 周建新、侯曙光：《中越边境地区苗族回归边民研究——基于广西靖西市弄关屯的田野考察》，《青海民族研究》2017年第3期。

白利友、谭立力利用全球夜间灯光遥感数据，对中国西南边境“虚空化”进行了学术考察，[①] 认为20世纪90年代以来我国西南边境的一些地区出现了人口不断外流、人烟日渐稀少等现象，此类现象实际上折射了陆地边境的“虚空化”。陆地边境虚空化的本质，是以边民为主体的边境常住人口对其传统生存生活空间的疏离。作者通过分析1992—2013年的全球夜间灯光遥感数据，发现中国西南边境区域与邻国相应区域的人类活动及其变化态势，即1992—2013年在边境乡镇尺度（10公里纵深），我国西南边境虚空化现象呈持续加剧之势，而在边境县域尺度（50公里纵深），我国西南边境虚空化情况则存在着波动。他们呼吁，不论是从边疆还是国家的整体发展来看，强化边疆地方政府尤其是边疆县一级政府的治理责任，利用好大数据资源并及早防范及治理陆地边境的虚空化，是当前中国陆地边疆治理面临的现实问题之一。

罗婧、庄紫理以1995—2014年广西、云南两省区的数据为基础，对“西部大开发”以来西南边疆民族地区经济发展差异的变动趋势做了实证分析，[②] 他们认为“西部大开发”政策出台到“一带一路”倡议推出，桂、滇两省（区）经济发展取得长足进步，初具承接国家“走出去”战略之重要部署的实力，但是通过计算桂、滇两省（区）县域经济密度分解基尼系数，并借助GIS图进行空间分析，发现少数民族人口占总人口比例越高的县域经济发展水平越低，且这一现象在20年间变动不大，显然难以通过“西部大开发”战略及相关政策实现根本上的改变。为此，他们提出结合世居少数民族资源禀赋及文化特色，挖掘缩小边疆民族地区经济发展差距的路径依赖及路径可塑性，探索具有当地特色的经济发展路径势在必行。

三是2013年以来“一带一路”倡议在沿线地区得到积极响应，我国学术界围绕边疆地区如何融入“一带一路”建设发表大量论著，2017年学者们依旧发表数十篇论文，涉及广西、云南对外开放及其与周边关系研究的多个领域。

“一带一路”建设背景下广西的对外开放及其与周边关系研究，相关论文涉及广西在“一带一路”建设中的定位、港口物流、经济贸易、文化教育等领域。

1. 关于广西在“一带一路”建设中的定位、发展策略、路径方面，宋泽楠认为广西应采取“引进来”和“走出去”相结合的发展策略[③]：在“引进来”方面，依托自身资源禀赋、工业基础、市场容量、区位优势以及消费升级形成的新需求，从国际、国内、区内三个向度发力投资促进，吸引产业转移，以此撬动资本主导下的资源配置与价值创造，壮大广西工业体量。在“走出去”方面，开拓以东盟为核心的国际市场，以庞大的外部市场推动传统优质企业的规模化扩张与竞争力提升，重点提升汽车、农业机械、工程车辆、工程机械等产业的区域性国际竞争力，大力发展旅游、教育、物流、金融等第三产业；有序推进港口路网等基础设施建设，大力发展海洋产业，发挥投资驱动经济发展的应有作用，不断壮大经济总体量。

---

① 白利友、谭立力：《基于全球夜间灯光遥感数据的中国西南边境虚空化考察》，《云南师范大学学报》2017年第4期。

② 罗婧、庄紫理：《“西部大开发”以来西南边疆民族地区经济发展差异的变动趋势研究——1995—2014年桂滇两省（区）的实证考察》，《广西民族研究》2017年第5期。

③ 宋泽楠：《广西开放发展“三大定位”的内涵分析及实现路径》，《广西社会科学》2017年第8期。

秦莹探讨了广西在“一带一路”倡议中的现状、优势及路径问题,[①] 提出广西在“一带一路”倡议下的路径选择：推动广西与东盟国家的人文性、宽领域、互联化的合作机制建设，构建珠江—西江经济带、北部湾临港产业区、南宁渠道等“一带一区一渠道”的发展格局，加强国内国际科技、教育、旅游领域的沟通与合作等。尹可欣关注广西“一带一路”建设的区域合作模式问题,[②] 重点分析了广西“两国双园”（“中国—马来西亚钦州产业园区”和“马来西亚—中国关丹产业园区”）模式在产权合作、园区管理、环境建设、资金运作等方面的优势、经验和问题，并围绕道路联通、经贸合作、财税金融、人文交流等问题提出建议。此外，钟瑞添、张才圣探讨了 21 世纪海上丝绸之路战略支点衔接问题,[③] 朱念、梁芷铭撰文探讨了海上丝绸之路背景下广西产业转型升级问题。[④]

2. 广西的港口物流建设方面，文园园、杨玉燕、王景敏、高峰、唐臣、周薇薇、黄玮、毛汉霖等学者发表相关论文。[⑤] 文园园以防城港、钦州港、北海港三港物流整合为研究对象，分析了三个港口物流的发展现状,[⑥] 借鉴国内外典型的港口物流整合模式的经验，提出了广西北部湾港口物流整合的对策建议，旨在将广西北部湾港打造成为面向东盟的重要出海通道，辐射西南、中南地区以及服务“一带一路”建设的区域性的国际物流中心。

杨玉燕、王景敏撰文指出广西北部湾地区港口基础设施建设薄弱、海陆联动集疏运体系建设不完善、港航物流信息化程度不高、航运服务业发展相对滞后、港航物流专业人才储备不足，提出相应对策。[⑦]

高峰利用交易成本理论，以基础设施环境、政策环境、海关环境、信息化水平等物流便利化要素为主要指标构建评价体系，对广西、越南两地陆路通道物流便利化水平进行实证测评分析，认为广西—越南物流基础设施落后，物流网络规划建设有待提高，加之通关手续烦琐不便，导致货物跨境运输时间长、成本高，其中物流基础设施、通关环境等是影响物流便利化的主要因素，并从政府、企业、行业等角度提出建议。[⑧]

3. 广西与周边经济贸易往来方面，廖东声、龙丽婷、许露元、陈丙先、林江琪、刘国碧、贺大州、黄国勇、林昆勇、李焰、孙琳、周其厚、梁仲通、陈颖红、唐霄、魏

---

① 秦莹：《广西在“一带一路”战略中的现状、优势及路径选择》，《现代经济信息》2017 年第 8 期。

② 尹可欣：《广西“一带一路”建设的区域合作模式研究》，硕士学位论文，浙江大学，2017 年。

③ 钟瑞添、张才圣：《21 世纪海上丝绸之路战略支点衔接问题研究》，《广西社会科学》2017 年第 1 期。

④ 朱念、梁芷铭：《海上丝绸之路背景下广西产业转型升级研究》，《南宁职业技术学院学报》2017 年第 1 期。

⑤ 相关论文如周薇薇《面向“一带一路”建设的南宁吴圩空港经济区发展思考与建议》，《经济与社会发展》2017 年第 3 期；黄玮、毛汉霖《钦州市与东盟共建 21 世纪海上丝绸之路战略分析》，《钦州学院学报》2017 年第 8 期；等等。

⑥ 文园园：《广西北部湾港口物流整合研究》，硕士学位论文，广西大学，2017 年。

⑦ 杨玉燕、王景敏：《港航物流服务体系转型升级的困境与出路——以海上丝绸之路战略下的广西北部湾为例》，《中国集体经济》2017 年第 5 期。

⑧ 高峰：《广西—越南陆路通道物流便利化研究》，硕士学位论文，广西大学，2017 年。

高扬等学者发表了相关论文。①

廖东声、龙丽婷探讨了“一带一路”倡议背景下广西开放型经济发展问题，认为广西开放型经济发展的优势包括区位、资源和政策优势，劣势包括经济发展水平较低、对外开放的区域与领域参差不齐、出口商品与出口市场的结构不合理、利用外资总量较小且外资投向过于集中、开放型人才缺乏等劣势，机遇包括“一带一路”、“珠江—西江经济带”、“左右江革命老区”、中国—东盟自由贸易区、泛北部湾经济合作区等建设以及中国—东盟博览会、中国—东盟商务与投资峰会等平台建设，挑战包括周边省份对东盟国家市场份额的竞争、危机过后全球贸易与投资保护主义势头增强等，在此基础上提出了对策建议，即强化资金保障、构建信息服务体系、建立风险防范机制、完善基础设施、优化投资软环境、发展风险投资、重视边境贸易、加强开放型人才队伍的建设等。②

许露元以广西与越南装备制造业集群为例，探讨“产业集群之间跨国合作网络”问题，③ 对产业集群之间跨国合作网络的理论机理、集群识别与分析、形成动因、发展运行机制、动态演变过程及各阶段的政策含义进行研究，认为广西与越南装备制造业集群的跨国合作网络演变分为水平联结、垂直联结及层级联结三个阶段。

陈丙先、林江琪对21世纪以来的广西侨资进行了研究，认为广西近年来侨资发展较为迅速，然而现有的侨资规模远不及东部发达省份，这与其作为三大侨乡之一的地位并不相称。21世纪以来，广西的侨资总额虽然总体上在增长，其占FDI的比例却在下降；侨资来源虽然多样，但还是以港资为主；侨资主要流入工业领域，尤其是制造业。今后广西应抓住机遇，主动出击，扩大现有的侨资规模，以推进其外向型经济发展。④

广西拥有极其丰富的南亚热带农林果资源，与东盟国家的农业贸易合作不断深化。贺大州撰文研究“一带一路”倡议下中国广西与东盟农产品贸易的对策问题，⑤ 认为目前广西与东盟的农产品贸易持续扩大、农产品结构逐步优化、合作机制逐渐丰富、农业技术闪耀东盟、多区域合作不断深化，但面临着农产品出口与东盟国家相似、流通环节附加值不高、产业规模化水平薄弱、中国—东盟农产品贸易壁垒较高、邻省竞争较大等困境，因此应采取加强制度保障、强化基础设施互联互通、增强农产品品牌效应、培育农产品龙头企业等措施。黄国勇《广西农业谱写海上丝绸之路新篇章》一文，把广西农业对外交流与合作模式分为生产基地型、原料加工型、技术输出型、对外投资型、建立合作区型。⑥

---

① 相关论文如刘国碧《“一带一路”战略背景下广西外贸的机遇及挑战》，《当代经济》2017年第2期；魏高扬《“一带一路”背景下广西—东盟贸易对广西经济增长影响的实证分析》，《对外经贸》2017年第1期；等等。

② 廖东声、龙丽婷：《“一带一路”战略背景下广西开放型经济发展研究》，《改革与战略》2017年第1期。

③ 许露元：《产业集群之间跨国合作网络研究——以广西与越南装备制造业集群为例》，博士学位论文，广西大学，2017年。

④ 陈丙先、林江琪：《新世纪以来的广西侨资研究》，《广西社会科学》2017年第5期。

⑤ 贺大州：《“一带一路”倡议下中国广西与东盟农产品贸易的对策研究》，《世界农业》2017年第6期。

⑥ 黄国勇：《广西农业谱写海上丝绸之路新篇章》，《广西经济》2017年第5期。

海洋经济已成为我国新的经济增长点和国家安全阀，在我国的国家战略中扮演着越来越重要的角色，广西具有发展海洋经济的区位优势。林昆勇撰文探讨“我国海洋战略背景下广西海洋经济发展新举措”，认为广西海洋经济发展存在产业结构不合理、发展后劲不足，海洋环境污染防治任重道远，海洋经济发展水平较低，海洋领域人才比较缺乏等问题。在今后的发展中要科学规划域内产业分布，加强资源整合和产业互动；强化生态意识，营造良好的投资环境；加大财政投入，制定相对丰厚的税收政策；创建专业的研究机构和海洋学院；吸引高端海洋领军人才；建设高技术产学研合作项目；用供给侧结构性改革引领广西海洋经济新常态。[①] 李焰探讨了“一带一路”倡议下广西加强与东盟国家海洋文化合作的障碍与对策，认为广西与东盟国家陆海相连、文脉相同、民俗相近、人缘相亲，具有发展海洋文化合作的良好基础；但存在政策沟通不畅、政治互信不强，互联互通不便、缺乏合作体制机制，发展基础薄弱、缺乏高素质人才队伍，交流深度有限、文化认同感不强等障碍；因此，应推动双边合作机制和平台建设，强化人才支撑、重视智库交流，创新海洋文化对外交流合作的品牌与服务，建立中国—东盟无障碍旅游区，创建中国—东盟海洋文化交流中心等。[②]

邮轮旅游是海洋经济的一个重要组成部分，孙琳、周其厚在《“一带一路”背景下广西邮轮旅游的创新发展》中通过对广西邮轮旅游消费需求调研，提出广西邮轮旅游创新发展的四大策略，即邮轮旅游多元化营销模式创新、邮轮旅游产品和服务创新、广西高校国际邮轮乘务专业人才培养模式创新、企业与政府之间的合作创新。[③]

跨境电商的出现和快速发展，颠覆了传统国际贸易模式，为“中国制造”向外拓展提供了巨大发展空间，成为“丝绸之路经济带”新起点的重要支撑。梁仲通、陈颖红在《“一带一路”倡议下税收服务广西东盟跨境电商的思考》中认为，广西东盟跨境电商外部发展空间巨大、内部发展基础日趋夯实，物流体系、税收体系、服务体系发展滞后，同时面临税收征管服务信息化与跨境电商税收特点不匹配、跨境电商综合性服务需求与当前税收服务不匹配、区域性国际税收合作沟通力度不足、跨境电商征管服务人才储备不足等挑战，并在此基础上提出了强化税收宣传和政策讲解、建构纵深业务税收征服体系等优化措施。[④] 唐霄在《法治视角下广西中小企业与东盟网络营销问题及对策研究》中提出互联网是在继陆路、海运、航空之外的另一条连接中国与东盟的“丝绸之路”，给广西中小企业网络营销带来了前所未有的机遇和挑战。作者总结了国内外网络营销研究现状及电子商务相关立法，分析了广西中小企业网络营销的现状和存在的问题，从法治视角提出要建设“法治企业”、打造“诚信企业”等建议性对策，以期推进

① 林昆勇：《我国海洋战略背景下广西海洋经济发展新举措》，《当代广西》2017 年第 8 期。

② 李焰：《“一带一路”战略下广西加强与东盟国家海洋文化合作的障碍与对策》，《广西社会科学》2017 年第 8 期。

③ 孙琳、周其厚：《“一带一路”背景下广西邮轮旅游的创新发展》，《社会科学家》2017 年第 7 期。

④ 梁仲通、陈颖红：《“一带一路”倡议下税收服务广西东盟跨境电商的思考》，《经济研究参考》2017 年第 5 期。

广西中小企业网络贸易从东盟走向世界。[①]

4. 广西与邻国文化教育合作研究方面，张翠方认为21世纪广西与东盟国家省际、校级教育交流不断发展，应充分发挥广西在“一带一路”建设中的区位优势，以及政府和教育行政部门的主导作用，借鉴古今成功经验，多渠道拓展教育交流方式和路径，提升教育交流的层次和内涵。[②] 杨先情、王晓璇从联合运营、资本运营和版权合作三个维度出发，探讨了广西与东盟电视传媒的合作模式，提出与东盟携手共同讲好“海上丝绸之路”故事，向世界传递“中国与东盟”之声，以提升我国电视传媒的对外传播能力。[③] 李占喜撰文探讨在“一带一路”背景下广西民族电影产业问题，提出通过建立电影美学课堂，实施先引进来再走出去的策略，深度合拍和交流，增进文化交流和产业发展。[④]

“一带一路”建设背景下云南对外开放及其与周边关系研究，相关成果涉及云南在“一带一路”建设中的定位、旅游发展、跨境民族及相关问题等领域。

1. 关于云南在“一带一路”建设中的定位、策略方面，杨枝煌、杨新新、陈凤梅、刘振中、楚玉峰、吴韬等学者发表了相关论文。其中，杨新新认为，云南地处东亚、南亚和东南亚以及太平洋和印度洋的交接处，[⑤] 云南在“一带一路”建设中应发挥地缘区位优势，形成国际大通道；发挥政策机制优势，积极响应国家政策；发挥友好交往优势，实现双方民心相通；发挥经贸往来的优势，提高对周边国家的影响力。

杨枝煌认为云南是“一带一路”南段建设的主体省份，[⑥] 云南的“一带一路”建设是突破岛链围堵，打开我国面向印度洋重要战略通道的需要，带动了周边国家发展，深化了同东南亚南亚合作，是保障我国能源资源战略通道和人民币周边国际化的需要。陈凤梅、刘振中分析了“一带一路”背景下云南企业“走出去”的现状，认为云南应借助地缘、人缘、通道、产业等优势，积极引导和鼓励有优势、有能力、有竞争力的企业“走出去”不断拓宽企业发展空间。[⑦]

楚玉峰从边界效应角度对孟中印缅经济走廊合作区进行研究，在此基础上分析边界效应的影响因素，从而探索在新的外部开放条件下孟中印缅经济走廊充分发挥中介效应、降低屏蔽效应以提升四国经济社会发展水平的路径。[⑧] 吴韬认为云南互联网基础设

---

① 唐霄：《法治视角下广西中小企业与东盟网络营销问题及对策研究》，《法制与社会》2017年第7期。

② 张翠方：《“一带一路”建设背景下广西与东盟教育交流研究》，《广西社会科学》2017年第4期。

③ 杨先情、王晓璇：《广西与东盟电视传媒合作模式的探索与实践》，《钦州学院学报》2017年第4期。

④ 李占喜：《一带一路背景下广西民族电影产业研究》，《电影文学》2017年第5期。

⑤ 杨新新：《“一带一路”战略构想下通过云南推进与周边国家的关系》，《改革与开放》2017年第2期。

⑥ 杨枝煌：《云南是“一带一路”南段建设的主体省份》，《中国县域经济报》2017年4月6日。

⑦ 陈凤梅、刘振中：《“一带一路”背景下云南企业“走出去”的现状和对策》，《中国市场》2017年第2期。

⑧ 楚玉峰：《孟中印缅经济走廊边界效应及其转化研究》，硕士学位论文，云南财经大学，2017年。

施面临信息化整体水平不高、电子信息产业相对较弱、区域发展不均衡、信息化应用成效不理想、民众信息化素养偏低、智慧物流体系和冷链运输滞后、信息经济发展乏力等挑战，并在此基础上提出以大项目带动大发展来推进“五网”建设、以大区位构建大通道来畅通信息丝绸之路、以大中心汇聚大资源来接驳数字长江经济带、以“云上云”激发新动力来推动云南大数据发展的对策建议。①

2. 云南自然和人文旅游资源丰富，旅游业是推动“一带一路”建设的重要产业，如何在“一带一路”建设中促进旅游业发展及其国际合作？娄阳、李庆雷、杨培韬、路满、孙雨露、陶基磊、成海、黄辰、李陆壮、李圆圆、杨培培、陈世超等学者发表相关论文②。其中，娄阳、李庆雷、杨培韬、路满、孙雨露认为“一带一路”倡议对于云南省拓展旅游发展空间、优化空间结构、提升国际化水平等具有重要作用。云南省旅游发展拥有国际合作深化、国家战略政策支持、空间不断拓展、入境旅游蓬勃发展等机遇，也面临着国际经济增速趋缓、产品同质化、竞争加剧、国际化人才匮乏等挑战，需要加强旅游合作、开拓国际市场，加快边境旅游试验区和跨境旅游合作区建设，开发南方丝绸之路主题旅游产品，推进孟中印缅旅游圈建设，培养或引进国际化旅游人才，加速构建立体旅游交通体系。③

陶基磊、成海通过文献资料研究和数据分析，运用 SWOT 分析法和相关利益者理论，对云南省边境旅游的发展情况做了分析，认为云南边境旅游发展的优势包括丰富的旅游资源、悠久的合作交流历史、优越的区域交通条件等，劣势包括市场秩序和服务质量存在问题、边境地区基础设施较差等，挑战包括外来游客和当地居民矛盾日益增加、与邻国发展的关系较为复杂等，机遇包括“一带一路”和中国—东盟自由贸易区建设带来的机遇，在此基础上从可持续发展的角度提出云南省边境旅游的发展对策。④

陈世超探讨了霍尔果斯边境旅游试验区发展经验及其对云南边境旅游发展的借鉴意义，认为新疆霍尔果斯边境旅游试验区是我国边境旅游的典型代表，其旅游资源开发、旅游景区景点建设、旅游产品创新、全域旅游拓展、多元营销及品牌宣传等方面的成功经验，为云南边境旅游发展提供了宝贵的经验借鉴。⑤

3. 关于云南在“一带一路”建设中跨境民族及相关问题研究方面，穆智、李维宾、张晗、刘江等学者撰文探讨了中缅边境地区的跨界民族事务治理、云南跨境民族教育、跨国共生社区建设等问题。

---

① 吴韬：《加快云南互联网基础设施建设问题研究》，《中共云南省委党校学报》2017 年第 1 期。

② 相关论文如黄辰《“一带一路”战略背景下云南旅游业对外开放合作问题探析》，《商场现代化》2017 年第 10 期；李陆壮《“一带一路”战略布局下的旅游空间优化及产业体系完善——以云南省玉溪市旅游文化产业为例》，《上海城市管理》2017 年第 1 期；李圆圆《边疆城市更新中的民族文化旅游产业发展研究——彝人古镇案例》，硕士学位论文，云南师范大学，2017 年；杨培培《构建云南“丝绸之路体育旅游走廊”的研究》，《运动》2017 年第 3 期；等等。

③ 娄阳、李庆雷、杨培韬、路满、孙雨露：《“一带一路”战略下云南旅游业发展对策探讨》，《河北旅游职业学院学报》2017 年第 2 期。

④ 陶基磊、成海：《云南省边境旅游可持续发展研究》，《西南林业大学学报》2017 年第 2 期。

⑤ 陈世超：《霍尔果斯边境旅游试验区发展经验及对云南边境旅游发展借鉴意义》，《旅游纵览》2017 年第 7 期。

中缅边境是中国跨界民族主要分布地区之一，它既是维护中国西南国家安全的纵深屏障，又是中国通往周边国家以至东南亚、南亚的链环区域。穆智认为中缅边境跨界民族存在八个方面问题：第一，贫困面广，贫困程度深，贫困发生率高；第二，社会发育程度低，市场竞争意识弱，思想观念相对保守；第三，受教育程度低，科学文化素质低，劳动者综合素质低；第四，产业结构单一，农业生产方式落后，土地生产力水平较低；第五，资源浪费严重，植被生态遭受破坏，生物多样性正在消失；第六，公共服务覆盖面小，社会保障水平低，社会救助体系不健全；第七，基础设施建设落后，电信网络联通不畅；第八，外来文化冲击影响大，民族文化逐渐丢失。针对以上问题，根据创新、协调、绿色、开放、共享的理念，提出了积极更新思想观念、抓好人力资源开发、夯实基础设施建设、发展特色经济、发展教育事业、发展文化事业、发展卫生事业、健全社会保障、重视生态建设九条对策建议。① 作者还探讨了“一带一路”倡议背景下中缅边境地区的跨界民族事务治理问题，认为中缅边境跨界民族是加强人文交流的桥梁、促进经贸合作的排头兵、推动公共外交的民间大使；中缅边境地区跨界民族的非传统安全问题，如缅北少数民族地方武装问题、毒品艾滋病蔓延以及宗教安全等，对边疆安全稳定、和谐发展以及“一带一路”建设均构成威胁，因此应充分发挥跨界民族作为国际关系“晴雨表”和“压力阀”的作用，利用跨界民族的亲缘、族缘、人缘优势，促成缅北少数民族地方武装与缅甸政府达成和平协议，同时深入推进“禁毒防艾”人民战争、坚决抵御境外宗教势力渗透。②

李维宾在《试析开放教育视角下云南与周边国家的跨境民族教育》中提出了云南跨境民族教育存在的几个发展问题：一是如何提升基础教育教学质量，增强持续吸引力；二是如何增强边疆地区、跨境民族地区高等院校跨境教育合作事业；三是如何及应该在哪些层面增强开放教育与跨境民族教育的融合。并认为应从两个层面展现优势：一是教育资源的输出，即跨境民族不离开本国而能够接受到云南省的教育和教育资源；二是开放教育体系化办学对境外跨境民族的吸引，即吸引周边国家学生进入相邻的云南边境地区办学单位接受教育。③

张晗、刘江通过田野调查，以中缅边境的云南弄贺傣族村为中心，探讨了“一带一路”背景下的跨国共生社区建设问题，认为这一地区跨国族群在认同各自所属国家的同时，又在长期交往中建构了一个可超越国家、族群、社会与意识形态的跨国共生社区。文章试图对当前“一带一路”倡议的发展提供一个可供参考的动态景象，对于理解如何在“后国家时代”去重构人类文明具有观照价值。④

综上所述，2017 年我国学术界在西南边疆研究都取得了一定的进展，出版了多部高质量的学术专著，各领域都发表了多篇有较大影响的学术论文，成果无疑值得肯定。

---

① 穆智：《中缅边境地区跨界民族发展面临的问题及对策》，《大理大学学报》2017 年第 7 期。

② 穆智：《“一带一路”战略背景下中缅边境地区的跨界民族事务治理》，《云南行政学院学报》2017 年第 4 期。

③ 李维宾：《试析开放教育视角下云南与周边国家的跨境民族教育》，《云南开放大学学报》2017 年第 2 期。

④ 张晗、刘江：《“一带一路”背景下的跨国共生社区建构——以云南弄贺傣族村为中心的探讨》，《西北民族大学学报》2017 年第 3 期。

与此同时，当前学术界对于构筑“中国边疆学”充满期待，西南边疆研究是推动“中国边疆学”学科建设的区域性的基础之一，今后仍需要立足已有成果，进一步深化相关领域的研究，主要是：

一是西南边疆研究的学科体系、学术体系构建有待加强，而加强学术合作，优化组合学术资源，整合研究力量，成为当务之急。比如，国内一些院校、科研院所不同程度地积累了档案、文献，又不可能同时建立几个数据库，如果通过某种机制，共建、共享数据库，就可以避免低水平重复，使学术资源的使用实现“最优设计”。

二是西南边疆研究的新理论、新方法运用亟待拓展。西南边疆研究既包括基础研究，也包含应用研究，涉及历史与现状研究的各个领域。这需要运用历史学、地理学、政治学、经济学、民族学、社会学、国际关系等多学科的理论、方法，就西南边疆历史、现状的某一领域、特定问题进行多学科、跨学科的研究。比如历代西南边疆治理往往涉及政区设置、人员流动、民族关系、边疆开发，既需要广泛收集档案资料、进行文献分析，又可以借助“大数据”、“云计算”、地理信息系统（GIS），综合利用政治学、经济学、国际关系等多学科的理论、方法，开展多学科、跨学科的研究，并将文字“静态阐述”、历史地图“动态展示”相结合，形成具有创新意义的学术成果。

2017 年西藏研究综述

孙宏年　张永攀　刘　洁*

西藏历史与现状研究是中国边疆研究的重要组成部分，又是中国边疆学学科构建的基础性研究内容之一。2017 年，我国学术界从中国边疆学的视角，在西藏研究各领域撰写相关论文数百篇，出版多部有影响力的著作，取得一系列新成果、新突破，这些成果为深化中国边疆研究、构建中国边疆学奠定了一定的基础。

一　西藏档案文献整理与研究

档案文献是西藏历史研究的基础，2017 年，学者们在档案整理研究方面取得一定进展，围绕藏文文献典籍保护、敦煌文献古藏文文本研究相关文献进行了探讨。

在档案整理研究方面，近年来，中国第一历史档案馆、内蒙古大学蒙古学学院合编的《清内阁蒙古堂档》选译从康熙十年到三十一年（1671—1692）与西藏历史相关的文书档案目录。2017 年，学者辑录该档案中与西藏有关档案目录，进行了编译，内容主要涉及康熙四十年至六十年（1701—1721），清中央政府发往西藏地方、达赖喇嘛、班禅、第巴、拉藏汗等的谕告、文书，以及厄鲁特策妄阿喇布坦、青海台吉上呈清中央政府及地方官员的奏文。[①] 王远大介绍、公布英国外交部有关中国西藏档案，并对有关档案做了翻译，具有较高的史料价值。[②] 欧阳无畏是近代著名的学者，曾经考察过西藏周边地区，有学者将其藏尼游记进行了整理发表，这些史料体现了欧阳无畏对祖国领土和主权的关注。[③] 扎洛、敖见译注的《法王图道南杰（一）——〈哲孟雄王统史〉译注节选》，对于研究近代西藏和周边关系具有重要参考文献价值。[④] 多杰群智、更登《蒙古国藏文文献考察——兼论蒙藏语言、服饰文化关系》揭示了在蒙古地区涌现出的一大批用藏文撰写论著或创作文学作品的高僧学者以及收藏藏文文献的藏学研究者，作

---

* 孙宏年、张永攀、刘洁：分别为中国社会科学院中国边疆研究所研究员、研究员、副研究员。

① 彩虹：《〈清内阁蒙古堂档〉中与西藏有关档案目录编译（五）》，《中国藏学》2017 年第2 期。

② 王远大：《英国外交部有关中国西藏档案（六一九）》，《西藏民族大学》2017 年第 1 期；《英国外交部有关中国西藏档案》，《西藏民族大学学报》2017 年第 4 期。

③ 欧阳无畏著，韩敬山整理：《藏尼游记（5—8）》，分别载《西藏民族大学学报》2017 年第 1—4 期。

④ 图道南杰著，扎洛、敖见译注：《法王图道南杰（一）——〈哲孟雄王统史〉译注节选》，《中国藏学》2017 年第 3 期。

者运用实地调查、田野工作中所获得的第一手资料，对蒙古国现存藏文文献进行探源、分类与相关文化事项探讨。①

对于藏文文献典籍保护，《藏文文献典籍传承、保护及其数字化现状综述》② 较为系统地介绍了世界30余个国家和地区的文献收藏机构，高校研究机构的图书馆、资料室及寺院收藏的藏文文献典籍的数量和种类，传承、保护和数字化加工的情况，并探讨了民族文献数字化工作的建设前景及在相关学科的发展、人才培养等方面所具有的现实意义。

在敦煌文献古藏文文本研究方面，陈践所撰《吐蕃文献解读及古藏文厘定疏释》，③ 针对吐蕃时期碑刻钟铭、木简、敦煌藏文写卷三大文献皆存在的古藏文书写特点，做出归纳与总结。朱丽双所撰《赞蒙赛玛噶之歌》，④ 在以乌瑞、胡梅尔、石泰安、王尧等为代表的中外藏学学者们研究的基础之上，重新译注敦煌文献 P. T. 1287《吐蕃赞普传记》第11节赞蒙赛玛噶所吟之歌，继续拓展了该文本的研究空间。德吉卓玛所撰《敦煌文本 P. T. 993 吐蕃寺院稽考》，⑤ 考证敦煌文本 P. T. 993 所绘制的吐蕃寺院，应为公元9世纪吐蕃赞普赤祖德赞（赤热巴坚）时期在沙洲建立的千佛寺，该寺遗址即为今敦煌莫高窟南侧大泉河中段的城城湾遗址。张旭所撰《IOL Tib J750 藏文写卷研究》，⑥ 在转写翻译敦煌古藏文写卷《大事纪年》的基础上，考证吐蕃大论制度的演变，以及吐蕃政权内部传统贵族与尚系（外戚）家族之间的斗争博弈关系。

此外，杨公卫在《历史神话与真实：藏族古典文献的事实构建与想象表述》⑦ 一文中，针对公元14世纪形成的朗氏家族史进行文本分析，揭示出藏族历史文献是历史写作、文学创作与宗教观念传播相互结合的结果。

二　西藏历史理论研究

2017年，我国学术界在马克思主义唯物史观指导下，注重西藏历史的理论探讨，并且出版了有影响力的著作和多篇高质量的论文。张云著《多元一体国家中的西藏》⑧ 就是其中的代表性成果，作者分析了中西哲学理念和文化传统的差异，阐明了西藏是中国不可分割的土地、藏族是多元一体中华民族大家庭的一员。该书还分析了“国际法中西藏是中国的一部分”“西藏文化是中华民族特色文化中的一块瑰宝”以及和平解放和民主改革以来西藏新社会和文化的新风貌、新内涵等重要问题，进而从理论的高度，

① 多杰群智、更登：《蒙古国藏文文献考察——兼论蒙藏语言、服饰文化关系》，《青藏高原论坛》2017年第3期。

② 阿贵、达瓦：《藏文文献典籍传承、保护及其数字化现状综述》，《西藏研究》2017年第4期。

③ 陈践：《吐蕃文献解读及古藏文厘定疏释》，《民族翻译》2017年第4期。

④ 朱丽双：《赞蒙赛玛噶之歌》，《中国藏学》2017年第2期。

⑤ 德吉卓玛：《敦煌文本 P. T. 993 吐蕃寺院稽考》，《西藏研究》2017年第1期。

⑥ 张旭：《IOL Tib J750 藏文写卷研究》，博士学位论文，兰州大学，2017年。

⑦ 杨公卫：《历史神话与真实：藏族古典文献的事实构建与想象表述》，《民族学刊》2017年第1期。

⑧ 张云：《多元一体国家中的西藏》，中国藏学出版社2017年版。

鲜明地阐述了西藏自古是中国的一部分、西藏历史和文化是多元一体中国历史和文化的重要组成部分、西藏地方各族人民对祖国历史和文化的重要贡献等观点，具有重要的理论价值和现实意义。此外，一些论文对历代边疆政策进行探讨，涉及西藏地方历史发展的理论问题，如贾发义、郭艺娇所撰《“安内”与“攘外”：论唐德宗统治政策的转变》[①]，分析了唐德宗统治政策由“安内”向“攘外”转变的原因及影响，尤其是以围困吐蕃为主的“攘外”之策，直接加速了吐蕃的衰落。

三　宋代之前西藏地方史研究

2017年，学者们在宋以前西藏地方史研究主要集中于吐蕃统一前“十二小邦”、象雄等部族研究和吐蕃时期西藏历史研究两大领域。

在“十二小邦”、象雄等部族研究方面，勃律是象雄西部的重要邦国，公元8世纪起受吐蕃管辖并分裂为大、小勃律。曾丽容撰文考证藏地史前“十二小邦”问题，反驳了麦克唐纳夫人、石泰安等法国藏学家关于藏地史前十二小邦的“错误说”与“泛称说”诸类观点，指出这十二个小邦是雅隆部落先后征服的藏地重要地方势力，它们最后成为吐蕃王朝的中坚力量。[②] 刘洁在《勃律与西藏苯教、藏传佛教关系考略》[③] 中论述了发源自象雄勃律的竹氏家族（苯教第二大世系喇嘛家族）与西藏苯教、藏传佛教之间的复杂关系，认为该家族自勃律东迁至西藏阿里和日喀则地区之后，成为苯教后弘期宗教革新的中坚力量，反映出中国古代边疆各民族以宗教文化为纽带，进一步融合发展的历史大趋势。

琼氏部落的历史研究对古象雄文明研究具有重要意义，该部落自象雄腹地（西藏阿里）向外象雄（那曲、昌都、川西嘉绒以及青海藏区）的东迁，是以苯教为代表的象雄文明在青藏高原东渐传播的驱动力之一，琼氏家族也被尊为苯教的第六大世系喇嘛家族。德倩旺姆所撰《藏文手抄本琼史文献与琼氏部落的起源》[④]《琼氏部落东迁对嘉绒地区的文化影响》[⑤] 等文，在对比研究苯教琼史古藏文文献的基础上，考证了琼氏部落起源的神话传说、历史年代、地理位置和部落分支，以及琼氏部落东迁对嘉绒历史地名、民俗、宗教产生的重要影响。关于嘉绒与象雄琼氏之间的渊源关系，石硕在《川西北嘉绒藏人与象雄琼氏渊源关系探讨》[⑥] 一文中考证了汉文史籍所记汉代川西北“邛笼”及其与“駹”部落的对应关系，认为象雄琼氏部落迁入川西北的时间至少可上溯至东汉或西汉中叶。

吐蕃时期西藏历史研究是国内外学术界长期关注的领域，2017年我国学者的研究成果众多，大致分布在三个方面：一是唐蕃关系研究，霍巍、张传奇、达琼等学者发表

---

① 贾发义、郭艺娇：《“安内”与“攘外”：论唐德宗统治政策的转变》，《山西大学学报》2017年第5期。

② 曾丽容：《藏地史前“十二小邦”考》，《西藏民族大学学报》2017年第2期。

③ 刘洁：《勃律与西藏苯教、藏传佛教关系考略》，《中央民族大学学报》2017年第2期。

④ 德倩旺姆：《藏文手抄本琼史文献与琼氏部落的起源》，《青海民族研究》2017年第4期。

⑤ 德倩旺姆：《琼氏部落东迁对嘉绒地区的文化影响》，《西藏大学学报》2017年第4期。

⑥ 石硕：《川西北嘉绒藏人与象雄琼氏渊源关系探讨》，《民族研究》2017年第3期。

相关论文。[1] 其中，张传奇所撰《和亲视角下唐蕃关系中的军事同盟性质》[2] 一文，指出唐王朝与吐蕃通过和亲活动不但建立了以唐王朝为主导的“舅甥关系”，还基于此姻亲纽带进一步产生军事同盟关系，唐蕃双方达到间歇性的和平。在唐代这一民族关系大发展的历史时期，唐蕃“舅甥关系”下的军事同盟，对中国统一多民族国家的形成和发展有着不可或缺的推动作用。

二是吐蕃军事政治研究，任小波所撰《暗军考：吐蕃王朝军政体制探例》，[3] 考释敦煌文献、新疆出土藏文写本和简牍所记“暗军”，应为吐蕃军事体系中的先锋军或奇袭兵。贺冬在《唐代吐蕃军事战争研究》[4] 一文中，对吐蕃王朝统一青藏高原和对外扩张的军事战争进行了系统分析，并探讨了吐蕃发动战争的原因、产生的后果、战争的特点等问题。王启龙在《吐蕃告身制度相关问题研究》一文中指出，尽管吐蕃告身制度是与吐蕃职官系统相辅相成的一套奖授机制，但它不是简单对唐代官阶章饰的借鉴模仿，而是具有吐蕃告身自身的特点，吐蕃告身实质是对吐蕃各阶层所谓贤者的一种褒奖制度，并非仅授予官员。由此可见，吐蕃告身并非所谓“官之章饰”的官员等级制度，这对于深入认识理解吐蕃的政治制度具有重要意义。

三是吐蕃时期部族研究，达瓦次仁和叶拉太、陆离等学者发表了相关成果。达瓦次仁对“悉立”进行考证，[5] 认为敦煌文献所记悉立国的地理方位应为今尼泊尔木斯塘南部，与当前学界关于古代悉立国为今不丹、中国西藏亚东等观点进行了商榷。作者依据大量藏文文献，认为悉立历史上曾属象雄、吐蕃的统治范围内，公元 10 世纪中叶以后该国先后受普兰、拉达克、亚孜、贡塘等中国西藏阿里地方政权管辖，并流行藏传佛教。18 世纪中叶以后，悉立被廓尔喀纳入尼泊尔的版图，但该国在宗教、民俗、文化、语言、地名等方面一直保留着浓郁的藏文化特色。叶拉太撰文探讨“前吐蕃时期多康藏区藏系部族”，[6] 指出在公元 7 世纪吐蕃王朝未建立之前的雅隆王朝时期，多康藏区以党项、白兰、女国、附国、多弥、西山八国、吐谷浑、白狼、苏毗藏系部族多为氐羌系统族群，这些被称为“外族”的部族与藏族先民具有或多或少的族源关系。陆离在《敦煌藏文文书〈吐蕃官吏呈请状〉所记陆（ལུག）、岸（ངན）二部落考》[7] 中考证敦煌藏文文书 P. T. 1089 号《吐蕃官吏呈请状》中出现的陆（ལུག）、岸（ངན）二部落是两个党项羌人部落，位于今青海果洛地区，应是果洛藏族的先民之一，吐蕃政权的黄河节度衙也设在该地。宋代该地有卢甘国、卢甘羌、泸戎，明代该地被称为果洛玛冲，清代、民国时期青海藏族日安（拉安）千户部落很有可能是其后裔。

---

① 霍巍：《唐蕃会盟与吐蕃佛教》，《世界宗教研究》2017 年第 1 期；张传奇：《和亲视角下唐蕃关系中的军事同盟性质》，《西安文理学院学报》2017 年第 6 期；达琼：《吐蕃兵律写卷中的相关使节内容解读》，《西藏大学学报》2017 年第 3 期。

② 张传奇：《和亲视角下唐蕃关系中的军事同盟性质》，《西安文理学院学报》2017 年第 6 期。

③ 任小波：《暗军考：吐蕃王朝军政体制探例》，《中国藏学》2017 年第 2 期。

④ 贺冬：《唐代吐蕃军事战争研究》，《青藏高原论坛》2017 年第 1 期。

⑤ 达瓦次仁：《悉立考》，《西藏研究》2017 年第 4 期。

⑥ 叶拉太：《前吐蕃时期多康藏区藏系部族》，《青海民族大学学报》2017 年第 4 期。

⑦ 陆离：《敦煌藏文文书〈吐蕃官吏呈请状〉所记陆（ལུག）、岸（ངན）二部落考》，《西藏研究》2017 年第 1 期。

四 宋元明清时期西藏治理研究

宋元时期的西藏研究主要集中于中央治藏研究。李文萍对元明中央政府治藏宗教政策不同特点成因进行了探析，[①] 还有学者对汉文史料中“唐古特”一词所指族群变迁进行研究。[②] 齐德舜对《金史·结什角传》进行了笺证，该文所研究的结什角是唃厮啰四世孙，认为结什角在陇南地区被推举为木波、陇逋、庞拜、丙离四族长。作者认为，在金人的扶持下，结什角建立地方政权，这是唃厮啰家族后裔在青唐吐蕃政权崩溃之后建立的唯一一个地方政权。结什角后来被西夏人所害，其职位由其侄赵师古担任。[③] 杨惠玲对宋元时期藏区寺院经济进行了探讨，认为宋元时期藏区佛教的复兴迎合了藏区社会变革的需要，佛教有了赖以发展的基础，藏族社会各阶层开始广泛信仰。藏区地方封建势力与寺院集团的结合、政教合一制度的形成、中原王朝对藏传佛教的推崇，促使寺院集团充分利用其宗教、政治特权，采取各种经济手段，发展寺院经济，并逐渐成为一支举足轻重的经济力量。[④] 张云《凉州会谈及其历史意义》从五个方面分别考察了阔端对西藏的经营方略，萨迦班智达的个人禀赋与精心准备，萨班伯侄的行程与活动内容，萨班与阔端的密切互动和凉州会谈，以及凉州会谈多方面的历史意义和深远影响，辨析了其中的若干问题。[⑤] 还有学者对萨迦班智达的家国情怀进行了阐述[⑥]，认为 13 世纪蒙古推进统一的过程中，萨迦班智达贡噶坚赞应蒙古汗王阔端召请到凉州会谈，促成了西藏和平纳入中央政府的行政管辖，文章以萨迦班智达历史性的《致蕃人书》及脍炙人口的代表作《萨迦格言》为例，尝试性地探讨萨迦班智达在其中展现出来的家国情怀和历史担当，以诠释其所作历史性选择的必然性。有关南宋末代皇帝赵显的研究较少，车明怀对此做了考究，[⑦] 认为元朝时期，南宋末代皇帝赵显被遣送到西藏萨迦寺，这一历史凸显了西藏地方萨迦政权在统一全国进程中的作用及宋元时期各民族之间交往交流交融的历史，赵显在西藏学经、译经过程中，足迹遍布今西藏、青海、甘肃等地，并与元朝尊崇释教的国策，忽必烈、八思巴、桑哥、胆巴、达尼钦波等著名历史人物的活动密切相关。文章力求研究和挖掘与此相关的历史，以丰富宋元时期西藏与祖国内地密切联系的历史。谢光典对“统领释教大元国师”印做了考释，主要探讨保存于西藏博物馆的两枚“统领释教大元国师”青玉印，通过版本校勘与审音勘同，文章认为元廷赐给噶玛噶举黑帽第四世活佛若贝多吉的印与赐给萨迦细脱拉章的贡嘎仁钦的印以及拉康拉章曲吉坚赞贝桑波的印，三者都应释读为“统领释教大元国师”印，从而对前辈学者

---

① 李文萍：《元明中央政府治藏宗教政策不同特点成因探析》，《西藏研究》2017 年第 3 期。

② 刘少华：《汉文史料中“唐古特”一词所指族群变迁研究》，《兰州教育学院学报》2017 年第 7 期。

③ 齐德舜：《金史·结什角传》，《西藏研究》2017 年第 2 期。

④ 杨惠玲：《宋元时期藏区寺院经济发展的原因》，《西北师范大学学报》2017 年第 1 期。

⑤ 张云：《凉州会谈及其历史意义》，《中国藏学》2017 年第 4 期。

⑥ 班玛更珠：《论萨迦班智达的家国情怀——再读〈致蕃人书〉和〈萨迦格言〉》，《中国藏学》2017 年第 4 期。

⑦ 车明怀：《南宋末代皇帝赵显在西藏活动的历史及其影响》，《中国藏学》2017 年第 4 期。

的观点提出商榷，认为这两枚印章并不一定非八思巴与其弟亦怜真莫属，反而若贝多吉等三人更有可能。最后对“统领释教大元国师”与“大元国师”之间的异同及其地位等级做了说明。①

有学者认为清雍正审时度势，认识到了僧人干预政治、政权与教权相结合的种种危害，设置驻藏大臣监督颇罗鼐和西藏宗教活动。②《西藏赋》是清嘉庆年间驻藏大臣和瑛创作的一部关于西藏的大赋，严寅春认为其继承发扬了汉大赋铺陈等特征，但又对汉大赋有所突破与超越，在创作主旨、描写内容、铺写手法等方面都表现出鲜明的时代特点，推动了赋体文学的新发展。③ 有学者对哥老会进行了研究，认为晚清哥老会成员大量参军，后经发展，势力遍布军中，辛亥革命消息传入西藏，哥老会利用军队欠饷问题，组织、煽动各地驻军哗变。兵变虽得钟颖平息，但军队法纪废弛，秩序混乱，陷入哥老会掌控之中。后哥老会打起革命的大旗，全面掌握西藏军政大权。哥老会及其裹挟的军队，不仅大肆抢掠商民公私财物，更公然围攻色拉寺，致藏汉两军开战，西藏当局借机全面驱逐汉族军民，给西藏政局带来长久不良影响。④

关于驻藏大臣，康欣平以“讷钦筹藏”为题，认为讷钦一方面颇想有所作为，进行了整饬弊政、树立新风的努力。另一方面，讷钦在筹藏中亦表现出因循守旧甚至苟且的一面。⑤ 该作者的《晚清驻藏大臣文海筹藏析论》一文则对驻藏大臣文海进行评价，认为文海对博窝案的处理，显示出他筹藏时强硬的一面。“匿压表贡”是驻藏官员处理西藏地方对外事务中，将廓尔喀致清政府的表文、贡物等情形匿不上奏的严重失职事件，张曦通过对此的研究，认为事件发生有其必然性。⑥ 张双智对康有为与蒙藏问题进行了探讨，认为康有为素来热心国家政治，关注蒙古和西藏问题。⑦

清代在藏区的司法，一直以“恩威并济”为基本方略，有学者认为，在藏区司法权的运用过程中，“恩”与“威”并非等量实施，而是随着王朝在不同时期的政治、经济状况，呈现出起伏状态。清朝统治者以巩固王朝统治为原则，因时制宜，对藏区司法提出了不同要求，力求保持各民族间的势力平衡。从效果来看，由于统治者的认识偏差，以及专制王朝官僚政治的缺陷，藏区的民族问题和矛盾并未能够全面化解。⑧

瞻对问题一直是史学界关注的基础，2017 年度共发表有相关论文三篇。分别是：《从瞻对总管看现代中国的初步构建》、⑨《鹿传霖〈筹办藏务收复瞻对事略〉考述》、⑩

---

① 谢光典：《“统领释教大元国师”印考释》，《中国藏学》2017 年第 4 期。

② 李永强：《试探清雍正时期对西藏政教分离的尝试》，《四川民族学院学报》2017 年第 4 期。

③ 严寅春：《论和瑛〈西藏赋〉》，《西藏民族大学学报》2017 年第 1 期。

④ 刘丽玲：《哥老会与晚清西藏变局》，《西藏大学学报》2017 年第 3 期。

⑤ 康欣平：《整饬、因循与苟且：驻藏大臣讷钦筹藏探论》，《西藏研究》2017 年第 1 期；康欣平：《晚清驻藏大臣文海筹藏析论》，《西藏民族大学学报》2017 年第 4 期。

⑥ 张曦：《乾隆晚期驻藏大臣“匿压表贡”事件研究》，《中国藏学》2017 年第 3 期。

⑦ 张双智：《康有为忧思蒙藏与国家统一》，《中国藏学》2017 年第 1 期。

⑧ 冯志伟：《恩威并济：清代藏区司法的基本方略》，《中央民族大学学报》2017 年第 4 期。

⑨ 冯翔、喜饶尼玛：《从瞻对总管看现代中国的初步构建》，《民族史研究》2017 年辑刊。

⑩ 许潞梅、成彩虹：《鹿传霖〈筹办藏务收复瞻对事略〉考述》，《文物春秋》2017 年第 5 期。

《瞻对：小地方、大历史——清代川藏大道上的节点与风云之地》。[①] 其中，部分论文利用了河北博物院的鹿传霖《筹办藏务收复瞻对事略》文稿。

清末川边改土归流依然受到重视，有学者针对巴塘“凤全事件”的起因及其影响进行了研究，认为清末川边改土归流时期，驻藏帮办大臣凤全在巴塘被戕杀，是清末发生在巴塘境内数次事件中影响最深、性质最恶劣的一次，并将“凤全事件”放在具体的历史背景和权力关系网中来考察，认为长期以来巴塘地方土司、寺庙和西藏上层保持密切联系，并形成复杂的权力关系，中西文化的碰撞以及朝廷对巴塘地方社会管理的“内刚外柔”政策才是事件的根本原因，其结果是朝廷下决心治理川边，推行改土归流。[②]

此外，学者们围绕明清时期西藏地方与邻近地区关系及治理政策，发表了相关论文。魏建东《俺答汗代三世达赖喇嘛求封事宜考》用新发现的汉文材料，就俺答汗与三世达赖喇嘛会见中之俺答汗代三世达赖喇嘛请封这一事件做一详细考证与说明。[③] 吴三桂与五世达赖喇嘛的关系颇为微妙，有学者认为吴三桂反清叛乱以及康熙皇帝要求五世达赖喇嘛派蒙藏军队协助剿吴，使西南地区多种势力之间及它们与清朝的关系变得异常复杂、微妙。[④] 西藏噶伦阿尔布巴谋杀噶伦康济鼐的事件对整个内陆亚洲边疆产生了重大影响，有学者围绕该事件的发生，对清朝如何解决准噶尔问题进行了深入分析。[⑤] 有学者针对西藏噶厦的译仓（Yig-tshang）做了专门研究，认为译仓伴随着西藏地方政教合一制度的发展和衰亡。它的职能曾经不断扩大，超出了通常意义上的文书整理职能，涉及了原西藏地方政府的政治、宗教、财政、军事等领域。[⑥]

五　民国时期西藏治理研究

民国时期西藏治理研究一直是学术界关注的重点领域，2017 年学者们仍给予关注，有关成果涉及众多问题：一是政治史方面，钟宇海、喜饶尼玛研究了抗日战争期间藏族民众的国家认同问题，[⑦] 次旦扎西、顿拉撰文探讨了“民国中央政府管理西藏宗教事务基本经验”。[⑧] 杨晓纯对西藏穆斯林群体在清代、民国时期的国家认同进行了研究。[⑨] 有学者将民国前期“土流并置”进行了研究，通过对民国前期康区土流并置的梳理和分

---

① 石硕：《瞻对：小地方、大历史——清代川藏大道上的节点与风云之地》，《西南民族大学学报》2017 年第 1 期。

② 李何春：《清末川边改土归流时期巴塘“凤全事件”的起因及其影响》，《西藏研究》2017 年第 6 期。

③ 魏建东：《俺答汗代三世达赖喇嘛求封事宜考》，《中国藏学》2017 年第 3 期。

④ 罗布：《吴三桂与五世达赖喇嘛——清初西南边疆多元关系之一角》，《思想战线》2017 年第 5 期。

⑤ 刘锦：《阿尔布巴事件与雍正时期清朝对准噶尔的军事政策》，《前沿》2017 年第 8 期。

⑥ 郑舒心、喜饶尼玛：《关于旧西藏译仓的几个问题》，《西藏民族大学学报》2017 年第 3 期。

⑦ 钟宇海、喜饶尼玛：《国家认同与全民抗战——以藏族民众的抗日活动为例》，《中国藏学》2017 年第 3 期。

⑧ 次旦扎西、顿拉：《试析民国中央政府管理西藏宗教事务基本经验》，《西藏研究》2017 年第 3 期。

⑨ 杨晓纯：《清代、民国时期西藏穆斯林群体的国家认同》，《回族研究》2017 年第 3 期。

析，以加强对民国康区土司和流官共同治理状况、成效的认识，为当今治边治藏政策提供现实参考。[①] 宁珠达美对《喇嘛转世办法》做了研究，总结了《喇嘛转世办法》的政治与法律考量，并揭示了这一办法对当今民族法制建设的启示。[②]

二是经济、社会史方面，有学者认为民国时期青藏地区的旅游流网络可以很明显地分为两个子群，并且分别以布达拉宫和塔尔寺作为子网络的中心节点，而两个子群之间的链接则主要依靠青海湖—布达拉宫路径。[③] 区域与人类学的发展存在密切关系，通过对于式玉的研究，认为她从历史根源、民族交往、文化接触、文化沟通以及汉民族的自我认识出发关怀国家民族命运，从内地与边疆、民间与人道的立场思考民族问题。[④]

三是文化、学术史方面，康区是汉藏文化交流的过渡地带，边疆接触区域理念，可以用来研究作为“文化中介人”的商人在康区社会发展中的作用与地位，这说明民国时期的商人不仅从事商品交换活动，也给康区社会带来许多新思想，引进许多新观念。[⑤] 民国时期，一些赴美留学的中国学生以“西藏问题”为主题撰写博士学位论文，这些论文结构严谨，逻辑较清晰，研究方法科学多元，是第一批西方学术视域下的“西藏问题”研究成果，有学者认为其是利用现代学术方法实现中国边疆学研究本土化的重要组成部分。[⑥]

四是康藏关系方面，王川对建省“划界”的争论进行了研究，该文引用了很多四川省政府与西康建省委员会往来公文、四川省等地收藏的历史档案，具有较高创新价值。[⑦] 民国西藏治理是一个比较传统的话题，成果较多。太平洋战争爆发后，蒋介石希望通过中英公路的修筑，加强对西藏的控制，说明“国民政府在解决中印公路问题的同时，也在康藏地区悄悄地塑造着民族国家”。[⑧]

五是民国时期西藏治理重要人物研究方面，杨克林、王小彬、依苏等学者利用新发现的史料，对五世热振活佛和“热振事件”进行了研究。[⑨] 关于九世班禅，孙宏年通过分析其到内地后的舆情与北京民国政府政策论析，认为蒙藏院、内务部等部门在经费、制度、礼仪上做好各项工作，努力显示中央“怀远”之意，各地军阀、各界人士对中央政府政策给予支持和配合，但社会舆论中有反对、质疑的声音，而军阀混战、中央政

---

① 裴儒弟：《试论民国前期康区“土流并置”的成效》，《西藏民族大学学报》2017 年第 2 期。

② 宁珠达美：《民国时期西藏宗教法制的政治学研究》，《中国藏学》2017 年第 1 期。

③ 章杰宽：《民国时期青藏旅游流网络研究》，《青海民族研究》2017 年第 3 期。

④ 郭一丹：《边疆的社会事实考察——论于式玉对中国早期文化人类学的贡献》，《文史杂志》2017 年第 5 期。

⑤ 玉珠措姆：《清末民国时期汉藏商人在康区社会发展中的地位与作用——以丁正华和邦达仓为例》，《中国藏学》2016 年第 4 期。

⑥ 张连义：《浅析民国时期中国留美学生对“西藏问题”的研究》，《中央民族大学学报》2017 年第 5 期。

⑦ 王川：《西康建省“划界”的争论——以 1939 年前后四川靖化县绰斯甲一地是否划入西康省为中心的历史文献》，《中国藏学》2017 年第 3 期。

⑧ 张践：《西藏危机与西康建策：从西藏危机看国民政府、西藏与西康的互动》，《西南边疆民族研究》2017 年第 1 期。

⑨ 杨克林、王小彬、依苏：《“热振事件”再审视——热振大师殉国和西藏两寺起义 70 周年祭》，《中国藏学》2017 年第 3 期。

府更迭和中央财力支绌又在一定程度影响了中央治藏、治边能力。① 民国大员黄慕松与吴忠信入藏处理藏事过程中与在藏汉人有很多接触，钟宇海通过观察，认为他们掌握了不少在藏汉人的基本情况，特别是吴忠信不仅与在藏汉人来往多，还多次与西藏地方政府要员沟通，注意对在藏汉人权益的维护，两位大员的观察记录显现了民国时期西藏地区较融洽的汉藏民族关系和比较正常的文化交流，同时也充分说明了民国初年西藏地方并无所谓“驱汉”的民族仇杀。②

六 当代中国西藏治理研究

西藏于1951年和平解放，对于中华人民共和国如何治理西藏，有哪些成功的经验，依然是学者们关注的对象。谢忠认为，毛泽东从来没有因为致力于和平解放西藏而放弃进军西藏。根据毛泽东的战略构想，西南局提出了“向西藏多路向心进兵”计划，获中央正式批准。这是毛泽东进军西藏战略构想的具体运用和光辉实践。③

罗军、赵宝云对习近平关于西藏发展的战略思想进行了探讨，④ 认为习近平总书记关于“西藏是重要的国家安全屏障，也是重要的生态安全屏障、重要的战略资源储备基地、重要的高原特色农产品基地、重要的中华民族特色文化保护地、重要的世界旅游目的地”的战略思想，立足于西藏发展实际，凸显其极为重要的战略地位，对推动西藏实现跨越式发展、全面建设我国的总体安全体系，具有十分重要的战略意义。

阿沛是和平解放西藏的重要人物之一，有学者对其家族进行了追述，认为阿沛家族形成于清初，经历了阿尔布巴之乱、颇罗鼐次子承袭、霍尔康家族的阿旺晋美入赘等过程。⑤ 藏传佛教发展与社会主义社会相适应的问题值得深入研究，《西藏驻寺工作机制实践及思考》认为此机制在实施过程中也还存在问题，应采取进一步加强人才援藏、加强驻寺干部的人才培养等，该文是2015年度国家社会科学基金项目“驻寺工作机制与西藏社会稳定研究”的成果之一。⑥ 还有学者认为，藏传佛教信仰及其价值观成为学术界定义藏族民族身份的重要维度之一。⑦

此外，杨娅、冯云从不同角度，对西藏非物质文化遗产问题进行了研究，⑧ 刘中一

---

① 孙宏年：《九世班禅到内地后的舆情与北京民国政府政策论析（1923—1927）》，《云南师范大学学报》2017年第6期。

② 钟宇海：《交流与融洽——民国入藏大员眼中的在藏汉人》，《西北民族大学学报》2017年第1期。

③ 谢忠：《毛泽东与“向西藏多路向心进兵”》，《湖南科技大学学报》2017年第4期。

④ 罗军、赵宝云：《习近平关于西藏发展的战略思想》，《中国井冈山干部学院学报》2017年第6期。

⑤ 罗勇、王丽英：《西藏历史上阿沛家族述略》，《西藏发展论坛》2017年第5期。

⑥ 张遥：《西藏驻寺工作机制实践及思考》，《四川警察学院学报》2017年第5期。

⑦ 丁莉霞：《滇藏交界地带藏族天主教徒的信仰实践与身份认同研究》，《西藏研究》2017年第2期。

⑧ 杨娅：《西藏山南藏族非物质文化遗产研究》，冯云：《西藏非物质文化遗产传承人口述史的价值与方法研究》，均载《西藏民族大学学报》2017年第6期。

撰文探讨了西藏边境地区家庭发展状况，[①] 朱鹏对海外藏胞跨境迁移的历程和走向进行了分析。[②]

七　西藏历史地理专题研究

2017 年，学术界在西藏历史地理领域发表了相关成果，主要集中在象雄琼隆银城考证、卫藏与康区关系、西藏及邻近地区地名与族名等领域。

在琼隆银城考古及地望考证方面，李阳在《西藏阿里琼隆遗址初步研究》[③] 中利用西藏自治区文物保护研究所、陕西省考古研究院对位于阿里札达县达巴乡曲龙村附近的琼隆遗址开展的首次考古调查工作（2015—2016）的研究成果，以阿里札达县琼隆遗址为出发点，进而扩展至象泉河流域以至喜马拉雅地区。研究显示，琼隆遗址以洞窟遗迹为主体的民居建筑形式，是喜马拉雅地区人类与环境双向互动而形成的地域文化模式。该文为学界关于象雄国都琼隆银城的考证工作提供了更多的考古学资料证据。

黄辛建撰文探讨了“卫藏与康区历史关系发展演变过程”，将三大藏区中的卫藏与康区之间的关系，划分为唐代吐蕃时期、元明时期、明末清初、清朝末年和民国时期等五个发展阶段进行研究，指出两区关系的发展演变对我国的民族团结进步和国家的统一稳定产生过重要影响。作者强调，虽然源自卫藏的吐蕃政权曾经征服康区，但自吐蕃灭亡后卫藏势力从未真正统治过整个康区。近年来，达赖及其分裂集团提出的“西藏从来就有一个统一的大藏区”之类的言论，是罔顾两区历史关系发展客观事实的不实之论。

在西藏及邻近地区地名与族名方面，李志农、刘虹每撰文辨析了“西番”族称，[④] 认为“西番”这一族称有广义与狭义之分，不但在不同历史时期有多重指代（唐宋时期指代西羌或吐蕃），还具有鲜明的地域特点，甘青地区学者认为“西番”是羌族或安多藏族，四川学者认为“西番”是康藏地区说汉藏语系藏缅语族羌语支与彝语支语言的多种族群，云南学者则认为“西番”是普米族的先民。刘少华对汉文史料中“唐古特”一词所指族群变迁[⑤]进行了分析，指出汉文史料所记“唐古特”一词最初指党项羌族及其所建立的西夏政权，这种称谓一直延续至清初；在西夏灭亡三百多年后的汉文文献中，“唐古特”开始指代青藏地区以及藏族；在清乾隆之后的汉文文献中，“西藏”已经成为通用的固定名词，“唐古特”渐少使用。此外，《云南藏区藏语地名命名理据》[⑥] 一文针对云南藏区藏语地名的特点，总结出以自然地理环境特点、宗教、方位、色彩、动物、历史故事等为主的命名规律，为我们研究青藏高原东南缘横断山区的历史地名提供了有益的参考依据。

---

① 刘中一：《居边生息：西藏边境地区家庭发展状况》，《西藏民族大学学报》2017 年第 6 期。

② 朱鹏：《海外藏胞跨境迁移的历程和走向》，《西南民族大学学报》2017 年第 9 期。

③ 李阳：《西藏阿里琼隆遗址初步研究》，硕士学位论文，西北大学，2017 年。

④ 李志农、刘虹每：《“西番”族称辨析》，《北方民族大学学报（哲学社会科学版）》2017 年第 1 期。

⑤ 刘少华：《汉文史料中“唐古特”一词所指族群变迁研究》，《兰州教育学院学报》2017 年第 7 期。

⑥ 更敦阿错：《云南藏区藏语地名命名理据》，《西藏民族大学学报》2017 年第 2 期。

八 西藏经济、文化、社会专题研究

2017年，围绕西藏经济、文化、社会的相关问题，学者们发表了多篇论文，主要涉及四个领域。一是“高原丝绸之路”研究。霍川、霍巍在《汉晋时期藏西“高原丝绸之路”的开通及其历史意义》[①] 一文中，结合考古资料、汉文古籍考证汉晋时期西藏西部的对外交通，再次强调从西藏高原通往西域、南亚等地的“高原丝绸之路”在汉晋时期就已初步开通，在吐蕃时期被纳入更为广阔的对外交流网络之中，成为吐蕃出入中亚、南亚地区的重要交通枢纽。张云《高原丝绸之路的主要特点与历史成就》,[②] 从宏观角度分析古代分布在青藏高原地区的丝绸之路的具体成因、核心内容和主要自然与人文特点，揭示高原丝绸之路与古代东西方丝绸之路主干道、横断山脉地区民族走廊之间形成的民族迁徙和经济文化交流的循环网络。该文指出，高原丝绸之路的发展变化既与中国历代王朝的兴衰和边疆政策有关，又与青藏高原地区政教发展的局势密不可分。杨铭、贡保扎西所撰《丝绸之路沿线所出古藏文契约文书概说》,[③] 系统梳理了丝绸之路沿线所出古藏文契约文书的刊布与研究情况，讨论了这些契约的编号、数量、主要内容，以及国内外学术界具有代表性的研究成果。

二是“茶马互市”与西藏古代交通研究。有学者认为，由于康定特殊的地理、历史因素，在康定“陕西街”设有陕商著名商号多家，以陕西为出发点的南向经济史研究，将为明清“陕西与西藏的交往”提供更多历史依据。[④] 赵国栋等人对茶叶传入西藏相关问题进行了研究，认为应以正确的历史观理解文成公主与茶叶的关系，在理解茶叶传入西藏问题上，应更加关注其中蕴含的历史、社会文化内容及其意义。[⑤] 青藏道、川藏道是传统的研究课题，但有学者专门研究了明朝使臣入藏的交通道路,[⑥] 还有学者从以茶驭蕃政策的推行、茶禁、茶马比价、茶运制度、职官设置等方面来分析官营茶马贸易体系之弊端所在，认为官营茶马贸易体系是政府通过行政力量，强行抑制商品经济发展，带有强烈的剥削和压迫色彩，其顺利运行，需要依托强大的军事力量、行政力量和综合国力，随着明朝中后期社会矛盾的逐渐加剧，官营茶马贸易体系遭遇严峻考验，最终在民营茶马贸易的冲击下走向没落。[⑦] 田茂旺所撰《历代汉藏茶马贸易市场的形成与变动》[⑧] 对唐代至明清时期汉藏茶马交易市场的形成与变动进行了梳理。作者指出茶马

---

① 霍川、霍巍：《汉晋时期藏西“高原丝绸之路”的开通及其历史意义》，《西藏大学学报》2017年第1期。

② 张云：《高原丝绸之路的主要特点与历史成就》，《江海学刊》2017年第4期。

③ 杨铭、贡保扎西：《丝绸之路沿线所出古藏文契约文书概说》，《西南民族大学学报》2017年第7期。

④ 刘立云：《明清时期藏地的陕商研究》，《西藏研究》2017年第4期。

⑤ 赵国栋、李许桂、石确次仁：《茶叶传入西藏相关问题研究》，《西藏研究》2017年第4期。

⑥ 李淮东：《明代汉藏交通的兴衰演变——以明朝使臣入藏活动为中心的探讨》，《中国边疆史地研究》2017年第2期。

⑦ 赵海静、阴海燕：《论明朝官营茶马贸易体系的弊端》，《西藏民族大学学报》2017年第6期。

⑧ 田茂旺：《历代汉藏茶马贸易市场的形成与变动》，《西藏民族大学学报》2017年第6期。

市场的交易地点由西北转至西南的演变历程，与中央王朝的边政观、政治经济战略布局有密切关系，体现了中央王朝的“以夷治夷”“夷汉相安”“长治久安”的治边思想，维护了边疆的统一与稳定。

三是西藏与周边经济交流。《茶叶传入西藏相关问题研究》① 在梳理、辨析学界关于茶叶传入西藏的时间以及相关人物等方面的七种不同观点的基础上，反驳了茶叶是在松赞干布迎娶文成公主之后传入西藏的观点，指出早在象雄时期茶叶就已经传入西藏西部。该文强调以茶实体和茶文化为纽带的汉藏文化交流在社会空间中的同构作用，是西藏作为中国不可分割的一部分的重要根基。刘志扬在《青藏高原及其周边地区的民族构成与文化互动》② 一文中，论述青藏高原文化与东部以中原文化为代表的各文化体在历史上就是一个不可分割的整体，它们共同构成了中华文明。

四是西藏宗教事务管理及治藏政策研究。在清代宗教事务管理及其利用宗教治藏方面，有学者认为清王朝出于联合、柔顺蒙古的需要及对格鲁派在西藏宗教优势地位的考虑，采取从俗从宜、分而治之等治藏宗教政策，取得了较好的成效。③《圣人之道为体喇嘛之道为用——清朝边疆政治与族群政治架构议》认为清朝从国家政治制度架构、体系的角度改变农业王朝长期面临内亚游牧势力威胁的格局，从战略和制度层面改善王朝在地缘政治上的缺陷，使得“文明”形态的国家开始转型为“领土国家”，在中国自身的历史脉络中开启了近代转型的进程。④

在西藏宗教制度及人物研究方面，才让太所撰《公元八世纪的苯佛关系及苯教新派的形成》⑤ 一文指出吸纳了佛教莲花生信仰的苯教新派，实际上是青藏高原土著文化传统与印度外来文化传统相互吸收与融合的产物，藏民族的传统宗教文化价值观由此而产生了新一轮的整合。阿音娜撰文《清代进藏西方人笔下的扎什伦布》，⑥ 认为扎什伦布设立了铁桑林、夏孜、吉康、阿巴等四大扎仓，形成了一套完整的由显到密的学经系统。18 世纪—20 世纪初，一些进藏西方人来到后藏，留下了对扎什伦布的珍贵记载，对六世、七世、九世班禅额尔德尼的描述尤为细致，可资参考。喜饶尼玛、杨扬的《旧西藏的基巧堪布初探》对旧西藏基巧堪布的品级、地位、权力、设立时间等内容进行梳理和分析，并重点就基巧堪布的地位问题展开讨论，试图通过十三世达赖喇嘛执政期间的几位基巧堪布的个案来分析其在政治事务中发挥的特殊作用。⑦ 普布多吉对雅桑寺历任座主及其年代进行了考证，⑧ 陈立华编制了八世班禅丹贝旺秋的年谱。⑨

---

① 赵国栋、李许桂、石确次仁：《茶叶传入西藏相关问题研究》，《西藏研究》2017 年第 4 期。

② 刘志扬：《青藏高原及其周边地区的民族构成与文化互动》，《民族研究》2017 年第 2 期。

③ 周燕：《清朝中央政府治藏宗教政策述论》，《西藏大学学报》2016 年第 4 期。

④ 吴启讷：《圣人之道为体　喇嘛之道为用——清朝边疆政治与族群政治架构议》，《中央民族大学学报》2017 年第 1 期。

⑤ 才让太：《公元八世纪的苯佛关系及苯教新派的形成》，《中央民族大学学报》2017 年第 2 期。

⑥ 阿音娜：《清代进藏西方人笔下的扎什伦布》，《西藏民族大学学报》2017 年第 1 期。

⑦ 喜饶尼玛、杨扬：《旧西藏的基巧堪布初探》，《青海民族大学学报》2017 年第 1 期。

⑧ 普布多吉：《雅桑寺历任座主年代考》，《西藏研究》2017 年第 1 期。

⑨ 陈立华：《八世班禅丹贝旺秋年谱（一、二）》，《青海师范大学学报》2017 年第 1、2 期。

九 西藏地方涉外关系专题研究

2017 年，西藏地方涉外关系研究成果丰硕，主要涉及以下五个领域。

一是近代以来欧美否定与中国西藏的关系。刘瑞云、陈建明撰文探讨了 19 世纪中叶巴黎外方传教会内部关于成立西藏传教会的分歧与结局问题，认为从宗教传播的角度看，西藏传教会成立之初巴黎外方传教会总会和罗马教皇“钦定”的西藏传教会筹建者——巴黎外方四川传教会主教马伯乐之间就进藏困难、路线、西藏教务归属等问题曾产生过巨大分歧并展开激烈的争论。二者的分歧和争论从某种意义上是教会内部上、下层之间矛盾的一种体现。[①] 赵光锐根据大量外文史料，撰文探讨 20 世纪初德国的涉藏活动和西藏政策，认为 20 世纪初是德国历史上涉藏活动极为频繁的时期。[②] 温强撰文认为，为了避免尼赫鲁阻挠，美国选择了采用幕后操作的方式来策划联合国首份涉藏决议。[③] 肖杰、谷泓通过研究美国的《西藏政策法》，认为这是美国近 30 年来涉藏政策的总结，也是当前美国国会和行政当局操纵“西藏问题”的纲领性文件。[④]

二是亚东关税务司研究取得新进展，梁俊艳《清末民初亚东关税务司研究》[⑤] 是其中的代表性成果。《清末民初亚东关税务司研究》在吸收前人成果基础上，更为系统地阐述了亚东关的开埠历程和清廷对亚东关的管理体制，重点研究了戴乐尔、好博逊、孟国美、韩德森、巴尔、张玉堂、汪曲策忍等历任亚东关税务司的任职情况及相关事件。该专著指出近代中国是一个半殖民地半封建社会，由外国人控制下的中国海关管理体系正是这一社会进程的缩影，也是中国近代屈辱历史的真实写照。中国西藏亚东关税务司的身份、角色决定了它们的双重性，既有为外国主子掌控中国海关贸易、殖民和掠夺中国服务的一面；又有履行职责、为中国对外贸易和对外交流服务的一面，这在晚清中国封建社会衰落、边疆危机加重的情况下，有一定的积极作用。此外，有学者对清末西藏亚东做了史地方面的考释，认为戴乐尔作为首任税务司在亚东的发展中扮演了极其重要的角色。[⑥]

三是国外传媒与涉藏新闻角度的西藏研究及中国边疆问题研究，近年来成为学术界研究的新视角，2017 年有一系列成果。张皓撰文探讨了《泰晤士报》对中国西藏和平解放进程的关注和态度，[⑦] 李承霖分析了《印度时报》涉藏报道的内容以及报道时间、

---

① 刘瑞云、陈建明：《19 世纪中叶巴黎外方传教会内部关于成立西藏传教会的分歧与结局》，《世界宗教研究》2017 年第 6 期。

② 赵光锐：《20 世纪初德国的涉藏活动和西藏政策考析》，《中国边疆史地研究》2017 年第 3 期。

③ 温强：《美国策划联合国首份涉藏决议过程中的印度因素》，《美国研究》2007 年第 5 期。

④ 肖杰、谷泓：《美国〈西藏政策法〉研究——历史追溯、立法分析与政策评估》，《中国藏学》2017 年第 1 期。

⑤ 梁俊艳：《清末民初亚东关税务司研究》，中国藏学出版社 2017 年版。

⑥ 张永攀：《从帕里到噶伦堡：清末西藏亚东关初建与近代西藏关贸肇始》，《青海民族研究》2017 年第 3 期。

⑦ 张皓：《〈泰晤士报〉对中国西藏和平解放进程的关注和态度》，《青海民族研究》2017 年第 2 期。

报道字数、新闻来源、新闻信源、新闻类型等。[①] 有学者对《纽约时报》涉藏新闻进行考察，发现《纽约时报》往往通过有意忽视中国官方信息，而大量采信非中国民间信息的信源选择方式，对涉藏事件进行了不公正定性。[②] 廖云路认为，长期以来中国的涉藏传播面临着东西方西藏观差异、民族主义、分裂主义等诸多思想的冲击，由此威胁到涉藏边疆意识形态安全。[③] 藏传佛教在西方充满神秘性，其中"超自然的力量"和性已经牢牢占据了西方对藏传佛教印象的高地，有学者认为西方对藏传佛教的此种建构并非是藏传佛教的真实写照，其中折射的是西方的欲望，对西藏、藏族、藏传佛教本身无益，国人需要对此警惕。[④] 同时，由于长期普遍的误读，西藏存活在西方天堂与地狱之间巨大的想象张力之中，有学者认为西方对西藏的这种误读，有有意和无意之分。[⑤]

四是中国西藏与尼泊尔、印度等南亚邻国关系。中国西藏与尼泊尔关系方面，邱熠华对 1918—1921 年西藏协助尼泊尔修缮斯瓦扬布佛塔进行研究，力图呈现近代西藏地方与尼泊尔关系更加全面的历史图景。[⑥] 梁俊艳对当代中尼贸易发展进行了研究。[⑦] 关于中尼边界，周振认为，珠峰的归属在中尼两国边界谈判中是争议最大也是最棘手的问题，关系到两国人民的情感寄托。毛泽东在此过程中倾注了大量感情与时间，以极大的政治智慧，使得"珠峰"问题获得了中尼两国人民都较为满意的解决。[⑧]

2017 年，中印关系研究取得重大突破：一方面《麦克马洪线——印度、中国和西藏关系史研究（1904—1914 年）》[⑨] 翻译出版，有利于我国学术界更好地了解、利用国外成果。另一方面，我国学者发表了一批有分量的论文，主要涉及中印边界东段、锡金段及其他争议地区的历史和现状研究。吴文俊、马长泉认为，存在中印边界争端久拖不决影响争端区边境管理、争端区现行边境管理模式与我国现代边海防的建设目标相悖、印度凭借优势兵力部署频频向我国施压、涉藏和达赖等因素始终与边界争端纠缠不清、争端区经济社会发展滞后、边境管理队伍的管理能力与管理任务间的矛盾日益凸显等六个方面的挑战。[⑩] 曾皓从国际法的角度入手，认为中方所主张的中印边界锡金段具有国际条约、保持占有、禁止反言等法律依据。印度的越界军事行动，是违背《联合国宪章》与国际法基本原则、违反相关国际条约的严重国际不法行为，印度必须对此承担相应的国家责任。[⑪]"洞朗事件"发生后，《边界与海洋研究》刊发了一组关于中印边界锡金段研究的专题论文，在学界取得了良好反响。这些论文从历史学、国际法、国际

---

① 李承霖:《〈印度时报〉涉藏报道的内容分析》,《新闻研究导刊》2016 年第 7 期。

② 韩青玉:《〈纽约时报〉涉藏新闻话语建构策略研究》,《长春大学学报》2017 年第 9 期。

③ 廖云路:《"拟态边疆":媒介化社会中的涉藏边疆传播研究》,《西藏研究》2017 年第 1 期。

④ 韩青玉:《论藏传佛教在西方的想象》,《内蒙古民族大学学报》2017 年第 4 期。

⑤ 韩青玉:《西方涉藏"误读"现象解析》,《西藏民族大学学报》2017 年第 1 期。

⑥ 邱熠华:《1918—1921 年西藏协助尼泊尔修缮斯瓦扬布佛塔》,《中国藏学》2017 年第 3 期。

⑦ 梁俊艳:《当代中尼贸易发展述论》,《中国藏学》2017 年第 3 期。

⑧ 周振:《毛泽东与"珠峰"归属问题的解决》,《西藏民族大学学报》2017 年第 3 期。

⑨ [英] 阿拉斯泰尔·兰姆:《麦克马洪线——印度、中国和西藏关系史研究（1904—1914 年)》,梁俊艳译,社会科学文献出版社 2017 年版。

⑩ 吴文俊、马长泉:《中印边界争端区边境管理的发展趋势及面临的挑战》,《武警学院学报》2017 年第 7 期。

⑪ 曾皓:《中印边界锡金段的历史由来与法律依据》,《中国藏学》2017 年第 3 期。

关系等各个角度对中印边界锡金段进行了深入研究，有力维护了我国的领土主张与主权利益。[①] 此外，有学者对“印度独立后的对藏政策”进行了探讨，认为印度承认西藏是中国的一个自治区，放弃了在西藏的特权。印度对西藏的幻想破灭后，在边界不断采取单边主义行动，最终导致中印边界危机的爆发。印度独立后的对藏政策表现出明显的两面性。[②]

五是“一带一路”建设背景下的西藏开放发展问题。这是近年来我国学术界关注的重要课题，2017 年，闫红瑛、德吉央宗、陈朴、罗雄文、王文力、韦仁忠、朱金春、方素梅、张文木等学者发表了相关论文。[③] 其中，德吉央宗分析了西藏建设面向南亚大通道的总体形势、重要意义及存在问题，从优化布局、发展通道经济、促进产业联动、培育开放格局等多个角度，提出了构建以南亚大通道为核心的西藏经济体系的基本思路。[④] 方素梅认为西藏在积极融入“一带一路”建设、促进经济社会全面发展的进程中，又面临着来自内外环境的压力和挑战，从思想观念到规划措施都需要进一步改革创新，以便为加快西藏发展注入强大动力。[⑤] 罗雄文认为西藏在“一带一路”建设中面临着多方面的风险，包括西藏周边国家与我国缺乏政治互信、周边国家投资环境较差、民族宗教因素错综复杂、自我发展能力不足等，应确定重点领域优先推动，打造一批能“走出去”的骨干企业，加快自身发展建设，并警惕境内外分裂势力的渗透破坏。[⑥] 陈朴分析了西藏融入丝绸之路经济带建设的稳定、开放、发展问题，认为境外分裂势力、社会运行机制、开放型经济现状与认知等因素使西藏在融入丝绸之路经济带建设过程中要选择在稳定中开放发展的策略，并建议关口前移，加强科技维稳；加大宣传，兴边富

---

① 孟庆龙：《从印度的心态看洞朗事件》，张永攀：《“藏哲边界”争议与近代中印边界锡金段划定》，邓烈：《为什么说印度侵入中国洞朗违反国际法》，章成：《简论洞朗事件中印军行为界定的法律理据与外交因素》，关培凤、张传娟：《洞朗对峙引发的国内反应及反思》，均载《边界与海洋研究》2017 年第 5 期。

② 洪共福：《印度独立后的对藏政策》，《阜阳师范学院学报》2017 年第 3 期。

③ 相关论文如德吉央宗《西藏融入国家“一带一路”战略建设面向南亚大通道基本思路研究》，《西藏民族大学学报》编辑部《青藏高原在“一带一路”中所扮演的角色——与著名藏学家林冠群先生对话》，均载《西藏民族大学学报》2017 年第 2 期；闫红瑛《“一带一路”战略背景下中国西藏与南亚相邻国家旅游合作与发展问题探析》，《西藏民族大学学报》2017 年第 3 期；陈朴《融入丝绸之路经济带建设背景下西藏在社会稳定中开放发展分析》，《西藏发展论坛》2017 年第 3 期；韦仁忠、朱金春《西藏融入“一带一路”倡议的定位、认知与路径探讨》，《西藏大学学报》2017 年第 3 期；方素梅《“一带一路”视野下的西藏发展》，《西藏民族大学学报》2017 年第 6 期；张文木《青藏高原与中国整体安全——兼谈青藏高原对“一带一路”关键线路的安全保障作用》，《太平洋学报》2017 年第 6 期；罗雄文《西藏“一带一路”建设面临的风险及应对措施》，《西藏发展论坛》2017 年第 6 期；王文力《融入“一带一路”战略推动西藏持续健康发展》，《山东农业工程学院学报》2017 年第 10 期。

④ 德吉央宗：《西藏融入国家“一带一路”战略建设面向南亚大通道基本思路研究》，《西藏民族大学学报》2017 年第 2 期。

⑤ 方素梅：《“一带一路”视野下的西藏发展》，《西藏民族大学学报》2017 年第 6 期。

⑥ 罗雄文：《西藏“一带一路”建设面临的风险及应对措施》，《西藏发展论坛》2017 年第 6 期。

民；加强交流，提升开放水平；转变思路，培育开放发展理念等。①

综上所述，2017 年我国学术界在西藏研究各领域都取得一系列新成果、新突破，无论是历史研究，还是现状研究，这些成果都有利于深化中国边疆研究，同时依然存在一些亟待解决的问题：一是西藏研究面临着现实的挑战，既有形形色色的“西藏独立”谬论，又有边界问题等现实问题，西藏研究仍需要开拓研究领域，创新理论与方法。二是当代中国西藏研究仍需要解答许多重大的理论问题和现实问题，仍需要对习近平新时代中国特色社会主义思想中的治藏思想进行研究，需要深化中华人民共和国成立以来中央治藏方略研究。三是相关档案、文献仍需要发掘、整理、利用，而资料不充分仍制约相关领域研究的进一步深化。

面对上述问题与挑战，我们认为今后的西藏研究需要做好三个方面的工作：一是继续加强档案文献的发掘、整理和使用工作。二是理论与实践相结合，深化中华人民共和国成立以来中央治藏方略的理论研究，加强“治国必治边，治边先稳藏”重要战略思想等重大理论与现实问题研究，努力建立有中国特色的西藏治理研究话语体系。三是我国学者要深化基础研究，创新理论、方法，进一步加强与国外同行的交流，在国际学术交流中争取话语权、主动权，为维护国家统一、边疆繁荣、促进西藏发展做出应有贡献。

① 陈朴：《融入丝绸之路经济带建设背景下西藏在社会稳定中开放发展分析》，《西藏发展论坛》2017 年第 3 期。

2017年新疆研究综述

许建英　阿地力[*]

2017年新疆研究的视角较为多样，注重方法创新，研究领域较为广泛，研究成果较为丰富，尤其是现实问题研究上与时俱进，值得关注。本研究综述从边疆研究视角为出发点，将其分“新疆历史研究”与“当代新疆问题研究”两部分，对2017年度新疆研究的主要成果加以梳理。

一　新疆历史研究

新疆历史研究始终是新疆研究的重要领域，其丰富而深厚的历史内涵，数量庞大的多语种历史资料，大量研究洼地以及亟待解决的若干历史问题，都吸引着学者们努力开拓。

1. 历代新疆治理研究

两汉在西域治理上成就突出，特别在行政建制上可谓是开创性的，在中国边疆经略史上占有重要地位。李楠对近20年来学界对两汉王朝西域治理理论与策略、对西域的行政管理、西域屯田与边疆开发、中原与西域的多元化交流等方面的研究进行了梳理，认为两汉王朝对西域的治理实践，作为中国传统的治边实践的一个重要阶段，包含着诸多大胆的开拓与宝贵的创新，既奠定了中国传统治边基本方略的基础，又为后世提供了可资借鉴的经验教训以及极为典型的具体个案。文章还认为两汉对西域的治理实践，蕴含着极为丰富的内容，是经过长期而艰苦的探索方才逐步形成的。这些内容不仅对当时的边疆治理发挥了重要作用，而且对于今天处理诸多边疆问题亦有十分重要的借鉴意义。①

清代对新疆治理研究是2017年新疆研究的热点。清代伊犁将军与伊犁将军府的建置长达一个半世纪，张燕、李敏、王友文的专著《伊犁将军治疆方略借鉴研究》讨论了伊犁将军治疆方略及其经验，凸显出伊犁将军在新疆治理史上的地位和作用。该书认为伊犁将军是新疆军府管理系统的关键，清政府在新疆所有军事政治、经济社会发展各项举措的运筹落实，都是通过伊犁将军为核心的管理系统来支撑和完成的。该书还认为历任伊犁将军捍卫了国家主权和领土完整，抵御了外来侵略和民族分裂势力，实施了中央政府对新疆军队和民政的全面管制，加强了民族团结，确保了政令畅通，促进了西域地区经济文化发展和社会稳定，加强了与周边国家和少数

---

* 许建英、阿地力：分别为中国社会科学院中国边疆研究所研究员、副研究员。

① 李楠：《近20年来两汉西域治理问题研究》，《中国史研究动态》2017年第2期。

民族部落的友好关系。伊犁将军及伊犁将军府的设置对治理新疆、保卫新疆、建设新疆、维护民族团结和社会稳定产生了重大影响，做出了巨大贡献。[①] 白京兰、张建江以清代回疆治理为视角，就清代回疆在国家体系中的地位、清代回疆因俗而治政策的赓续与变异，探讨了清代回疆的地域文化、回疆伊斯兰文化的政治法律功能等诸多问题，由此深入展开多元族群背景下国家建构问题研究。他们指出清代回疆治理不乏成效，亦值得多族群关系建设与国家建构研究者深鉴；认为清代对边疆尤其是新疆的治理为传统中国国家治理注入许多新的因素，也为当前的边疆治理提供了诸多启示与思考。[②] 龙其鑫以政治组织性的分析为视阈，审视清代新疆治理过程中组织力量间的结构关系，试图揭示其中的基本特点。他认为清朝统一新疆前，新疆地方缺乏实现社会政治统一的政治组织力量；经由清朝统一之前各方势力的博弈，再到清朝统一、反清运动与建置行省，新疆社会治理的变迁趋势由分散型权力格局、多族群分而治之走向治理同质化，是一个逐渐实现统一与稳定的历史过程。他还认为一个强有力的政治组织对于新疆地方治理是极为重要的，分散而非统一的政治格局不利于新疆社会政治的发展。[③] 徐磊认为同光时期清廷在收复新疆过程中，无论是调兵选将还是筹集粮饷，其决策都显得有条不紊，步步为营，其中大臣议政活动起到了至为关键的作用。在对有关议政内容考察的基础上，他认为大臣的议政活动，多集中在调兵、筹饷、人事、外交等诸多方面，议政为清廷收复新疆提供了不可或缺的决策参考。并认为同光年间清廷能够在积贫积弱的困苦情况下较好地治理新疆，是封建士大夫阶层政治智慧和力量的集中展现，更是封建国家机器良性运转的必然结果。[④]

2. 新疆历史综论与通史研究

在 2017 年新疆历史研究领域，已经有学者关注新疆历史研究的“方法论”问题。历史上的“丝绸之路”是联结欧亚文化和文明的最重要的通道。徐文堪从方法论的角度探讨了丝绸之路史研究中的一些问题，认为古代丝绸之路是不同地区人群及其文化的相互交流之路，丝路历史则是全球史的一个重要组成部分。近年来，我国的古代丝绸之路研究已取得了明显的进展，但也存在着诸多不足，最突出的问题就是有若干空白，亟待填补。为了不断深化和推进对古代丝路的认识与研究，应该把历史学、民族学、语言学、人类学等各门学科的成果结合起来，也需要特别关注人类基因组学和生物考古学的新发展。[⑤] 施展以历史哲学为视角，从西域历史研究着手，阐释边疆问题。他认为在古典时代，是有边疆、无问题，边疆在整体秩序当中的地位名实相副，对边疆来说不存在什么生存困境。在现代性诞生之后，则是无边疆、有问题，与中心地区有着高低之分的“边疆”在理论上不存在，实践上却隐性存在。理论的承诺与现实的感受之间的张力，

① 张燕、李敏、王友文：《伊犁将军治疆方略借鉴研究》，知识产权出版社 2017 年版。

② 白京兰、张建江：《多元族群与国家建构：清代回疆治理的问题与省思》，《西域研究》2017 年第 3 期。

③ 龙其鑫：《清代新疆治理变迁的政治组织性分析》，《民族论坛》2017 年第 3 期。

④ 徐磊：《同治、光绪年间清廷治疆过程中的大臣议政活动述论》，《新疆大学学报》2017 年第 2 期。

⑤ 徐文堪：《古代丝绸之路与跨学科研究》，《新疆师范大学学报》2017 年第 4 期。

在现代世界构成了边疆地区的生存困境。他进而提出中亚和西域，在通行的历史叙事当中，长期被人们视作世界历史和中国历史的客体，较少有对其主体性的讨论。这样一种单边的叙事，会遮蔽掉历史的丰富性与复杂性，也无助于构建边疆与内地真正意义上共享历史记忆。需要在古今之变的格局当中，在大陆帝国的视野之下，重新构建一种历史哲学的叙事框架，给予历史与现实的不同理解方式。① 杨恕、刘亚妮认为以天山为地理文化单元，并将其作为整体，考察新疆在这一范围内的文化特征和发展进程的研究方法，会淡化新疆与内地自然地理、经济文化的联系，从而扩大其间的差异性。他们认为此类研究方法不利于维护中华文化的整体性和国家统一。对新疆历史的研究应该坚持整体史观统摄的原则，在研究的出发点上突出新疆作为中国行政区划的地位，在价值取向上强调国家建构与整合，在文化层面强调西域文化与中华文化的内在联系性和共性，加强新疆区域史与国家整体历史的统一性、联系性研究。就国家建构的现实需要而言，新疆史研究更重要的是应该考虑新疆历史的特殊性与中国整体历史的统一性、联系性，而不是突出其独特性，否则不利于国家认同的建构和维护。②

中华民族形成初期即吸收了各个地区的居民共同创造的文化。侯明明认为在新石器时代，新疆的居民通过河西走廊，将先进的石器制作与青铜冶炼等技术输入黄河中上游、辽西等地区，新疆的和田玉也为这一时期中原形成的玉石文化提供了原材料。西域的神秘感使其成为中原神话中的仙居之地。西域向中原输送物资与技术的同时，中原文明也向西域传递着思想与文化，它以陶器、海贝等为载体，使早期中华文明形成的向心力辐射至新疆。中原与新疆之间的文化互动，使得新疆在中华民族多元一体格局形成之初，就成为该共同体中的重要组成部分。③ 鉴于中国历史上有关民族政权对丝绸之路贡献和作用的研究相对较少或较为分散，李方对此问题进行了较为综合系统的探讨，认为大月氏、乌孙、匈奴、柔然、鲜卑、吐谷浑、突厥、粟特、回鹘、吐蕃以及西域当地民族政权，对绿洲丝绸之路都做出了不同程度的贡献，并对当地社会发展产生了影响。丝绸之路的连通是各族人民的共同诉求，这种诉求和客观历史事实为日后中国的统一奠定了基础。④ 李树辉通过对新疆地名的实证研究，认为新疆至晚从公元前 2 世纪开始，便是操用印欧语系、阿尔泰语系和汉藏语系语言的居民生活、聚居地区。新疆地名亦出自这三大语系语言，新疆地名记录了各地民众的生存状态和活动轨迹，折射着历史的变迁、种群、族群的迁徙和时势的变革，反映了各地不同的自然环境、生态特点、风土人情和历史文化，有着深厚的文化内涵，是不同语系居民共同开发新疆、建设新疆和历代中央政府治理新疆的历史见证。⑤

在中国“边疆学热潮”的背景下，欧文·拉铁摩尔的价值正在被学界“重新发现”。赵志辉、毕敬认为拉铁摩尔针对新疆地缘政治问题发表了许多富有启发性的研究成果，并形成一套思考新疆地缘政治的研究模式。拉铁摩尔以“新疆之新疆”“中国之

---

① 施展：《历史哲学视域下的西域——中亚》，《俄罗斯研究》2017 年第 2 期。

② 杨恕、刘亚妮：《新疆史研究应注意的几个问题》，《兰州大学学报》2017 年第 2 期。

③ 侯明明：《新疆在中华民族多元一体格局形成初期的贡献》，《黔南民族师范学院学报》2017 年第 3 期。

④ 李方：《古代民族政权与绿洲丝绸之路》，《中央民族大学学报》2017 年第 3 期。

⑤ 李树辉：《新疆地名文化：语源、语义和文化特点》，《石河子大学学报》2017 年第 4 期。

新疆”“世界之新疆”三个递进发展的“空间层次”为逻辑“中轴”，从地缘视角勾勒出中国新疆的重要地位。拉铁摩尔的新疆地缘政治研究不但为思考新疆国族构建问题提供了新的问题意识与理论方法，也为深入探讨民族主义理论提供了实证性的研究成果。他们还认为拉铁摩尔由思考中国新疆地缘政治问题所提炼出的“边疆视角”为地缘政治学的学术发展树立了一座丰碑。①

3. 新疆经济贸易史研究

汉代丝绸之路以南道为重，连接中印始发于阗的罽宾道，系南道的主要支线。殷晴认为于阗和南亚次大陆毗邻，作为丝路贸易的中转站和对外窗口，其市场活跃，城镇经济发展迅速。魏晋时期，中印交通线已成为南道的主要干线。随着丝织品输往南亚次大陆，印度及西方的毛织品、玻璃、香药及各种奇珍异宝也纷纷通过于阗向中原输送。即使在战乱期间，民间交往仍持续不断。通过喀喇昆仑山口直达克什米尔的捷径开拓通行，进一步拉近了于阗和南亚的距离，不仅民间贸易频繁，社会文化生活互相也多有影响，不断发现的文物遗存揭示并再现了尘封已久的历史图景。② 丁君涛以新疆尼雅出土的佉卢文葡萄园买卖契约为基础，考察了鄯善国时期葡萄园的买卖、经营等活动，对鄯善国的葡萄酒的酿造、销售等进行了考证；认为鄯善国时期的葡萄种植业已具有一定规模，所产葡萄、葡萄酒主要供应贵族。他还通过对鄯善国时期与高昌时期葡萄园买卖契约进行对比研究，发现鄯善国时期精绝地区的葡萄园产业已经粗具规模，且利润可观。③ 由于西州地处西域，远离中原，历史上对其社会经济情况记载较少。钱伯泉利用吐鲁番出土文书，结合历史记载，探讨了唐朝中期西州市场的规模、制度、商品种类、价格等诸种经济因素，认为唐朝在当时陆上丝绸之路的地位和作用重大，西州的市场经济和丝路贸易，也典型地反映出唐朝国力的强大和经济的繁荣。④ 唐代时期，西州丝路贸易兴盛，是西域地区的贸易枢纽，也是粟特人在西域地区最重要的贸易、聚居点之一。张重洲认为唐王朝时期，粟特人大量聚集吐鲁番，他们依靠稳定的社会环境、良好的语言优势，在西州地区立足并从事商业活动。西州的粟特人长期从事着长途贸易、西域各绿洲之间的短途贸易以及代表唐王朝与北方游牧民族间贸易。他还认为粟特人的贸易活动与整个西州社会紧密联系，对西州乃至整个西域都产生了深远影响。⑤

张安福、蒋静认为清乾嘉时期以乌鲁木齐为代表的北疆新垦地，由于进行了大规模及多种形式的屯垦，新疆“粮荒”问题得到解决的同时，随之也出现了“屯垦陷阱”。其表现是兵屯的高耗费与低产出之间的矛盾越陷越深，粮食大面积丰收与“谷贱伤农”的矛盾不断深化，从关内移民新疆的屯民群体情绪波动严重，影响了屯垦队伍的稳定。作者认为“屯垦陷阱”的出现与清朝乾嘉时期屯垦开发过程中缺少规划、盲目开发有关，更与新疆交通不便、物流困难、贸易受限有关。虽然此后清朝开始大力发展民屯经

---

① 赵志辉、毕敬：《多维视野下的亚洲内陆枢纽——拉铁摩尔对中国新疆地缘政治的考察与研究》，《吉林大学社会科学报》2017 年第 4 期。

② 殷晴：《6 世纪前中印陆路交通与经贸往来——古代于阗的转口贸易与市场经济》，《中国经济史研究》2017 年第 3 期。

③ 丁君涛：《从佉卢文契约看鄯善国葡萄园买卖》，《北方工业大学学报》2017 年第 6 期。

④ 钱伯泉：《唐朝中期西州的市场经济和丝路贸易》，《新疆大学学报》2017 年第 4 期。

⑤ 张重洲：《唐代西州粟特人贸易活动考索》，《敦煌学辑刊》2017 年第 4 期。

济，重视发展城市与商业的集散能力，健全城乡贸易体系。但新疆的“屯垦陷阱”现象所引起的矛盾并没有从根本上解决，有些问题一直遗留到今天。①

民国时期，新疆货币运行及金融秩序总体上比较混乱，徐德莉通过对民国时期新疆货币发行与流通的梳理，认为在新疆货币的流通样态是多方政治势力之间的角逐与博弈的折射。民国新疆货币发行与流通不仅是政治格局变化的晴雨表，在新疆独特的历史、地理及人文环境下，货币的发行与流通又呈现出新疆特有的地域与民族文化特色。②

4. 新疆社会文化史研究

李方结合出土材料和传世文献记载，论述了汉唐时期西域民族参与当地官府主导的屯田、水利、交通、赋役等活动，认为西域各民族发挥语言沟通等特长，为丝绸之路和边疆社会的建设发展做出了贡献，并指出这些贡献和作用是在中央王朝政策措施的指导下和其派驻机构的引领下取得的。③

田卫疆在前人研究基础上，通过对马赫穆德·喀什噶里的著作《突厥语大词典》中记录的“秦”一词的梳理分析，阐释了这一称谓出现的历史原因。他认为西域自汉朝以来就是中央王朝治下的组成部分，马赫穆德·喀什噶里在书中对“秦”的相关记述，朴实地反映了喀喇汗王朝的“中国意识”，真实见证了中华民族对我国统一多民族国家缔造历史过程中的贡献。马赫穆德·喀什噶里的记述可谓是对历史名称的一种继承，这一见解对于我们理解历史上的中国的含义，探索边疆各族建立的王朝同中原中央政府的关系具有重要的启示作用。④

周泓通过对西域流传至中土的文化事项与民俗元素的分析，认为历史生成往往基于社会文化生成。自古代经中世纪至近代，西域文化不断东渐中土，与南北方汉文化交融生成，逐步成为现今汉文化的重要构成。⑤ 王璞认为，虽然西域研究自了19世纪以来一直为海内外学界所重视，然而“西域”一词的英文译名却很不一致，这给学术研究及翻译工作带来诸多不便。作者在对西域研究成果梳理的基础上，试图对“西域”之英译名有一个清晰的辨识和抉择。她认为在实践中对西域的英译可以先写成“Xiyu”，再以“Western Regions”为中心词对西域之地望做出广义或狭义说明。这样既可以避免不识汉文者对“Xiyu”的困惑，读者也不会将“Western Regions”误解为“西部地区”。⑥

王鹏辉通过对新疆地区蝗灾的历史发展和空间分布的分析，认为清代新疆蝗灾的暴发主要集中在天山北麓的新兴绿洲农耕区域。象征蝗神信仰的八蜡庙、虫王庙、刘猛将军庙随之从中国农耕的核心地带进入新疆，内地农业文明特有的蝗神信仰成为新疆蝗灾

① 张安福、蒋静：《清代乾嘉时期新疆“屯垦陷阱”的出现与启示——以乌鲁木齐为中心》，《中国社会经济史研究》2017年第2期。

② 徐德莉：《乱与序：民国时期新疆货币的历史考察》，《中国边疆史地研究》2017年第3期。

③ 李方：《汉唐西域民族与丝绸之路和边疆社会》，《吐鲁番学研究》2017年第2期。

④ 田卫疆：《〈突厥语大词典〉“秦（桃花石）”一词释读》，《新疆师范大学学报》2017年第5期。

⑤ 周泓：《汉域历史上的西域文化考略》，《青海民族研究》2017年第7期。

⑥ 王璞：《“西域”英译考辨》，《世界民族》2017年第1期。

治理的社会机制。并认为清代的内地农耕文明已经嵌入长城一线的西北半壁，新疆蝗灾及相应的蝗神庙表征了这一历史格局。①

郭瑞鹏对民国时期新疆蒙古族师范教育进行了考察，认为作为当时中等教育的重要组成部分，蒙古族师范教育在民国新疆教育舞台上扮演着不容忽视的角色。蒙古族主要在省立迪化师范学院、焉耆简易师范班、国立天山师范学校学习，并且在各方面因素的共同推动下，在培养师资力量层面师范教育发挥着不可磨灭的作用。他还认为因面临传统落后的宗教文化、专制黑暗的政治氛围、困乏的财力等制约性因素，使得新疆蒙古族师范教育的进步性难以深度体现。② 刘树芳认为新疆民族教育起步自晚清，到民国时期得以曲折发展。尤其在1933—1944年间，新疆教育无论在办学数量，还是各民族学生入学率等方面，伴随教育投入的阶段性增长，以及师资和教学内容、教学方法等的改善，均得以提高。他认为民族教育受新疆特殊的地理、历史社会和政局等因素的影响，其发展充满了曲折、矛盾、冲突与调试，这折射出中国民族教育近代化的曲折面相。③ 朱江华等对盛世才主政新疆时期的文教措施进行了分析，认为盛世才主政前期与后期呈现鲜明的反差，由开明充实走向独裁反动。文教措施的价值取向前期有明显的民主性、进步性，后期则凸显其专制性、压迫性。这种两面性的实质是盛世才军阀投机政治的必然选择，这也从侧面反映了国民政府对边疆民众既着意于控制和驯化，又无视当地群众真正需要的政治态度。作者认为在边疆的军阀政权，虽然其文教措施可能具有一定的开明性，但均无法摆脱为其独裁统治服务的命运，因而是不可靠的。可取的做法是开展长期的、广泛的和深厚的群众工作，团结各族群众以争取边疆人民的普遍信任和支持。④

5. 新疆政治史及军政人物研究

匈奴统一西域不论是在中国历史上还是西域发展史上都是具有重要意义的事件，厉声认为匈奴统一开创了西域与内地统一的先河，密切了原先分散林立、互不统属的西域诸国之间的关系，奠定了中原统一西域的基础，提供了治理西域的经验。他还提出在研究匈奴经营西域的历史中，需要明确相互关联的几个基本问题，匈奴是秦汉时期中国的组成部分，匈奴或汉朝“经营西域”不是历史上中国的“扩张”，匈奴政权经营西域是中国经营西域的重要组成部分，对西域实施“羁縻”治理是包括草原匈奴和中原汉朝共有的中国传统“治边”方式。作者认为匈奴统一与经营西域彰显了边疆与中原共同推动历史上中国与中华民族实现大一统的史实，印证了历史上各民族携手创造中国与中华民族历史的规律。⑤ 汉代是中国历史上在西域屯垦时间最长的朝代，胡岩涛认为汉帝国西域屯垦战略的实施背后所体现的是以农耕文明为主体的强大农业国家在发展过程中所产生的思维模式、政治理念以及文化的张力。作者结合考古资料与历史文献记载，对汉帝国西域屯垦的运作体系与规模进行了考察，并认为西域的屯垦区不仅与汉帝国西北疆域安全密切相关，而且还为汉军在西域的行动提供物质保障。同时，屯垦区所形成的

---

① 王鹏辉：《清代新疆的蝗灾与蝗神信仰》，《西域研究》2017年第4期。

② 郭瑞鹏：《民国时期新疆蒙古族师范教育探微》，《西部蒙古论坛》2017年第1期。

③ 刘树芳：《民国时期新疆民族教育述论》，《教育文化论坛》2017年第1期。

④ 朱江华、栗洪武、王欣：《盛世才主政新疆的文教措施及其价值取向》，《石河子大学学报》2017年第5期。

⑤ 厉声：《历史上匈奴统一与经营西域研究的思考》，《伊犁师范学院学报》2017年第3期。

军事据点也起到监视诸小国、占据战略要道、稳定西域局势等作用，是汉帝国对西域实行政治控制的基础。① 李楠认为两汉对西域地区的屯垦有开创之功，起初并没有设置专门的组织管理机构进行管理，多是委派军队指挥官兼管该地的屯田事务，其后随着屯田的深入，管理体制日益完善，经过一百多年的发展，逐步形成了颇具地方特色的屯田管理机构；作者还认为汉朝对西域的屯田采取了一些变通之策，使其具有了鲜明的地域特点。②

赵卫宾将关注点集中于清朝统一西域前与回疆的关系往来。回疆东四城（喀喇沙尔、库车、阿克苏、乌什）及其附属城镇伯克于雍正二年（1724）遣使入京，欲脱离准噶尔归降清朝。作者认为雍正帝出于安抚准噶尔的战略考虑而采取了婉拒的态度。此事件在清前期的西域经略史上具有重要意义，是回疆东四城与清朝中央政府建立政治隶属关系的首次尝试，反映了雍正帝在即位之初经营西域的战略考量与策略选择，并为其在此后的平准战争中制定远交近攻战略奠定了思想基础。③

哈萨克锡喇是一个准噶尔宰桑，其归顺清朝后官至参赞大臣并晋封公爵，但最终还是走上了反叛之路。赵毅利用满汉文献对其原因进行了分析，认为加官封爵仅为表象，并不是哈萨克锡喇所急需。他所期望的是清廷的大力接济，然而清廷正在进军途中，自身的粮草供给还需从厄鲁特索取，并未有能力对其进行赈济，再加之各种因素的作用，最终促使哈萨克锡喇走上反叛之路，并进而窥探乾隆帝对归而复叛之人的政策。④ 罗布藏舒努为准噶尔汗国第二任统治者策妄阿喇布坦庶出之子，乌云毕力格通过对多语种档案中罗布藏舒努事件记载的梳理，认为研究罗布藏舒努的意义在于像罗布藏舒努这样的无名小辈在清朝与欧亚大陆这样一个大舞台上，被当时的多国政治利益推出来表演了一个具有戏剧色彩的大角色。虽然其本人没有什么研究价值可言，但是在他身上演绎出来的故事，对研究18世纪准噶尔史、准噶尔和土尔扈特关系史以及清朝针对欧亚草原各游牧国家的西北战略，都具有相当重要的意义。⑤

“高朴盗玉案”是清代新疆发生的影响最大的历史事件之一，孙文杰通过对满文寄信档的考证分析，认为该案不仅暴露了清代新疆吏治方面的诸多腐败问题，而且对此事件的处置及善后措施更是奠定了清代新疆吏治管理的基本模式，甚至对清廷在天山南路的综合管理范式形成也有着重大影响。⑥ 此外，孙文杰通过对《乾隆朝满文寄信档》中清代新疆稀见史料的爬梳，对主持了清代中期“乌什事变”平定及善后工作的首任伊犁将军明瑞的功过进行了评价，认为明瑞基本上执行了乾隆皇帝“围而不攻”的平乱策略，较好地完成了前线的指挥任务。同时，在“乌什事变”的善后处理中的多项工

---

① 胡岩涛：《汉帝国西域屯垦与国防的战略选择》，《西北民族大学学报》2017年第4期。

② 李楠：《两汉西域屯田组织管理体系》，《农业考古》2017年第1期。

③ 赵卫宾：《回疆东四城伯克遣使投清史事考——兼谈雍正即位初年的西域经略观》，《西域研究》2017年第1期。

④ 赵毅：《清朝平定准噶尔战争中一个准噶尔宰桑的命运》，载达力扎布主编《中国边疆民族研究》第10辑，中央民族大学出版社2017年版，第121—127页。

⑤ 乌云毕力格：《小人物、大舞台与大角色：罗布藏舒努和十八世纪欧亚卫拉特汗国与清朝关系》，《清史研究》2017年第4期。

⑥ 孙文杰：《从满文寄信档看“高朴盗玉案”对清代新疆吏治的影响》，《北方民族大学学报》2017年第1期。

作均对清政府治理新疆有益。作者还分析由于“乌什事变”的出现，才使得乾隆皇帝认识到喀什噶尔参赞大臣与伊犁将军权责之争的严重性，进而多次降旨明确伊犁将军应统辖全疆，加强了其职权。满文寄信档在某些方面也填补了传统西域史料对伊犁将军记载的一些空白。[①] 清代边疆重臣和瑛于嘉庆八年至十一年（1803—1806）担任喀什噶尔参赞大臣，任职期间，和瑛最主要的政事活动即是对喀喇沙尔亏空案的处理。孙文杰通过对稀见档案史料的梳理，认为该案的处置对新疆当时的政治社会稳定、经济发展、边防的巩固产生了一定影响，对稳定新疆特别是天山南路局势有重大效果，并且对之后清政府对回疆的经营与管理也有一定的影响，更为清政府巩固在新疆的统治作出了一定贡献。[②]

柏桦对清代的发遣新疆制度从法律角度进行了分析，认为应区别研究被发遣的罪犯与获罪的文武官员，素质方面二者不可相提并论，在对新疆开发的贡献方面，两者也不能等同。作者认为罪犯发遣新疆是为奴、种地、承担各种艰苦的劳役，官员发往新疆是效力、当差。遣犯种地的“遣屯”“犯屯”规模并不大，在严加管制、期满回籍的情况下，很难与当地各民族交流，而低素质的罪犯也给新疆的发展带来困扰。同时，清代发往新疆的遣犯至多为10万—16万人，永久移民于新疆者不足7万人，故其对新疆的开发与发展的作用甚微，不宜高估。[③] 一般认为新疆建省后，除哈密王外其他回部王公土地及属民概归地方官治理，王启明利用新近影印出版的吐鲁番档案对此问题进行了考察，认为吐鲁番郡王仍然保有数量可观的土地资产和部分经济权益。但就总体而言，郡王的经济权益急剧损失，虽然其一直为恢复旧有权益而努力，但还是在晚清新疆政治体制转型中败阵。这清晰地表明以地方府厅州县制度为基础的行省制度已经成为晚清新疆社会政治体制发展不可阻挡的方向。但新疆省政府还是考虑到吐鲁番郡王的实际情况，做出某些政策上的微调，并给予一定的经济照顾和经济权益让渡，这也成为郡王家族在当地继续保持体面地位的经济基础，无形中拉近了郡王家族对官府和朝廷的认同。[④]

伏阳认为杨增新治新时期伊犁地方的司法机构，以行政兼理司法，总体上使用国家统一颁布的法律制度作为依据的同时，受到传统习惯法的影响，在一些游牧民族领地，对轻微刑事案件和民事案件依据习惯法处理。伊犁地区对外交涉的案件较多，民国初期废止了中俄民众纠纷裁判的会谳制度，在涉外司法方面努力维护国家的司法主权，保护了民众的利益。[⑤]

1930年代，西北地区成为中华民族之国族建构与认同强化的象征性空间，亦成为国族主义实践投射于其中的空间。杨红伟认为，在此过程中，新疆作为一个特殊的空间范畴，成为关注的焦点之一。在西北开发思潮之中，新疆作为国族疆域的重要组成部分，被纳入共同的美好家园之内，而其复杂的族群问题亦成为新疆开发所要解决的重要问题。在围绕开发与族群问题的一系列争论中，最终将族群问题解决与国族构建落实在

---

① 孙文杰：《从满文寄信档看“乌什事变”中的首任伊犁将军明瑞》，《新疆大学学报》2017年第1期。

② 孙文杰：《喀什噶尔参赞大臣和瑛与喀喇沙尔亏空案》，《云南民族大学学报》2017年第2期。

③ 柏桦：《清王朝罪犯发遣新疆制度》，《社会科学辑刊》2017年第2期。

④ 王启明：《晚清吐鲁番郡王经济权益研究》，《中国边疆史地研究》2017年第1期。

⑤ 伏阳：《杨增新治新时期伊犁司法状况探析》，《伊犁师范学院学报》2017年第4期。

个人公民权的实现之上。[①] 1933 年“四一二”政变后，国民政府欲借机收服新疆，郭胜利认为当时在内、外诸因素影响之下，国民政府综合社会力量、地方政府、中央部委三个主要方面提案，根据国内外、新疆地方形势，历经三个阶段，最终形成相对成熟的新疆政策体系。虽然没有改变民初以来新疆与中央的关系格局，但对于国民政府来说，还是从根本上保证了新疆政局的稳定和西北国防的安全，并引起国人对新疆问题的持续关注，对于之后国民政府规复新疆工作奠定了政治基础。[②]

胡鉴曾任第四野战军特种兵装甲团团长，随第一野战军第一兵团率先进军新疆。1938 年担任了蒲犁边卡大队大队长。买玉华对胡鉴任职蒲犁期间的事迹进行了论述，包括率部严厉打击英商的非法走私活动，破获几起英商偷运军火案件，搜集到英国驻喀什领事馆和英国驻蒲犁代办处暗中煽动、策划驻喀什部队叛乱以及勾结麻木提、马虎山残部的证据，最终将英国驻蒲犁代办处代办驱逐出境。同时胡鉴率部巡查了整个蒲犁边境线，修建了若干哨卡，加强边境巡逻，巩固了边防。他还着手整顿军纪，通过民族平等、民族团结、官兵一致和爱国主义教育，使部队一改旧习，为保卫祖国新疆的南大门作出了应有的贡献。[③] 包尔汉是著名的社会活动家、学者，党和国家的重要领导人，也是新疆近现代史上的一位重要人物。王圆圆在其硕士学位论文中对包尔汉爱国主义思想的形成过程作了概述，并对包尔汉爱国主义思想的核心内容进行了解读，认为包尔汉在新疆工作期间，他的爱国主义思想贯穿始终，对新疆的稳定与发展作出了巨大贡献。[④]

6. 新疆民族与民族关系史研究

吴方浪以汉朝与匈奴关系中的丝织品“给遗”为考察中心，将汉匈关系进行分期，认为虽然西汉与匈奴的“和亲”效果并不明显，但汉亦借此换来短暂和平。汉、匈之间的敌对关系并未解除。莽新、东汉以后，匈奴对汉王朝的威胁基本解除，但汉、匈远没有达到“友好”的地步，两者之间尔虞我诈时常出现，且东汉为实现对匈奴羁縻政策，所付出代价远大于西汉。终两汉之世，匈奴在汉统治体系中始终以“客”的身份存在。[⑤] 吴曦、杨俊明认为匈人与匈奴同族，匈奴西迁经历了长达 200 多年的历史过程，这一过程时间漫长，路程遥远，作者试图为匈奴西迁描绘出大概走向。通过对奄蔡的详尽分析，作者认为可以大致确定北匈奴人最后的去向，并与根据这一去向所可能指向的匈人相联系，论证了匈奴、匈人同族说在某种程度上的正确性。[⑥]

苏毗是很早以来就活动于西域的一个古老民族，杨铭结合敦煌、新疆出土的古藏文文书与相关的汉文文献，探讨了苏毗王族末氏在吐蕃和敦煌西域等地的活动，对末氏在吐蕃王朝中的官阶沉浮、苏毗王子悉诺逻奔唐事件，以及末氏在敦煌西域等地的任职情

---

① 杨红伟:《1930 年代国族想象与新疆开发及族群问题》,《文山学院学报》2017 年第 2 期。

② 郭胜利:《20 世纪 30 年代国民政府的新疆政策研究》,《西北民族论丛》第 15 辑，社会科学文献出版社 2017 年版。

③ 买玉华:《胡鉴与蒲犁边卡大队》,《新疆地方志》2017 年第 2 期。

④ 王圆圆:《包尔汉爱国主义思想研究》，硕士学位论文，新疆师范大学，2017 年。

⑤ 吴方浪:《汉、匈关系再探讨——以丝织品“给遗”为考察中心》,《中国社会经济史研究》2017 年第 1 期。

⑥ 吴曦、杨俊明:《寻找匈奴西迁的踪迹——试论匈人、匈奴同族说》,《泉州师范学院学报》2017 年第 3 期。

况等历史问题进行了考证，认为隋唐及五代时期，末氏在苏毗被征服以后，逐步融入了吐蕃。①

王启涛以吐鲁番出土文献为基础，通过语言学的比勘及出土文献与传世文献的综合分析，对中古时期活跃在丝绸之路和中原内地的“目（睦、穆)”姓及“翟”姓的族属进行了考释，认为此两姓往往是粟特人，他们从中亚进入华夏边地和内地，从事商贸、医药、工艺、翻译、农业、军事等工作。其中更多的人很快融入当地，在吐鲁番以及内地扎下根来。他们得到了唐帝国高度的包容、接纳和认可，在古代吐鲁番等地的历史舞台上尽情地展示自己的智慧和力量，为古代吐鲁番的兴旺、为大唐盛世的繁荣做出了自己的贡献，并最终成为中华民族大家庭的一分子，成为中古丝绸之路上多民族文化交流和融合的典型缩影。②

尚衍斌通过爬梳元人文集、方志、碑刻等相关传世文献资料，探讨了高昌廉氏家族成员的活动，厘清了学术界对该家族成员还存在一些争议的史事，意在从一个侧面窥测当时内迁畏兀儿人与元代社会交融互动的某些实相。从而对我们全面了解元代各民族共同创造多元文化交相辉映的时代脉络有所助益。③ 杨富学、王朝阳对儒家“忠君报国”思想在元代回鹘（畏兀儿）中所产生的深远影响进行了分析，认为回鹘之忠君报国思想滥觞于唐代，发展于宋代，成熟于蒙元时期。蒙元时期，由于畏兀儿的内迁，与中原汉地的文化联系进一步密切，忠君报国意识也进一步加强，成为部分畏兀儿人的处世准则，很多人为报君恩而慷慨赴死，其中尤以亦都护家族和偰氏家族最为典型。作者认为畏兀儿人忠君报国理念的形成一方面与中原汉地儒家忠君报国思想息息相关，同时也与佛教、摩尼教所宣扬的护国与报君恩理念存在着紧密的关系。④

“塔兰奇”是对中国新疆伊犁地区和哈萨克斯坦七河地区维吾尔人的旧称，玉努斯江·艾力在前人研究基础上，利用相关的第一手资料，采用历史文献学视角，对塔兰奇人群的来源进行了研究。作者认为准噶尔统治时期，天山北路的伯德尔格、乌沙克、萨尔特卡尔梅克等小群体，均与塔兰奇人关联，前两者为塔兰奇人的基本构成，后者为准噶尔居民和塔兰奇人通婚后所形成。⑤ 数以万计的维吾尔察合台文契约文书，记录了清统一新疆以来民间的经济生活、法律生活、道德准则和民俗民情，是研究新疆，尤其是研究维吾尔族社会、经济、法律以及生活习俗最有价值的资料。陈世明在对其中的一千六百多份察合台文契约进行整理和研究基础上，用翔实的语言材料和文书内容论述了汉语音译词进入维吾尔语的方式、特点及汉语音译词语音结构的演变结果，也论述了契约文书的内容所反映的维汉和谐关系。作者认为这些文书既反映了维汉两个民族之间互相信赖、互相依托的和谐关系，也反映了维汉两个民族的签约人对国家法律以及对社会公

---

① 杨铭：《敦煌西域文献中所见的苏毗末氏》，《西北民族论丛》第15辑，社会科学文献出版社2017年版。

② 王启涛：《“目”“翟”二姓与粟特关系新证——以吐鲁番出土文献为中心》，《民族研究》2017年第1期。

③ 尚衍斌：《高昌廉氏家族史事补正》，《西域研究》2017年第2期。

④ 杨富学、王朝阳：《论元代畏兀儿的忠君与报国》，《新疆师范大学学报》2017年第2期。

⑤ 玉努斯江·艾力：《伯德尔格、乌沙克、萨尔特卡尔梅克人考》，《西北民族研究》2017年第3期。

共利益和社会道德准则的认可，揭示了新疆维吾尔民族与汉族和睦相处、互相依托、共建家园的友好关系。[①] 柯尔克孜族在清代被称为布鲁特，乾隆朝将布鲁特诸部划分为东部和西部，东布鲁特相当于现今吉尔吉斯的北方，张峰峰、武沐对清代东布鲁特诸部进行了考辨，并根据18—19世纪东布鲁特的重要人物和事件，对东布鲁特松散联盟的产生和演变过程进行了论述。作者认为清代东布鲁特诸部存在着诸多典型特征，特殊的历史地理环境促进东布鲁特形成松散的联盟，呈现出脆弱的统一性。沙俄正是利用了东布鲁特诸部的社会特性，逐步打破了各部间的平衡，瓦解了部落制度，进而建立了直接统治。[②]

1860年代的回民起事，对新疆西部的塔尔巴哈台地区以及世居当地的蒙古人造成了巨大影响。李满喜利用诸多档案文献，较全面地叙述了回民起事期间塔尔巴哈台地区社会的大变动，试图揭示特殊历史时期的特殊经历对塔尔巴哈台地区蒙古社会所带来的影响和变化。[③] 刘锦增对清代新疆回族在时间和空间上的分布作了论述，认为清代新疆的回民多是移民而来，以陕、甘等地为主；乾隆二十五年至咸丰年间，新疆的回族移民以政府主导性移民为主，主要从事屯田；同治、光绪以来，回民更多的是自发性迁徙；乾隆年间迁入新疆的回民大多聚居在屯垦区，以屯田为主；也有不少回民到新疆经商，并逐渐在新疆商业贸易中形成规模。作者还认为回族人民为清代新疆的经济开发做出了重要的贡献，正确认识和了解回族人民在清代新疆经济开发中的作用，对于当前正确处理民族关系，加快新疆经济发展具有重要意义。[④]

许建英认为新疆维吾尔族华人华侨的形成与西北边疆地区的地理、交通、贸易、战争、动乱以及现当代国际交流等方面都有着密切关联，而现代意义上维吾尔族华人华侨则基本上是清代以来形成的。作者较为详细地考察了清代以来中亚、南亚、西亚以及欧美等地维吾尔族华人华侨产生的历史过程、原因和分布特点，认为其特点是以中亚、南亚等沿边地区为桥梁走向西亚、欧洲与北美，逐步形成遍布世界的态势。[⑤]

7. 新疆宗教史研究

魏晋时期佛教兴盛，西域大量释迦经传典籍随着高僧大德布法传道传入中原地区。赵徽弘以文献为据，认为这个时期西域的绿洲农耕文明演化出城郭文化的共性，在多元交融发展变奏出的文化转型的过程中又催生出佛教文化中心的地域特色文化，如高昌文化、龟兹文化、于阗文化、焉耆文化等具有代表性的次生文化圈。佛教向东流布的物质遗存体现出西域与中原密切关联具象的倾向。并认为佛教的西域认知从文化的一个侧面也反映了中华民族是一个整体，西域的历史之所以能够在魏晋时期处于相对稳定和渐进的自我调节，和祖国大环境的支持是密不可分的。[⑥] 姚胜论述了明代吐鲁番地区佛教的衰亡情况，认为在西域曾经辉煌了一千年之久的佛教，在明代吐鲁番落下了帷幕。1437

① 陈世明：《察合台文契约文书所反映的维汉和谐关系》，《新疆大学学报》2017年第4期。

② 张峰峰、武沐：《清代新疆东布鲁特属部考》，《西域研究》2017年第2期。

③ 李满喜：《回民起事时期的塔尔巴哈台蒙古》，博士学位论文，内蒙古大学，2017年。

④ 刘锦增：《清代回族在新疆的经济开发》，《回民研究》2017年第1期。

⑤ 许建英：《清代以来维吾尔族华人华侨形成的历史考察》，《中国边疆史地研究》2017年第2期。

⑥ 赵徽弘：《佛教传入对西域认知的影响》，《新疆大学学报》2017年第6期。

年，吐鲁番“国师巴剌麻答失”派遣僧人格来朝贡，这是明代官方文献《大明实录》关于吐鲁番佛教和佛僧的最后记载。作者还认为虽然吐鲁番佛教日渐凋敝并最终衰亡，明朝仍然依据僧官制度，对它进行了积极的管理。作者在论述明代吐鲁番佛教的最后图景以及明朝的管理模式的同时，对学界认识尚存分歧的“回回僧”的宗教性质进行了辨析。①

为探究中亚和新疆的苏非教团史，苏非导师（谢赫）的传记即圣者传具有重要的文献价值。然而从充斥着神秘主义氛围的圣者传中获取真实可靠的信息又并非易事，白海提试图以16世纪纳格什班底耶在塔里木盆地的活动作为个案，在对其圣者传进行解析之同时，揭示苏非圣者传的史料特性：掌握大多圣者传撰写所用的波斯文或察合台文，了解圣者传的执笔意图，对圣者传所述内容能否进行客观的分析和评判，对比持不同立场的圣者传，尽可能地还原其本来面目，揭示“奇迹”背后的真实，进而揭示隐秘其中的现实企望。②

夏立宛活佛是近代新疆蒙古族著名的两大转世活佛之一系，吐娜对第十四世夏立宛活佛的世袭来源及生平事迹进行了考察，考证其世系源于青海著名的广惠寺布拉浪的第二大转世活佛沙里瓦呼图克图。作者认为第十四世夏立宛活佛一生爱国爱教，深受广大信教群众的爱戴和拥护，在新疆蒙古族中有很高的威望。③

8. 新疆历史地理研究

刘进宝认为《史记》中出现的“西域”，可能并不是一般所说的西域地区。后世所说汉代的“西域”即新疆的南疆地区和东疆（吐鲁番、哈密），在当时称为“西北国”。从现有史料可知汉武帝以后，可能从汉宣帝任命郑吉为“西域都护”开始，才正式使用“西域”这个词。作者通过考证认为《史记·大宛列传》中的两处“西域”，原本都是“西城”。一处应该是“西边”“西方”之义，另一处应该在汉代的西域范围内，可能就在今新疆东部地区。④

僧海霞通过梳理历代文学作品尤其是诗词中的玉门关、阳关、嘉峪关等关键词，探析这些地理界标在时人空间认知中的指代。认为地理界标缘于疆域的变动和边防经略的调整，其规模、位置等随着丝绸之路路线变迁而改变，中原与西域两大空间的界标与国家疆域时而背离、时而重合，当中原王朝管控能力强时，界标与界标意象重合，反之，界标与意象出现背离。作者进一步认为中原与西域不只是对地理环境感知、认知的产物，也是对区域空间的政治、经济、文化等总体环境感知、认知的产物。它们的形成显然不是单纯对地理空间认知的表达，而是对政治、经济、文化多维空间的构建。它们之间的地理景观，早已超越了地理空间认知，甚至超越了政治、经济等单一空间的认知，成了时人的文化符号。作者借助文学作品来阐释地理界标的变迁历程，为开展边疆史地

---

① 姚胜：《明代吐鲁番佛教的衰亡》，《国际汉学》2017年第2期。

② 白海提：《16世纪纳格什班底耶在塔里木盆地活动考——兼论苏非圣者传的史料特性》，《西北民族研究》2017年第3期。

③ 吐娜：《第十四世夏立宛活佛世袭来源及生平事迹考述》，《西部蒙古论坛》2017年第4期。

④ 刘进宝：《“西城”还是“西域”？——〈史记·大宛列传〉辨析》，《中国史研究》2017年第4期。

研究提供了新的视角。①

李树辉对人们熟知的“瀚海”进行了考证，认为《史记》《汉书》所载之“翰海”又称作“北海”，均为地道的汉语地名，指位于天山北麓今吉木萨尔县以西至乌苏县境断续相连的湖泊沼泽。自魏晋以降，“翰海”被写作了“瀚海”。唐代以后谓其指古金山或荒漠、戈壁、沙碛诸说，均是不谙边疆史事的揣度；作者认为厘清“翰海”与“瀚海”之间的关系及其地理方位，不仅有助于《辞源》《辞海》等工具书相关词条的修订，而且可明确霍去病两度出击匈奴的行军路线、苏武牧羊的地点及汉武帝经营西域的举措，有助于落实狼居胥山和姑衍所指，有益于深化相关历史研究。②

鸦儿看位于今莎车县县城附近，是蒙元时期塔里木盆地南道的重要城镇之一。罗帅在对诸多中外史料梳理的基础上认为鸦儿看是在喀喇汗王朝早期迅速发展起来的一座城镇。其名最早见于1027年到访哥疾宁王朝都城的契丹、回鹘使团的官方访谈记录，后为马卫集所传抄。鸦儿看在当时是从喀什噶尔至沙州的商道上的重要一环。到蒙元时期，鸦儿看与可失合儿、忽炭号为三城。1273年，当马可·波罗行经塔里木盆地时，鸦儿看仍然是南道交通线上的重要城镇之一。马可·波罗对鸦儿看等六地行程之记载，为我们了解塔里木盆地南缘的元代历史地理提供了重要线索。③

《西域闻见录》记载的“穆肃尔达坂”位于伊犁、乌什之间，陈海龙认为其所代表的道路实际上仍然是指位于伊犁、阿克苏之间的“冰岭道”。《西域闻见录》的作者椿园之所以将“冰岭道”定位于伊犁和乌什之间，主要和“总理回疆事务参赞大臣”的治所位于乌什以及乌什和伊犁之间的主要通道仍然要通过穆肃尔达坂这两个因素相关。④

9. 新疆文献史料研究

李树辉对现藏德国柏林吐鲁番收藏品，编号为T. Ⅱ. D. 205b的回鹘文写本进行了考证分析，认为该写本撰写于回鹘入主西州的第二年（791），该文书是当地回鹘长官颉于迦斯·骨咄禄为缓解摩尼教徒与佛教徒之间的矛盾，笼络民心而颁发的官方文件。鉴于骨咄禄当时的身份，应将该文书定名为《豁免木头沟寺院赋税徭役令》。该文书对于研究8世纪末吐鲁番地区的寺院经济、寺院的各种经济特权、赋税类别以及回鹘统治政策的调整都具有重要的学术价值。⑤

旅顺博物馆现藏有总数约26000多片的新疆出土汉文文献，其主体是来自日本大谷光瑞在我国甘肃、新疆等地的探险所得。王振芬对这批文献的入藏过程进行了梳理，20世纪50年代，旅顺博物馆对这批文献进行了重新登记，编制目录。21世纪以来，旅顺博物馆和多家科研机构合作，对这批文献展开了全方面的整理与研究，发现了一批重要

① 僧海霞：《历史时期中原与西域的界标及其意象变迁研究》，《地理科学》2017年第8期。

② 李树辉：《瀚海新考——兼论〈辞源〉〈辞海〉相关词条的释义》，《中国边疆史地研究》2017年第4期。

③ 罗帅：《蒙元时期鸦儿看的疆域与交通》，《西域研究》2017年第1期。

④ 陈海龙：《〈西域闻见录〉所载伊犁至乌什之“冰岭道”考释》，《中国历史地理论丛》2017年第3期。

⑤ 李树辉：《T. Ⅱ. D. 205b回鹘文写本撰写时间及相关史事研究》，《青海民族研究》2017年第1期。

的佛教、道教经典及世俗文书。作者认为这些文献对于丰富并加深我们对新疆地区历史文化的认识有着重要的学术价值及现实意义。①

史国强对《乌鲁木齐赋》的作者进行了考证，认为《三州辑略》所收《乌鲁木齐赋》非纪昀所作，《乌鲁木齐赋》作者应为罗学旦。作者考证《兴宁先贤丛书》所辑《乌鲁木齐赋》是《三州辑略》所辑《乌鲁木齐赋》的修改本，其注文为胡曦所加。作者通过对《乌鲁木齐赋》的创作与传播的研究，说明了清代文人创作文本的流传途径及清代文人进献相关的文化现象，揭示了清代文人希图借向朝廷进献作品邀宠这条终南捷径以获取仕进的独特心理。②《西域地理图说》是清乾隆中期较早记述当时南疆区域内人口、官制、物产、民俗和事件始末的回疆地方通志，成为后世学者了解和考察天山南路各个方面情况的重要参考资料。马雪兵、高健从清乾隆初期治理回疆之大背景与总体著述为切入点，在前人研究的基础上，认为该书作者身份应为乾隆时期在新疆为官的满人，《西域地理图说》与《回疆志》可互资参考与比对，两书具有同源性。但是书中部分内容记载也与官修史书记载部分有出入，史料真伪值得商榷，写本内容也非全本，对该书的研究有待进一步深入。③

陈庭学在清乾嘉时期因甘肃冒赈案而遣戍伊犁，在西域经历了十四年边疆生活，留下《塞垣吟草》四卷附《东归途咏》一卷，存西域诗 506 首。倪笑笑对陈庭学西域诗进行了整理与研究，并对陈庭学其人其事做了比较全面的考证。从文献学和文学的角度出发，对陈庭学西域诗进行了基础性的点校和整理工作，对部分诗歌进行了解读。作者认为陈庭学的西域诗题材内容并不广泛，但总体上为我们展开了一幅伊犁戍地的日常生活画卷，为研究其在新疆的生活和心态提供了素材。④《西域考古录》是清代学者俞浩写就的一部西北史地研究著作。司艳华对该书所引文献进行了研究，认为该书所引文献既包括传统的经典史籍，又有当时亲历西域者的著作，保存了众多现已失传或他书未详记的文献资料，因而具有较高的文献辑佚价值。作者认为《西域考古录》丰富的历史、政治、军事、地理等内容，为后来西域地方研究提供了丰富的参考资料；对当时少数民族民情风俗的记载，又为西北边疆的治理提供了借鉴。⑤ 黄濬、黄治兄弟清道光年间因事谪戍乌鲁木齐，七年内创作了大量西域诗文。翁晖依托文献学相关知识，对黄濬、黄治生平及其在西域的文学活动进行了比较全面的述介，并对黄濬、黄治西域著述的题材内容和艺术特色进行了分析，认为黄濬、黄治西域著述反映了道光时期乌鲁木齐诗坛、文坛以及社会生活等诸多方面，通过这些著述，可以窥见清代中期西域文学的精神脉搏和一般风貌以及乌鲁木齐社会生活的丰富多彩。⑥

《乐师传》是生活于 19 世纪中期的维吾尔族学者毛拉·伊斯迈托拉·穆吉孜的作品，热比艳木·买买提对该书的文献价值进行了分析，认为《乐师传》为研究维吾尔

① 王振芬：《旅顺博物馆藏新疆出土汉文文献的入藏与整理》，《吐鲁番学研究》2017 年第 2 期。

② 史国强：《〈乌鲁木齐赋〉创作及传播研究》，《新疆大学学报》2017 年第 1 期。

③ 马雪兵、高健：《〈西域地理图说〉相关问题再探》，《昌吉学院学报》2017 年第 12 期。

④ 倪笑笑：《陈庭学西域诗整理与研究》，硕士学位论文，新疆师范大学，2017 年。

⑤ 司艳华：《〈西域考古录〉的文献学价值探析》，《中国地方志》2017 年第 10 期。

⑥ 翁晖：《黄濬、黄治西域著述整理与研究》，硕士学位论文，新疆师范大学，2017 年。

音乐史和文学史提供了翔实可靠的历史资料，该书包含了诸多历史人物信息，包括他们生活的年代、出生地、文化层次以及创作的作品等方面的情况。同时该书在某种程度上阐明了维吾尔民间音乐的发展历程和维吾尔语的发展历史，堪称维吾尔传记文学中的一部重要作品。作者建议对该书从历史、文学、社会学、音乐艺术和语言学等方面进一步进行交叉学科的研究。①

新疆的许多碑刻已难觅实物，但有些内容却在方志中得以保存，这些记载是研究古代新疆历史的重要资料。尹雪萍将清代新疆方志中所收录碑刻进行了分类叙述，并对其特点进行了分析，探究了新疆方志碑刻的史料价值及不足之处，并将清代新疆方志碑刻中特点鲜明者进行了个案研究。作者认为新疆碑刻的突出特点一是新疆碑刻的竖立与中原王朝强盛与否有着直接的关系，二是社会文化的变化尤其是宗教文化对于新疆碑刻的竖立有着直接影响。②《小方壶斋舆地丛钞》是清末有关中国地理方面的巨著，素来被众多学者所重视。康继亚、张世才从文献学视角入手，对《小方壶斋舆地丛钞》（简称《丛钞》）的内容、版本体例、主旨思想、史料价值、《丛钞》之优缺点及对其中的新疆文献辑录做出了评价，认为《丛钞》中涉及新疆史地、政治、军事、边防、游记、民族等的104种文献，在当时对国人乃至外界了解新疆，提供了极大的帮助。作者认为该丛书的编纂为当今古籍整理、编纂工作和进一步研究清代新疆文献提供了重要的史料价值和参考依据。③

马雪兵、曹宇分析了许崇灏所著《新疆志略》的成书时间、体例特点与内容，并在探讨该书价值的同时，指出了书中的错谬疏漏。作者认为在客观认识该书价值与可取之处外，应当正视其存在的问题，甄别正误，更好地保存文献资料。④

1902—1914年，日本京都西本愿寺法主大谷光瑞组织了三次西域探险。1902—1904年第一次探险的参加者渡边哲信和崛贤雄，各自撰写了《西域旅行日记》，记录了探险的过程与内容。董炳月归纳、论述了两种《西域旅行日记》中的主要内容，认为探险队发现了与西本愿寺所属净土真宗有关的史料，导致日本净土宗的源流问题需要重新解释。日记对新疆西南地区少数民族生活状况的记录，是现代日本民族学草创期的重要资料，包含着超宗教的价值观和日本文化立场。并认为以笔谈、诗歌创作为主要内容的汉字文化交流在探险过程中发挥了作用，探险之旅也是现代文明传播之旅。⑤

署名单骑的《新疆旅行记》是民国时期发表的首部系统、翔实的新疆旅行录，郭道平以《新疆旅行记》文本为对象，论述了作者单骑和该书的一些特点，推测该书作者单骑很可能是一位新军出身的新进官吏，新疆之行实则是奉民国中央政府之命前往新疆视察的专员，有着“钦差”身份。作者认为单骑此行的目光和思虑所及，主要是从国家利益与政治立场出发，无论是沿途考察之自然地理、风俗民情抑或官员政情，均是如此。作者认为该书中公共性在某种程度上“压抑”了旅行者的私人性叙述；试图以

① 热比艳木·买买提：《论〈乐师传〉的文献价值及其在维吾尔传记文学中的地位》，《中国典籍与文化》2017年第2期。

② 尹雪萍：《清代新疆方志碑刻整理与研究》，硕士学位论文，新疆大学，2017年。

③ 康继亚、张世才：《〈小方壶斋舆地丛钞〉文献初探》，《伊犁师范学院学报》2017年第4期。

④ 马雪兵、曹宇：《〈新疆志略〉文献初探》，《伊犁师范学院学报》2017年第4期。

⑤ 董炳月：《两种〈西域旅行日记〉的知识谱系》，《开放时代》2017年第3期。

该书为范本，呈现民国初期“革命党”出身的新进官吏中某种具有典型性的个体意识特征。①

进入21世纪后，和卫拉特历史相关的大量托式文、满文、胡都木蒙文、汉文、藏文、俄文等档案文书的发掘与公布，为卫拉特蒙古史的研究带来了革命性的变化。巴·巴图巴雅尔回顾和梳理了国内外卫拉特文献的整理情况，从20世纪70年代末起，卫拉特历史档案开始整理、翻译、出版，至今在国内出版13部，国外出版10部，共23部37册，均为1694—1991年间的档案，共11000多件。作者认为应该利用档案研究卫拉特历史文化，继续挖掘和收集卫拉特档案，并加强这方面的工作力度。②

10. 新疆考古研究

陈戈是一位在新疆考古领域颇有建树的学者，2017年其出版的论文集共收录论文38篇，集中了作者数十年的考古研究成果，其成果至今仍然具有很高的学术价值。陈戈在新疆史前研究领域提出了许多新的观点、概念和意见，主要包括重新提出了新疆青铜时代的概念；提出了新疆早期铁器时代的概念；发现、确认并提出和命名了新疆地区的首个考古学文化——察吾乎沟口文化，同时对其进行了文化类型的划分研究；确认并提出和命名了焉不拉克文化、苏贝希文化，使新疆考古的研究深度远远超过了以往。作者的研究成果极大地改变了新疆史前时期的研究状况，加深了20世纪以来人们对新疆史前时期的认识。③ 孔雀河青铜时代考古文化是近数十年中新疆考古的重大收获。王炳华认为现藏俄罗斯历史博物馆、早年出土于高加索地区的青铜时代文化遗物，与孔雀河青铜时代典型文化遗物间存在清晰的关联，提出孔雀河青铜时代一支居民当是高加索地区徙入的新观点。这一观点可在古气候研究学界结论的公元前两千年曾有小冰期并导致欧洲人口流徙的成果中得到支持。作者还认为相关观点开启了亚欧学术界过去未见或少见关注的一页新视窗，值得学界就此展开讨论。④

新疆是东西方人群交流的重要通道，东西方人群对该地区影响的程度和时间早晚一直是科学界讨论的热点问题。李春香利用古DNA数据，探讨了东西方人群对新疆地区的影响。除了对近年来新疆及其周边地区古代人群的遗传数据进行综述外，还探讨了东西欧亚人群对新疆古代人群遗传结构的影响，并在考古背景下对新疆青铜器时期和铁器时期的古代人群的来源和迁徙模式作出了预测，认为新疆不同地理位置、不同时代的人群可能有着不同的祖先来源。⑤

以往学术界对新疆营盘和扎滚鲁克墓地发现的3件磨面纹玻璃杯的产地的认识以罗马或萨珊为主，林怡娴对它们的来源进行了重新考察，通过对罗马和萨珊的典型磨面纹

① 郭道平：《民国初期“个体意识”的范本——单骑〈新疆旅行记〉论析》，《民族文学研究》2017年第3期。

② 巴·巴图巴雅尔：《卫拉特档案公布的进展及其学术意义》，《西北民族研究》2017年第4期。

③ 陈戈：《新疆考古论文集》，商务印书馆2017年版。

④ 王炳华：《从高加索走向孔雀河——孔雀河青铜时代考古文化探讨之一》，《西域研究》2017年第4期。

⑤ 李春香：《从遗传学角度初探史前东西方人群对新疆地区的影响》，《西域研究》2017年第4期。

玻璃器的仔细勾稽排除了上述任一可能，认为它们应属欧洲“蛮族”玻璃。其具体产地很可能在黑海北岸地区，并推断年代范围大致为公元3世纪中期—4世纪中期。但同时提出要深入了解欧洲“蛮族”地区与魏晋时期西域在罗马晚期至“民族大迁徙”期间所发生的联系，显然还有待更多考古发现及相关研究。①

两汉时期，中原王朝对西域进行有效官辖，设置西域都护府，并配置一套独立的职官系统，魏晋、前凉时期基本沿袭两汉治理西域的思路，在西域设立西域长史一职，但有关西域长史营的职官系统却不见诸史载。2015年9月在楼兰古城南约4.5千米处发现了“张币千人丞印”，吴勇对该印所反映的汉晋西域职官体系试做考察。认为“张币千人丞印”为一枚秩三百石的官吏印，该印有可能是在本地制造，“张币”估计是西域长史管辖下的某一地名。作者认为此印的发现填补了一定的空缺，进一步完善了魏晋西域长史的职官系统，为深入研究两汉至魏晋时期西域职官制度具有重要的学术价值。②

卓文静在归纳整理唐墓出土的“黑人”图像的基础上，从图像出发，通过对“黑人”俑的分型分式，探讨了俑的渊源和演变。认为“黑人”图像可以上溯至南朝时期，主要出现在北朝至唐玄宗时期。并推测，新疆阿斯塔那336唐墓和西安裴氏小娘子墓出土的“黑人”俑表现的很可能不是非洲黑人，而是南亚或南海诸岛的居民，这为我们进一步探讨古代吐鲁番地区的文化交流提供了参考。③

二　当代新疆问题研究

当代新疆治理面临诸多现实的问题，其中有些还是热点问题，颇为各界所关注。这些问题也是学界高度关注的问题，学者们始终跟踪和研究，出现了一大批重要的研究成果。兹将其要者梳理和综述如下。

1. 新疆稳定、去极端化与制度建设研究

新疆的长治久安意义重大，在党和国家战略全局中具有重要地位。秦中春现任国务院发展研究中心研究员，曾作为第八批中央国家机关援疆干部，任自治区党委农办副主任（援疆）。作者在亲身感受的基础上，对新疆的治理提出了自己的看法。认为新疆长治久安的紧迫任务是推进人的现代化，在此基础上使新疆治理逐步走向专业化、规范化和法治化。新疆治理的出发点和落脚点是人的素质和能力的提升、是人与人之间的地位平等、差异合理和心态平衡。新疆治理的重要任务是建立良好稳定的社会秩序，由国家打破权力财产代际传递、在有限政府框架内办事并把事办好，实现人与人之间相互尊重、合作分工、各尽所能、各取所需、共同发展。作者认为在新疆治理方面只有以人的标准或社会运行标准为追求，在治理上才是可收敛的和可持续的。④

---

① 林怡娴：《来自“蛮族”的饮器——再议新疆所见磨面纹玻璃杯》，《考古与文物》2017年第6期。

② 吴勇：《楼兰地区新发现“张币千人丞印”的历史学考察》，《西域研究》2017年第3期。

③ 卓文静：《新疆阿斯塔那336号唐墓“黑人”俑及相关问题的再考察》，《中国国家博物馆馆刊》2017年第4期。

④ 秦中春：《治疆逻辑：新疆的长治久安和现代化治理研究》，中国发展出版社2017年版。

改革开放以来我国反分裂斗争取得了重大的成绩，有效地维护了国家统一和民族团结，维护了新疆发展与稳定工作的大局，李捷在其专著中认为仍存在值得反思之处，主要表现在三个方面，一是忽视新疆分裂主义长期的历史文化基础，二是对外部环境等因素的影响估计不足，三是未能有效处理好发展与稳定的关系。并重点从发展与稳定的关系的视角，分析两者关系的失调对改革开放以来新疆分裂主义及反分裂斗争的影响。通过系统的理论和实践梳理，为新时期新疆反分裂主义斗争和新疆社会稳定与长治久安新战略的推进建言献策。①

做好新形势下“去极端化”工作必须坚持围绕实现新疆社会稳定和长治久安总目标。李建军认为当前新疆的“去极端化”工作经过多方共同努力，取得了明显成效，不仅为新疆的稳定和发展打下良好的基础，而且为国际反恐维稳提供有益借鉴。作者认为工作中也存在不少问题，如部分领导干部重视程度不够，有关部门协调配合不够好，“去极端化”立法工作远远滞后于实际需要等。为此需要以教育工作为切入点，坚决抵制宗教对学校的渗透和影响，加强基层组织建设，发挥村党支部的战斗堡垒作用，积极利用大众传媒进行宣传和引导，加强宗教人士政治素质培训等多措并举，做好新形势下“去极端化”工作。②“去极端化”是维护新疆长治久安的重要举措，马蓓、孟楠认为新疆正在积极开展“去极端化”领域的各项工作，在相应的机制建设方面取得了长足进步，对在法律、防控、民生、宗教管理等方面的综合施策进行了较全面的论述，认为“去极端化”的机制建设仍需在依法治疆、加强网络治理力度、加强边防口岸地区管理及重视兵团的特殊作用等方面不断完善。③韩江声、许兴维认为要把“去极端化”和社会稳定、经济发展、改善民生、民族团结、遏制极端、打击暴恐有机结合起来，通过“去极端化”，反对非法宗教活动，遏制极端宗教主义思想渗透蔓延。通过经济发展民生改善，提高各族群众生活水平和质量、促进民族团结，通过遏制极端、打击暴恐维护社会稳定，保障社会经济有序发展。④

宗教问题是事关新疆社会稳定的基础性问题。21 世纪以来新疆宗教极端化问题面临着严峻的形势。新疆乌什县依麻木镇拜什铁热克村是南疆典型的维吾尔族群众聚居的村落，宗教氛围浓厚。曹李海将此地作为个案进行了分析，认为拜什铁热克村始终坚持党的基层组织阵地堡垒建设、坚决抵御宗教极端向未成年群体和教育领域渗透、重视大众媒体、互联网的舆论引导作用、加强对宗教人士和伊斯兰经学院的管理引导等“去极端化”治理的具体实践、特色做法，对南疆基层组织“去极端化”治理有着重要的参考意义。⑤司律试图从宗教极端主义与民族分裂主义的关系中探究新疆宗教极端主义的特殊性，认为当前新疆宗教“去极端化”问题的核心在于价值认同，其关键突破口

---

① 李捷：《推进新疆社会稳定与长治久安新战略》，社会科学文献出版社 2017 年版。

② 李建军：《当前新疆“去极端化”工作情况调查分析——以喀什地区部分区县调查情况为例》，《实事求是》2017 年第 1 期。

③ 马蓓、孟楠：《新疆“去极端化”机制建设及其成效分析》，《世界宗教文化》2017 年第 3 期。

④ 韩江声、许兴维：《“去极端化”在反恐维稳工作中的对策研究》，《兵团党校学报》2017 年第 3 期。

⑤ 曹李海：《新疆南疆基层组织“去极端化”治理的调查与思考：以乌什县依麻木镇拜什铁热克村为个案》，《实事求是》2017 年第 2 期。

在于合理利用宗教极端主义与民族分裂主义之间的矛盾。抵制民族分裂主义的重点在于增强和培育中华文化的同质性，抵制宗教极端主义的重点在于积极引导宗教与社会主义社会相适应，推进和坚持宗教中国化的进程，构建和培育有助于增强少数民族“五个认同”的中国价值。①

“访惠聚”是“访民情惠民生聚民心”活动的简称，是党和政府从供给侧进行的一次重要的制度供给，既是对传统治疆、稳疆策略的继承和创新，也为解决新疆基层治理资源匮乏的困境提供了重要的切入口。周建鹏、张华立足于新疆社会基层治理的现实状况，在分析和归纳“访惠聚”活动以来新疆社会基层治理的成效、问题的基础上，从加强组织领导机制、完善基层组织建设机制、探索基层干部选拔任用机制、依法加强对宗教事务的管理机制、强化意识形态领域安全和舆论宣传机制、深入推进“民族团结一家亲和三进两联一交友工作机制”、构建反恐维稳的常态化机制等方面进行了理论阐释和制度建构。② 顾光海、冯婷玉运用任务型组织理论，具体分析了“访惠聚”活动在优化新疆社会治理体系和提升新疆社会治理能力方面的实践效果及理论依据，提出了进一步优化新疆社会治理体系和提升新疆社会治理能力的具体路径。作者认为“访惠聚”活动需要逐渐由任务型组织向常规型组织转变，以实现新疆社会稳定和长治久安总目标为指引，开展新一轮“访惠聚”工作，进而加快推进新疆治理体系和治理能力现代化的进程。③

近年来，随着新疆反恐形势的日益严峻和国际反恐影响力的不断扩大，有效地构建新疆的反恐话语对反恐工作极具意义。李明霞、兰杰以国际反恐为背景，从新疆暴力恐怖活动的历史、反恐法律的构建、反恐宣传及对国际反恐的应对几个方面探讨了新疆反恐话语的构建，认为新疆反恐话语的有效构建能够推进新疆反恐工作的平稳进行，使国内外人民正确认识新疆反恐概念和措施。④ 新疆籍人员非法出境犯罪活动已经成为当前影响新疆乃至全国社会稳定、公共安全的重大隐患。王利认为新疆籍人员非法出境犯罪活动与宗教极端思想的传播、境外极端组织的煽动指挥紧密关联，其行为是实现所谓“迁徙圣战”的重要前提和表现形式，本质在于分裂国家，对我国的国家安全和社会稳定造成了严重的现实危害并构成了潜在威胁。作者还对新疆籍人员非法出境犯罪活动在组织形式、人员结构、出境通道、对抗程度等方面呈现出的新特点进行了考察，认为公安机关只有对这些新特点进行充分的研究分析才能提出有针对性的侦防对策，实现有效遏制犯罪的目的。⑤

作为影响新疆稳定的核心的“东突”问题始终为学者所关注。许建英从境外因素

① 司律：《新疆宗教极端主义之辨析——兼论宗教极端主义与民族分裂主义的关系》，《云南民族大学学报》2017 年第 5 期。

② 周建鹏、张华：《“访惠聚”背景下新疆社会基层治理长效机制研究》，《中共伊犁州委党校学报》2017 年第 1 期。

③ 顾光海、冯婷玉：《论“访惠聚”对新疆社会治理体系与治理能力现代化的影响》，《新疆大学学报》2017 年第 1 期。

④ 李明霞、兰杰：《国际环境下新疆反恐话语的构建》，《和田师范专科学校学报》2017 年第 1 期。

⑤ 王利：《新疆籍人员非法出境犯罪活动的特点与侦防对策》，《新疆警察学院学报》2017 年第 1 期。

着手，研究了影响“东突”问题演变的境外因素。作者认为中国新疆地处欧亚大陆腹地，周边与8个国家接壤，复杂的政治、经济、文化与安全环境对“东突”问题影响极大。特别是地缘政治角逐激烈，意识形态领域竞争不断，大国力量深度介入，对“东突”问题演变影响极大，严重地影响了新疆的稳定。[①]

2. 当代新疆社会经济发展研究

2010年3月，全国对口支援新疆工作会议提出全国19个省市对口支援新疆的工作要求，并成为长期坚持的国家战略。刘金山、徐明通过对19个省市对口支援对新疆经济社会发展的影响进行考察，认为对口支援政策显著地促进了新疆GDP增长，对口支援政策对新疆不同地区的经济增长均产生显著推动作用，相对于经济基础较薄弱的南疆地区，政策效果在经济条件较好的北疆地区表现得更为强劲。而南疆地区基础设施薄弱以及配套体系不完善，削弱了援助政策在本区域的经济效果。作者认为19个省市对口支援新疆政策对边疆地区稳定和经济发展发挥了重要作用，但仍有待进一步完善改进和合理布局，以充分发挥对口支援政策的“驱动效应”和“政策红利”，并对其他区域政策的实践有所裨益。[②] 张少云梳理了从20世纪五六十年代的“建设边疆、保卫边疆”开始到现今“对口援疆”工作的发展历程，并对其特点进行了总结，即援疆工作始终围绕国家战略需求展开，以发展民族地区经济为己任，并始终保持高速发展的态势。作者认为援疆工作是中央治国安邦的一项战略决策，援疆为新疆社会稳定和长治久安奠定了政治基础，加快了新疆经济社会的快速发展，并培养了一大批各民族干部与技术人才。[③]

贫困问题是影响新疆社会稳定和长治久安的重要因素，孙庆刚、白增博通过对“访惠聚”活动、企业结对帮扶、19个省市对口支援、贫困户主动参与等多种新疆开放式扶贫路径进行分析，认为当前新疆开放式扶贫存在的问题包括扶贫主体多元参与和相互协调之间的问题，扶贫资金项目来源渠道多样化与投放使用的系统性、整合性之间的问题及体制机制不顺等问题，并提出了改进扶贫理念、搭建协调平台、加强资源整合、创新扶贫机制等对策建议。[④] 孔令英、郑涛认为精准扶贫的实质是要引导各类扶贫资源优化配置，精准识别与精准管理是精准扶贫的关键工作。并以近年南疆地区精准扶贫进程中乡村治理的视角为出发点，探究了精准扶贫政策在南疆集中连片特困民族地区乡村的实践困境与发生机制。并认为以乡村治理视角来审视，理顺国家、村民自治与乡村社区之间的关系，有效处理好各乡村治理主体间的关系，使多元化的乡村治理主体能较好地促进村民自治的实现与精准扶贫工作的顺利实施，对精准扶贫工作的长远开展具有十分重要的基础性作用。[⑤]

---

① 许建英：《影响“东突”问题演变的境外因素述论》，载蔡昉主编《国际领域重要理论与现实问题研究（2016）》，社会科学文献出版社2017年版。

② 刘金山、徐明：《对口支援政策有效吗？——来自19省市对口援疆自然实验的证据》，《世界经济文汇》2017年第4期。

③ 张少云：《论援疆工作的历史发展、特点及成效》，《实事求是》2017年第2期。

④ 孙庆刚、白增博：《新疆开放式扶贫路径及对策分析——基于参与主体多元化的视角》，《新疆大学学报》2017年第4期。

⑤ 孔令英、郑涛：《乡村治理视角下民族特困地区精准扶贫实践的困境——基于新疆南疆地区两个村庄的调查》，《新疆大学学报》2017年第4期。

区域发展是“丝绸之路经济带”核心区建设的重要环节，肖志远结合新疆经济社会发展实际，试图构建影响新疆区域发展因素的指标体系，分析了影响新疆经济社会发展的多种主要因素，包括国家整体发展战略、地方政府的执行力、政策法规和制度、市场开发程度、地缘政治及地理区位、社会大局稳定、科技进步与创新、交通等基础设施建设、资金项目投入、经济发展水平等。并认为国家整体发展战略因素对新疆区域发展的影响最大。①

王英平通过分析指出新疆农业在生产、加工、销售等环节上尚存在问题，认为“丝绸之路经济带”核心区建设给新疆农业发展带来了机遇和挑战，因而应加大新疆农业内部结构调整和农产品生产、加工、销售各环节相互衔接，以期推动农业整体水平提高，增加新疆农业领域在“丝绸之路经济带”核心区建设中的贡献。② 桂阳等以南疆42个县域为研究对象，分析了2000—2013年南疆县域经济时空演化格局，认为南疆42个县域之间的经济联系较弱，县域经济差异有所减小。在局部空间差异方面，经济发展水平较高地区始终集中在库尔勒市，经济发展水平较低地区分布面积较广，主要集中在喀什地区与和田地区，县域经济发展水平差异依然显著。并从经济发展基础、产业结构因素、社会治安与政策扶持等方面探讨了改善南疆县域经济差异现状的解决措施。③

徐黎丽、杨亚雄对包括新疆在内的西北边境区域16个铁路、公路口岸的共同特点进行了总结，认为这些口岸交通、战略、商贸、农牧、矿产、旅游资源丰富，具有悠久的历史和深厚的文化积淀。口岸的基础建设、边境管理、商贸功能发挥正常，但与当地社会和对应国家的文化外交关系有待提升，稀疏的边境口岸不能满足国境线漫长、地域辽阔的西北边境区域的发展需要。并认为口岸的发展关系到国家边疆的整体发展，进一步提出西北边境口岸的发展路径，以期达到全球化背景下开放、通达的共同发展道路。④

新疆特殊的绿洲生态系统对新疆城市的影响显著，何一民认为绿洲和绿洲城市是新疆城市区别于中国其他区域城市的一个十分重要的特点。作者总结了农牧业时代新疆绿洲城市的主要特点表现为不平衡性、分散性和封闭性及数量少、规模小，长期发展缓慢。而工业时代新疆绿洲城市的发展则出现新的特点，一是初步形成绿洲城市区域体系；二是绿洲城市从封闭走向开放；三是经济城市从单一功能向综合性多功能发展；四是绿洲城市出现可持续发展的新趋势。并认为在国家实施“一带一路”倡议的背景下，新疆绿洲城市迎来了新的发展机遇。⑤

李晓霞认为新疆的人口问题主要在于少数民族人口增长过快和区域民族人口结构单一化趋势，其发展将对新疆的社会稳定和长治久安产生严重影响，其形成与新疆人口政

---

① 肖志远：《民族地区治理：中国共产党治理新疆的区域发展影响因素分析》，《民族论坛》2017年第1期。

② 王英平：《“丝绸之路经济带”核心区建设背景下新疆农业发展问题研究》，《新疆财经》2017年第6期。

③ 桂阳等：《新疆南疆经济空间演化格局及驱动力分析》，《水土保持研究》2017年第2期。

④ 徐黎丽、杨亚雄：《论西北边境口岸的特点及发展路径》，《西北师大学报》2017年第5期。

⑤ 何一民：《绿洲与绿洲城市：从农牧时代到工业时代新疆城市发展的特点》，《民族学刊》2017年第4期。

策有着重要关联。新疆人口控制政策的最大特点是差别性，南疆少数民族人口增长快与计划生育政策放宽，特别是利益导向政策失效有关，也与传统观念有直接关系。并认为新疆的人口问题，政策的管控、调整作用很明显，但社会发展、人口增长有其客观规律，政策的调控作用要适合当地社会现实才可能实现。① 李晓霞认为新疆南部大多数地方民族人口单一化程度很深，建立"嵌入式"社会结构和社区环境，不能脱离当地的社会和人口环境，应从概念的拓展、路径的可能性进行客观思考和实践，在方式、方向、内容等方面予以更切合实际的考量。②

杨亚雄通过田野调查，对喀什地区阿图什市大肖鲁克村维吾尔族跨国布料商贸的历史与现状进行了专题研究，认为跨国民族的跨国商贸实践是促进边疆通达和发展的积极力量，作为边疆人群安身立命的生计活动，跨国商贸的持续和发展是"边疆人"生存与发展的重要推力。作为跨国主义在经济活动中的实践，以跨国族群的生计可持续和"一带一路"倡议的顺利实施计，新疆维吾尔族商人所面临的跨国布料生意困境应该得到有关各方的关注和重视，各方合力，改善商人目前的生意现状，以促进边境地区少数民族的安居乐业和边疆的通达、发展与繁荣。③

3. 当代新疆民族、宗教问题研究

古力斯坦·亚生等以新疆喀什市作为考察对象，分析城镇化进程中的维吾尔族社会交往及其影响因素。认为在城镇化进程中，维吾尔族的既有交往格局发生了较大变化，呈现出多元、开放、内倾的趋势。民族间的交往仍以浅层次的工具性交往为主，交往情感性相对不足。因此需要加快弱势职业群体社会资本的积累，实现社会资本与社会交往的良性互动，加强多民族社区建设和公共交往平台建设，增强民族间的团结，进而融洽民族关系。④

将维吾尔族与土耳其看作亲缘关系的认识是在中亚、西亚流传了一百多年的泛突厥主义的流毒，多年来，在维吾尔族社会中，特别是在年轻人中有明显的负面影响。杨圣敏从维吾尔族的形成过程、人口与种族特征以及语言文字特征，考察了古代突厥与当代突厥语族语言各民族的关系，认为所谓维吾尔族与土耳其是一家完全是扭曲历史事实的谬说。⑤

维吾尔民族在历史发展进程中形成了包容、进取、多元的民族特性，正是因为这样的民族特性才使得维吾尔人创造了丰富多彩的传统文化且在不断丰富和发展着。然而宗教极端思想的侵入，却在改变着这种状态，燕浏翔认为宗教极端思想在当代对维吾尔民族的侵入，一方面使得维吾尔人背离了自己的民族特性，另一方面也导致了维吾尔民族

① 李晓霞：《新疆的人口问题及人口政策分析》，《中央社会主义学院学报》2017 年第 2 期。

② 李晓霞：《新疆南疆建立各民族嵌入式社会结构和社区环境的可能与路径》，《新疆社会科学》2017 年第 1 期。

③ 杨亚雄：《新疆维吾尔族跨国布料商人生意困境研究——以阿图什市大肖鲁克村布料商人为例》，博士学位论文，兰州大学，2017 年。

④ 古力斯坦·亚生等：《城镇化背景中维吾尔族的社会交往——基于新疆喀什市的调查研究》，《北方民族大学学报（哲学社会科学版）》2017 年第 4 期。

⑤ 杨圣敏：《用历史事实驳斥泛突厥主义——维吾尔族与突厥及土耳其的关系》，《西北民族大学学报》2017 年第 1 期。

内部的分裂。因此重新发掘、树立维吾尔民族真正的传统，发扬其民族特性，以民族理性来对抗极端思想，并在正确的民族观、宗教观、历史观、文化观和国家观的指引下应对宗教极端主义与分裂主义的威胁便是必然之举。① 张先革等认为维吾尔族聚居地和中央政权长期的统一关系和密切的文化经贸交往共同构成了维吾尔族国家认同的历史基础，历史和现实紧密的民族联系使维吾尔族在民族心理上形成了对中华民族的认同感。抵抗外敌入侵的历史事实和近期墨玉县、和田县万人搜捕暴恐分子的事例表明认同中国是新疆维吾尔族的共识。并认为在国际伊斯兰原教旨主义泛滥的背景下，中亚极端宗教渗透衍生的宗教分离主义和民族分离主义构成了维吾尔族国家认同的自身困境。②

吐鲁洪、阿达来提以新疆莎车为例，通过田野调查收集整理了乌孜别克族所使用的职业称谓，分析了其结构特点及语源，并对这些职业称谓所反映的文化背景进行了初步探讨。作者认为乌孜别克族的职业称谓反映了乌孜别克族人民的民族传统和民族文化，体现了语言与文化之间的交互作用，反映了乌孜别克族的心理、愿望以及价值取向。随着时代的发展，乌孜别克族中的部分职业称谓已慢慢淡出生活的舞台，也有部分职业称谓从具有典型性别特征发展为男女共享的职业称谓，这是现代女性走出家庭，融入社会的表现。③

4. 当代新疆文化教育艺术研究

和田阿以旺民居是南疆维吾尔族物质文化的代表，亚力坤·吐松尼牙孜认为和田地区浓郁的维吾尔族风情，在相当程度上正是由于阿以旺民居的集中分布形成的，并对阿以旺民居的非物质文化遗产的形态及性质作了初步的整理分析，认为阿以旺民居是可以媲美喀什高台民居的历史文化遗产，只要研究保护工作到位，就能在当地社会的可持续性发展中发挥良好作用。④ 叶小芳、孙传国对维吾尔族婚俗历史的变迁进行了考察，认为维吾尔族婚俗文化在向现代化发展的进程中，能够重新审视自己传统婚俗文化中存在的不足，能够站在社会发展的高度去理解传统婚俗的内涵，对传统婚俗文化进行了扬弃。同时认为一些农村尤其是偏远地区的农牧区，部分维吾尔族婚俗仍固守着传统，需要政府、社会和广大公民共同努力，推进婚俗文化的世俗化和现代化。⑤

冯勇、扎克尔·朱马洪使用社会学问卷调查方法，对南疆1219名维吾尔族大学生的国家认同和民族认同现状及其关系进行了调查。调查结果表明维吾尔族大学生的国家认同和民族认同都高于中等水平，且二者呈显著正相关，维吾尔族女大学生的国家认同和民族认同均显著高于男大学生。另外，父母是否为同一民族、所在年级和学习汉语时间长短等因素均对维吾尔族大学生国家认同和民族认同有一定程度的影响。⑥ 马智群、

① 燕浏翔：《试析宗教极端思想对维吾尔族的侵入与影响》，《喀什大学学报》2017年第4期。

② 张先革、李朝虹、唐菊花：《维吾尔族国家认同的内在要求和自身困境》，《云南民族大学学报》2017年第5期。

③ 吐鲁洪、阿达来提：《新疆乌孜别克族的职业称谓、特点及其文化探究》，《新疆广播电视大学学报》2017年第4期。

④ 亚力坤·吐松尼牙孜：《和田维吾尔族民居象征意义探析——非物质文化遗产保护的视角》，《西北民族研究》2017年第4期。

⑤ 叶小芳、孙传国：《浅析新疆维吾尔族婚俗的历史变迁》，《塔里木大学学报》2017年第2期。

⑥ 冯勇、扎点尔·朱马洪：《南疆维吾尔族大学生国家认同和民族认同的比较研究》，《现代教育科学》2017年第1期。

罗小男对新疆少数民族大学生民族认同与语言态度之间的关系进行了社会学调查，发现新疆少数民族大学生对本民族的归属感较强，民族认同在性别、年级、民族方面均存在显著性差异，少数民族大学生语言态度、语言水平和民族认同维度之间存在积极相关。并认为语言态度能够正向预测民族认同，并且通过语言水平间接影响民族认同，语言水平在民族认同与语言态度间起到部分中介作用。①

李明等以内地新疆籍少数民族大学生为例，探讨了民族认同整合与心理健康的关系，以及自我认同的调节作用。认为内地新疆籍少数民族大学生心理健康水平与汉族大学生无明显差异，但在强迫、抑郁和偏执 3 个因子水平上与汉族大学生有差异。根据调查结果，认为内地新疆籍少数民族大学生的民族认同整合、自尊水平、自我认同与心理健康水平呈正相关，自我认同在民族认同整合与心理健康水平之间起调节作用。因此应加强内地新疆籍少数民族大学生自我意识教育，提高自我认同感，促进认同整合，以提高其心理健康水平。②

卡米拉・艾合买提、奥斯曼・玉散以新疆少数民族大学生就业意愿为重点，通过调研获得的相关数据对新疆少数民族大学生就业意愿情况进行了分析。认为毕业后直接就业成为少数民族大学生的主要意向，但继续深造和创业也呈上升态势，回家乡就业或县级城市就业成为主要的就业空间特征，大都市作为首选就业空间的地位已经发生变化。在行业空间分布上，政府机关、事业单位依然是少数民族大学生的首选就业单位，少数民族大学生更喜欢收入稳定的职业，对于自己所喜爱的工作表现出更大的稳定性。③

双语教育政策是促进新疆教育事业发展的基础性工作，杨挺、龚洪从文化认同角度对新疆双语教育政策实施情况进行了考察，发现存在民族群体对新疆双语教育政策的了解不够，新疆各民族群体存在既愿意支持双语教育，却又疑虑双语教育削减本民族文化的现象，文化差异性影响着新疆双语教育政策的实施效果等诸多问题。认为应从文化多元共同体、科学设计、文化智力课程诸方面进行建构，提高新疆双语教育政策实施效果，大力推进新疆双语教育民汉文化共生功能。④ 方晓华从法律赋予的权利，增强国家认同、加强中华民族凝聚力，民族之间互相沟通、加强民族团结，做好双语教学、提高民族教育质量、培养面向未来的少数民族人才以及少数民族个人的成长和发展等五个方面，论证了少数民族学习和使用国家通用语言文字的必要性。从国家语言战略和新疆维吾尔自治区党委确定的双语教育目标高度，阐明完成普及国家通用语言文字任务的紧迫性，提出要在限定的时间内坚定不移、扎扎实实地完成这一攻坚任务。⑤

---

① 马智群、罗小男：《新疆少数民族大学生民族认同与语言态度的关系研究》，《民族教育研究》2017 年第 6 期。

② 李明、梅冬梅、何吴明：《内地新疆籍民族大学生民族认同整合与心理健康——自我认同的调节作用》，《吉首大学学报（自然科学版）》2017 年第 1 期。

③ 卡米拉・艾合买提、奥斯曼・玉散：《少数民族大学生就业意愿调查分析——以新疆大学生为例》，《经济论坛》2017 年第 1 期。

④ 杨挺、龚洪：《文化认同视阈下新疆双语教育政策实施问题研究》，《民族教育研究》2017 年第 3 期。

⑤ 方晓华：《少数民族学习和使用国家通用语言文字的必要性与紧迫性》，《双语教育研究》2017 年第 4 期。

新疆民族传统体育非物质文化遗产具有彰显民族文化多样性、实现民族文化认同、维系民族团结与维护本土文化主权等当代价值。张健等针对当前新疆民族传统体育传承发展面临的困境，提出新疆应当加强品牌建设，实现本土文化的传承与价值认同，强调与域外文化交流与融合的同时，实现“和而不同”，培育适宜生存环境，呼吁政府与公众增强保护意识，构建文化传播媒介与平台，引导规范社会参与；推进民族传统体育与体育教学相融合，扩充练习人口基数，重视民间传承人培养，有效规避民族传统体育跨文化传播的“文化折扣”。①

杨亚雄通过田野调查的方法对 20 世纪 70 年代末兴起、90 年代末消亡的阿图什市“香港巴扎”的兴起、发展、衰亡的过程及原因进行了分析。认为阿图什市“香港巴扎”的兴起除了国家政策使然外，还同阿图什市的地理位置、历史沉淀、经商传统等因素有关。而它的消亡固然有政策失当等因素的驱使，但国内外环境的变迁是其衰亡的重要原因。并提出如何在不影响城市整体发展规划的同时，让城市巴扎继续发挥其经济文化功能是地方施政者面临的重要课题。②

5. “丝绸之路经济带”建设研究

中央高度重视新疆的经济社会发展和它的地缘战略价值，将其定位为“丝绸之路经济带”建设的核心区，“一带一路”建设为新疆发展提供了更大的新机遇，赋予了它更高的新目标，立足于新机遇和新定位，新疆的地缘战略价值也将随之出现重大变化。杜哲元认为新疆应把握住“一带一路”建设带来的新机遇，在实现新疆城镇群崛起、建设西北经济增长极的同时，积极发挥并完善自身在新时期的四大地缘战略价值，为“一带一路”建设的顺利推进和中国的持续发展做出更大的贡献。③

提升经济发展质量是“丝绸之路经济带”建设的本质要求，李豫新、王振宇依据“丝绸之路经济带”战略的基本发展理念对新疆经济发展质量进行了评价。作者认为 2000—2014 年新疆经济发展质量呈上升态势，开放性和共享性是新疆经济发展质量不断上升的核心动力，安全性为新疆经济发展质量的持续改善奠定了坚实基础，虽然新疆经济发展效率不断上升，但与理想值仍存在较大差距，短期内新疆经济发展质量将保持不断上升的趋势。④ 贸易畅通是“丝绸之路经济带”建设的重要内容，李豫新、王容对中国新疆与中亚国家贸易合作升级的影响因素进行了实证分析，认为中国新疆与中亚国家的经济规模、相对距离、人口数量、贸易结合度和上海合作组织中亚成员对中国新疆与中亚国家贸易合作升级具有直接影响，其中，贸易双方的经济规模、贸易结合度和上海合作组织中亚成员存在正向影响，而相对距离和人口数量却存在负向影响。此外人口数量、贸易结合度和上海合作组织中亚成员还对贸易双方的出口供给能力、进口需求能

---

① 张健等：《文化安全视域下的新疆民族传统体育文化及其传承》，《西北民族大学学报》2017 年第 5 期。

② 杨亚雄：《新疆阿图什市“香港巴扎”兴衰及其原因分析》，《北方民族大学学报》2017 年第 1 期。

③ 杜哲元：《“一带一路”建设与当代新疆地缘战略价值论析》，《世界地理研究》2017 年第 5 期。

④ 李豫新、王振宇：《丝绸之路经济带背景下经济发展质量评价分析——以新疆为例》，《生态经济》2017 年第 4 期。

力和相对贸易运输成本进行调节并发挥间接作用。①

热依汗·卡德尔认为在“一带一路”大背景下，丝绸之路沿线国家谋求与中国共同发展的热情日益高涨，在经贸合作、文化先行策略的影响下，曾经在中亚地区具有广泛影响的《突厥语大词典》《福乐智慧》《五卷诗》《四卷诗集》等著作，至今依然是相关国家和族群共享的古代经典，其中的诸多文化元素早已融入人们的生活世界，并在当下的非物质文化遗产项目中得以传承和实践，受到这些国家的特别关注。作者提出在“一带一路”倡议的实施中，中国应该积极推动沿丝绸之路的非物质文化遗产保护，依托相关民族的古典遗产及其文化多样性，充分展示其中的非物质文化遗产特征与现代张力，在深层次上营造文明交流互鉴和遗产共享共赏的文化对话氛围，让新丝绸之路成为跨文化交流和民心相通的和谐之路。② 汪小丽认为新疆处于“丝绸之路经济带”核心区地位，也面临着复杂的语言环境，促进民族之间语言互通显得尤为紧迫和必要。语言在实现“一带一路”建设的“五通”中发挥互联互通作用日益凸显，要真正了解周边国家和民族的文化思维模式，大大拉近与当地人的感情，就要用当地习惯的语言来沟通，语言互通是“一带一路”建设的基础工程。在新疆多语言背景下，各族人民不应狭隘地、单向地只会自己民族的语言，而应以开明、开放、包容、积极的心态学习其他民族的语言。③

张敬全、李进新认为我国西北地区曾是古丝绸之路的中枢要道，这里曾有多种文明交相辉映，创造了辉煌灿烂的文明，留下了丰富多彩的文化遗产。这些文化遗产作为丝路文明的重要组成部分可有力地反哺由我国倡导的“一带一路”建设，唤醒沿线国家的历史亲切感和文化亲近感。④

许建英以“一带一路”倡议的中蒙俄经济走廊为视角，探讨环阿尔泰次区域经济圈建设问题，认为跨中俄蒙哈四国的阿尔泰山脉区域自然资源丰富，历史文化遗产独特而且相互关联，经济社会发展互补，中俄蒙哈四国可以共同建设成为跨国的次区域经济圈，推动四国边远地区共同发展；这也将有力地促进“一带一路”建设。⑤

三　新疆生产建设兵团研究

新疆生产建设兵团是新疆的重要组成部分，在保卫边疆、维护社会稳定以及促进新疆总目标实现上都起着重要的作用。新时期如何明确新疆生产建设兵团的定位，与时俱进，加强机制建设，推动新疆发展壮大，是学界广为关注的领域。2017 年度关于兵团

---

① 李豫新、王容：《丝绸之路经济带建设背景下中国新疆与中亚国家贸易合作升级的影响因素分析》，《新疆大学学报》2017 年第 6 期。

② 热依汗·卡德尔：《“一带一路”倡议中的文明互鉴与遗产共享——论维吾尔古典遗产与非物质文化遗产的文化桥梁作用》，《西北民族研究》2017 年第 3 期。

③ 汪小丽：《“一带一路”亟需语言互通——以促进新疆民族语言互通为例》，《边疆经济与文化》2017 年第 12 期。

④ 张敬全、李进新：《试论我国西北地区文化遗产反哺“一带一路”建设——以新疆地区为例》，《青海社会科学》2017 年第 5 期。

⑤ 许建英：《中蒙俄经济走廊与环阿尔泰山次区域经济圈建设研究》，《中国经济特区研究》2017 年第 1 期。

的研究较为丰富，兹选择主要的研究成果加以介绍。

1. 兵团屯垦、机制与人口问题

新疆是中国屯垦最具有代表性的垦区，也是边疆地区屯垦中最有成效的地区。张安福在其专著中以时间为序，系统阐述了从两汉至中华人民共和国二千年来西域屯垦经济的发展历史，勾勒出西域屯垦从汉唐“保安全促稳定”到清代“经济开发与社会稳定并重”的变迁，进而透视出整个新疆西域地区的政治经济变迁，重点阐述了经济效益是西域屯垦从汉唐到清代发生变化的决定性因素。作者认为一部新疆屯垦经济史就是中国历代中央政府和地方政权发展新疆经济、维护边疆稳定的历史。① 蒋力蕴以不同时期国内外存在的主要边缘地区开发模式为坐标，探讨了新疆生产建设兵团的体制与运行机制。作者认为新疆经济社会发展水平和自然人文条件、国家内外环境、中国治理新疆的历史路径，决定了新疆生产建设兵团的建立。在此后的发展历程中新疆生产建设兵团形成集政治、经济、军事、社会、文化功能于一体的内部结构、运转方式和人员组成，并形成一种具有独创性的开发边缘地区的模式。②

新时期合理定位兵团的行政管理职能尤为必要，学界在此方面也着力研究。刘晓琳在构建行政管理效率评价指标体系的基础上，运用熵权 TOPSIS 法对兵团 14 个师 2011—2015 年行政管理效率进行定量分析，得出 14 个师每年得分和 7 年的平均得分，进而做出排名。在同一指标体系下，第八师、第六师等师市合一单位综合得分较高。与新疆维吾尔自治区进行比较发现，兵团行政管理效率略低，表明兵团应明确定位各师市职能，进一步推进政企分开和政资分开，逐步推行团场改革，发挥自身特有的集团化优势和组织优势。③ 新时期新疆生产建设兵团产业结构也亟须调整，以符合新疆在“一带一路”倡议下的发展战略，刘文红、买生在此方面进行了努力。他们认为实现经济增长方式的转变，需对产业结构存在的问题及调整策略有深度认识，在分析兵团产业结构现状基础上，指出兵团产业结构仍处于第二产业占主导地位的工业化中期阶段，第一产业结构单一、第二产业发展基础薄弱、第三产业规模偏小和生产性服务业发展水平不高等是经济结构调整中存在的主要问题。因此，深化产业管理体制改革，加快服务业发展，促进产业转型升级和带动经济结构调整是解决问题的基础。④

2015 年，艾哈迈德·赛义德（中文名白鑫）先后来到兵团第六、八、十二、十三师，对兵团的历史沿革和现代发展进行了深入了解。之后赛义德撰写中阿双语专著，将兵团的历史与发展解读给更多读者，试图还原兵团的真实面貌。作者认为他撰述此书目的是让读者近距离地了解新疆生产建设兵团的所有细节，向世人展示中国为实现伟大复兴所作出的努力，也揭示中国和谐的社会关系，以及各民族之间和睦相处的现状。作者认为兵团在当地所发挥的社会作用及其影响和取得的成功应该成为世界上所有希望实现复兴的国家的典范。⑤

---

① 张安福：《西域屯垦经济与新疆发展研究》，广东人民出版社 2017 年版。

② 蒋力蕴：《新疆生产建设兵团的体制与运行研究》，社会科学文献出版社 2017 年版。

③ 刘晓琳：《新疆兵团特殊体制行政管理效率评价研究》，《新疆农垦经济》2017 年第 12 期。

④ 刘文红、买生：《兵团三次产业结构存在的问题及调整策略》，《新疆农垦经济》2017 年第 12 期。

⑤ ［埃及］艾哈迈德·赛义德：《不与民争利：一个外国人眼中的新疆兵团》，五洲传播出版社 2017 年版。

新疆生产建设兵团人口及其素质问题近年来广为各界关注，如何有效扩大兵团人口和增强人口素质成为焦点问题，王丽亚对扩大兵团人口作了初步探讨。作者从兵团聚集人口的现实意义入手，以兵团人口现状为切入点，深入研究兵团人口发展的现状，分析兵团人口发展存在的问题，找出兵团人口问题的症结，提出科学合理递增人口的政策建议和增强地域人口吸引力的具体措施，对现阶段兵团经济和社会发展具有一定的参考价值。[①] 张静、雍会则对提高兵团职工人口素质进行了研究，作者认为人口是兵团发挥屯垦戍边作用的基础，但近些年来，兵团人口呈现出总量减少、自然增长率低、人口老龄化严重等特征，这些问题严重制约着新疆和兵团的稳定与发展。通过对新疆兵团团场职工队伍的访谈与问卷调查，作者发现社会稳定、工资收入是影响职工队伍稳定性的最大的因素。基于此研究，作者针对存在的问题和影响因素，提出了兵团人口发展的对策建议。[②]

2. 兵团城镇化与建城戍边

新疆生产建设兵团城镇化是新时期屯垦的重要发展方向，也是探索戍边的新路径，特别是将城镇化与戍边有机结合，将会对新疆边疆安全和社会稳定起到重要的作用，也是屯垦戍边的新发展。鉴于此，学界对兵团城镇化建设以及建城戍边进行了多方面的探讨。张海轮从人才角度研究了兵团城镇化的人才需求及其培养路径。作者认为推进兵团城镇化建设是中央在新的历史条件下促进新疆经济社会稳定和长治久安的重大战略部署。在分析兵团城镇化建设现状、存在问题及所需人才类型基础上，作者提出职业教育应统筹规划，建立健全培养各层次应用型人才的保障机制；实施多元化资金筹措办法，改善职业院校与培训机构的办学实力；整合兵团内外教育资源，提升人才培养的数量和质量；实施集团化办学，提高人才培养的针对性，服务兵团城镇化建设。[③] 构建兵团工业化和城市化发展水平评价体系也是做好兵团城镇化的重要措施，王磊、付奎采用熵值法和协调发展度模型，对兵团总体及 14 个师的工业化与城市化协调发展水平进行测度分析。研究发现，兵团工业化与城市化协调发展水平整体呈上升趋势；2015 年，两系统协同发展水平处于中级层次阶段，其耦合协调系数步入较协调水平，其中北疆各师的工业化与城市化协同发展水平高于南疆各师，东疆区的耦合协调度逐渐达到较协调状态。在此基础上，提出促进兵团工业化与城市化协调发展的建议。[④] 底阳阳、刘尚俊、田宝龙、张鹏程则对城镇化与服务业发展作了深入的研究。作者在采用熵值法对兵团新型城镇化发展水平进行测算基础上，通过灰色关联分析法对兵团新型城镇化与服务业内部结构进行量化分析，发现兵团新型城镇化与传统服务业的关联度是 0. 7753，与现代服务业的关联度为 0. 5883，说明传统服务业是兵团推动新型城镇化进程中的支柱产业，要促进两者协同发展，应在发展传统服务业基础上，大力发展现代服务业，如金融、房地产、旅游、网络、教育等，同时加强新型城镇化建设，为服务业尤其是现代服务业快

---

① 王丽亚：《兵团人口集聚问题及对策研究》，《新疆农垦经济》2017 年第 4 期。

② 张静、雍会：《兵团人口发展趋势与提高职工稳定性研究》，《新疆农垦经济》2017 年第 11 期。

③ 张海轮：《兵团城镇化建设人才需求及职业教育服务策略》，《教育与职业》2017 年第 7 期。

④ 王磊、付奎：《兵团工业化与城市化协调发展实证研究》，《新疆农垦经济》2017 年第 12 期。

速发展打下基础。①

在推动兵团城镇化建设中，如何处理好农业现代化是个重要问题，因为农业是兵团的基础。唐超、胡宜挺基于现代农业推动新型城镇化发展的视角，运用新疆兵团的数据样本，对现代农业推动新型城镇化效应进行了研究。研究发现，兵团现代农业对新型城镇化的推动作用要大于新型城镇化对现代农业的拉动作用，兵团新型城镇化各子系统之间发展不均衡，人口城镇化领先于其他子系统。在衡量兵团现代农业水平的10个指标中，劳均肉类产量、每一劳动力负担家庭人数、劳均粮食产量、农民恩格尔系数对新型城镇化水平的影响最为显著。作者的研究发现不仅丰富了现代农业推动新型城镇化发展的相关研究，也为兵团和其他地区新型城镇化的推进提供了新思路。②

兵团城镇化必须与民族团结、各民族嵌入式发展相结合，这既是新疆稳定与长治久安总目标的需要，也是现代城市发展的要求。实际上，中央也是这样要求兵团发展的。2014年习近平视察新疆并对做好兵团工作作出重要指示，中央对新疆和兵团的发展作出了一系列部署要求，兵团迎来新的发展动力和目标，向南发展、建立各民族相互嵌入的社会结构和社区环境成为新时期中央赋予兵团发挥好屯垦戍边政治使命的重要内容之一。付英认为，随着兵团向南发展战略的推进，南疆兵团城镇人口必然会有重大结构性调整，研究该地区各民族互相嵌入式社区建设问题，对加强民族团结、维护新疆社会稳定和长治久安具有一定的理论和实践意义。③

针对近年新疆发展的新形势，建设兵团进入了“建城戍边”的新时期，章建刚认为“建城戍边”策略的提出，体现了国家“屯垦戍边”战略的创新与延伸。兵团“建城戍边”、打造“先进文化示范区”，是“文化治疆”的有力抓手，而要尽快建好兵团城市（群），就要明确发展创意城市的目标，并通过持续的改革、创新，完成这些城市的经济、社会、政治、文化制度的构建。④ 庞巧玲以自身所属石河子两个兵团家族为例，借助口述资料，从代际视角下记录三代兵团人不同的人生经历，呈现三代人不同的兵团认同，在国家政策和地方权力的影响下，反映新疆生产建设兵团的社会特征。作者认为随着国家调控的推力，每代兵团人为了更好适应兵团社会的变化，对身份进行重新认同。作者还认为新疆生产建设兵团的社会体制，是超越了地域认同的一种国家在场与特殊社会现象，其中的人群比单纯的人口迁移更能形成集体记忆，进而形成一种社会集体，最终表现出强力的体制性甚或是身份认同。⑤ 进入21世纪，兵团体制改革开始全面推进，兵地双方开始积极推进全面的融合发展。李雪伟认为传统的兵地融合发展思路过于强调体制差异，对制度、环境、观念、路径之间的复杂网络关系重视不足，使得兵

① 底阳阳、刘尚俊、田宝龙、张鹏程：《兵团新型城镇化与服务业内部结构关联性分析》，《塔里木大学学报》2017年第1期。

② 唐超、胡宜挺：《现代农业推动新型城镇化效应研究——以新疆兵团为例》，《新疆农垦经济》2017年第9期。

③ 付英：《关于南疆兵团城镇构建各民族嵌入式社区的思考》，《兵团党校学报》2017年第3期。

④ 章建刚：《建城戍边：新疆兵团城市如何建成“先进文化示范区”——兼论其对“一带一路”战略实施的意义》，《思想战线》2017年第1期。

⑤ 庞巧玲：《在兹念兹：石河子两个兵团家族三代人的认同变迁》，硕士学位论文，新疆师范大学，2017年。

地融合仍然是“形式大于实质”。作者还对兵地融合发展的可行性进行了分析，认为破解现实发展困境要坚持求同存异的原则，以经济社会发展为共同目标，建构由制度保障支持系统、城镇体系支持系统、产业发展支持系统和人才培养支持系统组成的多元融合发展体系。① 殷小波、姜涛、苏洋则从城镇化的历史变迁与演进过程来着手，认为城镇化的核心要素主要是劳动力、土地、资本等要素。考虑到兵团“屯垦戍边”的特殊职能，兵团城镇化的过程不能简单因循内地城镇化建设走的老路，必须结合自身实际情况和条件走出一条具有兵团特色的城镇化道路。作者着重分析了兵团城镇化功能作用、动力机制、客观环境、发展规模、发展速度的特殊性和兵团屯垦戍边使命下城镇化应注意把握的八个关键点，提出与屯垦戍边使命相适应的兵团城镇化的实现路径，旨在把城镇作为屯垦戍边职责的重要载体，不断提升兵团屯垦戍边能力，以便更好地履行国家赋予的屯垦戍边的历史使命。②

此外，学界对兵团城镇化建设水平也开展研究，旨在使兵团城镇化保持高起点和良好的发展态势。左海霞、李万明认为兵团城镇既具有城镇的一般功能，更具有维稳戍边的特殊职责。兵团城镇的健康发展不仅有助于提升兵团整体发展实力，也有助于兵团更好地履行屯垦戍边的使命，保障新疆地区和谐稳定发展。选取了经济建设、社会保障、人口聚集、人居环境、基础设施五个系统层的 25 个指标层值，运用熵值法和线性加权法全面系统地对新疆兵团城镇化建设水平进行评价。作者认为兵团城镇化综合发展水平指数呈递增的态势，经济建设水平指数呈递增趋势，社会保障水平指数呈“先慢后快”的增长趋势，城镇人口聚集评价指数呈“波浪式”发展，城镇人居环境质量总体改善，基础设施建设稳步发展。作者提出了兵团城镇化建设的发展战略，并依据兵团城镇的特殊功能分类，分别阐述了经济发展型城镇、维稳型城镇和戍边型城镇在未来城镇化建设中的发展重点与可借鉴的发展模式。③

3. 兵团经济发展与改革

信息化是新时期经济发展的重要目标和保障，如何使新疆生产建设兵团工业化与信息化融合发展是学界关心的重要问题。祝宏辉、王彦基于新疆生产建设兵团 2011—2014 年的面板数据，运用综合评价法对新疆生产建设兵团信息化和工业化融合水平进行测算，研究显示新疆生产建设兵团及其各师两化融合水平在近四年中持续提升；不过新疆生产建设兵团南北疆之间两化融合水平存在明显差距；新疆生产建设兵团及其各师的两化融合潜力较大。在此基础上，作者分别使用多元线性模型和双限 Tobit 模型对新疆生产建设兵团两化融合的影响因素展开回归分析，提出积极应用信息技术、改善基础环境、加大政策支持力度等政策建议。④

在新疆生产建设兵团农业发展与供给侧改革上，学者致力良多，有多项成果，显示

① 李雪伟：《新疆兵地融合发展：困境破解与体系建构》，《新疆农垦经济》2017 年第 5 期。

② 殷小波、姜涛、苏洋：《屯垦戍边使命下兵团城镇化的特殊性、关键点及路径》，《新疆农垦经济》2017 年第 5 期。

③ 左海霞、李万明：《新疆兵团城镇化建设水平评价及发展战略思考》，《山西农业大学学报（社会科学版）》2017 年第 11 期。

④ 祝宏辉、王彦：《新疆建设兵团信息化与工业化融合水平测度及影响因素分析》，《经济研究参考》2017 年第 37 期。

出兵团发展改革与国家政策的一致性。张晓莉、杨近娇探索农地适度经营问题，认为农地作为农业发展的基础，是否适度经营决定着农业发展方向和经营模式，而如何有效推进农地规模经营，加快农业现代化建设，已经成为新农村建设和农村改革发展的重大问题之一。作者采用文献调查法和实证分析法，开展农地适度规模的定量研究，在分析农八师农地规模现状的基础上，通过构建农地适度规模经营计量模型，系统性地对农八师农地适度规模经营问题进行分析研究。作者通过计量模型计算得出农八师土地产出弹性为4.0025，劳动力产出弹性为0.7214，每位兵团职工使用土地的最佳规模为9.79hm^2。新疆生产建设兵团农地规模经营要想达到适度规模要求，需要转移出一定数量的人口，以尽早实现兵团农地适度规模经营和农业现代化。① 张朝辉、王太祥认为农业供给侧结构性改革是加快兵团农业战略性结构调整、优化农业要素配置效率、实现农产品有效供给、挖掘农民增收潜力的重要选择。作者从技术学意义出发，测度兵团农业全要素生产率及要素贡献，厘清兵团农业供给侧结构性改革的关注焦点与基本趋向，以确定兵团农业供给侧结构性改革的要素结构与实践路径。通过研究，作者认为兵团农业发展变化与农业全要素生产率增长的波动特征相吻合，当前兵团农业全要素生产率波动上升，但是农业技术效率增进不足且阶段性下降，兵团农业发展整体效能弱化；兵团农业供给侧结构性改革应稳步提升农业技术水平、加快改进农业技术效率，持续优化农业全要素生产率。因此，兵团农业供给侧结构性改革应加快推进生产要素结构调整、生产经营主体结构调整、现代农业产业结构调整与农业体制机制结构调整，以实现兵团农业的环境适应性、供给有效性与发展持续性。②

此外，在兵团农业保险问题上，段樨、薛桂霞做了研究，认为新疆因地方和兵团两种不同体制，农业保险的发展存在差异化。作者将以调研数据为基础，从制度环境、保险公司、农户三个不同角度，分析地方与兵团农业保险差异化发展影响因素，并提出相关建议。③

2017 年关于新疆研究的成果众多，限于篇幅无法逐一评述。总体来说，2017 年的研究成果几乎涵盖了新疆研究的各个方面，表现出一些比较鲜明的特征。

在新疆历史研究方面，出现了一批研究视域独特、视野广阔、研究内容深入的成果。尤其是有学者开始探讨新疆研究的“方法论”问题，试图从理论层面解决新疆历史研究中的诸多问题。这是一个可喜的开始，相信从这方面研究的深化，将使新疆历史研究取得全新的成绩。

文献研究历来受到新疆研究各领域学人的重视，新疆研究欲取得突破，对原有史料的深化“解读”和新史料的发现将会是一条重要途径。在 2017 年的新疆历史研究中，不少学者关注从古至民国时期的新疆历史文献研究和整理，并且已不仅仅局限于传统新疆历史的研究领域。2017 年有一批关于新疆文献研究的硕士学位论文，虽然内容略显

---

① 张晓莉、杨近娇：《新疆生产建设兵团农地适度规模经营实证研究》，《中国农业资源与区划》2017 年第 7 期。

② 张朝辉、王太祥：《新疆生产建设兵团农业供给侧结构性改革的要素结构与实践路径》，《江苏农业科学》2017 年第 19 期。

③ 段樨、薛桂霞：《新疆地方与兵团农业保险差异化发展影响因素分析》，《农业经济》2017 年第 6 期。

单薄，但是关注的内容已不仅仅是传统上所认为的史料，拓宽了新疆文献研究的范围。

新疆当代研究方面始终是新疆研究的重要内容，特别是近些年新疆在打击“三股势力”、去极端化、意识形态领域整顿以及“一带一路”核心区建设等一系列重大现实问题上都引人注目，吸引学者从不同视角开展研究，取得了一系列成果。从宏观上看，都可视作是新疆治理的重要研究方面。需要强调的是，诸多成果都是基于作者亲自调查研究的基础上完成的，这也为2017年新疆当代研究奠定了较为扎实的基础。在一些较为传统的新疆当代研究领域，比如兵团研究领域，开始有国外学者关注，也使得新疆当代研究的领域变得宽阔。

第二篇

学术活动

“西藏经济建设与社会发展”学术研讨会
2017 年菲律宾南海仲裁案专题研讨会
2017“丝绸之路今昔与展望”学术研讨会
第五届“中国—南亚东南亚智库论坛”
第五届中国边疆研究青年学者论坛
第二届中国—欧洲国际海洋法研讨会
2017 年喜马拉雅区域研究国际会议
历史唯物主义视阈下边疆史地与边疆学座谈会
“长城内外：历史时期中国北方边塞地带的人群、生计与社会进程”学术研讨会
“一带一路：历史视野与现实展望”海峡两岸学术研讨会
“第五届西部边疆安全与发展”研讨会
“边界问题与治边稳藏”学术研讨会
第三届边界与海洋研究国际论坛
第五届中国边疆学论坛
“北部边疆研究与中国边疆学构建”学术研讨会
中国边疆治理与中国边疆学构筑高层论坛
第五届“亚洲海洋安全论坛”
第六届浙江大学海洋法律与治理国际学术年会“历史性权利与海洋法”国际学术研讨会
中国民族史学会第九次会员代表大会暨第二十次学术研讨会
2017 中日海洋对话会
第十五届海峡两岸南海问题学术研讨会
“南海形势发展与中国南海政策”研讨会
第四届中韩海洋合作论坛
“‘一带一路’与泛南海地区共同发展”研讨会

【“西藏经济建设与社会发展”学术研讨会】

2017年1月16—17日，四川大学和西藏大学联合主办的“西藏经济建设与社会发展”学术研讨会在成都召开。来自四川大学、西藏大学、四川省社会科学院、武警警官学院以及云南民族大学等单位的30余位专家学者参加了此次会议。

在开幕式上，四川大学党委常务副书记、西部边疆中心主任、国际关系学院院长罗中枢教授，西藏大学副校长、西南财经大学杨丹教授和西藏大学前副校长侯太平教授分别发言。在随后的一天半时间里，与会专家学者围绕西藏经济建设与社会发展中的资源问题、基础设施建设问题、文化与宗教问题、人口流动问题、扶贫问题等若干热点议题展开了深入研讨和热烈的交流互动。①

【2017年菲律宾南海仲裁案专题研讨会】

2017年1月18日，2017年菲律宾南海仲裁案专题研讨会在武汉召开。会议由中国边界与海洋研究院、国家领土主权与海洋权益协同创新中心共同主办，来自武汉大学、南京大学、中国南海研究院、空军预警学院等高校和研究机构的40余位专家，共同探讨南海仲裁案裁决及后续应对。

会上，外交部条法司副司长马新民作法律外交工作报告，报告了近三年来外交部条法司在应对南海仲裁案、促进国际法治等方面所做的工作。他指出，我国法律外交工作的开展需要法律人才积极建言献策，在国际舞台上有力发声。

中国边界与海洋研究院常务副院长余敏友指出，此次会议旨在加强对南海仲裁案的综合研究，为我国海洋维权提供法理依据；增进专家学者间的学术交流与合作；提升学术研究的问题意识，培养专业人才，促进高校智库建设。

此次会议的主要议题包括：南海仲裁案裁决中的管辖权与历史性权利问题，南海仲裁案裁决中的岛礁地位问题，南海仲裁案裁决中的事实认定与证据采信问题，《联合国海洋法公约》、习惯的解释与法律适用问题，以及南海仲裁裁决的后续应对问题等。专家们畅所欲言，介绍自己的最新研究成果，在评议过程中交流碰撞出新思想。边界与海洋研究院韩永利教授，张愿、雷筱璐、章成博士等专家发言获高度评价。

马新民寄语专家学者在研究中要把“破”与“立”相结合、当前与长远相结合、“仰望星空”与“脚踏实地”相结合、法律技术研究与法律政策研究相结合，继续为我国国际法发展做出贡献。②

【2017“丝绸之路今昔与展望”学术研讨会】

2017年4月22—23日，2017“丝绸之路今昔与展望”学术研讨会在台北召开。研讨会由“中国边政协会”主办，中国社会科学院社会政法学部、中国社会科学院中国边疆研究所协办，海峡两岸十多所大学及研究机构的20余位专家学者与会，围绕丝绸之路的历史、民族、宗教、文化及“一带一路”倡议的实施等问题，进行了较为深入的研讨。

其一，学者们对历史上的丝绸之路及

---

① 《“西藏经济建设与社会发展学术研讨会”在四川大学召开》，中国西部边疆安全与发展协同创新中心网站（http：//cwf. scu. edu. cn/idsInformationList. htm? action = idsInforma-tionDetail&idsiId = 1701480493794348&idstId = 1121399520723421），2017年1月18日。

② 《国内专家聚焦菲律宾南海仲裁案》，中国边界与海洋研究院网站（http：//news. whu. edu. cn/info/1002/47941. htm），2017年1月24日。

其影响非常关注，从不同视角进行了研究、交流。中国社会科学院学部委员郝时远研究员对清代台湾文献中的水沙连茶进行了细致考证，认为出产于台湾南投日月潭附近的野生“水沙连茶”因其“味清冽、解暑毒、消腹胀”的功效而享有盛名，在清代乾隆年间传入大陆，不但闽台两地官员奏折和诗词著作中经常提及，深受民众欢迎，而且载入《中华本草》药典，对中华传统医学也有贡献。这些史实充分说明，数百年前两岸茶文化交流已十分深入，民众的生活互相影响。今天两岸经济交融、文化交流应在“一带一路”建设中开创新的认同境界。伊犁师范学院贺元秀教授研究了清代丝绸之路上的锡伯营，指出1764年清政府从东北边疆地区调派4000多名锡伯族军民到新疆，此后他们开渠、垦荒、经营牧场，成为丝绸之路上的新成员。而且，锡伯文化融入丝绸之路多元文化之中，锡伯营戍边、屯垦、经济、文化的发展也丰富了丝绸之路的内涵。近代丝绸之路的演变也是学者们研究的重要内容，中国社会科学院中国边疆研究所副研究员高月依据有关档案文献和数据，探讨了绥新公路与边疆治理问题。他指出，20世纪30年代由于苏、英等国加强对新疆的势力渗透，当时国内舆论呼吁将交通建设作为统合新疆、消除边疆危机的重要方式，虽未使用“丝绸之路”概念，但抽取了其边疆治理的功能，并结合实际加以论证，形成了发展交通以提高治疆能力的理念；商人自发成立了绥新长途汽车公司，致力于加强内地与新疆的沟通，国民政府也将开拓联通内地与新疆的交通线路作为增强治疆能力的重要手段，试图通过交通建设加强对新疆的治理与统合。

其二，两岸学者结合古今，围绕丝绸之路沿线地区的文化、民族、宗教进行研讨、交流。中国社会科学院民族学与人类学研究所陈建樾研究员对两岸的相关著述进行了分析，比较了两岸学者关于少数民族观光旅游的认识，着重探讨了“民族旅游”“异族观光”等问题。他指出，观光旅游是一个与异质文化接触相关的出行活动，在此过程中总有隐形或显形的政治力量或资本力量的参与，其目的涉及文化的建构、教化或改变，因此有些学者呼吁旅游业和文化保护要共赢，既要制约市场经济的“霸道”，又需要批判文化沙文主义，更要有“各美其美，美人之美，美美与共，和而不同”的“文化自觉伦理的宣导和培育”。云南民族大学刘冬梅副教授考察了西藏昌都嘎玛乡唐卡画师社，既从历时的视角，通过画师的记忆与表述，分析当地的跨文化交流与艺术融会，又从当代的社会文化语境中考察唐卡具有的多重意义，关注当地画师在国家分类体系中的象征资源竞争与认同博弈。她指出，汉、藏文化交融，嘎玛嘎赤画派的画师们在跨文化交流中“以共同的宗教超越了民族的差异”；当唐卡“不仅进入国家分类体系，并成为象征资源竞争的对象”时，嘎玛乡“作为西藏著名唐卡画派传承地与外界的文化接触也随之变得更加深入、宽泛、多样、频繁，画师们也正是在这种社会变迁中不断实现自我重塑与再定位”。中央民族大学巫达教授以彝族、藏族、汉族为例，对古代西南丝绸之路沿线族群互动与融合进行了探讨。他认为，西南丝绸之路沿线是“藏彝走廊”的组成部分，自古以来就是族群交往、互动频繁的民族走廊，族群互动、族群融合是这个区域的主旋律；通过这个区域的研究，可以看到“古西南丝绸之路都与西南政治经济文化中心——成都平原有着千丝万缕的联系”；从人类学的“整体性”视角来看，该区域的各族群文化以多种方式联系在一起。中国社会科学院中国边疆研究所许建英研究员探讨了清代以来中亚、南亚、西亚及欧美等地区维吾尔族华人华侨形成的历史过程，分析了原因和分布特点。他认为：就形成时间来看，维吾尔族华人华侨形成有较长的历史，清代以来是其形成的主要阶段；就地缘分布而言，维吾尔族华人华侨以中亚、南亚等沿边地区为桥梁，向中东和西亚扩散，逐步移居到欧美等地区；近年来维吾尔族华人华侨的影响逐步显现，特别是在中亚和西亚等地区，因此需要加以关注，逐步使其成为“一带一路”建设的纽带与桥梁。中国社会科学院民族学与人类学研究所孙伯君研究员结合存世文献和遗存文物，论述了西夏时期河西走廊的宗教信仰问题。她重点阐述了藏传佛教“大手印”法在河西的传播和西夏民间佛教与占卜的交融，认为西夏时期（1038—1227）前承吐蕃、唐代归义军、回鹘，先后与宋、辽、金并立，地域上把汉、唐之后的“河西走廊”延伸到贺兰山一带，促进了丝绸之路上各民族宗教信仰和文化交流、交融。

其三，学者们结合国内、国外多种因素，探讨中国边疆民族地区融入“一带一路”及开放、稳定、发展问题。

中国社会科学院中国边疆研究所所长邢广程研究员从宏观的视角，阐述“一带一路”与中国边疆稳定与发展问题。他指出，“一带一路”是中国提出的旨在推进泛亚欧大陆大区域合作的倡议和方案，是旨在构建涵盖亚欧非的互联互通、社会稳定、共同发展的大区域合作范式。“一带一路”倡议提出以来，得到了沿线国家真诚而又积极的回应。“一带一路”需要理论上的创新，需要有中国国内和国际两个大局互相结合的视野，还要有国家治理的视角，边疆稳定、发展与丝绸之路经济带建设的内部关联性不能割裂开来；在讨论边疆地区贯彻落实丝绸之路经济带战略构想的积极因素的同时，也非常关注影响我国边疆地区实施丝绸之路经济带进程中所出现的或可能出现的一系列风险问题和障碍性因素。中国社会科学院民族学与人类学研究所周竞红研究员对宁夏的区位特点、资源等进行了分析，并论述了宁夏参与“一带一路”建设构想、行动。她指出，宁夏不沿边、不靠海，经济基础相对薄弱，社会发展相对滞后，丝绸之路经济带建设为宁夏的发展带来重要机遇；宁夏积极行动，充分发挥本区域文化特色，在基础设施建设、加强对外交流和平台打造等方面取得一定成效；今后宁夏仍需要修好“内功”，增强县市经济发展，积极更新观念，拓展对外影响力，更加积极地融入“一带一路”建设，加快经济社会发展。中国社会科学院中国边疆研究所孙宏年研究员探讨了“一带一路”背景下西南地区沿边开放问题。他认为，中国西南地区与东南亚、南亚邻国的经济交流有千百年的历史，20 世纪 80 年代以来，西南边疆加快了沿边开放、开发的步伐，为融入“一带一路”建设奠定了基础；“一带一路”倡议为西南地区扩大开放、加快开发提供了新的机遇，但又面临多方面的挑战，某些方面又成为中国与邻国合作的机会、西南三省区深化合作的“新增长点”。

台湾地区融入“一带一路”问题是两岸学者交流的主题之一，学者们探讨了台湾地区能否加入亚洲基础设施投资银行，能否在“一带一路”建设中获得发展机遇。“中国边政协会”理事长杨克诚介绍了 1993 年以来台湾地区面对东南亚的“南向政策”演变过程，并以在柬埔寨投资为例，表达了希望两岸企业在东南亚合作的意向。两岸学者围绕这一主题进行了交流，台湾地区与会者就此指出：台湾能否加入亚洲基础设施投资银行，不是大陆是否接纳台湾的问题，而是民进党当局拒不承认“九二共识”，自己关闭了加入的大门；现在世界上有两种发展模式，一种是美帝国主义以强权控制世界的霸权模式，一种是中国以发展经济、改善民生为目标的“一带一路”模式，台湾民进党当局如果不主动融入“一带一路”建设，一意孤行地推行“新南向政策”，等待它的只能是失败。

其四，中国与丝绸之路沿线地区关系是此次会议的重要议题，学者们从历史、现实的视角进行了探讨。Kalah 是 9 世纪到 14 世纪阿拉伯文献中海上丝绸之路上的一个重要地名，中国社会科学院中国边疆研究所刘清涛编辑对唐宋时期史料所记箇罗、古罗相关方位信息进行了梳理和分析，并以明代史料中的航海更路来进行检验，认为唐宋史料所记地名方位信息特别是贾耽路程中对箇罗方位的记载以及宋代有关古罗的航程记载，是相对可靠的。因此，如果基于中文史料所记载的相关方位信息看，唐宋时期地名箇罗、古罗当为一地，位于今天马六甲一带，而与之相关的哥谷罗/葛古罗当在古罗西面不远处。北方民族大学回族学研究院丁明俊教授考察了明朝与丝绸之路沿线穆斯林朝贡贸易关系，认为明朝与中亚及阿拉伯穆斯林贡贸关系的确立是明朝外交政策的重要内容，永乐年间陈诚奉命出使西域，打通了丝绸之路明朝与中亚诸国的贸易通道。由于明朝对中亚及阿拉伯穆斯林朝贡使团实行“厚往薄来”政策，“回赐”物品的价值远远高于所贡物品，所以吸引了大批使团慕名而来。这种贡贸关系将陆上丝绸之路沿线中外友好关系推进到一个新阶段。中兴大学国际政治研究所博士研究生秦伟胜考察了中国“丝绸之路经济带战略”与中亚五国的关系，认为传统的地缘政治概念一直是观察大国崛起对周边国家带来影响的重要依据，并从多个方面分析了中亚五国经济社会面临的发展机会和可能性影响。

此次研讨会是近年来海峡两岸学者共同研讨“丝绸之路今昔”与“一带一路”的重要学术会议，受到两岸学术界的重视。“中国边政协会”成立于 1953 年，现是台湾地区边疆民族研究的重要机构，20 世纪 90 年代以来与大陆地区院校多次合作召开学术研讨会。该协会理事长杨克诚在致辞时就表示，该协会与中国社会科学院的合作由来已久，此次选定“丝绸之路今昔与展望”作为主题，希望通过研究成果为两岸共同参与“一带一路”建设贡献智慧。会议期间，两岸学者不仅对丝绸之路及相关的历史、文化、民族、宗教等进行了探讨，而且增进了两岸学术界的交流，加深了对“一带一路”倡议及其影响的认识。①

（撰稿：孙宏年，中国社会科学院中国边疆研究所研究员）

【第五届“中国—南亚东南亚智库论坛”】

2017 年 6 月 12 日，由云南省人民政府、中国社会科学院主办的第五届“中国—南亚东南亚智库论坛”在昆明市召开。该论坛以“新机遇、新思路、新举措——‘一带一路’背景下深化中国与南亚东南亚国家务实合作”为主题，旨在进一步落实“一带一路”国际合作高峰论坛精神，深化中国与南亚东南亚国家的合作。与会代表围绕孟中印缅经济走廊建设、中国—中南半岛经济走廊建设、国际次区域合作、澜湄合作、人文交流与旅游合作等议题展开研讨。

“‘一带一路’倡议是造福沿线各国人民的伟大构想，是一条和平之路、开放

① 孙宏年：《两岸学者共话丝路今昔——2017“丝绸之路今昔与展望”学术研讨会综述》，《中国边疆史地研究》2017 年第 3 期。

之路。中国政府在建设过程中深入推进政策沟通、资金融通，促进共同繁荣发展，这符合国际社会的根本利益，特别是符合广大发展中国家的利益。”中国社会科学院国家全球战略智库常务副理事长兼秘书长王灵桂表示，“一带一路”描绘的蓝图，将造福中国周边国家，也会造福世界人民。随着“一带一路”建设的推进，中国和南亚东南亚的务实合作，迎来了新的机遇和合作空间。云南作为沟通中国和南亚东南亚的窗口和渠道，非常有必要建立起更加良好的沟通、交流机制，加强双边智库交流和合作。

孟加拉国和平与安全研究所主席穆尼鲁扎曼则认为，“一带一路”是一个包容、普惠的倡议。“一带一路”沿线国家都应该加强发展战略对接，充分挖掘各领域合作潜力，通过基础设施建设带动产能合作，以能源、电力、交通运输等领域为重点，同时也进一步加强民间的交流和教育的交流。

中国驻马来西亚、巴基斯坦、印度尼西亚和印度前大使周刚提出，南亚东南亚国家除新加坡之外，都是发展中国家，都有迫切加快经济发展和改善民生、维护地区和平稳定、加强国际合作的愿望。近年来中国与南亚东南亚国家的合作向纵深发展。但在南亚东南亚国家推动“一带一路”建设存在不少困难，比如存在基础设施普遍落后、缺乏资金和人才等问题。因此应以做好政策沟通、达成共识为合作前提。同时需要抓好重点项目与金融保障体系建设工作，以推动整个合作的发展。此外，还应该积极吸引民营企业参与，发挥媒体和智库正面作用。同时，建立应对安全挑战及实现安全合作的机制，确保重大项目和人员的安全。

泰国前副总理沙哈·班迪坤则从铁路交通建设出发，提出“一带一路”建设应该建立在区域务实合作的基础上，充分考虑项目的实际情况以及效率、效益，通过对话沟通解决实际问题。比如，组建合作项目和系列研究会，研究并探索中老泰铁路的效益、铁路运营和互惠互利的问题。或是通过建立智库联盟，研究并协助解决澜沧江、湄公河流域合作的相关问题。印度社会科学理事会（东北中心）主任乔舒华·托马斯则表示，经济全球化是有利于中印关系发展的，在推进经济全球化的发展过程中，中印能够各取所需、和平发展。现在印度和中国都面临着重要的发展机遇，中印都应抓住有利的时机。

进一步发挥智库在深化中国与南亚东南亚合作中的作用，也是本次论坛关注的主题之一。中共中央对外联络部当代世界研究中心主任金鑫认为，在“一带一路”建设中，智库应该发挥更大作用，应准确领会和把握“一带一路”建设的新方向、新机遇，找准定位。智库在未来一段时期，既要有大的视野，更要把握好各个智库的优势，找准定位，分行业、分领域进行更细化的研究。同时，智库应针对“一带一路”合作当中的难题，提升有效供给能力。孟中印缅经济走廊、中国—中南半岛经济走廊、澜湄合作路线图等逐渐清晰，对于它们所面临的一些难点和问题，智库研究应该以“求实”为导向，通过与政府、企业、社会组织沟通，整理出有实际意义的问题清单，使研究更为有的放矢，确保成果及时有用。此外，还应大力促进以智库交流为先导的人文交流。“一带一路”建设不仅涉及路桥廊港项目，也包含了医疗卫生、环境保护、科技交流等“小而美”的轻资产项目。①

① 武勇：《第五届“中国—南亚东南亚智库论坛”召开》，中国社会科学网（http：//www.cssn.cn/bk/bkpd_qkyw/bkpd_bjtj/201706/t20170614_3549846.shtml），2017年6月14日。

【第五届中国边疆研究青年学者论坛】

2017年6月17—18日，由中国社会科学院中国边疆研究所与陕西师范大学中国西部边疆研究院联合举办的第五届中国边疆研究青年学者论坛在西安召开，会议主题是“传承与创新：中国边疆研究的新视野与新思考”。来自中国社会科学院、陕西师范大学、北京大学、中国人民大学、香港中文大学、四川大学、中山大学、复旦大学、中央民族大学、黑龙江大学、山东大学、兰州大学、河南大学、河海大学、贵州师范大学、云南师范大学等高校的70余位青年学者与会，围绕会议主题展开讨论。

一 新视野下的边疆理论研究

中央民族大学夏晓莉从民族学、文化生态学和族群冲突理论的视角出发，讨论了对拉铁摩尔边疆研究范式的思考，认为长城作为一个政治边界不仅具有军事防御功能还具有族群边界的意义，长城作为边缘地带具有双重性及流动的特点，具有外部分离和内部整合的作用，是文化交流的纽带。中山大学陈宇从全球化的大背景出发，讨论作为国家建立、发展的客观地理空间——疆域在内涵和外延上经历的新变化，产生的新特点和新形态，认为在国际公共视野下的疆域是国家间进行“战略调整”的结果，在今后讨论边疆时要从国家发展崛起和世界变动的视野下进行考量。中国社会科学院吴昊采用传统比较史学的研究方法，将中国历代的“天下观”与西方“世界主义”进行对比，认为古代“天下”观念结合尊君主义，形成了中国独有的“大一统”和“夷夏”观念，并最终构成了中国政治思想的理论基础，而发源于西方的“世界主义”存在着以竞争为本位的文化基因。

云南师范大学张永帅从蒋章君的边疆地理成就出发，对其个人边疆理论成果进行学术史研究，指出蒋章君的边疆地理研究具有强烈实用主义色彩。陕西师范大学李冀宁通过对20世纪20—40年代顾颉刚在北平、西北和西南三地展开的一系列调研工作为主要研究对象，梳理论述了顾颉刚先生对中国边政思想与实践的杰出贡献。

中山大学易锐以《尼布楚条约》的签订及影响为中心，探讨了清朝前期的边界观念，分别讨论了该条约签订前后清朝边界意识及清固有的边界意识对此条约签订产生的种种影响，并从地缘政治格局、传统天下观念、客观操作局限三个方面，探析了清朝近代国界理念所受的深层次制约因素。山东大学钟荣帆以金陵大学的边疆研究为探究对象，通过对该大学边疆研究的兴起与缘由、边疆通识教育的实践、边疆研究机构人员刊物的梳理，从现代学术转型的视阈讨论边疆研究呈现出的“跨学科”“多领域”结合的趋势。中国人民大学谈汀通过故宫博物院馆藏的《塞宴四事图》，分析了乾隆帝对正统性及大一统的建构，对该图从“诈马宴”、“九白”贡、布库三个部分展开细致探究，认为乾隆帝具有一种超越历代中原王朝“华夷之辨”的多民族统一的“中国”观念，显示出一定的前近代性。

二 历代边疆治理与边疆史地研究

复旦大学韩虎泰以春秋时期边臣与边吏为研究对象，通过对春秋“封人”的考证，论述了先秦时由画疆到守疆的边疆意识的转变；从“候人”“边候”的探究中，还原了外服边域的实际情况；凭借对“封陲之守”的考辨，阐述了春秋时期重臣戍边的现象，并得出时人领土意识萌发及疆域观念不断强化的结论。中国人民武装警察部队学院金楠从边疆安全角度出发，以汉代丝绸之路的开凿、巩固为研究对象，探讨了汉在丝路地区的布局、丝路安全力量、防御工事、交通驿站、后勤保障等方面的军事措施。贵州师范大学王兴峰考证了东汉南匈奴单于庭驻地的四次迁徙，由距五原郡西部塞八十里处（即今内蒙古乌拉特中旗川井镇至新忽热苏木一带），先后四次迁往云中郡西部、西河郡美稷县城、离石县域左国城、河东郡平阳县。中国社会科学出版社宋燕鹏以新发现的西晋陶璜碑的碑文为研究对象，通过对碑阴和碑阳文字的进一步解释，论述了两晋刘宋时期交州的权力格局。中国社会科学院吕文利将俺答汗一生的意识形态分为三个阶段：第一阶段以萨满教意旨为主导，积极寻求与明朝通贡；第二阶段展开了对白莲教的尝试探索，梦想“夺回大统”；第三阶段选择信仰藏传佛教，并以格鲁派为蒙古地区的信仰和意识形态。内蒙古大学石坚军对元代西北驿路做了研究述评，梳理与回顾了对帖里干驿、木怜驿、纳怜驿三条路线走向的研究现状，指出明军经应昌路北征蒙古的路线并非完全为帖里干驿；木怜驿上都至昂无脑儿路段线路已基本确定，“木怜等九站”线路走向仍有待深入探讨；囿于史料限制，对纳怜驿的设置时间、终点、沿途站赤数目等问题还有待进一步探究。元代中后期的广西活跃着一支被称为答剌罕军的军队，中山大学任建敏梳理了此军队名称由来、在平定“徭乱”中的表现、其与“徭寇”吴天保之乱的关系以及从答剌罕军到苗军的变化过程。南京大学张兢兢对十六国时期前秦政区进行考证和复原，从前秦疆域变迁中的实置州郡、前秦边疆民族地区的特殊地区两部分进行论证，认为前秦边疆地区存在的侨置、遥领、虚封等现象是政权对正统地位争夺的体现，而在民族集中区域设置的校尉、护军等特殊机构，反映了此时期“胡汉分治”的情形。复旦大学叶凯以北宋淳化五年夏州之役为研究对象，对此战役过程中宋、党两方的部署调整、战争进程展开考证，分析此战役对宋初西北形势转折所起到的影响。兰州大学张重洲将关注重点集中在唐代西州的粟特人身上，对该时期粟特人的贸易活动进行考察，认为可分为“丝绸之路上的长途贸易”、“西域绿洲间的短途贸易”和“唐王朝与北方游牧民族之间的贸易”三种主要贸易活动，而商贸活动又分官方和民间两种形式，说明粟特人的商贸活动与整个西州社会紧密联系，对唐代西州及西域地区产生深远影响。

三　海疆治理与西南周边关系研究

中国社会科学院刘清涛基于对中文史料的探查，通过对唐宋史料进行梳理分析，探讨了唐宋时期海上丝绸之路上的古罗国方位。中国社会科学院李欣从古代环南海地区政治、经济、军事和文化四个方面，大致梳理了古代环南海地区政治关系界定的基本模式、经贸交通的历史面貌、军事安全机制的早期雏形和文化交流的地区关系，她认为作为东亚体系的重要组成部分，环南海地区国家早已出现区域一体化的萌芽并实现持续发展，通过“天下秩序”的观念建构和朝贡体系的制度制约，中国与环南海周边小国建立了长期稳定的关系。中国海洋大学王泉伟以浙江地区舟山群岛、玉环岛和南田地区在不同时期的开或禁，分析清代海岛封禁政策呈现出的阶段性特点，并引用心理学和行为科学中“前景理论”来解释清朝海岛封禁政策中所体现出的决策模式。云南省红河学院叶少飞对大汕招徕“大越国”请封过程和清廷整治大汕的原因进行了探讨，认为当文化传播对朝贡体系的不利影响上升为政治层面的冲击和实际触动后，地方官员隐晦处置，显示了地方官员对朝贡体系的认知和维护，也呈现出僧人大汕因对“大越国”实情不察而招致晚年囹圄的悲剧。黑龙江大学沈一民对鄂霍次克海名进行探源，讨论了鄂霍次克的自然地理状况、中国史籍对该海的记载、鄂霍次克的不同俄语名称、中国文献对该海名的对译。中国社会科学院杨荣命从“冲突与合作”的视角出发，讨论了中越关系和南海争端的问题。中国社会科学院孙魏则重点讨论民国时期法国对南沙群岛的侵占和国民政府的应对决策，并对国民政府处理南海争端问题的得失进行了分析。山东省委党校政法教研部王巨新对清代越南朝贡使团经行路线进行探析，并分析了路线发生变化的原因。

云南民族大学荼志高以乾隆征缅之役中从军文人诗作为研究对象，考证了明瑞、阿桂、傅恒等封疆大臣及佐幕入滇的文人在此战役中活跃的文学活动，从诗文中变化的山川风物、交织的矛盾心态，反映内地文人对边疆的体验。云南民族大学方悦萌从法治角度对清朝法治尤其是南方土司地区的法治建设进行探析，从清朝的历史地位与统治特点、清朝法治特点及其演变过程、清朝对南方土司地区的统治、清朝在南方土司地区的法治建设四个方面，论述清朝重视南方土司地区的法治建设与因地制宜、不断改进和完善的特点。大理大学赵善庆从边政新元素入手，讨论了“新云南”建设时期商会作为云南边疆民族地区重要的社会组织对边疆民族地区社会治理所产生的重大影响。西南民族大学方天建基于明清广南府普梅汛汉彝同村共寨的历史考察，讨论兵防与跨族群混融共生关系的建构。南京农业大学李昕升从历史学角度出发，讨论了玉米在云南的引进和推广。

四川大学龚应俊采用地理学、生物学、民族学、地名学、语言学等研究方法，结合文献记载与亲身实地考察结果，考证马湖地区羁縻州县的分布，复原当地交通格局，揭示各地理要素间的相关性。西北大学陈跃对清代陕甘地区八旗驻防进行梳理和论述，并对这一军事布防进行评价。中国社会科学院王志刚对我国跨境民族治理政策的历史脉络进行梳理，并提出展望。兰州大学左攀以广西谘议局档案为中心，对清末广西的治理规划及谘议局进行论述，得出“不切实际的政治浪漫主义，忽视可行性的治理规划，无助社会转型和社会发展”的结论。中央民族大学蔡洁通过对民国时期“迁省之争”的系统论述，讨论了民国初年广西内部实力的消长情况及袁世凯对广西军阀的统治。同样也是研究广西问题的还有中共桂林市委党校的曾里，他论述了广西在“一带一路”及中越关系中的作用。

四 西部边疆民族、宗教与文化研究

陕西师范大学谢光典以噶玛噶举红帽系第二世活佛喀觉旺波为其上师噶玛噶举黑帽系第四世活佛若贝多吉所造传记为主要文本依据，结合《青史》《红史》《贤者喜宴》等典籍记载，探讨元末若贝多吉在贺兰山、河西甘凉地区、敦煌莫高窟等地的巡礼与传法活动。陕西师范大学石岩刚对六世班禅进京期间的藏语翻译资料进行了考述。中国社会科学院刘洁对工布苯日神山信仰的“新苯派”的特点和“佛教化”演变趋势进行了探析，从工布苯日神山信仰的演变阶段、以“父子三尊”为代表的“新苯派”特点、该信仰中的佛苯融合的空间方位观念及祭祀仪轨的“佛教化”演变趋势四个方面进行了探讨。四川大学施义对德格地区苯教寺院的历史与现状进行了研究。中国社会科学院孙宏年以翔实的史料，结合《申报》《东方杂志》等的报道，论析了九世班禅在内地的活动、社会各界对其活动的反应以及北京国民政府的治藏政策和影响。解放军外国语学院马睿以十三世达赖喇嘛“新政”时期所设立的两个军粮机构“颇康”和“巴希列空”为主要研究对象，从这两个军粮机构的汉藏名称、成立时间、混淆辨析三方面进行了探讨。陕西师范大学徐百永以近代以来政教合一制度下改革与保守、佛法笼罩下的近代西藏社会为论述对象，对西藏社会内部求变力量的发展、中央政府介入推动社会变革等内容进行了分析和探讨。四川大学黄全毅以两次廓尔喀战争和谈中丹津班珠尔的活动为中心，探析中央政府治藏政策的得失。中山大学张曦对乾隆晚期驻藏大臣“匿压表贡”事件进行研究，认为这一系列事件的发生，有其必然性，是驻藏大臣制度设置以来所存在问题的一次集中暴露，也显示出清中后期对西藏地方的治理没有达到乾隆改革所预期的目的。四川大学刘欢以17世纪以后和硕特部经略康区为背景，以蒙藏间政教关系为线索，讨论了格鲁派在康区的扩张情况。西藏民族大学康欣平从清廷对第穆案处理的转变态度、具体处置方法，探究这一时期清廷治藏策略的变化。陕西师范大学裴儒弟以民初康区“陈步三兵变”事件为研究重点，详细讨论了该事件的起因、特点和影响。陕西师范大学罗宏通过清代藏文文献中“加纳”一词，对应比较了清代藏文文献中“满”“汉”的观念。

新疆警察学院赵卫宾以警政建设为中心，对清末新政举措在新疆地方的推进与落实进行梳理与研究，考察了“清末新政”对新疆社会治理近代化产生的影响。陕西师范大学王启明以吐鲁番为例，探讨了清代西北边疆厅的历史嬗变，认为清朝治理新疆前期出现的“吐鲁番厅”是当时官员从国家民政管理角度出发设立的机构，在时人眼中是一种行政区划，但以后世眼光来看，应属一种不同于内地的特殊的边疆厅。伊犁师范学院陈剑平从清朝对藩属观念的变化，梳理了清代西北边界观的蜕变过程，并讨论了这一转变过程对西北边疆治理带来的不利影响。河南大学郭胜利就盛世才对新疆札萨克盟旗制度进行“改土归流”的缘起、进程、问题与本质及历史走向等问题进行系统考察。南京农业大学邵玮楠以北塔山事件为中心，讨论此事件前后国民政府对新疆问题的处置策略。北京大学努丽亚·卡迪尔对1949—1960年中央对新疆伊斯兰教政策的演变进行了梳理。中山大学龙其鑫探讨了中共中央新疆分局在土地改革前对新疆农村的调查过程及其启示。中国社会科学院白帆对新疆南疆地区现代化进程下的社会治理研究进行了述评。

四川大学朱晶进基于康定首届影视节目大赛，对少数民族地区电视专题片的创作与传播进行了个案研究。香港中文大学李潇雨以《马达汉中国西部考察调研报告合集》与《1906—1908年马达汉西域考察图片集》为基础，讨论了这些“新疆旧照”所承载的国家视野及民族学意义。中国社会科学院周卫平通过大量数据统计，对2013—2015年新疆暴恐事件进行盘点和分析。来自河海大学的车志慧和中国社会科学院的罗静分别从航运工程与边疆意象两个不同角度对塔里木河相关价值进行了评述和评估。陕西师范大学李鹏以《金沙江图》为研究文本，讨论该图绘制背景、图画与实际工程中的差异、《金沙江图》的不同版本和文本流转。陕西师范大学王惠敏以清代档案文献为史料基础，对大小金川土司婚姻问题进行了探讨。西安交通大学李天从宗堡功能演变角度论述了该变化对西藏传统城镇空间格局的影响。吉林大学陈俊达从辽代节镇体制的渊源、建立过程、发展定型三个方面，详细探讨了辽代节镇体制的创立与定型。

在上述专题研讨的同时，此次论坛还举办了学术沙龙，特邀中国社会科学院中国边疆研究所党委书记李国强研究员、陕西师范大学中国西部边疆研究院院长王欣教授为青年学者作了学术报告，就边疆学的学科体系和使命，如何构建中国边疆学和从事边疆研究，以及如何构建中国边疆学的话语体系等问题，与青年学者进行了较为深入的交流与互动。①

（撰稿：明琦枫，陕西师范大学中国西部边疆研究院2015级民族学硕士研究生；徐百永，陕西师范大学中国西部边疆研究院副研究员）

【第二届中国—欧洲国际海洋法研讨会】

2017年6月27—28日，由国家海洋局国际合作司和外交部欧洲司主办、厦门大学南海研究院承办的“第二届中欧国际海洋法研讨会”（The 2nd Sino-European States International Law of the Sea Symposium）在厦门举行。此次会议旨在对中菲南海仲裁案进行进一步的研判，同时就《联合国海洋法公约》在实施过程中面临的相关问题进行研究。来自奥地利、丹麦、意大利、英国、西班牙、希腊、葡萄牙、俄罗斯、中国等国家和地区的专家、学者、有关部门官员共约60人出席会议，以期为今后更好地解决海洋争端、推动海洋法的发展、加强彼此的合作奠定坚实的基础。

研讨会在厦门大学科学与艺术中心举行。6月27日上午8时30分，厦门大学南海研究院院长傅崐成教授宣布会议开幕。厦门大学副校长詹心丽教授代表厦大致欢迎辞，对各位专家、学者和政府官员来到美丽厦门表示诚挚的欢迎。詹副校长向与会嘉宾介绍了厦大作为国家重点综合性大学，多年来坚持“面向海洋、面向华人华侨、面向东南亚”的办学特点，在教书育人、在世界范围内推动弘扬中国文化的孔子学院以及作为国内第一所在海外建立分校的重点大学筹建了厦大马来西亚分校等多方面的成就。她还介绍了傅崐成院长十多年前创建我国高校中第一个以海洋法律与政策为研究对象的专业研究机构——厦门大学海洋政策与法律中心，以及2012年遵照朱崇实校长指示、在此基础上成立厦门大学南海研究院并于其后成立福建省社科研究基地“海洋法与中国东南海疆研究中心”的历程，并对上述机构在维护国家海洋权益、推动《联合国海洋法公约》的实施所作贡献给予高度评价。詹副校长表示希望并相信中国与欧洲国家将以2016、2017两届中欧海洋法研讨会为契机，在海洋立法与实践方面加强沟通，相互借鉴，以期互利双赢，推动海洋法治。

国家海洋局国际合作司司长张海文博士代表会议主办方致辞，对远道而来的中外嘉宾表示欢迎与感谢。她指出，欧洲是海洋法的发祥地，欧洲国家对以《联合国海洋法公约》为代表的当代国际海洋法的发展做出了巨大贡献。1982年《联合国海洋法公约》生效23年来，对公约相关条款的解读和执行所存在的差异已逐渐显现，此次会议目的在于，继2016年第一次中欧海洋法研讨会后，进一步加强中欧专家学者与政府官员对现代海洋法的交流，促进对现实中新旧问题的解决。

傅崐成院长代表南海研究院热烈欢迎

① 明琦枫、徐百永：《传承与创新：中国边疆研究的新视野与新思考——第五届“中国边疆研究青年学者论坛”综述》，《中国边疆史地研究》2017年第3期。

与会嘉宾，并向大家介绍了研究院作为智库近年来的主要工作，其中包括积极参与中国水下文化遗产保护及深海法的制定、对包括南海争端在内的海洋争端解决、海上执法、海洋环保、海上航运、国际海底资源管理与开发以及国家管辖范围外生物资源养护等主题在内的研究与发展，编辑发行中英文双语《中国海洋法学评论》及《南海导报》等重要刊物，主办承办各种国际、国内研讨会，以及升设为中国与其他发展中国家培训人才的马可·波罗—郑和国际海洋政策与法律暑期班等。

6 月 27 日会议议题及发言情况如下：第一个议题“《联合国海洋法公约》和其他国际法渊源”，发言者及题目分别为：国际海底管理局审查委员会主席、ITLOS 前副庭长 Helmut Tuerk 的“咨询意见与海洋法”；意大利米兰大学教授 Tullio Scovazzi 的“超越‘海洋法公约’（某些案件）”；希腊雅典大学副教授 Maria Gavouneli 的“从法律渊源看国际海洋法”；宁波大学法学院教授曲波的“《联合国海洋法公约》与普遍接受的国际法规则”；俄罗斯联邦远东大学法学院副院长 Roman Dremliuga 的“海洋法公约：挑战与未来解释”。

第二个议题“主权平等和强制管辖权的例外”。发言者及题目分别为：西班牙科尔多瓦大学副教授 Miguel Garcia Garcia-Revillo 的“‘海洋法公约’第 287 条的说明”；清华大学法学院副教授张新军的“国家同意原则、缺席审判原则与裁判效力”；南京大学法学院副教授张华的“重力测试中心在解决混合海事管辖权争议难题中的应用”；荷兰格罗宁根大学法学院博士研究生徐奇的“对中菲南海仲裁案的思考：以第三方主体为视角”。

第三个议题“《联合国海洋法公约》与群岛制度”。发言者及题目分别为：法罗群岛（丹麦）驻莫斯科大使 Bjørn Kunoy 的“群岛水域的国际法律地位”；澳门大学教授莫世健的“国际法中低潮高地的现状：是否可以独立占有低潮高地?”；英国兰卡斯特大学法学院讲师 Sophia Kopela 的“毗连群岛与南海仲裁案”；华东政法大学国际法学院教授王勇的“中国在南海建立远洋群岛制度的法律思考”；葡萄牙里斯本大学法学院副教授、前葡萄牙海洋部副部长 Vasco Becker-Weinberg 的“南海仲裁后岛屿制度和群岛制度”；挪威北极大学国际关系教授 Rasmus Gjedssø Bertelsen 的“丹麦和法罗群岛对法罗群岛周边海域治理的责任和能力”；华东政法大学讲师包毅楠的“关于群岛国家对大陆国家洋中群岛的比较适用”；荷兰莱顿大学博士研究生马学婵的“远洋群岛直线基线制度的现状和后续实践”。

6 月 28 日上午，第四个议题为“南中国海的历史及历史性权利”。发言者及题目分别为：武汉大学边海院讲师吴蔚（代表胡德坤院长）的“支撑中国在南中国海历史性权利的历史性证据”；三江大学教授许盘清的“名为‘Đại Nam nhất thống toàn đồ’的地图由两个不同的地图拼接而成”；山东大学法学院教授张晏瑲的“法庭之友如何影响法庭裁决?”

第五个议题为“国际司法和司法制度的缺陷及其改进”。发言者及题目分别为：意大利热那亚大学教授 Lorenzo Schiano di Pepe 的“关于海洋法和经济一体化区域组织争议和咨询意见书：以欧盟为视角”；巴黎第一大学博士研究生罗刚的“国际法第三方决策方式与成功解决争端之间的消极关系：南海仲裁为例”。[①]

① 赵文萍：《第二届中国—欧洲国际海洋法研讨会在厦门大学成功举行》，厦门大学南海研究院网站（https：//scsi. xmu. edu. cn/2017/0630/c7404a289057/page. htm），2017 年 6 月 30 日。

【2017 年喜马拉雅区域研究国际会议】

2017 年 7 月 7—9 日，由中国西部边疆安全与发展协同创新中心、四川大学喜马拉雅宗教与文化研究中心主办，剑桥大学“康河计划”四川大学工作站暨四川大学喜马拉雅多媒体数据库承办的 2017 年喜马拉雅区域研究国际会议在四川大学召开。

7 月 7 日上午举行了会议开幕式，四川大学校长谢和平，哈佛大学、牛津大学、剑桥大学等海内外知名高校及研究机构中从事喜马拉雅区域研究的负责人和高端学术带头人，四川大学相关单位负责人及部分师生代表参加了开幕式。

谢和平代表会议主办方四川大学向远道而来的各国友人和各位专家表示欢迎和感谢。他表示，环喜马拉雅地区自然环境独特、文化源远流长、经济贸易繁盛、人口族群众多，是目前全球最具有发展潜力的重要区域。作为中国部署在西部地区的高水平研究型综合大学，四川大学与喜马拉雅区域地理邻近，有着开展喜马拉雅区域研究的地缘优势和悠久传统。四川大学期待能够以此次研讨会为新的起点，与各海内外高校学者携手合作，共同建设喜马拉雅研究国际高端合作平台，联合开展喜马拉雅区域相关问题研究，共同为实施“一带一路”倡议、造福沿线各国人民贡献智慧与力量。

国际山地综合发展中心生态系统主题负责人吴宁研究员、哈佛大学南亚系教授范德康先后在开幕式上发言。

四川大学历史文化学院院长、中国藏学研究所所长霍巍，中国西部边疆安全与发展协同创新中心主任、四川大学国际关系学院院长罗中枢，哈佛大学南亚系教授范德康，剑桥大学蒙古与内亚研究所所长海德噶·丁伯格，国际山地综合发展中心生态系统主题负责人吴宁研究员等专家学者先后作了主题发言，共同回顾了近年来喜马拉雅区域研究的进展。

在为期两天的会议中，与会专家学者围绕喜马拉雅区域研究进展、四川大学喜马拉雅研究愿景、喜马拉雅数据库的建设、喜马拉雅区域研究项目合作、喜马拉雅区域研究的翻译与出版等主题进行了深入而热烈的讨论。①

【历史唯物主义视阈下边疆史地与边疆学座谈会】

2017 年 8 月 5 日，历史唯物主义视阈下边疆史地与边疆学座谈会在北京召开。座谈会由中国社会科学院中国边疆研究所《中国边疆史地研究》编辑部、新疆研究室联合举办，来自中国社会科学院、中央民族大学、中国人民大学、吉林大学、云南大学、复旦大学、南京大学、陕西师范大学、东北师范大学等高校和科研机构的 20 余位专家学者，围绕《当代中国边疆研究（1949—2014）》（中国社会科学出版社 2016 年版）一书以及边疆史地与边疆学学科建设的主题进行了研讨。会议分为主题发言和专家学者围绕《当代中国边疆研究（1949—2014）》一书内容的讨论、学科建设问题的探讨等三个方面。

一

中国边疆研究所所长邢广程研究员在主题发言中指出，大家在这里探讨中国边疆史地和边疆学研究的问题非常有意义。马大正先生对于中国边疆研究的成果颇

① 《喜马拉雅区域研究国际会议在四川大学召开》，中国西部边疆安全与发展协同创新中心网站（http：//cwf. scu. edu. cn/idsInformationList. htm? action = idsInformationDetail&ids-iId = 1701491822290017&idstId = 1121399520723421），2017 年 7 月 12 日。

丰，他这本《当代中国边疆研究（1949—2014）》明确展示出了中国边疆研究的历史脉络。马大正先生在这方面有非常深的积淀，该书体现了深厚的学术功底。该书实际上是把我国当代边疆史地研究和边疆研究做了一个系统梳理，这一过程就是对学科进行总结归纳乃至反思的一个过程。中国边疆问题包括中国的边疆史地问题，在学术研究中非常重要，是一门显学，备受关注。所以马先生这本著作非常重要，从中可以看出，中国边疆问题研究也不是一帆风顺的，经历很多波折。另外更重要的是，马先生在书中有个思想，就是中国的边疆稳定与中华民族的兴衰是联系在一起的。从近代边疆危机与边疆研究发展的关系这一角度，马先生总结得非常好。他在书中对中国边疆研究的历史和中国疆域的发展阶段都有很好的研究，并对中华人民共和国成立后中国边疆研究进行了精彩总结，即中国边疆史地的第三次高潮。书中对中国古代疆域理论研究、中国历代边疆治理与边疆政策研究、近代以来中国与周边国家的边界研究、中国疆域史研究，以及中国当代边疆治理、新时期中国边疆研究的趋势与中国边疆学构筑等都进行了很好梳理、总结。此外还有作者自己的深入研究探讨。中国边疆史地成为大家接受的学科，马先生做出了很大贡献。但马先生并没有止步，在这个基础上，马先生与其他一些老先生提出了构筑中国边疆学学科。这一学科建设问题受到了单位的重视，相关工作正在推进中。马先生构筑中国边疆学的探索与思想，值得我们学习领会。习近平总书记《在哲学社会科学工作座谈会上的讲话》中提出时代的召唤、创新的要求，并强调加强交叉学科、新兴学科的建设。中国边疆学就是交叉学科、新兴学科的体现，我们要以总书记的讲话指导中国边疆学建设。总书记“治国必治边，治边先稳藏”及其他涉及边疆治理的一系列讲话精神，都是指导我们边疆研究的重要思想。历史唯物主义与中国边疆研究——这个会议的题目也起得好。马先生的研究，能够把历史唯物主义和中国边疆研究紧密结合在一起，用马克思主义的立场和观点去思考这些问题，体现了高度的爱国情怀。

中国边疆研究所马大正研究员在主题发言中指出，正如邢所长所说，这个会定的题非常好，强调历史唯物主义与中国边疆史地和边疆学研究的关系。另外将边疆史地与边疆学这两个学科放在一起也非常好。构建边疆学，起点就是边疆史地研究。这次会议定了这样一个题，又找了一个“靶子”，就是这本书。马大正先生接下来就几个问题谈了自己的想法。他认为中国边疆是特定的研究对象，也是有中国特色的，中国边疆在世界是独一无二的，中国边疆学正是研究这样一个独一无二的中国边疆的学科。一些文章用了国外的理念、概念，研究中国边疆问题，并不妥当。我们需要借鉴西方理论、模式，但是不要跟着走，中国特色的边疆发展史，用西方理论，越套越糊涂。中国边疆学之所以能够提出，或能够有这样的探索，有四个基点非常重要，这四点还需要学界共同不断推出研究成果来支撑，这实际就是对中国边疆学构筑的推动：一是中国边疆史地研究千年积累、百年探索、三十年实践这样一个基础。中国边疆学是在这样一个基础上提出来的。二是我国疆域理论的不断探究是中国边疆学构筑的学术基础。这里既有具体模式的研究，也有中国疆域发展的规律性的探讨；对西方理论要借鉴，但不能套用，也不能跟着走。三是边疆治理，加强中国古代和当代的中国边疆治理的多层面研究，这是中国边疆学构筑的一个非常有效的切入点。突破传统边疆史地研究，将历史与现状结合的边疆研究，需要多学科的综合，在边疆治理问题上最突出。四是推动中国边疆发展的现实推动力，这是生活对这门学科的需求，是现实的挑战及所提出的需求。中国边疆研究者，缺的也是自觉地面对现实，学者也是要有历史担当的。研究中国边疆，不可以在象牙塔里，必须面对现实，接受挑战，为国家决策服务。这也是中国边疆研究成为现代一门显学的一个重要的社会推动力。马大正先生建议当前有两件事可以考虑去做：一是要写本书，即《中国边疆学概论》或《中国边疆学简论》之类的，让人知道什么是中国边疆学。鉴于最近有人提到以不同学科为代表的边疆学研究学术共同体，即历史学学者共同体，民族学、人类学学者共同体，还有政治学学者共同体。马先生认为，不管哪家，赶紧画出边疆学的轮廓来。他强调不能简单用“边疆＋”的形式来构建边疆学。二是要有两套丛书，即“中国边疆治理的理论与实践丛书”“中国边疆研究史的理论与实践丛书”。一定坚持学术性、原创性，一定要贯通古今，以今为主，特别是中华人民共和国成立后的边疆治理与研究。

陕西师范大学周伟洲教授在主题发言中指出，马大正先生这本书应用辩证唯物主义、马克思主义唯物史观，是集大成的研究。周先生就中国古代的边疆问题谈了几点看法：一是中国历史上有没有疆域，有没有边疆？怎么来认识，怎么来确定？20世纪80年代以来，讨论历史上的中国的问题，很多学者是以现在的边疆概念套用古代的边疆，这是一种方法。另外一种看法就是古代的中国和边疆，就是中国统一多民族国家的边疆。统一多民族中国有统一，有分裂，比如三国、魏晋南北朝，怎么认定边疆？二是天下观的问题。对于“天下”，历代认识也不一样，“天下”也在变，天下观怎么看？怎么样和现代接轨？天下观跟古代疆域有没有关系，关系是什么？古代疆域到底怎么确定？比如唐代边疆到底在哪里？这些问题是需要解决的。三是边疆与中央的关系问题。有了国家才有边疆，作为国家的边疆。古代中国的边疆要以作为中国的国家为中心。以内亚为中心，以世界为中心，这样的视角，根本就说不过去。四是关于构建中国边疆学的问题。这个问题，国内学者要有角度。国内已经有一些边疆学的讨论，有不同的视角，这些问题还需要进一步讨论。五是坚持以历史唯物主义和辩证唯物主义为指导，继续发扬中国边疆研究的传统。不要以外国理论为范式，跟着外国的理论走。周伟洲教授希望集体编一本有中国传统的由历史唯物主义和辩证唯物主义作指导的书，完全同意马先生的建议。

二

云南大学方铁教授对《当代中国边疆研究（1949—2014）》一书的特点和亮点进行了系统总结。他强调，一是该书系统总结了中华人民共和国成立以来65年中国边疆研究的历史，兼及中国边疆研究的千年积累和近百年探索。就阐述之系统、全面和深刻而言，该书超过了以往的同类著作。二是该书应用马克思主义以及历史唯物主义的基本原理，对中国边疆与边疆治理的学术史和相关的学术问题，做了全面、深入研究。作者观点正确，叙述客观，在一些方面还有创造性的应用。全书语言平实，用语准确，写作符合规范，表明作者具有科学、求实、严谨的治学态度。三是内容丰富全面，重点阐述中国大陆学术界研究的成果，同时兼及海外相关研究成果。表明作者具有开阔的学术视野。四是准确把握中国边疆研究动态发展的过程，对65年来中国边疆研究的过程做了较为准确的阶段划分，并正确评价各个阶段取得的学术成果与所具有的地位，同时指出存在的某些缺憾，避免了平面式、静止式及割裂式的研究。五是注重把握学术研究的重点与前沿，推出具有创新意义的观点，同时指出研究发展的方向及其前景，使读者能正确把握研究发展的历程，不同时期学术界探讨的热点和重点，以及研究的前沿和发展的趋势，这些内容对广大读者是有益的。六是重视研究、总结较为薄弱的学术领域，使该书有填补空缺、发掘不足之处之功。如“当代中国边疆调研的展开”“中国历朝各代边疆治理研究”“中国海疆史研究”等方面的内容，便少见于同类的著作，亦就见作者独具匠心。七是该书对当代中国边疆与边疆治理的一些重要问题，进行了深入、细致的研究，研究性质的内容在著作中占有较大篇幅，使该书有别于研究学术史的其他著作。八是该书最具特色的内容就是阐述了中国边疆学构筑方面的重要问题。马先生是中国边疆学的首创者与重要研究者，他对中国边疆学构筑的时代背景、学科定位与特点、学科内涵与分类、基本功能、学科整合、研究方法、发展趋势等问题，都进行过系统、深入研究，发表了研究成果，这些内容在书中有新的表述和进一步归纳。马大正先生关于中国边疆学的研究和总结，为我们进一步探讨中国边疆学构筑问题，指明了前进的方向，奠定了坚实基础。相关论述对我们有重要启示意义。

新疆社会科学院田卫疆研究员认为《当代中国边疆研究（1949—2014）》是目前来说中国最系统、最全面研究边疆问题的一部著作。该书从历史到现实详尽论述了中国边疆历史发展的轨迹，高度概括了这一事件的本色，是一部边疆理论的奠基之作，也是后人探索研究边疆问题的必读手册。复旦大学安介生教授指出《当代中国边疆研究（1949—2014）》视野非常开阔，兼容并包，并就不同学科特点及学科建设进行了探讨。西北大学陈跃博士提到《当代中国边疆研究（1949—2014）》厚重的特点，注重历史和现实的结合，书中透出一种强烈的使命感，有很多的难题正在探索，同时能看出学者的学术自觉、锲而不舍的追求。云南大学王振刚博士评价《当代中国边疆研究（1949—2014）》结构完整、内容丰富、具有独创性，全面、系统梳理了中国边疆以及边疆研究的历程。

三

在围绕边疆史地与边疆学研究及学科建设问题的探讨中，吉林大学程妮娜教授就王朝国家到近现代民族国家的疆域异同，以及疆域的标准等问题进行了发言，认为疆域是国家的构成形式，在古代应该以王朝国家的统治形式来决定，这个形式的标准是需要讨论的。王朝国家疆域是从上到下不断发展的，王朝国家的疆域是近现代国家疆域的基础，与近现代国家疆域是不同的。南京大学华涛教授就马大正先生边疆研究的成就和关于新疆现状研究的一些问题进行了发言，指出马先生的一些研究和看法，具有预见性、警示性，并提出边疆治理政策的平衡研究方面的一些建议。

陕西师范大学王欣教授指出，马大正先生所强调的对中国边疆独一无二的认识，对于中国边疆研究有非常大的启示意义。中国边疆这种独一无二的认识，是边疆研究的基点。多民族正统性的体系，才有多民族国家研究的历史。中国的正统性，不是基于民族的，而是针对一个大一统王朝的。这是与西方近代民族国家理论不同的。中央民族大学尚衍斌教授就历史学在中国边疆研究的地位问题进行了发言，指出研究边疆学或中国边疆史地，需要多学科的知识与方法，独立地进行探讨。中国人民大学张永江教授就中国边疆研究的历程及边疆学的学术范式进行了探讨，指出元以前，就是“四夷”之学，明代就有了边政研究，清代有了西北舆地之学专门领域，基本都是实证研究，没有理论的概括。民国开始了综合性的研究，理论加上实证，具备了现代学科的特征。中华人民共和国成立后，实证研究较多，但已经开始了中国边疆理论的探讨，特别是边疆学的理论构建，体现了这样一个转型过程。

中国社会科学院民族学与人类学研究所刘正寅研究员就中国边疆学和民族学研究的关系进行了探讨，认为民族研究和民族史研究是中国边疆学研究的重要组成部分。东北师范大学苗威教授就东北边疆史研究的体会进行了发言，指出应该从疆域的动态性来看历史的发展、疆域的形成，边界是在反复推拉动态过程中形成的，静止地、阶段地考察边疆，历史边界线容易被割裂。云南大学罗群教授就云南大学边疆学学科建设等方面进行了发言，并指出学科发展当前面临的一些问题。中央民族大学吴楚克教授发言指出，就如民族学和民族史差别很大，如果用边疆史地来建构边疆学，这个障碍比较大。边疆学要上升为一个学科，就要有范畴、内涵、概念等，不是归纳或者分析，要上升到概念及内涵逻辑的抽象建构。中国边疆研究所许建英研究员在发言中探讨了中国边疆学建立的若干思考，指出历史学是边疆学构建的基础；边疆与内地融合是中国边疆的重要目标；边疆治理是抓手，建构中国边疆学着眼点在围绕边疆治理来研究，寻求边疆与内地一体化的道路；边疆学应该有开放性，绝不能仅仅是边疆的理论，还要有全球边疆的研究、当代全球治理等重要组成部分。中国边疆研究所阿拉腾奥其尔研究员指出马大正先生重视调研，调研期间每天记日记，为调研资料的整理提供很大方便。

中国边疆研究所孙宏年研究员简要回顾了马大正先生在中国边疆学建构方面的贡献，并以《历史与现实：中国与印度不丹边界问题的思考》为题作了专题发言。中国边疆研究所王义康研究员发言中谈到领土属性的转型问题，指出中国领土属性的近代转型，以及国家主权和行为的变化，国际主权的确立，这个过程始于晚清，某些方面一直持续至今。同时也说明了中国边疆与近代转型及中国的历史息息相关。中国边疆研究所吕文利研究员探讨了边疆学的建构，并结合“新清史”的问题探讨了如何对待国外理论的问题。

最后，《中国边疆史地研究》李大龙主编在会议总结中指出，马大正先生长期以来一直致力于中国边疆学的构筑，发表了一系列论文和专著。《当代中国边疆研究（1949—2014）》是他奉献给学术界的最新成果，以统一多民族中国与边疆以及中国边疆研究的千年积累和百年探索为题，回答了中国边疆研究的学术原点和起点问题，体现了对中国边疆学构筑的探索。马先生对于中国边疆学做出的努力，给予了我们极大鼓舞。推动中国边疆学的建设，是《中国边疆史地研究》杂志不可推卸的责任。边疆学是以历史研究为主还是以现实研究为主，决定着不同的发展方向。马先生提出的边疆学框架，涉及历史和现实，边疆学是一个交叉学科，希望听到包括政治学、人类学、民族学等其他学科的声音。边疆学概念、理论和方法的问题不仅仅是学术的问题，也是方向和定位的问题。在短短的一天时间内，与会专家学者紧紧围绕相关主题进行了探讨，有些问题的研讨未能深入展开。边疆学不是一个人的事，不是一个单位的事情，是整个学界的事情，希望以后继续就边疆学学科建设相关问题研讨下去。中国边疆研究所新疆研究室主任许建英研究员认为此次研讨会深入探讨了中国边疆史地研究和中国边疆学研究的特点，提出了很多很好的建议，实际是一场边疆研究的总结会，是不同观点的交流会，是老、中、青三代边疆研究学者的沟通会，是中国边疆学构筑的励志会。①

（供稿：刘清涛，中国社会科学院中国边疆研究所副编审）

【“长城内外：历史时期中国北方边塞地带的人群、生计与社会进程”学术研讨会】

2017 年 8 月 11—14 日，“长城内外：历史时期中国北方边塞地带的人群、生计与社会进程”学术研讨会在太原召开。该研讨会由山西大学中国社会史研究中心发起组织，并与中国社会科学院《中国边疆史地研究》编辑部、山西大学历史文化学院和山西省历史学会联合举办，来自中国大陆和台湾地区以及日本的 40 余位专家学者参加了此次研讨会，提交会议论文 30 余篇。与会学者围绕边疆、族群与认同，环境、聚落与社会变迁，人群活动与经济交往，宗教、宗族与民间信仰等主题进行了深入交流和热烈讨论。

一　边疆、族群与认同

中国自古就是一个统一的多民族国家。在漫长的历史进程中，中国各族人民密切交往、互相依存、交流融合，逐渐形成了中华民族多元一体的格局。目前，学界已经开始摆脱以中原王朝、农耕族群为中心进行历史书写的大历史观，逐渐以多民族国家建构的视野探讨各族群间的互动关系。

中国社会科学院李大龙《国家建构视野下游牧与农耕族群互动的分期与特点》将农耕和游牧两大族群的互动历史分成五个时期，并分别阐述了各时期的主要特点，认为农耕和游牧族群的互动是多民族国家形成的主要动力，各时期的主导力量和影响因素存在差异。两大族群所建立的诸多政权虽然能够推动多民族国家疆域的形成和发展，推动族群之间的融合与凝聚，但都难以实现两大族群的完全整合。中央民族大学李鸿宾《唐朝境内粟特人文化认同与地域之关联——以两条线索为中心》通过梳理唐朝长安内地和六胡州边地同一族属的粟特人在对待中原汉文化态度上所走的不同路径，强调“地域”因素在粟特人文化选择和族属认同方面的重要影响。长安内地的粟特人多是原来的贵族首领，他们通过步入仕途，最终选择融入主流文化，而六胡州边地的粟特人出自社会下层，处于各种势力的交叉对峙地带，其文化选择和族属认同便显得十分动荡波折。

西北大学彭建英《铁勒诸部的互动融合与九姓回纥的认同变迁》讲述了公元 7—8 世纪漠北地区以回纥为首的铁勒诸部，在对抗突厥统治的过程中，开始谋求政治上的独立发展。通过“回纥联盟”、南下投唐，铁勒诸部逐渐孕育出一体化的意识，并最终于 8 世纪中叶取代突厥在漠北建立回纥汗国。在此过程中，回纥内、外九姓通过结盟、联姻、尊奉摩尼教、统一文字等方式进一步消弭了回纥汗国内部的族群界限，强化了同一族体的认同感和归属感。大同大学李珍梅《从桑干河上游北魏墓葬庖厨场景分析鲜卑贵族生活方式之汉化》通过对桑干河上游北魏墓葬中庖厨场景和器具模型的分析，认为随着狩猎经济向农耕经济的转化，农耕人口大量增加，农业迅速发展，北魏平城时代的拓跋部鲜卑贵族在饮食与烹饪、建筑、服饰和出行方式等方面体现出明显的

① 刘清涛：《“历史唯物主义视阈下边疆史地与边疆学”座谈会综述》，《中国边疆史地研究》2017 年第 4 期。

汉化特征。

山西大学曾伟《明清易代之际的方志编纂与地方社会——以浑源州为例》通过对顺治《浑源州志》和《恒岳志》的考察，认为明清易代之际地方官员和士大夫通过州志、山志的修纂以及御香亭等祭典设施的营建，表达重建地方秩序和重构清王朝的国家认同，而地方社会通过对清朝国家认同的表态，获得了王朝给予的惠政，从而攫取了实际的地方利益。世家大族在文本记载中的失语与其在社会生活中的实际影响力之间的脱节，显示了边塞地区文化传承的封闭性和文化传播的落后性。

与会学者认为探讨族群互动和认同的问题，应该置于一定的时空范围内，综合考察自然、政治、文化等因素的影响，要特别注意文化在族群交流与碰撞过程中的作用。而且，“认同”是有多元的、多层次的，包括政治认同、文化认同、族性认同等。同时，需要从不同的学科、理论和视角去观察与对话，避免从一个极端走向另一个极端，从认识论和方法论上提高历史认知水平，开辟新的解释路径，得出相对客观的结论。

二　环境、聚落与社会变迁

山西是古代中国多民族融合交流的重要前沿，历来是汉族和北方少数民族争相抢夺的重地，多个城市和大片区域曾处于游牧民族的统治疆域和管辖范围。考察山西及其与周边区域的社会历史变迁，需要高度重视多元文化交流与碰撞的特征。

有学者从方法论角度，对山西历史发展作出经验性的总结，强调山西在北方地区乃至全国具有的特殊地理区位和学术研究价值。山西大学行龙《变动不居的晋水流域》通过对晋水流域区域历史发展进程的梳理，认为“区域”的空间范围和边界具有伸缩性，区域的中心地也随社会结构的变动而发生转换，由此带来信仰、文化、风尚等方面的变迁，战乱、外来文化、多种宗教势力并存等因素促成晋水流域多元的政治文化格局。复旦大学安介生、古帅《李希霍芬山西考察的地理学价值刍议》从山西地貌与地理景观、山西商业与交通两个方面，对德国著名地理学家李希霍芬在山西境内的考察足迹和内容进行了梳理和评述，认为李希霍芬在山西的考察记录对于山西煤炭开发史、交通史地、商贸地理、社会史等方面的研究具有重要的学术价值。另有学者认为，李希霍芬考察山西时的殖民背景不可忽视。

明清时期山西北部的堡寨、卫所等军事设施众多，有学者从聚落形态的演变考察地方历史的演进历程。山西大学李嘎《堡墙内外：晋北明代军堡聚落形态演变研究》通过对天镇县 5 处长城边堡的文献考征和田野考察，同时借助古代舆图资料，深入分析其聚落形态的演变问题，认为明代以降晋北军堡聚落形态呈现出多元化的演变特征，初步可分为消失型、稳定型、平移型和扩展型等类别，显示出地方社会变迁背后的复杂动因和多元机制。上海社会科学院张友庭《边疆卫所的城市形态及其生命历程：以山西宁武关城为例》从施坚雅的中国城市类型预设出发，运用拉铁摩尔的亚洲内陆边疆理论，通过历史人类学的理论方法考量明、清和民国三个阶段宁武关城的城市形态及其生命历程，认为宁武关城所在地区呈现出介于“夏夷”之间的杂糅状态，展示出晋蒙边疆地区诸种关系交织的文化图景。此外，中国人民大学刘赫宇《“蓝旗故梦”——清代太原的满城与满人》一改现有满洲驻防研究多偏重驻防规模及其制度史领域的状况，转而关注满城选址及其中建筑的损毁、修缮情况，探究旗人在地方上的实际生活状貌，认为旗、民冲突是形塑地方社会秩序的重要因素。

有学者关注清代的边疆治理政策，着重考察政府政策与地方秩序的互动。中国人民大学胡恒《从理事到抚民：清代归绥地区厅制变迁新探》关注农耕与游牧交错地带的行政建制，通过对清代厅制的辨析和考察，认为厅制被广泛用于旗民、蒙民分治的区域尤其是归绥地区。而抚民厅最终取代理事厅的事实体现出清代由边疆拓展而导致的农牧交错地带二元管理对接地域模式的转变。台湾"中研院"张继莹《最后的边镇：姜瓖之变前后的故明大同镇（1642—1661）》首先梳理了姜瓖之变的来龙去脉，然后通过对清廷处理善后工作的考察，论述了清廷处理明朝遗留军事力量，从而实现自身统治的有效策略，认为地方官员在此过程中扮演着重要的角色，并改变了地方百姓与官府的关系，加重了地方上的社会冲突。中国社会科学出版社耿晓明《从〈蒙古待遇条例〉看北京政府时期对蒙古的政策》梳理了《蒙古待遇条例》出台的原因，并对条例的主要内容进行了细致分析，认为条例的出台维护了蒙古和蒙古人的利益，对稳定该地区的局势起到了相当重要的作用。

历史时期北方边塞地带的人口流动实际上十分频繁，有学者从人文因素特别是人口迁移的角度阐释地理概念的内涵和区域环境的变迁。苏州大学王晗《清至民国时期蒙陕边界带环境变迁的人文因素考量》通过对清至民国毛乌苏沙地南缘蒙古游牧民、汉族农民和政府当局等阶层的分析，认为地理环境复原、土地权属问题、移民社会发展程度、农牧民生产环节、制度政策影响、蒙汉关系、商贸活动与农牧业生产的选择、环境效应分析八项内容是历史时期中国北方农牧交错带环境变化研究中人文因素的核心问题，有利于加深对人与自然关系的认识，有利于复原并发现历史时期农牧业之间的复杂关系及其进程。浙江越秀外国语学院刘勇《近代晋陕移民与"河套"内涵变迁》认为近代以晋陕移民为主体的北方移民涌入内蒙古河套地区，并进行大规模水利开发、土地开垦等活动，逐渐改变了河套地区的经济、社会形态，使"河套"的内涵发生实质变化。一是从偏重地理学意义变为偏重社会学意义，二是从偏重广义的"河套"变为偏重狭义的"河套"即"后套"。

此外，科学出版社穆俊《西汉"石门障"地望再研究》结合包头市境内昆都仑河流域的地质地貌，通过确定北魏之后昆都仑河中游河道是否发生变化来确定"石门障"的地理定位，认为北魏以来昆都仑河中游河道并没有发生变化，西汉石门障即今包头市新城乡的营洞山障。云南大学张轲风《考辨与解读：中国古代渡水皮具的形制、起源与传播》针对学界相关研究的错讹和不足，通过认真细致的文献考辨和解读，认为浮囊、皮筏和皮船是三种不同形制的渡水皮具，我国古代的浮具革囊至迟在唐代已经出现，浮囊在我国国内的传播与军事推广有关，云南丽江浮囊来自蒙古军攻取大理后传入的可能性极大。

区域研究不仅考察区域内部诸要素及其之间的关系，而且重视对各要素动态演变趋势的把握；既关注静态的、不变的结构，也注重动态的、发展的过程。无论是观测地质地貌、聚落形态，还是考察政策演进、环境变迁，在进行文本分析的同时，离不开深入的田野调查，亲身体验。

三　人群活动与经济交往

中国北方边塞地区不仅是农牧交界地带，也是不同族群频繁交流融合之区，尽管被长城阻隔，但族群之间的交融仍然十分频繁，区域间的商品贸易也非常发达。

有学者关注游牧区的经济制度及其与

内地之间的商业贸易。中国社会科学院吕文利《清代以来的牧区苏鲁克制度研究——以满铁调查资料为中心》首先梳理了学界有关苏鲁克制度性质研究的几种说法，然后利用满铁调查资料，在对案例详细分析的基础上，认为苏鲁克制度实际上是一个混合体，只是在不同历史时期、在不同地区，某一个面向比较突出而已。苏鲁克制度是认识蒙古社会经济的重要切入点。河北大学孟伟、赵公智、李昂《物物交换：晚明以来张家口市圈变迁及其交易形态考察》针对学界长期以来在草原贸易形态认识上的偏差，认为晚明以来长城沿线的汉民族与草原民族的商业贸易以及与俄罗斯之间的对外贸易的表现形态，绝对不是人类社会早期简单的、没有货币时代的“物物交换”，而是以“货币为媒介”、以社会化价格表现商品交换价值的交易方式。

有学者着重探讨历史时期不同阶段农牧经济之间的交流融合，特别是农耕经济对游牧经济的影响。河南大学柳岳武《清代外蒙草原上的内地商民研究——以库伦区域为中心》以库伦为中心，主要从蒙汉关系的角度，动态地论述有清一代外蒙草原上内地商民的活动，认为基于国家治理的客观形势变化，清廷及时调整边疆政策，虽然对蒙汉交流、蒙旗经济的发展做出了一定的贡献，但并未从根本上消除以内地商民为代表的农耕经济与以蒙古人为代表的游牧经济两种不同经济形态之间的分歧和冲突。复旦大学樊如森《近代开发开放与蒙古高原产业结构转型》认为清中期以后，随着外来移民的增加和非牧产业的壮大，蒙古高原地区原本占主导地位的单一游牧业经济，逐渐被内地移民嵌入的农耕经济、山西商人带来的商业经济以及通过进出口贸易间接实现和通过投资设厂直接实现的近代工业经济渗透，一定程度上改变了当地传统的产业结构和市场结构，逐步向市场化工业经济转型。

除了从宏观角度把握中国北方边塞地区的人群活动和经济交往外，有学者通过考察特定空间内某一群体的活动来讨论历史细节。日本长崎县立大学祁建民《另一种边陲：晋冀蒙交界地区的移民村落社会》利用1939年伪蒙古联合自治政府产业部所进行的农村实态调查资料，对阳高、宣化、康保三县三个移民村落的结构特征进行分析归纳，发现这些移民村落内部具有浓密、重叠的人际互助合作关系，而没有宗族或地域性的互助合作组织，显示出与中国东南地区移民社会的明显差别。台湾“中研院”邱仲麟《内外交迫：明代北边守墩军士的生计与待遇》从值勤空间、换班制度、月粮廪俸、冬衣配给和嘉隆年间的墩军通虏等几个方面，探讨明代北部沿边地区墩军的生计与待遇问题，对国防前线最贫穷弱势的士兵表达了深切关注和同情，对墩军苦难的根源予以了深刻揭露。

此外，也有学者开始关注实实在在的“人”的遭遇，通过一个或者若干案例试图剖析当时的历史场景和实际生活。复旦大学佐藤宪行《清代喀尔喀蒙古人的商业活动的一侧面》利用新发现的蒙文、满文史料，通过对19世纪前半期在“张家口—库伦”交易线路上发生的大沙毕丹津私吞砖茶事件的详细论述，聚焦于具体的个人而非有组织的商号在旅蒙商长途交易网络中的经济和社会关系，认为个人承包的货物运输贸易是旅蒙商业网的重要组成部分。南京大学特木勒《十六世纪长城沿线的越境人》关注明朝和蒙古交涉前沿的底层社会人物及其活动，通过对若干“越境人”具体案例的分析，反思民族国家概念在对历史认知中的局限性，认为长城边疆地带的族群和文化在时空上呈现出强烈的流动性和多元性，帝国观念在这里并不十分突出。

上述几篇文章虽然各自的关注点不同，但有个明显的共性就是关注某一群体或个人，研究人的活动、情感，以及人与人之间、群体与群体之间的关系，注重历史过程和具体实践，从而折射区域历史发展的脉络和社会运行的内在机制。

四　宗教、宗族与民间信仰

由于历史悠久、族群众多、人口流徙等因素，特定区域内的历史文化层累叠加。同时，借助家族或宗族势力，个体可以在新的地区立足，并将原住地的文化传播开来，使得中国北方边塞地区的宗教和民间信仰呈现出多元面向。

在宗教方面，有学者注意到外来因素特别是政府力量在宗教传播和地方秩序中的双重作用。山西大学胡英泽《宗藩与宗教：明代山西宗藩的佛教信仰与地方社会》利用碑刻和方志资料论述明代山西各藩多信奉佛教，除了修建寺庙和结交僧侣外，还常以祝延圣寿、建立家佛堂为名，将当地的公共寺庙转化为王府的私家香火院，从而出现庙产之争。各藩还积极参与地方的寺庙和佛教事务，甚至借助或参与宗教势力谋行不轨，从而改变了当地原有的社会秩序。山西大学郝平《清乾隆年间五台山寺庙行宫修缮初探》通过重点讨论清代乾隆年间五台山寺院修缮的经费来源问题，认为朝廷拨款特别是岁修生息银两保证了五台山的修缮经费来源，推动了当时五台山的寺院建设和香火繁荣。嘉庆以后，清朝国运日衰，五台山也盛景不再。前者试图从信仰层面理解藩王与地方社会秩序间的互动，后者亦尝试从宗教发展反映王朝兴衰，二者均强调外来因素对区域社会秩序的影响。

在宗族方面，有学者关注边塞地带的移民家族及其当代重建。山西大学张俊峰《口里与口外：一个走西口家族的宗族意识与当代重建》以明代大槐树移民、清代的走西口移民运动为基本历史背景，以河曲县南沟周氏家族的发展、繁衍、分化、迁徙为例，揭示六百年间一个走西口家族在晋陕蒙区域的发展演变历程，并通过对当下周氏家族寻根修谱活动的长期追踪观察，重新思考宗族对于中国人的意义和宗族的本质是什么的问题。中国东南地区的宗族与华北地区的宗族体现出不同的特征。

在民间信仰方面，有学者重视信仰传统在地方社会的文化意义。青岛大学杜靖《秃尾巴老李传说与信仰在空间中国生成中的文化意义》提出中国东北地区流传甚广的秃尾巴老李传说与信仰是闯关东移民群体的集体心智的投射，体现着集体的意识与价值观念。移民通过膜拜这些神灵、借助互渗而获得其中的集体表象或集体意识，形塑或汉化了东北的底层社会。东北地区借助姻亲和乡亲体系及其价值观念推广和完成汉化的进路与中国东南及台湾地区明显不同。山西大学郭永平《神明信仰、族群关系与区域社会——以汾州地区的龙天神为考察对象》认为山西汾州的龙天神的原型乃是魏晋时期晋朝介休令贾浑，而贾浑墓从先贤祠庙到龙天神庙的转化过程，以及龙天可汗、龙天土地、龙天圣母等神明并置的现象，是历史时期汾州当地族群互动、文化融合的重要见证，也是当地民众对多民族历史认知和记忆的重要表现。复旦大学温海清《数字“七”在内亚人群中的呈现及其意涵——迄于蒙元时代的初步考察》认为内亚人群崇“七”或尚“七”的习俗，源于自身的萨满信仰和对天地日月等自然现象的认识。蒙元时代，这一文化习俗渗透到中原，影响深远，但这种内亚质素常被占主体的汉语文献所遮蔽。有学者补充到，数字“七”的崇拜在其他时代和地域也有比较明显的体现。

有学者指出，在研究区域社会时，除了重视大的国家观念和王朝力量的作用外，还需要重视民间社会自身的传统。中国北方边疆地带，由于其族群、信仰、风俗、文化的多样性与复杂性，区域要素呈现杂糅、混合的特征。

在此后的圆桌讨论中，诸位专家和学者围绕会议主题展开了热烈讨论，并对会议内容和参会感受作了一些基本总结。整体来看，主要有以下几点。第一，长城是一个实体，对于长城这一实体本身及其附属设施、聚落和人群的研究是一个重要方面，但我们更要重视长城所具有的社会文化意义。长城是农耕经济和游牧经济分界线，是中原文化与边疆文化的分界线，但这一界线不是固化的，而是流动的，是充满张力的。我们必须以动态的、互动的视角考察以长城为标志的中国北方边塞地区多民族的社会、经济和文化交流。第二，区域内部各组成部分是有差异的，区域内部诸要素的社会发展过程并非完全一致。区域本身也是变动不居的，区域范围的动态演变体现着区域发展的不同历史进程。我们必须避免单向的、封闭的历史叙述模式，转而寻求一种互动的、多元的观察视角和研究路径。第三，在研究中国历史特别是少数民族历史的时候，必须重视和借助汉文之外的文献，这不仅可以扩展我们的视野，更重要的是避免汉人农耕文明大历史观和近代民族国家概念的束缚。同时，必须重视田野考察在历史研究中的重要地位。第四，历史学应该努力借鉴地理学、社会学、人类学等相关学科的理论与方法，尝试运用跨学科的理念从事历史研究，换个角度观察历史，关注人的主体作用。针对不同的问题，采用适宜的科学的研究方法。但必须有所取舍，避免面面俱到。

总之，此次会议聚焦于历史时期中国北方边塞地带的人群、生计和社会进程，具有鲜明的问题意识和宽阔的学术视野，重视在资料运用、研究方法和学术理念上的创新性和前沿性，体现出了边疆史研究的发展趋势和未来图景。①

（撰稿：郭心钢，山西大学中国社会史研究中心博士研究生；郭佩祥，山西大学中国社会史研究中心博士研究生）

【“一带一路：历史视野与现实展望”海峡两岸学术研讨会】

2017 年 8 月 26—28 日，“一带一路：历史视野与现实展望”海峡两岸学术研讨会在北方民族大学举办。该研讨会由中国社会科学院政法学部、“中国边政协会”主办，中国社会科学院中国边疆研究所协办，北方民族大学回族学研究院承办，来自海峡两岸高校和科研机构的 50 余位专家学者参会。会议期间，与会专家学者围绕“一带一路”建设、少数民族参与“一带一路”、边疆地区与沿边国家经济带建设、古代边疆民族等议题展开深入的讨论。

中国社会科学院学部委员郝时远在致辞中介绍了此次研讨会是之前在台北举办的“丝绸之路今昔与展望”海峡两岸学术研讨会的延续，并对北方民族大学能够承办本次学术研讨会议表示感谢，希望未来能够举办更多的此类学术交流活动。“中国边政协会”林遥鹏副秘书长在致辞中表示很高兴能在银川举办此次会议，使台湾的学者们感受到了宁夏人民的热情和大陆学者的学术情怀。北方民族大学东·华尔丹副校长在致辞中向与会学者介绍了北方

① 郭心钢、郭佩祥：《“长城内外：历史时期中国北方边塞地带的人群、生计与社会进程”学术研讨会综述》，《中国边疆史地研究》2017 年第 4 期。

民族大学办校三十年来在各方面的学术努力和成果尤其是在少数民族历史文化学科方面取得的成绩，并对外地参会学者尤其是来自台湾的学者表示真诚欢迎，希望通过这样的学术活动在提升海峡两岸的学术发展的同时也能够促进两岸学者交流，为我国“一带一路”的建设共同出力。

在主题报告中，中国社会科学院学部委员郝时远首先以《“一带一路”格局中的边疆建设》为题作了主题发言。发言就历代有关“边疆”的概念进行了阐释，梳理了历史上治理边疆的经验，并阐述了“一带一路”格局下边疆治理应注意的诸多问题，同时强调“一带一路”既是外交，又是内政，内政与外交统一才是根本，而如何让边疆少数民族参与到这个机遇中来，是“一带一路”总体设计当中需要考虑的关键一环。中国社会科学院中国边疆研究所邢广程所长作了以《丝绸之路经济带与沿边合作》为题的主题发言，根据亲赴新疆、西藏地区及尼泊尔、巴基斯坦、阿富汗等周边国家的实地调研，详述了“一带一路”倡议提出后，中国与沿边国家经济合作的进展，同时也指出了这种合作所面临的困局与挑战。“中国边政协会”刘学铫秘书长作了以《丝绸之路的过去与展望》为题的报告，回顾了历史上“丝绸之路”对物质、文化交流与民族交融的贡献，肯定了“一带一路”对于联结欧亚、促进我国西部与中亚之开发、促进全球经济发展的积极作用。同时认为应对印度、美国、新加坡、日本等国的态度予以关注。

主题报告发言之后，与会专家学者围绕相关议题分六场专题分享了自己的研究成果。

在第一场专题会议上，“大陆研究学会”理事长、铭传大学“两岸研究中心”主任杨开煌教授以《中国式全球主义：“一带一路”》为题作了报告，他以“一带一路”国际合作高峰论坛的召开为例，对“全球化”过程中“一带一路”倡议提出的价值进行了深度分析，认为这为发展中国家提供了机会，也给中国领导全球化奠定了道德高度，并提出需要思考如何发挥少数民族作用及提高少数民族在外事上的功能。浙江师范大学教授吐尔文江·吐尔逊《“一带一路”战略的缘起和展望》提出中国需要处理好国内的民族、宗教问题，在“一带一路”沿线国家中树立起良好的国家和价值观形象。中华科技大学罗中展教授《就少数民族的角度思考“一带一路”》从理论视角出发，探讨用少数民族的处境与立场思考“一带一路”的未来发展，并认为“一带一路”战略应该是涵盖了国防、外交、经济、社会发展、文化、环境及能源等各方面综合的工作。“中国边政协会”副秘书长林耀鹏《21 世纪海上丝绸之路——台湾的机会与挑战》就台湾地区如何借“一带一路”机遇发展自身提出思考，认为台湾需要和海上丝绸之路的关键省份福建做好联结，为台湾找出新活水。桃园市新阳平社区大学教师游丽卿《从台湾客家族谈起“一带一路”经济效应的牵绊》从台湾客家族的社会、经济、文化等方面探讨如何促进当地经济繁荣、提升文化，使百姓过得安乐，生活得到提升。

在第二场专题会议上，中国社会科学院中国边疆研究所许建英研究员《中蒙俄经济走廊与环阿尔泰山次区域经济建设》提出“环阿尔泰山次区域经济圈”概念，并认为此经济圈的构建有助于各区域之间的分工合作以及贸易往来，从而达到互惠互利、共同发展，可以具体落实中蒙俄经济走廊的规划。“中国边政协会”常务监事张华克《康熙朝〈无圈点档〉实例考析》，以《无圈点档》为例对满文的历史发展沿革进行了深度解读。北方民族大学西夏研究所景永时教授《西夏地方军政建置体系与特色——〈天盛律令〉相关内容的解读》对西夏地方行政建置和地理区域的划分等进行了史料考证。北方民族大学文史学院杨蕤教授《略论辽代的丝路交通及其相关问题》立足辽代蒙古高原自然、人文状况，分析了辽代蒙古高原城池修筑的一个重要目的是实现对中西商路的控制，同时这些城池也是丝路贸易的据点，是从西域进入辽朝的重要联结点。《北方民族大学学报》编辑部杨德亮副编审《弘华寺与一个家族的民族演变史》，以位于青海民和县与甘肃永靖县交界处的弘华寺及其管理者为例，分析了该区域藏传佛教的兴衰历史。

在第三场专题会议上，中国社会科学院民族学与人类学研究所孙伯君研究员《一带一路：西夏对“丝绸之路”文化传统的传承》，从语文学、文学等方面论及存世西夏文献与河西走廊遗存文献、文物之间的关联，讨论并肯定了西夏对“丝绸之路”文化传统的传承以及西夏文献对“一带一路”古代文明建构的重要价值。“中国文化大学”陈又新教授《一位英国文官心中的西藏：查斯贝尔(Charles A Bell)》，以英印政府公职人员查斯贝尔（1870—1945）的西藏经历及其对西藏的认识等为核心进行讨论，展示了作为他者的视角在对西藏的认识上的不全面性。中国社会科学院民族学与人类学研究所方素梅研究员《“一带一路”视野下的西藏发展》对“一带一路”给西藏发展带来的机遇和挑战进行了分析，指出在以习近平总书记为核心的党中央提出的治边稳藏和长期建藏为指导方针和重要战略思想前提下，如何把握稳定与开放发展的关系、如何调整经济结构和产业布局、如何保障民生和提升公共服务水平、如何保护生态环境和优秀传统文化、如何加强国防战略地位和反分裂斗争等至关重要。“台湾历史博物馆”戈思明教授《锡伯族西迁与新疆的建设》通过探讨18世纪后期由中国东北大规模迁徙至新疆的锡伯族以及锡伯族在入疆后所从事的各方面建设，积极肯定了锡伯族对满文在新疆民间一隅流通使用两个半世纪并完整保存至今所作出的贡献。《北方民族大学学报》编辑部冯雪红教授《畜牧业的式微与石刻业的兴盛——青海和日村藏族生态移民后续产业民族志》以和日村生态移民后续产业发展为研究个案，揭示了三江源生态移民后续产业的运作不仅是生态移民的一种谋生手段，而且是围绕资源合理利用为核心展开的一种人与自然、人与人之间相互交往交流的最基本活动。

在第四场专题会议上，宁夏社会科学院回族研究院马平研究员《西北回族穆斯林传统宗教功修活动的当代意义》从社会人类学角度对西北回族社会中存在的“尔曼里”进行了剖析，以便对这种社会现象存在的合理性有所正确认识。宁夏大学政法学院孙振玉教授《伊斯兰教与“一带一路”交往共同体的价值共识》，认为“一带一路”倡议倡导的是人类共谋发展的充满诚意的合作共赢模式，伊斯兰教应为“一带一路”交往共同体的交往行动做出为善的诠释，将“交往共同体”升华为“文化共同体”，并达成平等、尊重、求同、仁爱价值共识，这些都是伊斯兰教“善”的应有内涵。中共宁夏回族自治区委党校马茜副教授《二战前日本的中国穆斯林认识与“回教工作”萌芽——从户水宽人到满铁调查部》，梳理了自1906年到20世纪20年代日本文献中有关中国伊斯兰教的研究报告及内部资料，探究日本侵华战争时期在华实施所谓“回教工作”策略的发端和萌芽。

在第五场专题会议上，台湾政治大学白中琫教授《从国际移民看“一带一路”对国际人才的引进》从国际移民的角度，讨论了如何在“一带一路”倡议中，调整制定移民政策，推动中国引进更多国际人才和鼓励移民回流，积极发挥这一海外移民群体的优势。美和科技大学吴炀和副教授《教育在“一带一路”实践中的角色——以台湾的海洋教育为例》，检视近年来台湾的海洋教育实践历程并提出中国在大力推动“一带一路”的同时，似也应有更多教育项目参与，避免主观善意却因忽略文化差异而产生误解冲突。“中国边政协会”理事司其元教授《“一带一路”倡议与汉语人才培育》以海外孔子学院的推广建设为例分析了随着中国经济的发展和国际交流日趋广泛之际，世界各国对于汉语学习的需求以及反应。“中国文化大学”林冠群教授《“日本丝路史观之论证”试析——兼评韩森之〈新丝路史〉》，通过分析日本学界关于丝绸之路历史的争论，对《新丝路史》中提出的史学观点进行了反思和批判。

在第六场专题会议上，佛光大学陈旺城教授《清季董福祥关陇陕北抗清史事述评》对清代回将董福祥生平事迹进行回顾分析，并对其进行客观评价。中国社会科学院中国边疆研究所刘清涛《泰亦赤兀惕氏、乞牙惕氏与成吉思汗家族——基于文本的分析》综合《蒙古秘史》与《史集》相关文本，分析了泰亦赤兀惕氏、乞牙惕氏与成吉思汗家族的关系。北方民族大学非物质文化遗产研究所教师马建民《清代回族将领哈攀龙署理湖广提督期间实绩考述》通过对《宫中档乾隆朝奏折》中五份奏折的梳理，试对哈攀龙署理湖广提督期间的实绩进行更深入的考述。

在会议闭幕式上，北方民族大学回族学研究院院长丁明俊教授介绍了此次会议的筹备情况。中国社会科学院民族学与人类学研究所孙伯君研究员在会议总结中指出，此次会议可谓是近年来在“一带一路”视域下海峡两岸合作举办的一次规模较大的研讨会，会上学者们围绕不同主题进行了深入研讨，对“一带一路”为推动全球化和给沿边国家、国内边疆人民所带来的机遇等积极意义予以高度肯定。①

（撰稿：马成明，北方民族大学文史学院硕士研究生；马建福，北方民族大学回族学研究院副教授）

【“第五届西部边疆安全与发展”研讨会】

2017年8月27—30日，“第五届西部边疆安全与发展”研讨会在成都召开。该研讨会由四川大学中国西部边疆安全与发展协同创新中心主办，来自中国社会科学院、中共中央党校、北京大学、中国人民大学、浙江大学、复旦大学、国防科技大学、国际关系学院、四川大学、新疆大学、西藏大学等90余个科研机构和高等院校的200余位学者出席了此次会议。此次会议分为主题报告与六个学术分论坛。

一　主题报告

四川大学罗中枢教授、云南大学周平教授、中国藏学研究中心朱晓明研究员、云南大学方铁教授、新疆大学潘志平教授、浙江大学余潇枫教授、中国社会科学院邢广程研究员、北京航空航天大学张文木教授、西藏大学扎西教授、四川大学李涛教授从边疆认知、边疆历史、边疆安全发展与边疆地缘政治四个方面探讨了中国边疆理论与实际的前沿问题。

（一）厘清概念：构建边疆核心认知

边疆核心概念不统一，边疆学的构建

① 马成明、马建福：《“一带一路：历史视野与现实展望”海峡两岸学术研讨会综述》，《中国边疆史地研究》2017年第4期。

就不可能实现。罗中枢教授提出“边疆”这一概念在本质上是一个蕴含着诸多对立统一关系的集合体，包括生产力和生产关系、经济基础和上层建筑、历史和现实、中心和边缘、主体和客体等互动关系。周平教授强调边疆是国家疆域的边缘性区域，因国家治理的需要而确定和变动，具有政治性、构建性、变动性、全局性和基础性五个基本属性。

（二）以史为鉴：面向边疆未来

历史上的治边政策和策略为当今治边提供了丰富的经验。朱晓明研究员以普京总统的两次谈话为引子，提出应当借鉴苏联国家建制问题上的历史教训，坚持和完善我国民族区域自治制度。方铁教授阐释了中原王朝治边理念的内容与特点，并分析了中原王朝治边的地缘政治方略、文化软实力方略和博弈谋胜方略，以及中原王朝治边的制度安排。

弄清历史上民族分裂势力的来龙去脉与吸取我国意识形态领域反分裂斗争的经验是边疆维稳与长治久安的必要保证。潘志平教授回顾了历史上的“民族自决”和“高度自治”，认为这是民族分裂势力经常打的两张牌。通过梳理这两论的实质和危害，潘教授认为要坚决开展意识形态领域反分裂斗争。

（三）安全与发展：实现中国崛起的必要条件

边疆安全是国家安全的重要组成部分，安全既包括传统安全也包括非传统安全。余潇枫教授指出，要跳出边疆看边疆，以“和合主义”超越现实主义、自由主义和建构主义。通过和合主义，可以在相邻国家之间建立共存、共赢、共享的关系。基于上述理论，他提出了广义安全观模型。

边疆发展是实现中国崛起的必要保证。邢广程研究员指出中国崛起是当今世界最大的政治、经济和文化变量。中国崛起的过程不同于历史上大国崛起的一般过程，不是通过扩张和战争来实现，而是通过改革开放和与国际社会建立良好关系实现自我跨越。他指出，中国崛起要特别关注“三边”问题，即边疆、边界和周边国际环境。

（四）区域与整体：实现发展的辩证统一关系

张文木教授以3D地图为基础，分析了大西南战略形式与中国整体安全问题。他认为近代研究把地缘政治搞成了让国家“拼命”的学问，而地缘政治的本质应该是让国家“养生”。扎西教授回顾了中央第一次西藏工作会议以来中央援助西藏的历程和目前学界的研究现状，并从国家治理的视角，分析了援藏项目实施的基本特征、实际运作过程和我国行政体制。李涛教授指出，南亚对“一带一路”具有重要作用，只有建立跨喜马拉雅区域合作机制才能将彼此合作利益最大化，使彼此关系更加紧密。

二 分论坛综述

（一）西藏与四省藏区经济社会发展

西藏与四省藏区的宏观现实方面，中国藏学研究中心朱晓明研究员介绍了亲历西藏改革开放过程的体会，认为改革开放占西藏当代史时间一半以上，具有重要意义，发展是西藏改革开放工作的主题。中国藏学研究中心杜永彬研究员认为“西藏问题”具有长期性、复杂性、艰巨性、反复性等特点，要统筹治藏方略、治边方略和治疆方略，谋划四省藏区的物质力量和精神力量，才能解决中国边疆安全与发展问题。西藏社会科学院徐伍达副研究员阐述了西藏与全国同步小康的新内涵及制约因素，并分析了西藏全面建成小康社会的路径选择。清华大学谢伟民博士对对口援藏作了简要梳理，认为援藏项目的规划主要体现在中央政府、支援方和受援方三者之间的协调博弈，而项目的执行更大程度上受制于支援方和受援方的结对关系。援藏资金的保障与受援方地位缺失，是当前体系的特殊结果，是造血模式缺乏的重要因素。四川大学徐君教授通过对长江源头唐镇的实地调查，指出缺乏国家大型工程或者项目的参与，地方性知识的脆弱性和局限性应该被充分重视。依靠来自国家工程等的外力介入，并充分发挥本土能动性才是推动西藏及四省藏区社会经济发展、生态恢复建设的最终路径。

西藏及四省藏区的经济、人口、贫困、生计、政教制度与涉藏外宣等议题受到与会学者关注。中共中央党校靳薇教授认为在西藏经济发展中有一些现象和问题值得关注，如财政依存度高，经济总量发展但收入相对下降，出现新的地区差距，工业在增长当中亏损等。研究这些问题形成的原因并找出应对的策略，实现西藏经济社会的可持续发展，是政府部门和相关研究者的重要责任。西南财经大学杨成钢教授分析了西藏就业基本形势，认为就业问题反映人口问题。中国农业大学左停教授分析了四省藏区贫困人口的需求及差异，常规扶贫措施的实施，基本公共服务、社会保障的供给与效果，并提出了四省藏区的脱贫路径。华中师范大学李雪萍教授观察到藏区农牧民对牦牛“惜杀惜售”，而对虫草“过分采集”，认为其背后潜藏着生计适应的多样化现象。中国藏学研究中心毕华研究员探讨了如何在西藏社会发展中既尊重和保护公民的宗教信仰自由，又依法对宗教进行有效管理。中共中央党校胡岩教授指出今后的涉藏外宣工作，需要解放思想、探索新路，应在官方外交之外，更加注意开展公共外交、民间外交、学者外交。西南政法大学吴喜教授介绍了境外涉藏问题的新动态，藏区建设和发展应认清时代主流，服从国家大局和藏人自觉体验的使命感。

人类学视角有助于凸显边疆的历史和现实问题，边疆则为人类学研究提供了更为宽广的场域。四川大学朱晶进助理研究员通过藏区农牧民参与式人类学影像的开启（云南和青海的“乡村之眼”）和发展（“万物之眼”“澜沧江之眼”），探讨了国内外参与式人类学影像的理论研究与摄制活动。西藏大学次旦扎西教授对西藏日喀则市吉隆镇达曼人进行了历时性研究，包括历史上的达曼人，达曼人加入中国国籍之前与之后的情况，“9・18 地震”灾后重建情况，达曼人现在的生活状况及存在的困难和对策。四川大学李静玮助理研究员梳理了对边境藏区研究的文献资料，认为尼泊尔的人类学是典型的东方学，他们更关注南部民族，种姓矛盾以及女性本土化研究。

（二）“一带一路”背景下的中国新疆与中亚

2015 年 3 月 28 日，《推动共建丝绸之路经济带和 21 世纪海上丝绸之路愿景与行动》明确了新疆作为丝绸之路经济带核心区的定位，这是新疆在“一带一路”建设中的重大历史机遇。

新疆建设的宏观方面，原公安部曹建东研究员认为新疆少数民族社会治理中需要注意几个问题，包括正视发展差距，合理分配资源问题；促进民族平等，反对民族歧视；干部的选拔使用；控制边疆基层的腐败问题等。浙江师范大学吐尔文江・吐尔逊教授强调新常态下民族政策面临着挑战与发展，解决民族问题必须要基于我们的历史以及现实，而不能照搬美国等发达国家的经验。

“丝绸之路经济带核心区”建设方面，新疆大学孙慧教授介绍了“一带一路”主要沿线国家的经济发展、经济依赖度和竞争力排行榜，以此分析“一带一路”背景下的中国新疆与中亚经济发展。新疆财经大学任群罗教授强调发挥好

“丝绸之路经济带核心区”作用的关键在于社会稳定与长治久安，以及工业化与城镇化和文化认同。新疆东西部经济研究院唐立久研究员对新疆丝绸之路经济带核心区建设提出了一些针对性建议，新疆建设的核心是防止人才流失，只有留住人才，新疆才能真的发展。新疆大学何伦志教授在丝绸之路经济带核心区战略中提出重视社会稳定和长治久安，南疆的基础设施建设以及“一带一路”口岸建设。

新疆民族融合方面，四川大学杨鹍飞副教授以空间正义为视角强调当前新型城镇化背景下，我国应当采用承认民族城市权利的“现实主义”态度或理念，以此促进城市各民族交往、交流、交融的实现。中央民族大学任雪博士认为新疆城市多民族互嵌式社区的建设需要全面考虑区域性民族特色对社会发展的影响，因地制宜地加大本土社会资本的投资力度。

宗教极端主义与反恐方面，新疆师范大学王平教授认为首先应厘清宗教极端主义的头绪，勾画出其传入新疆的历史脉络。其次要明确宗教极端主义的表现形式，有助于人们分辨宗教极端主义，在“一带一路”建设中抵御其危害。中共伊犁州委党校张立哲副教授认为在“去极端化”工作开展中，必须精准把握好以下工作：政策和法律法规的衔接，干部对去极端化的理解以及宣传教育的问题等，从而为新疆的长治久安和社会稳定打下坚实的基础。中国人民大学重阳金融研究院周戎研究员认为巴基斯坦的安全形势虽有好转，但挑战犹在，针对中国应对恐怖主义问题提出了相应对策。宁夏社会科学院马平研究员认为宗教和顺是西部民族地区发展稳定的关键因素，他强调北爱尔兰的悲剧不应该在中国边疆地区重演，应避免陷入“越反越恐”的困境。四川大学卡比力江·吾买尔副教授以抑制伊斯兰极端派活动的视角分析了伊斯兰极端派流动于中亚的原因。中国现代国际关系研究院傅小强研究员分析了当前的国际反恐形势及其对新疆的影响，提出以科学态度对待国际反恐形势。四川大学陈超助理研究员通过阐述洗钱与资助恐怖主义的危害，分析了反洗钱与恐怖融资法律框架，认为中国与中亚国家应加强反恐法律合作。

中亚国家的社会文化发展方面，新疆大学秦放鸣教授认为中亚国家的基础建设资金缺口巨大，并以哈萨克斯坦为例分析了中亚国家的风险投资基金发展现状。他强调，在充分吸取风险投资基金运作的国际经验的基础上，可以创建面向中亚的风险投资基金模式。中央民族大学袁剑副教授以中国古籍中关于西域的叙述与认知为基础，从天下秩序角度论述了“西域—中亚”空间的历史变迁。新疆师范大学李建军教授以中亚为例，强调中华文化应建构现当代传播话语、传播体系，具体包括政治、经济和文化三个层面。新疆大学孟楠教授以中亚为中心考察了丝绸之路经济带建设的文化环境，分析了中亚周边四大文明板块，以及中国文化在中亚国家的传播路径。

（三）非传统安全前沿与边疆安全方略

非传统安全前沿方面，浙江财经大学廖丹子副教授采用德尔菲法明确了国门非传统安全威胁清单，提出基于致灾因子的客观致害性，根据安全研究的基本问题和国门非传统安全威胁的微观特性，建立涵盖五类别、七维度的威胁识别矩阵。华中科技大学徐晓林教授通过分析美国国家战略传播体系及其运作，同时结合我国国情和当前面临的国际舆论环境，提出建设中国国家战略传播体系的构想。中山大学魏志江教授采用“共享安全”理论指导构建“共建共享”食品安全合作模式，并从宏观、中观、微观三个方面对中日食品安全合作提出对策，希望为中日两国乃至地区、全球的食品安全合作提供有益借鉴。浙江警察学院李鞍钢讲师认为中国和东盟国家共同面临着由“犯罪对象”“犯罪工具”和“犯罪空间”三个阶段交织构建的区域网络安全困境。双方应通过政治、法律和经济等多个领域开展合作，打破网络安全合作困境，推动中国—东盟网络安全的合作进程。浙江嘉兴大学曾豪杰副教授认为，随意扩大“清真”的边界和范围容易导致“清真泛化”，应严格清真标识与认证管理，警惕利用宗教概念危害我国意识形态安全、政治安全和国家安全。

“一带一路”与非传统安全方面，上海政法学院盛红生教授认为“一带一路”倡议中，与沿线国家之间的国际刑事司法合作不可或缺，欧盟国家在该领域已经有不少成熟和有效的做法可资借鉴。四川大学王卓教授和胡梦珠博士认为公共服务边界的域外拓展对“一带一路”倡议的深入推进至关重要，应从转变单一的资本导向模式、加强同域外非政府组织沟通交流、项目落地之前文化先行、加强中资企业对企业社会责任的重视等方面入手转变思维，推动我国公共服务边界拓展。浙江大学米红教授基于“一带一路”倡议的人口国际流动迁移的变化，提出应该全面重视我国边疆从长期封闭型的人口发展向开放型人口发展态势转变所带来的人口融合。

历史上的治疆制度与外交政策研究对解决边疆非传统安全的现实问题具有重要意义。塔里木大学张付新教授回顾了清政府从“以汉化夷”“因俗而治”的多元化治疆制度转向新疆与内地一体化的行省制度，使国家强化了对新疆的管理。他认为，当今国家在治疆方略的选择上必须与时俱进，促使固边、稳边向兴边、强边过渡，主动应对中国西北边疆安全危机，逐步实现我国边疆治理体系和治理能力现代化。暨南大学唐翀副教授回顾梳理了中国与东盟国家的历史进程，认为中国外交政策不断变化是推动中国与东盟关系和解的根本动力，这一研究对当下的双边关系有着重要意义。

加强西部边疆安全治理是维护国家安全的内在要求。云南师范大学何跃教授认为在“一带一路”倡议构想下，在地缘政治视野下，云南这一边疆省份厘清非传统安全要素具有重要意义，其中包括信息安全、治理安全等问题。西藏民族大学陈敦山教授就西藏当前文化日益多元致使意识形态日益复杂的客观现实进行了分析，并据此提出了在多元文化背景下维护西藏意识形态安全的相关举措。四川大学谢贵平教授认为，新疆安全治理需要以和合主义为价值立场，以优态共存为认知前提，以共享安全为共赢目标，以“维心”为本、以“维权”为策、以“维稳”为基，推行“三维一体化”治理。

（四）西部贫困与精准扶贫实践

西部贫困地区是我国脱贫攻坚的主战场，该区域少数民族人口与贫困人口重合，面临资源匮乏、生态恶劣、基础设施薄弱、公共服务欠账较多等问题，使得其贫困问题更加严峻，因此迫切需要探索出以精准脱贫为目标的政策体系。

长期贫困与贫困代际传递都属于动态贫困的范畴。四川大学王卓教授对长期贫困、暂时贫困和贫困代际传递的概念和理论进行了系统梳理，并对长期贫困的特点及测量方式进行了全面阐释，指出贫困陷阱叠加扶贫陷阱，将对中国全面建成小康社会形成严重制约。四川农业大学蓝红星副教授介绍了深度贫困地区脱贫攻坚的难点，对深度贫困治理进行了系统性思考：一是统筹推进深度贫困地区区域发展与精准扶贫，解决区域性整体贫困；二是要统筹建档立卡贫困户与临界农户奔小康，最终实现同步小康；三是统筹扶贫资金投入与提升使用效益，显著提升精准扶贫成效；四是统筹脱贫攻坚与防止返贫举措，加快构建稳定脱贫长效机制。

推进精准扶贫是缓解贫困、实现共同富裕的内在要求和具体措施。广西社会科学院覃娟副研究员从政府政策视角，探讨了广西精准扶贫与精准脱贫的财政政策。她认为，新时期脱贫攻坚任务艰巨，更应审慎地研究现行扶贫政策，不断完善财政转移支付、贫困地区基本公共服务均等化、扶贫资金增长机制、扶贫项目资金整合管理制度、精准帮扶的财政保障机制、脱贫摘帽考核激励机制等方面的财政政策，为如期实现全面脱贫攻坚提供更有利的支撑和更强劲的动力。西南民族大学陶斯文教授以治理体系与治理能力现代化视角下的阿坝州精准扶贫机制及成效作为研究对象，着重分析了四川阿坝州精准扶贫现状、扶贫机制和过去扶贫存在的问题、成效及对策等。四川大学李丹教授从扶持对象、项目安排、资金使用、具体措施、因村派人、脱贫成效六个维度，对云南彝区和四川凉山彝区技能培训精准度进行测量研究和比较分析。四川省社会科学院沈茂英研究员指出，生态扶贫是川滇地区精准扶贫和精准脱贫的重要模式，并围绕八个主要问题展开论述。四川大学陈勇教授从贫困山区的共性和特征入手，分析了贫困山区精准扶贫面临的问题，并探讨了山区未来的发展方向，要充分认识山区，将扶贫制度化，消除人口迁移制度比配，因地制宜开展工作。

空间贫困理论主要研究贫困的空间分布以及贫困与地理环境之间的关系。西南财经大学王学义教授对农村空间贫困分布格局进行了分析，指出贫困地区的空间特征是自然灾害与贫困具有空间依赖性，空间贫困主要指的是灾害频发、生态脆弱、经济社会条件差的地区。他认为，区域扶贫实施中区域统筹发展是基础，体制机制创新是根本，易地扶贫搬迁是关键，教育健康扶贫是未来。四川大学廖洪英从空间社会学角度出发，认为易地扶贫搬迁一方面通过减轻贫困家庭的贫困状况，间接阻断贫困的代际传递；另一方面通过增加贫困家庭子辈的资本量（地理资本、经济资本和人力资本），直接阻断贫困的代际传递。

（五）历史与现实：边疆理论与治理实践

边疆研究呼唤着边疆学的学科构建。四川大学罗中枢教授认为如何界定中国边疆和中国边疆学是很重要的问题。国家主权所及的边缘，国家意志和国家能力所及的边疆，都是需要考察的内容。云南大学周平教授认为边疆研究是动态研究，疆域形态也是动态发展的，只有认清这一点才能讨论边疆研究。他认为，建构边疆学的理论框架，要尊重问题逻辑的规律性。中央民族大学吴楚克教授从蒙古国新总统当选这一事件出发，阐述了中国的边疆、边疆学与中国的周边外交关系。云南大学方盛举教授评析了传统的边疆观，并从政治学视角探讨了新边疆观及其特点。

在边疆治理实践的历史研究中，中国社会科学院刘正寅研究员介绍了清代前期西域民族分布和清朝的新疆政治制度，认为清朝南疆北疆分区治理的原因是大小和卓叛乱后，清朝借鉴蒙古（原准噶尔部）的统治经验。中国社会科学院许建英研究员从国家历史叙述的角度，探讨国家历史叙述在新疆的缺失和国家认同的困境。他认为，近些年新疆“三股势力”猖獗，南疆某些地区宗教极端化严重，其背后凸显的是意识形态问题，是国家认同出了问题。四川大学丁忠毅副教授从三个方面研究了命运共同体建设视野下陆地边疆现代化治理，包括陆地边疆的重要性，陆地边疆治理现代化的主要挑战以及路径选择。

中山大学魏志江教授论述了辽先后通过军事征伐、设立城池、屯田移民等方式展开对漠北蒙古和西域的经略，控制了草原丝绸之路的交通线，保障了欧亚商旅要道的畅通。广西师范大学陈国保教授阐述了安南都护府是唐代设置在南部边疆的最高权力机构，唐朝于此实行有效的管理和稳固的统治，该地区也因为中央王朝的积极经营、合理管治而获得全面发展，日趋繁荣。

在边疆治理实践的现实问题上，中央财经大学杨敏教授基于“一带一路”的新发展主义视角，分析了西部边疆与东南海疆之间有效的双轴互动，陆上丝绸之路与海上丝绸之路相互交汇的前景，以及中国国家战略的新均衡态势，认为中华民族概念的形成正是对“民族—社会”关系、“边疆中国”以及陆海双轴的均衡等重大问题的回应。新疆社会科学院李晓霞研究员认为，2009 年“7·5”事件后，乌鲁木齐市民族人口空间分布变化，形成所谓的“南维北汉”的格局。通过分析影响居住格局的因素，乌鲁木齐市通过政策引导、经济支持、服务完善等方式构建嵌入式社区环境。中国人民武装警察部队学院张保平教授认为中国边海防环境复杂、矛盾突出，要“建设强大稳固边海防”。他认为，推进边海防管控新常态的建构，是应对现代边海防面临的挑战的根本选择。

国家治理角度的边疆研究方面，西藏民族大学牛治富教授基于国家治理视角，回顾了边疆概念的发展与中国历史上边疆的演变，分析了边疆治理现代化面临的新挑战和应对措施。四川大学孙勇教授认为干部驻村是边疆治理的有效手段，他提出深化“治边稳藏”下驻村工作需要建设村委会，建设基层党组织，推进“一带一路”倡议下的驻村工作。新疆生产建设兵团党校王小平教授认为“访惠聚”驻村工作让大批机关干部下基层，直接驻村了解民情，是新疆基层治理中的一条成功经验。要进一步做好驻村工作，应从打通语言障碍、切实落实各项制度走程序、建立一支长期面对基层的专业驻村队伍、提高工作队待遇、对口援疆工作向乡村倾斜、完善机关干部选入渠道等方面进行改进。

（六）南亚与“一带一路”建设

中国现代国际关系研究院胡仕胜研究员认为莫迪政府对“一带一路”建设存在一些认识误区，因此印度不愿助推中国倡导的新秩序。对此，我们应该以斗争求得两国关系健康长远的发展，更加积极主动地经略南亚，同时稳定与俄罗斯和美国等大国的关系。四川大学戴永红教授认为印度学者、政府和民间三个层面的分裂、迷糊和误导使得印度各界对“一带一路”倡议的态度消极。应当打破标签化、脸谱化的研究方式，加强对周边国家各党派和政客的研究，做好对印长期斗争的准备。南京国际关系学院宋德兴教授认为中国和印度将长期面临崛起中大国如何共存的问题，应该进行整体性的战略规划。上海外国语大学吴永年教授认为印度始终对中印关系存在误读，印方宣称中印边界问题是由中方引起，但印度从 1962 年以来一直在进行军事准备。

恐怖主义是困扰巴基斯坦安全的首要问题。北京大学南亚研究中心王旭教授介绍了巴基斯坦安全形势较以往已有明显好转，然而巴基斯坦与阿富汗的安全环境外溢效应加强，巴军方和阿塔关系出现微妙变化。但目前巴基斯坦反恐和去极端化不协调，导致该国恐怖主义难以根除。中国人民大学重阳金融研究院周戎研究员探讨了巴基斯坦的反恐行动为什么越反越恐的问题，指出当前巴基斯坦恐怖袭击数量下降，但巴仍面临着严峻的反恐形势，这对于“一带一路”相关项目也构成了严重的威胁。不彻底反对极端主义不可能彻底反恐，根除恐怖主义源头亟须警惕反恐双重标准。

“一带一路”为南亚国家的资源开发及基础设施建设带来了新的机遇。四川大学南亚研究所王春燕博士探讨了印缅泰高速公路建设的有关问题，认为该项目迟迟未能成功的最主要原因是印度资金缺乏和官僚体系效率低下，而该项目的建设有助于提升中印之间的互联互通水平。四川大学南亚研究所曾祥裕副教授以南亚水安全问题为切入点，介绍了南亚国家普遍存在的水资源短缺、水资源争端和水污染等严重问题，并分析了“一带一路”倡议给南亚国家水安全带来的促进作用，但相关合作也面临着地区局势、印度的政策等因素制约。他因此建议，应优先开展双边合作、重视伙伴国、因国而异、因水制宜，推进“一带一路”建设背景下的水安全合作。

中印边境危机方面，中国改革开放论坛马加力研究员在发言中回顾了中印洞朗危机解决的过程，以参与决策过程的亲身经历分析中国在本次事件中有礼、有力、有节的斗争经验，还就特朗普总统的新南亚战略进行了分析，认为该战略对中国的南亚政策提出了新的挑战。四川大学刘思伟副教授认为当前中印边境危机无疑会对“一带一路”在南亚方向推进带来更多不确定性因素。中国需要密切关注各方反应，并做出相应的政策回应。[①]

（撰稿：时玥，四川大学中国西部边疆安全与发展协同创新中心博士研究生；王卓，四川大学公共管理学院/中国西部边疆安全与发展协同创新中心教授）

【“边界问题与治边稳藏”学术研讨会】

2017 年 9 月 15 日，“边界问题与治边稳藏”学术研讨会在北京召开。该研讨会由中国社会科学院中国边疆研究所主办，中国边疆研究所西南边疆研究室承办，来自中国社会科学院、外交部、军事科学院、中国科学院、中国藏学研究中心、中国改革开放论坛、西藏社会科学院、西藏民族大学、清华大学、复旦大学、上海市社会科学院、武警学院、河北工业大学等的 30 余位专家参加了研讨会。

中国社会科学院中国边疆研究所党委书记李国强研究员在研讨会上致辞，指出“洞朗事件”后中印两国合作与机遇并存，是冲突还是合作，对中印两国都是非常重要的选择。专家学者们围绕当代中国与邻国解决边界问题的经验和“洞朗事件”后边界问题、边疆治理等问题进行较为深入的研讨。与会专家总结了“洞朗事件”的经验、教训，分析中印关系未来走向，并探讨了中印边界问题及其对“一带一路”倡议、孟中印缅经济走廊建设的影响。

（撰稿：孙宏年，中国社会科学院中国边疆研究所研究员）

【第三届边界与海洋研究国际论坛】

2017 年 9 月 23—24 日，由武汉大学国家领土主权与海洋权益协同创新中心主办，武汉大学中国边界与海洋研究院、中国现代国际关系研究院、中国南海研究院联合承办的“‘一带一路’与边海国际合作——第三届边界与海洋研究国际论坛”在北京召开。中国南海研究院副院长奚劲松出席会议，院长助理、海洋法律与政策

① 时玥、王卓:《中国崛起与边疆发展——“第五届西部边疆安全与发展”研讨会综述》,《中国边疆史地研究》2017 年第 4 期。

研究所副所长杨力与会并在开幕式上致辞。

此次论坛期间，来自中国、日本、韩国、俄罗斯、印尼等国家和地区的60余名专家学者就“‘一带一路’与地区关系”“‘一带一路’与跨境合作”“二战、战后国际新秩序与边海争端”“海洋争端及解决”“陆地边界争端及解决”“极地治理与合作”等议题进行了深入探讨。①

【第五届中国边疆学论坛】

2017年9月23—24日，第五届中国边疆学论坛在昆明召开。论坛由中国社会科学院中国边疆研究所与云南大学共同主办，来自全国各地近40所高校及研究机构的120余位专家、学者围绕“连通‘一带一路’的中国边疆：历史、现状与发展”的主题展开了热烈讨论。会议分为主题发言和分论坛研讨两部分。

一　大会主题发言

在大会主题发言中，中国社会科学院中国边疆研究所所长邢广程《中国崛起与“三边”问题》指出，中国要善于处理好与世界大国的关系，着力建立新型大国关系，同时要富有智慧地处理好周边国际环境，着力建立利益共同体，并集中力量治理好边疆，着力营造一个中国国家利益“外溢”的区域，将边疆建设成为安全、稳定和繁荣的地区。复旦大学中国历史地理研究所姚大力《“华夏边缘”是怎样被蛮夷化的》用五个历史段落解构了“天下中国观”的发展历程和历史影响，认为把本人群之外的文化或族裔不同的“他者”看作是比自己落后、野蛮的观念是相当普遍的，反映出人类在认识自己与他人关系时易生的一种近乎天然的主体意识局限。中国社会科学院中国边疆研究所李大龙《阐述中华民族形成和发展的视角、理论与方法》在对近代以来“中华民族”概念的溯源、产生、发展梳理的基础上，指出摆脱“民族国家”理论的束缚，从传统王朝国家向近现代主权国家转变的视阈，重新构建适合阐述中华大地政权更迭和人群凝聚交融轨迹的话语体系不仅是迫切的现实需要，也是学界应该担负起的重要使命。

通化师范学院高句丽研究院耿铁华《好太王碑发现140周年的捶拓与研究》梳理了好太王碑自发现以来捶拓与研究的历史，并对好太王碑发现时间和拓本年代作了考辨。云南大学李晨阳《冷战后中国对东盟的认知偏差与政策误区》认为，发展中国与东南亚关系应深化两点政治共识，即推进合作的根本在于深化战略互信，拓展睦邻友好；深化合作的关键是聚焦经济发展，扩大互利共赢。云南大学黄纯艳《绝对理念与弹性标准：宋朝政治场域中对“华夷”和“中国”观念的运用》认为宋朝统治者面对东亚政治秩序大变动，在“华夷”和“中国”问题上，对外总体上采取了弹性标准，对内却将其作为绝对理念，而对绝对理念的坚持更多是为宋朝华夷共主作政治解释。中国社会科学院中国边疆研究所孙宏年《北京民国政府时期边疆治理相关问题初探》对学界关注相对薄弱的北京民国政府时期的治边思想、政策、措施和治边机构、主体等问题作了重点研究，并指出对这一时期治边政策和成效的评价仍需进一步探讨。七位学者的发言高屋建瓴，引起了与会学者的广泛共鸣和反响。

① 《第三届边界与海洋研究国际论坛在京召开》，中国南海研究院网站（http：//www. nanhai. org. cn/dynamic-detail/35/5253. html），2017年9月24日。

二 “‘一带一路’建设与区域合作”分论坛

该分论坛由中国社会科学院世界经济与政治研究所《世界经济与政治》编辑部主办，与会代表围绕“‘一带一路’与中国边疆”“‘一带一路’与区域合作”及“历史时期的中国边疆与周边关系”等议题展开讨论。

1. “一带一路”与中国边疆

在讨论中有八位学者将目光聚焦丝绸之路经济带核心区的新疆。中共新疆生产建设兵团党校王小平《新疆安全视角下的兵团特殊作用探析》认为，兵团要以城镇化构建有利于新疆长治久安的战略布局、以人口聚居推进新疆民族人口多样化、以文化传播推进新疆各民族文化交融、以包容性推进新疆各民族和睦共处、以准军事化管理模式提高新疆应对突发事件的整体能力等方面的全面提升，发挥维稳戍边的作用。中共中央文献研究室曹前发回顾了新疆生产建设兵团创建、发展历程，指出以毛泽东为核心的第一代中央领导集体创建生产建设兵团是历史性抉择和戍边卫国的新探索，也是坚持屯垦与戍边相结合的成功实践。

中共新疆维吾尔自治区党校迪丽达·吐斯甫汗阐释了新疆文化生态基础与族脉融合渊源，认为建设中国特色社会主义新疆必须以与之相适应的中国特色社会主义新疆文化为支撑，必须努力实现新疆文化的三个立足、“三两”转型，筑牢中国特色社会主义新疆文化的共有家园。新疆维吾尔自治区党史研究室刘向晖《塔城地域文化与地区社会稳定和谐的关系》以塔城地域文化为中心，解读了文化在维护边疆社会稳定和民族团结中的作用。北京第二外国语学院林越英、彭瑜《试论民族旅游发展对维护边疆稳定的促进作用》以新疆哈密为例，探讨了民族旅游发展对边疆经济稳定、文化稳定、社会稳定、生态稳定和政治稳定的促进作用。中国社会科学院中国边疆研究所时雨晴《我国边境旅游的发展机理、特征及对策研究》分析了我国边境旅游发展的影响因素和发展机理，从完善边境旅游管理体制、加强边境两国旅游合作水平及划分边境城市发展等级等方面为我国边境旅游发展提出了对策。南京师范大学白莉《“一带一路”背景下新疆艾德莱斯产业发展与创新》以文献和田野调查资料为依据，从历史传说、织造工艺、产业创新等方面研究了艾德莱斯产业，认为艾德莱斯不仅是一卷丝绸，更是代表着一个民族、一种传统的智慧和活力，其在“一带一路”建设中具有了无可替代的象征意义和现实价值。

新疆农业职业技术学院魏寒梅《塔吾尕孜村村民信仰现状和去极端化调查研究》从自然环境与社会转型、历史影响与当代宗教复兴思潮、宗教管理等方面分析了非法宗教和宗教极端化盛行的原因，西北政法大学彭红军《新疆治理宗教极端法治化初探》以地方治理先行、地方及国家共治及法律之治初成三个阶段梳理了改革开放后新疆治理宗教极端化的法治化历程，两位学者均为治理宗教极端化提出了建议。

2. “一带一路”与区域合作

辽宁大学谢晓光、杨玉霞《中国东北与俄罗斯远东区域合作：进程、挑战与对策》认为中俄双方区域合作互利共赢的局面，对中俄全面战略协作伙伴关系的发展和东北亚地区的繁荣、稳定具有重要意义。北京大学王维伟《中国与中亚的互联互通情况分析》在分析中国与中亚互联互通情况及其面临的挑战的基础上，从政策沟通、设施联通、贸易畅通、资金融通、民心相通等方面为“一带一路”视阈下进一步提升中国与中亚的互联互通水平献策。武汉大学范斯聪《“一带一路”建设下东北亚能源合作趋势分析》认为，美韩之间的能源合作应引起中国的足够重视。凯里学院李昕玮《联合国主导下的中亚地区禁毒合作机制》介绍了联合国主导下的中亚地区禁毒合作机制，认为其为中亚国家打击犯罪建立了合作平台，显著提高了中亚地区的禁毒能力。云南农业大学郭静伟、秦莹《云南面向老挝的跨境农业科技合作研究》以跨境种植的丰沙里茶为例，探讨了如何在农业领域更好践行“一带一路”建设，为和谐边疆建设和生态安全提供了个案研究。

云南省社会科学院杜娟《性病艾滋病传播与云南边境地区人口跨境安全流动》指出，如何采取更加积极、主动的政策和措施控制或减少毒品、艾滋病和人口无序流动带来的伤害，是澜沧江—湄公河流域国家和民众面临的一个难题和机遇。对外经济贸易大学赵洋《中美制度竞争分析》认为，“一带一路”倡议是中国在建立新的国际制度方面的尝试，作为一种多边合作框架也在一定程度上推动了中美两国间的制度竞争，妥善应对和处理好同美国的制度竞争是推进“一带一路”建设必须面对的课题。

3. 历史时期的中国边疆与周边关系

云南大学赵小平、查海花《先秦至汉晋时期滇缅印经济交流与“南方丝绸之路”的形成》认为滇缅、滇印贸易一直占据着中国与东南亚、南亚国家间贸易的主导地位，并共同推进了滇缅印经济贸易圈的发展，促成了“南方丝绸之路”的形成和发展。云南大学陈庆江《唐、南诏关系走向与南方陆上丝绸之路川滇段的兴衰变迁》认为，南方陆上丝绸之路川滇段的兴衰变迁与唐和南诏的关系走向密切相关。广西民族大学郑维宽《从礼仪之争看历史上中越宗藩关系的复杂性》考察了宋元明清时期中越的宗藩关系，指出表面上的礼仪之争折射出历史上中越宗藩关系的复杂性。云南大学段红云《论康熙年间中安政治关系及边疆争端》在解析清朝面临的内外部形势的基础上，研究了康熙年间中国与安南间的政治关系与边疆争端，认为清廷出于自身情况和安南复杂的内部局势考虑，对安南采取了怀柔和不干涉的政策。云南大学马琦、余华《乾隆朝中缅战争前后的贸易变动与宗藩关系》考察了中缅战争前后中缅贸易的变化过程，深入分析了对缅贸易封锁的动因、过程、结果及影响，认为缅甸迫于贸易制裁的压力而主动恢复中缅藩属关系，清政府实现了军事征战未达成的目的。

深圳大学恽文捷《19 世纪初俄国对新疆伊塔地区与中亚汗国的探索及其影响》研究了 19 世纪俄国对新疆伊塔地区与中亚汗国的四次考察报告，认为其不仅拓展了欧洲中亚研究的知识体系，推动东方学研究方法的转型，更激发了英俄的中亚竞争。内蒙古财经大学李晓标、侯淑霞《漠北危城：清末期西方人经历的库伦》借助欧美人的游历著作，介绍了清末库伦混杂的社会空间，俄国从政治、商业、通信乃至武力上主导中国漠北地区的态势及外蒙古的离心倾向。云南省社会科学院曾黎梅《边疆危机与社会动员》以“片马事件”的舆论参与为例，剖析了社会舆论动员中，边疆危机的爆发在清末“排满”风潮中的作用及影响。云南大学沙文涛、谷彦梅《民族危机下的公共关怀》以抗战时期昆明报纸的“边疆周刊”为基础，探讨了“边疆周刊”的办刊宗旨、刊登内容及其在边疆研究中的贡献，认为“边疆周刊”的出现是民族危机下社会各界公共关怀的重要体现。武汉大学杨松霖《美国对“占中”事件的介入及中国的应对策略》分析了美国介入中国香港地区事务的路径、主体及特点，认为美国的介入对弥合香港“建制派”和“泛民主派”的政治分歧无益，更使香港问题成为中美建设新型大国关系的潜在障碍。

云南大学吕昭义《清末察隅标界史实考》考述了清末赵尔丰、程凤翔所部在察隅的标界活动，指出标示的边界得到了中国和英属印度双方的承认，表明我国政府所主张的中印边界东段传统习惯线是有坚实可靠的历史证据的。云南大学王振刚《国际关系视阈下中巴划界问题述论》回顾了20世纪60年代后，中国与巴基斯坦关系的发展历程及其影响。六盘水师范学院俞家海《全球史视野下的中印边界问题研究》讨论了中印两国对不同时期各自边界的划法及中印边界争端现状，兼评“洞朗事件”，为处理中印边界问题提供了决策参考。

三 “高句丽历史与文化”分论坛

1. 高句丽史研究理论与方法的新思考

吉林大学高福顺《机遇与挑战：当下高句丽史研究的几点思考》从“视阈定位”“重塑史观”及“穷尽史料”三个角度，就当下的高句丽史研究提出了建设性意见，认为高句丽史研究应突破地缘政治或民族归属的视阈，并以新的研究范式、视角、方法重新诠释高句丽史。延边大学朴灿奎《中韩高句丽问题及解决路径和对策》研究了中韩高句丽问题产生的原因，从统筹规划、改善研究环境、加强对外学术交流及客观评价朝鲜学者等方面分析了解决高句丽问题的路径和对策。

集安市文物局董峰、集安市高句丽历史与文化研究中心尚彦臣《高句丽与东北亚丝绸之路浅析》探讨了高句丽政权与东北亚丝绸之路的关系，认为高句丽政权的兴盛乃至灭亡与东北亚丝绸之路的畅通与否息息相关。中国社会科学院中国边疆研究所范恩实《论安东都护府统治制度的演变及其对高句丽遗民的管理》借助墓志材料研究了安东都护府制度的演变及其对高句丽遗民的管理问题。中国社会科学院中国边疆研究所朱尖《高句丽国内城与不耐城关系辨析》在对相关史料记载再审视的基础上，梳理目前高句丽国内城与不耐城研究现状和争议问题，指出了高句丽国内城与不耐城研究分歧的焦点并进行了辨析，认为高句丽国内城与不耐城之间没有必然联系。

2. 考古发现与高句丽史研究

长春师范大学郑春颖《服饰学视角下的德兴里古墓壁画研究》在系统梳理德兴里古墓所绘人物服饰的基础上，认为壁画所绘服饰是大陆性气候的产物，与农业和狩猎生活息息相关，来自北方民族的因素占据上风，服饰文化的交流成为记录族群流动、社会变迁和国家兴衰的载体。通化师范学院宋伟《高句丽民俗体育文化考述》运用历史学与体育学、考古学与民族学交叉的研究方法，从文化视角分析高句丽墓葬壁画中涵盖的民俗体育项目，认为骑射狩猎、角抵、百戏等民俗体育系项目体现了民族间的文化交融，既蕴含着本民族的文化特征，又包含汉族文化元素。吉林大学宋玉彬《佛教东渐与高句丽渤海的瓦构建筑》系统研究了佛教东渐对高句丽与渤海国瓦构建筑的影响，认为随着佛教传入东北亚地区，高句丽瓦构建筑装饰的风格开启了全新时代，分布在图们江流域的佛教寺院对渤海时期瓦作技术的推广与应用发挥了推动作用。

吉林省文物考古研究所王志刚《申遗以来吉林省高句丽考古工作的主要收获》对2004年7月以来，唐代老边岗土墙调查、都城考古、山城考古、墓葬考古及遗址考古等高句丽考古工作的主要收获作了梳理。东北师范大学苗威、张瀚《辽宁省抚顺市区高句丽时代窑址考察》则从窑址位置、周边环境及瓦窑所属年代断定等方面介绍了辽宁省抚顺市区高句丽时代窑址考察情况。

四　“西南边疆的历史与现状：史料、视野与中国边疆学建构”分论坛

1. 历史时期的边疆治理

中国社会科学院中国边疆研究所宋培军《从边内、边外土司研究的视角思考中国边疆的核心标准问题》对比探讨了羁縻府州和土官土司的内外类型，提出中国边疆的核心标准，即政治文化认同、传统习惯线、直接军事管辖和直接行政管辖。大理大学罗勇《特殊军政制度与明代西南边疆研究的回顾与前瞻》从军事制度和历史地理两个方面梳理了学界对明朝西南边疆特殊军政制度的研究历程。云南大学刘灵坪《明代云南土司编户赋役问题初探》以历史政治地理及社会经济史的视角，研究了明代云南土司的编户赋役问题，认为编户赋役是衡量明代西南边疆地区土司建制区与羁縻区的重要标准。广西师范大学陈国保、刘家铨《边疆管控与政区调整：明代广西思明府州改隶之争探究》认为，思明府州改隶事件是明王朝权衡边疆社会面临的复杂局势，通过行政区划调整做出的行政应对举措，反映了王朝国家对广西边疆民族地区行政治理的策略和逐渐整合的历程。中国社会科学院中国边疆研究所刘清涛《分封与统领：元清两代以宗教领袖管理西藏的比较》以“分封与统领”为视角，对元清两代西藏治理制度中利用宗教因俗而治的制度安排作了初步探讨。中国社会科学院中国边疆研究所张永攀《明王朝经藏与南亚诸部交通史迹补释》认为明代开辟从内地通往西藏使道的实质是明王朝经略边疆的重要举措。

云南大学苑鑫《蜀汉南中经略刍论》就蜀汉经略南中的政策展开论述，认为蜀汉经略南中以服务北伐为目的，其对南中资源的攫取极大地限制了南中的发展。云南大学孙骁、王丹《略论雍正年间云南的庆云祥瑞》对清代雍正朝云南官员频繁呈报庆云祥瑞的现象作了分析，认为以庆云作为祥瑞是统治者论证帝位合法性、宣扬君权神授的一种手段。陕西师范大学王惠敏《从清代档案看金川地形地貌特点及其对清军的影响》分析了以大小金川为代表的嘉绒藏族地区迥异于内地的地形地貌对清军后勤运输和清剿行动产生的影响。

云南大学马玉华《民国政府的边疆政策研究》以民国时期边疆地区宗教概况及民国政府边疆宗教政策为中心，指出了边疆地区宗教问题与民族问题的联系，认为边疆宗教政策是民国政府边疆政策的组成部分。云南大学谢蔚《西南边疆土司的现代转型》以滇北环州土司为例，认为在诉讼的法理支持和不断武力抗争下，民众日渐脱离土司的领主式统治，土司亦逐渐实现了向地主的转型，这成为民国时期滇北土司现代转型的基本模式。云南大学娄贵品《时局演进与科系兴废：1930年代中国高校的边政学系》考察了20世纪30年代中国高校边政系的设置情况，对各高校边政系的师资、课程、学术研究、组织学会及考察旅行等方面做了介绍，指出边政学系的设置是国人应对继晚清以来的第二次中国边疆危机，培养专门筹边人才的结果。

2. 历史时期的边疆开发

复旦大学安介生《台湾历史民族地理初探》考察了清代之前台湾地区自然、人文地理特征与民族认知进程及清代台湾民族人口发展与地理分布，指出台湾地区的区域社会、民族发展以及与大陆地区关系的历史变迁，在很大程度上受到台湾地区特殊的区位与自然地理状况的影响。云南大学罗群《“国家福利”：民国时期云

南边地垦殖与边疆开发研究》指出，民国时期云南边疆垦殖发展的历程不仅体现出国家、地方和个人三者间的互动关系，更反映出近代边疆危机下三者在统一多民族国家建构的历程中保卫边疆、开发边疆的认识与实践。四川大学姚勇《滇缅抗战与边境傣族“民族主义”之困》以摆夷青年会与禅族革命党为研究对象，认为权力、文化、身份在历史过程中交织、构建的复杂性与矛盾性，不仅是边境非汉群体的普遍经历，也同样是近代中国民族国家的构建的经历。大理大学赵善庆《抗战时期西南边疆商会组织之形塑》探讨了西南边疆商会组织演进的历史实态，并对其演变原因和影响作了分析。云南大学覃延佳《中越边境苗族“难民”的跨国流动及其社会关系重构》以云南马关县金厂村为例，认为金厂苗族难民流动的不同历史阶段既是国家力量深入地方的反映，也是边地居民形塑自我与群体认同的重要维度。

四川大学霍仁龙《传统时期云南山区农田水利研究》运用 GIS 方法，研究了云南山区农田水利与自然环境的关系，探讨了不同水利类型之所以形成和空间分布差异的自然地理背景，并以掌鸠河为个案剖析了传统时期在复杂地理环境影响下水利类型的空间分布特点。云南师范大学张永帅《时空交织视角下的抗战时期开发云南水运的设想与实践研究》揭示了特定的“时间”属性和特殊的“空间”属性对云南水运开发的塑造作用。

西南林业大学李正亭、孔令琼《边疆治理的民族生态适应视角》以傈僳族为中心，认为傈僳族在适应、利用和改造自然过程中积累和形成的知识、经验，是与特定环境相适应的生态智慧，挖掘民族生态智慧有助于推进民族地区生态文明建设。中共云南省委党校马喜梅以云南多民族共生为视角，探讨了中国特色解决云南民族问题的正确道路。

3. 史料、视野与中国边疆学

云南大学潘先林、张黎波《“年代”史视野与民国云南历史的断面考察》探讨了“年代”史视野的研究范式及其近年来的运用，兼论《民国云南通志馆征集各县资料》的史料价值，指出以“年代”视野对民国云南历史进行断面考察，有助于突破云南近现代史研究以“事件”为时段划分界标、偏重政治史的传统范式，呈现各时期云南历史的“年代”特征和断面形貌。

中国社会科学院中国边疆研究所刘洁《藏东南圣地志〈工布苯日神山志〉考论》在对该志进行考述的基础上，认为该志及其相关文献资料为研究历代中央政府的治边方略对边疆少数民族地区宗教文化发展所产生的影响，提供了较为典型的范例。云南大学周立英《民国初年云南地方志的划时代发展》梳理了“云南各县地志资料”的纂修时间、内容、特点及史料价值，认为“云南各县地志资料”开创了近代云南地方志纂修的新例，对后世志书的编修产生了重要影响。云南大学年四国《民国云南通志馆相关问题考论》介绍了民国云南通志馆的设立背景、运作流程、存讫时间及《新纂云南通志》编修、刊印过程。云南师范大学张振利《〈云南通志馆征集各县大事资料〉概说》则从资料来源、编纂体例、内容、史料价值等方面对《云南大事记》初稿、《征集各县大事资料》原稿作了阐述。云南师范大学张黎波《民国云南通志馆与“各县交通资料”的征集》梳理了云南各县交通资料征集、编撰的背景和过程，全面介绍了该项文献的内容、史料价值、文献价值和不足之处。陕西师范大学卢中阳《民国滇南游记中的瘴疠研究》通过对瘴疠的认知程度及其与民国滇南开发的关系，认为游记作品关于瘴疠的正确认识既是民国滇南开发成果的写照，也反向促进了当地发展。云南大学张轲风《考辨与解读：中国古代渡水皮具的形制、起源与传播》通过对习见传统史料的重新解读和详密考辨，认为浮囊、皮筏主要分布于西北黄河上游地区及西南零星地区，皮船则主要分布于西南长江上游地区和北方渔猎地区，三者是不同的渡水工具，具有多地共同起源的特点，从而厘清和纠正了学界的认识混乱和错讹。

华南师范大学钟蕊、赵耀龙《藏传佛教格鲁派宗师宗喀巴的人生时空轨迹》采用地理信息技术方法，构建了藏传佛教格鲁派宗师宗喀巴的人生时空轨迹，为进一步量化分析宗喀巴宗教思想形成过程中地理环境的影响及其人地关系提供了基础。云南师范大学周智生《维护国家统一与促进边疆发展：格桑泽仁治康思想再认识》梳理了民国时期格桑泽仁治理康区的基本思想及其践行历程，认为格桑泽仁的治康思想充分体现了一个爱国、爱乡的民族精英为国分忧的时代担当和家国情怀。四川大学黄茂《李安宅文化人类学研究视野中的边疆开发思想》解析了李安宅边疆开发思想的内涵和历史意义，认为李安宅文化人类学研究中的“跨文化比较”和“参与式观察”为我们理性认识和建构民国时期的边疆民族提供了研究范式。

综上所述，此次会议呈现出五个特点：第一，本次会议采取分论坛的研讨形式，体现了中国边疆学学科建设的不断深化。第二，学术研究与解决现实问题密切结合，凸显了中国边疆学学科建设的重要现实意义。第三，视角多元化，前沿性强，体现了目前中国边疆学研究中的新特点，既注重研究方法、研究视角的多元化，又注重对史料的利用和重新解读。第四，既重视宏观理论的建构，又重视具体事实的考察，宏观研究与微观研究密切结合，体现出学术研究的不同旨趣。第五，论文质量较高，不少论文具有重要的理论导向意义，有助于学术讨论的进一步深化。①

（撰稿：苑鑫，云南大学历史与档案学院博士研究生；韩杰，云南大学历史与档案学院教授）

【“北部边疆研究与中国边疆学构建”学术研讨会】

2017年10月14—16日，“北部边疆研究与中国边疆学构建”学术研讨会在内蒙古锡林浩特市召开。该会议由中国社会科学院中国边疆研究所东北与北部边疆研究室、马克思主义国家与边疆理论研究室与锡林郭勒职业学院联合主办，来自北京、内蒙古、河南、黑龙江、吉林等地的40余位专家学者出席了会议，并围绕“中国边疆研究的理论与方法”“北部边疆民族政权与文化”“近代边疆危机”和“当代中国边疆的治理与发展”等议题展开了讨论。

关于中国边疆研究的理论与方法，有学者认为，我国北部边疆有悠久的历史文化遗产和诸多的项目选题，需要学术同仁不懈努力；北部边疆研究的成果，会成为边疆学的重要组成部分。如何诠释和理解中国多民族国家疆域的形成和发展，是今年学术界关注的热点话题和学术前沿问题。有学者认为，西方“民族国家”理论不能解释中国历史上族群的互动、融合与凝聚，而“中华民族是一个”和“中华民族多元一体格局”的理论对于构建

① 苑鑫、韩杰：《连通“一带一路”的中国边疆：历史、现状与发展——第五届中国边疆学论坛综述》，《中国边疆史地研究》2017年第4期。

适合阐述中华大地政权更迭和族群凝聚交融轨迹的话语体系有着重要意义。学者们从各自的专业领域和视角就中国边疆学的构建阐述了自己的看法和观点，大家对“近代以来中国边疆研究的三次高潮对边疆学的建构有着重要意义”和“2016 年 5 月 17 日习近平总书记在哲学社会科学工作座谈会上有关学科体系建设的论述，为构建中国边疆学这门学科提供了难得的历史机遇”都表示认可。另外，与会学者还就“华夷关系”、如何收集和使用口头资料、中国边疆研究也需要借鉴国外的相关研究成果等议题进行讨论。

研究游牧民族及其所建立的政权，是北部边疆研究的重要内容。有学者就 17、18 世纪土尔扈特汗国与沙皇俄国的经贸、政治关系做了全面考察。有学者则从人地关系的角度诠释了慕容鲜卑早期兴起的历史过程，认为正是对地理环境的适应与利用，决定了慕容鲜卑早期的兴起。有学者提出，游牧民族不仅孕育了瑰丽的游牧文明，也创造了绚丽的法制文化，因此挖掘蒙古族司法文化遗产，弘扬民族法制文化的当代价值，是民族地区司法实践和司法服务要关注的一项重要课题。

近代边疆危机历来是中国边疆研究的一个重要课题，长期受到学者们的关注。此次有关该议题的发言涉及以下几个问题：一是民国元年北京临时参议院审议的“西蒙古案”，二是清末库伦“援俄独立”事件，三是北平沦陷时期蒙藏学校的命运和国民政府态度。作者们就上述问题所作的阐述和结论，都得到与会学者们的肯定。当然，此次会议还讨论了近代移民和农业开发对边疆地区产生的重要影响。

关于当代中国边疆的治理与发展，学者们关注的焦点集中在治理和发展两个方面。众所周知，民族区域自治制度是我国的基本政治制度，它在促进边疆地区稳定与发展方面发挥了至关重要的作用。2017 年恰逢内蒙古自治区成立 70 周年，有学者从超越、创新与发展三个维度解读了内蒙古自治区成立 70 周年的重要意义，认为中国共产党领导下建立的内蒙古民族自治政府以及后来的内蒙古自治区人民政府，是在发挥“大一统”历史资源正面效应的基础上，对王朝国家“藩屏体系”的超越，是运用马克思主义民族理论实现民族自决自治的创举。民族区域自治制度促进了内蒙古政治、经济、文化、社会、生态建设的全面发展，促进了统一的多民族现代化中国的建设和发展。也有学者指出，实行民族区域自治，是内蒙古各族人民的历史选择，内蒙古自治区的成立开创了实现各民族共同繁荣发展的新模式。“一带一路”倡议为边疆地区提供了极为难得的发展机遇。学者们还围绕“中俄蒙经济走廊”建设以及在“一带一路”倡议背景下边疆地区的对外开放和与周边合作等议题展开了讨论。

这次会议是在“中国边疆学”构筑的关键节点上召开的一次会议，对于推动北部边疆研究和中国边疆学的构筑具有重要意义。

（供稿：阿拉腾奥其尔，中国社会科学院中国边疆研究所研究员）

【中国边疆治理与中国边疆学构筑高层论坛】

2017 年 10 月 20—21 日，由云南师范大学主办，云南师范大学历史与行政学院、云南师范大学中国边疆学研究所承办的中国边疆治理与中国边疆学构筑高层论坛在昆明召开。来自国家清史编纂委员会、中国社会科学院历史研究所、中国社会科学院中国边疆研究所、北京故宫博物院、“台北故宫博物院”、沈阳故宫博物院、中国人民大学、中央民族大学、台湾辅仁大学、兰州大学、陕西师范大学、西北大学、云南大学、云南师范大学、西南民族大学、黑龙江大学、新疆社会科学院等高校和科研机构的60余位学者，围绕中国边疆治理及中国边疆学的构建等主题进行了研讨交流。①

边疆史地研究源远流长

中国边疆研究历史悠久，成果丰硕。国家清史编纂委员会副主任马大正提出，中国的边疆研究经历了千年积累、百年探索。中国先民对边疆的关注较早，在上古典籍中，便有关于边疆的记载。进入阶级社会后，边疆进一步成为中央王朝不可回避的重要问题。19世纪以来，中国边疆研究出现了三次高潮。第一次是嘉道时期，主要专注于西北边疆史地。第二次是20世纪30—40年代，边疆研究在范围、领域、视角和方法上有所拓展，对边疆史地、边界沿革及边患、边疆社会等皆有涉及，逐步成为一门现代“边缘学科”。第三次是中国社会科学院中国边疆史地研究所的成立，此后边疆学研究逐渐形成了以中国古代疆域史、中国近代边界沿革史和中国边疆研究史为主要内容的三大研究系列。

长久的学术研究积累了丰硕成果。中国社会科学院研究生院教授李尚英提出，近30年来出版的专著和论文在选题上多有创新；在研究方法上，已逐渐与法学、民族学、宗教学、外交学、社会学、考古学等学科相结合；从学术影响上看，既有学术价值，又具现实意义，对于总结已有成果和揭露外来势力的干涉、发展边疆地区有着重要的借鉴作用。

历代治边经验十分丰富

自秦汉以来，历朝历代都十分重视边疆的经营与治理，并在实践中积累了丰富经验。广义的边疆治理，包括管理和开发两个方面。云南大学西南边疆少数民族中心教授方铁提出，制定适用于边疆的统治策略与治理方法，是中原王朝治边的重要特色。羁縻之治是秦汉、唐宋至元明清边疆治理的一项重要政策，封建王朝通过较为宽松灵活的统治形式，与“四夷”建立政治同一体的关系，有利于统一多民族国家的巩固和发展。在边疆开发方面，元朝以前，中原王朝在边疆地区重在防守而轻视开发。元明清加强对边疆的治理，巩固和促进了边疆地区经济的发展，使边疆和内地逐渐融为一体。

清朝根据边疆各民族原有制度及民族特色，分别实行适于各民族的边疆政策，即“修其教不易其俗，齐其政不易其宜”。如在东北地区对八旗兵民施行八旗制，对吉林边民施行姓长制；对当时蒙古地区实行盟旗制；在新疆地区实行伯克制；在西南地区则推行土司制度。这些政策加强了边疆与内地的联系，加速了边疆和内地的一体化进程。辽宁社会科学院历史研究所副研究员孟繁勇提出，盛京将军在东北最终将权力集于一身，行使总督权力，为盛京地区建立行省扫清了障碍，推动了盛京地区与内地一体化的进程。西北大学历史学院讲师陈跃认为，乾隆时期朝廷鼓励内地民众移居新疆，并在汉人集聚区设立府州县等与内地一致的行政建制，从而在地域治理体制上实现了新疆东部地区从边疆到内地的转变。

“大一统”思想始终贯穿于中国古代边疆治理实践，对边疆治理策略乃至边疆态势的形成产生重要影响。国家清史编纂

① 云南师范大学历史与行政学院：《中国边疆治理与中国边疆学构筑高层论坛在我校成功举办》，云南师范大学网站（http：//www. ynnu. edu. cn/info/1099/17731. htm），2017年11月3日；于爱华：《加强中国边疆学科体系建设》，中国社会科学网（http：//www. cssn. cn/lsx/slcz/201712/t20171221_3787391. shtml），2017年12月21日。

委员会委员李治亭提出，如何认识、正确解读中国古代边疆治理，不仅是“边疆学”而且是中国历史的一个基本问题。中国历史的特殊性就在于，边疆及其民族的历史演变最终与内地凝聚成大一统的中国疆域，形成空前大一统的多民族国家。中国历史的这一漫长过程，唯有“大一统”的理论才能给予准确解读，揭示其真相和本质，阐述边疆走向的内在动因。

兼顾历史与现实

中国边疆研究的千年积累、百年探索继承以及近30年的创新实践，为构建中国边疆学科体系奠定了坚实的基础。马大正认为，中国边疆学是一门研究中国边疆历史与现状的专门学科，从研究时段看，中国边疆研究离不开古代、近代、现代历史演进历程。因此，历史学的理论和历史学的研究方法是中国边疆学赖以生存的基础。但由于中国边疆这一特定研究对象的多维性、复杂性，中国边疆研究体系中包括了基础研究与应用研究的二元性结构，仅仅历史学科的理论和方法已不能完全适应新形势下边疆问题研究的全部，因此，需要集纳多学科的理论和方法，诸学科间互通、交融和集约十分必要。

云南大学公共管理学院教授周平提出，对边疆的认识应注意以下几点：一是从国家疆域的角度看边疆。边疆实际上就是国家疆域的边缘部分，因此，认识边疆一定不能离开疆域，只有站在疆域的基础之上，才能对边疆作出本质上的解释。二是以发展的眼光来看待边疆。边疆是在国家疆域的概念上的界定，基本上说是疆域的边远部分的存在，这是一种变动的存在。纵观历史，古代边疆、近现代边疆、当代边疆，无论性质还是形态都有很大的不同。三是立足国家治理看边疆。边疆、边疆治理一定要和国家治理结合起来，要为国家的边疆治理提供理论解释和解决方案，只有这样的边疆研究才有价值和意义，构建中国边疆学的目标才能实现。

（撰稿：于爱华，云南师范大学历史与行政学院）

【第五届“亚洲海洋安全论坛”】

加拿大当地时间2017年10月26—27日，由中国南海研究院、南京大学中国南海研究协同创新中心、加拿大阿尔伯塔大学中国学院、中美研究中心（ICAS）等共同举办的第五届“亚洲海洋安全论坛”在加拿大埃德蒙顿的阿尔伯塔大学召开。来自加拿大、中国、美国、韩国、新加坡、越南、菲律宾等国家的涉海研究机构及知名院校的专家、学者、外交官共60余人参加了此次研讨会。

中国驻加拿大特命全权大使卢沙野受邀出席论坛开幕式并发表主题为《以人类命运共同体为指导，协同共建和平合作之海》的主旨演讲。中国南海研究院院长、南海中心副主任吴士存，南海中心执行主任朱锋分别在开幕式、闭幕式上致辞并主持分论坛。

吴士存院长在致辞中简要分析了当前南海形势，并提出四点建议：一是中美两国应建立有效机制，管控南海潜在危机；二是中国与东盟应排除外部干扰，加快推进“南海行为准则”磋商，共同维护南海地区的和平稳定；三是争端方应自我克制，避免在争议海域单方面进行资源勘探与开发活动；四是中国与相关当事国应通过直接谈判与友好协商，努力找到彼此能够接受的解决争议的办法。

朱锋主任在致辞中指出，中加两国地理位置和地缘环境完全不同，在全球化背景下，双方关系却密不可分；推进西太平洋地区海上安全与稳定，中国需要加拿大学术界和政策界的善意建议与积极理解。当前南海问题虽然趋稳趋缓，但争议与博弈都还远未解决。加拿大学者的北极问题研究可为南海合作机制的建立提供借鉴，中加两国致力于南海地区环境、生态与资源保护的紧密合作，更能为南海全面走向“合作、和平与友谊之海”带来贡献。

此届论坛主题为“海洋安全与合作：亚太与极地的机遇与挑战”，设立“地缘政治及安全挑战”“航行安全与挑战”“海洋环境保护”“争端管控和海洋治理”“海上合作”五个分论坛。与会学者分别就当前南海地区形势、可能引发南海航行安全问题的潜在因素、海洋争端解决机制、北极地区的地缘政治竞争等进行了探讨，并就“南海行为准则”磋商、地区功能性合作机制建设、极地事务与海洋治理领域的国际合作等提出了政策建议。在“海上合作”分论坛上，南海中心南海资源环境与海疆权益平台负责人邹欣庆作了题为《应对海洋环境、渔业资源挑战的中国边缘海海洋合作》专题演讲，宋继伟博士也就台海关系中的南海问题在论坛上作了专题发言。

“亚洲海洋安全论坛”由中国南海研究院与加拿大阿尔伯塔大学中国学院于2013年共同发起，目前该论坛已发展成为双方合作备忘录框架下的重要机制化交流平台。①

【第六届浙江大学海洋法律与治理国际学术年会“历史性权利与海洋法”国际学术研讨会】

2017年10月28日，由南海中心法律平台浙江大学海洋法律与治理研究中心和浙江大学光华法学院共同举办的第六届浙江大学海洋法律与治理国际学术年会在杭州举行。此次会议的主题是“历史性权利与海洋法”，来自英国卡迪夫大学、美国爱达荷大学、布鲁塞尔自由大学、英国诺丁汉特伦特大学、西澳大学、韩国仁荷大学、上海交通大学、西南政法大学、华东政法大学和海南大学等多所高校和国内相关科研单位的近50名专家学者受邀参加此次会议并就所设议题进行专题发言与讨论。

此次研讨会旨在推动海洋法学的研究与交流，促进国内相关学术单位及学者间的合作，进一步加强对我国历史性权利相关领域具体问题的研究，会议主要就以下五个议题展开讨论：“国际法上的历史性权利”“国家实践中的历史性权利”“历史性权利和南海仲裁案”“历史性权利与联合国国际海洋法公约”“南中国海中的历史性权利”，另外此次会议首次开设了一个青年论坛，旨在为国内青年学者、在读博士研究生创造一个交流平台，博采众长。

各发言人就相关议题作了精彩的报告，主持者或以抛砖引玉的方式进行提纲挈领的介绍，继而引发热烈的讨论；或以学科交叉的视角提出自己独有的观点供参会者商议、探讨，会场气氛十分活跃。

在海洋主权面临挑战的严峻形势下，我们不断地探索如何维护中国在南海水域内享有的历史性权利具有重要的现实意义。此次国际会议，为国内外海洋法专家提供了相互交流的机会，为海洋法领域的发展提供了智力支持，同时也为中国运用法律武器解决南海争端以及发展海洋强国战略提供了崭新的思路。此次会议得到了来自中国外交部、国家海洋局、浙江大学外事处等多个部门的大力支持，正是在它们的鼎力协助下，会议才取得圆满成功。②

① 《中—加联合举办第五届“亚洲海洋安全论坛”》，中国南海研究协同创新中心网站（http：//nanhai. nju. edu. cn/6e/f0/c5327a225008/page. htm），2017年11月1日。

② 《第六届浙江大学海洋法律与治理国际学术年会“历史性权利与海洋法”国际学术研讨会圆满举行》，中国南海研究协同创新中心网站（https：//nanhai. nju. edu. cn/70/db/c5795a225499/page. htm），2017年11月3日。

【中国民族史学会第九次会员代表大会暨第二十次学术研讨会】

2017 年 10 月 28—29 日，中国民族史学会第九次会员代表大会暨第二十次学术研讨会在贵阳召开。会议由中国民族史学会、贵州师范大学联合主办，贵州师范大学历史与政治学院承办，来自全国 23 个省市区的 45 所高等院校和科研机构的近百位学者围绕“中国民族史学科体系的创新与发展”进行深入研讨。

此次研讨会包括主题报告和分组讨论两部分内容。主题报告由烟台大学崔明德教授主持，中国社会科学院学部委员、民族学与人类学研究所史金波研究员，中国民族史学会顾问、宁夏大学陈育宁教授，南京大学华涛教授，西南大学黎小龙教授，内蒙古大学齐木德道尔吉教授，贵州师范大学徐晓光教授，中国社会科学院中国边疆研究所李大龙编审，中国社会科学院民族学与人类学研究所刘正寅研究员，云南大学罗群教授先后进行主题发言，其后是分组讨论。根据会议收到的论文，结合会议讨论，现将此次会议研讨情况综述如下。

一　民族理论探索与话语体系构建

民族理论探索与话语体系构建问题，是我国民族史研究的根本问题之一，这一问题无论对于我国民族史学科体系的创新、完善与发展，还是对于我国统一多民族中国的历史书写，乃至对中华民族形成与发展的认知都具有重要的指导意义。此部分共有 8 篇论文，内容涉及中华民族形成理论探讨与话语体系构建、民族史研究内容与重点、民族史研究的创新和民族史家评论等方面。李大龙对阐述中华民族形成与发展的视角、理论和方法进行了系统的解读和阐释，指出在中国古人的话语体系中并没有当今的“民族”意识，“中华民族”中的“中华”是一个文化符号，制度是其核心要义。当今学者从“民族国家”的视角来解读中华大地上族群互动和凝聚的历史难以形成“无缝对接”，呼吁要摆脱“民族国家”理论的束缚，从传统王朝国家向近现代主权国家转变的视阈，重新构建适合阐述中华大地政权更迭和人群凝聚交融轨迹的话语体系，不仅是迫切的现实需要，也是学界应该负起的重要使命。华涛对唐以后一千年中国民族关系的特点和意义进行了总结，指出唐以后一千年历史的发展，奠定了中国的民族格局，并且经过这一千年末期的“反满”革命，现代中国民族群体和民族意识形成，而其后经国内国际关系的发展，最终定格了中国的民族格局，也留下与民族问题相关的巨大挑战。如何从民族史的视角阐述中国历史的发展，如何在合适的学理阐述的基础上，在政策安排和舆论扩散中处理好民族关系，仍然是当今中国社会各个方面面临的大问题。西南民族大学马廷中探讨了中国民族史的研究内容，指出历代中央王朝的民族政策是民族史研究众多内容中的基本内容，其内涵和外延涉及面极为广泛，因此认为历代中央王朝的民族政策应是中国民族史研究重点内容。广西民族大学唐晓涛从理论、方法角度探讨了民族史与历史人类学、区域社会史结合的研究范式，指出要善于运用历史人类学的理论与方法去解读分析文献，往往会对民族区域社会史的旧课题有新的见解。关于历史人类学研究的问题，贵州师范大学石峰亦提交论文主要以瑞典人类学家艾尧仁以及其他几位历史人类学家的学术实践、学术理念为例，力图阐明历史的“切面与过程”，皆是历史人类学的关注点。吉首大学成臻铭以土司研究为个案，从构建“土司学”的视角，总体考察与评估了“土司学”的提出以及推进速度和力度，指出虽然“土司学”被提出后引起了政界和学界重视，也取得了一定的进展，但是推进力度有限，未来还需要在土司资料发掘整理和研究内容拓展、加强土司学学科理论体系构建两个着力点上有所突破。宁夏大学张宇龙对陈育宁先生的《中华民族凝聚力的历史探索》《民族史学概论》《中华民族史学理论新探索》民族史学理论“三部曲”进行总结评析，指出“三部曲”是目前为数不多且具有整体性、系统性、连贯性的民族史学理论著作。

二　民族史史料挖掘与考证

傅斯年先生曾说过“史学便是史料学”，虽存在一些争议，但足见史料对于历史研究的重要性。在此次大会上很多学者提出从史料的角度进一步深化和拓展我国民族史研究。这些研究涉及史料价值评判、史料专题研究和史料挖掘运用三大方面。

在史料价值评判方面，史金波将近代出土的西夏社会文书置于西夏历史，乃至中国历史的视阈下，分析其对中国史学的多方面贡献，指出西夏社会文书填补了11—13世纪中国社会文书的空白，对中国政治史、军事史、经济史起到了重要的补充和贡献，同时对我们清晰地认知西夏黑水城地区的社会状况、复原西夏社会面貌亦起到重要作用。另外，由于西夏与同时代的宋、辽、金有着密切关系，所以西夏社会文书还具有整个时代的典型意义。中央民族大学周润年首先详细探讨了藏文史籍的种类和内容问题，进而从藏文史籍对研究察哈尔史、察哈尔历史人物、察哈尔宗教、察哈尔机构、察哈尔与藏族关系五个方面的作用，系统分析了藏文史籍对察哈尔研究的价值。贵州师范大学严奇岩指出竹枝词是独具史料价值的历史民族志，在贵州民族史研究中可以起到“以诗证史”和“以诗补史”的作用。陕西师范大学王启明分析了《新疆图志》在清代新疆多语史料中的学术应用价值。

在史料专题研究方面，齐木德道尔吉向大会展示了其团队对蒙古国发现的《封燕然山铭》摩崖石刻的调查和研究情况，同时在其提交的论文中又对内蒙古大学学者利用17世纪上半叶满文、蒙文和汉文档案研究清初蒙古史的情况进行了回顾，显示出了内蒙古大学在该领域学术研究和队伍建设方面取得的突出成就。暨南大学陈广恩对各版本《事林广记》中的蒙古元素问题进行了研究，分析了蒙古元素出现的原因、展现过程和展现出的主旨等问题。西南民族大学杨铭、李仲良对丝绸之路沿线出土的古藏文契约文书的刊布、研究和出版等诸多方面的内容进行梳理和说明。中国社会科学院阿比古丽·尼亚孜以维吾尔历史达斯坦《斯依提诺奇》为例，从口头传统艺术的视角看历史事件在被群众消费的过程中是如何从真实走向虚构，而虚构又如何反映了时代的真实。中国社会科学院温拓通过对宇文部、北周以及契丹对于先世表述的文本形成过程进行研究，试图揭示三种不同政权在各自表达中的目的与意涵，同时对“炎帝之后”真正含义做出重新解读。

在史料挖掘运用方面，中央民族大学尚衍斌基于文献资料用一篇极其严谨的考据学文章对元代高昌廉氏家族成员的史事做了考述，意在从一个侧面窥测当时内迁畏兀儿人与元代社会交融互动的某些实相，对于我们全面了解元代各民族共同创造多元文化交相辉映的时代脉动有所助益。北京师范大学王东平基于清代档案资料，对伯克在清代天山南路刑事案件中的角色和作用进行了解读。宁夏社会科学院张琰玲、王艳春利用相关文献资料对元代海道都漕运万户府达鲁花赤买述丁的籍贯、生平、家族等情况进行了考述。中国社会科学院王耀借助一则新史料，并结合察合台文文献，就“香妃”一词的跨文化、跨地域的传播过程提出了新看法。通化师范学院赵春兰依托史料和图像资料对突厥第二汗国王冠图案的文化内涵进行了再考释。中国社会科学院苏杭通过充实的史料对北魏、北齐时期汉人歧视与胡姓赐予问题进行详细的分析，讨论了北朝的权力边界与族类边界问题。新疆师范大学魏晓金利用《清代新疆档案选辑》资料，对清末吐鲁番诉状制作者官代书进行了研究。中国社会科学院张熙勤通过对相关史料进行分析、考订，明确了不同时期元代南台官吏设置的具体情况，并对相关史料的谬误之处进行了订正。此外，云南大学潘先林对刘曼卿入藏以及《康藏轺征》进行了梳理说明。中国社会科学院扎洛利用藏文等原始史料对洞朗对峙的历史背景分析，不仅具有学术价值，还对国家的外交决策有重大现实意义。

三　民族政治与民族关系

民族政治和民族关系，在此次大会中论文占比最大，有 30 余篇论文涉及这个方面。探讨内容包括历代对民族地区的管理、民族发展与区域格局、民族认同、民族关系史等方面。刘正寅用翔实的资料论证了清朝西域治理的制度从札萨克制到伯克制的设计和调适，指出清廷对西域管理制度的设计是札萨克制，实行于天山南路回部的伯克制不过是清朝回部治理政策调适的结果。伯克制丰富和发展了清朝边疆民族治理模式，成为清朝藩部治理体系的重要组成部分。中国社会科学院周峰对辽代倒塌岭节度使设置的背景、设置与沿革、作用问题进行了梳理与考证。广东省民族宗教研究院宋永志则以《武职选簿》为中心对明代两广地区的达官军进行了考察。吉首大学瞿州莲对康熙时期治理湘西的政策与调整问题进行了研究。中国社会科学院彭丰文评价了北魏对北部边疆治理政策的得失。中央民族大学喜饶尼玛、冯翔利用台北“国史馆”所藏档案和英国外交部档案，对“热振事件”前后国民政府对五世热振活佛的态度及治藏政策作了比较详细的考察。贵州师范学院刘海霞对唐代边疆封授政策进行了探研。西藏民族大学陈鹏辉对清朝围绕治藏的筹边方略进行了探讨，分析了从重西北到重西南的战略转变过程。河北师范大学文志勇借助吴忠信《主新日记》和其他档案资料，探讨了民国时期吴忠信主政新疆的原因、过程和影响等问题。贵州师范大学程泽时对清代贵州苗疆的寨款与相约、保甲、团练问题进行了研究。贵州大学栾成斌从梵净山明清两朝的兴衰，探讨了湘黔苗疆治策的调整。贵州师范大学杨斌以贵州的土家族地区为对象，对土家族地区的土司制度存续时间、改土归流的起止时间等问题进行了考察。贵州师范大学罗权考察了明代贵州军事戍防体系。中南民族大学张福强等对五世达赖喇嘛和六世班禅“进京朝圣”进行比较分析，总结出“和而不同”的特点，反映出清王朝对西藏地方政策的一致性与连贯性，以及西藏地方对中央政府的向心力和中央政府对西藏地方的控制力越来越强的基本走势。宁夏社会科学院黄鑫对南京国民政府与地方军阀关于宁夏建省的设立和对阿拉善蒙旗控制问题进行了探讨。以上为民族地区管理问题的研究，涉及民族地区管理制度、政策及官员设置等方面的内容。

在民族发展与区域格局形成方面，陕西师范大学王欣提交论文从何为吴客、吴客出使西域与南北朝前期的东亚政治格局三个方面对当时复杂的东亚政治格局与族际关系进行了探讨。贵州师范大学白林文则以贵州的田、杨、安、宋四大土司为例，探讨了西南土司的发展对中华民族多元一体格局形成的历史贡献。

在民族认同方面，贵州大学文厚泓从宗教社会学视角，考察了藏密东传运动中，蒙、藏、土、纳西等族藏密高僧引导当地诸民族接纳现代统一多民族国家的共和政治共同体、建设和维护共和政治共同体过程，指出藏密东传对中国现在多民族国家建构具有重要而积极的政治影响。长江师范学院雷信来立足相对宏观的视域，探讨了历史时期云南、西藏、新疆与中央王朝离散聚合的所以然之故，指出云南历史时期比较成功地处理了与中原王朝的关系，希望借助于云南的“他山之石”为我国善治西藏、新疆民族问题提供借鉴。

民族关系史方面，暨南大学贾海涛指出“民族融合”是一个积极现象，其出现的原因、条件、过程和结果应该是复杂的，不同历史时期的民族融合特点和表现形式不尽相同，很难有一个固定的模式和绝对一致的结论，文章通过对中国古代民族关系基本特征和发展规律研究，归纳了几种民族融合的互动方式。中南民族大学陈文元以明代鄂西南施州卫为例，讨论了卫所移民与土司社会互动，指出在长期交往中卫所移民与土民在经济、政治、文化、社会等诸多方面出现“夷汉互融”的现象，在“夷变汉”与“汉变夷”之间，汉族与土家族从对立走向融合。中国社会科学院易华探讨了夏与汉之间转换融合关系，指出东周夷夏大转换，秦汉又夏转汉，汉族实际上是夷夏转换与融合的结果。辽宁师范大学李玉君提交论文以宋辽金三朝为例，探讨了中国古代王朝政治博弈中的“华夷之辨”。同样宁夏社会科学院魏淑霞就“夷夏之辨”近代嬗变的表现及此种背景下近代意义的大民族观形成进行了探讨。云南大学刘兴成在将以往研究的总结之后，对唐与东突厥“和亲”问题进行了新思考。吉林师范大学吴忠良以渔权问题为中心，对乾隆朝时期松花江流域各民族权力关系进行了探讨。中国社会科学院朱尖基于政权建构与族群凝聚的视角对高句丽民族（人）的起源与发展演变问题进行了探讨。

此外，铜仁学院李锦伟对贵州地区羌族的由来作了详细的探讨。贵州师范大学王兴锋详细讨论了东汉南匈奴单于庭驻地四次迁移的情况。内蒙古大学王鹏系统分析了元朝内部大都与上都之间的战争的原因。云南大学娄贵品对蒋介石中华民族宗族论与抗战时期第二次宪政运动中的“五五宪草”修正意见进行了系统研究。

四 民族经济与文化

民族经济与文化是此次大会讨论的又一重要议题，近30篇文章与该议题有关，占文章总量的三分之一多。民族经济方面探讨内容涉及民族地区人口、贸易、商人、借贷、赋役、农作物引种、手工艺传承与发展等方面。徐晓光从清水江“皇木征派”肇始、神话传说反映的杉木种植、清朝前期“争江”反映的利益冲突、国家政治经济法律管辖齐头并进四个方面对黔东南清水江流域杉木贸易发端问题进行了研究。同样贵州师范大学安尊华关注区域也是清水江流域，探讨了该地区苗侗民族民间借贷问题。罗群对民国时期云南的边地垦殖与边疆开发问题进行了系统研究，指出民国时期云南边疆垦殖发展的历史进程不仅体现出国家、地方与个人三者的互动关系，更反映出近代边疆危机下三者在统一多民族国家建构的历史过程中保卫边疆、开发边疆的认知与实践。西南民族大学秦和平探讨了番薯、玉米、土豆等农作物的传入种植对四川山地民族交往的影响。塔里木大学李鑫鑫则对欧亚种葡萄引种中国的过程和相关历史问题进行了探究。吉林师范大学许淑杰借助于文献资料对清代吉林的满族人口分布与发展问题进行了研究。云南大学刘灵坪从历史、政治、地理与社会经济史的视角，对明代云南土司编户赋役问题进行了考察。重庆工商大学徐德莉对民国时期新疆货币的发行与流通做了详细梳理，指出新疆财政金融的混乱与秩序，以及民国货币金融与政治、经济及社会结构的复杂性，为今天新疆金融建设与经济治理提供启示。烟台大学杨志娟从商人的视角探讨了“回回”商人对回族形成的意义。大理大学赵善庆同样以商人为对象，分析了清末民初云南走廊地带商人群体的整合与商人组织的嬗变情况。西藏民族大学周毓华等立足历史文献和田野实地调查资料，追溯了西藏昌都地区手工艺的历史传统，认为传统手工艺的发展对历史文化传承、增加居民收入、促进西藏产业结构调整、文化输出等都具有积极意义。

民族文化方面涉及民族文化特征、思想、信仰、教育、习俗、认知与文本书写等。陈育宁对西夏文化的形成过程、主要内涵和主要特征问题进行了详细的分析。海南师范大学隋丽娟则对清末民初达斡尔文化变迁的原因作了探讨。华中师范大学蔡靖泉从历史学角度对屈家岭文化进行详细考察，展现了江汉地区三苗酋邦及其联盟的昌兴。黎小龙、徐难于对阴阳五行观与两汉民族思想关系进行了分析，指出阴阳五行观与民族思想在两汉时期开始契合并深化拓展达到系统化和体系化，对当时和后世影响极大。烟台大学郑炜则探讨了元好问的民族思想和来源，指出其民族思想对金末元初中国民族思想的发展产生重要影响，在我国民族思想史上占有重要地位。贵州师范大学刘荣昆和刘永海分别对彝族树木崇拜的思想内涵和乡村治理功能，以及许逊信仰的民族性展开了研究。兴义民族师范学院彭建兵亦对布依族树神信仰与树神崇拜问题进行了探讨。广西师范大学刘超建以近代新疆为例探讨了新疆传统民族教育从传统经学向近代化教育的转变。西藏民族大学张屹则对吐蕃苯教教育问题进行了分析。中国社会科学院张新朝对东北古民族的“放偷”习俗的产生流变进行考察。绥化学院由婧涵则探讨了东北地区望奎皮影艺术的文化特色。南京大学杨晓春以明末清初杭州丁澎家族为例探讨了跨文化关系中的回回士人。凯里学院吴才茂探讨了明代贵州卫所官军的籍贯及其对民族分布的影响问题。陕西师范大学徐百永对近代有关“西藏”的社会认知与文本书写进行了考察，指出这将有助于反思我们认识西藏的方式、进程，也可以窥探近代以来知识精英急切认识西藏、解决西藏问题的现实功用。凯里学院姜明亦分析了清水江下游苗侗地区族谱中的宗族记忆与书写权利。中国社会科学院肖超宇对《元史》蒙古列女形象书写问题进行了讨论。此外，宁夏人民出版社汤晓芳对西夏雕塑和壁画中的猴面人物进行了分析。

根据笔者对大会论文和发表情况的整理分析，结合华涛教授在闭幕式上的总结发言，可以将此次大会的特点归纳如下：第一，重视史料的挖掘和研究，从提交论文整体看，无论是民族史史料的专题研究，还是其他相关研究都有不同程度的新史料的展现或者史料的新解读；第二，研究内容较多地关注清代和民国时段的民族问题，粗略统计大致有19篇文章研究内容集中在清代，8篇文章集中在民国，2篇文章集中在清末民初，占比较大；第三，西南地区的研究表现突出，一方面西南地区的学者比重较大，有近40位学者来自西南地区的高校和科研机构等单位，另一方面众多文章研究内容关注西南地区，有近30篇论文的研究内容不同程度地集中在西南地区；第四，理论、宏观思考的文章较少，此次会议邀请函拟有多个议题涉及理论研究，但从提交的论文看无论是民族史学科理论与方法探讨，还是宏观上、长时段的关于中国多民族国家历史发展和话语体系构建方面的研究都比较欠缺。

此次大会选举产生了第九届民族史学会理事会，学会将继续开展各种形式的学术交流、拓展民族史研究的内涵与外延、壮大民族史研究队伍，为新时代促进民族史学的繁荣、维护国家统一、增强民族团结展现民族史人的新气象和新作为。①

（撰稿：朱尖，中国社会科学院中国边疆研究所助理研究员）

【2017 中日海洋对话会】

2017 年 11 月 8 日，由中国南海研究院、日本笹川和平财团海洋政策研究所和武汉大学中国边界与海洋研究院共同举办的“2017 中日海洋对话会”在海口召开。

中国南海研究院院长吴士存、日本笹川和平财团海洋政策研究所所长角南笃以及中国外交部边界与海洋事务司参赞贺湘琦在开幕式上分别致辞。来自解放军军事科学院、中国科学院烟台海岸带研究所、上海社会科学院、南京大学、浙江大学、复旦大学、中国渔业协会，以及日本东京海洋大学、同志社大学、法政大学、上智大学、国立研究开发法人水产研究教育机构等中日两国涉海研究机构、高校和知名智库的专家学者共约 50 人参加了此次对话会。

吴士存在致辞中分析了近年来中日关系的发展及其面临的挑战，并就中日海洋合作提出三点建议，一是推进中日海上搜救合作，建立共享信息平台，履行国际公约及救助义务；二是履行海洋环境保护的责任和义务，加强海洋治理领域的合作；三是推动渔业合作，加强渔业管理，为解决争议海域的渔业资源管理开展合作。

角南笃在致辞中表示，此次对话会以东亚海域为讨论对象，邀请中日两国涉海领域的知名专家学者探讨相关海上合作议题，希望通过对话会的深入讨论，共同寻求两国海上合作的方向。

此次对话会涵盖“东亚海洋安全环境”“渔业资源可持续利用与管理”“海洋治理”“海上务实领域的合作”等多项议题，来自中日两国的与会学者就上述议题进行了深入交流和探讨，并提出了相关政策建议。

“中日海洋对话会”是中国南海研究院与日本笹川和平财团海洋政策研究所于 2016 年共同发起的学术交流项目，旨在为两国涉海研究机构和学者提供稳定、机制化的沟通与交流渠道，从而推动中日双方在海洋安全、海洋治理等领域的协调与合作。②

【第十五届海峡两岸南海问题学术研讨会】

2017 年 11 月 9 日，由中国南海研究院主办的第十五届海峡两岸南海问题学术研讨会在海口召开。此次会议为期两天，海峡两岸 60 余名专家学者及新闻媒体代表围绕“当前南海形势评析”“仲裁案后国际体系与南海的挑战”“南海形势与区域外交挑战”“南海新形势与合作展望”“中美关系与南海形势影响评估”“当前两岸关系与南海政策互动”等议题进行了深入研讨。

中国南海研究院院长吴士存、台湾政治大学台湾安全研究中心主任刘复国和外交部边海司参赞贺湘琦分别作开幕致辞。吴士存认为，当前南海形势虽趋缓、降温，但领土争议和海域管辖权争议等实质性问题并未解决，仍面临美国、日本等域外大国介入，“南海行为准则”文本磋商，少数国家在南海争议地区单边行动等

---

① 朱尖：《中国民族史学科体系的创新与发展——中国民族史学会第九次会员代表大会暨第二十次学术研讨会综述》，《中国边疆史地研究》2018 年第 1 期。

② 《2017 中日海洋对话会在海口举行》，中国南海研究院网站（http：//www. nanhai. org. cn/dynamic-detail/35/5445. html），2017 年 11 月 8 日。

不确定性的挑战。他指出，民进党上台以来，两岸关系面临沟通机制停摆、交流渠道受阻等不利因素，两岸南海合作前景不容乐观。但两岸南海问题学术交流合作应克服困难，以“人脉不散、关系不断、机制不停”为原则，合力维护南海问题学术论坛、两岸青年学生南海主题研习营、两岸南海地区年度形势评估报告等既有机制正常运作，并可利用中国—东南亚南海研究中心、中国—东盟海洋法律与治理高级研修班、中美研究中心等平台，加强两岸在南海渔业资源养护、南海生态监测等领域的合作。刘复国表示，在当前形势背景下，维持两岸学术交流机制十分不易，希望两岸能以更包容、更开放的心态和精神加强交流互动，克服困境，共同探索在人道救援、渔业、历史文献梳理等领域的合作空间。贺湘琦强调，南海是中华民族的祖产，两岸应加强协调共同维护南海领土主权和海洋权益。

与会学者一致认为，南海形势的新趋势、新特点将对两岸在南海维权合作等多个层面带来挑战，当前蔡英文当局不承认“九二共识”和“两岸关系”的倒退不利于两岸共同应对新情况。与会学者呼吁，蔡英文当局应以两岸南海共同利益和海洋权益为重，并建议两岸应继续坚持机制化的南海问题学术交流与合作，为两岸南海维权创造条件。

此次会议是在两岸关系发展面临新挑战及南海地区形势出现一系列新情况、新变化的背景下召开的，议题设置紧扣当前南海地区形势、两岸关系发展以及美国等域外国家的南海政策变化，旨在探索促进两岸南海合作的新思路。

“海峡两岸南海问题民间学术论坛”创立于2002年，中国南海研究院与台湾政治大学台湾安全研究中心分别作为大陆和台湾方面的牵头单位，已经在琼台两地轮流举办了十五届。论坛已经成为两岸南海研究专家学者学术交流与合作的机制化平台，为促进两岸民间学术交流、共同维护南海权益、推动两岸南海合作作出了积极贡献。①

【“南海形势发展与中国南海政策”研讨会】

2017年11月13日，上海国际问题研究院和《太平洋学报》编辑部在上海联合举办“南海形势发展与中国南海政策”学术研讨会。来自中国国际问题研究院、北京大学、国家海洋局海洋战略研究所、南京大学南海研究协同创新中心、海军指挥学院、复旦大学、同济大学、上海社会科学院、上海海洋战略研究所以及上海国际问题研究院等高校和研究机构的专家学者参加了此次会议。

外交部边海司副司长肖建国和中外办杨仁火参赞在会议上作了重要工作报告。外交部条法司和国家海洋局规划司相关负责同志也参加了会议并就相关问题进行了情况介绍和工作发言。上海国际问题研究院杨剑副院长为会议作开幕致辞。严安林副院长作会议总结。

在学术讨论环节，来自各个研究机构的学者围绕当前南海形势发展特点、南海相关各方的战略和政策、与南海相关的国际法问题、南海的合作与“一带一路”问题以及中国的南海政策等议题进行了深入的讨论。

关于南海总体形势，与会学者认为，在中国和南海周边国家的共同努力之下，南海形势目前总体平稳，中国和东盟达成《南海行为准则》框架协议表明，中国和

① 《2017年海峡两岸南海问题学术研讨会在海口召开》，中国南海研究院网站（http://www.nanhai.org.cn/news_c/712/23/2.html），2017年12月1日。

东盟国家愿意共同维护南海的和平稳定局势，管控可能发生的冲突和危机。虽然目前南海周边国家的各自有关权益的声索主张并没有改变，但目前形势下南海局势不会明显升温。今后围绕《南海行为准则》的具体条文制定的谈判和磋商将成为南海形势发展的一个新的焦点。

关于美国与南海问题的关系，有与会学者认为，美国目前仍然没有清晰的亚太政策和南海政策，奥巴马时期的亚太再平衡已不再被特朗普政府提及，美国最近提出的所谓“印太”概念比较模糊，暂时还看不出有什么实质性的功能。但是美国今后在南海的军事存在和军事行动可能会加剧，因为美国现在在南海问题上的工具和手段短缺，军事是其拥有较大优势的领域，为了维持南海局势的温度，美国将会继续频繁采取所谓的“航行自由”行动。但是这种域外国家的纯粹炫耀武力的行动对于未来南海局势走向的影响是有限的。

关于南海未来局势，有与会学者认为，今后南海局势演变的一个特点是各方硬实力的较量将逐渐趋缓，而软实力的博弈可能会加强，各方都将试图运用国际法、地区机制、学术研究、舆论传播和宣传来强化自己的立场、争取自身利益。[①]

（撰稿：张耀，上海国际问题研究院海洋与极地研究中心主任）

【第四届中韩海洋合作论坛】

2017 年 12 月 5 日，由中国南海研究院、韩国海洋战略研究所（KIMS）和武汉大学中国边界与海洋研究院共同主办的第四届中韩海洋合作论坛在海口召开。

来自外交部、中国国际问题研究院、中国国际战略学会、中国政法大学、中国海洋大学、厦门大学、复旦大学、韩国海洋水产开发院、韩国国防研究院、韩国海洋科学技术研究院等中韩两国涉海部门、科研院校和知名智库专家学者约 60 人参加了此届论坛。中韩学者就“海上安全和地区问题管控”“海域划界与资源管理”“深海和极地事务的协调与合作”“海上合作与互信机制化”等议题开展了深入交流，并提出有关政策建议。

中国南海研究院院长吴士存在开幕致辞中指出，在受到“萨德”事件的负面影响后，经两国高层达成有关新共识，中韩关系止退回暖。双边关系的改善对妥善解决中韩两国海上问题，推进海上合作具有积极意义。中韩两国智库可考虑联合启动研究项目，包括评估当前海洋问题，提出解决中韩海上问题线路图；探讨建立联合执法和危机管控机制等。

韩国海洋战略研究所所长李瑞恒在发言中表示，此届论坛议题丰富，且有来自中韩两国涉海领域多个代表性部门和机构的专家学者参与会议与讨论。相信各方能够通过此次论坛建言献策，推动本地区朝着和平、稳定、包容、融合的方向前进。

外交部黄海事务大使王晓渡出席论坛并致辞。王晓渡对会议的成功召开表示祝贺，并希望中韩两国加强“一带一路”框架下的战略对接与务实合作，增进区域经济一体化等领域的协调配合，特别是海洋领域的沟通与合作。双方专家学者应通过深入沟通交流，增进相互理解和信任，为中韩海洋合作和双边关系不断发展作出努力。[②]

---

① 张耀：《上海国研院举办“南海形势发展与中国南海政策”研讨会》，上海国际问题研究院网站（http：//www. sohu. com/a/205017908_761681），2017 年 11 月 17 日。

② 《中韩海洋合作论坛在海口举行》，中国南海研究院网站（http：//www. nanhai. org. cn/dynamic-detail/35/5566. html），2017 年 12 月 5 日。

【“‘一带一路’与泛南海地区共同发展”研讨会】

2017年12月7日，由中国南海研究院、中国—东南亚南海研究中心及武汉大学中国边界与海洋研究院联合举办的“‘一带一路’与泛南海地区共同发展”研讨会暨中国—东南亚南海研究中心首届年会在海南省海口市召开。

此次会议为期两天，来自中国、英国、意大利、比利时、葡萄牙、印度尼西亚、泰国、马来西亚、越南、新加坡、菲律宾等国的70余名政府部门官员、智库和研究机构的知名专家学者受邀与会，并围绕“‘一带一路’倡议与区域互动”“‘21世纪海上丝绸之路’的机遇与挑战”“航行安全”“海上互联互通”“‘一带一路’倡议下泛南海地区经济融合”“蓝色经济发展与区域合作”等议题进行深入探讨。

中国南海研究院院长、中国—东南亚南海研究中心理事会主席吴士存致开幕词。吴士存指出，“一带一路”倡议自提出以来，受到了国际社会的广泛重视和欢迎。中国与诸多沿线国家实现了政策沟通和战略对接，在基础设施建设与互联互通、贸易与产能合作等领域成效显著。未来，随着“一带一路”建设的推进，中国应在如何促进国际社会对“一带一路”倡议的正确认知、“一带一路”倡议与沿线国家战略的机制化对接、项目风险的充分评估、“走出去”主体、华人华侨的角色定位、合理区分“一带一路”项目和正常对外合作项目等方面深化研究。

外交部边界与海洋事务代表周健在致辞中表示，在当前南海局势趋缓降温的背景下，探讨泛南海地区共同发展应景应时；希望各位专家学者在“泛南海地区共同发展”的框架下，就妥善处理争议、构建地区规则和分歧管控机制，拓展双边和地区务实合作、推动共同开发，“一带一路”倡议与沿线各国发展战略对接实现共同繁荣等议题进行深化研究，提出具有建设性的意见建议。

中国—东南亚南海研究中心于2016年由中国南海研究院和印尼国际战略研究中心发起成立，为非政府性质国际智库，旨在增进各方互信、推动海上合作。目前已有来自中国、印尼、马来西亚、菲律宾、新加坡、泰国和柬埔寨7个国家的智库和研究机构参与该中心平台建设。①

（供稿：王义康　罗静　阿拉腾奥其尔　李大龙　刘清涛　孙宏年　张永攀　侯毅　任富龙）

① 《“‘一带一路’与泛南海地区共同发展”研讨会在海口举行》，新浪网（http://news.sina.com.cn/c/2017-12-08/doc-ifypnqvn1469069.shtml），2017年12月8日。

第三篇

论著撷英

一　2017 年边疆研究论文摘要

边疆理论研究（共 12 篇）
西北、北部、东北边疆研究（共 23 篇）
西南边疆研究（共 12 篇）
海疆研究（共 7 篇）

二　2017 年边疆研究论文选刊

中国边疆学理论（共 5 篇）
边疆史地专题研究（共 21 篇）

一　2017 年边疆研究论文摘要

边疆理论研究

【自然凝聚：多民族中国形成轨迹的理论解读】

李大龙，《西北师大学报》2017 年第 3 期

“民族国家”理论不能准确解读多民族中国形成的历史。在由传统王朝国家向近现代主权国家转变的视角下，对多民族中国形成的轨迹从自成体系的环境及独特的“族群”观、“中国”含义由指称“王畿”到指称多民族国家的变化、“大一统”是多民族国家建构的主导思想、多民族国家建构主导者的换位及多民族国家国民建构的努力等方面做了理论解读。认为在民族国家或国民国家、近现代主权国家的理论传入东亚之前，中华大地上的众多族群在建立众多王朝或政权的同时一方面推动着多民族国家的形成，多民族国家是中华大地上被称为“夏”的农耕族群和被称为“夷”的族群共同创造的；另一方面也实现着对区域内族群的不断整合，“中华民族”概念是凝聚的最终结果的体现。“自然凝聚”是多民族国家疆域和国民（中华民族）形成轨迹的突出特点。

【中国边疆治理：从历史到现实】

马大正，《思想战线》2017 年第 4 期

边疆是一个地理、历史、政治概念，有军事、经济、文化方面的含义，发展趋势是成为统一多民族中国的有机组成部分，具有历史悠久、地域广阔、民族多样、问题复杂的特点，在历史和现实中具有特殊的战略地位。中国古代治边政策研究取得若干共识，并对当代有重要启示。当代中国边疆治理以改革开放为界可划分两个时期，其中四端治理举措是必须予以关注并应着力研究的。中国边疆治理战略的构建，要重视中长期治疆战略的思考和坚持实事求是的思想路线，重视文化认同与国家认同的建设，推进边疆发展与稳定。

【“现代化”叙事中的边疆认知与边疆实践——国民政府时期边疆开发运动的多重图景】

冯建勇，《人文杂志》2017 年第 4 期

国民政府时期中央和社会话语体系中的边疆开发运动，以“建立国家生命线”“实现边疆现代化”为目标，具体过程中则以推进边疆“内地化”为旨趣，执著

地探讨边疆移民与边疆垦殖的可行性，并在具体的边疆开发运动中予以践行。然而，就边疆移垦这一举措来说，似乎与边疆现代化的初衷背道而驰。这种带有传统农耕社会典型形态的垦殖，与异质的、以畜牧业为主的游牧生态不太可能处于同一地理景观之下。尽管边疆开发收效甚微，但它引发了国人对于边疆地位问题的思考：一方面，一些内地精英在具体的边疆政治实践过程中，开始检讨以往“利用边疆”之观念，进而提出了“改善边疆”“服务边疆“的目标，并且在实践中予以推展；另一方面，抗战以来边疆作为“国家生命线”的地位得以彰显，由此也激发了边疆本土精英的自豪感，越来越多的边疆本土研究者开始以本地区为中心，重新审视边疆社会。

【超越边疆：多民族国家边疆治理的新思路】

熊坤新、平维彬，《中国边疆史地研究》2017 年第 3 期

传统国家时期的边疆多被视为“地理偏远的边缘地带、拱卫核心的缓冲地带、经济落后的贫困地带、文化迥异的遥远地带”。随着近代以来领土属性的转型和交通通信的发展，中国开始由模糊的、不确定的、“有边陲而无边界”的传统边疆观向以国际性条约分界定疆的现代边疆观转变。中华人民共和国成立以后，开始进行大规模的支援边疆建设，从声势浩大的“三线建设”到轰轰烈烈的“西部大开发”再到具有世界意义的“一带一路”建设，国家政策支持和地方政府有机互动为边疆地区的跨越式发展提供了绝佳机遇，也为边疆地区超越中国历史上的传统边疆形象提供了时代契机。“超越边疆”便是在“一带一路”、全球化以及现代化浪潮的时代背景下提出的。基于多民族国家边疆地区客观的经济、文化、社会发展基础，在均衡发展的理论指导下，将边疆地区提升至国际合作前沿区、国家战略纵深区、经济增长潜力区的高度，实现国内各地区更为紧密的联结和整合。

【从“四夷”到“外国”：正史周边叙事的模式演变】

钱　云，《复旦学报》2017 年第 1 期

该文考察了汉至元时代正史中有关周边、域外的叙事结构，认为汉唐时期逐渐形成了官修正史中周边叙事的范式（“四夷模式”）：在全书列传部分呈现“先诸传次夷狄”的格局下，以“四夷传”“夷狄传”为列传类目名，按照东夷—西戎—南蛮—北狄的顺次进行叙述。这种叙事结构，实际上是思维世界中“世界秩序”在史书中的投射。需要注意的是，在“外国传”成为正史中的列传名之前，汉唐时期的僧人常常将其用作有关南亚的中外交通史籍名称，其依据可能是当时流行于南亚的“三/四天子”说等，体现出与官方意志不同的思想源流。到元代史官修宋、辽、金三史时，将前代正史中“四夷传”“夷狄传”等有关域外记载的列传名称改以“外国传”，并从内容与结构上有意识地区分出不同性质的周边，由此在正史中开始表现出另一种对世界的观察，也深刻地影响了正史周边叙事的体例。

【再观“边疆中国”：近年国内边疆研究的前沿述评】

王鹏辉，《学术月刊》2017 年第 12 期

中国自有国家文明起始，逐渐形成文明等差的中原“华夏”和边缘“四夷”天下世界观体系，具有典型的边疆国家特征，有关国家疆域边缘的“四裔”知识史不绝书。学术界对近现代中国边疆的研究脉络有三次高潮的认识，尤其是 20 世

纪80年代以来的第三次中国边疆研究的兴起持续至今。

【民国时期顾颉刚的边疆教育思想和实践】

杨思机，《学术研究》2017年第7期

抗战时期，著名历史学家顾颉刚经过西北甘、宁、青三省教育考察，认识到边疆民族具有独特且悠久的历史文化和教育体系，形成了相互尊重、平等团结、共同发展的中华民族观和边疆文教观。他向管理中英庚款董事会和国民政府建议，边疆教育方式必须适应环境，社会教育和学校教育相结合，借此发展生产，改善边民生活，在尊重各族差异、彼此交流交往基础上，边疆文化和内地文化互学互鉴，同时改造，共同趋于现代化，最终融合成整个中华民族。顾颉刚的边疆文教思想和实践体现了有识之士试图通过普及教育实现民族团结的灵活构想和艰苦努力，折射出民国时期边疆教育的时代特征和历史意义。

【清末中国的边疆危机与舆论应对研究】

柳岳武、郭丹丹，《西南大学学报》2017年第4期

清朝末年，中国边疆危机丛生。为应对危机，公共舆论界借公共舆论为利器，及时报道了各类危机发展态势，提出诸多颇具建树的应对方略。在公共舆论催生下，清廷通过施行各类新政去应对边疆危机。针对此等尝试，公共舆论界亦进行了及时报道和宣传。而当清廷统治即将崩溃、边疆局势却急速恶化之时，公共舆论界又对清廷与地方当局应对危机不力、行政腐败等行为进行了严厉批判。清末新闻传媒围绕边疆危机的以上报道乃至批评指责，均属特殊环境下公共舆论应对边疆危机的重要内容，展示了清末时人借公共舆论为利器，抵御边疆危机、固我边圉的爱国情怀。

【“边疆治理”概念的形成与发展】

孙保全、赵健杉，《广西民族大学学报》2017年第3期

历史上的“治边”话语和“边政”概念对今天“边疆治理”概念的形成产生了深刻影响。随着边疆治理概念被明确界定、提出和普遍应用，边疆治理研究始渐成为一个专门的研究领域。然而在当前的研究中，对于边疆治理概念的使用并不统一，甚至缺少基础的概念共识。特别是基于不同学科视角对边疆治理概念的截取、解构和演绎，导致边疆治理的内涵和边界日渐模糊，对这一核心概念的解释力产生了消解和削弱效应。在这种形势下，应当确立边疆治理概念界定和使用的国家视角，以形成基本的概念工具和学术立场，从而持续推进中国边疆治理话语体系和中国边疆学学科的构建进程。

【边疆研究的国家视角】

周　平，《中国边疆史地研究》2017年第2期

在我国追求以综合国力提升为目标的全面、持续和稳定发展，以及国家在领土外的活动日渐突出的条件下，国家治理和发展的地理空间环境发生了重大变化，边缘性区域问题的影响日渐突出，形成了所谓的“边疆热”。在此过程中，国家视角的边疆研究应运而生并呈异军突起之势，引起广泛关注。国家视角的边疆研究，从国家的角度来看待和界定边疆，把边疆视为国家疆域的边缘性区域，着眼于厘清各种特定历史条件下的复杂边疆现象和边疆问题的本质，揭示边疆和边疆问题发展演变的规律，构建边疆和边疆治理的阐释理论，探索各种边疆问题的解决之道，提出解决边疆问题的政策建议，并以此服务于国家的边疆治理。不过，边疆研究的国家视角并不排斥和否定边疆研究其他视角的意义和价值，而是期待在国家视角与其他

视角边疆研究的共性的基础上，共同构建边疆研究统一的基础平台，共谋边疆研究的发展，以期为国家的边疆治理提供有效的知识供给。

【当代中国跨境民族与陆地边疆安全问题研究】

陈　宇，《青海民族大学学报》2017年第1期

陆地边疆安全是国家安全的屏障，受到地缘关系和国际关系的影响。其源头具有双源性、区域具有跨国性、过程具有突发性、内容具有传统与非传统相结合的特性，陆地边疆安全产生的问题大、影响时间长，是我国陆地边疆治理的重点和难点。我国是一个拥有民族众多且边疆线漫长的国家，大部分少数民族都分布在我国边疆地区并跨境到邻国，因此陆地边疆安全便集中了地缘、民族、宗教等方方面面的问题。陆地边疆跨境民族关系到我国陆地边疆安全、社会稳定、与周边国家关系等大局，具有重大的理论与现实意义。

【建构边疆学的底蕴以及相关问题续探——再论建构边疆学的跨学科研究】

孙　勇，《中央民族大学学报》2017年第2期

人类的边疆观念，是对自身所处环境反映的阶段性产物，这是人类在进化的过程中依托于生物性需求所达到的一种社会理性，即人类社会进化到国家组织阶段时关于疆域以及疆域边界的认知，其底蕴在于无论何种形态的国家，必须在资源的配置活动中求得生存乃至发展，以避免被灭亡的命运。由于实践的需求，国家疆域和边疆研究逐渐形成一种理论体系，这个理论体系的发展支撑着边疆学最终将成为一门学科。边疆学研究的是人类社会国家政治实体在时空统一下国家边疆的形态与活动，以及由这些形态活动演化出来的实体边疆与虚拟边疆运行的规律。

西北、北部、东北边疆研究

【先秦时期阿尔泰及以西地区陶壶的来源——兼论公元前一千纪后半叶阿尔泰及以西地区和阴山—天山地区的文化交流】

韩建业，《西域研究》2017 年第 2 期

阿尔泰及以西地区新石器时代以来的陶器基本以饰压印、刻划纹的罐类器为主，但至早期铁器时代的公元前一千纪后半叶，却突然开始盛行束颈圆弧腹的壶类陶器。该文认为，阿尔泰及以西地区包含壶类陶器的遗存，具有大体一致的文化面貌，可以统称为巴泽雷克文化，并且可以划分为与三群陶壶相对应的三个地方类型；巴泽雷克文化中陶壶的出现，当与来自其南阴山—天山地区的文化影响有关。

【嘉峪关外：内地化进程中的边陲社会——以明清时期的王子庄为个案】

张连银，《中国边疆史地研究》2017 年第 1 期

明清时期的王子庄并不是同一区域，但均处在嘉峪关外农牧交错地带。王子庄地域空间变化的过程，其实就是嘉峪关外内迁诸族内地化的过程。明代嘉峪关外的内地化进程在西域局势变动的影响下进程缓慢。清代以来，在王朝大一统背景下，边陲内地化不断向西推进，嘉峪关外的社会生产方式、经济结构、民族结构、边地观念、行政区划都发生了巨大的转变，具备了内地州县特征。

【清代浩罕与新疆之间的交通路线研究——以《霍罕路程记》为中心】

史　雷，《历史地理》2017 年第 34 辑

该文将汉文文献、西文文献以及中西方大比例尺地形图相结合，探讨清代使臣出使浩罕（即霍罕）所经行的路线；并且运用地名的调查资料，从地名的历史沿革、地名词语的演变等方面，寻求道路沿线的地名定位的依据，提出更加精确的地名定位信息，以期进一步明确清代浩罕与新疆的交通路线。此外，该文还将以往研究中所忽略的《霍罕路程记》所记载的里程数，应用到对地名的定位的研究中，进一步提高地名定位的精度。

【从满文档案看洪扎与清朝宗藩关系的建立】

陈　柱，《中国边疆史地研究》2017 年第 4 期

根据满文档案，清朝平定准噶尔和大小和卓叛乱后，原臣属于准噶尔的洪扎王国向清朝请求称臣纳贡。当时的洪扎王黑斯娄先于乾隆二十五年（1760）三月派遣使臣摩罗哈丕斯到叶尔羌呈献奏书和贡金，未被接受。同年十一月，洪扎王又派遣其子米尔匝至色勒库尔请护送巴达克山和博洛尔使臣的清廷侍卫代为呈进奏书和贡金，奏书被接受，贡金则否。经过两次接触，洪扎了解到清廷对进贡的具体要求。乾隆二十六年六月，洪扎王再次派遣米尔匝至叶尔羌呈献奏书和贡金，叶尔羌

办事都统新柱予以接受和呈奏，给予赏赐。至此，洪扎成为清朝属部，与清朝宗藩关系正式建立。

【小人物、大舞台与大角色：罗布藏舒努和十八世纪欧亚卫拉特汗国与清朝关系】

乌云毕力格，《清史研究》2017 年第 4 期

罗布藏舒努是准噶尔汗国策妄阿喇布坦之子，其母为土尔扈特阿玉奇汗之女塞特尔扎布。由于准噶尔汗国激烈的内部斗争，罗布藏舒努出走土尔扈特，塞特尔扎布一系也受到策妄阿喇布坦长子噶尔丹策零的打压。在如此复杂的历史背景之下，罗布藏舒努一方面接受土尔扈特汗国的庇护，另一方面则为准噶尔汗国所忌，并同时受到清朝的极度重视。雍正帝曾遣使土尔扈特，希望将罗布藏舒努带回北京，以利用其与噶尔丹策零相抗衡。通过多语种档案中罗布藏舒努事件的记载，该文探讨了 18 世纪土尔扈特、准噶尔与清朝之间的外交关系与战略布局。

【柔然王族迁居中原后籍贯与族属的认同】

乔凤岐，《江汉论坛》2017 年第 1 期

柔然是魏晋南北朝时期北方草原上的游牧政权，其统治力量的核心是从鲜卑族群中分离出来的郁久闾家族。柔然王室宗族人员迁居中原以后，逐渐放弃了原有的生活习俗，随着对汉族文化接触的不断加深，其姓氏、籍贯及族属的认同也发生了较大变化。北魏前期，移居中原的柔然王族子弟被《魏书》称为“蠕蠕人”；北魏后期，一些柔然王族子弟由“蠕蠕人”改称“代人”，说明他们已经认同中原文化中的郡望观念，并在北魏迁都洛阳以后称为“闾氏”并且以居住地为籍贯。北齐、北周时期，出现了代北部族改称旧姓的潮流，一些柔然王族后裔也顺势使用了原来的籍贯和姓氏，但却选择了不同的人文始祖，说明他们对汉族文化逐渐认同，这既是数百年中多民族文化碰撞融合的必然结果，也反映了中原生产和生活方式的先进性和汉族文化的包容性和强大吸引力。

【“驳马—贺兰部”的历史与贺兰山名称起源及相关史地问题】

宝音德力根、包文胜，《中国历史地理论丛》2017 年第 3 期

汉初，今贺兰山一带就有驳马—贺兰部住牧，贺兰山因而得名，意为“贺兰人的山”。“贺兰”系突厥语 hala at（ala at）的音写，汉译则为“驳马”，是早已绝种的野马“驳”（突厥语 ala，蒙古语 alaγqulan）与家马杂交而形成的种群。突厥语 hala at（ala at）又称 hala-yundluγ（ala-yundluγ），简称 yundluγ，汉语音写为“延陀”。“驳马”即汉文文献中的“汗血宝马”“天马”“骢马”；突厥、蒙古人又称为 arγumaγ（阿鲁骨）或 saγaral，某些方言作 alassa（阿剌筛—阿拉善）。畜养驳马的游牧人被称为贺兰部、延陀部，汉译则为“驳马部”；蒙古人称为 alaγ-aduγutan。文章还探讨了驳马—贺兰部的起源、族属以及与月氏休屠部、匈奴、拓跋鲜卑、突厥、薛的关系等问题。

【论北魏军镇体制与六镇豪强酋帅】

薛海波，《民族研究》2017 年第 3 期

六镇是以北族部落为主要社会组织形式、实行军镇体制管理的“胡化”社会。镇城是六镇军事、政治及经济中心，北族部落围绕镇城城戍呈点状分布。主导六镇社会秩序的六镇豪帅分为两类：一类是作为北魏统治六镇的核心力量、掌握军镇权力的良家豪帅；另一类是承

担兵源赋役调发，以被征服者身份迁至六镇的高车等北族部落豪帅。良家豪帅大多出身于北魏统治集团的中下层，徙居六镇后，就已成为势力局限于六镇的边地豪帅。迁都洛阳等一系列汉化改革，虽没有降低良家豪帅军镇内的政治地位，但也使其群体无法借官爵跻身于门阀士族行列。对北魏拉拢的少数势力强大的高车等北族部落豪帅而言，汉化改革意味着其群体在北魏国家和军镇内政治地位的剧降。六镇部落化、“胡化”、军事化的地域特性，使其无法进行军镇改州，相反却成为军镇体制维持强化的地区。乡里对六镇豪帅而言，是其自身居处及势力影响所及的空间和范围，各镇豪帅、镇民、部落实现联合的纽带。

【辽代捺钵考】

杨　军、王成名，《安徽史学》2017年第2期

辽代捺钵地的变化可以分为三个时期。前期，太祖、太宗时期，四时捺钵的迁徙路线大体呈西北—东南走向。中期，世宗至圣宗前期，除秋捺钵大体呈西移趋势之外，其他三季捺钵地皆南移，四时捺钵的迁徙路线基本呈南—北走向。后期，圣宗后期至辽末，春捺钵北移至松嫩合流处诸湖泊，夏捺钵与前期在同一地理范围，秋捺钵或与夏捺钵同地，或在平地松林及炭山，冬捺钵多在永州广平淀，四时捺钵的迁徙路线变为东北—西南走向。这种变化的主要原因应与过度开发导致的契丹故地自然环境的恶化有关。

【辽代职官俸禄制度初探】

武玉环，《学习与探索》2017年第3期

辽代职官俸禄制度，经历了初设、调整确立与逐步衰落的过程。辽太祖、太宗时期，已经设立了职官俸禄制度。辽代朝官的俸禄由国家按月发放，有钱、实物两种。而地方官吏的俸禄最初由百姓的赋税中支出，统和十六年（998）开始由国库支给。地方头下官的俸禄，由隶属头下州县百姓的租税中支给。辽朝职官俸禄，除了俸钱之外，还有獐鹿、俸羊、米麦等实物以及不定期的赏赐。此外，辽代官员既有食邑又有食实封，食邑应是虚名，而食实封则是所得封户的赋税。官员致仕时，朝廷给职官迁升官职，并配给相应品级的俸禄，有的还配傔人。辽代职官俸禄制度上承唐制，下启金元，是中国古代职官管理制度的重要内容之一。研究辽代职官俸禄制度的创立、发展及其演变，对于今天的制度建设也有着积极的借鉴意义。

【多民族国家建构视野下的游牧与农耕族群互动研究——宋金时期游牧行国体制与王朝藩属的第二次对峙和重组】

李大龙，《暨南学报》2017年第5期

农耕族群与游牧族群的对峙和融合是推动多民族国家和中华民族形成和发展的主要动力。作者从王朝藩属与游牧行国碰撞、对峙与重组的视角，对宋金时期两大族群所建政权的形态，及其对境内族群的整合作用进行了概要探讨，旨在揭示这一时期政权情况与族群凝聚状况的同时，给予其在多民族国家建构中的地位和作用一个明确的定位。

【成吉思汗去世及葬地问题再研究】

乌　兰，《民族研究》2017年第6期

关于成吉思汗的去世情况及其埋葬地，史书中有比较明确的记载，学者们也已有不少的研究，除了一些具体问题尚需进一步探讨、研究外，总体上不应存在什么歧义和与史料记载相悖的说法。然而，近些年来却出现了一些宣传，在关于成吉思汗的去世情况及其埋葬地的问题上混淆视听，产生了非常不好的影响。该文依据

史料记载及前人的研究成果，结合史学方法和蒙古史专业常识，就这一问题加以梳理、辨析和澄清。

【从《天盛律令》看西夏荒地产权制度的流变】

骆详译，《中国边疆史地研究》2017年第1期

《天盛改旧新定律令·取闲地门》，专门规定西夏荒地产权问题。通过比较西夏与唐宋荒地产权制度的相关问题，如土地产权的类型、耕种荒田的资格与义务、新耕者与荒地原主的土地产权关系等，并比较分析唐宋、西夏土地买卖契约文书，作者认为，西夏荒地产权制度不仅反映了西夏一朝土地私有制的发展状况，更是唐代均田制瓦解以来土地私有化在西北地区的历史继承。

【明朝隆万之际的族群关系与帝国边略】

赵世瑜，《清华大学学报》2017年第1期

明朝历史上的“北虏南倭”问题已逐渐被纳入全球史的框架中加以考量，但在明代的南部山区、西南地区，以及西部地区，都程度不同地出现了族群关系的动荡，其动因与前者是大体相同的，甚至是相互关联的。明朝隆万之际的主政者或许是被动地触摸到了时代变化的脉搏，所以尽管是短暂的，他们采取了积极应对的策略，使此时期的帝国边略具有了时代性和整体性。

【清至民国内蒙古土默特地区的水权交易——兼与晋陕地区比较】

张俊峰，《近代史研究》2017年第3期

在内蒙古学者整理出版的土默特地区契约文书中，有45件是以水权交易为主要内容，其中展示了清乾隆以来直至民国初期当地普遍的水权交易行为。受清代国家政策的制约，蒙古土地和水是不允许买卖的，蒙民通过私契的形式，采用租、典、佃的方式将水权转让给自内地移入的汉民使用，完成对水权的交易。就本质而言，将水从土地上分离出来进行单独交易，晋陕两省自明万历以来就已经出现。蒙地自乾隆五十六年（1791）开始出现的水权交易契约文书，与山西介休乾隆三十四年（1769）买卖水权的官契内容一致，显示了区域之间的内在联系，可视为内地水权观念在蒙地的一种移植。从以土地为中心到以水为中心，凸显了明清以来北方区域社会日益强烈的水权观念，是理解乡土中国社会经济变迁的一条新路径。

【“四海之内皆可汗”——论内亚汗权体制中的“有限性君权”特征】

钟焓，《文化纵横》2017年第4期

匈奴时代彻底结束之后，大多数立国于蒙古高原一带的北方少数民族政治体，其君长基本上都以可汗或汗作为名号，我们似乎可以因此而笼统地将其归并入“汗权体制”中。该体制所涵盖的民族从公元一千纪前半期的鲜卑和柔然开始，相继经过突厥—回鹘时代，至于蒙古，余绪甚至延及崇德元年（1636）之前的后金。可以说从长时段上着眼，以蒙古高原为中心的内亚东部在汗权体制下经历的时间远长于此前处在单于统治下的匈奴时代。因此，揭示该体制中君权的基本特征显然是内亚史或者民族史研究中的一大根本性问题。

【异域看长城——明清时期朝鲜燕行使的长城观念】

赵现海，《史学月刊》2017年第6期

明清时期朝鲜燕行使在前往北京朝贡的途中，对所见明代辽东镇、蓟州镇

长城或其历史遗存详加记述，形成域外第二大长城史料载体。燕行使从异域视野出发，对长城的称谓，与中国本土呈现出一定的不同。明清易代前后，燕行使对长城的评价，出现了从肯定到否定的转变。这源于明朝被跨越长城的北方民族政权所取代，长城军事价值遭到质疑。对于清朝，朝鲜出于“小中华”的文化定位与对明朝的感念心理，存在抵触情绪，从而将长城空间演变为抒发“华夷之辨”的文化意识、抗拒清朝的政治观念的历史场域。明清时期朝鲜半岛的“长城观念史”呈现“层累地造成”的历史脉络，折射了这一时期东亚的地缘政治、时代背景与文化内涵，是研究近世东亚历史的切入点之一。

【从“虾夷绘”看清代东北边疆的贡赏体系】

安　琪，《上海交通大学学报》2017年第4期

中日两国18世纪皆出现以图像手段对边疆民族进行人种学描述的艺术传统。该文章结合中日两国历史文献来分析有关库页岛“虾夷”的视觉呈现，力求还原图像生产的历史情境，在此基础上聚焦江户“虾夷绘”的代表作《夷酋列像》及其成画背景，关注图像背后隐藏的清代东北边疆“贡貂赏乌林”制度，并探究这一制度所催生的跨国贸易与器物的授受关系如何借由图像的视觉符号来传达。

【东北地区古代文化举要】

魏存成，《地域文化研究》2017年第1期

中国东北地区，从几十万年前古人类在此扎根生活开始，历经民族的出现及其政权的建立到全国大统一的形成，孕育了丰富多彩的古代文化。东北地区古代文化，先是表现为不同时代、不同地区的考古学文化，之后便是不同民族的民族文化；既是特色鲜明的地域文化，同时又是中华民族传统文化的重要组成部分。

【从玄菟徙郡解析“高句丽”由国名到族称的演变】

王培新，《史学集刊》2017年第1期

学界一般认为，汉武帝开设朝鲜四郡时，在玄菟郡内高句丽族聚居地区设高句丽县，西汉末高句丽建立政权，仍然使用这一名称。“高句丽”一名存在由族称到县名、国名的变化。然而，最早出现高句丽一名的《汉书》，是在《王莽传》中记录高句丽史事的，此时高句丽已经建国。梳理《汉书》《三国志》《后汉书》等记载高句丽史事的早期文献，结合近年考古成果，可以得出以下几点初步认识：玄菟郡初设与高句丽无关；玄菟徙郡是为高句丽所侵；《汉书》地理志所载玄菟郡三县不在高句丽地区；“高句丽”最初为国名；“高句丽”作为族称是由高句丽国这一政治体演变而来。

【《后汉书·东夷列传》与秦汉时期东北边疆民族的民族志述论】

段红云、王　琦，《思想战线》2017年第2期

《后汉书·东夷列传》以丰富的资料论述了夫余、挹娄、高句丽、沃沮、濊等东北边疆的民族，而且还用了大量的篇幅来记述这些民族的文化。在所记述的文化当中，表现了夫余、挹娄、高句丽、沃沮、濊等东北边疆民族鲜明的地域特征。从历史人类学的视角来看，这种以文化为中心的记述，实际上是秦汉时期东北边疆民族的民族志书写，是我们今天从整体上认识东北亚地区民族文化的重要文献依据。

【渤海族的凝聚及其消亡】

苗　威，《延边大学学报》2017 年第 5 期

渤海族是一个多元一体的民族，伴随着渤海的建国，在凝聚了靺鞨、契丹、奚人、高句丽、汉人等多支民族之后而逐渐形成，在"海东盛国"时代，其民族认同感得到增强，同时被他者所承认。"渤海族"在渤海国灭亡之后，仍然较长时间活跃在辽金治下，直到金末元初方始消亡。

【清代盛京将军崇实东北边疆治理及其历史意义】

孟繁勇，《云南师范大学学报》2017 年第 3 期

晚清名臣崇实在出任盛京将军期间，提出并实践了系统的治边思想。他采取"剿抚并用"的策略镇压了农民起义军和马贼，还提出"欲清盗源，先清吏治"，采取严厉措施整饬吏治。他在原封禁地区实行扩大开禁与增设州县的政策，还采用"仿督抚之例，以一事权"的原则改革盛京地区管理体制。在边防建设上，他提出添设练军，由李鸿章统一指挥盛京地区海防，并采取各种措施加强边防。崇实的治边思想既有传统治边思想的特点，同时许多举措也具有改革的性质，成效显著，影响深远，开启了晚清时期东北地区改革的序幕，具有重要的历史意义。

西南边疆研究

【魏晋、南朝、隋唐诸朝对岭南大姓豪酋的治策】

方　铁，《文山学院学报》2017 年第 2 期

魏晋、南朝、隋唐时期，岭南地区出现大姓豪酋地方势力。大姓豪酋由留镇岭南的镇将、官吏等外来人口融合本地夷僚逐渐形成，辖有部曲，世领其地。魏晋、南朝、隋唐诸朝授大姓豪酋予官职，借助其权势统治岭南。与其后差异明显的宋元明清时期相比，魏晋、南朝、隋唐诸朝对岭南大姓豪酋的治策，历朝虽存在一些差异，但大体属于同一类型。

【明初广西卫所的建立与“撞兵”的身份转变】

任建敏，《中国边疆史地研究》2017 年第 4 期

元朝在广西实行的屯田政策，产生了一批称为“撞兵”的人群，明初放弃了元朝在广西的屯田系统之后撞兵失去了作用。这些撞兵的身份发生分化，有的转为了民籍，有的就此脱离了国家控制，成为赋役体系之外的“獞人”。随后明朝发现广西的卫所规模不足以维持对广西的控制，便开始陆续增置卫所。洪武八年(1375)，桂林的广西卫扩充为桂林中、右二卫。桂林茶洞、藤县五屯、宾州迁江等地的“獞人”都在这一过程中发生了身份的转变，但是由于自身历史传统以及进入卫所方式的差异，这个过程对不同人群而言有不同的影响和意义。洪武八年是一个标志年份，一部分“獞人”通过明初广西卫所增置的契机，获得了新的身份。

【明代两广地区的达官军：以《武职选簿》为中心的考察】

宋永志，《中国边疆史地研究》2017 年第 4 期

明代天顺、成化两朝，南北两京卫所达官军多次被征调到两广地区参与平定广西大藤峡瑶人反叛，现存《武职选簿》中保留了其中部分从征两广达官军的履历档案，记载了其来源和承袭情况。这些不同时期来到两广地区的达官军，经历了从征调到驻留的历史过程，对明代两广地区社会及族群关系产生了深刻影响。

【明代滇抚赞理军务兼衔与夺考——兼论云南军政结构的演化】

秦　博，《中国边疆史地研究》2017 年第 4 期

明代云南巡抚所兼赞理军务一职的与夺背后，是巡抚与沐氏总兵之间复杂的权力消长关系。明代中期，朝廷一方面不断强化巡抚的军政职权以遏制勋贵世镇的弊病，另一方面又长期不授予巡抚赞理军务的兼衔，以凸显沐氏总兵的特殊地位。至嘉靖朝，沐氏多名子孙冲龄莅政，世镇体制出现危机，于是朝廷正式加滇抚赞理军务衔以稳定边陲。此后因黔国公争权，巡抚建制又有所反复。但相较贵族世袭，官僚体制的优越性更加明显，巡抚在一定程

度上逐步取代了黔国公的军政职能，沐氏世镇反而日趋瘫痪，仅作为一种皇权的象征而维持。

【论嘉靖安南事件中明朝的政策变化及其影响】

李征鸿、段红云，《中国边疆史地研究》2017 年第 3 期

明代嘉靖年间，明王朝的统治渐趋衰落，同时安南也发生了莫登庸篡夺黎朝的事件，导致其国内政局混乱、南北分裂，此时双方稳定的藩属关系已经难以维持，开始出现动荡与转折。经过明朝地方官员的一系列努力，双方最终达成和议，之后明朝坚持不再插手安南内部事务。这反映了明朝在处理对外关系的过程中既服从现实又坚持理想的态度，而现实主义已然占据了主导地位。

【悉立考】

达瓦次仁，《西藏研究》2017 年第 4 期

悉立是喜马拉雅南麓比较古老的地名，最早出现于敦煌文献，是古代吐蕃的附属政权，地理位置比较模糊。通过梳理古今中外历史文献，考证古代悉立的地理方位及其在该地的历史地位，可以从中窥视古代悉立与我国西藏的关系。

【从赞普到土司：唃厮啰家族家国之间的政治嬗变研究】

齐德舜，《中国藏学》2017 年第 3 期

唃厮啰家族自宋朝初年进入西北地区之后，历经宋、元、明、清直至民国，其政治身份随朝代的更迭不断嬗变，从宋朝初年的河湟吐蕃赞普一步步转变为明清时期“五土之首”的赵土司。唃厮啰家族政治身份的嬗变是历史的必然，是时代变迁的大背景所导致的必然结果，是国家、民族、家族三方互动的必然结果。

【俺答汗代三世达赖喇嘛求封事宜考】

魏建东，《中国藏学》2017 年第 3 期

在蒙藏关系史上，俺答汗与三世达赖喇嘛的会见往往被作为藏传佛教第二次传入蒙古的标志性事件。文章拟用新发现的汉文材料，就俺答汗与三世达赖喇嘛会见中之俺答汗代三世达赖喇嘛请封这一事件做一详细考证与说明，以此来说明俺答汗与三世达赖喇嘛会见其实是蒙古、西藏与明中央政府三方互动下的产物。

【明代汉藏交通的兴衰演变——以明朝使臣入藏活动为中心的探讨】

李淮东，《中国边疆史地研究》2017 年第 2 期

自唐以后，中原汉地与西藏之间形成了青藏道、川藏道等多条道路，明朝使臣入藏的交通道路，前期以青藏道为主，中后期川藏道成为主要入藏道路，明朝使臣也曾行经西域道、滇藏道进入西藏。明代汉藏交通的兴衰演变主要受政治、经济因素的制约，军事活动、藏传佛教的传播也影响了道路的兴废，地理环境因素对汉藏交通的形塑作用则不断减弱，明代汉藏交通网络格局对后世汉藏交通奠定了基础并产生深远影响。

【清初康区的政治军事格局与世纪之交的“西炉之役”】

赵心愚，《中国藏学》2017 年第 1 期

清顺治年间，康区东部打箭炉一带的长河西、鱼通、宁远军民宣慰司归附，在当时及之后一段时间全国、藏区及四川地区的形势下，清中央王朝主要采取政治手段保护已归附的土司，但明末已进入康区的和硕特部仍不断扩展势力。至 17 世纪末，打箭炉一带终被和硕特部控制，已归附清朝的土司亦被杀。在此情况下，康熙皇帝及清中央政府改变以往对和硕特部的策略及态度，决定在打箭炉一带采取军事

行动，此即世纪之交的“西炉之役”。此役时间虽不长，但双方投入兵力较多，在康区历史上规模空前，最后以清的完全胜利结束。此役之后，清直接治理雅砻江以东地区，康区政治军事格局出现重大变化，清治藏战略亦出现重大调整。

【20 世纪初德国的涉藏活动和西藏政策考析】

赵光锐，《中国边疆史地研究》2017 年第 3 期

20 世纪初是德国历史上涉藏活动极为频繁的时期，主要表现为：一是频繁对西藏及周边藏区考察和探险，二是在与英、俄交涉中明确宣示其西藏政策。德国人还试图与西藏上层建立起直接的联系，甚至企图在拉萨设置一名德国代表，但都以失败告终。威廉二世时期的德国虽然明确反对英、俄使西藏、蒙古脱离中国，但是其根本目的是为了与英、俄对抗和实现在华利益的最大化。

【民国时期川边镇守使的治边活动】

裴儒弟，《中国边疆史地研究》2017 年第 2 期

民国初建，北洋政府设立镇守使以绥靖地方，但川边镇守使除负责军政外还兼管民政。此职系由尹昌衡西征后设立的川边镇抚使演变而来，在民国初期固川卫藏、遏制西藏地方上层分裂活动中发挥过重要作用。1914—1925 年，先后有四人担任川边镇守使，分别是张毅、刘锐恒、殷承瓛、陈遐龄，又因川边镇守使往往陷于边军派系争斗和内地军阀混战，更替频繁，诸多治边计划未能完全付诸实施。

海疆研究

【中国海洋文明史学术研究的开拓与创新——评《中国海洋文明史专题研究》】

李国强，《中国边疆史地研究》2017年第1期

中国海洋文明史悠久绵长以及博大精深的内涵，始终是维系中华民族精神家园的重要元素。但是长期以来学术界在中国海洋文明史学术领域着力是不够的，无论是学术体系，还是学术范畴、学术范式，都十分稚嫩，尚未成型，在很大程度上制约了对中国海洋文明史演进历程和发展规律的深度探索。因此，由杨国桢先生担纲主持的"中国海洋文明史"具有显而易见的学术意义。

【变革与衍生：宋代海上丝路的新格局】

黄纯艳，《南国学术》2017年第1期

海上丝绸之路经历千年的发展，在宋代出现了巨大的变革，不仅中国海上贸易空前繁荣，整个亚洲海上贸易也全面进入一个新的阶段。在经济重心南移、造船业和航海技术进步，以及宋朝相对积极开放的贸易政策等因素推动下，中国对外贸易重心完成了由陆上丝路向海上丝路的转移。宋代中国海洋经济的变革及西亚商人掀起的印度洋沿岸地区和东南亚海岛地区的早期伊斯兰化两股潮流相互激荡，催生了海上丝路新的运行机制。中国形成了成熟的近海区域市场，成为进出口商品供给和分销的重要平台，以及联系国内市场和海外市场的枢纽。浙东和福建沿海地区形成了工商业为主的经济结构及"重商轻农"的思想观念和生计方式，孕育出滨海地区新的海洋性地域特征。印度洋沿岸和东南亚海岛地区贸易空前发展，并进入早期伊斯兰化时期，形成了巨大和稳定的贸易动力。在亚洲海上贸易全面繁荣的推动下，南海贸易体系最终形成，将印度洋沿岸、东南亚和东亚海域各国整合为一个联系紧密的国际市场体系。在海上贸易发展推动下，宋代海洋知识、海洋观念也进入一个新的阶段，并催生了若干新的文化因素。海洋不再是一个荒诞的神仙世界，而成为充满商机、聚财生利的现实世界和生存空间，人们的海洋观念发生了根本变化。出于护佑航海的需要，海上神灵信仰有了巨大发展，并出现若干新的变化。外来的宗教信仰也通过海上贸易传到中国，并成为社会文化的一部分。宋代海上丝路的新变革、新机制在宋代以后持续增长，使亚洲海上贸易具有了持久稳定的动力；即使明清实行"海禁"政策，也无法阻挡亚洲海上贸易前进的步伐。

【东亚海域前期倭寇与朝贡体系的防控功能】

陈尚胜，《中国边疆史地研究》2017年第1期

14世纪中叶至16世纪中叶是东亚海域史中倭寇的活跃时期，学术界把14世纪中叶至15世纪的倭寇称为前期倭寇。文章考察了高丽、明朝围绕前期倭寇，与日本南北朝以及室町幕府之间的交涉活动，认为高丽在14世纪后期与日本南北

朝以及明朝之间，在倭寇情报和防范、解救被掳他国人口、帮助缉捕海洋犯罪逃犯等方面，开始有了初步合作。而到15世纪，随着明朝与朝鲜王朝、明朝与日本室町幕府之间封贡关系的建立，在防范、控制和打击倭寇活动方面有了进一步合作。因此，15世纪的朝贡体系曾是维护东亚海域秩序的重要机制。

【回顾与展望：中琉关系史研究30年】

赖正维、李郭俊浩，《中国边疆史地研究》2017年第1期

文章对20世纪80年代迄今包括中国台湾、香港在内的中国史学界有关中琉关系史的学术研究历程进行了认真梳理，对中琉关系史研究的重要档案资料及学术著作的出版进行了介绍，同时还对大量中琉关系史学术论文做了分类评述。在此基础上，作者总结归纳了中琉关系史研究的主要特点，并对今后的研究方向提出若干建议。

【“交趾中南半岛情形图”与中暹缅海路贸易交通】

王巨新，《海交史研究》2017年第1期

台北“故宫博物院”藏“交趾中南半岛情形图”并非乾隆三十六年（1771）暹王郑昭命人绘制进呈，而是乾隆三十四年（1769）六月底广东署左翼镇游击郑瑞等根据访查节略绘制，该图当名为《访查暹罗至阿瓦水陆程图》。两年后，李侍尧将该图与郑昭所呈《暹罗航海图》作为旧、新图一并呈奏乾隆帝。此两图共记载4条曼谷至阿瓦的贸易交通路线，一条向北经清迈，两条分别向西北、西南横穿马来半岛北端，一条向南绕行马六甲海峡，后三条在缅甸土瓦以北路线基本一致，此即这一时期中暹缅贸易交通实际情况。《交趾中南半岛情形图》等海道程图的绘制，标志着清政府的中南半岛认识达到了新的高度。然而，这些海道程图，同其他来自外部世界的新信息一样，被囿于宫廷而未播于民间。

【端方与东沙岛交涉——兼补《西沙岛东沙岛成案汇编》之不足】

张建斌，《中国边疆史地研究》2017年第2期

光绪三十三年（1907），东沙岛被日本商人西泽吉次占据。清朝外务部电令两江总督端方与两广总督张人骏调查。文章依据中国第一历史档案馆藏端方档案，考证清廷对东沙岛的调查取证情况，分析交涉期间中央与地方对东沙岛的认识，并介绍端方在交涉中的作用。同时，勘正《西沙岛东沙岛成案汇编》一书的个别错误。

【美国对南海诸岛归属问题的考量与行动（1943—1951）——兼论美国对南海争端政策的形成】

栗　广，《近代史研究》2017年第2期

自1943年开始，美国开始考虑战后世界秩序问题，而战争期间被日本占领的南海诸岛则是待处理的领土之一。第二次世界大战后期，美国在有关该问题的研究方案中倾向于在战后将南海诸岛交还给某一声索方，或进行国际托管。战后初期，美国不再支持将南海诸岛进行国际托管，也不支持任何一声索方对南海诸岛的主权要求。20世纪四五十年代之交，美国希望南海诸岛问题的处理尽可能模糊化，且不能有利于新生的中华人民共和国。最终，在美国主导下制定的《旧金山对日和约》仅规定了日本放弃南海诸岛，却没有规定具体的接收方。《旧金山对日和约》的出台标志着美国对南海争端政策的形成。

二　2017 年边疆研究论文选刊

中国边疆学理论

论中国古代的治边方略

方　铁*

中国古代关于边疆治理的理论与实践，大致可分为历代王朝治边的理论与实践，以及经过长期探索形成的相对稳定的治边谋略与传统两个部分，后者可称为“中国古代的治边方略”或“传统治边方略”。

不少王朝在治边、营边方面存在严重问题，甚至面临严峻的挑战，统治者为此耗费大量的精力与财力。历朝治边的理论与实践，既包括对前朝治边实践的梳理与反思，也有本朝大胆的探索与宝贵的经验；既是传统治边方略形成的基础，也为后世提供了可资研究的个案。传统治边方略在历朝治边理论、实践的基础上形成，并不断得到充实与完善。传统治边方略具有全局性、统率性、完整性、相对稳定性等特点，是历代治边精华的高度概括与集中反映，并蕴含了丰富的政治智慧，既是我们了解治边问题的一把钥匙，也是一笔重要的历史遗产。

传统治边方略是一个新的研究选题。较之历朝治边的思想与治策，传统治边方略具有注重应对策略与实践环节等特点，具有重要的借鉴与应用的价值。

一　中原王朝经营边疆与应对外邦的方略

传统治边方略是历代王朝在边疆治理方面，经过长期的实践、提炼而形成的基本谋略与传统。中国古代较稳定的政治实体，包括中原王朝、边疆王朝、边疆政权等

* 方铁，云南大学西南边疆少数民族研究中心教授、博士生导师。

不同的类型。[①] 传统治边方略包括中原王朝的治边方略，以及边疆王朝、边疆政权的治边方略。中原王朝大都具有超稳定的社会结构，一些王朝统治的时间长达二三百年。中原王朝或因腐败及统治失控出现更替，但其经济基础、社会结构等未发生根本性改变。另外，在秦朝统一全国后相当长的时期，中原王朝的周边环境较少出现重大变化。因此，中原王朝虽不断倾覆及更替，历朝治边亦各有其特点及探索的过程，但新建王朝治理边疆，在较长的时期仍承袭传统的谋略与做法。传统治边方略形成及传承的又一原因，是中华文明的发展未曾中断，作为中华文明的组成部分，传统治边方略也不断得到发展。经历代持续的探索与积累，中原王朝治边方略的内容堪称繁富，影响极为深远，是本文研究的重点。

总体来看，历朝对治边方略普遍缺少系统性的总结，但史籍仍留存了一些记载，为后人研究创造了条件。在中原王朝的治边方略中，较具特色的部分包括经营边疆与应对外邦的方略。这一方略大体形成于秦汉，发展延续至清代；其演变跌宕昭彰，经历了从肤浅至成熟的过程。同时，中原王朝经营边疆与应对外邦的方略，在前后期又有不同的特点。

中原王朝自认为是天下的中心，周围的蛮夷势力须服从于己，由此形成中心（华夏文明）与边缘（边疆及徼外的非华夏文明）相互关系的思想。中原王朝通过推行教化在边疆及其以远地区传播华夏文化，并通过朝贡、册封这两种形式，与四方蛮夷建立盟约及主从的关系，进而形成通行天下的制度规范。封贡制度的基础是服事观。先秦时期的服事观认为统治者居天下之中心，其影响由中心向周边地区传播。中原王朝对先秦的服事观进行改造，将其发展为以四方蛮夷向中原王朝进贡、中原王朝册封朝贡者为主要内容的封贡制度。元以前中原王朝的边疆还处于形成变动的过程，边疆与徼外地区的界线经常变动且含混不清，封贡制度施行的范围，既有边疆的蛮夷与地方政权，也包括徼外势力乃至远方的他国。

汉晋至唐代的中原王朝，大都持有中原文化绝对先进、王朝宏伟无疆、边徼蛮夷难以企及的优越意识，并通过广泛施行封贡制度，践行厚往薄来的原则，将上述观念散布到周边地区。中原王朝以丰厚的物质赏赐及众多虚衔官职的授予，对周边的蛮夷“施之以德”，企望换取徼外蛮夷对中原王朝最高权威的承认，以及蛮夷对中原王朝的衷心顺从和长期供奉。通过实行封贡制度，中原王朝对边疆及其以远地区进行政治笼络与文化传播，争取建立封建家族制度式的等级尊卑关系，在此基础上对蛮夷施行相对宽松的羁縻管控。在华夏文明独领风骚与中原王朝处理和蛮夷的关系主要是采取友好相处、德化浸润做法的时代，封贡制度取得了很大成功。中原王朝不仅构建以己为中心的天下秩序，还使东亚地区实现了基本和平。这一时期中原王朝治边的方略，具有普遍用于边疆经营与外邦应对的特点。另一方面，该时期中原王朝的治边方略，也存在含混随意、因地制宜意识淡漠等缺陷。

---

① “中原王朝”指以传统农业为主要经济形态，以儒家文化为基本意识形态，以黄河中下游或长江中下游为核心地区的王朝。中原王朝包括全国统一王朝，也包括具有上述特征的宋、东晋等局部王朝。“边疆王朝”“边疆政权”均指以边疆地区为统治核心的政治实体。边疆王朝与边疆政权的不同之处，为前者具有古代国家的性质，边疆政权虽有一定程度的独立性，但古代国家的特征并不明显。

中唐及以后的时代风云际会，吐蕃、南诏、辽、金、夏、蒙古等边疆势力先后崛起，兼之明代后期西方列强东至，中原王朝承受了严峻的挑战。元、清两个统一王朝为边疆蛮夷所建，有其独到的天下观与治边观。在诸多力量的冲击下，汉唐以来形成的东亚秩序逐渐解体。继起的元朝从全国统一的高度，明确了新的天下格局，内容大致是中国的边疆地区逐渐巩固并趋完善，成为拱卫统一国家的有力屏障；中国周边仍存的政治势力，大都成为与中原王朝建立新型藩属国关系的邻邦。因此，元明清三朝经营边疆地区，表现出边疆治理与邦交应对分开的特点，其治边方略也相应发生了变化。

由记载观之，中原王朝明确区分边疆与邻邦，并施以不同对策的时期始于元代。元代以前的中原王朝，虽也称周边的某些政治势力为“敌国”，待之以“敌国之礼”，如唐代的突厥、吐蕃，宋代的辽、金、夏与蒙古，但这些“敌国”究竟是古代国家，抑或是与中原王朝有臣属关系的地方政权，有时不仅难以区分，与中原王朝的关系也时常变动。中原王朝处理与周边势力的关系，普遍以封贡制度应对，即接受朝贡或向对方朝贡，中原王朝强盛时视对方为华夏周边之藩篱，卑弱时奉对方为踞高驭下的家长，并无区分边疆或邻邦的明确表述，亦无根据明确原则区别处理的制度化对策。

宋代以来情形发生很大变化。南北方出现若干强大的边疆王朝，以汉族为主建立的中原王朝不再被视为北斗七星，清朝还面临西方列强的逼宫。传统的封贡制度受到挑战，新的天下秩序逐渐形成。对周边与己关系较密切的邻国，元明清三朝主要通过新型的藩属国体制应对。[①] 在这样的情形下，中原王朝与徼外势力的关系，从传统的华夏之地与周边蛮夷的关系，逐渐向新型的藩属国体制转化。从《元史》的记载来看，[②] 元朝对边疆地区与邻邦施用不同的治策。例如：在云南行省的管辖范围元朝普遍设治，在蛮夷地区实行土官制度，并积极推行儒学教育。对安南、缅国、占城等实为邻邦的藩属国，则实行派遣达鲁花赤（掌印官）、要求按期纳质朝贡、君王定期入觐等制度。元朝数次征讨安南，起因便是安南国王拒绝亲身入觐，实则抵制与元朝的藩属国关系。《元史》成书于明代，大致依据元代的档案编成，反映了元朝施政的真实情形。综观《旧唐书》《新唐书》《宋史》，并无如同元朝于边疆、邻邦分别施以制度化治策的记载。元明清推行新型藩属国体制并不顺利。因历史的惰性及囿于“万方来朝”的旧梦，统治者完善藩属国体制步履迟缓。待晚清西方列强的大炮轰开王朝大门，统治者方知为时已晚。

在趋于稳定的边疆地区，中原王朝主要依靠具有因地制宜特点的制度与推广儒学教育进行治理。元明清尤其是元、清两代，重北轻南的治边倾向不甚明显，统治者积极经营南部边疆，统治深入到此前鞭长莫及的地区。朝廷通过土司承袭须经考核批准和发展儒学教育等方式，培养了南方蛮夷对国家的忠诚。并通过大量兴办各类学校，提高土司

① 关于元明清时期藩属国体制问题，拟另撰文阐述。

② （明）宋濂等撰:《元史》卷4—卷8《世祖本纪》，中华书局1976年版，第56—146页；《元史》卷125《赛典赤赡思丁传》，第3063页；《元史》卷166《信苴日传》，第3910页；《元史》卷209《安南传》，第4633页；《元史》卷210《缅传》，第4655页；《元史》卷210《占城传》，第3660页。

与土民的素质及文化水平。在其他边疆地区，中原王朝推行内容有别于土司制度的统治制度。如在北部草原推行由万户制度发展而来的盟旗制度，在新疆沙漠绿洲施行伯克制度，在青藏高原实行政教合一的金瓶掣签制度。[①]

元明清将边疆地区与邻邦分开，通过施行以土司制度为代表的新型边疆制度，对边疆地区进行有效统治与积极经营，对中国历史疆域的后期形成做出了贡献。古代中国在发展过程中出现过两次严重分裂，即南北朝时期与五代时期，反映出作为整体的中国尚处于前期形成的过程。元明清出现600余年的持续统一，尤其清代全国未再出现严重分裂，表明整体中国完成了后期形成。元明清区分边疆与外邦的治边方略，也从成功转型向趋于完善不断发展。

二　中原王朝治边的地缘政治方略

所谓地缘政治，指与地理因素紧密相关的政治问题。地缘政治是客观存在，人们关于地缘政治的理论，是对这一客观现实及其对策的认识。中原王朝有经过长期的实践与积累形成的地缘政治观，其表述话语及内容构架，与近代西方的地缘政治理论迥异。其内容之丰富，较之近代西方的地缘政治理论毫不逊色，而应用广泛的程度则超过后者。

中国古代对地缘政治早有认识，并形成一些相关的思想与策略。包括中原王朝、边疆王朝、边疆政权在内的政治势力，出于为其统治服务的需要，对与政治博弈、巩固政权及扩展势力有关的地缘政治问题，大都注意研究并积极实践，积累了宝贵的经验。中国古代的地缘政治观，包括中原王朝的地缘政治观与其他政治势力的地缘政治观。中原王朝的政治、文化的影响力远超边疆王朝与边疆政权，其地缘政治观丰富、成熟的程度亦居领先。

中原王朝的控制范围能在很长的时期内保持相对稳定并逐渐巩固，关键是较好地处理了中心与边缘的关系，即充分利用华夏文化圈对周边地区的辐射作用，借助文化传播的力量，把对边疆的控制由微弱的影响发展为质量上的突变。对此中原王朝未必有过系统的总结，但因施行的策略行之有效，历代相沿成为传统，在认识方面便形成地缘政治观。

中原王朝的地缘政治观有以下特点。一是形成发展的时间很长。从先秦时期诸子百家热衷于探讨诸侯国的地缘政治、形成地缘政治研究的首次高潮算起，到晚清王夫之等一些思想家潜心总结历代统治的得失，就有关地缘政治问题作较深入探讨，中原王朝的地缘政治观经历了二三千年的演变过程。二是历代王朝处理与地理因素有关的政治问题，常自觉或不自觉地应用地缘政治方面的知识，并经多次的实践、提升形成相应的策略。三是中原王朝地缘政治观的内容十分丰富。从地缘政治格局来看，既有中原王朝对自身政治利益与相关地域关系的关注，也包括中原王朝对自己与天下地缘政治关系的认识。就地缘政治演变的过程而言，中原王朝积极经营既有的地域，力求地缘政治关系出现有利于己的改变；同时不懈研习相关的历史与传统，企望从中汲取地缘政治的知识。四是在涉及领域、关注重点与文字表述方面，中原王朝的地缘政治观与近代西方的地缘政治理论不同，集中反映了前者在价值观、天下观、人地关系观等方面的观念与政治

---

① 方铁：《土司制度与元明清三朝治夷》，《贵州民族研究》2014年第10期。

智慧。

中原王朝的地缘政治观，大致可分为全局地缘政治观、与边疆有关的地缘政治观两个部分。全局地缘政治观包括以下内容：华夏与非华夏区域的关系，整体辖地与局部地区的关系，中心区域与周边地区的关系，南北部地区间的关系，重点是孰轻孰重方面的关系；东西部地区间的关系，重点是经济差异方面的关系；经济发达区域与欠发达区域的关系，不同文化区域的关系，不同行政区域的关系，中原王朝辖地与其他政权辖地的关系等。

中原王朝的边疆地缘政治观，[①] 涵盖的内容较全局地缘政治观收窄，但重点相对突出，特色亦甚显明。内容大体包括内地与边疆的关系、边疆地区与邻邦的关系、中央政府与边疆政权的关系、边疆不同区域的关系、促进边疆形成巩固的思想、根据边疆的不同特点分别施治的思想等。边疆地缘政治观既与施政地缘政治、军事地缘政治、邦交地缘政治等相关联，也包含与地缘政治有关的边疆地区治理、边疆经济开发、边疆资源获取等方面的内容。边疆地缘政治观在不同的时期有特定的内容，并经不断地补充与完善，逐渐形成渗透了文化基因的深度认识与悠久传统，成为中原王朝治边的思想基础之一。

边疆地缘政治观的华夏色彩十分绚丽。中原王朝较重视人文因素、文化传统在地缘政治关系中的作用，相对忽视海洋等地理因素；考虑相关问题时，明显受到注重天人关系、社会等级制度、以文化分尊卑等传统的影响。古人认为中原是天下的中心，中原王朝的核心区域与其他地区的关系，密切的程度依距离的近远逐渐递减。突出表现在承认内地与边疆存在差异，并根据远交近攻的原则应对。边疆地区形成以后，中原王朝逐渐明确因地制宜、因时制宜的施治原则，治理边疆的成效趋于彰显。古人重视对边疆乃至徼外的蛮夷进行羁縻与教化，甚于西方常见的武力征服与赋税重征。统治者考虑治边方面的问题，较重视国际通道的畅通与安全，注重边疆各地与统治中心的关联，[②] 这些都表明他们熟悉并重视边疆地缘政治。

边疆地缘政治观强调农业文明与其他文明的区别。中原王朝以农业文明为固守的基础，通常恪守“守在四夷”的传统，谨慎地向外部扩展或求保稳定。历朝还重视经过边疆的国际通道与边疆行政机构的作用，注重在边疆设治管理、驻兵与移民。在处理边疆问题时，常视腹地以外的区域为差别甚大的地区，重视不同区位边疆地区相互配合或牵制的关系。

边疆地缘政治观在不同时期发生变化，主要受到以下因素的影响：一是时代背景与历朝的边疆经营思想，包括不同时期全国的形势，边疆形势的变化与统治者的应对，历朝经营边疆的方略与应对施治等。二是相关要素的作用。这些要素包括：重要道路，包括联系外邦的道路以及边疆本地及通往相邻行政区的道路。核心区域，指历朝重点经营并在边疆地区具有导向作用的区域，通常是重要行政机构的所在地。重要城市，既是区域的政治中心，也是重要道路必经的枢纽，亦是外来移民的聚居地与经济文化发展领先的区域。三是边疆地区经济开发的状况，包括历朝在边疆重点开发的区域，积极经营的

---

① 以下简称“边疆地缘政治观”。

② 方铁：《秦汉蜀晋南朝的治边方略与云南通道开发》，《云南师范大学学报》2007 年第 6 期；《唐宋元明清的治边方略与云南通道变迁》，《中国边疆史地研究》2009 年第 1 期。

经济部门，以及边疆经济发展的整体水平等。四是边疆与周边地区的关系，包括边疆与外邦的关系，边疆与周边行政区的关系等。

以边疆地缘政治观为基础，中原王朝施行以下的治边方略。

“守在四夷”的方略。春秋时沈尹戌提出“古者天子，守在四夷”的观念。[①] 两汉在接受先秦“五服”说的基础上，进一步形成“守在四夷”的治边思想。历朝对边疆和徼外通常慎用刀兵，处理与边疆蛮夷、徼外邻邦的争端时，大多是采取守势，用兵以自卫及防范性质者居多，历代有关的表述有：“不居之地，不牧之民，不足以烦中国”，[②] “治安中国，而四夷自服”，[③] “欲理外，先理内”，[④] “谨守祖业，不取域外之地”等。基于上述认识，中原王朝提出“附则受而不逆，叛则弃而不追”的原则，[⑤] 进而形成“守在四夷”的方略。

重北轻南的方略。我国南北方地缘政治长期存在差异，突出表现在历朝治边大都存在重北轻南的倾向。[⑥] 秦汉至宋代，中原王朝承受游牧势力经常南下骚扰的压力，遂把治边的重点放在北方，对南部边陲相对忽视。元明清诸朝，北方游牧势力南下的压力不同程度减轻，中原王朝重北轻南的倾向及应对方略，也相应发生变化。

重视德治与教化的方略。历朝重视德治与教化在治边中的作用。唐太宗提出“德泽洽，则四夷可使如一家”，[⑦] 认为对蛮夷施以德泽，经过潜移默化，可取得使用武力难以实现的效果。对边疆蛮夷与徼外势力，统治者主张“修文德以来之，被声教以服之”，[⑧] 在此基础上推行和亲、朝贡封赏与建立宗藩关系等制度。在古代前期，中原王朝治边施用的德治与教化，主要体现在笼络、赏赐以及华夏文化的传播与浸润方面。元明清三朝治边，在边疆地区主要通过教化蛮夷、提倡华夷一体、加强边疆与内地的交流来实现德治；处理与藩属国的关系，则主要是坚守藩属体制的规范，体现大国的气度与尊严，以取得德治与教化的效果。

对外施用文化软实力的方略。中原王朝大都恪守“守在四夷”的原则，向腹地以外的地区积极传播文化和影响，由此形成治边的文化软实力。[⑨] 治边文化软实力的基础，是中原王朝的夷夏有别观与用夏变夷观。治边文化软实力的内容，主要是彰显中原王朝的文化、实力与制度。治边文化软实力的载体是封贡制度，传播的机制主要是文化

---

① （汉）班固撰：《汉书》卷94下《匈奴传》，（唐）颜师古注引《左传》昭公二十三年，中华书局1962年版，第3830页。

② 《汉书》卷64上《严助传》，第2777页。

③ （宋）司马光编著：《资治通鉴》卷193《唐纪九》，贞观三年十二月条，中华书局1956年版，第6067页。

④ （南宋）李焘撰：《续资治通鉴长编》卷30，中华书局1980年版，第678页。

⑤ （南朝宋）范晔撰：《后汉书》卷86《南蛮西南夷列传》，尚书令虞诩言，中华书局1965年版，第2833页。

⑥ 方铁：《论中国古代治边的重北轻南倾向及其形成原因》，《云南师范大学学报》2006年第3期。

⑦ 《资治通鉴》卷197《唐纪十三》，贞观十八年十二月条，中华书局1956年版，第6216页。

⑧ （后晋）刘昫等撰：《旧唐书》卷199下《北狄传》，史臣曰，中华书局1975年版，第5364页。

⑨ 方铁等：《论中原王朝治边的文化软实力》，《中国边疆史地研究》2013年第2期。

传播。实施文化软实力方略的前提，是统治者具有“华夏居中”“华夷有别”“守在四夷”“以夏化夷”等观念，反映出中原王朝推行治边文化软实力的方略，受到边疆地缘政治观的深刻影响。

远交近攻的方略。中原王朝自认为是天下的中心，形成中心（华夏文明）与边缘（边疆及徼外的非华夏文明）相互关系的地缘政治思想，进而施行以注重全局与长远利益为特色的远交近攻方略。其表现一是通过封贡制度发挥治边文化软实力的作用，期望形成以华夏为中心的天下秩序，尤以古代前期较为明显。二是通过施用封贡制度，中原王朝羁縻对方的频度与效力，依距离的远近有所区别。三是中原王朝的远交近攻方略，施行的重点自元代起发生变化，从此前普遍施用于广义上的蛮夷，而改变为更重视经营边疆地区；对建立藩属国关系的邻邦，则遵循缔约相守、减少干预的原则。

三 中原王朝治边的博弈谋胜方略

“博弈”指两人或多人在对局之中，参考所探知对方的策略，变换自己的对抗策略而进行争斗。博弈论起源于应用数学，亦是运筹学的组成部分。博弈论是指双方或者多方在竞争、合作的情形下，尽可能了解各方的信息，依此选择能为自己争取最大利益之最优决策的理论。简言之，博弈论即研究互动决策的理论。博弈论应用的领域十分广泛，对经济学、军事战略学、政治学等学科而言，都具有重要的研究价值。

博弈的思想在中国起源很早。《孙子兵法》既是一部军事著作，也包含重要及丰富的博弈知识。先秦时流传的“田忌赛马”故事，形象地叙述了古人对博弈原理的认识。我国古代尤其是中原王朝积累了丰富的博弈知识，并将之运用于治边的理论与实践，尤以战争方面较为常见。亦应指出，历朝尤其是中原王朝掌握的博弈知识，尚未上升到理论概括的高度，相关文献也缺乏系统、完整的记载。博弈论正式成为一门科学理论，是1928年由美籍匈牙利数学家约翰·冯·诺依曼完成的。现代博弈论总结出一些重要的原则与理论，对博弈问题的研究与应用具有重要的指导意义。

博弈论应用于政治斗争便形成政治博弈论。政治博弈包括以下要素：博弈的参与者。[①] 参与者互为对手，获胜的关键在于是否采取成功的策略。所制定策略体现了博弈的根本特点，即策略的正确、及时与否，与博弈的结果直接相关。博弈参与者获取的最终目标是利益得失，利益得失的计划是否得当也很重要。制定成功的策略必须依据必要的信息，信息包括完全信息、不完全信息两种。如果对相关信息有足够了解便是完全信息，否则便是不完全信息。只有掌握完全信息，博弈者才可能做出相对合理的决策。

政治博弈的基本原理，在于博弈者的行动必须依赖于对方的行动，博弈的进程及其结果由双方或多方的行动而非单方的行动所决定，即取决于双方或多方行动的交互作用。在博弈论之参与者、利益得失、策略、信息四个基本要素中，策略是核心，直接关系到博弈的胜负得失。进一步来说，博弈即各方所采用策略之间的较量，博弈论因此又称为“对策论”。制定合理策略的依据是及时获取正确的信息，并根据信息的变更及时采取相应对策，因此信息能左右博弈双方的输赢。《孙子兵法》乃言：“知彼知己，百战不殆。”

---

① 古洪能：《政治博弈论》，中国言实出版社2008年版，第78页。

博弈可分为合作博弈与非合作博弈，区别在于相互作用的当事人是否达成具有约束力的协议。博弈者之间的合作，指相互间进行信息传递与思想沟通，达成具有约束力的协议（通常体现为规则）的过程。博弈者若能实现合作，遵守事先达成的协议或确定的规则，双方便进行合作博弈。若双方无法达成协议或规则，进行的博弈即非合作博弈。合作博弈的实质，是解决合作中利益如何分配的问题，目的是使纳入协议的参与者均满意。非合作博弈追求的目标，则是博弈者如何实现利益获取的最大化，而无须考虑其他参与者的利益。古代治边方面的斗争十分复杂，既有合作博弈也有非合作博弈，还有合作博弈与非合作博弈交织的情形。政治博弈的结果，有一方获益一方损失、两败俱伤、双方共赢等几种情形，分别称为"负和博弈""零和博弈""正和博弈"。

自秦朝首次实现全国的大致统一起，在长期的发展过程中，华夏与蛮夷的关系、内地与边疆的关系，便始终是统治者必须面对的重大问题，治边、营边构成历代政治生活的主题之一。在二千余年间，中原王朝呈现分裂、统一及不断更替的发展轨迹。另一方面，中原王朝赖以存在的经济与社会的基础，以及周边的政治环境并未发生重大改变。经过历代的实践与积累，中华文明得以发展壮大。在边疆治理与边疆问题应对方面，经长期的探索与总结，中原王朝形成一些重要的谋略与传统，博弈谋胜便是其中的精华，主要表现在践行注重长远全局的方略、擅长造势用势的方略、以夷制夷的方略、和亲互市的方略。以下阐述注重长远全局的方略以及擅长造势用势的方略。

中原王朝注重长远全局的方略，是基于自身及周边蛮夷的不同特点制定的。博弈论认为在利益集团的争斗中，任何人的行动均依赖于对方的行动，能否达到预期的目的，取决于双方或多方行为的交互作用。历朝治边的目标是"守在四夷"，即以华夏之地的安定繁荣、避免周边蛮夷侵扰为宗旨，由此表现出企望和平、态度保守及适度退让的倾向。另一方面，中原王朝大都幅员辽阔，内部需要关注和处理的问题很多，而这些问题处理得当与否，直接关系国势的兴衰。至于与周边蛮夷的关系，通常被置于次要地位。历朝关于这一认识的表述有如："先事华夏而后夷狄""重根干轻枝叶"；至于与夷狄交往，则提出"外而不内，疏而不戚"的原则，即中原王朝与夷狄须保持一定的距离，遇事多选择适度退让及息事宁人。

周边蛮夷长期滞留于阶级社会前期的发展阶段，争斗、掠夺与战争是日常生活的主题。尤其是北方草原的游牧势力，受获取粮食、布帛等需求的支配，兼之因气候剧变，需迁徙避寒等原因经常南下，严重威胁中原王朝的安全。游牧势力擅长骑射、惯常突袭，使中原王朝难以防范。因此，北方游牧势力的活动，具有外向开拓、热衷于战争及掠夺等特点，在与中原王朝的战争中亦较易取胜。另一方面，游牧势力崛起迅速，瓦解或重组亦频繁如走马灯。兼之北方游牧势力更替无序、迁徙不定，不利于制度的完善与文化的积累，致使游牧势力在竞争中缺乏底蕴与后劲。

中原王朝与边疆王朝、边疆政权具有不同的特点，决定了双方进行的博弈，必然是中原王朝相对保守，在争斗中较难获取眼前的利益；而边疆王朝、边疆政权则容易形成进逼、突袭的态势，但终难持久，更勿论经常获得长远与全局的胜利。在前期中原王朝主要以北方游牧势力为对手的情形下，上述特点表现得尤为明显。

中原王朝以发达的农业为基础。与农业社会伴生的中央集权制度与封建等级制度，是中原王朝维持统治的根基，受中央集权制度、封建等级制度的影响，朝廷尤其是帝王的意愿能左右王朝的命运，其决策具有极强的权威性与行动力，国家所有的财政、行政及人力的资源，均须服从朝廷与帝王的意愿。朝廷与帝王的决策若正确合理，对王朝的积极作用显而易见。若决策昏聩甚至错误，不仅严重耗费国家资源，甚至可能产生颠覆性的消极后果。缘于此，对治边方面的突发事件乃至重大决策，朝廷与帝王常举棋不定，甚至贻误战机；一些决策或前后抵牾，甚至昏招迭出。同时，与竞争对手相比，在信息获取、应对策略制定、情况及时反馈、用兵的迅速持久等方面，中原王朝并不占优势，甚至可说是经常处于劣势。中原王朝治边须支付高昂的行政成本，尤其体现在社会动员、军队调动、给养供应等方面，表明中原王朝治边存在明显的软肋。

由此可见，遵循扬长避短、避免争一时之短长的原则十分重要，堪称久经淬炼，历久弥新，中原王朝的有识之士对此有深刻认识。西汉后期，王莽欲穷追匈奴，部将严尤谏曰：

> 臣闻匈奴为害，所从来久矣……后世三家周、秦、汉征之，然皆未有得上策者也。周得中策，汉得下策，秦无策焉。当周宣王时，猃允内侵，至于泾阳，命将征之，尽境而还。其视戎狄之侵，譬犹蚊虻之螫，驱之而已。故天下称明，是为中策。汉武帝选将练兵，约赍轻粮，深入远戍，虽有克获之功，胡辄报之，兵连祸结三十余年，中国罢耗，匈奴亦创艾，而天下称武，是为下策。秦始皇不忍小耻而轻民力，筑长城之固，延袤万里，转输之行，起于负海，疆境既完，中国内竭，以丧社稷，是为无策。①

唐代德宗在位。针对朝廷治边存在的严重问题，大臣陆贽上疏：

> 所谓乘其弊，不战而屈人之兵，此中国之所长也。我之所长，乃戎狄之所短；我之所易，乃戎狄之所难。以长制短，则用力寡而见功多；以易敌难，则财不匮而事速就。舍此不务，而反为所乘，斯谓倒持戈矛，以鐏授寇者也！……今四夷之最强盛为中国甚患者，莫大于吐蕃，举国胜兵之徒，才当中国十数大郡而已。其于内虞外备，亦与中国不殊，所能寇边，数则盖寡。且又器非犀利，甲不坚完，识迷韬钤，艺乏趫敏。动则中国畏其众而不敢抗，静则中国惮其强而不敢侵，厥理何哉？良以中国之节制多门，蕃丑之统帅专一故也。②

出于上述原因，中原王朝治边多注重长远目标，具有明显的全局意识。中原王朝治边通常有明确的底线，并不甚计较一时一事的得失。在与周边蛮夷的交往中，中原王朝力争与之构建和谐共存的关系，期望实现守境相安。统治者企盼通过调用经济、文化的资源，在东亚地区实现长期和平。在形势不利时，中原王朝宁愿付出物资以换取和平。若面临来自多方的压力，中原王朝必当权衡利弊，确定应对之先后主次，避免造成腹背受敌的局面。元之前中原王朝形成重北轻南的治边传统，即为注重长远、全局方略的一种反映。

中原王朝有擅长造势用势的方略。军事战略学称有利态势或战机为“势”，称形成

---

① 《汉书》卷 94 下《匈奴传》，第 3824 页。

② 《旧唐书》卷 139《陆贽传》，第 3808 页。

有利态势或捕捉战机为“用势”。中原王朝治边善于营造有利于己的形势，并借助有利形势及时采取行动，此类做法可称“造势、用势方略”。造势、用势方略的突出表现是中原王朝治边善于使用文化软实力。中原王朝通过封贡制度，辅以朝贡、和亲、纳质、互市、盟誓等具体策略，与蛮夷建立尊卑有序的关系，并通过“厚往薄来”给予蛮夷经济赏赐，积极扩大影响，形成以中原王朝为中心的文化圈。中原王朝治边注重远交近攻。其表现之一是重视经营腹地外围的地区。中原王朝通过设置边郡与羁縻府州，最终在其地设置规范郡县；通过驻军、移民屯垦与发展交通，进一步实现对腹地外围地区的管控。中原王朝对腹地外围的治理，经历了从羁縻治策到土司制度的变化。将前期对边陲的混沌治理，发展到明确区分边疆、外邦并分别应对，至此完成由量变到质变的过程。在军事斗争中若形势有利于己，中原王朝常果断决策大胆出击，辅以国家拥有的雄厚资源，争取企望已久的胜利。此即中原王朝在与周边势力的争斗中虽一再退让，但大都能最终获胜的原因之一。

中原王朝重视全局谋划与长远利益，与擅长造势、用势的方略相辅相成。古代有不少与此有关的成语，例如：审时度势、固本待机，先剪羽翼、后捣腹心，分化瓦解、各个击破，待之有备、御之有常，有理、有利、有节，欲擒先纵，以迂为直，后发制人，静如处子、动如脱兔，力不可用完、势不可使尽，叛则伐之、降则抚之，宽猛相济、软硬兼施，等等。宋朝施用的造势、借势方略也颇有特点。面对北方强敌及严重的边疆危机，宋朝为力保辖地安全，大胆实行守内虚外、弃南保北的策略，不仅放松对边疆的管控，而且将安南、大理国归入外藩，与其划界而治。宋朝的此举实为两害相衡取其轻，虽导致南部边界内收，并不断遭受北方强敌的欺压，但终未出现南北受敌的被动局面。两宋享国长达320年，超过唐、元、明、清等统一王朝，其间的荣枯得失，与宋廷相关的谋划和采取的策略不无关系。

四　边疆王朝治边的方略

中原王朝、边疆王朝、边疆政权都参加了中国历史疆域构建的过程，均为历史舞台上重要的出演者。知名的边疆王朝与边疆政权，汉代有匈奴、鲜卑、南越国；唐代有突厥、回纥、吐蕃、南诏、渤海；宋代有辽、西夏、金、蒙古、大理国等。

边疆王朝与中原王朝以及边疆王朝之间，双方互为“敌国”的关系。“敌国”关系虽反映古代国家之间的关系，但毕竟不同于现代意义上的国家关系，一是表现在古代国家并无国家主权、国界等现代意义上的观念。二是受封建等级制度的影响，“敌国”双方常以父子或舅甥相称，表现出严格的等级关系，亦与现代国家倡导平等的原则相悖。三是在某些情况下，“敌国”关系可能向臣属、从藩的关系转变，或由臣属、从藩的关系转化为“敌国”关系，“敌国”关系因此具有不确定性。汉朝与匈奴，宋朝与辽、西夏、金，均出现过关系性质改变的情形。边疆政权与边疆王朝的性质不同。边疆政权为从属于中原王朝或边疆王朝的地方势力，与后者建立臣属或从藩的关系。边疆政权承诺“保塞称蕃”，为中原王朝或边疆王朝守御藩篱，或虽割据一方，但奉后者为正朔。

中原王朝、边疆王朝、边疆政权的关系十分复杂。除相互关系的性质可能改变外，边疆王朝若统一全国，便继承中原王朝的名分与传统，发展为不同程度仍保留旧俗的中原王朝，元、清均是如此。另外，中原王朝、边疆王朝、边疆政权还存在彼此影响的关系。随着时间的推移，相互之间的影响、交融愈为广泛而深刻，相关政治实体最终成为中国的一部分。反映在治边方略方面，表现为三者虽存在明显的差异，但并无不可逾越的鸿沟，相互影响、彼此吸收的情形较为常见。

边疆王朝、边疆政权关于治边的认识与方略，其特色与个性十分鲜明。中原王朝的治边方略，多以“守中治边”“守在四夷”“德泽洽夷”等思想为基础。而边疆王朝、边疆政权则少有类似的观念与方略。边疆王朝、边疆政权治边的观念，主要是以固本外拓为立国之本，重视获取可见利益与得失的权衡。所采取的方略，普遍具有积极外拓、热衷于战争及掠夺，以及善于利用矛盾、对策灵活多变等特点。边疆王朝、边疆政权若自恃势力强大，便有与对手争正统与高下一类的意识；若与中原王朝或其他政权建立藩属的关系，乃常有试图摆脱控制甚至举兵相抗的行为。对周边的其他政权或部落，边疆王朝、边疆政权多通过武力夺取其土地、人口与财物，积极扩展势力范围。在应对策略方面，边疆王朝、边疆政权与中原王朝的差别也十分明显。

对边疆王朝、边疆政权具有的特点与营边的方略，中原王朝亦有认识。前元十一年（前169），匈奴数为边患。西汉大臣晁错上疏：“卑身以事强，小国之形也；合小以攻大，敌国之形也。”① 指出力弱则奉强，聚小国以攻大国，是蛮夷处理对外关系的主要特点。竟宁元年（前33），郎中侯应称“困则卑顺，强则骄逆”为夷狄之性情，乃天性使然。他认为蛮夷简政少礼义，上下等级观念淡漠，推举强者为雄，弱者势必屈服。② 建武二十八年（52），北匈奴遣使向东汉贡马及皮裘，求和亲并请赐音乐。司徒掾班彪说：匈奴多变诈。北匈奴见南单于来附，惧汉朝图谋其国，故数请和亲；其献益重示其国益虚，请和亲愈繁示其惧愈多。朝廷的应对是须行赏赐，但数量与所献相当即可。③ 永平八年（65），北匈奴虽遣使入贡，但侵掠不息，致使边城昼闭。廷议遣使报其使者。大臣郑众上疏：臣闻北单于所以欲致汉使者，欲以离间南单于，坚定西域36国降附之心。若汉朝与之和亲，北匈奴当夸示邻敌，令西域欲归化者局促狐疑，镇守军民对朝廷绝望。④ 章和二年（88），北匈奴饥荒出现动乱，投降官府者岁达数千人。东汉廷议对策，尚书宋意提出“戎狄简贱礼义，无有上下，强者为雄，弱即屈服”，⑤ 认为匈奴反复无常，不可尽信，朝廷应慎重处之。以上诸臣所言，对北方夷狄行事的特点与营边的方略，可谓是一语中的。

唐宋时边陲群雄竞起，数百年间争夺频仍。一些边疆王朝积极学习中原王朝的经验，营边的方略趋于完整与成熟。开元四年（716），突厥默啜可汗既死，部落颇多离散。毗伽可汗患之，乃召默啜之大臣暾欲谷为谋主。暾欲谷“多智略，国人信服之”。毗伽可汗欲南下侵扰，暾欲谷止曰：唐帝英武，汉地民和年丰；突厥诸部新集，力尚疲弱，“当息养数年，始可观变而举”。毗伽可汗又欲在草原筑城，建立寺观。暾欲谷说：突厥人口稀少，所以能与华夏为敌者，正因逐水草而居，射猎为业，人皆习武。“强则进兵抄掠，弱则窜伏山林。”若筑城而居、变更旧俗，便丧失既有的优势，一朝失利，

---

① 《资治通鉴》卷15《汉纪七》，文帝十一年十一月条，第484页。

② 《资治通鉴》卷29《汉纪二十一》，竟宁元年正月条，第942页。

③ 《资治通鉴》卷44《汉纪三十六》，建武二十八年八月条，第1420页。

④ 《资治通鉴》卷45《汉纪三十七》，永平八年三月条，第1448页。

⑤ 《资治通鉴》卷47《汉纪三十九》，章和二年五月条，第1515页。

必为对方所灭。还说佛教教人仁弱，不可在突厥之地传播。[①] 暾欲谷所言，反映出对时势以及唐朝、突厥的优劣之势有清醒的认识，应对之策亦较高明。唐宋及其后夷狄势力营边，还努力吸收汉人参加，注意学习中原王朝治边的经验。五代十国时后梁衰困，刘守光遣参军韩延徽求援于契丹。契丹主留之，令其牧马于旷野。律氏皇后言于契丹主，称韩延徽守节不屈，为今之贤者，宜待以礼而用之。契丹主乃以韩延徽为谋主。韩延徽教契丹建官衙，修筑城郭，立市里贸易，广招汉人垦田，"由是汉人各安生业，逃亡者益少，契丹威服诸国"。契丹称帝，拜韩延徽为相，累迁至中书令。这一时期契丹南下掠夺明显减少，史称："延徽之力也。"[②]

边疆王朝、中原王朝治边方略的深度交融，突出表现在蒙古汗国与元朝、后金与清朝的对接及演变方面。蒙古汗国、后金两个边疆王朝，先后统一全国分别建立元朝与清朝。其原有营边的思想与方略，进一步发展为元朝、清朝统治全国的治边思想与方略。元朝、清朝治边的思想与方略，不拘畛域之见，大胆创新并有所发展。另一方面，蒙古汗国建立元朝，后金建立清朝，其治边方略的内容与演化也存在差别，反映出古代治边理论与实践的演变，具有复杂、丰富、多样等特点。

蒙古汗国、后金两个政权，在社会经济类型、社会结构与社会关系、政治与经济的发展水平、经营辖地的思路与方法、思维与行事的风格等方面，都存在明显的差别。后金发展为清朝，其治边方略的转型，较之蒙古汗国及元朝更为成功。入关之前，后金已重视农业生产，并形成农业、畜牧业、手工业等多种经济部门并存的格局。后金知晓满汉等族交往与融合的重要性，对境内各族以不同的方式施治。同时，后金较熟悉中原王朝的制度与文化，通过努力学习提高统治的水平。后金具有的这些特点，为入关后迅速统一全国，建立长达276年的清王朝准备了必备条件。清朝建国后，致力于统治方略与各项制度的完善，亦取得显著成效。自元代起，中原王朝治边的思想与方略出现明显改变，反映了中国边疆趋于巩固、各民族进一步融合的发展趋势。清朝顺应这一趋势，革新图治并开阖有度，将治边方略提升到一个新的水平。

总体来看，中原王朝与边疆王朝的治边方略，存在彼此对立、共存、逐渐交融的关系。前期两者的差异较为明显，后期边疆王朝的治边方略趋向成熟。元、清两代，边疆王朝的治边方略发展为中原王朝的治边方略，推动中国统一多民族国家后期形成。清朝的治边方略则集历代之大成，同时有重要的创新与发展。

（原载《思想战线》2017年第1期）

---

① 《资治通鉴》卷211《唐纪二十七》，开元四年七月条，第6720页。

② 《资治通鉴》卷269《后梁纪四》，贞明二年十二月条，第8810页。

从夏人、汉人到中华民族

——对中华大地上主体族群凝聚融合轨迹的考察

李大龙*

虽然“民族”一词很早就出现在汉文古籍中,① 但具有近现代意义的“民族”(nation)一词一般认为是在近代才由日本传入中国。“民族”传入中国后,先是梁启超将其与中国国民建构实际相联系,创造了“中华民族”的概念,其后“中华民族”被以孙中山为首的革命者引入推翻清朝统治的政治领域,而推翻殖民统治的“民族主义”浪潮更是让学者乃至国人习惯于用“民族国家”理论来解读和看待中华大地上族群凝聚融合的历史,从而彻底抛弃了主导东亚历史书写数千年的传统话语体系。由此带来的问题不仅仅是如何定义“中华民族”以及合理阐述“中华民族”与我国现有56个民族之间的关系等一系列问题,更重要的是“民族国家理论”是否能够准确解释按照中国传统话语体系书写的中华大地上族群凝聚融合的历史。这是一个长期被学界忽视的重要问题。基于此,笔者试图在前人研究成果的基础上,对中华大地上主体族群的凝聚融合的轨迹②做初步梳理,以求正于学界同仁。

一 古代中国传统的族群观

古代中国人对族群的划分和“民族国家”理论对“民族”的界定依据存在明显的不同,同时与斯大林对“民族”的界定也有着一定的差异。斯大林认为:“民族是人们在历史上形成的一个有共同语言、共同地域、共同经济生活以及表现于共同文化上的共同心理素质的稳定的共同体。”民族是“资本主义上升时代的历史范畴。封建制度消灭和资本主义发展的过程同时也是人们形成为民族的过程”。③ 斯大林的这一看法不仅为我们的民族工作和民族研究带来了不少麻烦,而且也为我们阐述中国历史上的族群关系带来了麻烦,最主要的原因是斯大林说民族在资本主义时期才形成,而我国在中华人民共和国成立前并没有经过资本主义阶段,按照这一说法,中国历史上根本不存在民族。

---

* 李大龙,中国社会科学院中国边疆研究所编审、博士生导师。

① 中华书局本《南齐书》卷54《顾欢传》有:“今诸华士女,民族弗革,而露首(编)[偏]踞,滥用夷礼,云于翦落之徒,全是胡人,国有旧风,法不可变。”其下有注则言:“‘民’南监本及南史、元龟八百三十作‘氏’。”据此“民族”则可能是“氏族”传抄之误所致。

② 有关中国历史上民族关系和民族融合的论著很多,限于篇幅笔者对以往的研究不作评述,相关研究论著的情况,可参见达力扎布主编《中国民族史研究60年》,中央民族大学出版社2010年版。

③ 《斯大林全集》第2卷,人民出版社1953年版,第294、300页。

所以，在20世纪50年代民族识别的过程中没有采纳这一时间观点，但构成“民族”的4个基本要素却得到了我国学界的普遍认同。

实际上，早在“民族国家”理论传入东亚之前，东亚特别是古代中国人就已经有了认识族群并对其进行划分的理论。“天下一家”是古代中国人对“天下”秩序的基本认识，而对“天下”族群的划分早在先秦时期就已经理论化，这就是《礼记·王制》明确记载的“中国、戎、夷五方之民”：

> 凡居民材，必因天地寒暖燥湿，广谷大川异制。民生其间者异俗。刚柔轻重，迟速异齐。五味异和，器械异制。衣服异宜。修其教不易其俗，齐其政不易其宜。中国、戎、夷五方之民，皆有性也，不可推移。东方曰夷，被发文身，有不火食者矣。南方曰蛮，雕题交趾，有不火食者矣。西方曰戎，被发衣皮，有不粒食者矣。北方曰狄，衣羽毛穴居，有不粒食者矣。中国、夷、蛮、戎、狄，皆有安居、和味、宜服、利用、备器，五方之民，言语不通，嗜欲不同。达其志，通其欲，东方曰寄，南方曰象，西方曰狄鞮，北方曰译。

从这一记载看，所谓“中国”是指生活在中原地区的华夏族群而言的，而“夷”“戎”“狄”“蛮”，则是分指居住在其周围的其他族群，划分的标准则是不同族群在“安居、和味、宜服、利用、备器”等方面表现出来的差异。很明显的是，这些划分族群的标准不是民族国家理论中的人种或血缘，而是在物质文化方面，包括生产方式、生活方式等方面所具有的特殊性。因而，古代中国人对“五方之民”的认识与其说是对族群的划分，还不如说是对不同的区域文化的划分。

正因为先秦时期的人们是以文化的不同来区分中华大地上的族群，所以在这一基础上形成的夷夏观也具有了鲜明的文化特色，同时这种以文化、分布区域区分族群的方式不仅催生了“夏（中国）”“夷”“蛮”“戎”“狄”“胡”等具有鲜明文化特点的族群名称，进而形成了贯穿多数古代典籍的按照这一传统话语体系书写的中华大地上族群凝聚融合历史的话语体系，而且也为后代处理族群之间的关系乃至中华大地上族群的凝聚与融合提供了理论基础，“华夷之辨”“用夏变夷”“因俗而治”等政策都是在这种思想基础上形成并不断发展的。

二　由“夏人”到“汉人”：农耕族群的初步凝聚

关于由“夏人”到“汉人”的发展过程，《中国民族关系史纲要》有具体的阐述，并认为：“汉族名称的产生或从夏族、华夏族改称汉族，不是这一人们共同体的质的变化，更不是新民族的形成，只是名称的改变。”① 应该说，该书对“汉人”或称为“汉民族”形成过程的描述是符合史实的，但是建立夏、商、周、秦、汉诸政权的主体族群来源是不同的，分属于“五方之民”中的不同族群，认为其不是“质”的变化而“只是名称的改变”的阐述并不准确，因为“夏族”“汉族”具有不同的“质”，分指构成两个政权的主体族群。“汉人”称呼的出现自然是源于汉朝的名称及其持续的存

① 翁独健主编：《中国民族关系史纲要》，中国社会科学出版社1990年版，第88页。

在，我们在史书中也可以找到政权更替对族群名称变化形成直接影响的例证。如夏人，《汉书·地理志》有："颍川、南阳，本夏禹之国。夏人上忠，其敝鄙朴。"商人，《汉书·周本纪》有："武王使群臣告语商百姓曰：'上天降休！'商人皆再拜稽首，武王亦答拜。"周人，《史记·苏秦列传》有："周人之俗，治产业，力工商，逐什二以为务。"秦人，《旧唐书·地理一》有："郡县为理，秦人不免于败亡。"与此类似，是在秦朝基础上出现的汉朝的长期存在，将汉朝境内以"中国"（中原郡县地区）为核心分布的百姓融合成了"汉人"，由此"汉人"成了自称和他称。值得注意的是，这些百姓的来源并非全是"五方之民"中的"中国"成分，也有"东夷""西戎"和"南蛮"（楚国统治者自认非"中国"乃南蛮之人）成分。也就是说，"汉人"的出现是夏、商、周、秦、汉众多政权对"中国"（中原地区）区域内不同族群整合的结果，当然也包括不同族群间的自然融合，在汉代之前并不存在称为"汉人"的族群，而是有夏人、商人、周人、秦人等源自于政权名称的对族群的命名。

汉朝的长期存在固然导致了汉人群体的形成，但其凝聚的基础应该是秦朝对中原地区的统一以及郡县制等族群整合措施的实行。嬴政在实现"一统"之后，"分天下以为三十六郡，郡置守、尉、监"，并在"地东至海暨朝鲜，西至临洮、羌中，南至北向户，北据河为塞，并阴山至辽东"的辽阔地区，"一法度衡石丈尺，车同轨，书同文字"，① 不仅结束了中原地区诸侯分立的局面，实现了政令的统一，而且在经济文化上中原地区也日益凝聚为一个整体，并以"中国"称之，在为中国疆域进一步凝聚提供了内核的同时，也促成了这一区域内族群的凝聚和融合，"秦人"的出现是族群整合的结果，同时也为"汉人"族群的形成奠定了牢固的基础。

"汉人"之称早在楚汉相争之时就已经形成，用于指称汉王刘邦部众，见于《史记》卷92《淮阴侯列传》蒯生游说韩信语中："今足下戴震主之威，挟不赏之功，归楚，楚人不信；归汉，汉人震恐：足下欲持是安归乎？夫势在人臣之位而有震主之威，名高天下，窃为足下危之。"而在《史记》卷110《匈奴列传》中中行说则是以"中国"称呼"汉人"："匈奴之俗，食畜肉，饮其汁，衣其皮；畜食草饮水，随时转移。故其急则人习骑射，宽则人乐无事。约束径，易行；君臣简，可久。一国之政犹一体也。父兄死，则妻其妻，恶种姓之失也。故匈奴虽乱，必立宗种。今中国虽阳不取其父兄之妻，亲属益疏则相杀，至到易姓，皆从此类也。且礼义之敝，上下交怨，而室屋之极，生力屈焉。夫力耕桑以求衣食，筑城郭以自备，故其民急则不习战攻，缓则罢于作业。嗟土室之人，顾无喋喋占占，冠固何当！"《后汉书·南蛮西南夷列传》则有："顺帝永和元年，武陵太守上书，以蛮夷率服，可比汉人，增其租赋。"由此看来，农耕为主要特征的社会文化和以郡县为特征的制度文化似乎成为了汉代区分族群的重要标志，而汉朝的长期延续则为"汉人"族群的形成提供了有利的内部环境。《后汉书》卷86《南蛮西南夷列传》有："莋都夷者，武帝所开，以为莋都县。其人皆被发左衽，言语多好譬类，居处略与汶山夷同。土出长年神药，仙人山图所居焉。元鼎六年，以为沈黎郡。至天汉四年，并蜀为西部，置两都尉，一居旄牛，主徼外夷。一居青衣，主汉人。"说明在汉代即便是在杂居地区，"夷""汉"也有明确区分，并制定了不同的管理方式，而"租赋"缴纳与否和管理方式的异同是两个明显的特征。

① （汉）司马迁：《史记》卷6《秦始皇本纪》，中华书局标点本1959年版，第239页。

基于此，笔者认为“夏人”“商人”“周人”“秦人”“汉人”等称呼既有区别，也有内在联系。区别主要体现在这些称呼分别代表着夏、商、周、秦、汉各政权对境内族群凝聚整合的结果，主导者不同，而内在联系则是在“夏人”基础上不断融入其他族群，最终形成了“汉人”。

三　由“汉人”到“唐人”：农耕族群的进一步凝聚

三国至唐时期，随着汉朝的灭亡，“汉人”也不再是农耕族群的普遍称呼，代之而出现的则是以政权的名称来称呼各政权辖区内的族群，同时也出现了“华人”的称呼。

在《三国志》中，“魏人”“吴人”“蜀人”分别用来称呼曹魏、孙吴、蜀汉三个政权境内的族群，而西晋统一中原后，“晋人”的称呼于是也出现在《晋书》的记述中。《晋书·北狄传》有：“武帝践阼后，塞外匈奴大水，塞泥、黑难等二万余落归化，帝复纳之，使居河西故宜阳城下。后复与晋人杂居，由是平阳、西河、太原、新兴、上党、乐平诸郡靡不有焉。”唐代，“唐人”则成了主体族群的称呼。《新唐书·西域下》有：“天宝元年，王哥逻仆罗遣使者献方物，诏封怀德王，即上言：‘祖考以来，奉天可汗，愿同唐人受调发，佐天子征讨。’”

魏人、蜀人、吴人称呼的出现自然是曹魏、蜀汉、孙吴三个政权并立存在所导致族群的分裂，但分裂是暂时的，晋的出现再次导致了晋朝境内主体族群的凝聚，而且被称为“晋人”的主体族群和内迁的边疆族群尽管“杂居”，但也能够区分出来，区分的标志自然是不同的文化特点和不同的管理方式。有意思的是，随着不同族群杂居状况的加剧，“中华”一词出现在这一时期的典籍中，并成为划分族群的一个重要标准。学者一般认为“中华”一词首见于裴松之在《三国志·诸葛亮传》中的评论中有“若使游步中华，骋其龙文”，并将“中华”的含义确定为指称中原地区，①但《资治通鉴》卷104太元七年十月条载阳平公融谏苻坚曰：“‘知足不辱，知止不殆。’自古穷兵极武，未有不亡者。且国家本戎狄也，正朔会不归人。江东虽微弱仅存，然中华正统，天意必不绝之。”此处的“中华”似乎更多是具有文化的含义，而三国南北朝时期“华夷之辨”思想极为突出，代表正统文化的“中华”用以区分族群，与传统的区分族群的标准也相符合。屡屡出现在史书中的“非我族类，其心必异”，被当今很多学者认定为“民族歧视”，但实际上“族类”的含义最初并非指“民族属性”，因为在中国古代，没有“民族”的概念，“族类”更多的是指文化属性的差异。如《晋书·段灼传》有：“昔在汉世，诸吕自疑，内有朱虚、东牟之亲，外有诸侯九国之强，故不敢动摇。于今之宜，诸侯强大，是为太山之固。非我族类，其心必异。而魏法禁锢诸王，亲戚隔绝，不祥莫大焉。间者无故又瓜分天下，立五等诸侯。上不象贤，下不议功，而是非杂糅，例受茅土。似权时之宜，非经久之制，将遂不改，此亦烦扰之人，渐乱之阶也。”议论的内容并不涉及“民族”，而是统治体系内部的各种势力，今人将其附会为“民族歧视”似乎并不十分准确。

---

① 参见陈连开《中国·华夷·蕃汉·中华·中华民族——一个内在联系发展被认识的过程》，载费孝通等《中华民族多元一体格局》，中央民族学院出版社1989年版，第105页；田晓岫《中华民族形成时代新考》，《广西民族学院学报》2002年第1期。

正是因为有了“中华”的概念，所以也就有了“中华人”的称呼，对此当今学者很少给予关注。《全唐诗》卷637顾云的《筑城篇》中有：“西川父老贺子孙，从兹始是中华人”的诗句，杜佑所著《通典》在卷185《边防一》记述“濊”时，言“正始六年，不耐濊侯等举邑降，四时诣乐浪、带方二郡朝谒，有军征赋调，如中华人焉”。长孙无忌《唐律疏议》卷4中也有：“没落，谓中华人没落蕃中。”这些记载说明最迟在唐代已经有“中华人”的用法，而且从该词出现在唐诗之中的情况看，其使用具有一定的普遍性，而且“中华人”“唐人”“中国人”具有相同的性质，一定程度上说都是对唐朝主体族群的称呼。

四 “汉人”的再次出现：农耕族群的再次壮大

唐代之后，农耕族群的凝聚再次分裂，并随着五代、宋辽金各政权的先后出现被分割为不同的群体，被纳入到各政权的统治体系之中。尽管史书中存在以政权名称称呼辖境内群体的情况，但从史书的一些记载来看，不同族群之间的界限在一些统治者及史书作者眼中依然是清晰的，尤其是北部的辽金政权。

耶律德光时期（927—947），契丹通过参与中原地区的混战，不仅获得了后晋的称臣纳贡，而且后晋“割幽、蓟、瀛、莫、涿、檀、顺、新、妫、儒、武、云、应、寰、朔、蔚十六州以与契丹，仍许岁输帛三十万匹”，① 契丹人建立的辽成为了兼有农耕和游牧两个不同族群的政权。《辽史·百官志》载：“契丹旧俗，事简职专，官制朴实，不以名乱之，其兴也勃焉。太祖神册六年，诏正班爵。至于太宗，兼制中国，官分南、北，以国制治契丹，以汉制待汉人。国制简朴，汉制则沿名之风固存也。辽国官制，分北、南院。北面治宫帐、部族、属国之政，南面治汉人州县、租赋、军马之事。因俗而治，得其宜矣。”针对不同族群实施不同的管理方式尽管不是契丹人的首创，且“汉制”实际上是沿用了前代的制度，但“以国制治契丹，以汉制待汉人”的治理方式依然得到了当今学者的很高评价。② 只是两种不同管理方式的存在对中华大地上族群之间的凝聚，尤其是农耕族群和游牧族群之间的凝聚并不是十分有利的，一方面“汉人”“契丹人”及两种不同的管理方式的存在是辽朝境内农耕与游牧族群之间存在着明显分界的体现，另一方面两种不同的管理制度固然有利于统治，体现了“因俗而治”的原则，也有利于两个群体内部的融合，但却为两大不同族群之间的融合制造了人为障碍，不利于辽朝主体族群的形成与壮大。

《金史·太祖纪》载，收国二年（1116），诏曰：“自破辽兵，四方来降者众，宜加优恤。自今契丹、奚、汉、渤海、系辽籍女直、韦室、达鲁古、兀惹、铁骊诸部官民，已降或为军所俘获，逃遁而还者，勿以为罪，其酋长仍官之，且使从宜居处。”这一记载说明金朝建立初期在我国北部地区族群之间的界限依然很清晰，但随着灭亡辽和北

---

① （北宋）司马光：《资治通鉴》卷280，天福元年十一月丁酉，中华书局标点本1956年版，第9154页。

② 参见马大正主编《中国边疆经略史》，中州古籍出版社2000年版；田继周等《中国历代民族政策研究》，青海人民出版社1990年版；赵云田《中国边疆民族管理机构沿革史》，中国社会科学出版社1993年版等。

宋，金朝的统治者却采取了和辽朝不同的治理方式，有学者称为“经历了一个不断完善、逐渐汉化的过程”。[①]“汉化”自然是从今天汉族视角得出的结论，也代表了当今学界在“民族国家”语境下的一般看法，但金朝的族群凝聚情况由《金史·唐括安礼传》记载的金世宗与尚书右丞唐括安礼的一段对话可以反映出来：大定七年（1167），“诏曰：‘南路女直户颇有贫者，汉户租佃田土，所得无几，费用不给，不习骑射，不任军旅。凡成丁者签入军籍，月给钱米，山东路沿边安置。其议以闻。’浃旬，上问曰：‘宰臣议山东猛安贫户如之何？’奏曰：‘未也。’乃问安礼曰：‘于卿意如何？’对曰：‘猛安人与汉户，今皆一家，彼耕此种，皆是国人，即日签军，恐妨农作。’上责安礼曰：‘朕谓卿有知识，每事专效汉人、若无事之际可务农作，度宋人之意且起争端，国家有事，农作奚暇？卿习汉字，读《诗》《书》，姑置此以讲本朝之法。前日宰臣皆女直拜，卿独汉人拜，是邪非邪，所谓一家者皆一类也，女直、汉人，其实则二。朕即位东京，契丹、汉人皆不往，惟女直人偕来，此可谓一类乎。’又曰：‘朕夙夜思念，使太祖皇帝功业不坠，传及万世，女直人物力不困。卿等悉之。’因以有益贫穷猛安人数事，诏左司郎中粘割斡特剌使书之，百官集议于尚书省。”其中“女直”“汉人”“契丹”称呼的存在无疑是族群分界依然明显的证据，但“国人”称呼的出现也是统治者内部有人主张弥合族群差异、塑造“国人”共同体的例证。尽管这种认识是否付诸实施，效果如何，尚有待探讨，但蒙元时期“四等人”中“汉人”称呼的出现及其构成则可以视为是对五代宋辽金时期族群凝聚结果的一种承认。

《南村辍耕录·氏族》对“四等人”中的蒙古、色目、汉人有较详细的记载，其中汉人有 8 种：“契丹、高丽、女直、竹因歹、术里阔歹、竹温、竹赤歹、渤海”后注“女直同”。[②] 有学者将元朝的“四等人”政策定义为“具有浓厚的民族歧视与民族压迫的色彩”，[③] 从“民族国家”理论及当今民族理论的视角看是没有问题的，但契丹、高丽、女直、竹因歹、术里阔歹、竹温、竹赤歹、渤海都被纳入“汉人”名称之下却值得引起我们的高度重视。这种情况的出现，一方面说明在元朝统治者眼中他们和“汉人”在文化特征和管理方式上有某种共同性，可以共同对待；另一方面这种划分也为这些族群之间的进一步融合提供了制度保障。所以笔者认为“四等人”的划分既是元朝统治者对五代宋辽金时期族群融合成果的一种承认，同时也为明朝将“汉人”和“南人”融合为一体创造了更为有利的条件，进而促成了“中华人”的再次出现。

五　“中华人”的重新出现：“汉人”群体的壮大及其身份转变

明朝的建立者朱元璋以“驱逐胡虏，恢复中华”[④] 为口号推翻了元朝的统治，即位后虽然试图以恢复“华风”来凝聚主体族群，但“华”“夷”之间的界限还是存在的，

① 赵云田：《中国边疆民族管理机构沿革史》，第 207 页。

② 田继周等《中国历代民族政策研究》认为吐蕃也包括在色目之中，汉人主要是淮河以北原金朝辖境内的汉、女真、契丹、渤海、高丽等；南人重要是原南宋辖境内各族。（第 246 页）

③ 田继周等：《中国历代民族政策研究》，第 249 页。

④ 《明太祖实录》卷 26，吴元年十月丙寅。

所以又提出了“华夷无间，姓氏虽异，抚字如一”①、“夫天下一统，华夷一家，何有彼此之间”② 等，试图弥合族群之间的差异。也正是如此，“明人”“汉人”“华人”等称呼均见于《明实录》，成为对明朝主体族群的称呼。值得关注的是“中华人”的称呼也明确出现在《明史·日本传》中：

> （永乐）十五年，倭寇松门、金乡、平阳。有捕倭寇数十人至京者，廷臣请正法。帝曰：“威之以刑，不若怀之以德，宜还之。”乃命刑部员外郎吕渊等赍敕责让，令悔罪自新。中华人被掠者，亦令送还。明年四月，其王遣使随渊等来贡，谓：“海寇旁午，故贡使不能上达。其无赖鼠窃者，实非臣所知。愿贷罪，容其朝贡。”帝以其词顺，许之，礼使者如故，然海寇犹不绝。

此处的“中华人”是相对日本人而言的，其含义应该和“明人”等同，而非指中原人，一定程度上是明朝主体族群的又一个称呼。

清朝实现对中华大地的“大一统”之后，尽管屡屡强调“满洲根本”，但从顺治时期开始其统治者就一直在努力弥合族群之间的差异，希望得到各族群尤其是“汉人”对其“正统”的认同。③ 有意思的是，尽管以朝代名称用于指称境内百姓的做法在史书中是一个普遍现象，而且今人也普遍用“清人”来指称清朝时期的人，但笔者在清代文献《清实录》和民国时期撰著的记述清代历史的《清史稿》中则没有查到“清人”的用法，而“臣民”却是一个对清朝辖境内不同族群的统一称呼。“臣民”一词在《清实录》和《清史稿》中出现过 883 次，具有了和“百姓”相同的含义。清朝对“臣民”的塑造，随着清朝由王朝国家向近现代主权国家的转变，也出现了“国民”的称呼。“国民”一词用于指称清朝治下的“臣民”始于清德宗光绪年间，虽然有清朝末期“立宪”改革的背景，但也可以视为是清朝“臣民”塑造的一个结果。《清德宗实录》卷 562 光绪三十二年七月戊申条记载了光绪皇帝“立宪”改革的上谕：

> ……著内外臣工，切实振兴，力求成效，俟数年后规模粗具，察看情形，参用各国成法，妥议立宪实行期限，再行宣布天下。视进步之迟速，定期限之远近，著各将军、督抚晓谕士庶人等，发愤为学，各明忠君爱国之义，合群进化之理，勿以私见害公益，勿以小忿败大谋，尊崇秩序，保守和平，以豫储立宪国民之资格，长厚望焉。将此通谕知之。

值得关注的是，上谕中“臣民”塑造理想是：“明忠君爱国之义”的“国民”。如果清朝可以依据国际条约中的表述称自己为“中国”，那么这个“国民”自然也可以称为“中国人”，此亦梁启超创造“中华民族”一词的主要根据。

“中华民族”是一个中西合璧的词汇，最早是梁启超使用的。梁启超在 1902 年发

---

① 《明太祖实录》卷 53，洪武三年六月丁丑。

② 《明太宗实录》卷 30，永乐二年四月壬午。

③ 参见李大龙《转型与“臣民”（国民）塑造：清朝多民族国家建构的努力》，《学习与探索》2014 年第 9 期。

表的《中国学术思想变迁之大势》一文中有："上古时代，我中华民族之有四海思想者厥惟齐，故于其间产生两种观念焉，一曰国家观，二曰世界观。"① 此处之"中华民族"当指华夏族和从华夏族发展至今，不断壮大的"汉人"群体。但是，梁启超在1922年《中国历史上民族之研究》一文中又认为"凡一遇到他族而立刻有'我中国人'之一观念浮于其脑际者，此人即中华民族一员也"，同时也认为"故凡满洲人今皆中华民族之一员"。② 从内容分析，此处所言"中华民族"很显然不仅包括了今人所称汉族，也包括了满族等其他少数民族，实际上等同于"中国人"。因此，笔者认为梁启超对"中华民族"概念的使用也有着一个由不准确到准确的发展过程，其本意是要描述清朝的"国民"，也就是光绪皇帝"立宪"诏书中的"国民"，而构成"国民"主体的是自"夏人"发端不断融合其他族群而壮大的"汉人"群体。③

综上所述，中华大地上的族群凝聚与融合是复杂的，以上仅仅是从政权与族群凝聚关系的视角，通过名称的演变来分析古代中国主体族群的凝聚轨迹。古代中国人早就有自己独特的以文化特征为显著特点的划分族群的理论体系，而中华大地上出现的众多政权也在这一理论的指导下不断地对境内的族群进行着整合。尽管存在着以政权名称称呼族群整合结果的现象，但"汉人""华人"乃至"中华人"逐渐成为了对中华大地上族群凝聚主体的称呼，而清朝统治者弥合族群之间差异塑造"臣民"（国民）的努力虽然催生了以"汉人"为主体包括其他族群在内的"中华民族"概念的出现，但也只是完成了中华大地上众多族群的凝聚，而其内部的融合依然在延续着。

（原载《中国史研究》2017年第1期）

---

① 梁启超：《中国学术思想变迁之大势》，《梁启超全集》（第3卷），北京出版社1999年版，第573页。

② 梁启超：《中国历史上民族之研究》，《梁启超全集》（第12卷），北京出版社1999年版，第3435页。

③ 或许是看到了这一点，顾颉刚先生在1939年的《益世报·边疆周刊》上发表《中华民族是一个》（《益世报·边疆周刊》1939年第9期）再次对"中华民族"的来源与内涵进行阐述，惜后人并没有从学理上给予关注，而是将其看作为在中华民族危亡时局下学者"爱国"的表现。费孝通虽然不赞同顾颉刚先生的观点，但其在中华人民共和国成立后则撰写了《中华民族多元一体格局》，应该说是从另一个角度继承和发展了顾先生的观点。

马克思的游牧民族思想及其对中国边疆学建构的意义

宋培军*

中国历史上的游牧民族，在汉语典籍中常常是以“行国”① 称呼。马克思的游牧民族观可以概括为如下五点：

第一，游牧民族处于“真正发展的起点”。马克思《政治经济学批判〈导言〉》指出：“以游牧民族（HirtenvÖlkern）为例［纯粹的渔猎民族（Jäger--und Fischer-VÖlker）还没有达到真正发展的起点］。他们偶尔从事某种形式的耕作。”② 马克思指出，与斯拉夫公社相比，印度人、古克尔特人以“直接的共同所有制”为基础、实行“共同生产”的公社，是更为古老的氏族公社类型③。马克思晚年指出：“俄国的公社就是通常称作农业公社的一种类型。在西方相当于这种公社的是存在时间很短的日耳曼公社。”④ 在《德意志意识形态》里，农业民族（AgrikulturvÖlkern）是不可能实行“共同的耕作”的⑤，从此标准来看，无论是罗马典型的畜牧奴隶家长制家庭公社⑥，还是在“中欧林野慢慢地移动的好战的半游牧部落”⑦ 即日耳曼家庭公社，都不是农业民族。对于欧亚早期历史来说，渔猎、游牧、农耕分别处于野蛮时代低级、中级、高级阶段，氏族公社共耕、家庭公社共耕、农业公社份耕、马尔克新公社份地私有但草地仍共有，是一个大

---

* 宋培军，中国社会科学院中国边疆研究所编审，本文是中国社会科学院中国边疆研究所重点课题“唯物史观与中国边疆理论研究”阶段性成果。

① 据《史记》卷123《大宛列传》，这是张骞最早对汉代西北游牧民族的称呼，未见用于匈奴。参见李大龙《试论游牧行国与王朝藩属》，载邢广程主编《中国边疆学（第二辑）》，社会科学文献出版社2014年版，第173页。

② 马克思：《政治经济学批判〈导言〉》，载《马克思恩格斯选集》第2卷，人民出版社1995年版，第25页。*Karl Marx Friedrich Engels Gesamtausgabe*（MEGA），*Ökonomisch Manuskripte* 1857/58，II/1.1，Dietz Verlag Berlin，1976，S.41.

③ 马克思：《资本主义生产以前的各种形式》，载《马克思恩格斯全集》第46卷（上），人民出版社1979年版，第478、489页。

④ 马克思：《给维·伊·查苏利奇的复信（三稿）》（1881年），载《马克思恩格斯全集》第25卷，人民出版社2001年版，第476页。

⑤ ［日］广松涉编注，彭曦译，张一兵审定：《文献学语境中的〈德意志意识形态〉》，南京大学出版社2005年版，第116、228页。

⑥ 恩格斯：《家庭、私有制和国家的起源》（1891年），载中国社会科学院民族研究所编《马克思恩格斯论民族问题》下册，民族出版社1987年版，第702页。

⑦ 恩格斯：《论日耳曼人的古代生活》（1881—1882年），载中国社会科学院民族研究所编《马克思恩格斯论民族问题》下册，民族出版社1987年版，第603页。

致的游牧迁徙转为定居农耕的公社演进过程。家庭公社是进入成文历史的标志。成文历史以来实行土地分割私有的雅典小农，在野蛮时代末期看到了文明时代的曙光①，由此而成为农业民族的典型。马克思、恩格斯对 VÖlker 的使用显示，它适用于不同产业类型，可以称为渔猎民族、游牧（畜牧）民族、农耕（农业）民族、工业民族等。

第二，游牧民族的组织形态是“旅行团”。纯粹的游牧民族，在西方是古代日耳曼人。就游牧公社这一社会（Gesellschaft）组织形态，《资本主义生产以前各形态》指出：“在游牧的畜牧部落中，公社实际上往往聚集在一起；这是旅行团（Reisegesellschaft）、队商和游牧群，而从属的形式便由这种生活方式的条件下发展出来。在这里，被占有和再生产的事实上只是畜群而不是土地。”② 可见，东方所谓“行国”，马克思称为“旅行团”，表现出了极大的一致性。日耳曼家庭公社之下，“耕作当然已经有了比较重要的意义，可是家畜还是主要的财富……把家务和耕作看成是没有丈夫气的事情”③，“他们是野蛮人：进行掠夺在他们看来是比进行创造的劳动更容易甚至更荣耀的事情”④。重畜牧、轻农耕，贵流血掠夺、贱流汗劳动，正是游牧民族的重要特点。对耕作与掠夺的这一不同态度，可以作为划分游牧民族与农业民族的基本标准。

第三，游牧部落是“第一个伟大的生产力”。《资本主义生产以前的各种形式》指出：自然形成的部落“共同体本身作为第一个伟大的生产力而出现；特殊的生产条件（例如畜牧业、农业）发展起特殊的生产方式和特殊的生产力，既有表现为个人特性的主观的生产力，也有客观的生产力。”⑤ 不管是畜牧生产条件，还是农业生产条件，都是社会存在的最基本层面，是生产方式乃至社会共同体的基础。游牧民族作为现代民族的前身，是历史发展的基本动力，也就是说，虽然与农耕民族相比游牧民族的产能不占主导地位，但是游牧民族生产力的发展更多表现为社会生产力归谁所有也就是个人生产力本身的发展⑥，这自然不能排除在中国边疆学的视野之外。

第四，马克思把蒙古的牧业形态界定为“放牧”⑦，并且提出了公社的“蒙古形态”“蒙古精神”的命题。俄国的公社所有制（Gemeineigenthum）并非起源于蒙古，而是起源于印度，“公社的蒙古形态”⑧ 是一种特殊类型，有别于南方斯拉夫、俄罗斯、

---

① 恩格斯：《家庭、私有制和国家的起源》（1891 年），载中国社会科学院民族研究所编《马克思恩格斯论民族问题》下册，民族出版社 1987 年版，第 703、751—754、799、800 页。

② 马克思：《资本主义生产以前各形态》，日知译，人民出版社 1956 年版，第 27 页。

③ 恩格斯：《论日耳曼人的古代生活》（1881—1882 年），载中国社会科学院民族研究所编《马克思恩格斯论民族问题》下册，民族出版社 1987 年版，第 603、605 页。

④ 恩格斯：《家庭、私有制和国家的起源》（1891 年），载中国社会科学院民族研究所编《马克思恩格斯论民族问题》下册，民族出版社 1987 年版，第 803 页。

⑤ 马克思：《资本主义生产以前的各种形式》，载《马克思恩格斯全集》第 46 卷（上），人民出版社 1979 年版，第 495 页。

⑥ 参见宋培军《中国边疆治理的“主辅线现代化范式”思考》，社会科学文献出版社 2015 年版，第 403 页。

⑦ 马克思：《政治经济学批判〈导言〉》，载《马克思恩格斯选集》第 2 卷，人民出版社 1995 年版，第 15 页；Marx, *Grundrisse der Kritik Der Politischen Ökonomie*, Dietz Verlag Berlin, 1953, S. 19.

⑧ 《马克思恩格斯全集》第 32 卷，人民出版社 1974 年版，第 637 页；*Karl Marx Friedrich Engels Werke*, Band 32, Dietz Verlag Berlin, 1973, S. 650.

德国的农业公社类型。马克思指出，蒙古人的到来促进了俄罗斯北部各公国的联合："俄罗斯北部各公国的联合证明，这种进化在最初显然是由于领土辽阔而形成的，在相当大的程度上又由于蒙古人入侵以来俄国遭到的政治命运而加强了。"① 斯大林对蒙古人的游牧行为有不同的理解："为了抵御土耳其人、蒙古人和其他东方人的侵犯……东欧中央集权国家出现的过程比民族形成的过程要快些……这些国家是尚未形成为民族（нации）但已结合在一个国家中的几族人民组成的。"② 这里的，"民族（нации）"概念与"几族"之"族"概念不同。

第五，马克思、恩格斯对"古代民族（antiken VÖlkern）""中世纪民族（Mittelalter VÖlkern）""现代民族（modernen VÖlkern）"③ 概念的运用显示，VÖlker 不仅适用于不同产业，还适用于不同时代。马克思、恩格斯不仅揭示了一条从民族（VÖlkerschaften 或 VÖlkerchen，④ 一度译为"部族"⑤）到民族（VOlk）⑥ 或民族（Nation）⑦ 的古代农业民族发展道路即部落—部落联盟—VÖlkerchen—VOlk，而且揭示了一条游牧民族的现代演进路线。对于前一条道路，恩格斯明确指出：部落联盟（Bund）"是朝民族［Nationen］的形成跨出了第一步"。⑧ 对于后一条路线，马克思作了初步揭示，他把《日耳曼尼亚志》中出现的苏维汇人的"natio"界定为部落联盟，⑨ 恩格斯则进一步指出保加利亚人这一"在中世纪时最强悍的民族（Stamm）"在土耳其治下"几乎是游牧性质的野蛮状态"，⑩ 而苏格兰的盖尔人即克尔特人则是斯图亚特王朝的支柱。⑪ 基于此，恩格斯《论封建制度的瓦解和民族国家的产生》《自然辩证法》揭示了

---

① 马克思：《给维·伊·查苏利奇的复信（初稿）》（1881 年），载《马克思恩格斯全集》第 25 卷，人民出版社 2001 年版，第 462 页。

② 斯大林：《俄共（布）第十次代表大会》（1921 年），载中国社会科学院民族研究所编《斯大林论民族问题》，民族出版社 1990 年版，第 184、189 页。

③ ［日］广松涉编注，彭曦译，张一兵审定：《文献学语境中的〈德意志意识形态〉》，南京大学出版社 2005 年版，第 148、320 页；马克思：《资本论》第 3 卷，载《马克思恩格斯全集》第 46 卷，人民出版社 2003 年版，第 911 页；Karl Marx，*Das Kapital*，Buch Ⅲ，Dietz Verlag Berlin，1956，S. 858.

④ 恩格斯：《家庭、私有制和国家的起源》（1891 年），载《马克思恩格斯选集》第 4 卷，人民出版社 1995 年版，第 102—103 页。

⑤ 恩格斯：《家庭、私有制和国家的起源》，人民出版社 1954 年版，第 100 页。

⑥ 恩格斯：《家庭、私有制和国家的起源》（1891 年），载《马克思恩格斯选集》第 4 卷，人民出版社 1995 年版，第 102—103 页。

⑦ 马克思：《路易斯·亨·摩尔根〈古代社会〉一书摘要》，载《马克思恩格斯全集》第 45 卷，人民出版社 1985 年版，第 426 页。

⑧ 恩格斯：《家庭、私有制和国家的起源》（1891 年），载《马克思恩格斯选集》第 4 卷，人民出版社 1995 年版，第 92 页。*Karl Marx Friedrich Engels Werke*，Band 21，Dietz Verlag Berlin，1972，S. 93.

⑨ 马克思：《路易斯·亨·摩尔根〈古代社会〉一书摘要》，载《马克思恩格斯全集》第 45 卷，人民出版社 1985 年版，第 567 页。

⑩ 恩格斯：《匈牙利的斗争》（1849 年），载《马克思恩格斯全集》第 6 卷，人民出版社 1961 年版，第 201—202 页；*Karl Marx Friedrich Engels Werke*，Band 6，Dietz Verlag Berlin，1972，S. 173.

⑪ 恩格斯：《匈牙利的斗争》（1849 年），载《马克思恩格斯全集》第 6 卷，人民出版社 1961 年版，第 202—203 页；*Karl Marx Friedrich Engels Werke*，Band 6，Dietz Verlag Berlin，1972，S. 172.

现代民族的演进路线：部落—部落联盟—Nationalitäten—Nation。值得注意的是，“现代的民族（modernen Nationalitäten）”① 与“现代民族（modernen Nationen）”② 前后相继，但是同属现代范畴。与此一致，列宁把前者在俄国的出现确定为17世纪，对应俄文националbностb，③ 由此从националbностb到нация的过渡确定下来。与恩格斯、列宁不同，斯大林指出“随着资本主义的发展、封建割据的消灭和民族市场的形成，民族（националbностb，一度译为‘部族’④）就发展为民族（нация）”，⑤ 这就把前者划入封建割据时代即中世纪的范畴之内了。列宁批评米海洛夫斯基关于从氏族联系发展到民族联系的思想即家庭—氏族—民族的演进三段论，⑥ 这里的“民族”其实是恩格斯所说作为近代君主制基础的Nationalität，却被斯大林当作中世纪封建时代的民族，出现时代错位。斯大林提出的著名的“民族”定义把民族（нация）作为资本主义上升时代的历史范畴，有别于部落。⑦ 这一时代界定尽管保持了与恩格斯“现代民族（modernen Nationen）”范畴的一致性，⑧ 但是有意无意继承了由俄国发明、却被恩格斯所批判的所谓“民族原则”：“每一个民族（nationality）都应当是自己的命运的主宰；任何一个民族（nationality）的每一个单独部分都应当被允许与自己的伟大祖国合并。”⑨ 其具体表现是，“东部边疆地区”的部族被认为“对于革命是极其重要的”，甚至超过乌克兰，⑩

---

① 恩格斯：《论封建制度的瓦解和民族国家的产生》（1884年），载中国社会科学院民族研究所编《马克思恩格斯论民族问题》下册，第819页；《马克思恩格斯全集》第21卷，人民出版社1965年版，第451—452页；*Karl Marx Friedrich Engels Werke*, Band 21, Dietz Verlag Berlin, 1972, S. 395–396；恩格斯：《工人阶级同波兰有什么关系?》（1866年），载《马克思恩格斯全集》第16卷，人民出版社1964年版，第171、175页显示了恩格斯本人的英文用词与俄文翻译的对应关系；*Karl Marx Friedrich Engels Gesamtausgabe*（MEGA），I\20，Akademie Verlag，2003，S. 194，198–199.

② 恩格斯：《自然辩证法》，载《马克思恩格斯选集》第4卷，人民出版社1995年版，第261页；*Karl Marx Friedrich Engels Werke*, Band 20, Dietz Verlag Berlin, 1972, S. 311–312. 他指出“从15世纪下半叶开始”，“王权依靠市民打败封建贵族”，建立了“以民族［Nationalität］为基础的君主国”，现代民族（modernen Nationen）“就在这种君主国里发展起来”。

③ 中国社会科学院民族研究所编《斯大林论民族问题》（第396页）引用了列宁的这一论述。

④ 斯大林：《马克思主义与语言学问题》，人民出版社1962年版，第10页。

⑤ 斯大林：《马克思主义和语言学问题》（1950年），载中国社会科学院民族研究所编《斯大林论民族问题》，民族出版社1990年版，第440页。

⑥ 列宁：《什么是“人民之友”以及他们如何攻击社会民主党人?》，载《列宁全集》第1卷，人民出版社1984年版，第124—125页。

⑦ 斯大林：《马克思主义和民族问题》（1913年），载中国社会科学院民族研究所编《斯大林论民族问题》，民族出版社1990年版，第32、33页。

⑧ 斯大林：《民族问题和列宁主义》（1929年），载中国社会科学院民族研究所编《斯大林论民族问题》，民族出版社1990年版，第397—399页。

⑨ 恩格斯：《工人阶级同波兰有什么关系?》（1866年），载《马克思恩格斯全集》第16卷，人民出版社1964年版，第175页；*Karl Marx Friedrich Engels Gesamtausgabe*（MEGA），I/20，Akademie Verlag，2003，S. 194，198–199.

⑩ 斯大林：《俄共（布）第十二次代表大会（摘录）》（1923年），载中国社会科学院民族研究所编《斯大林论民族问题》，民族出版社1990年版，第255页。

由此革命放大、提高了边疆部族的既有地位，卡尔梅克（恩格斯把它界定为氏族[①]）、布里亚特人这些“蒙古民族”的分支都被分别作为民族看待。[②]

基于以上考察可见，游牧民族之“民族”、民族国家前身之“民族”以及民族国家之“民族”，德文分别是 Volk、Nationalität、Nation，大致分别是英文 People、Nationality、Nation，俄文 народ、национадbносТb、нация，却约定俗成统一汉译为“民族”，难免存在不能准确对应的问题，笔者认为应该分别译为人民（强调人群或族群意义，可以简称“人”，比如“汉人”“匈奴人”“雅典人”）、族体（强调民族的构成要件的意义，由部落民主联合或打破封建贵族割据而成，是民族的前身）、民族（强调民族整体或凝聚核心的意义）。元、明、清三代是中国历史上分别以蒙古族、汉人、[③] 满族作为统治民族建立的最为典型的王朝国家，三族分别可以视为恩格斯界定的古代 Nation。[④] 朱元璋《谕中原檄》以“驱逐胡虏，恢复中国”作为驱蒙灭元建明的号召，其治下的人民自然就是“明人”，康熙帝也称之为“中国人”。[⑤] 孙中山以“驱除鞑虏，恢复中华”继之，他的“中华民族”概念有时是以汉人代名词[⑥]的面目出现的，其上还有一层“大中华民族”[⑦] 概念，蒙古族等少数民族代表得以加入中国国民党，由此替代“五族共和”的国会模式而开启了以党建国的新模式。就清代而言，它确立的是以“中华大皇帝”为中外共主而以满洲八旗、蒙古八旗、汉军八旗为核心内藩的主奴军事集团，这一主奴集团把满蒙回藏诸少数民族联合提升为国体民族（Nation），把汉人这样的主体民族整体变为政体民族（Nationality），从而形成一个边疆与内地大致平衡，但各民族政治地位不平等的帝国民族框架。在恩格斯那里，君主制取代封建制的民族基础正是 Nationality，也就是说，Nationalität 已经不是封建中世纪而是近代（现代初期）的事物了，把作为清代君主制基础的汉人视为 Nationalität 而非 Nation，应该符合恩格斯的思想。

---

① 恩格斯:《家庭、私有制和国家的起源》(1891 年)，载《马克思恩格斯选集》第 4 卷，人民出版社 1995 年版，第 129 页。

② 斯大林:《论党在民族问题方面的当前任务》(1921 年)，载中国社会科学院民族研究所编《斯大林论民族问题》，民族出版社 1990 年版，第 175—176 页。

③ 针对叶菲莫夫《论中国民族的形成》(《民族问题译丛》1954 年第 2 期) 所谓封建社会时期的汉族是部族的观点，范文澜提出汉民族形成于秦汉。(范文澜:《试论中国自秦汉时成为统一国家的成因》，《历史研究》1954 年第 3 期)

④ 恩格斯把苏格兰高地的克尔特人（the Highland Gaels）和威尔士人（the Welsh）都称为 nationality，而不是像英格兰人（the English）那样称为 nation，尽管把三者都称为 peoples。恩格斯:《工人阶级同波兰有什么关系?》(1866 年)，载《马克思恩格斯全集》第 16 卷，人民出版社 1964 年版，第 175 页; *Karl Marx Friedrich Engels Gesamtausgabe*（MEGA），I \ 20，Akademie Verlag，2003，S. 199.

⑤ “朝鲜系从来所有之外国，郑经乃中国之人”，《敕谕明珠等比例朝鲜不便允从》，载《明清史料》丁编第三本，台湾“中研院历史语言研究所”1972 年版，第 272 页。

⑥ 1921 年 3 月孙中山提出“汉族改名中华民族”，其改名用意是基于如下认识:“满、蒙、回、藏……无自卫能力……提撕振拔他们，仍赖我们汉族……拿汉族来做个中心，使之同化于我，并且为其他民族加入我们组织建国的机会。”《在中国国民党本部特设驻粤办事处的演说》(1921 年 3 月 6 日)，载《孙中山全集》第 5 卷，中华书局 1985 年版，第 474 页。

⑦ 《中国国民党党纲》(1923 年 1 月 1 日)，载《孙中山全集》第 7 卷，中华书局 1985 年版，第 4 页。

与日耳曼人在西风带中的游牧乃至民族大迁徙不同，在东方大陆季风气候下，在边疆民族地区，夏季牧场（夏季营盘、夏窝）和冬季牧场（冬季营盘、冬窝）之间的季节游牧，成为典型游牧形态，而在中原内地，最为典型的变化是春秋战国时期农牧混合经济转化为单一农业经济。[①] 笔者认为马克思的游牧民族及其建国道路理论对于中国边疆学的建构至少有如下三点方法论启示：

第一，完整、准确地理解社会存在决定论或生产方式制约论这一马克思的“原理”[②] 发现，才有可能把它运用于中国边疆学建构。《德意志意识形态》指出：“各个民族之间的相互关系取决于每个民族的生产力（Produktivkräfte）、分工和内部交往的发展程度。这个原理是公认的。”[③] 相对于日耳曼人游牧时期的“粗糙生产方式”，“战争本身还是一种通常的交往形式”。[④] 可见，生产与交往同属社会存在范畴，把生产方式、生产力的制约论变为决定论则是片面的。在马克思《政治经济学批判〈序言〉》四种生产方式论的基础上，列宁、斯大林发展出五种生产关系论。列宁《论国家》把“世界历史”与“历史”、“绝大多数民族”与“绝大多数国家”概念等同，把“世界历史”或“历史”说成是世界各国至少是绝大多数民族、国家及其所走、要走的道路，其理论前提“俄国维持的最久、表现的最粗暴的农奴制，同奴隶制并没有什么区别”[⑤] 需要反思。对于建立中国边疆学而言，马克思关于要证明“有史以来所有的东方部落中定居下来的一部分和继续游牧的一部分之间的一般关系”[⑥] 的提示，是以游牧边疆为主要对象的中国边疆研究的重要方法论指导。

第二，民族交往、交流、交融是历史发展的动力。马克思曾谈到“两个不脱离”：俄国不是“脱离世界而孤立存在的”，[⑦] 俄国的农业公社“也不是脱离现代世界孤立生存的”[⑧]。斯大林也谈到俄罗斯民族的历史有“三个不脱离”：“大俄罗斯的历史不脱离其他各族人民的历史，这是第一，而苏联各族人民的历史不脱离整个欧洲历史，并且一

---

① 陈平：《陈平集——封闭·冲击·演化》，黑龙江教育出版社 1988 年版，第 107 页。

② 恩格斯：《卡尔·马克思〈政治经济学批判。第一分册〉》，载《马克思恩格斯选集》第 2 卷，人民出版社 1995 年版，第 37—39 页。

③ ［日］广松涉编注，彭曦译，张一兵审定：《文献学语境中的〈德意志意识形态〉》，南京大学出版社 2005 年版，第 80、252 页。

④ 马克思、恩格斯：《德意志意识形态》，载《马克思恩格斯选集》第 1 卷，人民出版社 1995 年版，第 125 页。

⑤ 列宁：《论国家》（1919 年斯维尔德洛夫大学演讲，1929 年发表），载《列宁选集》第 4 卷，人民出版社 1972 年版，第 45—46 页。

⑥ 《马克思致恩格斯》（1853 年 6 月 2 日），载《马克思恩格斯文集》第 10 卷，人民出版社 2009 年版，第 111 页。

⑦ 马克思：《给维·伊·查苏利奇的复信（二稿）》（1881 年），载《马克思恩格斯全集》第 25 卷，人民出版社 2001 年版，第 472 页；*Karl Marx Friedrich Engels Gesamtausgabe*（MEGA），I/25，Dietz Verlag Berlin，1985，S. 232.

⑧ 马克思：《给维·伊·查苏利奇的复信（初稿）》（1881 年），载《马克思恩格斯全集》第 25 卷，人民出版社 2001 年版，第 461 页；*Karl Marx Friedrich Engels Gesamtausgabe*（MEGA），I/25，Dietz Verlag Berlin，1985，S. 224.

般的也不脱离世界历史，这是第二。”① 如果脱离开世界历史包括欧洲历史，自然就会否定古代的生产方式在苏联本土的存在，也就会否定古代民族的存在，由此也就不难理解何以苏联本土的民族历史仅仅被列宁归结为氏族——национадbнocTb——нация 的三部曲。在改革开放的新的历史时期，面对苏东剧变的新的国际形势，中国共产党发展出“三个离不开”的思想：“汉族离不开少数民族，少数民族离不开汉族，少数民族之间也相互离不开”，是对中国历史和世界历史关系正确把握的结果。西方的多瑙河边界、东方的长城边界都曾具有大致相同的游牧农耕分界意义。中国历史上，南匈奴、拓跋鲜卑等的汉化，是交往交融促进民族发展的典型例子。广义的民族交往，还包括暴力、战争等，对于历史发展的重要性在于其社会革命意义。边疆与内地、农耕与游牧的整体观照，应该是中国边疆学的重要课题。

第三，民国初年提出“五族共和”的建国构想，试图确立以汉满蒙回藏五大民族同为国体民族的中华民族国族框架，中华人民共和国成立之初进行民族识别（identification of nationality②）工作，将五大民族最终认定为56个民族，③ 国家民族事务委员会作为主管少数民族事务的机关，其对“民族”字眼的使用和翻译对应的是“nationality”而非“nation”，从中华民族各民族在法律面前一律平等的原则来看，是符合恩格斯对两者的区分的。但是，在“民族平等”成为政治正确标签的新的国际气候下，nationality往往被人为抬升为nation，中国则出现了降低其政治性的学术思潮乃至社会潮流。其实，nationality根本不具有建立民族国家的资格，与具有建立民族国家资格的nation相比，其政治性已经低很多，把它汉译“族体”，以代替在中文环境下含义丰富而随时变化的“民族”以及更多意指游牧民族的“部族”，似乎是可以考虑的选择。④ 这样，一个以多元族体（nationalities）为梁柱支撑、以一体中华民族（one-nation⑤）以及“中华民族共同体意识”⑥ 为核心上层的双层边疆民族治理模式和分析研究框架得以确立。

（原载《中国边疆史地研究》2017年第4期）

① 斯大林：《关于“苏联历史”教科书提纲的意见》（1934年），载中国社会科学院民族研究所编《斯大林论民族问题》，民族出版社1990年版，第427页。

② 肖家成编：《英汉·汉英民族学术语》，民族出版社1992年版，第400页。

③ 1953年，毛泽东在中共中央讨论《关于过去几年内党在少数民族中进行工作的重要经验总结》时强调：“科学的分析是可以的，但政治上不要去区分哪个是民族，哪个是部族或部落。”参见江流《马克思主义民族理论与中华民族论》，《马克思主义研究》2011年第6期。

④ 英文世界对nations与one-nation的最近的官方表达显示，统一（a union）不仅仅看作联合王国不同民族之间（between the nations of the United Kingdom）的联合，而且看作全体公民之间（between all of our citizens）的联合，前者即演讲前文谈到的the bond between England，Scotland，Wales and Northern Ireland，而a one-nation government是其代表。4个民族（nations）构成1个国族（one-nation）。参见《特蕾莎·梅接任英国首相公开演讲全文》，http：//www. kekenet. com/read/201607/454543. shtml，访问时间：2017年7月12日。

⑤ 对one-nation一词的使用带有“中华民族是一个”的意味，显然涵盖众多民族（nations），其实仍未脱离恩格斯所说的nation、nationalities双层结构。对顾颉刚“中华民族是一个”的分析，参见李大龙《对中华民族（国民）凝聚轨迹的理论解读——从梁启超、顾颉刚到费孝通》，《思想战线》2017年第3期。

⑥ 《习近平总书记在2014年中央民族工作会议上的讲话》，http：//sh. qq. com/a/20140930/010112. htm，访问时间：2017年7月12日。

西方政治地理学对边界问题的研究进展

初冬梅*

边界在国家的尺度上建立了政治学和地理学的密切联系，因此，边界问题是政治地理学的传统研究领域。① 国际形势的不断变化，为边界研究提供了丰富的素材。两次世界大战，亚非地区的反殖民地运动，引发了国家边界的大规模变迁。地区主义的兴起，苏联解体和东欧剧变，欧盟这样超国家行为体的建立，跨国公司和国际组织的活跃，互联网技术的发展，为边界研究提供了丰富的地缘政治素材。世界似乎正在“去边界化”。然而，“9·11”事件发生后，许多国家加强了边界管控，边界被重新“物化”。欧洲难民危机也对边界管理提出了新的挑战。除研究素材不断丰富外，社会科学的进步也促进了边界研究的发展。政治地理学家认识到，边界不仅是简单的地理现象，还是一个复杂的社会进程。边界不仅划定了国家的领土范围，还影响着边界两侧社会群体的生活方式。其他学科的加入丰富了边界研究的视角。政治地理学家的视角从物理实体，拓宽到社会文化现象，研究对象从国家间边界，拓展到不同类型的边界：政治边界、文化边界、族群边界、宗教边界等。回顾西方政治地理学对边界问题的研究进展，有助于拓展我国边界研究理论分析视角；也有助于为我国边疆地区治理提供现实经验借鉴。本文梳理西方政治地理学界对边界本质的探索，厘清西方政治地理学关于边界研究的传统议题和新议题，提出我国需要重视的边界研究议题。

一　边界的本质

国家间边界或许是“最易察觉的地缘政治现象”（Minghi，1963：407）②。政治地理学家对边界的本质进行了大量研究。最初的研究把边界视为一个物质实体，描述其物理属性和法律属性。关于边界的物理属性，一些政治地理学家提出，边界是环绕国家，且具有可见效应的不可见界线。③ 随着对疆域的深入研究，一些地理学家提出，边界不是一条线，而是一个垂直切面，向上延伸到领空，向下延伸至地下。④ 这样，边界的物

---

* 初冬梅，中国社会科学院中国边疆研究所副研究员。

① Newman，D.，and Paasi，A.，“Fences and Neighbours in the Postmodern World：Boundary Narratives in Political Geography”，*Progress in Human Geopraphy*，Vol. 22，1998，pp. 186 – 207.

② Minghi，J. V.，“Boundary Studies in political Geography”，*Annals of the Association of American Geographers*，Vol. 53，1963.

③ Norris，R.，Haring. L. L.，*Political Geography*，London：Charles E. Merrill，1980.

④ Glassner，M.，Fahrer. C.，*Political Geography*，3rd ed，Hoboken，2004，pp. 73 – 74.

理属性不再是线，而是面，是用于界定国家范围的不可见垂直剖面。对于边界的法律属性，一些地理学家认为，边界是由国际条约等法律框架确定的一个特殊的空间实体。①

功能主义的兴起，让一些政治地理学家从功能的角度探讨边界的本质。领土、领土权和主权的思想被引入边界研究中，边界被理解为国家领土权的表达或表现。边界标志着国际体系中，主权国家的正式领土范围和空间范围。② 在威斯特伐利亚体系中，边界界定了一个国家行使主权的空间范畴。③ 地理学家特别关注的是陆地边界，认为陆地边界是国家主权和领土权的具体表达。

20 世纪六七十年代，地理学的科学化运动对边界研究的方法论产生很大的影响。地理学家尝试用建模的方法对边界问题进行实证研究。House J. 在美国—墨西哥边界进行了田野工作，提出勘界的"操作模型"。该模型分析了人文和地理地貌，经济不平衡、文化交流、卖淫和毒品走私、污染控制、灌溉用水分配、移民等变量对边界的塑造作用，在边界的实证研究领域具有重要意义。④

20 世纪 90 年代，地理学的社会学转向浪潮也波及了边界研究领域。社会建构主义改变了对空间的认识，也改变了对边界的诠释。持这种视角的政治地理学家提出，边界是一个动态的社会过程，边界不仅是国家间自然形成的一个空间范畴，同时也是社会、政治和话语建构过程。边界也不仅是国家间的界线，对社会群体来说，边界具有更深刻的符号、文化、历史和宗教意义。边界划分了空间和社会的界限，对人们的生活方式产生影响，也影响到社群的自我认知方式，以及社群的互动方式。Rumley 和 Minghi 出版了《边疆景观地理》，认为边界研究不应仅限于边界的功能和类型，还应把边疆地貌视为一定空间内发生的一系列文化、经济和政治的互动进程。⑤ 20 世纪 90 年代，东欧剧变和苏联解体，产生了新的边界，这吸引了来自不同领域的学者的兴趣，学界再次掀起了边界和边疆问题的研究热潮。民族主义的崛起，激发了政治地理学家的兴趣，他们尝试重新诠释边界的意义。在民族主义运动中，民族身份认同是反抗殖民主义外来文化的一种体现，也是民族国家建构的一个文化工具。边界在不同的社会、政治和文化进程中实现物化。边疆地区也因之具有丰富

---

① Kaikobad, K. H., *The Shatt-Al-Arab Boundary Question: A Legal Reappraisal*, Oxford, UK: Clarendon, 1988.

② Minghi, J. V., "Boundary Studies in Political Geography", *Annals of the Association of American Geographers*, Vol. 53, 1963.

③ Gottmann, J., *The Significance of Territory*, Charlottesville, VA: The University Press of Virginia, 1973; Sack, R. D., *Human Territoriality: its Theory and History*, Cambridge: Cambridge University Press, 1986; Taylor, P. J., *Political Geography*, London: Longman, 1993; Johnston, R. J., *A Question of Place: Exploring the Practice of Human Geography*, Oxford: Blackwell, 1991.

④ House, J., "Frontier Studies: An Applied Approach", *Political Studies from Spatial Perspectives*, Chichester, UK: Wiley, 1981, pp. 291 – 311.

⑤ Rumley, D., and Minghi, J., *The Geography of Border Landscapes*, London and New York: Routledge, 1991.

的内涵。边疆地区是重要的社会经济场域，是政治认同和身份认同的重要空间。[①] 而边界是在国家间发挥中介作用的一种社会制度。[②]

需要着重指出的是，一些科学家寻求把国家边界作为设立界线和划定范围的社会过程，探讨边界的概念和理论。[③] 把边界作为更广泛的设立界线和划定范围的社会进程加以理论化。这意味着，边界研究需要更全面地考虑到政治地理中的领土、身份、主权和市民身份等因素。[④] 在这方面做出重要贡献的学者有范修特姆（Henk Van Houtum）、纽曼（Newman）、帕西（Paasi. A）等。帕西在关于俄芬边界的研究中提出，国家边界是一种制度和符号，“是存在于社会文化活动和话语中的一个过程”。[⑤] 国家边界可以同时是历史、自然、文化、政治、经济或符号现象，国家边界是在所有维度上构建的领土权。[⑥] 国家边界之所以重要，是因为它是空间分化的一种社会实践，也是设立边界或设立秩序的过程（Henk Van Houtum 等，2005）。[⑦] 边界通过产生差异性来确定秩序。[⑧] 帕西进而认为，边界是社会建构的结果，科学界应该关注边界的产生过程，以及由此产生的社会群体的身份认同问题。[⑨] 从设立界线和划定范围的路径来研究边界问题，分析族群形成的空间因素，产生了大量有价值的研究成果。这类研究也有助于理解，地理因素如何导致国际冲突。[⑩]

二　边界问题的传统研究范畴

传统上，政治地理学家对边界问题的研究主要集中在两个范畴：一是划分边界的类

---

① Nick Megoran, “Rethinking the Study of International Boundaries: A Biography of the Kyrgyzstan-Uzbekistan Boundary”, *Annals of the Association of American Geographers*, Vol. 102 (2), 2012, pp. 464–481.

② Blanchard, J. M., “Linking Border Disputes and War: An Institutional-statist Theory”, *Geopolitics*, Vol. 10 (4), 2005, pp. 688–711.

③ Nick Megoran, “Rethinking the Study of International Boundaries: A Biography of the Kyrgyzstan-Uzbekistan Boundary”, *Annals of the Association of American Geographers*, Vol. 102 (2), 2012, pp. 464–481.

④ Newman, D., “From ‘Moribund Backwater’ to ‘Thriving into the Next Century’: Political Geography at the Turn of the Millennium”, *The Razor's Edge: International Boundaries and Political Geography*, Vol. 3 (24), 2002, London: Kluwer Law International, p. 14.

⑤ Paasi, A., “Boundaries as Social Processes: Territoriality in the World of Flows”, *In Boundaries, Territory and Post-modernity*, ed. D. Newman, London: Frank Cass, 1999, pp. 69–88.

⑥ Paasi, A., “Constructing Territories, Boundaries and Regional Identities”, In *Contested Territory: Border Disputes at the Edge of the Former Soviet Empire*, Aldershot, UK: Edward Elgar, 1995, pp. 42–61.

⑦ Van Houtum, H., “The Geopolitics of Borders and Boundaries”, *Geopolitics*, Vol. 10 (4), 2005, pp. 672–679.

⑧ Nick Megoran, “Rethinking the Study of International Boundaries: A Biography of the Kyrgyzstan-Uzbekistan Boundary”, *Annals of the Association of American Geographers*, Vol. 102 (2), 2012, pp. 464–481.

⑨ Ibid..

⑩ Ibid..

型，二是探讨边界的功能。

（一）边界的类型

边界类型是早期研究的主要内容之一。哈特肖恩（Hartshorne）把边界划分为三类：原发性边界、先成边界和后续边界。原发性边界是指，以未开发的土地作为自然隔离屏障的边界；先成边界是指，根据具有特定文化和种族特征的社会群体的自然空间分布格局来划分的边界；后续边界是指，根据人类已有的分布规律勘界，根据种族和文化的空间分异规律来划分，进而分离出政治领土，形成国家。边界决定着社会群体的分异进程和身份认知，而社会群体的分异进程和身份认知反过来影响边界的形成。① 随着影响边界类型的变量不断被发现，这种分类方法的影响力随之下降。

环境决定论在早期的边界研究中时有体现，如把边界划分为“自然边界”和“人工边界”。自然边界是根据自然地貌特征勘定的边界，例如河流、山脊、山谷等。这种环境起决定性作用的边界分类方法不久即被新的研究所推翻。后来的研究结果更倾向于认为，所有的边界都是人工形成的，是由政治家、规划者和决策者人为决定的。② 尽管自然边界的概念不再被使用，然而，自然地形在边界形成中发挥着重要的作用，特别是在人们没有能力改变地形地貌的年代。自然地理特征对人类的空间分布格局产生很大的影响。③

亚非地区反殖民运动的兴起，引起了政治地理学界对殖民地和后殖民地地区边界类型的兴趣。“强加边界”的概念在研究中被提炼出来，指代 19 世纪晚期至 20 世纪初期，殖民者强加给亚非地区殖民地的边界。这些地区原本属于半游牧地区，部落政治，没有领土的政治概念。殖民者带来了领土和领土权的概念，强加于殖民地。由于殖民者不了解当地民族和部落的分布规律和文化，殖民地的边界划分，没有尊重当地原有的人文边界，多采取简单粗暴的“几何直线”。同一个部落或种族的人被这种强加边界硬生生地分割在不同的领地，引发新领地的主导权之争。强加边界人为地构建了新的国家身份，经常引起冲突和内乱。时至今日，非洲的一些地区和国家仍未能摆脱强加边界与原有人文边界不符所引发的冲突。④

（二）边界的功能

随着边界研究的推进，一些地理学家不满足于简单地对边界进行描述和分类，还尝试从功能主义出发，探讨边界的功能。边界的功能主要是屏蔽作用和中介作用。依据不

---

① Newman, D.,“Boundaries”, *A Companion to Political Geography*, UK: Blackwell Publishing ltd., 2003.

② Kristoff, L.,“The Nature of Frontiers and Boundaries”, *Annals of the Association of American Geographers*, Vol. 49, 1959, pp. 269 – 282.

③ Newman, D.,“Boundaries”, *A Companion to Political Geography*, UK: Blackwell Publishing ltd., 2003.

④ Lemon, A.,“South Africa's Internal Boundaries: the Spatial Engineering of Land and Power in the Twentieth Century”, *The Razor's Edge: International Boundaries and Political Geography*, London: Kluwer Law Academic, 2001, pp. 303 – 322.

同的功能，边界对边疆地区的经济发展产生不同的影响。

边界是分隔空间的界线，屏蔽功能是体现边界存在感的一种手段。边界圈定一个国家的主权范围，限制两侧人们的相互流动。由于边界的屏蔽功能，边界隔离开的不仅仅是行政主体，还是不同的社会经济系统，每个系统执行不同的政府政策。因此，边界在塑造两边人文景观方面发挥着积极的作用。边界的这种功能明显地表现在东西德之间的边界。第二次世界大战后，德国被人为划分为两个国家。由于边界两边采取了不同的社会经济发展模式，同一个民族的联系被封闭的边界切断，边界两边形成了不同的人文景观。时至今日，曾经的东德地区与西德地区在人文地貌方面还存在着明显的差异。东西德之间的边界明显地塑造了两侧的人文景观。朝鲜和韩国的例子也可以用在这里。House J. 提出“双边缘化”的概念，认为边疆地区同时经受着地理上和政治上的双重边缘化。①

边界也可以发挥中介作用。不同的边界具有不同的可通过性。随着全球化的发展，边界的中介作用表现得越来越明显。边界所分隔开的空间，自然资源和人力资源分布不均衡，空间分配的梯度是跨境互动活跃的一个原因。一些地理学家认为，边疆地区是促进边界两侧社会文化交流的前沿，是双边甚至多边合作的前沿。边界两侧地区可以发生多种互动模式：对抗、合作、一体化、整合。② Oskar Martinez 在对美墨边界的研究中提出，边境地区的跨境互动可能比边境与中央之间的互动更为密切。③ 地区主义的兴起，以及互联网技术的发展，提高了边界的可通过性，商品、人员和思想的跨边界流动越来越频繁，国家主权受到挑战。一个典型的例子就是欧盟的建立。随着欧盟一体化程度的不断提高，成员国之间的边界逐渐变成了行政边界。边疆地区的跨境互动主要受经济社会联系驱使，不是国家政策引导的结果。④ 跨境民族的互动更加有趣，由于具有共同的文化认同，边界又是可以通过的，虽然拥有不同国籍，跨境民族的经济社会联系没有被割断。

三　边界研究的当代议题

20 世纪 90 年代，地理学界再次掀起一轮研究边界问题的高潮。一方面，苏联解体、东欧剧变等重大地缘事件，变更了国家疆域和国界线。另一方面，受社会建构主义的影响，科学家对边界与社会群体互动方式的影响路径，以及在社会空间里划分界限的本质，投入更多的关注。新地缘政治现实和研究范式的变革，边界研究也产生了新的议题，如边界与国家认同和身份建构的关系、政府如何通过边界管理来平衡安全和经济利

---

① House, J., “The Frontier Zone: a Conceptual Problem for Policy Makers”, *International Political Science Review*, Vol. 1 (4), 1980, pp. 456 – 77.

② Blake, G. H., “State Limits in The Early 21st Century: Observations on Form and Function”, *Geopolitics*, Vol. 5 (1), 2000, pp. 1 – 18.

③ Martinez, O., “The Dynamics of Border Interaction: New Approaches to Border Analysis”, *World Boundaries Vol. 1: Global Boundaries*, London: Routledge, pp. 1 – 15.

④ Ganster, P., Sweedler, A., Scott, J., and Dieter-Ebenvein, W., *Borders and Border Regions in Europe and North America*, San Diego, CA: San Diego University Press, 1997.

益，以及无边界的世界等。

（一）边界与国家认同

边界在国家认同与身份建构方面，发挥着重要的作用。在社会群体的互动过程中，边界的屏蔽功能，促进了国家认同与身份建构的发生。在国家认同与身份建构的过程中，边界生产“我者”，排斥“他者”。同时，边界具有多重维度。

边界通过发挥屏蔽功能，促进“我者”的产生。边界划定了一个空间范围，选择了一定领地范围内的社会群体。随着时间的积累，被选定的社会群体形成了关于历史的集体记忆。① 由于边界的屏蔽功能，边界一侧不同社会群体之间的文化差异会不断缩小。少数民族可以接受主体民族的社会身份，从而建立一致的国家认同，比如形成美利坚民族、中华民族。在此基础上，一个具有统一政治文化的“民族—国家”被建立起来。边界与国家认同之间存在着相互加强的关系。边界加强了国家认同，国家认同反过来强调了边界的存在。

与此同时，边界通过封闭社会系统，制造出边界两侧的差异性。在生产“我者”的时候，区分出“他者”的概念。边界对“他者”的排斥，有助于增强“我者”的凝聚力，加强国家认同。边界赋予“我者”一个群体身份，类似一个俱乐部成员资格。这种身份可以是多维度的，可以是宗教身份或文化身份，这取决于领土划分的形式。② 边界外侧的人被排斥在俱乐部之外。边界可以突出俱乐部外部的“他者”与俱乐部成员“我者”的差异性，增强俱乐部成员的自我身份建构，加强国家认同。

纽曼（Newman）分析巴以冲突后提出，边界同时拥有领土维度和身份维度，具有多维度的特点。③ 正如主权离不开领土一样，国家认同与身份建构不能与一定的领土空间相分离。④ 故乡和祖国的概念可以证明这一点。这样，边界具有了领土、身份等多重维度。认识到边界的多维特点，地理学家开始寻找更合理的划分国界的办法。在巴以冲突的研究中，法拉赫（Falah）和纽曼提出，一条好的边界需要同时满足巴勒斯坦和以色列的领土要求和身份要求。⑤

（二）安全和经济利益的平衡

由于边界同时具有屏蔽功能和中介功能，政府应该如何平衡国家安全和经济利益，

---

① Paasi，A.，*Territories，Boundaries and Consciousness：The Changing Geographies of the Finnish-Russian Border*，New York：Wiley，1996.

② Eskelinen，H.，Liikanene，I.，and Oksa，J.，*Curtains of Iron and Gold：Reconstructing Borders and Scales of Interaction*，Aldershot：Ashgate Press，1999.

③ Newman，D.，“Creating the Fences of Territorial Separation：The Discourses of Israeli-Palestinian Conflict Resolution”，*Geopolitics and International Boundaries*，Vol. 2（2），1998，pp. 1 – 35；Newman，D.，“Boundaries，Borders and Barriers：on the Territorial Demarcation of Lines”，*Identity，Borders，Orders：New Directions in International Relations Theory*，Minneapolis，MN：University of Minnesota Press，2001.

④ Newman，D.，*Boundaries，A Companion to Political Geography*，UK：Blackwell Publishing ltd.，2003.

⑤ Falah，G. and Newman，D.，“The Spatial Manifestation of Threat：Israelis and Palestinians Seek a ‘Good Border’”，*Political Geography Quarterly*，Vol. 14，1995，pp. 189 – 206.

是边界管理的关键。加强边界的屏蔽功能，有助于保护国家安全，但会增加商业和贸易的跨境成本，损害经济利益。反之，如果加强边界的中介功能，有助于降低商业和贸易的跨境成本，实现经济利益，然而不利于保障安全利益。如何平衡两者，是一个国家面对国际体系的重要选择。

边界的传统职能是维护国家安全与领土完整，防止外来势力入侵。地区主义的兴起，促进了跨境经济活动的发展，边界的职能逐渐发生转换。人员与生产要素的自由流动，边境地区的跨境活动，形成了相互依赖的跨境经济社会结构，有助于维护边境地区的和平稳定，促进邻国间的相互了解与信任，从而促进了边疆地区的经济发展与繁荣。然而，随着边界的开放，跨越边界的不仅有商业和贸易，还有传统安全与非传统安全威胁，比如恐怖主义等"三股势力"，跨国有组织犯罪、跨国贩毒等。边界在维护国家传统安全的同时，也承担起维护国家非传统安全的功能。因此，现代国家不得不采取鼓励或限制跨境活动的政府政策，在安全与经济利益间做出平衡和选择。美墨边界的例子常被地理学家所引用。2013 年，加利福尼亚州圣地亚哥市长在美墨边界启动了一个卫星城办公室，旨在降低由于美国政府建立边境栅栏、延长检查时间所带来的经济损失。"9·11"事件以来，由于美国政府采取了加强边界管控的措施，圣地亚哥每年由此遭受的经济损失约 20 亿美元。①

同时，边界的封闭与开放是有针对性和选择性的。边界对一部分人选择开放，对另一部分人选择封闭。一些人可以跨境自由流动，而另一些人则被严格限制。这从各国移民政策可见一斑。财富水平、社会技能、宗教身份等都是潜在影响因素。那些拥有更多财富与更高社会技能的人，通常更容易获得移民局的许可。移民跨越了国家间边界，可以获得基本权利，包括社会保险、子女教育、引进直系亲属等。同时，准入的群体需要通过办理手续和一个仪式，实现身份的转换。边界在封闭与开放之间不断切换。"阿拉伯之春"以来，中东地区大批穆斯林难民涌入欧洲，引起一系列社会问题。近年来，欧洲右翼势力抬头，纷纷要求收紧移民政策，限制移民。美国特朗普总统也宣称要收紧移民政策，避免移民抢占了美国人的社会福利。

（三）无边界的世界

边界限定了国家在领土范围内行使政治权力的空间范围，是国家领土完整和主权独立的标志。全球伙伴关系的建立，提高了边界的开放程度，国家主权受到了挑战。商品、人员和思想的流动性增强，威斯特伐利亚体系难以维系。随着边界开放，国家不再是国际政治体系中的唯一行为体。一部分国家权力转移到非国家行为体，如国际组织、社团、跨国公司等。科学界开始探讨去领土化和无边界化的话题。

地理学家不认同世界会发生无边界化的观点。对此，地理学家用边界的多维度性加以解释。当代世界正经历着领土重新分配的重大实践，然而，这并不是去边界化的过程。即便在全球资本市场和跨国公司的实践中，边界的影响依然存在。② 边界具有多层次化和多

---

① Jennifer Medina, "San Diego Mayor Building Economic Bridges to Tijuana," *The New York Times*, May 12, 2012.

② Tuathail, G., "Borderless Worlds: Problematising Discourses of Deterritorialization in Global Finance and Digital Culture", *Geopolitics*, Vol. 4 (2), 1999, pp. 139 – 154.

维度性的特征。边界是分层的：一个人在社会空间框架内的位置，由多层边界来决定，其中一些边界容易穿越，另一些难以穿越。例如，国家间边界可以被观测和划定。而另一些层次的边界则由社会群体的空间分布格局来决定，如宗教、种族、文化、经济等。一些层次的边界可能会消失，或者具有更高的可通过性，与此同时，另一些新的边界被建立起来。[①] 当信息和思想通过互联网传播，新的电子边界被建立起来，取代旧的边界。[②] 由于边界具有多层次性和多维度性，跨越边界，并非仅是跨越国家间边界。跨越国家间边界后，移民能否融入主流社会，跨越其他维度和层次的边界，这才是真正的问题。穆斯林移民在欧洲保留着自己的文化宗教习俗，形成固定的社会活动空间和居住范围，渐渐变成了封闭的团体，与欧洲主流社会之间形成无形的边界。同时，移民在欧洲得不到身份认同。在威斯特伐利亚体系中，政治权力主要集中在国家，而在全球化时代，随着国际行为体种类的增多，国家要同非国家组织分享政治权力。当代世界的领土划分具有更多的层次和维度。在确定空间秩序方面，边界并没有随着全球化时代的到来而失效。相反，许多国家正通过日趋多样的边境管制手段，整顿边界地区的社会秩序，巩固统一国家的认同。[③]

边界不仅是社会生活的产品，也是社会生活的要素。基于这样的认识，Nick Megoran 希望建立一个研究框架，重新设置边界研究的路径。Nick Megoran 认为，可以把边界作为一系列社会进程来观察，阐释边界如何被生产出来，又是怎样反过来生产社会生活的。[④] 借助边界传记的方式，可以阐述边界如何在不同的背景下，不同的空间范围内，不同的时间里，被物化、再物化和去物化的过程，分析一定的边界如何出现、变化、消失或失去重要性。[⑤]

四　结论与展望

经历近一个世纪的学术积累，西方政治地理学界对边界问题进行了大量的研究。全球地缘政治图谱的变化，社会科学研究范式的转变，不断激发政治地理学家对边界的研究热情。然而，边界学作为一个完整的学科体系，至今没能建立起来。地理学家也没有形成一致的边界概念、理论框架和研究方法体系。西方政治地理学家的关注对象多是国

---

① Newman, D., "Boundaries", *A Companion to Political Geography*, UK: Blackwell Publishing ltd., 2003.

② Brunn, S., "A Treaty of Silicon for the Treaty of Westphalia? New Territorial Dimensions of Modern Statehood", *Geopolitics*, Vol. 3 (1), 1998, pp. 106 – 131.

③ Newman, D., "Boundaries", *A Companion to Political Geography*, UK: Blackwell Publishing ltd., 2003.

④ Nick Megoran, "Rethinking the Study of International Boundaries: A Biography of the Kyrgyzstan-Uzbekistan Boundary", *Annals of the Association of American Geographers*, Vol. 102 (2), 2012, pp. 464 – 481.

⑤ Ibid..

家间边界[①]，比较和描述性案例分析，依然是边界研究的主要方法。[②] 当前，多数从事边界研究的地理学家是解释主义者和建构主义者，他们否认先验范畴。[③] 依靠跨学科的分析方法，能够更加深入地理解边界问题，分析边界和边疆对不同群体的不同含义。[④] 正如人类学家 Thomas Wilson 和 Hastings Donnan 指出的那样，边界研究已经不仅是多学科、跨学科研究，而是“后学科”，是“研究领域中的一个领域”。[⑤]

我国对边界问题的研究起步稍晚。我国陆地边界线漫长，多集中在北部和西部省份，经济发展水平相对落后。东部和南部则是绵延的海洋边界。鉴于当前研究进展和中国的实际需求，中国科学界应该主要从以下三个方面关注边界问题。

（一）维护安全和促进跨边界合作

维护安全是边界的传统职能。安全既包括传统安全，也包括非传统安全。传统安全在任何时候都非常重要，只是在和平时期暂时变成了次要的研究议题。非传统安全在新时期尤为突出。跨边界合作是边界发挥中介功能的产物。传统安全、非传统安全和跨边界合作具有紧密的内在联系。传统安全与非传统安全可以相互转化，安全与跨边界合作是相辅相成的关系。[⑥] 如何利用边界的多层次性和多维度性，在边界管控中寻找一条安全与合作的优化路径，既具有重要的理论意义，又具有重要的现实价值，特别是在我国推动“一带一路”倡议的今天。我国西部地区，经济发展水平落后于东南沿海，如何发挥边界的集聚作用，加强西部地区与中东部地区的联动，缩小地区差异，是一个亟待解决的问题。边疆地区是“构建丝绸之路经济带的国内、国际两个大局的契合线”。[⑦] 如何在“一带一路”建设中发挥桥梁作用，促进跨界地区合作，是当前研究的热点问题。同时，随着交通基础设施的联通，人员往来的频繁，非传统安全威胁也会随之提高，恐怖主义威胁，以及经济开发对环境带来的压力，反过来会影响跨界合作的水平，乃至“一带一路”建设的顺利与否。因此，边界如何在促进合作的同时，抵御非传统安全风险，是一个重要的研究议题。

（二）边疆地区的发展能力建设

边界不仅是简单的地理现象，还是一个复杂的社会进程。在我国历史上，由于边疆

---

① Gary King, Robert Keohane, and Sydney Verba, *Designing Social Inquiry*, Princeton: Princeton University Press, 1994, chap. 1.

② Mark Salter, “Places Everyone! Studying the Performativity of the Border,” *Political Geography* Vol. 30, 2011, pp. 66 – 67.

③ Thomas, M. Wilson and Hastings Donnan, *A Companion to Border Studies*, Chichester: Blackwell Publishing, 2012, pp. 14, 15, 17.

④ Newman, D. , “Boundaries”, *A Companion to Political Geography*, UK: Blackwell Publishing ltd. , 2003.

⑤ Thomas, M. Wilson and Hastings Donnan, *A Companion to Border Studies*, Chichester: Blackwell Publishing, 2012, pp. 2 – 17.

⑥ 参见胡志丁、骆华松、李灿松、张伟《地缘安全视角下国家边界的“三重功能”及其优化组合》，《人文地理》2012 年第 3 期，第 75 页。

⑦ 参见邢广程《丝绸之路经济带建设与沿边合作》，《国际问题研究》2017 年第 3 期，第 98 页。

地区远离政治经济中心，在社会构建过程中，边疆地区逐步边缘化。在新时期，随着交通和通信技术的进步，传统意义的地理空间已经被交通和通信系统扭曲变形，边疆地区也不再等同于边缘地区。因此，如何加强边疆地区同边界两侧中心地区的经济社会联系，增进互动交流，提高边疆地区的发展能力，是一个重要的现实问题。并且，边疆地区发展能力的提高，有赖于边界两侧联合治理能力的提高。当前面临的许多治理问题，需要跨境联合行动才能解决。我国提出的绿色“一带一路”建设，要求边疆地区联合治理环境能力的提高。

（三）海疆研究

西方政治地理学家对海洋边界的研究较少，主要关注的是陆地边界。我国有着广袤的海疆与悠久的海疆治理历史。随着周边海洋局势的复杂化，海疆是我国边界研究的一个重要领域。因此，在历史方面，需要在继承现有研究成果的基础上，“创新中国海疆史的学术体系，构建中国海疆史的话语体系”。[①] 在现实问题方面，我国与一些邻国之间的海洋边界至今未能勘定。如何和平解决领海争端，合理勘定海洋边界，是我国边界研究的一个现实任务。此外，我国海洋疆域辽阔，如何在推动21世纪海上丝绸之路的背景下，实现海疆管理与开发的现代化，维护我国海疆的稳定与繁荣，也是我国边界研究的重要领域。

（原载《中国边疆史地研究》2017年第3期）

① 参见李国强《关于海洋史与海疆史学术界定的思考——兼贺〈中国边疆史地研究〉出刊百期》，《中国边疆史地研究》2016年第2期，第8页。

“宗主权”与传统藩属体系的解体

——从“宗藩关系”一词的来源谈起

刘清涛*

今天的学界已经非常习惯用“宗藩关系”“宗藩体制”来指称古代中国与周边国家、地区传统的关系和制度，以至于这些词在此意义上给人感觉是源自传统的词语。然而李大龙先生率先指出“宗藩”一词并非古代用来指称中国与周边国家和地区关系的词语。通过检索，他发现古代汉语中“宗藩”一词仅仅是指皇家宗室受封诸王，从未用于周边国家和地区，并认为用该词描述传统中国与周边国家关系并不准确，不能反映该传统关系的特点，因而建议使用“藩属关系”，因“藩属”一词正是用于指称周边国家和地区的传统词语。[①] 这一工作很有意义，让我们知道“宗藩关系”一词貌似古老，但实际却并非源自传统。

然而，“宗藩关系”一词又是如何来的呢？什么时候出现的呢？这是值得继续探讨的问题。就目前所见，20 世纪 30 年代邵循正先生《中法越南关系始末》[②] 中已经使用“宗藩关系”指中国与越南的传统关系。该书“绪论”（下）标题即为“中国之宗藩关系问题”，该部分文中说“法国既觊觎北圻，乃谋先破坏中越之宗藩关系。法国之说者异口同声，摈斥中国在越南之宗主权”。综观该书，“宗藩关系”一词实际上是在西方“宗主国”“宗主权”“保护国”等词语与传统汉语中的藩属、属国等词语一并混合的语境中使用的，力图确认中国与周边国家传统“宗藩关系”并非有名无实。由此可以推想，“宗藩关系”大概是受到西方“宗主权”“宗主国”词语及概念的影响后，与传统的“藩属”合成的一个词。因为在这些西方词语传入之前，清朝周边国家一般被称为藩属或属国、属邦，而清朝一方被称为“上国”，没有一个表述双边关系的词语，当然“关系”本身这样一种表述也是近代以后的事情。“宗藩关系”一词，显然值得从合成词的角度去探求。另外，是否存在人们逐渐忘记宗藩一词的传统本义，而将其径直用于指代越南、朝鲜等藩属国的问题？至少在邵循正先生《中法越南关系始末》一书中，除了在指称清朝与越南的双边关系中使用“宗藩关系”一词外，并没有出现单称越南为“宗藩”的情况。

---

* 刘清涛，中国社会科学院中国边疆研究所副编审。

① 参见刘志扬、李大龙《“藩属”与“宗藩”辨析——中国古代疆域形成理论研究之四》，《中国边疆史地研究》2006 年第 3 期。“藩属”一词涵盖较广，对清朝来说，既包括藩部，也包括属国，本文所讨论的传统藩属体系，主要指清朝与属国的关系。

② 参见邵循正《中法越南关系始末》，河北教育出版社 2000 年版。该著作是基于邵先生 1933 年毕业于清华大学的硕士学位论文。

笔者曾经检索19世纪后期和20世纪初期一些有关中外交涉的文献，未见“宗藩关系”这样的表述。一方面，传统词语里“宗藩”本身指获得分封的皇室藩王，深受传统文化浸染的19世纪的士人断不会用其指称与属国的关系；另一方面，“宗藩关系”如是一个合成词，要合成这样一个词，前提条件是“宗主国”“宗主权”词语翻译的出现，然后才会与传统的藩属、属国等词合成为“宗藩关系”。此外，表达双边关系的语言习惯也要出现，这是现代汉语的习惯。因此，追溯“宗主权”“宗主国”词语的出现，对理解“宗藩关系”一词的产生背景，以及近代中国与周边国家外交关系有着重要的意义。

一 “宗主权”“宗主国”见于中文翻译的过程

在探讨“宗主国”“宗主权”概念时，有些相关概念需要分辨。首先宗主权（suzerainty）、属国等概念并不是源于西方社会的传统词语。西方中世纪封建制度中，君主或领主所封授的对其有义务契约关系的封建主被称为vassal，但vassal并没有国家的意思，仅是指封建领主实体。[①] 随着近代西方民族国家体系形成及其在全世界的扩张，西方国家在建立自身殖民地体系并同时对一些传统帝国进行肢解时，才产生了宗主国、属国、保护国这些概念。一些国家尤其是帝国构成结构中作为下属的一些地方政权实体被称为vassal state。该词可以对应翻译为属国或藩属，取传统的vassal加国家政权。与此相对，拥有vassal state的这些国家便称为宗主国（suzerain state），其对属国之权被称为宗主权（suzerainty）。英语“宗主权”一词起源于法语，最早见于19世纪早期。[②] 也有人指出该词最早是在指涉奥斯曼土耳其帝国对其下属国家的权利关系时被使用的。[③] 此外，还有一些词语用来指国与国之间的这种类似关系，即保护国（protectorate）。保护国的概念在国际法上更明确，从词义就能体现双方的关系，即一国受到另一国保护。因此，在近代的国际法著述中，这些概念一般都会在阐述完全主权国家之外的半主权或部分主权国家时被提及，有时候宗主国与保护国相对，有时候与藩属国相对。另外，还有“朝贡国”（tributary）一词，因其体现的法律意义较少，在国际法话语中更少被提及。

1864年，传教士丁韪良翻译的《万国公法》[④] 刊印发行，这是中国近代史上第一部完整翻译的国际法著作。在《万国公法》有关国家自主之权不同情况的分类各节中，有涉及属国、藩属、保护等内容，但并未出现“宗主国”“宗主权”“保护国”的翻译。如：

---

① 参见“suzerainty”词条，The Encyclopedia Americana（International Edition），Scholastic Library Publishing，Inc.，2006.

② 参见“suzerainty”，Oxford Dictionary of English（Third Editon），Oxford University Press，2010. 另外，Merriam-Webster在线词典指出suzerainty（宗主权）一词源自法语suzeraineté，第一次见用于1823年，参见https：//www. merriam. webster. com/dictionary/suzerainty，访问日期：2016年12月21日。

③ 参见https：//en. wikipedia. org/wiki/Suzerainty，访问日期：2016年8月11日。

④ ［美］惠顿著，［美］丁韪良译，何勤华点校：《万国公法》，中国政法大学出版社2003年版。

"释半主之义"节：以是观之，以阿尼自主之权，较之戈拉告相去远矣。盖戈拉告虽凭奥、普、俄三国之保护，犹依盟约，为自主、自立，得谨守局外之国，犹可谓全然自主也。而以阿尼诸岛，虽云合为一国，自主、自立，凭大英保护。然不但依盟约章程与护之之国相附，且其定法亦必请示于英，则其自主之权行于内外者，皆有所减。

"进贡藩属所存主权"节：进贡之国并藩邦，公法就其所存主权多寡而定其自主之分。

《万国公法》的翻译首创了很多法律概念，如主权等，然而书中虽然有"保护"等国际法内容的阐述，但并没有径直翻译出"保护国"一词；有关于属国的权利及其与上国之间关系的阐述，但没有"宗主国""宗主权"的专有名词翻译。笔者对照了惠顿的英文原著,[①] 确有"宗主国""宗主权"的出现，只是译者可能因汉语中没有对应的词来翻译而选择了灵活的译法。如"释半主之义"节中：

【原文】The Principalities of Moldavia, Wallachia, and Servia, under the suzeraineté of the Ottoman Porte and the protectorate of Russia, as defined by the successive treaties between these two powers, confirmed by the treaty of Adrianople, 1829.

【译文】即如摩尔达、瓦拉几、塞尔维三邦，凭俄国保护，而听命于土耳其。此土、俄历历有约，而定为章程者也。

【原文】In consequence of the measures subsequently taken by the contracting parties for the execution of this treaty, the hereditary Pachalick of Egypt was finally vested by the Porte in Mehemet Ali, and his lineal descendants, on the payment of an annual tribute to the Sultan, as his suzerain.

【译文】土国亦允其议，于是将埃及一邦，归之巴沙，并许其世代相传，惟令其每年进贡于土王，仍尊之为主。

从以上两段话英文原文和中文译文对比中可以看到，《万国公法》的译者并没有将"宗主权"（suzeraineté，原著这里借用了法语）、"宗主"（suzerain）这两个重要的名词翻译出来。这是有着相对较明确的国际法权利含义的名词，未能及早出现在中文中，应该说对近代中国人国际法观念的成长以及后面与列强关于朝鲜、越南等藩属问题的交涉来说，是一种损失。

到中法越南问题交涉时期，一些译自外国报纸的文献出现了"上邦之权"，这应当是英文或法文中"宗主权"（suzerainty）在当时的中文译法。光绪九年（1883）同文馆向总署呈送国外报纸有关法国动态的报道中有：

（光绪九年十月二十四日）中历八月二十三日泰木新报馆得其本馆报事人自巴

① 参见 *Elements of International Law*, by Henry Wheaton, the Literal Reproduction of the Edition of 1866 by Richard Henry Dana, Jr., Edited with Notes by George Grafton Wilson, Oxford: Clarendon Press, London, 1936.

黎来书，论中法商议东京之事，今摘录其言曰：……试问目前商议，本于何题乎？本于中国上邦之权而权其轻重欤？①

中历八月二十四日代巴新报云：……夫宝使之约既未让地于中国，亦未认中国上邦之权，不过建一瓯脱以界两国而已。余非欲证政府及新报之自相矛盾也，不过叹其当时未肯虚心，一闻中国争上邦之权，辄讥笑之，不知检阅典籍，以资考证。使其观我国地学名士莱格吕所撰万国图说，则知越南属华为不虚矣。②

清末，随着边疆危机的加深，清政府一些外交官员在与外国交涉中对当时西方国际法意义上的宗主国、属国等概念有了清晰明确的认识。如果说对于朝鲜、越南等传统属国，清政府还试图以对方为属国之名，争取"宗主国"之权，可是当涉及西藏等藩部地区时，清朝官员很清楚绝对不可接受"宗主国"之名，而是要坚决捍卫主权。英国在1904年第二次侵略西藏后，炮制了所谓"拉萨条约"，然清政府坚决主张只有中英两国才能立约。光绪三十一年（1905）外务部侍郎唐绍仪、参赞张荫棠等赴印度进行改订条约的谈判，当时英国欲以西藏之"宗主国"的名分加给清朝，遭到唐绍仪的坚决反对。清朝外务部官员何藻翔于次年受张荫棠邀请经印度赴西藏襄助查办开埠等事情，何后来在记录此行的书中补记了一年前唐绍仪与英国代表费利夏的谈判情形：

（1905年二月）十七日会议。费只认中国为藏上国。查"上国"二字，英文系"苏索伦梯"，译言"所管为属国"，而属国自有治民之权。若自认为上国，则西藏等于韩、越、球、缅。"主国"二字，英文系"骚付伦梯"，译言"臣民推为极尊，归其管辖，而各事可定"者也。前数次会议，费愿认藏为华属，惟英文属国与属地本同一字。嗣彼声出"上国"二字，不能不竭力剖辨。费言："中国所施行于西藏，向不尽主国义务。倘中国能尽主国义务，则英不至称兵入藏。"辩论甚力，固执不移。"上国"二字，恐难更易。盖英若认我为主国，则藏约全无效力，不废自废。犹英与我各省督抚立约，我政府可以不认也。

……

五月初三日，以末次稿函寄费使：窃惟"上国"一款，初因费使不肯废拉萨约，另订新约，故必须声明西藏为我国属地，以伸主权。费提出"上国"二字，而不肯认为主国。彼既靳而不予，我亦万无可让之理，故元电有删去此款之议，意谓默许较朦于明认，免生他国波澜。且"拉萨约"第九款，业已更改。又声明每事由我督率藏番办理，则主权自不外移。故覆费使函第一条，拟改为英国允认中国在西藏原有及现时享受应得之权力，如此则主权不替，于我国亦毫无损失。③

以上引文中"苏索伦梯"即suzerainty，也即"宗主权"；"骚付伦梯"即sovereignty，也即"主权"，这里作者变通译作"上国"和"主国"。从中英谈判过程中这段细节可以看到，到清朝末年，清朝外务部官员对"宗主权"与"主权"的概念已经分辨

① 张振鹍主编：《中法战争》第一册，中华书局1996年版，第664页。

② 同上书，第666页。

③ 何藻翔著，季垣垣、黄维忠点校：《藏语》，黑龙江教育出版社2015年版，第30—32页。

得非常清楚，尽管“宗主权”“宗主国”的译法还没有在这里见于使用，而清朝官员使用了中文中传统的“上国”一词与之对译。

然而，“宗主国”一词恰在清末出现。从《万国公法》1864年刊行后到清末，大量的国际法著作问世，有学者统计总数目达40多种。这些著作多为译作，前期主要是译自英、法、德等国西方法学家的著作，后期（进入20世纪后）主要译自日本法学家著作。[①] 正是在后期也即清朝最后几年内中文国际法著述中出现了“宗主国”“宗主权”的翻译。如：作为“京师法律学堂笔记”之一种，由日本法学家岩井尊闻口述，熊元翰、熊元襄编的《国际公法》中已见“宗主国”一词。该书首次出版当在1911年。[②] 在该书“国家之变态”节中有“保护国”一款：

> 保护国因保护关系而生，保护关系云者，即一国对第三国之攻击而保护他国，其受保护之国以其一部主权让与为保护之国之国际法关系也，受保护之国，曰保护国，与以保护之国，曰宗主国。[③]

笔者查阅了几部清末翻译或编写的国际法著述，发现“宗主国”“宗主权”这些词的出现时间也是偏后的，而且也不是每部著述中都出现。

1902年杨廷栋的《公法论纲》将国家分为主权国、保护国、半主权国（第二种保护国）、属国（第三种保护国）：“一国之中有君主、有政府，而所有主权俱为他人所有或半为他人所有，是为半主权国，或谓附庸国，而谓干涉之国曰母国，半主权国非特外交之权不足独立，内政亦有为人所干涉者。”[④] 作者序言落款中称作于东京寓所，应是留日期间编写的，日期为壬寅三月，公元1902年。而该书中的“属国”被认为是昔为独立，被列强征服后委任原君主以行政权，概指西方国家的殖民地。该书没有出现“宗主国”，而是使用了“母国”一词。

1903年林棨编译的《国际法精义》[⑤] 也没有使用“宗主国”一词。

1906年程树德编辑的《平时国际法》出现了“宗主国”一词：“对于被保护国而行使其主权者，谓之宗主国（suzerainty）。”[⑥] 该书将国家分为完全独立国与不完全独立国，后者又包括“被保护国”和“从国”，以“被保护国”与“宗主国”对称，以“从国”与“主国”相对。程树德曾留学日本，毕业于日本法政大学法律科。

1908年翻译千贺鹤太郎的《国际公法》中没有出现“宗主国”一词：“属国，即附庸国也，通常称曰半主权国或曰臣国（vasallenstaat）。”“然则为附庸国者，就何事而受主国之支配耶？曰：此无一定之法规。”“附庸国之外交，虽受主国之支配，然其内

---

① ［美］慧顿著，［美］丁韪良译，何勤华点校：《万国公法》，“点校者前言”，第38—41页。

② 参见沈伟《〈京师法律学堂笔记〉的诞生及历史地位》，《中南大学学报》2014年第6期。

③ ［日］岩井尊闻口述，熊元翰、熊元襄编：《国际公法》，上海人民出版社2013年版，第75页。

④ 杨廷栋述：《公法论纲》，出洋学生编修所光绪二十八年（1902）。

⑤ 参见林棨编译《国际法精义》，东京闽学会光绪二十九年（1903）。该书将半主权国分为“被保护国”与“永世中立国”。

⑥ 程树德编辑：《平时国际法》，上海普及书局光绪三十二年（1906）版，第54页。

政当掌握固有之主权。"① 该书中使用的是"主国"，而非"宗主国"。

初版于清末、1912 年再版的中村进午《平时国际法》译本中有"宗主国"一词："因一国家主权之行使而与以承诺，或代之行使主权，此种之国家曰上主权国，或曰宗主权国。而为一部主权国，须有依条约行使其主权之宗主国之存在。"②

此外，1906 年日本三省堂发行的《新译英和辞典》已经将 suzerainty 译为宗主权、保护权。③

综上推测，中文中"宗主权""宗主国"应当是引自日本的译法，但即便在 20 世纪最初的 10 年中，日语中"宗主权""宗主国"词语的翻译也是新出现，乃至还未被全部接受成为常用词。

然而，进入民国时期以后，"宗主国""宗主权"很快成为被普遍接受的中文词，并进入了政府文书之中。在辛亥革命后，沙俄策动外蒙古"独立"，北洋政府几经交涉于 1915 年签订了《中俄蒙协约》。该条约第二条规定："外蒙古承认中国宗主权，中国、俄国承认外蒙古自治，为中国领土之一部分。"第三条规定："自治外蒙无权与各外国订立政治及土地关系之国际条约，凡关于外蒙古政治及土地问题，中国政府担任按照民国二年十一月五日（俄历一千九百十三年十月二十三日）中俄声明另件第二条办理。"④ 而 1913 年 11 月 5 日的中俄声明文件内容有："一、俄国承认中国在外蒙古之宗主权。二、中国承认外蒙古之自治权。"⑤ 可见，在 1913 年的政府文书中已经正式使用"宗主权"一词了。

民国时期，大量的国际法著作问世，"宗主国""宗主权"作为被普遍接受的专有名词自然出现在其中。如在《朝阳法科讲义》系列中，出版于 20 世纪 20 年代的金保康《平时国际公法》中就行使主权方面将国家分为主权国、被保护国、隶属国三类，其中：

> 第三隶属国（Vassal State）：服从他国主权之国家曰隶属国，故非独立国。对于隶属国有最高主权之国，曰宗主国（Suzerain State）。隶属国为宗主国之一部，其对内对外之主权，惟宗主国得以享有行使，此原则也。隶属国与被保护国其形式颇相似，而其性质则有不同：（一）隶属国为宗主国之一部，非独立国；而被保护国则不失为独立国；（二）隶属国非得宗主国之许可承认，不得行使何等主权，被保护国则享有主权，且保护条约未设限制之事项，悉可自由行使。⑥

该书将"保护国"改成"被保护国"，将属国、藩属国改为"隶属国"，并对"被保护国"与"隶属国"做了区分，认为被保护国仍不失为独立国，而隶属国非得宗主国许可承认，则不可行使对内、对外之主权。

---

① ［日］千贺鹤太郎讲述，黄炳言、卢弼译：《国际公法》，光绪三十四年（1908）。

② ［日］中村进午：《平时国际法》，陈时夏译，上海商务印书馆 1912 年再版，第 145 页。

③ 参见《新译英和辞典》，三省堂书店 1906 年版。

④ 王铁崖编：《中外旧约章汇编》第二册，生活·读书·新知三联书店 1957 年版，第 1117 页。

⑤ 同上书，第 947 页。

⑥ 金保康述，沈康疏，王婧点校：《平时国际公法》，载《朝阳法科讲义》第 8 卷，上海人民出版社 2013 年版，第 34—36 页。

我国著名法学家周鲠生先生于1932年版《国际法大纲》“国家与主权”节中写道：

> 然亦有国家究未具有完全的主权，而于国政之一部分受外界支配，此等国家，可称为非主权国（non-sovereign states，Etats non-souverains）或半主权国（half-sovereign states），或部分主权国（part-sovereign states）。凡在他国宗主权（suzerainty）下之属国（vassal states）或在保护关系（protectorate）下之被保护国（protected states），均属此类的国家。①

周先生在该书“被保护国”和“属国”条目中进一步阐述称，一般被保护国不失为国际法主体，而属国在国际社会上不一定保有国际人格，要看具体情况，如对外关系全部为宗主国所有，则非国际人格者，而有些可视为国际人格者，如当时土耳其下之埃及和保加利亚。②

总之，清末随着日本国际法著述的引入，中文里终于出现了“宗主权”“宗主国”的专有译名。进入民国时期，“宗主权”一词很快被接受，并出现在政府文件中。此后民国时期众多的国际法著作中都使用了这一专门词语，成为固定的专有名词。同时也可以看到，“宗主权”“宗主国”词语代表了一种新的国际法或国际关系观念。

二　挑战与应对：“宗主权”与传统藩属体系的解体

虽然中文“宗主权”一词出现很晚，但这种国际法上的宗主权观念对中国传统藩属体系的挑战却早于这个词的出现。③ 而本文以下则在前文探讨“宗主权”一词翻译出现过程的基础上，主要在宗主国—属国体制与传统藩属体制之间理念与实践的差异对比中，对传统藩属体系是如何受到“宗主权”观念挑战并逐渐尝试冲破传统观念束缚进行调试以及最终未能成功的过程做简要分析。

当时国际社会视野下的宗主权观念，其内涵是相对明确的，具有排他性，即在国际社会中，属国从属于其宗主国的主权之下，一般在允许属国对内事务自治的同时，宗主国拥有属国的外交权，或说属国在国际社会上不具有独立的国际人格，而由宗主国代表其行事。而中国传统的藩属体系，强调中国与属国的尊卑关系，以朝贡、册封等礼仪往

---

① 周鲠生著，周莉勘校：《国际法大纲》，中国方正出版社2004年版，第23页。

② 同上书，第29—30页。

③ 有学者使用“一个外交、两种体制”对清朝在与列强实现平等外交后与传统属国之间继续维持藩属关系的历史情况进行概括，参见权赫秀《晚清对外关系中的“一个外交两种体制”现象刍议》，《中国边疆史地研究》2009年第4期。更多的论著研究了这段时期中国与传统属国外交往来的历史过程，学者们都认识到西方国际法对传统藩属体制的影响和二者之间的矛盾冲突，如［日］冈本隆司《属国与自主之间：近代中朝关系与东亚的命运》，黄荣光译，生活·读书·新知三联书店2012年版；李云泉《中法战争前的中法越南问题交涉与中越关系的变化》，《社会科学辑刊》2010年第5期；尤淑君《从〈中朝商民水陆通商章程〉论晚清宗藩体制之争议》，《中国边疆史地研究》2016年第4期；等等。亦有学者专门探讨了“宗藩关系”的历史法学内涵和演变，如张世明《清代宗藩关系的历史法学多维透视》，《清史研究》2004年第1期。总之，学界对清朝后期与传统藩属之间的关系以及“宗藩体制”等进行了大量研究，在此不再一一列举。

来为内容，权利义务也仅限于双方之间。[①] 如中国对属国有册封的权利和兴灭继绝的义务，但没有防止第三方与属国进行交涉的排他性法律意义上的约定，更没有在进入国际社会时，属国自主之权是否受中国限制的考量及相关内容。这也是由东亚地区的历史背景所决定的，因为以中国为中心的藩属体系基本没有受到其他国家的挑战。

中国与属国传统的藩属体系，与西方宗主国与属国关系（或保护国与被保护国）是两种不同的政治体系。邵循正先生曾概括传统藩属体系特征时称：

> 曩者中国雄踞亚洲，藩属环附，俨然自成一国际家庭，自有其法律习惯与基本精神。中国当时不知欧洲之国际法，若强以欧洲之国际法解释此国际家庭，则其必目之以国际怪象无疑也。在此制度下，中国之地位若君若父若兄，藩属之地位若臣若子若弟。[②]

近代随着西方势力的到来，两种体系不可避免地发生接触，传统藩属体系面临宗主国—属国体系的挑战。列强欲蚕食中国周边属国时，除了以实力为依靠外，也不得不面对中国的传统藩属体系，其往往是先找借口来否认清朝对属国的“宗主权”，如邵循正先生所言：

> 中越之宗藩关系，其历史根据至为充足，不生疑问。故即此辈亦不敢以强词抹杀。至于严格之法律问题，以时代精神之不同，中西观念之异趣，当然与近日欧西之国际法不能不有冲突。若以此遂谓中越之宗藩关系为有名无实者，实不公之甚也。按列强欲取中国藩属，其第一步，常先设法否认其与中国之历史上法律关系，如出一辙，竟成定例。日本将夷琉球，先谋阻贡，继议两属，终谋合并。朝鲜问题发生之始，日使森有礼即利用总署答词之语病，强指中国在朝鲜之宗主权为空名。英于缅甸，法于越南，皆袭用此手段。[③]

邵循正先生声辩中国对传统属国的“宗主权”是实有的。然而，笔者想说的是，在传统藩属体系内，中国对属国的权利绝非空名，而是实实在在的，影响力体现在各个方面。然而面对列强，清朝要在国际社会中争得对传统属国的“宗主权”之名，或按照当时历史语境说，让列强承认传统藩属为属国——当时国际法上的属国，必须经历一个转变，如明确对属国的主权，特别是属国在国际社会上不能自主，其外交要受清朝制约，因为这些本是传统藩属体系中没有的内容。列强凭着武力为后盾，强以当时的西方

① 有关传统藩属体系研究，参见李大龙《汉唐藩属体制研究》，中国社会科学出版社2006年版；李云泉《万邦来朝：朝贡制度史论》，新华出版社2014年版；［美］费正清编《中国的世界秩序：传统中国的对外关系》，杜继东译，中国社会科学出版社2010年版；孙宏年《清代中越关系研究（1644—1885）》，黑龙江教育出版社2014年版；陈尚胜《朝贡制度与东亚地区传统国际秩序——以16—19世纪的明清王朝为中心》，《中国边疆史地研究》2015年第2期。

② 邵循正：《中法越南关系始末》，河北教育出版社2000年版，第50页。

③ 同上书，第48—49页。

国际法相关规范为依据来拆解中国的藩属体系，从而达到对中国传统属国进行侵占的目的。[①] 同时反过来，当列强逐步蚕食属国时，清朝也试图利用西方国际法观念来捍卫自己的利益，但只是从传统藩属体系到西方国际法上的宗主国—属国关系的转变，没有强大的国力做后盾，再加之传统观念的束缚，是难以实现的。

试举中法越南问题交涉为例。

1874 年法国与越南签订了《西贡条约》，该条约虽然没有把“保护国”明言写入条约，但实际上欲逐步确立“保护”之实；承认越南主权及对其他国之独立，但其外交关系须与法国保持一致。次年法国欲将条约内容照会清朝总理衙门，但不欲法国驻华公使罗淑亚过于清晰阐述该部分内容的实质情况。罗淑亚照会时主要要求中国处理在越南边境的军队和不再让军队进入越南以及开埠通商等，对条约规定法越关系性质的部分却“含糊了之”。[②] 对清朝答复中“安南即越南国，自昔为中国藩属，中国边境之人民，与接境属国之人民常有商务关系，其性质随地而异”一语，法国公使馆却将“越南自昔为（法文应作‘elle est depuis longtemps’）中国藩属一语，译为‘昔之外藩’（‘elle a été tributaire de la Chine’）”。[③] 此后，清朝政府没有进一步过问，此事看起来像是不了了之。

从法国方面来看，其顾虑于中国的“宗主权”问题，所以想含混过关，除了将“自昔”翻译为“昔之”，还刻意将清朝所言藩属翻译为进贡国（tributaire），而不是“属国”（vassalite）一词。很明显，后面一词有着更强烈和明确的国际法上的从属关系，也即如使用了 vassalite，就等于承认了清朝的宗主权，未经宗主国同意，就擅自与其属国签订条约，显然不合国际法惯例。

对于清政府而言，此时其对西方国际法上的宗主国对属国权利的内涵还没有明确的认识，其对传统属国与第三国之间关系的发生，似乎并不知道如何采取介入行动，或说没有采取行动的意愿，但这并不是说其对属国放弃权利，所以照会中指出越南是中国的属国，概声明自己的传统权利。在法国公使罗淑亚照会总理衙门之后，英国公使特意询问，如有外国愿意与越南签订合约，是越南可以自主呢，还是因为越南作为中国属国，需要先将事宜呈商中国核准才能议定呢？对此，总理衙门并没有给出正面的回答：

> 光绪元年六月二十日接据贵大臣照会内开：外国如有愿与安南国定议和约条款之举，是否彼国尚克自主，抑或因属中国藩服，意在仍应先将条款章程事宜呈商中国核明方为定议之处，究竟如何，希查明示知等语。查安南为中国属国，其与中国交际向有定例，至一切政教禁令，该国如何措置，历有年所，亦中外所共知。兹准前因，相应照复贵大（臣）查照可也。[④]

---

① 就近代日本对清朝藩属体系的拆解，参见韩东育《日本拆解“宗藩体系”的整体设计与虚实进路——对〈中日修好条规〉的再认识》，《近代史研究》2016 年第 6 期。

② 参见邵循正《中法越南关系始末》，河北教育出版社 2000 年版，第 64—66 页。

③ 同上。

④ 《总署重申越南为中国属国复威妥玛照会》，光绪元年六月二十三日，载张振鹍主编《中法战争》第一册，中华书局 1996 年版，第 3 页。

清政府只是强调安南为中国属国，其与中国的交际有传统定例，至于一切政教禁令，多年来该国如何处置，也是中外共知的。这是一种闪避、含糊的回答，从中也可以看出中西两种不同的“属国”概念是有很大差异的。如果说一下子让清政府把越南等属国的外交权收为己有，也不太现实，因为本来传统藩属体系里面没有这个概念和习惯。实际上，列强早就基于朝鲜为清朝属国，在要求朝鲜允许传教、通商等事情时，请求作为上国的清朝出面解决，但是清朝并没有直面并“拾起”这些权利，而采取了对属国事务“不问”的态度。① 可见，列强并不是一开始就完全否定清朝对其传统属国的宗主权，清朝受制于传统观念的束缚，对列强与属国的交涉，常采取“不问”的态度，这也对其藩属体系的解体产生了一定的影响。

然而，中法越南问题并没有就此结束。1880 年，曾纪泽出任驻英、法、俄公使期间，得到法国将用兵于越南北圻的消息，遂向法国外交部照会，要求法国外交部确认是否有此事，并声称越南为中国属国，越南有事，中国不会不过问。法国外交部的复文并没有给出明确答复，只是强调法国是按照法越间“1874 年条约”办理而已。此后，曾纪泽则声称于“1874 年条约”不能予以承认，因为 1875 年总署复罗淑亚照会中已经声明越南自昔为中国属国。曾纪泽实际是认识到西方国际法宗主国与属国关系的观念（尽管当时中文中还没有“宗主权/宗主国”的翻译），以越南为属国之名在国际法法理上否定法越之间的条约。此后曾纪泽多次坚持就此与法国交涉。② 而法方显然对曾的说法给予不理或以上述歪曲原义的法文译文声辩。可见，与几年前照会相比，清朝官员对当时国际法有关“宗主国—属国”关系的规范有了新认识，并以此来捍卫自身利益。

随着西方国家强势东来，中国传统藩属体系面临着如何融入以西方国际法为规范的国际社会的问题。在进入国际社会时，该如何对待这些传统体制内的属国，其实从清朝官员的思想和行动来看，并没有否认这些传统属国进入国际社会的权利，这也是传统藩属关系所没有规定的内容。清朝当然不能眼见属国被他国占领亡国而不管，但也不会为防止列强觊觎而将属国兼并为己有。即便按照当时的国际法重新明确与属国的关系，也是一个观念上渐进的过程。尽管曾纪泽有以越南为中国属国之名来否认“1874 年法越条约”之举，但他当时并没有一套明确和彻底转变观念的认识，将越南对外主权置于中国之下以及按照当时国际法重新规范与越南之间的关系。在这一时期，很多清朝官员特别是处理过对外事务的官员初步有了国际法观念，以求利用当时国际法规则来捍卫中国对属国的权利，如使美大臣郑藻如向总署报告在美谈法越事时称：“查外洋官绅，凡有谈及法越事者，藻皆将越南为中国数百年藩属，封贡历来开异，即上年法越所立和约中国亦未肯认缘由，举以告之。”③ 然而，一如曾纪泽，他们并没有按照国际法规则重新明确与越南等属国关系的进一步认识，如明确与属国在其对内、对外事务主权问题上的处置，并在国际社会的背景中争得承认，或许反映这些官员对国际法相关规范即便有

---

① 参见柳岳武《清代藩属体系研究》，人民出版社 2016 年版，第 184 页。

② 参见《照译法国外部照会》，光绪七年十一月十二日，载张振鹍主编《中法战争》第一册，中华书局 1996 年版，第 98 页；《照录致法外部照会》，光绪七年十二月二十日，载张振鹍主编《中法战争》第一册，中华书局 1996 年版，第 101—102 页。

③ 《使美大臣郑藻如向总署报在美谈法越事函》，光绪九年十月，载张振鹍主编《中法战争》第一册，中华书局 1996 年版，第 658 页。

所认识，也难一下子转变观念。这些属国在国际社会上与其他列强有何条约关系，只要于属国自身“无害”，或说更主要的是对中国与属国的传统藩属关系无损，清朝并不愿意干涉。这可以从曾纪泽解释为何清政府对法越条约未明确否认中看出：

> 商云：外部复文内既言条约业已行知中国，如中国有怫意之处，想已询明该国矣。
>
> 曾侯云：该国王并未报明中国，中国未便过问。然贵国认越南为自主一事，如果该国报明中国，中国岂能答应？且中国接准贵国公文之时，虽欲申辩，而姑未言者，其故有三：一因中国与贵国交情最厚，势无危急之状，未肯因保护属国之事遽然争执，恐伤睦谊；二因越南国王与贵国订约之事，该国并未报明中国，概越南是主，贵国是宾，必俟主人出言，然后中国可得干预；三为贵国订约系为保护其国，非为伐灭其国，中国亦不必过于坚执也。乃近来本爵屡闻贵国与越南不甚和睦，且闻有发兵情势，深不放心，概越南与中国连界之处甚广，无论越南系中国属邦，即以邻邦视之，中国亦当关切也。
>
> ……
>
> 曾侯曰：贵国如欲保护越南，原无不可，倘欲占据，中国岂能无言？①

从以上这段对话中可以看出，清朝传统藩属体系在进入国际社会时不断调适过程中的“扭捏”状态。一方面表现出囿于传统观念的迟钝，如藩属不主动报知就不过问；另一方面在关于属国是否自主时，又开始萌生对属国自主之权进行掌控的观念。而实际所行的是，清朝不反对属国参与国际社会，与列强建立关系，但是不能接受列强将属国侵占，这也符合传统藩属体系内保护属国不绝祀的义务。当然，这里也反映出清朝官员即便如曾纪泽这样一些对国际法概念有所了解的人，对国际法还是缺少深入透彻的认识或说存在一种受制于自身文化观念的可以容受的不以为意的认识，如法国对越南的“保护”并非仅是“保护”，而是将越南纳入法国控制之下，这与清朝自身对属国的权利是相冲突的，但曾却给予了认可。

有着国际法宗主权思维的法国一方，对中越传统藩属体制的从属关系有着矛盾的认识。一方面，法国也如同其他列强一样，当想把势力扩张到中国的传统属国时，看到中国对属国之权是实实在在的，当其试图将越南变为保护国时，面对中国显然感到心虚，所以尝试用蒙混、试探的方式过关。一些外国人干脆就承认中国对属国的宗主权，如前文所引法国国内报刊中有些法国人就认为越南是中国属国，也即承认中国对越南的宗主权。另一方面，从中方对法越关系开展及一系列条约的反应看，法国似乎觉得中国的宗主权是礼仪、形式、荣誉的。也有法国人认识到中国人之所以没有明确否认法越间条约，是因为不知道保护国为何物。邵循正先生在其书中注释称：“按此种解释甚当，中国之不谙西人所谓保护国，犹西人不谙中国所云藩属也。”② 因此，自“1874 年条约”签订后，法国一直处在这种焦虑中。从清政府虽未否认但也并未正面承认“1874 年条

① 《曾纪泽向总署抄送与商厘会谈节略》，光绪七年二月十九日，载张振鹍主编《中法战争》第一册，中华书局 1996 年版，第 58—59 页。

② 邵循正：《中法越南关系始末》，河北教育出版社 2000 年版，第 72 页注释 3。

约”，而且声明越南为属国，且要保有这种关系，加之越南国王继续向清朝朝贡，清朝派兵进入越南境内追讨盗匪（此为越南同意甚至邀请）等两国传统藩属体制运行的情况看，法国日益焦虑于这是中国宗主权的体现。因此按照其国际法思维，为坐实其对越南的“保护”关系，定要将中国对越南的任何权利体现都排除在外。而当法国出兵北圻时，中国则视为其对属国的完全占据，是“伐灭其国”，为保藩属、防边患，而不得不承担起责任。

作为越南一方，在其与法国长时间接触并签订一系列条约的时候，并未知会中国，但当其感觉到被法国进一步控制乃至占据的时候，一些越南官员也认识到国际法规则的可利用之处，利用作为清朝属国的身份来避免法国的进一步占据。例如，清朝得知法国将用兵于北圻的消息后，派招商局道员到越南顺化，将消息秘密告知越方。在越期间，清朝官员与越南官员进行了多次笔谈。其中一段如下：

> 该尚书云：现在下国自度以力拒法，总难深恃，唯欲仰求天朝，明认下国为藩属，代向法人理论。曾大人现为各西国所敬服，前年天朝与俄人换约之事，闻皆系曾大人用言折服之。今法人于情理不顺，若得曾大人代下国理论，当令法人忌惮而止。
>
> 职道等答云：贵国原属天朝，亦西洋各国所共知。曾大人前此一闻此信，即为贵国辩论。奈法人以贵国前既立约与彼邻邦，云天朝何必过问为辞。私约一层，是贵国先授法人以柄，故今天朝虽有邻（怜）助之心，亦多未便。①

越南官员要清朝“明认下国为藩属”，实际是利用当时国际法上宗主国对属国的排他性权利规则，让清朝阻止法国进一步侵占越南的行动。但问题是，真若把中越传统藩属关系转变为越南对内自主、对外之权归给清朝的西方国际法上宗主国与属国关系，想其也未必进一步深思，其能想到的大概还是这种传统藩属关系。

中法两国经历战争后，最终于1885年6月9日签订了《越南条款》。该条款第二条规定“中国既订明于法国所办弭乱安抚各事无所掣肘，凡有法国与越南自立之条约、章程，或已订者，或续立者，现时并日后均听办理。至中越往来，言明必不致有碍中国威望、体面，亦不致有违此次之约”，② 实际确认了法国对越南的保护权，而清朝基本放弃了对越南事务的干涉权，只是保有了传统的朝贡关系。试对比前文所引《万国公法》中塞尔维亚三邦“凭俄国保护，而听命于土耳其”，原文即“在土耳其宫廷宗主权之下（under the suzeraineté of the Ottoman Porte）”，中国竟然连“宗主权”之名都未得到，当然那时“宗主权”一词还未出现在中文里。

其实清朝在对朝鲜问题上的交涉与处理更能反映这一传统藩属体系受到挑战和清朝尝试按照当时国际法宗主国—属国关系规范确立朝鲜“属邦之实”的努力过程。

江华岛事件后，日本欲染指朝鲜，派森有礼来试探清朝的态度。从光绪元年

---

① 《照录唐道禀缴十二月二十三日以后与越南大臣笔谈各节清折》，载张振鹍主编《中法战争》第一册，中华书局1996年版，第112页。

② 王铁崖编：《中外旧约章汇编》第一册，生活·读书·新知三联书店1957年版、1982年印，第467页。

(1875) 十二月十四日到二年正月二十日，总理衙门与日使森有礼间反复照会五次之多，实际围绕的就是朝鲜作为清朝属国是否仅为空名的问题。清朝从一开始受到挑战就意识到不能落人口实，明言“既云属国，自不得不隶中国”，并以朝鲜为属邦之名，将朝鲜包含在《中日修好条约》中“所属邦土不相侵越”一条之内。[①] 然而，日使最终单方面认定属国只是空名，所以开启了与朝鲜间的直接交涉。这可以看作是日本利用当时国际法宗主国—属国关系规范对清朝传统藩属体系发起的挑战。

日本迫使朝鲜签订《江华岛条约》后，清朝为防止日本独霸朝鲜，便鼓励朝鲜与各列强都签订通商条约。李鸿章等官员已很清楚当时国际法的有关规范并试图照此将朝鲜属国之名坐实。在美国与朝鲜签订通商条约时，清朝主张第一款先声明朝鲜为中国属国，但遭到美方官员的坚决反对，认为这样“于两国平行体统有碍”。最后交涉的结果是去掉这一条款，朝鲜另照会美国，声明朝鲜为中国属国，于中国分内一切应行之事，与美国无关。之后朝鲜继续与英、德等国以同样的方式签订了类似条约。李鸿章最后不得不认为：

> 盖西洋属邦有所谓半主之国：通商税则可自订立，朝鲜自与英、德、美等商订税则、设捕，随时变通，按之西例半主属邦，尚无不合。若必令将中华属国载在约内第一款，朝鲜即可遵行，美为合众联邦，尚不肯允，英德庞然自大，更无允行之理。彼与中国、朝鲜皆系立约平行。若朝约内明载中属，自觉有碍体面，我亦未便强令更正。但有照会另行声明载在盟府，日后各国设相侵凌，或朝鲜有背衅之处，中国尽可执义责言，不至竟成法越覆辙。是否有当，仍候卓裁。[②]

可以看出，实际是列强采取了实用主义的态度，对中、朝之间的藩属关系并不干涉，但在国际社会层面，却将朝鲜作为自主之国对待，阻扰了清朝确立朝鲜“属国之实”的努力。

清朝 1881 年受邀出兵朝鲜后，便有了机会强化对朝鲜内政、外交的控制，以求按照当时西方国际法规范确立当时还没有见于中文的“宗主权”，或按照当时的话说，将朝鲜的属国之名坐实。就朝鲜方面来说，其愿意作为清朝的传统藩属，以清朝为依托来摆脱列强势力的进入，但当清朝欲掌控其内政、外交自主之权，将其变为西方国际法上的属国时，朝鲜未必乐意。如除了前述不愿在与列强通商条约中写明为中国属国外，还有与俄国签订“朝俄密约”、1887 年自行任命驻外大使等事件，都反映了朝鲜自身的离心倾向。[③] 尽管如此，清朝还是对朝鲜内政、外交进行了相当程度的掌控。然而这一切努力最终因清朝甲午战争的失败而葬送。

由此可见，随着西方列强的到来，当中国传统藩属体系进入国际社会时，受到了西方国际法宗主权观念的挑战。列强以西方国际法宗主权观念来挑战传统藩属体系，背后

---

① 蒋廷黻编著：《近代中国外交史资料辑要》中卷，东方出版社 2014 年版，第 322—328 页。

② 《李鸿章致总署书》，光绪九年十二月十三日，载蒋廷黻编著《近代中国外交史资料辑要》中卷，第 339—340 页。

③ 参见石源华等《近代中国周边外交史论》，上海世纪出版股份有限公司 2006 年版，第 204—209 页。

固然是以武力为后盾。由于西方国际法规则的强势，清朝实际上也在试图适应这些规则来重新解释或将传统藩属关系重新塑造，以切合当时的国际法规则。但这一转变实际很难突破，主要原因有：一是受到传统观念的束缚，对国际法宗主国—属国关系的内涵认识不够，观念与行动转变跟不上。二是当清朝想将传统藩属关系转变为明确的当时国际法上的宗主国—属国关系时，也会碍于国力衰弱和列强的干涉而做不到。三是还要涉及传统藩属自身的意志，传统藩属不配合，或说产生离心，也是重要因素。总之，在列强国际法“宗主权”观念的挑战下，清朝与属国的传统藩属体系未能成功转型，最终被一一瓦解。

最后需要指出的是，当时西方国际法上的宗主权观念，也是一个被西方列强用作肢解传统帝国的工具。不管是清朝还是奥斯曼帝国，在西方没有介入之前，帝国与一些属国、属地的关系都不是后来西方国际法上那种所谓宗主国—属国关系。而西方通过将其明确为国际法上的“宗主国”与“属国”，实际是逐渐将一些属国、属地从帝国中剥离出来。西方没有介入之前，清朝与越南、朝鲜等属国更是结成一个独特的藩属体系。可惜的是列强甚至连宗主国的名分都没给予清朝，就靠强力将这些属国一个个占据，有时只是容许保留了对清朝的朝贡活动，从而将清朝藩属体系瓦解。但这些属国并不是“宗主权”这把剑所指向的唯一部分，如前文提到的，西方列强甚至用此剑试图将西藏、蒙古等藩部切离，把“宗主国”的名分加到清朝头上，这是清朝所绝对不接受的，西方也未能得逞的。而民国初年，迫于沙俄背后支撑的外蒙古“独立”形势，民国政府一度妥协接受了对外蒙古的“宗主权”名分。可见，在“宗主权”问题上，清朝试图争取的——对属国的宗主权，列强并不愿意给予承认，而反过来列强所愿意给予清朝——对藩部的“宗主权”，却是清朝所不接受的；双方都知道这一概念意味着什么，都从自己利益出发去使用或拒用之。

三　结语

19 世纪，清朝传统藩属体系受到当时国际法上宗主国—属国关系规范或说宗主权观念的挑战，凭着国力为后盾，列强在国际法意义上否认中国传统藩属体系中对属国的宗主权，因而谋求将中国藩属蚕食占去。经历了越南问题、朝鲜问题交涉，清朝由于国力不够，未能将传统中越、中朝藩属关系重新转变为当时国际社会承认的所谓宗主国—属国关系，也即清朝实际上未能取得对越南、朝鲜的宗主权和宗主国之名，当然那时这两个词都还没有出现在中文里。这样一个专有名词的翻译缺位，实际也反映了对相关观念认识的不够明确。

“宗主权”“宗主国”作为专有翻译名词出现是在清末最后几年，此时越南、朝鲜等传统藩属已经尽失。随着清朝的灭亡，传统的藩属体系也就不存在了，而“宗主权”“宗主国”等概念却进入国际法和国际关系的中文术语中，成了主导后人相关认知的基本概念。后人实际是开始用这些概念重新认识或书写历史。在历史的书写中，后世学者们不仅在描述清朝与越南、朝鲜等传统属国的关系时，把“宗主权”“宗主国”的名称直接赋予清朝，学界（包括日本学界在内）甚至将这些词语延伸至中国古代史上与周边政权藩属关系的描述中去，[①] 而忽略了所谓宗主权、宗主国的观念只是19世纪殖民主义和帝国主义时代的产物，之前并没有这些观念和规范，20世纪后也逐渐消褪于国际社会中。至于清朝与属国这种传统藩属体系内，清朝能否被认为是“宗主国”，对属国拥有“宗主权”？宗主权一词见用于19世纪初奥斯曼帝国与属国的关系以后，当后来涉及清朝时，西方列强并非自始就否认或所有西方人都否认清朝对属国的“宗主权”，至今甚至有百科全书也将朝鲜曾作为清朝属国、埃及作为土耳其属国，来做解释“宗主权”时的例证。[②] 可见“宗主权”“宗主国”这些词含义和使用本身也确实有模糊性。但从宗主权、宗主国这些概念产生及内涵的时代性上看，其和中国传统藩属体系里与属国的关系显然是不同概念。就当时“宗主权”的一般含义——允许属国内部自治的同时拥有其国际社会上的外交权，和列强对越南、朝鲜作为清朝属国之实极力否认以及争夺抢占的过程来看，清朝也没有争得对传统属国的所谓“宗主权”，与此同时，其传统藩属体系却一步步被解体。

最后，笔者推想，正是在这样一种以“宗主国”“属国”等概念重新认识并书写历史的语境中，“宗藩关系”一词才得以产生。20世纪30年代（就目前所见）中国的学者们不仅已经开始使用“宗藩关系”一词，还使用“宗藩观念”。如蒋廷黻先生20世纪30年代编著的《近代中国外交史资料辑要》中卷“朝鲜问题”引论中的一段话称：

> 本章第一节述森有礼与总理衙门及李鸿章的交涉。李与总署的态度大体是一致的：（一）朝鲜的内政外交，中国不干涉，也不负责；（二）朝鲜久为中国的藩属；（三）根据《中日条约》之所属邦土不相侵犯一条，日本不得侵犯朝鲜。森有礼谓中国既不负责，就无宗主权；有之，亦是礼貌的，有名无实的；所以日韩的关系，中国不得干涉。实在这个冲突就是中国传统的宗藩观念与近代的国际公法之宗藩观念的冲突。[③]

这段话中不仅出现了当时根本没有的“宗主权”一词，还出现了“宗藩观念”，说明至少在20世纪30年代，“宗藩关系”“宗藩观念”这些词已经进入学术界。人们很容易用现代产生的词语重新认识过去，用“宗藩关系”一词描述传统藩属体系中的双边关系亦无可厚非，但不应当把有了近代国际社会体系时才产生的“宗主权”“宗主国”词语用于描述古代历史。

以上是笔者围绕“宗主权”一词中文翻译的出现过程及其背后体现的当时西方国际法规范对中国近代属国外交的影响所作的粗略探讨，疏漏、不当之处，望各位专家、学者指正。

（原载《中国边疆史地研究》2017年第1期）

---

① 参见［日］田中健夫、石井正敏编《对外关系史词典》，“宗主国”条，吉川弘文馆2009年版。

② 参见“suzerainty”词条，*The Encyclopedia Americana*（*International Edition*），Scholastic Library Publishing，Inc，2006.

③ 蒋廷黻编著：《近代中国外交史资料辑要》中卷，东方出版社2014年版，第321页。

边疆史地专题研究

唐代诸州置寺观政令在蕃州的实施

王义康*

蕃州通常是指羁縻府州,[①] 它是唐代以周边归附诸族为对象设置的一种特殊行政区划，或以内徙部落置于边州境内，或于周边诸族本土设置,[②] 其数量远远超过当时的经制州。关于羁縻州形成的历史条件、性质、特点、作用、历史意义及地理沿革诸多问题，多年来无论中国学者,[③] 还是日本学者都有积极的探讨。[④] 近年来，笔者对于蕃州朝集、监察、赋役制度及官员任命诸问题进行了探讨，这将在文中一一提及。至于唐代在蕃州推及置寺观政令的问题，尚未述及。本文所述虽与宗教传播有关，但是内容并非陈述宗教传播的历史，而只是将其视为唐王朝在特殊行政区划内推及政令、法令的一个侧面略陈所见，求教于读者。

一　蕃州执行中央政令建立寺院

隋朝建立以后，隋文帝将北魏文成帝开创的郡县置寺制度分期分批地从北方推向全

---

* 王义康，中国社会科学院中国边疆研究所研究员。

① 《唐会要》卷73《安北都护府》记载："龙朔三年二月十五日，移燕然都护府于回纥部落，仍改名瀚海都护府。其旧瀚海都督府移置云中古城，改名云中都护府，仍以碛为界，碛北诸蕃州悉隶瀚海，碛南并隶云中。"是知隶属瀚海都护府的碛北铁勒诸部羁縻州，与隶属碛南云中都护府的羁縻州又可称为"蕃州"。

② 谭其骧：《唐代羁縻州述论》，载《长水集续编》，人民出版社1994年版，第133—155页。

③ 参见王义康《唐代羁縻府州研究述评》，载［日］佐竹静彦等编：国际中国史研究学术年刊《中国史学》第20卷（魏晋隋唐史专号），日本京都朋友书店2010年版；章群《唐代蕃将研究》，联经出版事业公司1986年版，第119—143页；章群《唐代蕃将研究（续编）》，联经出版事业公司1990年版，第24—36页；高明士《羁縻府州制度》，载《东亚古代的政治与教育》，台湾学生书局2003年版，第29—63页。

④ ［日］堀敏一：《中华思想》、［日］石见清裕：《唐代的对外贸易与在华外国人的相关问题》，载［日］谷川道雄主编《魏晋南北朝隋唐史学的基本问题》，中华书局2010年版，第24—43、44—68页；［日］伊濑仙太郎：「周边諸民族の中国内徙について」，内陸アジア史学会『内陸アジア史論集』第二，株式会社国書刊行会昭和五十四年，第31—47页。

国。唐朝建立后，继承前朝的做法，也是以行政命令的方式在全国州县置寺。高祖时期，国家在京城设寺三所，观二所，天下诸州各设一所。[①] 高宗麟德二年（665）规定天下诸州各设一观一寺，以祈愿国家太平、宣扬皇帝威德。[②] 则天武后天授元年（690）诏令两京、诸州各置大云寺一区，藏大云经，度僧千人。[③] 神龙元年（705）二月，中宗复位后，又在天下诸州置寺观一所，以“中兴”为名。[④] 唐颁布的这些政令不仅在经制州实施，而且也推及羁縻州。

唐河北道侨置幽州境内的羁縻州按规定置有寺观。

燕州白鹳观：《房山石经》之《观世音经一卷》题记有“燕州白鹳观南岳子焦履虚”。[⑤] 燕州，武德四年（621）以粟末靺鞨内附部落置，六年自营州迁于幽州。白鹳观无疑是燕州按中央规定建立的道观。

顺州开元观：《王徽墓志》首题“大唐天宝十三载故开元观道士”，志主顺义郡人，父为郡录事参军。志主本人，“爰自弱岁，栖身道门”，死后葬于顺州城北。[⑥] 志主生平行迹均在顺州，栖身之处开元观当为顺州开元观。顺州，贞观四年（630）以突厥部落于营州所置州，后迁徙幽州，治所在今顺义。[⑦] 开元二十六年（738），唐玄宗命令全国每州将郭下观、寺改名为开元。[⑧] 开元观是顺州迁至幽州后于境内所置观的改称。

归德郡顺天（开元）寺：《大盘波罗蜜多经》题记中有两款“归德郡顺天寺僧立起为僧师父母合家大小敬造石经”文字，其中一款署年应天元年（761）二月八日上。[⑨] 归德郡即归义州，总章元年（670）以新罗户置，后废。开元中又以降奚李诗部落五千帐复置。顺天、应天为史思明僭伪年号。唐乾元二年（759）四月史思明僭位，建元顺天。同年六月，史思明下令于开元寺建塔，改寺名为顺天。[⑩] 归德郡顺天寺为唐归义州开元寺。武则天天授元年（690）命两京及诸州所建大云寺，开元二十六年（738）玄宗又命改为开元寺。[⑪] 归德郡顺天寺、归义州开元寺即大云寺，为武则天时期归义州遵照敕谕建立的佛寺。

上述以靺鞨、突厥、奚等部落为对象建立的州是置有寺观的。东突厥灭亡后，降户内迁，唐以其部落置府州。永淳元年（682）骨咄禄率领降户出逃，占据漠北建立后突厥政权。开元四年（716），毗伽可汗继位后，欲在境内建立佛、老庙。[⑫] 虽然突厥早期曾接受佛教，[⑬] 但是毗伽可汗对佛、老系统的认识，应是源自唐在以突厥降户建立的府

---

① 参见《旧唐书》卷1《高祖纪》。

② 参见《旧唐书》卷5《高宗纪下》。

③ 参见《旧唐书》卷6《则天皇后纪》；《资治通鉴》卷204，则天武后天授元年十月壬申。

④ 《旧唐书》卷7《中宗纪》。

⑤ 北京图书馆金石组：《房山石经题记汇编》，书目文献出版社1987年版，第204页。

⑥ 吴钢主编：《全唐文补遗》第5辑，三秦出版社1998年版，第400页。

⑦ 参见刘统《唐代羁縻府州研究》，西北大学出版社1998年版，第214页。

⑧ 参见《唐会要》卷48《杂记》。

⑨ 北京图书馆金石组：《房山石经题记汇编》，第107页。

⑩ 参见《资治通鉴》卷221，肃宗乾元二年四月，注引《蓟门纪乱》。

⑪ 参见《唐会要》卷48《寺》。

⑫ 参见《新唐书》卷215下《突厥传下》。

⑬ 参见林幹《突厥史》，内蒙古人民出版社1988年版，第177—179页。

州内置寺观的影响。

唐陇右道羁縻州按朝廷规定置寺从现存资料中可以窥知如下两种情况。

第一种情况是按敕谕规定的寺名建寺。这一敕令推及远在西突厥故地的碎叶。从显庆二年（657）苏定方破阿史那贺鲁至显庆三年阿史那弥射斩真珠叶护，“西突厥全境皆属中国，遂分其种落为府州”。[①] 其中在碎叶置碎叶州。[②] 杜环《经行纪》记载碎叶城的情况：“天宝七年，北庭节度使王正见薄伐，城壁摧毁，邑居零落，昔交河公主所居止之处，建大云寺，犹存。”[③] 交河公主又称金河公主，[④] 为唐扶立的十姓可汗阿史那怀道女，开元十年（722）玄宗将其嫁于突骑施苏禄可汗。据考证碎叶大云寺的位置在碎叶宫堡之旁一百米处，[⑤] 杜环留下的这段记载并不是说交河公主的住处改建为大云寺，从时间上讲，交河公主出嫁苏禄可汗也是在武则天颁布建寺敕谕之后，杜环的记载只是说明靠近交河公主住处的大云寺在杜环行经此地时仍然存在。碎叶长期备列安西四镇，以加强对西突厥十姓可汗故地的控制。沙畹以为公元748年北庭节度使王正见攻取碎叶后于其地建大云寺，[⑥] 此说显然有误。据出土造像题铭，在唐高宗调露元年（679）末至武则天垂拱二年（686）之间，内地佛教已传至碎叶，[⑦] 这非唯碎叶是唐军镇的缘故，与碎叶已是唐行政区划有直接关系。建大云寺无疑是碎叶州作为一级地方政府执行朝廷敕谕的结果。

唐在塔里木盆地以龟兹、于阗（于阗所置府号毗沙）、焉耆、疏勒设置四羁縻都督府。今天我们依然能够见到龟兹、于阗、疏勒境内按敕谕规定的寺名建立的佛寺。新罗僧人慧超经唐军最西戍守之地葱岭镇，进入四镇都督府地区后，分别记载了四镇都督府地区不同佛教宗派流传的情况。疏勒，“此亦汉军马守捉。有寺有僧。行小乘法，喫肉及葱韭等”。[⑧] 龟兹，安西大都护府所在地，唐在塔里木盆地的边防军主要驻扎在此，“足寺足僧，行小乘法，食肉及葱韭等也。汉僧行大乘法”。[⑨] 于阗，“汉军兵马押领。足寺足僧，行大乘法，不食肉也”。[⑩] 焉耆，“汉军兵马押领。有王，百姓是胡，足寺足僧”。[⑪] 四地均流传着内地佛教与本土佛教。继而慧超记载了四镇都督府地区按朝廷敕谕建佛寺的情况。开元十五年（727）慧超至安西（龟兹），安西有两所汉僧任住持的佛寺。一是大云寺，住持秀行原是京中七宝台寺僧，都维那义超原是京中庄严寺僧，上座明恽也曾是京中僧。二是龙兴寺，住持法海是出生在龟兹的汉人。于阗汉寺龙兴寺住

---

① ［法］沙畹编著：《西突厥史料》，冯承钧译，中华书局2004年版，第421页。

② 参见陈国灿《唐乾陵石人像及其衔名的研究》，载林幹编《突厥与回纥历史论文选集》上，中华书局1987年版，第391—392页。

③ （唐）杜佑撰、王文锦等点校：《通典》卷193《边防九》，中华书局2003年版，第5275页。

④ 参见岑仲勉《唐史余审》卷2《玄宗》“金河或交河公主”，中华书局2004年版，第90页。

⑤ 参见张广达《碎叶城今地考》，《北京大学学报》1979年第5期。

⑥ 参见［法］沙畹编著《西突厥史料》，冯承钧译，第261—662页。

⑦ 参见周伟洲《吉尔吉斯斯坦阿克别希姆遗址出土唐杜怀宝造像题铭考》，载荣新江编《唐研究》第6卷，北京大学出版社2000年版，第383—394页。

⑧ （唐）慧超撰、张毅笺释：《〈往五天竺国传〉笺释》，中华书局2006年版，第153页。

⑨ 同上书，第159页。

⑩ 同上书，第167页。

⑪ 同上书，第177页。

持也是一位汉僧。疏勒汉寺大云寺也是汉僧住持，是岷州人。[①] 龟兹、于阗、疏勒汉寺内部组织一如内地寺院。其中龙兴寺为中兴寺的改名。唐中宗复位后命天下诸州建中兴寺，但是张景源上疏提出异议，并且请求直接以唐龙兴为名。中宗接受了张景源的建议，随即命令，“其天下大唐中兴寺观，宜改为龙兴寺观”。[②] 此外，于阗境内也奉敕令建有大云寺。伯希和所获2889号敦煌写卷《须摩提长者经》首题“于阗开元寺一切经”。[③] 于阗开元寺是毗沙都督府奉敕命为大云寺改名的结果。[④] 于阗奉敕建寺有两所。

第二种情况是按诸州置寺规定建寺。上述敕谕规定的寺名外，唐四镇地区还建有一些与内地寺名相仿的佛寺。于阗东北丹丹乌里克出土文书记当地有护国寺。[⑤] 龟兹境内有多所汉寺。贞元中悟空从罽宾归来途经龟兹居于莲花寺。[⑥] 大谷文书1535号记龟兹境内有金沙寺，[⑦] 或以为汉人所建寺庙。[⑧] 直至回鹘统治时期，龟兹还有梵□□寺、□某圣寺等汉寺存在。[⑨] 藏文于阗佛教史《于阗国授记》记载了大量僧尼寺院，[⑩] 其中有的蕃汉名称的寺院还是唐四镇地区官员与于阗首领尉迟氏共同主持修建的寺院。[⑪] 这说明除按敕谕规定寺名建寺外，四镇地区蕃州内汉寺与部分蕃寺仍属于官办寺院，是安西都护府与所辖蕃州执行唐初以来按州置寺成规建立的寺院。

唐代剑南道羁縻州也执行按州置寺的规定。今人据方志汇计，唐代姚州佛寺共计60座，分布情况为：姚城（3）、宗居（5）、曾州（14）、浪穹（4）、求州（1）、益宁（7）、安宁（1）、望水（1）、喻献（1）、永昌（6）、通海镇（1）、野共州（4）、剑川（1）、巍山（6）、楚雄（1）、永胜（1）、腾冲（3）。[⑫] 唐代姚州领三县，姚城为其属县之一。以上汇计佛寺分布地，姚城之外，其他均为唐前期姚州都督府、戎州都督府所辖羁縻州地。

今云南地区在唐代前后经历了唐朝统治时期与南诏统治时期，明、清《一统志》对云南境内的佛寺创建时间可考者，通常注明“唐建”或“蒙氏建”。今人统计的云南

---

① 参见（唐）慧超撰，张毅笺释《〈往五天竺国传〉笺释》，第174—176页。

② 《唐会要》卷48《寺》。

③ H. W. Bailey, *Khotanese Texts*, III, Cambridge University Press, 1969, p. 78.

④ 张广达：《论隋唐时期中原与西域文化交流的几个特点》，《北京大学学报》1985年第4期，第1—13页。

⑤ ［英］奥雷尔·斯坦因著：《古代和田——中国新疆考古发掘的详细报告》第2卷，巫新华等译，山东人民出版社2009年版，图版CXVⅠ—116，记有公元787、790年年号的汉文纸质文书分别见D. VⅡ. 7、D. VII. 4. a.

⑥ 参见（北宋）赞宁《宋高僧传》卷3《唐丘兹国莲花寺莲花精进传》《唐上都章敬寺悟空传》，《大正新修大藏经》第50册，新文丰出版公司2001年版，第721页上栏、第722页下栏。

⑦ ［日］小田义久主编：《大谷文书集成》第1卷，日本法藏馆1983年版，第78页，图版134。

⑧ 参见黄文弼《塔里木盆地考古记》，科学出版社1958年版，第17页。

⑨ 参见马世长《库木吐喇的汉风石窟》，载《中国石窟·库木吐喇石窟》，北京文物出版社1992年版，第221页。

⑩ 参见张广达、荣新江《于阗佛寺志》，载《于阗史丛考》，上海书店1993年版，第292页。

⑪ 参见荣新江《慧超所记唐代西域的汉化佛寺》，载冉云华先生八秩华诞寿庆论文集编辑委员会《冉云华先生八秩华诞寿庆论文集》，法光出版社2003年版，第399—407页。

⑫ 参见张弓《汉唐佛寺文化史》（上），中国社会科学出版社1997年版，第146页。

佛寺，其中一部分据明、清《一统志》清晰可见为唐前期在羁縻州所置佛寺。

崇圣寺：《寰宇通志》记："在府（大理府）城中，唐开元间建，寺内有三塔。"[①] 寺内三塔应是南诏重建崇圣寺时所建。[②] 明代大理府为唐姚州地（南诏号大蒙），附郭太和县。太和县虽为唐姚州地，但非唐姚州直辖三县地，为姚州所属部落领地。开元末南诏蒙皮罗阁请求朝廷合并诸诏，获得朝廷准许，遂并六诏为一。于是南诏获得太和县地，它诏之地为南诏地，南诏并在其地置羊苴咩城。唐在六诏地置有羁縻州，崇圣寺当为唐前期在姚州都督府所属羁縻州境内建立的佛寺。

石宝寺：《寰宇通志》鹤庆军民府所领剑川州境内，"石宝寺，在剑川州西四十里，唐建"。[③] 明代鹤庆军民府为唐代越析诏地，南诏并于鹤川置谋统郡。唐以越析诏置越析州，[④] 其境内石宝寺为唐前期羁縻越析州境内佛寺。

筇竹寺：《大明一统志》记云南府境内，"筇竹寺，在玉案山，唐贞观初建"。[⑤] 明代云南府为唐代昆州地，后为南诏蒙氏窃据，改为善阐府。玉案山在府城西 25 里，[⑥] 明代云南府附郭昆明县，玉案山在昆明县境内。筇竹寺为唐前期昆州境内佛寺。

法明寺：《嘉庆重修一统志》记云南府境内，"法明寺，在宜良县东，唐时建"。[⑦] 清代云南府仍为唐羁縻昆州地置，其属县宜良，也属唐昆州地。唐昆州境内还建有法明寺。

慈应寺：《嘉庆重修一统志》记楚雄府境内，"慈应寺，在姚州东饱烟箩山，旧名护国寺，唐张虔陀建"。清代楚雄府为唐羁縻傍、望、求、丘、览五州地，贞观二十三年（649），以内附诸蛮末徒祇、俭望二种落置，隶戎州都督府。张虔陀天宝年间主政姚州都督府，慈应寺为天宝年间在羁縻州地所置佛寺。

天宝塔：《嘉庆重修一统志》记征江府境内，"天宝塔，在江川县东三里东山之巅，唐天宝二年建"。[⑧] 清代征江府为唐羁縻黎州地，后南诏蒙氏置河阳郡。征江府所属江

---

① （明）陈循等撰：《寰宇通志》卷 111《云南等处承宣布政司·大理府》，载明景泰间内府刊初印本，"中央图书馆"辑：《玄览堂丛书续集》第 18 册，正中书局 1985 年版，第 170 页。

② 关于崇圣寺中三塔创建年代有多种记载，方国瑜以为塔创建在开成三年（方国瑜：《大理崇圣寺塔考》，载林超民编《方国瑜文集》第 2 辑，云南教育出版社 2001 年版，第 18 页）。又康熙年间《云南通志》记"唐南诏重建崇圣寺"（范自勋修：《云南通志》卷 26《仙释·大理府李贤者》，康熙三十年刻本，学习院图书馆藏近卫本）。据此崇圣寺建于唐前期，唐后期南诏重建崇圣寺又建三塔。传世文献关于三塔创建时间的多种记载，当是后世将寺初建与寺重修并建塔时间相混淆所致。

③ （明）陈循等纂：《寰宇通志》卷 113《云南等处承宣布政司·鹤庆军民府·寺观》，"中央图书馆"辑：《玄览堂丛书续集》第 18 册，第 226、229 页。

④ 参见刘统《唐代羁縻府州研究》，第 214 页。

⑤ （明）李贤等纂：《大明一统志》卷 86《云南布政司·云南府·寺观》，台联国风出版社影印 1977 年版，第 10 册，第 5270 页。

⑥ （明）李贤等纂：《大明一统志》卷 86《云南布政司·云南府·山川》第 10 册，第 5260 页。

⑦ （清）穆彰阿等纂：《嘉庆重修一统志》卷 476《云南府·寺观》，商务印书馆影印 1934 年版，第 28 册，《云南府一》二十二 B 面。

⑧ （清）穆彰阿等纂：《嘉庆重修一统志》卷 481《征江府·寺观》第 28 册，《征江府》十二 A 面。

川县为唐初所建绛县地。[1] 唐代羁縻黎州绛县建有天宝塔。

正法寺：《嘉庆重修一统志》记曲靖府境内，“正法寺，在南宁县十五里，唐贞观中建”。[2] 清代曲靖府为唐羁縻南宁州地。南宁州，唐武德初年置。清代曲靖府附郭南宁县，为唐南宁州属县味县地。[3] 唐在南宁州味县建有正法寺。

云南地区创建佛寺已见诸唐代以前。清征江府河阳县东有华藏寺，“创自齐、梁”。[4] 清大理府太和县西南有宏圣寺，当时人考稽史传确定为隋文帝时建，俗名阿育王塔。[5] 方国瑜认为唐代以前云南尚无佛教可言，至唐其教渐盛。[6] 他忽略了唐以前中央政府也在蛮夷地区推行佛教的史实。隋文帝在位期间大崇释教，曾多次颁布敕令，剃度僧尼，在诸州建寺。[7] 其于开皇十四年（594）又进一步取消寺额限制，规定“率土之内，但有山寺，一僧以上，皆听给额，私度附贯”。[8] 唐代在云南地区羁縻州建寺实为前代在蛮夷地区建寺做法的延续。南诏阁罗凤叛唐后自称“阐三教、宾四门”，[9] 即南诏境内流传着儒、释、道三教，这种局面无疑与唐以政权力量推行内地佛教与儒、道有直接关系。

唐代黔中道黔州都督府领羁縻州五十余，其佛寺建制虽俟考，然羁縻州汉官却在传布佛教。牂州，武德三年（620）以牂牁首领谢龙羽地置，领建安等三县。[10] 牛腾为裴炎之甥，裴炎遇害后，武则天贬谪牛腾为牂州建安县丞。腾笃信佛教，“以是夷僚渐渍其化，遂大布释教于牂牁中。常摄郡长吏，置道场数处”。[11] 牛腾能以摄郡长吏的身份置道场，牂州理应按规定置有佛寺。

二　置寺观政令在蕃州执行的基本情况

综上所述，唐代河北道、陇右道、剑南道一些羁縻州置有寺观。换言之，唐王朝自

---

① 参见（清）穆彰阿等纂《嘉庆重修一统志》卷481《征江府·寺观》第28册，《征江府》二A面。

② （清）穆彰阿等纂：《嘉庆重修一统志》卷484《曲靖府·寺观》第28册，《曲靖府》十八B面。

③ 参见（清）穆彰阿等纂《嘉庆重修一统志》卷484《曲靖府·寺观》第28册，《曲靖府》二A面。

④ （清）穆彰阿等纂：《嘉庆重修一统志》卷481《征江府·寺观》第28册，《征江府》十一B面。

⑤ 参见（清）穆彰阿等纂《嘉庆重修一统志》卷476《大理府·寺观》第28册，《大理府》二十四A面。

⑥ 方国瑜：《唐宋时期云南佛教之兴盛》，载林超民编：《方国瑜文集》第2辑，第523页。

⑦ 韩昇：《隋文帝传》，人民出版社1998年版，第397—411页。

⑧ （唐）道宣：《续高僧传》卷18《隋西京禅定道场释昙迁传》，《大正新修大藏经》第50册，第574页上栏。

⑨ （唐）郑回：《南诏德化碑》，载（清）王昶编：《金石萃编》卷160第4册，中华书局1990年版。

⑩ 参见《新唐书》卷43下《地理志七下》。

⑪ （北宋）李昉等编：《太平广记》卷112《牛腾》，中华书局1995年版，第778页。

建立以后，在全国诸州置寺观的政令不仅在经制州实施，也推及蕃州。然而据此很难断定唐代蕃州普遍执行了诸州建寺观的政令。

由于周边诸族地理位置、特殊的社会结构，经济发展状况的限制，唐王朝在羁縻州的统治程度呈现非均等化，仅从羁縻州有无治所府衙也就能看出这一点。如剑南道茂州都督府所辖九羁縻州翼、维、涂、炎、徹、向、冉、穹、笮，除笮州无户口记载外，均有至京师的里距。戎州都督府所辖十五羁縻州协、曲、朗、昆、盘、黎、匡、髳、尹、曾、钩、靡、裒、宗、微，均有户口数及至京师的里距。松州都督府所辖二十四羁縻州崌、懿、阔、麟、雅、丛、可、远、奉、岩、诺、蛾、彭、轨、盍、直、肆、位、玉、嶂、祐、台、桥、序，除部分无户口数外，也均有各州至京师里距。[①] 所谓各州至京师里距是指各州治所至京师的距离，说明上述羁縻州有城邑治所及办公衙署。剑南道松州都督府，“旧督一百四州，领州，无县户口，惟二十五州有名额”。[②] 何以既有“一百四州”的编制，却“二十五州有名额”？是说“一百四州”中，只有“二十五州”有城邑衙署。唐代剑南道、江南道黔中所置羁縻州情况大多如此。如剑南道黎州所辖五十五羁縻州，“皆徼外生獠，无州县，羁縻而已”。[③] 既置州，却说无州县，也是说这些州只有编制，没有相应的城邑衙署。戎州都督府所管羁縻州，“除没落云南蛮界一十五州，其余虽有名额，元无城邑，散在山洞，不常其居，抚之难顺，扰之易动。其为刺史，父子相继，无子，即以其党有可者公举之。或因春秋有军设，则追集赴州。着夏人衣服，却归山洞，椎髻跣足，或被氈，或衣皮，从夷蛮风俗。无赋税以供官。每年使司须有优赏，不拘文法。自古至今，其俗难改。其军设并官中优赏等，并废多时”。[④] 即戎州都督府所辖羁縻州多数无城邑，不承担赋税，也无须统计户口，只是授予部落首领刺史，由其世袭统领部落而已。刺史定期赴集都督府，以示听命于朝廷。江南西道黔州都督府所辖五十三州，其中南宁、充等九州，每年朝贡，即定期朝集。[⑤] 其他四十四州为“洞内羁縻州”，[⑥] 也是无城邑治所。至于游牧诸族，如陇右道北庭都护府所辖十六蕃州，“杂戎胡部落，寄于北庭府界内，无州县户口，随地治畜牧”。[⑦] 只有州的建制，却无城邑治所。唐设置的这些州县，授予首领刺史、县令，只是给予了他们节级管理部落的权力。

唐按州置寺的规定能否推及羁縻州，很大程度上取决于羁縻州有无城邑治所。岭南道邕州属右江道思恩等十七羁縻州，“承前先无朝贡，州县城隍不置立，司马吕仁高先天二年奏：奉敕差副使韦道桢、滕崇、黄居左等巡谕，劝筑城隍。其州百姓悉是雕题凿齿，画面文身，兼有赤裩、生獠、提㐌相杂。承其劝谕，应时修筑。自后毁坏，不复重

① 参见《旧唐书》卷41《地理志四》。

② 《旧唐书》卷41《地理志四》。

③ （宋）乐史撰，王文楚等点校：《太平寰宇记》卷77《剑南西道六》，中华书局2007年版，第1561页。

④ （宋）乐史撰，王文楚等点校：《太平寰宇记》卷79《剑南西道八》，第1605页。

⑤ 参见王义康《唐代蕃州朝集制度试探》，《陕西师范大学学报》2014年第3期。

⑥ （宋）乐史撰，王文楚等点校：《太平寰宇记》卷120《江南西道十八》，第2399页。

⑦ 《旧唐书》卷40《地理志三》。

修”。[①] 城隍是中国宗教文化中普遍崇祀的重要神祇之一，为儒教《周宫》八神之一，也是中国民间和道教信奉守护城池之神。邕州司马奉朝廷敕命派人劝谕辖区内羁縻州修筑城隍，说明从朝廷到地方都很重视羁縻州的设施建设。州县城邑不仅是地方施政所在地，也是文化传播的载体。唐代陇右道安西都护府所辖四镇地区羁縻州有城邑治所，今人多有述及，无须赘言。剑南道的今云南地区，唐建国初期，高祖以韦仁寿出任南宁州都督，韦仁寿奉旨在西洱河地区置八州十七县，授其豪酋为宰牧，诸酋长相与筑城、立廨舍。[②] 明、清《一统志》中仍记有唐代在云南地区所置羁縻州县的若干城邑治所。河北道侨治幽州境内的羁縻州，也有固定治所。[③] 黔中道羁縻州中是否置有寺观虽俟考，但唐代若干羁縻州城邑治所遗址至清代犹存。如清代贵州府古迹中有牂州故城与牂州属县牂牁废县（即建安县）、宾化废县，[④] 表明唐代牂州与属县均有城邑治所。上述唐诸道中可考的佛寺，所在羁縻州均为有治所府衙的羁縻州。对羁縻州而言，有治所府衙，一是意味着有财力从事建设，二是意味着有条件设置相应的政府机构，中央也可派遣官员担任羁縻州佐官，[⑤] 参预管理，有效执行中央政令。反之则否。因此，唐代羁縻州数量众多，情况非一。唐朝屡次颁布的在诸州置寺观的政令，只能在一部分羁縻州实施。

三　置寺观是治理蕃州的措施之一

以上我们探讨了唐代在诸州置寺观的规定在蕃州的执行情况，以下探讨唐在蕃州置寺观的性质、意义。

唐代蕃州名曰“羁縻”，而“羁縻”是一个多层面的问题，包括思想原则、形态或方式、制度等。春秋战国时期，华夏在形成过程中逐渐产生以文化为最高标准将人类共同体区分为华夏与四夷的世界观，并随着王权的逐渐加强，征服了许多四夷，并产生率土皆臣的思想。由于在现实中不可能将所知四夷都纳入中国统治体制之下，中华天子面临如何统治、管理四夷，以及如何处理与未纳入其统治体制四夷的关系问题，在此过程中，逐渐产生羁縻思想。“天子之于夷狄也，其义羁縻勿绝而已。”[⑥] 此即说明天子统治四夷不以统治华夏的方式来统治，天子处理与四夷的关系，不以处理与华夏内地臣民关系的思维方式来处理。因此，自西汉以来“羁縻”成为华夏政权处理与四夷关系的思想原则。[⑦] 在此思想原则指导下，产生了诸多羁縻四夷的形态或方式。具体来说有以下几种：

朝贡，是先王将分封的诸侯应尽的义务推及四夷，即使要荒之外，“非上威服”[⑧]

---

① （宋）乐史撰，王文楚等点校：《太平寰宇记》卷166《岭南道十》，第3176页。

② 参见《旧唐书》卷185上《韦仁寿传》。

③ 参见《旧唐书》卷39《地理志二》。

④ 参见（清）穆彰阿等纂《嘉庆重修一统志》卷500《贵州府·古迹》第29册，《贵州府》十七B、十八B面。

⑤ 参见王义康《唐代中央派员出任蕃州官员吏员考》，《史学集刊》2015年第5期。

⑥ 《汉书》卷57下《司马相如传下》。

⑦ ［日］堀敏一：《中华思想》，载［日］谷川道雄主编《魏晋南北朝隋唐史学的基本问题》，中华书局2010年版，第24—43页。

⑧ 《册府元龟》卷968《外臣部·朝贡一·序论》。

即非先王统治区域内的蛮夷，也要朝贡。至唐代朝贡体制日臻成熟，开元年间确定的朝贡七十余蕃，既有与唐交往的大食、日本、吐蕃等，又有唐羁縻州诸蕃，如东北地区的奚、契丹，安西四镇的龟兹、于阗、疏勒、焉耆等。[①] 朝贡作为羁縻四夷的形态之一，既施之于唐境内诸蕃，又施之于唐境外诸蕃。

册封，本来是指天子以举行典礼颁发册书的形式分封诸侯，西汉以来也推及四夷，授予四夷侯王称号，确定天子与四夷的君臣名分，[②] 也是羁縻四夷的形态之一。唐代册封既施之于归降后的吐谷浑、东突厥，唐占领后的西突厥，及安西四镇诸蕃，又施之于如吐蕃、天宝后为唐邻蕃的回纥等。唐代册封四夷作为羁縻四夷的形态也施之于境内外诸蕃。

和亲，“汉高始纳奉春之计，建和亲之议，岁用絮缯酒食奉之，非惟解兵息民，亦欲渐而臣之，为羁縻长久之策耳”。[③] 自西汉以来和亲是处理与四夷关系的权谋之术，也属于羁縻的范畴。唐代将其施之于境内外诸蕃，先后曾与归降成为唐羁縻州的吐谷浑、奚、契丹等和亲，也与吐蕃及天宝后为唐邻蕃的回纥和亲。

互市，不仅是王朝与四夷经济交往的方式，其宗旨是怀柔羁縻四夷，“和戎之一术也”。[④] 唐代既与剑南道所属松、当、悉、维、翼诸州熟羌，[⑤] 以及关内道所属六胡州诸蕃州互市，也与吐蕃、后突厥诸蕃互市。今人发现唐代与四夷互市在不同地区管理办法有所不同，[⑥] 这是互市对象政治归属不同所致，恰恰表明互市作为羁縻四夷的方式，既施之于境内四夷，又施之于境外四夷。

唐代设置的蕃州，通常又称为羁縻州，固然属于羁縻四夷的范畴，[⑦] 然而唐“羁縻”蕃州部落，与上述朝贡、册封、和亲、互市诸种羁縻境内外四夷的形态与方式是有区别的。宋人的论述有助于理解这一点，云：

> 王师既开西疆郡县，皆复名山大川，悉在封内。惟是人物之未阜，思所以繁度之理；风俗之未复，求所以变革之道；诗书礼乐之外，盖有佛氏之道大矣……恭圣主之服远也，不以羁縻怳忽之道待其人，必全以中国法教驭之。故强之并弱，大之凌小，则有甲兵，刑罚以威之；擅山泽，专障管，则或赋或禄以易之；鸟兽惊骇，则文告期会以束之；闲田沃壤，则置兵募士以耕之；书老告勤，则金帛爵命以宠之；争讼不决，则置吏案法以平之；知佛而不知戒，则塔庙尊严以示之；日计之不

---

① （唐）李林甫等撰，陈仲夫点校：《唐六典》卷4《尚书礼部·主客郎中》，中华书局2005年版，第129—130页。

② 参见《册府元龟》卷963《外臣部·封册一·序论》。

③ 《册府元龟》卷978《外臣部·和亲一·序论》。

④ 《册府元龟》卷999《外臣部·互市·序论》。

⑤ （唐）白居易撰：《白氏六帖事类集》卷24《市·羌互市格》帖册五，文物出版社1987年影印本。

⑥ 参见冻国栋《唐代民族贸易与管理杂考》，载《中国中古经济与社会史论稿》，湖北教育出版社2005年版，第340—356页。

⑦ 《旧唐书》卷195《回纥传》。史臣云：“自太宗平突厥，破薛延陀，而回纥兴焉。太宗幸灵武以降之，置州府以安之，以名爵玉帛以恩之。其义何哉？盖以狄不可尽，而以威惠羁縻之。”

足，岁计之有余，必世而后仁，尽在于是矣。[①]

文中提出的“中国法教”，即通常所说的“声教”，包括了军队、刑法、置吏、赋役、宗教、诗书等各方面。上述声教的内容在唐代均有实施。关于军队，陈寅恪以为唐前期军事力量由蕃将与府兵两类组成，[②] 而且唐以不同形式组织蕃兵将其纳入唐军事建制。[③] 唐刑法加诸纳入唐统治体制诸蕃，唐太宗有明确说明。东突厥突利可汗归唐，太宗向突利说明不再仿效隋立其祖父启民为可汗统领突厥部落的原委，并告诫突利“当须依国法，齐整所部，如违，当获重罪”。[④] 开元九年玄宗下诏告诫诸道所管部落，“既是王人，章程须依国法”。[⑤] 唐对作奸犯科的部落或首领依法绳治并不鲜见。[⑥] 关于置吏，唐代中央派员出任蕃州官员有品官与流外两类。[⑦] 关于赋役，包括蕃州部落在内，不同地区、不同时间、不同类型的内附民承担不同形式的赋税。[⑧] 至于诗书则是儒家典籍。《南诏德化碑》说南诏尊崇儒学无疑是唐在蕃州推行教化所及。乐史讲述剑南道茂州风俗，“一州本羌戎之人，好弓马，以勇悍相高，诗礼之训阙如也”。[⑨] 蕃人缺诗礼之训自不足奇，乐史将其作为特有风俗记述，从侧面说明唐原则上是要在境内部落中推行儒学教化的，只是由于种种客观因素的限制，妨碍了文教深入四夷地区，以至于茂州蕃人诗礼之训付阙，故而乐史予以说明。除此之外，唐代也不乏一些蕃人出身的官员具有汉文化修养。哥舒翰是西突厥突骑施哥舒部落首领子弟，祖、父为安西都护府属将，其本人好读《左氏春秋传》《汉书》。[⑩] 张孝忠出自奚部落，其子茂昭好儒书。[⑪] 李宝臣出自范阳节度使所属的奚部落，其子惟诚“好儒书理道”。[⑫] 这虽是个人行为，却应是唐在境内四夷中推及儒学影响所致。

虽然上述引文讲的是宋在西部郡县蛮夷中推行的法教，但是为唐及前代治理境内蛮

---

① 张维、鸿汀编：《陇右金石录》卷3《广仁禅院碑》，甘肃省文献征集委员会1943年校印，第37—38页。碑立于宋元丰七年（1084）八月十八日，王钦臣撰，周璟书，张若纳立石，荔非恭刻字。

② 陈寅恪：《论唐代之蕃将与府兵》，载《金明馆丛稿初编》，生活·读书·新知三联书店2015年版，第296页。相关论著参见章群《唐代蕃将研究》《唐代蕃将研究（续编）》；马驰《唐代蕃将》，三秦出版社1990年版。

③ 参见张国刚《唐代的蕃部与蕃兵》，载《唐代政治制度研究论集》，文津出版社1994年版，第93—111页；李锦绣《大唐帝国与城傍》，载朱雷主编《唐代的历史与社会——中国唐史学会第六届年会暨国际唐史学会研讨会论文集》，武汉大学出版社1997年版，第198—235页；王义康《唐代河朔移民及其社会文化变迁》，《民族研究》2007年第5期；王义康《唐代边疆民族与对外交流》附录二《羁縻府州设置折冲府》，黑龙江教育出版社2013年版，第288—291页。

④ 《通典》卷197《边防十三·突厥上》。

⑤ 《册府元龟》卷992《外臣部·备御》。

⑥ 参见王义康《唐代“蕃州”监察制度试探》，《民族研究》2015年第3期。

⑦ 参见王义康《唐代中央派员出任蕃州官员吏员考》，《史学集刊》2015年第5期。

⑧ 参见王义康《唐代周边内附诸族赋役问题探讨》，《中国经济史研究》2016年第2期。

⑨ （宋）乐史撰，王文楚等点校：《太平寰宇记》卷78《剑南西道七》，第1574页。

⑩ 参见《旧唐书》卷104《哥舒翰传》。

⑪ 参见《旧唐书》卷141《张孝忠传附茂昭传》。

⑫ 《旧唐书》卷142《李宝臣传附惟诚传》。

夷经验的总结。历代论及王朝对周边四夷影响通常泛称“声教所及”，然而针对具体对象唐代羁縻州，声教所及非论者所说为虚辞，[1] 实际上是唐政令、法令所及。显而易见，唐代蕃州虽然名曰羁縻，不同于内地行政制度，但仍是一种制度化管理。唐对境内四夷实行所谓“羁縻”，其不同于上述朝贡、册封、和亲、互市诸种羁縻四夷的形态与方式是伴随着管理制度以及政令、法令的实施。唐代在蕃州置寺观是治理境内四夷的重要措施之一。

综上所述，唐代颁布的诸州置寺观规定不仅在经制州实施，而且也推及羁縻州。然而由于客观条件的限制，唐王朝屡次颁布的诸州置寺观的政令，并不能在羁縻州普遍落实，只能在一部分羁縻州实施。尽管如此，却说明虽然唐代羁縻州原则上因俗而治，但是仍为唐政令、法令所及地区，有与经制州具有同质的一面。其次，寺观是佛教文化、道教文化的载体与传媒。唐在羁縻州推及置寺观的政令，说明唐代在羁縻州传播宗教文化以教辅政，不仅是治理境内四夷的措施之一，而且已经发展成为制度化的管理方式，并影响后世。

（原载《中国边疆史地研究》2017 年第 4 期）

---

① 谭其骧：《唐代羁縻州述论》，《长水集续编》，第 133 页。

清代以来维吾尔族华人华侨形成的历史考察

许建英*

新疆维吾尔族华人华侨的形成与西北边疆地区的地理、交通、贸易、战争、动乱以及现当代国际交流等密切相关。新疆地处中国大西北的边疆地区，周边与8个国家毗邻，历史、文化与贸易联系密切，交通孔道众多，现代交通则更为便利，这些都是维吾尔族华人华侨形成的重要因素。虽然维吾尔族华人华侨的形成经历了漫长的历史过程，但现代意义上维吾尔族华人华侨则基本上是清代以来形成的。长期以来，有关维吾尔族华人华侨的研究甚少，对其形成的研究也甚为缺乏。① 本文以历史、宗教、贸易等文献为基础，结合调研及相关研究，较系统地考察了清代以来维吾尔族华人华侨形成的历史过程，并初步分析其特点。

一 清代与民国时期维吾尔族华人华侨的形成

清代是维吾尔族华人华侨形成的最重要时期，其形式多样，原因复杂。下面按相关地区考察其形成的历史过程，并简要梳理和分析其形成的背景与原因。

（一）中亚地区维吾尔族华人华侨的形成

大批维吾尔族人在中亚的出现，是由于西方列强强加给中国的一系列不平等条约所致，是外国侵略者与国内分裂势力相互勾结而形成的，是殖民主义者和帝国主义者对中国西北边疆侵略的结果。概括而言，近代维吾尔族人移居中亚主要可分三个历史阶段。

1. 第一阶段是从18世纪50年代后期至19世纪50年代。在该阶段里，新疆南部和卓家族多次叛乱，使喀什噶尔地区不少维吾尔族人被裹挟迁往费尔干纳。

著名的费尔干纳谷地是天山西部山间凹地，地处今天塔吉克斯坦、乌兹别克斯坦和吉尔吉斯斯坦3个共和国境内。该谷地土地肥沃、水草丰美，形成众多中亚历史名城，诸如列宁纳巴德、费尔干纳、浩罕、安集延、纳曼干及奥什等城市。费尔干纳地区东部与我国新疆南部喀什噶尔等地连接，与包括新疆在内的中亚地区伊斯兰教密切关联的和卓家族就植根于费尔干纳谷地。近代维吾尔族迁居中亚的历史也与此地联系甚密。

---

* 许建英，中国社会科学院中国边疆研究所研究员、历史学博士。本文是作者承担的国侨办重点课题“境外维吾尔族华人华侨现状及有关工作对策研究”（国务院侨办重点课题GB2011015，2012年10月结项）的部分成果。

① 关于维吾尔族华人华侨研究，本文从境外维吾尔人研究的视角另文专述，此处就不再赘述了。

和卓家族的系列叛乱裹挟了大量维吾尔族人到中亚地区。18 世纪 50 年代起，特别是 19 世纪上半叶和卓家族发动多起叛乱，诸如 1820 年至 1826 年由张格尔发动的 4 次叛乱、1847 年的“七和卓之乱”以及 1857 年的“倭里罕之乱”。虽然这些和卓叛乱最后均以失败告终，但是每次都裹挟不少维吾尔族人出境。例如，1847 年“七和卓之乱”时候，“单是喀什噶尔和英吉沙尔两处受和卓胁迫前往浩罕的就有三万七千余人”；[①] 1857 年“倭里罕之乱”时候，又有“一万五千余人被裹胁逃往浩罕”[②]。据研究者估算，从 18 世纪 50 年代后期至 19 世纪 50 年代后期的百年间，从新疆喀什噶尔地区迁徙到浩罕的维吾尔族人就达到 8.5 万人之众。[③] 这些外迁的维吾尔族人居住在沙赫里罕和卡拉苏克城外，逐渐形成一些村镇。在塔什干附近也形成一个新疆移民村，其人口多来自新疆英吉沙。他们仍以喀什噶尔起头命名所在村落，诸如喀什噶尔—基史拉克、喀什噶尔勒克—马哈里亚、塔格里克—马哈里亚等。[④]

除了和卓家族叛乱裹挟大量维吾尔族人到费尔干纳盆地外，在中亚浩罕汗国被沙俄兼并前，由于浩罕与新疆南部贸易关系密切，双方人员往来不断，有不少喀什噶尔等地的维吾尔族人是因贸易而居留于浩罕的，因为贸易需要运输等大量人员。因此，浩罕汗国时期也是喀什噶尔地区维吾尔族人迁居费尔干纳盆地的重要阶段。就目前可见记载而言，该期是清代维吾尔族人大批迁居中亚的一个高峰期。现在居住在乌兹别克斯坦费尔干纳谷地的维吾尔族华人华侨大部分与此期迁徙民众有关。就此期维吾尔族华人华侨移民性质而言，既有从事贸易的经济原因，也有被暴乱势力裹挟的政治原因，其中后者占有重要成分。

2. 第二阶段是 1877—1878 年。此期阿古柏及白彦虎残部从南疆裹挟一批维吾尔族人到中亚地区。

19 世纪 50 年代太平天国运动爆发后，全国各地农民起义烽火不断，陕甘地区回民也爆发了反清大起义。1864 年，受陕甘回民起义的影响，新疆维吾尔族和回族也爆发起义，席卷天山南北。浩罕汗国军官阿古柏乘机利用和卓后裔入侵新疆南部，侵占大片领土，建立起所谓的“哲德沙尔国”伪政权。与此同时，陕甘回民起义首领白彦虎受清军围攻，于 1873 年 10 月进入新疆。清廷经过艰苦准备，由左宗棠率大军进入新疆，一方面要收复阿古柏占领的领土，另一方面追击白彦虎。1877 年下半年，清军节节胜利，阿古柏侵略军遭受重大打击，阿古柏暴亡于库尔勒。阿古柏死后，他的 3 个成年儿子争权夺利，发生内讧。长子伯克胡里继承所谓王位，与遭受清军重创的白彦虎残余队伍一起，逃往俄属中亚地区。

据记载，白彦虎与伯克胡里逃亡之时，先后裹挟大量新疆各族人民，其中尤以维吾

---

① 新疆社会科学院历史研究所：《新疆简史》第 2 册，新疆人民出版社 1980 年版，第 38 页。

② 同上书，第 47 页。

③ 瓦理汉诺夫：《瓦理汉诺夫文集》（俄文版），第 325—335 页，转引自李琪《中亚维吾尔人》，新疆人民出版社 2003 年版，第 43 页。关于此期迁移人数，另说有 8.5 万—16 万人，见《新疆通志·侨务志》，新疆人民出版社 1994 年版，第 41 页。

④ C. C. 古巴耶娃：《费尔干纳谷地的民族名城》（俄文版），莫斯科，1973 年版，转引自李琪《中亚维吾尔人》，新疆人民出版社 2003 年版，第 42 页。

尔族人居多。“白彦虎嗾死党四出劫掠人畜，焚烧村堡，胁众随奔。”[①] 伯克胡里更是强行胁迫民众。1878 年 12 月白彦虎的陕甘队伍分三支入俄国，其情况分别如下。一是白彦虎本人率领的一队人马由恰克马克出境，逃至托克马克，后来就在该地附近安顿下来。在白彦虎率领的出境人员中，就有不少维吾尔族人，俄国史料称白彦虎在抵达奥什时，有 3000 人，[②] 虽然该数字并不一定确切，但是可以肯定的是有不少维吾尔族人被白彦虎裹挟入俄国。[③] 二是由马大人所率领的一支队伍经伊尔克什塘和铁列克达坂进入俄国，抵达奥什，后来被安置在费尔干纳各地。三是由尤素甫·哈兹列提所率一队人马经别迭里等地到达俄国伊尔迪克。上述马大人可能是马洪，应该为回族；而尤素甫·哈兹列提很可能是维吾尔族人。无论如何，从左宗棠部队不断从维吾尔族人那里得到关于白彦虎各队人马的情报来判断，白彦虎裹挟的人员中有不少维吾尔族人。[④]

另外，需要说明的是，阿古柏儿子伯克胡里亡命中亚的时候，也裹挟相当大数量的维吾尔族人。据 1881 年伯克胡里写给奥斯曼土耳其苏丹的信称，“我的 15000 名士兵和一些宗教人士从中国的压迫中逃出，亡命到浩罕境内”。[⑤] 当年在阿古柏伪政权军队中，不少军官来自浩罕，但是士兵绝大部分则是在南疆当地强行征募的。因此，此条档案可以大大弥补以往对此问题的了解，为我们提供如下几点信息：一是可以断定阿古柏残余势力裹挟维吾尔族人到中亚地区；二是伯克胡里裹挟到中亚的维吾尔族人数量较大，应该在万人以上；三是有不少新疆南疆宗教人士也被裹挟随行至中亚。

3. 第三阶段是 1881 年《中俄伊犁条约》签订至 1884 年。《中俄伊犁条约》的签订导致中俄边界重新划分，俄国以“人随地归”为借口强行将伊犁大批维吾尔族人迁往中亚地区。

阿古柏入侵新疆时期，俄国沙皇于 1871 年乘机出兵占领伊犁。中国驱逐阿古柏后，迫于形势和国际压力，俄国承诺归还伊犁。但是，早在俄国占领伊犁时期，就决定要迁徙中国伊犁的塔兰奇人[⑥]到俄国境内。中俄伊犁谈判结束前后，俄国借口“人随地归”的原则，通过其掠夺性政策，先后将伊犁大批维吾尔族人迁移到俄国境内，据学者分析和对比俄国有关资料与研究，认为此期从伊犁迁往俄国的维吾尔族人口较客观的数字约

---

① （清）魏光焘：《勘定新疆记》，卷三，光绪己亥年（1899）刊本。

② 乌兹别克斯坦苏维埃社会主义共和国国家档案馆，全宗 61，目录，卷 1，第 67 页。

③ 关于此数字并不是十分确切，因为一是记载者是预估的数字，二是所记载的情况是白彦虎抵达奥什时的情况，三是另据哈萨克苏维埃社会主义共和国中央国家历史档案馆典藏文献记载，白彦虎抵达托克马克时的人数是 3103 人，吉尔吉斯苏维埃社会主义共和国中央国家历史档案馆的记载是 3314 人，《左宗棠全集·书牍》卷 21 记载白彦虎率残部抵达俄国的人数是 4 千余人。见李琪《中亚维吾尔人》，新疆人民出版社 2003 年版，第 47—48 页。

④ 《清实录》记载：“据缠回报称，白逆已经俄官送至边境托呼玛克地方……旋接金顺咨称，探闻俄官安置白逆地方，与缠回所报，大略相同。”

⑤ 《已故喀什噶尔阿古柏·汗儿子伯克胡里伯克关于喀什噶尔亚事件的报告》，土耳其伊斯坦布尔 priminisry 档案馆，Kism No. 14，Evrak No. 382，Zarf No. 126，Karton No. 91。本文作者据英文版转译。

⑥ 所谓伊犁塔兰奇人，即维吾尔族人。清廷收复新疆后，设伊犁将军于伊犁惠远城，当时伊犁人口稀少，由于开发的需要，遂从南疆向伊犁迁徙大量种地的维吾尔族农民，被称为塔兰奇人。

为9572户、45373人。[①] 可见，此期迁徙到俄国的维吾尔族人数量相当大，是中亚维吾尔族华人华侨形成的重要阶段。

俄国之所以煞费苦心大量争夺中国伊犁人口，其原因主要有下列几个方面。一是考虑到当时俄属中亚哈萨克地区人口稀少，哈萨克族又不善耕种，希望利用伊犁善于耕种的塔兰奇人开垦其毗邻中国伊犁的七河地区；二是出于报复中国收回伊犁的需要，企图使中国伊犁近边地区成为无人区；三是遵照1864年《中俄勘分西北界约记》第五条所规定的“人随地归”等规定，在《中俄伊犁条约》签订前后就迫使众多维吾尔族人迁居俄国。当然，无论具体原因是什么，其根本仍是沙俄进行扩张和争夺世界霸权的需要。

4. 第四阶段是民国时期。民国时期新疆维吾尔族人因务工、经商等原因赴中亚地区，其中有些人长期羁留当地，大致可分为下列4种情况。

一是民国初期沙俄诱使新疆维吾尔族人赴中亚从事种植罂粟等农业劳动。民国初年，沙俄中亚地区种植罂粟风气日渐加重，其背后原因既有当地人民饮食需要，也有提取鸦片牟利的要求，还有药品制作的需求。沙俄罂粟种植面积扩大，其中七河省等地更是呈规模化生产。迫于劳动力的短缺，俄国每年都要从新疆引进为数可观的季节工，种植罂粟。据记载，从1911年到1913年，每年至少有2.2万—2.5万新疆喀什噶尔地区的维吾尔族人赴费尔干纳盆地做季节工；[②] 而1917年更是多达4万人。[③] 另外，伊犁地区的维吾尔族人因为牟利而自发赴中亚种罂粟者人数亦颇多，伊犁镇守使报告说“自俄国边地准人种烟，于是嗜利之徒，趋之若鹜，而沿边数千里头头是道，偷越出卡无从查察”。“仅民国十六年外出种烟人民至二万余人之多。”[④] 这些罂粟种植人包括受雇于俄国雇主者、租地耕种者和贩卖鸦片者等。

二是苏联时期不少维吾尔族人赴苏联中亚务工。苏联建立后其中亚地区仍然劳工短缺，也在中国新疆招募劳工，并为此专门设立宣传机构。于是，新疆赴苏联中亚务工者又活跃起来，1924年后每年都有约二、三万维吾尔族人和柯尔克孜族人赴苏联中亚地区做工。在1928—1930年修筑土西铁路时期，苏联更是在中国新疆大量招收华工，其中包括为数相当多的维吾尔族人。新疆省政府为处理好劳工问题，于1918年特设侨工事务经理员，1922年改为新疆特派侨务委员[⑤]。

三是赴中亚经商而形成的维吾尔族华人华侨。早在沙俄时期，俄属中亚对中国新疆贸易额一直维持较高水平，双方人员往来频繁。十月革命后，虽然曾一度低迷，但是到金树仁治新时期苏联中亚和中国新疆之间的贸易就恢复到很高水平。盛世才治新时期，苏联中亚对中国新疆贸易更是处于垄断地位。为维持贸易畅通，一方面不少从事运输的

---

① 李琪：《中亚维吾尔人》，新疆人民出版社2003年版，第63—64页。关于此期伊犁维吾尔族人迁居俄国的数字，俄国记载资料及学者研究有较大差异，哈萨克斯坦苏维埃社会主义共和国中央档案馆记载，此期从伊犁移民俄国的维吾尔族人为45373人或45374人（9752户）；俄国В. В. 巴尔托尔德认为约8.3万人，而М. Н. 卡比罗夫和Ю. Л. 巴兰诺娃认为约45373人。

② 《俄国的决定》（俄文版），1912年，Ⅶ；Е. 别洛夫：《辛亥革命时期（1911—1913年）新疆的俄中关系史》，载《远东问题》（俄文版）1995年第2期，第85页，转引自李琪《中亚维吾尔人》，新疆人民出版社2003年版，第87页。

③ В. 卡尔波夫：《维吾尔季节工》（俄文版），塔什干，1929年第10期，第52页。

④ 杨增新：《补过斋文牍》，庚集三，第5页。

⑤ 赵和曼：《少数民族华侨华人研究中的若干问题》，《华侨华人历史研究》2004年第3期。

维吾尔族人往来于中国新疆与俄（苏）中亚之间，有不少最后居留当地；另一方面沙俄和苏联都以经商为名在新疆非法发展侨民，扩大其社会基础，引诱相当数量维吾尔族人加入俄（苏）国籍，享受免税和保护等优惠条件，例如辛亥革命时期南疆策勒村事件中的沙俄侨民色依提就是典型。

四是留学、政府工作人员。民国时期，从1912年民国成立到1942年盛世才投归国民政府，新疆省政府处于半独立状态。苏联建立后，新疆与苏联曾互设领事馆，互派领事人员，有不少维吾尔族人员长期在苏联工作，如艾沙曾作为工作人员在中国驻塔什干领事馆工作6年；另一方面，当时新疆省政府派赴苏联留学人员也不少，其中也有维吾尔族留学生。此外，在新疆和平解放之时，也有部分维吾尔族富商和巴依听信各种谣言，外逃至中亚地区。

综上所述，民国时期在中亚地区的维吾尔族华人华侨形成渠道较以往更为多样化，人员交流和往来更多、更频繁。但是，笔者认为无论是赴俄（苏）务工者、经商者，还是留学和政府工作人员，真正最后留居俄（苏）者并没有人们想象的那么多。例如在第一次世界大战后期，华工多遭到沙俄歧视和迫害，甚至有些被杀害，在哈拉湖事件中就有数千名华工被俄军所杀；还有被强行征兵等情况，致使大量华人华侨回国，例如1917年就有中亚华人华侨8万余人返回新疆，包括先前迁徙到那里的新疆各族民众，其中不少是维吾尔族人。[①] 新疆省政府认识到“自欧战发生以来，华商在俄属者数十万人受俄人虐待”,[②] 遂采取措施，封闭国界，禁止赴俄国务工。1926年全苏人口统计时候，苏联维吾尔族人共计10.88万人，与1917年相比增幅不大。[③] 可见，此期中亚地区维吾尔族华人华侨数量增加并不多。

（二）土耳其及中东地区维吾尔族华人华侨的形成

1. 土耳其

土耳其地处西亚，与新疆远隔千山万水。土耳其的主体民族也操突厥语，是历史上西突厥西迁西亚后逐渐形成的现代民族，因而与同属操突厥语的维吾尔族有着一定历史和文化渊源，并且都信仰伊斯兰教。但是，在阿古柏入侵新疆以前，奥斯曼土耳其与中国新疆并没有什么联系。阿古柏入侵新疆时，迫于英俄争夺的压力和中国收复新疆的威势，阿古柏承认奥斯曼土耳其苏丹为其宗主，并两度派遣使者赛义德·阿古柏·汗前往奥斯曼土耳其，要求给予其援助。另外，奥斯曼土耳其此期亦遭受西方帝国主义的侵削，希望在中亚地区谋取其利益，因此支持阿古柏伪政权。[④] 此期是新疆与奥斯曼土耳其最初发生接触的时期，不但对新疆影响甚大的“双泛”（“泛伊斯兰主义”和“泛突厥主义”）思潮从奥斯曼土耳其传入新疆，而且出使土耳其使团的随行人员也应有一定数量的维吾尔族人。

阿古柏伪政权崩溃后，奥斯曼土耳其与新疆的联系却没有中断。一方面，从19世纪80年代起，奥斯曼土耳其开展现代教育实验，旨在通过引入现代科学使伊斯兰教育

---

① 李琪：《中亚维吾尔人》，新疆人民出版社2003年版，第79页。

② 杨增新：《补过斋文牍》，癸集四，第10页。

③ 李琪：《中亚维吾尔人》，新疆人民出版社2003年版，第88页。

④ 许建英：《近代土耳其对中国新疆渗透及影响述论》，《西域研究》2010年第4期。

现代化。奥斯曼土耳其的现代教育取得一定成功，诸如逐步建立现代教育制度，开设基础科学学科，筹办现代高等学校等。这些教育实验通过维吾尔族商人直接或间接地传入新疆。① 与此同时，不少奥斯曼土耳其传教代表团被派到中国新疆。清末奥斯曼土耳其人在新疆为数不少，据记载仅伊宁城就有89人，其中61人为男性，28人为女性，共计42户。② 另一方面，一些维吾尔族富商或者宗教人士前往奥斯曼土耳其留学，有的甚至就留居当地，例如，民国后期曾任新疆省主席的麦斯武德·沙布里就在清末赴土耳其留学，并于1915年在伊斯坦布尔军医学院获得博士学位。

进入民国后，虽然中国新疆与土耳其之间并没有任何官方联系，但是在宗教、教育等方面，土耳其对新疆的民间渗透从未停止过，并产生很大影响。③ 在此背景下，新疆民间仍有不少人前往土耳其，或留学，或旅游，特别是此期间受“双泛”影响而产生的“东突”势力凸显，其中有些人员就留居土耳其，从事这方面的活动。例如，1933年11月，“东突”势力在喀什噶尔建立所谓“东突厥斯坦伊斯兰共和国”伪政权，而其“东突厥斯坦独立委员会”在土耳其伊斯坦布尔设立分支机构，发表声明支持境内“东突”势力活动，④ 并致函英国驻土耳其大使乔治·克拉克爵士要求予以援助。⑤ 可见，当时土耳其已有不少维吾尔族人居住。1939年，艾沙曾率领国民政府“近东伊斯兰国民访问团”访问土耳其，从其访问目的来看，土耳其当时已有不少维吾尔族人。

另外，维吾尔族朝觐人员有时候取道苏联，经土耳其去沙特，这样也会有少数在土耳其滞留者；加上盛世才统治新疆时期，实行高压统治，致使部分富裕人士出走国外，也是此期维吾尔族人迁居土耳其的原因之一。

2. 沙特阿拉伯等中东国家

在清代，特别是在19世纪，新疆维吾尔族人赴沙特定居者主要有两种途径。一是朝觐者留居当地。由于路途遥远，花费昂贵，朝觐时常常耗尽资金，部分朝觐者无奈地选择留居当地；也有因疾病等原因无法返回者，也不得不留居下来。二是因经商而辗转到沙特的维吾尔族商人，清代新疆通过传统贸易线路从事贸易的商人，多与英属印度、阿富汗、伊朗以及中亚等地开展贸易，其中有些商人因种种原因辗转到沙特，并留居当地。⑥ 第一代人大部分已加入沙特国籍，少数人后来则持有台湾“护照”，但是，不管是何种原因留下，其具体人数均无法确切得知。据调研，沙特维吾尔族华人华侨对祖籍地深为依恋，有部分则在姓名中表明其祖籍地是中国新疆。

民国时期新疆维吾尔族朝觐者增多，达到较大规模。杨增新曾经记述说“新疆素号回疆，缠回人民因宗教之关系，请领护照赴土耳其（应为沙特麦加）朝觐者每岁不

---

① James A. Milward, *Eurasian Crossland: A History of Xinjiang*, Columbia University Press, 2007, pp. 148, 171.

② 《新疆图志·交涉志六》。

③ 许建英：《近代土耳其对中国新疆渗透及影响述论》，《西域研究》2010年第4期。

④ IOR: L/P&S12/2331, P. Z. 3061 C – G. Kashgar to GOI. 9. 5. 33.

⑤ IOR: L/P&S/12/2331, P. Z. 3061 C – G. Kashgar to GOI. 9. 5. 33. Letter from the Constantinople Branch of the Committee of the Independence of Eastern Turkestan to the British Ambassador in Turkey, Istanbul, 22nd April, 1933. 又见许建英《民国时期英国与中国新疆（1912—1949）》，新疆人民出版社2008年版，第169—170页。

⑥ 朱惠玲：《新疆籍华人华侨在西亚》，《八桂侨史》1999年第4期。

下数万人，盖因天方教主日谈罕默德，缠回不惜倾家破产，往拜其墓，谓之朝汗，牢不可破”。[①] 维吾尔族朝觐者因经济、游学、旅游等各种原因，或长期居留沙特，或定居沙特。随着人数逐渐增多，建立起“茹帕提”（类似于会馆），或者“同乡会”，为后来朝觐的维吾尔族同胞提供食宿和其他服务。其中，维吾尔族朝觐者在沙特建立的“茹帕提”最早出现在阿古柏入侵新疆时期，民国时期则进一步发展；新疆同乡会则是民国时期出现的。可见在民国早期新疆维吾尔族人赴麦加朝觐者数量就已相当大，滞留沙特者也逐渐增多，形成维吾尔族社团。

（三）南亚及阿富汗地区维吾尔族华人华侨的形成

此处所指南亚地区，在 1947 年印巴分治前主要是指英属印度，1947 年后则主要是指今天印度和巴基斯坦。阿富汗因为地理上与此处所述南亚地区紧密相连，因此也将其放在这里加以讨论。

1. 南亚地区

近代英国所控制的英属印度西北边疆地区沿喀喇昆仑山和兴都库什山与中国新疆接壤，而传统的跨喀喇昆仑山贸易得到英国的悉心维护，并使贸易条件有相当改善，成为英国维持其与中国新疆政治关系的基础。[②] 当时双方贸易要翻越巨大的山系，交通极为不便，通常都是通过大规模商队进行，需要大量人力，因而不少经商和从事运输业的维吾尔族人就会来到英属印度拉达克，或者经巴达克山赴阿富汗，也有经俄国赴阿富汗者。由于路途遥远而艰险，商人和运货人经常要在南亚或者阿富汗停留经年，甚至有的长期定居那里照料生意。这些人构成近代早期南亚及阿富汗维吾尔族华人华侨主要组成部分。

进入民国时期后，维吾尔族华人华侨在南亚形成的途径增多，主要可概括为下列几个方面。第一，商业外迁者，即因传统贸易而导致留居南亚者。民国时期英属印度与中国新疆的传统贸易基本得以继续维持，[③] 特别是 1942 年至 1944 年抗日战争处于最艰苦时期，这条传统贸易线路受到中国中央政府的重视，开通所谓“印中驿运线路”，承担运输抗日物资的重任。所组建的运输队伍庞大，包括 1600 多匹马，100 多人，往来于英属印度和中国新疆之间。第二，朝觐外迁者，包括朝觐者和朝觐贸易者。如上所述，正常朝觐者因种种原因有少数长期羁留在南亚地区。例如，据民国早期英国驻新疆喀什噶尔总领事马继业记载，他对很多经喀什噶尔去朝圣者的困境情况颇为关切，曾建议在南疆成立“阿吉委员会”，并为其提供信息、筹集捐款，甚至劝说贫困者不要朝圣。[④] 此外，还有些朝觐者因为本来就无财力前去朝觐，但是却希望依靠通过携带商品，沿途出售获利后前往沙特朝觐，因此这些人会携带不少商品，意在抵达英属印度后出售获利

---

① 杨增新：《补过斋文牍》，癸集八。

② 许建英：《近代英国和中国新疆（1840—1911）》，第二章、第四章和第五章，黑龙江教育出版社 2004 年版。

③ 盛世才治新时期，由于一度采取亲苏排英的对外政策，英属印度和新疆的贸易从 1935 年到 1942 年几乎陷于中断。见许建英《民国时期英国与中国新疆（1912—1949）》，新疆人民出版社 2008 年版，第 187—206 页。

④ C. P. Skrine and Pamela Nightingale, *Marcartney at Kashgar, New Light on British, Chinese and Russian Activities in Sinkiang, 1890 – 1918*, Methuen & Co. Ltd., 1973, pp. 236 – 237.

用作朝圣的路费。但是，由于道路艰险，或是途中商品受损，或是销售不畅，致使有部分人无法再继续其朝觐之梦，也无法返回，只得羁留于当地。第三，暴乱外逃者。民国时期南疆曾发生多次暴乱，其中1932—1934年暴乱时间尤长，特别是所谓“东突厥斯坦伊斯兰共和国”被消灭后，随穆罕默德·伊敏等人逃亡英属印度者为数不少。1937年第六师师长麻木提暴乱失败，也率领其少数随从逃亡英属印度。暴乱外逃者虽也可归为政治原因，但是其情况特殊，与“东突”势力密切相关，故单列，加以强调和区别。第四，政治原因外迁者。这主要是指1949年新疆和平解放的时候，以伊敏、艾沙为首的一批维吾尔族人员，反对新疆和平解放，亡命南亚，其中也包括部分维吾尔族富商和巴依。此外，由于盛世才统治新疆时期采取独裁政策，制造了许多冤假错案，致使不少人员被迫迁居国外。王庆丰1986年在喀什调查表明，“那时喀什地区几乎每个村庄都有背井离乡，被迫迁居到国外去的。国内的被迫出走了，已经在国外的自然不敢回来”。①这也是此期维吾尔族华人华侨形成的原因之一。

由于上述各种原因留居南亚的维吾尔族人数量不小。1939年艾沙率领“近东伊斯兰国民访问团”曾赴印度访问，当地就有维吾尔族人多达1500余人，成立有新疆同乡会。另据资料，至1949年伊敏和艾沙逃亡南亚的时候，南亚当地的维吾尔族人多达3000余人。伊敏和艾沙将“新疆侨民旅居克什米尔同乡会”加以整顿，改组为“东突厥斯坦侨民联合会”。②

可见，民国时期南亚地区维吾尔族侨民数量可观，形成的原因既有经济方面的，也有政治方面的，更有宗教方面等，甚为复杂。

2. 阿富汗

阿富汗通过瓦罕走廊与中国新疆接壤，历史上因贸易等方面原因，双方一直保持联系。清末和民国时期喀什噶尔地区有不少阿富汗人，其中叶尔羌（今莎车）是其重要聚集地。民国时期叶尔羌的阿富汗人期望与中国新疆建立正式的商业甚至政治关系。③杨增新时期，新疆和阿富汗曾签订合约，正式建立商业关系。由于历史原因，南疆地区维吾尔族人赴阿富汗活动者居多。除了商人外，也有一些因为政治原因而赴阿富汗的。据此期的英国档案记载，1933年伪“东突厥斯坦伊斯兰共和国”在喀什噶尔出笼的时候，曾派出所谓代表团赴阿富汗，祈求阿富汗当局支持。另外，穆罕默德·伊敏在20世纪30年代中后期流亡国外期间，曾在阿富汗居住多年，撰写其臭名昭著的《东突厥斯坦简史》。1939年艾沙率“近东伊斯兰国民访问团”也曾经访问过阿富汗，还力劝伊敏返回国内，到南京任职。可见，当时阿富汗有不少维吾尔族华人华侨。

二　当代维吾尔族华人华侨分布范围的扩大

1949年中华人民共和国成立后，维吾尔族华人华侨分布范围进一步扩大，遍布大半个地球；其数量也进一步增加。根据目前所能够收集到的资料，我们将其分布及变化

① 王庆丰：《麦加朝觐与维吾尔族华侨的形成》，《华侨华人历史研究》1990年第4期。

② 许建英等：《泛伊斯兰主义问题对中国的影响》，中国人民公安大学出版社2013年版，第四章第一节。

③ 许建英：《民国时期英国与中国新疆（1912—1949）》，新疆人民出版社2008年版，第42—52页。

情况简要概括如下。

（一）亚洲地区分布范围扩大及人数增长

1. 中亚地区。20 世纪 50 年代，中苏友好，新疆作为中苏友好的前沿，各种交往甚多。苏联在新疆保持多个领事馆或总领事馆，苏联在新疆侨民也保持稳定状态。但是，中苏关系在 60 年代初破裂，新疆瞬间成为中苏紧张关系的前沿地带。由于苏联在新疆的军事、政治、经济和技术人员众多，加上解放后也未对“三区革命”时期的各种人员进行整肃，致使苏联得以利用各种势力破坏新疆的经济建设和社会稳定。苏联在新疆境内不断制造“侨民”事件，中国政府考虑到中苏关系大局，也应苏联方面要求允许“苏侨”及其中国籍眷属前往苏联，其数量共约有 20 万人。[①] 历史地看，发展苏联侨民历来是俄（苏）在新疆扩大势力或者削弱中国新疆实力的惯用手法。1962 年，苏联又制造“伊塔事件”，煽动伊犁和塔城地区人口大量外逃苏联，并为其发放所谓“侨民证”。据统计，“伊塔事件”中共有近 6 万人逃往苏联中亚地区，其中相当大部分是维吾尔族人。[②]“伊塔事件”后，新疆仍然有多起外逃事件发生，仍有不少人员外逃，例如，1963 年发生 80 起 772 人，1964 年 11 起 121 人，1965 年 10 起 54 人；另外还发生有零散外逃者，1963 年有 130 人，1964 年 61 人，1965 年 60 人。[③] 虽然目前没有外逃人员民族成分的详细统计资料，但是可以确定维吾尔族外逃者数目不少，因此此期也是中亚地区维吾尔族华人华侨形成的重要阶段。

2. 土耳其。1949 年后是土耳其维吾尔族华人华侨形成的重要时期，此期从不同地方抵达土耳其的维吾尔族移民大致有三波。

第一波维吾尔族移民是随伊敏和艾沙流亡到印度的维吾尔族人。据以色列学者伊扎克·施柯（Yitzhak Shichor）研究，1949 年随伊敏和艾沙前往印度的维吾尔族人共计 852 人，其中 54 人死于途中。1949 年底，土耳其政府国会成员抵达印度，意在说服他们前往土耳其，并承诺为其提供就业、资金和住房以及土耳其护照。这批维吾尔族人不久抵达土耳其。1952 年 1 月，土耳其批准穆罕默德·伊敏定居土耳其，并允许更多维吾尔族人前往土耳其。由于艾沙（1954 年 6 月定居土耳其，1957 年 12 月成为土耳其公民）与土耳其新闻界关系良好，不断会见土耳其官员，包括土耳其议会主席和外长等，土耳其遂于 1952 年 3 月 13 日同意收留业已在土耳其的新疆难民，总数为 1850 人。[④] 这是中华人民共和国成立后第一波定居土耳其的新疆维吾尔族移民，也是第一批成规模的公开移民。

第二波维吾尔族赴土耳其移民。1961 年经中国政府允许，大约 600 名自称拥有阿富汗国籍的维吾尔族人由陆路离开中国，来到阿富汗，但是实际上他们并非都获得阿富汗公民身份。这批人在阿富汗滞留了五六年，寻找会接收的国家。艾沙在土耳其游说，

---

① 谭天星：《现代中国少数民族人口境外迁移初探——以新疆、云南为例》，《华侨华人历史研究》1952 年第 2 期。

② 新疆维吾尔自治区地方志编纂委员会：《新疆通志·侨务志》，第 42 页。

③ 伊犁档案馆，11/1/121/1515 -23，11/2/22/46，转引自李丹慧《新疆苏联侨民问题的历史考察（1945—1965）》，《历史研究》2003 年第 3 期。

④ Yitzhak Shichor，Ethno-Diplimacy：*The Uyghur Hitch in Sino-Turkish Relations.*

说服土耳其总理接收他们。1966 年至 1967 年，在联合国难民署的协助下，大约 360 名维吾尔族难民乘坐联合国飞机前往土耳其。他们大多数定居在土耳其开塞利市，这里后来发展成为维吾尔族华人华侨在土耳其的主要社区。[①] 此外，20 世纪 60 年代还有一批出走到苏联哈萨克斯坦的维吾尔族人也迁徙到土耳其，其数量不详。[②]

第三波维吾尔族人赴土耳其移民。中国改革开放后，新疆维吾尔族人向土耳其迁徙出现第三波移民。此期中国与土耳其已经建立外交关系，土耳其维吾尔族华人华侨受到中国的关注。这期间抵达土耳其的维吾尔族移民大致有两种途径，但基本都是间接移民。他们要么是以合法途径前往土耳其，即持中国护照到土耳其经商或者求学，或者是去麦加朝圣转赴土耳其；要么是经非法途径抵达土耳其，即持伪造护照或签证去中亚或者其他地方，转而赴土耳其。此外，还有部分人则是偷越边界出境，经巴基斯坦或者阿富汗辗转前往土耳其，其身份是难民。中华人民共和国成立后，到底有多少维吾尔族人移民土耳其，尚没有准确说法。

目前土耳其维吾尔族华人华侨人数并没有准确统计。有人认为土耳其的维吾尔族华人华侨超过 5 万人，但是施柯认为此数字过于夸张，因为有很多人将土耳其当作跳板，前往其他国家。据施柯在土耳其调查，中华人民共和国成立后抵达土耳其的维吾尔族人大概有 5000 人。[③] 另外，笔者 2010 年 9 月在土耳其伊斯坦布尔和安卡拉等地访问时，就此问题询问土耳其有关学者，得知土耳其维吾尔族人数量并非人们通常认为的那么多，大概有 3 万人，但是同样无法得到确切证实。

3. 南亚地区及阿富汗。中华人民共和国成立后，印度和巴基斯坦驻新疆喀什噶尔领事馆被解散，新疆对外基本是封闭的，很少人员出境，人们专心于新疆内部建设。至 20 世纪 60 年代后，苏联驻中国新疆领事馆关闭，领事馆各种相关人员也逐步被驱逐出境，新疆对外就更加封闭。在此形势下，南亚地区、中亚地区与新疆的传统贸易也均不复存在，基于贸易上的人员往来也中断；私自朝觐逐步受到限制，朝觐均由政府专门组织和管理，出境者甚少。

改革开放后，新疆对外开放也呈现新局面。中巴喀喇昆仑山公路建成使中巴贸易顺利开展。早在 20 世纪 80 年代，巴基斯坦的大篷车就开到喀什进行贸易活动；不过新疆南部和印度传统贸易则由于双方边界争端问题未能开放。随着贸易发展，新疆赴巴基斯坦人员也逐渐增多。至 20 世纪 90 年代后，新疆与境外交流更趋复杂，私自朝觐者增多，出境旅游、留学甚至非法出境等情况均出现。特别严重的是随着阿富汗塔利班的活跃以及中亚新独立国家一度混乱和车臣战争的爆发，新疆境内有小部分“东突”势力潜逃出境，参与上述地区的活动。进入 21 世纪后，以“伊吉拉特”迁徙圣战之名，潜逃出境者增多，南亚巴基斯坦地区一度成为上述种种非法人员潜逃的桥头堡；尤其是“东伊运”盘踞巴阿边境交界处，对外勾结本·拉登及塔利班，对内诱惑人员外出。最近几年东南亚地区被用作“迁徙圣战”的通道，有不少人员由此潜往土耳其和中东等地，需要引起高度重视。

---

① Yitzhak Shichor，Ethno-Diplimacy：*The Uyghur Hitch in Sino-Turkish Relations.*

② 作者于 2010 年及 2013 年赴土耳其进行相关调研了解。

③ Yitzhak Shichor，Ethno-Diplimacy：*The Uyghur Hitch in Sino-Turkish Relations.*

（二）欧洲地区维吾尔族华人华侨的扩展

早在金树仁治新时期，新疆就和德国及法国建立联系，开展贸易和派遣留学生，就目前所见资料，维吾尔族华人华侨出现在除俄国以外之欧洲应该始于此期。例如，包尔汉就曾经受金树仁派遣到德国办理采购事宜并留学德国。不过，当时欧洲维吾尔族华人华侨非常少，没有形成较大的群体。

20 世纪 70 年代，维吾尔族华人华侨出现在德国。第二次世界大战后，德国劳动力缺乏，由于历史原因欧洲其他国家的劳工多不愿去德国工作，土耳其则成为向德国输出劳动力的重要国家，于是泊居当地的维吾尔族华人华侨，尤其是第二代维吾尔族华侨有不少前往德国务工、求学。这样德国慕尼黑等地逐渐聚集不少维吾尔族华人华侨，形成一些社团，成为重要的聚居地，例如，艾沙的儿子艾尔肯长期在德国学习和工作。20 世纪 90 年代后，维吾尔族华人华侨逐步扩散到北欧的挪威、瑞典以及西欧的英国、比利时等国家。与此同时，中国改革开放后，一方面以留学、朝觐、旅游和探亲等合法身份出境的维吾尔族人也不少，其中有些滞留不归，另一方面也有些非法出境者辗转到欧洲定居。

（三）北美及大洋洲维吾尔族华人华侨开拓

就目前所见资料显示，维吾尔族华人华侨何时出现在北美洲及大洋洲尚不得而知。就美国而言，早在 20 世纪 80 年代美国就和居住在德国的维吾尔族华人华侨接触。总的来说，留居美国、加拿大的维吾尔族华人华侨大致是通过留学、旅游以及从其他国家辗转而来的，但是也有极少数是其他原因和途径，例如因公出国而滞留不归者，还有个别情况，如热比娅受美国政府庇护而赴美国者。

澳大利亚的维吾尔族华人华侨也主要是中国改革开放后出现的。除了留学、旅游以及从其他国家辗转前往者外，澳大利亚维吾尔族华人华侨出现的另一个较为重要的途径是探亲投友。

三 余论

通过清代以来历史考察，初步分析了近现代意义上的维吾尔族华人华侨的形成过程，阐述了其境外分布态势。虽然境外维吾尔族华人华侨的数量尚难以确定，本文也不做专门探讨，但是综合各方研究，笔者认为大概有 50 多万人。①

维吾尔族华人华侨的形成有着其显著的特点。从历史演变来看，维吾尔族华人华侨形成有较长的历史，不过清代以来则是其形成的主要阶段。就地缘分布来说，维吾尔族华人华侨以中亚、南亚等沿边地区为桥梁，向中东和西亚扩散，逐步移居欧美等地，他们与以东南亚为桥梁走向欧美的内地华人华侨形成东西两翼，共同构成中国华人华侨遍布世界的态势。需要强调的是，新疆周边的中亚及南亚国家中的维吾尔族华人华侨大都

---

① 关于境外维吾尔族人的数目，学界、政府和民间都有些数据，差别很大，笔者认为尚难以确定。除了中亚地区有政府统计数据外，其他国家和地区均无官方数据。一般数据多依赖民间说法，或者境外各地为维吾尔族人自己的说法，都难以取信。

分布于所在国边境地带，与中国接壤或邻近的地区，[①] 呈现出“大杂居”“小聚居”的居住格局。

就形成背景来看，其原因众多，涉及政治、宗教、贸易、边界变迁、教育和移民等众多因素，十分复杂，如果从宏观角度看，政治因素尤为突出，构成近现代维吾尔族华人华侨形成主要因素，值得学界正视和深入研究。

从影响力来看，维吾尔族华人华侨的国际影响逐步凸显。在20世纪90年代前，维吾尔族华人华侨在中亚地区和土耳其有一定影响。中亚地区尤以哈萨克斯坦境内的维吾尔族人突出，受到苏联政府的关注，成立有研究维吾尔族历史、文化、民族的研究机构。土耳其政府给予维吾尔族人极大的政治、经济支持，帮助其在中东等地拓展空间。20世纪90年代后，除了中亚地区和土耳其外，南亚和欧美地区的维吾尔族华人华侨影响凸显。但是，不容忽视的是近些年境外“东突”势力活跃，对维吾尔族华人华侨的负面影响不容回避。

（原载《中国边疆史地研究》2017年第2期）

① ［苏］尼科尔斯卡娅：《19世纪末20世纪初从新疆前往突厥斯坦的移民》（俄文版），塔什干1962年版，第40页。

中国古代北方少数民族迁徙方向及特点

崔明德*

只要一提到中国历史上的人口迁徙，人们总会想到“闯关东”“走西口”和“下南洋”。这些主要是汉族人口迁徙的重要方式。与汉族相比，少数民族人口迁徙的规模更大，范围更广，速度更快，特点更明显。[①] 在中国古代历史上，少数民族“出东北”“入中亚”和“进欧洲”，都对中国历史甚至世界历史产生过巨大而深远的影响。

中国北方少数民族大都是游牧民族，有的被称为“行国”，有的被称为马背上的民族。游牧民族的特点是逐水草而迁徙，牧场一年四季随着季节变化而转场，始终过着迁徙不定的生活。如匈奴“随畜牧而转移”“逐水草迁徙”[②]；西域葱岭诸国中的蒲犁、依耐、无雷国等“皆西夜类也”，“西夜与胡异，其种类羌、氐行国，随畜逐水草往来”。[③] 乌桓“随水草放牧，居无常处”。[④] 柔然“冬则徙度漠南，夏则还居漠北”。[⑤] 康国“迁徙无常，不恒故地”。[⑥] 突厥“随逐水草，不恒厥处”。[⑦] 吐谷浑“有城郭而不居，随逐水草”。[⑧] 铁勒和回纥都是“居无恒所，随水草流移”。[⑨] 可见流动迁徙是少数民族生产和生活的常态。

一

中国北方少数民族流动迁徙，主要有两大方向，一是由东向西迁徙，二是由北向南迁徙。

中国古代由东向西方向流动迁徙的北方少数民族主要有月氏、乌孙、匈奴、鲜卑、吐谷浑、柔然、嚈哒、突厥、回纥、蒙古等族，他们或举族由东向西流动迁徙，或部分由东向西流动迁徙，其中有相当一部分迁到了国外。中国北方少数民族由东向西流动迁

---

* 崔明德，烟台大学民族研究所教授。

① 限于篇幅，以往研究文中会有提及，不做系统评述，可参见达力扎布主编《中国民族史研究60年》，中央民族大学出版社2010年版。

② 《史记》卷110《匈奴列传》。

③ 《汉书》卷96上《西域·西夜国传》。

④ 《后汉书》卷90《乌桓传》。

⑤ 《魏书》卷103《蠕蠕传》。

⑥ 《隋书》卷83《西域·康国传》。

⑦ 《隋书》卷84《北狄·突厥传》。

⑧ 《旧唐书》卷198《西戎·吐谷浑传》。

⑨ 《隋书》卷84《北狄·铁勒传》；《旧唐书》卷195《回纥传》。

徙主要有两条路线：一是东北地区由大小兴安岭北部溯黑龙江、额尔古纳河，或从大兴安岭中部沿着海拉尔河，或从大兴安岭南端以及西辽河、西拉木伦河、老哈河进入蒙古高原。而蒙古高原的民族一般沿杭爱山南北麓，越过阿尔泰山进入西域；或者越过阴山沿着黄河从贺兰山东麓进入河西和青海。二是祁连山南北麓。北麓是著名的河西走廊，南麓沿湟水、青海湖西行，经阿尔金山东端，越过当金山口或索尔库里山口西行。经河西走廊西迁的有月氏、乌孙，经祁连山南麓西行的有羌等族。①

中国古代由北向南方向流动迁徙的北方少数民族主要有匈奴、乌桓、鲜卑、突厥、蒙古等族。尽管这一方向的流动比较频繁，但只是一个民族的局部流动或部分流动，并非全部流动，而且由北向南流动迁徙的路程都比较短，有的得到了当时政权的许可，有的则得到了当时政权的大力支持，最后大都融入了汉族和其他民族之中。② 中国北方少数民族由北向南流动迁徙主要有三条路线：一是辽燕道，主要是东北与内地的通道，即从今大兴安岭东西两麓，沿河流南下到今之河北等地的通道。二是云中道，主要是蒙古高原与内地的通道，即从蒙古高原进入晋北、陕北等地的通道。匈奴、鲜卑、乌桓、突厥、回鹘的一部分就从这两条通道迁移到内地，这也是中原汉族进入东北和蒙古高原的主要通道。如东汉政府曾允许一部分匈奴人进入西河、北地、朔方、五原、云中、定襄、雁门、代郡等郡。三国时的乌桓大部也流动到这一地区，晋代鲜卑先进入这一带，然后南下进入中原建立北魏。唐朝初期，也曾允许突厥部落进入上述各地。北方少数民族由北向南流动迁徙的第三条路线，主要是经河套，沿黄河南下进入青海以及沿弱水、黑水（额纳河）南下经河西走廊进入青海的通道。这条通道直接与今西藏地区相连，把蒙古高原、青藏高原的少数民族连在一起。晋代的鲜卑族、明代的蒙古族都经这里进入青海、甘肃等地。③

二

在中国古代历史上，由东向西方向流动迁徙的典型代表是大月氏、北匈奴、吐谷浑、蒙古土尔扈特部及锡伯族的西迁。

月氏是我国古代民族之一，公元前 2 世纪中叶，分为大月氏和小月氏两支。秦汉之际，月氏人分布于河西走廊西部敦煌和祁连山之间。月氏是游牧民族，司马迁称其为“行国也，随畜移徙，与匈奴同俗”。④ 月氏与匈奴矛盾较深，因受匈奴侵扰，不断西迁。约在西汉高祖元年（公元前 206），匈奴冒顿单于西击月氏，大部分月氏人从今甘肃省西部西迁至今新疆维吾尔自治区东部。西汉前元四年（公元前 176），月氏在匈奴胁迫下，继续向西迁徙，抵达准噶尔盆地。前元六年（公元前 174），匈奴老上单于又攻破月氏，杀月氏王，以其头为饮酒之器。月氏大多数部众继续西迁至伊犁河流域。十余年后，即匈奴老上单于去世（公元前 161）之前，乌孙王猎骄靡率部西进，击败大月

① 参见杨建新《中国少数民族通论》，民族出版社 2005 年版，第 377 页。

② 同上。

③ 参见杨建新《民族迁徙是解读我国民族关系格局的重要因素》，《烟台大学学报（哲学社会科学版）》2006 年第 1 期。

④ 《史记》卷 123《大宛列传》。

氏，留居伊犁河流域。大月氏遂经大宛（今中亚费尔干纳盆地），南下击败大夏（即位于阿姆河上游一代的希腊·巴克特里亚王国），西迁至今中亚阿姆河流域，在阿姆河北建立王廷。月氏从此离开中国，立国于中亚。大月氏大部分西迁之后，仍有一部分留在了伊犁河流域。约在1世纪上半叶，大月氏的贵霜翕侯创立了贵霜王国。3世纪，贵霜王国分裂，5世纪亡于嚈哒。在大月氏逐步西迁后，小月氏还继续留在今甘肃省河西地区与青海省湟中地区一带。

匈奴是中国古代北方的一个民族。战国时期活动于燕、赵、秦以北地区。秦汉之际，冒顿单于统一各部，统治大漠南北地区。东汉光武帝建武二十四年（48），匈奴分裂为二部，南下附汉的称为南匈奴，留居漠北的称为北匈奴。东汉和帝时，北匈奴被东汉和南匈奴联军击败，向西迁徙，最终迁到欧洲。

北匈奴西迁欧洲经过较长时间，大致经历三个阶段，留居三个地区。

北匈奴西迁的第一站是伊犁河流域的乌孙游牧地区，留居时间约为91—160年。东汉和帝永元三年（91），北匈奴被东汉右校尉耿夔所破，向西遁逃，越过金微山即阿尔泰山到达乌孙地区。匈奴人占据乌孙后，约在东汉桓帝延熹三年（160）继续西迁，其中一部分留在乌孙西北的匈奴人建立了悦班国。对此，中国历史文献中有明确记载。《北史·西域传》记载，悦班国“在乌孙西北，去代一万九百三十里。其先，匈奴北单于之部落也。为汉车骑将军窦宪所逐，北单于度金微山，西走康居，其羸弱不能去者，住龟兹北。地方数千里，众可二十余万，凉州人犹谓之单于王”。后在鲜卑的威逼下，向西北继续迁徙，进入中亚地区。

北匈奴西迁的第二站是中亚的康居地区，留居时间约为160—260年。康居是当时人口较多、势力较强的中亚国家，自锡尔河下游至吉尔吉斯平原是其疆域的中心地带。汉代后期匈奴郅支单于已经率领一部分匈奴部落进入康居，曾一度控制过康居地区。汉元帝时西域都护副校尉陈汤出兵诛杀郅支单于。一百多年后，北匈奴又占据了康居。

北匈奴西迁的第三站是阿兰或奄蔡地区，留居时间约为260—373年。阿兰原名奄蔡，其名最早出现于《史记·大宛列传》：“奄蔡在康居西北可二千里，行国，与康居大同俗。控弦者十余万。临大泽，无崖，盖乃北海云。”《后汉书·西域传》亦载：“奄蔡国改名阿兰聊国，居地城，属康居。土气温和，多桢松、白章。民俗衣服与康居同。”①《三国志·魏书·乌丸鲜卑东夷传》裴注引《魏略》也有明确记载：“转西北则乌孙、康居，本国无增损也……又有奄蔡国，一名阿兰，皆与康居同俗。西与大秦（即罗马帝国——引者。下同）东南与康居接。其国多名貂，畜牧逐水草，临大泽，故时羁属康居，今不属也。”从这些记载可以看出，奄蔡在今顿河以东、里海以北一带，大致从顿河以东至伏尔加河之间及南至高加索山脉之地，均为阿兰人的领土。

北匈奴可能在大月氏贵霜王国的驱赶和康居人的抵抗下，被迫由康居西北上，进入阿兰，与阿兰人战于顿河。阿兰人兵败，国王被杀，北匈奴征服了阿兰，占领其国。此时，北匈奴进入了欧洲东部地区。②

匈奴击灭阿兰后，继续西进，约在374年攻入居住在黑海北岸的东哥德人的领地，东哥德人首领亥耳曼兵败自杀。375年，东哥德人投降匈奴。不久，匈奴人又渡过德

---

① 《后汉书》卷86《西域传》。

② 参见［美］麦高文《中亚中古史》，章巽译，中华书局1958年版，第168页。

聂斯特河，侵袭居住在罗马尼亚一带的西哥德人。西哥德人不战而溃，一部分向南逃至多瑙河北部的森林地带，另一部分则渡过多瑙河，逃入罗马帝国境内。由于匈奴侵入欧洲并在巴诺尼亚（今匈牙利河西一带）建立政权，驱使不少蛮族人进入罗马帝国，结果东哥德人进入意大利，西哥德人进入希腊等地，而非洲、西班牙和高卢等地也被其他蛮族所占领。这样，匈奴人实际上扮演着推动欧洲民族大迁徙的主要角色，把欧洲搅得天翻地覆。在“蛮族”的入侵下，罗马帝国于395年分裂为东罗马帝国和西罗马帝国。

匈奴人征服了东、西哥德人之后，又征服了北部的日耳曼人的部落，于是便以匈牙利平原为基地，建立了东欧的强大国家。434年，匈奴人领袖阿提拉及其兄弟布列达即位为王。这时匈奴人的领土东起咸海，西至莱茵河，南到阿尔卑斯山，北到波罗的海，不少邻国向其称臣。[①]

欧洲的匈奴王国与东罗马帝国多次交锋，东罗马帝国接连败北，被迫签订了屈辱性条约，承担向匈奴帝国缴纳岁币等义务。451年，匈奴首领阿提拉因欲娶西罗马皇帝之妹荷诺利亚公主并以西罗马帝国领土之半作为嫁妆而遭到拒绝，遂亲率50万大军，攻打西罗马，遭到了西罗马帝国和西哥德人的联合抵抗，双方伤亡惨重，匈奴无心恋战，只好退回匈牙利境内。452年，匈奴越过阿尔卑斯山攻入意大利，再次入侵罗马，但正值意大利流行瘟疫，匈奴军队被迫撤回多瑙河以东匈奴王国的首都。

453年，阿提拉因酒色过度突然死亡，匈奴人发生内讧，互相争斗，实力大减，匈奴王国开始瓦解。阿提拉一位弟弟在多瑙河下游、匈牙利地区定居下来，西迁的匈奴人就逐渐融入欧洲各民族之中。[②] 有的学者认为，“随着历史的发展，西迁的匈奴人最终融于匈牙利人中”。[③] 其实，西迁的匈奴人未必完全都融入匈牙利人之中，有的会融入欧洲其他族之中，相对而言，融入匈牙利人之中的匈奴人总数会多一些。所以，在19世纪之前，匈牙利史学界普遍认为自己的民族与匈奴人是亲戚。19世纪上半叶，著名的匈牙利学者克勒什·乔莫·山多尔曾前往中亚和中国寻根。现在还有一些匈牙利人自称是“匈奴后裔”，他们要求官方承认其少数民族地位。[④]

当然，也有中外专家学者并不完全认同匈牙利人就是匈奴人后裔的说法。比如早在1937年，何震亚在《匈奴和匈牙利》一文中指出，匈奴与匈牙利其实没有关系。余太山也认为，“虽然匈人在名称上借用了匈奴的名称（可能是他们自称匈奴，也可能被别人称为匈奴），但到底是不是匈奴，则没有充分的证据”。[⑤] 外国有学者很早就认为匈牙利人和匈奴人并没有关系，如英国学者伯利就明确指出，法国学者德·揆尼所认为的匈人即中国历史上的匈奴的说法“是凭借幻想，而不是根据历史事实”。[⑥] 奥地利曼辰·海尔芬在《匈人与匈奴》（1945）一文中分析了匈奴和匈人在人种、文化上的差异，认

① 参见杨建新《中国西北少数民族史》，民族出版社2003年版，第59—64页。

② 同上书，第64页。

③ 王文光、段红云：《中国古代的民族识别》（修订本），云南大学出版社2011年版，第68页。

④ 参见张星海《北匈奴西迁其实只是一种猜测　匈牙利人并非匈奴人后裔》，《北京科技报》2005年5月25日。

⑤ 同上。

⑥ 同上。

为以往匈人即匈奴的假设缺乏文献和考古学的支持。美国学者丹尼斯·西诺尔在《内陆亚洲——历史、文明、语言概览》（1969）中称德·揆尼的观点是“被广泛接受而未被证实的理论”。英国学者汤普生认为，“匈人的来源，和对于四世纪的罗马人来说，是同样模糊的，无法知道的。至少从十八世纪以来，这个问题曾进行过不停地辩论，但毫无结果”。[①]《剑桥早期内陆亚洲史》（1990）进一步指出，“没有证据表明，匈人社会的主体成分与匈奴有历史渊源关系”。[②]

中外专家学者之所以长期争论不休，没有达成共识，可能有多方面原因，但如下几点尤为重要：一是中国历史文献记载本身就不一致，容易产生不同的解读。由于北匈奴被汉军彻底击溃，漠北处于混乱状态，加之信息不畅通，汉朝当时并不太清楚北匈奴单于所统领的部分人众究竟逃至何方，所以史书中的相关记载就前后矛盾。如《后汉书·窦宪传》记载，“北单于逃走，不知所在”。《后汉书·南匈奴传》也记载说，“三年，北单于复为右校尉耿夔所破，逃亡不知所在”。但是，《后汉书·袁安传》则记载：“北单于为耿夔所破，遁走乌孙，塞北地空，余部不知所属。”《后汉书·南匈奴传》“论曰”也说，“单于震慑屏气，蒙毡遁走于乌孙之地”。以上记载的差异甚至矛盾，容易使后世产生不同的解读，也容易对匈奴人是否在匈牙利建立政权产生怀疑，还容易对匈牙利人是否为匈奴后裔产生疑问，更容易造成认识上的分歧。二是从北匈奴西迁到活跃在欧洲舞台上，经历很长时间，其间曾征服过乌孙、康居、阿兰等政权，其中有的部族就加入了匈奴队伍，如阿兰人就曾加入过匈奴军队，罗马帝国后期的历史学家阿密阿那斯对此就有简略记载：“匈奴人蹂躏了……阿兰人的领土。匈奴人大肆屠杀以后，就和残余的阿兰人缔结同盟条约，迫使他们参加自己的队伍。匈奴人和阿兰人联合之后，他们的声势更加壮大了。”[③] 再如北匈奴在与鲜卑交战过程中，就有部分鲜卑人成了北匈奴的士兵。既然到了欧洲的匈奴队伍中有鲜卑人、乌孙人、康居人和阿兰人等其他民族，所以欧洲人就有可能对突然出现的被称作匈人的骑兵队伍作出不同判断和界定。三是北匈奴从西迁到进入欧洲的较长时间内，在不同地域生活，有些匈奴人会与当地的其他民族通婚，所以最终生活在匈牙利的匈奴人未必就是纯种的匈奴人。四是在北匈奴攻占欧洲之前，欧洲人与匈奴人并没有直接联系，对匈奴人的具体情况并不了解，所以会对新出现在欧洲的这些人来源的认知产生模糊印象。当时匈奴人入侵的消息“传到哥德人其他部落那里，他们听到说一种以前没有听说过的人，不知从地球的何处、如高山上的暴风雪般地骤然来临”。[④] 在这种情况下，人们很难完全弄清这些人的真正来历，也很难把已在中国史书中消失的北匈奴和后在欧洲兴盛的骑兵队伍紧密联系起来。总之，在未得到更确切的证据之前，不宜轻易否定匈人与北匈奴之间的联系。

吐谷浑亦作吐浑、退浑，是鲜卑慕容部的一支，其先祖游牧于徒河之青山（今辽宁省义县境内）。西晋末年，鲜卑单于涉归庶长子吐谷浑因与嫡弟慕容廆不和，便率领

---

① 《英国百科全书》第九册，1962 年版，第 876 页“匈人”条。

② 韩景轩：《读齐思和先生的〈匈奴西迁及其在欧洲的活动〉》，《社科纵横》2008 年第 1 期。

③ 齐思和等译《世界史资料丛刊初集·中世纪初期的西欧》，生活·读书·新知三联书店 1958 年版，第 34 页。

④ 阿密阿那斯：《历史》，载齐思和等译《世界史资料丛刊初集·中世纪初期的西欧》，生活·读书·新知三联书店 1958 年版，第 35 页。

所部西迁到今内蒙古自治区阴山。西晋永嘉七年（313）前后，又从阴山南下，经过河套南部，度过陇山，到达枹罕（今甘肃省临夏市），“自为君长”①。吐谷浑死，其子吐延继位。吐延被羌酋姜聪所刺，临终前嘱咐其长子叶延速保白兰（今青海省柴达木盆地都兰县一带）。叶延在沙州设立总部，并以其祖父之名吐谷浑作为姓氏，“亦为国号”。② 从此，吐谷浑由人名转为姓氏、族名和国名。到5世纪中叶，吐谷浑成为西陲的一股强大势力。隋朝建立后，吐谷浑既与隋王朝和亲，又与隋王朝交战，其领地一度被隋朝军队攻占。唐朝初期，吐谷浑与唐友好往来。唐太宗贞观九年（635），吐谷浑可汗伏允被唐将李靖击败，在西逃中被部下所杀，吐谷浑分成东西两部，西部以鄯善为中心，后归附吐蕃；东部居伏俟城（今青海湖西共和县铁卜卡古城），归附唐朝，与唐结成舅甥之国。唐高宗龙朔三年（663），吐蕃出兵灭吐谷浑，吐谷浑首领诺曷钵率领残部逃到凉州。唐肃宗时，吐谷浑在吐蕃的威逼下，再迁到朔方（治今内蒙古自治区乌审旗南白城子）及河东（治今山西省蒲县）。12世纪后，部分河东吐谷浑人重返甘、青故地，大都融合到汉族或其他民族之中。

蒙古土尔扈特部原游牧于塔尔巴哈台西北的雅尔（今新疆塔城西北及俄罗斯境内的乌拉尔扎地区），1628年，其部首领和鄂尔勒克因与准噶尔部首领巴图尔珲台吉不合，遂率其所部及部分和硕特、杜尔伯特部众，越过哈萨克草原，于17世纪30年代，向西迁至当时人烟稀少的伏尔加河下游地区。后因受到沙俄的侵扰和欺凌，土尔扈特汗渥巴锡于乾隆三十六年（1771）初，率领33000多户，169000多人，离开伏尔加河流域，历尽千难万险，回到了祖国。当土尔扈特部最后到达伊犁时，只剩下15000多户，7万多人。其中一部分人继续留在伏尔加河流域，成为俄罗斯国家的一部分。

锡伯族是鲜卑的后裔。东汉时期，鲜卑兴起于大兴安岭、西至阿勒泰山的漠北高原，公元4至5世纪，南迁至黄河流域，建立了北魏政权，统一了北部中国。另有一部分鲜卑人依然留在大兴安岭地区，过着渔猎生活，逐步繁衍，成了今天的锡伯族人。在锡伯族历史上，有两次较大规模的流动迁徙。17世纪，锡伯族归属清朝，被编入八旗。清朝统治者担心锡伯人众，将来难以控制，便采取分化政策，于康熙二十八年（1690）到康熙四十年（1701）之间，将三城锡伯族兵丁及其家眷迁到北京、盛京及其所属之开原、锦州、辽阳、熊岳、金州和凤城等地驻防。这是锡伯族的第一次大迁徙。为了加强新疆防务，乾隆二十九年（1764），清政府又从盛京及其所属诸城的锡伯族官兵中，抽调1016名年富力强者，连同家眷3275人，一起迁到新疆伊犁，屯田戍边。这是锡伯族的第二次大迁徙。现在新疆各地的锡伯族人，就是他们的子孙后代。

三

历史上北方少数民族由北向南方向流动迁徙的典型代表是乌桓的内迁。

乌桓，亦作“乌丸”“古丸”“乌延”等，是中国东胡系统的古代民族之一。秦汉之际，乌桓活动于饶乐水（今西拉木伦河）一带。西汉高祖元年（公元前206），东胡被匈奴冒顿单于击破，部众离散，乌桓余部退保乌桓山（今内蒙古自治区阿鲁科尔沁

① 《周书》卷50《吐谷浑传》。

② 《梁书》卷54《诸夷传》。

旗以北，即大兴安岭山脉南端），“因以为号”。[①] 元狩四年（前119），汉武帝派骠骑将军霍去病大破匈奴，将匈奴逐出漠南，将乌桓迁移到上谷（治今河北省怀来县东南）、渔阳（治今北京市密云县西南）、右北平（治今辽宁省凌源县西南）、辽西（治今辽宁省义县西）、辽东（治今辽阳市城区）五郡塞外，“为汉侦察匈奴动静”。[②] 东汉光武帝建武二十五年（49），乌桓乘“匈奴转北徙数千里，漠南地空”[③] 之机，又从五郡塞外南迁至塞内的辽东、辽西、右北平、渔阳、代、雁门、太原及朔方等郡，在今东北的大凌河下游、河北省北部、山西省北部和中部以及内蒙古河套一带驻牧。东汉末期，乌桓参与了中原地区的争斗，成了汉族武装集团争相拉拢的对象。建安十一年（206），曹操亲自出征，攻破乌桓，将辽东、辽西、右北平三郡乌桓迁至邺城附近诸郡或蓟县（今北京市西南）、晋阳（今山西省太原市西南）一带。按照《后汉书·乌桓传》的记载，曹操“首虏二十余万人”。袁尚与楼班、乌延等逃到辽东后，“其余众万余落，悉徙居中国”。[④] 在迁徙过程中，乌桓逐步由游牧经济转向农业定居生活。

四

从以上一些实例中可以看出，中国古代北方少数民族的流动迁徙具有如下几个特点：

一是跨度大。北匈奴迁徙跨度最大，从亚洲迁到欧洲，从蒙古高原经过伊犁河流域、锡尔河流域、顿河流域，最终落脚到多瑙河流域。吐谷浑由东北流动到西北，由今辽宁省迁到今青海省。西突厥别部突骑施虽主要活动在西域，但其可汗娑葛也曾有“移居千里”[⑤] 的举动。沙陀的迁徙跨度也比较大。沙陀又称朱邪，为西突厥处月部，其居地在金娑山（今新疆尼赤金山）以南，蒲类海（今新疆巴里坤湖）以东。贞观年间（627—649），不断有沙陀首领率部众归附唐朝。安史之乱后，沙陀依附回纥，贞元六年（790）又降吐蕃。元和三年（808），其酋长朱邪尽忠率领其部众沿乌德鞬山（祁连山）东进。在与吐蕃交战中，朱邪尽忠战死，其子朱邪执宜率余部近万人、骑三千到灵州（今宁夏灵武）降唐。灵盐节度使范希朝亲自率众迎于塞上，将他们安置于盐州（今陕西定边），并“为市牛羊，广其畜牧，善抚之”。[⑥] 不久，尽忠弟葛勒阿波也率其残部700人到振武降唐。元和四年（809）六月，“朝议以沙陀在灵武，迫近吐蕃，虑其反复，又部落众多，恐长谷价”，[⑦] 于是便令沙陀举军前往河东。河东节度使范希朝“选其骁骑千二百，号沙陀军，置使以统之，而处其余众于定襄川”[⑧]（今山西忻县一带）。由此可见，沙陀迁徙跨度较大，由今之新疆，经甘肃，过宁夏，转陕西，最后

① 《后汉书》卷90《乌桓传》。

② 同上。

③ 同上。

④ 同上。

⑤ 《全唐文》卷233《兵部尚书代国公赠少保郭公行状》，中华书局影印本，第2355页。

⑥ 《资治通鉴》卷237，元和三年六月。

⑦ 《资治通鉴》卷237，元和四年六月。

⑧ 同上。

抵达山西。位于北欧的萨米人与中古时代在中国北方历史上显赫一时的突厥人“有着千丝万缕的联系”。[①]

二是阶段性。北方少数民族无论是往哪个方向迁徙，都并非一次性完成迁移过程，而是分阶段多次迁移。如乌孙先从今甘肃河西走廊迁到伊犁河流域，后又西迁到今吉尔吉斯斯坦境内的伊塞克湖。南北朝时，乌孙在东部柔然的攻击下，再次西迁到葱岭山中。再如北匈奴迁到欧洲就经历了入乌孙、占康居、进阿兰等多个阶段，在每个阶段都留居较长时间。大月氏西迁中亚也经历了不同阶段，先由甘肃迁到新疆，然后迁到中亚阿姆河流域。拓跋鲜卑迁徙也经历过不同阶段，先从大兴安岭北段的大鲜卑山迁到大泽（达赉湖），再迁到匈奴故地（今河套北部固阳阴山一带），再从河套北部迁到盛乐（今内蒙古自治区和林格尔县西北）。乌桓迁徙也具有阶段性特点，先南迁退保乌桓山，然后迁至五郡塞外，后又入居塞内。

三是多向性。从总体来看，中国北方少数民族主要顺着由东向西或由北向南两大方向而迁徙，但就具体少数民族而言，往往是多向流动。比如匈奴分裂后，南匈奴和北匈奴就沿着两个方向迁徙，南匈奴由北向南迁移，北匈奴由东向西迁徙。再如东突厥在贞观四年（630）被唐朝彻底击败后，“其部落或走薛延陀，或走西域，而来（唐）降者甚众”。[②] 据史书记载，突厥向唐“降者几至十万”，仅迁居长安者就“近且万家”。[③]唐文宗开成年间（836—840），回纥在内乱、外患和天灾重压下，诸部溃败，“散奔诸蕃”，其相馺职与庞特勒（勤）十五部西奔葛逻禄，“一支投吐蕃，一支投安西”[④]，另有近可汗牙十三部南下归附唐朝。由此可见，回纥迁徙呈多向性，有的西迁到今新疆境内（天山南北地区均有回纥迁入）和今甘肃境内（主要是河西），有的向西南迁徙到吐蕃，有的南下迁徙到云州（今山西大同一带）、朔州（今山西朔县一带）西到天德军（今内蒙古乌拉特前旗乌加河东岸）区域。西域诸国因商品经济比较发达，人们大都“善商贾，争分铢之利。男子年二十，即远之旁国”，“利之所在，无所不到”。[⑤] 这就决定了这些少数民族会向不同方向流动。

四是艰难性。北方少数民族大都是在发生内乱、遭受自然灾害及外敌入侵的情况下迫不得已而迁徙，因此，在迁徙过程中都非常艰难。如拓跋鲜卑的迁徙，就经历了“九难八阻”[⑥]。唐太宗贞观二十二年（648），西突厥阿史那贺鲁就是在乙毗射匮可汗“遣兵追逐”“不常厥居”的情况下，“率其部落内属”。[⑦] 武则天垂拱（685—688）以后，西突厥十姓部落屡遭后突厥默啜可汗的侵略，“死散殆尽”，余下的六七万人随阿史那步真之子斛瑟罗“徙居内地”。[⑧] 沙陀在唐宪宗元和三年（808）沿着祁连山东进

---

① 徐黎丽：《走西口——汉族移民西北边疆及文化变迁研究》，民族出版社 2010 年版，第 235 页。

② 《旧唐书》卷 194 上《突厥传上》。

③ 《贞观政要》卷 9《安边》，岳麓书社 2000 年版。

④ 《旧唐书》卷 195《回纥传》。

⑤ 《旧唐书》卷 198《西戎·康国传》。

⑥ 《魏书》卷 1《序纪第一》。

⑦ 《旧唐书》卷 194 下《突厥传下》。

⑧ 同上。

时，与吐蕃“自洮水转战至石门，凡数百合”①，其迁徙的艰难程度可想而知。土尔扈特东归更是历尽千难万险。前有哥萨克拦截，后有沙俄政府军追击，在哈萨克大草原，一次就有9000名骑兵牺牲。在与哈萨克—巴什基尔人联军交战中，伤亡甚多，血流成河。东归途中，还要遭受严寒、饥饿、疾病之苦，据署伊犁将军舒赫德奏称：“此辈投出之时，正值严寒，隆冬时节从原地起行，至夏季始抵于此，途中又遭兵事，其蒙古包、帐篷等悉被遗弃，风餐露宿，行抵大瀚海数日不得水，故见水则不管其好坏即饮，食倒毙牲畜之肉，腹涨而死。又因汗病死亡者甚多。即便未受穷困饥馑之苦者，亦俱勉强到达。”②

五是影响大。北方少数民族的迁徙，都会对途经之地产生一定影响，尤其是大规模、远距离的迁徙，不仅对中国历史产生了重大影响，而且对世界历史也产生了重大影响。北匈奴西迁欧洲的影响最为典型，主要体现在如下几个方面：其一是把东方与西方连在一起，把亚洲史与欧洲史联结在一起。其二是推动了欧洲的民族大迁徙，加快了罗马帝国分裂的进程。374年，匈奴渡过顿河，攻入东哥德，东哥德人被迫退至德聂斯德河以西的西哥德境内。西哥德人在抵抗失败之后，其中的一部分约二十余万人，渡过多瑙河进入罗马帝国境内。由于罗马帝国地方官吏政策失误，激起了一场叛乱，后来匈奴人和阿兰人的前锋也参加了这里的骚乱。378年，罗马皇帝法伦斯亲自率领军队镇压哥德人的骚乱，结果罗马军队大败，法伦斯被杀。罗马帝国与哥德人的交战，动摇了罗马帝国的基础。395年，罗马帝国分裂为东罗马帝国和西罗马帝国。在匈奴人迫使阿兰人和哥德人向西迁移后，一群原居于今匈牙利东部的新的哥德人，在其首领雷大盖斯的率领下，向西进入罗马帝国的巴诺尼亚省。由于哥德人的进入以及匈奴人在后面的追击，迫使居住在该区域已久的凡达尔人、过去来自匈牙利东北部的瑞维人以及前因被匈奴人驱逐而来自俄罗斯东南部的阿兰那人（即阿兰人），从401年开始向西迁移。他们最先迁至雷希亚和诺里康两省（约即今之瑞士之地），不久又继续西移，406年，他们又渡过莱茵河进入高卢（今法国之地）。409年，这三股势力越过比利牛斯山，进入西班牙半岛，建立了三个王国，即瑞维人在半岛西北部建立的瑞维王国、阿兰那人在今葡萄牙之地建立的阿兰那王国、凡达尔人在半岛的其余地区建立的凡达尔王国，其后凡达尔王国更把势力扩张至非洲。③ 其三是匈奴对东西罗马的进攻，加速了东西罗马的衰落和灭亡，“对欧洲古典奴隶制的瓦解，客观上起了促进作用”。④ 其四是推动了民族交融。北匈奴由蒙古高原西迁欧洲，经过数百年时间，其间征服过一些民族和政权，队伍中吸收了其他民族，而且还与其他民族通婚，这些都势必会促进不同民族的交融。其五是把匈奴文化艺术带到了欧洲，对欧洲产生了一定影响。有的专家就认为，西迁的匈奴人把民歌带到了匈牙利，“如果把流行在讲西部裕固语地区的民歌和匈牙利一些古老的民歌加以比较，就会发现它们之间有许多共同点……匈牙利民歌歌词和用西部裕固语演唱的民歌在结构（每节句数、每句音节数、押韵方式）上很相似，有一些曲调也是很相似的。匈牙利民歌中摇篮曲的专用字 beil（呗哩）和西部裕固语催眠歌的专用 beli 发音几乎完

① 《资治通鉴》卷237，元和三年六月。

② 《军机处满文录副奏折》，档案号：2435—23，中国第一历史档案馆藏。

③ 林幹：《北匈奴西迁考略》，《内蒙古社会科学》1984年第1期。

④ 齐思和：《匈奴西迁及其在欧洲的活动》，《历史研究》1977年第3期。

全一样。这些共同因素很可能是由公元1世纪从我国北方草原西迁的匈奴人带到匈牙利去的”;[①]“匈牙利古代民歌和裕固族西部的共同因素，结合史料考察，应是匈奴人直接或间接地从我国北方草原带到匈牙利平原去的”。[②] 自号“长安匈奴”并以长篇小说《最后一个匈奴》蜚声文坛的作家高建群说：“匈牙利人吹唢呐和剪纸的情形与中国陕北的一样，他们说话的尾音也与陕北口音很相似。匈牙利诗人裴多菲在一首诗中曾经这样写道：我们那遥远的祖先，你们是怎么从亚洲走过漫长的道路，来到多瑙河边建立起国家的?”[③] 此外，匈奴的草原文化和游牧文化也会对欧洲产生影响，当然北匈奴也会受到西迁途中的其他民族文化的影响。

尽管学术界目前对中国古代北方少数民族迁徙问题比较关注，也已取得了一些有重要影响的研究成果，但有一些问题还没有进行专题研究，仍有一些问题需要进一步深入探讨，对一些问题的认识还需要进一步深化，比如少数民族迁徙除了自然灾害、环境变化、战争等因素外，是否还有其他原因？少数民族迁徙大都是被迫的，是否存在主动迁徙的现象，如有这种情况，主动迁徙原因何在？再如少数民族在长时段的迁徙过程中，民族文化会发生哪些变异？游牧文化、草原文化和农耕文化如何转型？又如少数民族在迁徙过程中，与其他民族通婚情况如何，他们与其他民族交流交融情况如何，他们融入其他民族的模式及路径是什么，少数民族对迁入地是否适应？另如，少数民族迁徙后，其原居住地被其他少数民族所占有，如北匈奴西迁后，其地为鲜卑所占有，“匈奴余种留者尚有十余万落”[④]，都自称鲜卑。那么，已迁徙的少数民族与后来占有其地的少数民族之间是否还有交流互动，如有交流互动，互动方式是什么？如何互动？还有汉唐时期入主蒙古草原的一些游牧民族，往往经蒙古高原越过阿尔泰山脉或准噶尔盆地进入哈萨克斯坦，再经里海北岸、黑海北岸到达多瑙河流域，哪些部族或部落由此通道进入了欧亚？他们通往欧亚腹地时曾在何处停留？等等。这些问题都有继续深入探讨的必要，也有继续深化细化的空间。只要专家学者不懈努力，相信这些问题一定会实现新突破，一些认识上的分歧也会逐步达成共识。

（原载《中国边疆史地研究》2017年第3期）

---

① 杜亚雄：《裕固族民歌的音乐特色》，《中央音乐学院学报》1981年第3期。

② 杜亚雄：《再论匈奴西迁及其民歌在欧洲的影响》，《音乐研究》1987年第1期。

③ 张星海：《北匈奴西迁其实只是一种猜测　匈牙利人并非匈奴人后裔》，《北京科技报》2005年5月25日。

④ 《后汉书》卷90《鲜卑传》。

直道与匈奴“祭天金人”

王子今*

《史记》有北上远征的汉王朝骑兵军团缴获休屠王“祭天金人”的记载，《史记》注家以为匈奴“祭天”地点曾经在甘泉宫左近，如此则直道线路应与匈奴在一定历史时段的南北交通实践有关。进行相关考察，有助于全面认识直道选线缘由以及其交通作用之沟通与交汇不同民族文化的特殊意义。被看作“匈奴祭天处”的“径路神祠”，所谓“径路”与“直道”的语言对应关系或许也有值得交通史和民族史学者关注的价值。对直道联通区域若干具有神秘主义色彩历史遗存的关注，应当可以深化直道史的研究。“匈奴祭天处”与匈奴“祭天金人”的移动，也可能与直道交通有关。而对于秦汉交通史、区域文化史和民族关系的总体认识，也可以因此获得推进的条件。

一　《史》《汉》所见之匈奴“祭天金人”

《史记》卷一一一《卫将军骠骑列传》记载霍去病北征大漠的战绩，战利品中包括匈奴礼祀的偶像：

> 冠军侯去病既侯三岁，元狩二年春，以冠军侯去病为骠骑将军，将万骑出陇西，有功。天子曰：“骠骑将军率戎士踰乌盭，讨遬濮，涉狐奴，历五王国，辎重人众慑慴者弗取，冀获单于子。转战六日，过焉支山千有余里，合短兵，杀折兰王，斩卢胡王，诛全甲，执浑邪王子及相国、都尉，首虏八千余级，收休屠祭天金人，益封去病二千户。”

关于“休屠祭天金人”语，出自“天子曰”。可知“收休屠祭天金人”的捷报，得到汉武帝的认可，并以为“益封”之据。所谓“休屠祭天金人”，裴骃《集解》：“如淳曰：‘祭天为主。’”司马贞《索隐》：“案：张晏云：‘佛徒祠金人也。’如淳云：‘祭天以金人为主也。’屠音储。”①《汉书》卷五五《霍去病传》：“去病侯三岁，元狩二年春为票骑将军，将万骑出陇西，有功。上曰：‘票骑将军率戎士隃乌盭，讨遬濮，涉狐奴，历五王国，辎重人众摄詟者弗取，几获单于子。转战六日，过焉支山千有余

---

* 王子今，中国人民大学国学院、出土文献与中国古代文明研究协同创新中心教授，陕西理工大学汉江学者。本文系中国人民大学科学研究基金（中央高校基本科研业务费专项资金资助）项目“中国古代交通史研究”（项目编号：10XNL001）的阶段性成果。

① 《史记》，中华书局1959年版，第2929—2930页。

里，合短兵，鏖皋兰下，杀折兰王，斩卢侯王，锐悍者诛，全甲获丑，执浑邪王子及相国、都尉，捷首虏八千九百六十级，收休屠祭天金人，师率减什七，益封去病二千二百户。'”颜师古注：“如淳曰：‘祭天以金人为主也。’张晏曰：‘佛徒祠金人也。’师古曰：‘今之佛像是也。休音许虬反。屠音储。’”① 又《汉书》卷五五《金日磾传》：“武帝元狩中，票骑将军霍去病将兵击匈奴右地，多斩首，虏获休屠王祭天金人。”② 《汉书》卷九四上《匈奴传上》：“（元狩二年）春，汉使票骑将军去病将万骑出陇西，过焉耆山千余里，得胡首虏八千余级，得休屠王祭天金人。”③

对于“收休屠祭天金人”，《史记》卷一一〇《匈奴列传》写作“破得休屠王祭天金人”：

其明年春，汉使骠骑将军去病将万骑出陇西，过焉支山千余里，击匈奴，得胡首虏万八千余级，破得休屠王祭天金人。

匈奴“祭天金人”进入汉文历史典籍，但对于其名义和性质的理解却有不同。这应当是民族文化存在隔阂而信仰世界有所区别的缘故。

二 匈奴祭天处考辨

（一）“匈奴祭天处本在云阳甘泉山下”

几位权威《史记》注家的解说，均注意到与“祭天金人”相关的匈奴“祭天”地点。裴骃《集解》：

《汉书音义》曰：“匈奴祭天处本在云阳甘泉山下，秦夺其地，后徙之休屠王右地，故休屠有祭天金人，象祭天人也。”

司马贞《索隐》：

韦昭云：“作金人以为祭天主。”崔浩云：“胡祭以金人为主，今浮图金人是也。”又《汉书音义》称：“金人祭天，本在云阳甘泉山下，秦夺其地，徙之于休屠王右地，故休屠有祭天金人，象祭天人也。”事恐不然。案：得休屠金人，后置之于甘泉也。

张守节《正义》：

《括地志》云：“径路神祠在雍州、云阳县西北九十里甘泉山下，本匈奴祭天

① 《汉书》，中华书局1962年版，第2479—2480页。

② 《汉书》，第2959页。

③ 《汉书》，第3769页。

处，秦夺其地，后徙休屠右地。”按：金人即今佛像，是其遗法，立以为祭天主也。①

所谓“云阳”“甘泉山”的指向，使得匈奴游牧人群介入中原农耕文化的历史动向呈示出一个值得重视的观察点。

《汉书音义》所谓“匈奴祭天处本在云阳甘泉山下，秦夺其地”，“金人祭天，本在云阳甘泉山下，秦夺其地”，《括地志》所谓“径路神祠在雍州云阳县西北九十里甘泉山下，本匈奴祭天处，秦夺其地”，都强调“甘泉山下”。而“甘泉”，据《史记》记述，是秦始皇直道的终点。《史记》卷一五《六国年表》：“（秦始皇）三十五年，为直道，道九原，通甘泉。”②《史记》卷八八《蒙恬列传》：“始皇欲游天下，道九原，直抵甘泉，乃使蒙恬通道，自九原抵甘泉，壍山堙谷，千八百里。道未就。”③所谓“甘泉山下，本匈奴祭天处”，暗示秦直道南端“甘泉”的神秘背景。相关历史迹象体现直道线路应与匈奴在一定历史时段的南北交通实践有关。

前引《史记》诸注说，或言“匈奴祭天处本在云阳甘泉山下，秦夺其地，后徙之休屠王右地，故休屠有祭天金人”，或否定此说，言“事恐不然”，以为“得休屠金人，后置之于甘泉也”。无论何种说法更接近历史真实，“匈奴祭天处”与匈奴“祭天金人”的南北移动，都很可能与直道交通条件有关。

《汉书》卷六四下《严安传》载严安以故丞相史上书，说到汉武帝时代的军事扩张，包括对匈奴进取的战争局势：“今徇南夷，朝夜郎，降羌僰，略薉州，建城邑，深入匈奴，燔其龙城，议者美之。此人臣之利，非天下之长策也。”关于“龙城”，颜师古注：

龙城，匈奴祭天处。④

《汉书》卷六《武帝纪》：“（元光六年春）匈奴入上谷，杀略吏民。遣车骑将军卫青出上谷，骑将军公孙敖出代，轻车将军公孙贺出云中，骁骑将军李广出雁门。青至龙城，获首虏七百级。广、敖失师而还。”关于“龙城”，颜师古注：

应劭曰：“匈奴单于祭天，大会诸国，名其处为龙城。”⑤

“龙城，匈奴祭天处”与“徙之于休屠王右地”的“金人祭天”地点的关系可以讨论。但“龙城”当在更北的远地，也与秦始皇直道自“甘泉”北上的大方向一致。

（二）“甘泉山下”的“径路神祠”

《匈奴列传》张守节《正义》引《括地志》云：“径路神祠在雍州、云阳县西北九

---

① 《史记》，第2908—2909页。
② 《史记》，第758页。
③ 《史记》，第2566—2567页。
④ 《汉书》，第2813页。
⑤ 《汉书》，第165页。

十里甘泉山下，本匈奴祭天处，秦夺其地……”说“匈奴祭天处”即“径路神祠”。

《汉书》卷二五下《郊祀志下》的说法则不同，指出“径路神祠”的祭祀对象是“休屠王”：

> 京师近县……云阳有径路神祠，祭休屠王也。

颜师古注：“休屠，匈奴王号也。径路神，本匈奴之祠也。”①

值得我们特别注意的是，匈奴的另一神祠的空间位置也在“云阳”这一与关中重心咸阳—长安存在特殊关系的亦被称作“都”的地点。② 而所谓“径路神祠，祭休屠王也”与前引“秦夺其地，徙之于休屠王右地，故休屠有祭天金人”的说法都指示“休屠王”事，也特别值得重视。

前引张守节《正义》引《括地志》云“径路神祠在雍州、云阳县西北九十里甘泉山下，本匈奴祭天处，秦夺其地，后徙休屠右地”说“径路神祠”“本匈奴祭天处”，与“径路神祠，祭休屠王也”之说异。

《汉书》卷二八上《地理志上》“左冯翊”条也说到“云阳”的祀所，可见分说“休屠”“金人”“径路神祠”：

> 云阳。有休屠、金人及径路神祠三所，越巫䵣䣘祠三所。③

这里明确区分“休屠”“金人”“径路神祠”为“三所”，或可读作“休屠”“金人”“径路”，为“神祠三所”。这样的理解，或可澄清“云阳有径路神祠，祭休屠王也”说法可能产生的误识。

三 “义渠”等“戎翟”的“甘泉”故事

《史记》卷一一〇《匈奴列传》追述匈奴种族和文化渊源，说到春秋时期中国北方诸“戎翟”，涉及活动于“岐、梁山、泾、漆之北”地方的“义渠”：

> 当是之时，秦晋为强国。晋文公攘戎翟，居于河西圁、洛之间，号曰赤翟、白翟。秦穆公得由余，西戎八国服于秦，故自陇以西有绵诸、绲戎、翟、豲之戎，岐、梁山、泾、漆之北有义渠、大荔、乌氏、朐衍之戎。而晋北有林胡、楼烦之戎，燕北有东胡、山戎。各分散居溪谷，自有君长，往往而聚者百有余戎，然莫能相一。

“义渠”活动的地域，可能包括“云阳”“甘泉”。司马贞《索隐》：“韦昭云：‘义渠本西戎国，有王，秦灭之。今在北地郡。’”张守节《正义》：“《括地志》云：‘宁

---

① 《汉书》，第1250页。

② 王子今：《“云阳都”考论》，《唐都学刊》2015年第5期。

③ 《汉书》，第1545页。

州、庆州，西戎，即刘拘邑城，时为义渠戎国，秦为北地郡也。'"①

《急就篇》卷二："宪义渠"。颜师古注："宪氏之先，本为周之布宪，司寇之属官也。其后以为姓焉。义渠，国名也。后为县，在北地。以县为名也。"② 可知汉代民间意识，也以为"义渠"在"北地"。司马迁在《匈奴列传》中对于战国时期"义渠"活动区域的表述，显示民族关系史和战争史的记忆中，"义渠"的势力并不囿于"北地"：

> ……自是之后百有余年，晋悼公使魏绛和戎翟，戎翟朝晋。后百有余年，赵襄子踰句注而破并代以临胡貉。其后既与韩魏共灭智伯，分晋地而有之，则赵有代、句注之北，魏有河西、上郡，以与戎界边。其后义渠之戎筑城郭以自守，而秦稍蚕食，至于惠王，遂拔义渠二十五城。惠王击魏，魏尽入西河及上郡于秦。秦昭王时，义渠戎王与宣太后乱，有二子。宣太后诈而杀义渠戎王于甘泉，遂起兵伐残义渠。于是秦有陇西、北地、上郡，筑长城以拒胡。③

这里说到"上郡"，而"义渠之戎筑城郭以自守"，秦惠文王"拔义渠二十五"等记载，显示"义渠"在这里的行政控制曾经是相对稳定的。

"秦昭王时，义渠戎王与宣太后乱，有二子。宣太后诈而杀义渠戎王于甘泉，遂起兵伐残义渠。"这一故事除了体现秦宣太后时代行政、情感与民族关系的特殊情形之外，④ 也提示了有关历史民族地理的一则重要信息，即"义渠之戎"活动的重心地带包括"甘泉"。

《匈奴列传》裴骃《集解》引《汉书音义》曰："匈奴祭天处本在云阳甘泉山下，秦夺其地……"司马贞《索隐》引《汉书音义》称："金人祭天，本在云阳甘泉山下，秦夺其地……"张守节《正义》引《括地志》云："径路神祠在雍州、云阳县西北九十里甘泉山下，本匈奴祭天处，秦夺其地……"所谓"云阳甘泉山下"，"云阳县西北九十里甘泉山下"，或许与"义渠戎王"居于"甘泉"的史实有关。

《匈奴列传》毕竟是把"义渠"故事置于匈奴史的记述之中的。

司马贞《索隐》发表质疑此说的意见："事恐不然。案：得休屠金人，后置之于甘泉也。"⑤ 看来似未可信从。

四 直道与匈奴祭天处的关系

（一）直道交通线上的祀所与神秘主义纪念地点

《汉书》卷二五下《郊祀志下》记述了位于汉王朝中枢地方即所谓"京师近县"

---

① 《史记》，第2883页。

② 管振邦译注，宙浩审校：《颜注急就篇译释》，南京大学出版社2009年版，第82页。

③ 《史记》，第2885页。

④ 王子今：《秦国上层社会礼俗的性别关系考察——以秦史中两位太后的事迹为例》，《秦陵秦俑研究动态》2002年第4期；《秦国女权的演变》，《光明日报》2002年8月20日；《古史性别关系考察试习——从秦国两位太后说起》，载《历史、史学与性别》，江苏人民出版社2002年版；《秦史的宣太后时代》，《光明日报》2016年1月20日。

⑤ 《史记》，第2908页。

的特殊祠祀重心：

> 京师近县鄠，则有劳谷、五床山、日月、五帝、僊人、玉女祠。云阳有径路神祠，祭休屠王也。又立五龙山僊人祠及黄帝、天神、帝原水，凡四祠于肤施。①

位于“云阳”的“径路神祠”与位于“肤施”的“四祠”：“五龙山僊人祠及黄帝、天神、帝原水”，应当置于直道交通文化带这一体系中观察和理解。而“云阳有……祠”，“又立……四祠于肤施”句式，体现“云阳”“径路神祠”与“肤施”“黄帝”等“四祠”的内在关系。

据说黄帝葬于桥山，汉武帝曾经在这里祭祀黄帝。或说桥山在秦始皇直道经过的子午山。② 这一信息，也值得研究者注意。

而陕西甘泉方家河直道遗存左近发现的凿刻年代可能属于新石器时代的岩画，与发现于河南新郑的，一些学者认为与黄帝传说密切相关的具茨山岩画③形制之相近，也可以帮助我们考察和理解直道沿线的黄帝纪念遗存的历史文化意义。④

直道交通带的扶苏、蒙恬纪念遗存，⑤ 以及佛教石窟遗存，⑥ 也应当以这一理念为基点有所认识和说明。

（二）汉匈语言互译方式与“径路”“直道”联想

匈奴是否有文字，汉与匈奴之间怎样借助文字实现文化交往，至今存在历史疑点。例如，著名的“冒顿乃为书遗高后，妄言”，是通过何种文字形式实现的，“单于遗汉书”言“使郎中系雩浅奉书请”以及其中说到的“皇帝让书再至，发使以书报”，又“汉遗单于书，牍以尺一寸，辞曰‘皇帝敬问匈奴大单于无恙’，所遗物及言语云云。中行说令单于遗汉书以尺二寸牍，及印封皆令广大长，倨傲其辞曰‘天地所生日月所置匈奴大单于敬问汉皇帝无恙’，所以遗物言语亦云云”等，⑦ 其“言语”究竟是怎样的形式，我们并不清楚。而“（中行）说教单于左右疏记，以计课其人众畜物”，⑧ 所

---

① 《汉书》，第 1250 页。

② 《史记》卷一《五帝本纪》：“黄帝崩，葬桥山。”裴骃《集解》：“《皇览》曰：‘黄帝冢在上郡桥山。’”司马贞《索隐》：“《地理志》：‘桥山在上郡阳周县，山有黄帝冢也。’”张守节《正义》：“《括地志》云：‘黄帝陵在宁州罗川县东八十里子午山。《地理志》云上郡阳周县桥山南有黄帝冢。’案：阳周，隋改为罗川。《尔雅》云山锐而高曰桥也。”第 11 页。

③ 参见刘五一编著《具茨山岩画》，中州古籍出版社 2010 年版；汤惠生《具茨山岩画具有重要的学术价值》，载刘五一编著《中原岩画》，中州古籍出版社 2012 年版，第 159 页。

④ 王子今：《甘泉方家河岩画与直道黄帝传说——上古信仰史与生态史的考察》，《陕西历史博物馆馆刊》第 21 辑，三秦出版社 2014 年版。

⑤ 王子今、张在明：《秦始皇直道沿线的扶苏传说》，《民间文学论坛》1992 年第 2 期；王子今：《秦直道与公子扶苏被赐死的背后》，《国家人文地理》2009 年第 5 期。

⑥ 参见王子今《北朝石窟分布的交通地理学考察》，载《北朝史研究：中国魏晋南北朝史国际学术研讨会论文集》，商务印书馆 2004 年版。

⑦ 《史记》卷一一〇《匈奴列传》，第 2895—2896、2899 页。

⑧ 同上书，第 2899 页。

谓“疏记”，应当是使用文字的。而口语交流形式，或许如白登之围时“高帝乃使使间厚遗阏氏”,[①] 可能需要通过“译人”。[②]

关于前引《汉书》卷二五下《郊祀志下》“径路神祠”，颜师古注：“休屠，匈奴王号也。径路神，本匈奴之祠也。”猜想所谓“径路”二字，不排除匈奴语音译的可能。然而汉字“径路”，字面意义则使人得出或与交通道路相关的理解，甚至可能联想到与“直道”语义之相近。这使人疑心“径路”或许由匈奴语义译汉语的可能性。

《说文·彳部》中，除对“彳”的解说外，“德”字列为第一，“径”字列为第二：“径，步道也。从彳。巠声。”段玉裁注：“《周礼》：夫间有遂，遂上有径。郑曰：径容牛马，畛容大车，涂容乘车一轨，道容二轨，路容三轨。此云步道，谓人及牛马可步行而不容车也。居正切。十一部。按《辵部》‘道’、《足部》‘路’皆厕部末，此厕部首。不同者，错见之意。”[③] “径”“畛”“涂”“道”“路”中，“径”作为“步道”，是等级最低的、较简易的交通道路，但同时也可以理解为最捷近的道路，最方便的道路。明代学者曹学佺《周易可说》卷七《艮》解释“艮为山为径路”：“径路者，高山之上成蹊，非如平地之大涂也。”[④] 清代学者顾祖禹《读史方舆纪要》卷五九《阶州》：“若其制两川之命，为入蜀径路者，则曰阴平道，入蜀之间道也。”[⑤]

汉代语言习惯有以“径路”言交通者。见于历史文献者如《后汉书》卷七七《班勇传》载班勇上议：“旧敦煌郡有营兵三百人，今宜复之，复置护西域副校尉，居于敦煌，如永元故事。又宜遣西域长史将五百人屯楼兰，西当焉耆、龟兹径路，南强鄯善、于窴心胆，北扞匈奴，东近敦煌。如此诚便。”[⑥] 其中有“西当焉耆、龟兹径路”语。又《后汉书》卷七八《霍谞传》：“光衣冠子孙，径路平易。”[⑦]《三国志》卷二一《魏书·阮籍传》裴松之注：“时率意独驾，不由径路，车迹所穷，辄恸哭而反。”[⑧]《三国志》卷四七《吴书·吴主传》：“陆逊别取宜都，获秭归、枝江、夷道，还屯夷陵，守峡口以备蜀。关羽还当阳，西保麦城。权使诱之。羽伪降，立幡旗为象人于城上，因遁走，兵皆解散，尚十余骑。权先使朱然、潘璋断其径路。十二月，璋司马马忠获羽及其子平、都督赵累等于章乡，遂定荆州。”[⑨] 裴松之注引《吴录》：“是冬魏文帝至广陵，临江观兵，兵有十余万，旌旗弥数百里，有渡江之志。权严设固守。时大寒冰，舟不得入江。帝见波涛汹涌，叹曰：‘嗟乎！固天所以隔南北也！’遂归。孙韶又遣将高寿等率敢死之士五百人于径路夜要之，帝大惊，寿等获副车羽盖以还。”[⑩]《三国

---

① 《史记》卷一一〇《匈奴列传》，第 2894 页。

② 参见王子今《“重译”：汉代民族史与外交史中的一种文化现象》，《河北学刊》2010 年第 4 期；王子今、乔松林《“译人”与汉代西域民族关系》，《西域研究》2013 年第 1 期。

③ （汉）许慎撰，（清）段玉裁注：《说文解字注》，上海古籍出版社据经韵楼藏版 1981 年影印版，第 76 页。

④ （明）曹学佺：《周易可说》，明崇祯刻本。

⑤ （清）顾祖禹：《读史方舆纪要》，清稿本。

⑥ 《后汉书》，第 1588 页。

⑦ 同上书，第 1616 页。

⑧ 《三国志》，第 605 页。

⑨ 同上书，第 1121 页。

⑩ 同上书，第 1132 页。

志》卷四七《吴书·鲁肃传》：“权使朱然、潘璋断其径路，即父子俱获，荆州遂定。”[①]《三国志》卷六〇《吴书·贺全传》：“林历山四面壁立，高数十丈，径路危狭，不容刀楯，贼临高下石，不可得攻。”[②]《说郛》卷五九下孙盛《魏春秋》写道：“阮籍常率意独驾，不由径路，车迹所穷，辄恸哭而反。”[③] 也都说到“径路”与交通行为的关系。

言“断其径路”“于径路夜要之”者，所谓“径路”明确与交通条件有关。

然而，匈奴又有“径路刀”，名号竟与“径路神”“径路神祠”同。《汉书》卷九四下《匈奴传下》记载，汉元帝时，“汉遣车骑都尉韩昌、光禄大夫张猛送呼韩邪单于侍子”，韩昌、张猛与呼韩邪单于盟约：

> 昌、猛见单于民众益盛，塞下禽兽尽，单于足以自卫，不畏郅支。闻其大臣多劝单于北归者，恐北去后难约束，昌、猛即与为盟约曰：“自今以来，汉与匈奴合为一家，世世毋得相诈相攻。有窃盗者，相报，行其诛，偿其物；有寇，发兵相助。汉与匈奴敢先背约者，受天不祥。令其世世子孙尽如盟。”昌、猛与单于及大臣俱登匈奴诺水东山，刑白马，单于以径路刀金留犁挠酒，以老上单于所破月氏王头为饮器者共饮血盟。

对于“盟约”外交仪式的重要道具“径路刀金留犁”及其使用，颜师古注：“应劭曰：‘径路，匈奴宝刀也。金，契金也。留犁，饭匕也。挠，和也。契金著酒中，挠搅饮之。’师古曰：‘契，刻；挠，搅也，音呼高反。’”[④] 应劭的解说“径路，匈奴宝刀也”，并没有提示“径路”一语的由来。“径路刀”与“径路神祠”之“径路”当有一定关系。[⑤] 在具备可以确切说明这一关系的条件之前，有关“径路”或与“直道”意义相近的假想，似乎还仅仅只是假想。

宋代学者王观国《学林》卷四“饮器”条讨论了韩昌、张猛与呼韩邪单于盟约仪式上另一重要用器“以老上单于所破月氏王头为饮器者”，这件“饮器”的制作见《史记》卷一二三《大宛列传》：“匈奴破月氏王，以其头为饮器。”[⑥]“至匈奴老上单于，杀月氏王，以其头为饮器。”[⑦] 王观国写道：“以此知所谓‘饮器’者，饮酒器也。虽为饮酒器，然非宾主常用饮酒之器，若有盟会之事，则以其器贮血盟之酒，以示盛礼也。”[⑧] 所谓

---

① 《三国志》，第 1279 页。

② 同上书，第 1378 页。

③ 文渊阁《四库全书》本。

④ 《汉书》，第 3801 页。

⑤ 王先谦《汉书补注》写道：“休屠王祭天金人、径路刀见《匈奴传》，又《郊祀志》‘云阳有径路神祠，祭休屠王也。’则‘径路’是休屠王名，没而为神，故匈奴祠而汉因之，非祠宝刀也。其神遗有宝刀，因名。”（汉）许慎撰，（清）段玉裁注：《说文解字注》，第 1582 页。

⑥ 《史记》，第 3157 页。

⑦ 同上书，第 3161 页。

⑧ （宋）王观国撰，田瑞娟点校：《学林》，中华书局 1988 年版，第 125—126 页。今按：对于以头骨为“饮器”的现象，可以进行有特别意义的文化人类学考察。参见王子今《猎头与头骨作器的远古风习》，《化石》1984 年第 4 期。

“径路，匈奴宝刀也”，也应因其贵重神圣“以示盛礼”。也许“径路刀”与“径路神祠”之“径路”语，只是取其“神”性。而“径路”之神圣意义自有由来。

“径路刀”与“径路神祠”当来自匈奴语。匈奴语言史料进入汉语文献，多有音译而来者，特别是作为名号使用情形。但是也有据意译者，如“左贤王”“右贤王”“僮仆都尉”等。[①]“径路刀”与“径路神祠”如据意译，则“径路”可能与“直道”的联系，仍然有思考和探索的意义。

霍去病缴获匈奴“祭天金人”，《史记》注家考察匈奴“祭天”地点曾在甘泉宫左近。相关历史文化现象涉及“义渠”等“戎翟”在后来开辟直道的区域的活动，直道选线或与草原游牧族的南北交通实践有关。直道沿线多有作为礼祀对象的纪念性遗存，“匈奴祭天处”旧址追溯充实了相关认识。而“径路”与“直道”的语言对应关系，或许可以由今后更深入的民族语言考古工作提供确切说明的条件。

（原载《社会科学》2017 年第 6 期）

---

① 参见王子今《匈奴“僮仆都尉”考》，《南都学坛》2012 年第 4 期；《论匈奴僮仆都尉“领西域”“赋税诸国”》，《石家庄学院学报》2012 年第 4 期。

中华正朔与内亚边疆

——兼论唐朝北部长城地带的意涵

李鸿宾*

唐帝国在传统的视域里一直被作为中华王朝的典范而呈现。[①] 宋以后历朝历代的官府编纂和私家著述，从来都将它看作古典时代的盛世而溢于言表。其中一个典型就是与辽、西夏分庭抗礼而自视为正统的宋朝文人在涉及唐朝合法性地位的话语时，经常采用诸如曾公亮所谓“商、周以来，为国长久，惟汉与唐，而不幸接乎五代”的表述，[②] 这非常典型地表达了唐朝在重视正统地位的宋人心目中的恰切位置。与此对应的另一个经典性的描写，则集中在以激辩著称的清人王夫之的那部《读通鉴论》之中，他将唐朝的“三百载之祚”看作“汤、武革命，应乎天而顺乎人”的当下壮举，[③] 同样将唐朝置于中华血脉的主干系属予以彰显。这种话语也支配了19世纪后期以来诞生的新史学乃至当下的主流同道。[④] 其中最值得指出的就是陈寅恪，他从制度的角度论证了隋唐王朝合法地位存在的确切基础，[⑤] 此论一出，立刻衍变为中国学者有关这一问题的经典性表述而持续至今，内存的争议尚不足以瓦解其论点。然而在正统、合法性的框架内，欧美日的学者们（包括华裔学者）于最近的数十年中亦着眼于唐朝地位的北方草原即游牧社会的“外在性”要素所具有的促进作用。在他们看来，倘若忽视了北方因素，唐朝的整体性和盛世的到来则不可言喻。[⑥] 这是否如同“新清史”描写满洲贵族统治清朝的成功乃在于他们的“汉化”的解释有失偏颇而刻意强调其满洲的“特性”功能，本文虽不置论，但我的写作受激辩双方多层含义的启发则无需赘言。此文之撰述乃在于回应上述有关唐朝叙说话语的合理性存在及其内含的要素，并以此述及我对唐朝帝国“特性”的理解。

---

* 李鸿宾，中央民族大学历史文化学院教授。

① 本文中出现的“唐帝国”与“唐朝”的概念相同，只是出于表述的需要而有所区别，特此说明。有关这方面的论述众多，西文中有代表性的可参阅 S. A. M. Adshead, *T' ang China: The Rise of the East in World History*, New York: Palgrave Macmillan, 2004.

② （宋）曾公亮:《进唐书表》,《新唐书》卷后，中华书局 1975 年版，第 6471 页。

③ （清）王夫之:《读通鉴论》卷 20《唐高祖》，中华书局 1975 年版，第 571—572 页。

④ 这样的叙述多到无法计数的程度，但其话语的核心即建立在中原王朝本位的视角之上。

⑤ 这是陈寅恪《隋唐制度渊源略论稿》（中华书局 1963 年版）讨论的中心议题。

⑥ Sanping Chen, “The Legacy of the Tuoba Xianbei: The Tang Dynasty”, *Multicultural China in the Early Middle Ages*, Philadelphia: University of Pennsylvania Press, 2012, pp. 1 - 38.

一

诚如我在以往论文中讨论的那样，唐朝的特征之区别于秦、汉、宋、明这类传统所谓汉人为主体建构的王朝，就在于它统辖的地域和人群都超出了中原、汉人这类被视为中华正统的界限。贞观四年（630）唐廷征服东突厥及随后的西突厥之臣属，标明唐朝帝国兼具中原的华夏与北方草原的游牧两个迥然有别的系统。这样的壮举从秦始皇统一六国建立秦朝之后就有此意图而被汉武帝北上攻击匈奴所继承，但他们都不具备将长城南北汇聚到一个王朝之内的能力；北宋以后的汉人王朝更局促在长城地带或河西走廊的范围。虽然唐廷羁控草原东西腹地的时段不超出半个世纪，但它统合长城南北形成的农耕与游牧多种生计形态的复合型帝国的特征却由此形成。这是我们据以论述唐朝的特性所在。姚大力曾将中国王朝划分成秦汉确立的外儒内法的“专制君主官僚制”和“内亚边疆帝国”两种类型，[①] 虽没有具体翔实地论证其理据所在，但中原、草原构建的异质性地域与活动其上的农耕与游牧的群体这两种要素，无疑是据以判断王朝性质的重要因素。

事实上，这两个要素中，地域的差别决定了人群的差异。农耕人、游牧人之所以有差异，根本的是他们生活在不同的地区从事具有自身特点的生计活动。从那些依凭土地耕作的汉人角度看草原的游牧人，他们“随畜牧而转移”，“逐水草迁徙，毋城郭常处耕田之业……因射猎禽兽为生业，急则人习战攻以侵伐”养成的生活习俗，被视作是他们的“天性”而载于史册。[②] 这种天性、习俗在崇尚道德礼仪的汉人看来，不啻作为他们观念的对照物而被赋予了“野蛮”的属性，如此的书写至少充溢着二十四史所代表的官私史书，唐朝对游牧人的书写同样秉承了这个传统。如果剔除以自我为中心的道德性评价的成分，唐人对草原人的书写反映的正是他们的真实存在。[③] 他们的生活方式，是构成欧亚大陆南北两种生计形态的具体组成，又分别代表了这两种形态的特质。因为即使从欧亚大陆宏阔的角度立论，欧亚大陆东部不论是农耕的南方还是草原的北部，都以各自广阔的地域和庞大的人口（尤指农耕地区）构筑了幅员广阔的帝国和王朝而著称，这在中亚、南俄和东欧则实属罕见。

但对唐朝而言，导致它出兵征服东西突厥乃至周边其他势力的动机，则针对那些地带的由政权组成的群体势力。用唐太宗征讨高昌麴文泰的诏令说，就是“朕嗣膺景命，君临区夏，弘大道于四方，推至诚于万类……莫不革面内款，屈膝请吏，袭冠带于魏

---

① 参见姚大力《不再说“汉化”的旧故事——可以从“新清史”学习什么》，《东方早报·上海书评》2015 年 4 月 12 日。

② 《史记》卷 110《匈奴列传》。

③ 西文世界对草原游牧帝国的研究，经典性的成果可参阅 A. M. Khazanov 的 *Nomads and the Outside World*, Cambridge: Cambridge University Press, 1983；系统性的研究可参阅 Denis Sinor 主编的 *The Cambridge History of Early Inner Asia*, New York: Cambridge University Press, 1990；新近的研究可参阅 Nikolai N. Kradin 的“Nomadic Empires in Inner Asia”一文，Jan Bemmann, Michael Schmauder, eds., *Complexity of Interaction along the Eurasian Steppe Zone in the First Millennium CE*, Bonn: Vor-und Frühgeschichichtliche Archäologie Rheinische Friedrich-Wilhelms-Universität, pp. 11 –48.

阙，均贡赋于华壤”。[①] 征服的目的是“分珪组以授之；择肥饶之地，设州县以处之”,[②] 最终达致“抚临四极，悦近来远，追革前弊。要荒蕃服，宜与和亲”[③] 的内外有别而交相错落的强盛格局。这一格局就是以活跃在中原农耕地区汉人群体为王朝依托的核心与活动在周边外围地带的各族群体为附属的内外二重结构而呈现出来的。[④] 唐朝建国后在稳固本土内地的同时向周边开拓，它从东北和西北两翼伸展其军力并辅之以行政建置的举措，最终的目标则是控制北方草原的游牧势力，虽然在时间上进军西域腹地征服高昌国和挺向东北用兵高丽要晚于征服东突厥,[⑤] 这并不妨碍我们理解唐廷经营周边的整体战略。[⑥]

贞观四年（630）征服东突厥之后，唐廷就如何安置突厥降户相继召开会议进行讨论，伴随着激烈争议的结果，就是太宗采纳了中书令温彦博的意见，将突厥降户安置在长城沿线的羁縻府州，采取保留其土俗的方式让他们生活在中原的北部边地，其上层则集中到长安享受富贵荣华。[⑦] 唐廷对东北地区的用兵则针对高丽，最终联合新罗安定其地。贞观十四年（640）用兵数千里之遥的西域腹地剪灭高昌国，从而将触角伸向中亚内陆，这对唐朝而言既完善了控制草原的战略意图，又将唐廷与西域的联系建构起来。其战略意旨不可谓不鲜明。[⑧] 从军事战略的角度讲，唐朝在征服、剪灭与它争衡的薛举、窦建德、王世充、刘武周、梁师都、李轨、高开道等势力稳固中原核心地区之后,[⑨] 便展开了向中原四周地区的进攻，这贯穿了高祖李渊、太宗李世民乃至高宗李治的时代。随着草原、东北、西域等地势力的降附和归顺，内外一体化的政权结构得以确立。唐廷随之构筑了巩固以关中、中原为核心腹地的防御体系，这在初期军事上“内重外轻”的格局中最分明地体现出来。[⑩] 这个布局的实施，是唐朝攻势到一定程度开始布防稳定既有成果，然后再度展开攻势扩大战果，直至征服草原的纵深之地以达到极

---

① （宋）宋敏求编，洪丕谟等点校：《唐大诏令集》卷130《蕃夷·讨伐·讨高昌王麴文泰诏》，学林出版社1992年版，第643页。

② （宋）宋敏求编，洪丕谟等点校：《唐大诏令集》卷128《蕃夷·绥抚·突厥李思摩为可汗诏》，学林出版社1992年版，第635页。

③ （宋）宋敏求编，洪丕谟等点校：《唐大诏令集》卷128《蕃夷·绥抚·抚镇边陲诏》，学林出版社1992年版，第632页。

④ 参见拙文《中原与北部地区的共生关系——从长城谈起》，《民族史研究》第7辑，民族出版社2007年版，第61—79页；《王朝国家体系的构建与变更——以隋唐为例》，载孙家洲、刘后滨主编《汉唐盛世的历史解读——汉唐盛世学术研讨会论文集》，中国人民大学出版社2009年版，第165—175页；鲁西奇《中国历史的空间结构》，广西师范大学出版社2014年版，第180—198页。

⑤ 唐朝征服东突厥是在贞观四年（630），征服高昌国建立西州则是10年以后的事情；用兵高丽更迟至太宗当权的后期和高宗时代。

⑥ 参见雷家骥《从战略发展看唐朝节度使体制的创建》，此据唐代学会编《唐代研究论丛》第四辑，台北：新文丰出版股份有限公司1992年版，第253—318页。

⑦ 参见吴玉贵《突厥汗国与隋唐关系史研究》，中国社会科学出版社1998年版，第227—272页；拙著《唐朝朔方军研究——兼论唐廷与西北诸族的关系及其演变》，吉林人民出版社2000年版，第14—37页。

⑧ 参见张广达《唐灭高昌国后的西州形势》，载氏著《西域史地丛稿初编》，上海古籍出版社1995年版，第113—173页。

⑨ 《通典》卷197《边防十三》。

⑩ 参见康乐《唐代前期的边防》，硕士学位论文，台湾大学历史研究所，1976年，第11—52页。

限，又通过羁縻州县等行政措施的采纳予以强化，并建立都护府等体制加以保障。其特点可谓进攻当中有防守，防守之后再进攻，如此循环，构成了初期朝廷经营的战略。实际上，军事进攻背后隐藏的是国家政治发展的整体意图，而其意图一旦超越传统的农耕地区之外指向周边那些与它抗衡的政治势力（如突厥、高丽等）或与它联络交往的势力（如铁勒诸部等）或叛服不定的势力（如吐谷浑、党项等）的时候，这种政治意图就包含了唐廷与周边外族的相互关系了。究竟是唐廷将它们裹挟在一起置于王朝的控制之内，还是弃之而独存，这既取决于朝廷自身的意旨，也决定于双方（或多方）的角逐与较量，但无论如何，事情的性质已超越了单纯的军事争衡和政治的纵横捭阖而具有了中原的农耕人政权与周边的“异族”人政治体之间相互关联的意涵了。这便是唐朝攻防战略背后的真实意图。如此看来，唐廷向四周“异己”地区的开拓当中，它主要面对的是“异己”的群体和他们活动的地区，如上所言，这些群体之区别于汉人，乃决定于其生计方式与中原耕作的差别，但就唐廷四周的开拓而言，它主要的目标是那些被政治体包裹的群体，无论是与它抗衡的桀骜不驯的游牧人，还是主动降服的半农半牧者。这个时候，土地的重要性与其说在于它自身，不如说依托于活跃其上的群体了。

二

这个事例说明，唐廷征服四周或所谓开边拓土的行为，它针对的对象是周围的那些民族群体，尤其是与其抗衡的草原突厥人。那么现在的问题就是，唐朝为什么突破农耕的限度而向周边拓展呢？这便回到了前文提出的，即唐朝之区别于秦汉宋明这些传统中原王朝的特性所在的问题了。我在另一篇论文里对此的解释主要归咎于两个因素，一是中国王朝传统“普天之下莫非王土，率土之滨莫非王臣”大一统的思想促动使然，另一个则是唐朝统治集团北朝文化血脉（譬如“关陇集团”）的感召所致。[①] 这后一个要素尤值得我们注意。

北朝因素的影响，主要表现在政治体建设的前后沿承与政治集团的胡汉杂糅这两个层面之上。前者重点指明唐朝的政治体建构的渊源所在。从制度层面讲，按照陈寅恪的解释，隋唐的制度渊源包括北魏·北齐、南朝的梁陈和西魏·北周三个系统而以前者为要，这是因为北魏孝文帝及其子孙接受并采纳了汉·魏·西晋和东晋至南齐之间所发展变迁了的那套礼乐政刑的典章文物，转而又传承于北齐并汇聚成为一套齐备的制度性建设。除此之外，遭受永嘉之乱的西晋王朝秉承的制度和文化转往凉州之后，随着北魏征服其地，所谓的河西文化又输入并经孝文、宣武两代采择纳入也深刻地影响了北魏。[②] 陈寅恪的解释意在打破此前有关西魏·北周一脉的认识途径，关注隋唐制度渊源的汉魏正统性以强化隋唐自身的合法地位。这样的解释又被海峡两岸史学界的众多阐释所继承，虽然亦有不少修正和发展。[③]

---

① 参见拙文《唐朝的南北兼跨及其限域》，《中国边疆史地研究》2016 年第 2 期。

② 参见陈寅恪《隋唐制度渊源略论稿》，中华书局 1963 年版，第 1—2 页。

③ 参见王永兴《陈寅恪先生史学述略稿》，北京大学出版社 1998 年版，第 142—154 页；宋德熹《陈寅恪中古史探研——以〈隋唐制度渊源略论稿〉为例》，台北：稻乡出版社 1999 年版，第 3—6、20—26 页。有关河西一脉的研究，参见金发根《永嘉乱后北方的豪族》，台北：“中国”学术著作奖助委员会 1964 年版，第 133—146 页。

不过若以谷川道雄的说法为代表，他所描述的唐朝政治体的渊源则直接与北魏王朝的破败有关。在他看来，隋唐帝国的形成就是一个政治上再统一的过程，具体是通过北周吞并北齐、周隋革命，再到隋的南北统一这样的进程而实现的。促进这一进程的起点，就是北魏末期发生的内乱。形塑唐帝国的要素，他从民众与国家两个角度予以分析。在民众这一层面内，又以胡系部落民地位的丧失与重新崛起、汉人贵族势力参与政权的建设所形成的胡汉关系的调整、博弈的活动而展现出来，他们最终与国家政权的建构融为一体。国家的使命“就在于调和军事与生产、胡族与汉族、统治者与被统治者等相互对立的关系，并建立一个公共的世界”，① 唐朝就是融合塞外的胡系与中原传统的汉系文化要素建构起来，因此它就具有了超越传统中原王朝的世界性帝国的特质。②

与唐朝兼纳南北政治体相伴随的则是胡汉杂糅的政治集团的抟成。传世文献中常以朱熹的那句“唐源流出于夷狄，故闺门失礼之事不以为异”作为刻画唐朝有别于中华正朔的典型写照。③ 从唐初皇室婚配的角度考察，其女性鲜卑拓跋胡系身份的特征，常常成为史家断定胡汉融合的理据。正如陈寅恪所说“若以女系母统言之，唐代创业及初期君主，如高祖之母为独孤氏，太宗之母为窦氏，即纥豆陵氏，高宗之母为长孙氏，皆是胡种，而非汉族。故李唐皇室之女系母统杂有胡族血胤，世所共知”。④ 他以唐人柳芳列举胡汉大族地望为通例，阐释唐初社会婚姻观念与地域及门族渊源之差异，试图揭示唐初宗室之婚姻与关陇集团隐匿的代北之特性，⑤ 足以表明太宗内廷的胡汉杂糅展现出的北方胡系文化与血脉之相貌。

另一个典型的案例则是人们熟知的太宗长子李承乾的举动，文献说他“学胡人椎髻，剪彩为舞衣，寻橦跳剑，鼓鞞声通昼夜不绝”，“又好突厥言及所服，选貌类胡者，被以羊裘，辫发，五人建一落，张毡舍，造五狼头纛，分戟为阵，系幡旗，设穹庐自居，使诸部敛羊以烹，抽佩刀割肉相啖。承乾身作可汗死，使众号哭剺面，奔马环临之”。这一段记载出自《新唐书》。⑥ 值得指出的是，《旧唐书》对此类活动的记述则轻描淡写，⑦ 两相对照，这似乎表明宋朝作者之关注李承乾胡系风习的恋向，乃在于强化其行为已构成了与中华传统的疏离并赋予了其道德“乖离”的特性，似属宋人王朝正统观念强化的彰显。⑧ 不过根据学者的新近研究，李承乾这种突厥习性的表现，在唐太宗身上同样存在，且很鲜明。在他们看来，至少唐玄宗以前的皇帝都不同程度地保有拓

① ［日］谷川道雄：《隋唐帝国形成史论》，李济沧译，上海古籍出版社2004年版，第13页。

② 从北魏衍化成为隋唐这一体系被日本学者称为“拓跋国家”并被此领域之外的学术研究所承袭。参见［日］杉山正明《蒙古颠覆世界史》，周俊宇译，生活·读书·新知三联书店2016年版，第47、49页。

③ （宋）黎靖德：《朱子语类》卷136《历代类三》，王星贤点校，中华书局1986年版，第3245页。

④ 陈寅恪：《唐代政治史述论稿》，上海古籍出版社1982年版，第1页。

⑤ 陈寅恪：《记唐代之李武韦杨婚姻集团》，载氏著《金明馆丛稿初编》，上海古籍出版社1980年版，第237—263页。

⑥ 《新唐书》卷80《太宗诸子·李承乾传》。

⑦ 《旧唐书》卷76《太宗诸子·李承乾传》。

⑧ 有关这方面的讨论，可参见刘浦江《“五德终始”说之终结——兼论宋代以降传统政治文化的嬗变》，《中国社会科学》2006年第2期。

跋、突厥文化习性的痕迹或受其影响；而太宗发动玄武门之变导致兄弟残杀，与游牧贵族争权夺利的宫廷内斗则有异曲同工之妙。① 唐初宫廷的这种特性，直接承袭于北朝的宫廷政治传统，那就是胡汉各系通过联姻、家族分合等形式主掌宫廷政治，进而衍化出北朝特有的胡汉杂糅的王朝国家的运作方式，② 以至于被学者冠以“后游牧体系”的称谓。③

与宫廷宗室胡汉文化血脉交杂相伴随的，则是北朝隋唐政权嬗替过程中传统大族与虏姓大族通过参与政权而影响社会的势力的浮现。这里的传统大族是指以应对北朝胡汉政权的建构并与之打交道的那些旧有势力，多分布在中原北方；虏姓大族则是随着这些王朝于中原建立政权而活跃在朝野内外的非汉系势力，其中的一个重要源溯当与魏孝文帝汉化改革中将鲜卑贵族遽升等次的诏令密切相关。其令中自称：“代人诸胄，先无姓族，虽功贤之胤，混然未分。故官达者位极公卿，其功衰之亲，仍居猥任。比欲制定姓族，事多未就，且宜甄擢，随时渐铨……凡此定姓族者，皆列具由来，直拟姓族以呈闻。”④ 自此以后，鲜卑拓跋的统治势力遂以官职的授予将其上层仿照中原的文化传统渐次形成具有政治和社会威望的大族势力，并与中原旧族构成了北朝至隋唐（初期）王朝政权的支配性力量。大族势力之所以重要，就在于他们是以少数人组成的统治集团建立王朝国家之后维系政治运作和社会秩序的支撑者，倘若缺少了他们的拥护，政权的维系是否可能，还真是个未知数！⑤ 按照毛汉光的解释，北朝政权中的胡汉大族势力，大致呈现出前者由社会性转变为政治性、由地方性蜕变为中央化的趋势，后者亦朝向中央化的发展。⑥ 不论是传统士族还是虏姓贵族，在唐初及以前的时代，他们具有的影响力与参与朝廷政治的活动直接关联，⑦ 这与南方大族广具社会影响力颇有差异。⑧

---

① Sanping Chen, “The Legacy of the Tuoba Xianbei: The Tang Dynasty”, *Multicultural China in the Early Middle Ages*, Philadelphia: University of Pennsylvania Press, 2012, pp. 1 - 38.

② Jennifer Holmgren, “The Harem in Northern Wei Politics, 398 - 498 AD”, *Journal of the Economic and Social History of the Orient*, Leiden: E. J. Brill, 26, 1983. “Family, Marriage and Political Power in Sixth-Century China: A Study of the Kao Family of Northern Ch’ I, c. 520 - 550”, *Journal of Asian History*, Wiesbaden: Otto Harrassowitz, 16, 1982. *Marriage, Kinship and Power in Northern China*, Great Britain: Variorum, 1995, pp. 71 - 96; 1 - 50.

③ Joseph Fletcher, “Bloody Tannistry: Authority and Succession in the Ottoman, Indian Muslim and Later Chinese Dynasties”, conference paper to Conference on the Theory of Democracy and Popular Participation, Italy: Bellagio, 1978, p. 66.

④ 《魏书》卷113《官氏志》。

⑤ 参见毛汉光《中古统治阶层之社会基础》，此据氏著《中国中古社会史论》，上海书店出版社2002年版，第3—32页。

⑥ 参见毛汉光《中古士族性质之演变》《从士族籍贯迁移看唐代士族之中央化》，此据氏著《中国中古社会史论》，上海书店出版社2002年版，第70—105、234—333页。

⑦ 参见宋德熹《试论唐代前期的代北外戚家族——以独孤氏、窦氏及长孙氏为例》，此据氏著《唐史识小——社会与文化的探索》，台北：稻乡出版社2009年版，第89—133页；拙文《唐贺拔亮家族汉化取径之研究——〈唐贺拔亮墓志〉诸问题》，载《唐研究（第十七卷）》，北京大学出版社2011年版，第455—480页。

⑧ 参见陈爽《世家大族与北朝政治》，中国社会科学出版社1998年版，第189—212页。

三

正是在一体化意识的促动和北方胡系思想意识、血脉关系的支配下，唐朝在稳定中原内地（势力）的同时和随后，又向中原周边和外围地带推进，尤其指向自古以来就成为中原王朝心结的广漠草原。这是我们据以论述唐朝建构兼跨长城南北农耕游牧两大迥然有别地域的国家的依凭。蒲立本在分析中原王朝与草原帝国的关系时列举出三种类型，其一是双方依凭自身而形成的对峙状态，其二是中原王朝试图将对手消除或至少置于自己的从属地位，其三则是游牧政权同样试图将中原置于自己的控制之下。他认为唐太宗的举措超越了上述范围，从而将中原与游牧双方共处于一个王朝之内相互分享而非对抗。[①] 这段时期就是贞观四年（630）太宗派军征服东突厥及随后高宗平定西突厥至调露元年（679）以后突厥重新复国的阶段。其特点是草原处于唐廷的控制之下，唐采取羁縻府州的行政建置、外加都护府的军政机构予以配合进行统辖。以军事拓展并建立行政机构，又以军政设施支撑，向来是汉人王朝经营周边地区的老办法，[②] 唐朝一仍其旧，但在地域和人群的统辖程度上则超越了古人而彰显于世。

在这个举措中，作为中原农耕王朝的北部旨在防御游牧势力进攻的长城地带，其边缘特性就随着草原纵深之地被纳入到朝廷的统辖之内而失去了意义，进而构成了唐廷治理的行政州县的组合。关于这个措置，如上文所述，唐廷于征服东突厥之后，将其降户安置在灵州（治回乐，今宁夏吴忠西）至幽州（治蓟县，今北京城南）之间的长城沿线，其上层多集中于长安并任职于朝廷。[③] 长城地带边缘特性的丧失，意味着农耕王朝“单一”属性被双向或多项属性的王朝所替代。突破农耕王朝的单一性，是我们赋予唐朝立国宏远或如上文被学者称为“世界帝国”的意涵所在。由于将草原与中原并置在一个王朝的统辖之内，夹处二者之间的所谓“边缘”的长城地带，就不再具有边缘的特性了，相反，它则起到了如同拉铁摩尔称谓的交往的中心而发挥着“贮存地”的作用，[④] 具备了沟通南部的中原与北部的草原之间的联系、交往的功能（当然亦包含沟通东西的作用）。然而50年的历程也不能否认这种一体化局面“昙花一现”的局促。文献和碑刻的记载将其视作突厥群起反抗唐廷的统治，以及后者派兵镇压不利导致的复国，[⑤] 这固然有据，但从内层因素考量，应当与突厥族群的文化特质及其建立在游牧生计的方式与汉人耕作为主的文化精神及其依托的生计内存的矛盾与张力舒缓的不畅具有直接关系。不论是所谓的“胡焕庸线”关注的人口分布，还是历史地理学家探索的农

---

① Edwin G. Pulleyblank, “The An Lu-shan Rebellion and the Origins of Chronic Militarism in Late T'ang China”, in John Curtis Perry and Bardwell L. Smith, eds., *Essays on T'ang Society: The Interplay of Social, Political and Economic Forces*, Leiden: E. J. Brill, 1976, pp. 32 – 60.

② 参见拙文《唐朝北部疆域的变迁——兼论疆域问题的本质与属性》，《中国边疆史地研究》2014年第2期。

③ 参见《资治通鉴》卷193，唐太宗贞观四年（630）四月、五月条。

④ 参见［美］拉铁摩尔《中国的亚洲内陆边疆》，唐晓峰译，江苏人民出版社2010年版，第169—172、323—327、347—348页。

⑤ 参见耿世民《古代突厥文碑铭研究》，中央民族大学出版社2005年版，第92—176页；吴玉贵《突厥第二汗国汉文史料编年辑考》，中华书局2009年版，第445—499页。

耕、游牧的分布,[①] 自东北至西南所呈现的东西两个地理部分构成的单元，其各自的农耕、游牧的生计方式，彼此的构成均不能以与对方的兼纳为条件，换言之，农业的耕作与草原的游牧不可兼容，如果要兼容，势必以吞没对方为前提。譬如“秦灭六国，而始皇帝使蒙恬将十万之众北击胡，悉收河南地。因河为塞，筑四十四县城临河，徙适戍以充之”,[②] 秦朝向北推进设立的九原、榆中、云中、上谷、渔阳诸郡，均以军队为开拔、继之以移民并行政建设为手段，将匈奴人或北方其他土地占为己有。[③] 伴随秦朝攻占这些地域的生产方式，就是游牧或半农半牧的生计被农耕垦田的生计所替换。正是农耕、游牧二者的不可兼纳，生活于其上的民族群体各自形成的生活习俗、思想观念乃至自我认同等也颇多差异，相互之间一旦接触、碰撞，其冲突的一面遂由隐而显，张力紧绷。这是我们了解历史上二者之关系的基础背景。

如上所述，长城南北若统辖在一个王朝之内，也就意味着长城地带边缘特性的丧失。唐朝具备了统辖南北的能力并加以实施，但却没有能力长久维持住。[④] 当突厥帝国重新崛起于草原的时候，长城地带作为农耕王朝的边缘特性又恢复了。[⑤] 边缘特性恢复的背后，隐藏的就是上文述及的两种不相兼容的生计方式及其建构于此的族群文化、意识的相互冲撞，单凭行政性的建置诸如被人称道的羁縻府州的包容性对待,[⑥] 并不能长久、持续性地解决，军事武力的镇压反而激起了更大规模的对抗。突厥复兴与唐廷镇服的这一系列举措，均表明唐廷尚未达到将那些外在的草原政治势力长久地维系并控制在自己范围的程度。但这50年的成功维系，它所具有的含括性意义则突破了秦始皇建国北上攻入草原、汉武帝征服匈奴而未果的限度，它宣告了农耕地带汉人王朝凭借实力突进草原羁控游牧势力构建多元文化、多族于一体化王朝国家的努力进入到实质性阶段的成功。[⑦] 可惜的是，它后面的汉人王朝，不论是宋太祖、宋太宗率兵进攻契丹的辽，还是明太祖、明成祖北上草原征讨残元势力，都以持续性的失败而告结。这似乎说明，“纯粹”的汉人王朝倘若再度重现唐太宗、唐高宗那般推向农耕周围尤其指向草原游牧势力将他们整合进入自身王朝的局面，至少后期各个汉人建构的王朝并未达成。北宋和明朝初期的统治集团不是没有做过尝试和努力，但是留给后人的记载是“遗恨终身”的败绩；南宋朝廷建立的本身则是金兵潮涌般南下而放弃中原的结果，更遑论旨向周边的开拓！

---

① 参见史念海《隋唐时期农牧地区的变迁及其对王朝盛衰的影响》，此据氏著《唐代历史地理研究》，中国社会科学出版社1998年版，第250—271页。

② 《史记》卷110《匈奴列传》。

③ 这反映了农耕政权向北推进的一般套路。参见［美］狄宇宙《古代中国与其强邻：东亚历史上游牧力量的兴起》，贺严、高书文译，中国社会科学出版社2010年版，第170—186页。

④ 参见拙文《唐朝的南北兼跨及其限域》，《中国边疆史地研究》2016年第2期。

⑤ 如果从草原（帝国）的角度观察，长城地带也是它们的南部边缘。参见［美］拉铁摩尔《中国的亚洲内陆边疆》，唐晓峰译，江苏人民出版社2010年版，第308—311、323—327页。

⑥ 参见拙著《唐朝朔方军研究——兼论唐廷与西北诸族的关系及其演变》，吉林人民出版社2000年版，第32—37页。

⑦ 衫山正明将兼跨多地域、多族群形塑的前期唐朝冠以“帝国”的称号，“安史之乱”后的萎缩则将其由帝国蜕变成为“王国”了。参见氏著《蒙古颠覆世界史》，周俊宇译，生活·读书·新知三联书店2016年版，第217页。

将草原与中原纳入一个王朝并进行长时段有效统辖的任务，后来的事实表明，最终落在中原以外（若以中原为轴心则称为“周边地带”）的那些势力的肩头之上了：先是由蒙古贵族建立的元，继之由起家于东北的满族贵族建构的清王朝而传成。[①] 不过，较之于汉唐宋明而言，这两个王朝的统治集团随其汉人以外之族群的特质，其王朝建构初始的主体性和认同性，均立基于蒙古贵族或满洲贵族的群体之上，形成的是以蒙古、满洲群体为中心的意识和价值系统。在成吉思汗和他的子嗣征服草原内外直至向周边远域开拓之时，他们要建构的是那个时代的世界性帝国，[②] 直到忽必烈将重心转成以大都北京为统辖的核心，草原的游牧帝国遂与中原的王统合而为一，纳入到了中原传统的王朝规则之中。[③] 就此而言，蒙元帝国的发展史，从中原传统政治的角度立论，是一部草原中心本位的主体性向中原中心的主体性王朝转变的发展史。在这个过程之中，草原游牧与中原农耕的主体性同时并存，[④] 但随其发展与旨向自北而南的转移，草原主体性的退缩与中原主体性的伸张亦成为趋向。然而终其一朝，前者并未被后者所替代，换言之，双主体性始终与王朝相伴，蒙古贵族统治的主体性问题所蕴藏的南北游牧农耕、蒙汉族群的张力与矛盾并未化解，所以他们获得中原认同的程度和范围亦未能普及（这似乎可以解释元朝存续不足百年的背后因缘），最终的结局就是以王朝的更替强硬处置，但这又将局面推向了南北对峙的老路之上。

与此对照，从关外进入明朝腹地的满洲军队，经过维系北京为都城并成功剿灭各地反抗势力的努力之后，清朝的统辖重心随之从关外转入内地；复历康雍乾三朝内外持续的经营，内外蒙古、青藏高原与西域腹地乃至云贵高原等地的拷入，涵括中原与周边二重地缘格局及活跃其上的众多民族构成的王朝框架，被有效地确立起来了。清朝统辖时限的长度及王朝统合凝聚的力度，较诸蒙元帝国与前文涉及的唐朝的50年南北一体化之格局，无论从族群、地域、思想意识还是文化建构考量，均超越前此而臻于鼎盛。如果这个说法能够成立，那么清朝的东西南北合而为一的局面在王朝制下的形成，无疑是中国古典时代功成名就的典范。有关这方面的研究，成果汗牛充栋。我们所关注的还是上文言及的满洲贵族统治集团内含的自我与中华传统遗存的双（多）主体性的并存及其矛盾、张力的化解问题：当满洲贵族作为统治势力入主中原建构王朝的前后，他们自存的主体性与作为统辖包括中原在内的各地区固有的主体性之间的关系如何调整或处理，就成为他们自身与所在地区各民族共同面临的问题了。简括而言，充满政治能量的满洲贵族以自我为核心的主体意识，无疑是促成他们挺向中原和周边诸地建构王朝帝国的思想动力；与此对应，包含中原与周边各地的群体及反映其利益的政治势力，无疑亦有各自的主体性认同的意识。满洲贵族主宰的清朝的建立、稳固的维系和统辖的延续，面对的核心要务，就是怎么处理和解决各自存在的主体性之间的张力。清史学界长久议

---

① 参见［日］衫山正明《蒙古颠覆世界史》，周俊宇译，生活·读书·新知三联书店2016年版，第121、162、164—166页。

② 参见［日］衫山正明《蒙古帝国的兴亡》，孙越译，社会科学文献出版社2015年版，第46—74页。

③ 参见姚大力《怎样看待蒙古帝国与元代中国的关系》，载张志强主编《重新讲述蒙元史》，生活·读书·新知三联书店2016年版，第20—29页。

④ 我将之称为“双主体性”。

论的皇帝口中“满语骑射”传统的保持与儒家文化的教化二者并存的矛盾之化解，一直是清朝统治集团的纠结所在。[①] 虽然这个问题终其一朝未能消泯，但我们并没有看到清末、民国嬗替过程中那种你死我活的族群冲突。这似乎从某种程度上表明，清朝在构筑中华王朝帝国267年的经营努力中，其内存的农耕、游牧多种生计形态衍生的异质性的多族群聚集在一个行政框架内的践行，其成功的概率在王朝的范围内，是前无古人的。

论述至此，我们再回过头来审视前期的唐朝，那南北兼跨50年成功尝试的遗产，被后来所接续的则是源自草原和东北边鄙的汉人以外的群体及其政治势力。唐朝构筑的跨越长城南北多重性王朝帝国的意义就在于，它既继承了秦汉以来的汉人王朝的传统，又超越了这个畛域。整体而言，虽然它羼入了浓厚的北方异质性要素，但这并没有遮盖其中原的核心体脉。它所构建的跨越性局面持续的时间虽然有限，却为后来的王朝开发奠定了新的基础，这个“新传统”被蒙古、满族势力所承接，构建出的跨越型王朝最终将中国抟成一个集权而一统化的帝国。联系到欧亚大陆东部北方游牧势力与南部农耕王朝自身的嬗替而呈现的两条并行的发展演变的轨迹，[②] 我们可以清晰地看到，唐朝首次将这两条线索的内容抟合成为一体并持续了半个世纪之久，使它的农耕帝国兼具了草原的内亚特性，[③] 这一新传统经元、清的承袭和发展而将局面持续，特别是康雍乾的多次改造和重建，以往的草原内亚与中原农耕的畛域及其观念遂逐渐消解而不再成为王朝之内不可调和的矛盾了。就此而言，正是有“内亚边疆帝国”模式的参与，中国王朝才突破了所谓“专制君主官僚制”的窠臼而得以扩展，形塑了东方巨型的王朝体系。[④]

（原载《学术月刊》2017 年第 2 期）

① 这也构成了美国“新清史”学者与华夷（尤指何炳棣等）及中国大陆、台湾学者学术纷争的中心议题。

② Sechin Jagchid and Van Jay Symons, *Peace*, *War*, *and Trade along the Great Wall*: *Nomadic-Chinese Interaction through Two Millennia*, Bloomington and Indianapolis: Indiana University Press, 1989, pp. 1 – 23. Denis Sinored. , *The Cambridge History of Early Inner Asia*, New York: Cambridge University Press, 1994, pp. 12 – 13.

③ 参见罗新《内亚传统的连续性与中国历史的内亚性》，载氏著《黑毡上的北魏皇帝》，海豚出版社 2014 年版，第 66—74 页。

④ 参见姚大力《推荐序：一段与“唐宋变革”相并行的故事》，载［日］衫山正明《疾驰的草原征服者：辽西夏金元》，乌兰、乌日娜译，广西师范大学出版社 2014 年版，第ⅶ页。

牧场与契丹人的政治

杨　军*

对于从事游牧的辽朝统治民族契丹人来说，牧场显然具有极其特殊的意义，对契丹人的政治亦发挥着深层次的影响，但对此问题学界较少涉及，故本文试陈一得之愚，以期引起学界方家对此问题的关注。

一

欧阳修《新五代史》卷72《四夷附录》称阿保机：“以其所居横帐地名为姓，曰世里。世里，译者谓之耶律。”① 《辽史》卷116《国语解》：“有谓始兴之地曰世里，译者以世里为耶律，故国族皆以耶律为姓。……其说与纪不合，故陈大任不取。”② 称金人陈大任《辽史》不取此说，却未记载陈大任的说法。《辽史》卷37《地理志》祖州天成军：“本辽右八部世没里地。”③ 显然脱“里”字，应为“本辽右八部世（里）没里地”。可见《辽史》正文也是接受欧阳修的观点，以“世里没里”为地名的。④ 即阿保机家族世居“世里没里”地，“世里没里”也可以省称“世里”。

学界通常认为，“世里”为“耶律”的不同音译，恐怕是出于对欧阳修《新五代史》的误解。《辽史》卷32《营卫志》：“三耶律：一曰大贺，二曰遥辇，三曰世里，即皇族也。”⑤ 耶律与世里两个契丹语辞内涵不同，耶律涵盖大贺、遥辇、世里，其原始意义不详，在此处是指辽朝的“皇族”。而世里则是阿保机家族的姓氏，显然源自其

---

* 杨军，吉林大学文学院教授，博士生导师，历史学博士。

① 《新五代史》卷72《四夷附录》，中华书局1974年版，第888页。

② 《辽史》卷116《国语解》，中华书局1975年版，第1534页。

③ 《辽史》卷37《地理志》，第442页。中华书局标点本校勘记疑“右八部”为“右大部”之误，实则“辽右”为专有名词，指辽西。《宋书》卷96《鲜卑吐谷浑传》，吐谷浑说：“我乃祖以来，树德辽右。”即以辽右指辽西。《辽史》的“辽右八部”即“辽西八部”，应是契丹八部的别称。

④ （宋）叶隆礼《契丹国志》卷23《族姓原始》正文：“以所居之地名曰世里著姓。世里者，上京东二百里地名也。”原注：“今有世里没里，以汉语译之，谓之耶律氏。”亦以世里为地名，并称其地在“上京东二百里”。（宋）曾公亮《武经总要前集》卷22《上京四面诸州》祖州“北至上京四十里”；《辽史》卷37《地理志》引《薛映记》，长泰馆“馆西二十里有佛舍、民居，即祖州。又四十里至临潢府”。皆可证上京临潢府至祖州约40里。按《契丹国志》所载里程，则世里地不在祖州。《辽史》卷37《地理志》祖州天成军条记载，阿保机的曾、高、祖、父皆生于祖州，可证祖州才是阿保机家族世代居住的“世里”地。《契丹国志》所载里程有误。

⑤ 《辽史》卷32《营卫志》，第381页。

世居地的地名，欧阳修称阿保机“以其所居横帐地名为姓，曰世里”，即可证明这一点。因此，欧阳修接下来所说“世里，译者谓之耶律”，意思不是世里也可以音译为耶律，而是“译者”，就是担任翻译的人，通常称世里家族的人为耶律，即称其为皇族。这应是一种尊称，参之《辽史·营卫志》可知，大贺、遥辇、世里三族皆可贯以这一尊称，尽管大贺、遥辇实际上并不是辽朝的皇族。由此看来，阿保机家族本姓世里，后因被尊称为皇族耶律，而且其是真正的辽朝皇族，故改以耶律为姓。乌拉熙春、金适认为，“耶律”的契丹语原型作 yalut，“世里”的契丹语原型作 shiri。① 世里显然不是耶律的不同译写。

欧阳修《新五代史》：“没里者，河也。”② 世里没里即世里河。作为地域名，世里没里或世里，应指这条河流经的地方，即世里河流域。有学者认为，世里没里与蒙古语之西喇木伦相合，③ 其说恐不能成立。《契丹国志》卷首《契丹国初兴本末》称：“袅罗个没里，复名女古没里者……华言所谓潢河是也。”④ 西喇木伦河在辽代称袅罗个没里、女古没里，汉译为潢河。《辽史》卷116《国语解》：“女古，金也。”⑤ 由此推测，袅罗个应义为“黄”，袅罗个没里、女古没里，是黄色的河、金色的河的意思，译为汉语即黄河，史籍中写为“潢河”，是为区别于中原的黄河。蒙古语西喇木伦，仍是“黄河”之义，对应契丹语的袅罗个，而非世里。显然世里河并非西喇木伦河，从辽代皇族往往被封为漆水郡王推测，世里河汉语译名可能即“漆水”。

《辽史》卷32《营卫志》引《旧志》：“契丹之初，草居野次，靡有定所。至涅里始制部族，各有分地。”⑥ 涅里以后，契丹部族各有固定的游牧区域，即其“分地”“所居地”，则“契丹部族，本无姓氏，惟各以所居地名呼之”，⑦ 只能是涅里以后的事情。阿保机家族世居世里河流域，应是自涅里开始的。从《辽史》的记载来看，“雅里（即涅里）生毗牒，毗牒生颏领，颏领生耨里思”，以下是肃祖、懿祖、玄祖、德祖四代，至阿保机为9代人，在此期间，遥辇氏共历9位可汗。⑧ 可见自涅里至阿保机经历了9代人的时间，因其一直居住在世里河流域，涅里家族才被称为世里。

《金史》卷44《兵志》：“金初因辽诸抹而置群牧，抹之为言无蚊蚋、美水草之地

---

① 乌拉熙春、金适：《从满文〈辽史〉的误译谈起——以“都菴山”和“陶猥思氏族部”为中心》，《沈阳故宫博物院院刊》2007年第2期。

② 《新五代史》卷72《四夷附录》，第885—886页。

③ 即实：《契丹耶律姓新探》，《社会科学辑刊》1998年第4期。

④ （宋）叶隆礼：《契丹国志》卷首《契丹国初兴本末》，贾敬颜、林荣贵点校，上海古籍出版社1985年版，第1页。

⑤ 《辽史》卷116《国语解》，第1544页。

⑥ 《辽史》卷32《营卫志》，第377页。所引《旧志》即耶律俨《实录》，参见杨军《耶律俨〈皇朝实录〉与〈辽史〉》，《史学史研究》2011年第3期。

⑦ （宋）叶隆礼：《契丹国志》卷23《族姓原始》，第221页。

⑧ 《辽史》卷2《太祖纪》“赞”，第24页。《辽史》卷45《百官志》遥辇九帐大常衮司：“掌遥辇洼可汗、阻午可汗、胡剌可汗、苏可汗、鲜质可汗、昭古可汗、耶澜可汗、巴剌可汗、痕德堇可汗九世宫分之事。”（第711页）

也。"[①]"抹"即《辽史》之"抹里"。[②]"抹里""没里"音同，应源自同一契丹语辞。将两者结合分析，抹里（没里），在契丹语中，本义是指河、河流经过的地方，即流域；因草原上诸河流经的地方往往都是优质牧场，后来引申为"无蚊蚋、美水草之地"，即优质牧场。涅里在划定契丹各部"分地"的时候，将世里河流域的优质牧场留给了自己，这是后代耶律氏兴盛的根源。《辽史》卷1《太祖纪》称阿保机为"契丹迭剌部霞濑益石烈乡耶律弥里人",[③] 阿保机家族本姓世里，故此处应为"世里弥里"，弥里即抹里（没里）的不同译写。[④] 是契丹人的基层社会组织。契丹小字碑刻中经常出现的，学界通常译为族系、家族，读作 ko li,[⑤] 抹里、弥里都是此契丹语辞的不同汉字译写方式。

在涅里划定各部"分地"之后，契丹部族与特定地域相联系，致使指优质牧场的抹里一词成为契丹基层社会组织的名称。可见，契丹原有的部落组织开始具有明显的地缘性，这是契丹人向国家演进的前奏。优质牧场即基层社会组织，掌握牧场分配权的家族后来发展为皇族，皆反映出牧场对契丹人的重要意义。

二

《辽史》卷33《营卫志》记载，阻午可汗重组契丹八部时，迭剌部"凡六营"，从中分出乙室部，乌隗部"其先曰撒里卜，与其兄涅勒同营，阻午可汗析为二：撒里卜为乌隗部，涅勒为涅剌部"；突吕不部"其先曰塔古里，领三营。阻午可汗命分其一与弟航斡为突举部；塔古里得其二，更为突吕不部"；品、楮特二部，都是"阻午可汗以其营为部"。[⑥] 所谓"营"，即契丹部落的下一级组织石烈，可能是"石烈"一词的意译。[⑦] 此时契丹八部仅残存出自5个部落的12个石烈，出自迭剌一系的石烈有6个，占半数，因此迭剌部的涅里才有实力拥立阻午可汗。在此背景下，涅里划定各部"分地"。可以想见，契丹故地的优质牧场必然多为迭剌部占据，这才是"迭剌部终遥辇之世，强不可制"的根本原因。[⑧]

据《辽史》卷1《太祖纪》，阿保机平定诸弟之乱时，"六月辛巳，至榆岭，以辖赖县人扫古非法残民，磔之。甲申，上登都庵山，抚其先世奇首可汗遗迹"。[⑨]《辽史》卷1《太祖纪》称阿保机为"霞濑益石烈乡耶律弥里人"，中华书局标点本校勘记认

---

① 《金史》卷44《兵志》，中华书局1975年版，第1004页。

② 张国庆：《辽代牧、农经济区域的分布与变迁》，《民族研究》2004年第4期。

③ 《辽史》卷1《太祖纪》，第1页。

④ ［日］白鸟库吉：《白鸟库吉全集》第4卷《东胡民族考》，东京：岩波书店1970年版，第271页。

⑤ 刘凤翥、唐彩兰、青格勒编著：《辽上京地区出土的辽代碑刻汇辑》，社会科学文献出版社2009年版，第493页。关于该词的读音，参见同书第451页附录2《部分契丹原字音值的构拟》。

⑥ 《辽史》卷33《营卫志》，第384—386页。

⑦ 参见杨军《契丹部族组织中的石烈》，《黑龙江社会科学》2011年第6期。

⑧ 《辽史》卷32《营卫志》，第381页。

⑨ 《辽史》卷1《太祖纪》，第8页。

为："下文太祖七年六月辖赖县、《营卫志》下六院部辖懒石烈，均此名异译。乡字衍。"① 则辖赖、霞濑益、辖懒为同一契丹语辞的不同译写，皆指迭剌部所属的一个石烈，阿保机家族即属于此石烈。涅里—阿保机家族以奇首可汗为始祖，"奇首生都庵山，徙潢河之滨，传至雅里"，② 亦有石刻资料印证，《耶律羽之墓志铭》："其先宗分佶首，派出石槐。"③ "佶首"即"奇首"。涅里划"分地"时，自然不可能将其始祖出生之地划给其他部或石烈，显然都庵山一带也在霞濑益石烈的"分地"之内。由此可见，诸弟之乱基本上是在迭剌部霞濑益石烈的"分地"内进行的，参之《辽史》卷37《地理志》龙化州："契丹始祖奇首可汗居此。"④ 可证龙化州一带亦是霞濑益石烈的"分地"，可见霞濑益石烈占据牧场的广大。

在平定诸弟之乱后，阿保机曾感叹："民间昔有万马，今皆徒步。"美国学者丹尼斯·塞诺估计："一片较为高产的草原，十英亩面积可供一头牲畜吃一个月。"⑤ 霞濑益石烈鼎盛时"有万马"，则每个月至少需要10万英亩草场，折合60余万亩。如果考虑到契丹人放牧的羊、牛等牲畜总量要多于马，那么，霞濑益石烈占据的优质牧场至少亦在百万亩以上。诸弟之乱对霞濑益石烈内部造成的经济破坏是否有阿保机说的那么严重姑且不论，平定叛乱后，"有司上诸帐族与谋逆者三百余人罪状，皆弃市"，帐族即[illegible]，⑥ 即弥里，阿保机对霞濑益石烈内部诸弥里进行清洗，被杀的300余人显然皆出于强宗大姓，肯定是牧场的拥有者，此举使得阿保机不仅在政治上镇压了反对势力，还因此将霞濑益石烈的百万亩以上的优质牧场大多据为己有。至此，阿保机的兴起已成不可逆转之势。

关于斡鲁朵的始建时间，《辽史》记载自相矛盾。卷35《兵卫志》："太祖以迭剌部受禅，分本部为五院、六院，统以皇族，而亲卫缺然，乃立斡鲁朵法。"⑦ 认为是在迭剌部为五院部、六院部之后，更在平定诸弟之乱以后。卷73《耶律曷鲁传》："太祖宫行营始置腹心部，选诸部豪健二千余充之，以曷鲁及萧敌鲁总焉。已而诸弟之乱作，太祖命曷鲁总领军事，讨平之，以功为迭剌部夷离堇。"⑧ 认为是在诸弟之乱以前。关于早期斡鲁朵的兵数，《辽史》记载也不一致。卷73《萧阿古只传》："与敌鲁总腹心部。"⑨ 在剌葛之乱中，"淳钦皇后军黑山，阻险自固。太祖方经略奚地，命萧阿古只统百骑往卫之"。⑩ 阿古只所统仅"百骑"。卷46《百官志》南皮室详稳司条"初，太祖

---

① 《辽史》卷1《太祖纪》校勘记［一］，第13页。

② 《辽史》卷1《太祖纪》"赞"，第24页。

③ 邢明远：《耶律羽之墓志铭》，见盖之庸《耶律羽之墓志铭考证》，《北方文物》2001年第1期。

④ 《辽史》卷37《地理志》，第447页。

⑤ ［美］丹尼斯·塞诺：《丹尼斯·塞诺内亚研究文选》，北京大学历史系民族史教研室译，中华书局2006年版，第118页。

⑥ 刘浦江：《辽朝"横帐"考——兼论契丹部族制度》，《北大史学》第8辑，北京大学出版社2001年版。此见刘浦江《松漠之间——辽金契丹女真史研究》，中华书局2008年版，第55页。

⑦ 《辽史》卷35《兵卫志》，第402页。

⑧ 《辽史》卷73《耶律曷鲁传》，第1221页。

⑨ 《辽史》卷73《萧敌鲁传》，第1223页。

⑩ 《辽史》卷73《萧阿古只传》，第1223页。

以行营为宫，选诸部豪健千余人，置为腹心部”，[①] 作“千余人”，皆与前引《耶律曷鲁传》的“二千余”存在较大出入。应是阿保机的亲卫组织经历了从数百人、千余人到两千余人的逐渐扩大过程。早期规模较小、制度也不完善时称“腹心部”，规模扩大、制度完善之后始更名斡鲁朵。阿保机曾命突吕不部人耶律欲稳“典司近部，以遏诸族窥觊之想。……太祖始置宫分以自卫，欲稳率门客首附宫籍”。[②] 在由腹心部向斡鲁朵的演变过程中，阿保机的亲卫人数剧增，需要大量牧场安置，而且出于保卫的需要，这些亲卫人员占据的牧场不能远离阿保机，显然，平定诸弟之乱后，阿保机占有霞濑益石烈的大量牧场，为其扩编亲卫组织提供了可能，此是由腹心部发展出斡鲁朵体制的契机。斡鲁朵设立之初，即拥有契丹故地大面积的优质草场，是斡鲁朵得以迅速发展的重要原因。

平定诸弟之乱、肃清霞濑益石烈、掌控大量优质牧场并以此资源组建斡鲁朵，是阿保机建国称帝之路的关键一环。这也造成辽朝建立之后契丹故地的优质牧场大多属于皇室、属于斡鲁朵的局面。《辽史》卷 31《营卫志》记载，辽代斡鲁朵所属部族的基层组织包括“瓦里七十四，抹里九十八，得里二，闸撒十九”，[③] 193 个基层单位，98 个称抹里，可证斡鲁朵掌握大量的优质牧场，成为有辽一代支撑契丹皇权的力量。

三

《辽史》卷 71《后妃传》玄祖简献皇后萧氏条：“玄祖为狠德所害，后嫠居，恐不免，命四子往依邻家耶律台押。”[④] 卷 73《耶律欲稳传》：“耶律欲稳，字辖剌干，突吕不部人。祖台押，遥辇时为北边拽剌。简献皇后与诸子之罹难也，尝倚之以免。”[⑤] 突吕不部的耶律台押，是迭剌部玄祖的“邻家”，可见两家的牧场相邻，证明迭剌部霞濑益石烈的牧场内也有来自突吕不部的牧民。两者不仅相安无事，还能够患难时相互照应，说明此时的部落——石烈—弥里等契丹人固有的社会组织，已经体现出鲜明的地缘特点，而不再是纯粹的血缘组织了。耶律台押的后人耶律欲稳，“太祖始置宫分以自卫，欲稳率门客首附宫籍”，率先成为斡鲁朵属民，阿保机创建斡鲁朵之初，人员主要是“选诸部豪健”，皆证明，斡鲁朵的建立导致更多的非迭剌部牧民进入霞濑益石烈的牧场，斡鲁朵下管理牧民的机构石烈—弥里，是按牧场组织起来的地方行政机构，而不再具备血缘组织的特点。

《辽史》卷31《营卫志》所载斡鲁朵下属98 个抹里的名称，许多存在相同的词素。如，蒲速盌斡鲁朵有抹里名浑得移邻稍瓦只、监母斡鲁朵有抹里名尼母曷烈因稍瓦直、孤稳斡鲁朵有抹里名预笃温稍瓦直，有相同词素稍瓦只（稍瓦直）；孤稳斡鲁朵有石烈名镬里、有抹里名铁里乖稳镬里、蒲速盌斡鲁朵有抹里名东镬里、西镬里，有相同词素镬里；斡笃盌斡鲁朵的抹里有北得里、南得里，阿思斡鲁朵的抹里有恩州得里、斡奢得

---

① 《辽史》卷 46《百官志》，第 738 页。

② 《辽史》卷 73《耶律欲稳传》，第 1226 页。

③ 《辽史》卷 31《营卫志》，第 362 页。

④ 《辽史》卷 71《后妃传》，第 1198—1199 页。

⑤ 《辽史》卷 73《耶律欲稳传》，第 1226 页。

里，有相同词素得里。抹里指优质牧场，因此，此种现象无疑暗示我们，对草场的归属划分越来越细致，很多优质草场被分割为几块。究其原因，固然与辽朝建国后契丹人口增殖有关，参考《辽史》卷97《耶律引吉传》："大康元年，乙辛请赐牧地，引吉奏曰：'今牧地褊陋，畜不蕃息，岂可分赐臣下。'"显然也与皇帝将牧场分赐大臣有关。

契丹故地的优质牧场多被诸斡鲁朵占有，为解决契丹故地牧场紧张的问题，太宗时已开始将部分契丹人外迁。《辽史》卷4《太宗纪》，会同二年十月，"上以乌古部水草肥美，诏北、南院徙三石烈户居之"。会同三年八月，"诏以于谐里河、胪朐河之近地，给赐南院欧堇突吕、乙斯勃、北院温纳何剌三石烈人为农田"。中华书局标点本校勘记认为，此三石烈分别是见于卷33《营卫志》的瓯昆、乙习本、斡纳阿剌三石烈。[①] 卷59《食货志》对此事的记载是："以乌古之地水草丰美，命瓯昆石烈居之，益以海勒水之善地为农田。三年，诏以谐里河、胪朐河近地，赐南院欧堇突吕、乙斯勃、北院温纳河剌三石烈人。"[②] 五院部、六院部共8石烈，太宗会同二年、三年，连续迁徙3石烈进入胪朐河（今克鲁伦河）流域的乌古部地区（今内蒙古呼伦贝尔市西部及蒙古国东部一带），并有部分契丹人转而从事农业生产。1008年出使辽朝的路振，在《乘轺录》中记载："西南至山后八军八百余里，南大王、北大王统之，皆耶律氏。控弦之士各万人。"[③] 与《辽史》卷33《营卫志》五院部、六院部皆"镇南境"的记载相吻合，证明1008年以前两部已有2万骑兵赴西京以北镇戍，[④] 按一户两丁计，至少有万户以上契丹人自契丹故地南迁。迭剌部3石烈北迁胪朐河流域，又有万户南迁，可见，契丹八部中石烈最多、人口最多的迭剌部，主体部分已经不在契丹故地了。

从《辽史》卷33《营卫志》的记载可以看出，大部分部族的镇戍地都不在契丹故地。因此《辽史》卷31《营卫志》总结："分镇边圉，谓之部族。"契丹建国后，逐渐将各部迁出契丹故地，镇戍边疆，使部族去开拓新的牧场，而将契丹故地的优质牧场保留给斡鲁朵，恐怕是重要原因之一。尤其值得一提的是，耶律欲稳入宫籍后，"后诸帝以太祖之与欲稳也为故，往往取其子孙为友。宫分中称'八房'，皆其后也"。[⑤] 而据《辽史》卷33《营卫志》，突吕不部"司徒居长春州西"，[⑥] 突吕不部驻牧地已徙至长春州，远离契丹故地，改隶斡鲁朵的耶律欲稳的后裔却得以留下来。可见，契丹诸帝解决"牧地褊陋，畜不蕃息"问题的办法是，将诸部族迁出契丹故地，另寻牧场，从而将契丹故地的优质牧场保留给诸斡鲁朵。由此可以看出，斡鲁朵才是辽朝的政治中心，这种政策也是一种"守中治边"。

自太宗国阿辇斡鲁朵开始，斡鲁朵下属机构名称中已经出现具有人名特征的词素，如"僧隐令公"，至景宗以后，这种现象越来越多。承天后孤稳斡鲁朵的闸撒中就有牒耳葛太保果直、僧隐令公果直、老昆令公果直等。[⑦] 从中透露出的信息是，斡鲁朵所属

---

① 《辽史》卷4《太宗纪》，第46、48、61页。

② 《辽史》卷59《食货志》，第924页。

③ 赵永春编注：《奉使辽金行程录》，吉林文史出版社1995年版，第20页。

④ 关树东：《辽朝部族军的屯戍问题》，《中央民族大学学报》1996年第6期。

⑤ 《辽史》卷73《耶律欲稳传》，第1226页。

⑥ 《辽史》卷33《营卫志》，第386页。

⑦ 《辽史》卷31《营卫志》，第364—367页。

优质牧场逐渐转为私人占有，斡鲁朵的经济基础受到动摇。从耶律引吉所说："今牧地褊陋，畜不蕃息，岂可分赐臣下。"我们已可体会到问题的严重性。再加上契丹故地的过度放牧和开发所导致的环境问题，[1] 致使斡鲁朵牧业衰落、契丹故地武装力量削弱，女真兴起后，迅速攻克辽上京、中京，战争中没见到宫卫骑军发挥明显的抵抗作用，就是这一系列变化造成的结果。

（原载《首都师范大学学报》2017 年第 2 期）

---

① 杨军：《辽代契丹故地的农牧业与自然环境》，《中国农史》2013 年第 1 期。

明末清初蒙古诸部试图建立“政教二道”中心的实践

吕文利*

引言

关于16世纪下半叶蒙古土默特部领袖俺答汗引入藏传佛教，学界有很多讨论，① 最近几年，一些新的研究成果发表，进一步深化了对这个问题的研究。如石滨裕美子关于“佛教政治”的研究，她通过考察14—17世纪的藏、蒙、满文资料，认为藏文的“chos srid”、蒙文的“törü šasin”、满文的“doro shajin”意思一样，具有一致性，她把这种一致性概括为“佛教政治”，认为17世纪的西藏、蒙古、满洲的关系不能以中国为中心的中华世界为视角来看，而应该以西藏佛教世界的视角来看。② 实际上，以上藏、蒙、满文的意思直译为汉文应该为“政道与佛法”或者“政教”，以往的学者经常把它总结成为“政教合一”。石滨裕美子的研究具有启发意义，但是她的研究实际上从一个极端走向了另外一个极端，其结果，仍是无法窥见17世纪各种势力发展的全貌。金成修坚持用蒙文中“政教二道”（törö šasin qoyar yoso）这个词来直接表达政治与佛教之间的关系，她认为，虽然各时代、各地区历史文献中出现的“政教二道”表面字义几乎相同，但是因为地区、时代的差异性，不能妄断藏、蒙、满“政教二道”有相同的历史含义。她在考察蒙古“政教二道”的演变过程中，提出了“中心转移”论。她认为，土默特俺答汗之所以引进黄教，是想利用佛教，试图转移中心，克服察哈尔正统论。卫拉特的和硕特政权、喀尔喀政权也通过类似的思想转变宣传该政权的正统性。在被很多学者诟病的17世纪蒙古历史文献中频繁出现的“印藏蒙同源论”，金成修也给予全新的解释，她认为：“蒙古人通过‘印藏蒙同源论’与地理上转移中心，试图建设蒙古人理想中的佛教中心。‘印藏蒙同源论’是以蒙古为中心的地理概念反射于祖先

---

* 吕文利，中国社会科学院中国边疆研究所研究员，国家领土主权与海洋权益协同创新中心（武汉大学）研究员。本文为国家社科基金特别项目“北部边疆历史与现状研究”之子课题“清初蒙藏关系研究——以蒙古诸部入藏熬茶为中心”（批准号：BJXM2010－20）结项成果之一部分。

① 可参见拙著《试论俺答汗对意识形态的选择》综述部分，待刊稿；另外，关于蒙藏关系的研究综述，可参见马啸《近三十年来蒙藏关系史研究评述》，《西北第二民族学院学报（哲学社会科学版）》2008年第3期。关于俺答汗的研究成果综述，可参见杨绍猷《俺答汗评传》一书“引言”部分，中国社会出版社1992年版，第1—9页；最新的研究综述，可参见刘晓梅、马晓丽《国内二十年来俺答汗研究述评》一文，《烟台大学学报（哲学社会科学版）》2016年第3期。

② ［日］石滨裕美子：《チベット仏教世界の歴史的研究》，东方书店2001年版。

传说的结果。通过如此的概念转变，在‘五色国’的地理概念中，出现了蒙古为中心的世界观，它在祖先传说中又表现为‘印藏蒙同源论’。因此，可以说16世纪末藏传佛教在蒙古的传播以及‘印藏蒙同源论’的出现代表着当时蒙古社会的需要和志向。”①

金成修的研究进一步深化了关于蒙古信仰藏传佛教问题的研究，其“中心转移”理论和重新评价“印藏蒙同源论”的观点很有启发性。但很可惜，她只是考察了明清之际藏传佛教在蒙古地区的传播，没有在一个更长的时段进行研究，如清朝是如何把这个“中心”转移过去又是如何建设这个“中心”的？另外，她的预设前提是大蒙古国成立以后，就形成了“蒙古民族”，但这似乎又与其“蒙古地区的藏传佛教与蒙古民族意识之间有不可分割的关系”② 观点构成了矛盾。

与“政教二道”问题有关的，还有“五色四藩”观念，乌云毕力格在研究后认为，“‘五色四藩’概念出现在16世纪后半叶，它的出现与藏传佛教第二次传入蒙古有关。五色来源于五方佛的颜色，四藩则指主供佛周围的四佛。青色蒙古的说法起源于蒙古对密宗金刚乘无上瑜伽部的信仰”。③

笔者最近在前人研究的基础上，对俺答汗引入藏传佛教以及他试图构建“政教二道”中心的实践进行了研究，经过研究笔者认为，俺答汗一生在意识形态的选择上大体可以分为三个阶段：第一阶段从1508年到1551年，其信仰的是萨满教，以萨满意旨为主，寻求与明朝通贡；第二阶段从1552年至1570年执送白莲教教首赵全等人止，为对白莲教的试探阶段，其梦想的是“夺回大统”的目标；第三阶段从1571年到1582年去世，最终选择藏传佛教格鲁派为蒙古地区的信仰和意识形态。在1578年俺答汗与索南嘉措会晤前，俺答汗集蒙古宗主大汗授予的“索多汗”“土谢图彻辰汗”、明朝皇帝授予的“顺义王”以及白莲教徒众加给他的“皇帝”称号于一身。④ 1571年，藏传佛教格鲁派的阿兴喇嘛来到土默特向俺答汗传教，他巧妙地利用了转世轮回的教义，说明俺答汗是忽必烈的转世，这迎合了俺答汗的政治雄心。1578年，在这次会晤中，索南嘉措赠予俺答汗“梵天大力察克喇瓦尔第诺们汗之号”并赐银印，⑤“察克喇瓦尔第诺们汗”即“转轮法王（chakravarti）”。“转轮法王”在藏传佛教中具有崇高的地位，历史上，松赞干布、忽必烈皆被视为转轮法王。由此，俺答汗以忽必烈转世的理论，在宗教上获得了转世法王的地位；在政治上，试图通过宗教上的正统性来对抗察哈尔宗主大汗的正统性；在意识形态上，试图通过佛教教义这种统一的意识形态来为其统治服务，客观上也可以克服游牧经济的分裂性。⑥

本篇文章为上述文章考虑议题的延续，即：在俺答汗建立“政教二道”中心的同时，蒙古其他诸部领袖是如何考虑的？他们是如何来构建“政教二道”的中心的？

---

① 金成修：《明清之际藏传佛教在蒙古地区的传播》，社会科学文献出版社2006年版，第45页。

② 同上书，第45页。

③ 乌云毕力格：《论“五色四藩”的来源及其内涵》，《民族研究》2016年第2期，第97页。

④ 拙著：《试论俺答汗对意识形态的选择》，待刊稿。

⑤ 珠荣嘎译注：《阿勒坦汗传》，内蒙古人民出版社1990年版，第120页。

⑥ 详见拙著《俺答汗建立“政教二道”中心的文本分析以及熬茶布施的开端》，《西部蒙古论坛》2017年第1期。

一　蒙古末代大汗——察哈尔林丹汗试图建立中心的实践

1. 传国玺与黄金家族历代大汗的合法性

1368 年朱元璋在应天（今南京）称帝建立明朝后，元惠宗（朱元璋特加其号为顺帝，故明清习惯称其为“顺帝”）妥欢贴木尔退往上都（今正蓝旗东上都河北岸），史称北元。妥欢贴木尔败退草原之际，“把可汗国主的玉宝之印褪在袖里出走了，从全部敌人当中冲杀出去了”。① 这枚玉玺就是号称秦始皇刻制的传国玺，为历代统治合法性的关键。据曹永年先生考证，真实的传国玺早已不知去向，后世的传国玺都是赝品。② 元朝的这枚传国玺出现于至元三十一年（1294）正月三十日，此时正当忽必烈去世之第八天，而恰恰太师木华黎孙拾得去世，家贫妻病，“托以玉见贸，供朝夕之给，及出玉，印也”。这枚玉印“色混青绿而玄，光采射人。其方可黍尺四寸，厚及方之三不足。背纽盘螭，四厌方际，纽尽玺堮之上，取中通一横窾，可径二分，旧贯以韦条。面有篆文八，刻画捷径，位置匀适，皆若虫鸟鱼龙之状。别其仿佛有若‘命’字、若‘寿’字者。心益惊骇，意谓无乃当此昌运，传国玺出乎？急召监察御史臣杨桓至，即读之曰：受命于天，既寿永昌。此传国宝玺文也”。③ 这枚传国玺被作为瑞应，用以说明大元王朝“受命于天”更具合法性。此后，这枚赝品传国玺被元朝分外珍视，所以妥欢贴木尔北逃的时候，尽管特别仓皇，还是不忘把这枚传国玺带上，有了这枚传国玺，北元在与明朝的竞争中，更具有优势。据曹永年先生考证，明朝历次往蒙古用兵，为的都是寻找这枚传国玉玺，但因为蒙古内部争乱不已，太师孛来后这枚传国玺不知所终。④ 直到林丹汗子额哲投降后金，这枚传国玺才又重见天日，实际上后金也一直在寻找这枚传国玺，1635 年八月份，传国玉玺找到后，皇太极为迎接这枚玉玺举行了盛大的仪式，这枚玉玺是皇太极成为蒙古大汗的标志，也是他 1636 年称帝的合法性基础。⑤

总之，以上分析表明，孛来之后这枚传国玺落到了林丹汗的手中，由于史料的缺乏，我们不知林丹汗利用这枚传国玺来做过什么文章，但是总体来看，林丹汗的传国玺只是表明其为北元及黄金家族正统大汗，但在当时，这只是表明为政的正统性，面对其他部族用“教”的正统性来抵消“政”的正统性的企图时，林丹汗也作出了回应。

2. 察哈尔部构建“政教二道”中心的努力

早在 1548 年察哈尔部打来孙汗即大汗位时，按照传统，在成吉思汗八白室前聚会，举行即位大典。但蒙古右翼之主俺答汗却没有参加这么重要的大会，这是很不正常的。后打来孙汗在返回的途中，俺答汗前来相迎，并对打来孙汗说：“你已经成了正主合

---

① 朱风、贾敬颜译：《汉译蒙古黄金史纲》，内蒙古人民出版社 1985 年版，第 45 页。

② 曹永年：《“传国玺”与明蒙关系》，载曹永年《明代蒙古史丛考》，上海古籍出版社 2012 年版，第 203 页。

③ 陶宗仪：《南村辍耕录》卷 26《传国玺》，中华书局 1959 年版，第 317 页。

④ 曹永年：《“传国玺”与明蒙关系》，载曹永年《明代蒙古史丛考》，上海古籍出版社 2012 年版，第 206—209 页。

⑤ 笔者将另文探讨“政教二道”的中心是如何转移到清朝中去的。

罕，安定了政局。曾经有过称为‘护卫皇政之失帖兀汗’的小罕之号，现在请赐给我那个称号，我将护卫你的大政。”[①] 于是打来孙汗被迫赐给了俺答“失帖兀汗”的称号。“失帖兀”，也有译为“索多”的，但不知其义。[②] 后打来孙汗为避俺答汗为首的蒙古右翼势力的锋芒，率察哈尔万户于16世纪中叶开始南下至西拉木伦河一带驻牧。[③]

打来孙汗本来所仗恃的就是黄金家族正统大汗的身份，但是很显然，在右翼势力的威胁下，正统大汗的地位仅有名义上的优势。所以其子土蛮汗在1567年，即其38岁时“拜见了系结大刀的噶儿麻喇嘛，皈依佛门，聚集起六万户人众”。[④] 这个“系结大刀的噶儿麻喇嘛”应该是藏传佛教噶玛（karma）噶举派的喇嘛。据札奇斯钦研究：“卡尔玛宗的诸法王，在蒙古帝国时代，诸可汗经营土番之时，就不断到蒙古来传法。他们与萨迦宗之间的竞争颇为激烈……根据以上的史料所记和我们的推断，可以晓得在阿勒坦汗于1578年，由黄帽派的法王三世达赖喇嘛接受佛法同时，这个卡尔玛宗的法主也东来布教。不仅如此，他们还选择了在政治上与支持黄帽的阿勒坦汗多少有点对立的图们可汗，作为他们的支持者。换言之，在蒙古贵族们于十六世纪后半期，接受佛教之时，西藏的旧教派与改革派，都同时动员，争取对于蒙古传法的机会和可汗、贵族们对于他们自己的支持。”[⑤]

1587年，土蛮汗还曾经派重臣去请正在蒙古右翼传扬佛法的三世达赖喇嘛，赴察哈尔阐扬佛教，但这次邀请因为三世达赖喇嘛于1588年圆寂而未能实现。[⑥] 由此可以看出，作为“四十万蒙古”的正统大汗，土蛮汗亦想通过延请三世达赖喇嘛，使得政教二道的中心都在察哈尔。至土蛮汗之子布延汗时，“以‘扯臣合罕’扬名四方，以政教［二道］安抚着中国民众”，[⑦] 继续实施尊崇佛教的策略。至布延汗之孙林丹汗时，佛教才在东蒙古大为发展。

林丹汗（1592—1634），又称陵丹、民旦、虎罕、虎憨、虎墩兔憨、库图可图汗。“林丹·把都儿台吉生于壬辰年（1592），于甲辰年（1604）十三岁时即位，以‘忽秃图合罕’之称扬名各方，从迈答哩法王、卓尼·绰儿只等人接受了精深密乘的灌顶等等，扶崇佛法。”[⑧] 迈答哩法王是四世达赖喇嘛云丹嘉措在蒙古地区的代理人，于1604年来到土蛮地区，[⑨] 此时林丹汗接受了藏传佛教格鲁派的灌顶，应该推崇黄教。但是他却在26岁时接受了萨思迦·答察·沙尔巴·虎督度[⑩]的“精深密乘的灌顶，修建了宏伟的殿宇和金刚白城，在城中兴建了［供奉］释迦牟尼像的众多庙宇，一个夏季当中

---

① 乌兰：《〈蒙古源流〉研究》，辽宁民族出版社2000年版，第360页。

② 同上书，第396—397页。

③ 同上书，第396页。

④ 同上书，第360页。

⑤ 札奇斯钦：《蒙古与西藏历史关系之研究》，台湾正中书局1978年版，第465页。

⑥ 同上书，第466页。

⑦ 乌兰：《〈蒙古源流〉研究》，辽宁民族出版社2000年版，第361页。

⑧ 同上书，第361页。

⑨ 同上书，第405页，注59。

⑩ 札奇斯钦认为该名字应为两个人，即萨迦·班禅和沙尔巴·呼图克图（见札奇斯钦上引书，第468页）；但乌兰认为此说缺乏证据。（见乌兰《〈蒙古源流〉研究》，辽宁民族出版社2000年版，第405页，注60）

即迅速建成，［寺］内的众佛像［也］全部完工”，[①] 从萨思迦这个名称来看，应该是萨迦派的僧人，这说明林丹汗后期又信仰了藏传佛教萨迦派，同时也说明红黄教派斗争激烈，[②] 林丹汗甚至被黄教教徒称为“四大恶汗”之一。[③]

据《蒙古黄金史》载，林丹汗即位之后，采用的名号是：“有洪福的成吉思·大明·薛禅，胜过各方敌人的岱总，诸天之天，宇宙的皇天上帝，转金法轮的诺们可汗”，[④] 这个名号非常特别，一是“成吉思”和“薛禅”的号，为铁木真和忽必烈的号，林丹汗以此为号，凸显蒙古黄金家族正统地位的意图非常明显；“诸天之天，宇宙的皇天上帝”似乎又有萨满教的意义，蒙古人信奉长生天，这是意在说明君权神授，以从蒙古人的传统信仰中取得合法性地位；最后是“转金法轮的诺们可汗”，这是从藏传佛教的角度来凸显其政权合法性的意义，“诺们可汗”为“法王”之义，这实际上是说林丹汗是转轮王，与其他转轮王不同的是，林丹汗特意强调自己是转金轮王。从佛教的角度来说，转轮王有四种，即金、银、铜、铁四转轮王，以金为贵，转金轮王可以管理四大洲，其他银、铜、铁三王依次递减，到转铁轮王时就只管理一大洲了。一般最高统治者喜称转金轮王，如武则天就称自己“金轮圣神皇帝”，这是佛教传进来后一种特殊的政治修辞。[⑤]

但是林丹汗所强调的转金轮王或许还有另一重意义，即转金轮王的“金”可以和黄金家族的“金”有某种程度的勾连关系，所以“转金轮王”实际上是黄金家族的隐喻。关于这点另外一个佐证是1739年完成的蒙古史学名著《金轮千辐》，其所记载的是成吉思汗黄金家族的系谱，其名称利用的就是黄金家族和藏传佛教中转金轮王的这种隐喻。所以林丹汗对转金轮王的强调实际上不但是对自己具有黄金家族正统大汗身份的强调，也有昭示其地位在其他转轮王之上的意图。由这个称号可以看出，林丹汗从血缘上、蒙古人传统信仰上以及藏传佛教上处处试图昭示自己才是蒙古诸部甚至世界的领袖，他试图恢复成吉思汗和忽必烈时期的霸权。无疑，这个称号也是藏传佛教的喇嘛献给林丹汗的，但从上文可以看出，应该是萨迦派的喇嘛献给他的。关于林丹汗为何从格鲁派改奉了萨迦派，由于史料的缺乏，我们无法判断，但是可以推断出，正是因为蒙古右翼出身的贵族云丹嘉措成为四世达赖喇嘛，使得与右翼有矛盾的林丹汗改信了萨迦派。他甚至还曾联络喀尔喀部的朝克图台吉（即下文的却图汗）进军西藏，试图“以武力支持红教（即萨迦派），但未能成功”。[⑥]

---

① 乌兰：《〈蒙古源流〉研究》，辽宁民族出版社2000年版，第361页。

② 关于“红黄之争”，比较复杂。一般来说，“黄”指的是“黄帽派”即格鲁派无疑，但“红派”具体指的是哪派呢？据金成修的研究认为：红派可能指的是萨迦派，“可问题是西藏并没有对非格鲁派的统一称号，而且当时与却图台吉发生矛盾的不是萨迦派，是噶玛噶举派的支持者藏巴汗。严格地说所谓红教派并不包括萨迦派或者噶玛噶举派‘红帽系’”。见金成修《明清之际藏传佛教在蒙古地区的传播》，社会科学文献出版社2006年版，第83页。

③ “四大恶汗”是指后藏藏巴汗丹忠旺布、康区苯教首领白利土司栋月多尔济、喀尔喀绰克图台吉和漠南蒙古林丹汗。见乌云毕力格《关于绰克图台吉》，《内蒙古大学学报（哲学社会科学版）》1987年第3期。

④ 札奇斯钦译注：《蒙古黄金史译注》，台湾联经出版事业公司1979年版，第305—306页。

⑤ 关于武则天称“金轮圣神皇帝”以及隋唐时期君主们称转轮王的研究，参见孙英刚《转轮王与皇帝：佛教对中古君主概念的影响》，《社会科学战线》2013年第11期。

⑥ 札奇斯钦译注：《蒙古黄金史译注》，台湾联经出版事业公司1979年版，第469页。

种种迹象表明，林丹汗试图建立以察哈尔为中心的“政教二道”中心，不只是在名义上，更是在实践上。他想有所作为，立志要继承祖先开创的基业，统一蒙古各部，重新建立一个统一的蒙古国。林丹汗即位十年之后，其势力已发展到一定的程度，于1615年8月三次举兵进攻明朝：第一次于8月17日从寅时攻入广宁，到18日戌时退出，占领广宁16小时。这次林丹汗方面号称统兵十万，明朝方面推测为五六万。第二次是8月22日，林丹汗亲率六千骑兵，分两路攻入，直逼锦州。第三次是8月25日，林丹汗率六万骑兵，分兵五路，直取义州。当明守军迎战时，林丹汗假意退兵，而后，攻其不备，再度入城，并炸毁其火药库，使明军大败。自此，林丹汗声威大振，在蒙古诸部中势力越来越强，号召力也日益提高。当年被明朝讥为“穷饿之虏”“柔弱无为”的林丹汗，此时被评价为“虏中名王，尤称桀骜”。①

林丹汗自比成吉思汗，企图建立成吉思汗那样的伟大功业。然而时代不同了。蒙古诸部之间，虽不像明初那样战无宁日，但政治上的割据日甚一日。瓦剌时时觊觎蒙古本部自不必说，达延汗后裔诸部，甚至察哈尔八大营，也未必听从大汗管束。蒙古四分五裂，林丹汗非诉诸于战争，不能实现自己的理想。② 正当林丹汗意欲大有作为之际，东北地区的女真强盛起来，其首领努尔哈赤在其统一了女真各部后，于1616年称汗，国号为“金”，史称“后金”。努尔哈赤在其统一内部的过程中，将其相邻的蒙古各部亦作为吞并对象，首先科尔沁部首领翁果岱向后金称臣纳贡，联为亲姻，接着札鲁特、内喀尔喀、敖汉、奈曼等诸部也相继投靠后金。在这种形势下，林丹汗的策略是“南朝止有大明皇帝，北边止我一人，何得处处称王？我当先处里，后处外”③，也就是说，先解决蒙古内部问题，然后再与明朝、后金争雄。林丹汗“连年缮甲厉兵”，对蒙古各部采取了坚决的征伐手段。1625年冬（明天启五年），林丹汗率军征讨科尔沁部，1627年征讨内喀尔喀诸部，1628年西进河套，征服喀喇沁、土默特等部，并占据库库河屯（今呼和浩特），继而鄂尔多斯诸部也相继归附，林丹汗又与漠北的朝克图洪台吉取得联系。这时在其统治下有八大营二十四部，东起辽西，西尽洮河（今甘肃省地境）的广阔地域。然而，由于林丹汗操之过急，决策错误，任意妄为，在蒙古内部东征西讨，自相杀戮，致使许多部落溃散了，还有许多封建主在其逼迫下，率部降附后金，林丹汗被彻底孤立。

1631年，林丹汗挥师东击诸部，先攻阿鲁科尔沁部，直抵兴安岭东的西拉木伦河北岸。1632年（清天聪六年）皇太极率师援阿鲁科尔沁部。林丹汗战败，西行至归化城（呼和浩特），皇太极会同归附之蒙古诸部，对林丹汗发动了一场大规模的突然袭击，仅一个月内，后金军深入到蒙古腹地。林丹汗因势孤力单，不能抵御，明朝也无法给予有力的支援，西土默特部领袖亦降后金，林丹汗只得撤出归化城，西渡黄河，进兵青海。这次战役中林丹汗损失惨重，所属各部多数离散或归附于后金，使他一时不能组织有效的力量进行反抗。进入青海后，林丹汗意欲占领西藏，意图取得“政教二道”的领袖地位，以号令蒙古诸部。然而天不假年，1634年，林丹汗病逝于青海撒拉裕固草原，其时43岁。

---

① 《明神宗实录》卷557，万历四十五年五月辛未。

② 曹永年：《蒙古民族通史》第三卷，内蒙古大学出版社2002年版，第361页。

③ 《崇祯长编》卷11，崇祯元年七月己巳，台湾“中央研究院”历史语言研究所校印本《明实录》附录文四，1962年版，第617页。

二　卫拉特蒙古和硕特部和土尔扈特部试图建立中心的实践

如前文所述，在俺答汗时期，蒙古诸部就已开始信仰藏传佛教格鲁派，1603 年，转世于俺答汗家族的四世达赖喇嘛云丹嘉措在蒙古贵族的护送下到达拉萨，但是他在 1616 年突然在哲蚌寺去世，年仅 28 岁，这更加引起了西藏局势的动荡。西藏藏巴汗抓住这个机会，发动了一系列战争，在西藏确立了统治地位，格鲁派的势力岌岌可危。

此时的中国各地，也正发生着翻天覆地的变化。1634 年秋，林丹汗亡故后，1634 年 12 月 14 日，嘛哈噶喇佛像为后金所得，“蒙古大元国世祖呼（忽）必烈汗时，由帕克斯巴（即八思巴）喇嘛用金铸嘛哈噶喇佛像，奉祀于五台山，后请移于萨斯遐地方。又有沙尔巴胡图克图喇嘛复移于大元国裔蒙古察哈尔国祀之。奉天承运满洲国天聪汗威德遐敷，征服察哈尔国，旌旗西指，察哈尔汗不战自逃，其部众尽来归。于是，墨尔根喇嘛载嘛哈噶喇佛像来归。天聪汗遣必礼克图囊苏喇嘛往迎之。天聪八年甲戌年季冬月十五日丁酉，必礼克图囊苏喇嘛携墨尔根喇嘛至盛京城”。[①]

“嘛哈噶喇”又译写为“玛哈噶拉”，意为“大黑天”，这对于信仰藏传佛教后的蒙古人来说，是与传国玉玺一样重要的象征之物，即传国玉玺是“政教二道”中“政”的象征，嘛哈噶喇佛像是“教”的象征，二者的转移就象征着“政教二道”的转移。虽然皇太极对此或许没有后世顺治帝、康熙帝等人有高度的认识[②]，但他还是决定修建寺庙，并向朝鲜国王致信索要修建寺庙所用的颜料[③]，该庙就是实胜寺。1635 年 2 月，林丹汗之子额哲及其母苏泰太后率部投降后金，传国玉玺也归皇太极所有。由此，漠南蒙古“政教二道”的象征物都归后金所有。1636 年，漠南蒙古十六部四十九台吉会于盛京，共向皇太极上尊号为“博格达・彻辰汗”，这不但标志着漠南蒙古正式归附于后金，也标志着皇太极成为蒙古大汗。皇太极正是在蒙古势力的支持下，此后称帝，改国号为大清，清政权借助于蒙古的力量，于 1644 年入关。在这个过程中我们看到，满蒙的政治军事联盟似乎超越了蒙藏在宗教上的意识形态联盟，这两个联盟之间有着复杂的关系。但实际上，清朝利用自己的优势，把佛教的中心由蒙古转移到了承德避暑山庄与外八庙，清帝的称号有“曼珠师利大皇帝”“文殊菩萨”“文殊皇帝”“转轮王大皇帝”等，这实际上是以满洲为中心的表现。[④]

但藏传佛教的转世理论有很大的弹性，故使蒙古诸部领袖纷纷争夺或建构自己是忽必烈转世的地位。而在清朝入关前后，远处西北的卫拉特蒙古各部亦试图主导藏传佛教

---

① 中国第一历史档案馆：《清初内国史院满文档案译编（上）》，光明日报出版社 1989 年版，第 126—127 页。

② 皇太极曾认为：“蒙古诸贝勒自弃蒙古之语，名号俱用喇嘛语，故致国运衰微。”把蒙古“衰微”的原因归结到蒙古人信仰藏传佛教上，可见藏传佛教在皇太极心目中的地位不高。《清初内国史院满文档案译编（上）》，光明日报出版社 1989 年版，第 74 页。

③ 《清初内国史院满文档案译编（上）》，光明日报出版社 1989 年版，第 180 页。

④ 林士铉：《清代蒙古与满洲政治文化》，（台北）政治大学历史学系 2009 年版，第 147—278 页。

格鲁派，试图使得“政教二道”的中心转移到自己的部落来，以号令诸部，与清朝抗衡，这其中最有实力的部落就是和硕特部和准噶尔部以及土尔扈特部，因为准噶尔部与西藏的关系笔者已经有长文发表，[①] 故本节只讨论和硕特部和土尔扈特部构建“政教二道”中心的努力。

1. 和硕特部与西藏格鲁派的关系

17 世纪中叶左右，卫拉特蒙古和青海蒙古也在发生着剧烈的变化。

因为游牧经济的分裂性，[②] 卫拉特蒙古内部也纷争不断，和硕特部固始汗率军向外进行扩张和迁徙。1637 年初，固始汗率军在青海湖击败了青海的却图汗，[③] 很快就占领了青海的主要地区。而固始汗之所以能够胜利，也是与格鲁派信徒的支持有很大关系。原来却图汗与西藏藏传佛教噶举派联系密切，从而在噶举派的斡旋下，试图与西藏仇视格鲁派的藏巴汗联盟，以消灭格鲁派，这引起了包括蒙古诸部在内的格鲁派信徒的反抗，而固始汗以护持格鲁派为名，进军青海，自然就引起了各地格鲁派信徒的大力支持，从而战胜了却图汗。

固始汗驻牧于青海后，发展经济，积聚力量。这个时候，康区的白利土司试图联合藏巴汗，以打压格鲁派，于是他加紧四处活动。1639 年，正当五世达赖喇嘛举行施食法事时，白利土司给藏巴汗写了一封信，这封信的主要内容是：

> 在神山上已插置神幡。由于甘丹颇章没有保证蒙古人不进攻康区，明年我将带兵到卫藏。那座称为觉卧仁波且的铜像是招致战争的根源，应当扔到河里去。把色拉、哲蚌和甘丹三大寺破坏以后，应在其废墟上各垒筑起一座灵塔。藏巴汗应当与我亲善起来，一同供养卫藏和康区的佛教徒和苯教信徒。[④]

但是这封信在途中被格鲁派僧人截获，后交给了固始汗。五世达赖喇嘛知道后很生气，他说：“这个白利土司十恶不赦，他是应进行诛灭的主要对象。”[⑤] 由此，固始汗以白利土司勾结藏巴汗为由，派兵剿灭了白利土司，此后声威大震。

固始汗到达康区后，1641 年拉萨祈愿大法会期间，就派“噶居格年顿珠和大王妃来（拉萨向达赖喇嘛）通报情况，并派色钦乌巴锡等大批人员前来请安问候”[⑥]，这个时候西藏关于蒙古军队的传言有很多，有人说固始汗返回青海了，有人说他领兵临近卫

---

① 拙文：《战争、熬茶与和平：噶尔丹、策妄阿喇布坦时期准噶尔、西藏及清朝的关系》，载邢广程主编《中国边疆学（第三辑）》，社会科学文献出版社 2015 年版，第 109—129 页。

② 关于游牧经济分裂性的讨论，笔者将另文发表。

③ 却图汗，即上文中所说的喀尔喀部朝克图台吉，也称为绰克图台吉。他信仰藏传佛教噶玛噶举派，与格鲁派为敌，因林丹汗以战争的形式统一诸部，造成察哈尔等部很多蒙古人纷纷逃往漠北喀尔喀部，造成了喀尔喀部各势力为争夺逃民而内战，朝克图台吉在战争中失败，于 1634 年逃往青海，后称“却图汗”（即绰克图汗）。关于却图汗的研究，请参见乌云毕力格《关于绰克图台吉》，《内蒙古大学学报（哲学社会科学版）》1987 年第 3 期。

④ 陈庆英、马连龙、马林译：《五世达赖喇嘛传（上）》，中国藏学出版社 2006 年版，第 126 页。

⑤ 同上。

⑥ 同上书，第 127 页。

藏，达赖喇嘛也和协敖·索南绕丹商讨应对之策，索南绕丹主张依靠固始汗，“如果我们不依靠固始汗的恩德从藏巴汗的法度下解放出来，以后就再不可能有得到解脱的机会，因此，在派出信使格年顿珠的时候，我就提出了固始汗应当用兵后藏的请求”。但是达赖喇嘛主张还是把固始汗劝说回青海去，两人争执不下，后来以占卜的方式解决问题。占卜的结果是固始汗进兵西藏暂时不失为善策，但是长远的结果不好。实际上这也是一个中和了达赖喇嘛和索南绕丹意见的占卜结果，后来的结果实际上是按照索南绕丹的意思在进行。① 此后，固始汗准备往西藏进军，他一面为避免不测，给达赖喇嘛写信说，班禅大师在后藏会有危险，以大王妃上了年纪不能去后藏为由，让班禅到前藏来；一面又佯装已退回青海，以麻痹藏巴汗，而后趁虚进入西藏达木地方。当藏巴汗得知这个消息后，立即让正赴拉萨途中的班禅暂时“滞留在喀日丁地方”，而索南绕丹则立即赶赴蒙古军队中去见固始汗，他安排达东乃引领固始汗军队进攻藏巴汗，自己则与固始汗的两位王妃一起来拉萨。② 在格鲁派的支持下，固始汗的军队进展顺利，到 1642 年 3 月，“西藏所有木门人家都归于持教法王（固始汗）治下”。③ 然后，固始汗给达赖喇嘛捎来口信，让达赖喇嘛从拉萨哲蚌寺去后藏，④ 固始汗则亲自到德庆地方迎接，并“将八思巴大师的曼朵法铃和一只称为‘索布贝杰’的绿宝石碗赠送给我（指五世达赖喇嘛）。据说这两件奇特的珍宝曾经在西藏十三万户长的手中传来传去，后来从内邬栋孜传到仁蚌巴的手中”。⑤

固始汗将八思巴用过的宝物赠送给达赖喇嘛是有非常用意的。八思巴（1235—1280），是藏传佛教萨迦派的第五代祖师。1247 年在其幼年时随其伯父萨迦至凉州会见蒙古窝阔台汗之子阔端，长大后，得到了忽必烈的喜爱。1260 年忽必烈尊其为国师，赐玉印。1264 年领总制院事，管理全国佛教及藏区事务。1269 年以其所制蒙古新字颁行全国，是为“八思巴字”。1270 年升号为“帝师”，进封“大宝法王”，统领西藏十三万户。1276 年返藏，聚卫藏徒众七万人，举行曲弥法会，自认萨迦寺第一代法王，同时任命“本钦”统领西藏十三万户，僧俗并用，军民兼摄，是为西藏实行贵族僧侣统治之始。⑥ 可以说，在五世达赖喇嘛之前西藏的历史上，八思巴在政教两方面的地位无有出其右者，所以固始汗将八思巴所用过的宝物赠给五世达赖喇嘛，自有一种权力交接的意味。尤其是达赖喇嘛到达日喀则之后的首次聚会所举行的仪式更有如此的意味，据五世达赖喇嘛描述当日的聚会是这样的：

> 我到达日喀则后的首次聚会是在桑珠孜的大厅中举行的，难以数计的蒙藏人士聚集在那里，当大家就座之时，按忽必烈皇帝向八思巴大师奉献三次大布施之

---

① 《五世达赖喇嘛传（上）》，中国藏学出版社 2006 年版，第 128 页。

② 同上书，第 128—129 页。

③ 同上书，第 135—136 页。

④ 固始汗的口信是：“汗王的心意非同寻常，您无论如何应当去后藏，玛玖台吉和吉雪台吉措杰巴二人即将前来迎请您，现在最好轻装出发，不必大壮行色。”见《五世达赖喇嘛传（上）》，第 136 页。

⑤ 《五世达赖喇嘛传（上）》，中国藏学出版社 2006 年版，第 136 页。

⑥ 同上书，第 29 页。

> 例，固始汗向我奉献了阿阇世王的所依止的圣物即供奉在江喀孜的那件世尊释迦牟尼的舍利子、八思巴曾经亲自交给益希巴的有名的垂罗宝饰（还有一种说法认为，这件宝饰是莲花生的明妃之一空行母益布措杰的护心镜，是掘藏师曲却旺秋活佛发掘出来的）、以仁蚌巴阿旺久典旺秋吩咐制作的那顶精美的帐幔为主的内供物品，喇嘛身像、铜像以及汉地所造的许多供品。然后，汗王宣布他将包括日喀则在内的西藏十三万户全部献给我。①

按照“忽必烈皇帝向八思巴大师奉献三次大布施之例”，固始汗向达赖喇嘛布施了好多珍宝，而最珍贵的当然是西藏十三万户。这里面的寓意是把固始汗当成了忽必烈的继承人，把五世达赖喇嘛当成是八思巴大师的继承人，由此和硕特部蒙古人和藏传佛教之间有了前后相继的勾连，这与上文所说的俺答汗和三世达赖喇嘛索南嘉措分别是忽必烈和八思巴的转世有异曲同工之妙，这说明，“政教二道”的中心转移到了和硕特部。据说忽必烈向八思巴奉献的三次大布施：第一次是以全藏十三万户作为贡献；第二次是以全藏三区作为供礼；第三次是以阿阇世所分得舍利的“舍利份子”作为供养。② 这三次布施中，前两次布施仅仅是经济上的布施，最后一次则是皈依了佛教，以佛教圣物——舍利作为供养，则是皈依佛教的表现，就不只是要布施，更有传播佛教的责任了。如果把固始汗当作忽必烈的继承人的话，那么达赖喇嘛也希望固始汗这样做，当然这只是五世达赖喇嘛的理想，但是至少他的理想实现了一部分，固始汗果然布施给了他西藏十三万户。但是当时在西藏实际上已经没有了万户制度，固始汗以“十三万户”的名义布施给达赖喇嘛，实际上是强化他作为忽必烈的继承人、五世达赖喇嘛是八思巴继承人的印象。所以，这个仪式与其说是布施之仪式，不如说是建立蒙藏联合政权之仪式，以忽必烈和八思巴的继承人的名义，固始汗取得了在西藏的世俗领导地位，而五世达赖喇嘛取得了在宗教上的领导地位。实际上，五世达赖喇嘛早就有当宗教领袖的愿望，在他的自述中写道：“在西藏这块土地上，如果有一个领袖，时局才会安定，萨迦、噶举、宁玛等其他教派四分五裂的局面才可能有所改观。”③ 固始汗在当时已经控制了青藏高原的广大地区，建立了和硕特汗廷，对于他来说，提高达赖喇嘛的地位，以号令蒙古诸部是个比较明智的选择，所以，他仅仅布施了“西藏十三万户”，并未把自己控制的全部地区都布施给达赖喇嘛。而达赖喇嘛在自述中，强调忽必烈向八思巴的三次大布施，则不仅仅是有蒙古人和西藏高僧政、教两方面继承的意味，还有试图让固始汗布施更多的意味。无论如何，这次仪式等于宣告了蒙藏联合政权的成立，这也就是被后世所称的“甘丹颇章”政权。④

2. 蒙古土尔扈特部与西藏的关系

因为蒙古和硕特部、准噶尔部与西藏接壤，所以在清代初期对西藏影响也最大，而其他几个蒙古地区，如远在伏尔加河流域的土尔扈特部，以及喀尔喀蒙古等，因为距离西藏较远，如果要进行武力等干预，中间必须得经过青海蒙古或者准噶尔，所以他们与

---

① 《五世达赖喇嘛传（上）》，中国藏学出版社 2006 年版，第 137 页。

② 同上书，第 143 页，注 11。

③ 同上书，第 137 页。

④ 甘丹颇章，为五世达赖喇嘛在哲蚌寺的寝宫。

西藏的联系主要是延请高僧、修建寺庙以及入藏熬茶布施。

土尔扈特蒙古或许是卫拉特诸部中最先接受藏传佛教格鲁派的一部,[①] 在1628—1632年，因为牧场狭窄以及内讧等多种原因，土尔扈特部从塔尔巴哈台辗转迁至伏尔加河流域，若到1771年渥巴锡率部东归，则共经历了140余年、八代汗王，这八位汗王是：和鄂尔勒克、书库尔岱青、朋楚克、阿玉奇、策凌敦多布、敦多布旺布、敦多布达什、渥巴锡。在历代领袖的倡导下，藏传佛教格鲁派在土尔扈特部得到了迅速地发展。他们修建寺庙，延请高僧，并入藏熬茶。他们所建的寺庙见表1：

表1　　　　蒙古土尔扈特部在伏尔加河流域所建寺庙

寺庙名称	建造者	备注
昂嘉恩库热	昂嘉恩一世喇嘛	第一所新建寺院
巴克希恩库热	额木其昂海腾	阿玉奇汗资助
喇嘛库热	沙克尔喇嘛	阿玉奇汗资助
共芒库理雅	果芒本鲁敦珠嘉措	
宗喀巴库理雅	策克尔察恩德克	
却进库理雅		护法神寺院
喇嘛却进库理雅		
呼图克图格根庙	卫拉特籍咱雅班智达僧众	
哈布青达尔库理雅		
却藏库热		

这些寺庙规模宏大，喇嘛人数也很可观，“在伏尔加河两岸喇嘛庙当喇嘛的有1万多人，最多时达到2万多人”。[②] 如此多的喇嘛在促进当地藏传佛教格鲁派发展的同时，也造成了土尔扈特部的负担。

德国学者帕拉斯曾经亲眼见过土尔扈特部的一些寺庙，他说：“固定的庙宇一般都建造在地势优雅的风水宝地，上等僧侣和部落首领通常都将自己的住宅建在寺庙附近的地方。他们在每月例行的诵经日聚会于庙宇，节庆日也多在此欢度。位卑的僧侣则多居住在自己的帐篷里，帐多搭在他们自己围造而成的小庄园之内，底下垫上厚厚的木块防潮。——有的僧侣甚至将住宅建在庙宇旁边，这样可使畜群一年四季都有好草食用，生活在中国的蒙古王公以及宗教领袖的牙帐也演变成了这种不可徙动的固定住宅。”[③]

从帕拉斯的观察可以看出，因为藏传佛教的关系，改变了蒙古人的生活方式——他

① 伊·亚·兹拉特金：《准噶尔汗国史》，马曼丽译，商务印书馆1980年版，第160页。

② 张体先：《土尔扈特部落史》，当代中国出版社1999年版，第288页。

③ ［德］P. S. 帕拉斯：《内陆亚洲厄鲁特历史资料》，邵建东、刘迎胜译，云南人民出版社2002年版，第172页。

们由原来的流动性的生活方式变成了固定性的生活方式。

土尔扈特部远离西藏有万里之遥，但是他们还是克服重重困难，多次赴藏熬茶。下面根据《五世达赖喇嘛传》的记载进行一个统计（详见表2）。

表2 土尔扈特部入藏熬茶情况

时间	人员	布施内容	备注	出处页码
1643年	土尔扈特岱青	给五世达赖喇嘛赠送了100匹带鞍子的马，作为初次见面的礼物。后把达赖喇嘛又请到大昭寺，呈献了成千上万的重要礼品	土尔扈特岱青还夸口说如果与主巴派活佛白玛旺波相会，也会奉献这样的厚礼（即100匹带鞍子的马——笔者注）	（上）第153页
1655年	书库尔岱青之弟衮布伊勒丁		五世达赖向其传授了长寿灌顶法	（上）第291页
1674年十二月初一	土尔扈特的代表喜饶格隆	向达赖喇嘛赠送了很多礼品		（下）第162页
1675年三月十五	翁则曲杰	连同土尔扈特首领阿玉奇捎给达赖喇嘛的礼品，翁则曲杰向达赖喇嘛赠送了黄金350两、白银700两、茶叶、绸缎、皮张、布匹等大批物品，并布施会供物品		（下）第175—176页
四月初四	土尔扈特代表		达赖喇嘛向包括土尔扈特部在内一些人士赠送了礼品	（下）第181页
四月十二	土尔扈特巴图尔的代表额尔克格隆		达赖喇嘛向其传授了《修法大海》中所说的“十三尊空行随许法”	（下）第181页
1681年七月十一	土尔扈特阿玉奇的信使	向五世达赖赠送了茶叶、银子、绸缎、马匹等礼品		（下）第441页
八月初九	信使	五世达赖设茶宴招待了信使等人		（下）第443页

除了上述使团外，实际上土尔扈特部首领阿玉奇还派遣了多次使团，尤其是1698年以其侄阿拉布珠尔母子为首的使团最为有名，这是因为该使团从西藏返回伏尔加河游牧地时，必须经过准噶尔地界，但是由于土尔扈特与准噶尔当时关系恶化，无法回去，所以“遣使至京师，请内属”，清朝于1704年封阿拉布珠尔为固山贝子，赐牧于党色尔腾。①

土尔扈特部不但进藏熬茶布施，还希望达赖喇嘛对其领袖进行册封，并举行盛大的

① 祁韵士：《皇朝藩部要略》卷10。

授号仪式。1735年，土尔扈特部首领策凌敦多布就举行了这样盛大的授号仪式，我们看看帕拉斯的记载：

仪式定于1735年9月1日举行……帐内置有一个特别高的座位或称御座，供汗用；御座右边的一张椅子稍矮，供当时土尔扈特部最高僧侣书库尔喇嘛坐用……

身着豪华服饰的汗端坐在帐中为他设立的御座上，静等书库尔喇嘛的到来。书库尔喇嘛诵经已毕，庄严地从他的住所走出，步向汗帐。聚集在佛庙内的僧侣出来列队奏乐迎接书库尔喇嘛，并陪同他走到汗帐门前。这时，僧侣们转身往回走，而喇嘛则直接趋步上前坐在御座旁边的椅子上。紧接着，受汗派遣到西藏的巴图尔鄂木布——他已得名巴图尔格隆并入僧籍——率领一大批随从僧侣骑马来到汗帐。巴图尔格隆本人脱离队伍，走到前面，将达赖喇嘛赐给汗的那份神圣令旨放在自己的头上。两位僧生一人手持一束点燃了的香烛，一人手捧一只底下烧着煤的水壶，壶内煮有西藏产的块根；两人一起敬奉着令旨款步向前。巴图尔格隆身后紧跟着另一位僧侣，手执佛像和佛祖遗物。在他们的后面，僧侣们列队牵来一匹供汗用的御马，备有达赖喇嘛赠赐的御鞍，其他人拿着圣衣、圣帽、圣带（上面挂有一把匕首和一把小刀）以及供汗用的马刀、枪支、箭囊和弓矢。队伍最后面是两面大纛，一面是达赖喇嘛送给汗的，是汗位的象征，另一面是达赖喇嘛的活佛曲钦送给汗的使节的。这一支队伍与前面的喇嘛一样，受到僧侣们的迎接并被陪同着到汗帐前，一路高奏乐曲，吟诵经文。

及至帐前，巴图尔格隆及其随从滚鞍下马，和手捧着圣衣的人一起进入帐内……书库尔喇嘛从椅子上站起来，先从巴图尔格隆头上拿下达赖喇嘛的令旨，将它放在汗的头上，再接过汗用的圣衣，这时汗也站起身来，书库尔喇嘛给汗穿上圣衣，再次入座。书库尔喇嘛用唐古特语朗诵达赖喇嘛的令旨，先是在汗帐内，后又到外面向众人宣读。令旨的内容如下：

英名神圣幸福的沙索本色岱青汗（此乃达赖喇嘛赐给汗的新名），我们祝福你，祝愿你和你的臣民能再过上过去的美好时光，愿你的实力不断扩张，愿你成为英明无比的执政王，像高贵的鲜花一样闪闪发光，愿你和其他人都能增强对神圣宗教的信仰！——你出于对我们的无比热爱，遣使来到西藏，你带来了我们的祝愿。你送给我们的礼物，一块上等的哈达和地毯，两个用珍珠制成的玫瑰花环，80枚金币，两匹布料等等，我们都已以神圣的宗喀巴和黄教高级僧侣的名义领受了。我们祝愿你的人民和全体生灵都能恢复内部和外部的和平，从此过上幸福的生活；祝愿你笃信宗教，乐善好施，爱民如子。令尊大人是本教的保护者，是我们坚定的崇拜者，他已仙逝。全体土尔扈特王公以及其他部落的王公必须以令尊大人为榜样，父亲似地或祖父似地衷心爱戴他们的臣民，接受乐善好施的教义，尽心尽力地传播和增强黄帽的真谛；要乐意宽宥下人的过失，帮助他们步入正道；要努力牢记规定的经文，虔诚地摆设心灵和信仰之物，心中永远不忘佛、法、僧三宝。如斯，我们会永远爱戴你，在任何情况下都会给你和你的人民提供精神帮助。兹送给你桑嘉一条，本人画像一幅，普度众生者的真舍利、释迦牟尼佛祖的舍利各一块……

书库尔喇嘛当着众人宣读完这封令旨后，站在四周的贵族以及有权前来参加仪

> 式的普通人就开始一个接一个地来到书库尔喇嘛面前，书库尔喇嘛把令旨放到每个人的头上，以示祝福之意……汗本人则从帐中走出，腰挂达赖喇嘛赠赐的马刀、箭囊和弓矢，骑上御马向佛庙驰去。及至佛庙，他翻身下马，步入佛庙，卸下武器让众人抬入，僧侣们鼓乐齐鸣，列队相待，还在佛像前一一诵经……①

由整个过程我们可以看到，授号的仪式庄严而宏大，首先是大汗要盛装等待，然后由派遣到西藏归来的喇嘛带着达赖喇嘛的令旨款步而来，随后由土尔扈特部地位最高的喇嘛书库尔喇嘛接过令旨，放在汗的头上，以示已领受，之后给汗穿上圣衣，而后书库尔喇嘛面向众人宣读达赖喇嘛的令旨内容，这实际上是广为布告，以说明汗号来源于达赖喇嘛，以示汗位的合法性，随后大汗赶赴寺庙祈祷诵经，用以说明对藏传佛教的虔诚以及广为推广之意。整个过程都已经被神圣化了，而这个神圣化的过程实际上是处于内忧外患的土尔扈特首领试图进一步收拢人心的结果，他广为宣传藏传佛教，也试图借助达赖喇嘛的封号来加强自己的统治，所以，仪式的神圣化过程实际上就是汗权的加强化过程。也正是因为有这种效果，所以几乎各部蒙古王公都希望从达赖喇嘛处得到封号。

1771 年，土尔扈特部在其首领渥巴锡的率领下东归，归附清朝，清政府对土尔扈特部抚恤救济，妥善安置，安排土尔扈特部首领赴避暑山庄朝觐，并安排赴藏熬茶事宜。但这里的赴藏熬茶已经是“政教二道”的中心转移到清朝之后的安排了，是另一个性质的问题了，况且已有郭美兰先生详细的研究成果，② 故本文不再赘述。

三　蒙古喀尔喀部试图建立中心的努力

在 16 世纪末至 17 世纪的大变局中，漠北喀尔喀部势力也逐渐强大起来。喀尔喀部也是黄金家族后裔，达延汗统一东蒙古后，分封其第六子阿鲁楚博罗特与第十一子格埒森扎到喀尔喀万户的左右翼，16 世纪中叶，喀尔喀左翼内迁至大兴安岭一带而为“内喀尔喀五部”，原驻牧地尽为格埒森扎后裔所有，后格埒森扎后裔又分出左右两翼，在 16 世纪末至 17 世纪 30 年代，喀尔喀左翼和右翼先后出现了三个汗，对此，乌云毕力格先生已有精彩的分析，③ 笔者不揣浅陋，拟从喀尔喀三汗试图构建“政教二道”中心的角度，进一步论述之。

据《蒙古回部王公表传》记载：“初，喀尔喀无汗号，自阿巴岱④赴唐古特，谒达赖喇嘛，迎经典归，为众所服，以汗称。子额列克继之，号墨尔根汗。额列克子三，长衮布，始号土谢图汗，与其族车臣汗硕垒、扎萨克图汗素巴第同时称三汗。”⑤ 但是乌

---

① 《内陆亚洲厄鲁特历史资料》，云南人民出版社 2002 年版，第 78—79 页。

② 郭美兰：《清代霍博克赛里土尔扈特蒙古赴藏熬茶活动初探》，《西部蒙古论坛》2013 年第 2 期，第 41—48 页。

③ 乌云毕力格：《喀尔喀三汗的登场》，《历史研究》2008 年第 3 期。

④ 乌云毕力格先生认为此处汉文记“阿巴岱”有误，应为阿巴泰，从之。见氏著《喀尔喀三汗的登场》，《历史研究》2008 年第 3 期，第 24 页，注③。

⑤ 包文汉、奇·朝克图整理：《蒙古回部王公表传》（第一辑），卷 45《喀尔喀土谢图汗部总传》，内蒙古大学出版社 1998 年版，第 334 页。

云毕力格根据多种文献考证，最后得出的结论是：阿巴泰“于1580年称汗，号‘赛音汗’，喀尔喀始有汗。阿巴泰1586年在呼和浩特谒见三世达赖喇嘛索南嘉措，被授予‘佛法大瓦齐赉汗’号，此后称作‘瓦齐赉赛音汗’。阿巴泰汗立喀尔喀右翼的赉瑚尔为汗，并在库博克儿取得了对卫拉特人的决定性胜利，这充分显示了他在16世纪后半叶喀尔喀历史上的领袖地位，他实际上是当时喀尔喀万户的汗。‘土谢图汗’号始自其孙衮布，他是喀尔喀第一代土谢图汗”。①其中阿巴泰是如何从三世达赖喇嘛那里取得汗号的是很有意思的问题。

主要记载喀尔喀历史的《阿萨喇克其史》中记载，1581年，阿巴泰二十八岁时，“在杜尔格齐巴图尔家从芒官嗔—土默特地方来了一批商人。听说他们中间有被称为‘邦什’的人，于是派使臣前去请来。那位邦什谈话中讲道：‘我们格艮汗那里有三宝和东科尔满珠什哩活佛。’于是土谢图汗（即阿巴泰汗）大发禅心，派那邦什和奇勒古特的阿喇克达尔汉二人到格艮汗那里迎请喇嘛。格艮汗在七十五岁那年（1582），患有重疾，当那位使臣返回时，已经躺在床上七天没有说话了，听说使臣来了，［汗］下令携郭芒囊索前往［喀尔喀］，便在那里逝世。阿喇克达尔汉迎请喇嘛返回。［阿巴泰］受戒信法，非常尊崇那位喇嘛。因对佛法［在喀尔喀的］最初的传播做了好的中介，封阿喇克达尔汉为‘达尔汉’之上的‘大达尔汉’，并赐给了朱色敕书和印玺。水羊年，萨木喇囊索前来。木鸡年夏，在尚呼图山阴的故城动土筑基，当年建起寺庙”。②由材料可知，阿巴泰在1585年建立了寺庙，这个寺庙就是额尔德尼召。③关于阿巴泰和三世达赖喇嘛会见的情况，《阿萨喇克其史》说阿巴泰汗于1586年“夏末月十五日叩谒了达赖喇嘛索南嘉措，献上了千匹马为首的众多金银财物。［达赖喇嘛］授他以众多灌顶，并令［阿巴泰汗］从满屋的佛像中选取［自己所需的佛像］。［阿巴泰汗］选取了一尊旧佛像，是伯木古鲁巴。达赖喇嘛说：‘当满屋佛像连同房屋一起遭火灾的时候，［该佛像］不曾被烧毁，是大有神力的。’……［达赖喇嘛对阿巴泰汗］说‘［你］是瓦齐尔巴尼的化身’，并赐予了‘佛法大瓦齐赉汗’号”。④

对此，罗布桑普棱列撰写的《第一世哲布尊丹巴传》中这样写道：

> 后来在遍知一切索南嘉措来到蒙古时，他（阿巴泰——引者注）前去谒见。福田和施主合心合意，（索南嘉措）将一幅画有不怕被火烧的帕木竹巴多吉杰波像的唐卡赐给他，并授予他多吉杰波（瓦齐尔汗）的称号。⑤

---

① 乌云毕力格：《喀尔喀三汗的登场》，《历史研究》2008年第3期。

② 乌云毕力格译：《阿萨喇克其史》，见氏著《〈阿萨喇克其史〉研究》，中央民族大学出版社2009年版，第133页。

③ 《哲布尊丹巴传》中说：“在喀尔喀蒙古地区难以寻到建立额尔德尼召的模式，便依照呼和浩特召庙的式样建造……阿巴泰汗在喀尔喀蒙古建寺立佛后，迎请土默特阿勒坦汗之师栋科尔曼殊师利札木杨绰尔济喇嘛为召寺做了小开光仪式，讲授戒、律，施以灌顶法。”见成崇德、申晓亭译《哲布尊丹巴传》，载《清代蒙古高僧传译辑》，全国图书馆文献缩微复制中心1990年版，第220页。

④ 乌云毕力格译：《阿萨喇克其史》，见氏著《〈阿萨喇克其史〉研究》，中央民族大学出版社2009年版，第133页。

⑤ 罗布桑普棱列：《第一世哲布尊丹巴传》，金成修译，载金成修《明清之际藏传佛教在蒙古地区的传播》之《附录》，社会科学文献出版社2006年版，第185页。

关于这个情节，《蒙古源流》也有详细的记载：

> 罕哈的阿巴歹·哈勒札兀台吉前来叩拜（达赖喇嘛），献上用貂（皮）制成的皮帐和数以万计的财物，甘心情愿地尽情倾听了经义。（达赖喇嘛）对那位合罕说："请伸手从我的众佛（像）当中选取一幅佛（像）吧。"（阿巴歹）伸手恰好触到金刚持的画像，就收下了。就要启程返回，（阿巴歹）说："请赐给我冠有'瓦只剌'之名的合罕之号吧!"（达赖喇嘛）回答说："只是担心对你们蒙古的正统有妨害。"尽管这样说了，可是当（阿巴歹）再次恳请时，（他）还是赐给了"瓦只剌合罕"的称号。达赖喇嘛说："这幅勘巴·瓦只剌合罕的画像，据说当满屋佛像连同房屋一起遭火灾的时候，不曾被烧毁，是大有神力的佛（像）。"说完，又赐给（阿巴歹）拇指大小的（一块）释迦牟尼佛的舍利子、（一尊）白铜筑造的斫迦罗·苫婆罗佛像，以及从印度地方迎来的众多神运佛像等，（另外）赏赐了虎皮大帐等财物，说："（你）即是金刚持的化身。"赐予（他）"佛法大瓦只剌合罕"的称号。[①]

据金成修分析，在有关成吉思汗的描述中，也经常有"金刚手的化身成吉思汗"的称号，所以喀尔喀阿巴泰汗的"金刚手"的称号，可以使人在成吉思汗和阿巴泰汗之间寻找到某种联系。[②] 另外，我们从上引文中可以看到，"瓦只剌合罕"的称号是阿巴泰汗主动向达赖喇嘛索要的，联想到自土默特部俺答称汗后，"其他非大汗的一些蒙古贵族也相继仿效，阿巴歹是外罕哈第一个称汗的人"，[③] 我们可以看出阿巴泰汗试图建立"政教二道"中心的雄心壮志。但是从所有的史书中，我们都没有看到达赖喇嘛利用转世理论说阿巴泰汗是忽必烈转世的情况，但是为了实现建设以喀尔喀为中心的夙愿，阿巴泰汗及其后继者还编造了关于忽必烈与他的关系的神话："当阿巴泰宣布这一决定（请达赖喇嘛主持额尔德尼召的开光仪式）时，大家都十分清晰地看到，在寺庙上空显出了萨迦班智达罗追坚赞的圣容，他因阿巴泰对达赖喇嘛的虔诚而为阿巴泰汗祝福，大家还清楚地听到他对阿巴泰汗许诺，说他将如古时对待忽必烈薛禅汗那样为他祈祷，给予庇护。"[④]

萨迦班智达罗追坚赞就是元代忽必烈封为帝师的八思巴，在1578年的仰华寺会晤中，三世达赖喇嘛依据转世理论，说自己是八思巴的转世，土默特部的俺答汗是忽必烈的转世，那么在上面这个神话中，"八思巴又出现在阿巴泰汗面前，与忽必烈同样祝福他。这又是另外一个'中心转移'"，[⑤] 即建立以喀尔喀左翼为中心的中心。

紧接着阿巴泰汗之后称汗的，是喀尔喀部右翼长素班第，在阿巴泰汗死后，1596年被推举为"扎萨克图汗"；1630年前后，因为察哈尔部纷纷逃到喀尔喀硕垒部，所以

---

① 乌兰：《〈蒙古源流〉研究》，辽宁民族出版社2000年版，第456—457页，注41。

② 金成修：《明清之际藏传佛教在蒙古地区的传播》，社会科学文献出版社2006年版，第100—101页。

③ 乌兰：《〈蒙古源流〉研究》，辽宁民族出版社2000年版，第456—457页，注41。

④ 波兹德涅耶夫：《蒙古及蒙古人》第一卷，刘汉明、张梦玲、卢龙译，内蒙古人民出版社1989年版，第458—459页。

⑤ 金成修：《明清之际藏传佛教在蒙古地区的传播》，社会科学文献出版社2006年版，第102页。

硕垒被推为“共戴马哈撒嘛谛车臣汗”。硕垒称汗是因为察哈尔的一些属部北逃硕垒，随着人口的增多，硕垒便称为“共戴马哈撒嘛谛车臣汗”（Olan-a ergügdegsen maq-a samadi sečen qaɣan），简称“车臣汗”。“马哈撒嘛谛”，梵语原名为 Mahāsammatah，即“大平等”之义。佛教著作中所说人类第一位首领叫作 Mahāsammatah rājā，“大平等王”之义，藏文译为 mang pos bkur ba rgyal po，汉文有时音译为“摩诃三摩多”王，有时意译为“大太平王”，有时还译为“大三末多王”。[①] 硕垒称有佛教色彩的大汗，正是表明其建构“政教二道”中心的努力，扎萨克图汗和车臣汗两位汗王都有建立以本部为中心的企图。

天聪九年（1635）五月二十七日，在得知林丹汗失败后，硕垒托人转交给皇太极和林丹汗太后各一封信，给皇太极信的内容为：

> 愿吉祥。马哈撒嘛谛色臣（车臣）汗、土谢图汗、色臣济农等大小诺颜献书于水滨六十三姓之主天聪汗。献书缘由汗王以国政及享誉四海之美名为贵。愿同求昌兴政教之首业。我等六土绵之主[②]未能驾御。彼虽未能驾御，然其汗统与我同宗，故今仍守此大业。若念及此大业，则愿互派使臣通好不绝。如此，方可谓获此贵身，享有权势之汗也。[③]

由这封信可知，硕垒只是携土谢图汗致书皇太极，扎萨克图汗未列其名，这至少反映了写这封信不是扎萨克图汗的意思，那么两部在是否与清朝通好上意见是不统一的。硕垒写这封信表达了两点：一是虽然林丹汗败亡了，可是硕垒仍然在“守此大业”，或“守护着大玉宝政”[④]；二是希望与后金“通好不绝”，这实际上是贸易的现实需要，因为漠南蒙古全部归附后金后，切断了与外蒙古喀尔喀部的贸易通道。

硕垒致察哈尔太后书信的内容为：

> 愿吉祥。共戴马哈撒嘛谛色臣汗敕谕太后、额尔和扣肯（即额尔克孔果尔——引者注）、哲勒墨达尔汉为首诸宰桑。先是，尔执送洪诺颜，恪守盟言，同就事业，其后，尔与国乱之时，未相往来。我等素无怨恨、亦无仇隙。汗（指林丹汗——引者注）宾天后，问尔等悉来附我。其秋，即令哨探往迎。与汗同宗，为尔等庶民之主。尔等当即前来。如衣袍衪，太后乃我哈吞之妹，若往他处，或论道统，或论宗族，唯我近也。其慎思之。[⑤]

---

① 乌云毕力格：《喀尔喀三汗的登场》，《历史研究》2008 年第 3 期，第 32 页。并参见乌兰《〈蒙古源流〉研究》，第 77 页。

② 指察哈尔林丹汗。

③ 李保文译：《蒙古北喀尔喀马哈撒嘛谛色臣汗等致天聪汗书》，天聪九年五月二十七日，载《天命天聪年间蒙古文档案译稿（中）》，《历史档案》2001 年第 4 期，第 8—9 页。或可参见《清初内国史院满文档案译编（上）》，第 169 页。

④ 乌云毕力格：《喀尔喀三汗的登场》，《历史研究》2008 年第 3 期，第 33 页。

⑤ 李保文译：《蒙古北喀尔喀马哈撒嘛谛色臣汗等致天聪汗书》，天聪九年五月二十七日，载《天命天聪年间蒙古文档案译稿（中）》，《历史档案》2001 年第 4 期，第 9 页。或可参见《清初内国史院满文档案译编（上）》，光明日报出版社 1989 年版，第 170 页。

这封信硕垒以大汗的口气向林丹汗太后和其子发布敕谕，劝他们投奔自己，最后所说的“或论道统，或论宗族，唯我近也”，分明是与后金比较的结果。

对这两封信，我们没有看到皇太极的态度。但是天聪九年十二月初七，硕垒又来了一封信，信中曰：

> 愿吉祥。洪福圣武成吉思汗黄金家族马哈撒嘛谛色臣汗等，献书于殊胜天聪汗。献书缘由：我等在此安好，天聪汗在彼安否？我等之呼图克图汗（指林丹汗——引者注）已毁坚不可摧之道，在彼之太平之道，天聪汗主之。广布德政，名扬四海，乃人生之美誉。倘我等在彼在此，皆使政教光同日月，岂非人生之幸福、永世之美名也。倘若以此言为是，信使不绝，互通安好，成为政治之栋梁，宗教之阳光，愿永守睦邻友好。①

从这几封信中，我们看到车臣汗建构“政教二道”中心的企图明显。

相比车臣汗硕垒，扎萨克图汗素班第则要淡定得多，他无视清朝把漠南蒙古吞并的情况，希图继续在归化城与明朝贸易。崇德三年（1638）正月十六，“驻归化城土默特部落诸臣，遣扎甘率三人来奏称：‘北方阿禄喀尔喀扎萨克图汗率兵携妻子至我等所居归化城，周围驻营，似欲犯我归化城，亟待圣汗发大军前来。’”② 皇太极急令部下准备粮草，于二月十三率兵亲征扎萨克图汗，十八日，有人奏言：“明人告喀尔喀蒙古云，圣汗率大军将至等语。喀尔喀蒙古惊惧，未犯我归化城一物，亦未得与明人交易，已于正月三十日仓皇退去。”皇太极在遣人打探消息的同时，还特意致书明朝宣府诸守臣：“其北方喀尔喀蒙古，曾与尔盟誓修好耶？尔不与结盟之国（指后金——引者注）开市贸易，与之财物，反与未结盟之国开市贸易，与之财物，何也？兹朕亲统大军，驻于布颜阿海游牧之地以待，尔若能悔过，每年以财与我，开市贸易，则我军不入尔大同、宣府之地，而征辽东一带。夫逆则征伐，合则贸易，前亦有之。”③ 皇太极这封信充满威胁的语气，实际上是想断绝明朝与喀尔喀部的贸易，逼迫喀尔喀部臣服自己。正当皇太极打道回府的时候，三月初三，喀尔喀部扎萨克图汗派使臣前来贡马，“一曰千里马，一曰硕罗图”④，以示和好之意。皇太极谕曰：“朕以兵讨有罪，以德抚无罪，惟行正义，故上天垂佑，蒙古察哈尔诸部皆以畀朕，尔等皆其所属，当即相率归诚，否则亦惟谨守尔界，乃反兴兵构怨谋肆侵掠，岂以远处西北即为征讨不及之区耶。今与尔约，嗣后慎弗复入归化城界，重贻罪戾。”⑤

此后，皇太极与扎萨克图汗之间往来文书不断。崇德三年九月二十四皇太极给扎萨克图汗书信云：

---

① 李保文译：《蒙古北喀尔喀马哈撒嘛谛色臣汗等致天聪汗书》，天聪九年五月二十七日，载《天命天聪年间蒙古文档案译稿（下）》，《历史档案》2002 年第 1 期，第 3 页。或可参见《清初内国史院满文档案译编（上）》，光明日报出版社 1989 年版，第 211 页。

② 《清初内国史院满文档案译编（上）》，光明日报出版社 1989 年版，第 268 页。

③ 同上书，第 281—282 页。

④ 同上书，第 288 页。《皇朝藩部要略》卷 3 记载云“贡马及独峰驼、无尾羊”。

⑤ 《皇朝藩部要略》卷 3，《外蒙古喀尔喀部要略一》。

宽温仁圣可汗之旨。遣书于扎萨克图汗之缘由。我非不好政教之道，为教法之故，欲请土伯特高僧大德，弘扬教法，故特遣使。为国政之故，在察哈尔汗殃民时，我亲征拱兔诸子，将其收服。后又收服其山阳兀鲁思。后出征，收其呼和浩特之兀鲁思与赏。其后（再）出征时，察哈尔遁逃。我自大同入境，进攻汉人，俘获察哈尔逃散诸后与大臣而归。后又遣四贝勒，擒得孔果尔为首诸后与大兀鲁思。如此，上天眷佑，将六大兀鲁思之主为首所有蒙古国悉数赐予了我。尔书云，六大兀鲁思的若干个尚在尔处。谁在尔处，我不得而知。若属六大兀鲁思之人果真在尔处，尔理应将其归还原主。看人用眼睛，看自己用镜子。凡事量力而为之。巧言顺势者方能饮乳享其甘甜。拙舌逆行者岂能享之？①

根据文中内容，很显然，扎萨克图汗在给皇太极的书信中，号称自己还拥有六大兀鲁思的一部分，所以皇太极还不是全蒙古的共主。此后，皇太极于1640年三月初八和十月初六分别给扎萨克图汗写信，斥责其无礼。“从前我以为察哈尔汗为（蒙古）宗主大汗，今方得知原来尔乃宗主大汗……上天垂佑，将尔宗主归附于我，使之分崩之国，安享天福……仰赖天恩，朝鲜、乌拉、哈达、叶赫、辉发、索伦、扈尔哈、蒙古六大兀鲁思都一一归附。尔却诳言：尔等为六万户之一。三阿巴噶、五喀尔喀、苏尼特均在我处，今尔处尚存万户之实否？古云：得乎天下者为王，得乎半壁者为臣。尔无一鄂托克完土，而妄自尊大，抬格书名，诏令于我，岂有此理？朕诏令尔方是……尔秉政无方而一鄂托克喀尔喀三汗鼎足……尔左右兄弟手足听命于尔乎？彼等不服尔，鞭打尔使者。”②

从这封信中可以看出，之前扎萨克图汗给皇太极写信称自己为蒙古宗主大汗，故皇太极才有反讽一问，并从一统蒙古以及喀尔喀三汗互不统属两个层面来论述自己才是天下共主，这实际上是从政权合法性上与扎萨克图汗争夺中心。

扎萨克图汗在给皇太极的信中还提到了：“凡事可为不可为，关乎佛事三宝、命也，非人能所预知者。”③“佛事三宝”，即佛、法、僧三宝，实际上是指佛教才能预言将来到底谁是天下之主，这是以阐扬藏传佛教之名作为正统的标准，所以皇太极回信说：

“尔仅一鄂托克之主，竟妄自矜诩，书不称名，以三宝为言，此岂尔所宜言乎？尔书云，尔遵行政法之道，不欲兴武，以求福祉。若谁能勘定祸乱，使众生享受太平，乃掌管政法之福祉也。不识凡人之道，而欲判明政法祸福，不过骄矜之词耳。”④

这是对扎萨克图汗说以“佛事三宝”判明正统的回应，说扎萨克图汗“不识凡人之道”，而以佛法“判明政法祸福，不过骄矜之词”。实际上在这期间（1637—1640），清朝为了使蒙古人信仰的藏传佛教的中心转移到自己方面来，曾派使团，准备赴藏延请

---

① 此书信为乌云毕力格翻译，见乌云毕力格《清太宗与喀尔喀右翼扎萨克图汗素班第的文书往来——兼谈喀尔喀—卫拉特联盟的形成》，载氏著《十七世纪蒙古史论考》，第279—280页。

② 乌云毕力格：《清太宗与喀尔喀右翼扎萨克图汗素班第的文书往来——兼谈喀尔喀—卫拉特联盟的形成》，载氏著《十七世纪蒙古史论考》，第280—281页。

③ 同上书，第282页。

④ 同上书，第283页。

西藏高僧。喀尔喀部闻讯后，左翼车臣汗、土谢图汗提议喀尔喀三汗也派使者与清朝一同前往西藏，延请达赖喇嘛，清朝使团先期到达呼和浩特，但是不知何故，此次活动半途而废。① 笔者推断，正是因为清朝与喀尔喀争夺藏传佛教格鲁派认定的正统地位，所以其合作不可能持续下去。

正是因为清朝与喀尔喀的对抗，才促使1640年喀尔喀部与西蒙古卫拉特部建立了联盟，在这个联盟上形成了《卫拉特法典》。据《卫拉特法典》记载，在这次会盟上，喀尔喀部和卫拉特部的几乎重要的头面人物都参加了，其中，扎萨克图汗为这次会盟的领袖人物。《卫拉特法典》第一条就规定："对搅乱我国国内和平、互相战争，侵入并掠夺（他人的）大爱马（克）或努图克的王公，整个蒙古及卫拉特的其他王公应联合起来加以攻击并打倒（他），没收其封地分配给各王公。"②

这是喀尔喀与卫拉特两部共同对外的宣言，也是它们树立"政教二道"中心的实践。

结语

综上所述，因为藏传佛教的转世理论有很大的弹性空间，有势力的蒙古各部领袖纷纷构建"政教二道"的中心，蒙古宗主大汗林丹汗以传国玺和蒙古黄金家族正统大汗无法号令诸部，只好顺应历史潮流，试图联合反格鲁派的势力进行反制，最后以失败而告终；和硕特部的固始汗趁机进军青海，占据西藏，与五世达赖喇嘛一起建立了"甘丹颇章"政权。土尔扈特部的领袖以及喀尔喀部三汗分别以自己的方式构建"政教二道"的中心，如果加上准噶尔的噶尔丹及其后的策妄阿拉布坦、噶尔丹策零的关于构建"政教二道"中心的实践，我们看到，在16世纪下半叶到17世纪上半叶的一百年间，凡是有势力的蒙古领袖都参与了这个过程，这与当时的中国大势和世界大势是联系在一起的，当时的世界处于大混乱时期，而每个新政权都要面临这样的问题，即民族、宗教问题如何处理，③ 这不但是纷纷构建"政教二道"中心的蒙古诸部精英领袖们要考虑的问题，也是后来入主中原的清政权考虑的问题。在这个过程中我们看到，达赖喇嘛的封授成为另一种天命所归，而蒙古诸部的熬茶布施则成为这种天命所归的必要的手段，虽然达赖喇嘛称蒙古诸部领袖为"施主"甚至"大施主"，但施和被施是相对的，蒙古诸部的布施是财富上的布施，换来的是达赖喇嘛在名号上的施舍以及意识形态上的认可。蒙藏的这种意识形态上的联盟改变了历史的走向，使藏传佛教格鲁派和达赖喇嘛处于西藏各教派的主导甚至统治地位，使蒙古各部迟迟无法统一，最后被清廷各个击破。

（原载《黑龙江社会科学》2017年第3期）

---

① 乌云毕力格：《清太宗与喀尔喀右翼扎萨克图汗素班第的文书往来——兼谈喀尔喀—卫拉特联盟的形成》，载氏著《十七世纪蒙古史论考》，第284页注释。

② ［日］田山茂：《清代蒙古社会制度》《附录》之《卫拉特法典》，潘世宪译，商务印书馆1987年版，第235页。

③ ［日］岸本美绪：《"后16世纪问题"与清朝》，载刘凤云、刘文鹏编《清朝的国家认同》，中国人民大学出版社2010年版，第301页。

东北古代民族源流述略

魏存成*

我国的东北地区，包括辽宁、吉林、黑龙江三省和内蒙古自治区东部的呼伦贝尔市、兴安盟、通辽市、赤峰市之广大地区。历史上在此活动的古代民族及其建立的政权、中原政权或全国统一政权在此设置的郡县，有不少时期是超越了现今的地域范围。

东北地区是我国古人类、古文明和多民族起源发展的重要地区之一。东北地区的古人类遗迹，即旧石器时代遗址和地点，迄今在主要的大江、大河流域等地已发现几十处，其中时代最早的是距今40万年前的本溪庙后山遗址和距今28万年前的营口金牛山遗址，晚的距今1万年左右，出土遗物有人类化石、石器、骨器、动物化石等。根据旧石器遗址、地点之南早北晚的年代差距，以及打制石器与中原相比所表现出来的诸多一致性特征，说明东北地区的古人类可能是由中原迁来，然后再由此迁往东北亚各地或更远的地区。

大约距今8000年，东北地区进入新石器时代，4000年之后又进入青铜时代。在此期间，先后出现了多种富有特点的古文化，其中居住址、墓葬大量出现，祭祀遗址的地位尤为突出，陶器普遍用于日常生活，精美的玉器更是引人注目，而且较早地使用了冶铜术，为多元一体的中华古文明的起源、发展做出了重要贡献。在这些文化的发展过程中，中原文化通过辽西陆路和山东半岛到辽南半岛的海路对东北地区的传播及交流，也在不断地加强。文化的发展，反映了人群组织形态的进步，这又为探讨东北古代民族的起源提供了线索。

东北地区的古代民族，在先秦文献中已有零星记载，比如肃慎族，就频繁出现过，至《史记》《汉书》的《匈奴列传》和《朝鲜列传》，相关内容则更多了，而真正开始给东北各主要民族单独立传的，则是《三国志》和《后汉书》。①

对于东北古代的众多民族，20世纪40年代金毓黻先生出版的《东北通史》，将其分为肃慎族系、濊貊族系、东胡族系和陆续从中原迁入的华夏—汉族族系四大部分，迄今仍为学术界所沿用。金先生将这四个族系绘成“东北民族系统表”。② 几十年来，东北史的研究在继续深化，尤其是东北考古的迅速开展，新的发现和研究成果不断涌现。笔者以金先生的原表为基础，并吸收上述新的发现和研究成果，又绘出一个“东北古代民族源流示意表”，现将这两个表一起放在下边，然后再分族系简单说明。

---

* 魏存成，吉林大学匡亚明特聘教授，边疆考古研究中心暨文学院考古学系教授、博士生导师。
本文是国家社会科学基金特别委托项目（15@ZH007）阶段性成果之一。

① 《三国志》成书年代早于《后汉书》，《三国志》的裴注也早于《后汉书》。

② 金毓黻：《东北通史》，社会科学战线杂志社1980年翻印本，第21页。

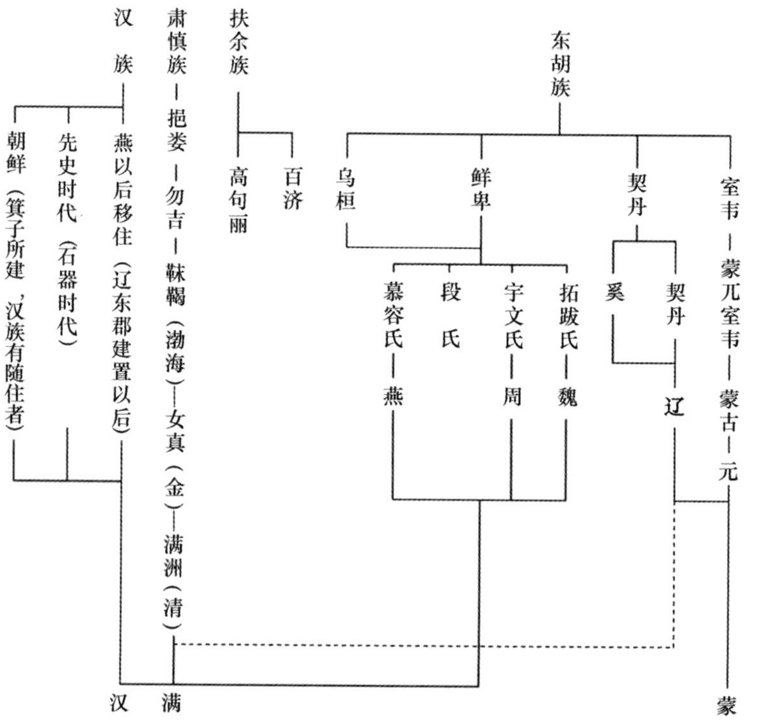

表1 东北民族系统表（录自金毓黻《东北通史》）

一 华夏—汉族族系

华夏—汉族族系是学术界对中原地区古代居民的统称，先秦之前一般称为华夏，汉代以后则称为汉族。东北地区华夏—汉族族系的出现和发展，主要由两部分构成，即如表2所示，一是自先史时代开始，中原人口陆续迁徙流入，二是与东北地区其他民族的交流融合。第二部分的情况在后边三个族系中要分别谈到，现就第一部分的情况简单说明如下。

前边已经谈及，几十万年前东北地区古人类的出现就可能源自中原，之后几千年前的新石器时代和青铜时代，中原文化自辽西陆路和山东半岛到辽南半岛的海路又源源不断地传入东北，其中必会有中原人口伴随而来。

文献记载出现后，中原人口大量的迁徙流入，更是前呼后应，接连不断，贯穿了整个古代历史时期。在这当中，有几个重要的事件和时期，是值得特别注意的。

首先看到的就是商末周初的箕子东迁。箕子是原商贵族，周灭商，箕子率族人自中原经辽西、辽东，到朝鲜半岛北部建立古朝鲜，周封其为侯国。箕子东迁的人数，据有关文献记载达5000人之多，并带来了中原的先进文化和生产技术，大大促进了该地区的发展。① 当时古朝鲜的疆域以平壤地区为中心，并包括了鸭绿江以北的部分地区。

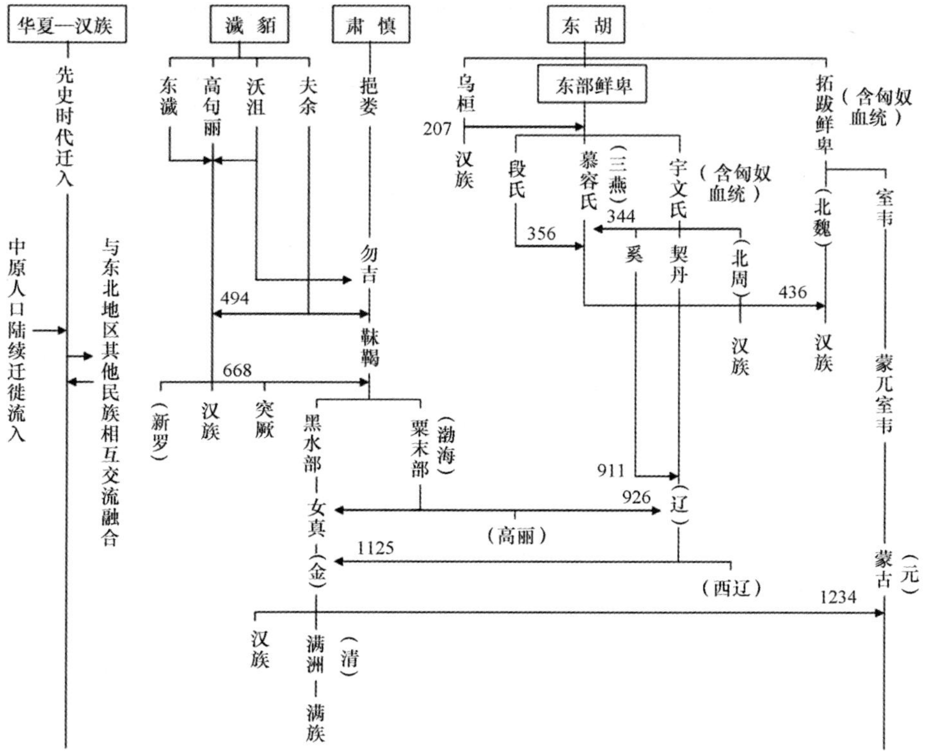

表2　东北古代民族源流示意表（参照金毓黻“东北民族系统表”做成）

之后便是战国秦汉时期中原人口持续的大量迁徙流入，其历史背景与中原政权向东北地区开疆拓土和设置郡县有直接关系。

公元前300年前后，战国燕国派遣大将秦开北却东胡，东击古朝鲜，向东北开拓疆土，从今河北北部到朝鲜半岛西北部之间设置了上谷、渔阳、右北平、辽西、辽东五郡，并把长城修到了鸭绿江以南，接近清川江江口。于是箕子古朝鲜则退到了清川江以南。近年在燕长城之外的吉林省四平市也发现了战国时期的古城——二龙湖古城。② 由于燕国在东北设立了正式郡县，也就大大方便了中原人口的迁徙。在上述广大地区曾发现数批燕国系统的铁器、货币和中原青铜兵器，从此东北地区及朝鲜半岛进入铁器时代。

秦统一六国后，其疆域在朝鲜半岛又向南延伸，接近了大同江江口。秦汉之际，中原战乱，大量中原人口迁往东北和朝鲜半岛。此时古朝鲜箕氏后世被由今北京地区流入

① 关于箕子率多少人去朝鲜，据金毓黻考证《朝鲜史略》记为五千人。金毓黻：《东北通史》，社会科学战线杂志社1980年翻印本，第55页。

② 参见四平地区博物馆、吉林大学考古专业《吉林省梨树县二龙湖古城址调查简报》，《考古》1988年第6期。

的燕人卫满所代替。之后不久，卫满的后世随着其势力发展，则不肯入朝，还阻塞邻近民族“上书朝见天子”,[①] 西汉王朝遂于公元前2世纪末出兵灭之，并于其地分置乐浪、玄菟、临屯、真番四郡，进行直接管辖。过后几十年，临屯、真番两郡并入乐浪、玄菟之中，玄菟郡也从朝鲜半岛东北部初设之地向内迁移，但是，设置在平壤的乐浪郡一直持续到4世纪初。后再次迁徙到辽东郡内的玄菟郡和原来的辽东郡则一直持续到5世纪初。统一的版图，长时期的郡县统治，为中原人口及中原文化向东北及朝鲜半岛的迁入和传播，创造了更为有利的环境和条件。汉代末年至魏晋时期，由于中原再次进入战乱，又有大量人口流向辽东和平壤。多年的考古工作，在辽东、平壤两地区，陆续发现了大量汉魏晋时期的城址和汉人的墓葬。有学者研究，继上述战国时期铁器的传入之后，此时中原地区先进的冶铁技术也经由东北传到了朝鲜半岛和日本。[②]

下一个重要时期，是由东北民族契丹族和女真族先后建立的北方王朝辽金时期。唐末五代中原战乱，契丹崛起，建立辽朝，其疆域南到北京和山西北部，将大批汉人迁徙到契丹内地，编入州县，使其从事农业和手工业生产。为照顾迁来汉人的乡土情感，所建州县多用汉地原来州县旧名。据文献记载和考古发现，位于今内蒙古赤峰市巴林左旗的辽上京城址，分为南北两城，北城谓“皇城”，供契丹王室所居；南城谓“汉城”，居民以中原汉人为多。由于辽境内汉人的增多，辽王朝的官制实行北面官和南面官制度，“以国制治契丹，以汉制待汉人”。北面官以契丹皇室贵族为主体，以本民族风俗制度，掌管契丹军政大权；南面官以中原风俗制度管理汉人，其官吏也主要以归降的汉人承担。[③] 有学者统计，《辽史》列传之传主为汉人者58人，占全部列传的20%左右。[④]

女真人建立的金王朝灭辽侵宋，其疆域越过黄河到达淮河北岸。为加强对中原地区的统治，将大批女真人迁到中原地区，同时又把大批中原人口迁到金上京（今黑龙江省阿城）等东北地区，以充实东北地区的人口和劳动力。据有关文献记载，1127年金第二次攻破北宋都城汴梁，掠男女不下二十万。[⑤] 有学者推算，当时东北地区女真人有200万人，而“汉、渤海、契丹、奚等族人口至少在女真人的一倍半到两倍以上”，因而估计金代东北地区人口大约在五六百万人之间。[⑥]

中原人口向东北地区最后一次大的迁徙，则是有名的清代“闯关东”大潮。17世纪以来，女真与明战争不断，明军败退，原有汉族居民大部内迁，清兵入关，本族上下也大量随入，使得东北地区一派荒凉破败。于是清初曾颁布政令，鼓励关内汉人来东北垦荒种地。之后不久，清政府为了维护本民族的风俗、利益，保护其“龙兴之地”，乃推行封禁政策，修筑柳条边墙，严禁中原流民出关。但是，由于中原地区人多地少，再加上自然灾害，流民外流未能阻断。清代后期，只得开放禁令，于是一批批关内流民如潮水般向关外涌来。他们从南到北、由密到疏，遍布东北各地，形成了以汉族为主体、

---

① 《汉书》卷95《朝鲜传》。

② 参见王巍《中国古代铁器及冶铁技术对朝鲜半岛的传播》,《考古学报》1997年第3期。

③ 参见程妮娜主编《东北史》，吉林大学出版社2001年版，第164—165页。

④ 参见佟冬主编《中国东北史》第2卷，吉林文史出版社2006年版，第461页。

⑤ 转引自佟冬主编《中国东北史》第2卷，吉林文史出版社2006年版，第678页。

⑥ 程妮娜主编:《东北史》，吉林大学出版社2001年版，第206—207页。

多民族相互交融的新格局。为了加强对新开垦土地和流民的管理，清政府在东北地区相继增设了很多新的州县，同时增添了边防设施。在此迁徙过程中，自清初开始被流放到东北地区的众多“流人”，在传播中原文化方面起到了特殊作用。①

二 濊貊族系

濊貊族系是我国东北地区古老的重要族系之一。在历史文献中，濊，又作秽，貊，又作貉，濊貊频见于先秦文献中。学术界多认为，汉代之前其分布，濊北貊南，濊主要分布在松嫩平原，貊主要分布在辽东山地。两者关系密切，相互交叉渗透，故汉代又往往统称之濊貊。其发展演变，濊之后为夫余、沃沮和东秽，貊之后为高句丽。其中夫余、高句丽正式建立了政权，政权的名称仍称夫余、高句丽。

（一）夫余

夫余之记载，始见于《史记·货殖列传》，其曰：“燕北邻乌桓、夫余，东绾秽貉、朝鲜、真番之利。”此乃短短一句，但指出了夫余的方位所在。《后汉书》《三国志》《晋书》皆为夫余立传。《后汉书·夫余传》记载了夫余的创始传说，经比较可知，该传说来自之前的王充《论衡》和《三国志·夫余传》注引鱼豢《魏略》。夫余始祖东明，乃夫余北边的高离（槖离、索离）国王子。《魏略》记“东明因都王夫余之地”，《后汉书·夫余传》记东明“因至夫余而王之焉”，好像东明来之前夫余政权已经存在，其实不然，《论衡》记东明“因都王夫余，故北夷有夫余国焉”，说明夫余国是由东明南奔后称王而开始的。那么，夫余之地原来是哪些人在此居住呢，《后汉书·夫余传》一开始就明确说“夫余国……本濊地也”，《三国志·夫余传》记载得更为具体，其曰：“今夫余库有玉璧、珪、瓒数代之物，耆老言先代之所赐也。其印文曰‘濊王之印’，国有故城名濊城，盖本濊貊之地，而夫余王其中，自谓‘亡人’，抑有（似）［以］也。”其具体地点，《三国志·夫余传》记：“夫余在长城之北，去玄菟千里，南与高句丽，东与挹娄，西与鲜卑接，北有弱水，方可二千里。”据考证，此时玄菟郡郡治在沈阳、抚顺之间，玄菟之北千里，约今七百里，即第二松花江中游的吉林地区。②

多年的考古工作，已在吉林市发现多处汉代的遗址、墓葬，③ 近年又在永吉杨屯和榆树老河深发现了几种文化遗存的明确叠压关系，即下层是西团山文化遗存，中层是汉代文化遗存，上层是靺鞨文化遗存。④ 杨屯中层文化遗存，发掘者曾提出应是中原迁入的汉人文化遗存；榆树老河深中层文化遗存主要是墓葬，数量相当多，发掘者提出是鲜

---

① 参见程妮娜主编《东北史》，第 273—274 页；佟冬主编《中国东北史》第 5 卷，吉林文史出版社 2006 年版，第 86—92 页。

② 参见李健才《东北亚史地论集》，兰州大学出版社 2010 年版，第 3—4 页。

③ 参见吉林省考古研究室、吉林省文物工作队《统一的多民族国家的历史见证——吉林省文物考古工作三十年的主要收获》，《文物考古工作三十年》，文物出版社 1997 年版，第 105 页。

④ 参见吉林市博物馆《吉林永吉杨屯大海猛遗址》，《考古学集刊》1987 年第 5 期；吉林省文物工作队、吉林市博物馆、永吉县文化局《吉林永吉杨屯遗址第三次发掘》，《考古学集刊》1991 年第 7 期；吉林省文物考古研究所《榆树老河深》，文物出版社 1987 年版。

卑墓葬。而经学术界数年讨论交流，现基本形成共识：即包括榆树老河深中层在内的吉林地区的这种汉代文化遗存，包含有中原汉文化的影响，或者会有部分汉人迁居此地，但从主体而言，这是夫余文化遗存；下层的西团山文化，过去有的学者主张是肃慎文化遗存，现在则多倾向是濊的文化遗存。

西团山文化是以吉林、长春地区为主，广泛分布于第二松花江流域的青铜文化，其时代相当于西周至战国时期。[①] 夫余政权建立的时间，文献没有明确记载，推测是在西汉初期或前期，不会晚于汉设四郡的时间。夫余的王城则在今吉林市。据《资治通鉴》记载，4 世纪中叶之前，夫余的王城“西徙近燕”，[②] 具体到什么地方，过去多认为在农安或四平一带，近年又有学者提出在辽源，最后确定还需做考古工作。至 494 年，夫余被自主流松花江流域向南发展而来的勿吉所逐，夫余王室投奔高句丽，留在原地的夫余人则陆续融入勿吉，即后来勿吉—靺鞨七部中的粟末部。[③]

（二）沃沮和东濊

沃沮和东濊在《后汉书》和《三国志》中皆有传。沃沮有东沃沮、北沃沮、南沃沮之称，据考证，东沃沮为统称，其北部为北沃沮，南部为南沃沮。《后汉书·东沃沮传》记：“东沃沮在高句骊盖马大山之东，东滨大海，北与挹娄、夫余，南与濊貊接。其地东西夹，南北长，可折方千里。”1977 年吉林大学考古专业师生与黑龙江省考古队共同发掘了黑龙江省东宁团结遗址，该遗址下层被命名为团结文化，而且被确认为北沃沮遗存。其碳 14 测定年代为：公元前 420 ± 105 年，公元前 150 ± 100 年，公元前 110 ± 105 年，公元 65 ± 85 年，而且发现西汉五铢钱。与该文化属于同一性质的还有东宁大城子遗址、珲春一松亭遗址、汪清县新安闾遗址上层和分布于俄罗斯滨海南部、构成“克罗乌诺夫卡文化”（初名“夹皮沟文化”）的众多遗址，以及朝鲜咸镜北道的罗津草岛遗址、会宁五洞遗址、茂山虎谷洞遗址等。其分布地区包括图们江流域、绥芬河流域、穆棱河上游；以及这一带东侧的沿海地区。其北边不越过兴凯湖，南边至朝鲜咸镜北道中部。[④] 而根据上述文献所记，南边可到咸镜南道。前边所述，公元前 2 世纪末汉灭卫满古朝鲜设四郡，其中玄菟郡初设之地，学术界

① 参见赵宾福《西团山文化分期研究》，《东北考古学研究》（一），科学出版社 2014 年版，第 256—287 页。

② 《资治通鉴》卷 97，永和二年：“初，夫余居于鹿山，为百济所侵，部落衰散，西徙近燕，而不设备。燕王皝遣世子俊帅慕容军、慕容恪、慕舆根三将军、万七千骑袭夫余。”

③ 《魏书·高句丽传》：“正始中，世宗于东堂引见其使芮悉弗，悉弗进曰：‘高丽系诚天极，累叶纯诚，地产土毛，无愆王贡。但黄金出自夫余，珂则涉罗所产。今夫余为勿吉所逐，涉罗为百济所并，国王臣云惟继绝之义，悉迁于境内。二品所以不登王府，实两贼是为。’”“夫余为勿吉所逐”，具体发生在哪一年，《魏书》没有记载，而在《三国史记·高句丽本纪》中有明确记载，即文咨王三年（494），其曰：“文咨王三年二月，扶余王及妻孥以国来降。”

④ 参见黑龙江省博物馆《黑龙江东宁大城子新石器时代居住址》，《考古》1979 年第 1 期；李云铎《吉林珲春南团山、一松亭遗址调查》，《文物》1973 年第 8 期；王亚洲《吉林汪清县百草沟遗址发掘简报》，《考古》1961 年第 8 期；匡瑜《战国到两汉的北沃沮文化》，《黑龙江文物丛刊》1982 年第 1 期；林沄《论团结文化》，《北方文物》1985 年第 1 期；李强《沃沮、东沃沮考略》，《北方文物》1986 年第 1 期。

多认为是在咸镜南道咸兴一带。①

濊在《后汉书》和《三国志》中皆直接称濊，为了与上述原活动于松嫩平原的濊相区别，故学术界多称之东濊。《后汉书·濊传》记："濊北与高句丽、沃沮，南与辰韩接，东穷大海，西接乐浪。"学术界多认为濊在朝鲜江原道一带，而且认为上述汉四郡之一的临屯郡（公元前108—前82）和四郡之前曾设的苍海郡（公元前128—前126），皆在此地。②

沃沮和濊的居民同属濊族，那么是一开始就有濊人在沃沮和濊所在地区生活呢，还是由松嫩平原迁徙而来的呢？估计这两种情况都会存在。其中由松嫩平原迁徙来的部分，应与夫余政权建立的时间大致同时。

据《后汉书》和《三国志》记载知道，沃沮和濊开始皆属卫氏朝鲜，汉设四郡分属玄菟郡和临屯郡，公元前82年四郡调整，又同归属乐浪郡东部都尉，东汉初年都尉撤销，汉又封各族"渠帅"为侯。因其地小势弱，东汉末年皆归属高句丽。但是，后据《晋书》《魏书》知道，沃沮人并没有都融入高句丽。《晋书》《魏书》不设沃沮传和濊传，说明此时两族已不再独立存在，其中《晋书》记肃慎（即挹娄）在不咸山北，即长白山北，《魏书》记勿吉在高句丽北，说明沃沮之地南部归高句丽所有，而北部被挹娄—勿吉所占，因而勿吉与高句丽才直接相接，其接壤地区在今延边一带。于是延边之北的沃沮人后来则多融入勿吉，形成后来勿吉—靺鞨七部之中的白山部。表2所示沃沮流向，一部分先流入高句丽，另一部分后流入勿吉，就是表明此意。

（三）高句丽

高句丽，又称高句骊，简称句丽或句骊，5世纪后逐渐改称高丽。作为历史上的一个称谓，高句丽既是一个民族的名称，又是一个政权的名称，其间还曾被作为中原政权所设玄菟郡中的高句丽县的名称。高句丽政权，自汉至唐，在鸭绿江两侧的我国东北地区和朝鲜半岛北半部持续了700年之久，而高句丽族的历史，更早于政权。前述公元前2世纪末，汉武帝灭卫氏朝鲜设四郡，其中玄菟、乐浪所属居民，《汉书·地理志》记"皆朝鲜、濊貉、句骊蛮夷"。玄菟郡中的高句丽县，东汉末年应劭为其作注曰："故句骊胡。"此时之"句骊蛮夷""句骊胡"，当然不是后来的高句丽政权，而是指高句丽民族。当时高句丽族的活动中心在今浑江流域和鸭绿江中游的辽宁省桓仁与吉林省集安一带。

高句丽民族的起源，学术界多认为是貊族，其依据分别是《汉书·王莽传》和《三国志·高句丽传》《后汉书·高句骊传》的记载。《汉书·王莽传》记："先是，莽发高句骊兵，当伐胡，不欲行，郡强迫之，皆亡出塞，因犯法为寇。辽西大尹田谭追击之，为所杀。州郡归咎于高句骊侯驺。严尤奏言：'貉（同貊——引者注）人犯法，不从驺起，正有它心，宜令州郡且尉安之。今猥被以大罪，恐其遂畔，夫馀之属必有和者。匈奴未克，夫馀、秽貉复起，此大忧也。'莽不尉安，秽貉遂反，诏尤击之。"《三国志·高句丽传》记："高句丽在辽东之东千里，南与朝鲜、濊貊，东与沃沮，北与夫

---

① 谭其骧主编：《"中国历史地图集"释文汇编·东北卷》，中央民族学院出版社1988年版，第16—19页。

② 同上书，第49—51页。

馀接。都于丸都之下，方可二千里，户三万……又有小水貊。句丽作国，依大水而居，西安平县北有小水，南流入海，句丽别种依小水作国，因名之为小水貊，出好弓，所谓貊弓是也。”《后汉书·高句骊传》记：“句骊一名貊（耳），有别种，依小水为居，因名曰小水貊。出好弓，所谓‘貊’弓是也。”据考证，此“大水”，即今鸭绿江，汉西安平县，即位于叆河河口的叆河尖古城，① “小水”，即今叆河。关于古代貊族，有学者考证推定，貊人原分布在大小凌河流域或更西南的地区和燕相邻，到战国燕国疆域向东北扩展后，才缩小到或一部分迁徙到东北方的山林地区鸭绿江流域，成为后来高句丽的重要组成成分。②

高句丽政权始建于汉元帝建昭二年（公元前37）。据其创始传说，它并非是由原居住在桓仁、集安一带的高句丽族所建，而是由夫余族的王子朱蒙建立的。

夫余属于濊，高句丽属于貊，二者关系密切，而且在政权创始中具有很相似的传说。高句丽政权的创始传说，最早见于414年的《好太王碑》，之后又见于《冉牟冢题记》，但都是寥寥几句。成书于554年的《魏书》，则记载得相当详细，达300多字。几百年之后，1145年高丽作家金富轼撰《三国史记》，又增加了不少细节。其中高句丽政权创建的具体时间，也首见于此书。尽管如此，其基本内容仍可看出是抄自《魏书》。

前面已述，夫余政权的创始传说先后见于《论衡》和《魏略》。《论衡》是王充晚年的著作。《魏略》稍晚，作者鱼豢是三国时期的人物。两书都明显早于上述《好太王碑》《魏书》等碑刻和文献。因此可以认为，作为传说，是高句丽借用了夫余的传说。对此，唐代初年修著的《梁书》曾指出了它们二者之间的关系。③

在高句丽政权建立之前，已有高句丽县之建置，所以高句丽政权的名称应是直接从高句丽县而来。对此，13世纪高丽作家李承休所著《帝王韵记》也明确记朱蒙“以高句丽县名立国”。至此，我们可以看出，高句丽名称的沿袭关系是族名—县名—政权名。以高句丽为政权名称的同时，以朱蒙为首的王族也“以高为氏”。

3年，高句丽政权的王城从始建之地桓仁迁到集安，由此开始，高句丽进入快速发展时期。据文献记载，东汉时期高句丽以桓仁、集安、通化地区为中心，西边占据了新宾一带，北到辉发河流域和第二松花江上游，与夫余相接，东至延边，南至清川江，与

① 曹汛：《叆河尖古城和汉安平瓦当》，《考古》1980年第6期。

② 参见林沄《说貊》，《史学集刊》1999年第4期。该文认为：“先秦的‘貊’地近燕，是一重要的古族。……汉以后单称的‘貊’指高句丽及其别种，它与先秦‘貊’的关系尚有待考古学帮助解决。”为此，该文设想三种假说：“一、周初貊人分布很广，在大小凌河流域或更西南的地区和燕相邻。到战国燕国疆域向东北扩展后，才缩小到只局限于鸭绿江流域的一隅之地。二、先秦貊人起初在以大小凌河为中心的地区，战国时原地被燕国占领后，一部分不愿丧失独立的人迁移到东北方的山林地区，成为后来高句丽的重要组成成分。三、高句丽和先秦的“貊”并无人种和文化上的联系，只是醉心于复古的王莽时代的人们把古代族称‘貊’硬派给高句丽而已。”（原注：“此说曾见于三品彰英：《濊貊族小考》，《朝鲜学报》4，1952年”）

③ 《梁书》卷54《东夷·高句骊传》：“高句骊者，其先出自东明。东明本北夷橐离王之子。离王出行，其侍儿于后任娠，离王还，欲杀之。侍儿曰：‘前见天上有气如大鸡子，来降我，因以有娠。’王囚之，遂后生男。王置之豕牢，豕以口气嘘之，不死，王以为神，乃听收养。长而善射，王忌其猛，复欲杀之，东明乃奔走，南至淹滞水，以弓击水，鱼鳖皆浮为桥，东明乘之得渡，至夫余而王焉。其后支别为句骊种也。”

乐浪为邻。汉末三国时期，由于公孙氏和魏将毌丘俭先后征伐，高句丽西进受挫。4 世纪初，高句丽占领乐浪、带方，其势力向南发展到了大同江、载宁江流域，开始与朝鲜半岛南部的百济、新罗相争雄。4 世纪中叶，慕容皝又一次远征高句丽，“焚其宫室，毁丸都而归”。① 但是中原战乱不止，高句丽西邻的慕容鲜卑势力日趋衰落，于是到 5 世纪初，辽东之地终被高句丽占有。与此同时，高句丽向北发展，410 年其势力到达吉林市之夫余故地，② 后来便和从主流松花江流域南下的勿吉族相接壤。427 年迁都平壤后，高句丽又把南边作为主要发展方向，475 年长寿王率兵攻破百济都城汉城，迫使百济迁都熊津（今公州），高句丽的势力到达汉江流域。至此，高句丽政权的疆域达到了极限。高句丽遗存在以桓仁、集安、平壤三个王城所在为中心的广大地区，都有大量的分布。2004 年在苏州召开的第 28 届世界遗产大会上，我国申报的“高句丽王城、王陵及贵族墓葬”项目和朝鲜申报的“高句丽的壁画古坟”项目，同被列入世界文化遗产名录。在长期的对外发展及战争过程中，高句丽的人口构成，在原有当地高句丽人和从北边迁来的夫余人的基础上，又陆续有沃沮、东濊、古朝鲜遗民和部分汉人等加入，其中大部分逐渐融合为一体。

高句丽族和高句丽政权建立之后的一段时期内，隶属玄菟郡管辖，自 4 世纪开始则连续接受历代中原王朝的册封。6 世纪末，隋王朝统一南方，国力大增。而在这时，高句丽王却率骑兵“寇辽西”，③ 于是又引发了隋唐两代与高句丽之间长期的战争。645 年，唐军渡过辽水，收回被高句丽占据了 240 年的辽东。之后又经 20 多年，至 668 年，唐军攻克平壤，在历史上存续了 700 年之久的高句丽政权灭亡。

唐灭高句丽，“收凡五部百七十六城，户六十九万”。④ 高句丽遗民，从唐出兵开始先后有数批被迁入中原；留居辽东的有的流入靺鞨或突厥，后来大部分都与汉族融合在一起；留居朝鲜半岛的多流入新罗，与新罗居民及之前亡国的百济遗民等共同组成朝鲜半岛的统一民族。⑤

---

① 《晋书》卷 109《慕容皝传》。

② 《好太王碑》:“（好太王）廿年（410）庚戌，东夫余旧是邹牟王属民，中叛不贡。王躬率往讨。军到余城，而余举国骇服。”引自方起东《〈好太王碑碑文〉释读》，《中国著名碑帖选集》27《好太王碑》，吉林文史出版社 1999 年版。

③ 《隋书》卷 81《高丽传》。

④ 《新唐书》卷 220《高丽传》。《旧唐书》卷 199《高丽传》记为“城百七十六，户六十九万七千”。

⑤ 唐灭百济，依两唐书百济传记载收户 76 万，仅将百济王义慈及太子隆、小王孝演、将领 58 人等送唐京师，《三国史记·百济本纪》记送唐京师的百济王、王子及大臣将士为 88 人，百姓 12807 人，其他绝大部分归新罗。而当时新罗有多少人口，两唐书没有记载，估计应与百济、高句丽不相上下，即 70 万户左右（关于新罗人口，《三国遗事》有所记载，其曰：“新罗全盛之时，京中十七万八千九百三十六户。”同书对高句丽、百济人口也有记载，其曰：“高丽全盛之日，二十一万五百八户。”“百济全盛之日，十五万二千三百户。”本文没有采用此记载，但从中仍可看出，新罗人口不会比百济少）。高句丽的近 70 万户遗民，流向几处的数字记载并不完备，其中流入新罗的不会超过一半。以上共同组成了朝鲜半岛的统一民族，高句丽遗民只占了其中的五分之一，而就族源而言，新罗、百济来源于三韩，与高句丽有别。

三 肃慎族系

肃慎族系在我国东北地区最早见于文献记载，其名称从肃慎开始，经挹娄、勿吉、靺鞨、女真到满族，历史悠久，源远流长，其传承关系及其与其他民族交往也比较清晰。

（一）先秦肃慎及相关遗存

《史记·五帝本纪》记虞舜时，“南抚交阯、北发，西戎、析枝、渠廋、氐、羌，北山戎、发、息慎，东长、鸟夷，四海之内咸戴帝舜之功”，息慎者，郑玄注“或谓之肃慎，东北夷”。照此记载和解释，说明早在夏商之前，远居东北的肃慎即已出现，并与中原发生了联系。

周代肃慎与中原的交往又有发展。《国语·鲁语》记：“仲尼在陈，有隼集于陈侯之庭而死，楛矢贯之，石砮，其长尺有咫。陈惠公使人以隼如仲尼之馆，问之。仲尼曰：‘隼之来也远矣，此肃慎氏之矢也。昔武王克商，通道于九夷百蛮，使各以其方贿来贡，使无忘职业，于是肃慎氏贡楛矢、石砮，其长尺有咫。先王欲昭其令德之致远也，以示后人，使永监焉，故铭其栝曰肃慎氏之贡矢，以分大姬，配虞胡公而分封诸陈。古者分同姓以珍玉，展亲也；分异姓以远方之职贡，使无忘服也，故分陈以肃慎氏之贡，君若使有司求诸故府，其可得也。’使求，得之金椟，如之。”

此时期肃慎所在方位，《左传》中有明确的记载，昭公九年（公元前533），周王“使詹桓伯辞于晋，曰：‘……及武王克商……肃慎、燕、亳，吾北土也。’”① 由此说明肃慎已在周的北部疆域内。

《山海经·大荒北经》记：“大荒之中，有山名曰不咸。有肃慎氏之国。”② 后来《晋书·肃慎氏传》仍言肃慎在不咸山北。不咸山，即今长白山。此时肃慎的活动地区距长白山不远。

关于商周时期的肃慎遗存，目前还没有确定。以往有学者曾推定镜泊湖南端的莺歌岭遗址。③ 该遗址所在地区同以后挹娄的活动地区相比，略显偏南，但和上述文献记载的方位还是基本相符的。莺歌岭遗址上文化层的时代，碳14年代测定距今3025±90年（树轮校正为前1240±155年）和2985±120年（树轮校正为前1190±145年），正好是商周之际。因此，该遗址还是值得重视的。

---

① 顾宝田、陈福林注译：《左氏春秋译注》，吉林文史出版社1995年版，第728—729页。整段文字是：昭公九年（前533），“周甘人与晋阎嘉争阎田。晋梁丙、张趯率阴戎伐颍。王使詹桓伯辞于晋，曰：‘我自夏以后稷，魏、骀、芮、岐、毕，吾西土也。及武王克商，蒲姑、商奄，吾东土也；巴、濮、楚、邓，吾南土也；肃慎、燕、亳，吾北土也。吾何迩封之有？’”

② 袁珂：《山海经全译》，贵州人民出版社1991年版，第317页。

③ 黑龙江省文物考古工作队：《黑龙江宁安县莺歌岭遗址》，《考古》1981年第6期；王承礼：《渤海简史》，黑龙江人民出版社1984年版，第4页；朱国忱、魏国忠：《渤海史稿》，黑龙江文物出版编辑室1984年版，第4页。莺歌岭遗址地层堆积五层，原报告以二、三层为上文化层，四、五层为下文化层。

（二）汉魏晋南北朝时期的挹娄、勿吉及其遗存

自《三国志》《后汉书》开始，作为东夷中的一族，挹娄被单独列传。其后，《晋书》又名其肃慎，《魏书》改称勿吉。在这些列传中，该族所在的方位、地区和物产、习俗等，都有了比较明确的记载。

《三国志·挹娄传》记："挹娄在夫余东北千余里，滨大海，南与北沃沮接，未知其北所极。其土地多山险。其人形似夫馀，言语不与夫馀、句丽同。有五谷、牛、马、麻布。人多勇力，无大君长，邑落各有大人。处山林之间，常穴居，大家深九梯，以多为好。土气寒，剧于夫馀。其俗好养猪，食其肉，衣其皮……其弓长四尺，力如弩，矢用楛，长尺八寸，青石为镞，古之肃慎氏之国也。"

《后汉书》记载与《三国志》相同。《晋书·肃慎氏传》记"肃慎氏，一名挹娄，在不咸山北"，指出了挹娄与不咸山，即今长白山的关系，其他与《后汉书》《三国志》记载也相同。《魏书·勿吉传》记载则更一步明确，其曰："勿吉国，在高句丽北，旧肃慎国也。……去洛五千里。自和龙北二百余里有善玉山，山北行十三日至祁黎山，又北行七日至如洛瓌水，水广里余，又北行十五日至太鲁水，又东北行十八日到其国。国有大水，阔三里余，名速末水。其地下湿，筑城穴居，屋形似冢，开口于上，以梯出入……国南有徒太山，魏言'大白'……去延兴中，遣使乙力支朝献。太和初，又贡马五百匹。乙力支称：初发其国，乘船泝难河西上，至太沵河，沉船于水，南出陆行，渡洛孤水，从契丹西界达和龙。"对此，金毓黻已作考证：和龙，即今朝阳；洛瓌水、洛孤水，即西辽河上游；太鲁水，太沵河，即今洮儿河；难河，即今嫩江，嫩江先后与洮儿河、第二松花江合流后，继续东北流去形成松花江主流，最后注入黑龙江，可统称为难河；《魏书》所记勿吉国内大水速末水，即此松花江主流。勿吉使者乙力支"初发其国，乘船泝难河而上"，视江水流向也只能是主流松花江。此记载中的徒太山、大白山，同样是指长白山，勿吉与长白山的关系与《晋书》记载相同。可见，这时勿吉族的活动中心是在长白山以北之主流松花江流域。①

关于挹娄、勿吉的考古遗存，原苏联远东考古学中定名的"波尔采文化"，已被学术界定为挹娄文化遗存，其"主要分布在小兴安岭以南的黑龙江中游和下游的哈巴罗夫斯克边区境内"，年代为两汉时期。② 与此文化相同的遗存，我国境内发现的有黑龙江省绥滨县的蜿蜒河遗址和四十连遗址。③ 萝北县团结墓葬和哈尔滨市附近黄家崴子墓葬出土的陶器与其相近，而时间稍晚，其中团结墓葬的碳14测定年代进入4世纪。④看来该文化之人群可能是逆主流松花江而上向南发展迁移的。

---

① 金毓黻：《东北通史》，社会科学战线杂志社1980年翻印本，第168—170页。

② 冯恩学：《俄国东西伯利亚与远东考古》，吉林大学出版社2002年版，第428—454页。

③ 杨虎、谭英杰、张泰湘：《黑龙江古代文化初论》，《中国考古学会第一次年会论文集》（1979），文物出版社1980年版；黑龙江省博物馆、中国社会科学院考古研究所：《黑龙江省绥滨县蜿蜒河遗址发掘报告》，杨虎、林秀贞：《试论蜿蜒河类型与波尔采文化的关系》，《北方文物》2006年第4期。

④ 李英魁：《黑龙江萝北县团结墓葬清理简报》，《北方文物》1989年第1期；黑龙江省文物考古研究所：《黑龙江萝北团结墓葬发掘》，《考古》1989年第8期；［苏］K. A. 热烈兹涅柯夫：《阿什河下游河湾地带考古调查收获》，孙秀仁译，《黑龙江文物丛刊》1983年第2期。

另值得注意的是，近年在松花江下游与完达山之间的广大丘陵地区还发现了几百座内部分布有众多半地穴居住址的聚落遗址和山城，此与上述文献所记挹娄、勿吉“穴居”“筑城穴居”的习俗相吻合。而先后发掘的有双鸭山市滚兔岭遗址和友谊县凤林古城，从出土遗迹和遗物中可以看到与上述文化相同的因素，但自身的特点也很鲜明。① 滚兔岭遗址和凤林古城的测定年代分别为汉代和魏晋时期，笔者认为其他遗址和山城的年代，有的会晚一些。如果说这些文化都属于挹娄、勿吉遗存范畴的话，那么又说明勿吉在南迁之前和南迁过程中就存在着不同的群体或部落。

《魏书·高句丽传》记：“正始（504—508）中，世宗于东堂引见其使芮悉弗，悉弗进曰：‘高丽系诚天极，累叶纯诚，地产土毛，无愆王贡。但黄金出自夫余，珂则涉罗所产。今夫余为勿吉所逐，涉罗为百济所并，国王臣云惟继绝之义，悉迁于境内。二品所以不登王府，实两贼是为。’”“夫余为勿吉所逐”，具体发生在哪一年？《魏书》没有记载，而在《三国史记·高句丽本纪》中有明确记载，即文咨王三年（494），其曰：“文咨王三年二月，扶余王及妻孥以国来降。”此两处记载说明，5 世纪末勿吉发展到了第二松花江流域，与南边的高句丽直接相邻。

（三）靺鞨与渤海

勿吉之后改称靺鞨，《隋书》始为靺鞨立传，《北史》仍是《勿吉传》。在《隋书·靺鞨传》和《北史·勿吉传》中都记载该族有七部，内容也相同，而在《魏书·勿吉传》中还无此七部之记载，说明此七部是从 5 世纪末勿吉向南发展之后逐渐形成的。

《隋书·靺鞨传》曰：“其一号粟末部，与高丽相接，胜兵数千，多骁武，每寇高丽中。其二曰伯咄部，在粟末之北，胜兵七千。其三曰安车骨部，在伯咄东北。其四曰拂涅部，在伯咄东。其五曰号室部，在拂涅东。其六曰黑水部，在安车骨西北。其七曰白山部，在粟末东南。胜兵并不过三千，而黑水部尤为劲健。”至《新唐书·黑水靺鞨传》，其记载比《隋书》《北史》又有详细之处：“其著者曰粟末部，居最南，抵太白山，亦曰徒太山，与高丽接，依粟末水以居，水源于山西，北注它漏河；稍东北曰汨咄部；又次曰安居骨部；益东曰拂涅部；居骨之西北曰黑水部；粟末之东曰白山部。部间远者三四百里，近二百里。”关于靺鞨七部的所在地区，以往有多位学者作过考证，② 此粟末水即第二松花江，粟末部在以今吉林市为中心的第二松花江中游地区，伯咄部在拉林河、阿什河流域，安车骨部在牡丹江中下游地区，拂涅部在兴凯湖一带，号室部在

---

① 黑龙江省文物考古研究所：《黑龙江省双鸭山市滚兔岭遗址发掘报告》，《北方文物》1997 年第 2 期；干志耿：《三江平原汉魏城址和聚落址的若干问题》，靳维柏、王学良、黄星坤：《黑龙江省友谊县凤林古城调查》，《北方文物》1999 年第 3 期；黑龙江省文物考古研究所：《黑龙江省友谊县凤林城址 1998 年发掘简报》，《黑龙江省友谊县凤林城址二号房址发掘简报》，《考古》2000 年第 11 期；黑龙江省文物考古研究所编著：《七星河——三江平原古代遗址调查与勘测报告》，科学出版社 2004 年版；黑龙江省文物管理委员会：《黑龙江省友谊县凤林古城址的发掘》，《考古》2004 年第 12 期。

② 参见王承礼《中国东北的渤海国与东北亚》，吉林文史出版社 2000 年版，第 10—14 页；朱国忱、魏国忠《渤海史稿》，第 11—15 页。两书考证有所区别，本文的观点与王承礼的考证结果基本相同。

兴凯湖以北以东的地区，黑水部在安车骨之西北乃东北之误，[①] 故黑水部应在黑龙江中下游流域，白山部在今延边地区。上述在吉林地区发现的晚于汉代夫余文化的永吉杨屯、榆树老河深和永吉查里巴三处墓群，其文化特点与上述逆主流松花江南下的文化相接，其时代上起北朝下到唐。所以，以此三处墓葬为代表的吉林地区的靺鞨遗存属于粟末部遗存。

前面还谈到，白山部中包括原沃沮北部的人口，粟末部中包括原夫余人的一部分。这两部位于南边，与高句丽相接。白山部先臣属高句丽，粟末部开始与高句丽相互摩擦，后来也附属高句丽。668 年高句丽灭亡后，粟末、白山、伯咄、安车骨、号室等部或入唐、或奔散，入唐者多集中于唐营州，即今辽宁朝阳地区。30 年后，契丹人反唐杀死营州都督，于是迁居营州的靺鞨人和高句丽人在粟末靺鞨人大祚荣的率领下乘机东奔，途中击败唐朝追兵，遂“据东牟山，筑城以居之”[②]，自号震国王，其地点，学术界多认为在牡丹江上游之今吉林省敦化境内。之后不久，“睿宗先天二年（713），遣郎将崔訢往册拜祚荣为左骁卫员外大将军、渤海郡王，仍以其所统为忽汗州，加授忽汗州都督”[③]，“自是始去靺鞨号，专称渤海”，“宝应元年（762）诏以渤海为国，钦茂王之”[④]。渤海王数遣诸生诣唐京师太学，习识古今制度，迅速发展起来，被誉为“海东盛国”，“地有五京十五府六十二州”[⑤]，其疆域包括了我国吉林省的绝大部分，黑龙江省的东半部、辽宁省的东北部和朝鲜的东北部、俄罗斯的滨海边疆区。渤海的王城经几次迁徙后，则长期定于镜泊湖畔的上京城，又称忽汗城。926 年，渤海政权被契丹所灭，改渤海国为东丹国，忽汗城为天福城，928 年又迁东丹国于东平郡（今辽阳），升东平郡为南京，于是渤海上京遂废。在此过程中，原渤海居民只有少部分留居故地或南奔朝鲜半岛，大部分则被迁往西南辽境和辽东，之后经辽金两代，多与汉族融合。

靺鞨七部之中居于最北边的黑水部，与粟末部同为势力最大的两部。渤海政权建立后，黑水部曾附属之，但是它的活动地区和文化面貌没有发生大的变化。考古发掘的我国黑龙江省绥滨县同仁遗址，其一期早段出土的陶器，与上述相邻绥滨县四十连遗址出土的挹娄文化陶器有很大的相似性，该段碳 14 测定年代为隋唐之际，说明该段遗存年代有可能到黑水靺鞨时期；一期晚段时间进入北宋，但早段文化特征仍有保留。[⑥]

（四）女真与满族

女真，又称女直，其名始见于五代，女真族是由黑水靺鞨发展而来。《金史·本纪》记：“开元中。来朝……其后渤海盛强，黑水役属之，朝贡遂绝。五代时，契丹尽取渤海地，而黑水靺鞨附属于契丹。其在南者籍契丹，号熟女直，其在北者不在契丹

---

① 谭其骧主编：《“中国历史地图集”释文汇编·东北卷》，中央民族学院出版社 1988 年版，第 53 页。

② 《旧唐书》卷 199 下《渤海靺鞨传》。

③ 同上。

④ 《新唐书》卷 219《渤海传》。

⑤ 同上。

⑥ 黑龙江省文物考古研究所、中国社会科学院考古研究所：《黑龙江绥滨同仁遗址发掘报告》，《考古学报》2006 年第 1 期。

籍，号生女直。生女直地有混同江、长白山，混同江亦号黑龙江，所谓‘白山、黑水’是也。”当时由于渤海灭亡及大量人口西迁和南迁，黑水靺鞨趁机向南发展，形成数部。辽王朝将其强宗大姓迁移到今辽阳之南，编入辽户籍。学界认为，凡分布于第二松花江以南、受契丹影响较大而社会发展较快者，皆可称为“熟女真”，北边的诸部则是“生女真”，皆直接或间接地受辽王朝的统治和奴役。[①] “生女真”中的完颜部征服周邻各部，逐步发展强大起来。由于辽王朝对“生女真”的压迫和掠夺越来越严重，1113年完颜阿骨打继任生女真军事部落联盟长，第二年聚兵誓师反辽，第三年（1115）即皇帝位，国号大金，定都会宁（今黑龙江省阿城），1125年灭辽，然后继续南下，1127年灭北宋。

金在辽五京制的基础上，又有所增加和变化。东北地区开始分属上京路、东京路、北京路和中京路管辖。上京首府会宁府，今黑龙江省阿城。东京首府辽阳，今辽阳。北京首府临潢府，今内蒙古赤峰巴林左旗。中京首府大定府，今内蒙古赤峰宁城。之后中京并入北京，将北京迁到原中京所在赤峰宁城。东京地区以渤海、汉人为多，北京地区以契丹、奚、汉人为多，上京地区是女真族的发祥地，以女真人为主体，同时也居住着一些汉、渤海、契丹等族人户，形成了多民族交叉融合的局面。[②]

几十年后，起源于室韦的蒙古族在西部草原发展壮大起来，逐渐成为金王朝的最大威胁，并于1234年灭金。进入元代，东北地区的原契丹、奚、渤海等族逐渐融入汉、蒙古等族之中，东北地区南部的女真人也基本融入汉族等其他民族之中，而居住在东北地区东北部的女真人仍保持着原来的族称和生活习俗。[③] 表2所示金于1234年灭亡之后，其民族流入汉族之中的，则包括此契丹、奚、渤海和女真几个民族的人口。

明代东北女真分为建州、海西、野人三部。野人女真部长期居住在原地，而建州女真和海西女真两部则由东西两侧向南迁移。1583年建州女真首领爱新觉罗·努尔哈赤（清太祖）起兵，相继统一建州诸部，吞并海西女真，1616年于今辽宁省新宾建后金，向明王朝开始大举进攻，1625年迁都今沈阳。1626年皇太极（清太宗）嗣立，继续向周边用兵，统一东北大部，1635年改女真族名为满洲，1636年改国号为清。1644年清兵入关，逐步统一全国，在此过程中本族人大量从东北进入关内。1911年辛亥革命推翻清王朝，1912年满洲改称满族。

四　东胡族系

东胡和匈奴一样，先秦时期已见于历史，是长期活动于我国北方辽阔草原地区的两大民族。《史记·匈奴列传》注云东胡“在匈奴东，故云东胡”。战国时期赵武灵王胡服学骑射，燕将秦开北却东胡，皆是指其而言。西汉初年，东胡被匈奴击破，之后其后裔迁徙演变，先后出现多个民族，学术界皆将其归于东胡族系。在这期间，由于匈奴族的兴衰迁徙，有不少匈奴后裔加入到东胡族系的某些民族之中，因而使东胡族系包含了

---

① 参见佟冬主编《中国东北史》第2卷，吉林文史出版社2006年版，第469—470页。

② 参见程妮娜主编《东北史》，吉林大学出版社2001年版，第196—202页。渤海人，是以靺鞨人为主体，同时也包括了其他民族的人口在内，有学者认为在其发展过程中逐渐形成了渤海族。

③ 参见程妮娜主编《东北史》，吉林大学出版社2001年版，第241页。

匈奴的血统。东胡族系的诸多民族，大而言之可分为乌桓、鲜卑两个序列，乌桓存续时间稍短，主要的还是鲜卑序列。关于鲜卑，开始如何分类和命名，至今学术界仍有不同意见。本文所采取的是由马长寿先生提出并已被学术界通用的分类和命名，即东部鲜卑和拓跋鲜卑，本节内容也主要参用了马长寿先生的著作。[①] 之后，契丹、奚和室韦、蒙古等民族虽然不再以鲜卑冠名，但仍不失为鲜卑与东胡历史发展长河中的胜出者、佼佼者。

（一）乌桓

乌桓，又名乌丸，《后汉书》《三国志》皆为其立传。《三国志·乌丸鲜卑东夷传》记："乌丸、鲜卑即古所谓东胡也。"其注引王沈《魏书》曰："乌丸者，东胡也。汉初，匈奴冒顿灭其国，余类保乌丸山，因以为号也。"学界考证，乌桓开始居住在西辽河上源北支西拉木伦河流域。汉武帝时期南迁到西辽河上源南支老哈河流域，北方鲜卑南迁到西拉木伦河流域，之后又不断向南迁徙，与汉人、鲜卑等民族杂处错居，并不时参与中原政权、匈奴、鲜卑之间复杂的战事。在这期间，乌桓就开始与汉族或鲜卑族发生交叉融合。汉魏之际，辽东、辽西、右北平三郡乌桓乘中原战乱，掠夺大量幽州人口，而且加入曹操与袁氏的对决战争。3 世纪初曹操远途奔袭，大破乌桓，迁其二十余万人口于内地，留在原地者则融入鲜卑。

（二）东部鲜卑

鲜卑和乌桓一样，同为东胡后裔，西汉初东胡被匈奴击败后，鲜卑"逃窜辽东塞外"，"别保鲜卑山，因号焉"，其活动地区在乌桓之北。乌桓自西拉木伦河流域南迁到老哈河流域后，鲜卑乃迁到西拉木伦河流域。因乌桓相隔，一直到东汉初年鲜卑才与中原来往。东汉中期匈奴破败，鲜卑乘机占领匈奴故地，在北方辽阔草原上建立了以檀石槐为首领的东西横跨万余里的军事行政大联盟。大联盟分为东、中、西三部，东部在右北平郡（今天津丰润）以东至辽东，中部在右北平和上谷郡（今河北怀来）之间，西部在上谷郡以西至敦煌广大地区。其中东部之中包括宇文部的先祖；中部包括慕容部的先祖；而西部，马长寿先生考证包括拓跋部的先祖。檀石槐之后不长时期，此大联盟历经反复则解体。魏晋时期，慕容氏、段氏、宇文氏三部在辽西及其周邻地区相继兴起，其中宇文氏乃匈奴后裔。三部犬牙交错，争斗不已，最后慕容氏西平段氏，北并宇文氏，东击高句丽，成为当时东北地区的强大部族，并从 4 世纪上半叶开始，先后建立前燕、后燕、北燕之三燕政权，其中在前燕、后燕时期，曾将疆域发展到中原地区。436 年后燕被北魏灭亡。在此竞争合并的过程中，鲜卑与匈奴、鲜卑各部之间的交叉融合始终不断，之后大部并入北魏，最终陆续融入汉族。其中宇文氏在北魏灭亡之后还曾建立了北周政权，而在并入慕容部之时，还有一部分北逃松漠之间，形成契丹和奚两个新的民族。

（三）契丹和奚

奚，北朝称库莫奚，隋唐称奚。《魏书》为契丹和库莫奚立传，其曰："库莫奚之

---

① 马长寿：《乌桓与鲜卑》，广西师范大学出版社 2006 年版。

先，东部宇文之别种也。初为慕容元真所破，遗落者竄匿松漠之间。……契丹国在库莫奚东，异种同类，俱竄于松漠之间。”其地在西辽河流域，皆以游牧为生，两族之间及其与中原政权和周邻其他民族既相互联系，又不时发生纠纷。唐初，唐王朝于契丹所在设松漠都督府，于奚所在设饶乐都督府。武则天时期，契丹首领叛唐，杀死唐营州都督，促使渤海政权的建立。之后，乘中原战乱，契丹逐渐发展壮大，907 年其首领阿保机即可汗位，916 年正式建立政权，国号“契丹”，后改称辽。在此过程中，契丹征服北方室韦，911 年吞并奚，926 年灭渤海，又接管黑水靺鞨后裔女真各部，并多次出兵中原，占领今北京和山西北部等地，掠夺大量汉人，发展成为统一的北方王朝。1125 年辽被金灭亡，其中一部西走建立西辽政权，1234 年金又被蒙古灭亡。进入元代，曾在辽金时期活动于东北地区的契丹、奚、渤海等民族，逐渐融入汉族和蒙古族之中。

（四）拓跋鲜卑

拓跋鲜卑原在东部鲜卑之北，然后一步步向内地迁徙。对此，《魏书·序纪》等文献有简略记载。《魏书·序纪》记拓跋先祖乃黄帝少子昌意，“受封北土，国有大鲜卑山，因以为号。……其裔始均，入仕尧世……而始均之裔，不交南夏，是以载籍无闻焉”。之后，“积六十七世，至成皇帝讳毛立，聪明武略，远近所推，统国三十六，大姓九十九，威振北方，莫不率服”。说明此时拓跋鲜卑形成了比较强大的部落联盟，而此前之远古历史，无法验证；而且还可以推定大鲜卑山正是成皇帝毛所在的地方。由此开始，中经四世，“宣皇帝讳推寅立。南迁大泽，方千余里，厥土昏冥沮洳。谋更南徙，未行而崩”。之后又中经六世，“献皇帝讳隣立。时有神人言于国曰：‘此土荒遐，未足以建都邑，宜復徙居。’帝时年衰老，乃以位授子。圣武皇帝讳诘汾（立）。献帝命南移，山谷高深，九难八阻，于是欲止。有神兽，其形似马，其声类牛，先行引导，历年乃出。始居匈奴故地。其迁徙策略，多出宣、献二帝，故人并号曰‘推寅’，盖俗云‘钻研’之义”。

对于此拓跋鲜卑先后两次大迁徙，尤其是迁徙路线，有多位学者进行过考证，其中最有代表性的是马长寿先生和宿白先生的考证。两位先生对于第一推寅宣皇帝所进行的第一次迁徙，看法是一致的，而对于第二推寅献皇帝隣及其子圣武皇帝诘汾所进行的第二次迁徙的路线，则有明显的不同看法。①

上述 2 世纪中叶檀石槐建立军事行政大联盟时，其西部大人之一“推演”，马长寿先生考证是第二推寅献皇帝隣。那么从第二推寅献皇帝隣上溯七世是第一推寅宣皇帝，按马先生所定每世 25 年计算，至此计 175 年，则是公元前 1 世纪末。再往上溯五世是成皇帝毛，则是公元前 150 年左右，此时距西汉初年东胡被匈奴击败时间相近。由此可以推想，居住于大鲜卑山的拓跋鲜卑应该是东胡被匈奴打败后向北逃到这里的一支。大鲜卑山所在，马长寿、宿白两位先生都考证为大兴安岭北段。1980 年在该地之内蒙古呼伦贝尔盟鄂伦春自治旗发现了刻有北魏太平真君四年祝文的嘎仙洞遗址，② 又为此提供了参考。之后到公元前 1 世纪末，第一推寅宣皇帝“南迁大泽”，学界推定为呼伦池

① 程妮娜主编：《东北史》，吉林大学出版社 2001 年版，第 241 页；宿白：《东北、内蒙古地区的鲜卑遗迹——鲜卑遗迹辑录之一》，《文物》1977 年第 5 期。

② 米文平：《鲜卑石室的发现与初步研究》，《文物》1981 年第 2 期。

附近。拓跋鲜卑在呼伦池一带活动时期，其南边是东部鲜卑，其西侧则是匈奴，彼此相邻，应有交往。1世纪中叶匈奴分裂为南北二部，南匈奴内附，1世纪末东汉出兵大败北匈奴，漠北空虚，为东部鲜卑向西发展、拓跋鲜卑向西南发展创造了绝好机会，第二推寅开始的再次内迁就是在这种形势下完成的。在此发展、迁徙过程中，数量众多的匈奴人加入东部鲜卑和拓跋鲜卑，所以后来南朝则明确称拓跋鲜卑为匈奴的后裔。

按《魏书》所记，第二推寅父子第二次内迁的终点是“匈奴故地”，之后不久，220年圣武皇帝诘汾之子始祖神元皇帝力微，开始明确纪年，并于258年“迁于定襄之盛乐”作为其都城。盛乐，乃今内蒙古和林格尔。查看地图，该地也在檀石槐军事行政大联盟之西部范围内（上谷郡——今河北怀来——以西至敦煌广大地区）。那么，第二推寅父子的第二次内迁，是直接到达今和林格尔所在的河套地区，还是如马长寿先生所推定向西绕了一个大弯儿，这还是有区别的。马先生推定第二推寅参加檀石槐军事行政大联盟时的所在地区，在今蒙古西部，而从河套地区到今蒙古西部，还有很大的一段距离，因此从今蒙古西部到河套地区还要进行一次内迁。如果是这样的话，则可以把这一次内迁和之前从呼伦池到蒙古西部的迁徙，视为前后两步，共同构成了第二次内迁的全过程。该迁徙路线的全程，还有待于我国和蒙古考古的共同发现及研究去验证。

宿白先生的研究，认为第二推寅献皇帝隣及其子圣武皇帝诘汾的第二次内迁是从呼伦池一带出发，向南越过大兴安岭南段，然后转向西南，长途跋涉，最后到达河套一带的“匈奴故地”。走这条路线，第二推寅献皇帝隣与檀石槐大联盟之西部大人中的“推演”是否同一个人，就值得考虑了。赞同此条路线的不仅有考古学者，同时有历史学者，与此相关的考古遗存，近年也不断有新的发现。

拓跋鲜卑定都盛乐后，315年穆皇帝被晋封为代王。386年拓跋珪即位，改称魏王，398年迁都平城（今大同）。494年魏孝文帝迁都洛阳。在此过程中，更加方便和加速了拓跋鲜卑与中原汉族的交流融合，经南北朝至隋唐时期，此交流融合基本完成。

（五）室韦和蒙古

室韦，又名失韦，《魏书》、《隋书》、《北史》、两唐书皆为之立传。按《魏书·失韦传》所记，室韦当时在勿吉北千里，而从契丹到室韦要走20多天，其国“有大水从北而来，广四里余，名㮈水。国土下湿。语与库莫奚、契丹、豆莫娄同”。㮈水，又名难水，学术界考证为嫩江，说明室韦开始的活动区域在嫩江流域。室韦民族的起源，有鲜卑、肃慎、丁零、乌桓及自成体系等几说。[①] 笔者同意鲜卑说，而且同意是由拓跋鲜卑从呼伦池一带向西南迁移时留下的一部分演化而成的。后至隋唐，室韦发展为多部，地区也扩大到黑龙江上游之广大地区。进入辽金，室韦属辽金管辖，诸部发生变动，重新组合，名称也随之改变，至金末元初，室韦之名则完全不见了。

蒙古族起源于室韦中的蒙兀室韦部，《旧唐书·室韦传》记，室韦中的大室韦部落“傍望建河居。其河源出突厥东北界俱轮泊，屈曲东流，经西室韦界，又东经大室韦界，又东经蒙兀室韦之北，落俎室韦之南，又东流与那河、忽汗河合，又东经南黑水靺鞨之北，北黑水靺鞨之南，东流注于海”。望建河，即黑龙江上源南支额尔古纳河，额

① 参见孙秀仁等《室韦史》，北方文物杂志社1985年版，第1—12页。本节室韦介绍也主要参考了该著作。

尔古纳河和黑龙江上源北支石勒喀河合流后仍称望建河；俱轮泊，即呼伦池；那河，即上述难水—嫩江，嫩江注入主流松花江，则通称那河；忽汗河，即牡丹江。牡丹江注入主流松花江，再注入黑龙江，可知此时蒙兀室韦活动地区在黑龙江与主流松花江合流之前的南侧地区，即嫩江上游的山林中。之后大约在10世纪，蒙兀室韦西迁到斡难河上源地区，并联合室韦诸部及其他民族部落，逐步发展为强大的部落联盟。13世纪初，成吉思汗铁木真统一蒙古高原各部，建立蒙古汗国。接着出兵南下，相继灭亡西夏和金。1260年忽必烈继位，1279年灭南宋，统一中国。明清两代，蒙古诸部又迁徙演变，遍布北方草原之广大地区，仍将东北西部包括在内，清王朝对于先后征服和归附的蒙古各部实行盟旗统一编制和管理，使之成为当时及近现代东北地区民族格局中的重要一员。

五　结语

通过以上梳理，可以得出以下几点认识。

第一，我国东北地区历史悠久，自秦汉开始则成为多民族聚居的地区。

所谓历史悠久，距今40万年前出现古人类，8000年前进入新石器时代，4000年前进入青铜时代，年代久远，序列清晰，足以说明。

自汉代民族记载开始，一直到明清，我国东北地区就成为多民族的聚居区，民族数量之多、关系之复杂，无法在一张表格中完全表现出来，表2所列则是其中主要的民族，即使如此，同样可以看出是很系统、很丰富的。

华夏—汉族，尽管名称一直沿袭没变，但是先后有数批从中原迁徙流入，而且与东北其他民族又不断交往融合，其数量和成分在不断变化和充实。

濊貊族系，先是濊和貊，汉代以后又出现了夫余、高句丽、沃沮和迁往朝鲜半岛的东濊，延续了千年之久。

肃慎族系，从肃慎、挹娄、勿吉、靺鞨、女真到满族，一脉相承，源远流长，而且在不同阶段又划分出不同支、不同部，如勿吉—靺鞨就分为七部，表2只列入其中重要的粟末部和黑水部，而黑水靺鞨和女真同样先后分为若干部。

东胡族系更为复杂，东部鲜卑在东汉檀石槐军事行政大联盟时就包含了若干部在内，之后慕容、段氏和宇文氏三部并出争雄，宇文氏又衍生出契丹和奚。拓跋鲜卑不仅入主中原建立了北魏政权，留在东北者又演变为室韦和蒙古。其中宇文部和拓跋部还包含了相当多的匈奴血统。

第二，不同族系众多民族对内对外始终不断地在进行着交往融合。

从表2可以看出，东北地区先后兴起的众多民族不仅在其族系内和地区内不断迁徙演变，而且不同族系、不同地区的民族也在不断地交往融合。

比如濊貊族系在汉代出现的夫余、高句丽、沃沮、东濊各族，夫余王子南奔高句丽族所在地区建立高句丽政权，东汉末年东濊和沃沮的南部归属高句丽，沃沮的北部后来与肃慎族系中的勿吉族融合，成为勿吉七部之中的白山部。夫余族在5世纪末也分别流入高句丽和勿吉，流入勿吉的则成为勿吉七部中的粟末部。高句丽在7世纪灭亡之后，又分别流入汉族、靺鞨、突厥和新罗。流入新罗的则与新罗居民及之前亡国的百济遗民等共同组成朝鲜半岛的统一民族。濊貊族系中建立政权的是夫余和高句丽，而且都接受中原政权的管辖和册封，于是也有不少汉族人口和东胡族系鲜卑族的人口流入高句丽。

再如东胡族系，其后裔开始主要是乌桓和鲜卑两个民族，其中乌桓族只存在于两汉时期，3 世纪初被曹操击败后，绝大部分融入汉族和鲜卑族。而鲜卑族的崛起，与匈奴族的衰亡有直接关系，于是便有众多匈奴人加入鲜卑。檀石槐军事行政大联盟解体后不久而兴起的慕容氏、段氏、宇文氏三部，最后由慕容氏所统一，并先后建立前燕、后燕、北燕之三燕政权，436 年又被拓跋部所建立的北魏灭亡。而其中的宇文部并未消失，它不仅建立了北周政权，而且还衍生出契丹和奚两个民族。契丹发展建立辽政权，先后吞并奚和以肃慎族系中靺鞨族为主体建立的渤海政权。之后，辽政权又被靺鞨族的后裔女真所灭。拓跋鲜卑主体入主中原，建立北魏政权，后逐渐与汉族融合，而留居东北方的则相继演化为室韦与蒙古。蒙古族崛起，先后灭亡西夏、金和南宋，统一中国建立元政权，而来自原辽王朝的契丹、奚、渤海人和后来的部分女真人，此时则大部融入汉族，少量融入蒙古族。

在众多非汉族人口融入汉族的同时，也有部分汉族人口融入其他民族之中。

众多民族的交往融合过程，同时也是一个通过不同形式而相互凝聚的过程，历经几千年，最后东北地区主要融合凝聚成汉族、满族和蒙古族三大民族。

第三，东北地区及东北民族在我们统一的多民族国家的形成和发展过程中所占据的重要地位和所做出的突出贡献是不可替代的。

东北地区古代民族的四大族系，其活动地区、或者说是其最初的活动地区，大体上是有所区分的，而在其发展过程中有的又发生了较大变化。华夏—汉族在清代之前，长时期主要活动在东北地区的南部，“闯关东”大潮之后则遍布东北大部地区。濊貊族系主要活动在东北地区的中部和东南部，唐代以后则融合在其他民族之中。东胡族系和肃慎族系则不同，它们不仅自始至终传承不断，而且大的迁徙不时发生。

如自东汉开始驰骋于东北地区西部和中原北方草原地区的鲜卑族，汉魏时期大聚大散，之后慕容、段氏、宇文氏三部并起，慕容合并另两部，不久又被拓跋北魏所统一。北魏自平城迁都洛阳，迅速汉化。宇文一部建立北周，后也融入中原。进入隋唐，鲜卑族不再见了，但是隋唐王朝的繁荣发展处处渗透着鲜卑族的因素和影响。辽金时期的契丹族和女真族，它们更替相继，进军中原，占领地区逐步扩大，形成了中国历史上再一次的南北朝时代。蒙古族和东北另一支女真的崛起，它们先后入主中原，统一全国，建立元、清两代王朝，奠定了中国的历史版图。这几次大的迁徙，皆是自北向南，走的同一方向，其原因，一是中原气候温暖，适于生存，自然环境和条件在起作用；二是中原地区经济发展，文化先进，此对东北民族具有大的吸引力。其实，东北诸民族继往开来的向南迁徙过程，也是诸民族由落后走向先进的发展过程。

而通过以上几大族系众多民族的交往融合和数次大小不断地迁徙演变，东北地区内部以及东北与中原之间的民族界限逐渐被打破，东北民族同全国各地的民族一道，共同促进了我们统一的多民族国家的形成和发展。在这当中，东北地区及东北民族所占据的重要地位和所做出的突出贡献是不可替代的。

（原载《中国边疆史地研究》2017 年第 4 期）

从历史学、考古学、民族学的多重视角看室韦起源问题

范恩实*

室韦是北朝隋唐时期东北与北部边疆地区的重要族群，是蒙古族的前身，在中国边疆史、民族史上都具有重要地位。国内学界有关室韦的研究，在20世纪八九十年代掀起过一个小高潮，出版了两本专著，即《室韦史研究》① 和《原蒙古人的历史：室韦—达怛研究》。② 其中有关室韦起源问题，一致推定最初进入中原的北朝室韦位于嫩江流域，族源上则是拓跋鲜卑的同源部落。

现在看来，上述认识的形成距今已有20年了，随着史学研究理论、方法的丰富，相关结论已有进一步考量斟酌、深化丰富的必要。同时，近年来，相关考古发现与研究也不断增多，从而也为我们深入认识室韦起源问题提供了一些新的可能。此外，在室韦人生活的区域，在工业化文明侵入以前，自然地理环境、人群生业模式并无大的变化，因此近代以来形成的，有关生活在这一地区的北方通古斯人的民族学研究成果，对于理解室韦人的历史面貌也有所助益。基于上述，本文拟从历史学、考古学、民族学（文化人类学）相结合的角度，推进对室韦起源问题的认识。

一 见于文献记载的室韦兴起历程

一般认为，《魏书·失韦传》所载："武定二年（544）四月，（室韦）始遣使张焉豆伐等献其方物"，③ 是室韦进入中原视野的最早记录。但是笔者认为，北魏太平真君四年（443）前来朝贡的乌洛侯，与武定二年朝贡的室韦是同一批人，因此室韦进入中原视野的年代要早一百多年。

第一，两者地域相同。

有关北朝室韦所在地域，学界基本根据《魏书·失韦传》所载室韦至中原之山川道里，将其推断在嫩江流域。这便与乌洛侯同在一水。至于二者的相对位置关系，则有截然相反的不同认识。

一说室韦在乌洛侯之北。孙秀仁、孙进己等先生主此说，其依据主要是史书记载的二者距中原的里程。"据《北史·乌洛侯传》：'（乌洛侯）去代都四千五百余

---

* 范恩实，中国社会科学院中国边疆研究所副研究员。

① 孙秀仁等：《室韦史研究》，北方文物杂志社1985年版。

② 张久和：《原蒙古人的历史：室韦—达怛研究》，高等教育出版社1998年版。

③ （北齐）魏收：《魏书》，中华书局1975年标点本，第2221页。

里。’……加上代都去洛阳为七百里，则乌洛侯去洛阳为五千二百里。而据《北史·室韦传》：‘室韦去洛阳六千里。’则乌洛侯距洛阳比室韦近八百里。”由此孙先生等推定室韦当在乌洛侯北，并由这种相对位置关系，推定乌洛侯约在今农乃庙至乌兰浩特间，而室韦则在今齐齐哈尔以北。[①] 但是，这里面存在一个重要的疑问，即“代都去洛阳为七百里”的说法并不准确。实际上，从代都（今山西大同）到洛阳（今河南洛阳）的直线距离按今日里程计算也有1200余里，汉魏千里，方今七八百里，则古代接近1500里。大同与洛阳基本上处在一条南北直线上，这样算来，乌洛侯、室韦距中原的距离实际上是大体一致的，即均在今齐齐哈尔以北的嫩江中上游地区。

另一说则主张室韦在乌洛侯之南，张久和先生主此说。其依据则是史书记载的几组相对位置关系，特别是乌洛侯与地豆于、地豆于与室韦。“《魏书》卷一百记载了室韦及其邻族的大致情况，根据室韦同四邻部族的地域连接和距离中原地区的里程可以大致确定它的地理方位。……地豆于在室韦以西千余里。乌洛侯在地豆于之北，离代都（今山西大同市）4500余里。从室韦与地豆于和乌洛侯与地豆于间的相互位置，可知乌洛侯应在室韦以北。……乌洛侯境内西北有拓跋魏祖先‘石室’，它应在甘河两岸，东傍嫩江上游。那么，室韦当沿嫩江中下游及以西各支流居住。这一位置与史书记载的室韦四邻地望相符。”[②]

但是张先生的研究忽视了一个重要的问题，即不论是草原部族还是森林游猎部族，都会随着政治、经济环境的变化而迁移，这是与农业定居人群完全不同的社会发展道路。或许正因如此，史书在记述类似部族地理方位时，常常采取相对位置关系。

这里特别应该注意的是，作为草原游牧部族的地豆于的频繁迁徙。关于地豆于方位的记载，可见两组相对关系，即《魏书·乌洛侯传》所载“乌洛侯国，在地豆于之北”；[③] 同书《地豆于传》载：“地豆于国，在失韦西千余里。”[④] 要弄清这两组位置关系的由来，有必要简单梳理一下北魏建国后北方部族陆续前来朝贡的历史。

北魏建国于内蒙古中南部，与东北各族群间隔着北燕政权，因此在其建国初期并无东北部族朝贡的记载。到北魏世祖太延二年（436），北魏攻灭北燕，“及开辽海，置戍和龙，诸夷震惧，各献方物”。[⑤] 太延三年（437），“高丽、契丹国并遣使朝献”。[⑥] 其后，东北中南部诸族高句丽、契丹、库莫奚、地豆于等开始前来北魏朝贡，也包括世祖太平真君四年（443），“乌洛侯国遣使朝贡”。[⑦] 值得注意的是，在相当长时间内，并无室韦前来朝贡。到了东魏“武定二年（544）四月，（室韦）始遣使张焉豆伐等献其方物，迄武定末，贡使相寻”。[⑧]

由上述各部族先后进入北魏朝廷视野的过程看，将地豆于与乌洛侯做位置排列的契

---

① 孙秀仁等：《室韦史研究》，北方文物杂志社1985年版，第17页。

② 张久和：《原蒙古人的历史：室韦—达怛研究》，高等教育出版社1998年版，第60—61页。

③ （北齐）魏收：《魏书》，中华书局1975年版，第2224页。

④ 同上书，第2222页。

⑤ 同上书，第2223页。

⑥ 同上书，第87页。

⑦ 同上书，第95页。

⑧ 同上书，第2221页。

机是北魏世祖太平真君四年乌洛侯来贡，而直到武定二年，室韦之称才见于中原，将地豆于的位置与之排列也必在此时，前后相差100余年。在这100余年中，由于草原政治形势的变化，作为游牧部族的地豆于的位置是有所改变的。

太平真君四年，乌洛侯来贡之时，草原上正是柔然汗国的鼎盛时期，《魏书·蠕蠕传》载："其西则焉耆之地，东则朝鲜之地，北则渡沙漠，穷瀚海，南则临大碛。"① 一般认为其东界到大兴安岭。② 如果不加时间区分，仅根据"在失韦西千余里"，将太平真君四年前后的地豆于推定在呼伦贝尔草原西南的哈拉哈河、贝尔湖地区，不但已在大兴安岭以西，而且毗邻传统上作为蒙古草原游牧部族政治体左地的克鲁伦河流域，则其时地豆于应该早已陷入柔然统治之下，很难再作为一支独立力量存在。然而事实上，这一时期地豆于是在不断朝贡北魏。再进一步看，如果把地豆于推定在哈拉哈河、贝尔湖地区，根据乌洛侯"在地豆于之北"的记载，那么乌洛侯的地域就应该在呼伦贝尔草原西部，这又与"其国西北有国家先帝旧墟"，③ 即拓跋鲜卑祖先石室（今内蒙古呼伦贝尔市鄂伦春自治旗阿里河镇西北方向9公里处的嘎仙洞）相冲突了。

据《魏书·契丹传》载："太和三年（479），高句丽窃与蠕蠕谋，欲取地豆于以分之。契丹惧其侵轶，其莫弗贺勿于率其部落车三千乘、众万余口，驱徙杂畜，求入内附，止于白狼水东。"④ 这说明直到太和三年，地豆于尚独立于柔然与高句丽之间，并且毗邻契丹。这一时期的契丹在西拉木伦河下游地区，因此地豆于很可能是在其北部不远。这里正是乌洛侯南下的通道，因此在乌洛侯前来朝贡的时候，才会留下"乌洛侯国，在地豆于之北"的记载。

其后，随着契丹的南迁，地豆于亦随之南下近塞。《魏书·库莫奚传》载："太和四年（480），辄入塞内，辞以畏地豆于钞掠，诏书切责之。"⑤ 库莫奚原本在契丹以西的西拉木伦河流域，现在被地豆于压迫而逃入塞内，恰恰说明了地豆于的南迁。到太和十四年（490），"夏四月，地豆于频犯塞"。⑥

接下来，《魏书·地豆于传》载："（太和）十四年频来犯塞，高祖诏征西大将军、阳平王颐击走之。"⑦ 就在地豆于亡命塞外的时候，恰逢柔然政权走向衰落，到523年，东部柔然基本瓦解。⑧ 地豆于很可能就是在这一时期再次向北部迁移，到达室韦之西的哈拉哈河、贝尔湖地区。这就是《魏书·地豆于传》"地豆于国，在失韦西千余里"的由来。

如果我们考虑上述地豆于地理位置的变化，那么我们就不能简单地根据乌洛侯在地豆于北、地豆于在室韦西这两个不同时期的位置关系推断室韦在乌洛侯南。

总的来说，根据现有的史料记载，我们并不能将乌洛侯与室韦区分为地域截然不同

① （北齐）魏收：《魏书》，中华书局1975年版，第2291页。
② 王钟翰：《中国民族史》，中国社会科学出版社1994年版。
③ （北齐）魏收：《魏书》，中华书局1975年版，第2224页。
④ 同上书，第2223页。
⑤ 同上。
⑥ 同上书，第166页。
⑦ 同上书，第2222页。
⑧ 王钟翰：《中国民族史》，中国社会科学出版社1994年版，第251—252页。

的部族。

第二，北朝时期乌洛侯与室韦一先一后见载于史籍，时间上没有交集。

从朝贡记录看，乌洛侯仅有北魏太平真君四年一次。《北史》载："其豆莫娄、地豆干、乌洛侯，历齐周及隋，朝贡遂绝，其事故莫显云。"① 实际上，这里所谓"历齐周及隋，朝贡遂绝"，很可能是概而言之，其中乌洛侯，并没有长期朝贡。以往学界大多没有注意《魏书》在记述各边疆族群与中原距离时，有"去代都"和"距洛"的区别，乌洛侯独用"去代都四千五百余里"，恰恰说明它是在北魏迁都洛阳以前到北魏朝贡的，以后再没有前来朝贡，因此其里距标准也就停留在代都。同样，所谓鲜卑祖先石室，是乌洛侯朝贡的同年，北魏派遣李敞前往致祭，并正式确定的，而《魏书·礼志一》恰恰记载："石室南距代京可四千里。"②

至于《唐会要·室韦》所载："次东又有乌罗护部落。一名乌罗浑。元魏谓之乌落。居磨盖独山北啜河之侧。此部落自魏大武真君四年。历北齐周隋及武德已后。朝贡不绝。"③ 首先说明到唐代，中原已经了解到乌罗护（乌洛侯）属室韦一部；其次，唐代乌罗护部已经南迁到啜河（霍林河）畔；最后，"历北齐周隋及武德已后，朝贡不绝"一句，与上引《北史》所载相比较，文意恐怕有误，至少在北魏太平真君四年以后的相关记载中，没有见到乌洛侯朝贡的记录。

第三，当太平真君四年乌洛侯来朝贡时，各方面信息均未涉及室韦。

不但乌洛侯朝贡使臣不曾留下室韦在其南部的记录，其他一些经过嫩江下游地区的行人也不曾留下任何有关室韦的信息。例如，太平真君四年，北魏派遣李敞前往大兴安岭祭奠祖先石室，未曾留下有关室韦的记载。再如，延兴（471—476）中，勿吉朝贡使臣"初发其国，乘船泝难河西上，至太沵河，沉船于水，南出陆行"，④ 正是溯今第一松花江西上，经过嫩江下游到洮儿河转而南行，也不曾向北魏报告室韦的存在。现在看来，勿吉使臣肯定向北魏朝廷汇报了该国周边以及其南下过程中所经历过的部族情况，因此《魏书·勿吉传》才会记载："其傍有大莫卢国、覆钟国、莫多回国、库娄国、素和国、具弗伏国、匹黎尔国、拔大何国、郁羽陵国、库伏真国、鲁娄国、羽真侯国，前后各遣使朝献。"⑤ 其中"大莫卢国"应即"豆莫娄"，史书未记载豆莫娄到北魏朝贡，因此北魏对豆莫娄的了解当由勿吉转述。至于"匹黎尔国""拔大何国""郁羽陵国"等则应与契丹属部"匹絜部""黎部""何大何部""羽陵部"等有关，当为勿吉使臣"南出路行"所经历诸部。而在这么详细的记录中，并无室韦。直到东魏武定二年，始见室韦来贡。有意思的是，自此以后，便一直是室韦前来朝贡，乌洛侯之名绝不见于朝贡者之列。

第四，中原史籍中记述的二者文化面貌类同。

《魏书·乌洛侯传》载："其土下湿，多雾气而寒，民冬则穿地为室，夏则随原阜畜牧。多豕，有谷麦。无大君长，部落莫弗皆世为之。其俗绳发，皮服，以珠为饰。民

---

① （唐）李延寿：《北史》，中华书局1974年版，第3138页。

② （北齐）魏收：《魏书》，中华书局1975年版，第2739页。

③ （宋）王溥：《唐会要》，中华书局1955年影印本，第1721页。

④ （北齐）魏收：《魏书》，中华书局1975年版，第2220页。

⑤ 同上书，第2221页。

尚勇，不为奸窃，故慢藏野积而无寇盗。好猎射。乐有箜篌，木槽革面而施九弦。”① 《魏书·失韦传》载：“国土下湿。语与库莫奚、契丹、豆莫娄国同。颇有粟麦及穄，唯食猪鱼，养牛马，俗又无羊。夏则城居，冬逐水草。亦多貂皮。丈夫索发。用角弓，其箭尤长。女妇束发，作叉手髻。其国少窃盗，盗一征三，杀人者责马三百匹。男女悉衣白鹿皮襦袴。有曲酿酒。俗爱赤珠，为妇人饰，穿挂于颈，以多为贵，女不得此，乃至不嫁。父母死，男女聚哭三年，尸则置于林树之上。”② 两相比较，相同之处甚多：其一，“土下湿”；其二，“有谷麦”与“颇有粟麦及穄”；其三，“多豕”与“唯食猪鱼”；其四，“其俗绳发，皮服，以珠为饰”与“丈夫索发。……女妇束发……男女悉衣白鹿皮襦袴。……俗爱赤珠……”；其五，“民尚勇，不为奸窃”与“其国少窃盗”；其六，“好猎射”与“用角弓，其箭尤长”。

这里值得特别提及的是，从上述有关北朝时期乌洛侯、室韦文化的记载看，两者所饲养的动物的种类构成相似，都以猪为主，兼有牛马而无羊。古代人群能够饲养某类动物，是与其所处的自然地理环境息息相关的，一般很难突破。与嫩江流域自然环境相对照，恰恰是中上游山林、河谷地区不适宜养羊，而到了嫩江下游及其以西各支流，则已经与蒙古草原相连，历史上生活在这里的汉书二期文化人群（黑龙江省泰来县平洋墓葬属汉书二期文化，其中已发现养羊的证据③）及其后的鲜卑人等，普遍养羊。这一点也说明北朝乌洛侯与室韦的地域分布不会到嫩江下游。

第五，隋唐时期，北朝入贡中原的乌洛侯—室韦属于南室韦的一部分。

《隋书·室韦传》留下隋代五部室韦的记载，其中嫩江流域只有南室韦，当即由北朝乌洛侯—室韦发展而来。到了唐代，随着中原王朝与室韦联系更为紧密，在室韦之地设室韦都督府，因此对室韦之内的部落划分更为详细，名称也更为具体。《旧唐书·室韦传》记载室韦诸部中有乌罗护部；④ 同书同卷《乌罗浑传》载：“乌罗浑国，盖后魏之乌洛侯也，今亦谓之乌罗护。”⑤ 这就进一步明确了乌洛侯也是室韦。有关唐代乌罗护（乌罗浑）的方位，孙进己判断在绰尔河下游南⑥，张久和判断在霍林河中游北侧至洮儿河之间。⑦ 值得注意的是，目前学界基本判定隋代南室韦在嫩江中游以下到洮儿河以北，⑧ 也就是说唐代乌洛侯（乌罗护、乌罗浑）恰在隋代南室韦的范围内。

综合以上所论，我们可以判定，北魏以来出现在历史舞台上的乌洛侯即室韦兴起的先声，由于位置偏远，中间受各种政治势力阻隔，因此其与中原王朝并无进一步的联系。到了北朝末期，柔然衰落，同一地域的族群以室韦之名再度南来。至于为何该部族带来了新的族称，目前还很难给出明确的结论。张久和先生尽管将北朝时期先后入贡的乌洛侯与室韦区分为不同地域之部族，但是他也认为：“北朝的乌洛侯和室韦大体是指

① （北齐）魏收：《魏书》，中华书局1975年版，第2224页。

② 同上书，第2221页。

③ 杨志军：《平洋墓葬》，文物出版社1990年版，第113页。

④ （后晋）刘昫：《旧唐书》，中华书局1975年标点本，第5357页。

⑤ 同上书，第5346页。

⑥ 孙进己等：《东北历史地理》，黑龙江人民出版社1989年版，第232页。

⑦ 张久和：《原蒙古人的历史：室韦—达怛研究》，高等教育出版社1998年版，第72—73页。

⑧ 孙进己等：《东北历史地理》，黑龙江人民出版社1989年版，第191页。

同一部分人，只不过乌洛侯先见于史，名为专称，所占地域比室韦小，掩有部落少于室韦；室韦后载史册，名为泛称，其中已包括乌洛侯。"[①] 这一推论是较为合理的。史书中也记载，经过100余年的发展，室韦政治发育水平有所提升，"夏则城居"，由此形成了囊括乌洛侯的新的室韦联盟的可能性是很大的。关于这方面的问题，本文第三部分还将借助民族学资料和方法进一步讨论。

无论如何，北朝时期，只有嫩江中游的乌洛侯—室韦来中原朝贡，因此也只有该部留下历史记载。到了隋代，则是"北室韦时遣使贡献，余无至者"。[②] 由于北室韦的到来，使隋朝了解到五部室韦的情况，《隋书·室韦传》载："分为五部，不相总一，所谓南室韦、北室韦、钵室韦、深末怛室韦、太室韦。"[③] 其中北室韦的位置，一说今伊勒呼里山周围，[④] 一说今讷河以西的萨起山。[⑤] 其他四部室韦，则有洮儿河以北的南室韦，绕吐纥山（今伊勒呼里山）而居的北室韦，依胡布山（今额木尔山）而住的钵室韦，在今额尔古纳河东岸激流河流域或在石勒喀河流域的深末怛室韦，以及深末怛室韦西北外贝加尔东部地区的大室韦。从地域分布看，北室韦恰在五部室韦的中间，这或许正是它给隋朝带来五部室韦消息的原因。总的来说，隋代室韦分布区仍主要是嫩江流域以及蒙古草原东北部地区的山林地带，其未能进一步向草原发展应与突厥兴起控制草原有关。

到了唐代，随着草原霸主突厥、回鹘先后覆亡，室韦的范围扩大了。《新唐书·室韦传》载："分部凡二十余。曰岭西部、山北部、黄头部，强部也；大如者部、小如者部、婆莴部、讷北部、骆丹部，悉处柳城东北，近者三千，远六千里而羸。最西有乌素固部，与回纥接，当俱伦泊之西南；自泊而东有移塞没部；稍东有塞曷支部，最强部也，居啜河之阴，亦曰燕支河；益东有和解部、乌罗护部、那礼部、岭西部，直北曰讷比支部。北有大山，山外曰大室韦，濒于室建河。河出俱伦，迆而东，河南有蒙瓦部，其北落坦部；水东合那河、忽汗河，又东贯黑水靺鞨，故靺鞨跨水有南北部，而东注于海。猱越河东南亦与那河合，其北有东室韦，盖乌丸东南鄙余人也。"[⑥] 这一时期室韦的范围从呼伦湖西南，向东到黑龙江上游，北到伊勒呼里山以北，南到嫩江下游。主要的扩展是向西进入草原，涵盖了整个呼伦贝尔草原。

二　室韦兴起的考古学探索

从时空线索看，唐代占据呼伦贝尔草原的室韦确实是继承了鲜卑南迁的空缺，但是如何看待这种继承，恐怕并不简单。首先要注意的是，呼伦贝尔草原上的早期鲜卑文化是一种外来文化。根据潘玲研究，呼伦贝尔草原上相当于西汉时期的完工墓葬与东汉前期的扎赉诺尔墓地"不仅年代不同，而且文化的主体成分、居民的主要体质特征都不

---

① 张久和：《原蒙古人的历史：室韦—达怛研究》，高等教育出版社1998年版，第43页。

② （唐）魏征：《隋书》，中华书局1973年标点本，第1883页。

③ 同上书，第1882页。

④ 张久和：《原蒙古人的历史：室韦—达怛研究》，高等教育出版社1998年版，第66页。

⑤ 孙进己等：《东北历史地理》，黑龙江人民出版社1989年版，第190页。

⑥ （宋）欧阳修等：《新唐书》，中华书局1975年标点本，第6176—6177页。

同。完工墓葬的年代为西汉时期，以东北土著文化为主体，受到较多匈奴文化的影响；而扎赉诺尔墓地的年代为东汉前期，以匈奴文化为主体。完工居民的体质特征与当地原有居民最为接近，而扎赉诺尔的则与外贝加尔匈奴的最为接近。因两者包含不同程度的匈奴文化因素，且年代相距不远，所以呈现出一定的相似性”。[①] 从体质人类学特征看，扎赉诺尔墓地的居民可能是以北亚蒙古人种为主体（A 组），另外还有一部分可归属为北亚人种和东北亚蒙古人种的混血类型（B 组）。其中 A 组居民的体质特征与外贝加尔匈奴的最为近似，其近似程度超过了与同一墓地的 B 组的关系。扎赉诺尔 B 组在各古代对比组中与完工组最为近似。[②] 同时扎赉诺尔 A 组与其他鲜卑遗存人种特征较为接近。[③] 这一时期，类似扎赉诺尔墓地的文化遗存，主要分布在大兴安岭以西的呼伦贝尔草原，还包括拉布达林、孟根楚鲁、团结等墓葬遗迹。正是扎赉诺尔组文化人群南下，成为历史舞台上的鲜卑人。

与南下同时，这一文化也影响到大兴安岭东麓嫩江流域原汉书二期文化分布区。根据考古发现，在嫩江上游地区发现东汉时期的红马山文化遗迹，主要遗址有黑龙江省讷河市红马山遗址、讷河兔子地、嫩江铁古拉遗址、二克浅和库勒浅墓地晚期墓葬等。此外，该类文化在嫩江下游地区也有若干线索可寻。据分析，“红马山文化和呼伦贝尔地区东汉时期鲜卑文化在形成过程中是相互作用和相互影响的。后者对前者的作用和影响要强烈很多。总的来看，红马山文化构架中，鲜卑文化因素占主体，又承继了汉书文化的因素，还吸收了三江平原滚兔岭文化的因素等”。[④] 从分布地域与年代看，红马山文化应与北朝乌洛侯—室韦的兴起有关。

按照考古学界的遗址编年，自红马山文化之后到辽代以前，嫩江流域考古文化有一个暂时未能发现的缺环。近年来，有学者从大庆地区沙家窑辽代墓葬中判断出唐代遗存，根据时空线索推定为唐代室韦文化，并进一步指出该类文化是由室韦、契丹和黑水靺鞨三种文化因素共同构成的，显示出唐代早、中期室韦、契丹和黑水靺鞨三大族群在这一地区已经开始融合。[⑤] 这里作者所谓的室韦文化因素，所参照的是大兴安岭西麓呼伦贝尔草原地区的唐代遗存——西乌珠尔墓群、谢尔塔拉墓地等为代表的文化。

关于西乌珠尔墓群和谢尔塔拉墓地，一种观点是二者为同一文化的早晚两个阶段，并统称为谢尔塔拉文化；另一种观点认为二者之间的差异代表了室韦不同部落间的文化差异，其中西乌珠尔墓地为西室韦文化遗存，由于与契丹有着密切的文化交流，因此受到契丹早期文化影响较大，谢尔塔拉墓地则代表了室韦的原始文化面貌。[⑥]

无论如何，西乌珠尔墓地与谢尔塔拉墓地所代表的文化就是唐代呼伦贝尔草原的室韦文化，在考古学界是基本没有异议的。关于此类文化的渊源，目前考古学界的观点也

---

① 潘玲：《完工墓地的文化性质和年代》，《考古》2007 年第 9 期。

② 朱泓：《人种学上的匈奴、鲜卑和契丹》，《北方文物》1994 年第 2 期。

③ 张旭等：《平洋、完工墓地古代居民种系问题再认识》，《草原文物》2012 年第 1 期。

④ 张伟：《嫩江流域夏至东汉时期的五支考古学文化》，《北方文物》2010 年第 2 期。

⑤ 张伟等：《嫩江流域唐代文化遗存辨识——以大庆沙家窑辽墓为出发点》，《北方文物》2012 年第 1 期。

⑥ 毕德广等：《西乌珠尔墓群族属补正的探讨》，《文博》2014 年第 4 期。

比较一致，一般认为存在三个来源：一是呼伦贝尔地区以扎赉诺尔、拉布达林、孟根楚鲁为代表的东汉时期鲜卑文化；二是契丹早期文化；三是鄂嫩河和石勒喀河流域的布尔霍图伊文化。[①] 由于西乌珠尔墓地受到契丹文化的强烈影响，那么较少受此影响的谢尔塔拉墓地就代表了典型的呼伦贝尔草原室韦文化。由此也说明呼伦贝尔草原的室韦文化主要是由本土的早期鲜卑文化与南下的布尔霍图伊文化共同组成。

有学者已指出：“我们确信呼伦贝尔草原的鲜卑南迁，并非全体人员，仍有相当一批人群是留在原地的，并与后来迁入的人群共存、融合；他们保持着与南迁鲜卑的文化交往，部分吸收了后者创造的新文化因素，这种交流状态很可能持续到北朝以后鲜卑淡出。鲜卑的名号取消了，但呼伦贝尔草原上原有的人群不会消失，他们获得了新的名号‘室韦’，仍将把鲜卑的文化因素继续传承。鲜卑因素则随着室韦的发展而呈现出渐变消失的过程。”[②]

除了处在衰退之中的鲜卑文化因素以外，室韦文化中占据主导地位的则是新迁入的布尔霍图伊文化因素。根据原苏联学者的研究，布尔霍图伊文化时间延续较长，从公元2世纪到8世纪。其中6—8世纪的一段被确定为室韦文化。其主要分布地域为：鄂嫩河、英戈达河、额尔古纳河、石勒喀河及其支流流域以及今俄罗斯布里亚特自治共和国的某些地区。布尔霍图伊室韦文化的形成，很可能是公元1千纪初，部分北匈奴西迁后从大兴安岭地区来到这里的鲜卑人，与留在当地的包括北匈奴人的土著，以及晚于他们来到当地的许多异族部落一起创造的。[③] 这说明作为呼伦贝尔草原室韦文化源头的布尔霍图伊文化也包含有鲜卑文化因素，从这个意义上说，室韦文化与鲜卑文化确实有着千丝万缕的联系。

布尔霍图伊文化因素也沿黑龙江向东发展，影响到黑龙江中下游的靺鞨文化。在黑龙江中游典型靺鞨文化奈费尔德类型、特罗伊茨基类型分布区与布尔霍图伊文化分布区之间，即俄罗斯结雅河和布列亚河流域，还分布着一种具有两类文化混合特征的米哈伊洛夫卡文化。涅斯捷罗夫认为米哈伊洛夫卡文化的族属是北室韦。[④]

总的来看，尽管学界大体承认隋唐时期史书记载的室韦是一个多族群复合体，但是从考古文化的角度说，其中仍然存在着一支主体文化，而根据上述考古发现与研究，这一文化的起源线索已经越来越清晰：东汉时期，呼伦贝尔草原上的早期鲜卑文化南下发展。在南下的同时，一支向东越过大兴安岭，在嫩江上游地区与当地土著文化融合，形成红马山文化；一支则利用北匈奴西迁的契机，向北影响到外贝加尔东部地区，与当地的布尔霍图伊文化、匈奴文化融合，在6世纪以后形成新的布尔霍图伊文化。该文化的分布范围与史书记载的隋代五部室韦大体重合。

---

① 刘国祥等：《论谢尔塔拉文化及相关问题》，载王巍等《呼伦贝尔民族文物考古研究》（第二辑），科学出版社2013年版，第213—253页。

② 倪润安：《鲜卑及室韦耳饰的文化渊源与传承》，载王巍等《呼伦贝尔民族文物考古研究》（第三辑），科学出版社2015年版，第305页。

③ 林树山：《东后贝加尔地区的室韦文化源流及其成分》，载王巍等《呼伦贝尔民族文物考古研究》（第二辑），科学出版社2013年版，第283—292页。

④ ［俄］С. П. 涅斯捷罗夫：《黑龙江沿岸地区的北室韦》，载王巍等《呼伦贝尔民族文物考古研究》（第二辑），科学出版社2013年版，第293—307页。

新的布尔霍图伊文化又反向影响到呼伦贝尔草原，7 世纪以后，呼伦贝尔草原上也出现早期鲜卑文化与布尔霍图伊文化混合的谢尔塔拉墓地文化，同时又受到早期契丹文化的影响，例如西乌珠尔墓地所展现的文化面貌。在大兴安岭以东，布尔霍图伊文化的影响同样存在，在嫩江下游地区，大庆沙家窑唐代墓地，是谢尔塔拉文化与契丹文化、靺鞨文化的混合体；在黑龙江中游，俄罗斯结雅河和布列亚河流域的米哈伊洛夫卡文化，是布尔霍图伊文化与靺鞨文化的混合体。上述新布尔霍图伊文化核心及影响区正是唐代室韦人的主要分布区。

比较遗憾的是，目前有关室韦文化的考古发现还有很多缺环，特别是嫩江中上游从红马山文化到室韦文化的演变过程还没有揭示出来，而最初进入中原的乌洛侯—室韦又恰恰来自这一地区。对此，笔者有三点认识。其一，无论是红马山文化，还是唐代室韦文化，其中代表着发展方向的文化因素都是呼伦贝尔草原早期鲜卑文化与外贝加尔东部文化，因此在人群种属、文化特征上都有着一脉相承的联系，处在上述二者之间的北朝乌洛侯—室韦文化应该也不会自外于这种联系。其二，作为室韦文化重要组成部分的布尔霍图伊文化，年代在 6—8 世纪，主要分布地域为：鄂嫩河、英戈达河、额尔古纳河、石勒喀河及其支流流域以及今俄罗斯布里亚特自治共和国的某些地区。对比本文第一节所讨论的隋代室韦分布区，所差的只是今天中国境内的嫩江流域，那么这一部分的缺环，很可能具有同样的文化面貌，只是尚未被发现。其三，从室韦的历史发展过程看，尽管嫩江中上游地区的室韦人最早进入中原，但是受自然地理环境的限制，其社会发育速度并不显著。直到草原强势部族柔然、突厥与回鹘相继崩散，乘机进入呼伦贝尔草原以及嫩江下游地区的室韦人才迎来发展的高潮期。而这时，原在岭东的乌洛侯（乌罗护）已南迁至嫩江下游，岭东旧地则是非强部的东室韦。从这个意义上说，正是具有一脉相承性的外贝加尔东部布尔霍图伊文化与呼伦贝尔草原室韦文化代表了室韦文化发展的主轴。

最后需要特别指出的是，从上述考古文化发展线索看，室韦与鲜卑的关系只能说是一种文化发展的亲缘关系，而并不能直称室韦源于拓跋鲜卑。因为在 2 世纪的呼伦贝尔草原，拓跋鲜卑还未从鲜卑母体中分化形成，到 4 世纪南下鲜卑文化人群与匈奴融合，形成拓跋鲜卑的时候，代兴的室韦文化则是嫩江流域、呼伦贝尔草原土著文化与外贝加尔东部布尔霍图伊文化融合发展的新产物。

三 借助民族志资料的补充认识

根据以上两节的讨论，室韦主体的活动范围，在外贝加尔东部、石勒喀河、额尔古纳河、黑龙江上游、嫩江流域和呼伦贝尔草原。有学者指出：“室韦长期生活在大兴安岭山脉的山麓位置，这些地区属于丘陵森林草原地带，由考古证据来看，一千多年前和现在的环境相比基本没有大的变动。森林草原地带的特征是降水量多，气候湿润，草木密布，适合狩猎、采集等生产活动。”① 这一判断也给了我们另外一种启示，就是一千多年来，生活在这一片森林草原地带的人群适应相同的自然环境，

① ［日］内田宏美：《唐代室韦墓葬和森林草原地带——以“角弓”的分析为中心》，载王巍等《呼伦贝尔民族文物考古研究》（第二辑），科学出版社 2013 年版，第 275 页。

经营相同的生业、拥有类似的文化。因此近代以来民族学（文化人类学）学者考察上述地区生活的原始人群，留下的民族学研究成果对于理解一千多年前的室韦人应有充分的借鉴意义。

在此类民族学研究成果中，俄国学者史禄国所著《北方通古斯的社会组织》是较为深入、系统、全面的一部。该书所论及的通古斯各集团居住的地域包括今俄罗斯外贝加尔、阿穆尔州和滨海州的部分地区，今中国境内呼伦贝尔草原和黑龙江省的中西部地区。① 上述地域与本文所论述的室韦地域基本重合。根据史禄国的描述，生活在上述地域的通古斯人有如下民族志特征：

第一，地理环境。在这一地域，主要是草原、草原向林区的过渡地带和林区。北部的山区主要是雅布洛诺夫山脉、伊勒呼里山和大兴安岭。从山中流出的几条主要河流有鄂嫩河、石勒喀河、额尔古纳河、嫩江、黑龙江，形成宽阔的河谷地带。

第二，生业。根据史禄国的记述，通古斯人适应不同的自然地理环境，形成不同的生业模式。在外贝加尔的巴尔古津林区和涅尔秦斯克林区，主要是饲养驯鹿和狩猎；在南部向草原过渡地带，从蒙古布里亚特人那里学习养马和牛，从而形成游牧通古斯人；在巴尔古津河谷，形成畜牧业或农业兼营畜牧业的生业模式。在大兴安岭地区，岭西的激流河流域以饲养驯鹿为主，呼伦贝尔北部、呼玛河流域、嫩江上游等地区，以狩猎及少量养马为业。在嫩江上游以下，逐步由畜牧兼营狩猎向畜牧业、农业兼营狩猎、农业兼营牧业过渡。就畜牧业而言，南外贝加尔各地区位于高原，而嫩江地区处于低地，前者比后者更适于畜牧。养狗在通古斯人生活中具有一定意义；而只有农业定居通古斯人才养猪。②

第三，族称。根据史禄国的调查，绝大多数北方通古斯方言中都有“鄂温克”这个名称，但是在实际使用中变化很大。“一般规律是，在风俗习惯和方言的差别达到一定程度时，一个集团从不用鄂温克这个名称去称呼另一个集团，除非……它自己已经失掉这个名称。另一方面，许多集团虽然知道自己是鄂温克人，但在彼此之间却不使用这个名称，因为他们是用社会单位，即氏族等互相区别的，只有在将他们自身与其他民族集团相比时，为了使对方与自己有所区别，才使用鄂温克这个名称。”③

第四，受周边文化影响的民族志复合改变。在本文所讨论的地区，这种变化主要表现在两个方向。一是外贝加尔的游牧通古斯人。“他们的主业是饲养牛马，这是他们从布里亚特人那里学来的，连同一起学来的还有他们的生活方式、衣着、帐幕和整个的民族志学复合。”④ “当通古斯人在与作为一个集团的蒙古人相遇时，蒙古人比他们自己在适应当地地理条件方面要强得多。……北方通古斯人南迁后，已放弃了他们的旧制度，逐渐采用一种适合当地条件的民族志复合……随着新复合的采用，语言也受到影响……与蒙古文化渗入北方通古斯复合的主体相伴随，通古斯人与蒙古人的交往也增多了，因此他们互相混杂、混血。蒙古民族集团特有的人类学要素——德尔塔型——也渗入北方通古斯人中并达到如此程度，竟然使得有些以前是北

① ［俄］史禄国：《北方通古斯的社会组织》，内蒙古人民出版社 1984 年版，第 21 页。
② 同上书，第 68—72 页。
③ 同上书，第 78 页。
④ 同上书，第 91 页。

方通古斯的集团已经完全改变了他们原有的体质特征。……因为蒙古人与通古斯人相比，在数量上总是占优势。”①

二是呼伦贝尔和嫩江流域的索伦人。“索伦人依自然环境的不同，以饲养牛马、狩猎或农业为生。从民族志学来说，他们受蒙古、满和汉人的影响，但保存着一定程度的北方通古斯人的特点。”② 对索伦人产生重要影响的还有达斡尔人，史禄国认为它是一个契丹与北方通古斯人混合的集团。③

结合以上有关北方通古斯人的民族志资料，再来看室韦的兴起，可以给我们带来一些新的认识：

第一，室韦的主要分布区与北方通古斯人大体吻合，出于对相同自然环境的适应，室韦的主要民族志复合也应该与上述北方通古斯人大体相同。

第二，根据前文讨论，最初进入中原地区的乌洛侯—室韦人来自嫩江中上游地区。根据史禄国的民族志调查，这一地区的北方通古斯人是索伦人，“索伦人依自然环境的不同，以饲养牛马、狩猎或农业为生。从民族志学来说，他们受蒙古、满和汉人的影响，但保存着一定程度的北方通古斯人的特点”。与之相比，最初见于史书记载的室韦人的民族志特征中，“善射猎”仍是森林人的传统生业模式，同时继承嫩江流域汉书二期文化—红马山文化的传统，并受到呼伦贝尔草原早期鲜卑文化的影响，兼营畜牧与农业。《魏书·室韦传》载：“颇有粟麦及穄，唯食猪鱼，养牛马，俗又无羊。”这与索伦人“以饲养牛马、狩猎或农业为生”几乎是完全一致的。

第三，室韦人的起源与族称问题。参考有关北方通古斯人的民族志资料，使我们对室韦的起源与族称问题有了新的认识：其一，隋代室韦人的分布范围，与北方通古斯人基本吻合，为什么在这样一个广阔的范围内的人群都有一个“室韦”族称呢？现在看来，应该是与北方通古斯人拥有共同族称“鄂温克”类似，是该类人群之间在起源方面千丝万缕联系的反映。其二，在室韦这个统称之下，各部落集团又往往有自己的名称，这又如何解释呢？正如北方通古斯人那样，“许多集团虽然知道自己是鄂温克人，但在彼此之间却不使用这个名称，因为他们是用社会单位，即氏族等互相区别的，只有在将他们自身与其他民族集团相比时，为了使对方与自己有所区别，才使用鄂温克这个名称”。也就是说室韦各部落集团往往都有自己的特有名称，例如乌洛侯，“室韦”是其族类总称，但是他们又习惯于使用其社会团体特有名称“乌洛侯”；再比如蒙瓦（蒙兀）室韦，“蒙瓦（蒙兀）”是其社会团体自称，室韦则是其族类总称，该部落集团兴起以后，作为社会团体名称的“蒙瓦（蒙兀）”便流行起来，最终衍化为“蒙古”。

一说室韦与鲜卑同名，因此室韦是鲜卑（拓跋鲜卑）南迁后留在故地的人群。④此说是否成立，尚有争论。即便“室韦”“鲜卑”确是同一族称的不同译写，也需要进一步讨论鲜卑族称的来源，而并不能直接证明室韦与鲜卑有直系的亲缘关系。本文第二节已经述及，呼伦贝尔草原早期鲜卑文化的兴起，是外贝加尔东部人群南下

① ［俄］史禄国：《北方通古斯的社会组织》，内蒙古人民出版社 1984 年版，第 130 页。

② 同上书，第 94 页。

③ 同上书，第 128 页。

④ 张久和：《原蒙古人的历史：室韦—达怛研究》，高等教育出版社 1998 年版，第 28 页。

与呼伦贝尔草原土著人群融合的结果，那么很可能“鲜卑”这样的族称也是来自外贝加尔东部人群的传统。也就是说，在外贝加尔东部到大兴安岭地区以布尔霍图伊文化为代表的森林人群中，很可能存在一个发音与“鲜卑—室韦”相似的词语作为共有族称。

第四，室韦人群的扩散与民族志复合的改变。根据前文的讨论，到隋代，室韦的主要分布区仍是外贝加尔东部到嫩江中上游这一布尔霍图伊文化的传播区，当然也是北方通古斯人的主要分布区。从对北方通古斯人的民族学考察看，这是一个拥有类似文化的人群的分布范围。但是到了唐代，随着草原上突厥、回鹘的先后衰落，室韦人的分布范围显著扩大了。前文已述及，这一时期室韦的范围从呼伦湖西南，向东到黑龙江上游，北到伊勒呼里山以北，南到嫩江下游。由此人群大范围的扩散也带来了室韦文化面貌的多元化。

一方面，很可能是一些原本不属于室韦人范畴的部族被划归室韦族类名称之下，例如原属于靺鞨的乌素固部、黄头部，与属于北夫余的达末娄毗邻的达姤室韦，此外还有黑车子室韦等。

另一方面，则是室韦主体人群与周边文化人群接触、融合带来的文化面貌的改变。例如黑龙江中游出现的室韦文化与靺鞨文化混合的米哈伊洛夫卡文化；再如呼伦贝尔草原上的西乌珠尔墓地遗存，代表了受契丹文化影响的室韦文化面貌，与之类似的遗存还有嫩江下游的大庆沙家窑墓葬。

至于西进蒙古草原的室韦人，目前还没有在呼伦贝尔草原西部到克鲁伦河流域发现明确的室韦遗存，因此这一地区室韦文化的面貌还不清楚，但是从北方通古斯人民族志资料推断，进入草原的室韦人也必然会逐步接受草原文化，特别是随着回鹘的衰落，部众离散，有利于室韦人与之结合发展。伴随民族志复合的改变，新的族群便以草原主人的姿态重新出现在历史舞台上。从这个角度，我们就不难理解室韦—达怛—蒙古的发展线索了。

结语

有关室韦的史料记载严重不足且缺乏连续性，因此相关研究也存在较多晦暗难明之处。本文从历史学、考古学与民族学三个视角综合考察室韦的起源问题，各视角既可观照不同侧面，同时又能相互参证，从而增强结论的系统性与可信性。

从历史学的角度，本文判断北魏太平真君四年入贡中原、位于今齐齐哈尔以北嫩江中上游地区的乌洛侯即室韦人走上历史舞台的先声；北朝后期，包括乌洛侯在内的嫩江中上游室韦人群发展壮大，北齐武定二年，这一部族首次以“室韦”之名入贡中原；隋代，室韦五部见载于史；唐代室韦向呼伦贝尔草原及嫩江下游扩散，从而达到族群发展的一个顶峰。以上就是从历史文献中能看到的室韦起源的基本线索。

有关室韦考古文化的发现与研究目前还远不够系统、深入，但是已基本可以判定室韦文化是嫩江流域、呼伦贝尔草原土著文化与外贝加尔东部布尔霍图伊文化融合发展的产物，这说明室韦主体人群在人群种属、文化特征上具有较为鲜明的共性。

室韦人生活的区域与北方通古斯人大体吻合，基于对共同生态、人文环境适应的结果，两者在民族志复合上应该存在很多共性。结合有关北方通古斯人的民族学研究成果，本文判断室韦人拥有共同的族称“室韦”，同时又有各部落集团特有的社会团体名称。此外，参照北方通古斯人的发展历程还可以判断，有着类似人群种属与文化起源的室韦人，适应不同地域环境，受不同外部文化的影响，逐渐形成不同的民族志复合，从而为各自走上不同的发展道路奠定了基础。

（原载《黑龙江民族丛刊》2017 年第 2 期）

民国时期的土司政策

——以云南为中心的讨论

潘先林　白义俊*

辛亥革命推翻了中国几千年的封建统治，开始了从王朝国家向近代国家的转型与过渡。但时逢多事之秋，新兴的民国政府始终未能对封建王朝有机组成部分的土司制度制定出明确的政策法规，宣告其存废。土司制度的合法性未能得到新法规的支持，不再是国家层面上的合法制度，也不再是地方行政管理中的行政单元。沿边地区各自为政，各行其是，土司制度作为一种残留形态，成为中国几千年封建统治的习惯性延伸。①

近年来，随着中国民族史、西南边疆史研究的深入，论者多涉及民国时期的土司制度，言必称"改土归流""土流并治"，② 或曰"激进""缓进"。检讨这类研究，主要存在两方面不足：一是动辄引用20世纪三四十年代的资料代表全部，二是因袭陈说，人云亦云，对相关概念的使用不假思索，亦不分析其是否切合实际。本文拟详细梳理资料，力求完备，突破限制，以云南为中心，就民国时期的土司政策进行辨析考论。

一　"土司是否行政官吏"：临时参议院对云南土司问题的争论

中华民国建立后，最早涉及土司政策的，是临时大总统孙中山对云南干崖宣抚使刀安仁呈文的批示。1912年2月，刀安仁到南京晋见孙中山，呈文"拟整顿腾（越）、永（昌）、龙（陵）、顺（宁）各属土司行政"。孙中山批示："据该土司所陈各节，间有可行，仰候令行内务部酌核办理可以。"③ 同时令内务部，"此后对于各处土司行政如何改革，如何设施，皆中央政府所应有之事。合就将原呈发交该部，仰即查照酌核，转饬施行"。④

---

* 潘先林，历史学博士、云南大学教授、博士生导师；白义俊，云南大学中国边疆学专业2014级博士研究生，云南省图书馆助理馆员。本文系云南省哲学社会科学研究基地"滇学研究基地"重点项目"滇学研究体系构建研究"（项目批准号：JD2014ZD04）的阶段性研究成果。

① 参见杨庭硕《土司制度终结于辛亥辨》，《中国社会科学报》2011年10月13日。

② 据杨庭硕先生的研究，"土流并治"是土司制度推行中的常态，并非民国时期所专有。参见杨庭硕、李银艳《"土流并治"：土司制度推行中的常态》，《贵州民族研究》2012年第3期。

③ 孙中山：《批刀安仁呈二件》，载《孙中山全集》第2卷，中华书局1982年版，第180页。

④ 孙中山：《令内务部核办干崖土司行政兴革及品级章服文》，载《孙中山全集》第2卷，第179页。

1912年9月4日，临时大总统袁世凯公布《省议会议员选举法》，对土司无特别规定。云南方面此前已由“临时省议会议决《暂行选举法》，有旅缅滇人及沿边土司分区各选出议员一名之文。”于是都督蔡锷致电北京临时参议院及国务院，“查侨缅滇人，旅居国外；三迤土司，远在边徼，与滇关系密切。如概以普通法绳之，其选举权未免有名无实，特拟定《侨缅滇人暨沿边土司选举代表简章》，电饬沿边各地方官，转饬滇侨及各土司照分配名额选举。俟正式省议会召集时，同时令饬到会，予以代表名称，准其在会陈述意见，不加表决，以示与议员有别”。[①] 参议院接到请求，是否提交审查委员会审查，云南籍参议院参议员顾视高草拟了审查报告，认为“尽可援该省前议会特定变通办法，令代选出六名”。同年10月4日，参议院将“旅缅滇侨及土司拟请于省议会增设议员”议交法制审查。10月8日云南籍参议院参议员张耀曾作法制审查报告，认为“本委员会均不赞成，以为此与通行法律有碍”，“决不能以种族分畛域，全系以地方为界限”，“与五族平等之旨相悖。设独对于云南准设专额，其何以从前对于满族同进会及粤闽等旅外华侨又不同?”建议云南变通办法，将“代表”名称改为“特派员”，由此引发激烈争论。云南籍参议院参议员张华澜支持云南方面的请求，强调：“云南沿边土司甚重，且与英法相连，关系甚为重要，若不设法联络，甚为不妥，所以非定特别额不可。若不定特别额则有三种困难：一、若由各府州县分别选出，则必不能选出；二、土地虽广，人口甚少，亦不易选出；三、程度低者甚多，尤不易选出。”反对者人数甚多，多强调张耀曾法制审查的看法。亦有认为“代表”“特派员”等名称均不妥当，如果土司是行政官之一种，当然可以派特派员到议会陈述意见。如果“土司并非行政官吏，何以可有特派员？若如此办法，将来必生轇轕。”10月9日，政府委员到议会说明情况，也有所顾虑。最后，经过激烈争论，张耀曾所提允派“特派员”到省议会陈述意见的修正案获得多数同意通过，由参议院将议决“咨送政府，请政府转咨云南都督”。[②]

此后国务院电复云南都督，“原电经参议院议决，可由都督设法遴选数人，给予委任状，以行政官厅特派员名义，令其到会陈述意见。”于是从第一至第四届（1912年12月至1924年7月），分7区选举土司特派员每届7人，共28人。1917年8月第二届起，又增选土司候补特派员每届7人，共21人。[③]

1919年，广州护法军政府非常国会参议员何畏，提出撤销云南省议会特设土司代表一案。云南省议会咨复，详细回顾特设土司代表的缘起及过程。强调“此案既属云南特别情形，复有简章制止权限，示与议员有别，不得谓为混合制度。且经参议院议决，更无独标歧异及与合法抵触之可言。至谓土司隶属县治，与一般人民同

---

① 《续云南通志长编》卷29《议会二》上册，云南省志编纂委员会办公室1985年12月，第1067页。

② 参见李强选编《北洋时期国会会议记录汇编》第3、4册。宋培军最早注意到临时参议院议决云南华侨土司案，并进行了法理考察。参见宋培军《从“南洋宣抚使”到“华侨参议员”的法理考察——以北京临时参议院对云南华侨土司案的议决为中心》，载周平、李大龙主编《中国的边疆治理：挑战与创新》，中央编译出版社2014年版，第428—456页。

③ 《续云南通志长编》卷29《议会二》上册，云南省志编纂委员会办公室1985年12月，第1067—1074页。

有选举权，尤为不达土司地方及人民情形。乃议员何畏竟不查明此案原委，贸然提议取消，不惟阻遏土民内向，断绝侨民感情，且与参议院议决原案自相矛盾，本会碍难承认”。[①]

二　云南的“缓进”政策：实质是保留土司制度

据相关资料，云南军都督府成立之初，曾“通电沿边官吏，声明决不改土，饬各土司安心守土”。[②] 1911年12月，李根源率师西上处理滇西问题，针对腾越起义领导人干崖宣抚使刀安仁，与军政府多次讨论到“改土归流”问题。“已复经营西南土司与怒俅之地，建二策于政府。一以兵威迫令改土，与外人先声言：毋犯边境、毋纳叛。还请自腾永诸土司，兵不过千人，时不过两月，可一举而定其地。地定即设治：以南甸宣抚司地为一县；干崖宣抚司地为一县，蛮允附焉；陇川宣抚司地为一县；猛卯安抚司地为一县；遮放宣抚司地为一县；芒市安抚司地为一县，猛板土千总附焉；六库、老窝、登埂、鲁掌、卯照五土司地为一县。是为一劳永逸之计。一以恩惠煦人士，仍用旧职羁縻土司。于各土司地先设行政委员，徐收其裁判权，而以次清户籍、垦荒地、兴教育、抚土民。土民苦苛政久，必且归心。有所举措，如水就下。然后举内政而敷布之，不必改土司之名，而已举郡县之制。军府卒从其后策。”[③] 1912年3月18日，蔡锷电复赵藩、李根源时，提出“惟改土事切须审慎。闻土司前得改土消息，即潜相勾结，意图反抗。虽力无能为，然或铤而走险，求庇外国，则为渊驱鱼，反致酿成交涉。现国基未固，国力未充，只能先养吾锋，万难轻于一试。惟有先从教育、裁判两端入手，阳示以抚辑，而隐夺其实权，使土民先知归怀，异日设流，自如反掌，办法较为稳健”。[④] 同年4月10日，蔡锷又以刀安仁事向内务部和各大报馆发布通电，声称“云南沿边土司大小五十余处，割据自雄，凌虐土民，暗无天日，土民铤而走险，辄酿外交。现全国同享共和，而土族犹沉黑暗。为大局计，为国防计，不能不筹议改流。惟幅员辽阔，兼顾不易。不兼顾则此牵彼动，其难一。边地多系瘴乡，人咸裹足，诸不应手，其难二。极边各处，异言异服，骤言治理，适形扞格，其难三。故取渐进主义，以振兴教育、收揽法权、代清财政为主，济之以平治道路、奖励开垦、试办警察、提倡实业。行之数年，潜移默化，不改之改，收效较易。迭经电商李师长，现即抱定此旨，办理渐有头绪，□亦甚相安。前因内务部电询对于土司采用何策，当将此意详陈，此现在对土司之大概情形也”。[⑤]

1912年5月4日，以昭通、东川两府禀报巴补凉山土司禄金福情况及所拟招抚办

---

① 《政务会议转云南省长咨请维持原案毋庸撤销省议会特设土司代表文》，《参议院第二会期临时会公报》第1号，1919年，第30页。

② 杨毅廷：《与李镇军会饬各土司安心守土文》，载杨毅廷《滇西五月报政录》，1912年，第99页。

③ 张肇兴撰：《迤西篇》，载谢本书等编《云南辛亥革命资料》，云南人民出版社1981年版，第490页。

④ 《复赵藩李根源电》，周钟岳辑《天南电光集》，载谢本书等编《云南辛亥革命资料》，云南人民出版社1981年版，第149页。

⑤ 《为土司事通电》，周钟岳辑《天南电光集》，载谢本书等编《云南辛亥革命资料》，云南人民出版社1981年版，第164—165页。

法，云南军都督府政务会议讨论了“经营凉山事”，强调“妥为抚循，于司法事尤应特为注意”。[①]

8月31日，云南军都督府令腾越道尹杨毅廷等，“现在共和成立，蒙古世爵均照旧承袭，并无裁改。土司事同一律，断无忽议更改之理，仰即饬令仍各安心守土。如有捏造谣言，希图生事，各该土司等慎勿妄听，自启纷扰，转干究办”。[②]

这一时期，似有两部著作对云南军都督府的土司政策产生过重要影响。一是王麃贻的《经营滇省西南边地议》。1912年7月，云南都督府民政司兼司法司在批示柯树勋《治边十二条》时，“附发《经营西南边地议》一册”，供柯氏治理西双版纳之参考。[③]该书批评清末的改土归流政策，阐明滇边土司“不惟不能改，而亦不必改”的理由，提出招致屯垦、试办民政、振兴教育、整理交通、兴办实业、收回法权、清釐财政的主张。强调“取稳健之主义，达完全之目的，其今日筹边之要义乎”。[④]对于《治边十二条》中“改流”的主张，民政司兼司法司批示称：“改流一条，意在请缓。……须知政府宗旨，在添设流官代为整理一切政治，非有利其土地之心。果能不生事端，即可永弗裁改。”[⑤]二是都督府参议唐璆的《云南土司问题》，在深入调查研究的基础上，认为“土司不改流，则云南行政不能统一；行政不统一，则边防不能巩固。就法理而谈，此固不易之论也。然按之时势，征之事实，改土归流之举，有不能贸然从事者”。“就今日之时势事实衡之，与其先改土而后设流，莫如先设流而后改土。”“其最重者有两大端：一曰实行民政，二曰整顿军政。”“我之对于土司果能实行政治，收回法权，清理其财产，釐正其疆域，学校日兴，文明日启，潜移默化，渐底大同。”[⑥]因唐璆与蔡锷的同乡关系，有论者认为“深得蔡锷好评，依策而行，收效甚大”。[⑦]

在广大土司分布之地，一仍其旧，各级政府机构和地方官员沿袭旧制，正常处理着有关土司的各项事务。1912年7月3日，云南军都督府发布委令状，“思茅厅倚邦土把总曹清民着仍旧承袭。此状。思茅厅倚邦土把总曹清民。蔡锷”。并盖有云南军都督府的大印。[⑧]

在滇西，1912年8月31日，腾越道尹杨毅廷奉军都督府令，饬各土司安心守土。“夫设官分治，无非为民。如果其能与民相安，在内地固属民国版图，在土司亦何莫非汉家疆索，本道、镇又何必故为歧视。即使近世文明进化，或该土司、土民等自嫌狉獉

---

① 《政务会议记录》，载谢本书等编《云南辛亥革命资料》，云南人民出版社1981年版，第43页。

② 杨毅廷：《与李镇军会饬各土司安心守土文》，载杨毅廷《滇西五月报政录》，1912年，第99页。

③ 柯树勋：《普思沿边志略》，云南开智公司1916年版，第41页。

④ 王麃贻：《经营滇省西南边地议》，稿本，1912年，国家图书馆藏。云南省图书馆藏本题名《经营西南边地议》。

⑤ 柯树勋：《普思沿边志略》，云南开智公司1916年版，第40页。

⑥ 唐璆：《云南土司问题》，载唐璆著，唐晋源、唐晋湘编《唐璆文集》，当代中国出版社2010年版，第212、220页。

⑦ 谢本书：《对云南有贡献的湖南人唐璆》，《云南政协报》2003年9月13日。

⑧ 岩罕整理：《倚邦土司曹氏的委令状及其他文书》，载政协西双版纳傣族自治州委员会《版纳文史资料选辑》第5辑，1989年11月，第52页。

之俗，难以言治，呈请归流。亦必经本道、镇会同查明，确系出于情愿，始予照准。且亦必代请之军府，予该土司以相当权利。或拨给土田，俾得食租衣税；或量移内郡，依然绾绶分符，准理酌情，斯为允协，此亦就自行请改者言。如查非其情愿，现下蒙古世爵均仍照旧承袭，岂能于土司独异？无端议改，断无是理。军府前电已为深切著明，现复因共和成立，命令重申，各该土司应即恪遵先、今电令，安心守土，以保世业。如或妄有所听，自启纷扰，则是咎由自取，届时军府令饬究办，本道、镇虽欲曲为宽贷，予以保全，亦将无能为力矣。除分行转令外，为此令仰该土司即便遵照，切切勿违。"①又有芒市安抚司放克明于宣统三年（1911）领清王朝兵部号纸袭职，时逢辛亥革命，传闻刀安仁从南京来信，"谓改土事将实行"，引发恐慌和纷争。杨毅廷等宣示云南军都督府"不改土德意"，同时向都督府报告，认为"该土司放克明接任司事已一年之久，自应准其承袭，以销疑虑而杜招摇"。对于土司袭职时的"规费"，"用办司地公益"，建议都督府通饬全省各府厅州县及各土司一律遵照办理。②

又据《云南少数民族官印集》，收有云南都督唐继尧颁发的"云南思茅厅车里宣慰司之印"，又有相同的"云南思茅厅橄榄坝土把总之印""云南思茅厅倚邦土把总之印"，均为木质坛形方印。还有民国二年至三年（1913—1914）所颁之"临安县溪处土司之印"木印、1923 年 8 月 16 日启用的"建水县溪处土司之印"金包木方印、1913 年 9 月建水改县时的"临安县纳楼乐善永善二里及江外三猛地方土司印"银包木方印、民国时期的"石屏县思陀土司之印"金包木方印、"代办世袭猛海土把总之印"等，③可以推测，民国初年云南省政府似曾清理整顿过全省土司，大多重新颁布新印，将云南的土司制度完整地保留下来。

三　"失臣节则诛之"：护国运动与改土归流

清末的改土归流政策及其推行，在沿边土司中引起了极大的疑虑与恐慌。新成立的民国政府又未能制定出明确的政策法规，宣告土司制度的存废。这一方面加剧了沿边土司的疑惧，引起了诸多纷扰。另一方面又给广大土司以"较大的困惑与想象空间"，未改流者希望保留土司制度，已改流者则"群起抗争，文武兼用，力图复辟土司制度"。④

1915 年 1 月，云南开武将军行署参谋长庾恩旸任普防巡阅使，代唐继尧巡视普思沿边防务。西双版纳傣族土司中已被改流的易武、橄榄坝等土职呈文庾恩旸，要求恢复承袭土职。⑤ 在这些要求恢复土司制度的群体中，以滇北金沙江北岸的会理禄氏五土司

---

① 杨毅廷：《与李镇军会饬各土司安心守土文》，载杨毅廷《滇西五月报政录》，1912 年，第 99—100 页。

② 杨毅廷：《呈都督府提土司袭职规费充办司地公益文》，载杨毅廷《滇西五月报政录》，1912 年，第 103—104 页。

③ 云南省少数民族古籍整理出版规划办公室编：《云南少数民族官印集》，云南民族出版社 1989 年版，第 36、50—51、26—29、52—53 页。

④ 参见潘先林、杨朝芳《民国时期滇北金沙江两岸土司的衰落历程——以丁文江、曾昭抡等的考察为中心》，载林文勋、邢广成主编《国际化视野下的中国西南边疆：历史与现状》，人民出版社 2013 年版，第 135 页。

⑤ 庾恩旸：《云南普防巡阅管见录》，昆明巡阅使行营，1915 年。

披砂土千户、会理村土百户、者堡土百户、苦竹坝土百户、通安州土百户最具代表性。1914年6月，著名地质学家丁文江进入会理地区考察，见到披砂女土司禄方氏。禄方氏请托丁文江将自己的呈文带回北京，“代呈大总统，请求不要改土归流”。①

由于受客观形势的限制，这类呈文和请求大多没有结果，广大土司失望之余，却突然在袁世凯帝制自为中看到了希望。有资料记载，在袁世凯复辟帝制活动中，滇西土司领袖南甸宣抚使龚绶曾拍专电催进，愿袁早登皇帝宝座②。而出身滇南稿吾土舍、纳埂土舍代办的哈尼族土司、广东督军振武将军龙济光及其兄龙觐光专电劝进，并抢先在14省将军密呈袁世凯“请速正大统”的呈文上署名。云南护国首义爆发后，袁世凯任命龙觐光为督理云南军务兼署云南巡按使，率军假道广西进攻滇南，迎战李烈钧所率护国第二路军。龙济光之子龙体乾“潜回滇南，联络蒙自道尹何国均作内应，策动纳埂、稿吾、纳楼等土舍叛乱，扰乱护国军后方。民国5年1月，龙觐光率部攻占百色剥隘，一部入云南，在丘北、弥勒等地被击溃。2月7日，龙体乾在滇南发动三路土舍暴动，攻陷个旧，被护国军第二师师长刘祖武率部平息。龙觐光、龙体乾败逃广西”。③

1916年初，金沙江北岸的禄方氏费尽心力，得到了袁世凯亲信四川督军成武将军陈宧的支持。4月，陈宧以禄方氏“办理夷务，深资得力”，委任为夷务“宣抚官”，仍辖披砂、会理村、苦竹、者堡、通安五土司夷众，恢复原业，镇靖边陲。禄方氏立即以夷务“宣抚官”的名义，发布告示，于五土司所辖境内30处场镇，派差强行收租，恢复土司制度。5月25日，四川省巡按使委禄方氏女婿禄安佑任者堡兼会理村土司，管理该地彝务。可以说，这时的禄方氏实现了她多年来梦寐以求的理想和政治抱负，她将在袁世凯洪宪帝国中大展拳脚，施展自己的政治才华。但袁世凯仅做了83天的皇帝梦，洪宪帝制在唐继尧、蔡锷等领导的云南护国军民的打击下轰然倒塌，禄方氏的土司美梦也随之幻灭。1917年1月20日，四川督军署发布指令，前成武将军任内委任禄方氏为“宣抚官”，系属权宜之计，现大局已定，自应取消。禄方氏借宣抚名义侵回官产，实属胆大妄为，目无法纪，应即先将宣抚官原委注销，不准沿用。

云南都督府在保留土司制度的同时，对敢于起兵叛乱，威胁其统治的土司，坚决进行军事打击，武力改土归流。民政司兼司法司批示柯树勋《治边十二条》时，宣称“查各版纳中如勐遮、顶真、勐阿三处，抗命兴师，自应以地充公，不稍宽假，以为作乱者戒”。④ 军都督府参议唐璆提出：“而土司中仍有或负固不服，逞其淫凶暴虐者，则宜择其尤者一二人，以兵力迫其易位，羁縻于省垣，或明正典刑，以昭其梗化抗命之罪。”⑤ 1918年3月，滇军华封歌部渡过金沙江进占会理，者堡兼会理村土司禄世昌

---

① 丁文江：《漫游散记》（十六），《四川会理的土著人种：苦竹的土司太太禄方氏》，《独立评论》第42号，1933年3月19日。

② 云南省梁河县志编纂委员会编纂：《梁河县志》卷26《人物·龚绶》，云南人民出版社1993年版，第835页。

③ 云南省红河哈尼族彝族自治州志编纂委员会编纂：《红河州志》卷7《人物·龙济光》，生活·读书·新知三联书店1995年版，第96—97页。

④ 柯树勋：《普思沿边志略》，云南开智公司1916年版，第40页。

⑤ 唐璆：《云南土司问题》，载唐璆著，唐晋源、唐晋湘编《唐璆文集》，当代中国出版社2010年版，第220页。

（安老八）、苦竹土妇禄方氏、苦竹兼通安州土司自复祺等联合起来，进据长冲，威逼会理，声言三路攻城，驱逐滇军，在者堡、苦竹、长冲等地与地方团队、滇军激战。会理县知事沈寿烈调集各路团丁，配合滇军作战，禄方氏等不支，败退潜逃，者堡衙署被焚毁。1919 年 1 月，禄世昌、自复祺等被俘，但在关押中逃脱，再次调集武装踞守苦竹衙署。禄方氏被逼缴纳滇军勒派军饷 3000 元，因无力完成，再次聚众反抗。华封歌部进剿，烧毁苦竹衙署，掳杀禄世昌和自复祺。禄方氏被捕，在押病死。① 至此，禄方氏等恢复会理五土司统治的努力几乎完全失败。

在滇南，参与叛乱的彝族纳楼茶甸副长官司四支土舍（清末分为四土舍。第一支，长支，普国泰；第二支，普安邦；第三支，普应元，即普钧堂；第四支，普钦邦）均被牵连其中。其中资望最高的普钧堂带着一家老小打扮成哈尼族东躲西藏，四处托人沟通缓颊。云南都督府因龙济光的因素，对龙氏哈尼族土司留有余地，而对普氏彝族土司，则“借此机会进行‘改土归流’。普钧堂是‘祸首’，革除土司职务，抄没家产，允许在城内医病（不久病故）；普国泰家因未积极参加内应事件，保住土司；其余普钦邦、普安邦两家也陆续改土归流，连同普钧堂家各自原辖的区域六个里都逐渐改为六个乡、镇”。②

四　少数民族土司头人晋省观光团：实质是承认土司制度

1924 年 6 月，为了使西双版纳傣族土司头人“开拓眼界，增进见识，使知中国之伟大而泯其夜郎之念，以奠沿边于磐石之安”，“俾亲身礼认内地之大，民物众庶，以开其眼界，打张其心胸，祛其痼弊自大之念，泯其自外携贰心。而惟五族一家，和衷共济，努力边疆建设，使沿边渐进文明，固若磐石。以杜强邻觊觎之野心，消弭未来之边患”。③ 经唐继尧批准，普思沿边行政总局局长柯树勋经过长期努力，克服重重阻碍，带领宣慰使刀栋梁、各勐土司、叭目、团首及随行共 120 余人，前往昆明谒见唐继尧。经过 40 多天的长途跋涉，7 月 21 日，柯树勋一行抵达昆明。

8 月 19 日，刀栋梁与土司代表李谭、翻译李梦弼等到省公署敬献礼品，包括犀角、象牙、包金镂花缅刀各 1 对、包银镂花缅刀 8 对、虎皮 4 张、鹿茸 4 架、银质槟榔盒大小 16 个及其他土特产品。唐继尧指令总务处按礼单全部收下，并将犀角、象牙等贵重礼品送到博物馆陈列，以垂永久。

8 月 20 日，柯树勋率刀栋梁及各勐土司、叭目、团首共 41 人前往省公署谒见唐继尧。唐继尧率省署内务、财政、军政、外交、交通、教育、实业、司法 8 司司长，在光复楼礼堂召见柯树勋一行。唐继尧居中站立，迎宾乐队奏乐，柯树勋致辞，全体人员向

---

① 参见张国树《会东县志·大事记（1912 年—1949 年）》，《会东史志资料》第 2 期；四川省会理县志编纂委员会编纂《会理县志》之《大事记》、第十篇《民族》，四川辞书出版社 1994 年版；四川省会东县志编纂委员会编纂《会东县志》之《大事记》、第九篇《民族》，四川人民出版社 1996 年版。

② 普梅夫：《在护国之役中崩溃的彝族纳楼土司》，《建水文史资料选辑》第 2 辑，建水县政协文史资料委员会 1991 年 6 月，第 21 页。

③ 侯祖荣：《柯树勋传》，《景洪市文史资料选辑》1995 年第 2 辑，第 59 页。

唐继尧行三鞠躬礼，唐继尧还礼如仪。礼毕，乐队奏乐，唐继尧分别向各土司、叭目、团首赠以一、二、三等靖国奖章1枚和唐继尧照片1帧，给未能赴昆晋见的老宣慰使刀承恩以及其他土司头人也赠送了礼物。

仪式结束后，唐继尧发表讲话，强调“沿边界于英、法、暹罗三强国之间，实为全滇重要门户。企盼各土司、叭目、团首等秉爱国热忱，佐助柯树勋办理沿边一切重要政务，使沿边固若磐石，不致为强邻虎视鲸吞。则不惟本省长及全滇所利赖，即全国亦有厚望焉”。①

从8月21日起，柯树勋等人先后参观了云南陆军讲武学校各部门、各兵种及教练空炮战斗演仪、北教场近卫大队实弹射击、东陆大学、省立第一中学、联合师范学校、成德中学、女子师范学校、女子中学、高等师范学校、飞机场和各种飞行投弹表演以及造币厂、红十字会等。所到之处，受到了各机关团体的热烈欢迎。11月1日起，唐继尧暨省署各机关相继设宴为柯树勋一行饯行。11月9日，柯树勋等离开昆明，于12月28日返回车里，“观光”活动圆满结束。

这次“观光”是民国时期土司政策的一件大事，产生了深远的影响。首先，通过三个多月的参观，开阔了土司头人的眼界。其次，唐继尧的训话、封赏、接待，增进了土司头人对民国政府的直观了解和接纳认同，从而巩固并促进了他们的国家认同意识并向现代转型。柯树勋一行回到西双版纳，“刀栋梁和各土司头人身穿唐继尧颁发的军服，精神抖擞地走来”，受到人们的热烈欢迎。各土司叭目“方深深体会到中国幅员之大，民物之丰富，军队之强大，不复有‘两广可有车里之大’的问题了，更不敢有驱逐汉人之邪念，而惟共同发展为最高之目标矣”。② 再次，云南当局同意西双版纳土司头人组团到昆明观光，颇有封建王朝时期土司进京朝见的味道，同时加进了五族平等一家等现代因素。实际上，同意他们晋省请训并隆重接待，也就等于向中外及全省土司宣示，承认封建王朝有机组成部分的土司制度，这是民国时期土司政策的一大变化。最后，云南当局也因此加深了对南部边疆社会状况和民族状况的认识和重视。

西双版纳傣族土司赴省晋谒，得到云南最高当局的认可，这在沿边土司中产生了重大而深远的影响。此后，云南各地土司引为援例，多有赴省请训观光者。1931年，西双版纳各勐土司再次组成代表团，由勐海土司刀亚龙的姐夫王球时与刀栋材率领，到昆明晋见省主席龙云。成员有勐罕土司刀栋廷、勐海土司之弟刀宗义、景真刀攻显、景董召映平、倚邦曹仲书、勐仑刀新民、勐往刀成章、景洪召窝塔纳络、勐混召贺怀、勐海帕雅些纳及随员刀福汉等。他们准备了马鹿干角、象牙、鹿茸、犀牛角、虎骨、虎皮、倚邦茶、勐海茶、景洪曼回索的谷子酒等贵重方物，贡献给龙云。龙云先后两次召见，按不同级别对各土司包括没能前来的宣慰使和各勐土司进行了加封，并向各土司赠送了枪支及军号、军鼓、指挥刀、皮带器械等礼物。各土司代表在昆明期间，游览西山，观赏市容。他们回到西双版纳后，将省政府加封各勐土司的委任状一一送达，枪支和礼物

---

① 《民国以来大事记（佛海部分）》，云南省勐海县地方志编纂委员会：《勐海县志》附录，云南人民出版社1997年版，第960—961页。

② 侯祖荣：《柯树勋传》，《景洪市文史资料选辑》1995年第2辑，第62页。

也同时分配。①

1937年4月全面抗战爆发前夕，“省府来了一个公函，通知滇西十个土司到省里开会。当时经过各司的探讨、商议，决定由五位土司到省”。5月17、18日，南甸土司龚绶、陇川土司护印多永清、遮放土司多英培、已革盏达土司思鸿升、芒市土司代办方克光等一行十余人，先后抵达昆明，下榻于秦丰旅店。《云南日报》记者前往采访，见“伊等体格魁伟，诚樸忠勇之特征，为都市中所鲜见”。“综合各土司意见，大意不外各土司世袭土职，服务边疆，责任綦重。惟因途程遥远，交通不便，下情不能上达。近年龙主座主持省政，百废俱兴，各项建设，突飞猛进，对于边疆尤为关怀。因此相约晋省晋谒请训，顺便观光，俾他日各返原治，为改善边政之助。至于此次应报告主座者，大要可分为数端：一、各土司多接近外邻，彼方经济文化之侵略，日益加紧。我方虽有边官，但人材贤与不肖，历任难趋一致，且各存五日京兆之思，欲求一贯之良好政绩，实十无一二。以故人民私迁过界之事，日演日烈。以南甸一地而计，数年之内已迁去三分之一。二、边民智识，因交通不便，一般皆呈落伍现象，最近教育当局，虽已注意推进边教，但为数不多。此来经呈明情形，请求设法推进。三、各土司多系明时平乱有功，恩蒙世袭斯职，传至现在，已二十余代。虽无特殊功勋，但数百年来，忠贞于国，矢志无贰。今兹主座威德远播，遐迩咸钦，各土司唯一愿望，但求主座恩施格外，永准世袭。各土职皆生长极边，智识有限，所堪贡献主座及国家者，僅一赤心耳。四、此来晋谒主座及各长官时，应兴应革之事，必有一番训示。各土职僅当一本良心，虽赴汤蹈火，亦在所不辞。”②

此后龙云在省政府召见五土司，“龙主席向五位土司行礼问好，他满面笑容，说话非常客套，口口声声地‘请坐’‘一路辛苦了’，使五位土司都受宠若惊”。各土司“把本司的情况向龙主席汇报，汇报完毕后，龙主席赞扬各位司官，他声音慷慨激昂地说：‘你们镇守边疆，功劳是不小的，我是一百个放心。你们大家司官既然已经来了，就多住几天，好好休息，还有哪些事，慢慢的商量计议。’”他们陆续拜访了省政府的军政要人和其他官员，“省府为司官召开了好几个会议，解决了司官们的某些问题”。会议结束后，各土司向龙云告别时，龙“一再挽留”，并在省政府举行了盛大的告别宴会。此时恰逢卢沟桥事变爆发，龙云急忙召集各土司开了一次座谈会，并说：“以后在我们云南的边疆地界，你们大家司官要好好保卫我们中国的土地，不能让西洋盗匪来侵犯，今后的事千头万绪，都希望你们各位辛苦办好。最后，龙主席再一次嘱咐司官们要保卫好边疆”。③ 之后，龙云给每个土司“奖励给十响手枪一支，每支配弹一百发及弹带、指挥刀各一把，饬由副官处併同他物一併赠送。”④

随后龚绶等三土司返回滇西，多英培、方克光二人乘滇越铁路火车，游历了海防、

---

① 州文史办整理：《西双版纳各勐土司代表晋见龙云》，《版纳文史资料选辑》1988年第3辑，第88—90页。

② 《腾永五土司谈：愿以赤心贡献国家——此来为晋谒主座请训并观光，报告边情五点，请求永准世袭》，《云南日报》1937年5月20日，第6版。

③ 参见方保龙译，施长根整理《遮放土司多英培游历始末》，《潞西市文史资料选辑》第1辑，德宏民族出版社1988年版，第45—63页。

④ 《主座优遇土司，赠送纪念物品》，《云南日报》1937年6月30日，第3版。

河内、香港、上海。适逢“八·一三淞沪”抗战，二人在日本飞机的狂轰滥炸下，经杭州、苏州、南京逃到武汉，又从武汉逃到广州，经香港、新加坡、槟榔屿、仰光、瓦城、腊戍返回滇西。

五 龙云时期的调查与整顿：承认与重新规范土司制度

1928年南京国民政府“内政部成立后，认为土司制度不特不合现时行政组织，亦且违反现代潮流。更以各省土司坐享厚糈，剥削人民。迭据人民呈控土司欺压平民案件，不一而足。值兹政治刷新之际，对于改土归流政策，亟应力求实行”。据此，南京政府于1929年12月“制订土司调查表，咨请广西、云南、贵州、甘肃、宁夏、青海、西康、湖南、四川、新疆各省政府，饬厅切实查明，依式填报。并具改革意见，以供参考。盖欲调查现实情况，以为改革张本也。嗣于十九年、二十年间，又迭咨仍存土司制度各省，切实厉行改土归流，并于二十年八月间，呈准行政院转呈国民政府，嗣后各省政府如有呈报土司补官袭职之事，不再核准”。[①] 这是民国时期中央政府制定的最为明确的改土归流政策，要求废除土司制度。

云南方面对此却不认同，有关部门根据中央政府的命令，调查整理全省土司行政。从1930年开始调查至1935年止，统计全省尚存土司106处。此外尚有改土归流、撤废年久无案可稽者“尚未计入”。而沿边地区则有猛乌、乌德等15土司沦陷于国外。[②] 又有自动请求改流的金平县属茨桶坝土司、者米土司、猛喇土司，建水县属慢车土司。又有不能约束夷众被革职的宁江设治局属猛阿土司、莲山设治局属盏达副宣抚司、梁河设治局属南甸宣抚司等。中央政府因土司地区公民代表、民众代表多次控告土司横征暴敛、恣意枉为，“迭次令饬将土司制度逐渐废除，以谋地方自治之发展”。云南将调查统计的106处土司列表呈报，声称“土司制度本应早日裁废。惟因各土司辖境多在沿边地方，与安南、缅甸交界，风气痼弊，夷民对于土司拥戴甚深。遽予裁撤，恐酿边衅。操切之嫌，将不可免。更恐因此引起外人觊觎之心，或且影响国家领土。故应从详考虑，暂缓置议，以免滋生事端。”[③]

在省内行政方面，经过调查整顿，明确宣称“土司制度之存在，与国家行政之施行，实际上并无何种障碍。且边地人民服从土司，已成惯习。而近年以来，各土司因教育文化之熏陶，智识增进，对于国家思想、政治意识均能了解。咸知服从中枢，拥护政府。偶遇外力之侵凌，尚能率领民众设法抵御。倾心内向，克尽守土之责。在此国防设备薄弱时期，土司即为一般边民所信服，尚须赖其号召，团结共御外侮，似难遽为废除，转贻鞭长莫及之忧”。明确承认土司制度后，云南地方政府重新规范了土司名称、等级及承袭制度。“各土司职务，亦有官秩。地位较高者为宣抚司、安抚司、长官司等，辖境较宽；此外文职有土知府、土同知、土知州、土通判、土舍等官。武职有土守

---

① 内政部年鉴编纂委员会编纂：《内政年鉴》（一）《民政篇》，商务印书馆1935年版，B第251页。

② 云南省民政厅编制：《云南民政概况》，1936年，第34页。

③ 内政部年鉴编纂委员会编纂：《内政年鉴》（一）《民政篇》，商务印书馆1935年版，B第255页。

备、土千总、土把总、土外委、土目等官。惟并无升级、降级之规定，服务无重大过失者，照例世代以嫡子承袭罔替。如违法肇乱，情节匪轻，则除依法办理外，将其土司革职示惩。凡每次承袭，照案应由承袭人备具宗图、亲供、切结，及邻封土司保结。呈由该管地方官加具印结，呈请民政厅核转本府，鉴核给委。如承袭土司年龄尚幼，不能服务时，得呈明情形，指定直系亲属或族人中能力优裕者，请准委为代办。俟土司成年后，奉还职务。又土司故后，若无亲子继承，则由宗支内之较亲者，请予承袭。但须得阖族及邻封各土司之同意声请。又各土司每年之赡养费、典礼费、地租等项，皆由所属土民担任。惟各土司之办法不同，款项多少各异，大抵均照远年习惯收缴。政府官吏又随时严加监督，不准于必要生活以外，强迫苛收，故土司与人民尚能相安无事。”

对于中央政府令饬废除土司制度以谋地方自治之发展，云南方面提出：“改土归流，首应提倡文化，普遍施以教育，并须移植多数人民充实边地，由多方面开发生产，使其经济繁荣，则财富人口始有改治之资。然欲达到此种目的，势须先行修筑若干段公路，便利交通，斯能逐步着手进行。事体即大，需费尤多，绝非短期内所能办到。特采渐进办法，一面分划土司地区，加设行政官吏。一面于二十三年由民政厅长丁兆冠釐订各土司地方行政建设三年实施方案公布，责成地方官按年督饬土司举办识字运动，宣传教育浅义，筹设简易识字学塾及国民补习学校。修治道路，种植森林，调查学童数目，筹设初小学校，按年具报查核。一面迭次严令声警，不准各土司干涉行政、司法，以维建制。”①

应该说，民国成立24年来，云南地方政府根据此前的统治经验及本省实际情况，置南京国民政府的命令于不顾，充分汲取封建王朝土司制度的政策法规，灵活变通，明确保留土司制度，重新规范了土司名称、数目、等级及承袭制度，土司制度在云南的政治体制中终于找到了合法的存在。如南京政府规定“各省政府如有呈报土司补官袭职之事，不再核准”。云南却将土司的承袭核准权收归省政府，根本没有打算向中央政府呈报。

1936年，云南省政府议决《土司子弟留学之保送及待遇方案》，规定凡有土司的地方，由地方官、参议会、省立学校校长会同选送土司亲支子弟两名，到省城南菁学校肄业。其教育、生活等费，特准以公费待遇。“以后土司之承继以二十八年（1939）起，限于学校毕业得有证书者，始得承充，否则不准承继。”同年，省教育厅在昆明各中等学校设置公费学额40名，招收土司子弟。“各土司亦仰体本府德意，纷纷遣送子弟到省留学，目前尚有额满见遗以待递补者。”② 这可以说是云南对民国时期土司承袭制度的创新与发展，适应了新形势和社会潮流的需要。

六　抗战时期国民政府“宣慰”土司：实质是承认土司，但不承认土司制度

如前所述，南京国民政府废除土司制度、厉行改土归流的政策明确而坚决。但此后

---

① 以上参见喻宗泽等编纂《云南行政纪实》第2篇《边务·土司制度》，第20册，云南省财政厅印刷局1943年铅印本，第1—2页。

② 以上参见喻宗泽等编纂《云南行政纪实》第1篇《教育·边疆教育》，第9册，云南省财政厅印刷局1943年铅印本，第20页。

形势发生变化，1936 年 6 月，世袭云南北胜土知州高长钦之女高玉柱，丽江人喻杰才，分别以西南夷苗土司代表和民众代表身份赴南京请愿，次年 7 月多次赴上海活动，在南京政府各部院、国民党中央、军队系统及京沪一带引起轰动。举国皆知，万众瞩目，将西南边疆事实上广泛存在的各族土司及众多的少数民族呈现在国人面前。高玉柱等在第二次请愿中，明确提出“重新加委边地土司，改善土司制度”等意见①。在抗日战争全面爆发的大背景下，倒逼国民政府中央不得不重视并谨慎处理位居大后方的各族土司和少数民族问题。1941 年 6 月，国民政府军事委员会委员长昆明行营组织边疆宣慰团，前往中越边境“宣扬政府德意，慰问土司边民”，任命高玉柱为团长，喻杰才为副团长。他们带着大批奖状，甲、乙、丙三等奖章，大小幅之匾额，代表行营颁与各土司。同时带有以委员长蒋介石、行营主任龙云名义发布的昆明行营《告边疆土司书》，忠告“边疆各土司同胞”三端，一国家至上，二实现主义，三开发资源。认为土司是边胞领袖，“自要有真正作人之君、作人之师的精神与态度，率先倡导，诚恳力行，作一般边胞的榜样”。强调抵御外侮“是各土司的责任，也是边胞的任务。能如此则各土司功在国家，永为国人所尊重”。号召“各土司竭诚领导全体同胞，为国家生存与本身利益多多努力，保卫边疆，完成使命”。②

1942 年 5 月滇西抗战爆发，日寇占领怒江以西的云南土司边地。同月，云贵监察使李根源抱病西上保山，发布《告滇西父老书》，号召滇西各族人民“保乡即是保省”“保省即是卫国”。为争取沿边各族土司头人在人力、物力方面的支持，李根源附上信函，派人将《告滇西父老书》“遍寄诸土司”。8 月 1 日，蒋介石以昆明行营名义通电滇西各土司，令其捍卫疆土，由第十一集团军转发。“各司官世受国恩，深明大义，当能一心一德，与国家共休戚，与疆土共存亡。协助国军，努力抗战。本委员长翘首南天，良深廑念。”同时宣称：“兹派外交部专员尹明德为代表，前往滇边各地，剀切宣慰，加意抚绥。深盼各司官共体斯意，益加奋发，统率边民，偕行杀敌。保世守之封疆，驱压境之强寇。共集大勋，副余厚望。”③

8 月 11 日，尹明德等人携带蒋介石的抚慰电文，李根源、宋希濂的慰抚信函及李、宋联衔书赠的“为国干城”匾额，以及游击司令、自卫团长等委任状，前往宣慰滇西各土司。他先后慰问了潞江、南甸、干崖、盏达、户撒、腊撒、鲁掌、登梗、六库等土司，在遮岛会晤了陇川、芒市两土司派出的代表。各土司纷纷函电输诚，拥护抗战，表示将“努力杀敌，保卫疆土”“追随国军抗战，即任何牺牲，亦所不惜”“誓死抗战，与疆土共存亡”“鞠躬尽瘁，死而后已”。④

8 月 24 日，李根源专书向蒋介石报告抚慰滇西土司情形，详细介绍了腾越、龙陵、保山、云龙、镇康、顺宁等所属 20 家土司及其他土司、土目服从抗战、输诚效命的表现。同时较为委婉、缓和地提出了新形势下的土司政策。他说：各土司“既来输诚效

---

① 编者：《西南夷族代表第二次请愿意见文（附行政院批）》，《新夷族》1937 年第 2 期。

② 《昆明行营发表告边疆土司书》，《边疆通讯》第 1 期，第 30—31 页。

③ 《第十一集团军总司令部致滇西各土司代电》，载德宏州志编委会办公室编《德宏史志资料》第 2 集，团结报社印刷厂 1985 年版，第 110 页。

④ 《各土司输诚函电》，载德宏州志编委会办公室编《德宏史志资料》第 2 集，团结报社印刷厂 1985 年版，第 112—114 页。

命，为争取抗战力量计，应予组织编制”。因此宋希濂“分别给予自卫支队长、大队长等名义，发给委令、印记”。但各土司之能同仇敌忾，是“数百年怀柔抚绥之德，效忠明耻之教，事效已见”，如果不是“事先感之以义，给之以恩，则后来之事，有不可知者”。他提醒蒋介石，“敌人侦谍四处，百端煽惑。若不及时体其来意，示以殊恩，发其忠义，诚恐被敌人利诱、威胁，则心智稍移，凝结无术。然则宣慰、宣抚之道，非可缓也”。他举流亡滇西的缅甸太子莽达喇疆括被日寇劫持至芒市为例，强调“惩前毖后，越知各土司之劳来辅羽，诚非普通设施所可奏效矣”。最后，李根源总结说：云南所属土司历数百年，“为势根深盘固，当此时局，焉可置而不用？倘能施以招徕，待以平等，遇以惠爱，一革昔日苛索贪虐之政。由此推行，普及缅疆。……然则今日所已布置者，仅滇西一隅而已。若能推广而至迤西，渐及缅、暹，则将来收效之宏，自不待言。”当然，李根源也深知废除土司是中央政府的既定国策，因此在报告宋希濂委任土司为自卫支队长、大队长时，强调说：“至于各土司之世袭关系及行政上之系统，仍如旧，与以上所呈军事上设施，并无关涉。”蒋介石回电表示支持，肯定李根源“抚怀得宜”，“尚希对于输诚报国各土司，尽数代为抚慰为要”。①

七　结语

综上讨论，我们以云南为中心，对民国时期的土司政策提出以下初步认识。

其一，1912 年临时参议院对云南土司问题的争论，核心是土司是否是民国政府的行政官吏。因是由云南军都督府提出议案，参议员们的争论也涉及该议案是行政问题还是立法问题。最后，争论以同意云南政府设置土司特派员的要求，实际上承认了土司是民国政府的行政官吏。但议员们统一的看法是，应由政府方面将参议院的议决转咨云南军政府，否认了该议案的立法性质。因此，参议院的议决并不具有法律效力。这也就是民国时期始终未能对土司制度制定出明确的政策法规、宣告其存废的根源所在。正如前举唐璎所论，“就法理而谈”，废除土司制度、改土归流是“不易之论”。

其二，既然云南土司问题仅只是行政问题，1912 年 6 月 10 日北京国民政府国务会议讨论县官制草案，其第一条各县职员部分规定：“有蒙、回及土司或番苗之县，得设译员。”第二十二条规定：“省直接管辖之府、厅，悉改名为县。其边省之府，旧管土府、州、县土司及蒙部缠回各族者，得暂用府名。”注意到了土司等少数民族地区的特殊性。但 1913 年 1 月 8 日颁布《临时大总统关于暂行划一地方官制令》，除蒙古、西藏、青海地方“别有规定”外，全国划一地方官制，将清朝的府、直隶厅、州等一律改为县，删除前述内容，闭口不提土司地区的特殊性，各级土司政权不再是民国政府地方行政管理中的行政单元，显系为改土归流预做准备。② 这应该是造成各地在涉及土司问题时各自为政，各行其是，无章可循，无法可依，无所适从，造成了一定混乱的直接原因。

---

① 李根源：《报告抚慰滇西土司情形书》，载德宏州志编委会办公室编《德宏史志资料》第 2 集，团结报社印刷厂 1985 年版，第 111—112 页。

② 中国第二历史档案馆编：《中华民国史档案资料汇编》第三辑政治（一），江苏古籍出版社 1991 年版，第 84、87、121 页。

其三，云南方面从一开始就从立法方面考虑，临时省议会议决《暂行选举法》，决定旅缅滇人及沿边土司分区各选出议员一名，还拟定了《侨缅滇人暨沿边土司选举代表简章》。但袁世凯公布的《省议会议员选举法》，对土司无特别规定。于是蔡锷致电北京临时参议院及国务院，以地方政府首脑致电临时参议院，仍有立法方面的考虑。可能以蔡锷为首的云南军都督府及临时省议会也没有想到会引起这样激烈的争论，得到这样的结果。因而省议会原拟“简章”修订为《云南侨缅滇人暨沿边土司代表权限简章》。1919 年，广州非常国会参议员何畏批评云南省议会特设土司代表是“混合制度”“独标歧异”“与合法抵触”，要求撤销时，云南政府向广州护法军政府政务会议提出维持原案主张，认为“与参议院议决原案自相矛盾”。同时再次公布《云南侨缅滇人暨沿边土司代表权限简章》两章 16 条，[①] 似在强调参议院议决和“简章”的法律效力。

其四，云南地方政府保留、承认、规范、发展土司制度，似与民国时期的国家体制矛盾、抵牾，二者之间的冲突与争论，可与 1939 年国内学术界在昆明对“中华民族是一个”的争论进行比较。问题虽有较大差别，但事同一理。1939 年 2 月 13 日，顾颉刚先生在昆明《益世报·边疆周刊》发表《中华民族是一个》，认为“五大民族”一词是中国人作茧自缚，授帝国主义者以分裂我国的借口。所以我们应当正名，中华民族只能有一个，在中华民族之内我们绝不该再析出什么民族。[②] 刚从英国回到昆明的费孝通先生不同意这一观点，认为“事实上中国境内不仅有五大民族，而且还有许多人数较少的民族。我在出国前调查过广西的大瑶山，就有瑶族，而且瑶族里还分出各种瑶人。不称他们为民族，称他们为什么呢?”于是向顾先生写了一封信表示异议，由此引发了一场大规模的有关民族概念的争论，至今仍有较大影响。多年后费先生总结说：顾先生“既要保留西方‘民族国家’概念，一旦承认了中华民族就不能同时承认中华民族之内还可以同时存在组成这共同体的许多部分，也称之为民族了。”[③] 相同的道理，虽然土司制度作为一种残留形态，不再是民国时期国家层面上的合法制度，也不再是地方行政管理中的行政单元。但在中国广大的地区，成千上万的土司个体和土司制度却是客观存在的事实。不能因为民国时期法理上取消了土司制度，就否认广大土司及土司制度的存在，认为土司制度终结于辛亥革命。因此，我们可以说，云南地方政府保留、承认、规范、发展土司制度，与民国时期的国家体制并不矛盾，也不抵牾，应该加强对这一问题的研究。

其五，南京国民政府废除土司制度、厉行改土归流的政策明确而坚决，但随着全面抗战的爆发，作为大后方的西南地区国防地位不断提高，倒逼国民政府中央不得不重视并谨慎处理土司和少数民族问题。蒋介石以最高领导人身份，发布《告边疆土司书》，承认土司是边胞领袖，强调抵御外侮是土司的责任。滇西抗战爆发后，蒋介石专电通告滇西各土司，命令他们捍卫疆土。并派尹明德为代表，前往滇边各地宣慰、抚绥各族土司。云贵监察使李根源发布《告滇西父老书》遍寄诸土司，后又专书向蒋介石报告抚

---

① 《政务会议转云南省长咨请维持原案毋庸撤销省议会特设土司代表文》，《参议院第二会期临时会公报》第 14 号，1919 年，第 30、32—34 页。

② 顾颉刚：《中华民族是一个》，昆明《益世报》1939 年 2 月 13 日。

③ 费孝通：《顾颉刚先生百年祭》，载《费孝通文集》第 13 卷，群言出版社 1999 年版，第 29—30 页。

慰滇西土司情形，提出了新形势下的土司政策。即云南所属土司历数百年，“为势根深盘固，当此时局，焉可置而不用？倘能施以招徕，待以平等，遇以惠爱，一革昔日苛索贪虐之政。由此推行，普及缅疆。……若能推广而至迤西，渐及缅、暹，则将来收效之宏，自不待言”。同时强调：“至于各土司之世袭关系及行政上之系统，仍如旧，与以上所呈军事上设施，并无关涉。”检讨蒋介石和李根源的通告、通电，其实质应该是“承认土司，但不承认土司制度”，废除土司制度的根本国策并未改变。远征军及其他军队在滇西、滇南地区针对各族土司的各项改良政策，实属权宜之计。

其六，抗战胜利后，远征军大军云集滇西土司地区，云南第六区行政督察专员李国清于1945年9月提出《废除土司制度意见书》，[①] 列举了废除土司制度的十大理由，确实触及到了土司制度的诸多问题。但李国清的改土归流是以远征军大军作为后盾的，他提出“以一团之众进驻腾龙边区，解除土司武装，实行设立县治”。以当时的形势，滇西各土司在抗战中势力大为削弱，有能征惯战的远征军守土，改土归流应当能顺利进行。可惜随后云南政局发生较大变化，龙云被逼下台，局势混乱。不久远征军被调往东北，滇西地区形势突变，李国清的改土归流计划付诸东流。到卢汉回滇执掌省政后，势力衰弱，仅能推行保留土司制度、改良土司行政旧策。云南第十二区行政督察专员提交报告，宣称“土司制度在戡乱时期不宜废除”。[②] 1947年，干崖宣抚使刀威伯（刀承钺）被任命为盈江设治局局长；1948年8月，芒市土司代办方克胜被任命为潞西设治局局长，1949年任潞西县第一任县长，开土司及土司代办直接担任流官政权行政首长的先例，掌控县、局行政机构，土、流走向合一。这应该是民国时期云南土司制度的较大变化，也是一个新的动向。

其七，云南地方政府根据各地区、各民族的实际，不断探索，不断发展，推陈出新，磨合适应，力求找到适合自身的实际工作政策和措施。正如台湾学者吴启讷的论述，中华人民共和国“在国家整合方面与清朝和中华民国目标一致，则它不可避免地会利用前朝的政治遗产与传统的政治手段。”[③] 云南地方政府的前述具体工作和实践，既有失败的诸多教训，也为后来中华人民共和国民族政策的制定进行了有益的探索，积累了宝贵的经验和成就。如有关省议会土司代表的立法问题，又如对土司名称、等级及承袭制度的整顿、规范、发展、创新，特别是少数民族土司头人赴昆明观光游览，其影响更为明显，而且作用巨大。

（原载《中国边疆史地研究》2017年第3期）

① 李国清：《李国清关于废除土司制度意见书》，载德宏州志编委会办公室编《德宏史志资料》第5集，团结报社印刷厂1985年版，第46—47页。

② 《关于暂不废除土司制度的建议报告》，载德宏州志编委会办公室编《德宏史志资料》第5集，团结报社印刷厂1985年版，第54页。

③ 吴启讷：《民族自治与中央集权——1950年代北京藉由行政区划将民族区域自治导向国家整合的过程》，载《中央研究院近代史研究所集刊》第65期，（台北）“中央研究院”近代史研究所2009年版，第84页。

唐蕃会盟与吐蕃佛教

霍　巍*

今天矗立在拉萨市大昭寺门前的"唐蕃会盟碑"，是唐穆宗长庆三年（823）唐蕃双方为纪念长庆元年（821）双方会盟成功而竖立的纪念碑，碑体各面遗存有用汉藏两种文字镌刻的碑文，① 它不仅是历史上汉藏友好的象征，在唐蕃关系史和亚洲历史研究上也具有重要的学术意义。法国著名藏学家戴密微在其名著《吐蕃僧诤记》中，对此碑自清代以来被中外学术界重新关注与研究的学术史进行了梳理，盛誉其为"目前人们所知道的有关亚洲最重要的碑铭资料"。②

据史料记载，唐蕃之间总计大小有不少于十次会盟。③ 由于长庆会盟是在唐蕃长期战和之间举行的多次会盟中的最后一次、也是最为成功的一次会盟，会盟之后双方再无大的战事发生，开启了长期和平友好的新局面，所以也被视为唐蕃会盟史上最为重要的一次会盟。多年来，中外学者通过残存的碑文并结合各种文献材料对唐蕃长庆会盟展开研究，发表过许多重要的研究论著。本文所要讨论的，则是其中一些还需要继续加以关注的问题：此次会盟之所以能够取得圆满的成功，在整个酝酿、准备、发动、实施的过程中，唐蕃双方除了采用行政、军事、政治、外交等各种手段之外，在宗教力量的协同与运作上是否也有特殊的谋划与作为？在客观上是否也达到了与其他历次会盟不同的效果？在其背后是否可以揭示出唐蕃双方在这一时期更为广阔而复杂的历史、宗教和文化背景？本文试图对这些问题加以回答。

一　唐蕃"清水会盟"仪程中出现的新变化

长庆会盟的正式启动史载始于唐穆宗即位之后的长庆元年（821）和长庆二年（822），吐蕃与唐朝互派使节先后盟誓于唐长安和吐蕃逻些（今拉萨市），此事在《唐蕃会盟碑》背面藏文部分记载甚详："时大蕃彝泰七年，大唐长庆元年，即阴铁牛年

---

* 霍巍，历史学博士，四川大学中国藏学研究所教授，教育部长江学者特聘教授。本文为国家社科基金重大招标项目"文物考古所见西藏与中原关系资料的整理与研究"（11&20121）的阶段性成果。

① 此碑现为国家级文物，仍矗立于拉萨市大昭寺门前，有关情况可参见国家文物局主编《中国文物地图集·西藏自治区分册》之"大昭寺（及唐蕃会盟碑）条"，文物出版社2010年版，第124—126页。

② ［法］戴密微：《吐蕃僧诤记》，耿升译，西藏人民出版社2001年版，第42—48页。

③ 陈楠：《论唐蕃清水会盟》，收入氏著《藏史丛考》，民族出版社1998年版，第167—169页。

（辛丑）冬十月十日，双方登坛，唐廷主盟；又盟于吐蕃逻些东哲堆园，时大蕃彝泰八年，大唐长庆二年，即阳水虎年（壬寅）夏五月六日也。双方登坛，吐蕃主盟；其立石镌碑于此，为大蕃彝泰九年，大唐长庆三年，即阴水兔年（癸卯）春二月十四日事也。树碑之日，观察使为唐之御史中丞杜载与赞善大夫高□□等参与告成之礼。”① 但此次会盟的准备阶段很显然不是开始于唐穆宗这位刚刚即位的新皇帝。那么，长庆会盟实质性的酝酿和准备阶段又是始于何时呢？过去有两种不同的意见：一种意见认为，就长庆会盟的实质性内容来讲，主要是划定双方边界，② 而早在长庆会盟之前的“清水会盟”（唐德宗建中四年，783 年），是唐蕃之间唯一一次最清楚明确地划定了各段边界的会盟，长庆会盟基本上是以清水会盟划定的边界为准，如果说没有清水会盟的成果，长庆会盟也就不可能很快顺利地达成“甥舅合盟”。所以，清水会盟实际上可视为长庆会盟的准备阶段。③ 另一种意见认为，唐宪宗（806）即位之后，唐蕃之间的关系才真正开始有所缓和，如岑仲勉先生就认为：“终代、德两朝，几于无岁不寇……入元和后，寇患渐稀。”④ 还有学者提出，唐代大诗人白居易在宪宗元和年间曾为唐朝写过四封给吐蕃高层官员和上层僧侣的书信，尤其是其中《与吐蕃宰相钵阐布敕书》最为重要，在这封书信中涉及关于边界问题、会盟问题、归还被扣人员问题，这些问题都开始进入到讨论、磋商之中，所以有学者认为这标志着“实际上是长庆会盟的准备阶段，反映唐蕃双方都有和好宁边的要求”。⑤

上述两种观点都有其一定的合理性。实际上，从唐蕃双方的总体形势而论，要求缓和冲突，通过和谈方式达成妥协的趋势，的确是在唐德宗即位之后（780）发生的重大转折。如同有学者研究指出的那样，唐王朝自肃宗以迄代宗，在外交上奉行的基本政策都是联合回纥以拒吐蕃，所以双方以战为其基调；而自德宗即位之后，唐王朝面对“安史之乱”后内部藩镇割据、战乱纷起的混乱局面，已将“安内重于攘外”置于首要地位，加之德宗曾有过借兵回纥而深受其辱的经历，所以从即位之初便开始改变政策，寻求与吐蕃和解的途径，以“寻和”为其政策基调，这才有了后来的清水之盟。⑥ 应当说，虽然后来双方又发生过唐德宗贞元三年（787）“平凉劫盟”这次毁约弃盟的冲突事件，但德宗以来所奉行的基本政策却始终没有改变，历顺、宪二宗并直接影响到穆宗即位之后的长庆会盟。所以从这个意义而论，长庆会盟的准备阶段从德宗开始，以清水会盟的成功作为标志，是顺理成章的。但是，也正是因为在清水会盟之后毕竟又发生了“平凉劫盟”事件，给唐蕃关系再次蒙上了一层厚重的阴影，此后双方战事再起，直到 821 年长庆会盟之后，才真正平息战火开始和平共处。所以，将长庆会盟的准备阶段除

---

① 王尧编著：《吐蕃金石录》，文物出版社 1982 年版，第 43—44 页。

② 必须说明，这里使用的“边界”一词，不是今天所讲的国与国之间的边界，而是当时历史环境之下唐蕃双方势力范围的划界。

③ 陈楠：《论唐蕃清水会盟》，收入氏著《藏史丛考》，民族出版社 1998 年版，第 167—169 页。

④ 岑仲勉：《隋唐史》（下册），中华书局 1985 年版，第 445 页。

⑤ 王尧编著：《吐蕃金石录》，第 49—50 页；吴逢箴：《长庆会盟准备阶段的重要文献——读白居易〈与吐蕃宰相钵阐布敕书〉》，《藏学研究论丛》第 2 辑，西藏人民出版社 1990 年版，第 48—55 页。

⑥ 薛宗正：《吐蕃王国的兴衰》，民族出版社 1997 年版，第 134—140 页。

去这段不愉快的回忆而放到唐宪宗元和之后，也自然有其合理之处。不过，如果我们从一个新的维度和视角重新审视自德宗即位以来唐蕃双方围绕会盟展开的政治与外交攻势，就会发现一个十分微妙的变化：宗教力量——主要是佛教——开始被运作、利用和介入到会盟之中，并逐渐开始产生影响，的确是始于清水会盟前后，这个迹象在此前的历次唐蕃会盟当中都从未有过。

史载建中二年（781）德宗即位之后的次年二月，便答应了吐蕃方面的请求，派遣汉地僧人前往吐蕃讲学，并形成定制，每两年轮换一次。《册府元龟》记载："建中二年二月，以万年令崔汉衡为殿中少监，持节使西戎。初吐蕃遣使求沙门之善讲者，至是遣僧良琇、文素，一人行，二岁一更之。"① 在双方一直兵戎相见、长期对峙的情况下，此时唐朝应吐蕃方面的要求派出汉地高僧前往吐蕃，绝非心血来潮，其背后定有原委。回溯此前一年，即建中元年（780），德宗即位之后对吐蕃做出的第一个友好姿态就是派遣使节韦伦送还吐蕃战俘五百余人，并每人发送一套衣物，同时向吐蕃"约和"，可见其目的就是为了寻求与吐蕃会盟。这一友好举动也立即得到了吐蕃方面的回应，吐蕃赞普赤松德赞（乞立赞）以"三恨"之说委婉地表达了吐蕃方面愿意与唐修好的意愿。② 不仅如此，这一年唐使韦伦还再次奉命出使吐蕃，受到吐蕃朝廷隆重的接待，吐蕃方面随即派遣了一个规模庞大的使团回访唐朝："五月，以韦伦为太常卿，复使吐蕃。其冬，遣宰相论钦明思等五十五人随伦至，且献方物。吐蕃见伦再至，甚欢，既就馆，声乐以娱之，留九日而还，兼遣其渠帅报命。"③ 可以推测，在双方这次卓有成效的关系回暖之后，唐朝方面于次年再派遣汉地高僧前往吐蕃讲学，这些汉僧很可能也同时肩负有与吐蕃佛教界交流沟通、为成功举行会盟共同营造友好气氛的使命。之后，吐蕃在建中三年（782）也相应释放出友好信号："放先没蕃将士僧尼等八百人归还，报归蕃俘也。"④ 在吐蕃从汉地所俘获的"生口"当中，其身份除军队将士之外，还有工匠、百伎、一般百姓等各色人等，但吐蕃首先归还给汉地的俘虏当中就有僧尼，这个信号显然也是用意深远。

在经过前期积极的酝酿准备之后，德宗建中四年（783）正月，唐朝使节张镒与吐蕃使节尚结赞于清水会盟，拉开了唐蕃之间友好的帷幕。此次会盟的主要成果在两唐书和《资治通鉴》《册府元龟》等汉文史籍中都有详细的记载，并透露出双方在会盟的仪程上出现了一些新动向。这里，先转引有关文献如下：

> （建中）四年正月，诏张镒与尚结赞盟于清水。将盟，镒与结赞约，各以二千人赴坛所，执兵者半之，散从者半之，分立坛下。镒与宾佐齐映、齐抗及会盟官崔汉衡、樊泽、常鲁、于頔等七人皆朝服；结赞与其本国将相悉颊藏、论臧

---

① （宋）王钦若等编：《册府元龟》卷980外臣部通好，页十二，中华书局1960年影印本，第11513页下。

② 所谓"三恨"，是史籍记载吐蕃赞普乞立赞（赤松德赞）对唐使节言："不知大国之丧，而吊不及哀，一也。不知山陵之期，而赙不成礼，二也。不知皇帝舅圣明继立，已发众军三道连衡。……追且不及，是三恨也。"参见《旧唐书·吐蕃传》，中华书局标点本，第5244—5245页。

③ 《旧唐书·吐蕃传》(下)，第5245—5246页。

④ 同上书，第5246页。

> 热、论利驰、其官者、论力徐等亦七人，俱升坛为盟。初约汉以牛，蕃以马，鎰耻与之盟，将杀其礼，乃谓结赞曰："汉非牛不田，蕃非马不行，今请以羊、豕、犬三物代之。"结赞许诺。塞外无豕，结赞请出羝羊，鎰出犬及羊，乃于坛北刑之，杂血二器而歃盟。……结赞亦出盟文，不加于坎，但埋牲而已。盟毕，结赞请鎰就坛之西南隅佛幄中焚香为誓。誓毕，复升坛饮酒。献酬之礼，各用其物，以将厚意而归。①

从清水会盟的仪程来看，大体可分为四步：（1）首先是设坛，双方参加会盟人员均升坛为盟；（2）其次是刑牲，以牲血"歃盟"；（3）双方出盟文为藏，并埋牲；（4）唐朝参加会盟官员应吐蕃方面之邀，再次到设在坛之西南隅佛幄中"焚香为盟"；（5）盟誓结束，双方回到坛上饮酒庆贺，并互赠礼物酬谢。

在这套程序中，其（2）刑牲、"歃盟"之礼过去诸多史家一直认为这是吐蕃的旧俗。因为吐蕃的"盟誓"传统习俗中，有"赞普与其臣下，一年一小盟。刑羊、狗、猕猴，先折其足而杀之，继裂其肠而屠之，令巫者告天地山川、日月星辰之神。云：若心迁变，怀奸反覆，神明鉴之，同于羊狗。三年一大盟，夜于坛（墠）之上与众设肴馔，杀犬、马、牛、驴以为牲，咒曰：尔等咸须同心戮力，共保我家。惟天神地祇，共知尔志。有负此盟，使尔身体屠裂，同于此牲"的相关记载，② 从而多被引证作为此论的证据。

法国学者石泰安首先对这一传统观点提出质疑，认为汉人同样也有盟誓和"歃血"的习俗，如果再考虑到上述程序中还有（3）即埋盟书于坎下等习俗的话，那么唐蕃双方在公元8—9世纪会盟条约的盟誓仪式中关于刑牲、"歃盟"、坎埋等"所有这一套程序和术语都完全是汉地的习惯所固有。甚至在盟约之外，汉人也习惯于在南郊祭祀天地和在太庙中用牲畜来作祭祀"。他还进一步指出，吐蕃的这些旧俗实际上是流行于佛教尚未在吐蕃传播的时代，而到了公元821—822年唐蕃之间举行长庆会盟时，吐蕃所倡导的，实际上已经是一套佛教化的盟誓仪式——"带血的盟誓是汉地式的，吐蕃式的礼仪是佛教性的，不能刑牲"。③

让我们将目光再次回到清水会盟的仪式上来，可以发现几个值得关注的现象：其一，双方对于"刑牲"的程序显然事先是有约定的，不仅都同意举行这一程序，而且对于刑牲的品种也都有所约定，即"汉以牛，蕃以马"。只是临到举行仪式时，唐使张鎰提出要变换双方用于刑牲的品种，其动机是因为"耻与之盟，将杀其礼"。说得明白一些，就是企图在会盟一开始就能够占据心理上的优势，而提出来的一个"修正案"，但这并没有影响到双方很快在此问题上达成一致，吐蕃方面同意用羝羊、唐朝方面同意用犬和羊作为刑牲代替，说明这个传统习俗从根本上讲是被双方都承认和接受的，很难说只是其中哪一方单方面的强制性要求，而只能是双方共有的旧俗。

---

① 《旧唐书·吐蕃传》（下），第5247—5248页。《册府元龟》的记载与之基本相同，可见其卷981外臣部盟誓，页十一，第11529页上。

② 《旧唐书·吐蕃传》（上），第5220页。

③ ［法］石泰安：《八至九世纪唐蕃会盟条约的盟誓仪式》，耿升译，《西藏研究》1989年第4期。

其二，特别值得注意的是程序之（4），唐朝官员应吐蕃方面的要求，需要再次回到设在坛之西南隅佛幄中“焚香为盟”，这个程序却真是吐蕃方面单方面提出的要求。甚至可以设想，连预先设在会盟地点“坛之西南隅”的“佛幄”，也可能是一种临时搭设起来的帐篷，其内可能布置有佛教天神尊像一类的画像，[①] 双方使节在帐内再次“焚香为盟”，带有强烈的佛教化特点。

其三，从清水会盟选定的地点来看，是先于边界清水（今甘肃清水县）筑坛会盟，然后再在唐京师长安和吐蕃首府逻些（今拉萨市）盟誓。《册府元龟》记载，建中四年“七月，以国子祭酒李揆为礼部尚书、御史大夫、入蕃会盟使”；壬辰，又命宰相李忠臣等与吐蕃宰相区颊赞“会盟于坛所”；其后，又与尚结赞约，“疆场既定，请归其使，从之。以丰邑坊盟坛在京城之内，非便，请卜坛京城之西，其礼如清水之仪。先盟二日，命有司告太庙，盟官致斋三日，朝服升坛，宰相关播跪读盟文，盟毕，宴赐而遣之”。[②] 从这段记载中可以观察到，在唐京师举行的会盟仪式完全是按照汉人的传统方式进行的，先是设坛于京师之西，[③] 然后举行了在太庙的“告庙”仪式，其后双方再正式盟誓。已有学者指出，“这也是唐朝与吐蕃的十次会盟中，唯一举行告庙仪式的会盟，足见其庄严郑重”，因为告庙为汉人古制，自天子以至诸侯，凡遇有军国大事，开始及结束必告于祖庙。[④] 这个判断无疑是正确的。目前在汉藏双方可见到的史料上，尚未看到清水会盟在吐蕃逻些举行仪式的相关记载，但从在唐朝京师所举行的仪式完全依照汉制进行的情况来推测，按照会盟的对等与公平原则，在吐蕃举行的这次仪式很可能会按照吐蕃主盟一方的仪式进行的。换言之，尽管史料阙如，我们还是可以推测，其中应当也会出现双方在边界清水举行的会盟仪式中按照佛教礼仪“焚香为盟”的同样场景。

从清水会盟的仪程中透露出的动向，可以明显感受到首先是来自吐蕃方面的变化：参与此次清水会盟的吐蕃一方的成员当中，并没有佛教僧人，全部是吐蕃的官员和武将，吐蕃方面为何要特别请求唐朝官员按照佛教仪式再次举行焚香为盟的盟誓？在这一点上，与后来长庆会盟的仪式程序完全一样。我们只能设想：清水会盟时吐蕃朝野宗教力量介入的程度已经达到了不容忽视的地步，社会背景发生了前所未有的新变化，才会使得这个崇尚勇武的民族祭出了佛教的旗帜，以求和平之目的。

而作为唐朝方面，从清水会盟的仪程上看主要还是因循旧制，以“告庙之礼”作为最为崇高、隆重的盟誓礼仪，双方都同意采用“刑牲歃血”的旧俗，这应当不是单方面提出的要求，而与吐蕃和汉地的传统盟誓习俗均相吻合。恰恰与这个“旧俗”能够形成

---

① 据吐蕃盟誓有关资料，盟誓佛寺中有设佛教天王像证盟的情况。如北方多闻天王就是吐蕃占领敦煌时期及其以后敦煌最为崇奉的神灵，在敦煌写卷 S. 381（3）号《龙兴寺毗沙门天灵验记》、P. T. 1189 号《肃州府主致河西节度禀贴》等文书中都载有此天王常在设盟立誓时为证（“以多闻天王证盟起誓”）的情形。参见任小波《吐蕃盟誓研究》，博士学位论文，中央民族大学，2010 年，第 93 页。

② 《册府元龟》卷 981 外臣部盟誓，页十一，第 11529 页上。

③ 周伟洲先生据《旧唐书·吐蕃传》（下）记载“唯唐德宗建中末，与吐蕃会盟于延平门”，推测设坛地点可能是在唐京师长安城西三门之南门外。参见周伟洲《唐蕃长庆会盟地与立碑考》，《燕京学报》新 27 期，北京大学出版社 2009 年版，后收入氏著《藏史论考》，兰州大学出版社 2010 年版，第 4 页。

④ 陈楠：《论唐蕃清水会盟》，收入氏著《藏史丛考》，兰州大学出版社 2010 年版，第 180 页。

最鲜明对照的，是吐蕃方面首先提出的按照佛教仪式“焚香为盟”的“新制”。那么，在这个新制的背后，又隐藏着什么样的历史背景致使吐蕃使臣不得不依制而行呢?

二　8世纪后半期吐蕃社会的宗教背景及其影响

唐蕃清水会盟前后，正值吐蕃赞普赤松德赞（khri-sronglde-btsan，742—797）在位时期，这也是吐蕃佛教真正开始大发展的时期。有关赤松德赞大力崇佛的史事汉藏文献都有大量论述，其中的重大事件包括：约于779年建成了著名的桑耶寺，这是西藏历史上第一座佛、法、僧“三宝俱全”的寺院，开始有了最初的出家僧人；稍后，赤松德赞的一位妃子没卢氏以及其他贵族妇女三十余人从汉僧摩诃衍受戒，出家为尼，还有吐蕃男子随从摩诃衍出家为僧者，人数达到约三百人;[①] 后来进一步推行“三户养一僧”制度，并形成了势力强大的吐蕃僧团，权力与地位都呈全面上升之势，深刻地对吐蕃社会产生着影响。[②]

这一时期，还有三个重要的变化值得注意：其一，是吐蕃的盟誓制度，已由吐蕃王朝建立初期人与神灵动物之间的盟誓、赞普君臣之间的盟誓等形式发展到“兴佛证盟”阶段,[③] 即赤松德赞要求吐蕃上下必须尊奉佛教，并通过在神前发誓永不背弃佛教。这从藏文典籍《贤者喜宴》中所著录的桑耶寺“兴佛证盟”誓文中可以得到证实，意大利著名藏学家曾对这些盟书作过详细的研究，认为其反映出“赤松德赞如何接受佛教以及宣布佛教不仅是他自己所信仰的宗教，而且必须是他的后代们信奉的宗教的情况”。[④] 现存于桑耶寺大殿正面墙下的《桑耶寺兴佛证盟碑》，也保存了其中部分内容。据王尧先生译文，其中赤松德赞要求“今尔后，每一代子孙，均需按照赞普父子所作之盟誓，发愿。其咒誓书词不得弃置，不得变更。祈请一切诸天、神祇、非人，来作盟证。赞普父子与小邦王子，诸论臣工，与盟申誓”。[⑤] 从而使得佛教在吐蕃开始取得“国教”的地位。

其二，是在赤松德赞的推崇之下，出现了前所未有的一个新兴势力集团——僧伽集团的出现以及僧伽权力的迅速上升。[⑥] 赤松德赞开始选任可靠的佛教僧人出任“却论”（chos-blon），并将其地位置于“大尚论”之上。[⑦] 如吐蕃高僧益西旺波作为“佛法宗师”的身份两次被授予“大金字告身”，其地位显然已经高于一般担任大尚论者的金字告身，赤松德赞还明确宣布其地位是在“大尚论之上”。石硕认为，“这是吐蕃自产生僧团以来，首次出现并正式明确僧官高于俗官的情况”。[⑧] 虽然有学者认为此时这些高僧“却论”看起来可能还没有直接参预军国大事,[⑨] 但这一发展势态已经预示着从制度上直接让僧人参与吐蕃最高政治权力中枢，已经为期不远。

---

① 王森:《西藏佛教发展史略》，中国社会科学出版社1997年版，第9—11页。

② 石硕:《吐蕃政教关系史》，四川人民出版社2000年版，第288页。

③ 有关吐蕃盟誓制度前后所发生的变化，可参见任小波《吐蕃盟誓研究》。

④ ［意］杜齐:《藏王墓考》，译文参见中央民族学院藏族研究所编《藏族研究译文集》，1983年，第15—17页。

⑤ 王尧编著:《吐蕃金石录》，第169页。

⑥ 石硕:《吐蕃政教关系史》，第277页。

⑦ 王森:《西藏佛教发展史略》，第12页。

⑧ 石硕:《吐蕃政教关系史》，第282页。

⑨ 王森:《西藏佛教发展史略》，第12页。

其三，是赤松德赞时期，吐蕃与汉地佛教之间开始有了比较正式的交流往来。虽然从唐文成公主进藏开始，汉地佛教便已经传入到吐蕃，但那时影响还很小，吐蕃也还没有出现真正的佛教寺院和正式出家的僧人。① 佛教真正对吐蕃社会发生影响应始于松赞干布之后即位的吐蕃赞普赤德祖赞（khri-lde-gtsug-btsan）时代。② 由于金城公主的影响，此时汉地僧人有可能途经或者流寓吐蕃。据《拔协》《贤者喜宴》记载，赤德祖赞晚年曾派遣桑喜等人赴唐长安取经，但桑喜一行取经返回时赤德祖赞已经去世。③ 赤德祖赞之子赤松德赞即位并在执掌吐蕃朝政之后，从唐长安取经回来的桑喜开始向他施加佛教影响，并最终促使他派出一个以桑喜、巴·塞囊两人为首的30人的使团出使唐朝，受到唐朝皇帝的接见，使团返回吐蕃时带回了大量汉地的佛经。④ 赤松德赞时期最为重要的佛教事件之一，是他亲自主持了来自印度的渐门派高僧莲花戒与来自汉地的顿门派高僧摩诃衍之间的辩论，法国学者戴密微所著《吐蕃僧诤记》一书对这一事件研究甚详。⑤ 虽然后期的藏文"教法史"一类文献都宣称这场辩论的结果是莲花戒获胜，摩诃衍败离吐蕃，但事实上汉地佛教的影响却永久性地留在了吐蕃。如同戴密微所说："如果说唐朝对吐蕃的佛教寺院和教义的形成起过作用的话——假若我没有理解错的话，这种作用是如此不可忽视，以致整个藏传佛教界都永久地保持汉族最初影响的烙印。"⑥ 上述这些重要的历史背景，对于我们从更为深刻的层面来理解吐蕃方面在清水会盟中所要求采用的仪式发生的新变化，是颇具启发意义的。

首先，吐蕃方面传统的盟誓习俗，已经扩展到处理族际关系，而且是在"兴佛证盟"这种新格局下采取的新举措，带有强烈的佛教色彩。"刑牲歃血"的仪式虽然还仍在延续，但很显然已经不能在佛寺内举行，必须另设坛坎举行，这与吐蕃国内佛教势力的兴起、禁忌杀生的教规密切相关。吐蕃本土据载在赤松德赞时期曾从象雄请来香日乌仅等几位有名的本教大师来到桑耶，并让他们与佛教僧人共居于桑耶寺内，这些本教大师在寺内举行本教祭祀宰杀了许多牲畜，而杀牲是佛教僧人不许在佛教寺院内进行的事，从而引起僧人们的愤怒，向赤松德赞提出抗议，爆发了佛教与本教之间的一场辩论，其结果是宣布本教失败，不得不将本教师门逐出佛寺之外。⑦

其次，反观唐朝在此期间举行双方会盟时采取的对应举措，由于唐蕃佛教之间的交流互动，应当说对吐蕃宗教发生的这些变化也是清楚的。早在清水会盟之前，唐肃宗至德元年（756）"吐蕃遣使来朝请和，敕宰相郭子仪、肖华、裴遵庆等于中书设宴。将诣光宅寺为盟寺，使者云：'蕃法盟誓，取三牲血歃之，无向佛寺之事，请明日须于鸿胪寺歃血，以申蕃戎之礼。'从之。"⑧ 表明吐蕃使节已经深受佛教仪轨的节制，明确地

① 王森：《西藏佛教发展史略》，中国社会科学出版社1997年版，第3—5页。

② 石硕：《吐蕃政教关系史》，四川人民出版社2000年版，第187页。

③ 黄颢：《〈贤者喜宴〉摘译（五）》，《西藏民族学院学报》1981年第3期，第17、22页。

④ 黄颢：《〈贤者喜宴〉摘译（六）》，《西藏民族学院学报》1982年第1期，第39页；拔塞囊著，佟锦华、黄布凡增补本译注：《拔协》，四川民族出版社1990年版，第19页。

⑤ ［法］戴密微：《吐蕃僧诤记》。

⑥ 同上。

⑦ 王森：《西藏佛教发展史略》，中国社会科学出版社1997年版，第11—12页。

⑧ 《旧唐书·吐蕃传》（上），第5236—5237页。

向唐廷提出不能在佛寺举行“刑牲歃血”的要求。至于同意到鸿胪寺举行这个仪式，是因为鸿胪寺虽有“寺”字，但那儿从来都是处理外交、民族事务的官署，与佛寺无关。[①]

但有趣的是，在光宅寺会盟之后，相继发生的另外两次唐蕃会盟盟誓的地点，唐廷还是特意安排在佛寺中举行：唐代宗永泰元年（765）吐蕃遣使请和，唐宰相元载、杜鸿渐与之会盟于唐之兴唐寺；[②] 其后唐代宗大历二年（767）吐蕃与唐再次会盟，唐使鱼朝恩与吐蕃使臣还是盟誓于唐之兴唐寺。[③] 虽然关于这两次会盟在史料中记载都很简略，我们无从了解到具体的仪程，但可以肯定的一点是，在佛寺中举行的会盟显然不可能举行“刑牲歃血”之类的仪式，这一方面可以照顾到吐蕃方面使者崇佛、礼佛的特殊要求；另一方面从唐朝一方来讲，不采用“刑牲歃血”之类的仪式，意味着可以降低会盟的规格，是一种特殊情况下的临机处置。如同有学者注意到的那样，这几次会盟正值吐蕃大举向唐王朝进攻时期，吐蕃一方面屡屡遣使请和，但东向的兵锋并未停止，只是吐蕃方面“一种虚假的和平姿态”，[④] 所以会盟的性质“很有可能是达成某种以军事进攻相胁迫的讨论还价的政治协议”，[⑤] 与后来的清水会盟、长庆会盟在目的、仪程和规格上可能都有所不同，因而从文献上找不到另行在京师设坛盟誓、“刑牲歃血”的记载，也就可以理解了。

需要顺带说明的是，我们还要尤其注意曾参与唐蕃“永泰会盟”的杜鸿渐其人。此人在《旧唐书》和《新唐书》当中都有传记，唐永泰二年（766），因剑南西川兵马使崔旰叛乱，杜氏奉朝廷之命以宰相兼剑南西川节度使以平蜀乱，但他畏于崔旰之威，并无建树，在唐大历二年（767）又被召回京师，大历四年（769）十一月病卒。新旧《唐书》均载杜氏的长处在于“素习帝王陈布之仪、君臣朝见之礼”，后来虽然也曾在安史之乱后因建言兵马之策得到当时的皇太子、后即帝位的唐肃宗青睐，出任过兵部郎中、知中书舍人事等职，但实际上他“心无远图，志气怯懦，又酷好浮图道，不喜军戎”。自蜀中返京之后，“食千僧，以为有报”。在晚年病重之际，更是“令僧剃顶发，遗命依浮图葬，不为封树”。[⑥] 从杜鸿渐的个人经历中可以得知三事：其一，对朝廷“君臣朝见”之礼十分熟悉；其二，不喜军戎，实际上只会纸上谈兵；其三，酷好浮图之道，甚至以佛教徒自居。因此，由他出任唐蕃“永泰会盟”时唐朝使节之一，可能与这些因素都有直接或间接的关系。这从一个侧面可以反映出唐廷上下对当时吐蕃王朝内部崇佛势力的高涨都有深刻的理解；在处理双方会盟方面，也派遣熟悉唐蕃佛教事务和“帝王陈布之仪、君臣朝见之礼”的官员负责具体安排运作，才会在不同规格的会盟中采取不同的仪程与举措。

最后还可以观察到，在唐蕃清水会盟的幕后，吐蕃高僧参与政事和决策的趋势已经

---

① 石泰安已经正确地认识到汉语中“鸿胪寺”中“寺”这个词的意义，但他认为去此处举行“刑牲歃血”的仪式完全是汉地习俗，却是片面的认识。参见［法］石泰安《八至九世纪唐蕃会盟条约的盟誓仪式》，耿升译，《西藏研究》1989 年第 4 期。

② 参见《册府元龟》卷 980 外臣部通好，页十，第 11512 页下；《册府元龟》卷 981 外臣部奸诈，页九，第 11712 页上。

③ 《册府元龟》卷 981 外臣部盟誓，页九，第 11518 页上。

④ 薛宗正：《吐蕃王国的兴衰》，第 119 页。

⑤ 陈楠：《论唐蕃清水会盟》，收入氏著《藏史丛考》，第 168 页。

⑥ 《旧唐书》卷一百八・列传第五十八，中华书局标点本，第 3282—3285 页；《新唐书》卷一百二十六・列传第五十一，中华书局标点本，第 4422—4425 页。

显现。据《贤者喜宴》记载，赤松德赞时期，吐蕃僧团中已有娘·定埃增一支势力不断增长。[①] 后来在赤德松赞（khri-lde-srong-btsan）时期，娘·定埃增被任命为“钵阐布”，直接参与吐蕃“国政”。在长庆会盟中，“钵阐布”更是发挥了极为重要的影响和作用。虽然目前还没有关于吐蕃高僧参与清水会盟的直接证据，但可以推测，这个由佛教高僧直接参与或者间接影响会盟的过程，大约也应当始于赤松德赞时期，以清水会盟为其起点，这从上文所论清水会盟仪程上发生的新变化，似乎可以得到某种印证。

三 长庆会盟准备过程中的宗教斡旋

清水会盟的成果，因为“平凉劫盟”而毁于一旦，唐蕃双方战端再起。此后唐德宗采纳谋臣李泌“结回纥、大食、南诏，与共图吐蕃”[②] 的总体战略，使吐蕃不得不在西北和西南两条战线作战，劳师疲惫，并在与大食争夺西域的过程中大伤元气；加之以南诏叛蕃和唐朝在西南边疆对蕃作战取得的一系列重大胜利，使得双方实力对比发生了颠覆性的扭转。[③] 公元798—815年（一说为804—815年），吐蕃赞普赤德松赞在位期间，唐蕃关系开始走向全面和解和友好和平的新的历史阶段，为后来唐穆宗时期的长庆会盟奠定了基础。长庆会盟的发动与运作，在赤德松赞时期进入到实质性阶段，而在这个过程中，宗教力量的强势影响与直接介入起到了重要的推动作用。我们可以从以下三个方面来加以考察：

（一）吐蕃僧团中“钵阐布”地位的确立

赤德松赞时期，吐蕃佛教僧团的势力进一步加强，赤德松赞本人之所以能够成功即赞普位，从一开始就是得到佛教力量尤其是得到他幼年读佛经的“师僧”——班弟娘·定埃增一支和拥戴他的部分吐蕃大臣的支持，所以，他即位之后，自然还要依靠和借助这种宗教力量。[④] 若干迹象表明，正是在他执政期间，出现了“钵阐布”一职，这是吐蕃僧人直接参与“国政”的证据，地位甚至要高于世俗官员中的宰相，相当于首席宰相之职。[⑤] 其中，最为直接和重要的文献和考古学证据可举出以下各例：

---

① 拔塞囊著，佟锦华、黄布凡增补本译注：《拔协》，四川民族出版社1990年版，第48—49页。

② 《资治通鉴》卷232贞元三年。

③ 薛宗正：《吐蕃王国的兴衰》，第147—157页。

④ 王森：《西藏佛教发展史略》，中国社会科学出版社1997年版，第16页。

⑤ 关于“钵阐布”一词，各家有不同解释，有人认为其并非一专门职位，只是指代吐蕃僧团中位居首席的高僧，意即“大沙门”；也有人认为其地位相当于首席宰相，属于吐蕃为僧人专设的最高官位；等等。但对其基本地位和职能的认识大体一致，均赞同其是吐蕃僧人直接参政者中地位最高者，位居俗官众宰相之前。上述论点可参见李方桂《钵掣逋考》，《中央研究院历史语言研究所集刊》，第23本下册，台北：“中央研究院”历史语言研究所1951年版，第444—445页；黄文焕《河西吐蕃文书中的“钵阐布”》，中国民族古文字研究会编《中国民族古文字研究》，中国社会科学出版社1984年版，第226页；王尧《吐蕃钵阐布考论》，《王尧藏学文集》卷一，中国藏学出版社2012年版，第393—394页；陈楠《吐蕃职官制度考论》，《中国藏学》1988年第2期；张延清《吐蕃钵阐布考》，《历史研究》2011年第5期；林冠群《唐代吐蕃僧相官衔考》，《中国藏学》2014年第3期等文。

1.《噶迥寺建寺碑》（或称《噶迥寺兴佛证盟碑》）

意大利学者 G · 杜齐在《藏王墓考》一文中，提到了一份极为重要的吐蕃历史文文献——《噶迥寺建寺碑》,[①] 此碑建于赤德松赞在位之时，现存于拉萨河对岸的“噶迥多吉英寺”遗址附近的若玛岗（一作惹玛岗），是一份赤德松赞在即位之后与吐蕃贵族、众臣、各小邦首领盟誓“兴佛证盟”的誓词。王尧先生在《吐蕃金石录》中对此碑也有著录，称“此碑现存碑文为藏文五十七列，文字清晰可读”。[②] 但杜齐和王尧先生对此碑的释文相差较大，据杜齐自称：“尽管噶迥碑文目前已由 H. E. 瑞查森先生编辑出版，但是为了使它与赤德松赞的盟书即它的出处作一番比较……我的文本是瑞查森先生在拉萨十分仁慈地送给我的副本为基础，并由我在 1948 年 8 月离开拉萨前往惹玛岗后，在实地进行考察、拍照后加以修改成文的。”[③] 在杜齐释文的最后部分（王尧先生释文中缺失这一部分），分别列出了当时吐蕃方面参与盟誓者的姓名，其中包括王妃、小邦王子、大小参与国政之大臣、旺布、将军、比伦参与国事者等不同阶层的人士。令人注意的是，在“大小参与国政之大臣立誓者”名单中，首先立誓的是“任钵阐布者班弟勃阑伽 · 云丹”和“班弟娘 · 定埃增”二人，名列于“宰相同平章事大论尚没庐 · 赤书仁谢、尚琛 · 结赞热勒色、韦 · 论绮心儿多赞、尚琛甲 · 热拉黎谢、朗 · 论绮心儿贝拉”等人之前,[④] 这充分表明两位“钵阐布”的地位的确高于世俗官员中的吐蕃宰相。

2.《谐拉康碑》

此碑也为赤德松赞时期所立，因树碑于谐拉康寺院，故称《谐拉康碑》，现存碑刻为两碑，故王尧先生《吐蕃金石录》中将其分别著录为《谐拉康碑甲》和《谐拉康碑乙》。甲碑王尧先生 1979 年调查时尚存，“唯顶已落下，移在一旁”，碑刻藏文六十二列；乙碑已断为三段，碑刻藏文四十九列，文字风格均为吐蕃古藏文。[⑤] 此两碑均为赤德松赞两次授予班弟娘 · 定埃增的盟书誓文，甲碑中盛赞班弟娘 · 定埃增“了知内情，倡有益之议，纷乱消泯，奠定一切善业之基石，于社稷诸事有莫大之功业。及至于在予又驾前，常为社稷献策擘划，忠诚如一，上下臣工奉为楷模栋梁，各方宁谧安乐。及任平章政事之社稷大论，一切所为，无论久暂，对众人皆大有稗益”。[⑥] 乙碑中又再次强调班弟娘 · 定埃增：“于予之驾前，参与社稷大事。予掌政之日起即对予政躬，对社稷政务，倡有益与久暂之善议，行有利于众人之大事……”[⑦] 可见此人地位非同一般，深受赤德松赞信任，并被任命为“平章政事之社稷大论”，直接参与吐蕃政务管理。

3. 西藏昌都仁达摩崖造像

考古发现的西藏昌都仁达摩崖造像下方，保存有古藏文题记，恰白 · 次旦平措先生

---

① ［意］杜齐：《藏王墓考》，译文参见中央民族学院藏族研究所编《藏族研究译文集》，1983 年，第 17—20 页。

② 王尧编著：《吐蕃金石录》，第 160—163 页。

③ ［意］杜齐：《藏王墓考》，第 17 页。

④ 同上书，第 18—19 页。

⑤ 王尧编著：《吐蕃金石录》，第 115—128 页。

⑥ 此段译文引自王尧编著《吐蕃金石录》，第 116 页。

⑦ 王尧编著：《吐蕃金石录》，第 127 页。

的释文中有“猴年夏，赞普赤德松赞时，宣布比丘参加政教大诏令，赐给金以下告身，王妃琛莎莱莫赞等，众君民入解脱之道。诏令比丘阐卡云丹及洛顿当，大论尚没庐赤苏昂夏、内论□赤孙新多赞等参政”等语。① 这里出现的奉诏参政的高僧“阐卡·云丹”，实际上也即《噶迥寺建寺碑》中的“勃阑伽·云丹”，只是译法不同而已。因赤德松赞在位期间只有一个猴年，即公元 804 年，所以可以确定这处造像开凿时代为公元 804 年，亦即藏历阳木猴年，唐德宗贞元二十年。

上述碑铭材料可以证明，赤德松赞时期重用吐蕃高僧“钵阐布”参与政事已成事实，在文献和考古两方面都留下了确凿的证据。钵阐布的地位高居于吐蕃僧、俗两界高官之首，这是吐蕃历史上从未有过的现象，其影响甚为深远。

（二）唐蕃交涉中钵阐布地位的显示

有迹象显示，钵阐布很可能直接参与了唐蕃长庆会盟的酝酿与准备。王森先生最早敏锐地指出：“《唐书》说元和五年徐复往使，宪宗特赐钵阐布以敕书。藏文史料也说内地和尚和吐蕃僧官间调处以成唐蕃之和。看起来，元和长庆间，唐蕃之和，蕃僧起了一定作用，可能是事实。这一事实，也说明蕃僧当时能干预吐蕃行政。”② 这里所说的唐宪宗特赐钵阐布的敕书，亦即由白居易起草的《与吐蕃宰相钵阐布敕书》。③ 在这封代表唐朝皇帝的赐书当中，白居易对钵阐布在唐蕃友好中所起作用大加溢美，“卿器识通明，藻行精洁，以为真实合性，忠信立诚，故能辅赞大蕃，叶和上国，弘清净之教，思安边陲，广慈悲之心，令息本甲，即表卿之远略，亦得国之良图”，其后才直奔主题，谈及唐蕃会盟之事：“今信使往来无壅，疆场彼此不侵，虽未申以会盟，亦足称为和好，必欲复修信誓……此使已后，应缘盟约之事……封疆之事，保无改移，即蕃汉俱遣重臣，然后各将成命，事关久远，理贵分明，想卿通才，当称朕意。”可见唐朝方面对于吐蕃沙门钵阐布在唐蕃交往的重大事件中具有举足轻重的地位这一点已有充分的认识。王尧先生认为通过这封书信可以明确两个重要的事实：“一、钵阐布以佛教徒高僧身份在吐蕃王廷起关键性作用。这与长庆会盟时，其在吐蕃官员队伍中位列第一相一致。二、关于边界问题、会盟问题、归还人员问题，都已在讨论、磋商之中，实际上是长庆会盟的准备阶段，反映蕃唐两方都有和好宁边要求。”④

意味深长的是，在唐蕃之间高层的书信往来之中，前期都是由唐朝皇帝直接写给吐蕃赞普，如唐玄宗、张九龄的《赐赞普书》《赐吐蕃赞普书》等文；而在“安史之乱”以后至长庆会盟之前，唐朝皇帝写给吐蕃赞普的书信，则开始由文臣代笔直接写给吐蕃的宰相和将相。⑤ 在白居易代为起草的多封书信中，有两封至关重要：一封是唐宪宗元和四年（809）为唐使徐复所写的《与吐蕃宰相钵阐布敕书》；另一封是在次年（唐宪宗元和五年，810 年）所写的《与吐蕃宰相尚绮心儿等书》，信中所谈及的内容均是后

---

① 恰白·次旦平措：《简析新发现的吐蕃摩崖石文》，《中国藏学》1988 年第 1 期。

② 王森：《西藏佛教发展史略》，中国社会科学出版社 1997 年版，第 16 页。

③ （唐）白居易：《与吐蕃宰相钵阐布敕书》，收入《全唐文》卷六六五，中华书局 1983 年影印本，第 6757—6758 页。

④ 王尧编著：《吐蕃金石录》，第 50 页。

⑤ 张云：《唐蕃之间的书函往来、对话与沟通》，《中国藏学》2011 年第 S1 期（总第 95 期）。

来唐蕃长庆会盟中所要讨论的核心问题，即归还河西三州、有关会盟之事双方使节的商谈、归还被吐蕃所劫掠唐朝官员及亡者灵柩等重大事项。这两封信件可谓同等重要，从后来《唐蕃会盟碑》上的铭文可知，主持长庆会盟的吐蕃方面的代表位列首席和次席者，正是"钵阐布"勃阑伽·云丹和宰相尚绮心儿二人。[①] 白居易的这两封书信正是首先写给钵阐布，然后再写给尚绮心儿，很显然对于两人的实际地位、作用和影响力都是有所考虑的，在政治运作上显示出相当的灵活度与务实性，这也从一个侧面反映出唐朝上下深知钵阐布对于会盟成功与否起着更为关键性的作用。《新唐书·吐蕃传》中"钵阐布者，虏浮屠豫国事者也"[②]"（吐蕃）喜浮图法，习咒诅，国之政事，必以桑门参决"[③] 等记载虽然只有短短几句话，却一语道破其实质。由此我们可以推知，唐代元和以后，唐蕃双方开始启动新一轮会盟的酝酿与准备，这个过程中吐蕃一方最重要的筹划者和决策者除了吐蕃赞普之外，就是手握重权的大沙门"钵阐布"，所以在具体运作过程中，唐朝君臣都充分利用了钵阐布作为沟通双方的中介加以斡旋。

（三）汉藏佛教间配合长庆会盟的互动

从更为广阔的视野考察，元和年间唐蕃之间为配合会盟而开展的互动，可能从上层到民间都有所反映。据汉文史料记载，在唐宪宗即位之后，元和初年唐蕃双方往来甚密，传递了一系列表示友好的信号。如唐宪宗即位之后的元和元年（806）正月，首先向吐蕃示好，"福建道送到吐蕃生口七十人，诏给递乘，放归其国"。[④] 元和二年（807）八月，吐蕃方面也释放出友好信息，"以没蕃人僧良阐等四百五十人自吐蕃复还中国"。[⑤] 同年十二月，"吐蕃……遣使朝贡"。[⑥] 元和四年（809）七月，"吐蕃遣使来和好"。[⑦] 元和五年（810）五月，"吐蕃遣使论思颊热来朝，并归郑叔矩、路泌之柩及叔矩男武延等一十三人。叔矩，会盟使崔汉衡之从事，泌浑瑊之从事，贞元初，吐蕃背盟所陷，凡二十年，竟不屈节，因殁于蕃中，至是请和，故归其柩"。[⑧] 这次吐蕃方面归还了此前因会盟而被扣留的唐朝使节以及亡者灵柩，回应了白居易在《与吐蕃宰相钵阐布敕书》中提出的部分要求。此年六月，吐蕃遣使与唐朝宰相会见于中书令厅，七月，唐朝"以陕州大都督府左司马兼通事舍人李铦为鸿胪少卿，摄御史中丞，持节，充入吐蕃使"。[⑨] 在如此频繁往来之中，双方通过释放彼此扣押的"生口"、僧人，归还使节的灵柩等项举措，都可以在佛教"慈悲为怀"的宗教背景之下展开，在一定程度上可以释放善意、诚意与表达友好愿望，起到缓和双方关系的作用。

除文献记载以外，在考古发现中也有迹象表明吐蕃佛教势力对唐蕃之间会盟的关

---

① 王尧编著：《吐蕃金石录》，第 41 页。
② 《新唐书·吐蕃传》（下），第 6100 页。
③ 《新唐书·吐蕃传》（上），第 6072 页。
④ 《册府元龟》卷四十二帝王部仁慈，页二十，第 481 页下。
⑤ 《册府元龟》卷一四七帝王部恤下二，页十五，第 1782 页下。
⑥ 《册府元龟》卷九七二外臣部朝贡五，页六，第 11417 页下。
⑦ 《册府元龟》卷九八〇外臣部通好，页十五，第 11515 页上。
⑧ 同上。
⑨ 同上。

注。近年来在汉藏交界地带的今西藏昌都、青海玉树、四川石渠、甘肃民乐等地相继发现了一批吐蕃时期的佛教摩崖石刻,[①] 值得注意的是，这批造像的年代大多集中在赤德松赞时期，其中有两处石刻的年代明确记载为赤德松赞在位期间的“猴年”（804）和“狗年”（806），均与唐宪宗即位之后的元和初年在时间上相对应。尤其是我们在上文中提到的西藏昌都仁达吐蕃摩崖造像题记中（804），专门提及“初与唐会盟时”这一历史背景，还特别赞颂了钵阐布“比丘阐卡・云丹”等吐蕃高僧的功德。这个线索很可能表明为了纪念此前某次唐蕃会盟的成功，为新一轮唐蕃会盟造势，吐蕃佛团发动了强大的宗教攻势，在汉藏交界地带吐蕃占领区内广造佛像，为吐蕃赞普和众生祈福，营造和平气氛。[②] 而领导这一“造像运动”的吐蕃高僧益西央，结合敦煌古藏文文献可以确认他正是吐蕃禅宗的继承者——大译师布・益西央（或译为郭・益西央），他与汉地佛教禅宗有着密切的关系，属于曾与印度梵僧在吐蕃展开过“顿渐之争”的汉地禅宗大师摩诃衍的一支在吐蕃的传承人。益西央在其造像集团中集中了藏、汉两个民族的工匠和艺术家，并在各处造像中留下了多处藏、汉两种文字刻写的题铭，其内容和表现方式都与吐蕃“以佛证盟”的时代特点相吻合。[③] 可以认为，这些做法都是在刻意显示藏、汉之间通过佛教达成的慈善友好，反映出吐蕃僧团中除钵阐布这样的首席大沙门之外，还有诸如益西央这样与汉地佛教始终保持着密切联系的高僧，也在为唐蕃会盟的成功推波助澜、摇旗呐喊。

四　长庆会盟的运作与实施

唐穆宗在元和十五年（820）正月即位，次年（821）改元长庆元年。在他即位的当年二月，便在丹凤楼诏告大赦天下，尤其针对吐蕃下制云：“其诸军先擒吐蕃生口配在诸处者，并放归国，愿住者亦听。”[④] 这年的七月，穆宗还下诏对唐京师长安城内的安国、慈恩、千福、开业、章敬等佛寺大加装饰，“纵吐蕃使者以观焉”。[⑤] 同年七月，“对吐蕃吊祭使于麟德殿，宴赐有差”。[⑥] 同年八月，“命宰臣召吐蕃使于中书议事”。[⑦] 同年十月，先后派遣“太子中允张贾为太府少卿、摄御史中丞，持节，充入吐蕃答请和好使。庚辰，命宰臣留吐蕃使于中书议事，以郯王府长史邵同为太府少卿兼御史中丞，持节，入吐蕃充答请和好使”。[⑧] 此后，又“命高品窦千乘使于吐蕃”。[⑨]

综合上述史料线索似乎可以推测，在穆宗即位的当年，吐蕃方面以吊祭唐朝先帝为由，派出了规模不小的使团来访长安，而唐朝方面也派遣“千乘”级别的使团回使吐

① 霍巍：《青藏高原东麓吐蕃时期佛教摩岩造像的发现与研究》，《考古学报》2011 年第 3 期。

② 霍巍：《藏东吐蕃佛教摩崖造像背景初探》，《民族研究》2015 年第 5 期。

③ 霍巍：《论藏东吐蕃摩崖造像与吐蕃高僧益西央》，《西藏大学学报》2015 年第 2 期。

④ 《册府元龟》卷九十帝王部赦宥九，页一，第 1073 页上。

⑤ 《册府元龟》卷九十外臣部褒异三，页十，第 11464 页下。

⑥ 《册府元龟》卷一一一帝王部宴享三，页四，第 1317 页下。

⑦ 《册府元龟》卷九八〇外臣部通好，页十六，第 11515 页下。

⑧ 同上。

⑨ 同上。

蕃，双方不仅往来频繁，使团规模庞大，而且目的均明确在于“和好”，从某种意义而言算是正式拉开了长庆会盟的序幕。这当中尤其引人注目的举措之一，是穆宗下诏对长安城内各大佛寺进行大规模的装修，其目的是让吐蕃使者得以纵情观瞻，这是否暗示着吐蕃使团中已有吐蕃僧侣在内不得而知。

穆宗长庆元年（821）九月，吐蕃正式请求举行会盟，得到唐朝应许。关于这次历史意义最为重大的会盟，在新旧《唐书》、《册府元龟》《资治通鉴》等大量汉文史料以及《贤者喜宴》《西藏王统记》等后期藏文史料中均有记载，现存于拉萨大昭寺门前的《唐蕃会盟碑》，更是当年遗存下来的唯一关于这次会盟的考古实物材料。综合上述史料，我们可以勾勒出长庆会盟的主要仪程和若干细节。

首先，唐朝方面对于会盟的仪程十分重视，对于要不要按照汉地旧制举行“告庙”之礼一开始便有所争议，其结果认为与吐蕃会盟举行告庙之礼属于特例而非常制，遭到否定。宰相欲重其事，请告太庙，太常礼院奏曰：“谨按肃宗、代宗故事，与吐蕃会盟，并不告庙。唯德宗建中末，与吐蕃会盟于延平门，欲重其诚信，特令告庙。至贞元三年会于平凉，亦无告庙之文。伏以事出一时，又非经制，求之典礼，亦无其文。今谨参详，恐不合告。”从之。①

吐蕃方面将长庆会盟的盟文事先已提交给唐朝方面，主要提出了“蕃汉二邦，各守本界，彼此不得征讨，不得相为仇雠，不得侵谋境土，若有所疑，或要捉生问事，优给衣粮放还”等基本条款。② 值得注意的是提交盟文者的排序是“大蕃赞普及宰相钵阐布、尚绮心儿等”，再次印证了吐蕃佛教首席沙门钵阐布在会盟中的地位仅次于赞普而高于其他宰相的状况。

然后，唐蕃之间先后举行了三次会盟，先是在唐朝京师长安，后是在吐蕃首府逻些（今拉萨），最后是在双方边界附近。③ 第一次会盟于唐长安的有关情况在《册府元龟》和《旧唐书·吐蕃传》中描述较为简略：“会盟于京师，坛于城之西郊，坎于坛北，凡读誓、刑牲、加书、复壤、陟降、周旋之礼，动无违者。”④ 可知其仪程与清水会盟大体相同。但在这里涉及两个令人感到困扰的问题必须先行廓清：

第一个问题，上述汉文史料中均没有记述长庆会盟在唐朝京师的这次会盟仪式中，还举行过类似清水会盟中应吐蕃方面要求特意在佛幄中“焚香为盟”的情节。中外学者均解释说，这可能是汉人文献中有意“隐去”或“删节”了下坛至吐蕃佛帐中“焚香为誓”的程序。⑤ 我们对此表示怀疑。因为从汉人史书中对历次唐蕃会盟的记载来看，除了级别不高的会盟之外，比较正式而隆重的会盟如清水会盟、长庆会盟，对其仪程均有详细的记载，不太可能省略或删节如此重要的内容。我们更倾向认为，长庆会盟

① 《册府元龟》卷九八一外臣部盟誓，页十六，第11531页下。

② 同上。

③ 周伟洲：《唐蕃长庆会盟地与立碑考》，《燕京学报》新27期，北京大学出版社2009年版，后收入氏著《藏史论考》，第4页。

④ 《册府元龟》卷九八一外臣部盟誓，页十六，第11531页下。

⑤ ［法］石泰安：《八至九世纪唐蕃会盟条约的盟誓仪式》，耿升译，《西藏研究》1989年第4期；周伟洲：《唐蕃长庆会盟地与立碑考》，《燕京学报》新27期，北京大学出版社2009年版，后收入氏著《藏史论考》，第4页。

时因第一次是在唐京师长安举行，是由唐朝一方主盟，采用的是汉人和吐蕃人都能接受的传统旧制——“刑牲歃血”仪式，这并非是哪一方单方面的要求，而已经是一种平等的仪式，所以没有必要再应某一方面的特殊要求在佛寺或佛幄中再次举行“焚香为誓”的仪式。

与上述第一个问题密切关联的第二个问题在于，这次会盟的具体地点究竟是在唐京师长安城内何处？有无可能是在佛寺中举行？上述文献中都只说是在京师“城之西郊”，唯有宋人王溥《唐会要》卷97“吐蕃”条下却明确记载：“（长庆元年）十月，命宰相崔植等十四人与吐蕃论纳罗盟于郡城西王会寺。”[①]《唐蕃会盟碑》背面藏文当中也有“乃与唐主文武孝德皇帝舅甥和叶社稷如一统，情谊深长，结此千秋万世福乐大和盟于唐之京师（Keng-shi）西隅 shen-sang-si 前”之语。王尧先生将“shen-sang-si”直译为“兴唐寺”，但他也承认这是根据此前唐蕃“永泰会盟”时曾盟于唐京师之兴唐寺而暂时做出的译法，尚有待进一步考证。[②] 此外，各国学者还有将其译为“香积寺”“释僧寺”“石羊寺”“庆善宫之西的慈德寺”等不同寺名的意见。[③] 周伟洲先生考证后认为诸说皆难成立，指出“此王会寺并非确指一佛教寺院，而是专为唐蕃会盟，在京师长安西郊筑誓坛而建之暂时性官署名”。因为遍查有关文献典籍，均无上述佛寺之名，反倒如同法国学者石泰安推测的那样，所谓“王会寺”，实际上并非佛寺之名，而有可能是暗指两国专使为缔约而设立的类似“太常寺”“鸿胪寺”之类的官署，所以他认为“其余中外学者的各种推测，均没有什么根据，也无再行讨论、争议之必要”。[④] 在前文中我们曾经分析指出，此前唐蕃之间在“兴唐寺”举行的两次会盟，都是较低规格、不排除带有临机处置性质的会盟，所以很可能并没有举行汉人传统的“刑牲歃血”仪式，也没有像清水会盟和长庆会盟一样“凡读誓、刑牲、加书、复壤、陟降、周旋之礼”一应周全，所以才可以在佛寺中举行。而长庆会盟这样十分隆重而正式的会盟，既然双方在仪程上一如旧制，“动无违者”，就排除了在佛寺中举行“刑牲歃血”仪式的可能性。因而，周伟洲先生的意见可能是正确的。

史料记载最详、并且得到现存的考古实物《唐蕃会盟碑》相互印证的，是唐蕃双方其后于长庆二年（822）又在吐蕃首府逻些举行的第二次会盟。《旧唐书·吐蕃传》中记载在唐京师会盟之后，“刘元鼎等与论纳罗同赴吐蕃本国就盟，仍敕元鼎到彼，令宰相已下各于盟文后自书名”。[⑤]《册府元龟》大约根据刘元鼎本人的亲历记写成的关于此次会盟的记载最为详尽，先将这段文字转录如下：

“时赞普建衙于野，以栅枪为垒，每十步攒长槊百枝，而中建大旆，次第有三门，相去百步，门有甲士，巫祝鸟冠虎带，击鼓拚箭，入者必搜索而进。内起高台，环以宝盾，帐曰金帐，其中缘饰多以金为蛟螭虎豹之状，至甚精巧。元鼎既见赞普，年可十七八，号可黎可足，戋衣白褐，以朝霞缠头，坐佩宝剑。国政蕃僧号钵掣逋，立于座右。

---

① （宋）王溥：《唐会要》，卷97“吐蕃”条，上海古籍出版社标点本2006年版，第2060页。

② 王尧编著：《吐蕃金石录》，第59页。

③ 李宗俊：《论唐蕃长庆会盟的几个问题》，《陕西师范大学学报》2013年第5期。

④ 周伟洲：《唐蕃长庆会盟地与立碑考》，《燕京学报》新27期，北京大学出版社2009年版，后收入氏著《藏史论考》，第3页。

⑤ 《旧唐书·吐蕃传》（下），第5265页。

侍中、宰相列于台下。翼日，于衙帐西南设馔，馔味酒器，略与汉同。乐工奏秦王破阵乐、凉州、绿腰、胡渭州、百戏等，皆中国人也。所筑盟台，阔十步，高二尺，汉使与蕃相及高位者十余人相向列位，首领百余人坐于坛下。坛上设一榻，高五六尺，使钵掣逋读誓文，则蕃中文字，使人译之。读讫，歃血，惟钵掣逋不预，以僧故也。盟毕，于佛像前作礼，使僧讽文以为誓约，郁金咒水饮讫，引汉使焚香，行道相贺而退。”① 根据这份唐朝使节刘元鼎亲历会盟记述的仪程，可以反映出若干重要的信息和一些关键性的细节：

（1）这次吐蕃会盟的地点在《唐蕃会盟碑》背面藏文中明确记载是“盟于吐蕃逻些东哲堆园”，② 这个地点的具体位置现已无从考订，但可以肯定是设在逻些郊外吐蕃常见的大毡帐之中，③ 而绝非在佛寺之中举行（虽然《唐蕃会盟碑》现竖立在拉萨著名的佛寺大昭寺外，但那是事后竖立的纪念碑性质的石碑，与此次会盟地点并无关系）。此大帐因系吐蕃最高等级赞普的行宫，帐内装饰有大量黄金饰物，故有“金帐”之称。

（2）从会盟处门外“巫祝鸟冠虎带”一语来看，坛场并非仅具佛教色彩，吐蕃传统宗教本教的“巫祝”也同时出现在场。“鸟冠”应为苯教师头上的装饰物，因苯教信仰中以大鹏鸟为其图腾；而“虎带”则是吐蕃勇士的装饰，称为“大虫皮”。刘元鼎在其出使吐蕃途中也见到在吐蕃陵墓上绘以虎纹的情形。④ 如果这一点可以成立，那么就再次证实我们的推断，在会盟仪程中采用“刑牲歃血”仪式，既是汉地的旧制，也是吐蕃带有苯教在盟誓中杀牲盟誓遗风的旧制，双方都可以接受，是一种平等誓盟的象征和仪式，不是单方面的特例。

（3）在位次的安排上，吐蕃赞普坐于盟台之上，盟台上赞普座右为号为“国政”的“钵掣逋”（即“钵阐布”）站立于身侧，其余汉使与蕃相及高位者均列于台下，可知钵阐布的地位的确要高于吐蕃一般宰相，位列参与会盟的吐蕃宰相之首。这与《唐蕃会盟碑》右面所刻蕃官题名的情形正好互为印证。碑上题名第 1 至第 4 行的官名分别为：

大蕃宰相等和好登坛立盟官寮名位

大蕃宰相同平章事名位

□□□□□□政同平章事沙门钵阐布允丹

□□□□天下兵马都元帅同平章事尚绮心儿

（下略）。⑤

（4）会盟誓文由钵阐布宣读，再次体现出钵阐布在会盟仪式上显赫的“国政”地位。另一方面，也或许还能体现出钵阐布是吐蕃方面参加会盟者之中，文化水平是最高的。

---

① 《册府元龟》卷九八一外臣部盟誓，页十六，第 11531 页下。

② 王尧编著：《吐蕃金石录》，第 43 页。

③ 《旧唐书·吐蕃传》（上）：“贵人处于大毡帐，名为拂庐”，第 5220 页。

④ （唐）刘元鼎：《使吐蕃经见纪略》中记载过吐蕃所见云：“山多柏坡，皆丘墓，赭涂之，绘白虎，皆夷人有战功者，生衣其皮，死以旌勇，殉死者瘗其旁”，《全唐文》卷 716，页十二，中华书局 1983 年影印本，第 7360 页。

⑤ 王尧编著：《吐蕃金石录》，第 43 页。

（5）誓文宣读完毕之后，双方依例举行“歃血”仪式，这应为双方共同依准的会盟常制，但唯有钵阐布因其为佛教僧侣可以不参加这个仪程。“歃血”必然伴随有“刑牲”，所以由此可证石泰安先生认为长庆会盟时“带血的盟誓是汉地式的，吐蕃式的礼仪是佛教性的，不能刑牲”这一判断不能成立。不过，或因为这次盟誓是由吐蕃主盟，在仪程上可能会简化汉地“刑牲歃血”的传统仪式，在唐京师长安举行会盟时所实行的全套“坎于坛北，凡读誓、刑牲、加书、复壤、陟降、周旋之礼”，在这里或许仅以“歃血”即可代之。类似的情况在清水会盟时也曾有过，仪式中“结赞亦出盟文，不加于坎，但埋牲而已”，很显然吐蕃方面对于唐人主盟的仪程也是可以适当变通的，不一定全依汉制。

（6）在正式的会盟仪式结束之后，应吐蕃方面的请求（或者更有可能是应钵阐布的请求）再次到佛像前行礼，并由佛教僧侣宣读誓约，双方饮郁金香水，由吐蕃方面引导汉使在佛像前焚香，然后才最后退场。这个仪程应当才是吐蕃方面单方面的要求，与清水会盟时“盟毕，结赞请（张）鎰就坛之西南隅佛幄中焚香为誓”的情况完全相似。所以，这个仪程看来并非是唐蕃会盟中双方都遵从的“常制”，而应是吐蕃单方面提出的具有附加性质的“特制”。这一变化，是和吐蕃王朝自赤松德赞以来开始以“兴佛证盟”的方式处理内部关系和族际关系的发展趋势相一致的。同时，也再次凸显出吐蕃佛教对唐蕃会盟仪程所产生的重要影响。

五 结语

唐蕃长庆会盟的成功，从根本上说，这与唐朝和吐蕃双方经过长期战争消耗之后彼此势力的消长、双方力量都走向由盛到衰的总体发展趋势联系最为紧密。但是，“事不孤起，必有其邻”，任何事物的发展都不会是孤立的，本文所要强调的是，在政治、军事、经济等多重维度之外，宗教——主要是吐蕃佛教——的影响、介入与运作对于唐蕃会盟的成功，也曾经发挥过不可忽略的作用。长庆会盟的主要成果如同有学者业已指出的那样，主要是划定了当时唐蕃之间的各段边界，约定从此双方互不侵扰，但“长庆会盟确定的边界，是以清水会盟划定的边界为基础，也可以说没有清水会盟的成果，长庆会盟也就不可能很快顺利达成甥舅和盟”。① 通过本文的讨论我们可以进一步观察到，正是以清水会盟为重要转折点，透过双方会盟仪程上发生的变化，可以明显地感受到吐蕃佛教开始产生的重要影响。这与当时吐蕃最高统治者赤松德赞时期的“崇佛”政策和大力发展佛教势力、任用吐蕃高僧参与国政等社会背景是互相吻合的。所以无论是从会盟的仪程、结果还是社会历史背景上考察，清水会盟的确开启了后来唐蕃长庆会盟的先河，是长庆会盟实质性的准备阶段。

长庆会盟之际，吐蕃朝廷发生的最为重大的变化，是在赤松德赞之后即位的赤德松赞时期，首次任命吐蕃佛教大沙门为“钵阐布”，位列世俗宰相之前。唐王朝自唐宪宗元和以来一系列与吐蕃之间有关会盟的书信往来、沟通协调，都是以钵阐布为中介展开。不仅如此，近年来的考古发现还证明，在汉藏交界地带这一时期由吐蕃亲汉的禅宗高僧以“以佛证盟”的方式，镌刻了一批刻石造像，颂扬吐蕃赞普和钵阐布历史上

---

① 陈楠：《论唐蕃清水会盟》，收入氏著《藏史丛考》，第181页。

“与唐初会盟”的功绩，很有可能都是吐蕃佛教界的一些外围活动，一定程度上也可以起到为唐蕃长庆会盟成功营造和平气氛的作用。长庆会盟的举行，从整个仪程上看，都是清水会盟仪式的延续和发展。其中最令人关注的是，在吐蕃主盟的逻些（拉萨）会盟中，佛教大沙门钵阐布居于双方会盟官员之首并主持会盟仪式全程；依照清水会盟之旧例，在双方按照传统的“刑牲歃血”盟誓之后，还要接受吐蕃方面的请求，以佛教仪式再次在佛幄之中“焚香为誓”。所以，在清楚了这些程序和背景之后，将有助于我们进一步理解中外学术界讨论较多的关于唐蕃长庆会盟仪式举行的地点、“刑牲歃血”究竟是汉地旧制、还是吐蕃“旧俗”等一系列问题。

从本文的研究结论可知，唐蕃之间凡重大的会盟都要举行包括“坎于坛北，凡读誓、刑牲、加书、复壤、陟降、周旋之礼”在内的隆重仪式，这个仪式是唐蕃双方都互相认同的盟誓惯例，它既是汉民族传统的“告庙”礼制的具体体现，也符合吐蕃深受草原游牧民族和本教习俗影响的“杀牲盟誓”的旧俗，所以双方均可接受，并非某一方单方面的盟誓仪式。所以，在一般情况下，像长庆会盟这样重要的会盟都不会在佛寺中或佛寺附近举行，而只会在双方程序化的仪式结束之后，再按照主盟一方的请求，可以采用佛教的方式再行举行一次“焚香为誓”的附加仪式，其地点一般也只能在会盟地点附近临时搭设的“佛幄”“佛帐”之类的场所中进行，不大可能在正规的佛寺中举行。

总之，纵观唐蕃长庆会盟的历史过程，可以明确地看到吐蕃佛教对其的影响与作用，这个作用对于唐蕃友好和平局面的形成应当给予正面的评价。如同王森先生曾经指出的那样，从赤松德赞到赤德松赞两代赞普的大力扶持佛教，就其内部而论，可能是想利用这些措施逐渐解决统治阶级内部——也就是赞普和权臣之间的矛盾，但“佛家非战弭争，是其根本教义，自然有助于王室主和的观点；当时上层僧人，都是贵族子弟，赞普奉佛，可以通过佛教联系更多贵族；他又以僧人为却论也打破了以实力最强大的贵族为大论的惯例。却论在赤松德赞的子孙即位为赞普时，又发展为实际掌握内外军政大权的人物，称钵阐布，终于造成唐蕃长庆和盟的局面。这也可以说是他们仍贯彻赤松德赞崇佛政策的效验”。[①] 这一评价是符合历史事实也是十分中肯的。

最后还必须指出的是，唐蕃长庆会盟的成功，与唐蕃之间无论在和、战之间的何种状态下，都始终保持着“甥舅之谊”这层关系也有着深刻的内在联系。这种以传统亲缘关系为纽带而贯穿起来的族际关系，具有浓烈的东方色彩，也带有强烈的感情色彩，是唐代中央政权与周边各民族之间保持和发展友好关系的坚实根基与外在宣示。正是因为有了这层割不断的联系，唐蕃双方才能如鱼得水般地借助宗教力量进一步强化蕃、汉两个民族之间传统友好的一面，最终达成会盟的成功。这也为后来西藏在元代直接置于中央政府管辖之下，并最终结合为统一的多民族国家，奠定了厚重的历史基础。

（原载《世界宗教研究》2017 年第 1 期）

① 王森：《西藏佛教发展史略》，中国社会科学出版社 1997 年版，第 20 页。

勃律（Bru sha）与西藏苯教、藏传佛教关系考略

刘　洁*

今巴基斯坦北部的吉尔吉特—巴尔蒂斯坦地区，在西藏苯教藏文文献中被记为“བྲུ་ཤ”（Bru sha，音“竹夏”），与唐代汉文史籍所载“勃律”、巴基斯坦史学家所记“Palolo”（钵露罗），均为同指。① 由于得天独厚的地缘地理条件，勃律（བྲུ་ཤ）堪称古代象雄、吐蕃、印度、波斯、希腊等多个文化圈的交汇点。在象雄与吐蕃文明多元化特质的形成、疆域版图演变更迭，以及西藏苯教、藏传佛教在青藏高原广泛传播与相互融合的历史过程中，勃律曾经发挥过重要作用。

一　勃律对象雄、吐蕃疆域版图的重要地缘地理影响

作为象雄西部重要邦国之一，勃律自公元8世纪始受吐蕃控制并分裂为大、小勃律。尽管青藏高原的自然地理环境具有相对封闭的特点，但灿烂悠久的藏族历史文化却凸显出开放性与多元化的特征。勃律及其毗邻的拉达克，一直是发源于冈底斯山的象雄文明与印度、中亚、西亚等文明互动交流的重要通道。鲁保罗认为，自吐蕃至安西四镇之焉耆的最佳道路，“始终是经勃律（吉尔吉特）和护密（Wakhan，瓦罕走廊）之路”。由于地缘战略的重要性，勃律曾经饱受象雄、吐蕃、唐廷、大食之间武力征伐之苦。概而言之：吐蕃征服象雄，是勃律分裂的主要内因；而角逐中亚的唐廷、吐蕃、大食对小勃律（吉尔吉特）的羁縻与胁迫，是其分裂的外因。

自上古时期开始，勃律就已经成为象雄的西部邦国。藏族学者才让太根据苯教文献考证，象雄疆域的最西端可抵大、小勃律。意大利的图齐教授也曾明确指出，象雄西部的地域范围除保有拉达克之外，还继续延伸至巴尔蒂斯坦及和田。以《世界地理概说》为代表的苯教文献记载，象雄的疆域范围可分为里、中、外三部分。其中，作为“众山之祖脉”的冈底斯山及其西向数日路程的周边地区，被称为“中象雄”。象雄早期历

* 刘洁，中国社会科学院中国边疆研究所助理研究员。

① 今吉尔吉特—巴尔蒂斯坦地区的历史地名具备典型的“一地多名”特点。仅在汉文史籍中，该地区就曾以“休循、难兜、无雷、乌秅、波路、阿钩羌、钵卢勒、勃律、白题、布路沙、东西布鲁特”等多个历史地名见载。这些名称均为“བྲུ་ཤ”（音“竹夏”）这一藏文名称被其他语言所借用而产生的同音异译，但其藏文名称却一直保持不变，这凸显出该地区与古代西藏之联系的长期性和稳定性。

史上著名的“十八冠角王”[1] 之领地，以及竹（བྲུ）、许（ཞུ）、芭（སྤ）、梅（མེའུ）四大苯教世系喇嘛家族的发源地都位于此。作为西藏苯教第二大世系喇嘛家族——竹氏家族的发源地，勃律当属“中象雄”。但从地缘地理学的角度而言，勃律实际上位于“里象雄”与“中象雄”的交界地带。具体而言，其西端的吉尔吉特经瓦罕走廊与巴达赫尚（Badakhshan）相连，是象雄与中亚、西亚交通的重要结点，属“里象雄”地域范围之内；其东端的巴尔蒂斯坦则属“中象雄”，是自象雄腹地经克什米尔谷地直通印度的必经之地，素有“小西藏”之称，与西藏本土的联系更为紧密。

苯教古藏文文献所记“象雄十八冠角王”，已初显勃律与象雄关系之端倪。根据南喀诺布教授依照苯教历法推算的结果，名列“象雄十八冠角王”之首的黄金冠角王——赤威尔拉杰谷郎（ཁྲི་ཝེར་ལ་རྗེ་གུ་ཡང་གསེར་གྱི་བྱ་རུ་ཅན）所生活的年代，相当于雍仲苯教创始人——辛饶米沃且的下半生时期，该王与其他两王在冈底斯神山下建有喀姜玉洛筠巴城堡（ག་ཡུང་གཡུ་ལོ་ལྗོན་པའི་རྫོང）。这意味着早在公元前 20 世纪，象雄十八王的领地就分布在以冈底斯山和玛旁雍措湖为中心的“中象雄”。值得注意的是，第十五位绿松石光冠角王穆威尔财宝王（མུ་ཝེར་ནོར་གྱི་རྒྱལ་པོ་ག་ཡུང་འོད་གྱི་བྱ་རུ་ཅན ）的领地位于象雄卡觉（ཁ་སྒོར）。南喀诺布教授考证此地位于冈底斯山和玛旁雍措湖一带。但是，才让太认为“མུ་ཝེར”（音“穆威尔”）源自象雄语，是古代西藏苯教某一神灵的名称，也是苯教传说中的一位大食国王的名号。索骥《古代象藏词典》，“མུ”与“ཝེར”均为象雄语，前者含义为“天”；后者义为“国王”。由此可见，“མུ་ཝེར”一词源自象雄语，其含义为“天王”。该王名号中的“ནོར་གྱི་རྒྱལ་པོ”义为“财宝之王”，结合藏文文献多以“财宝之国”来代称“大食”的习惯性表述方式，我们可推测该象雄王与辛饶米沃且的出生地——大食魏摩隆仁关系密切，其领地应位于“里象雄”。笔者认为，由地缘政治关系来看，吉尔吉特与中亚、西亚地区的联系远较巴尔蒂斯坦更为密切，象雄卡觉（ཁ་སྒོར）应为今吉尔吉特地区。需要补充的是，该王名号中的“ག་ཡུང”一词，义为“绿松石色”，而绿松石一直被巴尔蒂斯坦人民所钟爱且享有“民族宝石”之誉。除吉尔吉特之外，上古时期象雄卡觉（ཁ་སྒོར）的疆域范围是否包括巴尔蒂斯坦在内，值得我们在未来的研究过程中继续关注并考证。由此可见，在“象雄十八冠角王”时期，除了古格、普兰、拉达克、于阗之外，勃律也曾是象雄西部重要邦国之一。

有唐一代，勃律分裂为大、小勃律。依《往五天竺国传》所记：至迟至唐开元十五年（727），原大勃律之国王，为避吐蕃侵吞之势而迁居小勃律，但其属下各部落酋长与百姓以归附吐蕃为条件，仍居大勃律。此为记载大、小勃律分裂之最为详尽的汉文史料。需要强调的是，有关吐蕃征服勃律的具体年代，唐代各类汉文史籍所载不尽统

---

① 象雄与苯教之间的关系密不可分。古代象雄诸王以及苯教著名法师们，为区分不同等级的王权/神权，有头戴形如琼鸟之角，材质为黄金、绿松石、琉璃、天生铁、水晶、珊瑚等王冠/法冠的习俗，这是象雄文明的标志性文化特质之一。此外，象雄十八王的名号中多有“苯教之王”的含义，这反映出他们集王权与神权于一身的治国特点：既为部落邦国首领，同时身兼苯教法师之要职。就这一特点而言，我们亦可将象雄视为所有信仰苯教的部落联盟。若将苯教文献记载的早期象雄十八王的领地与都城名称结合当前有关西藏阿里考古的最新资料来分析，我们不难发现：象雄的核心部落邦国最初活跃在冈底斯山与玛旁雍措湖周边地区，而勃律、拉达克则是象雄西部的重要邦国。

一，而敦煌古藏文文献则明确记载了该历史事件发生的时间。例如，《旧唐书·西戎传》载："又有勃律国，在罽宾、吐蕃之间。开元中频遣使朝献。八年，册立其王苏麟陀逸之为勃律国王，朝贡不绝。二十二年，为吐蕃所破。"① 但另据《旧唐书·吐蕃传上》载："其年（开元二十四年），吐蕃西击勃律，遣使来告急，上使报吐蕃，令其罢兵。吐蕃不受诏，遂攻破勃律国，上甚怒之。"② 上述史料所记吐蕃征服勃律之纪年，有开元二十二年（734）与开元二十四年（736）之别。此外，尽管《新唐书》载有"大、小勃律"之说，但并未具体指出勃律分裂的原因及吐蕃征服勃律的时间。③ 而敦煌古藏文文献则载：公元737年，吐蕃发兵降服勃律（བྲུ་ཤ）。显而易见，上述藏、汉文献所记吐蕃征服勃律的具体时间并不统一。此外，巴基斯坦历史学家亦考证过勃律分裂这一历史事件及具体时间。他们认为，松赞干布执政时期，吐蕃继征服象雄之后，先后占领巴尔蒂斯坦（大勃律）、拉达克，直至印度河上游地区。公元721年，吐蕃征服巴尔蒂斯坦，原国王被迫逃至小勃律（吉尔吉特）。公元737年，吐蕃军队占领吉尔吉特并以"布鲁沙尔"（Burushal）之名来称呼该地。同期，吐蕃继续向西扩张至帕米尔高原并将奇特拉尔也纳入小勃律的管辖范围之内。自此之后，藏文史籍通常称大勃律为"巴尔蒂"、小勃律为"布鲁沙尔"。上述巴基斯坦史学家的考证结果，与敦煌古藏文文献、唐代汉文史籍所记勃律之分裂的史料，恰可互为补充。吐蕃征服象雄，是大、小勃律分裂的直接原因。

据王尧先生考证，自公元8世纪中叶以后，吐蕃进一步加强对大勃律的控制，长期驻守该地的藏军人数多至十万人，这些人是今巴尔蒂斯坦地区操藏语部族的直系祖先。杨铭则进一步指出，公元9世纪《金刚瑜伽成就授记》的译本在勃律完成，题记中出现"勃律节度衙（bru-shavi-yul-gyi-khrom）"这一藏文名称。由此可见，在吐蕃与唐廷、大食角逐西域、中亚时期，勃律已经成为吐蕃的重要军政辖区之一。另据穆斯林地理学著作《世界境域志》（作于982年）的记载，博洛尔—藏（Bolorian Tibet）、博洛尔（Bolor）分别是吐蕃与河中两个地区的属国（尽管此两国边境直接相连）。笔者据此而推测，在吐蕃王朝崩溃之后的一段时期内，博洛尔（以吉尔吉特为中心的小勃律）已经脱离了西藏地方政权的直接管辖，但博洛尔—藏（以巴尔蒂斯坦为中心的大勃律）仍与西藏本土保有隶属关系，其名称后缀即为明证，故有"小西藏"之称。至藏传佛教后弘期，藏文文献中开始出现"阿里三围（མངའ་རིས་སྐོར་གསུམ）"④ 之说，勃律（བྲུ་ཤ）、

---

① 《旧唐书·西戎传》卷一百九十八，第5310页。

② 《旧唐书·吐蕃传上》卷一百九十六上，第5233页。

③ 《新唐书·西域传下》载："大勃律，或曰布露。直吐蕃西，与小勃律接，西邻北天竺、乌苌。地宜郁金。役属吐蕃。""小勃律去京师九千里而羸，东少南三千里距吐蕃赞普牙，东八百里属乌苌，东南三百里大勃律，南五百里箇什蜜，北五百里当护密之娑勒城。王居孽多城，临娑夷水，其西山颠有大城曰迦布罗。开元初，王没谨忙来朝。玄宗以儿子畜之，以其地为绥远军。"《新唐书·西域传下》，卷二百二十一下，第6251页。

④ 有关"阿里三围（མངའ་རིས་སྐོར་གསུམ）"，更敦群培认为，藏语将国王称为"阿达（མངའ་བདག）"，而国王的属民被称为"阿里（མངའ་རིས）"。自吐蕃王室后裔衮松（མགོན་གསུམ）统治阿里地区时，将其称为"阿里"，意为"属民之地"。另外，《汉藏史集》（作于1434年）明确记载"阿里三围"之说源于吐蕃王室沃松后裔吉德尼玛衮统治阿里、分封三子领地之时。另据作于1865年的《安多政教史》所记"阿里三围"之地域范围来分析，勃律（བྲུ་ཤ）、巴尔蒂（སྦལ་ཏི）、于阗（ལི་ཡུལ）并列一围。其中，勃律专指吉尔吉特地区，而巴尔蒂仅限巴尔蒂斯坦地区。

巴尔蒂（སྦལ་ཏི）、于阗（ལི་ཡུལ）并列一围。很明显，继吐蕃王朝之后的西藏地方政权分裂割据时期，藏族人民已经开始用“巴尔蒂（སྦལ་ཏི）”专称巴尔蒂斯坦（大勃律）；传统的“勃律（བྲུ་ཞ）”之名所涵盖的地域范围仅限吉尔吉特地区，“布鲁沙尔”则是对“བྲུ་ཞ”这一藏文地名依照藏语西部方言的同音异译。当然，这已是继象雄、吐蕃之后有关藏区历史地理的另一话题。

二　古代勃律的山水文化具有典型的苯教文化特点

藏属勃律文化肇始于古代象雄文明时期（前吐蕃时期）。在苯教传统文献中，“བྲུ་ཞ”一名作为竹氏家族的族名沿用至今。除了竹氏家族的著名喇嘛之外，苯教文献还详细记载了众多活跃于勃律地区的苯教修行者之名，这充分证明西藏苯教曾在古代勃律广为流传。巴基斯坦史学家们坚称：勃律（钵露罗）的早期历史可追溯至公元前5世纪（希罗多德时代）；该国主要以巴尔蒂斯坦为中心，而所谓巴尔蒂语，是古代藏语西部方言之分支。自古迄今，虽然该地区的土著居民逐渐融合了雅利安人、突厥人、希腊人等不同人种，但91%的人口仍为藏族后裔。古代勃律曾经盛行过西藏苯教、琐罗亚斯德教、印度教、佛教和伊斯兰教等多种宗教，形成了兼容并蓄的多元文化传统。时至今日，该地区仍较为完整地保留着以苯教信仰、格萨尔说唱故事以及关于世界起源的谜语等为代表的苯教文化传统与大量苯教历史遗迹。某些巴基斯坦学者们甚至认为巴尔蒂斯坦（大勃律）是西藏苯教的发源地。

从宗教历史研究的角度而言，今吉尔吉特—巴尔蒂斯坦地区堪称苯教文化的“活化石”，具有不可替代的研究价值，该地区的山水文化具有典型的苯教文化特点。

首先，巴基斯坦北部地区的早期人类已具备神山崇拜这一苯教信仰观念。自吉尔吉特河源头至努布拉河源头之间的钵露罗山脉（Bolor Range）之名，与钵露罗国早期统治王朝的名称（Palola）具有密切联系。有学者考证，尽管钵露罗统治王朝的名称为“Palola”，但这是因为公元9世纪阿拉伯人占领钵露罗之后，由于阿拉伯语中没有“Pa”音，故将“Palolo”（钵露罗）记为“Bolor”。此外，笔者还分析“Palola”这一名称应源于藏文，因为其后缀词“la”可与藏文“ལ”直接对应，意为“山”，尤其特指有道路可供行人通行的山脉。由此我们不难推测，勃律的国名、早期统治王朝的名称均有可能源自钵露罗山脉之名，而这正是藏族苯教神山崇拜观念的具体体现。

其次，今吉尔吉特—巴尔蒂斯坦地区的山水文化还具有苯教鲁神崇拜的特点。巴尔蒂斯坦民歌中将勃律称为“鲁域”（音译），这一名称可与藏文名称“ཀླུ་ཡུལ”直接对应，意为“鲁神的领地”，具有苯教鲁神崇拜的典型特征。依照苯教传统“三界”说，整个宇宙分为“上之神界、中之年界和下之鲁界”三部分。其中，鲁神（ཀླུ）是针对所有栖息在海洋、湖泊、河流、泉水、沼泽、草地、森林、神山等地，具备一定超自然能力的生灵的统称。尽管这一名词多被汉译为“龙”，但实际上其所代表的丰富的苯教文化内涵，远远超出“龙”所界定的概念范畴。索骥历代赴印求法高僧之传记、游记，越葱岭向南经勃律（钵露罗）至印度途中，与“龙王”“龙池”有关的各种传说、遗迹不胜枚举。需要强调的是，巴尔蒂斯坦尤以拥有湖泊数量之多而著称，面积最大的萨德巴拉湖距离中心斯卡杜地区仅6公里。我们在考证与“龙王”“龙池”等传说有密切联系的印度西北部、克什米尔谷地、帕米尔高原的历史地名时，必须充分考虑到勃律藏族原住民崇拜苯教鲁神这一地方宗教文化特点。

最后，勃律的重要地理标志“悬度”与苯教传说的“箭道”“格萨尔石门”关系密切。由汉至唐，“悬度”① 堪称自勃律至邬仗那旧都达丽罗川（Darel）之间最为险绝的路段。历代赴印求法高僧对其屡记不鲜，留下了大量宝贵的历史地理资料。笔者曾考证：“除了克什米尔，悬度的分布范围还可扩展至帕米尔高原和喀喇昆仑山，即乌秅国西部经难兜与罽宾国交界地带”，并认为“难兜”与“勃律”“钵露罗”等国名应为同指。与汉文史籍有关“悬度”的记载相对应，从事格萨尔研究的巴基斯坦学者称，在巴尔蒂斯坦斯卡杜河谷纳尔村（Nar）的河流上方有一极窄的峡谷，此为当地著名的“格萨尔希里木石门”（Braq-shiring-zgo），② 是经斯卡杜通往北部喀喇昆仑山的最近路线（仅需两天多的时间）。值得注意的是，苯教传说中也有一条著名的“箭道”。根据苯教文献关于大食魏摩隆仁圣地的具体描述：位于“里象雄”的魏摩隆仁圣地被雪山所环绕，辛饶米沃且由此出发前往“中象雄”传播雍仲苯教时，从戒指中射箭开辟出一条山间隧道，名曰“箭道”。该箭道有一门，出此门便可抵虎豹成群的山隘和暗道，各需九日路程。因虎豹众多之故，该圣地名为大食（藏文含义为“虎豹”）魏摩隆仁，这正犹如藏地被雪山环绕而被称为雪域一般。鉴于勃律东、西两端分属“里象雄”与“中象雄”的地缘地理特点，上述两条因“箭”而得名的古代交通路线，很有可能与“悬度”为同指。笔者认为，由敦煌古藏文文献有关雍仲苯教创始人辛饶米沃且的记载，以及格萨尔史诗中关于格萨尔诞生时藏地已经盛行苯教的大量描述来看，辛饶米沃且无疑是早于格萨尔的历史人物。“箭道”首先应与辛饶米沃且自“里象雄”至“中象雄”传教的苯教传说有关，之后才与格萨尔传说联系在一起。尽管与苯教祖师相关的“箭道”被笼罩上浓郁的宗教神话色彩且无具体所指，但无论是汉文史籍所载“悬度”，还是与格萨尔有关的“石门”，均为勃律（吉尔吉特—巴尔蒂斯坦地区）历史上真实存在过的交通路线，凸显出连接古代象雄、吐蕃、印度、中亚、西域绿洲邦国的古代交通要道的代表性地理特征，同时也充分反映出上述区域之间源远流长的宗教文化交流传统。

三　源自勃律的竹氏家族东迁后对西藏苯教、藏传佛教的影响

历史上，勃律在西藏苯教、藏传佛教的传播与融合过程中发挥过重要作用。正如石泰安教授所强调：“勃律地区和勃律语，如同象雄地区和象雄语一样，在关于西藏苯教和莲花生上师的宗教传说中，曾扮演过极为重要的角色。”以《教乘次第》为代表的苯教重要经典，先由象雄语译为印度语，再转译为勃律语，最后被译为藏语。另据《汉

① 古代帕米尔高原和喀喇昆仑山两侧高山峡谷中的某些险地，路人通过时需要依靠悬索滑过峡谷方可成行，故名“悬度”。如《汉书》所载：“悬度者，石山也，溪谷不通，以绳索相引而度去。”（《汉书》卷九十六上《西域传》，第3882页）此外，悬度还指“人行以绳索相持而度”的临渊栈道。见《魏书·西域传》载：“（阿钩羌）国西有悬度山，其间四百里中，往往有栈道，下临不测之渊，人行以绳索相持而度，因以名之。”（《魏书》卷一百二《西域传》，第2276页）

② 根据当地的格萨尔传说，此门为格萨尔以神力所开，能够以箭一般的速度开合，故得此名。

藏史集》载：自赤松德赞迎请莲花生大师入藏伊始，金刚乘密法在吐蕃之传布计有八次之多。其中，在藏传佛教后弘期，努布·桑杰意希前往尼泊尔、印度学习密法之后，他自印度至勃律，与当地班智达、译师一起先将密集译为勃律语，再从勃律语译为印度语，最后由印度语译成藏语。除了宗教典籍的翻译与流布之外，源自勃律的竹氏家族（བྲུ་ཚང）之东迁，对西藏苯教、藏传佛教均产生了深远影响。

其一，发源于勃律的竹氏家族是苯教后弘期宗教革新的中坚力量。在苯教传统五大世系喇嘛家族①中，享有“王族”（རྒྱལ་རིགས）之誉的竹氏家族位列第二，仅次于穆辛家族（雍仲苯教创始人辛饶祖师的直系后裔）。据《昆卓苯教史》《西藏苯教源流》等文献记载，竹氏家族的世系主要分为“地竹”（ས་བྲུ）和“天竹”（གནམ་བྲུ）两支：地竹世系繁衍出萨迦世系；而早期的天竹世系则以“苯教五大黄金冠角法师”（གསེར་གྱི་བྱ་རུ་ཅན་ལྔ）而著名。竹氏家族的祖先为光明天界神族之子，他下凡至邬仗那、勃律、托嘎（吐火罗）传播苯教时，被统领此三地的国王所邀请的婆罗门赐名为竹夏·南赛吉杜（བྲུ་ཤ་གནམ་གསས་སྤྱི་བརྟོལ）。苯教文献《神族宝蔓》《澄明教法源流》则详细记载：竹夏·南赛吉杜与托嘎拉姆生拉普瑟琼（ལྷ་བུ་སྲས་ཆུང），拉普瑟琼与泽德赞普之女生南竹村赞杰勒（གནམ་བྲུ་མཚོ་བཙན་སྐྱེས་ལེགས），南竹村赞杰勒与阿里门尊生不灭竹氏九子（མི་འགྱུར་བྲུ་ཡི་སྲས་དགུ），其中五位长兄留驻勃律弘扬苯法，其子嗣应悉补野布德贡杰赞普（སྤུ་རྒྱལ་སྤུ་དེ་གུང་རྒྱལ）所邀，来至藏地担任历代赞普的护身法师。另有不同记载为：南竹村赞杰勒生有九子，年长五子留居勃律，年幼四子因与国王泽德（རྫོད་ཟེ）发生争执而移居西藏阿里，他们的领地范围曾经涵盖阿里三围以下直至卫藏四茹以上的广大区域。尽管竹氏家族起源的传说具有典型的宗教神话特点，但我们仍旧可以梳理出竹氏家族并非源自藏族传统六大族姓，而是由勃律东迁至西藏阿里、日喀则等地区传播苯教的历史线索。若综合考虑上述各类记载，竹氏家族东迁的历史时间最早可上溯至第九代赞普布德贡杰时期。但是，以丹·马丁为代表的国外学者认为，竹氏家族东迁的时间大概在公元9世纪末至10世纪初期间。笔者分析，由“阿里三围（མངའ་རིས་སྐོར་གསུམ）”这一历史地理名称在藏文文献中出现的时间来看，至迟自公元9世纪下半叶吐蕃王朝崩溃之后，竹氏家族的部分成员已经自勃律迁徙至阿里地区，此为该家族东迁时间之下限。当然，这是仅囿于现存史料做出的初步判断。鉴于长期佛、苯之争造成的藏族历史文献屡经散佚之憾，且竹氏家族是西藏苯教五大世系喇嘛家族中唯一真正绝嗣的家族，由于后世补记的原因，导致记载该家族历史的文献中出现年代较近的历史地理名词的可能性，我们目前尚不能够完全排除。此外，伊斯兰教在中亚地区的兴盛亦是竹氏家族东迁的重要原因之一。巴基斯坦史学家的研究表明，至迟从绍·马立克（723—793年在位）统治时期开始，伊斯兰教就已经自巴达赫尚传播至吉尔吉特（小勃律）。综上所述，竹氏家族东迁的历史可谓漫长，其原因亦绝非偶然因素所致。除了以苯教为代表的象雄文明自西向东在青藏高原广泛传播的影响之外，还直接受公元8世纪时期伊斯兰教在中亚扩张之势所迫。究其背后更为深刻的原因，应与公元7世纪象雄衰落导致其疆域范围逐步萎缩、

① 苯教传统的五大世系喇嘛家族为穆氏（དམུ）、竹氏（བྲུ）、许氏（ཞུ）、芭氏（སྤ）和梅氏（མེའུ）。

吐蕃王朝崛起并统一青藏高原，以及吐蕃、唐廷、大食在西域、中亚地区的军事博弈具有密切联系。

自苯教后弘期以降，竹氏家族的影响力一度深入后藏地区，叶茹温萨卡寺(གཡས་རུའི་དབེན་སའི་དགོན་ཆེན)① 的创立与针对苯教大圆满法的宗教改革，是竹氏家族最为突出的两大贡献。值此期间，竹氏家族的代表性人物首推竹夏·南喀雍仲(བྲུ་ཤ་ནམ་མཁའ་གཡུང་དྲུང།, 994—1054 年）及其子竹夏·琼吉坚参（བྲུ་ཤ་ཁྱུ་གི་རྒྱལ་མཚན)。父子二人同拜著名苯教伏藏大师辛钦路噶（གཤེན་ཆེན་ཀླུ་དགའ)② 为师。竹夏·琼吉坚参还是辛钦路噶四大法脉③之心性部、法相部的传承人，他撰有《俱舍论注解》等著作，创立法相讲说制度。11 世纪，竹夏·琼吉坚参之子竹夏·杰尊（བྲུ་རྗེ་གཡུང་དྲུང་བླ་མ）首开“竹氏律藏”之传承，创建后藏最著名的苯教寺院——叶茹温萨卡寺（1024 年已粗具规模，1072 年正式建立)。该寺建立讲听法制度，以传授苯教因明学、大圆满法而闻名藏区，其影响范围一度远至尼泊尔朵波（དོལ་པོ）地区。14 世纪期间，竹氏家族最重要的代表性人物为竹夏·甲瓦雍仲（བྲུ་རྒྱལ་བ་གཡུང་དྲུང)。他不但将口耳相传的《象雄大圆满法》以书面形式推广传播，还在传统《阿翅大圆满法》的基础上提炼出简明易行的《阿翅十五步修行法》。上述宗教改革堪称苯教大圆满法里程碑式的重要转折点，而竹氏家族在后藏地区的发展亦至鼎盛时期。此后，在竹氏家族由盛转衰之际，该家族的两位继承者将叶茹温萨卡寺献给苯教高僧年麦·西绕坚赞（མཉམ་མེད་ཤེས་རབ་རྒྱལ་མཚན།, 1356—1415 年)，他是竹氏家族关于俱舍等法相教法传承的重要弟子。1405 年，继叶茹温萨卡寺毁于洪灾之后，年麦·西绕坚赞在此遗址附近创建曼日寺（སྨན་རི་དགོན)。该寺在学习格鲁派寺院管理制度的基础之上，大胆突破苯教寺院由世系喇嘛家族创建、父子（叔侄）传承的旧制，推行以堪布为首的寺院组织形式，建立严格的寺庙规章制度和学经制度，标志着西藏苯教与藏传佛教在寺院管理领域的正式接轨。曼日寺至今仍保有西藏苯教主寺的地位，年麦·西绕坚赞亦享“苯教第二祖师”之美誉。毫不夸张地讲，年麦·西绕坚赞宗教改革的成功，与竹氏家族的前期贡献和大力支持密不可分，竹氏家族在苯教后弘期发挥过至关重要的作用。

其二，竹氏家族与藏传佛教关系密切，第五世、第八世班禅均出身于竹氏家族。1667 年，经五世达赖喇嘛卜卦认定，竹氏家族的一位继承人被选为四世班禅的转世灵童。五世达赖喇嘛为其亲授沙弥戒，赐法名洛桑益西白桑布，简称“洛桑益西”(བློ་བཟང་ཡེ་ཤེས)，此即历史上著名的五世班禅（1663—1737 年)。

五世达赖喇嘛圆寂后，第悉桑杰嘉措为维护自己在西藏地方的统治权力，秘不发丧，假借五世达赖的名义统领全藏。他屡次阻扰五世班禅入京朝觐，暗中支持蒙古准噶尔部噶尔丹的叛清活动，以期在与拉藏汗的争权过程中取得优势，但终因矛盾激化而被

---

① 位于今西藏自治区日喀则市南木林县托布加乡。

② 辛钦路噶（གཤེན་ཆེན་ཀླུ་དགའ, 996—1036 年）出身于苯教最重要的世系喇嘛家族——穆辛家族，为苯教辛饶祖师的直系后裔。他是苯教后弘期最重要的代表人物，被誉为西藏苯教掘藏师之父。公元 1017 年，他在哲仓塔噶发掘出苯教因明学典籍《斯巴之库》，标志着苯教后弘期的正式开始。

③ 所谓“辛钦路噶四大法脉”，具体指辛饶祖师教言、密咒、心性部、法相部四大传承。

弑。由于第悉桑杰嘉措所立六世达赖仓央嘉措被清政府废黜，而拉藏汗拥立的七世达赖益西嘉措亦不得人心，导致藏区出现三位“六世达赖喇嘛”之乱象。卫藏局势动荡不宁，直接影响到蒙古、新疆、云南、四川、青海、甘肃等地区的社会稳定。值此历史背景下，清政府决定依照册封达赖喇嘛之例，敕封五世班禅，赐满、汉、藏文之金印、金册。此举实为通过抬高班禅一系的社会地位，以达到调解蒙、藏之争，制衡达赖权力膨胀，巩固清政府在藏区统治利益的根本目的。班禅系统的正式确立，为清政府增添了新的政治筹码。自此，藏传佛教格鲁派达赖、班禅两大活佛转世系统的并立局面正式形成并延续至今。

五世班禅不但是第一位正式受封的班禅活佛，还被任命为七世达赖喇嘛的经师。1713 年，清圣祖康熙帝谕理藩院：“班禅胡土克图，为人安静，熟谙经典，勤修贡职。初终不倦，甚属可嘉。著照封达赖喇嘛之例，给以印册，封为班禅额尔得尼。”① 1720 年，康熙帝敕谕五世班禅为达赖喇嘛经师：“……达赖喇嘛即便坐床，但年龄尚幼，经典未谙，知识甚浅，尔班禅额尔德尼永嗣释教，安辑众生，年份已久，年高德劭，今尊尔为达赖喇嘛之经师，引导经书，照先世达赖喇嘛之例，广兴黄教，朕有赖焉。”清政府欲借五世班禅之力安辑藏局的目的昭显。五世班禅受封时正值盛年，他博学多才并具有丰富的政教经验。除撰有《菩提道次第直观教导》《显密甚深法之教授、随许及指导实录》等经论名著之外，他推崇根敦珠巴在扎什伦布寺制定的三律仪（别解脱、菩萨、密宗），通过整顿教规戒律，使扎什伦布寺与拉萨三大寺的教规保持一致。同时，他曾先后向第六世、第七世达赖喇嘛授戒传法，在调解拉藏汗与第悉桑杰嘉措的矛盾的过程中发挥过关键性作用。准噶尔军入侵西藏时，他不顾个人安危斡旋于乱军之中，在西藏噶伦集团内讧时协助颇罗鼐稳定藏局，为达赖活佛有序转世、维护藏区、蒙古地方局势稳定，做出过卓越的历史贡献。

1856 年，竹氏家族的另一位继承人经金瓶掣签被迎立为八世班禅（1855—1882 年）。1860 年，八世班禅在扎什伦布寺坐床，时任摄政王的第三世热振呼图克图代理年幼的第十二世达赖喇嘛，为八世班禅授戒并赐法名曲吉扎巴丹贝旺秋白桑布，简称“丹贝旺秋”（བསྟན་པའི་དབང་ཕྱུག）。

需要重点指出的是，有关上述两位班禅出身苯教家族的真实背景，在汉文文献、书籍中或忽略不记，或被模糊掩饰为“出身红教家庭”“其父为当地的一个小贵族”。相对而言，藏文史籍《第五世班禅洛桑益西传》《第八世班禅丹贝旺秋传》中均有关于第五世、第八世班禅出身于后藏托布加谿卡（ཐོབ་རྒྱལ）苯教竹氏家族（བྲུལ་ཚང）的正式记载。尤以《第八世班禅丹贝旺秋传》介绍其家世时明确指出：“永不衰落之王族竹氏”（རྒྱལ་རིགས་བྲུའི་གདུང་མ་ཉམས་པ་ཡིན་ལུགས།）、“父亲旦增旺杰出身苯教家族”（བྲུལ་ཚང་པའི་ཡབ་བོན་རིགས་ཤིང་བྱི་ལོ་པ་བསྟན་འཛིན་དབང་རྒྱལ་དང་།）。在对比研究藏汉文献的基础上，我们不难发现，以《清实录》为代表的汉文文献有关后藏南木林宗托布加谿卡“出仓”“坠仓”“竹仓”等记载，明显为竹氏家族藏文名称“བྲུ་ཚང”（音“竹仓”）的汉文同音异译。托布加谿卡（ཐོབ་རྒྱལ）位于今西藏日喀则市南木林县托布加乡，是竹氏家族在后藏的主要驻锡地。而藏传佛教文献、苯教文献所记竹氏家族“བྲུལ་ཚང”“བྲུ་ཚང”等藏

① 《圣祖实录》卷二五三，第 7 页。

文名称，虽然拼写形式略有不同，但实为藏文书写过程中产生的同音异形现象，均指后藏苯教竹氏家族。另外，萨拉特·钱德拉·达斯（Sarat Chandra Das）① 在记其后藏见闻时称，第八世班禅不但出身于纯粹的苯教家族，其与当时后藏穆辛家族传人还具有甥舅血缘关系，这样显赫的苯教家族背景，直接导致具有教派偏见的人们质疑其执掌格鲁派班禅活佛一系政教大权的权威性。此说恰与《第八世班禅丹贝旺秋传》记其出身于“由光明天神繁衍而出的苯教王族竹氏与辛氏两族之骨系”（དེ་ཡང་འོད་གསལ་ལྷ་ལས་མཆེད་པས་རྒྱལ་རིགས་བོན་རྒྱུད་བྲུལ་ཚང་དང་གཤེན་ཚང་གཉིས་ཀྱི་རིགས་རུས་……།）互为印证。

清政府推行的“独尊黄教以安众蒙古”治边政策虽然取得了一定成效，但也进一步激化了佛、苯以及藏传佛教各教派之间的宗教矛盾，清晚期光绪年间发生的所谓八世班禅“惑习红教”事件，就是实例。1876 年（光绪二年），时年二十一岁的第八世班禅，不仅在萨迦派大持律师米志达摩瓦达（即驻藏大臣松溎奏称的“萨迦喇嘛”）尊前接受班钦释迦室利传承的比丘戒，还拜敏珠林寺的赤钦为师，学习宁玛派的教法。同年十二月十九日，驻藏办事大臣松溎奏曰：

“查西藏向尊黄教，奉佛念经，惟后藏之西萨迦呼图克图本系红教，而其所属素习皆然，虽奉佛相同，而其经不一，并皆养妻生子，迥异黄教。不意班禅额尔德尼被人愚惑，兼习红教，遂致两藏物议沸腾，众心不服，体制攸关，诚恐滋事。奴才巡至后藏，会见班禅额尔德尼数次，当即面谕：仰蒙圣恩特派大臣保卫阖藏，振兴黄教，惟应上体大皇帝二百余年护持之恩，下慰前后藏数万众生皈依之念，正己教人，表率一方，何可妄习别教，而舍正经，以致人心惶惶，浮言四起，实属不成事体。嗣后仍宜确遵黄戒，虔心唪经，勿得任性妄为，旁习外道，以期仰副圣主保卫全藏、护持黄教之深恩也。如或执迷不悟，妄知痛改，立即严参，从重惩办，勿贻后悔，惟希自裁。该班禅额尔德尼闻听之下，俯首无言。奴才遂令具结存案，再由奴才随时密察……”

事实上，八世班禅“惑习红教”引发的后果，远较驻藏大臣上奏之情形更为严重。一方面，扎什伦布寺铁桑林扎仓喇嘛噶青罗布藏丹巴坚参，是咸丰帝钦命的八世班禅正经师，② 故该扎仓的全体僧侣激烈反对八世班禅修习红教，幸经该寺札萨喇嘛调解方告平息。达斯所撰《拉萨及西藏中部旅行记》一书明确记载，此“札萨喇嘛”即为第四世生钦·洛桑班丹群培活佛，事实上，该事件还一度激化为武装冲突，八世班禅被迫召集全副武装的村民才击溃了闹事的 1500 名僧侣。笔者根据 1909 年九世班禅为光绪帝逝世作佛事进呈表文所奏“札什伦布寺攒集喇嘛三千八百余名”这一数据推测，当时接近半数的扎寺僧侣强烈反对八世班禅修习红教。此外，笔者曾撰文分析，八世班禅除修习萨迦、宁玛派教法，很有可能还兼习苯教，这与其出身后藏著名苯教家族的背景密不可分。据《西藏苯教源流》载，自竹夏·南喀雍仲始，竹氏家族一直传承至“后藏扎什伦布寺的班禅两兄弟（དེ་ནས་བཟུང་སྟེ་ད་ལྟ་གཙང་བཀྲ་ཤིས་ལྷུན་པོའི་པཎ་ཆེན་རིན་པོ་ཆེ་སྐུ་མཆེད་གཉིས་ཀྱི་བར་དུ་བྱོན་པའོ།）”。这不但意味着竹氏

① 萨拉特·钱德拉·达斯（Sarat Chandra Das），印度人，自 1884 年始任大吉岭菩提亚寄宿学校校长，受雇于孟加拉教育部，是英属印度殖民地派遣入藏的文化间谍。他曾于 1879 年、1881—1882 年期间两度亲访扎什伦布寺，撰有《拉萨及西藏中部旅行记》（*Journey To Lhasa And Central Tibet*）等著作。

② 《清穆宗实录》卷一三，第 36 页。

家族的教法传承在其绝嗣之前从未中断过，更为八世班禅为何首选从萨迦派活佛处受戒提供了新的解释（萨迦世系源自“地竹”）。另一方面，八世班禅原定于 1882 年初赴拉萨为十三世达赖喇嘛授戒的计划，也因噶厦政府谴责其在萨迦班钦处受戒而被迫取消。自 1876 年被驻藏大臣松溎参奏“被人愚惑、兼习红教”之后，八世班禅面临极大压力，他和四世生钦活佛于同年 3 月 3 日商议较长时间，“原因是达赖政府对于扎什喇嘛在红帽派喇嘛萨迦班钦那里受戒表示抗议，萨迦班钦是红帽派的高僧。达赖喇嘛谴责扎什喇嘛纵容邪教，即使不是说扎什喇嘛本人是邪教徒，那也是在谴责他。为此，达赖政府不邀请扎什喇嘛去为西藏的最高统治者授戒，因为达赖既然是格鲁派（黄帽派）的，他就不能和以萨迦班钦为首的教派有联系。”1877 年，八世班禅再次从曾任十二世达赖喇嘛沙弥规范师的普觉活佛①处接受喇钦・贡巴饶赛传承的比丘戒，这明显是他在清政府、扎什伦布寺、噶厦政府、驻藏大臣等多方保守势力施压之下的妥协之举。但是，由济咙呼图克图为十三世达赖喇嘛授沙弥戒的结果来看，他的妥协并未被噶厦政府及达赖一系所接纳。1882 年，八世班禅病逝于托布加故居，年仅 27 岁。需要强调的是，八世班禅之胞弟也被认定为扎什伦布寺的达喇嘛，《色楞额奏八世班禅圆寂情形折》中亦有“班禅额尔德尼之弟达喇嘛班垫楚称”的明确记载。由于格鲁派戒律严禁僧侣娶妻生子，自八世班禅及其胞弟相继圆寂之后，竹氏家族成为苯教五大世系喇嘛家族中唯一真正绝嗣的家族。随着竹氏家族的消亡，苯教在后藏地区的信众数量锐减，而以扎什伦布寺为代表的格鲁派班禅一系的势力最终在后藏占据主导地位。

结语

综上所述，勃律、竹氏家族与西藏苯教、藏传佛教之间的复杂关系，为我们全面了解以象雄、吐蕃为代表的藏族古代历史，客观辨析佛、苯关系，比较研究历代中央政府治藏政策提供了学术新视角。首先，作为苯教文化的“活化石”，勃律因其得天独厚的地缘地理优势及其与西藏苯教竹氏家族之渊源，在古代象雄文明开放而多元的特点形成及苯教后弘期宗教革新的过程中，发挥过重要的积极作用。其次，西藏苯教与藏传佛教之间存在着千丝万缕的联系，第五世、第八世班禅均出身于西藏苯教竹氏家族即为典型例证。再次，历代封建中央王朝的治边方略明显具有动态变化的特点。与唐、宋、明等中原王朝对外施用以儒家文化为代表的华夏文化软实力显著不同，以元、清为代表的边疆王朝统治者们将藏传佛教视为有效的统治工具。这些差异不但反映出“我国古代治边理论及其实践的丰富性与多样性”，同时也深刻映射出中国边疆各民族以宗教文化为纽带，不断融合发展的历史大趋势。最后，八世班禅“惑习红教”事件与竹氏家族绝嗣，是清政府“独尊黄教以安众蒙古”治边政策的牺牲品。清政府采用“以番治番、

---

① 普觉活佛，全名为“普觉・洛桑楚臣强巴嘉措”。1864 年，普觉活佛被任命为十二世达赖喇嘛的沙弥规范师，曾就沙弥的回改、何为违犯戒律、如何持戒以及如何长期保持正确的穿衣吃饭习惯等问题，为十二世达赖喇嘛答疑解惑。1872 年藏历闰十月至十二月期间，十二世达赖喇嘛闭关修行马头明王大圆满法时，普觉活佛为其举行基地仪轨、传授各种灌顶并讲授补充仪轨经、担任诵经师、在修行结束时为十二世达赖喇嘛沐浴并传授黄色大威德金刚法。1875 年十二世达赖喇嘛圆寂之后，普觉活佛受命撰写《十二世达赖传》。

以教治教”的边疆治理手段，欲借宗教之力制驭外藩，与藏传佛教格鲁派上层僧侣集团互为倚重，在一定程度上巩固了其对藏、蒙地区有效统治的同时，也进一步激化了各宗教教派之间的矛盾。教派之争不断演化为引发战争的导火索，直接导致藏、蒙地区人口数量下降、劳动人口比例失调、社会生产停滞不前、文化思想保守封闭，对边疆地区社会经济与文化的发展造成不可弥补的消极影响，值得引起我们的深刻反思。

吴三桂与五世达赖喇嘛

——清初西南边疆多元关系之一角

罗 布[*]

吴三桂于清顺治十六年（1659）受命入滇署理云贵军政事务后，逐步在政治、经济、军事方面采取一系列措施以拥兵自重，并与广东的平南王尚可喜和福建的靖南王耿精忠势力一道，渐次形成“三藩”武装割据局面。这引起立志实现国家统一与权力集中的康熙皇帝之警觉，并将其视为必须尽快加以解决的心腹之患。康熙二年（1663）即以“今天下大定”为由，收缴了吴三桂的大将军印，意图撤藩。吴三桂入滇不久，作为蒙藏联合政权经营康区南部的代表罕都，也进入滇西北藏区，开始对丽江木氏土司势力的征服行动。这就在其与镇守云贵的平西王吴三桂之间出现了某种微妙的关系。吴三桂出于自身的军政利益考虑，“心怀不轨，欲结连吐蕃以为外援”，① 对罕都所统领的蒙藏势力采取结连关系、避免冲突之策，不但承认罕都对杨打木、结打木等滇西北藏区的占据，而且还先后将金沙江内外原属丽江木氏土司管辖的照可、你那、香罗、鼠罗、喇普等地方割让给罕都，约定边界，互市贸易，并与西藏格鲁派寺院集团及其政权建立联系，多次派遣使臣到拉萨给各大寺院熬茶布施，要结交五世达赖喇嘛。

康熙十二年（1673），康熙皇帝以平南王尚可喜上书要求回老辽东，请由其子尚之信承袭王爵为撤藩良机，派专使到昆明催吴三桂尽快卸职回籍。吴三桂知道自己割据不成，便悍然发动反清叛乱。为了防止吴三桂与蒙藏方面相互勾结，窜入西藏、青海等地，康熙帝派遣员外郎拉笃祜、喇嘛丹巴德穆齐等人入藏，要求五世达赖喇嘛调遣蒙藏军队南下云南，协助清军剿灭吴三桂。于是，作为蒙藏联合政权最高宗教领袖和西藏甘丹颇章政权首领的五世达赖喇嘛，在无意间被卷入旋涡，在西南地区形成某种微妙复杂的多元关系格局。

一

吴三桂举事叛清前后，西藏的五世达赖喇嘛等格鲁派寺院集团上层，正苦于罕都与格鲁派之间出现的裂痕和滇西北藏区形势的复杂化趋势，以及格鲁派寺院集团在这种复杂局势中可能面临的危险处境，不清楚“在中甸地区给那些未驯化的人们撑腰的是丽江土王还是别的什么人”。② 五世达赖喇嘛的这种疑虑主要是指向罕都的，因为在噶玛

---

* 罗布，西藏大学文学院教授、博士生导师。

① 《丽江木氏宦谱》甲，载《纳西族社会历史调查》1，民族出版社2009年版，第90页。

② 五世达赖喇嘛：《五世达赖喇嘛自传》中（藏文），西藏人民出版社1991年版，第392页。

噶举派红、黑帽系活佛返藏问题上，本该支持和促成这件事的罕都却极力加以阻挠，不令成行。当五世达赖喇嘛等西藏格鲁派上层决定加快迎接在滇噶玛噶举派活佛回藏的步伐，“派遣达赖珲台吉等蒙古贵族带兵前去迎请”① 之时，罕都却在中甸地区加强兵备，修整道路，准备应战，滇西北藏区的政教形势似乎在变动不定中趋向逆转，向蒙藏联合政权，尤其是由格鲁派寺院集团掌控的西藏甘丹颇章政权敲响了警钟。

在此，我们需要简单地回顾一下蒙藏联合势力对康区的征服和经营情况。以顾实汗为首的卫拉特联军应西藏格鲁派寺院集团之请进兵青藏，并先后击败青海地区的却土汗和康区北部地区强霸白利土司后，控制了包括打箭炉在内的“多康六岗”大部分地区，②“尽收其土地属民”，③ 以至控制康区南部的木氏土司势力都不得不退出巴塘、理塘、芒康等康区南北交界之地，而退守南部川滇交界之处。然而，顾实汗出于其战略目标，并没有继续征伐康区南部地区，而是率部进军卫藏，意图推翻藏巴汗政权，控制西藏腹心地区。顾实汗在西藏格鲁派寺院集团配合下如愿推翻藏巴汗政权后，形成蒙（和硕特部）藏（格鲁派寺院集团）联合控制广大藏区的格局，帮助以五世达赖喇嘛为首的格鲁派寺院集团在拉萨建立甘丹颇章政权，并对蒙藏双方在康区的管辖权属进行划分，大致将康区北部以牧业为主的地区封授给青海和硕特部管辖，而将康区南部以农业耕种为主的地区划拨给西藏甘丹颇章政权管理。④ 于是，顾实汗与五世达赖喇嘛、第巴索南饶丹等商议后，派顾实汗之孙罕都为蒙藏联合政权代表进驻康区，加强对康区政教事务的经营和管理，⑤ 并征服康区南部木氏土司辖区，最终实现蒙藏联合政权对整个藏区的控制。在康区南部格鲁派势力的积极配合与支持下，经过 30 余年的艰难经营，以罕都为代表的蒙藏联合势力最终于康熙六年（1667）占领中甸，吴三桂作为清廷派来署理云贵军政事务、戍守西南边疆之大员，不但对罕都进占中甸之事未予积极干涉，反而将金沙江外本属于木氏土司管理的照可、你那、香罗、鼠罗、中甸等处割送给罕都，“以为和好之计”。⑥ 康熙十一年（1672），吴三桂又将金沙江以内的喇普也割让给罕都，双方以塔城关为界，使罕都所代表的蒙藏联合势力成为滇西北藏区的实际控制者。这样，以罕都为代表的蒙藏联合势力基本完成了对川西康南及滇西北藏区的占领，蒙藏联合政权控制全部藏区的格局最终形成。⑦

就在蒙藏联合势力实现对康区南部的控制，作为噶玛噶举派首领的黑帽系十世活佛已经与罕都议和之际，红帽派帕克木瓦带领两族人跑到平西王吴三桂处，给刚刚平定的

① 五世达赖喇嘛：《五世达赖喇嘛自传》中（藏文），西藏人民出版社 1991 年版，第 359 页。

② 松巴·益西班觉：《佛教史如意宝树》（藏文），甘肃民族出版社 1992 年版，第 323 页。

③ 五世达赖喇嘛：《西藏王臣记》（藏文），民族出版社 1957 年版，第 193 页。

④ 阿旺丹白坚赞：《政教史水晶明鉴》（藏文），载恰白·次旦平措《西藏史籍五部》（藏文），西藏藏文古籍出版社 1990 年版，第 293 页。

⑤ 同上。

⑥ 《丽江木氏宦谱》甲，载《纳西族社会历史调查》1，民族出版社 2009 年版，第 90 页。

⑦ 关于罕都所率和硕特蒙古初次占领中甸的时间，汉文材料中有康熙四年（1665，《滇云系年录》）、六年（1667，《庭闻录》）、八年（1669，《滇系》）、九年（1670，章泰奏，载《清实录》康熙二十年十月甲申条）诸说。邓锐龄先生认为，《庭闻录》成书时间距时事最近，所记康熙六年一说更为可信。参见邓锐龄《结打木、杨打木二城考》，载《邓锐龄藏族史论文译文集》上，中国藏学出版社 2004 年版，第 272 页。

滇西北藏区局势增添了新的变数。五世达赖喇嘛“恐其蛊惑人心，有损汉、蒙之和睦”，奏报清廷“伏祈降旨，使其仍归并于噶尔马”。[①] 康熙皇帝接五世达赖喇嘛奏疏后，同意将红帽派僧人交给噶玛巴管理，并派遣理藩院官员前往云南处理具体的移交事宜。但是，作为蒙藏联合政权代表、理当积极支持和配合乃至组织移交事宜的罕都，却不乐意清廷将红帽系活佛移交给噶玛巴，多方阻挠之下，使移交工作被迫搁浅。[②] 随后，清廷同意五世达赖喇嘛等迎请噶玛噶举派红帽系活佛等回楚布寺居住的奏请，派人往送，五世达赖喇嘛也遣使往迎。[③] 罕都又起兵抢掠，制造混乱，清廷不得不停止红帽派活佛移交工作。[④] 据《木里政教史》等藏文文献记载，因为罕都在宗教信仰上发生了大的转向，由格鲁派的信奉者、同盟者、保护者，转变成为噶玛噶举派的信奉者，[⑤] 这对于立志实现全部藏区政教一统理想的蒙藏联合政权而言，不啻是个巨大的打击。从中甸地方保存下来的《瓦齐尔达喇达赖喇嘛授为多康及北方执政者厄勒觉图丹津巴图尔台吉之指令》等藏文历史档案材料来看，罕都似乎与当地的噶玛噶举派、达垅噶举派、宁玛派及苯教等教派力量以及木氏土司等势力联手，[⑥] 要在川滇藏区建立以自己为核心的军政联盟势力，这严重危及蒙藏联合政权刚刚建立的政教统治格局。为此，五世达赖喇嘛等蒙藏联合政权上层决定，“派遣达赖珲台吉等蒙古贵族带兵前去迎请”在滇噶玛噶举派活佛回藏，[⑦] 并组织木里等地格鲁派力量保护已经迎请到木里的红帽派活佛。[⑧] 然而，达赖珲台吉等人前往康区后，只是与当地格鲁派势力取得联系，并将红帽噶玛巴护送回西藏，[⑨] 而没有对罕都采取任何打击措施。

这种情况的出现，不但表明罕都与格鲁派寺院集团之间出现了裂痕，而且也暴露了蒙藏联合政权内部蒙藏双方的关系，也由原先相对默契的配合转向龃龉，矛盾已然显露。格鲁派寺院集团显然面临了有可能陷入新的困局的巨大挑战。有鉴于此，五世达赖喇嘛在接到拉笃祜等人带来的康熙谕旨后，历数从清世祖顺治到当时清朝政府同西藏地方的密切联系，表示了由衷的感激之情，并表示自己时常讽诵佛经，祝佑清廷朝政稳固、四方疆域咸得安定。考虑到平西王吴三桂对西藏方面积极联络、熬茶布施，特别是在噶玛巴返藏问题上给予的大力支持，五世达赖喇嘛认为，吴三桂举事叛清只是与文殊

---

① 《康熙帝为红帽派帕克木瓦等来归安置事给达赖喇嘛敕谕》（蒙文老档），载中国第一历史档案馆，中国藏学研究中心《清初五世达赖喇嘛档案史料选编》，中国藏学出版社 2000 年版，第 66 页。

② 《康熙帝为青海游牧之争等事给达赖喇嘛敕谕》（蒙文老档），载中国第一历史档案馆，中国藏学研究中心《清初五世达赖喇嘛档案史料选编》，中国藏学出版社 2000 年版，第 68 页。

③ 五世达赖喇嘛：《五世达赖喇嘛自传》中（藏文），西藏人民出版社 1991 年版，第 201—202 页。

④ 《康熙帝为青海游牧之争等事给达赖喇嘛敕谕》（蒙文老档），载中国第一历史档案馆，中国藏学研究中心《清初五世达赖喇嘛档案史料选编》，中国藏学出版社 2000 年版，第 68 页。

⑤ 瓦芒・班智达则认为是“改信了宁玛派”，参见瓦芒・班智达《汉藏蒙历史概略》（藏文），青海民族出版社 1990 年版，第 71 页。

⑥ 香格里拉县人民政府驻昆明办事处：《中甸藏文历史档案资料汇编》，云南民族出版社 2003 年版，第 20、23、30、36、50 页等。

⑦ 五世达赖喇嘛：《五世达赖喇嘛自传》中（藏文），西藏人民出版社 1991 年版，第 359 页。

⑧ 阿旺钦饶：《木里政教史》（藏文），四川民族出版社 1993 年版，第 87—88 页。

⑨ 五世达赖喇嘛：《五世达赖喇嘛自传》中（藏文），西藏人民出版社 1991 年版，第 376 页。

大皇帝（康熙）“心意不合”而已，没有必要大动干戈，举兵攻伐。同时，考虑到滇西北藏区形势的走向，又想要借此机会打击罕都以确保蒙藏联合势力对该地区的有效控制。但是，由于当时蒙藏联合政权内部，蒙藏上层之间的矛盾已渐显露，因而对于派兵南下可能造成的后果也是疑虑重重：一方面，觉得派藏军到云南不会有什么作为，而蒙古军队战斗力虽强，却难以驾驭，远征中未必听从自己的指挥和调遣，贸然派出蒙古军队“是值得顾忌的”；另一方面，五世达赖喇嘛对吴三桂反叛的实情并不了然，盲目出兵攻打，搞不好会事与愿违，无意间坏了彼此的友好关系。综合考虑上述种种情况后，觉得“难以接受皇帝要求调遣蒙藏兵丁的谕令”。[①] 然而，疑虑归疑虑，五世达赖喇嘛等蒙藏联合政权上层，又不能不对康熙皇帝的谕旨有所表示。因此，经过蒙藏双方反复讨论、权衡利弊后，决定任命顾实汗末妃——藏族妃所生之子达什为统帅，授予其厄勒觉图巴图尔台吉的名号，以噶杰诺尔布、麦恰巴两位藏族贵族为副，统领蒙藏军队前往中甸处理乱局，达赖珲台吉等则从速前往青海招募兵丁，[②] 并请拉笃祜等人回奏康熙帝说：

> 我闻吴三桂反叛，摇动人民，心甚忧闷，正欲遣使，闻汝等来，故尔少待。今接敕书，得闻圣体万安，不胜欣慰。我本喇嘛，惟当诵经，祝佑圣躬康豫，威灵远播，国祚绵长，吴三桂指日殄灭。其杨打木、结打木二城，原系我三噶尔麻之地，今为吴三桂所夺，我即遣兵攻据。若吴三桂势穷而来，我当执而送之；若闻彼不出边境，东西逃窜，即时进兵擒拿。[③]

五世达赖喇嘛的这一回复是非常巧妙的，既遵从康熙皇帝的谕旨，准备派兵出征，给清廷方面造成一种助剿吴三桂的假象，又以原属西藏三噶尔玛之杨打木、结打木二城为吴三桂所夺为由，遣兵攻据杨打木、结打木二城，明确了西藏派出的军队远征意在收复中甸，即杨打木、结打木二城。实际上，此二城早在康熙六年（1667）即为罕都所据，吴三桂出于对滇西北地区形势的认识和自身利益的考虑，不但承认了罕都对中甸的占据，甚至还先后将金沙江内外原属丽江木氏土司管辖的照可、你那、香罗、鼠罗、喇普等处地方也割让给罕都，根本不存在吴三桂夺据杨打木、结打木二城之事。因此，西藏军队远征中甸可以解决罕都叛教带来的问题，而不会与吴三桂发生冲突交火，也不会损害与吴三桂的关系。同时，五世达赖喇嘛在对拉笃祜等人回复决定派兵的打算时，特别强调了：“我兵前进，粮草不继，人饥马瘦，何能深入？”要求拉笃祜等将这些情况

---

① 五世达赖喇嘛：《五世达赖喇嘛自传》中（藏文），西藏人民出版社 1991 年版，第 391—392 页。

② 五世达赖喇嘛：《五世达赖喇嘛自传》中（藏文），西藏人民出版社 1991 年版，第 392 页；《达赖喇嘛为陈述对吴三桂等叛乱所能采取行动情形奏书》，载中国第一历史档案馆，中国藏学研究中心《清初五世达赖喇嘛档案史料选编》，中国藏学出版社 2000 年版，第 78 页。

③ 《拉笃祜等奏冲破拦阻传旨达赖喇嘛情形记注》，载中国藏学研究中心，中国第一历史档案馆等《元以来西藏地方与中央政府关系档案史料汇编》2，中国藏学出版社 1994 年版，第 251—252 页。

回奏清廷，至于“皇上作何调遣，即谕来使，令其速归，我即尊旨奉行”。[①] 暗示清廷应该将蒙古军队纳入统一的讨吴军事行动之中，解决远征云南的蒙古军队之给养问题，并通过粮草补给方面的“支持”以约束蒙古军队，从而在一定程度上为格鲁派寺院集团消除“难以驾驭”的蒙古军队进入云南可能造成不测的顾忌。

康熙帝得知五世达赖喇嘛准备遣军远征，并奏请清廷提供粮草补给方面支援的讯息后，特下敕谕，一面“令达赖喇嘛发蒙古兵，入四川松潘等处边界进剿”，另一方面则令四川等地“作速备办粮饷草料”，以供应南下进攻吴三桂的青海和硕特蒙古军。[②] 然而，达赖珲台吉等回到青海后，突然改变主意，以“松潘路险”为由，拒绝出兵云南，反而纵兵骚扰陕甘边境地区。[③] 当时，陕西提督王辅臣叛于宁羌，杀害了清政府陕西经略使莫洛，攻陷兰州，与吴三桂形成南北呼应之势，蒙古兵的袭扰在无形中加剧了西北地区局势的动荡，影响到清朝在南方的平叛军事行动。因此，清朝不再指望青海的蒙古兵与清军一道分兵合围吴三桂，而是将原驻防兰州的甘肃提督移驻甘州，加强了对青海蒙古的防范，同时谕令五世达赖喇嘛严厉管束蒙古各部。达什巴图尔率领蒙藏军队挺进云南后，在木里格鲁派势力的配合与援助下，于藏历木虎年（1674）十月攻下中甸城。[④] 到十一月初，彻底战胜了中甸一带所有反格鲁派的僧俗部众，[⑤] 罕都也兵败被杀，[⑥] 彻底解决了罕都叛教的问题，清除了滇西北藏区反格鲁派势力。五世达赖喇嘛“遣兵夺据”杨打木、结打木二城之目的顺利达成，又没有损害西藏格鲁派寺院集团及其所掌控的甘丹颇章政权与吴三桂的关系。

二

清康熙十三年（1674）六月，清朝使臣刚离藏返京不久，吴三桂派的使者来到拉萨，送信给五世达赖喇嘛。当时，西藏上层在是否接待吴三桂派来的使者方面产生严重分歧，但五世达赖喇嘛和第巴·洛桑图道商议后，决定按照惯例接待他们，并接受了他们带来的礼品和书信。吴三桂来信的具体内容未见记载，但根据五世达赖喇嘛给吴三桂的回信内容来分析，主要可能是告知他举兵叛清的进展情况，并希望进一步寻求西藏和蒙古方面的支持，结成同盟，以共同造成对中原地区的压迫之势。尽管五世达赖喇嘛知道吴三桂野心勃勃，但他依然认为吴三桂的反清叛乱只是“君臣不和”造成的混乱，希望以自己的威信说服吴三桂罢兵息战，臣服朝廷。他在给吴三桂的回信中说道：

---

① 《清圣祖实录》卷四八，康熙十三年其月壬申条。《西藏研究》编辑部：《清实录藏族史料》1，西藏人民出版社 1982 年版，第 37 页。

② 《谕四川等处文武官员及达赖喇嘛协剿吴三桂》，载中国第一历史档案馆，中国藏学研究中心《清初五世达赖喇嘛档案史料选编》，中国藏学出版社 2000 年版，第 71 页。

③ 《清圣祖实录》卷五四，康熙十四年四月乙卯条。《西藏研究》编辑部：《清实录藏族史料》1，西藏人民出版社 1982 年版，第 37—38 页。

④ 阿旺钦饶：《木里政教史》（藏文），四川民族出版社 1993 年版，第 90 页。

⑤ 五世达赖喇嘛：《五世达赖喇嘛自传》（中）（藏文），西藏人民出版社 1991 年版，第 421 页。

⑥ 瓦芒·班智达：《汉藏蒙历史概略》（藏文），青海民族出版社 1990 年版，第 72 页。

你们君臣之间出了这样的差错是很不幸的，致使生灵涂炭。当今满洲皇帝和前两代皇上即三代以来，均与西藏福田施主保持着密切的关系，我自己亦曾亲赴朝廷觐见，得到无量恩赏，其情形平西王你也心知肚明，因此我做梦都没起过背叛朝廷之心。如果背叛，不但使三宝见耻于我，连你也会认为是可羞耻的。虽然我和亲王你过去无交情，最近才相结识，但佛陀释迦牟尼的追随者的特点在于慈爱一切众生，于眷众俱洁身净心，不可胡作非为。况且西藏无力支持交战双方之任何一方，卫拉特蒙古则威武雄猛，桀骜不驯，只会到处蹂躏、破坏人们的幸福。[①]

由此看来，五世达赖喇嘛尽管不愿破坏与吴三桂之间的关系，但他对吴三桂叛清事件的态度是坚决的，明确表示了自己绝对不会与他为伍，背叛朝廷，并且以恳切之辞规劝吴三桂不可背叛朝廷，胡作非为。这批使者尚未离开拉萨，吴三桂派遣的另外两批使者又接连抵达拉萨，五世达赖喇嘛也照例接见并接受了他们赠送的礼品。据《五世达赖喇嘛自传》中的记载，这些使者都是些在吴三桂手下担任军事要职的人，五世达赖喇嘛还同他们在私下里进行了会谈，详细听取了吴三桂捎来的口信，并对他们给予了优厚的礼品。[②] 尽管这些使者所带吴三桂口信的内容无从查证，但从当时“三藩”之乱的总体态势和其后五世达赖喇嘛奏书中对这一态势的判断来看，吴三桂口信的内容可能包括两个方面：一是“三藩”之乱在南方地区迅速扩展的态势；二是吴三桂急于打通青藏，以尽快实现与陕西提督王辅臣势力形成南北呼应局面。“三藩”之乱初期，清政府方面在平乱战争中屡屡失利，使清朝统治大受震动。这种状况使得五世达赖喇嘛对战争态势产生了错误判断，模糊了对吴三桂反叛朝廷活动性质的认识，并对清朝平息战乱的能力产生怀疑，认为“吴三桂足智多谋，且汉人叛逆者众，汉人忧虑剃发换装，恐势渐扩大”。[③] 在康熙帝下定决心全力剿灭吴三桂，谕令五世达赖喇嘛“若吴三桂势蹙投降，喇嘛其即执送”，并敕谕达赖喇嘛及达赖汗“宜恪守前言，令其（指达赖珲台吉等和硕特蒙古上层——引者注）统辖部属，毋得生事扰民”[④] 后，五世达赖喇嘛又派遣使者到北京上奏康熙，替吴三桂说情：“若吴三桂力穷，乞免其死罪；万一鸱张，莫若裂土罢兵。”[⑤] 康熙帝当然不接受五世达赖喇嘛“裂土罢兵”的主张，并对五世达赖喇嘛与吴三桂的关系及其走向产生怀疑。鉴于当时正处于平乱的关键时期，青藏地区的动向对战局的发展必然产生举足轻重的影响，而五世达赖喇嘛似乎对吴三桂反叛朝廷行径的性质有所不明，康熙帝遂下敕谕给五世达赖喇嘛，详细陈述了朝廷与吴三桂的关系及吴三桂的罪行：

---

① 五世达赖喇嘛：《五世达赖喇嘛自传》中（藏文），西藏人民出版社 1991 年版，第 403 页。

② 同上书，第 406—408 页。

③ 《达赖喇嘛为复不再请求招降吴三桂原因奏书》，载中国第一历史档案馆，中国藏学研究中心《清初五世达赖喇嘛档案史料选编》，中国藏学出版社 2000 年版，第 84 页。

④ 《敕谕达赖喇嘛讨伐吴三桂决心并嘱转告达赖汗约束属下毋得生事扰民》，载中国第一历史档案馆，中国藏学研究中心《清初五世达赖喇嘛档案史料选编》，中国藏学出版社 2000 年版，第 72—73 页。

⑤ 《清圣祖实录》卷五四，康熙十四年四月乙卯条。《西藏研究》编辑部：《清实录藏族史料》1，西藏人民出版社 1982 年版，第 38 页。

吴三桂乃明时微弁，父死流贼，摇尾乞降，世祖章皇帝优擢封王，其子尚公主，朕又宠加亲王，所受恩典，不但越绝朝臣，盖自古所罕有。吴三桂负此殊恩，构衅残民，天人共愤。朕乃天下人民之主，岂容裂土罢兵？①

1675—1677年，吴三桂还数次派遣使臣到拉萨，给五世达赖喇嘛和达赖汗等蒙藏上层馈赠大量礼物，企图进一步拉拢他们。特别是康熙十五年（1676）正月那批使者，人数多达70余人，所赠礼品亦特别丰厚：给五世达赖喇嘛赠送了用黄金万钱制造的锅、勺及4个酥油茶桶，白银1万两、纳西茶1万克，另外还有吴三桂妻妾赠送的大量礼品。给达赖汗和第巴各赠送了用黄金5000余钱制造的金茶桶一对、白银5000两及纳西茶5000克。五世达赖喇嘛举行盛大宴会，与喀尔喀、卫拉特蒙古贵宾一道招待了吴三桂的这批使臣，接受他们的礼物并回赠了相应礼品。②

吴三桂同西藏方面的频繁接触引起了清朝政府的极大关注，而清朝一些边防守将也在不明实情的情况下臆测性地向康熙皇帝奏言，说五世达赖喇嘛盛赞吴三桂，与吴三桂在打箭炉互市茶马，并应允吴三桂共同举事，蒙藏军队与吴三桂势力“交相连结，欲图入掠”，达赖喇嘛的蒙藏军队不久就将打到云南等，③ 使康熙皇帝对五世达赖喇嘛的不信任感有增无减。因此，清廷不断派遣使臣到拉萨，要求五世达赖喇嘛、达赖汗等蒙藏上层作出解释。吴三桂的频繁遣使和清廷的不信任，给五世达赖喇嘛造成了极大的压力，不得不数次遣使到清廷，将西藏方面与吴三桂使臣接触的情形详细奏报朝廷，以求宽解。

清朝政府鉴于平藩战局的部署，一方面加强与达赖喇嘛等蒙藏上层的联系，另一方面加强在西北地区对蒙古势力的防范，以阻断吴三桂通过青藏地区与西北王辅臣势力打成一片的可能，并命令四川等地的总督、巡抚在云南至西藏的交通沿线设立哨卡，搜查吴三桂同西藏方面的往来书信。④ 同时，采取“剿抚并用”的方针，在坚决打击吴三桂势力的同时，对王辅臣、耿精忠、孙延龄、尚之信等响应叛乱者则恩威并施，大力进行分化、瓦解和争取工作，以扭转战争的局势。到康熙十五年（1676）夏，王辅臣向清朝投诚，西线叛军解体，西北局势趋于稳定。靖南王耿精忠在与台湾郑经势力的矛盾中势穷乞降。不久，广东的尚之信和广西的孙延龄也相继放下武器，投降清朝。于是，吴三桂失去外援，屡战屡败，陷入困境，于1678年秋暴死衡州，其孙吴世璠继位。

---

① 《清圣祖实录》卷五四，康熙十四年四月乙卯条。《西藏研究》编辑部：《清实录藏族史料》1，西藏人民出版社1982年版，第38—39页。

② 五世达赖喇嘛：《五世达赖喇嘛自传》中（藏文），西藏人民出版社1991年版，第529—530页。

③ 《谕达赖喇嘛班禅及达赖汗》《张勇疏报吴三桂与达赖汗交相连结欲图入掠及谕令张勇移甘州镇守》《五世达赖喇嘛为申辩未允与吴三桂同叛朝廷奏书》等，载中国藏学研究中心、中国第一历史档案馆等《元以来西藏地方与中央政府关系档案史料汇编》2，中国藏学出版社1994年版，第255—258页。

④ 《谕遣能员往打箭炉侦察防御并著各处督抚搜查吴三桂与达赖喇嘛交通书札》，载中国藏学研究中心、中国第一历史档案馆等《元以来西藏地方与中央政府关系档案史料汇编》2，中国藏学出版社1994年版，第260页。

三

如果说“三藩”之乱初期吴三桂同西藏方面的频繁接触引起了清朝政府的极大关注，乃至在某种程度上对五世达赖喇嘛等蒙藏联合政权上层产生不信任感，甚至对五世达赖喇嘛等有关西藏方面与吴三桂来使接触情形的奏报都将信将疑，不置可否，那么自1676年夏以来，平藩战争形势好转、战局逐步趋于明朗后，尤其是在两广总督金光祖大胜吴三桂，生擒吴三桂任命的伪总督董重民，并从董重民口中得悉吴三桂同西藏方面联系的详细情形后，康熙对五世达赖喇嘛等蒙藏上层的疑心逐步解除，表示“朕已洞悉尔所奏事情原由”，并明确承认“吴三桂使多次出入尔处之情形，与尔所奏事实相符”。①

康熙十七年（1678）后，五世达赖喇嘛不断向康熙帝上奏表文，以进一步申明自己在吴三桂事件中的基本态度和所作所为，澄清事实。概括而言，五世达赖喇嘛的申辩主要集中在三个方面：

一是同吴三桂的来往情况及自己的基本态度。在反清叛乱的整个过程中，吴三桂方面频频遣使入藏，向五世达赖喇嘛奉送大量财物，约请结盟，共同反清。五世达赖喇嘛虽然没有答应吴三桂结盟的要求，但也没有遵从康熙与之断绝往来的旨意，不但对云南方面的使臣来者不拒，受其财物，并回赠礼品，还在打箭炉地方互市茶马，保持了相对较为密切的联系。关于这一点，五世达赖喇嘛在康熙十七年（1678）十一月的奏书中申辩说：

> 前吴三桂为探小僧之意，曾遣人前来，未带馈礼。来书说明其举事之因。小僧言，为臣仆者与主人破裂，差矣！并未应允同其举事。尔后难免有众多汉人妄进谗言。
>
> 吴来使言，土伯特、蒙古已应允协同举事。小僧言，蒙古、土伯特不可能同彼协同举事。若彼等能，小僧等亦不能。小僧等同圣上政教为前小僧赴朝廷朝觐等事，吴三桂岂不知乎？如反叛朝廷，我等僧俗愧对圣上，即愧对世人，故未应允。
>
> 尔后吴使海潮龙携带金、银、茶叶等礼品颇多，对军事方面则毫未涉及。小僧想吴馈赠财物甚多，不应无偿收受，遂遣布呼依绷之二兰占巴携珊瑚、琥珀等礼品回赠。前曾将此事奏明在案，并非宣扬吴三桂所赠厚礼。将一切事件如实奏报，此乃土伯特应尽之职责。尔后虽有使人来，但并未带礼品。虽将布呼依绷之大兰占巴遣回，但今年并未派人前来。小僧猜想，大概因小僧等未派兵同其举事，吴因而不满。
>
> 云南方面汉人谎称，土伯特兵不久将到，土伯特赐吴三桂以盛誉。
>
> 现大兵已将董重民擒拿监禁。董重民所供，同小僧所奏相符，足证小僧所奏无欺也。四川打箭炉地方，土伯特人养马匹不多，故马贩去者寥寥。西宁有茶商经营茶叶贸易，蒙古人为买茶，常派马贩携马与之交易。所有汉、土伯特、蒙古商人，

---

① 《谕达赖喇嘛班禅及达赖汗》，载中国藏学研究中心、中国第一历史档案馆等《元以来西藏地方与中央政府关系档案史料汇编》2，中国藏学出版社1994年版，第255页。

都为获利而来，非为助吴三桂而来也。[①]

归纳起来说，五世达赖喇嘛在这份奏书中从五个方面摆事实，讲道理，对西藏与吴三桂之间的关系以及西藏方面对吴三桂举事的态度做了申辩：第一，承认战争期间吴三桂确曾多次派人来藏联络，并向五世达赖喇嘛等馈赠了大量礼品，五世达赖喇嘛等出于礼尚往来，也回赠了礼品；第二，吴三桂遣使的来意，只是说明其举事的原因，并鼓动西藏方面共同行动，而没有涉及具体的军事部署；第三，对于吴三桂联合举事的鼓动，西藏方面从政教一体的大局出发，给予了坚决回绝；第四，蒙藏方面与吴三桂势力在打箭炉的茶马交易，纯系民间生计所需，绝非助吴三桂之举；第五，西藏方面赞誉乃至派兵襄助吴三桂之说纯系谣传，已如清军所俘吴三桂属下董重民所供。

二是招降吴三桂问题。吴三桂举事叛清之初，五世达赖喇嘛只是视其为“君臣不和”，在明确表示了自己绝对不会与他为伍背叛朝廷的同时，又不愿破坏与吴三桂之间的关系，希望以自己的威信说服吴三桂罢兵息战，臣服朝廷，而不胡作非为。[②] 在接到康熙帝谕令，派兵南下协剿吴三桂时，五世达赖喇嘛也只是以原属西藏三噶尔玛之杨打木、结打木二城为吴三桂所夺为由，遣兵中甸，借机解决罕都叛教的问题，而无意攻剿吴三桂。此时，吴三桂直接与青海和硕特蒙古总管王达赖巴图尔联系，煽动他发兵进攻四川、甘肃等内地，[③] 达赖巴图尔也以“松潘路险”为由，放弃原拟组织青海和硕特蒙古兵丁南下协助清军攻剿吴三桂的计划，不但拒不出兵南下，反而攻掠和硕特驻牧地邻近的陕甘地区。[④] 面对这一状况，五世达赖喇嘛奏报清廷，设法开脱，说蒙古人兵力虽强，也难以长途征伐，而且他们桀骜不驯，掳掠成性，即使他们真的出兵云南攻破城池，也得提防他们贪心据为己有。再说，西南地热，蒙古军队恐怕也难以适应。[⑤] 这让清廷颇为头疼。但从大局着眼，清廷并没有过多地责备五世达赖喇嘛和达赖巴图尔等人，只是反复劝谕他们恪守本分，不要与云南方面交往。随着战事的不断扩大，清朝政府面临的局势复杂化到严峻的程度，五世达赖喇嘛“恐势渐扩大”，不愿使更多的生灵涂炭于战火纷飞之中，遂上奏清廷“吴三桂跪请之时，若加因势利导，或可迅速安定”，建议招降并宽免吴三桂。但康熙帝剿灭吴三桂的决心已定，谕令五世达赖喇嘛“但等事结”，“不可妄加劝解”后，五世达赖喇嘛不便再奏请招降吴三桂。康熙十九年（1680）八月，五世达赖喇嘛上奏清廷，进一步申明自己当时奏请招降吴三桂的初衷说，当时各地叛乱如火如荼，朝廷军队似乎处于劣势，如果因势利导招抚吴三桂，或可

① 《五世达赖喇嘛为申辩未允与吴三桂同叛朝廷奏书》，载中国藏学研究中心、中国第一历史档案馆等《元以来西藏地方与中央政府关系档案史料汇编》2，中国藏学出版社 1994 年版，第 257—258 页。

② 五世达赖喇嘛：《五世达赖喇嘛自传》中（藏文），西藏人民出版社 1991 年版，第 403 页。

③ 《清圣祖实录》卷七三，康熙十七年四月乙未条。《西藏研究》编辑部：《清实录藏族史料》1，西藏人民出版社 1982 年版，第 41 页。

④ 《清圣祖实录》卷五四，康熙十四年四月乙卯条。《西藏研究》编辑部：《清实录藏族史料》1，西藏人民出版社 1982 年版，第 37—38 页。

⑤ 《敕谕五世达赖喇嘛讨伐吴三桂决心并嘱转告达赖汗约束属下毋得生事扰民》，载中国藏学研究中心、中国第一历史档案馆等《元以来西藏地方与中央政府关系档案史料汇编》2，中国藏学出版社 1994 年版，第 254 页。

有利于局势的安定和朝政的稳固，所提招降奏言“实出至诚，别无异心”。[①]

三是所谓“裂土罢兵”的含义。有关“裂土罢兵”的奏言被康熙帝严词拒绝后，五世达赖喇嘛即上奏引咎请罪，[②] 并于康熙十九年（1680）八月的奏书中做了进一步的申辩：尽管战争初期五世达赖喇嘛对吴三桂反叛事件的性质不甚明了，以为只是“君臣不和”造成的混乱，便“念土伯特、蒙古、汉人、巴勒布等之道法，特派人员具奏说服主奴之项”，希望说服君臣双方停止战争，免使生灵涂炭，而绝无以吴三桂“与皇上等同之处”。但是，“或因天贼二者之间无需调和有所不悦”，无意间惹怒了康熙皇帝乃至引起对五世达赖喇嘛奏书用心之怀疑，“或为土伯特、蒙古文翻译之过”，产生歧义。总之，奏请之言纯粹出于对当时战争局势的担心和佛家慈爱众生之念，向无“以吴三桂比朝廷”之意。[③]

平藩战争胜利后，五世达赖喇嘛献礼祝颂并再次为前曾上奏提请招降吴三桂事引咎认罪。[④] 对于五世达赖喇嘛所做的这些申辩，康熙帝均给予认可，认为当时朝廷对五世达赖喇嘛和西藏方面的诸多误解都是因为“逆贼蛊惑人心，四处造谣”所致，并谕令五世达赖喇嘛“兹事已定，不必重提”，[⑤] 为吴三桂反清叛乱给清藏关系的正常发展造成的裂隙进行了有效弥合与纠正。

结　语

清朝与西藏之间早在皇太极时期即已发生联系，互派使臣。清朝定鼎北京后，更与掌控青藏地区的蒙藏联合政权加强联络，积极迎请五世达赖喇嘛进京朝覲，并于1653年正式以中央朝廷名义授予五世达赖喇嘛“西天大善自在佛所领天下释教普通瓦赤喇怛喇达赖喇嘛”的名号。同时，授予顾实汗以“遵行文义敏慧顾实汗”的名号，并要求他“作朕屏辅，辑乃封圻”。[⑥] 显然，清朝是意图通过承认达赖喇嘛“所领天下释教”的宗教领袖地位，和顾实汗作为“庶邦君长”的政治领袖地位的方式，逐步将朝廷的权威渗透向青藏地区，以实现对青藏事务的间接控制。

然而，历史的进程并非如此简单。

16世纪中叶以来，丽江木氏土司势力逐步向滇西北、川西南藏区扩张，到明末时，“不仅占有了守御大冲河（雅砻江）的五所之一部分领域，而且占有了盐井卫以至建昌

---

① 《达赖喇嘛为复不再请求招降吴三桂原因奏书》，载中国第一历史档案馆、中国藏学研究中心《清初五世达赖喇嘛档案史料选编》，中国藏学出版社2000年版，第84页。

② 《达赖喇嘛为听信传言请求宽免吴三桂等引咎请罪奏书》，载中国第一历史档案馆、中国藏学研究中心《清初五世达赖喇嘛档案史料选编》，中国藏学出版社2000年版，第85页。

③ 《达赖喇嘛为复不再请求招降吴三桂原因奏书》，载中国第一历史档案馆、中国藏学研究中心《清初五世达赖喇嘛档案史料选编》，中国藏学出版社2000年版，第84页。

④ 《达赖喇嘛祝颂奏辩认罪等三疏》，载中国第一历史档案馆、中国藏学研究中心《清初五世达赖喇嘛档案史料选编》，中国藏学出版社2000年版，第88页。

⑤ 《康熙帝为晓谕吴三桂事件已过不必再提事给达赖喇嘛敕谕》，载中国第一历史档案馆，中国藏学研究中心《清初五世达赖喇嘛档案史料选编》，中国藏学出版社2000年版，第91页。

⑥ 《清世祖实录》卷七四，顺治十年四月丁巳条。《西藏研究》编辑部：《清实录藏族史料》1，西藏人民出版社1982年版，第26页。

卫以及长河西鱼通宁远宣慰司的一部分领域”，“巴塘、理塘、查木多（昌都）一线，为丽江府势力范围”。[①] 顾实汗率部征服安多、康区北部和卫藏地区，并与西藏格鲁派寺院集团建立联合政权后，派其第五子伊勒都齐之子罕都作为蒙藏联合政权代表进驻康区，进一步向康区南部木氏土司领地进军，以图完全控制康区，最终实现蒙藏联合政权对整个藏区的统治。这就必然与木氏土司势力形成无法调和的矛盾和冲突。而作为和硕特蒙古与木氏土司各自“福田”的藏传佛教格鲁派与噶玛噶举派之间由来已久的矛盾和冲突、清廷派吴三桂署理云贵事务以及吴三桂反清叛乱，又使康区南部的政教局势变得更加错综复杂。于是，在以川西南、滇西北为中心的西南边疆地区，形成各种政治的、宗教的、民族的、区域的力量参差交错、冲突不止的局面。

在这一背景下，清廷派吴三桂署理云贵与蒙藏联合势力派罕都经营康区南部藏区、罕都背叛格鲁派与吴三桂反清叛乱在时间进程上的相似相关性，不但关涉到西南地区各种势力之间的较量，也关涉到这些地方势力与清朝中央的关系，以及清朝中央在西南边疆地区权威的树立，而这两个事件及其处理过程，又与吴三桂和五世达赖喇嘛的关系密切相关。因此，对吴三桂与五世达赖喇嘛关系及其演变过程进行考察，能够在充分考虑历史复杂性的前提下，从一个独特的角度较为清晰地梳理清朝初期中央朝廷的权威在青藏地区渗透、确立并逐步得以加强的过程。

（原载《思想战线》2017 年第 5 期）

---

① 方国瑜：《中国西南历史地理考释》下，中华书局 1987 年版，第 841 页。

九世班禅到内地后的舆情与北京民国政府政策论析（1923—1927）

孙宏年*

九世班禅是近代西藏地方维护统一的藏传佛教爱国人士，1923 年 11 月起离开日喀则，1924 年 4 月到达甘肃，此后在内地活动十余年。对此，20 世纪 20 年代报刊就有报道，40 年代刘家驹、陈文鉴在著作中就有所记述，50 年代开始了学术性研究，总体上看国内外学术界进行了一定深度的研究，但仍需进一步深化。① 其中，1923—1927 年社会各界对于九世班禅来内地后社会各界的反应和国内的舆论，北京民国政府采取的相关政策，以及它们之间的相互影响，就是值得继续深入研究的课题。本文依据近年公布的民国时期档案，结合《申报》《东方杂志》等报道，对这些问题进行探讨，以期抛砖引玉之效。

一　九世班禅初到内地后的接待、筹备晋京及舆情变化

由于种种矛盾和冲突，九世班禅受到“达赖座下职员逼迫”，1923 年 11 月 15 日被迫率少量亲信随从，悄悄离开日喀则向北出走，经过艰难的长途跋涉，1924 年 4 月 23 日（阴历甲子年三月二十）到达甘肃省安西县（今甘肃省瓜州县）境内。② 此后，他开始了长达十余年的内地活动。

---

* 孙宏年，中国社会科学院中国边疆研究所研究员。

① 就笔者有限见闻，相关成果主要包括：专著有刘家驹编译《第九世班禅罗桑图丹曲吉尼玛全传》（《班禅大师全集》，班禅堪布会议厅 1943 年版），陈文鉴编著《班禅大师东来十五年大事记》（大法轮书局 1948 年版），张云《漂泊中的佛爷——九世班禅内地活动的前前后后》（中国藏学出版社 2002 年版）；年谱、传记主要有唐景福《曲吉尼玛（1883—1937）》（见氏编著《中国藏传佛教名僧录》，甘肃民族出版社 1991 年版，第 265—270 页），丹珠昂奔主编《历辈达赖喇嘛与班禅额尔德尼年谱》（中央民族大学出版社 1998 年版），牙含章著《班禅额尔德尼传》（华文出版社 2000 年版），拉科·益西多杰编译《罗桑却吉尼玛——九世班禅额尔德尼》（《藏传佛教高僧传略》，青海人民出版社 2007 年版，第 341—347 页）。此外，20 世纪 80 年代以来学者们发表了至少 100 篇论文。这些论著主要论述九世班禅生平事迹、宗教活动、返藏受阻、圆寂与转世、班禅系统与达赖系统关系、九世班禅与中央政府关系、九世班禅与英印政府关系等问题，但对档案、文献的利用仍不够充分，仍需要加强理论分析，一些重要事件、时间的记述也有错误，需要进一步考证（参见杜玉梅《对九世班禅驻留内地期间几个重要事件日期的考订》，《世界宗教文化》2012 年第 6 期）。

② 刘家驹编译：《第九世班禅罗桑图丹曲吉尼玛全传》，《班禅大师全集》，班禅堪布会议厅 1943 年版，第 35—65 页。

1924年4月起，九世班禅行踪及各方反应受到舆论关注，成为《申报》《东方杂志》等报刊追踪报道的重要内容。这年4月10日，《申报》就报道说，“班禅喇嘛失踪，至今未查明”，中央政府电令“川边再寻”。① 27日，“班禅喇嘛已抵安西”的消息解开“失踪”之谜，安西县知事不仅给予接待，而且呈报甘肃督军陆洪涛，陆氏电告北京民国政府，并“令知事挽留，约秋后来京”。② 30日，路透社电称班禅“此次离藏，必因与达赖龃龉所致”，据传“班禅拟与外蒙呼图克图协商，蒙古与东藏结合，俾得达赖之权力”，因此班禅“由藏赴库伦，道出甘肃，政府已令甘督劝其来京”。③ 这些报道一方面表明当时国内外非常关心九世班禅东来及其行程，另一方面所载内容推测之词与真实情况并存。事实上，班禅一行到达安西之前就“遣德匡巴夏堪布”，与甘边宁海镇守使马麒联系。④ 1924年3月，甘肃督军兼省长陆洪涛就要求马麒注意“侦查”班禅的行踪，而且两次收到北京民国政府的电报，4月1日向中央政府报告了有关情况。4月24日，他密电国务院、外交部，说班禅的堪布见到西安县知事陆恩泰时表示，班禅“明日到安”，在安西只是“暂住一二日，即由北套先赴”外蒙古的库伦（今乌兰巴托），待“秋凉后再赴北京”。陆洪涛为此让安西县知事“亟筹待遇，并迅速商承”，安肃道“妥为接洽”，让班禅一行“多住数日，听候中央核示”。26日，国务院回电指出，得知班禅行抵安西，“深为欣慰”，大总统曹锟“甚盼班禅早日来京，已饬预备优待”；库伦“地方不靖，著勿前往”，要求陆洪涛“饬沿途地方妥慎保护”。4月28日，国务院要求内务部、外交部、蒙藏院会商办理“如何预备优待”，内务部在公函中强调“现当蒙藏多事之秋，自应亟谋安抚，以固边圉”，而且“卫藏僻处西陲，比年鞭长莫及，视同域外。此次班禅活佛来京，尤宜待遇优渥，以坚其内向之心，而尽怀柔之策”。至于“如何预备优待”，该部表示“查前清达赖喇嘛等来京觐见，优予礼遇”，都是理藩院主办，并由“各部、署协同料理”，民国以来“蒙藏活佛向未入京展觐，自无成案可稽”，1920年曾筹备欢迎哲布尊丹巴来京，“由蒙藏院会同关系各官署，派员集议商洽一切”，当时会议关于内务部的安排是“派员招待，饬警保护”。因此，该部派员与外交部、蒙藏院协商此事。⑤

根据中央政府的命令，甘肃各地“优礼”九世班禅及其随从人员。1924年4月25日班禅到达安西县城，县知事“欢迎至县政府，款待一周”，随后又奉命护送班禅一行到肃州（今甘肃省酒泉市肃州区），安肃道“及各地官民”热烈欢迎。⑥ 随后，他们继续向东行进，经过西宁时，马麒派代表“欢迎，请大师莅西宁小住”，班禅以“总统电召，目下未便改道”婉谢，而后经甘州、凉州时又受到官员、民众的“拈香恭迎”。5月9日班禅到达兰州，“军政、官吏、乐队及民众数千人迎接”，“用黄布铺道，黄缎饰

---

① 《国内专电》，《申报》1924年4月11日（四）。

② 《国内专电》，《申报》1924年4月27日（四）。

③ 《特约路透电》，《申报》1924年4月30日（四）。

④ 刘家驹编译：《班禅大师全集》，班禅堪布会议厅1943年版，第37页。

⑤ 中国第二历史档案馆、中国藏学研究中心编：《中国第二历史档案馆所存西藏和藏事档案汇编》（四），中国藏学出版社2009年版，第336—344页。

⑥ 陈文鉴编著：《班禅大师东来十五年大事记》，大法轮书局1948年版，第1页。

壁，高扎彩棚”，大总统曹锟还派员到兰州迎候。[①] 在兰州，班禅被安排入住金天观，外出时“乘黄轿，衣黄衣，租黄钺，盖黄伞，驺众甚众”；“各处番酋连日来省顶礼，络绎不绝”。6月中旬，他拜会陆洪涛，因“款待优渥，屡鸣谢意，内向之志弥坚”。[②]

1924年5、6月间，班禅派遣两名堪布前往北京，蒙藏院为此给交通部发函，请该部让沿途各路局发给车票。[③] 与此同时，内地各界、各部门做出了反应：一是班禅系统在北京的僧人洛桑、丹僧得知班禅到达兰州，5月26日表示要“带领僧徒随从八人，前往迎迓”，呈请蒙藏院“给予火车护照，准予驰驿，并求赏给川资”。[④] 二是内地关心藏事的社团、组织呼吁借班禅东来的机会维护国家主权。5月28日，藏事促进会的秦世昌、刘文通等22人联名呈文大总统、国务院，呼吁“整理西藏以固主权而保领土”。他们强调：“我中华以汉、满、蒙、回、藏五族共和立国，载在宪法，不容或缺”，但是1912年以后在西藏的施政难以实现，“驻藏办事长官仅能寄居印度，其为我完全管领之川边亦将受藏人侵扰”，“致令数千里属地、数百年主权归于放弃，实我全国人民所痛心疾首而引为大辱者！”他们认为，当时华盛顿会议“各国已承认西藏为我国领土”，“川省亦经吴巡阅使派兵肃清”，又“值班禅倾向中华、问关入觐”，正是“急起直追、力谋整理”的大好时机！他们“或曾身历藏中，或有营业在藏，或里居与边藏接壤、有存亡密切之关系，或曾受藏民选举、有利害相共之责任”，在此“千钧一发之际，不忍缄默不言”，因此吁请大总统“先责成外交部将中藏交涉从速办结”，命令“驻藏办事长官实行驻藏，行使原有职权”，同时“选派曾任藏事、与班禅素有接洽、为藏人素所信服之重要人员，前往欢迎班禅入京，以为怀柔远人至计”。[⑤] 对于藏事促进会的呼吁，6月10日《东方杂志》在《时事述评》中刊文指出，近来西藏问题引起国人注意，一因九世班禅来到内地，二因“五月中旬间藏人的告警”。该文对中央政府“优礼”班禅有不同意见，认为“班禅喇嘛于四月间离西藏，经新疆而到甘肃。那时北京方面无事可做的蒙藏院得了消息，视为奇货，预备招待来京，并请拨招待费四十万元，意图借此向政府大敲竹杠。政府也一时莫名其妙，视班禅的行动与解决藏事有关”，还说“北京方面有所谓藏事促进会的，看了内蒙王公因蒙古问题而热闹，也于四月底开了一次会，并呈请政府将中藏交涉从速办结”，甚至悲观地认为“班禅即使果能于秋间入觐，北京政府的所得，也只有微薄的贡礼罢了”。尽管如此，该文也不得不承认英帝国主义“觊觎西藏是无论如何不能掩饰的”，西藏已经告警，西藏问题不容易解决。[⑥]

1924年7月，中央政府在北京确定了以蒙藏院为主办机构，筹备接待班禅事宜。蒙藏院等部门在北京开会研究接待事宜，决定按照清代乾隆帝接待六世班禅的旧例和规格，隆重迎请九世班禅到京，蒙藏院总裁贡桑诺尔布等被指定筹办接待事宜。为了做好

---

① 刘家驹编译：《班禅大师全集》，班禅堪布会议厅1943年版，第37—38页。

② 《国内专电二》，《申报》1924年6月19日（六）。

③ 中国第二历史档案馆、中国藏学研究中心编：《中国第二历史档案馆所存西藏和藏事档案汇编》（四），中国藏学出版社2009年版，第388—402页。

④ 同上书，第399—403页。

⑤ 同上书，第404—415页。

⑥ 大山：《班禅入觐与西藏告警》，《东方杂志》第21卷第11号，商务印书馆1924年版，第4—5页。

这次接待，蒙藏院设立招待班禅事宜处，并拟订《招待班禅事宜处职掌暂行章程》，由该院一名副总裁担任处务主任，专门负责此事。[①] 在经费上，蒙藏院制定的招待班禅经费预算为60000元，财政部答应先拨给10000元，实际上“催索再四”才拨款3000元。为此，7月21日蒙藏院致函财政部，强调班禅“俟秋凉即行入觐”，请财政部先行拨给第一批款项余款7000元，其余款项“陆续拨付，以资应用”。[②]

7月以后，班禅仍住在兰州，8月各地僧人不断前来“礼拜”，内蒙的额济纳王公还带着眷属前来。[③] 为联系晋京一事，班禅曾派代表望（旺）堆诺布、罗兴囊木嘉和董士恩等进京，8月15日到京，与蒙藏院协商后“定秋凉入京”。[④] 此时，华北地区已经战云密布，国内政局出现重大变化，9月15日第二次直奉战争爆发，张作霖率奉系军队与以曹锟为首的直系在热河、山海关等地展开拉锯战。10月22日，冯玉祥率部发动“北京政变”，通过贿选当上大总统的曹锟被囚禁。11月，这次战争以直系惨败告终，24日段祺瑞出任临时执政。[⑤] 在这种形势下，班禅何时晋京的问题备受朝野各界关注。1924年10月下旬，班禅才离开兰州东下，26日在“护送班禅大员”李迺芬的护送下到达静宁州（即今甘肃省静宁县）。[⑥] 此后行程并不顺利，班禅一行经甘肃入陕西后恰逢军阀大战，双方都“以大师爱护祖国，远道来京，竭诚欢迎”，令部属护送班禅“通过火线”。班禅进入西安后，陕西督军刘镇华“隆重欢迎，并优予招待”。11月，段祺瑞出任临时执政后即“来电欢迎，并饬刘督军送至潼关”。12月17日，刘镇华派人护送班禅一行渡过黄河，进入山西永济县境内，山西督军阎锡山派人迎接。[⑦]

二　九世班禅晋京、南下江浙与国内舆论的分化

1925年1月5日，班禅一行到达太原，[⑧] 军民数千人夹道欢迎，“鸣炮致敬”，阎锡山亲自迎接，“驻锡新建宾馆”，“顶礼供养对欢宴者，络经不绝”。[⑨] 1月中旬，临时执政段祺瑞发布命令，称“班禅额尔德呢对已行抵山西，长途跋涉，眷念良深”，特派达寿、章嘉活佛“前往慰劳，以示优崇”。[⑩] 班禅在太原不仅受到山西官员热情招待，而且不少蒙古族信徒前往顶礼，临时执政府还多次派员前往看望、慰劳。2月初，蒙古族“官民僧俗男妇”100多人叩见班禅，班禅为他们“讽诵藏经，约一小时，摩顶而退，

---

① 中国藏学研究中心、中国第一历史档案馆等合编：《元以来西藏地方与中央政府关系档案史料汇编》（四），中国藏学出版社1994年版，第2468—2469页。

② 中国第二历史档案馆、中国藏学研究中心编：《中国第二历史档案馆所存西藏和藏事档案汇编》（四），中国藏学出版社2009年版，第491—495页。

③ 《国内专电》，《申报》1924年8月17日（七）。

④ 《国内专电》，《申报》1924年8月16日（六）。

⑤ 郑志廷、张秋山：《直系军阀史略》，人民出版社2007年版，第248—308页。

⑥ 《国内专电》，《申报》1924年10月30日（四）。

⑦ 中国第二历史档案馆、中国藏学研究中心编：《中国第二历史档案馆所存西藏和藏事档案汇编》（五），中国藏学出版社2009年版，第149—152页。

⑧ 同上书，第153—157页。

⑨ 刘家驹编译：《班禅大师全集》，班禅堪布会议厅1943年版，第38页。

⑩ 《临时执政令》，《政府公报》第3158号（民国十四年一月十四日）命令。

来众极表欢欣”。他们还从“照像馆请得班禅最近之照像六十余帧”，得到者“敬谨奉持”，“不胜喜悦”。段祺瑞除了派达寿、章嘉活佛“前往慰劳”外，还特派公子段宏业到太原，并表示“夏历新年后即可北上”。2 月中旬，临时执政府的各个部门则加紧筹备他晋京觐见事宜。①

在北京，为迎接班禅晋京，蒙藏院还专门“拟具班禅觐见礼节”，呈报临时执政。②为迎接班禅到京，蒙藏院专门致函内务部，称“据本院派赴太原迎接班禅人员电称，班禅定于二月二十五日上午十一钟抵京”，2 月 23 日内务部总务厅庶务科又致函礼俗司，请有关人员“届期准时赴西车站迎接”。③ 与此同时，北京总商会、北京教育会、中华教育改进社、蒙藏专门学校、藏文佛学院、边藏讨论会、西藏商业联合会、西藏旅京同乡会、藏事促进会等十四个机构、团体还联合发起欢迎大会，在前门外张家桥九号设立临时办事处，并发出通告“促请各团体一致加入”。在通告中，他们指出班禅在 1924 年到达甘肃，政府派员迎接，即将抵京，“我国民亦应一致欢迎，以示诚意”，之所以欢迎班禅，原因有三：一是西藏“为我国之领土”，班禅是“西藏主持教务之一人”，我国“合五族而组成”，班禅“不惮远道来京，倾心内向”；二是“西藏向以达赖班禅分主教务，在前清时代，例有入觐之举”，西姆拉会议后“信使时疏”，这次班禅来京“实为民国第一次之联络”，对于“怀柔政策”有重大意义；三是“西藏与印度为邻，其宗教上亦多类似，因而内部颇多派别”，班禅则是“倾向祖国之首领”，现“感于环境之旨趣不同，毅然来京，携手商榷”，对外交政策有重大意义。因此，他们希望各界“共襄盛会”，欢迎班禅。④

2 月 25 日 11 时，班禅的专车抵达北京，各部、院官员和各社会团体和佛教、道教等各教派人士等数万人早已在车站迎候，一些人打着“欢迎西藏之教师”“欢迎活佛”的旗帜，而负责护卫的军警林立，三步一岗、五步一哨，场面极为严肃、壮观。专车进站后，班禅尚未下车，内务总长龚心湛，蒙藏院总裁贡桑诺尔布和副总裁洪学范、祺诚武，新任外交总长沈瑞麟，京师警察总监朱深和警备司令鹿钟麟等中央官员登车迎接，接着“以丈余之黄布铺地”，班禅在“许多喇嘛扶持而下，行于黄布之上”，他一下火车“军乐大作”，坐上一辆用装饰精致、坐垫也用黄绫制成的纯黄色汽车出站。⑤ 随后，他被安排到瀛台住锡，作为他的行辕。26 日上午，班禅觐见临时执政段祺瑞，27 日上午段氏进行回访，3 月 2 日段氏又在陆军部“演剧邀班禅参观”。3 月 11 日上午，班禅谒见段氏，班禅向他陈述有关外蒙、西藏问题的建议，表示愿意诵经“祈祷外蒙和平，并愿以宗教法力，感格外蒙青年，俾诚心归向”，而段氏“极为嘉纳”。⑥

4 月，班禅派代表参加了善后会议，公开发表意见书，主张“消弥战祸”、实行真

---

① 《蒙人晋谒班禅喇嘛》《班禅定十九日由晋抵京》，《申报》1925 年 2 月 12 日（十）《国内要闻二》。

② 《临时执政指令第二百二十六号》，《政府公报》第 3189 号（民国十四年二月十五日）命令。

③ 《中国第二历史档案馆所存西藏和藏事档案汇编》（五），第 258—262 页。

④ 《各团体筹备欢迎班禅》，《申报》1925 年 2 月 21 日（六）《国内要闻》。

⑤ 《班禅到京之欢迎状况》，《申报》1925 年 3 月 1 日（六）《国内要闻》。

⑥ 《班禅谒段谈蒙事》，《申报》1925 年 3 月 16 日（六）《国内要闻》。

正的“五族共和”。[①] 他还为内外蒙古王公、信徒膜顶，前后有数万之多，由于“远来顶礼者人数繁颐”，蒙藏院招待班禅办事处为维持秩序，免费制作了“顶礼入门券”，请持券者从西苑进门。[②] 4月11日，中外各教联合会召开，各教代表和中外名流1500多人拜谒班禅，“颇集一时之盛”。班禅发表演说，主要阐发了佛教的因果，强调“佛教之要，在乎劝善戒恶”。[③] 班禅受到中外各宗教团体、教派代表的参谒，既是世界宗教史上的盛事，又反映了中外宗教界人士对班禅的尊敬。

4月下旬，应浙江地方长官孙传芳邀请，班禅南下上海、浙江，蒙藏院和江苏、浙江及沿途地方官员、各界积极筹备，确定交通保障、欢迎礼仪等具体事宜。24日，班禅到执政府向段祺瑞辞行，班禅报告了南行安排，段氏则设宴为他饯行。[④] 班禅定于27日离京南下，大堪布罗桑、翻译数名和随从等20余人随行，临时执政派达寿、翊卫使熙钰护送，蒙藏院派祺诚武、李铣、方燕庚陪同。28日晨，班禅乘坐的专车经过济南时，车站上已经用黄缎扎起彩棚，中搭牌坊，坊上交叉国旗，并悬“景教东来”匾额和“欢迎”大字，山东军政长官和各界到站迎接。[⑤] 是日下午，班禅专车驶抵浦口站，江苏省和南京地方在浦口车站和下关码头准备用松柏高搭牌楼，“特备黄缎大轿一乘，黄缎伞一柄，黄缦汽车、马车各十辆”，举行隆重的欢迎会，并布置好宅院让班禅休息。[⑥] 29日，班禅经过镇江、常州、无锡、苏州等站，车站上都高搭黄彩牌楼进行欢迎；下午到达上海，中华佛教会长清海前往拜会。30日，上海绅商在圣母院路举行宴会欢迎班禅。[⑦]

5月1日，班禅从上海到杭州，浙江军政官员、僧众、社会各界隆重欢迎。[⑧] 8日，班禅从杭州返回上海，9日上午中华佛教总会上海分会在静安寺举行欢迎大会，下午乘船前往普陀进香，而到达普陀后又受到僧俗各界的热烈欢迎，各寺庙还做好迎接他的准备。[⑨] 班禅从普陀返回上海后，17日下午各界又在总商会议事厅宴请班禅，军政绅商、各社会团体和外国驻沪机构代表500多人参加，商会、上海佛教会和各界人士先后致辞，班禅发表演说，表示“现在五族共和，汉满蒙回藏尽属一家”，提出“共和不仅在种族政治，宗教上亦宜尚共和”，各教派都应“为公众祈祷和平”，“不但求中国之和平，即对世界各国，均当以和平相待”。[⑩] 20日，班禅离沪北上，25日回到北京，蒙藏院总裁贡桑诺尔布和各方代表到站迎接，彩棚高搭，黄土铺地，军警林立，气氛隆重、热情。班禅此次在浙江、上海期间，湖北、江西军政长官还到沪迎请，湖北督办萧耀南

---

① 《班禅在善会提出意见书》，《申报》1925年3月9日（五）《国内要闻》。

② 《蒙藏院招待班禅办事处通告》，《政府公报》第3237号（民国十四年四月五日）通告。

③ 《各教代表参谒班禅》，《申报》1925年4月16日（五）、（六）《国内要闻二》。

④ 《班禅南下前谒段辞行》，《申报》1925年4月29日（五）《国内要闻》；《班禅出京赴杭》，《申报》1925年4月30日（六）《国内要闻》；《班禅出京南下情形》，《申报》1925年5月2日（九）《国内要闻二》。

⑤ 《班禅专车过济》，《申报》1925年5月1日（九）《国内要闻二》。

⑥ 《班禅过宁欢迎之布置》，《申报》1925年4月29日（十）《国内要闻二》。

⑦ 《班禅今日抵沪》，《申报》1925年4月29日（十三）《本埠新闻》；《班禅抵沪续志》，《申报》1925年5月1日（十二）《本埠新闻》。

⑧ 《班禅抵杭记》，《申报》1925年5月2日（九）、（十）《国内要闻二》。

⑨ 《班禅昨日由杭返沪》，《申报》1925年5月9日（十三）、（十四）《本埠新闻》。

⑩ 《官商欢迎班禅之宴会》，《申报》1925年5月18日（十三）《本埠新闻》。

曾派代表到沪，“敦请班禅莅鄂”，因天气炎热，他未能前往。[①] 班禅回北京后，因天气炎热，7 月去五台山避暑。7 月 6 日，他赴五台山避暑前，请蒙藏院向临时执政“代陈感谢下忱”。[②]

从 1 月至 7 月，班禅一行受到临时执政的隆重接待，各地军政部门、社会各界也积极参与，但这一过程中经费始终是困扰蒙藏院的突出问题，而社会舆论中总有质疑的声音，核心问题是中央政府和地方各界花费巨大财力、物力、人力接待班禅，是否对巩固西藏有效？对于接待经费，蒙藏院总裁贡桑诺尔布曾专门与财政部总长李思浩会商，双方都认为“招待事项理应周致，惟以中央财力所限，不得不格外从俭”。2 月 21 日，蒙藏院致函财政部，表示“办理招待班禅事宜，所有开办经费”从财政部领款 25000 元，经过“通盘筹划、诸事节省”，总计不到 40000 元。班禅在 25 日就要到京，每天经费需拨 400 元，“此外应行供给之煤火、车马杂费等项，及招待处办公经费伙食，约计每日需要洋六百元”，每天总计需要拨款 1000 元。该院还强调，这个预算“已属减无不减”，考虑到“库款支绌”，“煤火、车马杂费等项，及招待处办公经费伙食”等项再减少 200 元，每天应拨给 800 元，每月需要 24000 元。[③] 临时执政府秘书厅也为此致函财政部，称董士恩与贡桑诺尔布商量过接待经费问题，即“山西每日折价洋三百元”，发到 2 月 24 日，25 日班禅到京后“仍将支应折价”，段祺瑞谕令“该项支应每日折给四百元，由财政部速即筹给应用”。2 月 27 日，财政部通知蒙藏院：“贵院函开每月需要二万四千元，本部正在查核”；根据执政谕令，“按日折给四百元”，自“班禅到京之日起按月陆续筹拨”。[④] 班禅到京后，很快进入夏天，5 月 12 日蒙藏院呈报临时执政，强调班禅来京时“适值初春，天气尚寒”，所住瀛台涵元殿、香扆殿等处的“床、幛、窗帘、铺垫各项物品多系棉袂”，现在天气渐热，要求拨款购买凉棚、竹帘、葛布垫套、凉席、透孔罗纱幛、冰箱、电扇及裱糊物品，总计 6220 元。段祺瑞要求财政部拨款 2000 元，由蒙藏院负责购置“班禅行馆夏季物品”。[⑤]

蒙藏院关心的经费问题得到暂时解决，当时有人却提出质疑。班禅进京后，3 月 10 日《东方杂志》评论：“喧传一时的西藏班禅喇嘛额尔德尼于二月二十五到京了。抵京时，欢迎礼仪的隆重，沿途保护的周密，可谓民国十四年来罕见的盛事。”北京政府“因欢迎班禅已耗去十几万元，而主事者”还说“办事困难”“深感拮据”，“实则北京的蒙藏院积欠了半年的经费，而此刻能有这许多的闲钱，花在班禅一人身上，政府的手段似乎算要阔绰了”。政府“所以如此竭诚的招待”班禅，因为现在“全藏的政治，已陷于无人管辖之境，表面上总算是中国的屏藩，总算是五族共和主体之一，骨子里却早已入外人手掌之中”，乘班禅进京之机，“竭政府之所能，先予以隆重的礼节，优美的生活，博其欢心，然后与他诚意讨论，以为解决历来各项问题的准备”。总之，“政府

---

① 《班禅回京情形》，《申报》1925 年 5 月 29 日（五）《国内要闻》；《萧耀南派员来沪欢迎班禅赴鄂》，《申报》1925 年 5 月 13 日（十四）《本埠新闻》。

② 《临时执政指令第九百四十七号》，《政府公报》第 3327 号（民国十四年七月七日）命令。

③ 中国第二历史档案馆、中国藏学研究中心编：《中国第二历史档案馆所存西藏和藏事档案汇编》（五），中国藏学出版社 2009 年版，第 250—257 页。

④ 同上书，第 263—268 页。

⑤ 同上书，第 311—322 页。

的意思，无非想利用班禅，以为应付藏民之用”。最后，作者提出疑问：“班禅个人的意志，究竟足以代表全部藏民吗”；班禅“的势力果足以笼罩全藏、支配全藏的政治吗”；“单单联络班禅的力量，究竟足以解决历年来悬而未决的西藏外交的问题”？如果这些问题的答案不是肯定的，“我们只可以说政府此番举动，徒顷添了一些影戏上的材料罢了。要说到‘实效’两字，恐怕不是这样容易”。[①] 班禅在上海期间，5 月 12 日余龙华在《申报》撰文“反对欢迎班禅意见书”，强调在“国内多事之秋、无暇西顾”之时，段执政特派大员优礼接待，“诚为怀远之举”，但他表示反对：一是尽管“班禅为后藏领袖，且不远千里而来，自当以客礼接待”，可“班禅不过一藏族代表耳，何必铺张扬厉、糜费国帑”？二是前藏的达赖与后藏的班禅有矛盾，现在“厚后藏是薄前藏，结班禅是绝达赖，使两藏如水火，启两藏之争怨”。[②]

三　临时执政加封九世班禅名号

1925 年 8 月 1 日，临时执政段祺瑞颁布命令，称“班禅额尔德尼远道来京，赞筹统一，精忠翊国，嘉慰良深，著加给‘宣诚济世’封号，用示优异”，“加封仪节”由内务部、蒙藏院会同议定，“以重令典”。内务部、蒙藏院 24 日即呈报临时执政，认为“加给封号应须颁给册、印”，参照册封外蒙活佛哲布尊丹巴“成案”，制成金册、金印，印文为“宣诚济世班禅额尔德呢之印”，文字用汉、藏两种，“其册版之大小、页数及尺寸、钮式”均参照哲布尊丹巴“册印成样办理”；册封时派“专使正、副各一人赍送祗领，应行礼节届时开单呈览”；班禅现在五台山避暑，“遣使往封转多周折”，应待他回京后“再行派使赍封”。临时执政批示“俟回京策封”，并通知铨叙局、印铸局制作金册、金印。[③] 11 月 27 日，内务总长龚心湛、蒙藏院总裁贡桑诺尔布“拟定册封班禅日期，请派册封正、副使各一人”，呈报册封“应行礼节缮单”，段氏即任命龚心湛为册封正使，总裁贡桑诺尔布为副使。[④] 11 月 30 日，蒙藏院对册封工作做了部署：12 月 1 日“册封班禅，本院参、司各员均著前往瀛台”，吴燕绍、萧飏曾、汪睿昌、李振族“帮同照料”；“此次册封班禅，派司长李诜为捧印官”，佥事彭清嘉、王郁骙“帮同将事”。[⑤]

12 月 1 日，中央政府举行隆重仪式，册封九世班禅，加“宣诚济世”封号，《申报》详细报道了这一盛事：“本月一日，为册封班禅之期”，段祺瑞特派龚心湛、贡桑诺尔布为“正、副专使”，内务部、蒙藏院“各派荐任官各一名、委任官各两名为捧册印官”。10：10，“两专使及捧册印官等齐集执政府”，按照法制院规定的典礼，“先将

---

① 颂皋：《班禅进京》，《东方杂志》第 212 卷第 5 号，商务印书馆 1925 年版，第 4—5 页。

② 《余龙华反对欢迎班禅之意见》，《申报》1925 年 5 月 13 日（十四）《本埠新闻》。

③ 《内务部、蒙藏院会呈临时执政遵议加封班禅额尔德呢仪节祈鉴文》，《临时执政秘书厅致蒙藏院公函（第一八九五号）》，《政府公报》第 3409 号（民国十四年九月二十七日）公文。

④ 《临时执政指令第一千八百十六号》，《政府公报》第 3467 号（民国十四年十一月二十八日）命令。

⑤ 中国第二历史档案馆、中国藏学研究中心编：《中国第二历史档案馆所存西藏和藏事档案汇编》（五），中国藏学出版社 2009 年版，第 430—432 页。

册封、金印置于香案上，正、副专使行一鞠躬礼，即由捧印官、捧册（官）置于彩亭内，前导以军乐队，向瀛台出发”。到达新华门后，两大堪布“预候迎驾，引导入内，车抵瀛台筵次”，班禅本人“亲身出接，同入涵元殿”。该殿中央已设置礼案，两专使进殿后，班禅先向他们“行一鞠躬礼，从官捧册、印入，置案上，礼官读册文竣，两专使及从官依次向班一鞠躬，班对礼案行三鞠躬后，复向正、副专使一鞠躬致谢，并依藏礼分递各官之哈达毕，始收受册、印，并以交内务堪布桑商坚赞保管”。至 11：30，典礼告成，班禅邀请“两专使及从官至香绮殿进用茶点，表示感谢之意”。班禅又“亲递金佛一座、哈达一方，请专使代向执政道达谢意”。14：00，各地的“蒙古王公、满洲王公、西藏办事长官”和孙传芳代表等“均向班禅道贺”，班禅则致电各省军民长官道谢。[①]

中央政府加封班禅的同时，批准设立班禅驻京办事处，在福佑寺办公。[②] 直奉战争后，北京政治形势恶化，1926 年 10 月九世班禅离开北京，此后至 1928 年都在东北、内蒙活动。这期间，瀛台仍为班禅保留了近一年时间，直至 1927 年夏天。这年 6 月，奉系军阀张作霖就任“中华民国陆海军大元帅”，在北京建立“安国军政府”，把瀛台作为办公地点，8 月 4 日大元帅府庶务司致函蒙藏院，称奉大元帅谕令，现住瀛台的班禅留京人员应一律迁往福佑寺，瀛台楼房作为宴会厅，至于迁移、修缮等费用由蒙藏院“会同庶务司核实、估定，呈候核夺”。[③] 在东北、内蒙期间，班禅一直受到各盟旗王公和民众的尊敬、欢迎，与一些王公建立了密切的关系，如锡林郭勒盟的德王就与班禅联系紧密，他甚至还以班禅的名义在王府内创办了一所修机厂，这个工厂到 1932 年前后仍“名义上系属班禅所有”。[④]

四 余论

1923—1927 年，九世班禅从西藏到内地活动，国内各界、社会舆论做出不同的反应，在一定程度上与北京民国政府的西藏治理政策相互影响。

第一，北京民国政府是当时中国的中央政府，在各派军阀控制、争夺中几度更迭，但历届中央政府始终“优礼”九世班禅。1923 年后，马麒、刘镇华、阎锡山等势力割据一方，直系、奉系、皖系和冯玉祥所率国民军仍然争战不断，北京政府则经历直系军阀曹锟时期、段祺瑞主持的临时政府时期和奉系军阀张作霖时期。在甘肃、陕西、山西，刘镇华、阎锡山等地方军阀对九世班禅“优予招待”，混战的双方都护送班禅“通过火线”。作为中央政府的首脑，曹锟盼望班禅“早日来京”、谕令“优礼”班禅；段祺瑞隆重接待班禅晋京，请班禅选派代表参加善后会议，安排班禅到各地考察、讲法，并加“宣诚济世”封号，“礼遇”达到高潮。1926 年起，张作霖已处在国民革命军北伐的压力之下，对九世班禅的“特殊礼遇”不及段祺瑞时期，但在处理班禅留京人员迁出瀛台一事时也给予一定程序上的“礼遇”。

---

① 《班禅册封礼已举行》，《申报》1925 年 12 月 12 日（六）《国内要闻》。

② 陈锵仪：《福佑寺与九世班禅》，《北京档案》1996 年第 9 期，第 45 页。

③ 中国第二历史档案馆、中国藏学研究中心编：《中国第二历史档案馆所存西藏和藏事档案汇编》（六），中国藏学出版社 2010 年版，第 11—15 页。

④ 谭惕吾：《内蒙之今昔》，商务印书馆 1935 年版，第 102 页。

第二，北京民国政府隆重接待、加封九世班禅，既继承1912年以来历届中央政府的边疆治理政策，又力图通过“优礼”班禅，加强与西藏地方爱国力量的政治联系，在新形势下体现对西藏的主权。中华民国成立后，英、俄等列强企图把西藏、新疆、蒙古等边疆地区从中国分裂出去，历届中央政府都不得不采取政策反对侵略、稳固边疆，尽管在反对列强侵略、对外交涉方面，孙中山领导的南京临时政府与袁世凯和各派军阀控制的北京政府有立场上的差别。就西藏治理而言，1912年历届中央政府的基本政策包括：在《临时约法》等宪法性文件中都明确西藏是中国领土的组成部分，召开国会、全国性政治会议时都有西藏的议员或代表，并且加封、褒奖蒙藏地区政教上层人士，加强与维护统一的爱国力量的联系。[①] 1923年后4年间，历届北京政府对九世班禅的“优礼”、加封和由班禅派代表参加善后会议，都继承、延续了1912年以来中央政府的治藏政策，在当时形势下体现了中国对西藏的主权。

北京民国政府的上述政策、措施能否达到目的？当时，九世班禅在内地受到隆重欢迎，拥护中央政府，受到内地信徒们的拥戴，使西藏地区悄然发生了变化，十三世达赖对英帝国主义和对中央政府、班禅系统态度发生转变。1924年前后，英国发现十三世达赖“倾心内向”后，企图策动亲英的藏军军官发动政变，因被告发而失败，英帝国主义的侵略阴谋再次受挫。达赖此后对英国的侵略野心更为警觉，老牌的帝国主义分子贝尔曾感叹说，1925年前，“西藏的两位领袖达赖和班禅就已经有明显的转向中国的趋势”；到1925年，“达赖喇嘛日益坚定地撇开英国，转向中国”。[②] 英国人麦克唐纳则记载，九世班禅出走后，由北京前往奉天，“被人招待的很好”，中国中央政府“特别为他建筑行宫”，又“接到很多香客的资助”；九世班禅曾与达赖方面联系，表示“愿返本寺主持”，达赖则回复“请他自由主张”。[③]

第三，国内各界、社会舆论对于九世班禅内地活动及北京政府相关政策做出了不同的反应。九世班禅到内地后，北京民国政府意识到这是维护统一的重要契机，1924年4月内务部强调“现当蒙藏多事之秋，自应亟谋安抚，以固边圉”，“此次班禅活佛来京，尤宜待遇优渥，以坚其内向之心，而尽怀柔之策”，就有充分的反映。因此，尽管北京的中央政府几度更迭，但都从制度上为“优礼”、册封班禅寻找依据，发布多项政令，部署各地、各部门隆重接待，还通过安排住宿、接待礼仪等多层面的细致安排，努力增强以九世班禅为代表的西藏地方爱国力量的“内向之心”。对此，国内各界总体上看大多数人给予支持，特别是藏事促进会的成员“或曾身历藏中，或有营业在藏，或里居与边藏接壤、有存亡密切之关系，或曾受藏民选举、有利害相共之责任”，他们深知九世班禅在西藏和藏族同胞中的影响，1924年5月就呼吁中央政府利用班禅来内地的大好机会，“整理西藏以固主权而保领土”。1925年2月，藏事促进会又和北京总商会、北京教育会、蒙藏专门学校、藏文佛学院、边藏讨论会、西藏商业联合会、西藏旅京同

---

① 参见孙宏年《蒙藏事务局与民国初年的边疆治理论析》，《中国边疆史地研究》2004年第1期；《蒙藏院与民国时期的西藏治理述论（1914—1928）》，《中国边疆史地研究》2008年第4期。

② ［英］查尔斯·贝尔：《十三达赖喇嘛传》（*Portrait of The Dalai Lama*，London，1946），西藏社会科学院西藏学汉文文献编辑室1985年中译本编印，第365—366页。

③ ［英］麦克唐纳（David Macdonald）：《旅藏二十年》（*Twenty Years in Tibet*，London，1932），孙梅生、黄次书译，商务印书馆1936年版，第264—265页。

乡会等十多个机构、团体联合发起欢迎班禅大会。这年4月以后，中华佛教总会、上海总商会等社团和各界人士在江苏、上海、浙江等隆重欢迎班禅，国内的佛教信徒也前往朝拜。这些团体、人士中固然有一些人出于对佛教的信仰，对九世班禅这位高僧崇敬有加，但不少社团、人士视班禅为爱国爱教的西藏地方政教领袖，欢迎班禅是为了“固主权”“保领土”，与内务部所言“安抚”班禅“以固边圉”的目的一致。

与此同时，1924年4月以后有人对欢迎、“优礼”班禅提出异议，《东方杂志》《申报》上一些文章集中地反映他们的观点：一是他们承认英帝国主义“觊觎西藏”，形势严峻，十三世达赖喇嘛、九世班禅分别是西藏前藏、后藏的领袖，甚至认为前者“已为外人的势力所操纵”，九世班禅“势孤力弱，大有不能立足之势”，西藏“全藏的政治，已陷于无人管辖之境”，北京的中央政府是想乘班禅进京的机会，竭尽所能，“博其欢心，然后与他诚意讨论，以为解决历来各项问题的准备”。二是有人认为前藏的达赖与后藏的班禅有矛盾，现在内地“厚后藏是薄前藏，结班禅是绝达赖”，只能使前藏、后藏“争怨”加剧，不利于维护在西藏主权。三是他们认为“班禅不过一藏族代表”，质疑“班禅个人的意志”能否“足以代表全部藏民”，班禅能否影响整个西藏、“支配全藏的政治”，因而既有人质问“单单联络班禅的力量，究竟足以解决历年来悬而未决的西藏外交的问题”，又有人悲观地认为班禅“入觐，北京政府的所得，也只有微薄的贡礼”。四是他们怀疑北京的中央政府花费巨资是否值得，甚至有人怀疑“无事可做”蒙藏院借班禅到内地的机会“向政府大敲竹杠”。这些看法与当时欢迎班禅的“主流观点”相悖，有的显然是缺乏对西藏历史、班禅系统影响的了解，比如认为“班禅不过一藏族代表”、对于整个西藏影响力有限；有的人主观上并不否认班禅的影响力，也不完全反对政府利用班禅到内地的机会维护主权，而是认为北洋军阀控制下的“中央政府”权威低落，怀疑北京民国政府治国、固边的能力，甚至认为蒙藏院浪费国家巨资却难以收到实效。

那么，班禅到内地后蒙藏院是否借机“向政府大敲竹杠”？档案显示，当时政府部门招待班禅费用分为两类，一是陕西、山西两省招待班禅的伙食费，每天折抵大洋300元；二是蒙藏院在1924年7月为招待班禅所做经费预算为60000元，但1925年2月21日才从财政部领到25000元。1925年2月25日起，班禅在北京开支每天“按日折给四百元”，每月12000元，按月拨款。1925年5月，财政部又拨款2000元，由蒙藏院负责购置“班禅行馆夏季物品”。因此，总体上看，蒙藏院和各地方政府开支每月不超过12000元，主要用于招待班禅一行的食宿和杂项开支，蒙藏院很难借此“大敲竹杠”。

如上所述，九世班禅到内地后，1923—1928年间北京民国政府“优礼”接待、加赐封号，并请西藏地方选派代表参加善后会议，力图维护国家统一，加强中央政府与西藏地方爱国力量的政治联系。作为政策的具体执行部门，蒙藏院、内务部、财政部等部院既要为筹措经费往复商讨，又要在制度、礼仪上做好觐见、册封等各项工作，努力显示中央“怀远”之意。对于北京“中央政府”的治藏政策，各地方军阀、各界人士和社会舆论总体上给予了支持和配合，但社会舆论中不断出现反对、质疑的声音，而军阀混战、中央政府更迭和中央财力支绌又在一定程度上限制了中央治藏、治边能力。这些都反映出这一时期西藏治理的多元参与、多因素作用的特点，值得后世思考和借鉴。

（原载《云南师范大学学报（哲学社会科学版）》2017年第6期）

从帕里到噶伦堡：清末西藏亚东关初建与近代西藏关贸肇始

张永攀*

第一次英国侵藏战争结束后，1890 年的《中英会议藏印条约》规定了中英通商问题，但此后三年中，对于通商开埠问题，英国代表与驻藏大臣升泰进行过多次谈判，最终决定“通商拟设关亚东……所有印人只可在通商处抵关”。① 此后，根据中英两国政府于 1893 年 12 月 5 日签订的有关西藏与锡金之间通商、交涉、游牧条约《中英会议藏印条款》，1894 年 5 月 1 日起，西藏亚东开放为“英人及其属民”前来西藏贸易的商埠。西藏亚东关在清末西藏的中印贸易中占据极其重要的作用。关于亚东关的研究，学界有所涉及，梁俊艳分析了亚东关的首任税务司积极参与中英涉藏问题交涉，及其与西藏重要人物之间的关系等情况，刘武坤对亚东关的基本情况做了阐述。② 但是，学界对于亚东关初建的官员委任、商贸情况与相关地名考释涉及较少，或者部分观点还有待商榷。近年来，史料的深入挖掘和相关文献的不断公布利用，可以为我们继续深入研究中国西藏地区与周边关系史，深化“一带一路”的历史研究，提供了可靠的支撑。

一　首任税务司戴乐尔与亚东关贸

亚东关如同近代中国的其他海关一样，是在西方列强争夺中国边疆利益的时代背景下，根据不平等条约而建立的。正如有学者所言，清末中国各地海关的建立并非出于捍卫中国民族经济，而是西方列强为了便于侵略。③ 那么，亚东关建立伊始也是属于这样一种异态，其从建立之初，便由英国人赫政、戴乐尔进行掌控。

根据清朝总理事务衙门的决定，英国人戴乐尔于 1894 年 3 月 17 日就任“大清国海关亚东税务司”一职，年俸四千八百海关两白银，为清朝官员。但是，总税务司赫德委任戴乐尔之初，要求其绝对服从自己，“只接受我一人之命令”，培植和保持与外国

---

* 张永攀，本文刊发时为中国社会科学院中国边疆研究所副研究员。

① 录升大臣答总署电信：《元以来西藏地方与中央政府关系档案史料汇编》第 3 册，中国藏学出版社 1995 年版，第 1180 页。

② 梁俊艳：《清代亚东关首任税务司戴乐尔》，《中国藏学》2014 年第 4 期；刘武坤：《亚东关为什么不征税》，《历史档案》1993 年第 4 期；刘武坤：《也谈亚东关及其他》，《中国海关》1999 年第 6 期。

③ 陈诗启：《中国近代海关史（晚清部分）》，人民出版社 1993 年版，第 144 页。

官员之友好关系，“在每双周以半官方性函或私函方式，以补充公函向我报告发生于海关或者临近地区之有关或重大事件，尤其是属于应该使我注意而又不宜以公函形式上报之事”。[①] 通过戴乐尔，英国人赫德牢牢控制了西藏亚东的边务、商贸等情报权。例如，赫德通过赫政给予了戴乐尔两份不同的电报密码本，一份专门用于戴乐尔与赫德保持的私人联系或者发送给英国伦敦办事处，而另外一份不同的密码则用于戴乐尔与中国内地其他税务司的联络。赫德要求戴乐尔一旦如要有重要事件，则应“毫不犹豫拍发电报”，而且要求戴乐尔做好与境外英国人的关系，“与英国、印度、西藏、中国各阶层、官员与商人，培植友好关系”。[②]

1894 年 4 月 25 日，戴乐尔从印度到达亚东，负责接待的靖西同知王延龄、原游击鲁绍武给其“令人满意的接待”，尤其是王延龄给戴乐尔留下极好印象：“王先生则以实际行动证实其诺言，送来我无法采办之食物，并做出多种公务安排。他十分友好，有如此共事者，值得庆幸。驻藏大臣札令其在各方面给我协助，一切事务皆应征询我之意见。”[③] 但是，首任亚东税务司身处清朝驻藏大臣、西藏地方政府与英印势力三方中，其工作中夹杂了各种政治力量的复杂斗争。

戴乐尔抵达亚东关后，因西藏地方视其为英国人，不准进入靖西外关内，尽管王延龄请其前往仁进冈居所一叙，但无法成行，甚至其仆役也无法前往市镇购买牛奶、奶油等生活日用品。对此，戴乐尔非常苦闷，叹道“实际上我等被视为奸细”,[④] 故尽力希望与西藏地方建立友好关系，想方设法用其他手段达到目的。亚东商埠的管理是一位被称为“洒达大吉”的藏族人，其管理亚东商埠的房屋、燃料、饲料等后勤事务，住在戴乐尔的隔壁。因此人原为西藏罪犯，避开藏警追捕，逃至大吉岭，但可能与在噶厦噶伦边觉夺吉有交情，并经其斡旋而返回亚东，担任此职务。戴乐尔听说此人曾坐牢，而且在亚东以“坏分子”闻名，所以非常不安。戴乐尔在王延龄于 1894 年 11 月来访时，要求撤销此人的职务，王当时答应了其要求，但直到年底这位洒达大吉依然在亚东商埠工作。可能洒达大吉在工作中并不配合戴乐尔，而引起其不满，“不愿与之有任何往来”。[⑤] 在西藏地方正式任命洒达大吉管理亚东商埠后，戴乐尔私下搞了一个小动作来要挟洒达大吉。戴乐尔通过惠德从大吉岭警察巡官处要到一份关于此人的调查报告，凭此称洒达大吉为“肮脏的洒达”，欲以此要挟，“倘若他给我制造麻烦，我即将此报告译成汉文送给驻藏大臣及藏官”，并且将此报告另誊一份经人转递洒达大吉，可见其手段之老辣。[⑥]

然而，尽管戴乐尔身为英人，与英国势力有着千丝万缕的联系，但是其毕竟为清朝

---

① 西藏亚东关档案选编：《赫德颁发戴乐尔任命书》，中国藏学出版社 1996 年版，第 281 页。

② 西藏亚东关档案选编：《赫德为指导亚东关工作致戴乐尔函》，中国藏学出版社 1996 年版，第 282 页。

③ 西藏亚东关档案选编：《戴乐尔为赴亚东就职受到满意接待及开关后各事安排等事呈总榷文》，中国藏学出版社 1996 年版，第 303 页。

④ 同上。

⑤ 西藏亚东关档案选编：《戴乐尔为报李登山逝世及会见二名藏官边务委员等事呈总榷文》，中国藏学出版社 1996 年版，第 368 页。

⑥ 西藏亚东关档案选编：《戴乐尔为告亚东关藏官洒达大吉其人等事呈总榷文》，中国藏学出版社 1996 年版，第 371 页。

官员，对于其关贸工作非常尽力，这在腐朽的清末官场难能可贵。

首先，其在上任之初就对亚东周边的地缘情报、风土人情、交通物产等情报均进行了收集，并汇报给总理衙门和驻藏大臣。这对于对境外情况孤陋寡闻的驻藏大臣奎焕来说，弥显珍贵，所以朝廷对戴乐尔的工作极为赞赏。作为一名中国的税务司，戴乐尔对进口货物的产地做了调研，与维新派一样对于近代工业文明也有着开明的态度，称："在西金境内，有一埠头名大吉岭，相距孟拉二千余里，英国建有铁路，乘轮车二十三点钟便到达岭头。途中有一地名曰西里古里，即大吉岭山脚，距山巅当有一百五十里之遥，换作小火轮车，八点钟功夫可至。其铁路系就山势而修，纡回曲折，奇妙非常，轮行虽不十分迅速，然而圆转自如……"[①]

其次，其在上任之初对属员管理另辟蹊径。赫德在委任戴乐尔时，就考虑到了其是否能够胜任这一较为复杂的角色，赫德向其摆明"在此职位留任多久，取决于海关工作之需要以及阁下之品质、举止与一般工作效率"。[②] 赫德还特别强调，"雇用本地人员时应注意必须有明确文字规定，一旦辞退，自辞退之日起，或者月末、季末之后，海关即不再负责"。[③] 戴乐尔借用了此法，强调亚东关雇员系非正式人员，所以对于其雇用的文案戴鸿勋，以及兼通英语的藏族人汪曲策忍都未给颁发聘书，用戴乐尔的话来说，他们两人如果工作不认真，随时可以辞退，另外由于人手不足，又主动雇用一人协助汪曲策忍处理商务。另外一面，戴乐尔给予亚东关职员较高薪酬，文案戴鸿勋月俸 50 两海关银，兑换卢比为固定每月给 162 卢比 8 安拿，就收入来说，在西藏已经属于较高收入者。

此外，因亚东海关既无税收，又无增收的办公经费，戴乐尔要求亚东关尽可能压低开支，力求节约，并在采购、开销等方面形成了严格的财务制度，其在工作中极为节约和勤奋。例如，因发往北京的电报涨价至每字 7 卢比 2 安拿，所以规定除非有紧急事件，否则不拍发电报。他刚入亚东，甚至连一张合适的床都没有，自称"一路下来花销甚大，若阁下细算，定知我已经十分节俭"。[④] 或许是由于西方人生活习惯，总税务司均要求海关此后一律配备办公用地和住房，在办公和居住上应该按照健康、舒适、效率的原则，"对建筑物及娱乐场所等可自行改进"，但强调对办公室和验货栈房的改善是当务之急，其次则是公务场所和私人住所。

另外，戴乐尔规定办公采购制度，亚东海关的办公用具，一是在当地购买，二是通过伦敦办事处或者上海造册处税务申请，或者在印度购买。上海造册处还将海关出版物定期寄送给亚东海关，粤海关税务司则负责刻印亚东税务司的印章与验货用戳子。戴乐尔到任后，采购的文具已足够使用两年，所需中国文具笔墨纸砚等则比较缺乏，准备向广州采购。关于亚东海关的银行账户，总司规定，亚东需要的开支由汇丰银行定期汇到加尔各答分行中国亚东海关税务司账户，然后取用时，按照当天兑换率把卢比兑换为海

---

① 西藏亚东关档案选编：《戴乐尔关于光绪二十年亚东关进出口贸易情形报告》，中国藏学出版社 1996 年版，第 375 页。

② 西藏亚东关档案选编：《赫德颁发戴乐尔任命书》，中国藏学出版社 1996 年版，第 281 页。

③ 同上。

④ 西藏亚东关档案选编：《戴乐尔为赴亚东就职受到满意接待及开关后各事安排等事呈总榷文》，中国藏学出版社 1996 年版，第 301 页。

关银两。

关于亚东关的经费，戴乐尔的俸银兑换率则为固定，即1海关两等于3.25卢比。此后，总税务司每月汇给亚东税务司1300卢比，那么这笔经费从何处拨付而来，学界很少谈到。笔者根据《中国近代海关税收和分配统计》统计认为，靖西关（实际为亚东关，讹为靖西关）的经费为重庆关支付。从1896年起，重庆关为其支付600元，此后五年里，无统计数据，但从1900年开始，重庆关每年为其支付60000元左右。① 对此问题，著名经济史学家汤象龙曾经在研究过程中，就注意到重庆关的经费中有一部分为“靖西关份经费”，认为无论如何也不是重庆关本身的关用费用。他向罗尔纲致函：“这几天考虑到工作中一个问题，一直没有解决，即重庆关关税开支中有‘靖西关经费’一项，1896年600两，1900年60000两，1901—1910年每年30000两，查靖西关既不是新海关，也不是常关，这笔经费绝不是关用经费。究竟靖西关在哪里？是不是一个军事上的关卡？查地图上此两省有靖西县的设置，是否靖西是进入广西省的军事要地，有八旗驻防，因而每年由靖西关拨支一笔驻防经费呢？有人说‘靖西关’可能是‘靖西内关’，该关设在西藏南部之帕克里与亚东之间，邻‘布鲁克巴’即今之布丹，此关经费由重庆海关拨支。”② 汤先生的猜测印证了亚东关经费确实来自重庆关。

关于亚东关从事贸易的人员，可分为几部分：首先为亚东当地藏族，又被称为“卓木人”，但卓木分为上下，上卓木为今亚东格林卡，下卓木为今亚东仁青岗。卓木人大部分以贩卖西藏羊毛出口，转贩印度各货进口为生，自从亚东关开设后，获利颇丰。部分卓木人虽也栽种青稞、荞子、白萝卜等作物，但土地狭小，所出不资所有，所以一切“米、面、芋米，均在印境办回”。卓木人从印度贩回的货物均运往帕里进行销售，然后在帕里购买羊毛再贩给来自噶伦堡的印商。来自亚东之外的藏族如果也来该地从事贩卖，则“均被卓民阻于帕克里（帕里）”，而且从帕里到卓木路途艰险，雇用骡马脚夫，卓木人均重索外地商人资费，所以外地藏族商人或者印商无利可图，均在帕里卸货，因此卓木人“得以独擅其利”。第二，也有部分拉萨来的前藏商人前往印度噶伦堡。根据西藏老人玉拉·土登格烈的记忆，拉萨人前往印度的路线为“从拉萨骑马到聂塘宿营（大部分），然后到曲水。到曲水后，若是冬季，靠坐船过河，若是夏季，就坐聂索的牛皮船。此后走到岗巴拉山脚下的岗巴子地方宿营，从这里出发就能到达贝笛的地方。之后还分别路过浪卡子、热隆、股西、江孜、康马、嘎拉、渠那、亚东（也有在下司马宿营的）。从亚东出发后，未翻越乃堆拉之前有一宿营地。第二天从这里出发，翻越乃堆拉后就进入印度境内，共需要十五六天的时间”。③ 但这种情况应该是清代亚东开关很多年后，在贸易状况改善、人力匮乏的背景下，前后藏人才进入贩运队伍的。此外，有来自日喀则等地的少量商人也准备另辟蹊径以突破卓木人的垄断，“西金（锡金）已有新道直达边界，路甚平坦，由后藏前往，两日之程可到达”，戴乐尔称，虽然当前卓木人刁难勒索成为习惯，但一旦后藏商人知道有新路可以通往锡金，则必然

① 汤象龙：《中国近代海关税收和分配统计》，中华书局1992年版，第380页续表A。

② 汤象龙研究室：《汤象龙先生信札选》，载《中国经济史学科主要奠基人汤象龙先生百年诞辰文集》，西南财经出版社2010年版，第272页。

③ 玉拉·土登格烈：《关于西藏近代交通》，载白玛朗杰等编《口述西藏百年历程》，中国藏学出版社2012年版，第109页。

舍弃南线而走西线，最终导致“亚东设关通商，终不免有名而无实”的恶果。[①] 但无论如何，在清末的亚东关边贸中，“卓木人”是占据着主导地位的。

有学者认为，西藏羊毛一直为近代西藏出口商品之大宗，羊毛在区内的交易一般经三道环节：“零收毛贩，二等毛贩，大毛贩……大毛贩多在黑河、孜塘、日喀则、帕里、拉萨、玉树等处设庄，大量堆积茶、布货物，供给二等毛贩采办，一面换取羊毛转运至印销售。以上三种均为康藏土著商人。”[②] 笔者认为，据上文分析，这种情况在近代的亚东并不相符，作为西藏出口印度的最主要商埠，清代末年在亚东关从事羊毛贩卖的大多为当地“卓木人”，而当时印度商人是把“卓木人”与“藏人”相并列而称呼的。而噶伦堡一带的市场，则由印度北部拉杰普塔纳之商人经营，“西藏所需求的棉毛织物五金及烟叶系来自噶伦绷（堡）、大吉岭与加尔各答，完全由印度北部拉杰普塔纳之商人经营，一般货物则由印度教徒及少数穆斯林经销”。[③]

二　亚东开关肇始的凋敝

根据《藏印续约》第四款，亚东进出口货物自开关之日起，以五年为限，“免纳进出口税”，学术界公认该免税制度延续了 20 年。[④] 但是，亚东开关起初，商贸量极少，关贸凋敝，尤其是印度、锡金商人不愿意进入西藏。在戴乐尔的报告中提到，他曾经希望改进贸易，提高进出口总额，但“由于商人及官员们都不与我接近，无法提供任何建议”。[⑤] 自从亚东关开关以来，过了八个月，仅仅有一名外国商人到过亚东，此人在锡金的噶伦堡居住，售贩卓木人的羊毛，生意比较大，曾经得知亚东开关通商后，亲自来到亚东查看，准备与藏商彼此筹划商务事宜，但是西藏地方噶厦因内禁甚严，不允许藏商与此外国商人会面，所以此人“不免有乘兴而来，败兴而返之慨”。这种凋敝原因在于：

（一）西藏地方宗教与政治集团对亚东关贸易的抵抗心态。学界一般认为西藏保守的政治力量是阻止西藏近代对外开放的主因，实质上，宗教集团的忧虑不可以不重视。西藏地方严禁外国人进入亚东外关的原因比较复杂，其实商业因素最初可能并不是主因。笔者认为宗教的因素值得注意。赫德就提到，在 1894 年 3 月戴乐尔赶往亚东的途中，他向其强调，1890 年的《中英会议藏印条约》及三年后的续约均未提到教会工作，戴乐尔对此应该保持沉默，“西藏之特别，即使值得赞扬或令人渴望之宗教改宗企图，在当天关键时刻肯定会挫败我们现在从事之目标。必须牢牢记住，为此目标，我们已经

---

① 西藏亚东关档案选编：《戴乐尔关于光绪二十年亚东关进出口贸易情形报告》，中国藏学出版社 1996 年版，第 375 页。

② 康欣平：《近代西藏商品贸易与市场网络述论》，《西藏民族学院学报》2008 年第 4 期，第 53 页。

③ 西藏亚东关档案选编：《好博逊呈光绪二十二年亚东口华洋贸易情形论略及统计报表》，中国藏学出版社 1996 年版，第 560 页。

④ 刘武坤：《亚东关为什么不征税》，《历史档案》1993 年第 4 期。

⑤ 西藏亚东关档案选编：《戴乐尔为报亚东开关一个月情形及中央政府加强西藏控制等事呈总権文》，中国藏学出版社 1996 年版，第 309 页。

耐心进行了五年几乎没有希望之谈判”。[①] 赫德的这一考虑是吻合其时西藏僧侣集团心态的。

而从西藏佛教界而言，1894—1895 年正好是十三世达赖喇嘛即将受比丘戒[②]的年份，他们希望长期以来由俗人任噶伦，掌握重权的局面可以借机调整。“一段时间以来噶伦大多为俗人。同时，地方官等贵胄似乎固定由某些家族世袭，从而招致其他僧侣公职人员不满。僧官们提出了僧俗噶伦应该数目相等的报告”，[③] 如此则俗官垄断噶厦的局面有望得到改善。伯戴克认为：“1894 年时，1751 年的制度得以恢复，从此噶厦包括三名俗人和一名喇嘛。这个数目再未增加，除非有时任命助理噶伦或副噶伦，但他们地位稍低。只是在噶厦存在的最后六、七年间，才开始设立特殊部门。”[④] 所以，从 1894 年起，拉章匡佐堪穷宇妥被任命为僧官噶伦，司寝堪布巴尔溪杰仲·阿旺鄂珠被任命为基巧堪布。宗教界的僧官们重新进入噶厦政坛的高层，并向全西藏发布寺庙整顿条例，要求以三大寺为首的各教派寺院，凡最近戒律和诵经条令废弛者应该迅速整顿，且颁布新的诵经条例。次年发生的一件民间纠纷还增强了僧侣在西藏地方政界的影响，因十三世达赖喇嘛授比丘戒，怙主供施前往八角街观看供品，一些内地汉人在沿街饭馆的二楼开窗观望，维持拉萨治安的铁棒喇嘛（哲蚌寺派出）们立即追查餐馆店主，恰好驻藏大臣的三名管事也来此，见此情况进行调节。驻藏大臣得知后，想办法平复了此事，拉萨宗教界却借机大造舆论，要求摄政和噶厦要彻底查办，通过此事，宗教界增强了十三世达赖喇嘛的政治影响。1895 年 9 月，十三世达赖喇嘛正式亲政，“要使香火长盛不衰，要常加爱惜和修葺各个寺庙”。[⑤] 通过此举，藏传佛教界在政界的影响大增，十三世达赖喇嘛也依靠僧侣阶层牢牢掌握了政权，第穆呼图克图被迫辞去摄政。所以，前述赫德提醒戴乐尔要注意不要在西藏提到传教或者“改宗”一事，是非常谨慎、现实的。实际上，英印政府也很清楚，在当前十三世达赖喇嘛亲政、宗教界僧官重新入噶伦的局面下，传教人士进入西藏是不明智的。戴乐尔感叹道：“西藏先驱布道团人员已经抵大吉岭，印度政府禁止其前往亚东，我尚未因此而遇到麻烦。现时没有比教会人员来此更为糟糕，印度政府对此十分清醒。”[⑥] 但这批西藏先驱布道团人员被印度政府所禁止后，又私自通过噶伦堡进入不丹，然后又前往西藏仁进冈，旋被藏官所抓获，经过王延龄等人的协调，被护送出境。

---

① 西藏亚东关档案选编：《赫德为指导亚东工作致戴乐尔函》，中国藏学出版社 1996 年版，第 286 页。

② 比丘戒也称大戒，受戒者须具出家之相，且已受沙弥戒，需剃除须发，披着袈裟，受戒后必须严守 253 条戒律，在一切境界中精勤修持，择善离恶，参见边巴次仁《第十一世班禅在扎什伦布寺受比丘戒》，《法音》2009 年第 8 期。比丘戒是藏传佛教活佛与僧尼修行中极其重要的环节。

③ 夏格巴·旺曲德典：《藏区政治史（上）》，中国藏学出版社（内部出版）1992 年版，第 44 页。

④ ［意］毕达克（伯戴克）：《西藏的贵族和政府：1728—1959》，沈卫荣、宋黎明译，中国藏学出版社 2008 年版，第 9 页。

⑤ 夏格巴·旺曲德典：《藏区政治史（上）》，中国藏学出版社（内部出版）1992 年版，第 45 页。

⑥ 西藏亚东关档案选编：《戴乐尔为赴亚东就职受到满意接待及开关后各事安排等事呈总榷文》，中国藏学出版社 1996 年版，第 303 页。

此外，西藏地方政府政治集团的暗中抽税制度也是亚东关凋敝的一个原因。埃德蒙提道“藏人……在帕里对印度货要征收百分之十的税。已故驻藏大臣升泰曾想尽办法，劝使藏人用亚东取代帕里作为贸易市场。但是，正如一份官方报告所承认的那样，要克服他们的不乐意情绪，是不可能的”。① 戴乐尔在1895年1月给驻藏大臣奎焕的函件中，声称藏印通商，无论进口出口货物到帕里时，西藏地方对“该处照值百抽十征取税银”，认为这不符合新立的通商章程，要求奎焕进行查处。恰好当时有一位汉商出口商品在帕里被扣留，西藏地方向其强行抽税，但遭到该商人的反对，并向王延龄反映情况。于是，王延龄向西藏地方转告，“抽税不合法，只要仅对藏人说征税，就不干涉，但禁止向汉人抽税”，西藏方面则辩解道，这些税金是为了支付“每三年向北京进贡的费用”。

（二）不丹与西藏地方的边界边患。帕里之东为布坦（不丹），民俗强悍，因与西藏不协，经常骚扰西藏。早在嘉庆十七年（1812）帕里就发生过“策忍敦柱”事件，“前据阳春等奏，布鲁克巴头人等因货物进关漏税，经帕克哩营官查话，有策忍敦柱，辄同跟役郭结、卜琼等将正、副营官揪殴，经伊等讯供，将该头人等问拟斩枭”，此事经驻藏大臣阳春等奏请，准备对不丹头人给予极刑，但经过嘉庆帝对此案的重新调查，认为此案系阳春等所奏策忍敦柱等逞凶治罪根由，系因漏税而起，根据不丹“向来既不收税，岂能加以漏税之咎”，所以认定是该营官等勒索肇衅所致，即将阳春等人革职。② 策忍敦柱被改判流徙后，趁机逃走，嘉庆帝震怒，将祥保、江孜守备岳廷椿、噶伦多尔济、策凌敏珠尔、索诺木班珠尔、敦珠布多尔济、帕克哩营官霞喀巴班觉伦布，一并议处。可见清代中期朝廷为了边疆之稳定，如此一件小事，竟“大动干辄”，有学者认为，朝廷对西藏地方的属国总体态度——恩威并施。嘉庆帝对“策忍敦柱”秉着公平、不偏不倚的原则处理此事，也不偏听驻藏大臣，从实际出发，有过必罚、有功必奖，不偏袒汉人，以避免遭致不丹对清政府的不满，也未以大欺小，事件处理恰当，当事双方心悦诚服，为日后处理两地之间的纠纷提供了典范。③

然而，1894年中历9月，不丹准备发兵先占据帕里，以至于帕里一带民心惶惑，携家远遁者极多，经过西藏噶厦派遣官员至帕里商谈，才未至于兴起兵灾。戴乐尔认为，这与西藏地方的官府旧弊有关，西藏地方“不善睦邻。二百数十年来，中朝以德绥之，有加无已”，而西藏地方则有所仗恃，“近来其性愈骄，内不克修善改，外不顾念邦交”，不丹是西藏的唇齿相依之国，不但不图联络一气，反而故启猜疑，以至于不丹准备付诸武力侵略帕里、亚东。关于此事，也有著作认为，在木鸡年（1885），不丹德洛内部（指不丹第司和长老）因属民失和，捣毁很多宗，不丹官员阿努多吉、贡森·达真鄂珠、阿格·当曲仁钦等当事人希望西藏地方给予调停，十三世达赖喇嘛和噶厦议定要求民众大会来解决此事，于是向十三世达赖喇嘛报告称，虽然西藏噶厦早已承

---

① ［英］埃德蒙·坎德勒：《拉萨真面目》，尹建新、苏平译，西藏人民出版社1989年版，第7页。

② 《清实录·仁宗实录》卷225，第19—21页，载西藏民族学院历史系编《〈清实录〉——藏族历史资料汇编》（四），1981年，第1502—1503页。

③ 周娟：《1616年至1959年的不丹同中国西藏关系史研究》，博士学位论文，兰州大学，2007年，第70页。

诺不干预不丹内部事务，但由于当事人没法使整个地方太平，让双方和平互列，考虑到不丹也是佛教之地，进行妥善的调停并不会违反之前的双方约定。于是，噶伦让巴瓦和汉官郭沃大老爷等人经过帕里前往巴卓（帕罗宗）地方，进行了对双方都有利的调停，对于此事，锡金也曾派人到拉萨表示感谢。① 但是，不丹依然在观望清朝对哲孟雄的态度，在不丹探知西藏噶厦，关注亚东的动态："关于从原没收锡金人春王地方之土地、房屋中，连同文书执照发还少许土地房屋一事，据传闻，近来不丹人布瓦亦提出类似要求。"②

（三）从地理而言，亚东设市并非有利地形，而帕里却地势平坦，东接不丹，西临廓尔喀，南可抵锡金，远比亚东设市要条件优渥。1890 年前驻藏大臣升泰派员黄邵勋、张昉、税务司赫政与英国印度总督兰士丹（兰斯多恩）所派之保尔，在大吉岭开会商讨开关互市的地点选择。英印的意愿在于"仁进岗入藏一百余里之咱利城即帕克哩设关通商"，升泰当即反对，认为"藏番多疑性执，入藏设关，断难开导"，从当时的实际情况来看，英国要求开市已是无法回避之事，而且帕里对英国来说，无论从战略利益还是商议利益要大于亚东。而对于西藏地方来说，不愿意在亚东设市，更不用说后藏重镇帕里了。身为驻藏大臣的升泰夹于其中，感到难以行事，尽管其庸碌误国，但也并非一无是处，建议以亚东取代帕里设市是一个二者危害相比取其轻的选择，升泰自己也说，隆吐是藏南门户，已经失去，罅漏中开，"尚有亚东一端有险可据。如改关帕克里等处，险要全失，便可以长驱西藏，阻滞毫无"，③ 然而，英国的最佳方案是帕克里而非亚东，肯定不愿意放弃这样的利益，升泰只好求助于总理衙门，恳请其"妥商驻京英使转电印督，告以改关游历为目前万做不到之事，藏番愚顽，毋庸动引约章，仍照前议在亚东立市，抵关贸易，以免藏人疑贰，碍难办理"。④ 1892 年 6 月，升泰又与保尔复议，市场定于中锡交界的咱利山下的亚东，并不合适。到过亚东的埃德蒙也提到，尽管 1893 年的续约中，亚东虽然应该建立贸易市场，但"这个地方是不适宜的，因为它位于一条松树环抱的峡谷内，人们从一边的悬崖就可以将石子扔到另外一边的悬崖，没有常去那里的商人"。

（四）清代地方官员与西藏地方"藏官"的矛盾。其中有两个层次，第一是清朝官员在亚东等地与藏官的不和。第二是西藏地方官员在亚东等地与清朝"洋员"的不和。在第一个层面，王延龄等人虽然在亚东属于四品官员，但由于清朝国力整体下降、边疆军事力量衰减，在地方的控制力大为减弱。在边疆的沿边地带亚东而言，能对藏官产生的震慑力量可想之知。虽然不见得如同戴乐尔所言中央的官员惧怕藏官，但也如同戴乐尔所形容的"为数不多的军队，装备简陋可笑，难怪他们在专横的喇嘛面前卑恭低下。此类情况，王延龄先生对我坦率承认。藏人性喜强辩，非说服所能改变，只有施加压力。此间汉人，上自驻藏大臣下至最卑微仆役，都憎恨藏

---

① 夏格巴·旺曲德典：《藏区政治史（上）》，中国藏学出版社（内部出版）1992 年版，第 52 页。

② 西藏自治区科学技术委员会、档案馆编译：《西藏地震史料汇编》（第一卷），西藏人民出版社 1982 年版，第 115 页。

③ 《清季筹藏奏牍》，《升泰奏牍》卷 4：5—7。

④ 同上。

人，而此种憎恨实出于软弱无能。他们软弱无能，并非仅由于在该地武力不足，更重要原因乃为北京朝廷对藏人表示出温文尔雅之懦弱态度。驻藏大臣如果严厉，则将受到斥责，甚至革职，但如合力处置事务而不能成功，则同样倒霉”。[①] 所以，在戴乐尔看来，西藏治理的衰微在于中央力量的政策出现问题。以在1888年战争中坚持抵抗的驻藏大臣文硕而言，戴乐尔也谈道：“文硕无力使藏人执行命令，结果导致签订1890年藏印条约。时运不济之驻藏大臣文硕遭致弹劾，目前可能隐退于北京。中国维持目前在藏模棱两可地位，是个严重政治错误。”“中国了解外部世界，而西藏对此一无所知。”[②] 而在1890年的条约签订上，部分西藏官员拒绝承认。在第二个层面，戴乐尔等税务司与西藏地方起初并不和洽。在1894年初，拉萨派出的专门为监督1890年印藏条约执行情况的两名特派藏官来到仁进冈，作为靖西同知的王延龄规劝这两名西藏地方官员去拜访戴乐尔，但他们始终不肯前来。最令戴乐尔苦闷的是，“不论是我或者是我的仆役，均不允许越过靖西外关。我们回访汉员，日常必需品只能到纳荡或者大吉岭采购，而冬季经常大雪封山，无法采购”。他认为自己是清朝任命的四品职衔之人，“在此却受到如此侮辱”。[③] 戴乐尔初来亚东之地，“因为藏人，无论官民，皆不愿与我接近。贸易量微不足道”，只好期望通过初期相处融洽的王延龄来从中联系，增强与藏官之间的联系。当年4月发生的藏官干扰关务事件，使得戴乐尔和西藏地方的关系更是出现罅隙：4月18日，一藏族商民携带叶烟草十扪，经亚东海关税务司批准发票放行，但西藏地方藏官却认为该商民为“虾巴沃隆”（应指夏尔巴人），不准进入外关，将货物一并扣留。该商民考虑到既然不能通过靖西外关，则将放行票交回给亚东海关。过六日后，仍然未有该商民前来取货，戴乐尔则向藏官询问被扣货物的情况，但藏官矢口否认扣留过货物。戴乐尔感到“不甚诧异，眼见该番官日前扣留，竟敢托词支吾”，戴乐尔当即命令巡丁前往番官处搜查，所以起获叶烟十扪。对于此事，他叹道：“似此行同强暴，实属暗无天日。”当月还发生一件事情，亚东海关的开闭时间为每日八点钟过货，下午四点歇息，出入有告示。有一西藏商民，身背货物，下午五点到海关报验，要求进关，巡丁告知其今日已逾时，次日才能放行，恰好某西藏地方巡边藏官见此情后，向该商民索贿，私自给其一张签署的伪放行票，该商民遂得以通过外关。但是，持有此票的商民因无正式的放行票，在靖西内关被阻，而后于次日又返回亚东海关等候正式放行票，该藏官却遣人将之捉拿。戴乐尔愤怒道：“如此擅行干预，故事刁难，有心挑衅，任性妄为。”致函王延龄，要求“执事从严惩办，以儆刁顽而肃法令”。并要求王延龄与西藏地方进行协调，藏官今后如果要派人稽查，不得在亚东海关侧近，如果饬速撤回到关内，“本税务司即不预闻也”。[④] 另外，驻防亚东的西藏地方兵丁，凡是贩卖羊毛出关，也一律对羊毛进行抽取征税，亚东海关要求“虽属不多，亦干严禁”，凡是再有见到此

---

① 西藏亚东关档案选编：《戴乐尔为报亚东开关一个月情形及中央政府加强西藏控制等事呈总榷文》，中国藏学出版社1996年版，第310页。

② 同上。

③ 同上书，第309页。

④ 西藏亚东关档案选编：《戴乐尔为亚东藏官干扰关务请惩办等情事致王延龄函》，中国藏学出版社1996年版，第308页。

种行为，则“立加鞭楚。一二日内稍知敛迹，然仍应请执事一并惩创”。[①]

（五）基础设施较差。从印度或者锡金往西藏进行商贸，旅费极其高昂，道路比较艰难，雨季或者雪季路过锡金和则里拉、乃堆拉等比较危险。亚东距离印度的贸易中心噶伦堡也比较远，西藏为商旅所修建的旅舍均位于无名之荒郊，旅舍仅为“一圆木搭建之房屋，既无地板也无墙壁，除供土著使用外别无他用，欧洲人不会去住。旅舍前另有四排无门无窗之棚档，前面用活动木板遮挡，可供商人使用”。[②] 尽管基础设施较差，但在中英双方的协调下，邮驿系统初步建立起来了。印度政府派遣有 8 名信差往来于纳荡和仁进冈之间，传送谈判公文，中国政府的边界官王延龄并未向纳荡送信的专员。戴乐尔为驿传方便，也不断给信差一些小费。在办公设施方面，由粤海关税务司杜德维（Edward Bangs Draw）[③] 通过加尔各答汇丰银行转交部分铜印、木章、个人小牙章、验货木章、汉文公务名片、红色印泥等。此外，亚东人虽从事商贸较多，但“兹因上下亚东地处山谷边缘，土贫地瘠收成微薄经年累世夏收冬尽，寅食卯粮，帕里地区土质亦差，播下种子，仅生青苗，鲜得秋实。帕里、亚东两地百姓为支应军政差事、偿还债务、吃穿用度，惟向岗托及不丹人手中借贷为生”。[④]

三　亚东关与靖西关之关系

亚东在中英分界立约之前，系属荒芜之地，中英签订协议后，开始修建有公所一处，“以备印度随意派员驻寓者”，还有街房 18 间，“均非工坚料实”，应为铁皮顶、木板房，用以住房、栈所备英商租赁，公所之房旁建有小院落二处，时有“番目”在内居住。中国税务司在该地并未建立又办公场所，寄居于公所之中，每天在此稽查进出口货物。

然而，由于百年来对于亚东史地知识的欠缺，不少资料将亚东关、靖西关混为一谈，互相乱用。所谓“靖西”，一般指“系汉人对江孜至咱利山隘一带地区之称谓”。曾有学者认为，靖西一词与来源于广西靖西的清兵官员驻卓木而得名。亚东驻防千总 1 名、绿营兵 20 名、藏军 8 名，并筑有依山势修建的边墙，凡是中外官兵、商人进出，均需要通过此处。在 1894 年前统领为鲁绍武，亚东开关后，由李登山接替。在靖西关（外）往山下而行，即到仁进冈（今仁青岗），该处地势平坦，戴乐尔称之为“南北山水河流之处”。实质上，靖西关也有二处，一为靖西外关，一为靖西内关。关于其建始，1890 年藏印条约签订后，驻藏大臣升泰在奏牍中称，“拟在格林卡外之峰山口建关

① 西藏亚东关档案选编：《戴乐尔为亚东藏官干扰关务请惩办等情事致王延龄函》，中国藏学出版社 1996 年版，第 308 页。

② 西藏亚东关档案选编：《戴乐尔为赴亚东就职受到满意接待及开关后各事安排等事呈总榷文》，中国藏学出版社 1996 年版，第 300 页。

③ 美国人杜德维（Edward Bangs Drew，1843—1924）1863 年哈佛大学毕业，1865 年 10 月来华入职中国海关。1868 年 10 月粤海关税务司，1908 年离职。现哈佛大学图书馆保存有其在粤海关任职时的所拍 223 幅大量反映晚清广东社会民众生活的珍贵照片以及大量其收集的史料。粤海关在当时被总税务司指派为配合亚东海关的办公用品供应点。

④ 西藏自治区科学技术委员会、档案馆编译：《西藏地震史料汇编》（第一卷），西藏人民出版社 1982 年版，第 121 页。

一座，拟其名曰靖西内关。复于仁进冈以外之亚东地方设立靖西外关一座，关外即藏印通商之地。俟三款议定，举办通商，所有西人即准抵关贸易，不能擅入关内，以示限制”。[①] 在1894年5月1日亚东海关正式开关时，靖西外关的城门、关墙均已修建好，并驻守有汉官千总与汉藏兵丁。所以，靖西外关之外才是亚东关，关之外即是通商地，亚东海关设立在靖西外关之外，西藏地方政府不允许税务司及海关人员进入靖西外关。《中国历史地名大辞典》曾指出，靖西关在西藏扎什伦布南春丕峡谷，距亚东关十里，土名吉玛，这基本正确，但并未做过多阐释。[②] 但是，亚东关、靖西关二者已经混用多年。

亚东地方事务的管理权则归于靖西同知，其职务也在中英的条约里被称作边务委员。靖西另设游击1名，统领官兵140余人，其中包括亚东塘汛兵丁20名。靖西游击的衙署建立在格林卡（今嘎林岗），也筑有边墙，称为靖西关内外。格林卡位置险要，上可以扼守帕里，下可以防卫哲孟雄，正如升泰奏云：“帕隘乃藏南门户，其险要在山腰之格林卡，若至帕克哩，则已在高原，为廓尔喀、哲孟雄、布鲁克巴三部通衢。”[③] 当地天气也适宜通衢，景色宜人，尽管如此，但对于清朝的驻藏大臣来说，常驻拉萨比驻亚东则要艰苦得多。

从亚东关到靖西外、内关的进出，一般由绿营与藏军共同进行军事管控。在清代末年进藏的武进人吴崇光，曾经对靖西进行了详细记载。其著《川藏哲印水陆记异》今天学界注意不多。该作记述，吴崇光在光绪二十九年（1903）随驻藏大臣有泰入藏，帮办文案，兼洋务局和巴塘防堵等差。入藏后由拉萨至亚东关，过大吉岭进入印度，海路返回上海。吴丰培先生虽然认为，其“不习于山路崎岖，视为畏途，竟至落泪，所记亦属平叙，而原书校勘极差，讹字较多”，尤其是在光绪二十九年竟记三年后发生的风全事件，见其粗糙。[④] 但该史料对于考订当时的靖西关仍然有价值。

通过分析，我们可以得知清末亚东的主要机构为：

（一）“靖西厅”。所谓靖西厅，即靖西同知管辖之建制。亚东关与靖西同知之间的关系为平行。靖西同知的职能是监督亚东关，但并无直接管辖权。亚东关属于总理衙门直接管理。《藏猷随记》记载道：“靖西厅地形如箕舌，斗出西藏南境，东通布丹之竹巴，西接哲孟雄之甘托，南走大吉岭，幅员狭隘。山岭纠纷，厅创于光绪十九年，治所日俾俾塘（Pibitang），人户数十家，同知署在焉，稍两里许为吉玛桥，人烟颇盛，旧为卓木地。卓木分上下二部，上卓木自春丕起，北至帕克哩番民二百六十户界止，下卓木自春丕起，南至咱利山止番氏一百八十户，有河一道名阿莫楚（Ammuch），自帕克哩流来，南出藏境。名曰脱尔沙河（Tors triver，triver为river之讹，今为Torsa River），下流经印度入恒河。”[⑤] 从其中记述可知，靖西同知的衙门在俾俾塘，即今皮皮塘，位

---

① 吴丰培：《清代藏事辑要》，光绪二十一年，西藏人民出版社1984年版，第92页。

② 史为乐：《中国历史地名大辞典》，中国社会科学出版社2005年版，第4327页。

③ 《清史稿·志》卷154，志129。

④ 吴崇光：《川藏哲印水陆记异》，载吴丰培《川藏游踪汇编》（下），四川民族出版社1985年版，第356页。

⑤ 陶思曾：《藏猷随记》，载吴丰培《川藏游踪汇编》（下），四川民族出版社1985年版，第371页。

于切马村以南。阿莫楚也即阿莫曲，同康布麻曲，脱尔沙河即今托尔萨河。①

（二）“亚东汛”。实质上是指靖西外关，有时候讹称为“镇西外关”。《藏猷随记》记载：“亚东处山峡之中，高峰夹束，一水中流，幅员峻狭，绝鼾平地，人户稀少，惟正居咱利山之下，为西藏印度之孔道，商旅往来，靡不出此。下游里许为亚东汛，人户十余家，驻千总一员，边墙一道，跨流枕山，横截径路，名曰镇西外关，乃光绪十七年修筑者也。旧例晨启晚闭，稽查出入，英兵入藏毁之，颓垣屹立，仅存遗址而已。”这段记述说明，亚东汛位于康布麻曲的下游，不仅有外关的边墙，而且有民居，且为1891年修建。而关于汛，是当时清代兵制中最基层的编制，首领为千总、把总、外委，其领绿营兵驻防，汛下又设置数个塘，这种半军事化组织较驿、站规模稍小。该机构只承担传递军机文书任务，不负责接待。但汛一级的千总级别较低，清代一般多为正六品，而游击则为正四品。所以，靖西游击实为亚东的最高军事长官，而亚东汛的千总则是在其领导下具体管理亚东外关的军事事务。

（三）“卡竹康巴”。《藏猷随记》记载，“亚东有卡竹康巴庙一座，建于高冈上，东北距亚东二里许，喇嘛八十人，其下数十丈，有砲垒一座，大约光绪十七年时所建，今空无一人”。“卡竹康巴”之“卡竹”应为“噶举”（Kagyu），“康巴”疑原音为“贡巴”，“卡竹康巴”之意为噶举的寺庙，即今亚东仁青岗边贸市场下方之噶举寺，砲垒一座当为第一次抗英战争时所建，后火炮被拆毁，但今依然有炮台遗存。

（四）靖西内关。也被称为靖西大营，在今帕里往亚东方向行走的上亚东乡的嘎林岗（格林卡）一带。该地驻有内地的绿营官兵。应为靖西游击所驻地。由此顺河往下，即可到春丕河谷。而靖西同知衙门则在嘎林岗往西南方向顺麻曲河流而下的十五里之地。而后往南，才为春丕、吉（切）玛、咱利、躲若。《藏猷随记》记载了陶思曾从南往北的行走记述：“发靖西，沿阿莫楚河而行，五里至春丕（Chumbi），番户十数家，建于河右。过桥五里至夏斯马（一作夏森玛），山略开豁，西人所称春丕谷地（Chumbi valley）者也。英商务委员暨武员医官并印度兵一百五十人驻此，有邮电局一所。光绪十九年条约言通商以亚东为止，今则亚东无一西商受廛者，而英人汲汲经营春丕，欲以代亚东为商埠，孰知所谓春丕者，乃距春丕五里之夏斯马哉，又十里至靖西营，俗名大营头，宿，游击周炳元江苏人。靖西厅高出海面九千三百五十三英尺，靖西营又较靖西厅高六百五十英尺……夹峙东西。阿莫楚河经流其间，兵居署侧，计三十余家。其南有边墙砲台，名镇西内关，建于飞凤山侧。”“格林卡在靖西营北二里许，番户数十家。”②由此段文字可见，清代亚东地名与今亚东县城所在地下司马镇并非一地，清代亚东指亚东关一带，而下司马镇则为清末亚东关开放后，英国人在下司马镇努力经营，而后陆续才形成下司马镇为亚东的代称。另外，靖西内关又称为靖西营、大营头、靖西大营，位于格林卡的河流下游二里许，吴崇光在光绪二十九年也经过此地，在此夜宿。

---

① 托尔萨河（Torsa River），是中国、不丹、印度、孟加拉国之间的一条跨国河流，为贾木纳河（布拉马普特拉河在孟加拉国境内名称）的支流。托尔萨河发源于中国西藏亚东县，源流名为康布麻曲。流入不丹国境后，改称阿莫曲。于彭措林附近流入印度境内，改称托尔萨河。流入孟加拉国后，改称杜德库马河（Dud Kumar River），最终于古里格拉姆县注入贾木纳河。

② 陶思曾：《藏猷随记》，载吴丰培《川藏游踪汇编》（下），四川民族出版社1985年版，第373页。

近代诸多学人将靖西内关、靖西外关、亚东关看作同一地点的同一处所，大多混用。其实三者之间地理位置和功能都大不一样。以靖西外关而言，根据 1897 年噶厦档案对亚东地震史料记载，靖西关的主要建筑为畜牧场围墙、大门，靖西内外关墙体、炮楼，白塔关口、围墙，静溪寺（今噶举寺）、各衙门、汉军驻地兵营、山腰炮楼、校场房屋，这些建筑均与亚东（海）关均有明显的区别。今人在考察“一带一路”的遗迹时，不可不察。

总之，西藏亚东关从一开始就和英帝国与清王朝结合在一起。清王朝希望通过亚东关加强对西藏地方的治理，而西藏地方则始终抵制亚东关，并不乐意在传统商路上增加这一近代关贸管理机构。英帝国则希望通过亚东关向西藏渗透经济和政治利益，更深程度上侵略中国边疆，将其经济利益从噶伦堡扩展到西藏，并且借助亚东税务司之手将势力延伸到商贸、界务交涉等领域。亚东税务司在工作中尽职尽力，但由于中国海关税务司这个畸形的管理体制，以及民族主义有意无意的影响，其始终在中英西藏交涉中扮演“一仆二主”的角色。作为亚东关肇始的税务司戴乐尔等人则在亚东海关尽心尽力，但由于多种因素，亚东海关的贸易额并不能让英属印度满意，以至于 1906 年第二次英国侵藏战争后，亚东税务司由洋员担任的现象成为终结。亚东在帕里高原通往噶伦堡的中印贸易之路上，开始扮演越来越重要的角色。

（原载《青海民族研究》2017 年第 3 期）

中国西藏与不丹之间传统贸易的三种模式

扎　洛　敖　见*

中国西藏与不丹（Bhutan，旧称“布鲁克巴/’brug-pa”）大致以喜马拉雅山山脊为界，分处喜马拉雅山北、南两侧，自然气候差异造成两地物产各不相同，因此天然地形成了相互贸易需求。历史上，两地之间一直保持着密切的贸易关系，在边境地区形成了多个贸易点，比如自西向东有亚东（gro-mo）、帕里（phag-ri）、隆那（lung-nag）、拉雅（la-yag）、萨布（sa-sbug，后来挪移到隆东/klung-brdol）、拉康（lha-khang）、错那（mtsho-sna）等。由于地理特征、交通条件、社区间距离等因素，各贸易点的交易模式有所不同。虽然西藏与不丹之间的贸易对双方百姓的生活极其重要，甚至对双方政府的税收也有影响，但是由于史料缺乏，学术界对此关注不多。18世纪后期，英国人博格尔（George Bogle）、特纳（Samuel Turner）曾经进入西藏，其目的之一就是为了打通印度与西藏的贸易通道，因此对商业贸易信息极为重视，他们的出使报告中都包含着西藏对外贸易关系的内容，特纳还留下了西藏与周边地区商品贸易的详细清单。① 但是，他们就具体贸易形式的记述较为简单。② 扎洛所著《清代西藏与布鲁克巴》较为系统地梳理了两地之间的历史关系，但是由于相关史料缺乏，于经济往来着墨不多。近年来，我们留心于此，渐次获得了一些新的史料，略可弥补前人所缺。本文根据藏、汉文历史档案，对帕里、萨布（隆东）和拉康三个贸易点上的传统贸易模式进行初步研究，以期通过此项研究对历史上西藏与喜马拉雅山国家间的贸易方式有一个概要认识。

一　帕里模式：“飞鸟归巢”

帕里（phag-ri，旧译为“帕克里”，今日喀则市亚东县帕里镇）是传统上西藏与不丹以及孟加拉平原地区进行贸易的重要地点，距离传统边境线5公里左右。帕里的贸易可分为过境贸易和驻地贸易两种，过境贸易又包含官方贸易与民间贸易两类。

---

* 扎洛，中国社会科学院近代史研究所研究员；敖见，中国民族语言翻译局副译审。

① 参见塞缪尔·特纳（Samuel Turner）《出使扎什喇嘛官廷记事》（*An Account of an Embassy to the Court of the Teshoo Lama, in Tibet*. London: W. Bulmer and Co., 1800），第281—384页。

② 舒勒·凯曼（Schuyler Cammann）根据博格尔、特纳的出使报告著有《穿越喜马拉雅山脉的贸易——英国尝试打开西藏之门的早期努力》（*Trade through the Himalayas: the Early British Attempts to Open Tibet*, Princeton University Press, 1951），有关中国西藏与不丹的贸易只关注了帕里，对其他贸易点几乎没有涉及。

1. 过境贸易

过境贸易指贸易货物只在帕里边关检验、上税，然后运往西藏腹地的贸易行为，包括官方贸易和民间贸易两类。所谓官方贸易即指不丹政府或下辖各宗（rdzong，相当于“县”级政府）主持的贸易活动，主要是不丹政府利用给西藏的驻藏大臣、达赖喇嘛、班禅额尔德尼、摄政及噶厦诸噶伦致送年礼——“洛恰”（lo-phyag）时携带货物所进行的贸易。嘉庆朝档案记载，不丹德布王（Dev Raja）每年给西藏致送年礼，作为奖赏，西藏方面允许不丹使团顺带贸易货物进藏贸易，以120驮为定数。这部分货物加盖印章记号，不仅免税，还要由西藏方面负责运送。同时使团还可额外携带货物，进藏贸易，但必须照例上税。[①] 显然，官方贸易使团有利可图。不丹内部为了利益平衡，致送年礼的代表是西部各宗政府轮流负责的，以保证每个宗本都能利益均沾。

因为西藏方面会给予官方贸易使团各种政策优惠，又能保证安全，因此，也有许多民间商人跟随官方使团前往西藏。当然，日常也有民间的过境贸易。这些民间商人必须得在帕里上税（一般是二十抽一），途中转运也需要自己雇用驮畜、背夫。为此在帕里验货进关时，时常发生私货冒充官货，蒙哄过关的现象，为此还发生过验货官员与布鲁克巴商人相互殴斗的案件。[②] 博格尔和特纳都指出，噶厦政府总体上鼓励跨界贸易，商人们只在边关上一次税后就可畅行无阻。

2. 驻地贸易

帕里原属高海拔（4600米）荒凉地带，因地处西藏与不丹边界地区，古来即有双边贸易，至17世纪之后，噶厦政府为鼓励贸易，特别在帕里安置部分居民，才逐渐形成有规模的贸易市场。根据博格尔、特纳等人的描述，在西藏与南亚的贸易活动中，帕里是个重要的贸易中转站，西藏的商人因为惧怕南亚的湿热气候，一般把货物运到帕里出售，而不再翻越喜马拉雅山向南前进。这就给不丹商人创造了巨大的商业机会，他们不仅可以向西藏出售本地产品，还可以将西藏物产运到南亚的孟加拉、阿萨姆等地。总之，许多的不丹商人前往帕里，或出售不丹产品，或收购西藏商品。

有关不丹商人在帕里的贸易模式，西藏方面制定了称为“飞鸟归巢”（bya-rnams tshang-’bab）的管理制度，即不丹商人必须与帕里居民结成固定的联系。不丹商人在滞留帕里期间，必须居住、生活在固定的帕里居民家中，同时由帕里居民提供生活服务和安全保障，包括雇备驮运的牲口等。而不丹商人则向落脚住户支付报酬——“打勒”（ta-le/gta’-lo’i/ta-li）。所谓“打勒”，原指运输费用（brdal-gla），后来引申泛指为劳动付给的报偿。“打勒”的征收以人数和货物的多少来计量，计算体积（斗量之物）

---

① 嘉庆十七年六月初十（1812年7月18日），瑚图礼、丰绅：《查明达赖喇嘛征收外番货税缘由》载：“乾隆四十九年，布鲁克巴不遵旧例，其时，办理商上事务之噶勒丹锡呼图萨玛第巴克什回明达赖喇嘛并告知布鲁克巴部长，将嗣后应纳税课立定章程，盖用达赖喇嘛印信并布鲁克巴部长印信，两下永远遵行：每年该部长致送年礼并该部落所属竹节、海郎、贡厦、仲巴等四处头人随送年礼及顺带贸易货物盖用印信，开具清单，均免其上税，至外带贸易货物人等货物，无印信记号者，照例每二十个抽税一个，所收税课均照商上档案定数征收，交纳达赖喇嘛库内。”中国第一历史档案馆：《清代档案朱批奏折外交类——布鲁克巴》，缩微胶片：第4-23-3号。

② 嘉庆十七年正月二十七日（1812年3月10日），阳春、庆惠：《奏为布鲁克巴差来送达赖喇嘛年礼番民抗税殴伤帕克里正副营官审明定拟缘由》，中国第一历史档案馆：《清代档案朱批奏折外交类——布鲁克巴》，缩微胶片：第4-23-1号。

之物如粮食类、计算数量之物如水果、劳动工具类等各有标准。有一份题为《帕里人与布鲁克巴人有关“打勒”的甘结底稿》（phag-’brug gta’-lo’I skor gan-rgy’I ma-zin）[①] 的藏文档案，时间大约在1916年。其中规定了不丹商人和帕里居民双方有关“打勒”的权利义务关系，译录如下：

火龙年月日，利乐之源（政教）两道之主足下，敬启：我等如下具名衿印者信守不逾、毫无异议地共同签署甘结一式两份，内容为：要点乃帕里三部与前来之布鲁克巴客商就其违背有关征收、支付“打勒”之惯例，擅自拒付“打勒”，帕里三部人等上奏大皇帝，（皇帝?）与藏布双方王臣、头人等协商，为此，专派藏方之卓木（即今亚东——笔者）、江孜商务官拉顶色（lha-sdings-sras）、总邮政官曼贝（sbrags-spyi-sman-spel）两人，布鲁克巴派终萨（dkrong-gsar）特使洛恰瓦扎西曲佩（bkra-shis-chos-’phel）、帕罗（spa-gro）特使森本贡噶（kun-dga’）等齐集帕里进行调查。在帕里就前后原委询问双方当事人，查阅过往文件。时，帕里人等称：木龙年（1904）之前，有向布商征收“打勒”一个“贝觉（spag-skyor）”又一高升（byur）之惯例。木龙年，西藏与外国（指英国）战争期间，终萨阁下在公沃（dgon-’og）地方，称：（布商）无力依规缴纳“贝觉”，自此只缴“一高升又一平升（kha-rtsad）”，如此明言，要求依此而行。布人称：过去只有缴纳一藏升（bre）[②] 之惯例，后来强征“贝觉”、高升、平升等，随心所欲，故而拒绝支付。火龙年、铁龙年、铁蛇年、火兔年、火狗年分别签署之甘结中，有捆、包裹等须照原先惯例支付“打勒”之文。此外，木龙年政府购粮官扎西康萨（bkra-shis khang-sar）所呈有藏布王臣批示之呈文中记载：藏布个别商人转让落脚主户；包裹、打勒等不得争执，等语。

帕里乃藏布交界荒凉之地，噶厦政府为谋藏布君民福祉，高度重视，在荒凉恶劣之地特设市镇，为双方能够获得各自所需的物资特设贸易集市，前来赶集之藏、布、廓（尔喀）、哲（孟雄）等地之商户如果任意居住，则于客商之商务十分不便。为往后便于开展商务，有利住行，由政府将客商与居住寓所固定下来，并且由于帕里地方不产粮米，如俗语所言“水鸟入荷塘、飞鸟栖枝头”，客商落脚住户需交纳生活补助——“打勒”，此在往昔藏布各文书中有详细记载，且此次调查、协商后，认为“飞鸟必归巢，客商必入户”，必有征收“打勒”、水、柴、房费之制度。但是，就征收与支付之方式，在太平之时，只是提到要按照惯例，并无详细记载，此乃“胜辩者为强”之缘由。此后众生福泽浅薄，浊世之兆显现，衣食物资紧缺，物价渐次上涨，如仍照惯例而行，客户与房主必因损益而起争执。现今，共同商议并考虑到未来情形，往后在藏布主客之间就“打勒”、包裹、水、柴薪等往昔文书中明言之惯例，为了避免发生“胜辩者为强”等情，公正严明地按照规定征收与支付，就其要点规定如下：布商除按规定上呈之货物外，其他布人前来经商者，无论是人背之包裹还是马驮之驮子，以36个“帕卓（phag-grol）”为一个计量

---

① 《帕里人与布鲁克巴人有关“打勒”的甘结底稿》，西藏自治区档案馆藏噶厦档案——中不关系，卷宗号略。

② 一藏升约合一斤三两。

单位，斗量之物，及红颜料、茜草、烟草、蔗糖、大米等需交纳“打勒”一个高升，如果超过此计量，以此类推。即便“帕卓”不足数（不够一个计量单位——作者注），每个背包仍需交纳一个高升，不得以不足数为由拒绝交纳。果品等计数之类交纳一个“多（rdog）”。木板、矛柄、擀面杖、火镰、胡麻、“多彻（rdog-phred/背包？）”、桌子腿、旗杆、猪毛刷、圆框（khyung-ril）、茶滤子、酥油盒、蒜臼、木碗等每一驮抽取一个；红白檀香、写字板（粉简）、竹框、纸张、鞭炮、散茶、“学替（zhu-thigs）”、“达巴（stag-ba）”等每一驮按照上述计量单位交纳藏银8雪（zho）9嘎（skar），如果超过此数量，以此类推。羊一驮交纳一份（？）①。从山那边前来采购者每人交纳藏银8雪9嘎。从卓木前来的布人也交纳藏银8雪9嘎。② 此外，运送货物者每人为住户家茶水、柴薪等费用支付糌粑半升，官驮之上添加的包裹③征收糌粑一个平升，dkar-rtser从哈巴（ha-pa）前来之人，无论空手还是背包，同样每人交纳打勒藏银8雪9嘎，各背夫需交纳用水、柴火、糌粑等一个平升。每户牧民（指不丹北部林昔、噶尔萨等地牧民翻越山脉前来帕里做生意——作者）需交纳大块酥油（spag-mar，即装盛在羊肚子中的酥油）、长方块之奶酪、一小壶（“栋 dung”）酸奶。除了宗本等官方贸易团落脚自己之住处外，其他之货驮、大小商人必须落脚在各自规定的住处，“打勒”必须及时支付清楚。不得与官方贸易混同。尤其是过去有少数不法之徒，因不了解西藏、布鲁克巴之法律，在称量等方面试图欺诈，此次已在详细调查的基础上做出处罚惩治的规定。为使上述盖具官印之有关称量之章程得以实施，今后双方自愿公平交易，以官方贸易团为首的双方贸易人等俱不得违背此等规定，对于称量欺诈者不得单方面予以默认，纵容其欺诈行为，为此双方达成共识，永不违背。如果出现彼时非此、是他非我、左右推诿、或以时局环境改变为借口违背上述规定，任何一方如直接、间接和趁便说出不和之声，哪怕如蚊蝇鸣叫之声，执法官必须处罚违约金25两，如数交纳。

此等在甘丹颇章与布鲁克巴之间屡次签署之甘结之内容，永不违背，照旧执行。签约人：……

这份甘结包含着丰富的历史信息。噶厦政府时期，为保证帕里的贸易活动顺利开展，双方之间多次定有协议。1904年英国侵略军通过帕里，跟随英军进藏的不丹实际政治领袖终萨本洛乌金旺秋（u-rgyan dbang-phyug）提出帕里居民收取不丹商人“打勒”过高，单方面宣布减免。事后双方再次协商，签署了新的协议（甘结）。其内容主要是延续诸多传统惯例，坚持了“飞鸟归巢”的原则，既方便帕里方面管理外来商人，也方便为不丹商人提供各种服务。同时，明确规定了进货商、销售商、背夫等各类人等应缴纳的“打勒”标准，以及各类商品应缴纳的“打勒”标准。以下将各项“打勒”标准列为表1。

---

① 可能当地有约定俗成的抽税惯例，原文表达不甚清楚。

② 有些不丹人从卓木（亚东）谷地前往帕里。

③ 马夫等借机利用官驮携带运送商品。

表1 **收取“打勒”标准**

序号	人货类别	“打勒”标准
1	36个帕卓（一个标准计量单位，下同）	一个高升
2	果品等计数之类	一个“多（rdog）”
3	木板、矛柄、擀面杖、火镰、胡麻、背包、桌子腿、旗杆、猪毛刷、铃铛、茶滤子、酥油盒、蒜臼、木碗等	每一驮抽取一个
4	羊一驮	缴纳一份（?）
5	采购者（各类商人）	每人缴纳藏银8雪9嘎
6	运送货物者	糌粑半升
7	官驮之上额外添加的包裹	一个平升
8	背夫	一个平升
9	前来交易的不丹牧民	需缴纳大块酥油（spag-mar，即装盛在羊肚子中的酥油）、长方块之奶酪、一小壶（“栋 dung”）酸奶

双方在帕里设有商务官员——聪本（tshong-dpon），负责管理贸易事务，处理各类商业纠纷，直到1959年，不丹一直在帕里驻有商务官。

二 萨布（隆东）模式：定期集市

从帕里沿喜马拉雅山脚向东约150公里，在今天西藏山南地区洛扎县的色（sras）乡曲吉迈村（chus-’khyer-smad）所属的萨布（sa-sbug，后来挪移到隆东/klung-brdol）也是一个传统的贸易地点。萨布原为曲吉迈村的一个草场，并无常驻居民。从那里沿色曲河（sres-chu，洛扎雄曲/lho-brag gzhung-chu的主要支流之一）向南，翻越喜马拉雅山的麦拉噶炯（mon-la dkar-chung）雪山，在南坡不丹一侧的参巴（’tshams-pa，属于本姆塘宗）也是一个传统的贸易点。由于麦拉噶炯雪山海拔5300米，经常大雪封山，雪山两侧村落距离遥远（两天路程），因此两地之间无法形成常年的贸易集市，而是定期举行贸易集会，一般是每年4次。

萨布的贸易分为官方贸易、寺院贸易和民间贸易三类。由官方监管并给予适当鼓励。官方贸易的商品，双方相互负责从萨布（隆东）和参巴之间的运输，只需为背夫等提供途中的食品。

有一份藏文档案《在洛扎夺（波）宗萨布地方门巴①人、布鲁克巴②人和藏人一起进行商品贸易的市场每年开放四次的布告抄件》（lho-brag do-bo-rdzong gi sa-sbug tu mon-pa dang ’brug-pa bod bcas kyi lo-rer tshong-zog brje-res kyi tshong-’dus thengs-bzhi-re

① 门巴（mon-pa），原为西藏人对喜马拉雅山区非信仰佛教的部落居民的统称。在本文告中主要指今门隅及不丹东部地区的居民。

② 布鲁克巴（’brug-pa），即今不丹，因该国居民信仰藏传佛教竹巴噶举派而得名。本文告中主要指不丹政府及西不丹的居民。

gtong skor gyi rtsa-tshig)，[1] 从中可以看到萨布贸易的诸多细节。兹译录如下：

洛扎夺波宗（do-bo rdzong）[2] 下属之萨布（sa-sbug）[3] 与参巴（’tshams-pa）[4] 之间现有的贸易往昔即存，其传统为：萨布、曲吉（chus-’khyer）[5] 之人，及布姆塘（bum-thang）、曲廓（chus-skor）、雄（gzhung）、当（steng）、沃拉（dbu-ra）[6] 等地之人，自由前往上述各地经商，不受阻拦，亦无缴税之传统。萨布地方不断有门巴商人前来，其贸易对象洛堆（lho-stod）、拉雅堆巴（la-gyag stod-pa）等地人也常常前往萨布。对于前来萨布的门巴商人，政府征收称为“索贝”（zog-spus）即从上等商品中征收应缴纳的税额，但（政府）须付给半价（phyed-rin）即可的规矩。此后，火鸡年起，规定萨布集市开市时，参巴牧民、布鲁克巴（’brug-pa）政府的商人，每年前来参加四次集市，贸易对象为（夺波）宗属两座寺庙，那拉格纳衍（sna-lha kina-yan）、洛堆、拉雅堆巴，相互贸易。门巴人稍微付给萨布人住宿费用，双方都不收贸易税，政府对商品贸易做了称为“索贝”的规定：购买自己所需货物时需付给等价的货物。对于布鲁克巴政府的“聪本”（tshung-dpon，即商务官）赏给糌粑3克（驮），肉1/4腔，酒2升（tshod）。市毕返回时，布鲁克巴政府的货物不与其他货物相混，全数由萨布人运送到参巴，布鲁克巴方面为全部运货者提供饭食。同样，夺波宗、萨布、曲吉人也每年四次前往参巴参加集市贸易。过去每年只去两次，有一段时间，藏商到布鲁克巴，布鲁克巴政府每个盐袋抽取一“普”（phul）充税。藏商的贸易对象是布姆唐宗政府、当、沃拉等地商人，商人们自由前往上述各地，不受阻拦，但是，前往的商人不多，主要是因为优质沉香、虎豹皮张等门巴人的上等商品，禁止贸易。夺波宗（指政府）的货物不与其他货物相混，由参巴牧民负责运送至萨布，宗政府的商人同样负责全部运货人的饭食。此种习俗直到木兔年口岸关闭之前一直执行。龙年、蛇年因为战争，未能开市。土马年，因为萨布与参巴贸易往来、开市交易的需求甚大，因此，清萨（chings-sa）的代表召集各方代表齐集查佩（gra-phal）地方，商谈此事，最终在苏鲁菊塘（su-lu-dkyus-thang）由清萨的代表、夺波宗代表、布鲁克巴方面代表赞栋翁则（btsan-gdong dbu-mdzad）等于土马年八月十八日形成决议：有关萨布与参巴两地之集市，双方代表一致达成协议，双边各举办4次集市，本年八月十五日在萨布举办集市，届时，双方代表共同决定参巴集市之时间等相关事宜安排，相

---

① 《在洛扎夺（波）宗萨布地方门巴人、布鲁克巴人和藏人一起进行商品贸易的市场每年开放四次的布告抄件》，西藏自治区档案馆藏噶厦政府档案——中不（丹）关系，编号略。

② 夺波宗，一般简称夺宗。宗（rdzong），西藏古代的行政单位，相当于内地县一级地方政府。夺波宗宗城即在今洛扎县政府所在地噶波镇东南面的山顶上。今天的洛扎县由旧时的夺波宗、申格宗、拉康宗组成。

③ 萨布，地名。位于今洛扎县色乡色曲河上游一个较为开阔的草地，有一些乱石堆积，故名。因靠近不丹边境，历史上曾设有双方边民开展贸易的集市，今已废弃。

④ 参巴，不丹扎西曲林县的一个靠近中国边境的牧区村落，自古以来就是双方开展贸易的不丹一侧贸易点。

⑤ 曲吉，即今洛扎县色乡曲吉麦村。

⑥ 布姆塘、曲廓、雄、当、沃拉皆为不丹地名。

互不得阻拦。（惩办）流寇、抢盗、偷窃等问题依据协议和此条文执行。为此，夺波宗代表次仁达杰（tshe-ring dar-rgyas）、查佩代表阿日巴（mnga’-rigs-pa）、清萨代表勒郭（lag-skor）等签订协议，一式两份。

从现在起，如果不能每年开市四次，洛（指不丹）藏政府之货物运送规定将被破坏，现在，夺波宗、萨布、曲吉之商人最好能够每年赴参巴集市四次，一旦因供货不足不能前往四次，洛藏政府须适当投放茶、缎、绸、盐、羊毛、皮张等货物。萨布人负责运货到参巴，如果超出规定的运送数量，及沿途其他承担支差人员所增加的运输负担，应通过减免柽柳（spen-khral）税作为抵扣，此其一。此外，如果政府不能额外投放商品，萨布、曲吉之人不能开集市四次，亦不妥当。藏人欲去参巴者皆放行，适当收取过地税，是否可以以减免柽柳税作为弥补。无论如何，每年四次集市不使间断，多加努力。为此，特提出取舍建议：布姆塘宗政府、当、沃拉等地商人欲来参巴，不得阻拦，沉香等门巴人的贵重货物不得限制（买卖），一如条约简本执行。对藏方商人附加的盐袋抽取一“普”税的惯例应免除，否则，萨布也有抽税（即向不丹商人收税——笔者）的议论，这也未必不可。古仲塔尔巴（sku-krung mthar-pa）、聂巴（gnyer-pa）、觉查巴（lcog-gra-ba）、索本丹巴顿丹（gsol-dpon bstan-pa-don-ldan）、阿日巴等对此郑重承诺，往后，如不能依言而行，将会恶习蔓延，故不得有误。

文告中虽有多处提到年份，但是，没有标记“饶迥”序数，布告中所涉人物尚不能确定其所处时代，因此难以确定文告的发布时间。不过，从清代西藏与不丹关系史来看，两地之间因战争而关闭贸易先后有两次，一是18世纪30年代之前，双方曾发生多次军事冲突，[①] 一是在1903—1904年英国侵略西藏时期。

文告内容基本反映了清代西藏洛扎地区特别是围绕萨布地方的贸易状况，当时洛扎地区的边境贸易有如下特征：

1. 洛扎萨布和不丹参巴之间的贸易由来已久，除了民间贸易，还有政府组织的集市贸易，政府的期望是每年能够举行四次贸易，但是由于交通条件限制，以及双方的贸易愿望，每年2次（藏历四月在萨布，十一月在参巴）更为常见。西藏方面实行免税政策，且规定商人必须参加固定的集市，表明政府通过减免税等政策鼓励商人参加边境贸易。不知从何年开始，萨布作为集市地点被废弃，其下方的隆东成为集市地点。

西藏方面的官方贸易主要是夺波宗和5个寺庙。根据1961年的一份调研报告，[②] 1959年之前通过隆东的西藏贸易情况如表2所示：

表2　　1959年之前通过隆东的西藏贸易情况

贸易主体	交易数量
夺波宗（do-bo rdzong）	100个驮子，计20000斤

① 参见扎洛《清代西藏与布鲁克巴》第一章、第二章，中国社会科学出版社2012年版。

② 中共山南分工委边防工作站1961年9月29日《关于对洛扎县色区曲吉麦乡边境情况的调查报告》，洛扎县档案馆藏。

续表

贸易主体	交易数量
端尼林寺（don-gnyis gling）	50 个驮子，计 10000 斤
拉隆寺（lha-lung dgon）	50 驮子，计 10000 斤
年德寺（nyi-zla dgon）	50 驮子，10000 斤
曲求寺	30 驮子，级 6000 斤
色卡古多寺（sres-mkhar dgu-thog dgon）	40 驮子，计 8000 斤

不丹方面前来隆东、参巴市场贸易的商人主要来自 4 个宗，即甲呷宗、冲祖宗、当宗、伍拉宗。著名的客商有旦巴旺杰、甲呷宗本、阿西白马、阿西曲儿、阿西曲珍、阿西平措、当五克曲林、扎许次来那母结 8 位。

2. 双方政府派出“聪本”（tshong-dpon，商务官）作为政府代表出席贸易集市，负责管理集市贸易。此外，在萨布还安排有 3 名“根波”（rgan-bo，村庄头人）管理市场。双方制定了称为“索贝”的质量、价格监管制度，以避免贸易纠纷，维护交易公平。通常情况下，先由官员接触商谈，协商决定有关贸易各项事务，比如贸易种类、价格等，然后举行交易。

3. 官方贸易的货物运输采取了相互提供免费运输的制度，但须负责驮运人、背夫等途中的饮食。超额的乌拉差役通过免除赋税等方式给予补偿。而民间贸易的货物运输需要自己解决，畜驮肩背，租畜雇人，照市场价付费。

根据 1961 年的调查资料，隆东贸易点的出入境商品种类和数量统计如下：

西藏出境的商品：主要是盐巴，约 200 余驮，计 40000 斤，其他：羊油、羊皮、卡垫等约 70 驮，计 2800 斤。商品来源于三个地区：盐巴从黑河（那曲）来，卡垫、氆氇从扎囊县来，羊油、羊皮来源于浪卡子县羊卓雍措湖周边。①

不丹入境的商品主要是大米、玉米、颜料、辣椒、花椒、各种布等 23 种，每年进口 250 个驮子，计 50000 斤，其他糖、苹果等 100 个驮子，计 20000 斤。

三 拉康模式——代理贸易

洛扎县的拉康镇（位于洛扎县东南部，距县城噶波镇约 60 公里），历史上是拉康宗政府所在地，因吐蕃时代的镇魔寺空亭拉康（mkho-mthing lha-khang）而得名。拉康紧临洛扎雄曲河，沿河而下，进入不丹境内后被称为古如曲河（gu-ru chu）。拉康在历史上是西藏南部一个著名的贸易点，吸引各地客商前往贸易。有一份 1961 年的调查材料——《洛扎县拉康乡边境小额贸易情况的调查报告》，反映了 1959 年前的贸易状况，兹整理抄录如下：

拉康和不丹贸易有 5 个通商道路，以俄东桥②和下拉山口③为主。俄东桥通往

① 早先西藏的出境商品中来自内地西南地区的砖茶是大宗，但是近代以来由于印茶通过亚东入藏行销，20 世纪中期在隆东等地已经很少看到大宗茶叶的交易。

② 俄东桥（sngo-stong zam-pa）。

③ 下拉山口（shar-la）。

不丹北部的龙子宗[①]的古如堆。[②] 大型商业活动每年有两次：第一次是在藏历12月初到来年2月初；第二次是藏历6月初到9月初。以洛扎雄曲枯水季节即冬季为主要贸易时段。整个通商沿途大约4天的路程需要在洛扎雄曲河上架设22座木桥，按照惯例以俄东桥为界，不丹负责修12个，拉康修10个（包括俄东桥）。[③]

拉康的贸易也分为官方贸易和民间贸易两类。官方贸易的主体是西藏的拉康宗和不丹的龙子宗、开马宗。[④] 在贸易之前，不丹的龙子宗和开马宗派代表到拉康与宗本协商，议定交换品种、价格和交换时间，议定之后，不丹商人入境。1958年不丹政府派20人，龙子宗派300人，开马宗派70人，阿西王母（不丹王姐姐）派400人，由其代表公嘎那杰、洛本江北、达杰带领来拉康运货交换。拉康宗本垄断经营大米和盐巴两项大宗交易，不许民间交换或买卖。民间贸易既有不丹人入藏，也有藏人南下。交换的商品除了盐巴、大米以外，还有羊油、干鱼[⑤]、干辣椒等。

拉康宗有4个商业管理人员负责巡查收税。对非拉康宗所属的羊卓雍湖的牧民和外宗商人到拉康贸易收一次税，按货物数量10%计征，一头牲畜也收一次税，银子一藏两；拉康宗所属民众的交易不收税。拉康群众到不丹贸易则向宗政府请假，献一条哈达，交7.5藏两银子。对不丹到拉康来交易的商人收一次税，背辣椒的每人收0.5分，背玉米和其他物资每人收一分。不丹方面，在陆龙山口的白马堂和下拉山口的中果也设有税卡，专门登记收税。拉康商人去不丹交易，每人往返各缴4两藏银。

拉康贸易的特色是贸易代理。拉康镇原有134户，1959年之前大部分以经商为主，普遍参加商业活动。据拉康村87户的调查：依靠经商或主要依靠经商为生的31户；雇工雇驮子大宗经商的6户；小额经商的12户；为不丹商民开店的6户；为牧区牧民开店的14户，共69户，占87户的79.3%。其余18户，在商业活动期间也都有一定的交易行为。资料显示，拉康村87户居民中，为不丹商民开店的6户，为浪卡子、措美牧民开店的14户。其中：桑珠次仁、白马次仁、群交、桑点、多布杰和江措等是不丹商户的代理人。同时在贸易季节还负责接待不丹商户。龙子、开马两个宗44个村的群众，每年来境贸易时，大都住在这里；每个店接待7—8个村的不丹

---

① 龙子宗（lhun-rtse），不丹东北部靠近西藏边界一县名，今多译为伦孜宗。

② 古如堆（gu-ru stod），洛扎河流入不丹境内称为古如河，堆即上部之意。古如堆指古如河上游地区。

③ 笔者于2014年田野调研时了解到当地架桥、贸易的特殊方式：拉康与不丹贸易往来的通道就是洛扎河谷。夏天雪山消融，河水汹涌，河谷无法通行。秋冬季节，河水水位较低，双方在各自境内的河上架桥。据说要在河上架22座木桥。拉康宗方面由宗本负责，下令给某村，村里组织有经验的人开始架桥。所有的桥架好后，砍一棵大树抛入河中，顺流而下，下游的不丹人看到大树信号就知道桥已架好，就运送货物沿河而上。当时的木桥都比较矮，春天涨水就冲毁了，来年秋天得重新架桥。

④ 开马宗（kho-ma），古如河上游一地方。

⑤ 由于不丹人不会宰杀家畜，只等家畜老死或非正常死亡才会食用，因此缺乏脂肪；大量干鱼需求，据说是为了补充某类微量元素/营养物质。

群众，约 100—120 人。①

每年在市场上吞吐的物资共有 40 多种，主要有盐巴、大米、玉米、辣椒、氆氇、牛羊肉、羊油、羊皮、干鱼、颜料、水果、糖、纸、铁、铁钢器、茶叶、木板等。交易方式，主要以物换物，也有少量现金（大洋、藏银）交易。西藏打隆（今浪卡子县达隆镇）、□西、浪卡子的牧民，拉康及其附近□加、边巴、杜如等地的群众也大部分参加，每次大约有 1200 余人，运输牲畜达 1000 多头。实际物资总量达到 4 万公斤（不包括群众直接交易的自产自用物资，约 8 万余公斤），价值约 15 万余元。拉康市场各种商品交易如表 3 所示：

表 3　　拉康市场各种商品对换交易②

序号	商品	可交换物（即价格）
1	大米一克	盐巴 1 克
2	羊皮一张	干辣椒 2 克
3	氆氇一卷	干辣椒 14 克
4	油 3 斤	干辣椒 4 克
5	玉米 5 克	氆氇 1 卷
6	藏纸 1 条	玉米 2 克
7	羊肉 1 克	干辣椒 1 克
8	藏毯 1 条	玉米 2.3 克
9	铁锅 1 个	玉米 0.5 克
10	马垫 1 个	玉米 5 克
11	红糖 1 斤	羊油 1 斤
12	干鱼 3 条	玉米 1 升
13	红颜料 1 克	铁锅 2.5 个
14	不丹布 1 匹	氆氇 0.83 卷
15	铁犁 1 块	铁锅 1 个
16	橘子 1 斤	银子 4 两

据调查，③ 每年从不丹进口的物资主要有：大米 1500 克、④ 干辣椒 7000 克、玉米 1000 克、青辣椒 150 克、红颜料（草本植物）3200 克、红糖 3500 斤、橘子 7000 斤、梨 700 斤、纸 1800 张、铁犁 300 块、铁锅 50 个、酥油盒 60 个、茶叶 560 斤、不丹布 72 匹、木碗 240 个、高粮（粱）20 克、黄豆 20 克、干蘑菇 30 克、葡萄干 10 克、胡椒

① 参见洛扎县档案馆藏：西藏工委藏发（61）第 173 号《洛扎县拉康乡边境小额贸易情况的调查报告》，1961 年 7 月 14 日。

② 笔者根据相关资料整理。

③ 洛扎县档案馆藏：西藏工委藏发（61）第 173 号《洛扎县拉康乡边境小额贸易情况的调查报告》，1961 年 7 月 14 日。

④ 克（khal），西藏传统的重量单位，约等于 28 市斤。

10克、竹筛席40个、竹篓80个。另外，还有生猪、猪肉、鸡、酒、生姜、口袋、腿布、腰带等小量物资，计30余种，物资量达71000余公斤，计值78000余元。早先，木板也是拉康宗的主要贸易物资之一，据当地老人介绍有的年份进口木板达1万块。

每年出口物资主要有：氆氇2000卷、藏被400条、牛羊肉7000斤、羊油10000斤、羊皮10000张、干鱼7000斤、奶渣干3500斤、盐巴2000克、卡垫10个、马垫40个、藏毯10个、炒青稞锅60个。每年出口物资量和价值，基本和进口物资相等。

四 结语

1959年之前跨喜马拉雅山的商业贸易主要依靠人背畜驮，在萨布、拉康等地以货易货还很常见，与今天的贸易规模、交易方式迥然有别。但是，这些传统贸易不仅满足了两边居民的生活需要，还对离边境更远地方的经济产生辐射效应。比如许多产品来自西藏腹地的浪卡子（Sna-ka-rtse）、措美（mtsho-smad），甚至藏北草原（byang-thang），而茶叶、绸缎等来自内地。一些竹木制品主要来自不丹南部，工业品则是从阿萨姆运来的英国产品。边境贸易激发了两个地区的经济活力。

今天中国政府提出了建设“新丝绸之路”的“一带一路”倡议，试图将西藏打造成为国家“面向南亚开放的大通道”，积极鼓励强化西藏与南亚国家间的经济联系。充分认识并借鉴历史上跨喜马拉雅山的商业贸易经验，制定灵活而富有当地特色的贸易策略，对于促进双边贸易，造福各国人民有着积极的意义。

（原载《中国边疆史地研究》2017年第4期）

中印边界锡金段的历史由来与法律依据

——兼议印度非法越界行为的国际法律责任

曾　皓*

2017年6月中旬，印度边防军队在中印边界锡金段越过双方实际控制线进入中方境内，阻挠中国边防部队在洞朗地区的正常活动，并与我军在我国领土内进行长时间的军事对峙。① 为了论证其越界军事行动的“合法性”，印军向印度媒体散发消息，污蔑“中国军队越界在印度领土上施工”。这引发了中印两国就印军越界事件的激烈外交论战。我国外交部自6月26日以来，一再强调被印军侵犯的中印边界锡金段早已由1890年《中英会议藏印条约》正式划定，印度历届政府多次以书面形式对此予以确认，承认双方对锡金段边界走向没有异议。我国政府严正要求印度遵守历史界约，尊重中国的领土主权，立即撤回越界军队，维护好中印边界锡金段的和平与安宁。② 并且，我国外交部还出具了认定印军非法越界的证据与法律依据。③ 在真相面前，印度军方不得不改口，承认印领土并未遭受入侵。④ 但印度外交部对1890年《中英会议藏印条约》避而不谈，而是声称“印中两国就印中边界锡金段的划界问题尚未达成一致”。印方拒不接受中国的正告，反而辩称，“印度与中国军队在锡金段边境对峙是由中国引发的……洞朗地区的主权属于不丹，印度与不丹存在安全合作关系……中国军队应恢复现状，回到此前的地方，不该入侵不丹领土”。⑤ 印度打着所谓“保护不丹”的幌子，为其越界侵犯中国领土主权编造所谓的“法理依据”。可见，厘清中印边界锡金段的历史由来与法律依据，是认定印度此次越界行为的法律性质与法律后果，以及确定我国可采取何种自助措施的关键。笔者拟对这一问题做一些研究，求教于各位方家。

---

* 曾皓，法学博士，国防科技大学人文与社会科学学院副教授。本文为国家社科基金青年项目“中印领土争端中的国际法问题研究”（14CGJ007）阶段性成果。

① 《国防部发言人就印军在边界单方面挑起事端答问》，中华人民共和国国防部网站：http://www.mod.gov.cn/info/2017-06/26/content_4783908.htm，2017年6月30日访问。

② 《外交部发言人耿爽就印度边防部队在中印边界锡金段越界事件答记者问》，中华人民共和国外交部网站：http://www.fmprc.gov.cn/web/fyrbt_673021/t1473257.shtml，2017年6月30日访问。

③ 《2017年6月29日外交部发言人陆慷主持例行记者会》，中华人民共和国外交部网站：http://www.fmprc.gov.cn/web/fyrbt_673021/t1474127.shtml，2017年6月30日访问。

④ 《印度斯坦时报》2017年6月28日报道称，印度陆军参谋长拉瓦特（Bipin Rawat）就近期中印边防部队之间发生的对峙事件明确表示，“印领土并未遭受入侵”。See *Bipin Rawat*, Hindustan Times, 28 Jun 2017, Page 10, http://paper.hindustantimes.com/epaper/viewer.aspx#, 2017-7-6.

⑤ 《印度悍然拒绝中方撤军要求 声称“已非1962年的印度”》，《参考消息》2017年7月2日第8版。

一 中印边界锡金段的历史由来

中印边界大致可分为四段：中印传统习惯线东段、中段、西段，以及中印边界锡金段。① 其中，三段中印传统习惯线都未正式划定，中印双方就这三段边界线的位置与走向长期存在争议。② 而中印边界锡金段在英国统治印度时期就已划定，中印双方对此都予以承认。

（一）中印边界锡金段从藏哲边界演变而来

中印两国在历史上并没有在喜马拉雅山脉东段南坡一带接壤。现今中印边界锡金段印方一侧的锡金邦，是印度 1975 年兼并锡金国而攫取的领土。锡金在 18 世纪初期至 20 世纪初期是西藏地方政府的藩属。西藏人将锡金称为“vBras-mo-ljongs”，意为“产米地”。清乾隆以来的汉文典籍依据藏文的译音将锡金称为“哲孟雄”。③ 直至清末时期，驻藏帮办大臣升泰在其奏章中还提道：“哲孟雄、布鲁克巴（即不丹，引者注）皆西藏属藩，每届年底，两部长必与驻藏大臣呈递贺禀，驻藏大臣厚加赏赉以抚绥之……哲、布两部遇有争讼，亦禀由藏酌派汉番办理，此哲、布系是藏地属藩之实在情形也。”④

1826 年时，英国人开始侵略哲孟雄，并将其称为“Sikkim”，即锡金。⑤ 1861 年，英印政府派兵侵入锡金，囚禁锡金国王，强迫其签订了《英印锡金条约》，迫使锡金成为英属印度的属地。该条约还规定：“锡金的边界由英国决定。”锡金与外国的边界划界权也落入英国人之手。⑥ 1890 年，英国又与中国签订了《中英会议藏印条约》。该条约规定锡金是英国的殖民地（第二款），还划定了中国西藏与英属锡金之间的边界线（第一款）。⑦ 1947 年 8 月，锡金成为英国的自治领，1890 年中英两国划定的中（藏）英（锡）边界随之成为了中锡边界。

1975 年印度兼并锡金。依据现代国际法，兼并是侵犯国家主权的严重不法行为，以此取得领土在法律上是无效的。联合国成立后，对使用武力侵犯别国领土完整与政治

---

① 《外交部公布中印官员关于边界问题报告的内容简介》，《人民日报》1962 年 4 月 29 日第 1、3 版。

② 截至 2016 年 4 月，中印两国已经举行了第 19 次中印边界问题特别代表会晤，中印边界问题尚未得到妥善解决，参见《中国同印度的关系》，中华人民共和国外交部网站：http：//www. fmprc. gov. cn/web/gjhdq_676201/gj_676203/yz_676205/1206_677220/sbgx_677224/t6049. shtml，2017 年 6 月 30 日访问。

③ 参见王文静《1641—1793 年中国西藏与哲孟雄（锡金）的关系》，《中国藏学》1989 年第 3 期，第 118 页。

④ 参见《清史稿》卷五二五《藩部八·西藏》。

⑤ 参见［英］阿拉斯泰尔·兰姆《〈英属印度与西藏〉摘译（三）》，邓锐龄译，《西藏民族大学学报（哲学社会科学版）》2016 年第 3 期，第 47—56 页。

⑥ See P. R. Rao, *India and Sikkim* (1814 - 1970), Sterling Publishers, 1972, p. 22.

⑦ 参见王铁崖主编《中外旧约章汇编》（第一册），生活·读书·新知三联书店 1957 年版，第 551 页。

独立所造成的领土变动，采取不承认主义，成为了一项国际法规则。[①] 1970 年联大通过的《根据联合国宪章关于各国间友好关系与合作的国际法原则宣言》就明确要求："不应承认由威胁或使用武力而取得的领土为合法。"因此，中国长期不承认印度对锡金的兼并。在官方地图上，中国仍然将印度的"锡金邦"标注为主权国家锡金，并将中国的这段边界标示为中锡边界。[②] 可见，在印度兼并锡金之前，不存在中印边界锡金段。1975 年以后，虽然中印两国在事实上在现中印边界锡金段接壤，但由于中国反对印度的侵略行径，中国不承认所谓的"中印边界锡金段"。直至 2005 年，时任中国总理的温家宝访问印度，中印两国达成解决两国边界问题的政治指导原则，[③] 中印两国解决了锡金问题之后，我国才在官方文件与地图中做了相应的修改。[④] 综上所述，被印军侵犯的那段中印边界线大致经历了由"藏哲边界"→"中国西藏与英属锡金边界/中英（印）边界锡金段"→"中锡边界"→"中印边界锡金段"的演变历程。

（二）乾隆末年中国勘定了藏哲边界

据《卫藏通志》记载，在六世达赖喇嘛时期，西藏地方就曾与哲孟雄分界，但其具体位置与走向无从考证。1788 年廓尔喀（尼泊尔）入侵哲孟雄，继而大举进犯后藏。乾隆帝闻讯后，派福康安率兵入藏反击侵略者。1792 年，廓尔喀投降。清政府随即颁布《钦定藏内善后章程二十九条》，以加强清朝中央政府对西藏的统治。与此同时，清朝政府决定限制西藏地方政府与哲孟雄、布鲁克巴（不丹）等藩属的来往。[⑤] 为了隔断藏哲、藏布的联系，1793—1794 年，清政府勘定了藏哲、藏布边界，并设立了鄂博（即界石，笔者注）。《卫藏通志》记载："又自拉孜通绒辖至波底山顶，设立鄂博，此内为西藏境，此外为哲孟雄境。又自定结至萨热喀山顶、卧龙支达山顶、羊玛山顶，设立鄂博，此内为西藏境，此外为哲孟雄境。又自干坝至洛纳山顶、丈结山顶、雅纳山顶，设立鄂博，此内为西藏境，此外为哲孟雄境。又自帕克哩至支莫山顶、藏猛谷山顶、日纳宗官寨，设立鄂博，此内为西藏境，此外为哲孟雄、布鲁克巴二部落境。又臧曲大河南本系哲孟雄地界，被廓尔喀侵占已久，臧曲大河以外俱系廓尔喀境。"[⑥] 乾隆末期，清政府勘定藏哲边界，其实质是一国中央政府划定其国内行政边界的行为，自然合法有效。而且该边界维护了西藏地方政府的利益，哲孟雄、布鲁克巴方面也比较满

---

① 参见［英］J. G. 斯塔克《国际法导论》，赵维田译，法律出版社 1984 年版，第 137 页。

② 《中华人民共和国政府声明》，《人民日报》1975 年 4 月 30 日第 1 版。

③ 《温家宝就访印成果、锡金问题等回答记者提问》，人民网：http：//politics. people. com. cn/GB/3315553. html，2017 年 6 月 28 日访问。

④ 2005 年 4 月 18 日，国家测绘地理信息局法规与行业管理司下发《关于地图上锡金表示方法变更的通知》（测管函［2005］21 号），该《通知》第三条明确规定："历史地图，17 世纪以前的按实际情况表示；17 世纪至更改之日，锡金仍作为独立国家表示（其中 1890 年至 1947 年括注'英'或'英占'）；自更改之日起，锡金表示为印度的一个邦。"由此可以推知，在 2005 年 4 月 18 日以后，我国官方地图才将原中锡边界标示为现今的中印边界锡金段。

⑤ 参见西藏社会科学院、中国社会科学院民族所、中央民族学院编著《西藏地方是中国不可分割的一部分（史料选辑）》，西藏人民出版社 1986 年版，第 271 页。

⑥ 参见《西藏研究》编辑部主编《西藏志·卫藏通志》卷 2，"疆域·西界"，西藏人民出版社 1982 年版。

意，各方一直相安无事。只在乾隆五十九年（1794）时，帕克哩营官所管辖的雅纳山顶、支莫山顶、顺小河一带藏猛谷、日纳宗官寨迤北四处隘口被移交哲孟雄管理。因此，作为西藏、哲孟雄、布鲁克巴三地交汇点的支莫山顶（即今西藏亚东县境内的吉姆马珍山，引者注）成为了藏哲边界。① 道光二十三年（1843），驻藏大臣孟保、钟方还曾派后藏武官到藏哲、藏布边界上设立过界标。②

（三）1890年《中英会议藏印条约》划定了中锡边界

1888年，西藏地方政府抵御英国侵略失利，最后只能由清政府出面与英国订立丧权辱国的媾和条约。光绪十六年（1890）3月17日，驻藏帮办大臣升泰与英印政府总督兰斯顿（H. F. Marquis Lansdowne）在加尔各答正式签订了不平等条约《中英会议藏印条约》，两国于7月12日在伦敦互换了批准文书。要求中国放弃对锡金的宗主权，并划定中国西藏与英属锡金之间的边界线，是此次中英会议的议题之一。在边界谈判中，升泰要求参照中国旧档，将清政府在乾隆末年勘定的藏哲旧界上的地段山名在约文中一一写明，尽量将中锡边界描述清楚。但英方拒绝了这一合理要求，英方认为立约后再通过实地勘界把这些界标在地图上标示出来即可。③ 最后，《中英会议藏印条约》第一款只规定："藏、哲之界，以自布坦（即不丹，引者注）交界之支莫挚山起，至廓尔喀边界止，分哲属梯斯塔及近山南流诸小河，藏属莫竹及近山北流诸小河，分水流之一带山顶为界。"④ 即中国西藏与英属锡金以流入锡金梯斯塔河及其支流的水流和流入西藏莫竹河及向北流入其他西藏境内河流的水流间的分水岭为边界。这段边界线起自与不丹交界的吉姆马珍山，并沿上述分水岭行至与尼泊尔边界。⑤

《中英会议藏印条约》划定了中（藏）英（锡）边界，但因升泰向英方提出需等条约议定的事项全部了结，驻藏大臣再派员会同西藏番官、英方人员"三面会同"来勘界，因此中英两国并未立即勘界。⑥ 后来，由于《中英会议藏印条约》无藏文本，西藏方面也基本没有参与中国西藏与英属锡金之间边界的划定；而且该条约依分水岭划界，不但将一些鄂博地划归了英属锡金，还把其传统藩属（即锡金）让与英国，更迫使西藏开放通商，因此中锡边界的勘界工作遭到了西藏地方政府的强烈反对与掣肘。中锡边界的勘界工作在1895年底最终不了了之。⑦ 所以，中锡边界只经划界（delineation），而未经标界（demarcation），中英两国也没有签订边界议定书并绘制地图。但由

---

① 吕一燃主编：《近代中国边界史》（下册），四川人民出版社2006年版，第702—703、716页。

② 参见多杰才旦主编《元以来西藏地方与中央政府关系研究》（下册），中国藏学出版社2005年版，第690页。

③ 参见1890年2月10日和3月24日升泰致总理衙门电。转引自刘武坤《赫德兄弟干预〈藏印条约〉谈判之伎俩》，《历史档案》1992年第3期，第112页。

④ 参见王铁崖主编《中外旧约章汇编》（第一册），生活·读书·新知三联书店1957年版，第552页。

⑤ 《2017年6月29日外交部发言人陆慷主持例行记者会》，中华人民共和国外交部网站：http://www.fmprc.gov.cn/web/fyrbt_673021/t1474127.shtml，2017年6月30日访问。

⑥ 参见朱昭华《藏锡边界纠纷与英国两次侵藏战争》，《历史档案》2013年第1期，第99页。

⑦ 参见张永攀《1895年中英"藏哲勘界"研究》，《中国边疆史地研究》2013年第4期，第103页。

于存在边界条约（母约），中锡边界的合法性不受影响。而且，中国与英属印度及其继承国印度，长期以来都把这条未勘定的边界当作事实上的边界，并以此为界来行使各自的领土主权，双方也一直相安无事。2005 年，中印两国解决锡金问题之后，中锡边界正式转变为中印边界锡金段。对此，中印两国在中印边界问题特别代表会晤中也多次予以确认。

综上所述，中印边界锡金段由藏哲边界演变而来，该段边界线早已正式划定。

二　中印边界锡金段的法律依据

（一）国际条约

依据“约定必须遵守”原则，缔约国必须善意履行和遵守其缔结的合法有效的条约。因此，国际条约是判断边界线合法性的首要法律依据。例如，在 1994 年“喀麦隆与尼日利亚间陆地和海洋边界案”中，国际法院就明确指出，如果存在合法有效的边界条约，就不应当再考虑其他的划界法律依据。[①] 这也成为了一项国际习惯规则，在国际司法实践中被反复遵循。[②]

由于西藏地方政府在抵抗英国第一次入侵西藏的战争中失败，清廷于 1888 年任命驻藏帮办大臣升泰为全权大臣，赴纳荡与英方商谈中国西藏与英属锡金之间边界划界等事项。1888 年 12 月 21 日至 1889 年 1 月 19 日，升泰与英方军队政务官保尔（A. W. Paul）、英印政府外务部秘书鸠兰德（H. M. Durand）在纳荡举行中英会谈。1890 年，中英两国签订《中英会议藏印条约》。在该条约第一款，中英双方用文字描述了中（藏）英（锡）边界的主要位置和大致走向。

由于中英会议谈判代表均由中英两国政府委派，双方谈判代表都具有有效的全权证书；条约约文经中英双方谈判代表签署认证后，中英两国政府批准了该条约，并在伦敦互换批准书。所以，《中英会议藏印条约》符合条约形式有效要件的要求。并且，中英两国是主权国家，因此它们的缔约能力无瑕疵；中英双方谈判代表都得到其代表的国家的授权，且条约是在授权范围内缔结，因此中英双方谈判代表的缔约权限无瑕疵；在谈判过程中，并未出现《维也纳条约法公约》第 46 条至第 52 条所规定的错误、诈欺、贿赂、强迫四种意思表示瑕疵，因此中英双方的意思表示真实；英国依据 1861 年《英印锡金条约》有权处置锡金的边界问题，中国作为主权国家也有权划定它与邻国的边界，因此《中英会议藏印条约》的划界条款内容合法。所以，《中英会议藏印条约》符合条约实质有效要件的要求。[③] 由此可见，《中英会议藏印条约》对中英两国都有法律约束力。而且，边界在其被确定之日起，便具有了自己的法律生命，其存续与载明它的条约命运无关了。[④] 所以，《中英会议藏印条约》的划界条款建立了一种“对一切”

---

① *Land and Maritime Boundary between Cameroon and Nigeria* (*Cameroon/Nigeria*, *Equatorial Guinea Intervening*), Judgment, *I. C. J. Reports* 2002, p. 303.

② 参见曲波《南海周边有关国家在南沙群岛的策略及我国对策建议》，《中国法学》2012 年第 6 期，第 63 页。

③ 参见李浩培《条约法概论》，法律出版社 2003 年版，第 199—200 页。

④ *Territorial Dispute* (*Libyan Arab Jamahiriya/Chad*), Judgment, *I. C. J. Reports* 1994, p. 37.

(erga omnes) 都有效的客观领土制度。这种制度不仅产生了对第三国同样有约束力的权利,而且在特定边界条约以外存在,甚至在有关条约本身停止适用后仍将继续有效。[①] 这也正如我国外交部发言人说的:"边界条约一经签署,不论政府更迭、国体改变,都不影响其合法性和有效性。"[②]

1947 年 6 月,英国颁布"蒙巴顿方案",将英属印度分为印度和巴基斯坦两个自治领。1947 年 8 月,锡金也由英属印度属地变成了英联邦的自治领。[③] 而自治领实际上就是能行使部分主权的主权国家。按照 1978 年《关于国家在条约方面的继承的维也纳公约》第 11 条规定,国家继承不影响由条约设定的疆界,以及由条约设定的与边界制度有关的义务或权利。因此,1890 年《中英会议藏印条约》的划界条款理应由锡金继承,并对其发生法律效力。

印度独立后企图继承英国的殖民遗产。1950 年 12 月 5 日,印度强迫锡金与其订立"和平条约",迫使锡金沦为印度的被保护国。1973—1975 年,印度干脆对锡金实行军事占领和吞并。因此,1890 年《中英会议藏印条约》的划界条款在 1975 年以后应由印度继承,对其具有法律约束力。综上所述,《中英会议藏印条约》无论对中国还是印度都具有法律约束力。

(二)"保持占有"原则

所谓"保持占有"(uti possidetis) 原则,原来是指从殖民地独立而来的新国家应当继承其原殖民边界。19 世纪初,拉丁美洲国家从西班牙的殖民统治下纷纷获得独立。拉美的新国家选择适用"保持占有"原则来解决它们之间的边界问题,将其宗主国划定殖民地范围的行政边界作为它们划定国家边界的基础。[④] 在 20 世纪五六十年代非殖民地化运动中,该原则又被获得独立的亚洲和非洲国家所接受。[⑤] 之后,"保持占有"原则被适用于划定因合并、分立、分离所形成的新国家的国际边界。[⑥] 因为,国际法理论认为,继承国在原则上只能继承其被继承国的领土:它只能获取与其被继承国范围一致的领土。[⑦] 国际法院也把"保持占有"原则作为存在国家继承的情况下划界的重要法律依据。[⑧] 当前,"保持占有"原则被认为是一项国际习惯法规则,它要求新独立国家

---

① 参见[英]马尔科姆·N. 肖《国际法》(上册),白桂梅等译,北京大学出版社 2011 年版,第 391 页。

② 《2017 年 7 月 7 日外交部发言人耿爽主持例行记者会》,中华人民共和国外交部网站:http://www.fmprc.gov.cn/web/fyrbt_673021/t1476219.shtml,2017 年 7 月 7 日访问。

③ 参见方连庆《战后国际关系史》(上册),北京大学出版社 2004 年版,第 127 页。

④ See A. O. Cukwurah, *The Settlement of Boundary Disputes in International Law*, Manchester University Press, 1967, pp. 112 – 113.

⑤ 参见[英]詹宁斯、瓦茨修订《奥本海国际法》(第一卷,第二分册),王铁崖等译,中国大百科全书出版社 1998 年版,第 64 页。

⑥ See Ener Hasani, *Uti Possidetis Juris: From Rome to Kosovo*, Fletcher Forum of World Affairs, Vol. 27, No. 2, 2003, p. 85.

⑦ Marcelo G. Kohen ed., *Territoriality and International Law*, T. J. International Ltd., 2016, p. 466.

⑧ 参见白桂梅《国际法》,北京大学出版社 2006 年版,第 348 页。

继承在它们独立之前划定它们所实际控制的领土范围的边界。[①] 所以，如涉及国家继承，“保持占有”原则是判断“继承边界”合法性的重要法律依据。[②]

1861 年，锡金被迫与英国签订《英印锡金条约》，成为了英属印度的属地。1890 年，中国又与英国签订《中英会议藏印条约》。中国承认“哲孟雄由英国保护督理，即为依认其内政外交，均应专由英国经办。诸部长及官员等除由英国经理准行之事外，概不得与何国往来交涉”。[③] 这实为中国将本国的藩属国——哲孟雄割让给英国。哲孟雄从此由中国的藩属，变成了英属印度的属地——英属锡金。依据“保持占有”原则，中国与英属印度之间的这段国际边界，应当继承原国内行政边界——藏哲边界的位置与走向。因为，“在一个国家领土被合并的场合，它的边界当然失掉其为国际边界的地位，而变成他国的行政边界；反之，一国领土被割让而成为另一国领土的时候，原来的行政边界就变成了国际边界”。[④] 只是中英两国在《中英会议藏印条约》中对乾隆末期划定的藏哲边界进行了一些调整，把藏哲边界向中国一侧北移了一些，将原为藏境的则里拉山口、乃堆拉山口和雅纳山顶等喜马拉雅山脉山口画在了中（藏）英（锡）边界线上。[⑤]

1947 年，锡金从大英帝国的殖民地变成了英联邦的自治领，成为了事实上的国家。依据“保持占有”原则，由英国殖民地独立而成为新国家的锡金，应当继承其宗主国统治时期的国家边界。这正如国际法院在审理“边界争端案”中所指出的：“在一般正常情况下，国家主权的变更并不影响边界，在发生国家继承的情况下有尊重先前边界的义务。”[⑥] 因此，1947 年时的中锡边界理应继承中英两国在 1890 年议定的中（藏）英（锡）边界的位置与走向。1975 年，锡金被印度吞并，成为印度的一个邦，中印两国从此正式在西起江山峰、东至亚东南的吉姆马珍山一带接壤。依据“保持占有”原则，中印边界锡金段应当继承原中锡边界的位置与走向。而中锡边界早就由 1890 年《中英会议藏印条约》划定，由此可以进一步印证：中印边界锡金段已由 1890 年《中英会议藏印条约》划定。

（三）承认与禁止反言原则

在确定国际边界的过程中，一个国家单方面的默认或承认，能为争议领土的归属或边界的划定提供有力的法律证据。[⑦] 在国际司法实践中，“为了寻找相对来说更有力的权利，法庭会相应地考察是否存在着一方承认过另一方权利或权利主张的事实”，[⑧] 而

---

① See Steven R. Ratner, “Drawing a Better Line: Uti Possidetis and the Borders of New States”, *American Journal of International Law*, Vol. 90, No. 4, 1996, pp. 598 - 601.

② 参见周忠海主编《国际法》，中国政法大学出版社 2004 年版，第 256—257 页。

③ 参见魏英邦《尼泊尔、不丹、锡金三国史略》，《青海民族学院学报》1978 年第 4 期，第 35 页。

④ 参见周鲠生《国际法》（下册），商务印书馆 1981 年版，第 421 页。

⑤ 吕一燃主编：《近代中国边界史》（下册），四川人民出版社 2006 年版，第 705 页。

⑥ *Frontier Dispute* (*Burkina Faso/Republic of Mali*), Judgment, *I. C. J. Reports* 1986, pp. 554 - 556.

⑦ 参见［英］伊恩·布朗利《国际公法原理》，曾令良、余敏友等译，法律出版社 2003 年版，第 98、161 页。

⑧ Lawrence B. Evans, *Leading Cases on International Law*, 2nd ed., Callaghan and Company, 1922, p. 107.

且“法庭的判决将会有利于能证明其权利或权利主张曾得到与之有竞争关系的另一方当事国的承认的当事国”。① “国际法院作出的判决与咨询意见是对国际法的解释与阐明，是最有权威的国际司法机关按国际法处理特定情况下特定问题的表述”②，并可以作为习惯法形成的重要证据，③ 因此，承认与禁止反言原则可以作为判断边界线合法性的法律依据。

中印边界锡金段由1890年《中英会议藏印条约》划定。印度独立以来，印度历届政府均承认该条约的有效性，并在一系列官方文件和会谈中反复确认。例如，印度总理尼赫鲁曾经代表印度政府多次明确承认1890年《中英会议藏印条约》划定了中印边界锡金段。1959年3月22日，印度总理尼赫鲁在给周恩来总理的信中承认：“印度的保护国锡金同中国西藏地方的边界，是由1890年的英中条约（即《中英会议藏印条约》——引者注）所确定。”④ 同年9月26日，尼赫鲁总理复信周总理时又明确承认：“1890年的条约（即《中英会议藏印条约》——引者注）确定了锡金和西藏之间的边界……关于锡金同西藏地方的边界，不存在任何纠纷。”⑤ 1960年2月12日，印度驻华大使馆在给中国外交部的照会中还明确指出：“印度政府欢迎中国照会中对于锡金和不丹为一方和西藏为另一方之间的边界的解释。中国照会说，锡金和中国西藏地方之间的边界早经正式划定，在地图画法上既没有任何分歧，在实践中也没有任何争论。印度政府愿意补充说明，这条边界在地面上也已标定了。”⑥ 另外，印方在中印边界问题特别代表会晤中也承认，印度对1890年签订的《中英会议藏印条约》所规定的中印边界锡金段的位置与走向没有异议。⑦ 也正是基于印度政府对上述事实的承认，中方才于2015年同意为印官方香客开通经中印边界锡金段乃堆拉山口赴藏朝圣路线。⑧ 而且，在事实上，两国也一直依据这段边界线的位置与走向来划分各自的国家权力活动空间，双方长期、和平、持续地对边界线两侧各自的领土行使有效管辖权。对此，印度从未提出过抗议。由此可见，印度承认1890年《中英会议藏印条约》划定了中印边界锡金段。其反悔也是无效的。这正如国际法院在1962年“柏威夏寺案”中所说的：“既然持续地主

---

① *Sovereignty over Pedra Branca/Pulau Batu Puteh*, *Middle Rocks and South Ledge* (*Malaysia/Singapore*), Judgment of 23 May 2008, para. 276.

② 参见［英］J. G. 斯塔克《国际法导论》，赵维田译，法律出版社1984年版，第46页。

③ 参见［英］伊恩·布朗利《国际公法原理》，曾令良、余敏友等译，法律出版社2003年版，第15页。

④ 《尼赫鲁总理1959年3月22日给周恩来总理的信》，《人民日报》1959年9月10日第2版。

⑤ 《印度总理尼赫鲁1959年9月26日就中印边界问题给周恩来总理的信》，《人民日报》1960年1月3日第2版。

⑥ 《印度共和国驻华大使馆1960年2月12日给中华人民共和国外交部的照会》，《人民日报》1960年4月15日第7版。

⑦ 《2017年6月27日外交部发言人陆慷主持例行记者会》，中华人民共和国外交部网站：http://www.fmprc.gov.cn/web/fyrbt_673021/jzhsl_673025/t1473513.shtml，2017年6月30日访问。

⑧ 《2017年6月28日外交部发言人陆慷主持例行记者会》，中华人民共和国外交部网站：http://www.fmprc.gov.cn/web/fyrbt_673021/t1473838.shtml，2017年6月30日访问。

张和享有关于决定边界线的利益，现在就不得反悔。”① 依据国际法中的承认与禁止反言原则，对于印度而言，由《中英会议藏印条约》划定的中印边界锡金段是合法有效的。

综上所述，中印边界锡金段早已正式划定，并具有明确的法理依据，中印两国在历史上对此都无异议。

三　印度应对其越界军事行动承担国家责任

印军的非法越界军事行动，不但严重侵犯了我国的领土主权，还违反了《联合国宪章》和国际法的基本原则，违背了相关国际条约，破坏了国际和平与安全。“一国对其国际不法行为承担责任，既是法治的应有之义，也已成为一项获得普遍接受的习惯国际法规则。”② 在对有关国家责任的国际法的编纂和逐步发展的基础上，联合国国际法委员会2001 年二读通过了《国家对国际不法行为的责任条款草案》（以下简称《责任草案》）。虽然《责任草案》目前尚未形成国际公约，但是多数国家认可该条约草案。③ 依据国家责任法，可以认定印度的越界军事行动构成国际不法行为，印度必须承担相应的国家责任。而且，作为受害国，我国有权采取适当的措施以敦促印度履行国家责任，以有效维护我国的领土主权。

（一）印军的越界行为构成国际不法行为

《责任草案》第 2 条规定，要构成国际不法行为，必须同时满足以下两个条件：第一，行为可归因于国家；第二，该行为违反了国际法义务。早在 1938 年“摩洛哥磷酸盐案”中，国际常设法院就把国家责任的产生同这两个条件明确地联系起来。④ 1931 年“迪克森车轮公司案”、1949 年“科孚海峡案”对此也予以肯定。

印度边防部队的越界军事行动，符合国际不法行为的构成要素。

第一，印度边防部队的加害行为可归因于印度。

《责任草案》第 4 条规定：“任何国家机关，不论行使立法、行政、司法职能，还是任何其他职能，不论在国家组织中具有何种地位……其行为应视为国际法所指的国家行为。机关包括依该国国内法具有此种地位的任何个人或实体。”国家为其机关和官员的行为承担责任，也为国际司法判例所肯定。例如，仲裁委员会在 1929 年“凯尔案”裁决书中指出，“一国的军人，即便被认为是越权行事，仍然涉及国家责任……一国的官员或机关所从事的一切依国际法构成不法行为的责任应归于该国，而不管该官员或机关是否在其职权范围内行事”。⑤ 国家为其机关和官员的行为承担责任，已经成为一项

---

① *Case Concerning the Temple of Preah Vihear* (*Cambodia/Thailand*), Judgment of 15 June 1962, *I. C. J. Reports* 1962, pp. 29 – 30.

② 《中国代表团史晓斌在第 71 届联大六委关于“国家对国际不法行为的责任”议题的发言》，中华人民共和国常驻联合国代表团网站：http://www.fmprc.gov.cn/ce/ceun/chn/gdxw/t1404592.htm，2017 年 6 月 30 日访问。

③ 参见张磊《外交保护国际法律制度研究》，法律出版社 2011 年版，第 162 页。

④ *Phosphates in Morocco Case*, Judgment, 1938, *P. C. I. J.*, Series A/B, No. 74, p. 10.

⑤ *Caire Case*, *R. I. A. A.*, Vol. V, 1929, pp. 529 – 531.

国际法规则。在此次中印边界事件中，印度边防部队受印度政府的指挥，越界进入中国境内，并与中国边防部队发生摩擦对峙，自然属于可归因于印度的国家行为。

第二，印度违背有效的国际法义务。

一是违反了领土完整原则。随着维持国际和平、禁止使用武力与尊重国家主权平等成为了现代国际社会的主导概念与核心价值，领土完整原则逐步演变为在现代国际法体系中居于基础地位和发挥重要作用的基本原则。所谓领土完整原则是指，一国对其本国领土所具有的主权的完整性和排他性。[①] 领土完整原则在《联合国宪章》等国际法律文件中均有规定，并为国际司法判例一再予以确认。例如，《联合国宪章》第 2 条第 4 款明确规定："各会员国在其国际关系上不得使用威胁或武力，或以与联合国宗旨不符之任何其他方法，侵害任何会员国或国家之领土完整或政治独立。"2010 年，国际法院在"对科索沃宣布独立问题的咨询意见"中也指出："领土完整原则是国际法律秩序的重要组成部分。"[②] 虽然领土完整的概念与边界不容侵犯有所不同，但是，由于边界是国家领土主权最重要的表现形式之一，边界构成国家领土所有权的组成因素，一国未经另一国同意，派遣军队非法越过该国边界线而侵入其领土，就是破坏领土完整原则的国际不法行为。[③] 国际法院在 1986 年"尼加拉瓜境内和反对尼加拉瓜的军事和准军事活动案"判决书中也认为："美军未经允许就飞越尼加拉瓜领土，是侵犯尼加拉瓜领土主权的行为……是损害一国领土完整的非法使用武力。"[④]

印度在其边防军队非法越界后，企图以"洞朗地区为不丹领土"为由，掩盖其侵犯我国领土主权，破坏我国领土完整的事实。依据 1890 年《中英会议藏印条约》，洞朗地区位于中印边界锡金段的东端点以北以东中方一侧，属于中国领土。虽然不丹对我国洞朗地区（不丹称为多兰地区）提出了竞争性权利主张。[⑤] 但是，我国有充足的证据可以反驳不丹的这一主张："从历史上看，洞朗一直是西藏亚东地区边民的传统牧场，中方对该地进行良好管辖。上世纪 60 年代之前，不丹边民如要进入洞朗过牧，必须征得中方同意，也都向中方缴纳了草税，西藏档案馆目前仍保留有部分草税收据。清朝驻藏大臣还曾在洞朗南端中不边界传统习惯线上设立过界标。从法理上看，1890 年历史界约明确规定了吉姆马珍雪山是中印不三国交界点，洞朗地区在中印、中不边界的中方一侧。从现地上看，中方对洞朗地区有完全的管辖，中方边防部队和牧民每年均在此巡逻放牧，并修有众多生产生活设施。以上证据不丹方面是非常清楚的，也是认可的。"[⑥] 由此可知，印军越界进入我国洞朗地区，阻扰我军正常施工，并与我军进行对峙，侵犯

① 王铁崖主编：《中华法学大辞典·国际法学卷》，中国检察出版社 1996 年版，第 400 页。

② *According with International Law of the Unilateral Declaration of Independence of Kosovo*, Advisory Opinion of 22 July, *I. C. J. Reports* 2010, para. 80.

③ See Malcolm Shaw, *Title to Territory in Africa*, Clarendon Press, 1986, p. 181.

④ *Military and Paramilitary Activities in and against Nicaragua* (*Nicaragua/United States of America*), Judgment, *I. C. J. Reports* 1986, pp. 117 – 118.

⑤ 参见不丹王国外交部于 2017 年 6 月 29 日发表的外交声明。See Ministry of Foreign Affairs, Royal Government of Bhutan, *Press Release*, http://www.mfa.gov.bt/press-releases/press-release – 272.html, 2017 – 7 – 3。

⑥ 《2017 年 6 月 30 日外交部发言人陆慷主持例行记者会》，中华人民共和国外交部网站：http://www.fmprc.gov.cn/web/fyrbt_673021/t1474476.shtml，2017 年 6 月 30 日访问。

了我国领土主权，违背了尊重中国领土完整的国际法基本原则。

二是违反了相关条约义务。首先，如前所述，印度违反了1890年的历史界约。其次，印度还违反了与我国缔结的一系列旨在维持中印边境地区和平与稳定的条约。1993年9月，时任印度总理的拉奥访华。中印两国政府在此期间签订了《关于在中印边境实际控制线地区保持和平与安宁的协定》。这项协定第1条就规定："双方互不使用武力或以武力相威胁。在两国边界问题最终解决之前，双方严格尊重和遵守双方之间的实际控制线。双方的一切活动不得超过实际控制线。如果一方人员越过实际控制线，在另一方提醒后，越线人员应立即撤回到实际控制线本方一侧。"① 1996年11月，在时任中国国家主席的江泽民访问印度期间，中印两国又签订了《关于在中印边境实际控制线地区军事领域建立信任措施的协定》。在这个协定中，中印双方承诺："任何一方都不将其军事能力用来针对另一方……不进行威胁对方或损害边境地区和平、安宁与稳定的任何军事活动（第1条）；在边界问题最终解决之前，双方将严格尊重和遵守中印边境地区的实际控制线，任何一方的活动都不得超过实际控制线（第2条）。"② 2005年4月，温家宝前总理访印期间，中印两国还签署了《关于解决中印边界问题政治指导原则的协定》。中印双方一致同意，边界问题最终解决之前，双方应严格尊重和遵守实际控制线，共同努力保持边境地区的和平与安宁。③ 印度不但过去在中印边界未定界地区屡次越界制造边境摩擦对峙，而且此次在中印边界锡金段已定界地区又派兵非法越界单方面挑起边界事端，且拒不撤军。充分证据显示：印度违反了对其具有法律约束力的条约义务。

三是违反了维持国际和平与安全的义务。《联合国宪章》在序言部分规定：各会员国须"集中力量，以维持国际和平及安全"。《联合国宪章》还采纳了敦巴顿橡树园建议案的内容，即维持国际和平与安全是联合国的首要目标，把"维持国际和平与安全"列为联合国的第一项宗旨。为了维持国际和平与安全，《联合国宪章》进一步规定，"本组织及其会员国应遵行下列原则：各会员国应以和平方法解决其国际争端，避免危及国际和平、安全及正义；各会员国在其国际关系上不得使用威胁或武力，或以与联合国宗旨不符之任何其他方法，侵害任何会员国或国家之领土完整或政治独立；本组织在维持国际和平及安全之必要范围内，应保证非联合国会员国遵行上述原则。"可见，《联合国宪章》不但明确规定维持国际和平与安全是国际法的基本原则与国际关系的基本准则，还制定了维持国际和平与安全的两种方式，即集体安全措施与和平解决国际争端程序。④ 此外，现代国际法还将违反维持国际和平与安全义务的行为，定性为"破坏和平罪"或"侵略罪"，并追究战犯的国际刑事责任。第二次世界大战结束后，同盟国

---

① 《中华人民共和国政府和印度共和国政府关于在中印边境实际控制线地区保持和平与安宁的协定》，中华人民共和国驻印度共和国大使馆网站：http://www.fmprc.gov.cn/ce/cein/chn/zygx/zywx/t753019.htm，2017年6月30日访问。

② 《中华人民共和国政府和印度共和国政府关于在中印边境实际控制线地区军事领域建立信任措施的协定》，《中华人民共和国全国人民代表大会常务委员会公报》1997年第3期，第479页。

③ 《外交部发言人发表谈话：介绍解决中印边界问题政治指导原则》，《人民日报》2005年4月14日第4版。

④ 参见许光建主编《联合国宪章诠释》，山西教育出版社1999年版，第1—55页。

成立惩治战犯的远东国际军事法庭、纽伦堡国际军事法庭。纽伦堡国际军事法庭与远东国际军事法庭一致认为："破坏国际和平与安全的侵略战争，早已在国际法上被认为是犯罪行为。它不但是犯罪行为，而且是最大的国际性罪行……它所包括的是全部祸害的总和。"[①] 远东国际军事法庭与纽伦堡国际军事法庭，将犯有破坏和平罪的人认定为"甲级战犯"，对其处以绞刑。1974年联合国大会通过的《关于侵略罪定义的决议》第5条规定："侵略战争是危害国际和平的犯罪。"1998年《罗马规约》第5条也规定："侵略罪是国际法上最严重的罪行。"国际法的发展使得越来越多的人认为，维持国际和平与安全、禁止侵略，已经成为了一项国际强行法规则。[②] 在"巴塞罗那电车公司案"中，国际法院就认为："在国际强行法中，一个国家对作为整体国际社会的义务来源于禁止侵略行为……"[③] 虽然国际社会对侵略罪的定义尚有很大的争议，但对于将"一国武装部队越界侵入另一国领土，或因这种侵入而造成的军事占领，不论时间如何短暂"的行为定义为侵略行为，国际社会已达成了共识。[④]

在此次印军越界事件中，印度指责"中印两军在锡金段边界军事对峙是由中国所引发的"。而事实是，洞朗地区自古以来就是中国的领土。在边境地区，我国边防部队建筑专门保卫边界的工事或修筑军用公路，安排边防勤务，对边界破坏者进行拘留，对入侵国家领土者进行反击，都属于一国主权管辖范围以内的事项，是我国行使国家基本权利的重要形式。而且，我国边防部队只是为了方便巡逻控边、向边防哨所提供补给，将原来的一条狭窄的骡马道扩展成简易军用公路。这并非如印方所臆断的那样：要"切断连接其本土与东北部7省的战略通道——西里古里走廊"。[⑤] 所以，我军在中印边界锡金段中方一侧的正常施工，既没有违反协定、破坏现状，也没有影响中印边境地区的和平与安宁。相反，印军非法越界进入毫无争议的中国洞朗地区，不但阻扰我军的正常施工，还与我军在我国领土内进行对峙。在我国多次警告、交涉之下，印度拒不撤军。此外，印度还企图通过制造"洞朗地区争议"，阻止并牵制中国与不丹之间的边界谈判进程，并挑拨破坏中不两国的友好关系。[⑥] 印度的这种行径不但破坏了中印边境地区的和平与安宁，还危及了南亚地区的和平与安全。这是损害国际和平与安全的严重国际不法行为。

综上所述，印度边防部队在中印边界锡金段的越界行为应当被定性为严重的国际法不法行为。

（二）印度应承担的法律后果

一国的国际不法行为一经确定，该国就必须承担相应的法律后果。依据《责任草

---

① 参见梅汝璈《远东国际军事法庭》，法律出版社1988年版，第16—20、276页。

② 参见朱文奇《国际刑事法院与中国》，中国人民大学出版社2009年版，第86页。

③ *Case Concerning the Barcelona Traction, Light and Power Company, Limited (Belgium/Spain)*, Judgment, *I. C. J. Reports* 1970, p. 32.

④ 参见王秀梅《国际刑事法院研究》，中国人民大学出版社2002年版，第301页。

⑤ 《印度悍然拒绝中方撤军要求 声称"已非1962年的印度"》，《参考消息》2017年7月2日第8版。

⑥ 参见《2017年7月6日外交部发言人耿爽主持例行记者会》，中华人民共和国外交部网站：http://www.fmprc.gov.cn/web/fyrbt_673021/jzhsl_673025/t1475878.shtml，2017年7月6日访问。

案》，印度对其国际不法行为所应承担的法律后果包括：

第一，继续履行被违背的义务。一国违背它所承担的国际义务而产生的法律后果，并不影响责任国继续履行所违背的义务的责任（《责任草案》第29条）。例如，在1977年“加布奇科沃—大毛罗斯工程案”中，国际法院认为，“匈牙利照会捷克斯洛伐克终止执行1977年关于修建水坝的条约，并未导致该条约在法律上终止……当事国应继续履行其承担的义务”。[①] 印度的越界行为构成了国际不法行为，因此印度必须向中国承担相应的法律责任。但这种因国际不法行为而建立的新的法律关系，并不会使得由先前国际义务所确立的法律关系归于消失。即不能解除印度继续履行其违背的国际义务的责任。而且，印度违背尊重我国领土完整、遵守与我国缔结的相关条约、维持国际和平与安全等国际义务，并未导致这些国际义务终止或履行不能。所以，我国有权要求印度政府一秉善意继续履行尊重我国领土主权与领土完整，遵守相关国际条约，不得破坏国际和平与安全等国际义务。

第二，停止不法行为。停止违背国际义务的行为，是消除不法行为引起的后果的第一要求。《责任草案》第30条第1款规定：“在实施一项持续性的不法行为时，国际不法行为的责任国有义务立即停止该行为。”在1986年“尼加拉瓜境内和反对尼加拉瓜的军事和准军事活动案”中，国际法院就指示美国立即停止其侵犯尼加拉瓜领土主权的军事活动。[②] 因此，我国有权要求印度立即停止实施违背国际法的行为，将越界军队撤回中印边界印方一侧。

第三，承诺并保证不重犯。《责任草案》第30条第2款规定：“在必要情况下，国际不法行为的责任国有义务提供不重复该行为的适当承诺和保证。”这是国际不法行为引起的又一法律后果，其目的在于恢复受害国和责任国之间对继续保持关系的信心，重点在于防止未来可能发生的侵害。一般情况下，只有受害国认为仅仅恢复原状尚不足以取得应有保障时，才能提出承诺并保证不重犯的要求。例如，在1965年“针对美国驻莫斯科大使馆的游行示威事件”中，由于时隔不到3个月，美国驻苏联大使馆连续遭到两起有组织的、长时间的群众抗议示威活动，而苏联警方对美国外交馆舍的保护都不充分。对此，美国白宫发言人发表声明指出：“美国政府坚持认为，苏联政府必须承诺对美国外交馆舍和外交人员提供与国际法和习惯相符的保护，以及满足美国外交人员处理国家间外交关系所必需的保护。”[③] 此外，在“俄、英多革提事件”“特雷尔冶炼厂仲裁案”“拉格朗德案”等案例中，受害国都曾经要求责任国保证不重犯。[④] 鉴于印度在20世纪六七十年代曾经多次越过中锡边界挑起

---

① *Gabcikovo-Nagymaros Project Case* (*Hungary/Slovakia*), Judgment, *I. C. J. Reports* 1997, pp. 73 - 74.

② *Military and Paramilitary Activities in and against Nicaragua* (*Nicaragua/United States of America*), Judgment, *I. C. J. Reports* 1986, p. 14.

③ See, "Demonstrations at the U. S. Embassy in Moscow", *International Legal Materials*, Vol. 4, No. 4, 1965, p. 698.

④ 参见贺其治《国家责任法及案例浅析》，法律出版社2003年版，第217—220页。

边界摩擦事件,[①] 印军在过去几十年里在中印边界锡金段有些地方骑线、越线修建碉堡等军事设施，不断地改变边界地区的现状,[②] 并企图蚕食我国领土，我国有权要求印度作出不重犯的适当承诺与保证。

第四，对国际不法行为造成的伤害提供充分赔偿。现代国际法在各种赔偿方式中明确地划分了等级。如果国际不法行为造成了物质损害，责任国必须在可能的程度内恢复原状。根据《责任草案》第35条，恢复原状是指“恢复到实施不法行为以前所存在的状况，在并且只有在下列情况下：（a）恢复原状并非实际上办不到的；（b）从恢复原状而不要求补偿所得到的利益不致与所引起的负担完全不成比例”。如果恢复原状仍不足以恢复受害国的损失，则责任国还必须进行补偿。根据《责任草案》第36条，此项义务是指责任国必须“1. 补偿该行为造成的任何损害，如果这种损害没有以恢复原状的方式得到赔偿；2. 这种补偿应该弥补在经济上可以评估的任何损害，包括可以确定的利润损失”。例如，在1962年“柏威夏寺案”中，国际法院在判决书中就要求：“泰国立即从属于柬埔寨的柏威夏寺地区撤军，并应将自1954年从该地区和该寺庙拿走的物品归还，恢复原状。”[③] 又如，在“霍茹夫工厂案”中，国际常设法院在判决书中指出：“由国际仲裁裁决确立的一项国际习惯规定，赔偿必须尽可能消除国际不法行为的所有后果，并恢复假如不法行为没有发生那样可能存在的状况。即偿付一笔相当于恢复原状的款项；如果恢复原状仍不能抵消受害国所受的损失，则还需另外给予受害国补偿。”[④] 因此，对于印度的非法越界行为，我国有权要求印度立即撤军，恢复原状。同时，如果印军对我国造成了物质损害，我国还有权要求印度进行“充分赔偿”，以弥补其国际不法行为造成的所有损害后果。

此外，对于国际不法行为造成的精神损害，受害国有权要求责任国以抵偿的方式进行弥补。根据《责任草案》第37条第2、3款的规定，抵偿可以“采取承认不法行为、表示遗憾、正式道歉或其他适当的方法”，但不得“与损失不成比例，并且不得采取羞辱责任国的方式”。另外，抵偿还可以采取象征性地支付小额赔偿款，或者责任国当局对实施不法行为的个人进行惩罚等形式。例如，在1999年“美国飞机轰炸中国驻南斯拉夫联盟大使馆事件”中，在中国政府的严正交涉下，美国政府及其他北约国家领导人就该事件向中国政府、人民和受害者家属作了公开道歉；美国还对其中央情报局的相关责任人进行了惩处。[⑤] 在此次边界事件中，印度侵犯我国领土主权，践踏我国国家尊严，伤害我国民族感情，无疑对我国造成了严重的精神损害。中国人民对此表示极大的愤慨，中国政府持续提出外交抗议。因此我国有权要求印度政府承认不法行为，并对我

---

① 《我外交部强烈抗议印度政府猖狂反华　严正警告印度政府：如硬要在边境进行武装挑衅必须承担一切后果》，《人民日报》1969年5月12日第5版。

② 参见《2017年7月6日外交部发言人耿爽主持例行记者会》，中华人民共和国外交部网站：http://www.fmprc.gov.cn/web/fyrbt_673021/jzhsl_673025/t1475878.shtml，2017年7月6日访问。

③ *Case Concerning the Temple of Preah Vihear* (*Cambodia/Thailand*), Judgment of 15 June 1962, *I. C. J. Reports* 1962, pp. 36 – 37.

④ *Factory at Chorzow* (*Germany/Polish*), Judgment, 1927, *P. C. I. J.*, Series A/B, No. 17, p. 29.

⑤ 《中美就美国轰炸中国驻南使馆的赔偿问题达成协议》，《人民日报》1999年12月7日第1版。

国正式道歉。

（三）我国的维权措施

国际法体系不能提供一套凌驾于国家之上的法律适用与执行机制，因此，当一国拒绝履行其法律责任，国际法的强制实施主要依靠受害国本身。

作为受害国，我国有权依据《责任草案》第43条，通知责任国印度，要求其承担国家责任。我国通过外交途径多次要求印方立即将越界的边防部队撤回边界线印方一侧，为恢复有关地区的和平安宁创造必要条件。但是，印度方面拒不承认入侵中国领土，也拒绝撤回其越界军队。在这种情形下，我国仍然按照《责任草案》第52条第1款（b）项的规定，督促印度在撤军之后与我方展开谈判。然而，印度对我国要求和平解决国际争端的外交努力置之不理。因此，我国有权依据《责任草案》采取反措施（countermeasures）。反措施是遭受国际不法行为侵害的受害国，为制止国际不法行为，维护自身权益的合法手段。在国际社会中，存在受害国采用反措施维护本国的合法权益的多个案例。例如，在1978年“1946年3月27日航空服务协定案”中，法国违背了美国与其缔结的航空服务协定，美国以中止法国飞往洛杉矶的航班作为回应。对此，仲裁庭评论道：“美国对法国的违约行为作出的回应，符合国际法关于反措施的要求。”[①] 又如，在1977年“加布奇科沃—大毛罗斯工程案”中，国际法院认为：“在符合正当性条件的前提下，受害国有权因责任国的国际不法行为而针对该责任国采取反措施。”[②]

为了在反措施的合法性与防止滥用之间保持适当的平衡，《责任草案》对反措施加以了诸多限制。在不违反《联合国宪章》规定的不得实行武力威胁或使用武力、保护基本人权、禁止报复的人道主义性质的义务，以及依一般国际法强制性规范承担的其他义务的前提下（《责任草案》第50条第1款），我国有权采取暂时不履行一项或多项我国对印度的国际义务（《责任草案》第49条第2款），以敦促印度履行其国际法律责任（《责任草案》第49条第1款）。另外，这些反措施的强度，还必须和我国所遭受的损害相称，并与印度不法行动的严重程度及我国为维护合法权益的需要成比例（《责任草案》第51条）。

此外，我国还有权依据国际法对印度采用自助（self-help）措施。自助是指一国在其受法律保护的利益受到侵犯时，以其自己的力量对该不法行为行使国际法上所承认的强制手段。[③] 自助不同于反措施。反措施的目的仅在于促使不法行为国履行国家责任，而自助的目的还可以包含对加害国的制裁或惩罚；反措施同使用武力或武力威胁无关，而自助则在一定条件下可以使用武力或进行武力威胁；反措施是对国际不法行为的回应，而自助还可以对“不友好”“不礼貌”“不公正”的行为进行反报；反措施的手段主要是受害国停止履行对责任国的国际义务，而自助的手段则可选性更多、攻击性更强、破坏性更大。另外，虽然传统国际法对自助也有必要性、相称性与比例性等限

---

① *Case Concerning the Air Service Agreement of* 27 *March* 1946 *between the United States of America and France*, *R. I. A. A.*, Vol. XVIII, 1946, p. 443.

② *Gabcikovo-Nagymaros Project Case* (*Hungary/Slovakia*), Judgment, *I. C. J. Reports* 1997, p. 55.

③ 参见［日］日本国际法学会《国际法辞典》，世界知识出版社1985年版，第299页。

制，[①] 但这与《责任草案》对反措施的限制比起来，则显得约束性少、任意性强、执行力弱。即便如此，自助作为制裁方式在传统国际法中即已存在，现代国际法仍然认可这一国际法实施制度。[②]《联合国宪章》并未明文废除国家的这一权利。而且，在没有适当的方式去保护国家合法权利的情况下，也不应该将《联合国宪章》解读为禁止将自助措施作为国家的救济手段。在现代国际社会中，也存在诸多一些国家采取防御性武力自助措施以维护本国权益的记录。[③] 例如，20 世纪 60 年代，印度政府不甘心在中印边境武装冲突中失败，屡次派兵越过中锡之间已经划定的边界，侵入中国境内，挑起冲突。[④] 在对印多次警告无效后，我军于 1965 年 11 月、12 月两次对越境挑衅的印军采取武力自助措施，打死、打伤、俘虏越界印军数人，有效地维护了我国的领土主权与国家安全。[⑤] 又如，在 1962 年"古巴导弹危机"中，为了迫使苏联撤走其部署在古巴的导弹，维护国家安全，美国决定对古巴实施海上封锁，甚至向苏联发出战争威胁。美国的武力自助措施最终迫使苏联让步。[⑥] 国际法中的自助主要包括反报（retortion）、报复（reprisal）、自卫（self-defense）等方式。因此，我国有权依据国际法对印度进行反报或报复，以迫使印度停止不法行为，或者惩罚该不法行为国。其中，反报是指一国对另一国的不礼貌、不友好、不公平的行为，以同样或类似的行为进行还报的措施。我国关闭中印边界锡金段乃堆拉山口，禁止印度香客入藏朝圣，就属于反报。报复是一国为对抗另一国的国际不法行为而采取的强制措施。[⑦] "没有什么东西妨碍我们把报复作为国际法上的制裁，因为报复是对破坏国际法，即对国际不法行为的反应。"[⑧] 我国可以对印度停止适用条约或习惯法规则（和平报复），或者对印实施非战争军事行动（军事报复）。[⑨] 而且，一旦印度的非法越界军事行为构成了使用武力、侵略，我国还有权依据《联合国宪章》进行自卫。国际法院在 1996 年"威胁使用或使用核武器的合法性"的咨询意见中就指出："法院尊重每个国家生存的基本权利，也认可国家在自身生存受到威胁时可以依据《联合国宪章》第 51 条进行自卫的权利。"[⑩] 我国也有自卫反击侵略者的成功经验。例如，在 20 世纪 60 年代，为了抗击印度、苏联等国对我国领土的侵略，

---

① 参见温树斌《国际法刍论》，知识产权出版社 2007 年版，第 162—171 页。

② See Albert E. Hindmarsh, "Self-help in Time of Peace", *The American Journal of International Law*, Vol. 26, 1932, p. 315.

③ Thomas M. Frank, *Recourse to Force*, Cambridge University Press, 2002, pp. 131 - 134.

④ 参见《我外交部驳斥印方造谣诬蔑》，《人民日报》1966 年 1 月 8 日第 1 版。

⑤ 参见《我国政府强烈抗议印军武装挑衅》，《人民日报》1965 年 12 月 13 日第 1 版；《印度外交部来照狡赖中锡边界印军越境挑衅事件我外交部严正驳斥印方的造谣反噬中国边防部队守土有责，如果印军继续入侵，将给予应得惩罚》，《人民日报》1965 年 11 月 19 日第 1 版。

⑥ 参见赵学功《肯尼迪政府对古巴的应急作战计划》，《历史研究》2013 年第 2 期，第 108—115 页。

⑦ 参见［美］巴里·E. 卡特、艾伦·S. 韦纳《国际法》（下），冯洁菡译，商务印书馆 2015 年版，第 1267 页。

⑧ ［美］汉斯·凯尔森：《国际法原理》，王铁崖译，华夏出版社 1989 年版，第 20—21 页。

⑨ 参见［意］安东尼奥·卡塞斯《国际法》，蔡从燕等译，法律出版社 2009 年版，第 344—346 页。

⑩ *Legality of the Threat or Use of Nuclear Weapons*, Advisory Opinion, *I. C. J. Reports* 1996, para. 96.

我国分别发起了1962年对印边境自卫反击战、1969年珍宝岛对苏自卫反击战,[①] 狠狠打击了侵略者的嚣张气焰，有效地捍卫了国家尊严与领土完整。

四　结语

中印边界锡金段早已正式划定，该段边界有充分的历史与法律依据。印度的非法越界军事行动，是违反《联合国宪章》与国际法基本原则，以及相关国际条约的严重国际不法行为。印度必须为其不法行为承担相应的国家责任。我国有权采取反措施敦促印度履行其国家责任，并依据国际法实施自助措施来有效维护国家的领土主权与国家安全。

“光有法律而没有力量就得不到公正；法律的合理与否不取决于力量，但其有效性要由后者赋予。”[②] 我国要维护国家的领土主权与国家安全，并有效遏制、反击印度挑起边界事端，不能仅靠法律战、舆论战，更不能迷信国际司法途径。拥有强大的军事实力才是我国领土主权与国家安全最可靠的保障，这也能使我国在中印边界争端的解决中掌握更多主动权与主导权。因此，我国有必要依据国际法所赋予我国的自保权，进一步加强对印军事斗争准备。并且，依据国际法采取适当的自助措施，有理有利有节地应对、反击印军的越界行为、挑衅行为、侵略行为，有效维护我国的主权与领土完整。

（原载《中国藏学》2017年第3期）

---

① 参见王泰平主编《中华人民共和国外交史（1957—1969）》（第二卷），世界知识出版社1998年版，第77—79、272—275页。

② ［美］艾尔弗雷德·塞耶·马汉：《海权论》，萧伟中、梅然译，中国言实出版社1997年版，第419页。

《更路簿》研究评述及创建“更路簿学”初探

李国强*

一　《更路簿》研究现状评述

20世纪70年代，随着韩振华先生率领的科研团队在海南发现《更路簿》并于80年代公诸于世，《更路簿》由此进入我们的视野，学术界对《更路簿》的研究随之展开。在过去40多年中，《更路簿》虽被人们时常提及，但围绕它的研究却是不温不火。在此期间，一些专题性研究和相关成果相继问世，其中尤以韩振华、刘南威、曾昭璇以及海南郑庆杨先生着力最多。除此之外，学术界对《更路簿》的研究鲜有问津，偶有所及的研究成果基本上也未能超出上述学者们的研究结论。

有关《更路簿》的早期研究，尽管为数不多，但仍然得出了一系列具有开创性和奠基性意义的重要学术观点，比如对《更路簿》展现出的稳定性、民族性和科学性的归纳与阐释，对《更路簿》价值和意义的发掘与评估，对《更路簿》各抄本所载地名、航线和航程的考证与释读等。

南海《更路簿》之所以独特，是因为无论从历史学、地名学，还是航海学、海洋学等多个专业角度来看，它承载着我国渔民特别是海南渔民在南海生产生活的鲜活历史，是我国渔民特别是海南渔民在南海生产生活的缩影。《更路簿》兼具文物价值、文献价值、理论研究价值以及南海维权价值。基于多种要素的叠加，《更路簿》在历史和现实之间架起了一座桥梁，它不仅是中华海洋文化中一个具有鲜明个性的文化形态，而且为维护我国南海海洋权益提供了确凿的历史证据。

众所周知，现存的各种《更路簿》记录了200多条航路，仔细研读这些航路不难发现，早在古代我国渔民就富有智慧地绕开海底暗礁集中的“危险地带”，确保在航行安全的情况下，尽快到达鱼类资源丰富的海区，这种海上航行经验在其他国家是没有记录的。又比如，通过对《更路簿》所载若干“更”的考察，可以清楚地看到，用“更”所记录的航行时间误差很小，而这一航行技术、能力和手段，是同一时期其他国家不具备的。《更路簿》所透露的历史信息，深刻反映出中国渔民对南海岛礁、海域和海底自然形态的早期认知、对南海海上航路的持续开辟、对南海传统渔场的长期经营、对南海渔业生产工具与生产技能独具匠心的创造、对南海渔业资源长久的和平利用，这

---

* 李国强，中国社会科学院中国边疆研究所研究员、国家领土主权和海洋权益协同创新中心副主任。

一系列海洋行为和活动，不仅与各个历史时期中国的生产力发展水平和发达的造船、航海技术相辅相成，而且折射出中国人民开拓南海、开发南海、经营南海的完整历史过程，南海由此成为中国渔民名副其实的“祖宗海”，同时为历代中国政府治理南海、管辖南海奠定了社会基础。

近年来，随着南海问题持续升温，《更路簿》的学术价值及其维护南海海洋权益的实践价值愈发凸显，从而引起学术界和社会的关注，有很多学者投入了极大热情，不少专题研究成果陆续问世。在理论研究取得一定进展的同时，也应看到，《更路簿》的研究仍然存在不少学术空白和盲点，学术研究长期滞后的问题并没有彻底改观，理论研究的原创性和创新性明显不足，在一些重大理论问题上还缺乏新突破，甚至在某些方面出现了偏差。关于《更路簿》产生的年代问题，至今仍未展开深入讨论，欠缺具有科学性的结论。对《更路簿》所载地名、航线、航程的释读缺乏新意，低水平重复现象较为严重。《更路簿》各抄本在琼海、文昌甚至海口、陵水、万宁、儋州、昌江、临高等多地均有所发现，但对《更路簿》各抄本地域性特征的分类细化研究还有待展开。现有研究的视角还较为单一，既没有对《更路簿》中大量使用的“对针”方式展开深入探讨，也没有把《更路簿》与南海渔业生产中传统的“站峙”作业方式、深海捕捞工具、传统渔场的开辟以及海南渔民在航海罗盘中的加“线”技术等诸多要素联系起来进行全面研究，更没有结合《更路簿》对渔民出海作业的人员构成、地域分布、社会组织形式、管理制度方式等加以拓展性综合考察。

此外，由于力量分散、缺乏组织和协调，学术界尚未对《更路簿》展开统合系统的普查、征集、保护、整理和研究；出于各种原因，《更路簿》各抄本大多处于封闭状态，不能提供公共学术研究，利用率十分低下。尤其是，《更路簿》研究与法理研究相互脱节，使得《更路簿》作为南海历史性权利证据的功能性作用，尚未得到最大限度的挖掘和利用。

二　创建“更路簿学”的四大意义

尽管在研究中存在一些问题，但学术界对《更路簿》仍然兴趣不减，近期诸多学者围绕《更路簿》所展开的思考和讨论，使该领域呈现出向好的发展势头。特别是一些专家学者提出了创建“更路簿学”的设想。创建“更路簿学”是一项非常有意义的工作，笔者较早提出了这一思路，也始终为此而努力，认为创建“更路簿学”的意义突出表现在四个方面：

其一，创建“更路簿学”是加快构建具有中国特色哲学社会科学的必然要求。在哲学社会科学工作座谈会上，习近平总书记首次指明了构建中国特色哲学社会科学的思路，首次定义了中国特色哲学社会科学的基本范畴，为创建“更路簿学”提供了根本依据。《更路簿》研究是南海学术领域的有机组成部分，“更路簿学”既是新时期南海学术研究持续发展的重大理论命题，也是哲学社会科学中新的学术增长点。依托“更路簿学”深度解析其独有的继承性、民族性，原创性、时代性，系统性、专业性特点，必将有助于丰富和完善中国特色哲学社会科学。

其二，创建“更路簿学”是深化南海问题理论研究的必然要求。历史研究是一切人文社会科学理论研究的基石，同时也是我们考论南海主权归属必不可少的基础。我国学术界在南海历史研究领域有着优良学术传统，事实上关于南海问题的讨论最早发端于历史研究，最早的学术交锋也来自于历史研究。60 多年来，众多学科的介入，使南海问题研究更具多面向、多视域。在南海研究渐成“显学”的良好态势下，基础研究的不可或缺性更加显露，深化《更路簿》研究日益必要和迫切。南海问题理论研究日益发展的现实，对《更路簿》当下和未来的理论研究提出更高要求，无论在学术研究的深度和广度上，还是在专业化和体系化程度上，都亟待新的跨越式发展。创建“更路簿学”，就是要在更高层次提升《更路簿》研究的理论水平，以更宽视野推进《更路簿》研究的理论创新，从而拓宽南海研究的学术范畴。

其三，创建“更路簿学”是弘扬南海海洋文化的必然要求。在两千年历史发展中，中国人民以非凡的创造力缔造了灿烂的南海海洋文化，给后人留下无数物质瑰宝和精神财富，《更路簿》即是其中最具代表性的文化遗产。南海孕育了《更路簿》，《更路簿》既是南海海洋文化中具有象征性的符号，也是反映南海海洋文化深厚底蕴的标志，缺失《更路簿》，南海海洋文化将是不完整的。开展“更路簿学”的整合性研究，有助于追溯中国人民与南海源远流长的历史脉络，还原中国人民与南海生生不息的血肉联系，诠释我国南海海洋文化的核心价值、本质属性和发展规律，筑牢中华民族走向南海、开发南海、建设南海、管理南海的文化根基。因此，创建“更路簿学”对于抢救和保护南海海洋文化遗产，对于塑造和凝练南海海洋文化，对于传承和弘扬中华海洋文明，对于推进中华海洋文明与世界海洋文明的对话和交流，都有其独特价值和深远意义。

其四，创建“更路簿学”是维护我国南海海洋权益的必然要求。立足于解决重大现实问题，是“更路簿学”有别于其他学问或学科的重要特征之一。我国南海海洋权益所面临的现实挑战，是触发我们创建“更路簿学”的重要动因。近年来，南海周边国家和某些域外国家一方面指责我国在维护自身南海主权、管辖权和海洋权益上所谓“滥用历史”，力图贬损中国南海历史依据的价值和作用，另一方面不遗余力地搜寻史料，不惜投入人力物力财力展开史料挖掘、文献整理和学术研究，以强化它们自身的非法利益诉求。2016 年 7 月南海仲裁案裁决书公然漠视我国渔民千百年来对南海的开发经营，断然否定我国南海历史性权利的法律基础。就这一现实而言，维护我国南海海洋权益，也是捍卫中华民族历史尊严的一场较量。作为民间世代传抄的原始文献，《更路簿》忠实记录了中国航海者和渔民祖祖辈辈在南海生产生活、对南海资源开发利用的海上实践，无可辩驳地证明了南海海域成为中国渔民传统作业范围的事实。创建“更路簿学”，将在进一步完善我国南海历史证据链的基础上，为维护我国南海海洋权益提供充分而有力的证据，为固化我国南海海洋权益提供有效而管用的依据。

三 构建“更路簿学”的三大设想

那么什么是“更路簿学”呢？笔者认为，“更路簿学”是研究中国渔民在南海生产生活的历史文化、作业工具、捕捞技术、航海技能等问题，兼及社会组织、管理制度、海洋意识、价值理念等多个层面的综合性学问。基于对多种抄本《更路簿》所记载的南海岛礁地名、航线、航程系统、深入的分析研究，还原中国人民认知南海、开发南海的历史轨迹，阐释中国人民经营南海、利用南海的历史演进，总结中国人民在与南海互动中所积淀的所有历史文化（包括物质的和精神的），阐明中国南海历史性权利形成、确立的历史逻辑。

《更路簿》不仅是渔民的航海指南，更代表了一种地域性文化，因此，“更路簿学”的学科范畴不仅是多样和多元的，而且呈现出理论性和功能性兼备的属性，就其学术内涵而言，至少包含四个方面的内容，即抄本文献的整理与刊布、科学而有效的遗产保护、系统而全面的理论研究、审慎而合理的成果转化。

《更路簿》无疑是十分丰富的理论宝库，学术界对《更路簿》的挖掘和研究仅仅是开始，它一方面表明《更路簿》研究有巨大学术空间，另一方面为“更路簿学”的创建发展提供了机遇和可能。创建“更路簿学”应特别注重以下三个方面：

首先要遵循客观规律，着力于学科体系创新。所谓学科体系，指的是对专业学科门类整体设置的系统化。学科是学术发展到一定时期的产物，它往往既体现社会实践的状况，也反映着学术的进展。学科体系的科学性和完整性，是“更路簿学”建设和发展的前提，也是“更路簿学”持续进步的重要依托。任何一门学问的体系化，首先是源于学问自身由碎片化向整合化提升的内在驱动。就拿敦煌学来说，它之所以成为与徽学、藏学齐名的我国三大地域文化之一，是因为它既是以敦煌遗书、敦煌史地、敦煌石窟艺术、敦煌学理论为研究客体的一门学问，也是研究、发掘、整理和保护敦煌地区文物、文献的综合性学科。“更路簿学”在多个方面与“敦煌学”既有相似之处，也有很多不同。要打造“更路簿学”，就必须按照《更路簿》研究的基本属性，注重人文科学与海洋学、航海学、天文学、地理学等自然科学的有机结合，注重历史学、考古学、地名学、文化人类学、国际法学等不同学科之间的彼此交融，注重多学科研究手段和研究方法的相互渗透；就必须按照《更路簿》研究的学术规律，形成具有时代特点、内涵多样、结构合理、立足前沿、适应国家需求的学科体系。

其次要合乎学术规范，着力于学术体系创新。所谓学术体系，指的是学术研究的系统化，其中既包括学术思想、理论观点的系统化，也包括学术标准、研究方法和科研手段的系统化。学术体系既是“更路簿学”的基本内核，也是“更路簿学”的核心支撑。没有科学完备的学术体系，“更路簿学”将是缺乏宏观性、系统性和整体性的低层次理论研究。建立完善的“更路簿学”学术体系，就必须准确把握《更路簿》研究特性，从廓清其内涵、学术范畴入手，建立起《更路簿》研究的学术结构，形成《更路簿》研究的学术规范。同时，不断创新学术思想，努力提出有客观依据、经得起实践和历史检验的原创性学术观点。从宏观上而言，《更路簿》与我国沿海各地流传的海道针经在形成历史、传承路径等方面一脉相承，因此，将《更路簿》寓于我国古代航海史和渔业开发史之中加以考察，进而揭示我国海洋物质文化和精神文化形成发展的合理内核。从微观上而言，将《更路簿》融入南海区域的独特氛围中加以观察，透过“琼人俗名”、更路针经，凝聚《更路簿》所蕴含的文化意涵和技术特征的人文价值。

最后要顺应时代要求，着力于话语体系创新。所谓话语体系，是指一整套表述一种思维系统的语言系统。话语体系承载着特定思想价值观念，关乎价值表达、思想影响和真理传播等重大问题，是国家文化软实力的重要组成部分，是一个国家在国际舞台上确立话语权的前提和基础。话语权的创立者法国人米歇尔·福柯指出，“话语是权力，人通过话语赋予自己权力”。①

构建“更路簿学”话语体系，关乎我国南海海洋权益的维护，关乎我国南海海洋文化的传承，关乎中华海洋文明优秀遗产的弘扬。只有构建起“更路簿学”话语体系，才能更好地提升其理论价值和实践价值，才能为维护南海海洋权益、推进南海海洋事业的全面发展，提供更加充分的智力支持。

构建“更路簿学”话语体系，一方面在于提炼《更路簿》背后的思维体系，凝练理论联系实际的、科学的、开放融通的新概念、新范畴、新表述；另一方面旨在努力突破以往《更路簿》研究中的狭隘和不足，坚持以渔民为中心的研究导向，以开放、直观、准确、易懂和联想丰富的语言方式，追求高层次的哲学认识境界。唯有如此，“更路簿学”话语体系才会有吸引力、感染力、影响力、生命力，才能使“更路簿学”话语体系具有更为鲜明的中国化、时代化、大众化特征。

“更路簿学”是南海问题研究的一个全新载体，它不仅要研究《更路簿》，而且要以《更路簿》为牵引，不断整合我国南海研究的多种资源和多方力量，不断培育全方位、全领域、全要素的南海问题研究体系，不断夯实和完善我国南海海洋权益的历史证据链和理论支撑点，因此，创建“更路簿学”的意义，远远超出《更路簿》本身。

当然，创建“更路簿学”并非一朝一夕之事，有赖于更多专家学者的不懈努力，有赖于集合更多专家学者的聪明才智。我们不妨把视线放低、放宽、放远，稳步推进、求真务实、潜心开拓，把科学精神贯穿于《更路簿》研究始终。我们需要“跳出南海”研究《更路簿》，从我国沿海各地渔民的航海指南文献中追根溯源，探寻真谛；我们需要“走近渔民”研究《更路簿》，《更路簿》源于渔民，“更路簿学”最终也将服务于渔民，因此要珍视渔民的创造、汲取渔民的智慧；我们需要“强强联手”研究《更路簿》，倡导不同学科专家从不同视域对《更路簿》进行多角度研究，使“更路簿学”真正成为系统立体的学问。

《更路簿》的历史悠远流长，是先人留给我们最为珍贵的遗产之一，它有待我们去发现、去挖掘、去阐释、去弘扬。“更路簿学”理论研究的潜力巨大、前景光明，创建“更路簿学”任重而道远。只要学术界同仁携手并进，我们对《更路簿》的认识必将日臻完善，“更路簿学”理论之树必定结出丰硕果实。

（原载《南海学刊》2017 年第 1 期）

① Michel Foucault, “The Order of Discourse”, in Robert Young, ed. , *Untying the Text: A Post—Structuralist Reader*, Boston: Routledge, 1981, pp. 48 – 78.

抗战胜利后国民政府收复南海诸岛主权述论

陈谦平*

进入20世纪以来，中国边疆地区面临严重危机，中国南海诸岛亦面临法、日帝国主义的觊觎和侵占。1907年8月11日，日本人西泽吉次私自登上东沙岛，“树立日旗，建筑宿舍，开采鸟粪”，更将该岛命名为“西泽岛”。南洋海军飞鹰舰管带黄钟英随后奉令率两艘军舰前往东沙群岛实地勘察。中国政府几经交涉，于1909年10月11日将东沙岛收回。为了维护中国在南海诸岛主权，两广总督张人骏派副将吴敬荣前往西沙群岛查勘，并于1909年5月“设局筹办经营”。① 同年5月19日，水师提督李准率海军士兵170余人乘伏波、琛航、广金三艘舰艇，前往西沙群岛查勘，用该三艘军舰命名了西沙群岛中的三座岛屿，② 并在伏波岛插黄龙旗，立碑志记。③ 中华民国政府建立以后，中国对南海诸岛一直实施有效管理（当时该群岛归琼州管辖）。1917年至1923年间，先后有多家实业公司申请开发西沙群岛。南京国民政府建立后，广东省政府于1928年5月22日派海瑞号军舰前往西沙的林岛（今永兴岛）等岛查勘。④ 1929年以后，广东省政府先后批准宋锡权、严景枝、苏子江等三家华资公司参与西沙群岛的鸟粪开采。⑤

“九一八事变”后，日本侵占中国东北三省，法属印度支那殖民当局乘机于1933年4月上旬派军舰占领中国南海中的九座小岛。⑥ 中国政府屡次向法国政府提出抗议和交涉，强调该九座小岛“为华人居住和历代属我”的史实。为了宣示中国对南海诸岛的主权，国民政府内政部水陆地图审查委员会于1935年4月绘制了

---

* 陈谦平，南京大学中华民国史研究中心教授、中国南海研究协同创新中心研究员。

① 西泽吉次私占东沙岛及中日交涉详情，参见张大军编著《中越国界研究》，台北，“光复大陆设计委员会”编印“国界问题研究丛书”，1977年版，第159—162页；王彦威、王亮辑编《清季外交史料》(8)，湖南师范大学出版社2015年版，第3923、3940、3966页。

② 清政府将四江岛（Drummond Island）命名为伏波岛，大三脚岛（Duncan Island）命名为琛航岛，三脚屿（Palm Island）命名为广金岛。

③ 《中华民国南海四大群岛节略》（油印本），台北，“内政部地政司”1974年印行，转引自张大军编著《中越国界研究》，第168页。

④ 参见张大军编著《中越国界研究》，第170页。

⑤ 《西沙群岛交涉及法占九岛事》，《外交部公报》第6卷第3号，1933年7—9月，第209—210页。

⑥ 参见徐公肃《法国占领九小岛事件》，《外交评论》第2卷第9期，1933年9月，第13—14页。该九座小岛今属南沙群岛。

《中国南海各岛屿图》，首次确定中国南海最南的疆域线至北纬4度附近的曾母滩，并第一次将南海诸岛明确地分成东沙、西沙、南沙（即今中沙）和团沙（即今南沙）四大群岛。

全面抗战爆发后，法国趁火打劫，于1938年7月初派兵占领西沙群岛。1939年2月，日军占领海南岛后，立即侵占西沙群岛和团沙群岛。1939年3月30日，日本政府将其所占领的团沙群岛改名为新南群岛，隶属于台湾高雄州高雄市管辖。

抗战胜利后，作为四强之一的中国按照开罗会议和波茨坦会议所构建的战后亚太国际新秩序，依据国际法，从日本手中收回南海诸岛主权。国民政府不仅派海军驻守南海各重要岛屿，重建国碑，测绘详图，设治管理，还于1947年12月1日正式核定南海中属于中国领土之东沙、西沙、中沙、南沙等各岛屿和岛礁名称，以此宣誓主权，并昭告于世界。

关于本专题研究，学界已经产生了一些有影响的研究成果。如林金枝叙述了国民政府战后接收南海诸岛的经过，但由于缺乏档案文献，该文也存在较严重的史实错误。李国强运用较丰富的资料，对战后国民政府接收南沙群岛做了较深入的论述。吴士存以中国第二历史档案馆收藏的相关档案为基础，从中国政府对南海诸岛的主权交涉、设治管理和开发建设三个方面展开论述，很有新意。李金明对抗战前日本和法国对南海诸岛的资源掠夺和岛屿侵占、战后中国政府收复南海诸岛的过程均做了较全面的叙述，但在史实上亦有错误。谭卫元将考察重点放在中国政府对南海诸岛的设治管理上，其中涉及战后部分，史料丰富，视野开阔，是近几年来少见的颇有新意的论文。[①] 笔者近几年在台北“国史馆”和近代史研究所档案馆收集了较完整的档案史料，加以郑资约先生捐献的南海诸岛资料，在此基础上，拟对国民政府战后收复南海诸岛，并以十一段线划定南海疆域的全过程予以详述，以纠正以往研究由于资料缺失而出现的错误。

一　国民政府收复南海诸岛的擘划

南海诸岛的战略地位十分重要，战后收复东沙、西沙、南沙、团沙诸群岛，早已为蒋介石所考虑。1945年11月，英国政府曾向国民政府提出要求，拟由该国海军派遣一艘小军舰“赴东沙岛考察，并在岛上设气象台”。这个请求被蒋介石“婉拒”。[②] 蒋当即指示陆军总司令何应钦，要其饬令军事委员会广州行辕主任张发奎立即“派兵驻守东、西沙群岛”。但张发奎于1946年1月26日报称：“因海风甚大，须于本年三月间始

① 林金枝：《1912—1949年中国政府行使和维护南海诸岛主权的斗争》，《南洋问题研究》1991年第4期，该文将东沙群岛的接收时间和前往接收舰船均弄错；李国强：《民国政府与南沙群岛》，《近代史研究》1992年第6期；吴士存：《民国时期的南海诸岛问题》，《民国档案》1996年第3期；李金明：《抗战前后中国政府维护西沙、南沙群岛主权的斗争》，《中国边疆史地研究》1998年第3期；谭卫元：《民国时期中国政府对南海诸岛设治管辖的历史考察》，《中国边疆史地研究》2016年第2期。

② 《陈诚呈蒋主席十月五日签呈》（1946年10月5日），台北“国史馆”藏，“蒋中正总统档案”（以下简称“蒋档”），002/020400/00050/045/001x_05_04_2016.

可成行”。3 月 24 日，蒋介石致电张发奎，询问“该岛驻兵已否派出？希即查报”。①

1946 年 4 月 4 日，台湾省行政长官陈仪致电行政院院长宋子文，请示接收西沙、东沙及新南三群岛事宜。陈仪报称：（1）“海南岛东南之西沙群岛系我国领土，民 23 年被法占领。太平洋战事发生，又被日进占。前台湾总督府曾在该岛设立测候所。经本省气象局派员前往该岛调查摄影，并竖立本省接收木标。”请示该群岛“是否由本省接收”？（2）“台湾西南之东沙群岛侧近高雄县，有关本省渔业颇大。前经日本占领，拟由本省接收，隶高雄县。”（3）“菲岛附近之新南群岛，大小共 13 岛，距高雄港 770 浬。前日本统治台湾时，该群岛于 1938 年划归高雄州高雄市管辖。现正积极备办接收事宜。”对于接收新南群岛事宜，陈仪恳请国民政府“转电菲岛美军总部于接收时予以协助”。②

从陈仪的电报可见，当时他对新南群岛的情况并不十分清楚，但他对新南群岛所处的地理位置的描述是准确的，并了解该群岛在日据时期归高雄州高雄市管辖。

行政院在接到陈仪的电报后，立即命令“内政、外交两部迅即核复”。但内政部仅查到“东沙、西沙等岛屿在战前系由广东省管辖”，至于“各该群岛人口、面积、经济、交通、文化及与其所辖县之距离（以海里计算）”等情况，“未尽明晰”。③

而外交部的回函除了对新南群岛情况不了解外，关于东沙和西沙群岛的报告较为翔实。

（一）“西沙群岛约处于经度 112°、纬度 16°强之间，位于海南岛之东南，早已列入我国版图。但我方并未实际占领。”报告又指出：“按一八八七年六月二十六日中法界务专条五条，其第三款规定：‘……至于海中各岛，照两国勘界大臣所划红线向南接划。此线正过茶古社东边山头，即以该线为界（茶古社汉文名万注，在芒街以南竹山西南）。该线以东海中各岛归中国，该线以西海中九头山（越名格多）及各小岛归越南……’”报告又指出：尽管在条约上并未提及西沙名称，但“若按其位置，应属于‘以东海中各岛’。……该岛曾被法占领，复经日敌进占，自应由我接收。”关于是否应该由台湾省接收的问题，外交部认为，“从条约观点而论，西沙群岛既系近于海南岛，则其隶辖，自应与海南岛同属于广东省”。

（二）“东沙群岛原属我国领土，并未发生国际上之争执。前既经日本占领，此次收回后，以其地较近于台湾省，似可隶属该省治。”

（三）对于新南群岛，仅表示“关于转电菲岛美军总部协助我方接收新南群岛一节，本部业已电驻马尼剌总领事馆照办”。④

外交部欧洲司于 4 月 30 日致电中国驻马尼拉总领事馆：“菲岛附近之新南群岛，大

---

① 《蒋主席致张发奎敬电》（1946 年 3 月 24 日），蒋档，002/090106/00017/242/001a_05_05_2016.

② 《陈仪为接收东沙西沙及新南群岛致行政院长宋子文代电》（1946 年 4 月 4 日），台北“国史馆”藏，“外交部”档案，西沙群岛（五），020/049904/0005/0013a.

③ 《内政部为接收东沙西沙及新南群岛致外交部代电》（1946 年 4 月 24 日），台北“国史馆”藏，“外交部”档案，西沙群岛（五），020/049904/0005/0017a.

④ 《外交部为接收东沙西沙及新南群岛致行政院秘书处函》（1946 年 4 月 30 日），台北“国史馆”藏，“外交部”档案，西沙群岛（五），020/049904/0005/0029x.

小共十三座岛，前日本统治台湾时割归高雄州。现台湾省正积极准备接收，仰迅洽菲岛美军总部于接收时予以协助，并电复。”① 但驻马尼拉总领馆的回复迟迟未至。王世杰又于6月致电驻日代表朱世明，告知“我现正积极准备接收”菲律宾附近的新南群岛，“请即商洽麦帅电菲岛美军总部就近协助接收”。②

外交部积极与军令部、军政部洽商派兵接收东沙、西沙群岛事宜。5月21日，军令部部长徐永昌就派兵驻守东、西沙群岛一事致电外交部部长王世杰，称蒋介石曾令饬张发奎：“由第四六军及海口海军办事处各派兵一部进驻西沙群岛；又由第六四军及粤越区海军办事处各派兵一部进驻东沙群岛。俟完成一切准备，即可开动。”但徐永昌称，“关于各部队开动及进驻情形尚未据报”。③

后来外交部秘书周书楷向王世杰报告了他所了解的情况。

第一，东、西沙群岛接收事宜原由军令部第一厅主办，但因该厅最近并入国防部，其机构处于改组中，所以没有人员负责接洽。

第二，军政部海军处副处长周宪章报称：“该处少数气象人员曾由英舰运往东沙群岛工作，西沙群岛则情况不明。”至于派兵驻守岛屿一节，周的答复是：“运输补给需要船只，而该处在华南无船可调”，并声称“此事向由军令部办理”。

第三，国民政府军务局主管人员告诉他，“［蒋］主席去年已电饬张主任发奎派兵前往各岛，并限于十一月底到达，嗣因气候关系，展限至本年4月。惟办理情形尚未据报”。④

王世杰遂于6月4日致电张发奎，称“东、西沙群岛由我接收后亟待派兵驻守，确立主权。此事闻已交由尊处办理。该项部队何时可以到达？请见示为荷”。⑤ 张发奎复称：“东、西沙群岛驻兵，前以驻粤军办事处［缺］乏适当舰船输送，致延进驻时间。最近始奉准将海硕舰拨用。如无其他阻碍，驻西沙群岛部队巳月底前可达到。至东沙群岛则须午月初旬方能开始输送。”⑥

当时的实际情况是，由于中国海军缺乏大型舰船，加之南海区域天气复杂，风浪较大，为确保接收部队的安全，接收时间只得推迟。值得庆幸的是，此时中华民国海军驻

① 《外交部致马尼剌总领事馆电》（1946年4月30日），台北“国史馆”藏，“外交部”档案，西沙群岛（五），020/049904/0005/0030x.

② 《王世杰为请商洽麦克阿瑟电菲律宾美军协助接收新南群岛致驻日朱代表》（1946年6月17日），台北“国史馆”藏，“外交部”档案，西沙群岛（五），020/049904/0005/0041x.

③ 《为接收东沙、西沙群岛情形军令部部长徐永昌致外交部部长王世杰代电》（1946年5月21日），台北“国史馆”藏，“外交部”档案，西沙群岛（五），020/049904/0005/0032a.

④ 《周书楷为接收东沙、西沙群岛情形致王世杰签呈》（1946年6月1日），台北“国史馆”藏，“外交部”档案，西沙群岛（五），020/049904/0005/0033x.

⑤ 《为接收东沙、西沙及新南群岛王世杰致张发奎电》（1946年6月4日），台北“国史馆”藏，“外交部”档案，西沙群岛（五），020/049904/0005/0034x.

⑥ 《张发奎致王世杰电》（1946年6月12日），台北“国史馆”藏，“外交部”档案，西沙群岛（五），020/049904/0005/0035a. 巳月即6月；午月即7月。

美舰队司令官林遵正率领着抗战后期美国援助中国的军舰[①]，从古巴关塔那摩海军基地启程回国。

二　新南群岛名称与位置之确认

1946 年 7 月 5 日，行政院秘书长蒋梦麟致函外交部，令其迅速查明新南群岛“是否即系南沙群岛之别称”。[②] 7 月 24 日又致电台湾省行政长官公署，要求其调查新南群岛的确切名称与位置。[③]

外交部分别从两个渠道得到新南群岛的翔实资料。

其一为驻日代表朱世明的电报。该电报称在日本收集到“1938 年日本编入该新南群岛于台湾领土之有关资料（新南群島トソノ帰属問題・經緯）及该群岛地图一份”。朱世明指出：“详阅其内容，在日本编入该群岛于台湾领土之时，对该岛领土主权之国际间问题尚未解决。”朱世明提醒外交部：“刻我方准备接收，事前似有详加研究之必要。”[④]

其二为中国驻马尼拉总领事段茂澜的报告。段茂澜称“此事经向各方及美海军司令探询，均无所知”。但他曾于 7 月 19 日在菲律宾报纸上读到菲律宾外长的谈话，声称“菲南之龟群岛及菲西之新南群岛（Shinnangunto）均应列入菲岛版图”。段茂澜遂于 8 月 5 日上午拜谒菲外长“询究竟”。菲外长的答复是：“十五年前彼任财长时，曾缉获日渔船，均谓系往新南群岛。彼乃注意调查，始悉该岛系珊瑚礁岛，毫无经济价值，距菲属 Palawan[⑤] 二百英里，距亚洲大陆近两千英里，最先为英人发现，后为法国占领，派船往拾鸟粪层肥料，最后被日人占领，作攻击菲岛根据地。”菲外长声称该群岛“目前似无居民。菲岛以国防关系，似应管理该岛”。外交部查阅了商务印书馆于 1938 年 3 月出版的由谭廉绘制的《最新世界地图集》，发现“菲外长所称之新南群岛，谭图书为团沙群岛，似属一地两名，为日人所称者”。因此，外交部电告行政院：“团沙岛据谭图所志，属于我国。”[⑥]

实际上，鉴于法属印度支那殖民政府 1933 年 4 月对南海九小岛的侵占，国民政府内政部早在同年 6 月 7 日就成立了“水陆地图审查委员会”，决定出版中国南海疆域详

---

① 包括护航驱逐舰太康号、太平号，扫雷舰永胜号、永顺号、永定号、永宁号，海岸巡防舰永泰号、永兴号 8 艘军舰。同时美国又派一艘万吨级补给舰作为林遵的旗舰沿途护送和补给，同年 7 月抵达上海后，这艘军舰也移交中国，被命名为峨嵋号。

② 《行政院秘书处公函》（1946 年 7 月 5 日），台北“国史馆”藏，“外交部”档案，西沙群岛（五），020/049904/0005/0042x.

③ 《台湾省行政长官公署致外交部代电》（1946 年 8 月 17 日），台北“中研院”近代史研究所档案馆藏，“外交部”档案，“南沙群岛（接收团沙群岛）”（1946 年 7 月—1947 年 4 月），11/EPA/04152，第 202857—202859 页。

④ 《中华民国驻日代表团致外交部代电》（1946 年 7 月 25 日），台北“国史馆”藏，“外交部”档案，西沙群岛（五），020/049904/0005/0042x.

⑤ 即菲律宾巴拉望岛。

⑥ 《外交部为新南群岛是否即系南沙群岛致行政院秘书处公函》（1946 年 8 月 5 日），台北“国史馆”藏，“外交部”档案，西沙群岛（五），020/049904/0005/0059/0060x.

细地图，并对南海疆域内各岛礁的中英文地名进行统一审定。该委员会从成立起至1935年3月22日，共召开审查会议29次。1935年4月，该委员会出版了《中国南海各岛屿图》，首次确定了中国南海最南的疆域线至北纬4度附近的曾母滩，并第一次将南海诸岛明确分成东沙群岛、西沙群岛、南沙群岛（即今中沙群岛）和团沙群岛（即今南沙群岛）。①

1936年白眉初编绘《中华建设新图》，获准收录《中国南海各岛屿图》。该图在中国地图上最早出现南海疆域线，即今日中国南海地图上U形断续线的雏形。该图在南海疆域内标有东沙群岛、西沙群岛、南沙群岛和团沙群岛，其周围用国界线标明，以示南海诸岛同属中国版图。②

台湾省行政长官公署亦于8月17日向外交部确认：前高雄州高雄市管辖的新南群岛，即为战前和战时先后被法属安南和日本侵占的我国领土团沙群岛。新南群岛在商务印书馆出版的地图③中“载为团沙群岛……位于本省高雄市南西约七百七十浬处，当南中国海之中央稍偏南，在西沙群岛、菲律宾婆罗洲及交趾半岛之间，航海图上称之为危险区域”。

团沙群岛面积“约七万五千六百平方浬”，其十三座岛屿的名字分别叫北二子岛（North—East Cay）、南二子岛（South—West Cay）、西青岛（West York I.）、三角岛（ThiTu I.）、中小岛（Loaita I. or South I.）、龟甲岛（Feat I.）、南洋岛（无英文译名）、长岛（Itu Aba I.）、北小岛（无英文译名）、南小岛（Nam Yit I.）、飞鸟岛（Sin Cowe I.）、西鸟岛（Spray I.）和丸岛（Amboyna Cay），“散布于北纬七度至十二度，东经一百十一度至一百十七度，各岛面积均狭小，其中以长岛为最大”。

该电报进一步指出，新南群岛“前仅我国海南岛渔夫居住”，后来“有少数日人因采鸟粪、磷矿探险，自谓发现法国于1933年7月25日宣布领有其中西鸟岛、丸岛、长岛、［北］二子岛、中小岛、三角岛等六个小岛”。“我国政府获悉，曾令我驻法大使顾维钧向法政府提出抗议。”而“日本亦于是年8月19日向法政府提出抗议”。电报明确指出：该群岛“迨1939年3月30日被日本强力占据，由前台湾总督府以第一二二号告示向中外宣告，各该岛屿名为新南群岛（Sinnan Gunto），并以府令第三十一号划归前高雄州高雄市管辖。”

台湾省行政长官公署向外交部报告说：“本省光复后，将该群岛改划高雄县管辖，并准备本年四月前往接收。”但“因新南群岛原属西沙群岛之一部，是否仍由本省接管？经一再电请行政院核示，日久未奉指复”。“加之该岛屿在航行危险区域之内，每年7月至翌年3月间风险浪大，浓雾密布，一至台风季节，航行尤多困难，致尚未接收。”

该公署同时询问外交部：“至《字林西报》所云中菲争议之岛系Spratley，未知是否Spraty I.（西鸟岛）之误?”

该电报最后强调：“查新南群岛系属我国领土，乃因国家多故，致被日本侵占。现抗战胜利，自应收回接管。”电报还附送了《新南群岛全图》1份、“前台湾总督府告

① 参见李国强《民国政府与南沙群岛》，《近代史研究》1992年第6期，第168—169页。

② 白眉初编绘：《中华建设新图》，建设图书馆1936年版。

③ 应为谭廉绘制的《最新世界地图集》，商务印书馆1938年版。

示第一二二号”及“府令第三十一号”译文各1份、台湾省气象局“新南群岛调查报告”1份，还有翻译日本人撰写的《新南群岛概观》1份。①

其中前台湾总督小林跻造于昭和14年（1939）3月30日发布的第122号告示最有价值，它将中国领土团沙群岛划入台湾高雄州高雄市新南群岛之区域。

> 依府令第31号，高雄州高雄市新南群岛之区域如下开。
>
> 一、新南群岛系指左列逐次连结各地点区域内之全岛屿：
>
> 北纬12度　9度30分　8度　7度　7度　9度　12度
>
> 东经117度　117度　116度　114度　111度30分　111度30分　114度
>
> 二、新南群岛主要岛屿之名称如下列：
>
> 北二子岛　南二子岛　西青岛　三角岛　中小岛　龟甲岛　南洋岛　长岛　北小岛　南小岛　飞鸟岛　西鸟岛　丸岛②

根据1946年12月12日奉命接收南沙群岛的内政部代表、内政部专门委员郑资约先生的后人捐赠给南京大学图书馆的“郑资约收藏文献”中所藏各类“南沙群岛”绘图资料，并参照广州利达印书局1948年5月出版的由杜定友编的《东西南沙群岛资料目录》中所编“东、西、南沙岛名索引”，以及美国《国家地理》杂志于1952年出版的由吉尔伯特·格罗夫纳（Gilbert Grosvenor）编辑的《东亚地图》（*The Far East*），笔者对1939年3月30日日本台湾总督宣布划入高雄市管辖的新南群岛所属13个岛屿作如下考订：

1. 北二子岛（North—East Cay）：英文又称North Danger。今称北子岛，也叫北双子岛、双子礁、北尼岛等，位于今南沙群岛最北端。③

2. 南二子岛（South—West Cay）：英文又称South Danger。今称南子岛，也叫南双子礁、北危岛、西南礁、双峙等，位于北子岛南面。一般将北子岛和南子岛合称为双子礁，位于今南沙群岛北端。

3. 西青岛（West York I.）：今称西月岛，也叫红草峙、西约先岛等，位于今南沙群岛北端。

4. 三角岛（ThiTu I.）：英文又称Thitu Island。今称中业岛，也叫帝都岛、千川、铁峙、铁道沙、士杜、西德欧岛、西杜、帝居等，位于今南沙群岛北端。

---

① 《台湾省行政长官公署致外交部代电》（1946年8月17日），台北“中研院”近代史研究所档案馆藏，“外交部”档案，“南沙群岛（接收团沙群岛）”（1946年7月—1947年4月），11/EPA/04152，第202857—202859页。

② 《台湾总督小林跻造府令第三十一号》（昭和十四年三月三十日发布），台北“中研院”近代史研究所档案馆藏，“外交部”档案，“南沙群岛（接收团沙群岛）”（1946年7月—1947年4月），11/EPA/04152，第202893—202894页。

③ 参见郑资约编《南中国海岛名索引》（手稿），南京大学图书馆藏，“郑资约收藏文献”；杜定友编《东西南沙群岛资料目录》，“东、西、南沙岛名索引”，利达印书局1948年版，第14页；Gilbert Grosvenor edit, The Far East, Compiled and Drawn in the Cartographic Section of the National Geographic Society for National Geographic Magazine（Washington D. C.，The National Geographic Society，September 1952）。以下各岛同。

5. 中小岛（Loaita I. or South I.）：英文又称 Loavita Island。今称南钥岛，也叫罗挨打岛、洛伊塔岛、罗保打岛、核子牌浅，位于今南沙群岛道明群礁南部边缘。

6. 龟甲岛（Feat I.）：英文又称 Flat Island。今称费信岛，亦称平岛、扁岛、罗孔岛，位于今南沙群岛东北端。

7. 南洋岛：英文名为 Nanshan Island 或 Nanschan Island。今称马欢岛，位于今南沙群岛中部。

8. 长岛（Itu Aba I.）：英文又称 Ituaba Island 或 Ituapa Island。今称太平岛，过去亦称大岛、黄山马峙、伊塔亚巴、伊秋伯岛、伊托阿巴、伊脱巴亚岛、伊吐巴、伊吐亚巴等，位于今南沙群岛中部之郑和群礁内。

9. 北小岛：英文名为 Sand Cay。今称敦谦沙洲，位于今南沙群岛中部之郑和群礁内。

10. 南小岛（Nam Yit I.）：英文又称 Nam Yet Island 或 Nan Yit Island。今称鸿庥岛，亦称南伊岛、沙岛、南伊峙、纳伊脱岛等，位于今南沙群岛郑和群礁南部。

11. 飞鸟岛（Sin Cowe I.）：英文又称 Sin Gows。今称景宏岛，又称地峙、辛科威岛等，位于今南沙群岛中部。

12. 西鸟岛（Spray I.）：英文又称 Spratly Island 或 Spratley Island，也叫 Storm Island。今称南威岛，也叫鸟子岛、斯巴拉脱莱岛、斯泼拉脱莱岛、斯巴得来、士伯拉里、暴风岛、风雨岛等，位于今南沙群岛中部。

13. 丸岛（Amboyna Cay）：英文又称 Amboyne Cay。今称安波沙洲，亦称作同章峙、安布哇岛、安得拿岛、开唐巴亚岛、达姻巴宾等，位于今南沙群岛南威岛南面。

需要提出的是，台湾省行政长官公署在电报中所称新南群岛原属西沙群岛之一部，显然是不准确的。但是无论如何，来自台湾省行政长官公署和中国驻日代表、驻马尼拉总领馆的报告提供的信息，已经相当明确地证实：所谓“新南群岛”，实际上就是中国政府在 1935 年 4 月早经划定的中国领土团沙群岛。

三　国民政府接收南海诸岛之军事准备

自此，新南群岛的名称和位置已经确定，即我国领土团沙群岛。为此，行政院于 1946 年 8 月 8 日“令饬广东省政府暂行接收东沙、西沙、南沙、团沙各群岛”。① 9 月 13 日，外交部、内政部、国防部和海军总司令部各派代表，携带相关图书资料，在外交部开会商讨接收新南群岛（团沙群岛）事宜。②

蒋介石于 1946 年 10 月 3 日向参谋总长陈诚发布“府军忠字第 408 号手令”：“东沙群岛与西沙群岛应派陆军由海军运输前往进驻（限本月内实施）。其兵力不必过多，每处约一连已足。但每年必须瓜代一次为要。”③

陈诚 10 月 5 日向蒋介石报告：“查东、西、南沙三群岛（位置如附图）为国防要

① 《外交部为接收东沙、西沙、南沙、团沙各群岛致马尼拉段总领事电》（1946 年 8 月 9 日），台北“国史馆”藏，“外交部”档案，西沙群岛（五），020/049904/0005/0059/0062x.

② 同上。

③ 《蒋中正手令》（1946 年 10 月 3 日），蒋档，002/080200/00553/181/001a_05_04_2016.

地，亟宜派兵进驻，以防外人觊觎。惟海上补给殊感困难，必须有种种设备及海军陆战队之配合，方可确保无虞。”陈诚向蒋介石说明“东沙群岛已派气象工作人员及一部分兵员进驻”。而“目前亟须进驻者为西沙群岛及南沙群岛（引者按：此处南沙群岛指的是国民政府内政部水陆地图审查委员会1935年4月在《中国南海各岛屿图》中划定的团沙群岛），而后者之国防价值尤大”。陈诚报告了接收西沙群岛和南沙群岛的步骤，即“拟先派一军舰搭载必要人员前往巡视，并搜集必要资料，以为初步进驻之准备”；然后再“派气象及电讯工作人员前往设置，同时编组海军陆战队”。陈诚指出，须等一切设备完成以后，才可实施对西沙群岛和南沙群岛的兵员进驻。①

但蒋介石认为陈诚的派兵进驻计划过于迟缓，于10月6日命令陈诚迅速派兵进驻。他指出：“西、南两沙群岛不论如何，应先派兵各一排携帐幕，限一个月内进驻勿误。至前往巡视，自可同时并举也。”②

在蒋介石的亲自过问下，国防部于10月9日下午邀集外交部、内政部、海军总司令部代表在第三厅召开会议，用“特密”的方式讨论派兵进驻南海各群岛问题。内容包括：

（一）派兵进驻西沙、南沙两群岛的时机。会议认为，“如待派人侦察后再行实施进驻，则需时较长，且易招致外人之注意或竟落外人之后”。遂按照蒋介石的指示，决定采取“进驻与侦察同时”的方针。

（二）初步进驻各该岛屿计划。（1）拟由内政、外交、国防三部及海军总司令部会同粤省府各派员前往各该群岛，尽速开始实地勘察。（2）对各该群岛采取“同时上陆或逐次上陆”的方法。西沙群岛以武德岛（Woody I.）为重要据点；南沙群岛以长岛（Idu Aba）为重要据点。“凡先遣进驻各该群岛工作人员所需之锚地、饮水、道路等，似可先以该两岛作为着手进行之目标。”（3）国界勘定与测绘制图。“由内政部查案划定国界、绘制舆图。”（4）登陆部队之兵种、兵力配合。“由国防部指派优秀工兵一排，以资建筑临时工程，及选派步兵一排以任警卫。”（5）输送及护航船只之调配。“指派最新大型军舰一二艘并酌予配备小轮、民驳。以后应由粤省府规定专轮行驶，以利交通。”（6）气象报警台。由海军总司令部“迅即开始在西沙群岛之武德岛先行成立气象报警台，开始广播，并尽速继续成立南沙群岛报警台”。（7）通信、卫生及人员。“选派电信、气象及医务人员两班，迅即先行前往西沙群岛，照预定进驻地（武德岛）着手设立报警台，并应随带工程师从事勘察、建筑工程。”（8）器材。“柴油机、发电机、无线电机每处三份及气象仪器各一份，连同配件、修理工具等，应尽速配购应用。”（9）房舍设备。“在新建筑未完成前，应须携带充分军粮、帐篷及行政院向美剩余物资清理委员会所让购之活动金属房屋，并配置工兵器材，以便择地先行构筑房舍。”（10）给养。“主食、米粮、副食、干菜、罐头、燃料、火种、文具、医药等及各种应用必需品，均以半年为准。”（11）经费。“所需经费应编造概算呈核。在未奉核准前，须有充裕之开办费。又各该岛均系荒芜之区，所派遣之工作人员待遇，必须特别从优

---

① 《陈诚呈蒋主席十月五日签呈》（1946年10月5日），蒋档，002/020400/00050/045/001x_05_04_2016.

② 《蒋中正对俞济时十月六日签呈之批示》（1946年10月6日），蒋档，002/020400/00050/045/001x_05_04_2016.

(海军总司令部所派东沙岛工作人员之薪饷系三倍发给。合并注明)。"

(三)各该岛屿的永久建设计划。包括拟定永久建设计划之机关以及测量、岛屿命名、海军陆战队之组成及瓜代、港岸设备、移民及开发、其他建设、各项建设经费之开支等永久建设计划内容。决定应由海军总部会同内政部办理。

(四)讨论外交上之准备。会议认为,由于"主权问题似宜先造成既成事实",因此"暂不向各国提出"主权问题。而"有关主权问题之资料",由"内政部、国防部及海军总部搜集,汇送外交部"备用。由教育部负责地理教材修订。

会议还讨论了南海各群岛之隶属系统问题,如各该群岛在行政上之暂时隶属关系如何?尔后之军事隶属关系如何?等等。①

四 国民政府接收南海诸岛

国民政府接收南海诸岛的军事行动实际上从1946年5月就已经开始。

(一)东沙群岛之接收。如前所述,在蒋介石一再电令下,国民政府于1946年5月23日派海军抵达东沙群岛,设置气象台。根据参谋总长陈诚转呈海军总司令部报告派军进驻东沙群岛情况:"(1)第一批。由海军总部派气象台一个,计官兵三十五员名,本年五月二十三日抵岛,六月十五日开始气象广播。(2)第二批。由广州行辕续派整六十四师之一排(欠一班)乘万宁舰,于本年八月十二日到达东沙岛西南二浬处遇险。香港英、美海军闻警驰援获救,万宁舰沉没。迄十五日,员兵十人抵岛,现仍驻守中。拟由海军总部编组第三独立排前往瓜代。"② 随后,陆军总司令何应钦命令张发奎由整编第64师第159团"派兵一排,配无线电一班",于9月前往东沙群岛,部队于9月12日再次登陆成功。③

但由于担任广州至东沙群岛运输补给的万宁舰已于8月15日沉没,岛上驻守部队的补给发生困难。9月18日,张发奎致电陈诚:"驻东沙守军五十余人,因万宁舰沉毁,补给断绝,已绝粮二日,请派机一架来粤投补。"陈诚立即于9月20日令"空军派机投送,并饬海军总部派舰一艘,担任运输"。④ 至此,东沙群岛的驻守完成。

由于中国海军缺乏大型舰船,派军进驻西、南沙群岛的任务一直等到林遵率领的海军驻美舰队于1946年7月回到南京后才得以实施。

(二)西沙群岛之接收。海军总司令部派独立第1排及观象台一个,由西沙接收专员萧次尹和驻西、南沙群岛舰队副指挥官姚汝钰率领,乘永兴舰和中建舰两艘军舰,于

---

① 以上内容见《为讨论进驻西沙群岛等办法国防部致外交部代电》(1946年10月8日)之附件一"议程提要"和附件二"桂代总司令建议接收建设之方式",台北"国史馆"藏,"外交部"档案,西沙群岛(五),020/049904/0005/0068a-0072x.

② 高素兰编:《蒋中正总统档案·事略稿本》(68),台北,"国史馆"2012年版,第138页。

③ 《为讨论进驻西沙群岛等办法国防部致外交部代电》(1946年10月8日),台北"国史馆"藏,"外交部"档案,西沙群岛(五),020/049904/0005/0068a-0072x.

④ 《俞济时呈蒋主席十月六日签呈》(1946年10月6日),蒋档,002/020400/00050/045/001x_05_04_2016.

1946年11月28日进驻西沙群岛之武德岛。① 据林遵报告："永兴、中建两舰，于十一月二十七日航往西沙永兴岛，二十八日到达，运送部队物资登陆，十二月三日回航，巡经罗勃、巴特诸岛，返抵榆林港。"林遵还报告说：西沙永兴岛"上无居民，有房屋、栈桥、树木、水池、水井及日人所遗牛、豕、狗等物。"②

海军总司令部在1947年1月制定的《西、南沙群岛建设实施意见表》中十分详细地报告了接收西沙群岛的经过。

> 遵主席蒋电令，由本军派永兴炮舰、中建登陆艇护送进驻。部队于三十五年十月廿三日由京出发，经上海、虎门至榆林港守候。天气较佳后，于十一月廿七日下午三时出发。十一月廿八日下午三时，由本部独立第一排及西沙群岛观象电台进驻武德岛。环岛暗礁隐伏，水道闭塞。岛上遍生麻疯桐及状似马铃薯之藤茎。西南海滨有日人鸟粪厂仓库及矮小工舍十余间，建丛树中。电台、气象台、大小储水池及水井均大部完好。壁刻一九三八年号教堂一座，内楼二座，仅留四壁。此外有小型铁轨数十条。
>
> 两舰又至群岛区西侧各岛附近侦察一周，望见白托岛③附近有建筑物数幢，灯塔遗迹及电台天线柱两根极高，但无居民迹象。罗勃岛④有旧式碉堡一座，附近小屋一间。⑤

海军总司令部还报告了该岛进驻人数："进驻部队为独立排一排及西沙群岛观象台。该排官兵33员名，配轻机2挺、步枪16杆。该台官佐11员、兵32名，配250瓦特发报机，已与本部直接通报。"⑥ 因此，西沙群岛的接收人员应为76人，《蒋中正总统档案·事略稿本》第68辑中所述"六十七人"，应该是笔误。

（三）南沙群岛之接收。海军总司令部派独立第2排及观象台一个，由南沙接收专员麦蕴瑜、指挥官林遵和内政部专员郑资约等率领，乘太平、中业两军舰赴南沙群岛实施接收。据林遵报告："太平、中业两舰，十一月十二、十八两日曾两度出发往南沙，均因风浪大折回。至十二月九日第三度出发成功，于十二日抵南沙太平岛，运送部队、物资登陆。十五日回航，途次巡经雷伊泰⑦、帝都、双子等岛，十二月十七日安抵榆林港。"林遵描述了当时太平岛的情景："南沙太平岛树木茂盛，有房屋、码头遗址及水井、水池等。该岛似经盟机轰炸。"⑧ 海军代总司令桂永清向陈诚报称："该岛并无居

---

① 前述陈诚报告中进驻西沙群岛时间为12月28日，有误。根据海军总司令部和林遵的报告，登陆武德岛时间为11月28日。参见高素兰编《蒋中正总统档案·事略稿本》(69)，台北，"国史馆"2012年版，第139、505页。

② 高素兰编：《蒋中正总统档案·事略稿本》(69)，第505页。

③ 英文为Pattle Island，即珊瑚岛，中文又叫毕岛、笔岛、拔陶儿岛等。

④ 英文为Robert Island，即甘泉岛，中文又叫吕岛、罗拔岛。

⑤ 海军总司令部调制：《西、南沙群岛建设实施意见表》(1947年元月)，台北"国史馆"藏，"外交部"档案，西沙群岛(六)，020/049904/0006/0024 x－0025x.

⑥ 同上。

⑦ Loaita Island，即南钥岛。

⑧ 高素兰编：《蒋中正总统档案·事略稿本》(69)，第504—505页。

民，仅建有房屋甚多，发现淡水井五个，草木遍地，海边皆珊瑚崖，但锚位尚好，登陆部队及物资计已运毕。”①

海军总司令部对接收南沙群岛之长岛（即太平岛）亦有报告：

> 与进驻西沙同案。由本军派太平驱逐舰、中业登陆艇护送进驻部队，于三十五年十月廿三日由京出发，经上海、虎门至榆林港守候，天气良好后，于十二月九日晨开航，并已于十二月十二日晨八时进驻长岛扬旗立碑。②

关于进驻南沙群岛长岛的部队，该报告指出“为独立排及观象台，其编成与配备与西沙群岛同”。③这就是说，南沙群岛接收部队人数也是76 人。

同时，海军总司令部也报告了长岛概况：

> 长岛为其中较大之鸟岛，形狭长，宛若巨舰。面积约为半方公里，海拔约为八公尺。锚地良好，产水果，有水井，树木茂盛，可蔽烈日。所惜日人、法人所建房屋、电台、码头、围堤均残迹。

报告指出：日本军队侵占长岛后，曾于南面海滨建围堤620 米，内辟水深2.5 米、面积1300 平方米的船舶所港口。沿船舶所还建有172 米长的码头及仓库。尽管这些设施已被破坏，但“我进驻后即应就此继续兴筑”。④

在南京大学图书馆特藏的郑资约先生捐献的资料中，有一块10 厘米长、6 厘米宽的象牙纪念牌照片，上刻书：⑤

> 大中华民国三十五年十二月十二日为代表等及太平、中业军舰奉命率军进驻我南沙群岛主岛太平岛之期，计同年十月二十三日乘舰离京，历程二千海里，冒尽惊涛骇浪，费时五十一日，方可探索到达。本主席蒋以实际考察方式作永久建设计划之指示，举凡登陆、勘查、测图、建碑诸任务一一完成。从此山河永固，并寿南天。同人等荣膺行役，爰为之记。
>
> 内政部代表　郑资约（冀）　曹照孟（冀）
> 空军总部　蒋孝棠（浙）　仲景元（浙）
> 联勤总部　戴蕃瑱（川）
> 广州行辕　李恩孙（桂）
> 海军海道测量局　刘天民（苏）
> 太平舰舰长　麦士尧（粤）

① 高素兰编：《蒋中正总统档案·事略稿本》(68)，第139 页。

② 海军总司令部调制：《西、南沙群岛建设实施意见表》（1947 年元月），台北“国史馆”藏，“外交部”档案，西沙群岛（六），020/049904/0006/0024 x－0025x.

③ 同上。

④ 同上。

⑤ “郑资约接收南沙群岛资料与照片”，南京大学图书馆藏，“郑资约收藏文献”。

中业舰舰长　　李敦谦（赣）　　　副长　杨鸿庥（川）
轮机长　　刘鉴淙（粤）　　　轮机副　李学灵（粤）

这份史料详细记载了中国政府接收南沙太平岛之详情，具有极高的史料价值。

五　国民政府对西、南沙群岛之岛礁建设与命名

西沙群岛和南沙群岛分别位于中国南海西北部和南部，“正扼新加坡通达香港之咽喉，在军事上及海运上均极重要”，且“各国均存觊觎之心”。该两“群岛范围广泛，未经精测，小岛暗礁，星罗棋布，互相拱卫，形势天然”。其中尤以西沙之武德岛为最大，其次为南沙之长岛。此外，西沙之罗勃岛、白托岛，南沙之双子礁、帝都岛、洛伊塔岛、南伊岛、暴风岛等岛屿，面积虽略小，但“形势更要”，“均堪建设成为我国防前哨”。①

在中国军队进驻武德岛和长岛后，海军总司令部于 1947 年 1 月制定了《西、南沙群岛建设实施意见表》，显现出中国政府在西沙和南沙群岛实施军事部署的决心，并计划进行岛礁建设。

西沙群岛方面，以武德岛为军事部署之核心。为减少由于海路运输不便而造成的给养困难，决定减少岛上的守备兵力，“在精而不在多”。要点为加强守岛部队的火力配备，“其武器改以 2.5 公分机关炮为主，轻机步炮为辅”。另外，还计划从武德岛“酌抽其兵员配以机炮，分驻于罗勃岛及白托岛”，“因该两岛距越南甚近，恐被争先占领”。除了军事配置外，还计划“修建围堤、港湾、码头、仓库、宿舍等，俾往来船舰停泊及避风与储藏物资，并使驻岛工作人员生活居住臻于舒适”。各岛屿筹划“设立灯塔、潮汐站、信号站、航行标志等”，以便“指示水道，记载潮汐状况”，便于船舰之安全航行。海军总部计划由海道测量局“派遣测量班详测各水道及其他各小岛面积、海道，调制精密海图，俾今后航行其地有所遵循”。海军总部还建议“武德岛应备五六百吨运输舰或巡逻舰一艘，俾经常往返各岛巡察，各小岛亦应有小火轮及小艇，俾能自行戒备其海面”。

南沙群岛方面。除在长岛“增强火力，添配机关炮”外，计划“另选二、三小岛予以进占，俾与长岛互相策应”。海军总部指出，南沙群岛在围堤、港湾、码头等设备和航道、灯塔等方面的一切建设，“可仿西沙群岛酌量进行”。但由于“长岛锚位较佳，应使可容吃水较深之船只出入”。由于长岛距离海南岛更远，交通不便，因此南海水道之测量实为当务之急。由于一般船舰“对航行其地，多视为畏途，故宜迅予测量……俾能早惠及航海船舶”。海军总部还建议长岛与“海南岛之交通运输”由“榆林港控制舰船担任”，并调整加强该岛驻军瓜代的时间频率，以利于强化守军的战斗力。海军总部拟将长岛建成类似中途岛的“海上强垒”。

1947 年 1 月 16 日，国防部召开“关于西南沙群岛建设实施会议”，国防部部长白崇禧和次长林蔚、秦德纯、刘士毅均出席会议。会议邀请内政部方域司司长傅角

---

① 本段及以下三段，均见海军总司令部调制《西、南沙群岛建设实施意见表》（1947 年元月），台北“国史馆”藏，“外交部”档案，西沙群岛（六），020/049904/0006/0024 x－0025x.

今、外交部欧洲司司长叶公超、财政部关务署署长朱偰与会讨论。参加会议的还有陆军总部参谋长汤垚、海军总部参谋长周宪章、国防部第二厅厅长侯腾、军令部第二厅少将专员马定波以及国防部第三厅处长许朗轩、海军总部第二署处长何希琨、外交部科长陈泽溎等。

白崇禧向与会者报告西、南沙群岛“最近已由我海军进驻”。他指出，“就军事观点言，我国海防自台湾、海南岛，为我在太平洋上海军重要根据地，亦可谓前卫根据地。西、南沙群岛更为海南岛之外围，无论在军事与航海情形，各方面均有重大关系。现我海军进驻以后，对岛上应有措施，自应从速完成，以对友邦表示我之建设性”。他还提到，由于“法国曾表示该岛非我国领土，故进驻该岛后，外交谈判必须注意与军事相配合”。①

周宪章和叶公超分别报告了西、南沙群岛现况和关于各该群岛之中法谈判经过。会议重点是讨论“关于我海军接收进驻西南沙群岛后建设措施方案”。

会议最后决定：（1）关于各该群岛主权问题，“由外交部搜集史料及有关外交文件慎重决定后，再答复法政府”。（2）增加兵力武器及建筑炮台等事宜，由海军总司令部负责办理。（3）各群岛上建筑灯塔事宜由财政部饬海关办理；气象台由海军总司令部负责设备，先建设西沙群岛（武德岛、罗勃岛），“限三月一日前将人员器材运达”。（4）各岛之测量工作。“陆测由内政部、水测由海军总司令部分别派员测量。”（5）西、南沙群岛“应归入我国版图，其经纬度之界限、岛名之更订，由内政部审订，再饬出版机构遵办，并由教育部通饬各级学校”。（6）西、南沙群岛的行政归属，“俟最近海南岛行政特别区奉准设立后，即归属该区统辖。目前暂由海军管理”。（7）由农林部派土壤专家前往各该群岛“调查土壤是否适宜耕种，以备移民垦殖”。（8）电请广东省政府依照过去惯例，为前往西、南沙群岛渔垦的民众发放护照。（9）正式宣布接收西、南沙群岛的时间。“俟岛上灯塔、气象台设备完成，再由外交部照会各友邦。”（10）由海军总司令部和外交部商定对经航该海域外国船只的“临时限制办法”，“除避风停泊外，如有人员登陆时，应由驻在海军提出声明该岛为未开放之港口”。（11）岛礁建设的一切费用，“请财政部另拨专款”。②

从1947年起，内政部方域司召开了一系列关于南海诸岛范围及主权之确定与公布会议，为此后的中国南海主权确定了基调和范围。郑资约等一大批专家亦根据测绘资料绘制南海东沙、西沙、中沙和南沙群岛地图，编写各该群岛的岛名索引等。

1947年3月15日，经国民政府批准，将南沙群岛“暂行交由海军管理”。③

1947年4月3日，内政部部长张厉生函达各部会，宣布经国民政府核准，已将西、南沙群岛之武德岛改名永兴岛、长岛更名太平岛。该公函全文如下：

---

① 《关于西南沙群岛建设实施会议记录》（1947年1月16日），蒋档，002/020400/00050/054/003x_05_04_2016。亦可参见台北“国史馆”藏，“外交部”档案，西沙群岛（六），020/049904/0006/0024 x、0042x－0043x.

② 《关于西南沙群岛建设实施会议记录》（1947年1月16日），蒋档，002/020400/00050/054/003x_05_04_2016.

③ 《中华民国领有南沙及西沙群岛根据之说帖》（1974年1月），台北“中研院”近代史研究所档案馆藏，“外交部”档案，“南沙群岛（中越部分）”，11/EPA/04590，第105537页。

查本部为纪念接收西、南沙群岛，经商得海军总司令部同意，以所派军舰舰名接收各岛。即西沙群岛中之武德岛（Woody Island）改名永兴岛，南沙群岛中之长岛（Itu Aba Island）改名太平岛，并由本部接收人员刻制石碑，永作凭志。兹复经呈奉行政院三十六年三月二十六日从壹字［10881］号指令，以业经呈奉国民政府三十六年三月十四日处字第四二八号指令照准等因，相应函达查照。又其余南海各岛正由本部分别拟议命名中，一俟核定，再行奉闻。①

后来，内政部又将西沙群岛的螺岛命名为“中建岛”，将南沙群岛的帝都岛命名为“中业岛”，还以中业舰舰长李敦谦的名字将南沙沙岛命名为“敦谦沙洲”，以中业舰副舰长杨鸿庥的名字将南沙南伊岛命名为“鸿庥岛”。

1947 年 5 月，胡木兰等 36 名参政员在国民参政会第四届第三次大会上提出“为建设西南沙群岛巩固国防请政府力保主权明定疆界加紧国防建设奖励接收守土得力人员案”，得到与会参政员热烈响应，会议通过了“建设西、南沙群岛，巩固国防，请政府力保主权、明定疆界、加紧国防建设”的决议，要求将该案“交国防部、外交部。一面切实据理交涉，促法军自行撤退，保我主权；一面派舰增兵，加强西沙群岛防务，限期法军退出，必要时加以驱逐”。② 为此，国防部饬令海军总司令部再详细制定西、南沙群岛的建设方案。

1947 年 9 月，海军总司令部向行政院呈递了《西、南沙群岛建设计划（军事部分）草案》。主要内容有：

（一）建设方针。（1）建设经费应拨专款。海军进驻永兴岛和太平岛后，该两岛屿所有费用“概系本部行政经费项下开支，致本区建设大受限制，无法展开工作”。因此建议“今后建设，无论为军事的或经济的，应请政府拨给专款，并指定机构负责统筹办理，以专责成”。（2）加派守岛部队。建议“以熟悉并习惯海南岛情形与生活之士兵为主”。（3）南海岛屿交由海军管理。指出“就本区管制制度言，依各国成例，以应交由海军管辖较为妥善”。同时建议“凡由本区天然物资如磷肥、渔业等，经人工开发所得之财源，应悉数移作本区各种建设之用”。

（二）具体实施办法。由于西、南沙群岛的地势、地质与气候“不适于大型舰船及大兵团长期驻留训练之用”，因此建议分两个阶段进行军事、经济建设。

第一阶段：（1）自 1946 年 11 月派兵进驻永兴、太平两岛后，防御工事只完成一部分。“尔后应增设高、平射机关炮垒，以期加强防御。”（2）以充实岛上人员生活设备为重点。“淡水、粮食、燃料为本区取求不易之生活必需品”，在过去日军占领期间，“永兴岛筑有大量蓄水池（太平岛较少），积蓄天然雨水，并有造水机，以补蓄水之不足或中断。现造水机已废，仅藉进驻时修复之少量水池蓄水饮用”。现在建设过程中“人员增多，水池必感不敷”。所以当务之急为“建筑足敷应用之蓄水池”。岛上的粮食

① 《内政部公函》（1947 年 4 月 3 日），台北“国史馆”藏，“外交部”档案，西沙群岛（八），020/049904/0008/0104x.

② 《国防部长白崇禧致外交部长王世杰代电》（1947 年 8 月 15 日），台北“国史馆”藏，“外交部”档案，西沙群岛（九），020/049904/0009/0076a；《国民参政会第四届第三次大会提案原文》第 1 册，“审一第二十五号”，国民参政会秘书处印，1947 年 5 月。

与燃料“全凭舰船自大陆购运而来”，“万一天候及意外影响，不克及时接济，断绝堪虞”。因此建议在岛上“筑高燥坚固之仓库，常年存储三个月粮食、燃料，以策安全”。此外，岛上官兵的住宿条件亦亟待改善。“本岛营房前曾构筑活动房屋数栋，暂可敷岛上工作人员及驻军之用。待经济力量许可时，宜添建房屋，以供未来前往岛上人员居住之用。”（3）岛上物资运输和航泊设备建设。计划指出：“去冬我军进驻时担任输送之永兴、太平、中建、中业等舰，以气候酷热、风浪汹涌及无港湾码头避风系泊等关系，全部军被、粮食、器材、物品，驳卸不及一半，即急遽驶返。此种情形对于执行任务及员兵心理上妨害甚大。”计划建议，“将来扩大建设，输送物资材料数量当十百倍于去冬。为解除此种困难，宜先建简单之航泊设备，以供舰船驳进起卸之用”。建议“在永兴岛西南方及太平岛西侧珊瑚礁内，各地掘避风塘一处，设立碑帜，俾搭载物资由大船驳上小艇，再由小艇运入港内起卸”，并且“经常可泊快速小艇二、三艘于塘内，遇天候良好时即可出海巡逻各岛”。由于目前该两岛屿尚无建筑码头及钢骨水泥桥梁之财力与人力，建议“暂可在永兴、太平二岛日人前筑栈桥、码头废址设立小型浮桥及浮码头，应用时铺设，不用时拖置陆上”。（4）气象台及雷达站之设立。由于“永兴岛现设有气象台一座，任测候及气象资料之统计，并每日定时播送气象报告，供船只往来、渔捞进出之参考。此项工作自开办以来，甚得国际间之好评，实有助于承认我进驻本区之合法权，今后对此宜充实设备、加紧业务进行，俾成为我国极南地区之良好气象台”。其次，应在永兴与太平二岛“各设置雷达站一座，以供军用”。“我国将来如能于海南岛建立雷达站一座，使与本地区之雷达站配合使用，其对于进出本地区外舰行动之侦察判断，定多裨益。”

第二阶段：（1）在太平岛设立气象台。因“西沙群岛与南沙群岛相距甚远，气象自有变化。应在南沙群岛之太平岛设立测候站一所”，将每日测得之气候数据“报告永兴岛气象台”。（2）设立无线电指向台。因西、南沙群岛“珊瑚礁累累、风浪汹涌，历年触礁沉没船舶甚多，航行极为困难”。为减少航行意外，计划在“永兴、太平二岛各设立无线电指向台一座，以策安全”。（3）继续修建避风塘工程，并从速完成。（4）改善驻岛人员生活。因西、南沙群岛“远隔大陆，地势平坦狭小，草木难生，纬度甚低，气候酷热，飓风常袭。驻岛人员之生活设备，亟宜改善”。其中最重要的是“在永兴、太平二岛各装置新式大型发电机二座，供造水、造冰、通讯及电力上一切应用”。此外，“营房、厂房力求坚固舒适，并充实娱乐、消遣工具，以减思乡、寂寞、单调之苦”。①

行政院院长张群于10月9日将该草案“交内政部会同国防、财政、经济、农林、外交、交通等部”研商。10月15日内政部邀请相关各部人员开会讨论，由内政部方域司司长傅角今主持，出席人员有国防部徐懋禧、曾继业，经济部汤克成，农林部李积新，海军总部丁其璋，交通部雷鸣蛰，财政部黄品城，外交部刘家驹等。与会人员均认为“西南沙群岛经济价值不大重要，而在军事地位上则极其重要”，因此重点讨论各该岛屿的军事建设与建设经费问题。会议认为“惟此项建设必先实地考察，估计建设费用，及配合驻兵、设营与供给上之实际需要，方得编立具体计划，再由内政部召集开会

① 《西、南沙群岛建设计划（军事部分）草案》（海军总司令部1947年9月拟订），台北“国史馆”藏，“外交部”档案，西沙群岛（十），020/049904/0010/0011 x－0018x.

讨论，呈院核办，决非今日即席所能定夺”。会议最后决定三项：（1）由国防部召集各有关军事机关（海、陆、空）先行会商，组织考察团，并请经济部、交通部、关务署、农林部等派技术人员随同考察团前往协助办理。（2）就各机关已经调查所得之关于各种建设资料，先行汇递国防部参考。（3）俟考察团回京时，再由内政部召集各有关机关开会讨论，拟具具体办法呈院核办。①

六 南海诸岛范围及主权之确定与公布

鉴于法属印度支那殖民当局曾于1933年占领中国南海中的9座岛礁，1938年又悍然侵占西沙群岛，国民政府在派军进驻西沙、南沙群岛时极为谨慎，防止事前泄露消息。海军总司令部在电告外交部永兴、中建两舰已于1946年11月28日“进抵西沙武德岛，现进驻官兵及轻便装备已登陆”的消息时，特地要求其“在南沙群岛受气候影响尚未能进占前，请暂勿公布”此消息。为的就是怕消息走漏，导致法属印度支那当局抢先侵占长岛。②

太平、中业两舰于12月12日进抵南沙长岛并进驻军队以后，国民政府外交部发言人遂在1947年1月7日举行的新闻发布会上向全世界宣布：“中国政府已由日本占领中收回西沙群岛。该群岛主权本属中国，故无须经过向任何方面请求收回之手续。”③

中国接收西沙群岛的消息引起国际媒体的极大关注。

英国广播公司于1月9日广播称：“西沙群岛已由中国接收。法政府认为系突然之举，因日军占领前，该地有法军；日军投降后亦有法军进驻。而中国政府突然接收，实使法政府不解。”④ 路透社巴黎9日电讯：“继最近报载中国军队已占领南中国海西沙群岛之消息后，法外交部发言人今日发表声明称：‘法国一向认为该列岛屿系属于越南者。’法政府在上述传说未证实前，尚未决定应采何种行动。该发言人称，该岛屿之重要性为战略方面者，但战时法国从未将该群岛作战略目的之用。”

法国新闻社巴黎10日电称：“关于西沙群岛之宗主权问题，近日各方对此均极注意……安南国王在十八世纪及十九世纪时，曾迭次要求取得西沙群岛之宗主权。迨至一九二〇年中国占领西沙群岛，并将其行政权划入海南岛，至一九三〇年中国政府决定开采此等岛屿之资源。”该电讯还称：“去年六月，法国海军侦察机确定西沙群岛上并无军队。最近中国军队已占领该群岛。外交发言人亦宣称中国国旗已再度飘扬在西沙群岛上。”

---

① 《刘家驹关于会商西南沙群岛建设计划的报告》（1947年10月16日），台北“国史馆”藏，“外交部”档案，西沙群岛（十），020/049904/0010/0007 x－0008x.

② 《海军总司令部致外交部代电》（1946年12月7日），台北“国史馆”藏，“外交部”档案，西沙群岛（五），020/049904/0005/0068a－0075x.

③ 《中法关于西沙群岛交涉大略》（1947年2月1日），台北“国史馆”藏，“外交部”档案，西沙群岛（七），020/049904/0007/0010x；《照译法大使馆一九四七年一月十三日关于西沙群岛事致本部》，台北“国史馆”藏，“外交部”档案，西沙群岛（五），020/049904/0005/0015 x－0016x.

④ 本段及下段，见海军总司令部调制《西、南沙群岛建设实施意见表》（1947年元月），台北“国史馆”藏，“外交部”档案，西沙群岛（六），020/049904/0006/0024 x－0025x.

法国大使馆于1947年1月13日向国民政府外交部递交节略，“兹请外交部注意法国以越南名义对该群岛所行使之主权”。法国政府在节略中声称：“法政府虽仍维持其一九三七年七月节略中所主张，此事应由两国友好解决之提议。惟已被迫须对一月七日外交部声明对华军行使该群岛占领权利后发生之效果，作最明确之保留。”①

1947年1月17日上午，满载海军陆战队官兵的法舰F－43号“借口西沙群岛系法属领土”，驶抵武德岛抛锚。其舰长声称“奉命前来登陆，并运送华方人员离岛”，并威胁驻岛中国军人于18日上午8时前离岛，否则“强行登陆”。中国驻岛官兵坚拒法军要求，表示“决予抵抗”。法舰遂于19日凌晨离开武德岛，并侵占了50海里外的拔陶儿岛。②

对于法舰和法军在武德岛强行登陆以及后来侵占中国西沙珊瑚岛之事，国民政府外交部和中国驻法大使钱泰多次向法国政府进行交涉和抗议。

1月19日，钱泰在巴黎会晤法国外交部秘书长，“请其训令，速将法舰撤退”。但该秘书长声称，“此事完全系该舰长自由动作，决非法政府之意”，表示已经训令法属印度支那总督达任留“速行制止”，并请“中国政府处以冷静”。随后，法国外交部亚洲司司长“亲来本馆解释”，称由于中国外交部发言人提及西沙群岛，法国外交部遂于13日向中国驻法大使照会并重申其所持立场，同时通知了达任留。“达氏派舰视察，曾训令如华军业已占领，不必登岸，不料该舰长超出训令范围。”该司长称“法政府但期和平仲裁解决，并决不愿以此而伤中法友谊。希望中国政府勿扩大其事”。钱泰“询以派舰是否系外交部训令？彼云，并非外交部本意，已电达任留撤退”。③

1月23日，国民政府外交部欧洲司司长叶公超向报界宣布：“西沙群岛自日本投降后即被中国军队重新占领，现悬中国国旗。该群岛继续成为中国领土之一部。”④

为维护中国在南海主权，国民政府于1947年1月至4月间与法国政府数度谈判，“法方表示循外交途径和平仲裁解决，而我方则表示该群岛之主权属于我国毫无疑问”。⑤

但是，我国派军进驻南沙太平岛的消息却迟迟没有向外界公布。国民政府考虑的问题有二。

第一，公布时间及方式。国民政府自1946年11月至12月间接收西沙、南沙群岛并由海军进驻武德、太平两岛后，各该群岛主权已属中国所有。因此，“为明主权并避免他国觊觎及发生纠纷起见，应以公布为宜”。另外，“本国国境范围亟应确定。值此全国民众对西、南沙问题发生兴趣之时，似应公布，以激发民众对南海之思想，并确定

---

① 《照译法大使馆一九四七年一月十三日关于西沙群岛事致本部》，台北“国史馆”藏，“外交部”档案，西沙群岛（五），020/049904/0005/0015 x－0016x.

② 即珊瑚岛。《参谋总长陈诚报告》（1947年1月20日），高素兰编：《蒋中正总统档案·事略稿本》（68），第443—444页。

③ 《钱大使泰由巴黎致外交部呈蒋主席电》（1947年1月19日），台北“国史馆”藏，国民政府档案，“钱泰与郑天锡呈驻法英情报”（1946年4月13日—1948年12月10日），200000000A/0662.20/8350.01/01.

④ 《驻法大使馆呈外交部》（第240号，1947年1月24日），台北“中研院”近代史研究所档案馆藏，“外交部”档案，“南沙群岛（中越部分）”，11/EPA/04141，第200065页。

⑤ 高素兰编：《蒋中正总统档案·事略稿本》（68），第444—446页。

国境范围”。公布时间和方法应予讨论决定。

第二，西、南沙群岛范围的确定。“西沙群岛离我海南岛榆［林］港仅百余至二百海里，我国军舰、渔船甚常前往。其全部主权应属我有，实属天经地义，应宣布全部属为我有。”但南沙群岛“范围甚广，其主要之太平岛已离榆林港五百余海里，而离菲列宾则仅有二百余海里。故其公布范围似应加以研究”。当时南沙群岛的划定有三种意见：（1）以日本人划定的新南群岛为范围。“即凡属北纬七度至十二度、东经一百十一度至一百十七度所有之岛屿、礁石，均属我有。”（2）以北纬七度至十二度、东经一百十一度至一百十五度半为范围。（3）以北纬十度至十二度、东经一百十四度至一百十五度为范围。①

国民政府指示由内政部主持召集各方加以研讨。

1947 年 4 月 14 日，傅角今召集国防部马定波，外交部沈默、陈泽溎，海军总司令部林遵、丁其璋以及内政部王政诗等开会商讨相关事宜。傅角今指出：“我国南海疆域需要明确规定。前在民国廿年，我国官方舆图系以曾母暗沙为我国最南之疆界。现在东沙、西沙、南沙各群岛已自日人手中接收，拟讨论两点：一、南沙群岛之范围若何规定？二、各群岛之公布方式若何？”②

会议最后决定：（1）“南海领土范围最南应至曾母滩。”会议指出：“此项范围，抗战前我国政府机关、学校及书局出版物均以此为准，并曾经内政部呈奉有案。仍照原案不变。”（2）“西、南沙群岛主权之公布，由内政部命名后附具图说，呈请国民政府备案。仍由内政部通告全国周知。在公布前并由海军总司令部将各该群岛所属各岛，尽可能予以进驻。”（3）“西、南沙群岛渔汛瞬届，前往各该群岛渔民由海军总司令部及广东省政府予以保护及运输、通讯等便利。”③

同年 5 月，林遵致函国民政府，建议尽快公布“西、南沙群岛为我收复事”。林遵建议的公布范围为：“西沙群岛应以全部为范围；南沙群岛可分为两案：（a）宣布全部群岛为我收复。（b）如以最东之群岛过于菲律宾领海，将其放弃，可宣布北纬 7 度至 12 度，东经 111 度至 115 度 30 分内之群岛，为我收复。”④ 国民政府遂饬令行政院召集相关部会会同核议。

6 月 10 日，行政院秘书处召集内政、外交、国防三部官员讨论林遵的提案。会议由行政院参事管欧主持。傅角今不赞成林遵“关于南沙群岛之收回范围”，主张按照“上次召开有关本案会议之决议办理”，即以“战前我国机关学校所出版之关于南海领土范围之刊物”为标准。关于公布时间，他主张“应在国防部对可进驻岛屿实际进驻之后”。他还指出，南沙群岛“与菲律宾相距最近之处，亦在一百海里以外，且菲律宾

① 《西、南沙群岛范围及主权之确定与公布案会议纪录》（1947 年 4 月 14 日），台北“国史馆”藏，“外交部”档案，西沙群岛（八），020/049904/0008/0086 x－0091x.

② 《外交部陈泽溎关于南沙群岛范围及主权之确定与公布案会议报告》（1947 年 4 月 15 日），台北“国史馆”藏，“外交部”档案，西沙群岛（八），020/049904/0008/0095 x－0096x.

③ 《西、南沙群岛范围及主权之确定与公布案会议纪录》（1947 年 4 月 14 日），台北“国史馆”藏，“外交部”档案，西沙群岛（八），020/049904/0008/0086 x－0091x.

④ 《行政院秘书处公函》（1947 年 6 月 2 日），台北“国史馆”藏，“外交部”档案，西沙群岛（九），020/049904/0009/0035x.

对我当时收复该岛无何异议，故不成问题”。国防部代表甘礼经指出：“日本对南沙群岛，原亦定有范围，系包括全部岛屿，但不远至西部公海。我既自日人手中接收，自仍可照此范围为准。否则如照原提案办法，不啻默认邻近菲律宾之岛屿已为该国主权矣。”外交部刘家驹科长表示：“西沙群岛问题，虽中法双方尚在争执中，但在我国固已肯定其为中国领土。”他还指出：“我方主张主权之引证，较法方所提出者殊多根据，现正继续收集资料，并要求法方即速撤退其在白托岛之军队。”而外交部美洲司专员沈默则表示：应该“遵照钧座指示……似应先由国防部再就该群岛中较重要者实行派军驻守，俟此项派驻工作达到后，再行决定公布之范围与方式。”①

会议最后形成下列决议：(1) 关于公布范围。“应照内政部呈准之我国南海领土范围为公布范围。”(2) 关于公布方式。“采用发表新闻方式，在国内宣布，并由内政部编制西、南沙群岛史地及设施情形，及附图说明，呈送国府备案。同时通饬国内机关学校一体知照。”(3) 关于公布时间。“应俟南沙群岛中之重要岛屿（如双子岛及南威岛）进驻后，并于邻近之次要岛屿上竖立领土标识后，予以公布。”②

蒋介石核准了会议审查意见，并饬令行政院“查明详报南沙群岛应属我国之根据”。③

6月16日，张群将会议审查意见抄发国防、内政、外交三部。修订后的《审查意见》内容包括：

（一）确定西、南沙群岛之范围。(1) 西沙群岛：“原建议应以全部为范围，此点与内政部所定该群岛之范围相同。”(2) 南沙群岛：“内政部原定为全部，该群岛之最东岛屿与菲律宾相距尚在一百海里以外，菲方并无据有之表示，是南沙群岛亦应以全部为范围。”

（二）宣布各岛屿为我收复。(1)“西沙群岛全部，我国已迭次声明主权属我，似无宣布收复之必要（其中拔陶儿岛，现尚为法国派兵侵占，外交部正在交涉中）。”(2)“南沙群岛（我国仅实际占领其中之一，即太平岛）目前似无宣布其全部或部分属我之必要。”

（三）派兵进驻西、南沙群岛其他重要岛屿。“迄现为止，我国在西、南沙群岛中，仅实地占领永兴（在西沙）、太平（在南沙）两岛，似应由国防部再就各该群岛中较重要岛屿，如双子岛、斯普拉特岛④等迅即实行派兵驻守。”

（四）将来宣布收复西、南沙群岛的时间和方法。“应于何时及运用何种方式表示各该群岛属我或为我收复，应视西、南沙群岛中岛屿之占领实际情形，由内政部会商有关机构决定之。”⑤

---

① 《外交部刘家驹呈关于审查公布西、南沙群岛为我收复案会议讨论与决议情形》（1947年6月11日），台北“国史馆”藏，“外交部”档案，西沙群岛（九），020/049904/0009/0029 a－0033a.

② 同上。

③ 《行政院训令》（1947年7月16日），台北“国史馆”藏，“外交部”档案，西沙群岛（九），020/049904/0009/0042 x－0043x.

④ Spratly Island，即南威岛。

⑤ 《行政院训令》（1947年7月16日），台北“国史馆”藏，“外交部”档案，西沙群岛（九），020/049904/0009/0042 x－0043x.

为了使西沙、南沙群岛主权范围具体化，内政部方域司印制了《南海诸岛位置略图》，该图成为现代中国南海地图的重要蓝本。该位置略图有几个重要特点：（1）用11根断续线组成的U形线圈定了中国南海海疆范围。该线成为如今中国宣示南海海疆主权之九段线的来源，这是我国维护南海诸岛领土主权的重要法理依据。（2）对南海诸岛各岛群名称作了调整：将“团沙群岛”改名“南沙群岛”，原“南沙群岛”改名“中沙群岛”。（3）再次明确中国海疆线最南端在北纬4度的“曾母滩”，并将其改名为“曾母暗沙”。8月中旬，内政部将包括所有南海岛屿位置及名称的《南海诸岛位置略图》《西沙群岛图》《中沙群岛图》《南沙群岛图》《太平岛图》《永兴岛及石岛图》6种以及《南海诸岛新旧名称对照表》1种，呈奉行政院审核。国民政府主席蒋介石在审核了《南海诸岛位置略图》后决定，“应以各该群岛全部为范围”。①

11月，由郑资约编著的《内政部方域丛书》第一种《南海诸岛地理志略》由商务印书馆出版。书中收录了《南海诸岛位置略图》等地图以及《南海诸岛新旧名称对照表》。内政部方域司于11月19日将该书检送国民政府各部会参考。②

12月1日，国民政府内政部正式核定南海中属于中国领土之东沙、西沙、中沙、南沙等各岛屿和岛礁名称，并刊载于当时的国内外报刊，昭告世人，完成了国际法上所规定之程序。从此，南海诸岛正式重返祖国版图。

1949年4月1日，海南特别行政区成立，东沙、西沙、中沙与南沙群岛均正式改隶海南特别行政区管辖。③

七　余论

中国对南海诸岛拥有主权具有坚实的历史依据和国际法依据。

首先，1887年6月26日，中法两国签订《续议界务专条》（Convention relative à la Délimitation de la Frontière entre la Chine et le Tonkin），划定了中国和法属印度支那之间的边境线。两国勘界大臣会商议定：“永远遵守所有商定办法。”“将两国勘界大臣之节略并所绘界图亲自画押者，现在互相校阅，各无异议。”④ 而中越海上边界，便以东经108度02分线（即中法两国勘界大臣所划红线）向南垂直接划。这样，基于国际条约的中越海上边界线即已划定。越南海岸在竹山以西，无论怎样向南接划，南海诸群岛都远在该线以东海面，其归属中国不言自明。也就是说，法国政府早在1887年6月26日

① 《内政部公函》（1947年9月4日），台北“国史馆”藏，“外交部”档案，西沙群岛（十），020/049904/0010/0039x。“曾母滩”亦称作“詹姆滩”。

② 《内政部方域司函》（1947年11月19日），台北“国史馆”藏，“外交部”档案，西沙群岛（十），020/049904/0010/0042x.

③ 《中华民国领有南沙及西沙群岛根据之说帖》（1974年1月），台北“中研院”近代史研究所档案馆藏，“外交部”档案，“南沙群岛（中越部分）”，11/EPA/04590，第105537页。

④ 中法《续议界务专条》（清朝光绪十三年五月初六，西历一八八七年六月廿六日）第一、二、三款。台北“中研院”近代史研究所档案馆藏，“外交部”档案，“南沙群岛（中越部分）”，11/EPA/04590，第105560—105561页。

就已经承认南海诸岛属于中国所有；中国对南海诸岛拥有主权，已为国际法所认定。因此，东经 108 度 02 分线也成为国民政府划定南海疆域线的起点。

自有史籍记载以来，中国海南岛渔民即定期前往南海诸群岛作业，并在各主要岛屿不定期居住。20 世纪 30 年代日本对中国东北的侵略，是造成中国南海主权危机的根源。法国于 1933 年侵占中国南海九小岛，1938 年 7 月又出兵侵占西沙群岛。日军于 1939 年 2 月驱逐法国军警，占领西、团沙群岛。

其次，国际反法西斯战争和中国抗日战争的胜利及战后国际秩序，赋予了中国收复南海主权的权利。作为第二次世界大战战胜国和联合国常任理事国的中国，遵照《开罗宣言》和《波茨坦公告》，收回了被日本侵占的中国东北四省、台湾、澎湖和南海诸岛，重新确立了中华民国的版图。这是第二次世界大战后联合国和同盟国赋予中国的权利，更是中国依据战后国际秩序所享有的权利。当时美、英两国，尤其是美国政府，在南海诸岛主权归属问题上也倾向于支持中国。据史料记载，1920 年，日本南兴实业公司欲在西沙群岛开采磷矿，曾函询法属印度支那海军司令该群岛“是否属于法国?”司令答曰“否”。1927 年 12 月 5 日，法属印度支那总督向法国政府报告说，时任日本驻西贡总领事黑泽向该总督署外交负责人员表示：“通常称谓西沙群岛者（Paracels)，实在日本版图以外，日本政府不加过问。”① 可见，中国对西沙群岛拥有的历史主权证据确凿，已为国际公认。因此，当法舰于 1947 年 1 月 18 日侵占西沙珊瑚岛后，美、英两国政府于 1 月 28 日指示各该国驻法大使“先后往访法外长贝得尔”，关于西沙群岛之主权问题，“两人均根据其政府指示”，要法国“慎重考虑中国政府所提供中国与西沙群岛主权有历史性之资料”；“二大使事先并商得同一具体原则，即希望法国对西沙群岛事件，应循外交途径，在不损及中法善意友谊下，以求解决”。②

由此可见，中国对南海诸岛拥有不容置疑的主权。

（原载《近代史研究》2017 年第 2 期）

① 胡焕庸：《法日觊觎之南海诸岛》，《外交评论》第 3 卷第 5 期，1935 年 5 月，第 70—71 页。

② 《保密局呈蒋主席二月七日情报》（1947 年 2 月 11 日），蒋档，002/020400/00050/056/001x_05_04_2016.

南海历史遗迹与文物的保护、发掘与利用

侯　毅　吴　昊*

中国人民在南海的活动有2000多年的历史，是中国人民最早发现、最早命名、最早开发经营南海诸岛。在开发、经营和管辖南海诸岛及其相关海域的漫长历史进程中，中国人在南海诸岛遗留了大量的历史遗迹和文物，包括散落于南海诸岛的古遗址、古墓葬、古建筑、文献、手稿等，这些历史遗存不仅是我国人民发现、开发海南诸岛的标志和见证，更是中国在南海诸岛及其相关海域拥有主权及享有历史性权利的重要佐证。以往学术界对南海历史遗迹与文物的研究多是作为论述中国在南海的主权权利辅助证据，或是从文物研究的角度论述其价值，而对于这些历史遗迹和文物的发掘、保护的价值与意义，存在的问题以及其法理意义缺乏深入讨论，从政策层面探讨南海历史遗迹及文物开发措施的著述更为鲜见，① 本文是在前人研究的基础上，重点对发掘利用南海历史遗迹及文物的价值与意义、开发利用的手段等进行探讨。

一　我国南海历史遗迹和文物的种类

在长期的历史过程中，中国人在南海的足迹遍布东沙、西沙、南沙、中沙四个群岛，遗留下的历史遗迹与文物屡见不鲜、丰富多样，大体可以分为以下几类：

（一）古代沉船遗迹

早在秦汉时期，中国人民就开辟了举世闻名的“海上丝绸之路”。“海上丝绸之路”

---

* 侯毅，中国社会科学院中国边疆研究所副研究员；吴昊，文章发表时为中国社会科学院中国边疆研究所博士后。

① 早在20世纪初，民国时期出版的一些著作如陈天锡编著《西沙岛、东沙岛成案汇编》（商务印书馆1928年版）和郑资约《南海诸岛地理志略》（上海商务印书馆1947年版）等对南海历史遗迹及文物已给予关注，但囿于条件所限，未能充分展开研究。中华人民共和国成立后，南海历史遗迹及文物的研究步入正轨，20世纪70年代至90年代，我国多次组织考古人员前往南海岛礁及相关水域进行考古发掘，获得了一大批宝贵的历史文物，如华光礁1号沉船遗址等。特别是1991年至1995年，王恒杰在西沙群岛、南沙群岛进行实地考古调查，后写成《西沙群岛的考古调查》《南沙群岛的考古调查》，引起国内外广泛关注。近年来，随着南海文物考古工作的持续深入，有关南海历史遗迹及文物的研究成果不断面世，如李国强《论南海的人文资源》（《南海学刊》2015年第1期）、孙健《南海沉船与宋代瓷器》（《中国文化遗产》2007年第4期）、陈进国《南海诸岛庙宇史迹及其变迁辨析》（《世界宗教文化》2015年第5期）、包春雷《南海“华光礁Ⅰ号”沉船水下考古试析》（《南海学刊》2015年第3期）等。

以中国福建、广东等沿海地区为基点，经南海通向东南亚各国、印度洋、波斯湾等地，据唐德宗朝宰相贾耽记述，唐代的“海上丝绸之路”从广州出发，经南海，穿越马六甲海峡，前往南亚、中东及东非地区。① 有学者统计，唐武则天时期，西域南海来华的使节中，多数选择由海路来华。② 宋元两代，海上丝绸之路达到了鼎盛，宋人周去非在其著作《岭外代答》中记载了东南亚、南亚、西亚等地 40 多个国家的名称，书中写道：“传闻东大海洋，有长砂石塘数万里，尾闾所泄，沦入九幽。昔尝有舶舟，为大西风所引，至于东大海，尾闾之声，震汹无地。俄得大东风以免。”③ 这里的长砂石塘指的就是西沙群岛。这说明，在宋代，西沙群岛海域已经成为海上丝绸之路的重要的航线所在。又据宋人赵汝适的《诸蕃志》记载，宋代远洋海船多从泉州、广州出发，“率以冬月发船，盖借北风之便，顺风昼夜行，月余可达（阇婆）”，④ 即是经西沙群岛，横渡南海，到达今印尼。

随着航海技术的进步，很多船只选择了较沿岸航行更加快捷的西沙群岛、南沙群岛附近海域穿越直行。由于西沙群岛和南沙群岛岛礁众多、暗礁密布，是海上航行的危险区域，很多经行船只遭遇风浪或触礁沉没，因此，在南海海底散落着数量众多的中国沉船，它们多是经行丝路的商船，遗留下大量商贸海瓷及金属器物。

20 世纪 90 年代后，南海沉船遗迹的普查、发掘和整理工作快速发展，取得了很大成效。1992 年，考古学家王恒杰在南沙群岛进行考察时，发现单叶铁锚一件，并推断其为清代以前遗物。⑤ 1996 年，我国考古人员在西沙群岛浪花礁、华光礁、金银岛等岛礁附近又发现了 8 处水下沉船遗址，这些沉船多为宋代至清代时期的货船，船上载有大量的瓷器等用品，此次文物普查发现的沉船遗迹意义重大，标志着中国水下考古工作已经从近海走向了远海。⑥

1996 年中国渔民在潜水捕鱼时发现了“华光礁 1 号”沉船，该船为南宋时期沉船，是我国在远海发现的第一艘古代船体。1997 年至 1998 年，国家博物馆和海南省文物部门对“华光礁 1 号”沉船进行了试发掘，出水文物近 1800 件。2007 年至 2009 年国家博物馆和海南省文物部门组成西沙考古工作队，正式对“华光礁 1 号”沉船遗址进行了考古发掘，打捞船体残长约 19 米，宽约 6 米，高约 4 米，除船体外，出水文物近万件，主要为瓷器。⑦ 华光礁 1 号发掘期间，在华光礁、北礁还发现了 4 处水下遗存。北礁沉船遗址是西沙永乐群岛北端的一个椭圆形环礁，也是古代海上丝绸之路的必经之地，近年来共发现十余处沉船遗迹。

2010 年 4 月，由国家博物馆牵头，中国国家博物馆水下考古研究中心与海南省文物局合作，再次组织水下考古队，对永乐群岛诸岛礁展开水下文物普查，又发现多处古

---

① 《新唐书》卷 43。

② 刘永连：《唐代中西交通海路超越陆路问题新论》，《陕西师范大学学报（哲学社会科学版）》2013 年第 1 期。

③ （宋）周去非：《岭外代答》卷一，《地理门・三合流》。

④ （宋）赵汝适：《诸蕃志》卷上，《阇婆国》。

⑤ 王恒杰：《南沙群岛考古调查》，《考古》1997 年第 9 期。

⑥ 杨林：《西沙群岛考古调查新成果》，《中外文化交流》1996 年第 6 期。

⑦ 《琼华光礁 1 号沉船遗址捞出万件文物 专家全面解析》，《海南日报》2007 年 5 月 9 日。

代沉船遗址。[①] 2011 年，又在盘石屿、石屿、银屿发现多处沉船遗址。根据海南文物管理部门的统计，西沙、南沙、中沙群岛海域已经确认的沉船遗址有 136 处。[②] 中央与海南省政府对南海沉船遗址的保护和发掘工作给予高度重视，2006 年和 2013 年，北礁沉船遗址和华光礁沉船遗址被列为全国重点文物保护单位，南沙洲沉船遗址、珊瑚岛沉船遗址、浪花礁沉船遗址、玉琢礁沉船遗址被海南省列入省级文物保护单位。

（二）文物

随着南海沉船遗迹的发掘，出水了大量的文物，以瓷器及钱币为主，充分展现了我国古代海外交通贸易的繁荣，勾勒出海上丝路不断发展的历史进程。

1. 瓷器

1998 年至 1999 年对西沙华光礁 1 号的水下文物进行的抢救性试掘中，共出水沉船遗物 849 件，其中青白瓷器 678 件，占到了出水文物的绝大多数，有碗、盘、碟、盏、钵、壶、罐、粉盒等，器形较小，制作规整，装饰手法多种多样，青瓷器标本 159 件，多为大碗和大盘，还有钵、瓶、执壶、小口罐等，此外还有少量陶胎的酱褐釉瓷器。据考古人员分析，华光礁 1 号的青白瓷器多为宋代福建泉州德化窑、南安窑以及景德镇湖田窑器物。而青瓷器则是宋代泉州、闽北及晋江一带磁灶窑的产品。在对北礁 1 号、2 号、3 号进行的水下遗物采集中，同样收获了青花瓷、青白瓷、青瓷瓷器，这些遗物表明，该沉船遗址保存有宋元和清代两个不同时期的遗存。不同时期、不同种类的瓷器大量遗存，显示了瓷器在我国古代海外贸易中所占的比重之大，从一个侧面真实、生动地展现我国古代南海海上丝绸之路的兴旺景象。瓷器产地以华南沿海等地为主，也说明了中国陶瓷贸易的广泛性与持久性对中国沿海政治经济结构的重要影响。

2. 钱币

1920 年，擅闯西沙群岛的日本渔民发现了中国古代铜钱，其中包括东汉王莽钱及明代永乐通宝。据专家判断，这些古钱是在明成祖永乐年间或稍后沉没于此的。[③] 1947 年中山大学王光玮教授在西沙群岛石岛有类似的发现，包括唐开元、明洪武、永乐通宝等在内共 16 枚。2010 年，水下考古人员在对南澳 1 号的打捞中，考古人员在船舱中发现了罐装的大量铜钱，钱文多为“祥符通宝”“皇宋通宝”“熙宁通宝”等北宋年号，出水铜钱 11300 余枚。同时，在北礁 19 号水下遗存也采集到“皇宋通宝”“熙宁重宝”“元丰通宝”“崇宁重宝”“洪武通宝”“永乐通宝”等铭文铜钱数枚。说明随着海外贸易的发展，大量中国钱币流通海外，特别是流向与中国东南沿海经济贸易关系密切的东南亚国家。

3. 金属器物

金属器物往往质地坚硬，不易腐坏，因此在古代沉船中常有发现，如在对华光礁 1 号沉船的打捞过程中，就发现了不少铁制单体及小块沉积物，出水了一批锡器和铜器，

---

① 孟原召、符洪洪：《2010 年西沙群岛水下考古调查再获丰硕成果》，《中国文物报》2010 年 6 月 4 日。

② 《我省水下家底摸清》，《南国都市报》2016 年 7 月 25 日。

③ 《广东省西南沙群岛志编纂委员会资料》，1947 年 3 月 15 日。转引自韩振华编《我国南海诸岛史料汇编》，东方出版社 1988 年版，第 217 页。

而在西沙群岛北礁附近，也打捞出数量众多的铜器，其中还包括一件明代铜盘及器座，质地均为紫铜，器形具东南亚风格，据考古学者推断，此为我国外销产品。这些金属器物的大量存在一定程度上反映出我国古代商品经济的繁荣景象，东南沿海地区生产的金属器物已行销海外各地。

需要指出的是，从目前的考古发现来看，南海诸岛附近水域的古代沉船均为中国沉船（见表1），分布范围广、数量多，宋、元、明、清各个时期都有，这充分说明了在历史上很长一段时期内，只有中国人在诸岛附近水域航行，也只有中国人有能力开发、经营和管辖南海诸岛。

表1　目前发现的我国在南海主要沉船遗址及出水文物统计

发现时间	遗址名称	位置	年代推断	文物情况
1998.12	华光礁1号沉船遗址	西沙群岛光华礁西北	南宋至元初	出水文物近万件，陶、瓷器占绝大部分，陶瓷产地主要为福建和江西景德镇，陶瓷产品按照釉色分类主要有青白釉、青釉、褐釉和黑釉几种，器形主要为碗、盘、碟、盒、壶、盏、瓶、罐、瓮等
1998.12	曲手顶1号遗物点	位于西沙群岛石屿曲手顶	清	采集到青花瓷器
1999.1	石屿1号沉船遗址	西沙群岛石屿与咸舍屿之间	清	采集到青花瓷器
1999.1	银屿1号遗物点	位于西沙银屿滩	明	有龙泉青瓷、青花瓷遗存
1999.1	北礁1号遗物点	位于北礁礁盘西北部	明	采集到瓷片有宋代青白瓷，明代青花瓷等
1999.1	北礁1号沉船遗址	西沙群岛北礁灯塔东北偏东约7000—8000米	明	采集到青花瓷、青白瓷、青瓷等，器形主要有盘、碗、罐、杯、壶等
1999.1	北礁2号沉船遗址	西沙群岛北礁灯塔北约1000米	近现代	主要有铅、银锭、炮弹头、船体等
1999.1	北礁3号沉船遗址	北礁北部礁栏	明	有大量瓷器出水，共采集标本153件，发现碇石3个。瓷器以万历年间青花瓷为主，间有少量的龙泉瓷、白瓷和陶器
1999.1	北礁3号遗物点	位于北礁礁盘内	明	文物主要为青花瓷，少量龙泉瓷，器形主要有盘、碟、碗、瓶、小罐等
2010.5	石屿2号沉船遗址	西沙群岛石屿东侧	元	文物均为瓷器，有德化窑瓷器、景德镇窑卵白釉瓷器、元青花残片，以及元代龙泉窑青釉瓷片
2010	金银岛1号沉船遗址	金银岛西南约2500米	清	发现有大量的石质建筑构件和瓷器残片
2012	珊瑚岛1号沉船遗址	距离珊瑚岛东北500—1000米	清	遗址以石质建筑构件为主要堆积，还发现了少量青花和白釉瓷器碎片

（三）历史遗迹、遗址、遗物

我国人民在发现南海诸岛后，对南海诸岛的开发也逐步展开。晋代裴渊的《广州记》中记载道："珊瑚洲，在东莞县南五百里，昔有人于海中捕鱼，得珊瑚。"[①] 这里的"珊瑚洲"应指今之东沙群岛。需要指出的是，裴渊提到"昔人"在珊瑚洲捕鱼，这说明在晋代之前，中国渔民就已经在东沙群岛附近海域从事捕鱼、采珊瑚等生产活动了。

我国先民在南海诸岛的活动留下了很多遗迹、遗址和遗物，包括庙宇、墓葬、水井、房屋、生活用品等各类遗物，种类十分丰富。

1. 庙宇遗址及遗物。1813 年（清嘉庆十八年），英国探险队在东沙岛非法调查时，在岛上发现中国渔民在岛上所建的庙宇。[②] 1910 年（清宣统二年），清人李长傅所著《东目庙笔记》中也记载了东沙岛上有中国人所建庙宇，他写道："是岛为闽粤渔户营业之所，由来已久。岛上有大王庙，为各渔户所公立。"[③] 根据中西文献记载和 20 世纪 70 年代至 80 年代我国在南海诸岛进行的文物调查，建有庙宇的南海诸岛岛礁共有 20 多个，[④] 包括西沙群岛的甘泉岛、北岛、南岛、东岛、中岛、赵述岛、金银岛、广金岛、珊瑚岛、永兴岛、琛航岛、晋卿岛；东沙群岛的东沙岛；南沙群岛的太平岛、南子岛、中业岛、西月岛、北子岛、马欢岛、南威岛、南钥岛、奈罗礁、鸿庥岛等，残存的有十余处。

上述庙宇建于不同年代，明代、清代及民国年间皆有，大体分为三类：一是娘娘庙，俗称妈祖庙，主要供奉妈祖、观音菩萨；二是土地庙，供奉土地神；三是兄弟公庙，也称孤魂庙、昭应庙，传说是为纪念明代遇海难的 108 位海南渔民，又说是为纪念清代被海盗杀害抛海而成神的 108 位海南籍海商，是海南独有的信仰。南海诸岛上的庙宇说明了中国渔民长期在这些岛礁上驻留。

2. 居民生活遗址及遗物。历史上，南海自古是中国人生产、生活的地方。近代西方列强入侵南海诸岛的过程中，也留下了很多中国渔民在南海诸岛生产生活的记载。1868 年，英国海军部测绘局出版的《中国海指南》中就记录了西沙群岛上中国渔民的生活场景，书中记载："林康岛……此岛上有泉水，水质极好，岛上仅有一座井，是海南渔民所挖，在一棵矮小的椰子树旁，海水过滤后，有淡水渗入井内。"书中还记载有"觅出礁……1 月至 5 月，海南渔船经常前往此处捕鱼"。[⑤] 20 世纪 70 年代以来，在西沙群岛发现了一系列中国渔民住居遗址，其中最具代表性的是位于甘泉岛西北的唐宋居民遗址，考古人员在此处发现了多处古代建筑地基，古井一口以及陶瓷器、铁刀、铁凿、铁锅残体等器物多达 50 余件，这些生活用具与同时期广东内地居民使用的器具基本相同，这充分说明了南海诸岛是我国人民世代生产、生活和营居的地方。20 世纪 90 年代，王恒杰先生在西沙群岛北岛考察发现明清以来的一

---

① （宋）乐史：《太平寰宇记》卷一百五十六《岭南道一·广州·东莞县》，木刻本。

② ［英］J. 霍尔斯贝格：《印度指南》卷二，1855 年第 7 版，第 367—368 页，载韩振华编《我国南海诸岛史料汇编》，东方出版社 1988 年版，第 591—592 页。

③ 李长傅：《东沙岛和西沙群岛》，《地学杂志》1922 年第 13 卷第 89 期。

④ 《散落南海诸岛的民间庙宇》，《海南日报》2015 年 5 月 25 日。

⑤ *China Sea Pilot*, Vol. II, 1868 , London, pp. 95 – 100.

系列居住遗址。在这些居民遗址中，炉灶、火灰炭屑、食用过的动物骨骼残骸和贝壳的遗留堆积、排水沟等清晰可辨。

3. 墓葬。有些中国渔民去世后，就近埋葬在岛礁之上，据日本人池田的《新南群岛沿革略记》记载，在南沙群岛北子岛上有两座中国人坟墓，一座墓碑刻“同治十一年翁文芹”，另一碑刻着“同治十三年吴□□”①。事实上，中国先民的坟冢遍及南海诸岛，南沙群岛的太平岛、南子岛、中业岛、南钥岛上都有中国人的墓葬。据广东渔民梁胜供称，自同治十二年至光绪三十二年，在东沙岛上死去的中国渔民有一百三十二人，均葬在岛上。② 1990 年，台湾当局太平岛驻军在岛上发现两块清代墓碑，碑文刻有“皇清显考纯直郭公之墓”和“黄郁堂之墓”③

4. 主权收复纪念碑。20 世纪 30 年代，南海诸岛先后被法、日侵占。第二次世界大战结束后，民国政府依据《开罗宣言》和《波茨坦公告》的精神，收复南海诸岛。1946 年 12 月，民国政府派遣海军“太平”“中业”“永兴”“中建”四艘军舰前往西沙、南沙群岛展开收复工作。收复人员在太平岛、西月岛、中业岛、永兴岛、南威岛等岛礁上竖立了主权收复纪念碑。其中收复西沙群岛纪念碑碑高 1. 49 米，宽 0. 92 米，正面镌刻“海军收复西沙群岛纪念碑”，背面刻“南海屏藩”，水泥混凝土重建我国碑石。收复太平岛纪念碑高 2. 25 米，宽 0. 89 米，正面上书“太平岛”三字；背面书“中华民国三十五年十二月十二日重立”，左右两面各书“太平舰到此”“中业舰到此”。④

（四）古文献

我国记载南海诸岛的古籍众多，有学者统计，仅“宋元明清四代，记述南海诸岛石塘、长沙之类的文献、图籍多达百种”，⑤ 其中不乏具有很高文物价值的史籍、古地图，如广东省中山图书馆所藏的明代黄佐编纂的《广东通志》，该书为孤本，记载了明代中央政府在海南设置巡海备倭官巡辖南海的情况。国家图书馆所藏的清代绘制的《大清万年一统天下全图》，该图明确标绘出南澳气、万里长沙、万里石塘、七洲洋，即东沙群岛、中沙群岛、南沙群岛和西沙群岛，这些历史文献不仅为后人进一步认识南海、了解南海提供了丰富的资料，而且为我国维护南海主权提供了扎实的依据。此外，海南渔民广泛使用的《更路簿》也已被列为国家级非物质文化遗产。

二 发掘和保护南海历史遗迹与文物的重要价值与意义

对我国而言，南海大量的文物和历史遗迹无疑是弥足珍贵的财富。一方面，这些文物与遗迹具有很高的历史价值、文物价值和研究价值；另一方面，反映了中国人在南海

---

① 韩振华编：《我国南海诸岛史料汇编》，东方出版社 1988 年版，第 570 页。

② 陈天锡：《西沙岛、东沙岛成案汇编》，商务出版社 1928 年版，第 65 页。

③ （台北）“内政部地政司”：《内政部南沙访问团太平岛立碑报告》，1990 年。

④ 参见赵焕庭主编《接收南沙群岛——卓振雄和麦蕴瑜论著集》，海洋出版社 2012 年版，第 50 页。

⑤ 林金枝：《中国最早发现、经营和管辖南海诸岛的历史》，载《南海诸岛：地理·历史·主权》，黑龙江教育出版社 1992 年版，第 28 页。

的活动轨迹，展现着历史上中华民族在航海、科技、文化、艺术等各个领域的创造力和生命力，充分证明了是中国人民最早发现、最早命名、最早开发经营南海诸岛，最早对南海诸岛进行管辖，因此，南海文物和历史遗迹的保护具有“双重”价值。

近代以来，日本、法国、越南、菲律宾等国在侵占南海诸岛时，大肆毁坏中国人在南海遗留的文物和历史遗迹，以期抹杀中国人在南海活动的历史证据。如：1906年日本人西泽吉次侵占东沙岛后，毁掉岛上中国人所建庙宇及疍民墓地。两广总督张人骏在呈报清廷外务部的函中写道：“东沙系粤辖境，闽粤渔船前往捕鱼停泊，历有年所。岛内建有海神庙一座，为渔户屯粮聚集之所。西泽到后，将庙拆毁，基石虽被挪移而去。石块及庙宇，原地尚可指出。该岛应属粤辖，此为最确证据，岂能为无主荒境。……西泽毁我庙宇，逐我渔民，在岛年余，获利甚厚。揣彼用心，以为神庙已毁，无可作证。”① 1939年，法国侵略者在西沙永兴岛试图毁灭天妃娘娘庙，改易为所谓的黄沙寺以期伪造历史的占有。20世纪70年代以后，周边国家非法侵占部分中国南海岛礁，被占岛礁上的历史遗迹与文物全部遭到破坏，水下文物更受到严重损毁。

近年来，南海局势更加复杂，我国在南海的主权和管辖权面临重大威胁，南海文物和历史遗迹的保护也遇到前所未有的挑战。2011年4月，位于中沙群岛黄岩岛附近海底的一艘明代沉船遭到菲律宾籍轮船的破坏。据目击的海南渔民介绍，当时有两艘排水量在2000吨以上的菲律宾籍轮船在明代沉船遗址处轮番作业，进行盗掘和破坏。②

由于各种条件的制约，我国尚未对散落在南海岛礁和海域中的文物展开全面普查，有关南海历史文物的类型、数量、现状等基本要素，目前尚无完整、系统的统计数据，但从文献记载以及历次考古调查来看，在南海岛礁和海域古代遗迹、遗址、遗物不仅有大量留存，而且类型十分多样，加强对南海历史遗迹与文物的调查和保护工作任务紧迫，意义重大。

首先，加强对南海历史遗迹与文物的发掘与保护有助于维护我国在南海的合法权益。南海的历史遗迹与文物是中国人最早开辟了南海航路、在南海从事渔业生产活动的珍贵铁证，向世人展示了自汉代以来，中国人就在使用南海的资源，在南海通行并持续至今，中国人在南海的主权权利和其他权益是建立在对南海2000多年主权、管辖实践基础上的，是一个不断累积、持续发展的过程，中国人对南海的依存关系是客观存在的，中国利用南海资源的权利理应得到尊重。事实上，在很长的历史时期内，中国是南海诸岛唯一的开拓者、经营者和使用者。正如有学者指出：“南海周边国家对南海诸岛几乎一无所知，既没有其先民发现命名南海诸岛的确凿证据，更没有其政府管辖的历史依据。在中国对南海诸岛及其附近海域拥有主权的历史发展过程中，从来没有任何一个国家对中国在南海的主权、管辖权提出过挑战。”③ 这一点从考古发现中能得到充分印证。

其次，加强对南海历史遗迹与文物的发掘与保护有助于增强广大民众对南海诸岛是

① 《清季外交史料》第2册；韩振华编：《我国南海诸岛史料汇编》，东方出版社1988年版，第148页。

② 赵叶苹、张永峰：《周边国家盗捞南海文物销毁中国主权证据》，《国防时报》2011年10月26日。

③ 李国强：《中国南海诸岛主权的形成及南海问题的由来》，《求是》2011年第15期。

中国领土及中国在南海合法权益的认同感。随着南海问题的持续升温，中国普通民众对南海问题的关注度不断提升，越来越多的人开始关注南海。据一项调查显示，中国公众对于南海问题的关注度很高，受访者中被问及南海问题涉及中国何种程度的国家利益时，44.9%的人认为南海问题关乎中国的核心利益，50.4%的人认为中国在南海有着重要利益，① 但客观地说，大多数国内民众对南海问题的了解并不全面，对中国人在南海活动的历史并不熟悉，甚至存在一些错误认识，通过展示参观历史遗迹与文物，能够让公众更多、更快、更便捷地对南海历史有较为深刻的认识，方式更加直观有效，从而使得普通民众能够不断增强海疆意识，更好地理解中国政府在南海主张的合法、合理性，提升民族凝聚力、向心力。

最后，加强对南海历史遗迹与文物的发掘与保护有助于做好对外宣传工作，让国际社会更好地了解中国在南海的态度与立场。由于意识形态、语言、文化等因素影响，长期以来，中国有关南海主权的历史文献资料以及研究成果鲜为外国所知，因而导致国外公众和国际社会对中国在南海的主权依据和南海政策缺乏了解，加之部分西方智库和媒体片面报道甚至是刻意误导，国际社会对中国的南海政策产生了种种误解，认为中国不遵守国际法，以强权扩张领土范围，非法扩大权利，② 南海历史遗迹和文物是中国在南海享有合法权益的最有力物证，通过展陈中国人在南海的历史遗迹和留存文物，能够更好地向国际社会讲清中国南海主权的法理依据、历史依据，反驳虚假信息、片面信息和错误信息，消除不良影响，获取国际社会的支持。

此外，南海丰富的历史遗迹和文物资源还有着潜在的经济价值和人文资源价值，在严格有效保护的同时，科学、合理、适度地进行开发利用，对于促进区域经济发展，建设海洋强国也有着一定推动作用。

三　南海历史遗迹与文物发掘与保护所面临的挑战

中华人民共和国成立以后，国家对南海文物的保护工作给予了相当的重视，分别于1982年和1989年颁布实施了《中华人民共和国文物保护法》和《中华人民共和国水下文物保护管理条例》，为加强南海文物遗迹的保护提供了有力的法律支撑保障。自20世纪70年代始，国家相关主管部门、地方各级政府部门和科研单位数次有组织、有计划地进行大规模文物调查搜集及考古挖掘工作，发掘出一大批珍贵的文物和历史遗迹。但也应该看到，目前南海历史遗迹和文物的保护工作均属于抢救性发掘，资源利用水平不高，对于南海历史遗迹和文物的重视程度也远不及自然资源的开发利用，认识水平也有待提升。总体而言，南海历史遗迹和文物的保护与发掘工作任务十分艰巨，面临着诸多困难与挑战。

首先，南海特殊的地缘政治环境是南海历史遗迹和文物的保护与发掘工作最大的障

---

① 叶淑兰：《南海问题的公众舆论及其对决策影响的分析》，《国际新闻界》2014年第12期。

② 参见孔令杰等《国际主流媒体关于菲律宾南海仲裁案的报道情况调查研究》，《亚太安全与海洋研究》2016年第4期；孙文静、王林《外媒眼中的黄岩岛事件及对我外宣之启示》，《军事记者》2012年第10期；谢庚全《新形势下南海主权外宣译介模式初探》，《中国社会科学院研究生院学报》2015年第4期。

碍。南海主权争端牵涉中国、越南、菲律宾、马来西亚、文莱。近年来，美、日等一些大国出于私利频频介入南海争端，使南海问题呈现出国际化、复杂化趋势。特别是菲律宾提出南海仲裁案后，中国的维权局面更为复杂，形势更为严峻。就目前南海区域政治环境和国际环境来看，南海争端难以在短期内得以解决，甚至存在局部激化的可能性，因此在这种背景下，南海历史遗迹和文物的保护与发掘必然会受到负面影响，难以像普通遗迹文物发掘那样顺利开展，我国与南海周边几个国家均未加入《水下文化遗产公约》，这无疑会对南海历史遗迹和文物的保护与发掘造成不利影响。

其次，南海海域广阔，文物遗址数量多、分布范围广，工作任务重，治理难度大，远未形成制度化和常态化的管理机制，难以在短时间内完成对文物的全面普查，实现有效的保护。南海是世界第三大陆缘海，面积超过 350 万平方公里，南海断续线内的海域面积超过 200 万平方公里，仅西沙群岛海域面积就达 50 多万平方公里。在这样辽阔的海域中，实现对历史遗迹与文物实时保护与有效管理是非常困难的。目前南海文物被盗采、遗址被破坏的现象极为严重，以华光礁 1 号为例，该遗址被我国渔民发现时，已经遭到多次盗掘，众多文物遭到损毁。2011 年，海南省文物局和海南省西南中沙群岛办事处联合对西沙群岛水下文化遗迹展开巡查工作，共巡查了西沙 48 处水下文化遗存，发现“盗掘面积占遗存面积 50% 以上的达 25 处，有些沉船遗址中心区域已被盗掘一空”。[①] 这 48 处水下文化遗存中，“破坏程度超过 80% 的占 10%，破坏程度低于 80%、超过 50% 的占 42%，破坏程度低于 50%、超过 30% 的占 10%，破坏程度低于 30% 的占 38%”。[②]

在暴利的驱使下，南海盗抢、走私文物现象日益严重，很多渔民或主动或受雇盗捞水下文物，最严重时，有近百艘小艇同时在西沙海域盗掘盗捞。西沙水域海水清澈，能见度高，近距离即能发现散落在海中的文物，有的遗址位于水下几十厘米，极易获取，由此吸引了很多原本捕鱼的渔民非法盗掘。目前，我国在南海的海上执法力量有限，完全没有能力实现对南海历史遗址的有效管控，实际上，南海很多历史遗迹与文物多是由渔民发现并向有关管理部门提供线索的，多数考古工作都是抢救性保护发掘，南海文物的保护工作形势十分严峻，亟待加强。

最后，南海历史遗迹和文物的保护与发掘工作资金投入高，人员要求条件高，工作周期长，需要投入大量的人力、物力。水下考古与陆地上考古挖掘存在很大差别，除船舶外，所需仪器设备相对较多，包括多波束水下声纳、浅地层剖面仪、旁侧声纳、短基线系统、水下机器人等，资金需求量大。我国水下考古工作起步较晚，不仅许多基础设施有待建设和完善，而且人员缺口大，能够下水从事水下考古作业的专业技术人员人数有限，以海南省为例，截至 2014 年，全省持证能够从事水下作业的考古队员仅有 15 名，从全国来看，也仅有 100 余人，而受到年龄、体质等因素限制，能够真正下水开展考古的，国内不超过 50 人。[③]

水下考古工作难度高，工作周期长，如测量、拍照、取样等工作，在水下工作的难

---

① 参见赵叶苹、张永峰《周边国家盗捞南海文物销毁中国主权证据》，《国防时报》2011 年 10 月 26 日、

② 《“水下海盗”盗掘南海文物》，《河南日报》2011 年 10 月 28 日。

③ 《南海考古 5 难，申遗路漫漫》，《海南日报》2014 年 6 月 13 日。

度远高于陆地，在20米深的水域，每名考古人员一般每天工作时长不能超过半小时，且一天只能潜水一次，一旦天气海况有变，考古工作就必须停止。尽管近年来，国家越来越重视水下考古，不断加大经费和人力的投入，但基本设施建设、技术装备的发展、人才队伍的培养还需要经历一个相当长的过程，目前依然不能满足形势的需要，因而制约了南海历史遗迹和文物发掘工作的快速发展。

此外，南海历史遗迹和文物的保护与发掘工作在完善法律、法规、提升执法能力、构建协调机制、健全组织机构等方面还有待加强、提升和完善。

在立法方面，尽管我国相继颁布了《中华人民共和国文物保护法》（以下简称《文物保护法》）、《中华人民共和国水下文物管理保护条例》（以下简称《水下文物管理保护条例》）和《关于外商参与打捞中国沿海水域沉船沉物管理办法》等一系列法规，但依然存在需要进一步完善的地方，如《文物保护法》中虽然确定了内水及领海内的水下文物管辖权，但是没有提及毗连区、专属经济区及陆架地区发现的水下文物的管辖权。《水下文物管理保护条例》只确定了中国对领海内起源于中国或起源国不明的水下文化遗产具有管辖权，而对于毗连区、专属经济区已知是外国的沉船等没有明确规定享有管辖权。

在执法方面，按照《文物保护法》和《水下文物管理保护条例》的规定，文物执法主体是文物行政管理部门，但在执法实践过程中，文物部门没有执法所需的船只和必要的装备，缺乏海上执法能力，不得不依托边防、海警、海事等其他部门，开展协同执法，这实际上降低了水下文物的保护力度，分散了文物保护的注意力。

在协调机制方面，尽管在1987年经国务院批准，由国家文物局牵头，成立了由外交部、交通部、国家海洋局、中国历史博物馆、中国社会科学院考古研究所等单位参加构成的“国家水下考古协调小组”，但由于南海特殊的地缘政治环境和自然地理环境，南海历史遗迹和文物的保护与发掘面临的形势非常复杂，牵扯范围广，涉及部门多，政治影响大，对于南海历史遗迹和文物的管理协调机制仍有待进一步提升层级。

在组织机构结构方面，按照《文物保护法》第8条规定，地方各级人民政府负责本行政区域内的文物保护工作。县级以上地方人民政府承担文物保护工作的部门对本行政区域内的文物保护实施监督管理，这就是说，历史遗迹和文物的保护应有本级政府文物管理部门负责。但到目前为止，三沙市尚未建立文物保护部门，部分文保工作只能由综合执法局和综合执法支队承担，这显然与南海历史遗迹和文物保护的形势要求不相适应。

需要指出的是，尽管南海历史遗迹和文物的保护存在很多困难，面临诸多挑战，但随着人们对文物保护意识的增强，各级政府对南海历史遗迹和文物的保护工作重视程度的提升，南海文物保护的状况也将逐步得到改善。

四　南海历史遗迹与文物发掘、保护与利用的远景思考

南海历史遗迹与文物发掘、保护有着特殊的价值与意义，因此，在做好南海历史遗迹与文物保护工作的同时，要科学地进行开发、利用，实现其特殊的维护主权权益的功能价值。鉴于南海所面临的现状，在未来相当长的时期内，我们应充分利用南海历史遗迹与文物资源，使之转化为法理优势和政治优势，从而为我国南海维权提供有力支持。

因此，南海历史遗迹与文物发掘、保护与利用应从以下几个方面予以着力：

第一，全面统筹，科学规划，明确指导思想。在统筹国内国外两个大局的条件下，制定科学合理的总体规划是有效保护、开发和利用南海历史遗迹和文物的必要环节，通过规划，明确目标任务，确立指导思想和基本原则，使得南海历史遗迹和文物的保护、开发和利用真正取得实效，实现可持续发展。在制定规划的过程中，一是要明确思路，廓清理念。要充分认识到南海维权始终是推动南海历史文化遗迹与文物发掘的主要动力，南海历史遗迹和文物的保护、开发和利用与维护我国主权、管辖权和海洋权益是密切联系在一起的。二是要明确重点，有序推进。在遵循“保护优先”的原则下，对于一些重点文物、有突出价值的历史遗迹要首先进行发掘与利用，以点带面，将保护、开发、利用有机地统筹起来。三是注重可操作性。由于南海地缘政治的复杂性和敏感性，涉南海的任何活动都可能引发南海周边国家及有关区域外国家的高度关注和外交反映，极易诱发矛盾和冲突，因此，要对各种内、外部因素应予以充分考量，实现南海历史遗迹和文物的保护、开发和利用必须务实可行，对主权地位、法律基础、制度安排、政策导向、资金渠道、管理手段、技术保障等要进行整体研究，周密部署。

第二，加强管理，持续投入，提供机制保障。南海历史遗迹和文物的保护、开发、利用工作是一项系统工程，涉及中央到地方的多个政府部门，要保护好、利用好南海海洋文化遗产，需要各级部门紧密配合，共同管理，在明晰各部门的职责、分工和任务的基础上，做好各部门的衔接配合工作，这就需要统筹安排、合理部署。当前建立制度化的海面联合巡查机制是南海历史遗迹和文物的保护的当务之急，中央和地方、军队和地方、政府各部门之间应积极统筹协调，建立快速有效的沟通机制、会商机制、保障机制和应急反应机制，从而有利于发掘保护工作的稳步实行。在经费方面要予以足够保障，加大资金支持力度，不断提升文物保护发掘能力和综合执法能力。同时，利用多渠道、多领域、宽层面的社会动员和社会力量，探索并形成南海历史遗迹和文物保护、开发、利用的高效机制。

第三，以项目实施为切入点，整合学术资源，加强理论研究，稳步推进南海历史遗迹和文物的保护、发掘与利用工作。针对目前南海历史遗迹和文物的保护、发掘工作人才短缺的情况，通过有重点、有针对性地设立和实施一批重大专项，整合国内学术研究力量，可以推动学科建设，增强培养人才力度，从而进一步推动南海文物保护工作的发展。

总之，作为在南海有着悠久开发、经营、管辖历史的国家，中国在南海有着丰富的历史文化遗迹，近年来，由于南海特殊的自然环境和政治环境，许多历史文化遗迹遭到破坏，大量文物资源流失，对此，我们不能漠视，实际上无论从资源本身而言，还是从维护我领土主权和海洋权益而言，我们都必须重视南海历史遗迹和文物的保护和发掘工作，这也是我们不可推卸的责任与义务。

（原载《暨南学报》2017 年第 7 期）

第四篇

边疆学人访谈录

答客问治明清两代西藏史经验

邓锐龄口述　邱熠华、梁俊艳整理并注

今春中央民族大学苏发祥教授等莅临寒舍，要求我谈一谈治史的经历和经验，而且最好集中在研究明代和清代西藏历史方面，词意恳切，很难推辞。未料到后来杂事丛集，执笔时间不多，为了快些交卷，就由我边忆边说，请中国藏学研究中心历史所邱熠华、梁俊艳同志记录。她们主动地增添了小注，我再整理成篇。又请历史所张云研究员、《中国藏学》黄维忠编审二同志审阅，他们都提出很好的应该补正的地方，我都遵办了。下面就从我研究明代和清代西藏历史的情况开始。

我最初接触清代的西藏历史，重点是在中央和西藏关系方面。1952—1953 年，我刚刚进入中央统战部工作的时候，看的历史材料主要就是商务国学基本丛书本《卫藏通志》。看这部书的时间比较长。当时，西藏工委牙含章[①]从日喀则班禅堪布会议厅得到了一个藏文本的《二十九条》，翻译成了汉文，请人带到北京来。当时处里[②]（统战部民族处）要我看看译文。我就用《卫藏通志》和嘉庆《四川通志》的记载，仔细对照了汉译文，写了一篇，叫《清乾隆五十七年驻藏大臣权力二十九条译文校注》[③]，交给领导。他们拿去印了，作为内部材料。这本小册子在后来中央统战部召开西藏工作讨论会[④]的时候，起了些作用。当时主持会议的主席是部长李维汉。他在会上时时看这个小册子。这是 1953 年的事情。

---

① 牙含章（1916—1989），民族学家，主要研究领域为西藏历史、宗教和社会。主要著作有：《回回民族问题》（合著）、《民族形成问题研究》、《达赖喇嘛传》、《班禅额尔德尼传》、《无神论和宗教问题》等。

② 1952 年，邓锐龄从北京大学文学院研究部毕业后，依组织安排，进入中共中央统战部民族处工作，1960 年调入中国科学院哲学社会科学学部民族研究所。

③ 邓锐龄：《清乾隆五十七年驻藏大臣权力二十九条译文校注》（内部资料），中共中央统战部办公室印，北京，1953 年。

④ 据邓先生说：1953 年，中共中央统战部举行了叫作“西藏工作座谈会”的重要会议。参会者有张国华、范明、牙含章、王其梅等当时中共西藏工作委员会的负责同志和李维汉、杨静仁、刘春、赵范、韩戈鲁等中央统战部的同志，共约十几位。前后举行了 90 多次会议。西藏和平解放时，主要有两批军队进藏，一批从西南进藏，即张国华、王其梅等领导的十八军，另一批从西北进藏，由范明、牙含章等领导。一段时期内，两批进藏队伍的领导人中，从政策到同志关系，出现了一系列的争论。因此，中央统战部奉命负责协调这方面的工作，召集有关同志到北京会谈。

到了1960年，我转到了学部民族研究所。[①] 直到1962年，才规定了治学的方向。在这以前，可以说，上级给什么任务就做什么任务。当时，翁独健[②]先生是副所长，王森[③]先生是藏族史组的领导。翁先生的意思，要我研究元代以后的西藏历史。当时，翁先生说，现在研究吐蕃历史的人太多了，你还是研究元代以后吧。1962—1964年这两年时间里，在完成所一级的不少任务外，我看了《明实录》，大概读了从洪武到宣德年间三四朝的材料。当时，民族研究所收藏一部《明实录藏族史料辑抄》，字体抄得不佳，所以，我看的还是实录全文，还做了一些笔记，但也看不出所以然来。1964年，下放山东劳动和参加"四清"运动。1966年，"文化大革命"开始，研究工作就全停了，所以没有能够好好考虑问题，做些研究。

关于明代西藏史研究，我只写了六篇文章。

首先是一篇概述性的文章，较长，就是《藏族简史》中的元朝、明朝这一部分。民族研究所组织的《藏族简史》这件工作，时间拖得非常长，从1959年开始，直到改革开放后，这件工作结束，《藏族简史》才印出来。写作期间，国家民委和西藏工委等都给该书的写作宗旨作了规定，要求主要说明中央和西藏之间的关系。由于多次运动干扰，时做时辍，很晚才把它印出来。1988年，我已经到中国藏学研究中心。当时中心成立不久，领导希望印一套《西藏知识小丛书》，[④] 所以就把《藏族简史》里我所写的元明两代这部分抽出来做成一小册子，但加工比较多，写得比《藏族简史》更好一些。

真正研究明代西藏的问题是1988—1991年，在日本教书的时候，利用业余时间做的。1989年写出论文《明朝初年出使西域僧人宗泐事迹补考》。[⑤] 当时在日本写这篇文章，跑了好多图书馆，又要教书又要写作，非常不容易。在日本东方学会年会上发表前，我请人把主要的意思翻译成日文，在会上用日语讲了。当时，主持小组会议的是著名的敦煌学、唐代史专家东京大学池田温教授。[⑥] 他和我早就认识。这篇论文记述了明朝初年一名叫宗泐的和尚，从南京出发经过西藏、尼泊尔，到印度的事迹。宗泐到尼泊尔，住在一个地方，从印度回来的时候还住在那里。那个地方有个明代的汉文译名，我不知道是哪里。在日本查了一部地图集，确定了这个地名的今地望。当时觉得把这个难题解决了，很高兴，所以在论文里也特意提出来。没想到，会议主席池田温教授让大家评议后，说日本榎一雄博士在德国一本学术杂志上早就发表了关于宗泐的文章，也早就把这个地名问题解决了，并把复印本赠给我。

---

① 学部民族研究所，全称为中国科学院哲学社会科学学部民族研究所，最早成立于1958年，隶属中国科学院。1962年，中国科学院少数民族语言研究所（1956年建立）合并于中国科学院民族研究所。1977年，中国社会科学院成立，该所遂改称中国社会科学院民族研究所，2002年10月，更名为中国社会科学院民族学与人类学研究所。

② 翁独健（1906—1986），著名史学家、教育家。主要研究领域为蒙元史。

③ 王森（1912—1991），著名藏学家、宗教学家。主要研究领域为藏传佛教史及因明学。

④ 邓锐龄：《元明两代中央与西藏地方的关系》，中国藏学出版社1988年版；又，《邓锐龄藏族史论文译文集》（上），中国藏学出版社2004年版，第5—74页。

⑤ 邓锐龄：《明朝初年出使西域僧人宗泐事迹补考》，原载《历史地理》第10辑，上海人民出版社1992年版；池田温译日文版《明朝初年出使西域僧人宗泐の事跡补考》，载于《東方學》第81辑，平成三年（1991）；《邓锐龄藏族史论文译文集》（上），第125—146页。

⑥ ［日］池田温（1931— ），日本著名敦煌学、唐史专家。

当时，我很纳闷，池田温教授事先知道我研究这个问题，可是怎么不早点告诉我呢，所以，决心把榎一雄博士未说到的东西尽可能做些补充。后来，池田教授把我的全部稿子译成日语，译文文笔很好，发表在《东方学》第81辑上面，时间已到了1991年。原汉文稿，又经过补充，本来想寄给复旦大学编辑的杂志《历史地理》，当时该杂志是为了给谭其骧[①]先生作庆寿纪念，要出专号的，但寄去晚了，经过谭先生审阅，评价很高，只好放在下一期。可以说，那份在国内发表的汉文本比日文译本好得多。不过，这篇日文译稿也曾寄给藏史研究先驱者、京都大学佐藤长[②]教授看，他说挺有趣味，写得挺好。

第二篇是我从日本回北京后，在1991年9月第一次北京国际藏学讨论会上发表的《明初使藏僧人克新事迹考》[③]。这是在日本时先找到仅留存在日本的克新诗集和有关材料，回国后又经过补充研究写成的。这篇论文在会上得到了预想不到的称赞。第一次北京藏学会，规定的主题是西藏农奴制研究，所以我们学者几乎都围绕这个题目讲。还记得，当时参会的史伯岭（E. Sperling）[④] 跟我说，每个人上来都谈农奴制，让人听烦了。当时，录音条件和字幕条件都不好，我只是大体说了说。这次会议来的人不少，日本方面有石滨裕美子[⑤]，捷克有高马士（J. Kolmas）[⑥]，美国有范德康[⑦]和史伯岭等。会后吃晚饭的时候，他们都来祝贺我，说这篇论文谈得好。

第三篇是《明西天佛子大国师智光事迹考》[⑧]，发表在1994年的《中国藏学》上。2011年，中国社会科学院宗教研究所罗炤研究员，他近年深入研究明朝在西藏的主权地位，业绩斐然，对我说，这篇文章写得好。

可以说，这三篇文章都得到了一些学者或早或晚的肯定。明初这三位和尚都到过西藏。还有一名从海道去过锡兰的僧人，但缺乏资料，没有办法研究。研究这三个和尚的事迹，算是补充了空白。能够自己找题目来写，我感到愉快。

再一篇就是《〈贤者喜宴〉明永乐时尚师哈立麻晋京纪事笺证》[⑨]。在这篇文章上也用了一些功夫。不过，在写作过程中，对比汉藏文材料，使我对使用藏文史料的信心不足了。照理说，僧人戒律有不妄语的一条，可是僧人的传记里时时有夸大其词的记

---

① 谭其骧（1911—1992），著名历史地理学家，我国历史地理学科的主要奠基人和开拓者之一。

② 佐藤长（1914—2008，Hisashi Sato），日本著名藏学家，主要研究领域为吐蕃史，明代藏族史以及青藏高原历史地理。

③ 邓锐龄：《明初使藏僧人克新事迹考》，原载《中国藏学》1992年第1期，第126—133页；《邓锐龄藏族史论文译文集》（上），第111—124页。

④ 史伯岭（Elliot Sperling），主要研究领域为西藏历史和汉藏关系史。

⑤ 石滨裕美子（石浜裕美子，Yishihama Yumiko），日本女藏学家。

⑥ 高马士（Josef Kolmas，1933—　），捷克藏族史学家，主要研究领域为汉藏关系史、西藏的历史、宗教等。

⑦ 范德康（Leonard W. J. van der Kuijp，1952—　），著名藏学家，主要研究领域为印藏佛教，西藏的文化和政治史以及蒙藏和汉藏关系史。

⑧ 邓锐龄：《明西天佛子大国师智光事迹考》，原载《中国藏学》1994年第3期；《邓锐龄藏族史论文译文集》（上），第147—163页。

⑨ 邓锐龄：《〈贤者喜宴〉明永乐时尚师哈立麻晋京纪事笺证》，原载《中国藏学》1992年第3期；《邓锐龄藏族史论文译文集》（上），第164—185页。

述，有关明廷对哈立麻的高规格接待等，下笔都非常夸大。只有用当时的汉文材料对照，才能知道当时的情形。此外，我原本想努力从藏文史料上再下一点功夫，但一直因为种种原因没能做到。到这个时候，我慢慢才觉得自己应该选择研究中央和西藏地方关系这条路。

第一次北京国际藏学讨论会是由多杰才旦同志领导组织的。由于是第一次搞，大家都没有经验，所以还是用内地会议的形式。开会的时候，大家围成一圈，中国人、外国人都自报家门，介绍自己的研究方向。我就自报说是研究汉藏关系史的。会后联欢，还请学者们上台表演、唱歌。半统战、半学术、半娱乐的一场会议，很有意思。

稍后不久，我读到兰姆（Alastair Lamb）写的《英国与中国中亚》[①] 这部书。这也给了我启发。按说起来，历史学者的最高水平应该是像伯戴克（L. Petech）[②] 这样，掌握很多的语言文字，能够通过对比不同语言的文字材料，尽可能恢复历史的真貌。可兰姆这本书，用的只是英印方面的档案材料，也写得很好，能站得住。因此，我就想，汉文材料还没好好利用呢，可以先在这方面做点工作，别人能够在藏文等其他材料上再补充，继续研究，这也是一条路。我可以走这条路。

回想起来，多年来的工作尽是集体任务，没有自己的自由研究的园地。从 1960 年到现在为止，五十年来，我一共参加了八项集体大任务，包括《辞海》《中国历史地图集》《中国大地图集历史地图卷》《中国大百科全书》《中国历史大辞典》《藏族简史》《元以来西藏地方与中央政府关系研究》《西藏通史》，大部分时间和精力都放在这些大任务上。自己感兴趣的问题，只好抽时间做。我总感觉，做研究工作，集体项目是重要的，但从人才的培养等方面考虑，领导还是应该给研究者一定的命题的自由。只有对某方面感兴趣，才能把研究做好。

下面再谈一谈清史方面，我大致算了算，不包括集体任务，只写了 26 篇论文。连续地做这方面的工作，是从多杰才旦同志领导的《元以来西藏地方与中央政府关系研究》[③] 的撰写开始的。在写作过程中，陆续地、比较多地钻研了从顺治到雍正这一段的历史。这一段的《清实录》，不管有没有涉及西藏，基本都看了。虽然也有了《清实录藏族史料》，但我还是把实录原文看了。那时候，藏研中心的图书馆还没有《清实录》，就从朋友手里借来看。当时还有一个问题。中心刚刚才成立，就同时规划做两项工作，都上报国务院，得到批准。一项是李鹏年同志领导的、与第一历史档案馆等单位合作的《元以来西藏地方与中央政府关系档案史料汇编》，还有一个就是“历代西藏地方与中央政府关系史研究”。照理说，应该档案资料大体先印出来，或中心的图书馆有力量协助搜罗有关史籍，再做研究。可是中心在创始阶段，举步维艰，这两个任务却同时开始，所以明清两代历史的研究撰写确有不少困难。关系史研究工程，本来邀请不少同志参加。参与写作的人分散在各单位，我们也制定出大家都可接受的编写体例。等大家把

---

① 阿拉斯泰尔·兰姆（Alastair Lamb），1930 年出生于中国哈尔滨。主要研究领域为英属印度与中国西藏关系史。

② 伯戴克（Luciano Petech，又译毕达克，1914—2010），意大利藏学家。主要研究领域为中国西藏和拉达克、尼泊尔等地区的历史。

③ 邓锐龄、陈庆英、张云、祝启源：《元以来西藏地方与中央政府关系研究》（上、下），中国藏学出版社 2005 年版。

稿子交上来，再由我负责统稿。其间我去了日本，滞留三年，这对工作及参加者的积极情绪不无影响。回来后，收到了各专家的稿件，或写得过于简单，或写得头绪繁冗。因此，多杰才旦同志和我商定不用。全书时代且改为从元朝写到西藏和平解放。这书里清代的一部分，是我补写的。因这时《元以来西藏地方与中央政府关系档案史料汇编》初稿将近完成，我也得以使用，对清代西藏历史的知识知道得更多了。同时，请中国社会科学院民族研究所的祝启源同志撰写民国部分，分量不轻。我帮他修改了一下，他很愉快地接受了。这时候，陈庆英同志调到了藏研中心，就委托他写了元明这一大部分，我读稿后未加修改。张云同志也在此时调来，请他分担了清代三章，这样才把全书稿子汇齐。没想到定稿后，稿子交到藏学出版社，不知何故，八年多后才得以出版。

说到我在清史研究方面与柳陞祺先生合作的几篇论文，我觉得，一是题目选的比较合适，二是花的功夫比较多。1981 年，柳先生已经 73 岁，我是 56 岁，我们合写了《清代在西藏实行金瓶掣签的经过》[①]，我想这恐怕是国内头一篇这方面的文章。关于这篇文章有两个有趣味的事情。当时，《民族研究》的编辑杨文矩同志委托马大正同志来找我，说文章长了，中间有一段藏文转写可否不要。我说，恰恰需要，不能不要。印上这段转写，就是让大家看，藏文史籍中也是承认有金瓶掣签这件事的。还有一件事，是当时黄颢同志跟我说，你不要和柳先生一起写这写那了，还是好好搞你自己的吧。当时，柳先生跟我的想法是，文章有所为而写，但不要写成像过去“文化大革命”时候那种大批判的文章，我们只要把事实说清楚了，道理自然就在这里摆着，人们也就不能不认可了。这也就是所谓的“意在言外”，“引而不发”。我有一位中学同学许曾重在中国社会科学院历史所研究清史，他看了这篇文章，首先道出了其用意所在，对我说这篇文章谈的是中国在西藏的主权，在学术与现实两方面都明确肯定了清中央主持达赖喇嘛转世。同在历史所清史室的林永匡同志，一次遇到柳先生和我，当面称赞这篇文章“掷地有金石声”，捷克高马士 1991 年来华在北京第一次藏学会上晤见时也给予赞许。他们都给我以知音之感。第二篇合写的文章是《第六辈班禅额尔德尼洛桑·贝丹意希生平事迹述评》[②]。这是 1982 年写成的，可是中华书局后来把它印在《民族史论丛》中，就很晚了。中心党组书记江平很欣赏这篇的文笔。第三篇是《清初第五辈达赖喇嘛进京及受封经过》[③]，这是 1994 年写的。柳先生 86 岁，我已经 69 岁了，从民研所调入藏研中心已有 7 年了。1993 年陈庆英同志来京，任历史宗教研究所的所长。他要编辑一本《藏族历史宗教论文集》。我和柳先生商量要支持陈，因此就写了这篇。论文集在 1996 年由中国藏学出版社刊行。后来，柳先生告诉我，陈庆应同志说看得出来这篇文章是下了功夫写的。上面说到的这三篇论文，是写得比较扎实的。至于其他的研究论

---

① 柳陞祺、邓锐龄：《清代在西藏实行金瓶掣签的经过》，原载《民族研究》1982 年第 4 期；柳陞祺英译文 The Institution of the “Golden Urn”: Its Inception and Implementation in the Qing Dynasty (1644 - 1911)，载 *Social Science in China*（《中国社会科学》英文版），Summer 1986；《邓锐龄藏族史论文译文集》（上），第 441—467 页。

② 柳陞祺、邓锐龄：《第六辈班禅额尔德尼洛桑·贝丹意希生平事迹述评》，原载《民族史论丛》第一辑，中华书局 1987 年版；《邓锐龄藏族史论文译文集》（上），第 403—440 页。

③ 柳陞祺、邓锐龄：《清初第五辈达赖喇嘛进京及受封经过》，原载《藏族历史宗教论文集》，中国藏学出版社 1996 年版；《邓锐龄藏族史论文译文集》（上），第 202—246 页。

文，都是在撰写《元以来西藏地方与中央政府关系研究》和《西藏通史》过程中，附带写的。

1985 年发表的《关于琦善在驻藏大臣任上改定藏事章程问题》① 一文，用当时新出版的张其勤《清代藏事辑要》来对照《清实录》与《清史稿藩部传》的有关记载。我不同意清末驻藏大臣联豫与《清史稿藩部传》批评琦善，说琦善把乾隆时的卫藏章程全部废弃。吴丰培②先生对我这个观点不以为然。以后再读《清代藏事纪要》，发现道光二十六年（1846），琦善确曾奏请将前后藏的藏军操防事宜责成噶布伦等经理得到中央批准的记载，而我七年前写此文述及琦善更改训练藏军成例一段，匆促疏忽，竟未加引用，也没有向吴先生承认过失，至今觉得遗憾。

以上谈了明清两方面研究的情况。下面简单谈谈翻译外国学者论文的情形。

这方面的译文很少，只有日本佐藤长的三篇关于明代西藏史的文章，意大利伯戴克用法文写的一篇关于清代西藏的文章。佐藤先生的文章是考据，可以说用汉藏文史料对照，勾勒出明代西藏政治史的基本面貌。伯戴克据汉、藏及法文史料写出清封辅国公首席噶伦沙札汪曲结布的生平，肯定他在道光咸丰时抵抗外国入侵西藏的辉煌功勋。他们两位知识广博，治学谨严，对我研究明清史很有帮助。我的若干篇翻译文字，也都是经过选择，大多脱稿于改革开放之初，用意在供我们参考，庶几有助于改变“文化大革命”遗留的肤泛议论、不切实际的文风。

从我本人整个的研究工作来看，大部分论文都是集体大项目的副产品，自行选题撰作的较少。明清两代研究成果，发表有前有后，内容的时代顺序参差不齐，可是现在排起来大致有点体系的样子，这确实是原来没想到的。如要我谈写论文的经验，大致是：

第一，一般来说，写作之前，自己先编一个年表或日表来用，把事件的时间前后弄清楚。

第二，要对所研究的问题必读的典籍、史料是哪些，尽力做充分调查，也就是说要有目录学知识。这方面对我来说，倒不太难。明史方面，我从高中到大学都感兴趣，在大学里听过郑天挺③先生开的明史的课。对清史也很感兴趣，在大学时，读过孟森先生的《清史讲义》④。一般的明清历史知识，还有些基础。而目录学方面，平常都比较留心。有哪些古籍，大致讲什么，大体知道。有些史料不是一下子到手的，而是陆续出版或找到的。比如说，直到 1990 年以后，国内才开始印出大部头的《雍正朝汉文朱批奏折汇编》这一类的书，就是第一历史档案馆和其他出版社辑录出版的很大部头的书。现在这样的书多起来了，嘉惠士林，给研究者节约时间，提供很大的方便，我使用时，每每由衷地感谢。但是，以前要用这些档案的话，都必须去第一历史档案馆查原档，又不知道如何迅速查到所需要的材料。在刊印档案方面，台湾比我们起步早，先出版了清代满汉档案方面的书，但我们当时利用不方便。北京图书馆也存入一些台湾方面出版的

① 邓锐龄：《关于琦善在驻藏大臣任上改定藏事章程问题》，原载《民族研究》1985 年第 4 期；《邓锐龄藏族史论文译文集》（上），第 468—478 页。

② 吴丰培（1909—1996），著名藏学家，边疆史地研究专家，版本目录学、文献学专家。

③ 郑天挺（1899—1981），著名历史学家、教育家，主要著作有：《杭世骏“三国志补注”与赵一清“三国志注补”》《清史探微》《探微集》《清史简述》等。

④ 孟森（1869—1937），著名历史学家，中国现代明清史研究奠基人，主要著作有：《明史讲义》《清史讲义》《明清史论著集刊》等。《清史讲义》，中华书局 2010 年版。

史料，最早借阅手续烦琐。如看的是多卷本大部头的书，弄不清楚所需要的资料究竟在新印的哪一册里，而又不允许一次全部借阅，就需要反复索借多次，图书馆服务的同志就不耐烦了。那时候，为了查一个资料，藏研中心的图书馆没有，北京图书馆又不好借，真是没有办法。有几次，我都是去中国书店查，那里是把书都排在架子上，找到后抄一下就行，如研究清初第五世达赖喇嘛来北京的住处，需要参考《鸿雪因缘图记》，[①]我就用了这个办法去查的。我们中心图书馆现在很像样子，刚开始时书很少。

第三，历史学论文的关键部分需要引证原文，一定要仔细地研读原文，千万不要误解。应尽可能使用整理原始史料，恢复出当时历史事件的面貌，尽可能少发表议论和评论。另外，虽然读了很多材料，或有很多心得，可是，如果它们与文章的主题比较远，最好把它变成小注，或者写为附录，或者留着以后再用。千万不要都收在文章里。如果有意卖弄博学，这就不好，明眼人一眼就看出来了。文章初稿写出后，自己应多次审改，这是人生乐事之一，一种享受。有时候，文章写完后，搁一段时间再读，发现自己写得不好之处，内容文字都应再作几次调整修改。这样，"知一重非，进一重境"。[②] 发现自己哪里不对、不合适，加以改正，文章与人就一起进入了新的境界。

第四，写历史学方面的文章，一定要写得简要干净。这恐怕是起码的也是最高的要求。最好能做到不是同行的人也能看得下来。我认为，一切文章，无论是古文或者现代的语体文，写得清楚明白才是最好的。过去的人说，文章写得好，应像日光一样明亮，玉石一样洁净，清泉一样透彻见底。写到这样的境界才好，因它反映作者思维的清晰和条贯。要下大力做到这一点。至于其他个人风格，那在以后形成也不迟。

第五，在历史研究上下功夫的话，就一个题目深入探讨是必须的，但也要有全局性的了解，也就是所谓普通的历史知识，以求做到能够融会贯通。这需要多年的积累。过去我在学校读书的时候，得书不易，只能杂乱地读，杂乱地积累。现在有些名家的书，不难到手，细读一两部，对我们帮助很大，就节约时间了。如《万历十五年》[③] 这样的书，写得很好，引人入胜。虽然只是说明代的万历朝的事，但一代制度也交代清楚了。吴晗先生的《朱元璋传》[④]、朱东润先生的《张居正大传》[⑤] 也应读读。至于清朝的历史，我不知道有什么书好。孟森先生的《清史讲义》可以看。他主要对清的开国、康熙雍正乾隆三朝的文字狱、雍正帝残害手足等写得比较多。现在国内出版的书，我看的很少，粗粗感觉一般，教科书的意味比较浓，读了没有多大趣味。美国那几位研究清史

---

① 《鸿雪因缘图记》：作者完颜麟庆（1792—1846），号见亭，满洲镶黄旗。此书是作者记述亲历见闻之作，并延请画家汪英福、陈鉴、汪圻三人按题绘成游历图，每事一记，每记一图。内容涉及各地山川、古迹、风土、民俗、水利等，保存和反映了道光年间广阔的社会风貌。全书包括文240篇、图240帧，共三集，每集分上、下两卷。

② 此句出自清代诗人袁枚著《续诗品》。

③ 黄仁宇（1918—2000），湖南长沙人，美籍华裔历史学家，倡导"大历史观"（Macro-history）。主要著作有：《万历十五年》《中国大历史》等。《万历十五年》（增订本），中华书局2007年版。

④ 吴晗（1909—1969），著名历史学家、社会活动家，现代明史研究的开拓者和奠基者之一。

⑤ 朱东润（1896—1988），著名传记文学家、文艺批评家、文学史家，中国现代传记文学的拓荒者和中国文学批评史学科奠基人之一。

的学者的书倒可以读一读，如史景迁的《曹寅与康熙》,[①] 等等。《剑桥中国明代史》[②]、《剑桥中国晚清史》,[③] 也都可以看一看。恒慕义主编的《清代名人传略》[④] 收入的主要是清代人物，也包括几名明末人物，由许多中外专家合作分条撰写。恒慕义这本书，条文不长，不仅讲名人的生平，还涉及传主生活上的事情，如他与其他人物的关系，他的家族事情等，包括了些许逸闻琐事，读来有趣味，而且，读一个人的条文，也可以利用其提供的线索，再研究其他一些人和事。这样的工具书，平日闷着没事的时候，可以随手翻一翻。这样就感觉到趣味了。

除了极少数天才，一般人不可能读书一遍就不忘。但只要志趣纯正，对某方面知识感兴趣，想深入探索，有韧性、有耐心，日积月累，点滴的知识就渐渐化为自己的血肉。如同树木，善于培植，它就在不知不觉中长大了。

我们做学问，模糊记得朱熹说过要“凡百放低”的话，也就是要求学者“一切放低”。从小到老，要时时夯实自己的学识基础，要时常温习读过的好书和基本读物。一直要谦虚，切忌虚骄。因为，从写文章说，要出现硬伤的话，较少在专门研究的问题上，而多是在泛论上，在一些基本知识上。读外文书也是这样，难的不是专业词汇，而是一些普通的字眼没弄清楚，理解出错。如翻译，最好在全文译出后，再仔细看几遍，发现中间有的话同上下文隔阂不通，或全不合情理，这就该深思反省了，这里未必是作者之过，而多是自己根本没有懂，甚至以己意为之。所谓“一切放低”，就是要重视根本知识和写作修养，这是基础、是最关紧要的。

至于其他一些怎样做学问，怎样遵循学术道德规范问题，我有一篇《做学问与做人》[⑤] 的文章，刊登在2006年的《中国藏学》杂志上，在此就不多说了。

最后，瞻望藏族史研究前途，恐怕以后要靠新的档案的公布、新的考古发现的推进，没有这些，前进恐怕比较难了。对于研究藏族历史的人来说，最好也要对社会学、经济学、宗教学、考古学等方面有稍多的理解，最好怀有成为多面手的意愿，以历史为自己的专长，其他方面也有些造诣，这样就不至于死抱着一棵树。

我觉得，大凡一个人衣食无忧，得以专心于所爱的学术，力求深造而求有所贡献，得到这样的机遇，在茫茫人海中已是幸运儿了，真应该珍惜，与时俱进。另外，对于领导科学研究工作的人们来说，应该有中外学术史的一般知识，且了解我国学术界的实际情况，给研究人员以充裕的时间。没有充裕的时间，不能自由独立地研究和思考，全体学术水平的提高就比较难，著述上炒冷饭的现象，也就难以避免。

我们每篇文章都能有新的认识和新的材料，这样最好。

---

① 史景迁（Jonathan D. Spence，乔纳森·斯宾塞），1936年出生于英国，美国著名汉学家。

② ［美］牟复礼、［英］崔瑞德主编：《剑桥中国明代史（1368—1644）》（上、下），张书生等译，中国社会科学出版社2006年重印。

③ ［美］费正清、刘广京编：《剑桥中国晚清史（1800—1911）》，中国社会科学院历史研究所编译室译，中国社会科学出版社2007年重印。

④ 恒慕义（Arthur William Hummel，1884—1975），著名汉学家，美国国会图书馆东方部首任主席，创办中美文化协会并任首任主席。主编《清代名人传略》（*Eminent Chinese of the Ch'ing Period*），中国人民大学清史研究所有译本，青海人民出版社1995年版。

⑤ 邓锐龄：《做学问与做人》，载《中国藏学》2006年第2期，第54—56页。

附：邓锐龄明清西藏史研究论文译文目录

一、论文

明代：

1.《明代中央与乌斯藏的关系》（《西藏知识小丛书》，中国藏学出版社 1988 年版；《邓锐龄藏族史论文译文集》，中国藏学出版社 2004 年版，第 37—74 页）

2.《明初安定、阿端、曲先、罕东等卫杂考》（《历史地理》第 2 辑，上海人民出版社 1982 年版；《邓锐龄藏族史论文译文集》，第 95—110 页）

3.《明朝初年出使西域僧人宗泐事迹补考》［原载《历史地理》第 10 辑，上海人民出版社 1992 年版；池田温译日文版《明朝初年出使西域僧人宗泐の事跡补考》，载于《東方學》第 81 辑，平成三年（1991）；《邓锐龄藏族史论文译文集》，第 125—146 页］

4.《明初使藏僧人克新事迹考》（《中国藏学》1992 年第 1 期；《邓锐龄藏族史论文译文集》，第 111—124 页）

5.《〈贤者喜宴〉明永乐时尚师哈立麻晋京纪事笺证》（《中国藏学》1992 年第 3 期；《邓锐龄藏族史论文译文集》，第 164—185 页）

6.《明西天佛子大国师智光事迹考》（《中国藏学》1994 年第 3 期；《邓锐龄藏族史论文译文集》，第 147—163 页）

清代：

1.《清乾隆五十七年驻藏大臣权力二十九条译文校注》（中共中央统战部办公室印，内部资料，1953 年 5 月）

2.《清代在西藏实行金瓶掣签的经过》（与柳陞祺合著）［《民族研究》1982 年第 4 期；柳陞祺英译文载 *Social Science in China*（《中国社会科学》）1986 年第 2 期；《邓锐龄藏族史论文译文集》，第 441—467 页］

3.《乔治·波格尔入藏的使命内容及其执行结果》（与柳陞祺合著）（《藏族学术讨论会论文集》，西藏人民出版社 1984 年版；《邓锐龄藏族史论文译文集》，第 388—402 页）

4.《关于琦善在驻藏大臣任上改定藏事章程问题》（《民族研究》1985 年第 4 期；《邓锐龄藏族史论文译文集》，第 468—478 页）

5.《第六辈班禅额尔德尼洛桑·贝丹意希生平事迹述评》（与柳陞祺合著）（《民族史论丛》，中华书局 1987 年版；《邓锐龄藏族史论文译文集》，第 403—440 页）

6.《结打木、杨打木二城考》（《中国藏学》1988 年第 2 期；《邓锐龄藏族史论文译文集》，第 266—283 页）

7.《关于 1652—1653 年第五辈达赖喇嘛晋京的两个问题》（《民族研究》1995 年第 3 期；《邓锐龄藏族史论文译文集》，第 247—265 页）

8.《清初第五辈达赖喇嘛进京及受封经过》（与柳陞祺合著）（《藏族历史宗教论文集》，中国藏学出版社 1996 年版；《邓锐龄藏族史论文译文集》，第 202—246 页）

9.《清初阐化王入贡请封始末及其意义》（《中国藏学》1998 年第 1 期；《邓锐龄藏族史论文译文集》，第 186—201 页）

10.《吴三桂叛清期间同第五辈达赖喇嘛通使始末》（《中国藏学》1998 年第 4 期；《邓锐龄藏族史论文译文集》，第 284—299 页）

11. 《1720年率军进入拉萨的清军将领——延信》（《中国藏学》1999年第4期；《邓锐龄藏族史论文译文集》，第314—337页）

12. 《1720年清军进入西藏的经过》（《民族研究》2000年第1期；《邓锐龄藏族史论文译文集》，第300—313页）

13. 《年羹尧在雍正朝初期治藏政策孕育过程中的作用》（《中国藏学》2002年第2期；《邓锐龄藏族史论文译文集》，第355—379页）

14. 《拉萨布达拉山东侧康熙时汉文摩崖考释》（《中国藏学》2003年第1期；《邓锐龄藏族史论文译文集》，第338—354页）

15. 《关于清雍正五年西藏阿尔布巴事件的几个问题》（《中国藏学》2003年第4期；《邓锐龄藏族史论文译文集》，第380—387页）

16. 《岳钟琪与西藏问题》（《中国藏学》2004年第3期）

17. 《读〈西藏志〉札记》（《中国藏学》2005年第2期）

18、《拉萨现存雍正时摩崖考释》（《西藏研究》2005增刊）

19. 《1750年珠尔默特那木札勒事件的再思考》（《中国藏学》2006年第2期）

20. 《第一次廓藏战争（1788—1789）中的议和潜流》（《中国藏学》2007年第1期）

21、《1789—1790年鄂辉等西藏事宜章程》（《中国藏学》2008年第3期）

22. 《乾隆朝第二次廓尔喀之役（1791—1792）》（《中国藏学》2007年第4期）

23. 《清乾隆朝第二次廓尔喀侵藏战争（1791—1792）史上的几个问题》（《中国藏学》2009年第1期）

24. 《清乾隆五十八年（1793）卫藏善后章程的形成经过》（《中国藏学》2010年第1期）

25. 《中国古典小说中所见藏事的痕迹》（《西藏民族学院学报》2010年第5期）

26. 《清代驻藏大臣色楞额》（《中国藏学》2011年第4期）

二、译文

1. 《元末明初西藏的形势》，［日］佐藤长著，中国社会科学院民族所历史室编：《民族史译文集》第9集，1981年；《邓锐龄藏族史论文译文集》（下），第931—1004页。

2. 《帕木竹巴王朝的衰退过程》，［日］佐藤长著，中国社会科学院民族所历史室编：《民族史译文集》第14集，1986年；《邓锐龄藏族史论文译文集》（下），第1070—1081页。

3. 《明代西藏八大法王考》（上、中、下），［日］佐藤长著，《西藏民族学院学报》1987年第3期、第4期，1988年第4期；《邓锐龄藏族史论文译文集》（下），第1005—1069页。

4. 《西藏摄政沙札·汪曲结布》，［意］L. 伯戴克著，《中国藏学》1990年第4期；《邓锐龄藏族史论文译文集》（下），第1082—1097页。

（原载《中国藏学》2012年第3期）

鉴往训今，别识心裁

——周伟洲教授访谈录

贾 嫚

周伟洲，1940年生，广东开平人。早年就读于西北大学，1962年从历史系考古专业本科毕业，1965年从民族史专业研究生毕业。现任陕西师范大学中国西部边疆研究院资深教授、博士生导师。兼任教育部社会科学委员会政治学、社会学、民族学学部委员，中国魏晋南北朝史学会顾问、名誉会长，中国民族史学会顾问，中国中外关系史学会学术委员会主任等。获陕西省社会科学名家称号。主要著作有《敕勒与柔然》《吐谷浑史》《汉赵国史》《唐代党项》《英俄侵略我国西藏史略》《中国中世西北民族关系研究》《陕西通史·民族卷》《长安与南海诸国》《藏史论考》《西域史地论集》等，主编《英国俄国与中国西藏》《丝绸之路大辞典》《西北少数民族地区经济开发史》《西北少数民族多元文化与西部大开发》等十余部，发表学术论文百余篇。本刊特委托陕西师范大学音乐学院贾嫚教授采访周教授，现整理出这篇访谈录，以飨读者。

一　从文学到史学

贾嫚　周先生，您好！非常高兴您能接受我的采访。虽然您已近耄耋之年，但仍笔耕不辍，对史学研究与阐扬倾注了很大心力，培养了一批在不同领域有所建树的学者、专家。我们就先从您最早与史学的结缘谈起吧。

周伟洲　在十八岁之前，我从未想到过自己会与史学结下不解之缘。小时候我的主要爱好和兴趣是文学，对史学并没有特别的兴趣，只是非常喜欢读书。记得上小学时，历史老师的一次肯定和启发对我影响颇大，但那时我的梦想仍然是当一名作家，从事文学创作。

贾嫚　那您在日后的学习中如何处理文学与史学的关系呢？是否有意识地使自己更偏向史学一些？

周伟洲　那倒没有，逐渐偏向史学可能是潜移默化的结果吧。1952年因父亲工作调动，我们全家由重庆迁至成都，我就读于四川省第七中学（原国立成都县中学）。这所四川省的重点中学有一座藏书丰富、管理严格的图书馆，我是那里的常客。高中阶段，因帮助图书馆整理图书，我获得了自由出入和随时借阅的“特殊待遇”，几乎遍览馆藏的历史文学作品。同时，我还去四川省图书馆找寻自己感兴趣的书籍，甚至到同学家中搜罗小说名著等。

在初中，我主要阅读中国20世纪20—50年代的作家作品，以及一些中外文学史、语法修辞之类的书籍。到了高中，则转向世界文学的宝库。其中，给我影响最深的是美国杰克·伦敦的坚强意志和个人奋斗精神；英国狄更斯对下层人民的深切同情和朴素无华的文风；法国巴尔扎克、左拉的宏大构思和对历史的深邃理解；俄国普希金、别林斯基等人的革命民主主义思想和批判精神等。法国梅里美、巴尔扎克、左拉和英国司各特、狄更斯等作家的历史小说，在反映历史现实的同时也折射出人性深处一些闪光的东西，有撼人心魄的感觉。中学六年的学习，对我一生产生了巨大影响，也使我不知不觉间爱上了历史。

由于太喜爱文学和历史了，因此在高中的最后阶段，我置其他课程于不顾，狂热地阅读历史著作，甚至半夜起来在路灯下或锅炉房中苦读，在浩如烟海的史籍中乐此不疲。阅读中，我逐渐发现，中国的考古文物层出不穷，不同时期的文物资料以自己的方式记载了中国几千年的历史，与文史资料相互补白，提供了更加丰富的历史信息。同时，心里又生出一个梦想：拿着考古工具，在古代的废墟和陵墓上探查考寻，是多么有趣而又浪漫的事！于是，高中毕业填报志愿的时候，我选择了历史学，认为文、史不分家，研究历史可以兼搞文学，可以帮助我实现一个历史小说家的梦想。

贾嫚　您在大学读的是历史系的考古专业，研究生读的是民族学专业，那时您还记得文学梦想吗?

周伟洲　1958 年，我怀着梦想考入西北大学历史系。选中这所大学的原因是因为它位于古都西安，而且又有考古专业。至于对史学的认识，可以说是一张白纸，知之甚少。入校后，我依然如故地拼命读书，西北大学的藏书和我的梦想支撑着我的所有世界，无论是在“大跃进”运动中，还是在被批为“白专道路”的时候，书籍都成为我生活中不可或缺的重要养料。我的阅读范围也从文学、历史转向哲学、经济学等更为广阔的领域。到了大学三四年级时，我尝试着写电影剧本、小说、评论、杂文及历史、哲学论文，这锻炼了我的写作和思考能力，为日后的史学研究奠定了基础。同时，我也认真学习学校开设的各门基础课、考古专业课以及各类选修课。四年的学习，使我在历史、考古、哲学、经济学、文学等方面具备了一定的基础。1962 年，我以全部课程优秀的成绩毕业了。在面临参加工作和继续读书的抉择时，我毫不犹豫地选择了读书。当时全国并未公开招收研究生，西北大学历史系只有著名民族史专家马长寿教授招收三名民族史专业研究生。经过努力，我有幸成为其中一员，专业方向是藏族史，这一选择决定了我的史学研究方向。那个时候，我并未忘记我的梦想。

贾嫚　马长寿先生是我国著名的社会学家、历史学家、民族学家。作为导师，他对您的影响具体表现在哪些方面?

周伟洲　我非常感激恩师马长寿教授，是他真正引导我进入史学研究的园地。马长寿恩师 1933 年毕业于南京中央大学，留校任教三年后，调至刚成立的中央博物院工作。1936—1940 年，他率队先后在四川凉山彝族、川西北羌族、嘉戎藏族等地进行民族调查。后又相继在东北大学、金陵大学、四川大学任教。1949 年中华人民共和国成立后，先在浙江大学、复旦大学任教，1955 年调至西北大学任教。我是马先生在西北大学招收的第一届研究生。马先生治学严谨，勤于读书，善于思考，他将中国史学的优良传统与近、现代西方社会科学学术精华有机结合，发展成独具特色、自成体系的学派，在匈奴学、鲜卑学、突厥学、藏学等领域做出了开创性贡献，发表了一批民族学的奠基之作。此外，他尤为重视实际调查，将民族学、社会学的理论和方法引入史学研究之中，并以新资料补充、更正史学典籍之舛误。

读研究生三年多的时间里，我除了参加西安市郊、延安青化砭和青海冈察藏族牧区的“社会主义教育运动”，剩余的有限时间都用来读书和跟随马先生学习、考察。马先生对我们抓得很紧，一个星期要我们交一篇读书札记或论文，他亲自批改，耳提面命，谆谆教诲，使我受益颇多。他在课堂上或平时的指导中，一再强调史学要为现实服务，以马克思主义唯物史观为指导，将史实与理论相结合。他的几本民族史专著，如《北狄与匈奴》《乌桓与鲜卑》《南诏国内的部族组成和奴隶制度》等，成为我学习的范本。我的第一本专著《敕勒与柔然》，严格地说是对马先生著作的模仿，他的学术思想和治学方法对我影响非常大。

贾嫚　知道了您的这些经历后，我更能体会您对史学的热爱之情。难得的是，您的这份热情并没有随着时间的流逝慢慢消磨，直到现在，您仍然关注着西部民族地区文化发展、中国边疆学和“一带一路”研究。在您专注史学的同时，还会想起文学梦想吗？我知道，您写过一些小说、杂文、评论以及影视剧本，还翻译了日本作家写的有关武则天的历史小说。您写的短篇小说《盗马贼》曾发表在《人民文学》1979 年第 11 期上，电影剧本《策勒风云》也非常精彩。您是如何将文学与史学相结合的呢？

周伟洲　自古文、史不分家，有文方有史，但两者又不相同。史学注重的是实录，必须从事实出发，正确反映历史真实原貌，反对任何的夸张、传闻和虚构；而文学注重的是想象，需要经过艺术夸张和概括来反映现实社会，反对任何的禁锢和局限。一些优秀的文史资料可以当作文学作品读，但文学作品却不能当作历史资料用。《左传》《史记》《资治通鉴》等史书中的一些篇章既是史学资料，也是文学佳作，但其价值首先在史学方面。寓史于文、文史相兼是中国史学研究的传统。一个称职的史学家，需要具备较好的文学修养，“良史莫不工文”。少年时期的文学梦想引导我阅读了大量文学作品，因此积累了更多的资料，锻炼了文字表达能力，潜移默化中思想境界也获得了提升。小说《盗马贼》写的就是 1966 年我在青海冈察藏族牧区进行社会主义教育运动时的体验，它圆了我的文学梦。

二　理念与方法

贾嫚　20 世纪 60—70 年代的大学校园，学术研究并不纯粹，史学也承载了不少其他因素。对于这个问题，您现在如何看待？您始终坚持的学术理念与马先生当初的教诲契合吗？

周伟洲　每一个时代的史学家，都带有鲜明的时代烙印。比如，司马迁撰《史记》，反映的是他希望借鉴前代统治经验以通“古今之变”。这是中国史学的传统，也是当时社会的主流认识。马先生将其植根在我心里，使之逐渐成为我日后学术研究的一种习惯性思维模式，牢记史学为现实社会服务的宗旨。

史学作为社会上层建筑的一个组成部分，绝非可有可无的学科，更不是脱离社会现实的“纯学术”。每个时代史学的承继、发展，都建立在这个时代的经济基础之上，并直接或间接服务于社会现实。“纯客观”的史学是不存在的。哪怕是中国传统的考据学，也会反映时代特点，并间接为现实服务。

对史学与社会现实的关系，我也是经过一番磨难才逐渐认识清楚的。记得在 20 世纪60年代前后，国内运动不断，这使我对现实政治产生了厌烦和淡漠感。我选择考古、民族史专业，喜欢史学和考据，可能也有这方面的影响吧。1963年我和几位研究生跟随马长寿先生赴甘肃、青海一带做民族史调研，我对历史上的民族问题特别感兴趣，全神贯注地听，不厌其烦地详细记录。然而，当谈到现实的民族问题时，则索然无趣，满不在乎，也不记笔记了。马长寿师发现后立刻批评我说："搞古代民族历史也是为今天现实民族问题服务，世上没有'纯学术'的东西，历代学术都是直接或间接为当时的社会现实服务的。"这些话对我震动很大，促使我认真思考史学与社会现实、社会进步的关系。我觉得，社会的发展变革为史学研究提供了丰富的资料，史学也如实记录了社会的发展变革，进而指引后人总结经验教训，懂得修心养性乃至治国安邦之道。我的研究生毕业论文《英俄侵略西藏史》的选题，就是从当时中、苏关系及国内外的形势出发确定的。在此后的民族史研究中，我虽然偏重于匈奴、柔然、鲜卑、吐谷浑、敕勒、党项等古代民族的研究，比较冷门，但我坚信这些研究对于维护国家统一和各民族的团结都是具有重要现实意义的。

贾嫚　我们应该如何处理史学与现实社会之间的关系呢？

周伟洲　史学参与现实，超越现实，是为解决现实问题服务的。世界上任何一个民族或国家都有它的过去、现在和将来。现在是对过去的继承和发展，是人类历史发展长河中的一个阶段。因此，无论是处于先进或落后的国家或民族，对自己的历史都是十分重视的。这应该是史学最主要的社会功能，古今中外，概莫能外。只有略通史鉴，才可洞明天下之事。我国是一个有着悠久史学传统的文明古国，古代史籍之完备、史家之众多、史学深入社会之广泛，在世界上都是独一无二的。从孔子作《春秋》、司马迁写《史记》、司马光编《资治通鉴》，到今天出版的各种史鉴类书籍，无不鲜明地体现着古为今用的镜鉴功能。正如清代顾炎武所说："夫史书之作，鉴往所以训今。"今天，史学对社会的影响巨大，这种影响往往以潜移默化的方式深入到社会的各个层面，发挥着凝聚中华民族、促进各族人民热爱祖国等积极作用。史学对现实的指导作用虽然看不见、摸不着，但绝不可低估。

贾嫚　您讲的"鉴往训今"，是不是强调史学要经世致用？

周伟洲　是的。治史的主要宗旨就是经世致用，史学必须有益于天下。正如古人所云："坐披囊箧，而神交万古，不出户庭，而穷揽千载。"强调史学认识世界的作用。"思齐""内自省"则突出的是读史受到的教育和启示，由此扬善抑恶、明道救世。《资治通鉴》正是这方面的典范。当然，在强调史学"鉴往训今""古为今用"、为社会现实服务的同时，也要特别注意防止另一种错误倾向，即为了"训今"或者"今用"而有意无意歪曲或篡改历史。史学是一门社会科学，来不得半点虚假，不能为了服务现实而伪造历史。像"影射史学"那样以歪曲历史来为政治斗争服务，就失去了对历史的尊重和继承，当然不是真正的"鉴往训今"。还有为个人或集团的私利而歪曲、伪造历史，夸夸其谈，言过其实，赶时髦，标新立异，等等。把历史与现实牵强附会，这也不是真正的"鉴往训今"或"古为今用"。史学发展的实践证明，使用一个确切的历史事实比用数倍过激言论更有说服力。

我在撰写历史论著时，比较注意历史资料的可靠性，尽可能找寻最原始的资料，不随意歪曲或改动，也不会为了一鸣惊人而提出缺少理论根据的所谓"新观点"。当然，由于本人水平所限，或史料阙如，或考证有所疏漏等原因，也会产生个别与历史事实不相符合的情况，但是我竭尽全力避免这种情况，因为我知道一个史学研究者应该具备的基本素养。我在撰写《英俄侵略我国西藏史略》及参与编写《沙俄侵略中国西北边疆史》的过程中，阅读了很多近代英、俄侵略我国西藏的历史资料。作为一个中国人，对近代英、俄帝国主义侵略中国的罪恶行径感到痛心疾首，充满了义愤。我犹豫了很久，是以主观意志采用那种充满义愤的词句展开无情的批判呢？还是尊重历史事实，揭露侵略的事实，让后人通过我所撰写的史文，知晓西藏曾经发生的那一段历史呢？最后，我采取了后者，用真实、确切的历史事件来揭露英、俄帝国主义的侵华行为。事实胜于雄辩。这是我在撰写史著时感受到的“鉴”“训”和“致用”的作用。

贾嫚　借鉴、垂训是史学的多重功能之一，它要求史家为所处的社会发挥积极的作用，在这方面马长寿先生是如何要求您的？

周伟洲　马先生多次教育我们：写任何文章都要考虑它的社会效果如何，要问问自己写这篇文章的目的何在？他很强调“经世致用”。马先生的史学思想和治史方法有四个特点：一是旧与新的结合，即中国史学优良传统与近、现代社会科学方法的结合。二是史与论的结合，重视史料的收集和甄别，是对中国传统史学的继承和发扬。三是博与专的结合，修史、治史、论史，不仅要专业深入，更要学术视野广阔，结合其他学科，这样才能使研究更为深入、系统。四是文献与调查相结合，在尽可能收集文史资料和考古资料的同时，进行民族实地调查，这也是马先生最为独特的治学方法。这四个特点的宗旨就是为现实社会服务。这对我影响很大，可以说我是马先生史学思想的践行者，只是我受所处时代的限制，未曾认真从事民族调查，至今引以为憾。

贾嫚　读您的学术论著，可以感受到您从马先生那里传承下来的谦虚、谨慎。您觉得，对于马先生的治史方法，您承继最多的是哪一方面？

周伟洲　是关于史与论的理解和实践。我认为史、论结合，主要有两个方面：一是指导思想，即马克思主义唯物史观和辩证唯物论。我就是以辩证唯物论来分析、鉴别史料，进而观察历史发展的规律和特点的。二是将大量可靠的史料进行分析整理，通过认真解读，得出较为正确的结论。这一结论是指导思想所不能替代的，是具体的、活生生的。切忌先有一个主观结论，然后寻找史料来证明。

贾嫚　看来，在史学研究中，史与论相结合是研究的前提条件，应该如何掌握史料与理论呢？

周伟洲　据我的体会和经验，史料的收集、排比、校勘以及史实的考证，是史学研究的基础，十分重要。如果史实有误或不完全，得出的结论就靠不住。因此，我在写史论结合型的论著时，十分重视收集、排比、考证原始史料，尽可能在浩如烟海的书籍里找寻所需要的文史资料，甄别真伪，概括总结，经过审查、判断，将其安排在恰当的地方。如《吐谷浑资料辑录》，就是为了写《吐谷浑史》而准备的资料集。我认为，撰写史论结合型的论著，对一些极为重要的史料要进行考证，或放入正文，或置于注释之中。当然，应尽量避免烦琐的考证。

理论，是针对历史发展过程从感性认识上升到理性认识，得出的最基本、最精要的结论，是对一些基本规律的概括和总结。史料的收集、考证是基础，但如果没有正确的理论指导，就不能从高层次上去辨别、分析史料的价值，更谈不上有创造性的结论。

一个真正的史学家如果仅在史料的排比、编辑或考证上做学问，他的成就会降低。当然，关于史料的收集、整理、考证也是史学的重要组成部分。记得在1959年春，马先生购得著名史学家岑仲勉教授的《突厥集史》一书，见书中对他的《突厥人与突厥汗国》一书有所批评，于是在该书扉页上写了这样一段话，说："岑翁对我前年所出《突厥人与突厥汗国》小册子多所批评，不胜喜跃之至！目前国人治突厥史者自以岑翁为第一，然烦琐，不能明大义也……最近拟作一书报岑翁，若干重要问题尚须研究，未可轻易一驳也。"吾师所言"明大义"，就是指其中的指导思想和理论。

贾嫚 历史本身是真实、客观的，但史家在记载和编撰时会进行带有主观色彩的裁剪和评判，如何裁剪与评判取决于史家的指导思想和自身的学术修养。这涉及史与论、主观与客观的辩证关系。而且，人们对历史事件乃至史学的评价标准也是有差异的。

周伟洲 是的。社会是人组成的，不同阶级、阶层和集团的人有不同的利益诉求，由此，史学、人文科学乃至自然科学也形成截然不同的评价标准。人们对一部史学著作的评定，不仅看其是否符合史实，还要看其观点是否符合自己的利益。我刚踏入史学界，经历过几次关于史与论的纷争。中华人民共和国成立初期，一部分学者受清末考据学派的影响，运用训诂、校勘和资料收集整理的方法进行史学研究，只重史料的考证，却忽视了考证史料后的理论升华。这种重史轻论的现象遭到了批判。1958 年，在"大跃进"史学革命中，又出现了重理论轻史料的现象，只发空论，轻视史料，甚至有"以论代史"提法的出现。以后出现的"影射史学"更与实事求是的史学研究背道而驰。目前，史学界一般采用"史论结合"或"论从史出"的方法，即科学理论和历史实际（包括史料）的结合，这一方法是较为全面和科学的，但要用马克思主义唯物史观来指导。

贾嫚 现今一些年轻的史学研究者认为马克思主义唯物史观已经过时了，对此您怎么看?

周伟洲 20 世纪 50—70 年代，国内史学界有的学者在极"左"思想的影响下，把马克思主义当作教条，用"贴标签"的方式写了大量论著，造成很坏影响。所以，80 年代后，许多中青年学者认为马克思主义唯物史观过时了。但是，即使在 50—70 年代，也有许多学者，如马长寿、唐长孺等先生，用马克思主义唯物史观作指导，做出了突出的研究业绩。起初，我喜欢大量引用马克思、恩格斯等经典作家的原文，认为这样才是有了理论的指导。其实，这种做法是形式上、表面上的，并不可取。后来，我逐渐学会以唯物史观、辩证法的基本原理作指导，以此来选择史料、分析和思考问题。

三 领域与成就

贾嫚 您在大学从事教学、科研四十多年，一直勤奋钻研、笔耕不辍，取得了丰硕的研究成果。请介绍一下您在民族史领域的研究情况吧。

周伟洲 自 20 世纪 80 年代以来，我先后出版了《敕勒与柔然》《吐谷浑史》《中国中世西北民族关系研究》等专著，发表了一系列论文，如《河北磁县出土的有关柔然、吐谷浑等族文物考释》《关于云岗石窟的〈茹茹造像铭记〉——兼谈柔然的名号问题》等。敕勒、柔然、吐谷浑等中古时期的北方民族，80 年代以前中外学术界研究不多，只有零星的论著发表。我的专著和论文，是在收集、整理现有文献资料及新出土的考古文物资料的基础上，全面、系统地论述这些民族的历史、文化，扩展、深化了北方少数民族族别史的研究，在国内外（如日本、韩国和中国香港、中国台湾）学术界产生了一定影响。

贾嫚 的确，您对敕勒、柔然、吐谷浑等北方少数民族的研究令人瞩目。此外，您还做过哪些研究？

周伟洲 我对十六国国别史和早期党项史的研究也倾注了很多心血。20世纪80年代，我用中国传统的治史方法与唯物史观作指导，先后出版了《汉赵国史》《南凉与西秦》两本专著，发表过《十六国官制研究》《魏晋十六国时期鲜卑向西北地区的迁徙与分布》《十六国时期的"胡汉分治"》《试论淝水之战的性质及苻秦失败的原因》等论文，对于十六国时期匈奴、西迁鲜卑族先后建立的汉赵、南凉、西秦等政权进行了全面研究和论述。后来，我又指导博士生写过《大夏国史》《五燕史》《后秦史》等学位论文。在西夏学研究领域内，我出版了《唐代党项》《早期党项史》等专著，写过《唐末党项拓跋部割据势力的形成与发展》《陕北出土三方唐五代党项拓跋氏墓志考释——兼论党项拓拔氏之族源问题》《早期党项拓跋氏世系考辨》等论文，得到了学界的肯定和好评。

贾嫚 在藏族史研究上您也有重要成果吧？

周伟洲 我在马先生指导下读研究生时，专业方向是"藏族史"，毕业论文《英俄侵略我国西藏史略》后经修改补充，于1984年由陕西人民出版社出版。有学者评价说："这部书是迄今为止我国出版的同类书中篇幅最大而且水平最高的学术性著作。"80年代末，我任主编，又与国内相关学者编写了《英国俄国与中国西藏》一书，2000年获全国高校人文社会科学优秀成果一等奖。中国边疆史地研究中心马大正先生评论说："这部皇皇63万字的集体著作，立足学术，着眼世界，史料翔实，立论公允，代表着我国学术界在这一领域的最新研究水平，弥补了以往国内在这方面的某些不足和缺憾。"此后，我先后出版了两部论文集《唐代吐蕃与近代西藏史论稿》及《藏史论考》，汇集了我四十多年以来关于藏族历史的研究成果。此外，我还承担了国家级重大项目"西藏通史"子课题"西藏通史·民国卷"以及清史项目"典志·民族卷·藏族篇"的研究。

贾嫚 您的治学领域很宽。除民族史外，还涉及西域史、中外关系史等其他领域，能简要介绍一下吗？

周伟洲 首先，在西域史地研究方面，早在20世纪70年代，我参加了《沙俄侵略中国西北边疆史》的编写工作，发表了一些论文，如《沙俄对我国西部地区的早期侵略》《塔什库尔干地区各族人民抗击外来侵略者的英勇斗争》等。90年代初为新疆反分裂斗争撰写了《关于维吾尔族族源问题——评吐尔贡·阿勒玛斯〈维吾尔人〉的有关部分》等。此外，还撰写了一批关于新疆史地方面的论文，如《试论吐鲁番阿斯塔那且渠封戴墓出土文物》《吉尔吉斯斯坦阿克别希姆遗址出土两件汉文碑铭考释——兼论唐朝经营西域中疆臣的作用》《新疆近代维吾尔族为主体的民族分布格局的形成和发展》等。其次，中外关系史、丝绸之路的研究，很早就引起了我的兴趣，我加入了唐史学会（1981），参加了中国社会科学院中国边疆研究中心与瑞典组织的丝绸之路考察活动（1992）。90年代起，我主编了《丝绸之路大辞典》，并撰写了一批丝绸之路及中外关系史的论文，在学界引起较大反响，被中国中外关系史学会推举为副会长，后来又担任学会学术委员会主任。

在民族学与边疆学理论方面，我先后发表了《怎样看待中国历史上的统一与分裂》

《历史上的中国及其疆域、民族问题》《儒家思想与中国传统民族观》《关于中国古代疆域理论若干问题的再探索》《关于构建中国边疆学的几点思考》《论中国与西方之中国边疆研究》等一系列论文，提出一种不同于主流认识的关于历史上的中国及其疆域、边疆、民族的观点，得到一些学者赞同。我的大学专业为考古学，又在陕西省博物馆工作多年，70 年代至今，一直关注新出土的考古文物资料，陆续撰写了一批研究论文。2013 年出版的《汉唐气象：长安遗珍与汉唐文明》汇集了我此前关于古代文物（以西安地区为主）研究的重要论文。2016 年出版的《新出土中古有关胡族文物研究》，收录了我在 21 世纪以来发表的有关北方少数民族文物研究的十余篇论文。

贾嫚　民族史学作为历史学研究中的一门重要学科，在世界民族问题日益尖锐的情况下显得格外重要，能介绍一下目前中国民族史学的研究现状吗？

周伟洲　改革开放以来，中国民族史学获得了很大发展，取得了丰硕成果。特别是 21 世纪以来，作为史学中的一门重要学科，越来越为社会各阶层所重视，新一代中青年学者已经成长起来了。他们通过网络和出国交流的机会，从国外学习和引进许多新的史学理论和方法，以此来研究中国的民族史，特别是近代民族史。这是民族史学界近年发展中出现的一个突出特点。概括而言，现今民族史学界出现了三种情况，或称为三种类型：第一种是对国外的人类学、社会学等相近学科的理论和方法十分崇拜，于是生吞活剥地应用于研究中。这些论著多不符合中国的历史和现状，有的让人无法卒读，看不懂，但很时髦，很多青年学者趋之若鹜。当然，学习、消化国外新的理论和方法有一个过程，对他们也不必过于苛求。第二种是一些中青年学者反思 20 世纪 50—60 年代那种贴标签式或极“左”式的“马克思主义民族史学”，认真学习国外相关学科的民族史学理论和方法，研究中国民族的历史，做出了可喜的成绩。比如，借用国外民族学、人类学发展起来的历史人类学、民族学中的历史学派等。这类研究将传统民族史学与其他现代相近学科（也包括政治学、经济学、法学、文学等）相互交叉、融合，值得发扬和提倡。第三种是仍有大批老、中、青年学者，坚持继承、发扬中国传统史学，用马克思主义唯物史观作指导进行研究。这仍然是目前中国民族史学研究的主流，尽管它被国内外一些学者讥为“官方民族史学”或“已过时的学说”。如今以上三种类型的民族史学研究都存在。今后应在继承、发扬中国民族史学优良传统的基础上，借鉴国外相关的科学的理论和方法，不断创新，将研究推向一个新的更高阶段。

四　经验与期望

贾嫚　您在多年治学过程中肯定积累了丰富的经验，可以和我们分享一下吗？

周伟洲　我想从史与论、史学家的自我修养、继承和创新等方面，结合我的研究和教学工作谈一谈。史与论之间的关系非常难以把握。《左传》是我国第一部将史与论相结合的史著，其发论暗示出史家的史学主张和思想，这从另外一个侧面反映出左丘明与孔子有着共同的是非标准，印证了《论语》所记“左丘明耻之，丘亦耻之”是属实的。这样的客观态度和观念直接被后世所继承，如《史记》《三国志》《资治通鉴》等。但要做到绝对的客观和真实，几乎是不可能的。对于摆在面前的历史资料，没有观念的人无法做出解释，对史料的解读离不开史家或隐或显的观念。

观念的形成和升华，不仅有赖于闻见的广博，更与自我反省能力密切相关。有反省能力的人，能够在新发现的史料中修正自己原有的观念。换句话说，可以凭借新资料突破原有的观念，形成切合史料的新观念。史料与观念之间是相互融合、相互促进的关系。而没有自我反省能力的人，即使面对再多的资料，也不会修正原有的观念，他们对那些与自己观念无关的史料视而不见，这势必会影响到对史料的解释以及对历史的进一步把握，难以得出客观的结论。人们的观念必然受所处时代的制约。突破个人经验相对容易，突破时代观念比较困难。一部经典史著，不仅呈现了过往的历史，也反映了史学家的观念、常年积累的经验以及自觉的反省能力。

贾嫚　这要求史学家具备很高的修养，就此，古代有“三长”或“四长”的说法，您怎么理解呢？

周伟洲　关于史家修养，唐代刘知几提出了才、学、识“三长”，清代章学诚又补充了德，倡导“四长”。梁启超在《中国历史研究法补编》“史家的四长”中，肯定了“四长”理论，但调整了四者的次第，“先史德，次史学，又次史识，最后才说到史才”，点明了史家修养的核心精髓。

史学研究是一个非常艰难的过程。我从事史学研究与教学数十年，对此深有感触，一些问题至今仍困扰着我。尤其是史德，难就难在史家对褒贬的定夺和善恶必书的公正立场，这要求史家的内在品质需达到一个相当高的层次。诚如章学诚所言：“辨心术以议史德。”说明史德很难养成，即使有君子之心，也难入纯粹之境。史才，是指对史料的组织、架构能力和写作、表达能力，包括剪裁之妙和排列之功。史学家必须善于用文字来表述史实，历史上的“良史”，莫不具有文采，然而，刻意追求文采，以文害意，也是不可取的。史学，是指学识，既要有中外历史知识的雄厚基础，又要有从事专业研究的精深造诣，不仅要“博”，还要有“专”。将“博”与“专”结合起来，才能在研究中融会贯通，站得高，看得远，取得高水平的研究成果。史识，就是识见、义理，是史家对史事的洞察力、鉴别判断力，也包括研究的指导思想。

作为一位优秀的史学家，“德、才、学、识”缺一不可，唯有如此方可博采善择，将真实的过往史料去其渣滓、留其精华，用简洁、确切的文字表述、撰写为真实可信的历史著作。这其中，对史料的分析、裁剪非常关键，诚如梁启超所言：“许多事实，不经裁剪，史料始终是史料，不能成为历史。”当然，每个史学家都有自己的所长和弱点，如果能扬长避短，奋力补救自己欠缺的地方，还是大有可为的。就“四长”而言，我有很大差距，但我有信心朝这个目标不断奋进。

贾嫚　的确，“德、才、学、识”兼备很难。中国史学有着很多优良传统，我们应该如何继承和发展呢？

周伟洲　中国是一个有数千年史学传统的大国。古往今来，凡是学习和研究中国历史的人，莫不首先面对继承与创新的问题。我是在国内接受的系统史学教育，有意或无意间继承了传统史学的某些方面。比如“实录”精神，秉笔直书，不掩恶，不虚美，不文过饰非等；彰善贬恶、经世致用的鉴戒史学传统；注意史料的收集、采摭、鉴别、取舍、考证的求实精神；崇尚简洁准确、文约而事丰的文风；等等。然而，我毕竟生活在20世纪，对传统史学的继承也是有选择的，绝非刻意复古。比如对清代乾嘉考据学派，我虽然十分钦佩，也学习他们考据的方法，但绝不走他们的老路，否则就会“只见树木，不见森林”，陷入烦琐考证的泥潭中不能自拔。再如，若刻意追求文采或简洁，有时也会失去史学“真”的本质。自20世纪初以来，中国一批有卓识远见的史学家在继承传统史学的同时，吸取西方现代社会科学方法，逐渐以马克思主义唯物史观和辩证法为指导研究中国历史，开辟了中国史学研究的新时代。这些前辈中的郭沫若、范文澜、翦伯赞、吕振羽等，都是领一代风骚的史学大家。至今国内史学界的主流，包括我个人的史学研究，都是沿着他们开辟的道路前进的。

贾嫚　请您结合自己的亲身经历，对投身史学研究的青年学者提些建议和期望?

周伟洲　由于受时代条件的制约，我们这一代史学研究者大多在学习和治学道路上留下了诸多缺憾和教训。比如受中国传统史学思想和方法的影响较深，但功底又不如老一辈史学家；对国外、特别是西方新的学术动态和研究范式等接触、了解不够；外语读、写功底差；不断受到政治运动的影响；等等。

当然，这与个人的能力和努力也有关系。随着现代社会的科技进步，信息化、数字化等一系列社会变革从多个方面冲击着传统学科，致使史学研究面临新的挑战。在这个重大的转变时期，中国社会文明的进步，离不开年轻一代学人。他们有良好的学习环境，有比较扎实的中外学术根底，也有比较开阔的学术视野和应对现代化科技发展的能力，若能潜心治学，在坚守中国史学优良传统的基础上，立足现实，钻研理论，讲求方法，一定会为中国社会发展和史学进步做出大的贡献，诞生出更多有影响力的民族学家、史学家和社会学家。

（作者单位　陕西师范大学音乐学院）

（原载《文艺研究》2017 年第 7 期）

20 世纪上半叶的中国边疆和边政研究

——李绍明先生访谈录

王利平　张　原　汤　芸/问　李绍明/答

摘要：2008 年 11 月 17 日美国芝加哥大学社会学系博士候选人王利平和西南民族大学的张原、汤芸博士就民国时期的边疆研究、边政实践与知识生产等问题对李绍明先生进行了专访。在近三个小时的访谈中，李绍明先生系统地回顾了 20 世纪前半叶的边政实践与政治环境，不同背景的学者们的学术旨趣与现实关怀的关系，并且从学术史的角度，强调了民国边疆研究的学术传承价值。

关键词：边疆研究；边政学；民国时期学术史；人类学访谈

作者简介：王利平，美国芝加哥大学社会学系博士候选人；张原、汤芸，人类学博士，西南民族大学西南民族研究院讲师。李绍明（1933—2009），四川省民族研究所研究员、西南民族大学兼职教授，中国著名民族学家。

张原：李老师，您好！这位是芝加哥大学社会学系的博士生王利平。她最近在做关于民国时期的边政实践和知识生产的论文，对民国时期的民族学和边政学比较感兴趣。四川是当时边疆研究的一个中心，李老师您也是从华西大学的社会学系毕业的，所以想请李老师介绍一下当时边疆研究的一些情况，以及四川和西南在这一时代中的学术史定位问题。

李绍明：好好！那王利平，我先要了解你对民国时期的边政有什么总体的看法？用简短的几句话概括一下，行吗？

王利平：我在芝加哥大学还有北京也查看了不少资料，看的时候有一个大体的感觉：20 世纪 30 年代之前的西北研究和 40 年代后立足于西南的边政研究不太一样，西南的研究似乎更关注民族问题，那在当时边疆研究与边政学、民族学之间有着什么样的关系，这是我关心的一个问题。另一个问题是这一时期的研究的继承性与延续性，也就是说民国时期的边疆研究在多大程度上受到清朝后期边疆研究的影响，它又有哪些东西被解放之后的相关研究所延续下来，民国时期的边疆研究对于我国现代学术的发展而言有何意义。我的研究才刚刚开始，很多问题都不太清楚，很想请李老师指点一下。

李绍明：中国的人类学、民族学、边政学和边疆研究到底是什么关系呢？要弄清这个问题，我们需要回头来梳理民国那段时间的学术史。我也不是那个时代的人，虽然我本人经过了那个时代，但那时候我年龄还小——我是 1950 年进的大学，在华西大学社会学系。在民国时期边疆研究正是红火的时候，我还没有进到这个领域。我进华西大学时，社会学系有两个专业，那时叫作组，我在民族学组。所以我开始学习民族学的这段时间，其实距离民国的边疆研究热并不远，就十几年的时间，所以边疆研究还是个很鲜活的概念，弥漫在那个时代的空气当中；而且我们的老师都是那个时代开展边疆研究最为热心的一批学者。那时，我们也没有刻意地问老师们边疆研究是搞什么的，也没有老师来专门讲这个问题，不过读了些书和文章也就自然知道边疆研究是怎么回事了。

边疆研究大体上是怎么一回事呢？大概就是从晚清开始，也就是中华帝国开始衰落，列强势力侵入中国以后，中国的一些仁人志士就在这时兴起了一个边疆研究的高潮，开始关注和研究中华帝国四周的一些地区和民族。当时是以魏源、徐松、何秋涛为代表的这批有识之士去研究蒙古、回疆、新疆、西藏，出现了一批像《朔方备乘》《西域水道记》《藩部要略》这样的成果。当然，在那个时候，这类研究不会被明确地称为“边疆研究”，而且这些研究还是一种半自发半自觉的：也就是有一批有识之士感觉到，要应对当时的边疆危机就要去了解边疆、研究边疆，这样就兴起了一个边疆研究的高潮。晚清的边疆研究主要在西北和西藏，西南这边还不那么重要。当时主要开展的是对边疆的历史地理的研究，也就是从历史和地理的角度出发来认识边疆。如果从学科门类来看，当时的边疆研究属于历史学和历史地理学这样一个范畴。这些都是中国的传统学问，如历史地理学是中国传统史学中很重要的一部分，所以那时的边疆研究不是借用新兴的学科，而是借助中国传统的史学工具来研究边疆问题的。当然，当时的边疆研究也有新的内容，但整体而言还不成熟，大致属于方志学的研究范畴。当时虽没有“边疆学”或者“边疆史地学”这类叫法，但那段时期为中国的边疆研究奠定了一定基础。

王利平：那么这种具有历史地理传统的边疆研究跟传统的方志学到底有什么区别？

李绍明：区别在于这个时候西学已经进入中国，从这时的边疆研究成果中也可以看到学者们开始应用了一些新的地理学的东西，也就是西方地理学的东西，已经不是纯粹地从传统的方志、历史地理、考据内容出发来开展研究。

汤芸：当时搞边疆研究的这些人，是不是大部分本身就在边疆地区当官，或者有处理实际事务的需要？

李绍明：这些研究者大多数是入仕的，既是学者又当了官，而且多在边疆地区。

王利平：那当时的研究中心在哪里？有没有什么研究机构？

李绍明：那个时候没有中心，也没有任何的研究机构，全是靠私人的网络关系。总的来说，就是在当时边疆危机频发的背景下，在全国范围有这样一个小小的研究高潮。这段时间大概持续了四五十年，之后就进入中华民国。中华民国以后，中国边疆同样存在着很多问题，最主要的是蒙、藏这两块。蒙古嘛，当时沙皇俄国支持它独立；西藏虽一直没有公开宣布独立，但也是在外国势力的煽动下向着独立的路在走，而且走得相当远，就差那么一步就要公开宣告独立。当时，西藏之所以没有这样做，是它的气候还不到。所以那个时候中国充满了边疆危机，特别是蒙藏的问题比较大，这主要是因为清朝覆灭后，蒙藏边疆产生了离心力。

王利平：民国早期的时候，比如在袁世凯主政时期有没有针对蒙藏的积极措施？

李绍明：没有。1927 年以前主要是北洋政府在统治中国，这个政府还是希望维持以前中华帝国这样一个框架，当然，当时也做了一些努力，设立了蒙藏院来管理这些地区。但当时袁世凯的心思是为了当总统；当了总统以后觉得不过瘾，还要当中华帝国洪宪皇帝。所以对待边疆问题，他并没有多少积极的措施，而且为了讨好列强以得到它们的支持，他还不敢在处理边疆危机时搞大动作。比如在西藏问题上，他就不敢对英国怎么样。当时西征军总司令尹昌衡就要往西藏那边打，袁世凯下令不允许去，因为当时英国公使朱尔典向他抗议道："你不能进军到西藏，如果你进了西藏，我们就不承认你这个政府，不支持你当民国大总统。"这样袁世凯当然就要撤回来。那沙皇煽动蒙古独立有些不同，当中有一段时间俄国爆发了十月革命，这时蒙古皇帝哲布尊丹巴感到俄国那边不太靠得住，所以宣布取消独立自治，这样蒙古也就维持了一段时间。但很快，俄国这个布尔什维克建立的新政府也照样支持蒙古独立，这样北洋政府也就没办法了。总之，那时北洋政府没力量去处理中国的边疆危机，它只有委曲求全，表面上想要维持国家统一的这个局面，但是又没有办法，这是当时一个大的格局形势。

值得注意的是1919年的五四运动，五四运动是一个新文化运动，这也是一个标志，代表国人对边疆与国家主权的一个觉醒。五四运动以后，在国内就形成了两个或可叫作学派的团体，它们分别团结在两个刊物上面。一个刊物叫《地理学报》，创刊于1921年，围绕着它的叫"地理学派"，在南京东南大学，是竺可桢发起的，后来还有丁文江等学者加入。另一个刊物叫《禹贡》，在北平于1934年创刊，围绕着它的叫"禹贡学派"，是顾颉刚、谭其骧创办的。这两个学派都是搞历史地理学研究的。地理学派的研究倾向于西学东渐以后的新地理学，虽然《地理学报》并不是全部谈边疆的，但有很大部分是谈边疆问题；而禹贡学会在1936年则成立了边疆研究会。所以民国早期的边疆研究和地理学的关系很密切，这里不仅有中国传统的历史地理学，还有西方的人文地理学。

那么"边疆研究"到底是在什么时候最先被提出来的？据我所知，最早提出的是华西协和大学。华西协和大学在1922年成立了"华西边疆研究学会"（West China Border Research Society），这恐怕是中国成立最早的以边疆为名的学会。目前我还没有查到比1922年更早的，像禹贡学会下面的边疆研究会是在1936年成立的。"华西边疆研究学会"当时主要是外国学者，他们到中国来研究所谓的"华西"，也就是中国西部。当然，华西协和大学这个时候提出边疆研究其实不一定和中国的边疆危机有关，因为这些外国学者的兴趣和动机不在于要解决中国的边境危机，他们更多的是想了解中国西部边疆的情况。

王利平：李老师您讲的这个很重要。当时的华西协和大学主要是外国人，那么这些外国学者来研究中国西部的边疆，如果完全不是出于边疆危机这个目的，那他们又有着什么样的动因呢？

李绍明：如果从"华西边疆研究学会"来看，华西协和大学是由5个教会联合开办的，这些教会来自英国、美国和加拿大，他们来中国办学的目的就是从基督教的教义出发来教化当地的这些非基督徒，教化这些所谓愚昧的人，或者是无神论者，或者是其他异教徒，要他们皈依到基督信仰这里来。当时中国西部大片地区是比较落后的地方，基督教在这里传教、办学，还有办医院，他们有个宗旨，就是拯救这些人，而且是从各个方面来拯救。所以"华西边疆研究学会"研究边疆的目的其实就是要实现他们的传教目的，要教化拯救这些人，所以他们的研究目的不会是出于中国的边疆危机，而是基于基督教的传教目的。但是，"华西边疆研究学会"的研究是综合性的，有考古学的、生物学的、农学的、林学的、人类学的，可以说什么学科都有，这样一来，他们对边疆地区的研究也就更为细致、更科学。

汤芸：当时还有其他类似这种性质的学会吗？

李绍明：这样性质的学会，大概最早提出来的就是"华西边疆研究学会"，后来还有“中华基督教会边疆服务部”。边疆服务部下面还有一个叫《边疆服务》的刊物，而且它有一个部分就是研究边疆的情况。四川大学的杨天宏教授，写了一本相关的书即将出版，他也发表了一些文章，比如说《基督教与中国“边疆研究”的复兴》谈的就是中华基督教会全国总会的边疆研究，你们可以参考一下。

张原：这样看来，民国早期的边疆研究主要有两类，一类是国内的史学家出于解决边疆危机的目的来进行的带有历史地理学色彩的研究，另一类是国外的传教士出于在边疆地区传教的目的来进行的具有社会学色彩的研究。

李绍明：对，它是有这样一个背景。所以我们在探讨这些问题的时候，要注意在那个时期不同的学者是从什么背景，出于什么目的，在这个“边疆研究”的帽子下做事情的。而且我们还要看到，边疆研究在晚清就已经有了，只是当时还没有“边疆”这样的名称来概括它。

王利平：清末的边疆研究是基于一个很深的边疆危机来展开的，而华西协和大学的研究则是出于对落后地区的宗教改造，并不见得是针对边疆危机而去研究。那么像地理学会和禹贡学会研究边疆的背景和目的又和这两种研究有何不同呢？

李绍明：“地理学会”和“禹贡学会”的边疆研究，也是出于中国的边疆危机，可以跟晚清的传统连在一起。这时期的边疆研究还有一个特点，就是办刊物。比如外国人办的华西边疆研究协会，它的刊物叫《华西边疆研究协会杂志》，从20世纪20年代开始出了很多期，它全部是英文的，在川大博物馆可以查到这个杂志，目前这个刊物的索引、目录全都译成了中文的。《禹贡》这个刊物也是非常重要的，中国社会科学院的民族学人类学研究所也已经把这个刊物的目录重印了，并把一些重要的文章也重印了。地理学会就搞《地理学报》这个刊物，目前这个刊物的文章好像也有人来做收集整理的工作了。

汤芸：虽然《地理学报》和《禹贡》出发点似乎是相似的，但这两个学刊之间在观点上有针锋相对的地方吗？或者说各自有什么特点与侧重点？

李绍明：观点上没有针锋相对的地方，它们纯属是一种学派风格的区别。《禹贡》是从传统的历史地理学出发；而《地理学报》主要是从西方的地理学来谈边疆的人文地理问题，要更规范一些。这两个刊物反映了民国较早一段时期的边疆研究的情况。尤其是“禹贡学会”，当时已经明确提出了“边疆研究”这样一个概念，它还成立有一个边疆研究会。这一阶段是民国边疆研究高潮的酝酿时期。到了1937年以后，“七七事变”爆发，抗日战争开始，那么边疆研究和边政研究在全国正式形成了一个高潮。这时能够形成这样一个边政学研究高潮，跟人类学、民族学有很大关系，但也不是完全是一回事，因为边政学的研究涉及范围更广。那么，这个时候为什么要将边疆研究提为“边政学的研究”，而不叫“人类学的研究”，尤其不叫“民族学的研究”呢？

王利平：我认为是当时国民政府对于谈民族问题好像有点敏感，是吧？

李绍明：对了，当时的国民政府对谈民族学比较敏感，这也与当时整个国际环境和周边形势相关。1931年的“九·一八”事变，日本占领了东北以后就支持了一个伪满洲国，把东北分裂出去成立为一个国家。当时，这个伪满洲国除了日本承认它以外，还有苏联也承认。另外，外蒙古当时已独立了，西藏也在搞“藏独”。当时中国其他的边疆地区也有不少是外国势力染指的地方，所以中国的边疆危机到了“九·一八”事变和“七七事变”这段时间就更突出了。本来孙中山先生的民族观已经由“驱逐鞑虏，恢复中华”转变到了“五族共和，均归平等”，但是到了这一阶段，随着外蒙古的独立和满洲国的成立，国民党觉得很紧张。于是以前“三民主义”的民族部分常说的那些东西就不说了，改说什么呢，就说蒋介石的《中国之命运》。1934 年蒋介石发表的《中国之命运》中，根本不说民族，说中国只有一个民族，就是中华民族，中华民族内部只提宗族宗支，血缘的宗支。所以说那时都不大谈民族了，当时民族问题很敏感啊，但凡牵涉到民族问题的都得想点办法用边疆问题来替代。当然，蒙藏也是有民族的概念的，但也可以作为一个地理的概念，而且“蒙藏委员会”是一个部委，是不能把它的名字改成“边疆委员会”的，也没法改，因为在当时的宪法上就明确写到了蒙古和西藏要怎么样自治，这里涉及宪法，也就不敢改了。这样，“蒙藏委员会”因为有了宪法的保障所以就没有改，这个机构今天在台湾还存在，而且还是中华民国的“蒙藏委员会”。当时除了“蒙藏委员会”之外，其他的部门像教育部就用边疆研究或边政学研究来代替民族研究和民族学研究。就是在这样一个大的客观环境的变化背景下，边疆研究在这个时候就兴旺起来了。也由于以边疆问题代替了民族问题，于是就有了“边政”和“内政”这两个词相对应地出现。边政就是边疆的政治，内政就是内地的和汉区的政治。所以这里的“边疆”又有新的内涵和意义解释，也就是说，除了有地理上的边疆之外，还有一个文化上的边疆。用“边疆”来替代“民族”，这让人感觉到一种对政治统一的强调。

那个时候，顾颉刚这一派是附和蒋介石观点的，认为中国只有中华民族没有其他民族。而回国不久的费孝通则放了一炮，认为这个观点不对，咋能说中华民族是一个，就连孙中山先生都讲中国有五大民族，何况这还没有说够，几十个民族只说了五个，那是因为我们还没调查清楚，要是调查清楚了我们就知道中国有哪些民族了。可是，这个历史很有趣，费先生后来在 80 年代又回过头来提出了“中华民族多元一体格局”，这多元一体也就是说中华民族已经成为一个实体了。值得注意的是，毛泽东说的是中华人民共和国各民族团结起来，也就是这五十多个民族要联合在一起。但费先生说，中华民族就是个实体，因为从历史上看已经形成了中华民族这样一个大的共同体了。你看，费先生从最初的反对顾颉刚的“中华民族是一个”，到后来回头提出“中华民族多元一体格局”，这里面有很多值得思考的东西。

王利平：在抗战时期，除了费先生，那么别的民族学家、人类学家又是怎么看待民族和边疆这些问题的？

李绍明：这个时候就有趣了，当时搞人类学、民族学的学者都还是比较赞同费先生的观点，觉得民族研究是符合学术规范的；而搞历史学、地理学的则都赞同顾颉刚的观点，认为边疆问题的研究是符合现实需要的。所以也就是在这个时候兴起了“边政学”，其实“边政学”就是在“民族”和“边疆”的这样一种争论中被提出来的。“边政学”这个名称还是吴文藻先生在《边政学发凡》中明确提出来的。这样一来，“蒙藏委员会”自己建立的学会，不叫蒙藏学会，也不叫民族学会，而是叫“边政学会”，它的刊物是《边政公论》。此外，“蒙藏委员会”还有《蒙藏月报》和《蒙藏月刊》，这些是不敢改名叫《边政月报》或《边政月刊》的。但实际上，这三个刊物，《边政公论》代表的是学术性、理论性的东西，其他两个刊物是政治性和公报性的东西。这样“蒙藏委员会”的研究重心就移到边政来了，不谈民族了。

所以在抗战时期，“边政学”的学术团体在西部，在西北和西南占了上风。相反，民族学会就奄奄一息了。当时，徐益棠负责的“中国民族学会”政府是不给予支持的。抗战时期，中国民族学会先迁到了成都，还出了个刊物叫《西南边疆》，你看民族学会的刊物都要打上“边疆”了，但办了几期就办不下去了。后来迁到昆明去办，也还是办不下去，办了大概是四五期就停了。因为没有政府的支持，抗战时期的中国民族学会基本就没有活动。相反，在1941成立的“中国边疆学会”则是蒸蒸日上。这个边疆学会由三拨人发起。一个是1941年，由赵守钰、黄奋生两个人在重庆发起建立中国边疆学会，第二个是马鹤天在榆林发起建立的，第三个则是顾颉刚在成都建立中国边疆学会。发起以后，在重庆建成了一个“中国边疆学会总会”，因为重庆当时是陪都。榆林是陕西的分会，成都是四川的分会。这个学会的发起人，像赵守钰、黄奋生、马鹤天等都是“蒙藏委员会”的委员，还有一部分就是顾颉刚这样的学者。学会也办刊物，其中重庆的总会有《中国边疆》，陕西分会有《边疆月刊》和《边疆周刊》，四川分会有《边疆周刊》，这些学会的力量非常大。然后还有“边政学会”，搞的刊物是《边政公论》，这就是“蒙藏委员会”的研究机构对外的一个牌子，就是依托这么一个机构来创立边政学。他们将吴文藻先生拉了进去写了篇《边政学发凡》，结果吴文藻先生说的这个边政学是什么呢，其实当时大家看了后还是一头雾水。现在来看，其实可以看出，当时吴文藻想说的是“边政学”有广义和狭义的解释，狭义的“边政学”是指边疆的政治，广义的“边政学”指的是所有边疆问题的研究。当时的学者大多是用最广义的“边政学”概念，很少人只从边疆政治那一方面来说问题，多是从整个边疆情况出发。这样一来，“边政学”其实也就成为一个涉及边疆地区无所不包的学科，也可以说各个学科都可从各自的方面来研究边疆问题，比如说研究历史的从历史的角度，学地理的用地理的知识，研究民族学的可以从民族学的理论来研究，搞人类学的可以用人类学的概念来研究，这些都是可以的。事实上，当时的“边政学”并没有一个确切的定义，这也就是吴文藻先生要说的有广义和狭义的“边政学”。

有了“边政学”这个概念之后，随之还办了三个边政学系，一个是西北大学的边政学系，一个是中央大学办的边政学系，一个是中央政治大学办的边政学系。创立边政学系的目的很明确，就是要培养边务人才。这些系都建在国立学校，西北大学也是国立大学。为什么要在国立大学里面建边政学系？这是因为当时国民党的中央组织部向国民党第八中全会提交了“设立边疆语文系”的提议，当时最初提的不叫边政系，叫边疆语文系；另外还要设立西北边疆文化研究所和西南边疆文化研究所，但这两个所最后没有设立起来。国民党的中央组织部说，设立边政学系以利边政。根据这个意见，最后建立了这三个边政学系。这些系所授课的内容有蒙文、维吾尔文等民族语言的课，有蒙古族历史、藏族历史等民族历史的课，还有就是民族学、人类学等内容，这些系实际上并没有开设狭义“边政学”的具体课程，课程多是属于广义边政学的内容。

汤芸：那么这样看来，“边政学”就是一个无所不包的学科，反正与边疆有关的都可以被纳入进来。

李绍明：是呀，你说“边政学”是一个什么样的学科，非常杂。比如我的老师李安宅先生，他从来不说“边政学”，他说的是边疆社会工作，简称社工。他写的一本书名为《边疆社工》，这个也是合理的。社会学它有两个方面，一个是社会理论，一个是社会工作，那么他本人在边疆做社会工作，就把自己的研究作为社会学的一部分，这在学理上和学科上也完全对的，这样李安宅先生不讲边政学，他讲边疆服务、边疆社会工作。所以我本人当时认为李安宅先生是从学理上来对待边疆研究，但是他的边疆研究也可被后人看作是当时“边政学”的一部分。当然，那时讲的边疆主要是少数民族地区，但是国民政府把这个概念偷换了，不用民族地区，尽量讲边疆地区，他把那些涉及民族的词汇毙掉，就怕突出民族那部分的问题，所以要偷换概念。所以，“边政学”的兴起有这么一些缘由。

当时中国兴起了不少学会，其中“边政学会”和“边疆学会”是两个主力。当时中国没有人类学学会，只有一个名存实亡的民族学会，它没有经费支持干不了什么事。另外，当时还有一个“边疆问题研究会”，是在西北地区搞起来的。当时以“边疆”为名的研究团体和刊物有不少，很多大学里有“边疆研究”。比如，中国民族学会当时办的刊物叫《西南边疆》，徐益棠则是金陵大学“边疆文化研究所”的所长，又比如南开大学陶云逵建立了“边疆人文研究室”，华西协和大学李安宅建立了“华西边疆研究所”，在华西同时还有一个“华西边疆研究学会”。这个“华西边疆研究学会”当时已经不是以前那种以西人为主、华人为辅的研究团队了，当时李安宅、冯汉骥这些先生在里面是主要成员，而且这个学会的研究目的也变了，不再是以外国人传教，普及基督教福音为目的，而是关于抗战救亡的边疆研究。

李安宅先生在华西协和大学设立边疆研究所的时候，他已经不用人类学的概念和词汇了，他只能用“边疆”，这时候边疆的概念也已经普及了。如 1942 年，吴文藻先生就边疆计划作发言，大家都已经接受了边疆这个概念。现在我们梳理这段历史的时候，没有很好地将这些问题说清楚。比如马大正写的书中，他把清末这一段的边疆研究说得很清楚，但民国的这一段就不怎么说，即便说也是说不清楚的。可以说，现在“中国边疆史地中心”在这方面的研究都存在类似问题，他们多集中精力做清朝这一段，而民国的这段就不说清楚，这是边疆研究中非常重要的一大段历史啊。那王建民的《中国民族学史》也说过这一段，基本上是可以的，但也不是很清晰。

汤芸：那对民国时期的边疆研究的梳理不够清楚的这种情况，您觉得问题出在哪里？

李绍明：写的人可能都有顾虑，总觉得现在不好说这些问题，因为说到所谓“前朝”那部分历史就会牵涉到现在的很多人和事，不好把握。中国就是有这个“影射史学”嘛，以古讽今。所以，就算是他们完全搞清楚那段历史了，也不一定敢公开说出来。研究这段历史的学者是有些顾虑，特别是我们这代学者在面对这些问题时也是有一些难言之隐的，但有的顾虑也过了点，是过虑啊。你们年轻人现在可以放开手脚来做研究了，要梳理这段学术史我很支持，我们总是要把问题搞清楚的嘛。

当时的边疆研究与民族学、社会学、宗教学都是通的，边政学也如此。当然，无论民族学也好，从学科史上来理清楚这些问题的。因为研究问题就要把问题看透，所以怎么写，写到什么样的程度，这脉得把正；它背后的问题是怎么说的，怎么想的，这些都得弄清楚才行。

王利平：刚才您讲到，为了避免民族学的一些相关民族问题的提法，“边政学”的提法得到了普及，但很多民族学家在《边政公论》这样的刊物发表文章时，他们会不会单独把“民族问题”这个词提出来的？或者他们是否意识到如果他们特别强调民族的分类和民族间的不同，这将会与“边政学”这样一个强调整体一致框架的学识之间有抵触的地方？

李绍明：大体上，民族学家、人类学家是不会这样写的，那时候确实很少提“民族问题”，就算他要谈这类问题，他也用自己的话谈，要少作不合时宜的发言嘛。

汤芸：这是否也是李安宅先生不大谈民族的原因？像马长寿先生在1936年的时候都还在写《中国西南民族分类》这样的文章，但抗战爆发后他也开始谈边政了，《边政公论》上还有他的一篇《人类学在我国边政上的应用》这样的文章。

李绍明：对，当时他们都不怎么谈民族了。但李安宅先生是从社会学、社会工作来谈这些问题。他们表面上不提民族问题，换个说法嘛就是边疆问题了。而且边疆问题可以包含很多内容，这个民族问题研究都属于边疆问题研究的一部分。

张原：是不是可以这样说，在中国，历史地理学的兴起可能与边疆问题之间有一个内在的关联，边疆危机在这里起了一个推动学科发展的作用。特别对于“边政学”而言，它的兴起与抗战直接有关。但像民族学和人类学，这些学科其实并不必然会与边疆问题挂在一起产生关联，它们的兴起过程可能会有另外的一些原因。在民国时期，民族学、人类学是否可能有比较独立的学术发展过程？

李绍明：是的，民族学和人类学的兴起本身并不一定要与边疆危机相关。只是在抗战那个特殊时期，像王建民说的，在当时这样一个日本大敌当前的边疆危机形势下，民族学、人类学家也要在其中贡献自己的力量，从国家大义这个角度去选择，民族学、人类学家都要从自身的学科立场作出相应的表率。而边疆问题是一个综合性研究领域，吴文藻先生给了边政学一个广义的内涵，这样，纳入到边政学中的就不只是一个单独的社会学科，而是更为综合庞杂的。如此一来，民族学和人类学都可以在其中作出贡献。

那么在抗日战争结束以后，边政学也就随之衰落下去，而民族学、人类学则开始兴盛起来了。人类学兴起的标志是有四个大学成立了人类学系，分别是暨南大学、中山大学、浙江大学、清华大学。相反，中央大学的边政学系、中央政治大学的边政学系在抗战后就停办了，最后只有西北大学的边政学系还在开办，这是边政学衰落的一个标志啊。也就是说，抗战后，很多大学都把人类学系正式创办起来了，而边政学系却大多停办了。这就表明，像人类学、民族学等这些原本就有规范有传统的学科会在战争结束后得到较好的发展。

王利平：谈到学科自身的传统，这里我有些疑惑。当时的学者们在进行边政学研究时，有的人写的东西比较偏向历史，有的又比较像典型的人类学，有的又像社会学，而有的又像民俗学，我不是很清楚当时中国的边疆研究中有哪些学科传统，这些传统又以哪些人为代表，李老师您能再帮我理一下这部分的线索吗？

李绍明：边疆研究本来就是这么多学科夹杂在里面嘛，“边政学”更是如此。当时边疆研究里面有的纯属于地理学，比如说比较有名的严德一，他是一个地理学家，“中国边疆学会”给他出了一本《边疆地理考察实录》，像滇缅公路、中印公路都是他亲自勘测的，同时他还把云南西部、缅甸东北部的民族地区都走遍了，写了很多东西。又如顾颉刚是边疆史地的首创人，以他为代表的这些学者是从传统的历史地理学开始做，从历史这个角度来做边疆研究。在当时，“边政学”里还有这么一批搞社会学、人类学和民族学的，这批人在“边政学”里都是很关键的，他们各有师承。这方面的梳理嘛就可以看一下王建民的《中国民族学史》，还有王铭铭谈的中国人类学的北派、南派和华西派，这些都可以给你们提供线索。

以前，民族学和人类学是不分的，那时的民族学就是文化人类学，现在民族学和人类学稍有不同了，民族学今天已分成大民族学和小民族学了，大民族学中有民族理论、民族政策，还有民族经济、民族艺术、民族法学。其实在当时，民族学、人类学、社会学之间的关系非常紧密。比如李安宅先生是搞社会学的，他一方面从社会学的角度研究边疆问题、民族问题，另一方面他的研究还存在文化人类学倾向，比如他写的《关于祖尼人的一些观察和探讨》这篇研究印第安人部落文化的论文就是文化人类学的。像费孝通、李安宅这些先生都是把社会学和人类学联系在一起研究的。按照学科传统来说，西方人类学最早研究的多是比较落后的群体和社会，但费先生在中国做的研究是汉人乡村的社区研究，如《江村经济》等，在这种研究中社会学和人类学是分不开的。又比如李安宅先生用社会学的方法来考察藏族社会，这对民族学而言也是有益的。但是现在情况又不一样了，中国的社会学、人类学、民族学的关系确实太复杂，分分合合的。

王利平：那么当时的中山大学也是一派了？当时他们也做了一些少数民族研究，比如瑶人的研究，我感觉，他们这一支受民俗学的影响很深，比如杨成志先生，他的研究跟李安宅先生是完全不同的风格。那么，李老师您觉得华西和中山这两边的边疆研究各自有什么风格和学术传统上的特点呢？

李绍明：华西这个学术团队，主要是抗战爆发后形成的，来自四面八方的学者都集中在这个地方，这里面有些是功能学派，像林耀华先生是功能学派的，但李安宅先生不是功能学派，应该说华西这边的风格其实也因人而异，比较杂。那么中山大学这边的杨成志先生，他可以说是当时“西南学派”的带头人，因为“西南研究”最早就是他提出来的。杨先生在研究当中把文化人类学和民俗研究结合得比较紧。其实民俗学到中国也有了很大的变化，因为在西方，民俗学主要研究的是主体民族的民俗，而非主体民族的民俗在民族学里面去研究。但到了中国，就不一样了。民俗学不仅研究汉族的民俗，少数民族的民俗也是其中一个主要的部分。杨成志先生他们的研究把民族学、民俗学，还有民族史结合得比较好，这跟李安宅先生不大一样，和林耀华先生的也有不同。

张原：李老师，刚才您谈到抗战后“边政学”就衰落了，似乎这个时候民族研究又反过来可以将边疆研究涵盖了，这样大家都又倾向于来谈民族问题，直到今天的情况好像仍是这样，那些继续以边疆问题为名来做的研究似乎还在被压缩。

李绍明：现在的边疆研究其实是不可能弄得太大，中国社会科学院在恢复这方面研究的时候，给的名字是“边疆史地研究中心”。那么为什么不叫“边疆研究中心”呢？这一方面是要把它局限住，不让它弄得太泛；另一方面就是要把清末边疆史地研究的传统拉回来，让这个中心来恢复这种传统，所以叫史地研究。那么中间这一段，特别是抗战这一段时间的边疆研究，我们说这是一个“边政学”时代，那是一种广泛的综合性的研究，很大的一个边疆问题的研究，实际上内容也是笼统的研究，不局限在边疆史地方面。所以现在，中国社会科学院的边疆研究和民国的那种边疆研究在研究问题上都有很大不同了。

王利平：这个问题我也问过中国社会科学院的一些老师，我当时问他们，为什么你们把这个中心叫作“边疆史地研究”？因为边疆问题也就有很多学科在研究，譬如说民族学、人类学啊都在做这类研究，那么你们跟这些学科的差别是不是因为你们更注重历史的研究？那边老师的回答也不是很清楚，他们只是说边疆研究要不就是历史，要不就是当代，历史的研究就会和地理的研究结合得更紧密，当代研究则会和民族政策这些更有关联，至于民族学、人类学的东西确实不在他们探讨的范围之内。

李绍明：嗯，边疆问题的研究是要跟现实问题结合得很紧，不可能太多关注学理上的问题，而是要解决现实的边疆问题，所以它不可能像民族学、人类学那样去重视学理上的问题。

其实抗战时候的边政研究也是非常强调现实性和运用性的，就算是关于边疆史地方面的研究也是很有现实针对性的。民国时期边疆研究的这一段历史是不能被忽视的，应该给其适当的评价和研究。总的来说，当时无论是用边疆研究或者是“边政学”研究的名义，都使得边疆治理这方面实际工作的开展得到了深入，也形成了很好的边疆研究势头。这对中国边疆的治理和稳定是有好处的，从国家民族这个大的范围来说是有好处的。这些好处我们是能看到的，当时边疆研究很火，确实形成了一个高潮，出版的刊物、报纸也有很多。的确，那个时期边疆问题也比较突出，国家有很大的边疆危机，所以不仅是学术界关注，国人、社会上都广泛关注，就有了这样一个高潮。

王利平：那当时边政学的这些研究跟实际政策的制定实施之间到底有怎样的关系？也就是说，实际的边政是否会受到这些讨论的影响？

李绍明：肯定有影响。那个时候这些学者对于边政工作来说还是起了很多作用的。比如江应樑先生在云南边政设计委员会里当主任，他后来还当了车里县（今云南景洪）的县长，这是学者在边政事务中的具体实践啊。还有就是吴文藻先生也当过国民政府边政事务委员会的副主任嘛，这些学者在决策或行政部门里是不会乱出点子瞎整事的。我看了当时中央研究院芮逸夫写的《川南鸦雀苗的婚丧习俗》这本书，他当中就附上了很多资料说应该废除对少数民族的称谓上带有侮辱性的像犬旁的这些名称，这些建议国民政府其实是采纳了的，当时学者们的确还是起了作用的。

说到学者参与政治，最有意思的就是在李庄的这个中央研究院史语所，1942 年他们刚迁到李庄时，在给国民政府写的报告中说，“我们还是保持这么一片学术的净土，不要跟时髦去说什么为政治服务，我们要坚持搞学术”。但是过了两年，大概是 1944 年，他们写的报告就不一样了，就说，他们还是要关注边疆啊，不要太脱离大的时局。所以在这个国家存亡的时刻，他们也要搞实际研究嘛。像吴定良他们就去搞体质测量，这个体质测量的目的是要提高人民体质素质来抗日；还有就是要测量士兵，设立个中国士兵的体质标准出来。中研院是一个很客观的学术机构，但是在那个大的局势下，他们也还是要进行一些转变，要有服务现实政治的这些考虑。这里可以看到，学者在当时是积极参与边政工作的，他们要为抗日做贡献嘛。

当时，还有边疆教育也很受重视，像凌纯声先生就出任过边疆教育司的司长。那时国民政府还在所谓的边区搞了一个“边民服务站”，这服务站是什么人去搞的呢？好多都是当时搞人类学、民族学、社会学的这些学者去做的。比如丽江县的边境服务站，这个站长叫张镇东，他是贵州大学社会学系的。其实他当时不叫张镇东，叫张征东，因为打日本叫作征东，日本打完了才叫张镇东，这个人我很熟，我们一块搞彝族史，他年龄比我大得多。另外四川马边县建了一个边民生活指导所，这个所长叫陈宗祥，现在是西南民族大学退休的老师，有 90 岁了嘛。他当时就是从华西协和大学去的，那时陈宗祥是助教，张镇东刚大学毕业。我问过他们俩这个生活指导所是干什么的，他们告诉我，生活指导就是说要告诉当地这些人要讲卫生，生了病要找医生吃药，不要只是请毕摩驱鬼。

张原：那边民生活指导所跟“新生活运动”有关吗？

李绍明：“新生活运动”比这个要早一点，这个边民生活指导所主要强调为边区服务，还要宣传不能歧视少数民族，他们进到城里来要善待他们。所以当时他们专门在城里办了一些服务所，还有旅馆。当时少数民族进城来了，好多旅馆是不让这些人住的，嫌他们脏啊，所以他们以前进城就只能在街沿边上睡，那么这个边民服务部就在专门给他们搞个简陋点的旅馆让他们住。但是住这个店是有个条件，就是服务部里有几个大的脚盆，还有热水，每个人进去住店，晚上一定要洗脚了才能进去。这也就是让当地的少数民族慢慢养成讲卫生的习惯。这些边民服务部都是通过这种很具体的事情来沟通民族关系，在这里面服务的人很多都是学校推荐的。

王利平：那国民政府在当时也还是有不少实际的、积极的边政措施？

李绍明：因为在当时的时局条件下，国民政府也感觉到民族问题比较棘手，想要调整民族关系，因为如果民族关系不稳定那就麻烦了。当时日本人已经从缅甸那边打过来了，把云南的西部占了，腾冲也占了，只是没有过怒江了。所以这个民族问题和边疆问题纠结在一起很尖锐了，它就必须要有积极的行动。

王利平：那您觉得，当时这种边政实践和学者之间的紧密关系是不是到了中华人民共和国成立以后就不一样了呢？

李绍明：这种变化发生在中华人民共和国成立之前。基本上是从抗战胜利以后，大家就不大提边政了。那时各个学科就都各归各位了，就是人类学就归人类学了，民族学就归民族学了。因为这个矛盾不一样嘛，外来压力和边疆问题都不突出了，大家把注意力就转移到内政方面了。

王利平：今天李老师讲的这些让我们很有收获，给了我们一条线索来厘清民国时期的边疆研究，使得我们有了一个框架来理解这一段学术史，非常感谢您。

李绍明：因为前几天你们给我打电话后，我就开始在想这一段历史了，也要稍微有个条理吧。这段历史是中国学术发展很重要的历史，需要我们客观地来看、来评价，现在关注这些问题的学者开始多了，但还不深入，其实没有几本书将这段历史梳理清楚，并给予恰当评价的。

汤芸：那李老师您觉得这一段历史和我们之后的学术实践有何种传承？

李绍明：当时的学术是在国家存亡，全民动员，工农兵学商一起来救亡的背景下开始了边政学的边疆研究高潮。在学术上是有进步有贡献的，而且边疆社会也确实得到了改进。可以说，这就是把学术运用到了实际当中来解决现实问题。这是中国学术的一个传统和特点了。其实学术分两种，一种是纯学术的，要在学理上讨论问题；还有一种是应用方面的，要为社会服务。所以，我们的学术研究是要有经世致用的这种现实关怀的。另外我们要看到，那时的学者在那么艰苦的条件下仍是认真地对待学术，不少人说那是中国民族学人类学的一个黄金时代，那么我们还是要善待那段历史，这段学术史是很值得回顾、值得研究的。

（录音整理：西南民族大学民族学专业2008级硕士研究生张秋东、李宏艳、何艳）

（原载《西南民族大学学报》2009年第12期）

积沙成塔，跬步前行

——方铁教授访谈录

方　铁　尤　佳*

尤佳：您研究民族史、边疆史数十年，可说是著作等身，桃李遍天下。大家都想知道您工作和治学的经历。

方铁：1969 年我在昆明师院附中读高一。同年下乡到瑞丽县弄岛乡插队，以后担任生产队的记工员。1971 年招工至云南燃料二厂，分配在技术科管理产品的原材料消耗定额。经刻苦自学并虚心向师傅请教，逐渐参加重要产品的技术管理。我负责管理的军用导爆索因性能优异，在对越自卫作战中深受参战官兵赞誉，获得国防部通令嘉奖。1975 年入党。1977 年恢复高考，因地处山沟消息闭塞，不知道高考恢复而错失机会。1978 年我参加高考，以楚雄州文科总分第二名的好成绩考入云南大学历史系。入学后连续四年被评为云南大学三好学生，1981 年获云南省高校三好学生称号。1982 年毕业留校，在马列主义教研室从事党史教学。1986 年调到西南边疆民族历史研究所，先后任讲师、副教授、教授，从事民族史、边疆史等学科的教学与研究。

1999 年教育部建设人文社科重点研究基地。云南大学党委决定，以西南边疆民族历史研究所为基础组建西南边疆少数民族研究中心。2000 年，该研究中心被教育部批准为教育部人文社科重点研究基地，云、贵、桂三省高校仅此一所，学校任命我为基地主任。2015 年 10 月学校进行机构调整，因基地建设条件改变，我辞去主任职务，仍继续担任教授、博士生导师。2009 年办理退休手续，仍继续从事科研并指导博士生。

方家子女共四人。姐姐方慧、弟弟方钢和我，“文化大革命”中下乡到瑞丽县插队，以后招工到工厂工作。1977 年恢复高考后，我们三人和毕业后辍学在家的妹妹方敏，先后考取云南大学或云南师范大学。1978 年，方家的四位子女、我和方钢的女朋友以及方慧上幼儿园的孩子，聚集在相馆围绕父母合影留念。在这张照片中，考上大学的六位年轻人佩戴闪亮的校徽，表情喜悦而自豪，堪称是改革开放时代的生动写照。2007 年，为庆祝恢复高考 30 周年，《南方周末》杂志社派记者来采访我和几位昆明知青，主要谈下乡、进厂及参加高考的经过。成文后以《我们要上学》为题在《南方周末》发表，该照片与其他照片同时刊出。文章和照片被多家网站转载，引发网友围绕“知识是否改变命运”问题展开热烈的讨论。大学毕业后，我和方慧在云南大学教书，方钢在云南师范大学数学系任教，方敏在昆明二中任教师。我家三代人及配偶大都投身教育事业，分别在云南大学、云南师范大学、昆明理工大学、云南民族大学等高校和两

* 方铁，云南大学西南边疆少数民族研究中心教授，博士生导师，研究方向：中国边疆史、中国民族史；尤佳，云南民族大学历史系副教授，历史学博士，研究方向：秦汉史、边疆治理史。

所中学任教。方家三代人及配偶中有八位教授、副教授，有四位博士及一位博士后，有一位硕士，有两位博士生导师，《云南日报》曾以《教授之家》为题采访介绍。在2007年拍摄的全家福照片中，方慧的女儿周芳还是幼儿园的小朋友，现已成长为云南大学的副教授、博士。

尤佳：您的父亲云南师范大学方龄贵教授，是国内外知名的蒙元史泰斗。您继承父亲研究的事业并有所拓展，大家都说您有深厚的家学渊源，能否谈谈这一方面的情形？

方铁：父亲方龄贵教授，1918年出生于吉林省前郭旗一个贫苦农民的家庭。为摆脱贫困，祖父支持他外出读书。高中毕业后，他报考当时在昆明的西南联大历史系，本科毕业后考入北京大学研究院，师从著名的元史专家姚从吾、邵循正两位教授，1946年毕业获硕士学位。因与母亲结婚留居昆明，在云南大学文史系任教一年，1947年转入昆明师范学院（现云南师范大学），先后任历史系的副教授、教授，兼任过系主任与校图书馆馆长，以及中国蒙古史学会理事、云南省史学会副会长及顾问、云南孔子研究会顾问等职。他在《历史研究》等刊物发表论文数十篇，出版《元朝秘史通检》《元明戏曲中的蒙古语》《古典戏曲外来语考释词典》《通制条格校注》《大理五华楼新出元碑选录并考释》《元史丛考》六部著作，在学术界有重要的影响。2007年8月，云南师范大学与元史研究会、中国蒙古史学会在昆明举办“中国蒙元史学术研讨会暨方龄贵教授九十华诞庆祝会”，来自全国的知名学者数十人参加会议。一些多年不出门的老前辈也参加了，时称是学术界的一大盛事。会后编辑出版《中国蒙元史学术研讨会暨方龄贵教授九十华诞庆祝会文集》，由各地书店发行。父亲于1987年退休，2011年去世，享年94岁。母亲是云南大姚县人，毕业于云南大学生物系，在昆明七中教书至退休，2018年92岁。

父母对我有极大的影响。父母均是教师，他们对教育事业的执着与忠诚，对学生的衷心热爱和无私关怀，深刻影响了子女。父亲的自传说：“教书不但是我的职业，也是我的乐趣，所谓‘得天下英才而教育之’，一乐也。我觉得我的生活很充实、很满足、很幸福、很自豪，可以说，我并没有虚度年华。我常讲，人如果有第二次生命，我将毫不迟疑地仍然选择教书这个行当，不离开三尺讲坛。”改革开放后，我们四个兄弟姐妹均投身于教育事业，为之兢兢业业辛劳终日，与仿效父母树立的榜样有关。我的女儿方悦萌与两位侄女，也分别在云南民族大学、云南大学、云南师范大学任教，接过了方家教书育人的接力棒。女儿获得专门史博士学位后，赴复旦大学从事博士后学习。

父亲对教学十分看重。他长期讲授元史、蒙古史、辽金元史、中国史学史、史学概论、中国通史等课程。父亲说上课繁忙之时，曾同时讲授中国通史、蒙元史、中国史学史、史料踏勘学等几门课程。听过父亲讲课的学生说，方先生讲课准备充分，条理清楚，往往是总结性的话刚讲完，下课铃便响了。父亲退休时未赶上实行学位制度，未直接指导过研究生。但经常为后来学校招收的研究生上课，毫无保留地把知识传授给学生。母亲对教学也很认真，学生的评价甚佳。改革开放后，有几位20余年前母亲教过的学生，相约到家中看望敬爱的董老师。

受父母的影响，方家子女也以教学为重。姐姐方慧任云南大学法学院的教授、博士生导师，是1949年后云南省培养的首位女博士。她为本科生讲授中国民族史、中国法制史、法理学、民族政策与法规等课程，为硕士生讲授人类学、南亚语系民族研究、民族理论、民族法学等课程，为博士生讲授少数民族法制史、元代云南史研究、元代云南古籍碑刻研究等课程。她备课认真，因材施教，取得良好的教学效果，曾获云南大学优秀教学成果二等奖，三次被评为云南大学优秀党员，荣获教育部表彰的全国优秀教师称号，以及全国师风师德标兵、云南省十佳师风师德标兵等称号。方钢担任云南师范大学数学系的教授、副系主任与工会主席，他以教学经验丰富、教学效果良好著称，多次获得学校颁发的教学优秀奖，退休后担任云南师范大学的教学督导。

父母对知识的渴求，对师长的尊重和对书本的热爱，都对我们产生深刻的影响。从幼年时起，我们便经常看到父亲与上门求教的学生研讨学问。父亲经常与我们谈他的治学与师友的近况，言及琐事的不多。父亲对我寄予很大的期望。凡有重要学友来访，他必定让我坐在一旁聆听谈话，从中汲取知识，增长见闻。在父亲狭小的书房，我见过翁独健、杨志玖、韩儒林等史学大师和中国社会科学院历史所、民族所的一些知名学者。1975 年我到北京出差，时在京参加《中国通史》编写工作的父亲，携我看望《中国通史》主编、著名学者白寿彝先生，并探访中央民族学院的诸位师友，他们笑谈切磋，我深受教益如沐春风。考上云南大学历史系后，父亲携我登门看望方国瑜、李埏、江应樑、张德光、尤中、何耀华等知名学者，实则是行拜师之礼。目睹前辈学者儒雅的风度与辉煌的成就，我深为叹服，立志不懈学习并终身追随。

父母对子女的教育十分重视。他们的收入虽不宽裕，但订阅书刊、购置书籍却从不犹豫。家中长年订阅《小朋友》《少年文艺》《中国青年》《边疆文艺》《民间文学》等刊物，以及《人民日报》《光明日报》《春城晚报》等报纸，父母还支持我们购买各类书籍，父亲经常从师范大学图书馆借书给我们看。父亲的藏书十分丰富，国学典籍大致收集齐全，还经常购买补充。这些书籍也成为我们读物的一个来源。父亲珍惜自己的藏书，留下遗嘱："书不能流散，要永远保存下去。"父亲手书的"书不出室"字条今天仍贴在书架上。但凡子女阅读他的藏书，父亲都热情鼓励，并讲述书籍的价值与版本等知识。小女方悦萌自上小学，在祖父家等待吃中饭时，便习惯从书架上取书浏览，家父十分赞赏，多次对我言及此事。"文化大革命"中有人贴父亲的大字报，说父亲当校图书馆馆长时，花 3000 元钱购买一部《四部丛刊》，父亲说该书买得值得，此书现成为校图书馆的镇馆之宝。"文化大革命"中武斗开始，父母不让我们随便外出。阅读家中丰富的杂志和藏书，便成为我们打发时光的方式。如果说我见识未落浅陋的话，很大程度上得益于饱览家中所藏的杂志与藏书，并养成博览群书、坚持读书学习的习惯。1978 年考上大学赴昆明报到，我乘坐拉货的卡车离开供职的工厂，携带的东西除行李外，便是常年陪伴我、装满十几个纸箱的各类书籍。可以说，从下乡插队到进工厂，只要有空闲，我便手不释卷读书学习，这一习惯沿袭至今。

上大学后，父亲有计划地给我和姐姐方慧（时在云南师范大学历史系就读）上课，系统讲授中国史尤其是蒙元史的知识与治学方法，我们认真做了笔记。讲到一些历史记载，父亲从书架上取下史籍翻开给我们看。谈到自己的研究，他取出手稿让我们浏览。这些讲授使我和姐姐受益非浅，是极其难得的学习机会。1980 年，《中国历史大词典》的编纂接近尾声，但云南计划完成的辞条尚缺少一部分。经《中国历史大词典》编委会与云南辞条编写组商议，决定吸收我参加剩余辞条的撰写。因时间紧迫，我除完成学业外，将剩余精力全都投入紧张的撰写，经常深夜才得休息。我写出初稿，父亲必亲笔修改，指出不足之处并说明修改的方法，一条辞条反复数次才能定稿。如此工作近一年，对我的锻炼很大。父亲还指导我系统阅读史籍并写作多篇论文。我写的论文《赛典赤治滇评述》，1980 年荣获云南省首届大学生论文竞赛一等奖。次年我持该文参加在昆明召开的中国蒙古史学会年会，会后出版的《中国蒙古史学会论文选集》收录此文。毕业以后，父亲仍关心我们的工作与科研，但凡发表论著他必细读，指出不足及有待改进之处。在父亲的精心培养下，我掌握了史学的基本知识与研究方法，尤其在史料学、踏勘考证、学术规范方面经受严格的训练，为以后登堂入室奠定了基础。父亲将我引上治学的道路，正如由我口述整理发表的一篇文章所言：“方龄贵先生：我的父亲与导师”。

尤佳：听说您和父亲把族籍改为蒙古族，能否介绍一下相关的情形？

方铁：父亲出生于吉林省，同时对云南怀有深厚的感情，视云南为第二故乡。父亲退休后经常怀念祖母，祖母是蒙古族。父亲获得家乡政府开具的证明后，通过民政部门把族籍改为蒙古族。云南蒙古族研究会得知此事，上门动员父亲和我参加云南蒙古族历史文化的研究，我们愉快地答应了。以后经民政部门同意并办理手续，我和女儿的族籍也从汉族改为蒙古族。2003 年，云南大学、内蒙古大学与云南蒙古族研究会在玉溪市通海县蒙古族乡召开蒙古族历史文化研讨会，同时纪念蒙古族进入云南 750 周年。父亲饱含深情为纪念碑撰写碑文，由内蒙古大学副校长胡格吉勒图译为蒙古文，用两种文字镌刻于碑，表达祝愿民族和睦、云南蒙古族兴盛的愿望。我则担任云南蒙古族研究会副会长，积极参加云南蒙古族历史文化的研究，为增进云南的民族团结做了一些工作。

尤佳：同学们都喜欢听您讲课。认为您讲的课内容丰富，信息量大；观点新颖，颇受启发。另外您讲课条理清晰，表述流畅幽默；聆听您的教诲如春风化雨，滋润心田。请您谈谈教书育人方面的情况。

方铁：教书育人是教师的神圣职责，教师应首先把课教好。1982 年毕业留校，我到马列主义教研室担任中共党史教师。报到第二个月便奉命登上讲台，给两个系的文科混合班上课，面临的压力很大。经认真思考与探索，同时虚心向老教师请教，逐渐摸索出一些有效的方法。主要是备课时下足功夫，将教材内容熟记于心，同时大量阅读相关材料与研究成果，拟定讲课大纲，结合大纲再做发挥性叙述。这样讲的优点是既不脱离大纲与基本要求，而讲述的内容又可灵活掌握，并有概括、比较及分析的空间，可避免照本宣科或漫无边际的乱聊。前提是必须有丰富的知识储备，以及良好的分析归纳能力。几个学期下来，同学们反映不错，我对讲课也产生浓厚的兴趣。于是收集讲课、演讲方面的书籍，研究备课、记笔记、板书、讲课的语速与节奏等相关环节，并与同学们加强课下交流，希望进一步把课讲好。据听课的同学说，听方老师讲课的遗憾，是至高潮处下课铃响了而意犹未尽，于是期待下次上课。

担任硕士生、博士生的导师以后，感到本科生、硕士生、博士生的课程，在讲授的内容、深度与方法方面有明显的差别。尤其是给博士生上课，对导师的要求很高，导师的责任是引导同学们进入学术前沿，分析深度和复杂的问题，同时介绍新的研究思路与方法，还必须重视与同学对话及答疑等环节。我给博士生上课，经常有其他专业甚至其他系的同学来听课。经过数十年的实践，我对“教学相长”也有深切体会，尤其体现在介绍我正在进行的研究、听取同学们的驳议方面。我还鼓励研究生树立远大的学术理想，培养他们独立思考、另辟蹊径的意识与能力，也取得较好的效果。研究生们与我建立了深厚的感情。但凡学习、工作乃至生活上之事，经常向我通报并希望得到指教。研究生找工作、谈对象通常都征求我的意见。我与他们不仅是师生，同时也是良友。研究生毕业到外地工作，我借参加学术会议的机会去看望他们，为他们开展工作出谋划策，并与工作单位的领导交换意见，介绍研究生的情况，为他们的顺利成长助一臂之力。

毕业留校至今，我讲授过中共党史、中国民族史等十余门本科生课程，教过的本科生有上千人。一些同学参加工作多年，与我相逢随即忆起当年听课的情景。我担任过少数民族史、历史地理学两个专业的硕士生导师，培养硕士十余人。先后担任少数民族史、历史地理学、中国边疆学三个专业的博士生导师，独立培养博士 18 人、博士后 1 人，合作培养博士 6 人，他们分别在云南、四川、重庆、广西、贵州、浙江、山东的高校和党政机关工作。研究生毕业后大都成为工作单位的骨干，一些人在学术界崭露头角，其中有云南省、贵州省文科最年轻的教授与博士生导师。有 16 人承担了国家社科基金或教育部社科基金的项目，有数人获得国家级、省部级的研究生基金资助，1 人的学位论文被评为云南省优秀博士论文。数人的研究成果获得国家级、省部级的奖励。我指导的研究生现有正教授 11 位，博士生导师五位，主要在高校供职的处级以上领导干部（含双肩挑干部）13 位。我为他们而自豪，为他们的进步感到欣喜。

尤佳：您还经常举办学术讲座，可说是乐此不疲。对此您是怎样考虑的？

方铁：我认为学者的职责是探索真理，并把研究的心得告诉大众。因此，我愿意通过讲座的方式，把自己的成果贡献给社会，同时听取他们的意见，这是学者具有社会责任感的体现，某种程度上来说，也是“教书育人”职责的延伸。近十余年来，云南省社科联等单位主办“云岭大讲坛”，聘请一些学者向大众讲述人文社科研究的最新成果，受到各界的欢迎。一些优秀的讲座，经录像整理后在网络上播放，据统计观看录像者达百余万人。受邀学者在“云岭大讲坛”昆明主场演讲后，还到省内各地巡回讲演。据说组织者经网络调查，认为我的讲座粉丝众多，听众评价甚高。自 2010 年以来，我连续九年在“云岭大讲坛”讲述西南历史有关的讲座，包括历朝经营云南的得与失、南诏大理国的历史地位、古代云南与周边地区的关系、北方游牧民族两次南下西南边疆、元明清三朝对云南的经营、丝绸之路的历史变迁、西南边疆的形成及历史特点、古代滇东北发展的三次高潮、今滇中与滇东地区的历史变迁等选题。只要听众欢迎，我还将讲下去，并把讲座的内容整理成文发表。

除云岭大讲坛、云南大学东陆讲坛等讲座外，2015 年，我应邀担任“部级领导干部历史文化讲座”的主讲嘉宾，赴京作了“西南边疆的形成及历史特点”的讲演。“部级领导干部历史文化讲座”为国家图书馆、中国社会科学院等单位受中央委托，“邀请某一领域国内外的学术权威，向在京的部级以上领导干部介绍该问题的最新研究状况”。邀请之前国家图书馆在国内外做了一年的调研，确定人选后到昆明与我商谈，后经上级部门批准发出邀请。在京的 100 余位部级以上领导干部聆听讲座并做笔记，并接受由国家图书馆赠送本人著作《方略与施治：历朝对西南边疆的经营》。演讲后国家图书馆向我反馈听讲领导干部的意见，普遍认为讲演者视野开阔，讲述有分析与深度，提出一些有启示的看法，给予充分肯定。按照惯例，国家图书馆将“西南边疆的形成及历史特点”演讲的内容，整理后编入《部级领导干部历史文化讲座》系列书籍，正式出版发行。经国家图书馆推荐，2016 年，贵州省邀请我为“贵州省领导干部历史文化讲座”作了“西南边疆的形成及历史特点”的讲演。

“西南边疆的形成及历史特点”的讲演，主要是介绍西南边疆形成的过程，以及西南边疆具有的历史特点。指出云南地区开发早，地位十分重要，在西南边疆形成的过程中起到核心的作用。西南边疆的形成演变较为典型，是中国边疆地区形成过程的缩影。西南边疆的形成受到以下因素的影响：历朝经营西南边疆的思想、方略与措施，历朝对西南边疆的经营与开发，西南边疆的地缘政治关系及其演变，历朝与西南邻国的关系，西南边疆居民的构成与社会状况。西南边疆的形成具有以下特点：以蒙元时期为界，西南边疆的地缘政治格局发生了重大改变；西南边疆长期处于中原王朝可控的范围；中原王朝对西南边疆的统治，经历了从羁縻之治到土司制度的演变；中原王朝对西南边疆的深度经营与认真开发始于蒙元时期；西南边疆的民族关系有渐进融合的特点；中原王朝在西南方向的对外关系，经历了从蛮夷到邻邦关系的变化；随着时间的推移，西南边疆的战略地位日趋重要等。

尤佳：您的科研成果质量较高，发表论著的数量亦多。从中国知网的统计来看，您撰写的论文无论是数量还是读者的转载量、下载量均颇可观，表明产生了可观的学术影响。请介绍一下您在科研方面的情形。

方铁：我的科研成果主要是著作与论文。代表性著作有：

《中国西南边疆开发史》（与方慧教授合作，30 万字，云南人民出版社 1997 年版）。研究范围包括今云南、广西，以及历代进入中国版图的滇、桂以南的一些地区，主要探讨远古至 1840 年历朝对上述地区的经营与开发。阐述以下内容：秦汉以前边疆居民的早期开发，隶属中央政府后边疆各族在开发边疆中的作用，南越国、南诏、大理国对西南边疆的经营与开发，历代移民开发边疆的贡献，交通业在边疆开发中的特殊地位，中原王朝的边疆治理政策、民族统治政策在西南边疆的实施及评价，西南边疆社会生产的各个部门，如农业、畜牧业、手工业（含矿冶业）、交通业、商业在各个时期发展变化的情形，边疆文化在不同阶段的进步，边疆各民族在开发边疆中的贡献等。该书为国家社科基金项目研究成果，出版后获得普遍好评，《云南日报》《中国史研究动态》《思想战线》等报刊发表文章，予以较高评价。2001 年此书获云南省社科优秀成果三等奖。

《西南通史》（与古永继教授合作，100 万字，中州古籍出版社 2003 年版）。为马大正先生总主编《中国边疆通史丛书》之一种。该书阐述自远古至 1840 年西南边疆（包括今滇、桂、黔诸省，川西南与中南半岛北部）发展演变的历史，涵盖各时期西南边疆的政治状况、社会经济、民族关系、对外关系、文化交流、社会生活等方面。所写的八篇综论，叙述历朝治理西南边疆的思想与治策方面的重大问题。该书大致能反映学术界研究的前沿水平，促使人们从全国的视野与中长历史时段的视角进行审视。该书系统阐述西南边疆发展演变的历史，也注意勾勒历史发展的线索，刻画历史的场景与人物。其中既有波澜壮阔的历史场面，对事态演变内在因素的探索，也描述让人会心一笑的细节，基本上实现了微观研究与宏观探讨相结合、让作品清新可读的最初设想。该书因观点新颖、内容丰富、文笔清新受到读者欢迎，第一版印刷 3300 册，不久销售一空。美国几家大学的图书馆派人到中国来寻购此书，但书店销售无存。以后在旧书网购到，得了其心愿。该书为国家社科基金项目研究成果，2003 年获第六届国家图书提名奖、河南省优秀图书一等奖，2005 年获云南省社科优秀成果一等奖，2006 年获中国高校社科优秀成果三等奖。我到外地参加学术会议，与一些同道和研究生交谈，据称不少人读过《西南通史》。

《方略与施治：历朝对西南边疆的经营》（50 万字，社会科学文献出版社 2015 年版)。该书为国家社科基金项目研究成果，为继《西南通史》之后的又一力作。如果说《西南通史》较注重内容、结构方面的均衡，写法类似百科全书，《方略与施治：历朝对西南边疆的经营》则重点探讨中原王朝、边疆政权经营西南边疆的理论、实践方面的问题，学术性与理论性较强。该书有以下特点：一是视野宽阔，研究的难度较大。尤其表现在研究的时段长，探讨的地域范围广，涉及的问题多且复杂。二是注重研究视角与方法的创新，综合从内地看边疆、从边疆看内地的两种视角，并较多应用历史时段、整体史、比较研究等较新的研究方法。三是在前期发表80余篇论文的基础上提炼完成，具有持续深入、厚积薄发的特点。四是勇于探索，提出一些有启迪意义的观点。该书还阐述西南边疆民族关系的形成与特点。认为受自然环境、历史发展等因素的影响，西南边疆的民族融合，经历了边疆民族长期受内地文化浸润，民族融合呈现渐进式发展、相嵌式融合的过程。秦汉在西南边疆始设郡县，内地汉人陆续迁入。南北朝时期西南边疆与内地的联系相对松弛，外来移民逐渐被本地民族融合。唐代出现汉人迁入西南边疆的又一高潮，移民与本地民族融合形成新的民族群体白蛮。明清时期通过驻军、流徙等途径，内地汉人大量迁入西南边疆，融合白蛮等群体形成本地汉族并发展壮大，在边疆各民族中起到黏合剂与核心的作用。《中国边疆史地研究》2016年第2期发表翟国强研究员的书评，对该书予以充分肯定。2017年7月19日《光明日报·国家社科基金》，发表马大正研究员的书评《我国历史上的治边方略与施治经验》，认为要准确反映古代中国及其疆域形成的历史，勾勒嬗变轨迹并揭示发展规律，除充分占有资料、进行深入思考外，还应选择恰当的视角，应用合理的研究方法；《方略与施治：历朝对西南边疆的经营》对此做了积极探索。2018年，该书荣获第四届全国民族研究优秀成果一等奖。

《中国历代边事边政通论》（与厉声研究员等合作，160万字，黑龙江教育出版社2015年版）。该书为中国社会科学院重大项目研究成果。中国社会科学院中国边疆史地研究中心组织本所人员与全国的知名学者，历时八年完成此书。本人撰写西南部分，共24万字，包括历代中原王朝和南诏、大理国等边疆政权对西南边疆的统治与开发，中原王朝治边的理论与实践，中原王朝经营西南边疆的方略与措施，边疆政权的治理方略与施治措施等内容。该书按发展顺序分为四卷，以专题研究的形式，叙述秦汉至1949年历代重要的边事与边政方面的问题，是迄今系统阐述该方面状况的专门著作。边疆史地研究中心前主任吕一燃，在序中对此书予以高度评价："对作者严谨的学术态度、精湛的论述、独到的见解和写出这样一部鸿篇巨制所具有的扎实的理论功底，我深感钦佩。""这部学术水平较高的著作，基本代表了目前中国边疆史地研究的前沿水准。"2017年6月，《中国历代边事边政通论》与我参与撰写的另一著作《西藏通史》（与张云研究员等合作，中国藏学出版社2015年版），双双获得第四届中国出版政府奖，我的又一著作《中国饮食文化通史·西南卷》（与冯敏教授合作，中国轻工业出版社2013年版），获得该奖项的提名奖。2017年，《西藏通史》荣获第四届中国藏学研究珠峰奖特别奖。

除上面提到的著作，我还撰写出版以下书籍：《边疆民族史探究》（中国书籍出版社2013年版）、《边疆民族史新探》（知识产权出版社2013年版）、《方铁学术文选》（云南人民出版社2015年版），以及《中国少数民族科技史·地学水利航运卷》（与诸锡斌教授等合作，广西科技出版社1996年版）、《中国边疆史地研究综述》（与厉声研究员等合作，黑龙江教育出版社2002年版）、《中国边疆治理研究》（与周平教授等合作，经济科学出版社 2011 年版）、《云南跨境民族文化初探》（与和少英教授等合作，中国社会科学出版社 2011 年版）、《20 世纪中国西部开发史》（与马大正研究员等合作，黑龙江教育出版社 2005 年版）、《云南文史博览》（与谢本书教授等合作，云南人民出版社 2003 年版）。此外，还主编《中国边疆研究通报》、《传统文化与生育健康》、《西南边疆民族研究》（第一至第三辑）、《亚洲民族论坛》、《民族文化与全球化》、《中国蒙元史学术研讨会暨方龄贵教授九十华诞庆祝会文集》等文集。另外，还为《中国历史大词典》撰写辞条 64 条，为《云南大百科全书》撰写辞条 15 万余字。

除著作以外，我发表学术论文 170 余篇，其中 70 余篇发表于 CSSCI 刊物。《中国社会科学评价》2017 年第 1 期刊载署名文章，根据文献大数据，分析 2006 年至 2015 年我国哲学社会科学研究的状况，作者以论文发表的篇数、读者对论文的下载量、论文的转引量等为衡量标准，提出历史学突出之全国的十名核心作者，我名列第四。文章所举全国哲学社科相关学科的核心作者，我是全国边疆省区的唯一出列者。本人的代表性论文有：

《论中原王朝治边的文化软实力》（与研究生黄禾雨合作，《中国边疆史地研究》2013 年第 2 期）。中原王朝治边有无文化软实力？经过研究，我提出中原王朝治边文化软实力的概念，并进行了详细论证。认为中原王朝的统治制度、政治理念与文化传统，升华为以儒家文化为基础的华夏文化并应用于边疆治理，便形成中原王朝治边的文化软实力。治边文化软实力的基础是夷夏有别观与用夏变夷观。治边文化软实力的内容，主要是彰显中原王朝的文化、实力与制度。传播载体是封贡制度，传播机制是文化传播。宋代以后，先后出现元、清两个以边疆民族为主体的统一王朝。元明清诸朝的治边文化软实力，其内容、传播载体、施用方式等也相应发生变化。该文发表后引起学术界的普遍关注。《新华文摘》2013 年第 19 期转载此文，2014 年此文获云南省社科优秀成果一等奖，2016 年获云南大学老教授协会科研成果一等奖。

《试论中国边疆学的研究方法》（《云南师范大学学报》2008 年第 5 期）。提出中国边疆学研究中国边疆的历史与现状问题，具有基础研究与应用研究并重、边疆理论与治边实践并重、历史与现实问题并重、研究视角与研究方法存在多样性、边疆史地和人文社科其他学科以及自然科学学科相结合、研究成果不仅有学术意义还有应用价值等观点。认为有关研究应继承和发展历史学的传统方法，同时借鉴包括地理学、人类学、社会学、政治学、国际关系学等学科的方法。《新华文摘》2008 年第 23 期转载此文，2010 年此文获云南省社科优秀成果二等奖。

《深化对土司制度的研究》（《云南师范大学学报》2014 年第 1 期）。土司制度是元明清王朝在西南边疆及其他南方类型民族地区实行的统治制度。土司制度存在 600 余年，产生广泛而深远的影响。1949 年以后我国对土司制度的研究持续升温。目前进行的研究，涉及中原王朝统治边疆和少数民族的制度及其发展演变、土司地区社会与南方少数民族性格的变化、土司制度对少数民族文化的影响等诸多方面。论文回顾近百年来的研究，总结学人对土司制度的认识，提出今后拓展的方向，并就深化研究提出了具体建议。《新华文摘》2014 年第 7 期、《人大报刊复印资料·明清史》2014 年第 4 期转载此文。

《抓住重点问题推进中国边疆史研究》（《人民日报·学术版》2016 年 11 月 14 日）。该文应《人民日报》理论部邀请撰写，与中国边疆学领军人物马大正先生的文章

《不断深化中国古代边疆治理研究》同版发表。我的文章提出在中国迅速发展的形势下，实现边疆地区稳定发展，妥善处理中国与邻邦的关系，需要抓住重点问题进一步深化边疆史的研究。汉、唐等元代以前的中原王朝，并未明确区分边疆与邻邦并分别施以不同的治策，而是通过推行以朝贡、封赏为基本内容的封贡制度，将自身的观念、制度、文化等传播到华夏以外的区域，企望形成以华夏为中心的文化圈。元朝则对南部边疆与邻邦分别施以不同的治策，以制度的形式肯定宋代以来中国历史疆域趋于形成的事实。清朝在元、明两代的基础上，将在边疆、邻邦采用不同治策的做法发展到更高水平。论文提出基于边疆地缘政治观，中原王朝形成以下的治边方略："守在四夷"的方略，对蛮夷施行德治、教化的方略，通过封贡制度对外施用文化软实力的方略。还认为中原王朝逐渐形成博弈谋胜的方略，具体包括注重长远和全局的方略、善于造势和用势的方略等内容。指出这些领域有很大的探讨空间，亟待进一步研究。《人民日报》编辑在该文上方添加"学科走向"题头语，强调文章具有的价值。

《论中国古代的治边方略》（《思想战线》2017 年第 1 期）。论文以近两万字的篇幅，阐述中原王朝与边疆王朝治边方略方面的问题。认为中国古代的治边方略，包括中原王朝的治边方略、边疆王朝与边疆政权的治边方略两个部分，是历代王朝及政权在边疆治理方面，经过长期的实践而形成的基本谋略与传统。古代治边方略是历史经验的结晶，具有鲜明的中国特色，影响十分深远。在中原王朝的治边方略中，较为重要的是经营边疆与应对外邦的方略、地缘政治方略与博弈谋胜方略。论内容充实及完善的程度，中原王朝的治边方略领先于边疆王朝与边疆政权。除阐述中原王朝治边方略的内容与特点外，文章还探讨边疆王朝治边的方略。认为中原王朝与边疆王朝的治边方略，存在彼此对立、共存、逐渐交融的关系。前期两者的差异较明显，后期边疆王朝的治边方略趋于成熟。元、清两代，边疆王朝的治边方略发展为中原王朝的治边方略，推动中国统一多民族国家后期的形成。《新华文摘》2017 年第 9 期转载此文，这是《新华文摘》第四次转载我的论文。2018 年，《论中国古代的治边方略》荣获云南省社科优秀成果二等奖。

学术界评价较高，被《高校文科学报文摘》或《人大报刊复印资料》全文转载的论文，还有《历代治边与云南的地缘政治关系》（《西南民族大学学报》2011 年第 9 期）、《蒙元经营西南边疆的统治思想及治策》（《中国边疆史地研究》2002 年第 1 期）、《唐宋两朝至中南半岛交通线的变迁》（《社会科学战线》2011 年第 4 期）、《土司制度与元明清三朝治夷》（《贵州民族研究》2014 年第 10 期）等。

尤佳：请介绍一下您承担科研项目的情况。

方铁：我先后承担并完成了国家级与省部级的一些研究项目。主要有：国家重大文化工程子项目"清史 · 典志 · 南方少数民族篇"，国家社科基金西南边疆历史与现状综合项目"历代治理西南边疆的理论与实践"，教育部"九五"规划项目"古代南北方民族关系比较研究"。目前承担国家社科基金项目"中国边疆治理传统战略研究"、云南大学一流学科建设项目"土司制度与元明清治边"。参加并完成以下项目：教育部重大课题攻关项目子项目"西南民族地区构建和谐社会研究 · 历史与民族部分"、国家社科基金项目子项目"西部大开发与文化多元化研究 · 跨境民族"、国家社科基金新疆历史与现状项目子项目"当代边疆民族地区基层社会与经济发展典型调研 · 云南部分"、国家社科基金东北历史与现状项目子项目"中越历史关系研究"、国家社科基金西南边疆历史与现状综合项目子项目“云南边疆治理研究·历史部分”、中国社会科学院重大项目子项目“中国封建边事边政通论·西南部分”、国家社科基金重大项目子项目“中国边疆与边疆治理理论研究·历史部分”、国家社科基金重大项目子项目“中国土司制度史料编纂整理与研究·云贵等地部分”。

在以上项目中，研究难度最大的是国家重大文化工程子项目“清史·典志·南方少数民族篇”，由我与云南大学古永继教授共同完成。该项目的任务是撰写清代南方35个少数民族的民族志。所写民族数量众多，情况十分复杂，而且基本上无前人的成果可资借鉴。经过国家清史委员会在全国招标，我获准承担该项目。据发表于《光明日报》的国家重大文化工程《清史》项目中标情况公示，西南四省区仅承担两个项目，还有一个项目为四川大学的学者承担。为撰写30万字的书稿，我们前期收集、整理的史料便达200余万字。经认真研究与撰写，“清史·典志·南方少数民族篇”的成果顺利通过验收，并获得充分肯定评价。

尤佳：您长期研究民族史与边疆史，断代史、专门史均较熟悉。还涉足历史地理学、人类学、民族文化等研究领域，参与的学术活动也不少。请介绍您学术兼职与社会评价方面的情况。

方铁：我现任云南大学西南边疆少数民族研究中心二级教授，博士生导师，兼任复旦大学民族研究中心特聘研究员、四川大学客座教授、国家社科基金学科规划评审组专家。先后任中国中外关系史学会副会长、中国蒙古史学会副理事长、云南民族学会副会长、中国人类学学会常务理事、中国元史学会理事、中国民族史学会理事、中国西南民族研究会常务理事、云南蒙古族研究会副会长等职，以及《中国边疆史地研究》《社会科学战线》《元史及民族与边疆研究集刊》《西北民族论丛》《地域文化研究》等刊物或集刊的特邀编委，《云南大百科全书》元明卷主编。此外，还应邀担任云南民族大学、西藏民族大学、大理大学、昆明学院、玉溪学院、楚雄学院、文山学院、昭通学院等高校的客座教授。

我先后获得国家级、省部级的多项次奖励。著作（含合著）获中国出版政府奖三项，国家图书奖二项，中国高校社科优秀成果三等奖二项，中国藏学研究珠峰奖特别奖一项，省级社科优秀成果一等奖三项、三等奖三项。论文获省级社科优秀成果一等奖一项、二等奖三项、三等奖二项。2003年，我被中共云南省委高校工委授予“云南省高校优秀党员”称号，还获得云南省优秀博士学位论文（指导）奖、云南大学老教授协会科研成果一等奖、伍达观教育基金优秀教师奖、红云教育功勋奖等荣誉。2016年荣获云南省政府特殊津贴。此外，个人简介及代表性论文在中国社会科学网（历史学·史家集林）发布，学术简况被《云南日报》《大观周刊》等刊文介绍。

尤佳：在承担繁忙的教学与科研任务的同时，您还主持过一些管理工作。请谈一谈这方面的情况。

方铁：在本科学习期间，我四年担任历史系七八级党支部书记。在马列主义教研室任教师时，兼任教研室党总支副书记。调到西南边疆民族历史研究所后，先后担任副所长、所长。学校委托历史系管理该研究所，在从事科研的同时，我还在历史系承担繁重的教学与管理任务，除主讲中国民族史基础课外还讲授多门选修课，并先后担任民族史教研室主任、学生党支部书记以及两届班主任。

1999年11月，云南大学党委决定组建西南边疆少数民族研究中心，提出举全校之力建好西南边疆少数民族中心、申请教育部重点研究基地的目标，责成由我主持组建。申请重点研究基地的门槛很高，各个学校尽力而为，云南大学也不例外。之后，西南边疆少数民族研究中心成为教育部重点研究基地的愿望得以实现。学校任命我为基地主任，经我提名，李杰、林文勋两位教授担任副主任。学校文件明确规定西南边疆少数民族研究中心与学院同级，配置13名专职研究人员与管理人员，以及不少于200平方米的研究和工作用房，配备图书室与专家用房。作为教育部的人文社科重点研究基地，西南边疆少数民族中心承担的任务，是构建高层学术平台，并组织国内外的学术力量，开展西南民族、西南边疆历史与现状方面的研究，体现出在西南民族、西南边疆研究方面的权威性与不可替代性。在学校的大力支持下，基地的建设进展顺利，经过三年的建设，教育部组织评估，在全国民族学类的五个重点研究基地中，本基地名列第二。至2005年10月我卸任主任职务，西南边疆少数民族中心主办重要会议11届，其中国际学术会议3届，全国学术会议8届；出版专兼职研究员著作69部，获教育部重点研究基地重大项目11项，教育部重大攻关项目、国家社科基金重点项目各1项。西南边疆少数民族研究中心还与本省的一些地州，以及西南、中南五省区的一些高校合作，建立21处调研工作站，初步建成全国性的学术交流平台，在民族学领域拥有较高的声誉。我们卓有成效的工作，获得学术界同行的赞誉。

尤佳：您已退休数年，仍指导博士生治学不辍。今后有何打算？

方铁：2016年我指导的最后一位博士生毕业，在教学方面大致画上句号。以后，做学问的时间随之增加。2014年我获准承担国家社科基金项目“中国边疆治理传统战略研究”。较之过去关注较多的历朝治边的思想与治策，传统治边战略有注重应对策略与实践环节等特点，可说是进入一个新的研究领域。在完成国家社科基金项目“中国边疆治理传统战略研究”、云南大学一流学科建设项目“土司制度与元明清治边”研究任务后，我还将继续探讨古代治边、中国古代文明、土司制度与边疆治理、区域历史与文化等问题。并以灵活多样的风格写作史学随笔类文章。正所谓：“学术未有穷期。”2018年9月，云南大学林文勋校长为我颁发云南大学特岗教授聘书，将继续为学校的建设贡献力量。时间不早了，今天的谈话就到此吧，以我写的一首小诗作结：

七律·问学

吾生有幸与书逢，卅载矢志问尘封。
意境留连时驻筷，昼思难解常入梦。
倾心浇溉多桃李，不辍笔耕望文工。
诸生辩诘喧笑语，师友切磋坐春风。
跬步登山未及顶，玉石在地任择用。
来日方长细打理，踱入宝山不空回。

尤佳：感谢您接受我的访谈。祝您心想事成，获得更大的成就。同时，也建议您张弛相济，不要太过劳累。

方铁：谢谢！

（原载《地域文化研究》2018年第5期）

青藏高原在“一带一路”中所扮演的角色

——与著名藏学家林冠群先生对话

西藏民族大学学报编辑部

编者按：2017 年 3 月 27 日，应西藏民族大学民族研究院、藏学研究所和国家民委“西藏社会经济与文化发展研究”基地邀请，我国台湾“中国文化大学”著名藏学家林冠群教授在我校开展学术交流活动。3 月 27 日晚，在民族研究院博物馆学术报告厅，林冠群教授与广大师生进行了主题为“青藏高原在‘一带一路’中所扮演的角色”的学术对话。对话由藏学研究所所长丹曲研究员主持，内容包括“青藏高原在‘一带一路’中所扮演的角色”以及台湾藏学研究动态。本文根据录音整理而成，对话内容略有删改。

主持人：今天我们荣幸邀请台湾知名藏学家林冠群教授来我校开展学术交流活动！今晚我们有请林先生与我校师生进行一次学术对话，对话题目为“青藏高原在‘一带一路’中所扮演的角色”。对于青藏高原我们并不陌生，而“一带一路”则是丝绸之路经济带和 21 世纪海上丝绸之路的简称，对于国家提出的“一带一路”倡议，各位也很熟悉。在此题目之下，我们将就两个话题开展对话，第一个话题就是林先生与吐蕃史研究，也即台湾藏学研究动态；第二个话题就是本次对话主题“青藏高原在‘一带一路’中所扮演的角色”。

一　台湾藏学研究回顾

主持人：台湾的藏学研究曾走过了一个艰辛的历程，海峡两岸学者对此也有一些评论。比如文崇一教授曾经认为台湾的史学研究停留在描述阶段，而民族史研究相比历史学研究，可能还落后一大段。日本学者山口瑞凤教授认为中国台湾地区的边疆历史研究除了少数人以外，仍停留在清末水平。大陆知名藏学家王尧教授也曾评价认为台湾藏学界封闭，真正是“闭门造车”。由此可见，台湾的藏学研究在 1989 年以前似乎没有得到很好的评价，请问林先生如何看待上述观点？

林冠群先生：1989 年大陆开放台湾探亲之前，两岸交流很少，大陆书刊很难到达台湾，而民族史研究文献最为重要，但是有关藏文的文献在台湾非常少。直到两岸开放交流，大量大陆出版品进入台湾，台湾在藏族史方面才开始突飞猛进。同时大陆当时王尧先生、陈庆英先生也陆续到台湾讲学。他们到政治大学讲学，我本身就听过王尧老师和陈老师的课。同时也利用陈老师在台湾这段时间，一个礼拜三个晚上向陈老师学习藏文，陈老师为我把敦煌古藏文卷子中的吐蕃赞普传记大概都讲了一遍。台湾还有个别学者也都请教了王尧先生与陈庆英先生。所以从 1989 年以后情况改观，在这之前确实存在问题。还有 1985 年台湾的政治大学举办了一个国际中国边疆学术会议，总共邀请了 13 个国家和地区的四十几位学者，国内外加起来有 160 位学者参加，宣读了 67 篇论文。此次会议取得了很好的效果，用这种方式开辟研究生视野，结识很多国外、区外学者，也借此了解国外、区外学者研究的思路与方法。此后，我们有部分研究生出外去修读博士学位。

1989 年以前因为两岸封闭，使得学者无法来往，资料无法交流，只能利用台湾本身所拥有的资料，而且没有办法到藏区去做田野，这样就产生隔阂。所以国外学者认为中国台湾地区藏学研究比较落伍。但是 1989 年以后我们就突飞猛进了，为什么？因为中国大陆和台湾地区交流，特别是大陆的出版品大量进入台湾，大陆知名学者到台湾交流，所以我们获得益处很多。

当然，不能忽视的一点就是台湾本身藏学学者有欧阳无畏先生，欧阳无畏先生的教学一直没有停过，他所教出来的学生也是到 1989 年以后开始一个个冒出来。欧阳先生教他们使用藏文材料，以“以藏还藏”的方式，以藏文材料为主来研究藏学。在 1989 年以前大部分都还是以汉文材料来研究，各位都知道，假如光用汉文材料研究藏学的话，那是片面且落伍的，所以才会被讥为闭门造车，会被讥为停留在清末的水平，甚至还比不上清末。

主持人：台湾的藏族史研究，早先与大陆时期的边政学界及人类学界渊源较深。从 1949 年到 1961 年期间，研究藏族史的泰斗为边政学学者与人类学学者，如周昆田、高长柱、凌纯声、芮逸夫、欧阳无畏等诸位先生，其中以芮逸夫及欧阳无畏影响最大。林先生您能给我们介绍一下吗？

林冠群先生：芮逸夫先生是“中央研究院”院士，本身是做西南民族研究的，他所作的主要是把古代的西南民族跟现代的西南民族连上，也就是现在的西南族群到底在历史上属哪一个族群，把它们联系起来。用的是西方当时所流行的人类学方法，包括文化圈理论等，这是他最大的贡献。当时他还在“中国文化大学”民族与华侨研究所教课，我的老师王吉林教授就是他的学生，王老师在他指导之下写就了南诏与唐朝关系研究，在导论里面对南诏的族属作了一篇导论，而后所有大陆或者台湾学者做西南民族源流的时候都要参考这篇导论，这篇导论就是芮逸夫先生指导的。芮逸夫先生自己曾经写过一篇南诏与吐蕃关系的研究，影响也很大。他用文化人类学做民族史研究，在台大与文化大学的民族华侨研究所任教，所以他的影响是有的，可以说在民族史这一块他是产生影响的，因为他教书教了很多年，他的学说也都有写书出来，所以影响很大。

那么欧阳无畏老师（的影响）就更大了。欧阳无畏先生曾经在哲蚌寺待了二十几年，他差一点就是拉然巴格西。回到台湾以后，他在政大教书，他非常严厉，秉承传统藏式教学，因为他曾在西藏哲蚌寺学法，他就是完全依照喇嘛教学的那套，教出了很多相当优秀的学生。但我与欧阳先生没有缘分，因为欧阳先生当时已不愿再收学生，我就无缘做他的弟子，但是作为再传弟子，今天有机会在这边跟各位介绍欧阳无畏先生。其实他的著作很多，但是都没有发表，因为他很慎重，他就像孔子一样，述而不作。他从西藏历史、文学、因明学等各方面教导学生，选择了一些很重要的书籍来传授、翻译，然后解释它的意义。有意愿修他的课程之学生，都需要懂藏文。他在边政研究所教藏文的时候，要求学生先到中文系去学声韵，学（完）声韵后再回来听他讲藏文课。他非常严格，而且藏文教得非常好。他所教的学生例如说萧金松先生，他拉萨官话讲得非常棒，陈又新先生也是一样，拉萨官话讲得非常棒，而且草书都会，不但会看也会写，可惜后面的没有被他教的就不行，像我就完全不行，我只会靠字典来查文献，花了很多时间，就是因为没有受到欧阳无畏老师亲自调教，可是我听了他的历史课，大概听了一个学期，收获很大，他完全是藏式的教法，当他教过的学生，一个一个冒出来以后，台湾的藏学就很不一样了，因为开始会使用藏文材料。

另外，因为台湾的学术界，跟西方还是交流比较多的，有很多都是在境外受教育的，所以他们会用西方的学术方法来从事藏学研究。在上述因缘之下，1989 年以前的台湾藏学跟以后的台湾藏学就没办法比了，后者可以说是突飞猛进的。

主持人：1986 年以后，随着国际局势的变化，大陆也采取开放政策，两岸互动关系日增，大陆出版的著作流通到台湾。台湾藏学研究的热度仍旧持续，林先生能否给我们简要介绍一下？

林冠群先生：我们政大边政所教师一行五人，第一次到大陆是在 1992 年。我们首先到了北京，从北京到呼和浩特、伊金霍洛旗、百灵庙、包头、银川、吴忠市、兰州、西宁、青海湖、乌鲁木齐、霍城县、察布查尔锡伯自治县、成都等地，一个月的路程，我们每个人都大量采购图书，大概都有好几箱，每个人都花了上千元人民币。我们从台湾到大陆来收集了不少资料。大量的出版品以及大陆的杂志期刊，比如《中国藏学》，那时已经赠阅给我们系所了。大陆学者也到台湾来。特别是我们刚开始使用藏文史书还不是很熟练之时，都靠大陆学者所翻译的藏文资料，后来才慢慢发现有些翻译不是很可靠，实际上也是藏文比较好的时候才发现。欧阳无畏老师在教书的时候藏文材料非常有限，有时得靠学生到美国，从美国的图书馆影印回来，我们当时要取得藏文文献非常困难。后来我们很多人就到大陆来找藏文文献，所以说大陆在藏学上对台湾的影响，这是非常肯定的。

主持人：近年来，由于台湾本土化的呼声日益高涨，趋势也越来越明显，社会弥漫着重现实、轻理想的风气，藏学包括藏族史的研究，也逐渐有疲弱的现象，对此您怎么看待？

林冠群先生：这个是全球的现象。甚至在美国学藏学的，特别是学藏族史的也有如江河日下、维持不下去的现象，台湾当然也是如此。台湾仍保留“蒙藏委员会”机构，“蒙藏委员会”在协助与推展蒙藏学术研究上，起了重要的作用。我们的学术研究很多都是“蒙藏委员会”来帮忙，但是它的经费太少，帮助有限。不过至少定期开会，还资助我们到大陆，帮助我们收集一些资料。但是实际上台湾是一个商业的社会，从事藏学研究没有办法让学生毕业以后，找到专职，这是现实的问题，所以在台湾只要是太理想化的科系就较难招到学生，藏学本身就是一个，毕业以后也难谋职。所以这就是重现实、轻理想，这也难怪，这是整个趋势。美国尚且如此，台湾地区也更是如此，因为毕业以后除了参加高普考，担任“蒙藏委员会”公务人员之外，或教书或继续深造外，没有其他出路。当时台湾各大专院校可以靠藏学来教学的，大概只有政治大学边政所及“中国文化大学”民华所。

主持人：台湾知名学者周昆田早年曾以吴忠信先生之秘书身份，随之入藏参加十四世达赖的坐床典礼。此后亦曾主持过“蒙藏委员会”，因此周先生相当熟稔西藏事务，他所编著《中国边疆民族简史》一书其中一章是藏族简史，此为台湾首次以《藏族史》为名的著述。他认为藏族是由我国东晋以前在西部活动的民族——戎、氐、羌各族系发展而成，因此主张在研究藏族史时，应从戎、氐、羌等族开始，但并未述明原因。同时亦认为西夏为藏族的一个支系。林先生对历史上的戎、氐、羌以及西夏等民族如何看待？是否也赞同周昆田先生的观点？

林冠群先生：在台湾很多人都认为戎、氐、羌跟西藏是有非常密切的关系，这个不能否认。那么一般我们认为西藏民族的形成是在唐代吐蕃时期，是以雅鲁藏布江流域的族群为主体，位于青海西康的氐羌后来陆续加进来。也就是说由雅鲁藏布江流域的主体族群向外发展之后，把他们拉进来，组合成吐蕃王朝。也就是说吐蕃向外发展的过程中，拿下青海，拿下西康，把它们融合了，原来还是有差异的，但是作为藏民族的先民，氐、羌、戎是不能把它消除掉的，但是它跟雅鲁藏布江的藏民族是不一样的，只不过是藏民族历代向外发展了以后，把它们统一了融合了，变成今天所看到的藏民族。西夏是因党项羌不接受吐蕃的统治，他们往北迁徙到了青海、甘肃、陕西，他们自己成立了西夏，但是也受藏文化的影响，这是确实。因为有西藏的高僧在西夏弘法，所以他的文化系统跟西藏这边也是有关联性，因此，周昆田先生的观点不算不对，但是跟唐代吐蕃的主体还是有区别的。

主持人：林先生，请您能否谈谈台湾在过去近半个世纪中，藏族史研究的情形如何？有些什么样的特点？

林冠群先生：好。藏族史研究的概况，唐代吐蕃史是我的老师王吉林先生跟我两个人在做，宋代就没人做了。明清有张骏逸先生，陈又新先生也做，然后冯明珠女士就是前“故宫博物院”院长（也在做），还有杨嘉铭先生也做明清，也就是我们屈指算来不超过十几位从事藏族史研究。但是还有很大部分人从事藏传佛教研究，研究藏传佛教的人很多，但是研究藏族史的屈指可数，资源也很可怜，而藏传佛教的资源多得不得了。我们都已经六十几岁了，萧老师七十几岁了，杨嘉铭先生也退休了，我们后面没有学生，后继无人，这个是很值得忧郁的事情。

主持人：林先生，根据您的讲述，尽管台湾的藏族史研究存在着主观和客观的问题，但台湾仍有发展藏族史研究的空间，具体表现在哪些方面？

林冠群先生：因为我们研究方法没有受到限制，我们有史学方法，这个是最基本的。另外，我们受西方社会科学（影响），交流得很好，可以运用西方人所发展出来的方法跟理论，都可以使用。我们没有禁忌，就是百花齐放。在文章中直接批评都没有什么关系，就是我们很自由，学术研究非常自由。我们虽然主客观条件不好，但是有一个很大的优点，就是“国科会”给项目的时候不会有所限定，不管你做什么领域，只要你是不同的题目就可以了，同一个领域也可以，所以我可以在唐代吐蕃这个领域做了30年，其中我在“国科会”也拿到了很多项目，所以才有办法这样做下去。我们相对的限制少，资源相对少，但是我们可以到大陆来拜师，（比如）向陈庆英老师学古藏文，从陈老师那边也得到不少资料，同时也跟藏研中心以及其他机构，例如说北京的中国社会科学院民族所有交流，然后还有北京的中央民族大学，在多所接触之下有很多启发，这些对台湾学者来讲都是很有帮助的，所以台湾跟大陆相对比较还是有发展空间的，因为同样的一个题目，大陆写出来的跟台湾写出来的就是不一样，所以台湾还是可以做，但台湾的问题就是后继无人，学生不愿意花时间去探求。把史学相关的知识都弄得很清楚，相对上显得比较容易，不用再去学藏文，他就可以有成绩了，然后从事断代史、制度史，或者社会史等，都可以做得很好，何苦再去研究藏文，除非他有兴趣，可是兴趣能不能当饭吃呢？所以我们现在很有危机感，必须赶快解决后继无人的困境。

二　青藏高原在“一带一路”中所扮演的角色

主持人：那么接下来我们谈第二个话题，“青藏高原在‘一带一路’中所扮演的角色”。这个话题是全球各国所关注的焦点和热点，先请林先生就这个话题发表下自己的观点。

林冠群先生：对于“一带一路”跟青藏高原的关系，我有个人的看法，藏传佛教之所以会在青藏高原千余年下来一直到今天，历久不衰，什么原因？

大家有没有思考过这个问题？藏传佛教不杀生，跟万物和平共处。青藏高原的一个特征，我们知道它的地理环境不可以过度开发，倘若过度开发，就无法复原，破坏了就是永远破坏，它回不来，所以之所以会流行或者是奉行藏传佛教，自有它的道理，因为佛教就是将一切保持原状！不要去砍树，不要去破坏原来的生态环境，除了盖佛寺之外。盖佛寺也会找合适的地方，越少破坏环境越好。这就是藏传佛教之所以会在青藏高原奉行了那么久，到现在历久不衰的一个很大原因。我们有了这一点认知以后，必须思考青藏高原有需要去实施经济发展，有需要去追求 GDP 吗？假如有这样的思维，青藏高原真的就惨了。所以我们要怎么样来参与“一带一路”呢？我个人的一点浅见，倒认为青藏高原我们可以发展一个精致的休闲文化、健康文化，包括心灵上的健康，用一种绿色的方式。我们不能让太多的人进入到青藏高原去，只要说大众化了，让太多人进入青藏高原，那也是一种人为的破坏，那里本来就不是一个人口密集的地方。你想短时间内大量人口进去，废水、垃圾等，这些人为的污染，长此以往就把青藏高原给破坏掉，所以我个人的看法，我们可以采取高价位，一种精致的、休闲的或健康的、心灵的调养，建设这样一个处所，不要去追求 GDP。

因为破坏了环境，赖以生存的环境就回不来了。我们不能说“一带一路”就是要开发、要经济发展，我们宁可说青藏高原的这种特色，可以借助“一带一路”去让世界了解它的特色、它的特色产品。各位，冬虫夏草是不是就是一个很痛苦的经验，为了要去找冬虫夏草就把草场破坏，比如说蕨麻也是，为了去找蕨麻就把草场给破坏了，破坏以后就回不去了，所以这种方式的开发绝对不行。也就是说在“一带一路”之下，我们如何做后援的、保守的，但是不能积极的开发，积极开发，就我个人的看法就很惨。各位想想看青藏高原，自古以来就是人口很少的一个地方。我们在念唐代历史的时候，我们认为吐蕃时期是个王朝，人口非常的庞大，不然怎么可能武力那么强。可是我们翻开唐代的材料，唐代德宗的一个大臣陆贽，他就说当时吐蕃的军队人数只有相当唐代中国的十数大郡人口而已，一直到今天西藏很多地方每平方公里还不到两个人呢。是不是我们地理书上也是讲得很清楚，所以它会容纳不了大量的人口，为什么？因为跟它的地理环境有关系。所以，不能用追求 GDP 的态度来看西藏。同时，在西藏，我们希望能够开发它的特色，走精致路线，不要走一般大众化（路线），那会带来伤害。对于青藏高原，我们应该要保持它的特色，它本来就非常珍贵。这就是我自己的一点想法提供给各位，谢谢！

主持人：好，感谢林先生的精彩回答。

小结

主持人：因为时间关系，今天的对话就暂告一个段落。大家知道吐蕃研究在藏族历史研究中占有重要的位置，在唐代，吐蕃建立了辉煌的王朝，也创造了灿烂的文化，对唐朝和周边的一些国家都产生了很大的影响。林先生是研究吐蕃的知名学者，衷心地希望林先生再次到我们学校来访学！

（杨黎浩、王航、王伟光整理）

（原载《西藏民族大学学报》2017 年第 2 期）

第五篇

2017 年中国边疆研究大事记

1月16—17日，四川大学和西藏大学联合主办的“西藏经济建设与社会发展”学术研讨会在成都召开。

1月18日，2017年菲律宾南海仲裁案专题研讨会在武汉召开，该研讨会由中国边界与海洋研究院、国家领土主权与海洋权益协同创新中心共同主办。

4月22—23日，“2017丝绸之路今昔与展望”学术研讨会在台北召开，该研讨会由“中国边政协会”主办，中国社会科学院社会政法学部、中国社会科学院中国边疆研究所协办。

6月1日，国务院新闻办公室发表《新疆人权事业的发展进步》白皮书。

6月12日，云南省人民政府、中国社会科学院主办的第五届“中国—南亚东南亚智库论坛”在昆明市召开。

6月17—18日，第五届中国边疆研究青年学者论坛在西安召开，该论坛由中国社会科学院中国边疆研究所与陕西师范大学中国西部边疆研究院联合举办。

6月27—28日，“第二届中欧国际海洋法研讨会”在厦门召开，该研讨会由国家海洋局国际合作司和外交部欧洲司主办、厦门大学南海研究院承办。

7月7—9日，2017年喜马拉雅区域研究国际会议在四川大学召开，该会议由中国西部边疆安全与发展协同创新中心、四川大学喜马拉雅宗教与文化研究中心主办，剑桥大学“康河计划”四川大学工作站暨四川大学喜马拉雅多媒体数据库承办。

8月5日，“历史唯物主义视阈下边疆史地与边疆学座谈会”在北京召开，该座谈会由中国社会科学院中国边疆研究所《中国边疆史地研究》编辑部、新疆研究室联合举办。

8月11—14日，“长城内外：历史时期中国北方边塞地带的人群、生计与社会进程”学术研讨会在太原召开，该研讨会由山西大学中国社会史研究中心与中国社会科学院《中国边疆史地研究》编辑部、山西大学历史文化学院和山西省历史学会联合举办。

8月26—28日，“‘一带一路’：历史视野与现实展望”海峡两岸学术研讨会在银川召开，该研讨会由中国社会科学院政法学部、“中国边政协会”主办，中国社会科学院中国边疆研究所协办，北方民族大学回族学研究院承办。

8月27—30日，四川大学中国西部边疆安全与发展协同创新中心主办的第五届西部边疆安全与发展研讨会在成都召开。

9月14—15日，中国社会科学院中国边疆研究所主办的“边界问题与治边稳藏”学术研讨会在北京召开。

9月23—24日，第五届中国边疆学论坛在昆明召开，该论坛由中国社会科学院中国边疆研究所、云南大学共同主办。

9月23—24日，“‘一带一路’与边海国际合作——第三届边界与海洋研究国际论坛”在北京召开，该论坛由武汉大学国家领土主权与海洋权益协同创新中心主办，武汉大学中国边界与海洋研究院、中国现代国际关系研究院、中国南海研究院联合承办。

10月14—16日，“北部边疆研究与中国边疆学建构”学术研讨会在内蒙古锡林浩特市召开，该研讨会由中国社会科学院中国边疆研究所东北与北部边疆研究室、马克思主义国家与边疆理论研究室和锡林郭勒职业学院联合主办。

10月20—21日，“中国边疆治理与中国边疆学构筑高层论坛”在昆明召开，该论坛由云南师范大学主办，云南师范大学历史与行政学院、云南师范大学中国边疆学研究所承办。

10月26—27日，第五届“亚洲海洋安全论坛”在加拿大埃德蒙顿的阿尔伯塔大学召开，该论坛由中国南海研究院、南京大学中国南海研究协同创新中心、加拿大阿尔伯塔大学中国学院、中美研究中心（ICAS）等共同举办。

10月28日，南海中心法律平台浙江大学海洋法律与治理研究中心和浙江大学光华法学院共同举办的第六届浙江大学海洋法律与治理国际学术年会在杭州召开。

10月28—29日，中国民族史学会第九次会员代表大会暨第二十次学术研讨会在贵阳召开，该会议由中国民族史学会、贵州师范大学联合主办，贵州师范大学历史与政治学院承办。

11月2—3日，第八届西南论坛暨“中国的国际安全环境评估与战略选择：历史与现实的考察”国际学术研讨会在昆明召开，该论坛由云南大学、新加坡国立大学东亚研究所、国际关系学院、上海国际问题研究院联合主办。

11月8日，“2017中日海洋对话会”在海口召开，该会议由中国南海研究院、日本笹川和平财团海洋政策研究所和武汉大学中国边界与海洋研究院共同举办。

11月9日，中国南海研究院主办的“第十五届海峡两岸南海问题学术研讨会”在海口召开。

11月13日，上海国际问题研究院和《太平洋学报》编辑部在上海联合举办“南海形势发展与中国南海政策”学术研讨会。

12月7日，“‘一带一路’与泛南海地区共同发展”研讨会暨中国—东南亚南海研究中心首届年会在海南省海口市召开，该会议由中国南海研究院、中国—东南亚南海研究中心及武汉大学中国边界与海洋研究院联合举办。

12月16—18日，“中国海洋战略论坛2017年会暨全球化背景下的海洋：秩序·权益·和谐”学术研讨会在上海举办，该会议由上海海洋大学、上海政法学院、中国—上海合作组织国际司法交流合作培训基地、上海市法学会海洋法治研究会、大连海事大学联合承办。

（撰稿：孙宏年　阿拉腾奥其尔　张永攀　刘清涛　罗　静　任富龙）

附录

附录一　2017年中国边疆研究论著目录

一　2017年中国边疆研究主要著作目录

周振鹤主编：《中国行政区划通史》，复旦大学出版社2017年修订版。

厉声、毕奥南、乌兰巴根、阿拉腾奥其尔主编：《清代钦差驻库伦办事大臣衙门档案档册汇编》，共20册（影印），广西师范大学出版社2017年版。

邹建达、杨晓燕主编：《乾隆、嘉庆两朝云南督抚边疆事务奏折精编》（全4册），社会科学文献出版社2017年版。

周平主编：《国家的疆域与边疆》，中央编译出版社2017年版。

耿铁华著：《集安高句丽碑研究》，吉林大学出版社2017年版。

孙炜冉著：《高句丽史杂言》，吉林大学出版社2017年版。

魏国忠、朱国忱、郝庆云著：《渤海国史（修订版）》，黑龙江人民出版社2017年版。

刘晓东、郝庆云主编：《渤海国历史文化研究》，黑龙江人民出版社2017年版。

程妮娜等著：《中国历代边疆治理研究》，中国财经出版传媒集团·经济科学出版社2017年版。

王绵厚著：《东北亚走廊——考古民族与文化八讲》，黑龙江人民出版社2017年版。

刘海洋、赵振海编著：《渤海历史编年》，科学出版社2017年版。

朴灿奎、郑京日著：《玉桃里：朝鲜南浦市龙冈郡玉桃里一带历史遗迹》，香港亚洲出版社2017年版。

耿铁华、李乐营著：《好太王碑拓本研究》，吉林大学出版社2017年版。

李彩霞著：《南海诸岛历史事件编年》，社会科学文献出版社2017年版。

徐晓望著：《明代前期福建史（1368—1521）》，线装书局2017年版。

陈泽泓著：《广州古代史丛考》，中央编译出版社2017年版。

周伟民著：《海南通史·清代卷》，人民出版社2017年版。

庄维民主编：《山东海上丝绸之路历史研究》，齐鲁书社2017年版。

刘迎胜著：《从西太平洋到北印度洋：古代中国与亚非海域》，南京大学出版社

2017 年版。

徐晓望著:《中国福建海上丝绸之路发展史》,九州出版社 2017 年版。

韩维龙、易西兵主编:《海上丝绸之路广州史迹》,广州出版社 2017 年版。

新华社国际部著:《南海文明图谱》,新华出版社 2017 年版。

曲金良主编:《中国海洋文化史长编·典藏版(上、中、下)》,中国海洋大学出版社 2017 年版。

白斌著:《浙江近代海洋文明史·民国卷》,商务印书馆 2017 年版。

王华峰著:《18 世纪福建海盗研究》,社会科学文献出版社 2017 年版。

彭克慧著:《新中国海洋战略发展史》,人民出版社 2017 年版。

管松著:《争议海域内航行权与海洋环境管辖权冲突之协调机制研究》,厦门大学出版社 2017 年版。

李建勋著:《南海低敏感领域区域合作法律机制研究》,江西人民出版社 2017 年版。

张燕、李敏、王友文著:《伊犁将军治疆方略借鉴研究》,知识产权出版社 2017 年版。

陈戈著:《新疆考古论文集》,商务印书馆 2017 年版。

秦中春著:《治疆逻辑:新疆的长治久安和现代化治理研究》,中国发展出版社 2017 年版。

李捷:《推进新疆社会稳定与长治久安新战略》,社会科学文献出版社 2017 年版。

张安福:《西域屯垦经济与新疆发展研究》,广东人民出版社 2017 年版。

蒋力蕴:《新疆生产建设兵团的体制与运行研究》,社会科学文献出版社 2017 年版。

[埃及] 艾哈迈德·赛义德著:《不与民争利:一个外国人眼中的新疆兵团》,五洲传播出版社 2017 年版。

张云著:《多元一体国家中的西藏》,中国藏学出版社 2017 年版。

梁俊艳著:《清末民初亚东关税务司研究》,中国藏学出版社 2017 年版。

[英] 阿拉斯戴尔·兰姆著:《麦克马洪线——印度、中国和西藏关系史研究(1904—1914 年)》,梁俊艳译,社会科学文献出版社 2017 年版。

朱晓凯著:《〈申报〉与中法战争研究》,黄山书社 2017 年版。

李旭著:《茶马古道各民族商号及其互动关系》,社会科学文献出版社 2017 年版。

张永帅著:《空间视角下的近代云南口岸贸易研究(1889—1937)》,中国社会科学出版社 2017 年版。

(撰稿:罗 静 范恩实 朱 尖 初冬梅 刘静烨 王 楠 许建英
阿地力 张永攀 刘 洁 孙宏年 刘清涛)

二　2017年中国边疆研究主要论文目录

（一）中国边疆理论研究

白利友、谭立力：《基于全球夜间灯光遥感数据的中国西南边境虚空化考察》，《云南师范大学学报》2017年第4期。

崔榕：《边疆民族地区意识形态安全面临的挑战与对策》，《中南民族大学学报》2017年第3期。

邓玉函、曹晗：《产业发展与边境口岸城镇化路径选择：以靖西市为例》，《云南师范大学学报》2017年第3期。

杜倩萍：《新时期南方少数民族国家认同与民族认同实证探析——以广西环江毛南族自治县为例》，《中南民族大学学报（人文社会科学版）》2017年第6期。

范可：《边疆与民族的互构：历史过程与现实影响》，《民族研究》2017年第6期。

范可：《何以“边”为：巴特“族群边界”理论的启迪》，《学术月刊》2017年第7期。

范香立：《唐代边疆民族国家认同构建及历史启示》，《贵州民族研究》2017年第4期。

方盛举：《我国陆地边疆的文化型治理》，《思想战线》2017年第6期。

方铁：《论中国古代的治边方略》，《思想战线》2017年第1期。

冯建勇：《中国边疆文化的发展路径与时代意义》，《中国边疆史地研究》2017年第4期。

葛兆光：《什么时代中国要讨论“何为中国”？——在云南大学的演讲记录》，《思想战线》2017年第6期。

管前程、熊坤新：《边疆民族地区治理刍论》，《贵州民族研究》2017年第6期。

何博、刘务：《跨境族群与跨境族群分离主义》，《西南民族大学学报》2017年第6期。

侯典芹：《中国边疆政治视阈中的跨界民族问题》，《西南民族大学学报》2017年第4期。

胡超、张莹：《我国边境地区的开放模式、形成机理与启示》，《西南民族大学学报》2017年第5期。

暨爱民：《百年凝聚：近代中国民族国家的认同建构》，《西南民族大学学报》2017年第3期。

孔瑞、肖芒：《知识、权力与流动空间：人类学视野下民族杂居地双语教育省思》，《云南师范大学学报》2017年第1期。

匡自明：《民族区域自治制度的创制及其评析》，《云南民族大学学报》2017 年第 2 期。

李大龙、张振利：《中国边疆学构筑的新突破——〈当代中国边疆研究（1949—2014）〉读后》，《中国边疆史地研究》2017 年第 1 期。

李大龙：《对中华民族（国民）凝聚轨迹的理论解读——从梁启超、顾颉刚到费孝通》，《思想战线》2017 年第 3 期。

李大龙：《行国体制的发展及其对中华大地上族群的整合——元代多民族国家建构视野下的游牧与农耕族群互动研究》，《云南师范大学学报》2017 年第 5 期。

李大龙：《自然凝聚：多民族中国形成轨迹的理论解读》，《西北师大学报》2017 年第 3 期。

李国强：《“一带一路”是宏大而独特的实践创新》，《商业观察》2017 年第 11 期。

邢广程：《丝绸之路经济带建设与沿边合作》，《国际问题研究》2017 年第 3 期。

林民旺：《“一带一路”与中国周边环境的重塑》，《边界与海洋研究》2017 年第 1 期。

刘慧、刘卫东：《“一带一路”建设与我国区域发展战略的关系研究》，《中国科学院院刊》2017 年第 4 期。

李鸿宾：《有关唐朝疆域问题的若干思考》，《中央民族大学学报》2017 年第 1 期。

李良品、谈建成：《“因俗而治”：明清时期土司地区的国家治理政策》，《西南民族大学学报》2017 年第 9 期。

李学保：《跨学科视角与中国陆地边疆治理研究——基于民族问题与国际关系交叉研究的分析》，《贵州民族研究》2017 年第 7 期。

李贽、金炳镐：《中华民族共同体的历史发展过程和政治结构解析》，《北方民族大学学报》2017 年第 5 期。

刘宏芳、明庆忠、娄思元：《边境旅游试验区建设的战略思维》，《云南社会科学》2017 年第 6 期。

刘永刚：《中华民族的属性和地位——兼论“中国”“中国人”“中华人民”意涵的统一性》，《广西民族研究》2017 年第 4 期。

刘永刚：《“国家认同问题”与“民族问题”辨析》，《中央民族大学学报》2017 年第 5 期。

刘永刚：《中国的族际政治整合与中华民族建设》，《广西民族研究》2017 年第 1 期。

刘永刚：《中华民族：现代中国的国家形式》，《思想战线》2017 年第 6 期。

陆海发：《边境治理中的跨国婚姻移民：特征、动力及其影响——基于对云南两个边境县的调查与思考》，《云南民族大学学报》2017 年第 5 期。

罗静：《马克思主义认识论视域下内地民众的边疆认知》，载邢广程主编《中国边疆学（第八辑）》，社会科学文献出版社 2017 年版。

罗意：《在嵌入中共生：新疆红墩族群关系的百年变迁》，《西南民族大学学报》2017 年第 3 期。

吕朝辉、李敬：《边疆少数民族法治文化认同：问题呈现与生成之道——以云南省为例》，《吉首大学学报》2017 年第 1 期。

吕文利：《试论俺答汗对意识形态的选择》，《学习与探索》2017 年第 5 期。

吕文利：《明末清初蒙古诸部试图建立“政教二道”中心的实践》，《黑龙江社会科学》2017 年第 3 期。

麻国庆：《民族研究的新时代与铸牢中华民族共同体意识》，《中央民族大学学报》2017 年第 6 期。

马大正：《中国边疆治理：从历史到现实》，《思想战线》2017 年第 4 期。

平维彬、严庆：《从文化族类观到国家民族观的嬗变——兼论“中华民族共同体意识”的理论来源》，《贵州民族研究》2017 年第 4 期。

秦红增：《中越边境口岸型城镇化路径探析》，《云南师范大学学报》2017 年第 3 期。

青觉：《马克思主义民族理论的新飞跃——习近平新时代中国特色社会主义民族理论研究》，《中央民族大学学报》2017 年第 6 期。

饶卫：《近代云南对外开放格局的形成及其历史意义》，《云南师范大学学报》2017 年第 1 期。

沈万根、周文博：《中国朝鲜族聚居边疆地区贫困村发展休闲农业的路径》，《延边大学学报》2017 年第 1 期。

施琳：《边境人类学发凡——国际边境研究理论范式与我国边境民族志的新思考》，《广西民族研究》2017 年第 2 期。

宋培军：《马克思的游牧民族思想及其对中国边疆学建构的意义》，《中国边疆史地研究》2017 年第 4 期。

孙保全、赵健杉：《“边疆治理”概念的形成与发展》，《广西民族大学学报》2017 年第 3 期。

孙保全：《论边疆的政治属性与政治性的边疆观念》，《吉首大学学报》2017 年第 1 期。

孙保全：《论中国民族国家构建过程中的边疆整合》，《中南大学学报》2017 年第 3 期。

孙保全：《实体化与结构化：中华民族历史建构的双重逻辑》，《思想战线》2017 年第 2 期。

孙保全：《中国陆地边疆的区域性差异与差别化治理》，《新视野》2017 年第 5 期。

孙勇：《建构边疆学的底蕴以及相关问题续探——再论建构边疆学的跨学科研究》，《中央民族大学学报》2017 年第 2 期。

孙立新、王仕铭：《边疆民族地区民生问题可持续发展专题研究：基于云南红河州的实证调查》，中国社会科学出版社 2017 年版。

孙勇：《建构边疆学的发生学方法及隐喻解题探——三论建构边疆学的跨学科研究》，《中央民族大学学报》2017 年第 4 期。

孙勇：《建构边疆学需要打破窠臼》，载孙勇主编《华西边疆评论（第四辑）》，民族出版社 2017 年版。

唐勇、李占荣：《论中国“多民族国家”的属性》，《贵州民族研究》2017 年第 9 期。

唐勇：《论中国“多民族国家”的历史传统》，《民族论坛》2017 年第 4 期。

王平：《反思与检讨：“中华民族共同体”研究规范化的若干基本问题》，《思想战线》2017 年第 3 期。

王希恩：《马克思恩格斯的民族主义观》，《中国边疆史地研究》2017 年第 3 期。

王新哲、陈田：《广西边境民族地区城镇合作与共生发展研究》，《西南民族大学学报》2017 年第 1 期。

王义康：《唐代诸州置寺观政令在蕃州的实施》，《中国边疆史地研究》2017 年第 4 期。

王振刚、李吉星：《20 世纪 80 年代以来中国疆域形成研究述论》，《云南师范大学学报》2017 年第 2 期。

吴启讷：《圣人之道为体　喇嘛之道为用——清朝边疆政治与族群政治架构议》，《中央民族大学学报》2017 年第 1 期。

夏文贵：《边疆治理视野中的国家认同问题析论》，《黑龙江民族丛刊》2017 年第 2 期。

肖高华：《20 世纪三四十年代知识界边疆族际整合思想论析》，《求索》2017 年第 11 期。

邢广程：《丝绸之路经济带建设与沿边合作》，《国际问题研究》2017 年第 3 期。

邢广程：《黑龙江历史文化研究工程：构建中国边疆学》，《中国社会科学报》2017 年 7 月 25 日第 4 版。

徐百永：《中国共产党有关西藏政教制度的认知与政策研究》，《中国边疆史地研究》2017 年第 4 期。

徐杰舜、杨军：《从多元走向一体与一体凝聚多元——中华民族共同体建设的理论和战略》，《思想战线》2017 年第 2 期。

徐俊六：《边疆民族地区构建民族互嵌型社区的现实基础与路径选择》，《广西民族研究》2017 年第 5 期。

徐黎丽、杨亚雄：《论内陆边境口岸在边疆发展中的作用——以新疆克州两个公路口岸为例》，《西南民族大学学报》2017 年第 9 期。

徐黎丽：《通道地带理论——中国边疆治理理论初探》，《思想战线》2017 年第 2 期。

薛勇军、杨林：《边疆民族地区民办教育相关问题研究》，《思想战线》2017 年第 2 期。

严庆：《本体与意识视角的中华民族共同体建设》，《西南民族大学学报》2017 年第 3 期。

颜井平：《近代少数民族的国家认同及转型——以纳西族为例》，《贵州民族研究》2017 年第 10 期。

杨鹍飞：《“边疆”再探：概念、类型与治理路径》，《广西民族研究》2017 年第 2 期。

杨志明：《中华民族一体性辨析》，《思想战线》2017 年第 2 期。

尹旦萍：《边疆少数民族大学生中华文化认同现状调查——以 Z 民族大学为例》，《中南民族大学学报（人文社会科学版）》2017 年第 6 期。

尤伟琼：《中缅边境地区中国外流边民回迁现象研究——以中缅边境地区怒江段为

中心》，《云南师范大学学报》2017 年第 1 期。

于春洋、郭文雅：《论民族复兴战略下的中国现代民族国家建构》，《贵州民族研究》2017 年第 8 期。

袁剑：《边疆的概念与边疆学建构》，载孙勇主编《华西边疆评论（第四辑）》，民族出版社 2017 年版。

张会龙、冯育林：《共同体视阈下的中华民族意涵分析及其可能限度》，《思想战线》2017 年第 3 期。

张先革、李朝虹、唐菊花：《维吾尔族国家认同的内在要求和自身困境》，《云南民族大学学报》2017 年第 5 期。

张永岳、张传勇、胡金星：《“一带一路”战略下民族地区新型城镇化路径探讨》，《西南民族大学学报》2017 年第 1 期。

张增勇、贺松兰、曾云翔：《论我国边疆治理视域中的文化认同问题》，《吉首大学学报》2017 年第 1 期。

赵超：《“一带一路”建设中边疆治理的空间政治分析》，《探索》2017 年第 6 期。

赵刚：《政治认同视阈下的我国跨界民族问题治理》，《贵州民族研究》2017 年第 8 期。

赵志朋、肖克：《跨界民族的认同差异与政治稳定》，《北方民族大学学报》2017 年第 5 期。

钟荣帆：《金陵大学的边疆研究述论》，《云南民族大学学报》2017 年第 6 期。

周建新：《边界、边民与国家——跨国民族研究的三个面向》，《广西民族研究》2017 年第 3 期。

周竞红：《各民族在交往交流中团结凝聚——兼论十八大以来中国共产党民族团结思想继承与发展》，《中国边疆史地研究》2017 年第 3 期。

周平：《“亨廷顿之忧”发出了一个严重的警示》，《思想战线》2017 年第 5 期。

周平：《边疆研究的国家视角》，《中国边疆史地研究》2017 年第 2 期。

周平：《国家崛起与边疆治理》，《广西民族大学学报》2017 年第 3 期。

周平：《陆地边疆治理面临资源困境》，《云南师范大学学报》2017 年第 4 期。

周平：《中国民族构建的二重结构》，《思想战线》2017 年第 1 期。

朱凌飞、段然：《边界与身份：对一位老挝磨丁村民个人生活史的人类学研究》，《云南师范大学学报》2017 年第 2 期。

朱要龙、刘培培：《边疆民族地区流动人口的人口社会学特征分析——以云南为例》，《云南民族大学学报》2017 年第 6 期。

（撰稿：罗　静）

（二）北部边疆研究

黎镜明、李沙沙：《内亚传统和北方游牧族群的历史演进》，《青海民族大学学报（社会科学版）》2017 年第 2 期。

杨建华：《欧亚草原东部金属之路的形成》，《文物》2017 年第 6 期。

李鸿宾：《中华正朔与内亚边疆——兼论唐朝北部长城地带的意涵》，《学术月刊》

2017年第2期。

张晋：《从“封王成边”到“和亲弭兵”——西汉初期北疆边防策略探析》，《学问》2017年第1期。

朱圣明：《汉代“边民”的族群身份与身份焦虑》，《中国边疆史地研究》2017年第3期。

薛海波：《论北魏军镇体制与六镇豪强酋帅》，《民族研究》2017年第2期。

王文光、孙雪萍：《唐朝北部边疆安北都护府辖境内外回纥系统民族研究述论》，《中国边疆史地研究》2017年第1期。

于盼：《试论辽宋对峙下的边民与双边贸易》，《兰州教育学院学报》2017年第10期。

邓英昊：《辽金经略蒙古高原之比较研究》，《哈尔滨学院学报》2017年第9期。

周国琴：《论金朝对其北部边疆的有效管辖》，《内蒙古民族大学学报》2017年第3期。

翟禹：《马营河堡考——明长城史地札记之三》，载邢广程主编《中国边疆学（第八辑）》，社会科学文献出版社2017年版。

魏志江：《论辽帝国对漠北蒙古的经略及其对草原丝绸之路的影响》，《社会科学辑刊》2017年第3期。

孟洋洋：《东汉度辽将军府驻地考实》，《中国边疆史地研究》2017年第2期。

齐木德道尔吉：《蒙古国“封燕然山铭”摩崖调查记》，《文史知识》2017年第12期。

牟发松：《十六国北朝政区演变的背景、特征及趋势略论——以特殊政区为中心》，《华中师范大学学报（人文社会科学版）》2017年第5期。

马丽亚·艾海提、林梅村：《塞北哪哒人牧地考——兼论花木兰的民族归属》，《考古研究》2017年第5期。

石坚军：《黑山威福军司与兀剌海地望辨析》，《宋史研究论丛》2017年第2期。

赵云田：《清代藩部形成探述》，《明清论丛》2017年第1期。

黄山杉：《从俗从宜，各安其习——〈理藩院则例〉对〈大清律例〉刑罚规定之变通》，《法大研究生》2017年第2期。

范恩实：《从历史学、考古学、民族学的多重视角看室韦起源问题》，《黑龙江民族丛刊》2017年第2期。

包桂芹、金炳镐、盖守丽：《民族区域自治是中国共产党的伟大创举——纪念内蒙古自治区成立70周年》，《贵州民族研究》2017年第11期。

钱占元：《从“良好榜样”到“光辉典范”——内蒙古自治区成立周年庆典活动纪实》，《中国档案》2017年第8期。

贾清、李学军：《乌兰夫民族立法法制思想对我国法治建设的历史性贡献》，《内蒙古人大》2017年第10期。

王有星、倪萍：《民族大团结：内蒙古70年不褪色的红线》，《中国民族报》2017年8月9日。

周竞红：《各民族在交往交流中团结凝聚——兼论十八大以来中国共产党民族团结思想继承和发展》，《中国边疆史地研究》2017年第3期。

王正、王立平：《简述内蒙古生态文明建设七十年发展历程》，《内蒙古民族大学学报》2017 年第 6 期。

于茜、马军：《生态文明视野下内蒙古地区农牧业低碳化问题研究》，《北方经济》2017 年第 10 期。

高锡林：《繁荣生态文化体系　推动生态文明建设》，《内蒙古林业》2017 年第 8 期。

王雨涵：《推进生态文明建设，实现永续发展，建设美丽内蒙古——自治区人大常委会审议关于矿产资源开发中环境保护情况的报告》，《内蒙古人大》2017 年第 6 期。

郑洪生：《阿伦河畔映山红——看内蒙古自治区阿荣旗生态文明建设》，《防护林科技》2017 年第 3 期。

张菲：《“一带一路”背景下内蒙古对外开放战略探讨》，《北方经济》2017 年第 11 期。

胡益华：《内蒙古要在中蒙俄经济走廊建设中发挥积极作用》，《北方经济》2017 年第 10 期。

沈志远：《“中蒙俄经济走廊”共建背景下内蒙古自治区与蒙古国贸易合作的税收服务研究》，《税收经济研究》2017 年第 4 期。

珠乐：《“一带一路”背景下内蒙古经济发展面临的契机》，《现代营销》（下旬刊）2017 年第 7 期。

鄂晓梅：《中蒙俄经济走廊“五通”建设中的问题与对策》，《内蒙古社会科学》2017 年第 5 期。

乌兰巴根：《中蒙俄经济走廊的历史基础与地缘政治分析》，《北方经济》2017 年第 12 期。

（撰稿：阿拉腾奥其尔　乌兰巴根）

（三）东北边疆研究

张伟、田禾：《挹娄、勿吉文化的考古学考察》，《北方文物》2017 年第 3 期。

魏存成：《东北古代民族源流述略》，《中国边疆史地研究》2017 年第 4 期。

魏存成：《东北地区古代文化举要》，《地域文化研究》2017 年第 1 期。

王绵厚：《中国东北地区的“三大地域文化”》，《地域文化研究》2017 年第 1 期。

刘晓东、胡秀杰、王乐文、李有骞：《先秦时期黑龙江古族及其与考古学文化对接问题》，《北方文物》2017 年第 3 期。

尹铉哲：《韩国的高句丽博士学位论文统计及其思考》，《通化师范学院学报》2017 年第 6 期。

王培新、卢成敢：《渤海上京城考古研究学术史回顾》，《社会科学战线》2017 年第 2 期。

郑春颖：《高句丽壁画墓的研究历程、反思与展望》，《社会科学战线》2017 年第 2 期。

孙炜冉：《高句丽入唐移民与仕唐蕃将研究状况及其学术价值》，《博物馆研究》2017 年第 4 期。

李春杰、苗威：《韩国学者宋基豪的渤海观》，《黑龙江社会科学》2017 年第 1 期。

耿黎：《集安高句丽碑发现五周年研究成果评述》，《通化师范学院学报》2017 年第 4 期。

孙炜冉：《健笔破旧蹊　鸿篇开新局——评苗威先生〈高句丽移民研究〉》，《通化师范学院学报》2017 年第 2 期。

孙炜冉：《文献史学的延拓　高句丽学的创新——评张芳〈《魏书·高句丽传》研究〉》，《史志学刊》2017 年第 3 期。

赵连赏：《郑春颖著〈高句丽服饰研究〉读后》，《中国史研究动态》2017 年第 1 期。

李晓薇：《〈高句丽语研究〉评介》，《学问》2017 年第 1 期。

赵振华：《唐代墓志中的“丸都”与“丸山”之辨——兼谈其对于纠正古籍别写之意义》，《郑州大学学报》2017 年第 1 期。

孙炜冉：《〈三国史记〉高句丽始祖神话与建国神话的文献史源》，《史学史研究》2017 年第 3 期。

刘晓东：《〈续日本纪〉中“渤海”“高句丽”相混纪事考察》，《地域文化研究》2017 年第 1 期。

蒋泽枫、李春祥：《〈三国史记〉与“春秋笔法”》，《湖南社会科学》2017 年第 3 期。

滕红岩、李乐营：《中国的渤海史史料研究述评》，《古籍整理研究学刊》2017 年第 4 期。

滕红岩：《中国的渤海史史料研究述论》，《通化师范学院学报》2017 年第 5 期。

耿铁华：《日本〈会余录〉对好太王碑发现的误记》，《北方文物》2017 年第 1 期。

徐德源：《弥足珍贵的高句丽好太王碑铭文文献著录——杨同桂〈沈故〉所载“高句丽墓碑”评介》，《地域文化研究》2017 年第 1 期。

祁美娜：《〈渤海国志长编〉文献价值研究》，硕士学位论文，东北师范大学，2017 年。

王宇新、黄维翰：《〈渤海国记〉文献价值研究》，硕士学位论文，东北师范大学，2017 年。

苗威：《“血统论”在东亚历史解释中的实践及其困局》，《东北师大学报》2017 年第 6 期。

苗威：《“古朝鲜”的伦理考察》，《安徽史学》2017 年第 6 期。

王培新：《从玄菟徙郡解析“高句丽”由国名到族称的演变》，《史学集刊》2017 年第 1 期。

祝立业：《高句丽族群共同体的早期演进》，《学问》2017 年第 1 期。

祝立业：《论句骊胡、卒本扶余与高句丽的关系——以玄菟郡内迁为背景的考察》，《社会科学战线》2017 年第 12 期。

苗威：《渤海族的凝聚及其消亡》，《延边大学学报》2017 年第 5 期。

孙炜冉：《渤海民族的源流与族属》，《云南师范大学学报》2017 年第 5 期。

王旭：《渤海国人口变迁与民族特性初探》，《北方文物》2017 年第 1 期。

孙昊：《靺鞨族群变迁研究——以扶余、渤海靺鞨的历史关系为中心》，《史林》

2017 年第 5 期。

李德山：《高句丽建国传说考》，《通化师范学院学报》2017 年第 1 期。

徐琳琳、姜维公：《高句丽始祖传说中河伯女角色初探》，《大连大学学报》2017 年第 4 期。

杨军：《高句丽建国史研究（上）》，《地域文化研究》2017 年第 2 期。

杨军：《高句丽建国史研究（下）》，《地域文化研究》2017 年第 3 期。

孙炜冉：《高句丽东川王、中川王及西川王考》，《通化师范学院学报》2017 年第 6 期。

孙炜冉：《高句丽太祖大王、次大王和新大王的王号及在位时间考》，载邢广程主编《中国边疆学（第七辑）》，社会科学文献出版社 2017 年版。

董健：《泉氏家族及其对高句丽后期政局的影响》，《黑河学刊》2017 年第 5 期。

崔瑛琳：《从三次内讧看高句丽末期的政治文化》，《地域文化研究》2017 年第 3 期。

赵智滨：《高句丽的疆域及其变化》，《博物馆研究》2017 年第 3 期。

王欣媛：《高句丽王室婚姻探析》，《延边大学学报》2017 年第 5 期。

柏松：《渤海国在唐代东亚政治舞台扮演何种角色》，《人民论坛》2017 年第 5 期。

孙昊：《制造“夷狄”：古代东亚世界渤海“首领”的历史话语及其实践》，《史学集刊》2017 年第 5 期。

李爽：《高句丽与两汉关系研究》，《学问》2017 年第 1 期。

拜根兴：《初唐将领张士贵的行迹考述——以贞观十九年征伐高句丽为中心》，《唐都学刊》2017 年第 3 期。

刘海霞：《唐高宗对朝鲜半岛的封授与彼时战事》，《衡阳师范学院学报》2017 年第 4 期。

尚冬雪：《试论隋唐与高句丽战争的原因及影响》，《报刊荟萃》2017 年第 10 期。

李东：《唐朝时期对边疆地区的“一国两制”管理体系：再议渤海国与中原王朝的臣属关系》，《中国文化论衡》2017 年第 1 期。

孙炜冉：《高句丽后期与百济关系的和解》，《韩国研究论丛》2017 年第 1 辑。

赵振成：《大谭諲时代渤海对周边政策分析》，《通化师范学院学报》2017 年第 5 期。

郑毅：《辽对渤海的统治及东京辽阳的兴亡》，《黑龙江民族丛刊》2017 年第 1 期。

孙炜冉：《高句丽的社会经济状况发微——以鸭绿江流域经济状况为中心》，《山西农业大学学报》2017 年第 6 期。

王旭：《高句丽土地所有制演变浅探》，《学问》2017 年第 1 期。

李光宗、高冰：《唐代淄青镇与渤海国的良马贸易》，《山东工商学院学报》2017 年第 4 期。

高莹、姜维东：《高句丽弃婴传说探源》，《大连大学学报》2017 年第 5 期。

綦中明、刘丽华：《〈陕溪太氏族谱〉神话传说探微》，《北方文物》2017 年第 2 期。

董健：《浅谈高句丽的饮食文化》，《地域文化研究》2017 年第 3 期。

刘伟：《高句丽巫文化钩沉》，《通化师范学院学报》2017 年第 1 期。

隋东旭：《高句丽体育文化研究》，《体育文化导刊》2017 年第 11 期。

宋伟：《高句丽尚武习俗根源考》，《体育文化导刊》2017 年第 2 期。

张黎黎：《渤海宗教信仰研究》，博士学位论文，东北师范大学，2017 年。

张黎黎：《从历史传承看渤海人信奉萨满教》，《学术交流》2017 年第 5 期。

李春杰、苗威：《渤海派遣学生赴唐学习情况探析》，《东疆学刊》2017 年第 2 期。

宋欣屿：《高句丽教育制度中的中原因素解析》，《通化师范学院学报》2017 年第 1 期。

宋欣屿：《渤海国教育制度中的中原因素解析》，《博物馆研究》2017 年第 3 期。

朱尖：《高句丽都城变迁研究》，博士学位论文，东北师范大学，2017 年。

佟薇：《渤海国迁都东京龙原府探析》，《外国问题研究》2017 年第 1 期。

孙炜冉：《高句丽“尉那岩城”考辨》，《北方文物》2017 年第 1 期。

张玉成、黄金珠：《渤海国兴衰宿命对应的气候变迁》，《气象知识》2017 年第 3 期。

范恩实：《入居唐朝内地高句丽遗民的迁徙与安置》，《社会科学战线》2017 年第 5 期。

楼正豪：《新见高句丽移民李隐之墓志铭考释》，《延边大学学报》2017 年第 2 期。

王连龙、丛思飞：《战争与命运：总章元年后高句丽人生存状态考察——基于高句丽移民南单德墓志的解读》，《社会科学战线》2017 年第 5 期。

姜维公、黄为放：《辽与高句丽边界视域下的渤海移民》，《社会科学战线》2017 年第 12 期。

李智裕：《辽金时期辽东地区渤海遗民群体之间通婚初探——以张氏家族为主线》，《辽金历史与考古》2017 年第 2 期。

王欣媛：《高福顺 · 高句丽“游人”考》，《东疆学刊》2017 年第 2 期。

王欣媛：《高句丽“游女”考》，《西北民族大学学报》2017 年第 5 期。

刘炬、董健：《高句丽“游人”研究》，《社会科学战线》2017 年第 12 期。

张剑、许志国：《辽宁开原市西龙湾高句丽山城及遗址调查》，《北方文物》2017 年第 1 期。

孙维伟：《高句丽都城体制及其防御体系研究》，硕士学位论文，延边大学，2017 年。

郑永振：《最近朝鲜境内的高句丽、渤海遗迹调查发掘成果》，《通化师范学院学报》2017 年第 4 期。

吉林省文物考古研究所：《图们江流域渤海遗存调查报告》，《地域文化研究》2017 年第 1 期。

宋玉彬、姜成山：《俄罗斯境内渤海遗存的发现与研究》，《社会科学战线》2017 年第 2 期。

刘海洋：《渤海国佛教遗迹分布与成因》，《中国社会科学报》2017 年 6 月 13 日。

耿铁华：《高句丽碑刻中的法律条文》，《中国古代法律文献研究》2017 年第 11 辑。

孙炜冉：《好太王碑中“烟户”、“鸭卢”词义考》，《学问》2017 年第 1 期。

田启霖：《鸿胪井刻石研究中被忽略的问题——兼试论“井两口”》，《古籍整理研究学刊》2017 年第 5 期。

郑春颖:《衣袂翩翩高句丽遗存所见汉系服饰》,《大众考古》2017 年第 2 期。

杨璐:《集安高句丽壁画中的世俗男性形象整理分析》,《通化师范学院学报》2017 年第 5 期。

谢静:《牡丹江流域和图们江流域渤海墓葬研究及区域性特征分析》,硕士学位论文,吉林大学,2017 年。

耿铁华:《高句丽马具寄生研究》,《社会科学战线》2017 年第 5 期。

解峰:《图们江流域小型石佛造像的发现与研究》,《社会科学战线》2017 年第 3 期。

王飞峰:《高句丽遗迹出土青瓷器研究》,《华夏考古》2017 年第 2 期。

张礼艳、张毅博:《集安出土高句丽瓦当文字及特点研究》,《中国文字研究》2017 年第 1 期。

赵振成、孙炜冉:《馆藏渤海文字瓦研究——以牡丹江师范学院馆藏为例》,《牡丹江师范学院学报》2017 年第 4 期。

李德山:《论燕秦对辽西走廊和辽东地区的开拓与管理》,《广西民族大学学报》2017 年第 5 期。

杨懿、章义和:《东汉王朝的治边策略与“鲜卑”的族群认同》,《学习与探索》2017 年第 9 期。

陈跃:《论乾隆朝对东北的封禁》,《历史档案》2017 年第 3 期。

孟繁勇:《清代盛京将军崇实东北边疆治理及其历史意义》,《云南师范大学学报》2017 年第 3 期。

刘晨曦:《程德全与清末黑龙江行政区划变革》,《地域文化研究》2017 年第 1 期。

欧阳琳、刁书仁:《晚清朝廷改善吉林旗人生计措施探析》,《黑龙江社会科学》2017 年第 1 期。

张军、费驰:《近代东北海关与对外贸易研究》,《辽宁大学学报》2017 年第 5 期。

许欣:《东北振兴战略演进轨迹及其未来展望》,《改革》2017 年第 12 期。

陈耀:《新一轮东北振兴战略要思考的几个关键问题》,《经济纵横》2017 年第 1 期。

何军、张紫薇:《新一轮东北振兴战略背景与重点——兼评东北振兴战略实施效果》,《中国特色社会主义研究》2017 年第 6 期。

何春:《东北经济失速的政策性因素——基于“东北振兴”政策效果的再考察》,《经济体制改革》2017 年第 1 期。

苏明政、徐佳信、张满林:《东北振兴政策效果评估》,《上海经济研究》2017 年第 4 期。

王娟、郑浩原:《东北振兴政策与东北经济增长——基于 PSM - DID 方法的经验分析》,《东北财经大学学报》2017 年第 5 期。

赵勇、刘金凤、张倩:《东北振兴战略是否促进了经济结构调整?——基于 PSM - DID 方法的研究》,《城市与环境研究》2017 年第 4 期。

韩增林、孙嘉泽、刘天宝、彭飞、钟敬秋:《东北三省创新全要素生产率增长的时空特征及其发展趋势预测》,《地理科学》2017 年第 2 期。

孙志明、修静:《全要素生产率视角下东北三省经济增长问题研究》,《经济纵横》2017 年第 1 期。

戚伟、刘盛和、金凤君：《东北三省人口流失的测算及演化格局研究》，《地理科学》2017 年第 12 期。

熊琳、张平宇、谭俊涛、刘文新：《东北三省人口结构与经济发展的时空耦合特征》，《中国科学院大学学报》2017 年第 3 期。

黄蕊、侯丹：《东北三省文化与旅游产业融合的动力机制与发展路径》，《当代经济研究》2017 年第 10 期。

关伟、郝金连：《东北地区旅游经济增长时空演变特征研究——基于 ESDA 法》，《地域研究与开发》2017 年第 4 期。

张贺：《东北三省服务业集聚与资源整合——基于区位熵视角的分析》，《哈尔滨商业大学学报》2017 年第 4 期。

韩刚、袁家冬：《东北三省城市规模、紧凑度对能源消耗的作用机制研究》，《现代城市研究》2017 年第 3 期。

杨桐彬、郭存芝：《东北地区资源型城市经济困境及其传导机制研究——基于“资源诅咒”假说》，《北华大学学报》2017 年第 1 期。

张远鹏：《关于“一带一路”与东北全面振兴的思考——基于江苏的经验与视角》，《现代经济探讨》2017 年第 4 期。

刘国斌、杨增：《东北地区融入“一带一路”战略路径选择》，《黑龙江社会科学》2017 年第 2 期。

郭连成、周瑜、马斌：《中国东北地区与俄远东地区交通运输网络及城市群空间经济联系》，《东北亚论坛》2017 年第 3 期。

姜振军：《国家战略对接视阈下中俄合作问题研究》，《西伯利亚研究》2017 年第 3 期。

刘志中：《“一带一路”战略下中俄双边贸易的竞争性、互补性及发展潜力》，《经济问题探索》2017 年第 3 期。

张波、张馨月、朱明欣：《“一带一路”背景下辽黑两省与俄罗斯农产品贸易的现状、比较及前景分析》，《经济视角》2017 年第 4 期。

吴清：《在“一带一路”战略的基础上建立中俄自贸区的探讨》，《经济师》2017 年第 5 期。

李曦辉：《中蒙俄经济走廊建设与中蒙跨境产能合作》，《区域经济评论》2017 年第 4 期。

李艳华、戴丽：《“中蒙俄经济走廊”经济效应实证分析——基于 GTAP 模型的模拟分析》，《对外经贸》2017 年 7 月。

邵冰：《中蒙俄经济走廊建设与东北亚区域合作》，《现代交际》2017 年第 22 期。

涂雯：《“一带一路”战略下大连港多式联运发展现状及对策建议》，《港口经济》2017 年第 5 期。

施锦芳、吴琦、吴学艳：《辽宁自贸区建设比较研究》，《东北财经大学学报》2017 年第 4 期。

王海英：《“一带一路”倡议与黑龙江跨境产业合作：机遇、路径与对策》，《国际经济合作》2017 年第 5 期。

（撰稿：范恩实　朱　尖　初冬梅）

（四）海疆研究

李国强：《〈更路簿〉研究评述及创建“更路簿学”初探》，《南海学刊》2017年第1期。

郭渊：《冷战初期台湾当局对南海权益的维护及主权依据的阐释》，《南海学刊》2017年第1期。

马金星：《南海仲裁案裁决中有关岛礁法律地位问题的评介》，《国际法研究》2017年第1期。

曲波：《论南海仲裁案历史性权利实体裁决的瑕疵》，《吉林大学社会科学学报》2017年第2期。

姚莹：《南海仲裁案实体裁决的岛礁法律地位判定：法律悖误与中国应对》，《吉林大学社会科学学报》2017年第2期。

刘玉山：《论20世纪70年代美国华裔科学家与维护钓鱼岛领土主权》，《大连海事大学学报（社会科学版）》2017年第2期。

郑学檬：《唐宋元海上丝绸之路和岭南、江南社会经济研究》，《中国经济史研究》2017年第2期。

李斯颖：《“一带一路”视野下对骆越海上文化的重新认识》，《贺州学院学报》2017年第2期。

陈小法：《〈使琉球录〉中的钓鱼岛史料性质之研究》，《日本研究》2017年第2期。

夏丁敏：《论南海仲裁案的法律与政治——国际批判法学的视角》，《西南政法大学学报》2017年第2期。

阎根齐：《论南海海上丝绸之路的形成时间》，《学术探索》2017年第3期。

古小松：《早期海上丝绸之路与中南半岛国家的建立》，《云南社会科学》2017年第3期。

李庆新：《略谈南海海洋文化遗产及其当下价值》，《南海学刊》2017年第3期。

何永涛：《试析张之洞与晚清海南海防事业的发展》，《西安文理学院学报》2017年第3期。

王宏斌：《清代前期台湾内外洋划分与水师辖区——中国对钓鱼岛的管辖权补证》，《军事历史研究》2017年第3期。

周涵之、朱双一：《保钓运动向中国统一运动的演化及其深远影响》，《东南学术》2017年第3期。

郑剑顺：《沈葆桢海防和海军建设思考及其实践》，《福建史志》2017年第3期。

娄亚萍、庾润清：《美国在南海和钓鱼岛争端中的危机管理模式比较分析——以黄岩岛事件和日本“购岛”事件为例》，《南洋问题研究》2017年第3期。

孔庆江：《南海争端“双轨思路”下的制度建设略论》，《亚太安全与海洋研究》2017年第3期。

王勇：《国际法视角下中国与东盟国家合作规制南海海洋噪音污染问题》，《东方法学》2017年第3期。

夏帆：《从1885年前西方绘制地图看钓鱼岛及其附属岛屿的归属》，《边界与海洋研究》2017年第4期。

李永：《历史性权利与大陆架关系初论——兼议中国在南海大陆架上的历史性权利》，《海南大学学报（人文社会科学版）》2017年第4期。

蔡怡希、张晏瑲：《南海争议区油气资源开发的法律困境和对策》，《南海学刊》2017年第4期。

刘玉山：《20世纪70年代初台湾当局对海外保钓运动的“疏导”效果评析》，《西南交通大学学报（社会科学版）》2017年第5期。

左希迎：《南海秩序的新常态及其未来走向》，《现代国际关系》2017年第6期。

王历荣：《中国建设海洋强国的战略困境与创新选择》，《当代世界与社会主义》2017年第6期。

南京博物院、连云港市重点文物保护研究所：《江苏明清海防遗存调查报告》，《东南文化》2017年第6期。

王印红、刘旭：《我国海洋治理范式转变：特征及动因》，《中国海洋大学学报》2017年第6期。

金永明：《论南海仲裁案对海洋法的冲击》，《政治与法律》2017年第7期。

张玉强：《南海护渔维权中政府与渔民合作研究》，《太平洋学报》2017年第7期。

侯毅、吴昊：《南海历史遗迹与文物的保护、发掘与利用》，《暨南学报》2017年第7期。

侯毅：《中国传统疆域观视角下中国南海疆域的演变与形成》，载邢广程主编《中国边疆学（第七辑）》，社会科学文献出版社2017年版。

侯毅：《中美在开罗会议上关于琉球问题的讨论及其影响》，载邢广程主编《中国边疆学（第八辑）》，社会科学文献出版社2017年版。

贾庆军：《1950年前美国涉足南海考察》，《社会科学动态》2017年第11期。

赖泽冰：《方耀与中法战争时期的广州府海防——以〈照轩公牍拾遗〉为中心》，《中国国家博物馆馆刊》2017年第12期。

（撰稿：刘静烨　王　楠）

（五）西南边疆研究

方铁：《西南边疆的形成及历史特点》，《地域文化研究》2017年第1期。

陈静静：《从藏彝走廊、茶马古道到“路学”——晚近康区学术话语的空间嬗变》，《西北民族大学学报》2017年第4期。

方铁：《魏晋、南朝、隋唐诸朝对岭南大姓豪酋的治策》，《文山学院学报》2017年第2期。

秦博：《明代滇抚赞理军务兼衔与夺考——兼论云南军政结构的演化》，《中国边疆史地研究》2017年第4期。

马亚辉、王巧娟：《清前期西南边疆民族政策的动态考察》，《广西民族研究》2017年第5期。

秦和平：《清季镇边厅由来、价值及影响》，《云南师范大学学报》2017年第3期。

刘祥学：《论唐胄的边疆情怀与治边功绩》，《海南热带海洋学院学报》2017年第

1 期。

方铁：《土司制度研究方法述论》，《云南师范大学学报》2017 年第 2 期。

方铁：《土司制度、改土归流及其当代启示》，《中国民族报》2017 年 12 月 22 日。

陈季君：《论土司地区的国家认同》，《中国史研究》2017 年第 1 期。

武沐、张锋峰：《再释"土司"一词的演变》，《青海民族研究》2017 年第 2 期。

彭福荣：《政治属性与服务意识：中国土司研究不应回避的取向》，《青海民族研究》2017 年第 2 期。

李良品、廖钰：《论明清时期土司制度的功能——学理层面的诠释》，《青海民族研究》2017 年第 2 期。

李良品、谈建成：《"因俗而治"：明清时期土司地区的国家治理政策》，《西南民族大学学报》2017 年第 9 期。

黄梅：《西南地区少数民族的化夷策略——以四川白马土司对白马藏族"化夷"之道为例》，《西北民族大学学报》2017 年第 5 期。

马国君、李红香：《明清土司被"和平改流"的途径、原因及善后研究》，《广西民族研究》2017 年第 6 期。

徐林平、郭秀：《清代时期云南昭通改土归流探析》，《边疆经济与文化》2017 年第 12 期。

罗群：《"慕利"与"慕义"——论西南地区土司朝贡的制度建构》，《中国边疆史地研究》2017 年第 1 期。

潘先林、白义俊：《民国时期的土司政策——以云南为中心的讨论》，《中国边疆史地研究》2017 年第 3 期。

赵心愚：《打箭炉"查勘地界"与清朝对康区东部政策的调整》，《中央民族大学学报》2017 年第 3 期。

裴儒弟：《民国时期川边镇守使的治边活动》，《中国边疆史地研究》2017 年第 2 期。

高国卫：《西康省藏族自治区人民政府成立述论》，《长春师范大学学报》2017 年第 9 期。

滕兰花：《明代北部湾钦州四峒之民的国家认同与身份选择》，《云南民族大学学报》2017 年第 2 期。

任建敏：《明初广西卫所的建立与"撞兵"的身份转变》，《中国边疆史地研究》2017 年第 4 期。

王伟、张琦：《明代云南的卫所与水利纠纷》，《云南民族大学学报》2017 年第 6 期。

宋永志：《明代两广地区的达官军：以〈武职选簿〉为中心的考察》，《中国边疆史地研究》2017 年第 4 期。

罗婧、庄紫理：《"西部大开发"以来西南边疆民族地区经济发展差异的变动趋势研究——1995—2014 年桂滇两省（区）的实证考察》，《广西民族研究》2017 年第 5 期。

吴曼：《边境线上的认同与国家在场——以西双版纳勐腊县的田野调查为例》，《广西民族研究》2017 年第 1 期。

白利友、谭立力：《基于全球夜间灯光遥感数据的中国西南边境虚空化考察》，《云南师范大学学报》2017 年第 4 期。

周建新、侯曙光：《中越边境地区苗族回归边民研究——基于广西靖西市弄关屯的田野考察》，《青海民族研究》2017 年第 3 期。

李军、罗永常、李忠斌：《“固本扩边”理论视角下民族特色小镇空间圈形扩展研究》，《广西民族研究》2017 年第 6 期。

贾益：《元明清云南方志中“百夷”等称谓的流变》，《西南民族大学学报》2017 年第 9 期。

张媚玲、朱映占：《中国西南边疆危机与近代景颇/克钦研究述论》，《云南大学学报》2017 年第 4 期。

张啸：《从“汉书”看两汉时期西南地区民族关系的演变》，《广西民族大学学报》2017 年第 4 期。

陈德寿：《滇西抗战对融合边疆民族关系之探析》，《云南史志》2017 年第 2 期。

石硕：《川西北嘉绒藏人与象雄琼氏渊源关系探讨》，《民族研究》2017 年第 3 期。

杨福泉：《略论纳西族与理塘巴塘之关系》，《中央民族大学学报》2017 年第 4 期。

刘祥学：《清代前期红水河流域的经济活动与环境变迁》，《广西民族研究》2017 年第 1 期。

霍仁龙：《大数据时代下西南山地环境变化的自然影响因素研究——基于小区域尺度的地形与坡向分析》，《云南大学学报》2017 年第 4 期。

周琼：《天下同治与底层认可：清代流民的收容与管理——兼论云南栖流所的设置及特点》，《云南社会科学》2017 年第 3 期。

朱香：《从碑刻铭文探析唐宋朝与南诏大理国文化的关系》，《广西社会科学》2017 年第 4 期。

石硕、奚玲玲：《从明代前后期云南进士地域分布变化看汉文化在云南的兴起》，《云南民族大学学报》2017 年第 4 期。

王明贵：《〈西南彝志〉关于马的科技与文明记述研究》，《云南民族大学学报》2017 年第 1 期。

李如东：《观念与经验的胶着、分离与再关联——华西边疆学会传教士的西南山地民族自然崇拜论述之研究》，《西南民族大学学报》2017 年第 8 期。

周俊：《西南边疆民族地区文化安全维护策略探析》，《广西社会科学》2017 年第 4 期。

孟皓、王碧陶：《藏彝走廊多元文化视阈下的藏传佛教与民族社区互动研究——基于丽江市永宁乡的研究》，《云南民族大学学报》2017 年第 3 期。

王丽萍、周智生：《滇藏川毗连地区族际文化互动的空间特性研究》，《西南民族大学学报》2017 年第 8 期。

杨宇亮、速绍华、党安荣：《历史地理视野下的云南民族格局——基于 GIS 的藏彝走廊与汉族走廊研究》，《贵州民族研究》2017 年第 11 期。

朱海嘉：《封锁与毁灭：抗战时期侵华日军轰炸滇缅公路述论》，《云南民族大学学报》2017 年第 3 期。

范学辉：《王安石自作〈讨交趾敕榜〉说质疑》，《史学集刊》2017 年第 3 期。

李征鸿、段红云：《论嘉靖安南事件中明朝的政策变化及其影响》，《中国边疆史地研究》2017 年第 3 期。

舒瑜：《茶税、等级与现代世界体系——试论清末到民国的边茶与印茶之争》，《中央民族大学学报》2017 年第 3 期。

程彩萍、时培磊、李建武：《明代滇桂边境涉外法律规定与司法实践》，《广西社会科学》2017 年第 7 期。

周郢：《明万历壬辰之役“借兵暹罗”发覆》，《历史研究》2017 年第 6 期。

王元林：《隋唐五代时期岭南海陆丝路变迁与苍梧郡地位的变化》，《广西民族大学学报》2017 年第 1 期。

饶卫：《近代云南对外开放格局的形成及其历史意义》，《云南师范大学学报》2017 年第 1 期。

李军：《“一带一路”建设背景下广西面向东盟发展研究》，《广西社会科学》2017 年第 6 期。

霍强、蒋冠：《中国—东盟自贸区框架下的沿边开发开放与边界效应演化——基于全国和广西、云南的数据分析》，《广西社会科学》2017 年第 8 期。

宋泽楠：《广西开放发展“三大定位”的内涵分析及实现路径》，《广西社会科学》2017 年第 8 期。

秦莹：《广西在“一带一路”战略中的现状、优势及路径选择》，《现代经济信息》2017 年第 8 期。

尹可欣：《广西“一带一路”建设的区域合作模式研究》，硕士学位论文，浙江大学，2017 年。

钟瑞添、张才圣：《21 世纪海上丝绸之路战略支点衔接问题研究》，《广西社会科学》2017 年第 1 期。

朱念、梁芷铭：《海上丝绸之路背景下广西产业转型升级研究》，《南宁职业技术学院学报》2017 年第 1 期。

周薇薇：《面向“一带一路”建设的南宁吴圩空港经济区发展思考与建议》，《经济与社会发展》2017 年第 3 期。

黄玮、毛汉霖：《钦州市与东盟共建 21 世纪海上丝绸之路战略分析》，《钦州学院学报》2017 年第 8 期。

文园园：《广西北部湾港口物流整合研究》，硕士学位论文，广西大学，2017 年。

杨玉燕、王景敏：《港航物流服务体系转型升级的困境与出路——以海上丝绸之路战略下的广西北部湾为例》，《中国集体经济》2017 年第 5 期。

高峰：《广西—越南陆路通道物流便利化研究》，硕士学位论文，广西大学，2017 年。

刘国碧：《“一带一路”战略背景下广西外贸的机遇及挑战》，《当代经济》2017 年第 2 期。

魏高扬：《“一带一路”背景下广西—东盟贸易对广西经济增长影响的实证分析》，《对外经贸》2017 年第 1 期。

廖东声、龙丽婷：《“一带一路”战略背景下广西开放型经济发展研究》，《改革与战略》2017 年第 1 期。

许露元：《产业集群之间跨国合作网络研究——以广西与越南装备制造业集群为例》，博士学位论文，广西大学，2017 年。

陈丙先、林江琪：《新世纪以来的广西侨资研究》，《广西社会科学》2017 年第 5 期。

贺大州：《“一带一路”倡议下中国广西与东盟农产品贸易的对策研究》，《世界农业》2017 年第 6 期。

黄国勇：《广西农业谱写海上丝绸之路新篇章》，《广西经济》2017 年第 5 期。

林昆勇：《我国海洋战略背景下广西海洋经济发展新举措》，《当代广西》2017 年第 8 期。

李焰：《“一带一路”战略下广西加强与东盟国家海洋文化合作的障碍与对策》，《广西社会科学》2017 年第 8 期。

孙琳、周其厚：《“一带一路”背景下广西邮轮旅游的创新发展》，《社会科学家》2017 年第 7 期。

梁仲通、陈唐霄：《法治视角下广西中小企业与东盟网络营销问题及对策研究》，《法制与社会》2017 年第 7 期。

张翠方：《“一带一路”建设背景下广西与东盟教育交流研究》，《广西社会科学》2017 年第 4 期。

杨先情、王晓璇：《广西与东盟电视传媒合作模式的探索与实践》，《钦州学院学报》2017 年第 4 期。

李占喜：《一带一路背景下广西民族电影产业研究》，《电影文学》2017 年第 5 期。

杨新新：《“一带一路”战略构想下通过云南推进与周边国家的关系》，《改革与开放》2017 年第 2 期。

杨枝煌：《云南是“一带一路”南段建设的主体省份》，《中国县域经济报》2017 年 4 月 6 日。

陈凤梅、刘振中：《“一带一路”背景下云南企业“走出去”的现状和对策》，《中国市场》2017 年第 2 期。

楚玉峰：《孟中印缅经济走廊边界效应及其转化研究》，硕士学位论文，云南财经大学，2017 年。

吴韬：《加快云南互联网基础设施建设问题研究》，《中共云南省委党校学报》2017 年第 1 期。

黄辰：《“一带一路”战略背景下云南旅游业对外开放合作问题探析》，《商场现代化》2017 年第 10 期。

李陆壮：《“一带一路”战略布局下的旅游空间优化及产业体系完善——以云南省玉溪市旅游文化产业为例》，《上海城市管理》2017 年第 1 期。

李圆圆：《边疆城市更新中的民族文化旅游产业发展研究——彝人古镇案例》，硕士学位论文，云南师范大学，2017 年。

杨培培：《构建云南“丝绸之路体育旅游走廊”的研究》，《运动》2017 年第 3 期。

娄阳、李庆雷、杨培韬、路满、孙雨露：《“一带一路”战略下云南旅游业发展对策探讨》，《河北旅游职业学院学报》2017 年第 2 期。

陶基磊、成海：《云南省边境旅游可持续发展研究》，《西南林业大学学报》2017

年第2期。

陈世超：《霍尔果斯边境旅游试验区发展经验及对云南边境旅游发展借鉴意义》，《旅游纵览》2017年第7期。

穆智：《中缅边境地区跨界民族发展面临的问题及对策》，《大理大学学报》2017年第7期。

穆智：《“一带一路”战略背景下中缅边境地区的跨界民族事务治理》，《云南行政学院学报》2017年第4期。

李维宾：《试析开放教育视角下云南与周边国家的跨境民族教育》，《云南开放大学学报》2017年第2期。

张晗、刘江：《“一带一路”背景下的跨国共生社区建构——以云南弄贺傣族村为中心的探讨》，《西北民族大学学报》2017年第3期。

（撰稿：孙宏年　时雨晴）

（六）西藏研究

彩虹：《〈清内阁蒙古堂档〉中与西藏有关档案目录编译（五）》，《中国藏学》2017年第2期。

王远大：《英国外交部有关中国西藏档案（六一九）》，《西藏民族大学》2017年第1期。

王远大：《英国外交部有关中国西藏档案》，《西藏民族大学学报》2017年第4期。

欧阳无畏著，韩敬山整理：《藏尼游记（5—8）》，分别载《西藏民族大学学报》2017年第1—4期。

图道南杰著，扎洛、敖见译注：《法王图道南杰（一）——〈哲孟雄王统史〉译注节选》，《中国藏学》2017年第3期。

多杰群智、更登：《蒙古国藏文文献考察——兼论蒙藏语言、服饰文化关系》，《青藏高原论坛》2017年第3期。

阿贵、达瓦：《藏文文献典籍传承、保护及其数字化现状综述》，《西藏研究》2017年第4期。

陈践：《吐蕃文献解读及古藏文厘定疏释》，《民族翻译》2017年第4期。

朱丽双：《赞蒙赛玛噶之歌》，《中国藏学》2017年第2期。

德吉卓玛：《敦煌文本P. T. 993吐蕃寺院稽考》，《西藏研究》2017年第1期。

杨公卫：《历史神话与真实：藏族古典文献的事实构建与想象表述》，《民族学刊》2017年第1期。

贾发义、郭艺娇：《“安内”与“攘外”：论唐德宗统治政策的转变》，《山西大学学报》2017年第5期。

曾丽容：《藏地史前“十二小邦”考》，《西藏民族大学学报》2017年第2期。

刘洁：《勃律与西藏苯教、藏传佛教关系考略》，《中央民族大学学报》2017年第2期。

德倩旺姆：《藏文手抄本琼史文献与琼氏部落的起源》，《青海民族研究》2017年第4期。

德倩旺姆：《琼氏部落东迁对嘉绒地区的文化影响》，《西藏大学学报》2017 年第 4 期。

霍巍：《唐蕃会盟与吐蕃佛教》，《世界宗教研究》2017 年第 1 期。

张传奇：《和亲视角下唐蕃关系中的军事同盟性质》，《西安文理学院学报》2017 年第 6 期。

达琼：《吐蕃兵律写卷中的相关使节内容解读》，《西藏大学学报》2017 年第 3 期。

任小波：《暗军考：吐蕃王朝军政体制探例》，《中国藏学》2017 年第 2 期。

贺冬：《唐代吐蕃军事战争研究》，《青藏高原论坛》2017 年第 1 期。

达瓦次仁：《悉立考》，《西藏研究》2017 年第 4 期。

叶拉太：《前吐蕃时期多康藏区藏系部族》，《青海民族大学学报》2017 年第 4 期。

陆离：《敦煌藏文文书〈吐蕃官吏呈请状〉所记陆（ལུག）、岸（ངན）二部落考》，《西藏研究》2017 年第 1 期。

李文萍：《元明中央政府治藏宗教政策不同特点成因探析》，《西藏研究》2017 年第 3 期。

刘少华：《汉文史料中“唐古特”一词所指族群变迁研究》，《兰州教育学院学报》2017 年第 7 期。

齐德舜：《金史・结什角传》，《西藏研究》2017 年第 2 期。

杨惠玲：《宋元时期藏区寺院经济发展的原因》，《西北师范大学学报》2017 年第 1 期。

张云：《凉州会谈及其历史意义》，《中国藏学》2017 年第 4 期。

班玛更珠：《论萨迦班智达的家国情怀——再读〈致蕃人书〉和〈萨迦格言〉》，《中国藏学》2017 年第 4 期。

车明怀：《南宋末代皇帝赵显在西藏活动的历史及其影响》，《中国藏学》2017 年第 4 期。

谢光典：《“统领释教大元国师”印考释》，《中国藏学》2017 年第 4 期。

李永强：《试探清雍正时期对西藏政教分离的尝试》，《四川民族学院学报》2017 年第 4 期。

严寅春：《论和瑛〈西藏赋〉》，《西藏民族大学学报》2017 年第 1 期。

刘丽玲：《哥老会与晚清西藏变局》，《西藏大学学报》2017 年第 3 期。

康欣平：《整饬、因循与苟且：驻藏大臣讷钦筹藏探论》，《西藏研究》2017 年第 1 期。

康欣平：《晚清驻藏大臣文海筹藏析论》，《西藏民族大学学报》2017 年第 4 期。

张曦：《乾隆晚期驻藏大臣“匿压表贡”事件研究》，《中国藏学》2017 年第 3 期。

张双智：《康有为忧思蒙藏与国家统一》，《中国藏学》2017 年第 1 期。

冯志伟：《恩威并济：清代藏区司法的基本方略》，《中央民族大学学报》2017 年第 4 期。

冯翔、喜饶尼玛：《从瞻对总管看现代中国的初步构建》，《民族史研究》2017 年辑刊。

许潞梅、成彩虹：《鹿传霖〈筹办藏务收复瞻对事略〉考述》，《文物春秋》2017 年第 5 期。

石硕：《瞻对：小地方、大历史——清代川藏大道上的节点与风云之地》，《西南民族大学学报》2017 年第 1 期。

张发贤：《1717 年准噶尔部袭扰西藏探析——以清宫满文奏报为中心》，《西藏研究》2017 年第 5 期。

李何春：《清末川边改土归流时期巴塘“凤全事件”的起因及其影响》，《西藏研究》2017 年第 6 期。

魏建东：《俺答汗代三世达赖喇嘛求封事宜考》，《中国藏学》2017 年第 3 期。

罗布：《吴三桂与五世达赖喇嘛——清初西南边疆多元关系之一角》，《思想战线》2017 年第 5 期。

刘锦：《阿尔布巴事件与雍正时期清朝对准噶尔的军事政策》，《前沿》2017 年第 8 期。

郑舒心、喜饶尼玛：《关于旧西藏译仓的几个问题》，《西藏民族大学学报》2017 年第 3 期。

钟宇海、喜饶尼玛：《国家认同与全民抗战——以藏族民众的抗日活动为例》，《中国藏学》2017 年第 3 期。

次旦扎西、顿拉：《试析民国中央政府管理西藏宗教事务基本经验》，《西藏研究》2017 年第 3 期。

杨晓纯：《清代、民国时期西藏穆斯林群体的国家认同》，《回族研究》2017 年第 3 期。

裴儒弟：《试论民国前期康区“土流并置”的成效》，《西藏民族大学学报》2017 年第 2 期。

宁珠达美：《民国时期西藏宗教法制的政治学研究》，《中国藏学》2017 年第 1 期。

章杰宽：《民国时期青藏旅游流网络研究》，《青海民族研究》2017 年第 3 期。

郭一丹：《边疆的社会事实考察——论于式玉对中国早期文化人类学的贡献》，《文史杂志》2017 年第 5 期。

玉珠措姆：《清末民国时期汉藏商人在康区社会发展中的地位与作用——以丁正华和邦达仓为例》，《中国藏学》2016 年第 4 期。

张连义：《浅析民国时期中国留美学生对“西藏问题”的研究》，《中央民族大学学报》2017 年第 5 期。

王川：《西康建省“划界”的争论——以 1939 年前后四川靖化县绰斯甲一地是否划入西康省为中心的历史文献》，《中国藏学》2017 年第 3 期。

张践：《西藏危机与西康建策：从西藏危机看国民政府、西藏与西康的互动西南边疆》，《民族研究》2017 年第 1 期。

杨克林、王小彬、依苏：《“热振事件”再审视——热振大师殉国和西藏两寺起义 70 周年祭》，《中国藏学》2017 年第 3 期。

孙宏年：《九世班禅到内地后的舆情与北京民国政府政策论析（1923—1927）》，《云南师范大学学报》2017 年第 6 期。

钟宇海：《交流与融洽——民国入藏大员眼中的在藏汉人》，《西北民族大学学报》2017 年第 1 期。

谢忠：《毛泽东与“向西藏多路向心进兵”》，《湖南科技大学学报》2017 年第

4 期。

罗军、赵宝云：《习近平关于西藏发展的战略思想》，《中国井冈山干部学院学报》2017 年第 6 期。

罗勇、王丽英：《西藏历史上阿沛家族述略》，《西藏发展论坛》2017 年第 5 期。

张遥：《西藏驻寺工作机制实践及思考》，《四川警察学院学报》2017 年第 5 期。

丁莉霞：《滇藏交界地带藏族天主教徒的信仰实践与身份认同研究》，《西藏研究》2017 年第 2 期。

杨娅：《西藏山南藏族非物质文化遗产研究》，《西藏民族大学学报》2017 年第 6 期。

冯云：《西藏非物质文化遗产传承人口述史的价值与方法研究》，《西藏民族大学学报》2017 年第 6 期。

刘中一：《居边生息：西藏边境地区家庭发展状况》，《西藏民族大学学报》2017 年第 6 期。

朱鹏：《海外藏胞跨境迁移的历程和走向》，《西南民族大学学报》2017 年第 9 期。

李阳：《西藏阿里琼隆遗址初步研究》，硕士学位论文，西北大学，2017 年。

李志农、刘虹每：《“西番”族称辨析》，《北方民族大学学报（哲学社会科学版）》2017 年第 1 期。

刘少华：《汉文史料中“唐古特”一词所指族群变迁研究》，《兰州教育学院学报》2017 年第 7 期。

更敦阿错：《云南藏区藏语地名命名理据》，《西藏民族大学学报》2017 年第 2 期。

霍川、霍巍：《汉晋时期藏西“高原丝绸之路”的开通及其历史意义》，《西藏大学学报》2017 年第 1 期。

张云：《高原丝绸之路的主要特点与历史成就》，《江海学刊》2017 年第 4 期。

杨铭、贡保扎西：《丝绸之路沿线所出古藏文契约文书概说》，《西南民族大学学报》2017 年第 7 期。

刘立云：《明清时期藏地的陕商研究》，《西藏研究》2017 年第 4 期。

赵国栋、李许桂、石确次仁：《茶叶传入西藏相关问题研究》，《西藏研究》2017 年第 4 期。

李淮东：《明代汉藏交通的兴衰演变——以明朝使臣入藏活动为中心的探讨》，《中国边疆史地研究》2017 年第 2 期。

赵海静、阴海燕：《论明朝官营茶马贸易体系的弊端》，《西藏民族大学学报》2017 年第 6 期。

田茂旺：《历代汉藏茶马贸易市场的形成与变动》，《西藏民族大学学报》2017 年第 6 期。

刘志扬：《青藏高原及其周边地区的民族构成与文化互动》，《民族研究》2017 年第 2 期。

周燕：《清朝中央政府治藏宗教政策述论》，《西藏大学学报》2016 年第 4 期。

吴启讷：《圣人之道为体　喇嘛之道为用——清朝边疆政治与族群政治架构议》，《中央民族大学学报》2017 年第 1 期。

才让太：《公元八世纪的苯佛关系及苯教新派的形成》，《中央民族大学学报》2017

年第2期。

阿音娜：《清代进藏西方人笔下的扎什伦布》，《西藏民族大学学报》2017年第1期。

喜饶尼玛、杨扬：《旧西藏的基巧堪布初探》，《青海民族大学学报》2017年第1期。

普布多吉：《雅桑寺历任座主年代考》，《西藏研究》2017年第1期。

陈立华：《八世班禅丹贝旺秋年谱（一、二）》，《青海师范大学学报》2017年第1、2期。

刘瑞云、陈建明：《19世纪中叶巴黎外方传教会内部关于成立西藏传教会的分歧与结局》，《世界宗教研究》2017年第6期。

赵光锐：《20世纪初德国的涉藏活动和西藏政策考析》，《中国边疆史地研究》2017年第3期。

温强：《美国策划联合国首份涉藏决议过程中的印度因素》，《美国研究》2007年第5期。

肖杰、谷泓：《美国〈西藏政策法〉研究——历史追溯、立法分析与政策评估》，《中国藏学》2017年第1期。

张永攀：《从帕里到噶伦堡：清末西藏亚东关初建与近代西藏关贸肇始》，《青海民族研究》2017年第3期。

张皓：《〈泰晤士报〉对中国西藏和平解放进程的关注和态度》，《青海民族研究》2017年第2期。

李承霖：《〈印度时报〉涉藏报道的内容分析》，《新闻研究导刊》2016年第7期。

韩青玉：《〈纽约时报〉涉藏新闻话语建构策略研究》，《长春大学学报》2017年第9期。

廖云路：《“拟态边疆”：媒介化社会中的涉藏边疆传播研究》，《西藏研究》2017年第1期。

韩青玉：《论藏传佛教在西方的想象》，《内蒙古民族大学学报》2017年第4期。

韩青玉：《西方涉藏“误读”现象解析》，《西藏民族大学学报》2017年第1期。

邱熠华：《1918—1921年西藏协助尼泊尔修缮斯瓦扬布佛塔》，《中国藏学》2017年第3期。

梁俊艳：《当代中尼贸易发展述论》，《中国藏学》2017年第3期。

周振：《毛泽东与“珠峰”归属问题的解决》，《西藏民族大学学报》2017年第3期。

吴文俊、马长泉：《中印边界争端区边境管理的发展趋势及面临的挑战》，《武警学院学报》2017年第7期。

曾皓：《中印边界锡金段的历史由来与法律依据》，《中国藏学》2017年第3期。

孟庆龙：《从印度的心态看洞朗事件》，《边界与海洋研究》2017年第5期。

张永攀：《“藏哲边界”争议与近代中印边界锡金段划定》，《边界与海洋研究》2017年第5期。

邓烈：《为什么说印度侵入中国洞朗违反国际法》，《边界与海洋研究》2017年第5期。

章成：《简论洞朗事件中印军行为界定的法律理据与外交因素》，《边界与海洋研究》2017 年第 5 期。

关培凤、张传娟：《洞朗对峙引发的国内反应及反思》，《边界与海洋研究》2017 年第 5 期。

洪共福：《印度独立后的对藏政策》，《阜阳师范学院学报》2017 年第 3 期。

德吉央宗：《西藏融入国家"一带一路"战略建设面向南亚大通道基本思路研究》，《西藏民族大学学报》2017 年第 2 期。

西藏民族大学学报编辑部：《青藏高原在"一带一路"中所扮演的角色——与著名藏学家林冠群先生对话》，《西藏民族大学学报》2017 年第 2 期。

闫红瑛：《"一带一路"战略背景下中国西藏与南亚相邻国家旅游合作与发展问题探析》，《西藏民族大学学报》2017 年第 3 期。

陈朴：《融入丝绸之路经济带建设背景下西藏在社会稳定中开放发展分析》，《西藏发展论坛》2017 年第 3 期。

韦仁忠、朱金春：《西藏融入"一带一路"倡议的定位、认知与路径探讨》，《西藏大学学报》2017 年第 3 期。

方素梅：《"一带一路"视野下的西藏发展》，《西藏民族大学学报》2017 年第 6 期。

张文木：《青藏高原与中国整体安全——兼谈青藏高原对"一带一路"关键线路的安全保障作用》，《太平洋学报》2017 年第 6 期。

罗雄文：《西藏"一带一路"建设面临的风险及应对措施》，《西藏发展论坛》2017 年第 6 期。

王文力：《融入"一带一路"战略推动西藏持续健康发展》，《山东农业工程学院学报》2017 年第 10 期。

（撰稿：张永攀　刘　洁　孙宏年）

（七）新疆研究

李楠：《近 20 年来两汉西域治理问题研究》，《中国史研究动态》2017 年第 2 期。

白京兰、张建江：《多元族群与国家建构：清代回疆治理的问题与省思》，《西域研究》2017 年第 3 期。

龙其鑫：《清代新疆治理变迁的政治组织性分析》，《民族论坛》2017 年第 3 期。

徐磊：《同治、光绪年间清廷治疆过程中的大臣议政活动述论》，《新疆大学学报》2017 年第 2 期。

徐文堪：《古代丝绸之路与跨学科研究》，《新疆师范大学学报》2017 年第 4 期。

施展：《历史哲学视域下的西域——中亚》，《俄罗斯研究》2017 年第 2 期。

杨恕、刘亚妮：《新疆史研究应注意的几个问题》，《兰州大学学报》2017 年第 2 期。

侯明明：《新疆在中华民族多元一体格局形成初期的贡献》，《黔南民族师范学院学报》2017 年第 3 期。

李方：《古代民族政权与绿洲丝绸之路》，《中央民族大学学报》2017 年第 3 期。

李树辉：《新疆地名文化：语源、语义和文化特点》，《石河子大学学报》2017年第4期。

赵志辉、毕敬：《多维视野下的亚洲内陆枢纽——拉铁摩尔对中国新疆地缘政治的考察与研究》，《吉林大学社会科学学报》2017年第4期。

殷晴：《6世纪前中印陆路交通与经贸往来——古代于阗的转口贸易与市场经济》，《中国经济史研究》2017年第3期。

丁君涛：《从佉卢文契约看鄯善国葡萄园买卖》，《北方工业大学学报》2017年第6期。

钱伯泉：《唐朝中期西州的市场经济和丝路贸易》，《新疆大学学报》2017年第4期。

张重洲：《唐代西州粟特人贸易活动考索》，《敦煌学辑刊》2017年第4期。

张安福、蒋静：《清代乾嘉时期新疆"屯垦陷阱"的出现与启示——以乌鲁木齐为中心》，《中国社会经济史研究》2017年第2期。

徐德莉：《乱与序：民国时期新疆货币的历史考察》，《中国边疆史地研究》2017年第3期。

李方：《汉唐西域民族与丝绸之路和边疆社会》，《吐鲁番学研究》2017年第2期。

田卫疆：《〈突厥语大词典〉"秦（桃花石）"一词释读》，《新疆师范大学学报》2017年第5期。

周泓：《汉域历史上的西域文化考略》，《青海民族研究》2017年第7期。

王璞：《"西域"英译考辨》，《世界民族》2017年第1期。

王鹏辉：《清代新疆的蝗灾与蝗神信仰》，《西域研究》2017年第4期。

郭瑞鹏：《民国时期新疆蒙古族师范教育探微》，《西部蒙古论坛》2017年第1期。

刘树芳：《民国时期新疆民族教育述论》，《教育文化论坛》2017年第1期。

朱江华、栗洪武、王欣：《盛世才主政新疆的文教措施及其价值取向》，《石河子大学学报》2017年第5期。

厉声：《历史上匈奴统一与经营西域研究的思考》，《伊犁师范学院学报》2017年第3期。

胡岩涛：《汉帝国西域屯垦与国防的战略选择》，《西北民族大学学报》2017年第4期。

李楠：《两汉西域屯田组织管理体系》，《农业考古》2017年第1期。

赵卫宾：《回疆东四城伯克遣使投清史事考——兼谈雍正即位初年的西域经略观》，《西域研究》2017年第1期。

赵毅：《清朝平定准噶尔战争中一个准噶尔宰桑的命运》，载《中国边疆民族研究》第十辑，中央民族大学出版社2017年版。

乌云毕力格：《小人物、大舞台与大角色：罗布藏舒努和十八世纪欧亚卫拉特汗国与清朝关系》，《清史研究》2017年第4期。

孙文杰：《从满文寄信档看"高朴盗玉案"对清代新疆吏治的影响》，《北方民族大学学报》2017年第1期。

孙文杰：《从满文寄信档看"乌什事变"中的首任伊犁将军明瑞》，《新疆大学学报》2017年第1期。

孙文杰：《喀什噶尔参赞大臣和瑛与喀喇沙尔亏空案》，《云南民族大学学报》2017年第2期。

柏桦：《清王朝罪犯发遣新疆制度》，《社会科学辑刊》2017年第2期。

王启明：《晚清吐鲁番郡王经济权益研究》，《中国边疆史地研究》2017年第1期。

伏阳：《杨增新治新时期伊犁司法状况探析》，《伊犁师范学院学报》2017年第4期。

杨红伟：《1930年代国族想象与新疆开发及族群问题》，《文山学院学报》2017年第2期。

郭胜利：《20世纪30年代国民政府的新疆政策研究》，载《西北民族论丛》（第十五辑），社会科学文献出版社2017年版。

买玉华：《胡鉴与蒲犁边卡大队》，《新疆地方志》2017年第2期。

王圆圆：《包尔汉爱国主义思想研究》，硕士学位论文，新疆师范大学，2017年。

吴方浪：《汉、匈关系再探讨——以丝织品“给遗”为考察中心》，《中国社会经济史研究》2017年第1期。

吴曦、杨俊明：《寻找匈奴西迁的踪迹——试论匈人、匈奴同族说》，《泉州师范学院学报》2017年第3期。

杨铭：《敦煌西域文献中所见的苏毗末氏》，载《西北民族论丛》第十五辑，社会科学文献出版社2017年版。

王启涛：《“目”“翟”二姓与粟特关系新证——以吐鲁番出土文献为中心》，《民族研究》2017年第1期。

尚衍斌：《高昌廉氏家族史事补正》，《西域研究》2017年第2期。

杨富学、王朝阳：《论元代畏兀儿的忠君与报国》，《新疆师范大学学报》2017年第2期。

玉努斯江·艾力：《伯德尔格、乌沙克、萨尔特卡尔梅克人考》，《西北民族研究》2017年第3期。

陈世明：《察合台文契约文书所反映的维汉和谐关系》，《新疆大学学报》2017年第4期。

张峰峰、武沐：《清代新疆东布鲁特属部考》，《西域研究》2017年第2期。

李满喜：《回民起事时期的塔尔巴哈台蒙古》，博士学位论文，内蒙古大学，2017年。

刘锦增：《清代回族在新疆的经济开发》，《回民研究》2017年第1期。

许建英：《清代以来维吾尔族华人华侨形成的历史考察》，《中国边疆史地研究》2017年第2期。

赵徽弘：《佛教传入对西域认知的影响》，《新疆大学学报》2017年第6期。

姚胜：《明代吐鲁番佛教的衰亡》，《国际汉学》2017年第2期。

白海提：《16世纪纳格什班底耶在塔里木盆地活动考——兼论苏非圣者传的史料特性》，《西北民族研究》2017年第3期。

吐娜：《第十四世夏立宛活佛世袭来源及生平事迹考述》，《西部蒙古论坛》2017年第4期。

刘进宝：《“西城”还是“西域”？——〈史记·大宛列传〉辨析》，《中国史研究》

2017 年第 4 期。

僧海霞：《历史时期中原与西域的界标及其意象变迁研究》，《地理科学》2017 年第 8 期。

李树辉：《瀚海新考——兼论〈辞源〉〈辞海〉相关词条的释义》，《中国边疆史地研究》2017 年第 4 期。

罗帅：《蒙元时期鸦儿看的疆域与交通》，《西域研究》2017 年第 1 期。

陈海龙：《〈西域闻见录〉所载伊犁至乌什之“冰岭道”考释》，《中国历史地理论丛》2017 年第 3 期。

李树辉：《T. Ⅱ. D. 205b 回鹘文写本撰写时间及相关史事研究》，《青海民族研究》2017 年第 1 期。

王振芬：《旅顺博物馆藏新疆出土汉文文献的入藏与整理》，《吐鲁番学研究》2017 年第 2 期。

史国强：《〈乌鲁木齐赋〉创作及传播研究》，《新疆大学学报》2017 年第 1 期。

马雪兵、高健：《〈西域地理图说〉相关问题再探》，《昌吉学院学报》2017 年第 12 期。

倪笑笑：《陈庭学西域诗整理与研究》，硕士学位论文，新疆师范大学，2017 年。

司艳华：《〈西域考古录〉的文献学价值探析》，《中国地方志》2017 年第 10 期。

翁晖：《黄濬、黄治西域著述整理与研究》，硕士学位论文，新疆师范大学，2017 年。

热比艳木·买买提：《论〈乐师传〉的文献价值及其在维吾尔传记文学中的地位》，《中国典籍与文化》2017 年第 2 期。

尹雪萍：《清代新疆方志碑刻整理与研究》，硕士学位论文，新疆大学，2017 年。

康继亚、张世才：《〈小方壶斋舆地丛钞〉文献初探》，《伊犁师范学院学报》2017 年第 4 期。

马雪兵、曹宇：《〈新疆志略〉文献初探》，《伊犁师范学院学报》2017 年第 4 期。

董炳月：《两种〈西域旅行日记〉的知识谱系》，《开放时代》2017 年第 3 期。

郭道平：《民国初期“个体意识”的范本——单骑〈新疆旅行记〉论析》，《民族文学研究》2017 年第 3 期。

巴·巴图巴雅尔：《卫拉特档案公布的进展及其学术意义》，《西北民族研究》2017 年第 4 期。

王炳华：《从高加索走向孔雀河——孔雀河青铜时代考古文化探讨之一》，《西域研究》2017 年第 4 期。

李春香：《从遗传学角度初探史前东西方人群对新疆地区的影响》，《西域研究》2017 年第 4 期。

林怡娴：《来自“蛮族”的饮器——再议新疆所见磨面纹玻璃杯》，《考古与文物》2017 年第 6 期。

吴勇：《楼兰地区新发现“张币千人丞印”的历史学考察》，《西域研究》2017 年第 3 期。

卓文静：《新疆阿斯塔那 336 号唐墓“黑人”俑及相关问题的再考察》，《中国国家博物馆馆刊》2017 年第 4 期。

李建军：《当前新疆“去极端化”工作情况调查分析——以喀什地区部分区县调查情况为例》，《实事求是》2017年第1期。

马蓓、孟楠：《新疆“去极端化”机制建设及其成效分析》，《世界宗教文化》2017年第3期。

韩江声、许兴维：《“去极端化”在反恐维稳工作中的对策研究》，《兵团党校学报》2017年第3期。

曹李海：《新疆南疆基层组织“去极端化”治理的调查与思考：以乌什县依麻木镇拜什铁热克村为个案》，《实事求是》2017年第2期。

司律：《新疆宗教极端主义之辨析——兼论宗教极端主义与民族分裂主义的关系》，《云南民族大学学报》2017年第5期。

周建鹏、张华：《“访惠聚”背景下新疆社会基层治理长效机制研究》，《中共伊犁州委党校学报》2017年第1期。

顾光海、冯婷玉：《论“访惠聚”对新疆社会治理体系与治理能力现代化的影响》，《新疆大学学报》2017年第1期。

李明霞、兰杰：《国际环境下新疆反恐话语的构建》，《和田师范专科学校学报》2017年第1期。

王利：《新疆籍人员非法出境犯罪活动的特点与侦防对策》，《新疆警察学院学报》2017年第1期。

许建英：《影响“东突”问题演变的境外因素述论》，载蔡昉主编《国际领域重要理论与现实问题研究文选（2016）》，社会科学文献出版社2017年版。

刘金山、徐明：《对口支援政策有效吗？——来自19省市对口援疆自然实验的证据》，《世界经济文汇》2017年第4期。

张少云：《论援疆工作的历史发展、特点及成效》，《实事求是》2017年第2期。

孙庆刚、白增博：《新疆开放式扶贫路径及对策分析——基于参与主体多元化的视角》，《新疆大学学报》2017年第4期。

孔令英、郑涛：《乡村治理视角下民族特困地区精准扶贫实践的困境——基于新疆南疆地区两个村庄的调查》，《新疆大学学报》2017年第4期。

肖志远：《民族地区治理：中国共产党治理新疆的区域发展影响因素分析》，《民族论坛》2017年第1期。

王英平：《“丝绸之路经济带”核心区建设背景下新疆农业发展问题研究》，《新疆财经》2017年第6期。

桂阳等：《新疆南疆经济空间演化格局及驱动力分析》，《水土保持研究》2017年第2期。

徐黎丽、杨亚雄：《论西北边境口岸的特点及发展路径》，《西北师大学报》2017年第5期。

何一民：《绿洲与绿洲城市：从农牧时代到工业时代新疆城市发展的特点》，《民族学刊》2017年第4期。

李晓霞：《新疆的人口问题及人口政策分析》，《中央社会主义学院学报》2017年第2期。

李晓霞：《新疆南疆建立各民族嵌入式社会结构和社区环境的可能与路径》，《新疆社会科学》2017 年第 1 期。

杨亚雄：《新疆维吾尔族跨国布料商人生意困境研究——以阿图什市大肖鲁克村布料商人为例》，博士学位论文，兰州大学，2017 年。

古力斯坦·亚生等：《城镇化背景中维吾尔族的社会交往——基于新疆喀什市的调查研究》，《北方民族大学学报》2017 年第 4 期。

杨圣敏：《用历史事实驳斥泛突厥主义——维吾尔族与突厥及土耳其的关系》，《西北民族大学学报》2017 年第 1 期。

燕浏翔：《试析宗教极端思想对维吾尔族的侵入与影响》，《喀什大学学报》2017 年第 4 期。

张先革、李朝虹、唐菊花：《维吾尔族国家认同的内在要求和自身困境》，《云南民族大学学报》2017 年第 5 期。

吐鲁洪、阿达来提：《新疆乌孜别克族的职业称谓、特点及其文化探究》，《新疆广播电视大学学报》2017 年第 4 期。

亚力坤·吐松尼牙孜：《和田维吾尔族民居象征意义探析——非物质文化遗产保护的视角》，《西北民族研究》2017 年第 4 期。

叶小芳、孙传国：《浅析新疆维吾尔族婚俗的历史变迁》，《塔里木大学学报》2017 年第 2 期。

冯勇、扎点尔·朱马洪：《南疆维吾尔族大学生国家认同和民族认同的比较研究》，《现代教育科学》2017 年第 1 期。

马智群、罗小男：《新疆少数民族大学生民族认同与语言态度的关系研究》，《民族教育研究》2017 年第 6 期。

李明、梅冬梅、何吴明：《内地新疆籍民族大学生民族认同整合与心理健康——自我认同的调节作用》，《吉首大学学报（自然科学版）》2017 年第 1 期。

卡米拉·艾合买提、奥斯曼·玉散：《少数民族大学生就业意愿调查分析——以新疆大学生为例》，《经济论坛》2017 年第 1 期。

杨挺、龚洪：《文化认同视阈下新疆双语教育政策实施问题研究》，《民族教育研究》2017 年第 3 期。

方晓华：《少数民族学习和使用国家通用语言文字的必要性与紧迫性》，《双语教育研究》2017 年第 4 期。

张健等：《文化安全视域下的新疆民族传统体育文化及其传承》，《西北民族大学学报》2017 年第 5 期。

杨亚雄：《新疆阿图什市“香港巴扎”兴衰及其原因分析》，《北方民族大学学报》2017 年第 1 期。

杜哲元：《“一带一路”建设与当代新疆地缘战略价值论析》，《世界地理研究》2017 年第 5 期。

李豫新、王振宇：《丝绸之路经济带背景下经济发展质量评价分析——以新疆为例》，《生态经济》2017 年第 4 期。

李豫新、王容：《丝绸之路经济带建设背景下中国新疆与中亚国家贸易合作升级的影响因素分析》，《新疆大学学报》2017 年第 6 期。

热依汗·卡德尔：《“一带一路”倡议中的文明互鉴与遗产共享——论维吾尔古典

遗产与非物质文化遗产的文化桥梁作用》，《西北民族研究》2017 年第 3 期。

汪小丽：《“一带一路”亟需语言互通——以促进新疆民族语言互通为例》，《边疆经济与文化》2017 年第 12 期。

张敬全、李进新：《试论我国西北地区文化遗产反哺“一带一路”建设——以新疆地区为例》，《青海社会科学》2017 年第 5 期。

许建英：《中蒙俄经济走廊与环阿尔泰山次区域经济圈建设研究》，《中国经济特区研究（2017 年第 1 期）》，社会科学文献出版社 2017 年版。

刘晓琳：《新疆兵团特殊体制行政管理效率评价研究》，《新疆农垦经济》2017 年第 12 期。

刘文红、买生：《兵团三次产业结构存在的问题及调整策略》，《新疆农垦经济》2017 年第 12 期。

王丽亚：《兵团人口集聚问题及对策研究》，《新疆农垦经济》2017 年第 4 期。

张静、雍会：《兵团人口发展趋势与提高职工稳定性研究》，《新疆农垦经济》2017 年第 11 期。

张海轮：《兵团城镇化建设人才需求及职业教育服务策略》，《教育与职业》2017 年第 7 期。

王磊、付奎：《兵团工业化与城市化协调发展实证研究》、《新疆农垦经济》2017 年第 12 期。

底阳阳、刘尚俊、田宝龙、张鹏程：《兵团新型城镇化与服务业内部结构关联性分析》，《塔里木大学学报》2017 年第 1 期。

唐超：《胡宜挺现代农业推动新型城镇化效应研究——以新疆兵团为例》，《新疆农垦经济》2017 年第 9 期。

付英：《关于南疆兵团城镇构建各民族嵌入式社区的思考》，《兵团党校学报》2017 年第 3 期。

章建刚：《建城戍边：新疆兵团城市如何建成“先进文化示范区”——兼论其对“一带一路”战略实施的意义》，《思想战线》2017 年第 1 期。

庞巧玲：《在兹念营：石河子两个兵团家族三代人的认同变迁》，硕士学位论文，新疆师范大学，2017 年。

李雪伟：《新疆兵地融合发展：困境破解与体系建构》，《新疆农垦经济》2017 年第 5 期。

殷小波、姜涛、苏洋：《屯垦戍边使命下兵团城镇化的特殊性、关键点及路径》，《新疆农垦经济》2017 年第 5 期。

左海霞、李万明：《新疆兵团城镇化建设水平评价及发展战略思考》，《山西农业大学学报（社会科学版）》2017 年第 11 期。

祝宏辉、王彦：《新疆建设兵团信息化与工业化融合水平测度及影响因素分析》，《经济研究参考》2017 年第 37 期。

张晓莉、杨近娇：《新疆生产建设兵团农地适度规模经营实证研究》，《中国农业资源与区划》2017 年第 7 期。

张朝辉、王太祥：《新疆生产建设兵团农业供给侧结构性改革的要素结构与实践路径》，《江苏农业科学》2017 年第 19 期。

段樨、薛桂霞：《新疆地方与兵团农业保险差异化发展影响因素分析》，《农业经济》2017 年第 6 期。

（撰稿：许建英　阿地力）

附录二　当代中国边疆治理重要文献

新疆人权事业的发展进步

中华人民共和国国务院新闻办公室①

2017 年 6 月

目录

前　言

实现充分的人权是人类长期追求的理想，也是包括新疆各族人民在内的全中国人民长期为之奋斗的目标。

1949 年中华人民共和国成立前，新疆各族人民遭受着外国侵略势力、封建剥削阶级和宗教特权阶层的压迫，社会地位极其低下，无法享有基本人权。新中国的成立和社会主义制度的确立，为新疆各族人民真正享有人权奠定了根本政治前提和制度基础。1955 年，中国在新疆实行民族区域自治制度，进一步保障了新疆各族人民当家作主的权利。自 1978 年中国实行改革开放以来，新疆经济社会发展进入了一个新的历史时期，

① 《新疆人权事业的发展进步》，国务院新闻办公室网站 2017 年 6 月 1 日发布，http：//www. scio. gov. cn/zfbps/ndhf/36088/Document/1554103/1554103. htm#！/xh.

各族人民的人权保障水平不断提升。

长期以来，中央始终高度重视新疆工作，采取切实有力举措，发展经济，改善民生，增进人民福祉，促进民族团结进步，保障各族人民的基本权利。特别是中共十八大以来，以习近平同志为核心的党中央，坚持以人民为中心，以创新、协调、绿色、开放、共享的新发展理念为引领，全面推进经济建设、政治建设、文化建设、社会建设、生态文明建设，十分关心新疆的发展进步，始终情系新疆、心系新疆各族人民，举全国之力发展新疆。近年来，中央着眼党和国家事业发展全局，不断丰富和发展治疆方略，把社会稳定和长治久安作为新疆工作总目标，坚持依法治疆、团结稳疆、长期建疆，坚持各民族共同团结奋斗、共同繁荣发展，坚持以保障和改善民生为重点，大力发展新疆各项事业，切实保障各族人民平等参与、平等发展权利，共享发展成果，使新疆的人权事业不断得到新的发展和进步。

一、政治权利

新疆自古以来就是多民族聚居的地方，目前有 56 个民族。不论人口多少、发展程度高低、宗教信仰差异，新疆各族人民都具有同等地位，依法享有相同权利，履行相同义务，公民的政治权利得到了充分保障。

民族区域自治制度得到贯彻落实。民族区域自治制度的确立，为新疆各族人民在维护国家统一原则下，充分行使自治权利，自主管理地方事务，平等参与管理国家事务提供了有力的制度保障。自治区立法机关根据宪法和法律，既享有普通省级行政区地方立法权，又享有根据本区域政治、经济和文化特点制定自治条例、单行条例的立法权。截至 2016 年年底，自治区人民代表大会及其常委会共制定区域特色的地方性法规 372 件，其中现行有效的地方性法规 153 件，作出法规性决议、决定 52 件，批准设区的市、自治州、自治县报批的单行条例和地方性法规 113 件。

选举权和被选举权得到充分保障。在新疆，年满 18 周岁公民依法享有选举权和被选举权。依照宪法与法律规定，各族人民直接选举县（市、区）、乡（镇）人民代表大会代表，在此基础上又选举出全国和自治区、州（市）人民代表大会代表。第十二届全国人民代表大会共有新疆代表 60 名，其中少数民族代表 38 名，占 63. 33%。第十二届新疆维吾尔自治区人民代表大会共有代表 550 名，其中少数民族代表 363 名，占 66%。

协商民主稳步推进。在协商民主的制度框架内，自治区各级政协积极创新协商形式、丰富协商内容、搭建协商平台，广泛吸收各族各界人士参政议政，初步形成了宽领域、多层次、常态化的协商民主格局。各级政协委员深入调研，踊跃提交提案，积极反映社情民意，主动进行民主监督。第十二届全国政协委员中，驻新疆的有 31 名，其中少数民族委员 18 名，占 58. 1%。第十一届新疆维吾尔自治区政协有委员 479 名，其中少数民族委员 228 名，占 47. 6%。截至 2017 年 3 月，第十一届新疆维吾尔自治区政协共提交提案 4920 件，涉及政治、经济、文化、教育、科技等领域。

少数民族参政权得到保证。作为全国唯一三级自治地方（区、州、县）俱全的自治区，新疆设有 5 个自治州、6 个自治县。自治地方的各级人民代表大会和人民政府行使管理本地区事务的权力，自治区主席、自治州州长、自治县县长均由实行区域自治的民族公民担任。1950 年，新疆少数民族干部仅有约 3000 人，1955 年增加到 4. 6 万人。

2016年，全区少数民族公务员已达91076人，占干部总数的40.24%。其中，少数民族妇女干部占全区妇女干部总数的66%以上。

基层民主权利得到保障和落实。修订并实施《新疆维吾尔自治区实施〈中华人民共和国村民委员会组织法〉办法》《新疆维吾尔自治区村民委员会选举办法》《新疆维吾尔自治区村务公开办法》，制定《关于进一步规范和加强社区工作的意见》和《关于加强乡镇政府服务能力建设的实施意见》，基层法制建设不断完善。基层群众自治制度更加健全，民主选举、民主管理、民主监督和事务公开制度日益完善。基层民主协商进一步制度化、规范化、程序化。

二、公民权利

新疆坚持尊重和保护公民生命财产安全，切实维护公正审判权，促进公民自由表达，公民权利依法得到了充分尊重和有效保障。

生命财产权受到尊重和保护。自20世纪90年代以来，暴力恐怖势力、民族分裂势力、宗教极端势力策划实施了一系列暴力恐怖犯罪活动，严重危害了各族人民的生命财产安全。其中，2009年乌鲁木齐"7·5"打砸抢烧严重暴力犯罪事件，造成197人死亡、1700多人受伤；2014年昆明"3·01"火车站暴力恐怖事件，造成31人死亡、141人受伤。自治区采取一系列措施，颁布实施了《新疆维吾尔自治区实施〈中华人民共和国反恐怖主义法〉办法》，依法严厉打击暴力恐怖犯罪，加强社会面防控，推进治理体系和治理能力现代化，切实维护各族人民的生命财产安全。

公正审判权得到切实维护。新疆司法机关坚持罪刑法定、疑罪从无、证据裁判等原则，从侦查、检察、审判、执行等各环节充分保障公民获得公正审判的权利。依法保障犯罪嫌疑人、刑事被告人的辩护权。保障各民族公民使用本民族语言文字进行诉讼的权利。实施《新疆维吾尔自治区法律援助试行办法》，切实维护困难群体获得法律援助的权利。有效保障赔偿请求人的合法权益，不断完善司法救助制度，保障困难群众获得诉讼救济权利。2016年，新疆各级人民法院共办结国家赔偿与司法救助案件298件，共计为生活困难群众缓、减、免诉讼费用2666.7万元。建立司法公开平台，发布案件审理、执行信息，充分保障公民司法知情权。2014年至2016年，新疆各级人民法院在中国裁判文书网共发布生效裁判文书21万余份。2016年，新疆共有律师4569人。

表达自由的权利得到有效保障。为落实宪法规定的公民表达自由，新疆在办好广播、电视、报纸、杂志等传统媒体的同时，大力开展互联网基础设施建设，搭建各种形式的网站（平台），使公民的表达渠道不断拓展，表达方式更加多样，表达诉求更加便捷，有效保障了公民的知情权、参与权和监督权。截至2016年年底，新疆网民人数由2002年的44.8万人增加到1296万人，增速位居全国第三；普及率达到54.9%，位居西部第一。

三、经济权利

多年来，新疆大力发展经济，努力把发展落实到改善民生、惠及当地和增进团结上，积极推动发展成果共享，有效保障公民各项经济权利，人民生活水平普遍提高。

发展权利得到提升。新中国成立前，农区大部分土地被农奴主、地主所占有，牧区牛羊、水源和草场等被王公贵族、部落头领所控制，占总人口93%的农牧民没有基本生产生活资料。农业生产方式极其落后，主要靠坎土曼和二牛抬杠，生产水平极其低下。没有任何工业基础，钢钉、火柴等基本产品都不能生产，缺乏发展的基本条件。新中国成立后，新疆大力改善发展条件，逐步形成了现代农业生产能力，并建立起完备的工业体系，经济社会发生了翻天覆地的变化。1978年至2016年，新疆地区生产总值由39.07亿元增长至9617.23亿元，人均生产总值由313元增长至40427元，分别增长245.2倍和128.2倍；城镇居民人均可支配收入从319元增加到28463元，农村居民人均可支配收入从119元增加到10183元，分别增加了88.2倍和84.6倍。

基本生活保障水平不断提升。新中国成立以来，新疆各族人民生活条件发生了根本性改变，高寒边远山区农牧民逐步结束了没有电和自来水、交通封闭的时代。城镇和农村居民家庭恩格尔系数分别由1980年的57.3%和60%左右，下降到2016年的29.1%和31.7%。全面推进通水、通电、通气建设，截至2016年年底，800万农村人口饮水安全问题得到解决，农村自来水普及率达72.5%以上。实施安居富民、定居兴牧、城镇保障性安居工程建设，1978年至2016年，城镇人均住宅建筑面积由3.5平方米增长到31.1平方米以上；1994年至2016年，农村人均住房面积由9.46平方米增长到25.7平方米以上。积极推进交通建设，公路通车里程由1978年的2.38万公里增长到2016年的18.21万公里，同期铁路通车里程由1435公里增长到5868公里。高速公路、高速铁路从无到有，分别实现通车里程4395公里和717公里。民用机场达到18个。行政村公路通畅率达97.06%，建制村通客车率达96%，公民的出行更加便捷。

贫困人口生存发展条件进一步改善。坚持精准扶贫、精准脱贫，切实做到扶持对象精准、项目安排精准、资金使用精准、措施到户精准、因村派人精准、脱贫成效精准，把南疆地区作为脱贫攻坚的主战场，加大财政扶贫资金投入力度，汇聚行业、社会、援疆等扶贫资源，大力推进就业扶贫“十大专项行动”，加快基础设施和基本公共服务建设步伐，贫困群众生产生活条件得到极大改善。截至2016年年底，贫困发生率下降至10%，有力保障了贫困人口生存权和发展权。

工作权利得到切实保障。为保障劳动者就业权利，新疆坚持就业优先，促进就业公平，多举措多渠道扩大就业。积极发展劳动密集型产业，促进中小微企业、民营企业和劳务输出企业发展，以转移就业、创业带动、产业就业等多种形式，确保稳定就业。2016年年底，城乡就业人数达到1263.11万人，其中，城镇新增就业人数45.5万人，城镇登记失业率为3.22%。大力发展职业教育，实施各类就业培训项目，加大对高校毕业生、城乡贫困家庭劳动力、城镇就业困难人员、农牧民富余劳动力、农村妇女等重点就业人群扶持力度。建立零就业家庭动态清零长效机制。逐步完善工资福利制度。健全劳动关系协调机制，全面加强劳动保障监察执法和劳动人事争议处理，发挥工会组织和职工维权机构作用，公民基本劳动权益得到有效维护。持续开展“安全生产年”行动，加强安全生产防控，着力解决制约安全生产的突出问题和深层矛盾，全社会整体安全水平全面提升，2016年各类生产安全事故死亡人数同比下降26.5%，亿元地区生产总值生产安全事故死亡率同比下降16.81%。不断加强职业病防治，目前新疆共有职业健康检查机构111家，职业病诊断机构41家，职业卫生培训率达到100%。

四、社会权利

新中国成立初期，新疆民生基础极其薄弱。通过60多年的不懈努力，公民社会保障权、健康权和受教育权等社会权利的保障达到了前所未有的水平。

社会保障水平稳步提高。新中国成立后，政府投入大量资金，加强新疆社会保障制度建设，已形成广覆盖、保基本、多层次的社会保障体系。2016年新疆已全面建立了城乡居民和城镇职工大病保险制度，全民免费享受人身意外伤害保险。截至2016年年底，新疆企业职工基本养老保险参保人数达到342.19万人（不含机关事业单位养老保险制度改革后增加人数），农村基本养老保险参保人数达到539.58万人，城乡居民基本养老保险参保率稳定在95%以上；城镇基本医疗保险参保人数达到687.55万人，新型农村合作医疗参合人数达到1125.75万人，失业、工伤、生育保险参保人数达738.89万人次，社会保障卡累计发放1207万张，覆盖率达到55.4%。社会保障水平不断提高，到2016年，已连续12年增加企业退休人员基本养老金和提高工伤保险待遇，连续5年提高失业保险待遇。通过完善社会保险与物价水平挂钩联动机制，及时调整缴费基数。为减轻城镇个体工商户和灵活就业人员经济负担，2014年下调了这些人员的基本养老保险最低缴费基数。制定劳动者特别是进城务工人员参加城镇职工基本养老保险制度衔接政策。新型农村社会养老保险与城镇居民社会养老保险基础养老金标准实现一致，从最初的每人每月55元提高到115元。

社会救助制度发挥积极作用。新中国成立伊始，新疆就建立了针对城乡贫困居民的社会救助制度。2009年至2016年，城镇和农村居民平均最低生活保障标准，分别从每人每月172元和69元提高到384元和249.5元；农村五保户供养标准，从集中供养3036元/年、分散供养2280元/年，分别提高到6936元/年和4586元/年。各类收养性社会福利单位拥有床位4.4万张，收养各类人员2.6万人。截至2016年年底，95%的乡镇（街道）设立了"一站式"救助服务窗口，累计实施临时救助17.3万户次，支出救助资金18.5亿元。2016年新疆社会福利彩票募集福利事业资金12.61亿元，主要用于扶老、救孤、助残、济困等社会公益事业。2016年投入救灾及灾后重建资金7.36亿元，救助受灾群众477.9万人次。

健康权保障条件显著改善。新中国成立前，新疆医疗卫生事业落后，缺医少药，鼠疫、天花、霍乱等传染病肆虐，人民健康权利得不到基本保障。1949年只有医疗机构54个、病床696张，每万人拥有病床1.6张、医生0.19名。经过60多年发展，医疗卫生服务体系基本形成，医疗机构遍布城乡。截至2016年年底，已有各类卫生机构15721个，其中，各类医院707所，病床位14.45万张，医生5.1万人，护士5.6万人，每万人拥有医院床位数60.3张、执业医师21.2人，均高于全国平均水平。创新开展全科医师与居民签约服务，乡村医生签约定点为农牧民提供医疗服务。卫生防疫机构从无到有，已形成较为完善的城乡卫生防疫体系，重大传染病、地方病得到有效控制。健康水平持续提升，人口死亡率由1949年的20.82‰下降到2016年的4.26‰，人均预期寿命从30岁延长至72.35岁。自2016年始，城乡居民每年可享受一次免费健康体检。

受教育权得到全面保障。1949年以前，新疆文化教育水平极低，普通民众基本没有受教育机会。新中国成立后，在中央支持下，新疆采取各种措施大力发展教育事业。从1949年到2016年，小学由1335所增加到3526所，中学由9所增加到1416所，中等职业学校由11所增加到167所（未含技工学校），普通高校由1所增加到41所。高校在校生由0.04万人增加到42.01万人，中等职业学校在校生由0.20万人增加到23.51万人。累计培养普通高校毕业生102.21万人。基本实现九年义务教育全覆盖，南疆3

年学前教育、12 年基础教育全覆盖。各类成人教育进一步发展，多层次、多形式的职业技术培训体系基本形成。教育投入支出比例占财政总收入的 5% 以上，并随着财政收入的增长持续提高。义务教育全面纳入公共财政保障范围，统一城乡义务教育阶段学校公用经费基准定额，并不断提高寄宿制学校、规模较小学校、北方取暖地区学校、特殊教育学校和随班就读残疾学生的公用经费补助水平。2016 年拨付 29.48 亿元，为 271.43 万名农村义务教育阶段学生补助公用经费和取暖费，为 45.2 万名农村家庭经济困难寄宿生提供生活补助，为 263 万名农村义务教育阶段学生和城市部分中小学生提供免费教科书。在全区 45 个县和 26 所举办内初班学校实施了农村义务教育学生营养改善计划。举办内地新疆高中班、中职班，截至 2016 年年底，累计培养学生 9.1 万人。

五、文化权利

多年来，新疆持续提高基本公共文化服务均等化水平，广泛使用民族语言文字，着力保护文化遗产，有效维护了公民文化权利。

基本公共文化服务均等化水平不断提高。新中国成立前，新疆仅有 1 个图书馆。经过 60 多年的努力，新疆公共文化服务事业得到长足发展。截至 2016 年年底，共有公共图书馆 107 个、博物馆 90 个、美术馆 53 个、文化馆 119 个、乡镇（街道）文化站 1170 个，并全部向社会免费开放。广泛开展全民阅读活动，农家书屋工程覆盖全部行政村。基本建成自治区、市（地、州）、县（市、区）、乡（镇、街道）四级公共文化服务体系。有广播电台 6 座，电视台 10 座，广播电视台 93 座，农村广播和电视综合人口覆盖率分别达到 96.59% 和 96.91%。

民族语言文字广泛使用。根据宪法规定，国家在依法保障推行通用语言文字的同时，充分保障各少数民族使用本民族语言文字的权利。民族语言文字在新疆司法、行政、教育、新闻出版、广播电视、互联网、社会公共事务等领域得到广泛使用。现有 13 家出版社使用维吾尔、汉、哈萨克、柯尔克孜、蒙古、锡伯六种语言文字出版图书、音像制品和电子出版物。公开发行报纸 110 种，其中少数民族文字报纸 52 种。发行期刊 200 种，其中少数民族文字期刊 120 种。用维吾尔、汉、哈萨克、蒙古 4 种文字出版的新疆日报是中国使用文种最多的省级党委机关报。察布查尔报是世界仅有的锡伯文报纸。新疆人民广播电台现有维吾尔、汉、哈萨克、蒙古、柯尔克孜 5 种语言的 15 套广播节目。新疆电视台现有维吾尔、汉、哈萨克、柯尔克孜 4 种语言的 12 套电视节目，是全国播出频道、语种最多的省级电视台。

文化遗产得到有效保护。新中国成立之初，新疆省政府发布《关于保护文物古迹的通令》，重点保护库车县、拜城县千佛洞遗址。多年来，中央和地方政府投入资金对高昌故城、北庭故城遗址、喀什艾提尕尔清真寺等一大批文物古迹进行了修缮保护，抢救性保护修复了 3000 余件珍贵文物。截至 2016 年年底，新疆有世界文化遗产 2 处、国家级历史文化名城 5 座、国家级重点文物保护单位 113 处、自治区级文物保护单位 558 处，182 家国有单位收藏保管可移动文物 61.6 万余件。新疆维吾尔木卡姆艺术、柯尔克孜史诗《玛纳斯》、维吾尔族麦西热甫分别被列入联合国教科文组织“人类非物质文化遗产代表作名录”和“急需保护的非物质文化遗产名录”。新疆各民族均有代表性非遗项目被列入国家级和自治区级非遗名录。

六、环境权利

新疆坚持节约资源和保护环境的基本国策，坚持环保优先、生态立区和可持续发展，坚持走生产发展、生活富裕、生态良好的文明发展道路，不断改善生态环境，促使人与自然和谐共生，有效保障人民的环境权利。

生态环境保护制度进一步完善。颁布实施《新疆维吾尔自治区实施〈中华人民共和国水土保持法〉办法》《乌鲁木齐市大气污染防治条例》《野生植物保护条例》《湿地保护条例》《煤炭石油天然气开发环境保护条例》等30余部地方性法规规章，两次修订《环境保护条例》。实施《新疆维吾尔自治区水功能区划》。加快推进《新疆环境功能区划》修编工作，为生态保护红线的划分提供基础技术依据。已形成生态保护、污染防治、辐射环境监管、危险废物及核安全监控管理体系。

生态建设扎实推进。实施天然林保护、退耕还林还草、退牧还草、防沙治沙、生态治理和修复、野生动植物保护等工程，不断改善生态环境，构建生态安全屏障。2016年以来，明确严禁“高耗能、高污染、高排放”项目进新疆，实行能源、矿产资源开发自治区政府“一支笔”审批制度，实行环境保护“一票否决制度”。截至2016年年底，绿洲森林覆盖率达到23.5%，草原综合植被覆盖度达到41.3%，林网有效保护了95%的农田，年均治理“三化”草地2000万亩，沙化土地年扩展速度下降到82.8平方公里，79条重要河流水质优良比例达到94%，湿地总面积超过394万公顷，有世界自然遗产1处、国家级湿地公园28个、国家和自治区级自然保护区29个。

城市人居环境持续改善。全面推进城市生态修复，加快城市生态园林建设和城市湿地资源保护，不断提升城市绿化品质和综合服务功能。截至2015年年底，城市建成区绿地率达到34.9%，绿化覆盖率达到37.47%，人均公园绿地面积达到11.5平方米，有国家和自治区级园林城市20个，国家和自治区级园林县城44个，国家级城市湿地公园1个。

环境污染治理措施有力。加大污染防治力度，强化水污染防治，推动工业集聚区污水集中处理设施建设和城镇污水处理及再生利用设施建设。加快推进垃圾处置设施建设步伐，提高处置能力和达标排放水平。

节能减排效果明显。积极调整优化产业结构和能源消费结构，发展循环经济和节能环保产业。2016年风电、光伏发电投产规模分别达到1775万千瓦和892.6万千瓦，位居全国第2位和第1位。严格实行落后产能淘汰制度，累计淘汰火电、炼铁、炼钢、水泥、焦化等行业落后产能2100万吨，实现节能量约418万吨标准煤。“十二五”期间，二氧化硫、氮氧化物、化学需氧量和氨氮排放强度同比“十一五”期间分别下降39%、38%、44%和43%，全面完成国家下达的四项主要污染物排放总量控制目标任务。加大资金投入，支持工业、建设、交通、公共机构等重点领域和关键环节节能减排工作。新建住宅全面执行节能65%强制性标准，累计实施既有居住建筑供热计量及节能改造9514万平方米。加快发展城市公共交通，引导居民绿色出行。强化大型公共建筑节能监管，累计有59家公共机构列入国家节约型公共机构示范单位。全面落实脱硫除尘电价政策。启动排污权有偿使用和交易试点，积极探索建立环境资源有偿使用的市场调节机制。2016年新疆排污权交易储备中心正式挂牌成立，排污权使用和交易试点工作开始走向制度化。

环境监察机制逐步健全。自 2015 年始，每年对 30% 以上的州（地、市）和 5% 县（市、区）开展环境执法稽查。实施“网格化”环境监管，确定重点监管对象，划分监管等级，确立监管人员案件质量终身负责制。对环境投诉举报实行“首问首接责任制”，开通 12369 环保举报热线。启动典型环境违法案件曝光机制，加强重点污染企业环保信用评价和信息公开，定期公开违法违规单位的整改情况和执法内容。

环境违法行为受到惩处。强化政府和企业的环保责任，加大对环境违法的处罚和责任追究力度。摸底排查并全面清理违法违规建设项目。建立环保部门与公安、法院、检察院、监察机关联席会议制度，实行案件移送、联合调查、案情通报、信息共享。邀请公民、法人和其他组织参与监督环境执法，实现执法全过程公开。

七、宗教信仰自由权利

在新疆，国家坚持保护合法、制止非法、遏制极端、抵御渗透、打击犯罪的原则，全面贯彻落实宗教信仰自由政策，正常宗教活动受到法律保护，公民宗教信仰自由得到依法保障。

宗教信仰自由得到尊重保护。《宪法》规定：“中华人民共和国公民有宗教信仰自由。”国务院颁布的《宗教事务条例》和新疆制定的《新疆维吾尔自治区宗教事务条例》，体现了这一宪法精神。信仰或不信仰宗教，信仰这种宗教或那种宗教，完全由公民自主选择。公民不因信仰宗教或不信仰宗教而受到歧视和不公正待遇。侵犯公民宗教信仰自由要承担相应的法律责任。依法加强宗教事务管理，宗教活动场所和正常宗教活动受到保护。实行有组织、有计划的朝觐政策，加强服务保障，确保朝觐活动安全有序。

正常宗教需求得到满足。以多种语言文字翻译出版发行伊斯兰教、佛教、基督教等宗教典籍，仅《古兰经》《布哈里圣训实录精华》等就达 176 万余册。成立《新疆穆斯林》杂志社，出版维吾尔、汉、哈萨克三种文本杂志。开办维吾尔、汉两种语言文字的新疆穆斯林网。宗教团体举办信教公民宗教知识、礼仪培训班，满足信教公民学习和了解宗教知识的愿望。

宗教团体合法权益得到有效维护。新疆现有宗教团体 112 个，政府帮助宗教团体改善条件，支持宗教团体发挥作用。不断完善培训体系，培养后备宗教教职人员，对宗教教职人员进行系统培训，提高综合素质，提升宗教团体自我管理水平。政府经常组织教职人员赴内地学习交流，开阔视野，提升素养。中央政府支持新疆伊斯兰教经学院扩建校舍，改善教学环境，扩大招生规模。

对外宗教交流不断深入。新疆宗教界代表多次参加国际学术交流会和研讨会。教职人员和宗教院校学生多次在国际上举办的《古兰经》诵读比赛中获奖。2001 年以来，先后选派 70 多名经学院校学生和教职人员赴埃及、巴基斯坦等国高校留学深造，并设立奖学金奖励优秀学员。组织有宗教界人士参加的出访团多次赴国外访问交流，向国际社会介绍新疆经济社会发展、宗教信仰自由状况，增进相互了解和友谊。

依法遏制宗教极端思想渗透。受国际宗教极端主义思潮影响，近些年来，宗教极端主义在新疆滋生蔓延。宗教极端势力歪曲宗教教义，蛊惑蒙骗公众，强迫他人接受宗教极端思想，大肆制造暴恐活动，残害包括宗教人士和信教公民在内的各族无辜群众。为保障公民宗教信仰自由，新疆持续开展去极端化工作，实施《新疆维吾尔自治区去极端化条例》，依法加强宗教事务管理，防范和打击宗教极端，有效遏制了宗教极端主义渗透蔓延的态势。

八、妇女、儿童、老年人、残疾人权利

在新疆，妇女、儿童、老年人和残疾人权利得到尊重保障，依法平等享有公民各项权利，中央和自治区政府还采取了一些有针对性的措施，满足他们的特殊需求。

妇女权利得到全面保障。逐步建立完善保障妇女权益的各项制度。消除就业性别歧视，实行男女同工同酬，促进和帮助妇女就业创业，加强女职工特殊劳动保护。妇女参与公共事务管理的人数持续增长，女干部从1955年的14661人增长到2015年的43.5万人。预防和打击强奸、拐卖妇女和组织、强迫妇女卖淫等严重侵害妇女人身权利的违法犯罪行为。实施《中华人民共和国反家庭暴力法》《新疆维吾尔自治区预防和制止家庭暴力规定》，探索建立反家暴联动机制，试点建立“反家庭暴力工作服务站”。为城镇社区妇女开展宫颈癌、乳腺癌免费筛查，为贫困妇女提供免费健康检查。截至2016年年底，孕产妇产前检查率达到95.45%，住院分娩率达到98.78%，孕产妇死亡率下降到33.14/10万。

儿童权利得到充分保护。截至2016年年底，婴儿死亡率、5岁以下儿童死亡率分别下降到16.43‰、26.31‰，计划免疫接种率达90%以上。实施“春蕾计划”“儿童快乐家园”“百万家庭亲情一线牵”“重生行动——全国贫困家庭唇腭裂儿童手术康复计划”“春苗工程——新疆儿童先天性心脏病免费救治项目”等。建立流浪儿童救助保护网络体系和早期预防干预机制，在全国率先开展“接流浪儿童回家”活动，健全流浪儿童生活、教育、管理、返乡和安置保障制度，对有严重不良行为的儿童进行行为矫治。增设孤残儿童养护、流浪儿童保护和残疾儿童康复的专业服务机构。福利机构供养孤儿最低基本生活费标准由2009年的360元/月提高到2016年的900元/月。开展农村留守儿童“合力监护、相伴成长”关爱保护专项行动，加强对无人监护等重点对象的干预帮扶，力争到2017年年底将全区所有农村留守儿童纳入有效监护范围。着力完善县、乡、村三级儿童服务体系，建立面向城乡困境儿童包括强制报告、应急处置、评估帮扶、监护干预在内的救助保护机制。已有10个法院设立独立建制的综合少年审判庭，固定合议庭24个，指定专人办理未成年人案件的法院有42个，直接参与审理涉少案件的审判法官共有215人。

老年人权利保障机制不断健全。推进普遍性服务和个性化服务协同发展，满足多层次、多样化的健康养老需求。扩大社区养老覆盖范围，探索日间照料式养老等社区养老方式。2010年至2016年，累计投入41.77亿元建设504所养老机构，投入4.3亿元建设“失能失智”老人照料中心，投入8100万元建设老年养护院、社会福利院、乡镇服务福利中心、社区日间照料中心、农村互助幸福院等项目。制定实施政府购买养老服务、福利机构公建民营等政策。截至2016年年底，有为老服务社会组织和机构1998个，社区为老服务专兼职人员4328人，为老服务志愿者47053人。建立健全自治区、市（地、州）、县（市、区）、乡（镇、街道）、村（社区）五级老龄工作网络。

残疾人权益保障成效显著。新疆现有残疾人106.9万人，其中有22.5万人纳入城乡居民最低生活保障，29.8万人参加城乡居民基本养老保险，贫困残疾人个人缴费部分由政府代缴，4万名重度残疾人得到托养服务，36.4万名困难残疾人和重度残疾人享

受了残疾人生活补贴和护理补贴。实施国家级重点康复项目和新疆贫困残疾人康复救助关爱工程，现有各类康复机构 168 个，社区康复站 1738 个。截至 2016 年年底，累计提供康复医疗和服务约 114. 3 万人次，实施白内障复明手术 21. 43 万例，免费发放残疾人辅助器具 15. 69 万件。创建无障碍环境市县，对 25360 户贫困残疾人家庭实施了无障碍改造。截至 2016 年年底，城镇残疾人就业 6. 7 万人，农牧区残疾人就业 22. 3 万人。高校普遍招收残疾考生。普通中小学在读残疾学生 7537 人，29 所特教学校在校残疾学生 2927 人，747 个残疾人职业培训基地累计使 11 万名城乡残疾人接受职业培训，残疾人文盲率由 1987 年的 57% 下降至目前的 31%。建成残疾人扶贫基地 358 个，累计扶持贫困残疾人 2 万余人。自治区和半数以上的市（地、州）开设了残疾人专题广播节目和电视手语新闻栏目，设立盲文及盲人有声读物阅览室 16 个，建立残疾人体育训练基地 5 个。在北京残奥会、伦敦残奥会等重大体育赛事中，新疆残疾人运动员共夺得金牌 201 枚、银牌 132 枚、铜牌 125 枚。残疾人组织遍布 1073 个乡镇（街道）、9207 个社区（村），226 个残疾人法律救助、援助协调和工作机构累计为残疾人提供法律服务 167564 人次。

事实证明，中国特色社会主义制度为新疆人权事业的发展进步提供了坚强的制度保障，经济社会的快速发展为新疆人权事业的发展进步奠定了坚实的物质基础，和谐稳定的政治环境为新疆人权事业的发展进步创造了良好的社会条件。尊重和保障人权是中国的宪法原则。推动人权的不断发展进步，是包括新疆各族人民在内的全中国人民的不懈追求。在中国共产党和中国政府的坚强领导下，随着“两个一百年”奋斗目标和中华民族伟大复兴中国梦的实现，新疆的人权保障将提升到更高的水平，新疆各族人民将迎来更加美好的明天！